叢書・ウニベルシタス　84

ヨーロッパ精神の危機

1680—1715

ポール・アザール
野沢　協訳

法政大学出版局

凡例

一、本書は Paul Hazard, *La Crise de la Conscience européenne* (1680—1715), 1935. の全訳である。原題は「ヨーロッパ人の意識の危機」というぐらいの意味であるが、適切な訳語が見あたらないので、ここでは「ヨーロッパ精神の危機」という標題を選んだ。

一、飜訳の底本としては一九三五年刊行の三巻本を用いた。原著の第一巻は第一および第二部を、第二巻は第三および第四部をそれぞれ収めており、第三巻は註と参考文献に当てられているが、この訳書では全体を一巻に収め、原著の第三巻分は「原註・参考文献」として巻末においた。

一、本文の各段落の後におかれている＊印をかかげた註は原註である。引用文の出典を指示したものが多い。

一、本文および前項に述べた原註の中で、〔 〕印によって囲まれた部分は訳者が補足したものである。ごく簡単な語句の説明、および原著者が明示していない引用文の出典の指示に当てられている。

一、訳註はすべて各章の末尾においた。

一、引用文は可能なかぎり原典と照合した。総じて、アザールによる引用はかなり不正確であるが、引用文と原典の文章とが異なる場合には、飜訳は必ず原典の文章に依拠した。ただし、重大な相違がある場合をのぞき、引用文の細かな修正はことわらなかった。引用ページ数の訂正についても同じである。

一、原著にはしばしば重大な誤記、誤植のたぐいが少なからずあるが、それらは気がつきしだい訂正した。訂正の内容および理由はそのつど訳註に明記した。

一、巻末の「原註・参考文献」の項に列記された参考書目は、原著の第三巻にあげられているものと、原著刊行後に発表された主要な研究として訳者が補足したものとからなっている。後者は【 】印で囲み、前者と明瞭に区別した。

一、「原註・参考文献」に関する訳註は、「原註・参考文献」の項の末尾においた。

一、巻末に付した「人名・事項索引」は、もっぱら本文（本文中の原註、および訳者による補足部分を含む）に関するものであって、各章末尾の訳註、および「原註・参考文献」の項は一切対象としていない。内容はすべての人名と主要ないくつかの事項についてである。原著にも第二巻の巻末に索引があるが、それとは必ずしも同一でない。

一、巻末には、ほかに「研究文献索引」を付した。これは、「原註・参考文献」の項の中でそれぞれの主題に関する研究文献が列記されているページを指示したものである。これは原著にはなく、文献を探される方の便宜のため訳者が補足したものにすぎない。

ヨーロッパ精神の危機／目次

凡例

まえがき……3

第一部　心理の激変

第一章　静から動へ……10

古典主義精神は静止そのものであろうとする　10――だがこの夢は、すでに一七世紀の末から、現実によって裏切られてゆく。旅行の趣味と習慣によって、人心はしだいに静から動へ移る　11――ヨーロッパ内部の旅　12――遠方の旅と、思想の変遷に及ぼしたその影響　15――「善良な未開人」は文明人にまさるとされる　19――非キリスト教的な哲学を代表する「エジプトの賢者」　21――回教徒のアラビア人。マホメットもペテン師ではなく、首尾一貫した、格調高い宗教の創始者とされる。東洋と西洋の対比　23――ヨーロッパ社会の批判者「トルコの密偵」　24――ペルシャ人　25――シャム人　26――無神論者で有徳な「シナの哲人」　27――架空の旅行記とそこに表われた革命的思想　30――訳註　34

第二章　旧から新へ……………………………41
古典主義時代は古代崇拝をかかげる。「新旧論争」はたしかに人心の変化の徴候ではあるが、論争そのものの根本原因をさぐらねばならない　41――原因はたぶん歴史の破産にある。過去への信頼が失われる。過去はとらえがたいものと見られ、現在のみが確実とされる　42――近代史への疑惑　42――歴史ピロニスム　46――ローマ史、ギリシャ史への疑惑　47――聖書の年代記述への疑惑　50――それでも、考証学の作業は続く。だが、それが提供するデータを歴史家はとりいれない　57――歴史はもはやお伽話と誤謬の寄せ集めとしか見えない　60――訳註　62
第三章　南から北へ……………………………69
ヨーロッパは完成し固定したものと見られていた。知的な指導権は昔からラテン系の国が握ってきた　69――フランスはその作品と言語と精神によって、また、それが模範を示した全文明によって、この指導権を手にいれる　72――そのとき、北方にライバルが出現する。イギリスの勢力　77――イギリスの影響はフランスにも及びはじめる　81――ドイツにも　82――亡命新教徒の役割　83――いくつかの例。アベル・ボワイエ、ピエール・デ・メゾー、ピエール・コストの仕事　83――フランスは自己の創造的な活動に加えて、イギリスとヨーロッパの間の仲介者の役を演じる　85――オランダの国際的役割　87――その他の変化。プロイセンとロシアの台頭　90――だが要は、

精神的な指導権がラテン系に独占されなくなったことである。イギリスは自分の価値を自覚して、権力の分割を要求する　91——この新しい精神はどの方向にはたらくか　92——訳註　92

第四章　異　端……………………………………………97
カトリックのフランスは絶対的な正統信仰を代表して、新教イギリスの異端に対抗する　98——ナント勅令の廃止に宗教改革の精神は憤激する　100——牧師クロード。信仰問題に暴力を用いることに対する彼の抗議　101——ピエール・ジュリユ　101——オランダで出た国際的な新聞は、当初、文学上の交流を助けるよりも異端の弁護をすることに重きをおく　102——ジャン・ル・クレール　103——オランダの書肆　104——カルヴィニズムの特殊な役割　107——南から北への権力の移行は、ヨーロッパ思想史におけるノン・コンフォルミスムの勝利に対応する　109——権威の押しつけを心から嫌うこのノン・コンフォルミスムは、結局セクトの細分化をまねくこととなる　109——ソッツィーニ派　111——ノン・コンフォルミスムから検討の精神の無際限な自由へ　113——訳註　115

第五章　ピエール・ベール……………………………125
ピエール・ベールの思想の道筋　125——『文芸共和国便り』　127——『ルイ大王治下のカトリック一色のフランスとは何か』でカトリシズムに反対する　128——ドグマティックなあらゆる態度に反対する。新教徒のそれも含めて

130 ――『歴史批評辞典』 131 ――『或る田舎人の質問への答』 135 ――ベールの懐疑論 136 ――ピロニスムの侵入に対する意志の抵抗 139 ――ベールの思想の影響 140 ――古典主義の休戦提案はいたるところで破棄された。以上に述べた心理の激変が、伝統的な信仰に対する戦いを準備し、またそれにともなっている。次にこの戦いを見よう 141 ――訳註 142

第二部　伝統的な信仰を倒せ

第一章　理性派……150

「理性」という語は意味を変える。理性は何よりも批判の能力となる 150 ――理性派。まず自由思想家(リベルタン) 151 ――サン＝テヴルモン 154 ――デカルト派 160 ――マールブランシュ 164 ――スピノザ 168 ――ジョン・トーランド 177 ――「現代は批判者の時代だ」 181 ――訳註 184

第二章　奇蹟の否定――彗星、神託、妖術師……191

奇蹟に対する攻撃は公然とはできないので、婉曲な形で行なわれる 191 ――彗星。ピエール・ベールの論理 191 ――伝承も万人の一致も理性には歯が立たない 193 ――異教徒の迷信がキリスト教まで延長される 194 ――無神論の讃美 195 ――エリ・ブノワの答え。生活を続けようと思ったら、疑うのをやめねばならない時が来る 196 ――同じ論争が形を変えて続く。巫女の神託

197——ファン・ダーレン　198——フォントネルと神託の歴史　198——反超自然　199——妖術師に対する信仰は人心にさらに深い根をおろしている。理性派はこの第三の迷信に攻撃をかける　203——バルタザール・ベッケルの『魔法の世界』　204——クリスティアーン・トマジウス　206——迷信的行為に対する良識の反撥に啓蒙哲学の影響が加わる　210——訳註　213

第三章　リシャール・シモンと聖書釈義……221

検討の精神と聖書　221——リシャール・シモンとその著『旧約聖書の批評的歴史』によって、本文批評はおのれの力を自覚する　223——リシャール・シモンの作業　225——その心理　235——その行動　236——訳註　237

第四章　ボシュエの戦い……248

別のボシュエ。屈辱にまみれた、苦しげなボシュエ　248——彼の信仰は微動だにしないが、四方から攻撃にさらされて、老境のボシュエは戦いの内にあけくれる　249——スピノザやリシャール・シモンを反駁するには、批評学の議論に立ちいらねばならない　252——エリ・デュ・パン　255——未完の書物、放棄した計画　256——ボシュエはピエール・ジュリユに罵倒される　257——ソッツィーニ派と自由思想家（リベルタン）　258——年代学者。彼らのためにボシュエは『世界史論』の数個所を訂正せざるをえなくなる　259——信仰をおびやかす理性主義的原理。スピノザ、マールブランシュ、デカルト　261——敵はいたるところに。アグレダのマリア、演劇を擁護するカファロ神父、ウルトラモ

ソタンとガリカン 264――この世のものをすべて断罪したボシュエは、ただひたすら神的なものに憧れる 265――訳註 266

第五章 ライプニッツと教会合同の失敗……271

ライプニッツ。彼はすべてのことを知ろうとする。すべてのことをひとつのものに還元しようとする 271――カトリック教徒と新教徒とに分裂したヨーロッパを見て、ライプニッツは教会合同をはかる 274――和解作業のすべりだし 276――ローマ教会のもっとも著名な代表者ボシュエ。彼が協力しなければ、和解の成功はおぼつかない 278――ライプニッツとボシュエの往復書簡。論争の諸段階 279――合同ならず 282――ライプニッツもボシュエも敗残者の姿。和解の時は去った 286――伝統的な信仰への攻撃の前に、キリスト者の意識は依然として分裂している 288――しかし、理性派も否定的な成果だけでは満足しない。ヨーロッパは廃墟を好まない。彼らは再建の作業にとりかかる 289――訳註 290

第三部 再建の試み

第一章 ロックの経験論……298

再建のため、ロックはピロニスムに脅かされた思考に心理的事実という別種の確実性をあたえる 298――ロックの哲学は時代の要求に応える 299――

『人間悟性論』 302――形而上学をあきらめたロックは、感覚でとらえられる限られた世界を研究対象とする 303――ロックの経験論 304――その影響 307――影響の方向は必ずしもロックの希望に沿わない。だが、その力は測り知れない 309――訳註 310

第二章　理神論と自然宗教……312

理神論はイタリアに生まれ、フランスへ移り、特にイギリスで栄える 312――理神論の否定的性格 313――肯定的性格。理神論の定義が多様なのは、不明確だがとにかく実在する神という観念を保持しようとしたことからくる 315――理神論は第二に、或る種の掟への同意を保持する。それは自然の掟である 317――ロバート・ボイルは自然という概念の定義が混乱していることを暴きだす 318――人間が生まれつき善であることをピエール・ベールは認めない 319――それでも理神論者は、宇宙を維持する秩序の方向へ自由な意志で動いていると思う 320――自由思想 320――アンソニー・コリンズは一七一三年の『自由思想を論ず』で、その積極的な価値を示す 322――ジョン・トーランドは非宗教的な思想共同体を作る。その「ソクラテス会」324――訳註 325

第三章　自然法……329

『聖書の言葉から引いた政治学』に表われた神法 329――神授権の輝ける代

表、ルイ一四世 330——ホッブズは全く別種の理論によって、同じく絶対権力の必要性を主張する。『リヴァイアサン』 331——自然法。その観念を構成するさまざまな要素 332——神法の主張者と自然法の主張者の間に戦端が開かれ、戦いは日を追って意識的なものとなる 333——四分の三世紀の間に、一連の大作が徐々に自然法理論を明確化する。ホイフ・デ・フロート（グロティウス）『戦争と平和の法』 333——スピノザの『神学・政治論』と『エティカ』 335——ザームエル・プーフェンドルフ『自然法・万民法を論ず、八巻』（一六七二年）、同『自然法にもとづく人間・市民の義務を論ず、二巻』（一六七三年） 335——リチャード・カンバーランド『自然法に関する哲学論』 337——二つの大事件がこれらの理論をテストする。ナント勅令廃止とその結果 337——イギリス革命とその結果 339——ジョン・ロックは『統治に関する二論文』でイギリス革命の政治哲学を表現する 340——『テレマックの冒険』（一六九九年）とフェヌロンの行動。フェヌロンは神授権の正当性に異議を唱えたわけではない。彼が表現するのは絶対主義、とくにルイ一四世に対する底深い敵意と、人民の価値という観念である 343——ボワギユベールとヴォーバンの提案 345——だが、フェヌロンの方が大胆である。彼は人類の権利を擁護する 345——一七〇五年、トマジウス『常識より演繹せる自然法・万民法の基礎』。一七〇八年、グラヴィーナ『国法の起源』 346——この思想運動は法の非宗教化に至る 346——訳註 347

第四章　社会道徳……350
ピエール・ベールは、道徳と宗教は相互に独立した価値であることを誰よりもはっきりと主張する　350――彼の思想。宗教的な主義主張は実践には影響しない。有徳な無神論者の国すら考えられる。賞罰のない道徳の方が宗教的な道徳よりも公正である　350――それにしても、純人間的な道徳をうち立てるのは容易でない　352――古代の模範、キケロ　352――紳士の道徳　353――風俗・習慣の相対性を目にして、人々は困惑する　354――社会道徳　355――マンデヴィルと『蜂の寓話』　356――訳註　357

第五章　地上の幸福……361
今や、即刻実現できる、来世に期待しない幸福が望まれるようになる　361――フォントネルと「ささやかなしあわせ」の理論　361――シャフツベリと「グッド・ヒューマー」の理論　363――機嫌をよくし、ユーモアを使って、生の悲劇性の意識をなくせ、とシャフツベリは言う　364――シャフツベリ対パスカル　366――美と善　367――新たな徳目の出現　369――寛容の登場は政治的・宗教的な二重の危機から来る　370――ジョン・ロックの『寛容についての書簡』　371――訳註　372

第六章　科学と進歩……379
『世界の多数性に関する対談』は科学を万人に開くための努力を示す　379

——科学とはとりわけ数学のこととされる　381——しかし、実験的方法への関心がヨーロッパ中で表明される　382——各種の研究グループ　383——科学の努力は神奇なものへの趣好と対立する　385——微積分の発明によって自然現象の連続性の研究が促される　386——ニュートン、『自然哲学の数学的原理』　386——ニュートンの方法。フォントネルによるデカルトとニュートンの比較論、「一方は見える物の原因を見つけるためにはっきり理解した物から出発し、一方は見える物から出発して、その原因を見つけようとしたのです」　387——こうして「物理ピロニスム」は打破される　389——科学者のすぐれた役割　389——進歩によって幸福がもたらされるという信仰　390——科学の神話に早くも抗議の声が上る　392——訳註　393

第七章　新しい型の人間を求めて……399

「紳士(オネットム)」という類型が一七世紀末に解体する理由　399——生活を導く別の手本が必要になる。ひとつはスペインから。バルタサール・グラシヤンの「偉丈夫」　401——その評判も長くは続かない　402——新しい型の人間を求めて。貴族的なものよりもブルジョワ的なものが求められる　403——「ブルジョワ」　404——イギリスのモラリスト、アディソンとスティールがそれの形成に果たした役割　405——モデルはこうしてイギリスで作られ、イギリス以外にも広まってゆく　409——フランスも新しいモデルを探す　409——「哲学者(フィロゾーフ)」　409——この新しい類型の構成要素　410——伝統的な信念に代るものとして呈示

された積極的要素は、帰するところなんだったか　411──訳註　411

第四部　想像的・感性的価値

第一章　詩のない時代……416

これからさぐるのは想像的・感性的価値である。そういう価値もまだ残っており、リチャードソン、ルソー、「疾風怒濤（シュトゥルム・ウント・ドランク）」などを準備する　416──まず、詩には失望。この時代は散文の時代である　416──詩に対する感覚すら失われてしまう　417──ウダール・ド・ラ・モットの例　420──ジャン・ル・クレールは詩人は嘘つきだと宣言する　421──ジャン＝バティスト・ルソー　422──もちろん、当時なりに或る種の詩は存在している。そのいくつかの例　422──だが、これは例外にすぎない。詩には不毛の時代が始まる　426──批評の勝利　427──擬古典主義　428──規則、道徳性、アカデミズム　429──アレグザンダー・ポウプと『批評論』　430──大ジャンル。叙事詩。全ヨーロッパ的規模で悲劇の一大コンクールが催される　433──文学は水ぶくれになり、詩精神は麻痺状態におちいる　436──訳註　436

第二章　生活の万華鏡……441

詩のほかにも想像力はいろいろな形で現われる。イギリスでは、イタリアでは、フランスでは。お伽話　441──旅行はまだ感性にはかかわらないが、少

なくとも読者の想像力を培う 442——さまざまな例 443——ブカニエとフリビュスティエ 444——アラビアン・ナイト 446——一方、具体的なことにしか興味を持たぬ陽気な遊び人たちは、合理主義者に対抗して、生活の面白おかしさをふれまわる 447——「悪党（ピカロ）」、イギリス版の「悪党（ロウグ）」、『びっこの悪魔』 448——貴族の冒険家。ガシアン・ド・クルティの主人公。ハミルトンと『グラモン伯爵の生活覚書』 450——徳性ではなくて性格。生のエネルギー 451——訳註 452

第三章　笑いと涙、オペラの勝利……455

ヨーロッパ文学にはビュルレスクの流れがある。その種々相 455——芝居の笑い。ルニャールの喜劇 458——謹厳でいかめしいその時代にも、このように笑い上戸は残っている 459——感受性も公然と現われはじめる。舞台の上で泣くことも前ほど恥ずかしくなくなる 459——懐疑家ピエール・ベールが苦悩に面した時 460——プレ・ロマンティックなヒロイン、フェラン法院長夫人 461——たしかに社会は変りつつあり、女性も伝統的な性格から脱したという証言も多いが、個人のあれこれの情念が激しい形で現われる時には、情熱の支配する時代も遠くないことが予感される 463——イギリスの感傷喜劇 464——オペラの勝利。オペラの不合理に理性派は抗議するが、それでもオペラは全ヨーロッパに広まる 466——成功の理由 467——イタリア・オペラが特に好まれる 467——これは世界一官能的なイタリア音楽の性格から来

る　468――「いい感じだからさ」　469――訳註　470

第四章　民族的・民衆的・本能的要素……………………473

民族的要素。普遍的な傾向を持つ古典主義の支配下でも、民族的な相違の意識はなくならない　473――イギリスの独自性　473――イタリアの独自性　475――ドイツの権利要求　476――民衆的要素。詩　479――アディソンはイギリスの古い民謡をたたえる　480――人民主権の概念　481――本能。理性に還元しえない価値　481――獣の魂をめぐる論議　482――原始的な自然への憧れ　483――インクルとヤリコの話。原始的な本能の方が堕落した文明よりまさることが証明される　484――フォントネルと本能　485――「人間の原初の状態から今でも残っているものは、おそらく神聖な本能しかないのであろう」　485――訳註　486

第五章　不安の心理学、感情の美学、実体の形而上学、新科学……………489

不安の心理学。ジョン・ロックは感覚こそ心に起こる最初の事実であることを宣言し、伝統的な序列をくつがえす。しかもロックは、不安（アニージネス）を精神生活の本源たらしめる。この理論の影響　489――ジョン・ロックの教育論。ロックはそこで子供の自発性を擁護する　491――ジョン・ロックはジャン＝ジャック・ルソーの先駆となる　492――感情の美学。デュボス師の『詩歌と絵画に関する批評的考察』　492――美術を支配するアカデミズムに反対した彼の

革新思想は、「アマチュア」たちの態度によってすでに準備されている　494
――デュボス師の人と作品　494　――悲痛さの価値　495　――芸術イコール情念
496　――物理的原因が芸術作品の産出にあたえる影響　496　――実体の形而上学。
ライプニッツ　497　――デカルト思想に対する彼の抗議　497　――不分明な知覚
498　――単子(モナド)　498　――『新科学』。ヴィコ　500　――クリエイティヴな想像力が
その作品で果たす役割　501　――その歴史観　501　――支配的な思想の逆を行く
ヴィコの思想は、新しすぎてすぐには同化されない　502　――訳註　503

第六章　燃える心……508

宗教的な要求は自己の永遠性を守ろうとする　508　――不信者の攻撃に、感情
に訴える新式の護教論が応戦する　509　――自然の驚異による神の存在証明
510　――熱心家の集まり。ゴットフリート・アルノルト『教会と異端の公平な
歴史』　510　――ジャンセニズムとその全ヨーロッパへの伝播　511　――セヴェ
ンヌ地方のカミザール　512　――アブラアム・マゼル　512　――エリ・マリオン
513　――神秘家。一種の神秘主義が『エティカ』から生まれる　514　――敬虔主
義。フィリップ・ヤーコプ・シュペーナー　514　――静寂主義(キュイエティスム)　516　――フェヌ
ロンの心理。自己のありようからは程遠い完徳の状態を、彼はいかにして憧
れたか　517　――ここにギュイヨン夫人の影響の秘密がある。フェヌロンをし
ばる鎖を、彼女は神秘の火で溶かし去る　518　――純粋愛の理論　518　――フェ
ヌロンの静寂主義(キュイエティスム)　520　――各種の神がかり　522　――全ヨーロッパ的に大規模

で持続的な醱酵が見られる　523――アントワネット・ブリニョンは哲学者に言う。「彼らの病気は人間的な理性の働きですべてを理解しようとし、神的な信仰の照明にいかなる余地も残さないことから来る」　525――訳註　526
むすび……………………………………………………534
訳者あとがき
原註・参考文献
研究文献索引
人名・事項索引

ヨーロッパ精神の危機（一六八〇—一七一五年）

まえがき

なんという対照、なんという激変であろう。位階制、規律、権威が保証する秩序、生活を固く律するドグマ――一七世紀の人々はこういうものを愛していた。しかし、そのすぐ後につづく一八世紀の人々は、ほかならぬこの束縛と権威とドグマを蛇蝎のごとく嫌ったのだ。一七世紀人はキリスト教徒だったが、一八世紀人は反キリスト教徒だった。一七世紀人は神法を信じていたが、一八世紀人は自然法を信じた。一七世紀人は不平等な階級に分かれた社会でのうのうと暮らしていたが、一八世紀人はただひたすらに平等を夢見た。もちろん息子というものは、自分が世の中を作りかえるのだ、自分がやれば必ず世の中は良くなるのだと思いこんで、とかく父親に文句をつけるものである。しかし、連続した世代の間の揺れだけでは、これほど急速で決定的な変化は説明できない。大方のフランス人はボシュエのように考えていたのに、一夜あけると国民は突然ヴォルテールのように考えだしたのだ。これはまさしく革命だった。

この革命がどうやって行なわれたかをしらべるために、まだ未知とも言える土地に私はあえて踏みこんでみた。一七世紀の研究は昔さかんに行なわれたし、今は一八世紀の研究がさかんである。しかし、この二つの境目に、はっきりしない難儀な地帯が横たわっている。ここではまだ発見なり冒険なりを期待することもできる。厳密ではないが、一方は一六八〇年前後、もう一方は一七一五年〔ルイ一四世の歿年〕という二つの年代を上限下限に置いて、私はこの地帯を端から端まで歩いてみた。

私はそこでスピノザに出会った。スピノザの影響はこの頃から現われはじめる。そのほか大物だけあげても、マールブランシュ、フォントネル、ロック、ライプニッツ、ボシュエ、フェヌロン、ベールに出会った。まだそこを徘徊しているデカルトの亡霊は言うまでもない。こういう思想界の勇士たちは、それぞれの性格、気質にしたがって、人間の永遠の問題をまるで新しい問題であるかのようにあらためて俎上にのぼせた。神の存在と本性の問題、存在と外見の問題、善と悪の問題、自由と宿命の問題、君主の権利の問題、社会状態の形成の問題――いずれも死活の問題である。何を信ずべきか。いかに行動すべきか。とっくに解決ずみと思われていた「真理トハ何カ」という問いが、ことあるごとに持ち上ってきた。たしかに表面だけ見れば、「偉大な世紀」〔一七世紀〕の崇高な威厳は依然として続いていた。思想や文筆の仕事に手を出す人は、今ではもう、先に量産されたもろもろの傑作の再製品を作っていればこと足りた。皆われ先にラシーヌのような悲劇やモリエールのような喜劇やラ・フォンテーヌのような寓話を作ろうとした。批評家たちは叙事詩の道徳性やキリスト教的な神話のテーマ化(1)に文句をつけ、芸術の勝利である三一致の規則をいつまでも持ち上げていた。しかし、『神学・政治論』Tractatus theologico-politicus や『エティカ』Ethica〔ともにスピノザ〕、『人間悟性論』An Essay concerning human understanding〔ロック〕、『新教会変異史』Histoire des variations des églises protestantes〔ボシュエ〕、『歴史批評辞典』Dictionnaire historique et critique や『或る田舎人の質問への答』Réponse aux questions d'un provincial〔ともにベール〕などで行なわれた議論にくらべたら、そういうけちくさい問題は疲れた老人か子供たちのたわむれとしか見えなかった。これらの作品では、信じるべきか信じるのをやめるべきか、伝統に従うべきか反逆すべきか、人類は同じ案内人を信用して、昔ながらの道を続けるべきか、新しい指導者に従って回れ右をし、別な約束の地へ向かうべきかが論議されていた。ピエール・ベールの言葉を借りれば「理性派」と「宗教派」が人心の争奪戦を演じ、ヨーロッパの全思想界の面前で合戦をくりひろげたのだ。

　攻撃側がしだいに勝利を収めた。異端は孤立状態を脱して、隠れ家から現われ、弟子を作り、横柄になり、威張りだした。否定は仮面をかなぐり捨て、自分の姿を見せびらかした。理性というのも平衡を保った知恵ではなくて、批判の大胆さを言う言葉になった。神の存在を証明する万人の一致とか、奇蹟とか、もっとも広く受けいれられた観念も疑われるようになった。神的なものは測り知れない未知の天へ追いやられ、人間だけが万物の尺度になった。人間の存在理由も目的も今や人間自身だった。民を導く牧者たちはながく権力を独占して、善と正義と友愛を地上に充ちわたらすと約束してきた。しかし彼らは約束を守らなかった。真理と幸福を賭けた大試合で彼らは負けたのだ。もはや退場するしかない。いさぎよく出て行くか、さもなくば追いだされるかである。人類という大家族を保護しきれなかった古い建物は、思いきって取りこわすべきだ。まずしなければならないのは解体作業である。その次は建てなおすこと、未来都市の土台を用意することだ。死の前兆である懐疑論に陥りたくなかったら、まやかしにきまっている形而上学的な夢をあきらめて、人間のかよわい手にも届きうる外見だけ——われわれはそれで満足しなければならないのだ——を研究する新しい哲学を建設しなければならない。神法ぬきの政治学を、神秘ぬきの宗教を、ドグマぬきの道徳をうち立てなければならない。学問を単なる精神のたわむれではなく、自然を支配できるひとつの力に決定的に変えなければならない。学問の力で幸福が獲得されることは疑いない。こうして征服された世界を、人間は自分の福祉と栄光と未来の至福のために組織しなおすのだ。

一見して明らかなように、これは一八世紀の精神である。私がお目にかけたいと思ったのもほかならぬこのことなのだ。つまり、一八世紀精神の基本的な特徴は普通考えられるよりずっと早くから現われていたこと、ルイ一四世が絢爛たる威容を誇っていた当時から、この精神はすでに余すところなく形成されていたこと、一七六〇年頃にも、いや一七八九年〔フランス革命開始〕前後にすら革命的と見られた思想が、ほとんど皆一六八〇年前後にすでに表明されていたことである。こうして、ヨーロッパ人の意識はひとつの危機に見舞われた。その直接の源であるルネサンスと、それが準備したフランス革命の間で、思想史上これほど重大な危機はほかになかった。「新派の哲学者」たちは、神への義務とか君主への義務とか、総じて義務の観念にもとづく文明のかわりに、個人の良心の権利とか、批判の権利、理性の権利とか、人権・市民権とか、総じて権利の観念にもとづく文明を作ろうとしたのである。

*

その後(あと)や、特にその前の時期を無視して時間的にそれだけ切り離すことのできないヨーロッパの知的生活の三五年間を通覧すること、人間そのものを出廷させて、人は罪を背負って生まれたのか罪なき者として生まれたのか、現在に賭けるつもりなのか永生に賭けるつもりなのかをあらためて尋問しようとしたその法廷を再現すること、絶大な攻撃力ないし防禦力をそなえ、おかげで当時の争いが現在にまで尾を引いており、私たちが宗教的・哲学的・政治的・社会的な問題を立てるその立て方自体が、ある意味では、まだおさまっていないこの大論争の延長であるような、そういう豊かな生命力を持った思想を吟味すること、形式上の完成よりも論拠の豊富さと有効性を重んじた人々が言葉を異常なほどに浪費して書いた厖大で緻密な作品や、難解な神学書、哲学書のたぐいをしらべること、国同士の多くの関係や移入、伝染、影響とか、さらには、局地的な場の中では一見説明がつかず、ヨーロッパという広い場へ戻してみてはじめて理解できるような諸現象を解明すること、山また山のこの景色の中で方向を見定め、稜線や道や踏み跡を発見すること、いろいろな性格を描きわけ、各人の内輪の姿を、その怒りないしはほほえみをとらえること——これはたしかに大変な仕事であった。しかし、それをしようとしたことがけっして悪いとは思わない。たしかに、しのこしたこと、やりなおさねばならないことも多いだろう。また、一本の木ですら根や枝をくわしくしらべなければわからないことももちろんである。けれども、錯綜した森の中に仮りの道を引くことも時には役に立つのではあるまいか。*

＊　本書のさまざまな断片は、『両世界評論』Revue des Deux Mondesの一九三二年八月一五日、九月一日、九月一五日の各号、『比較文学雑誌』Revue de Littérature comparéeの一九三二年一〇—一二月号、『中央ヨーロッパ』Europe centrale の一九三三年一〇月二一日、一一月二五日の各号に発表されているが、ここではそれに大幅な手を加えた。

＊

抒情的な時代というのもないわけではない。そういう時代を研究して、いろいろな調べに耳を傾け、立ちのぼる音の香気をかぎ、あえかな楽の音にいざなわれるのは実に楽しいものである。地上がことごとくひとつの歌と化したような気にさえなる。しかし、ここでとりあげた時代はそういうものではない。この時代は韻律やリズムを知らなかったし、詩の本性についても思い違いをしていた。魅惑の力をついに感じなかったのである。もちろん、想像力や感性にかかわる価値が突如として消滅したわけではない。人間は遊びや情熱に身を任せることを中断したわけでもない。反対に、純粋知性の営みと並んで、色や形が生きつづけ、心情の葛藤が演じられるのを私は指摘したつもりである。理性に満足できないで愛の神を探す、そういう不安な魂の憧れとおののきを、ここでは敬虔主義が、あちらでは静寂主義（キュイエティスム）がそれぞれ明らかにしてくれている。しかし、この神秘主義そのものが、時代の基本的な特徴をなす意識の危機の片棒をかついでいたのである。それは宗教と権力の結託を告発し、正統教会の統制から脱して、信仰の内に個人の情熱と原始的な自発性しか見ず、既成の秩序をうち破ってそれ自体変革の一要因として働いたのだ。当時、未開人の原始的な徳性と文明の誤謬・犯罪との対比によって、市民社会に無政府の酵母が持ちこまれたのと同じである。

争闘と不安に充ち、さまざまな思想をはらんだこの密度の高い苛烈な時代も、それなりにひとつの美しさを持っている。こういう壮大な運動をたどり、思想の群が解体したのち別な様式、別な法則にしたがって再編されるのを目の（ま）あたりにし、われわれの兄弟たちが常にひるまず臆さずに未知の運命へ向かう道を勇敢にさぐりつづけるのを凝視するとき、遠い昔のこととはいえ、人は何かしら或る感動をおぼえずにはいない。彼らの片意地や粘りの内にも一種の偉大さが感じられる。後段で明らかにするように、もしもヨーロッパのヨーロッパたるところが、ぜったいに満足しないこと、真理と幸福の探求をいつでも再開することにあるとしたら、こういう努力の内にはまさに痛苦に充ちた或る美しさが秘められている。いや、それだけではない。思想の誕生、少なくともその変身をしらべ、はじめは無力であったものがしだいに自己を確立し、大胆になり、前進を続け、あいつぐ勝利を博して最終的な覇権を手にする、そういう道行きをたどってみる時*、人は誰しも、生活を導き支配するのは知的・道徳的な力であって物質的な力ではないという深い確信に到達せざるをえないのである。

* 本書の記述には各ページごとに引用、参照事項、文献ノートが付されているが、これについては別巻（本訳書では巻末）の「原註・参考文献」を参照ねがいたい。

訳註

（1） 叙事詩の道徳性やキリスト教的な神話のテーマ化　これを論じたものでとりわけ有名なのは、ボワローの『詩法』Art poétique（一六七四年）第三篇である。特に、キリスト教的な神話を取り扱うことに反対し、『クロヴィスまたはキリスト教のフランス』Clovis ou la France chrétienne（一六五七年）の著者デマレ・ド・サン＝ソルランなどを攻撃した個所は、著者とデマレとの論争を誘発し、新旧論争の端緒となった。たとえば――「見かけに欺かれたわが国の作者たちが、彼らの詩句からこれらの広く認められている意匠〔ギリシャ・ローマの神話〕を追い出して、キリスト教の神や、その聖者や、予言者たちをば、詩人の頭のなかで孵化した異教の神々と同じように活躍させることを考えたり……しても、むだな労力というものだ。キリスト教徒の信仰の恐ろしい奥義は、陽気な意匠など受けつけはしない。……神話気ちがいのキリスト教徒よ、われわれの夢想のなかで、真理の神を嘘の神に変えてしまうようなことはやめてくれたまえ」（河出書房新社「世界大思想全集」、哲学・文芸思想篇21、一一二―一一三ページ、小場瀬卓三訳）。

第一部　心理の激変

第一章　静から動へ

同じ状態を保つこと、奇蹟的に生まれた均衡をこわしかねない一切の変化を避けること、これが古典主義時代の願いだった。危険なのは不安な心をそそのかす好奇心である。いや、危険だけではない。旅人はたとえ世界の涯まで行っても、自分の内にある人間の条件しか見いだすことはできないのだから、もともと好奇心を持つのは馬鹿げている。仮りに別な物が見つかったとしても、心の浪費であることに変りはない。むしろ逆に、心を一点に集中して、永遠の問題を考えた方がいい。気が散っていてはそういう問題は解決できない。セネカも言っていたではないか。折目ただしい人間は何よりもまず立ち止ること、おのれとともにいることを知っているものだと。人間の不幸はみな、部屋にじっとしておれないことからくる、というのがパスカルの発見だった。

古典主義精神はひたすらに静止を愛した。できれば静止そのものであろうとした。ルネサンスと宗教改革の大冒険の後に、沈思の時がおとずれたのだ。政治も宗教も社会も芸術もとめどない議論や不満げな批判を脱し、人間の笹舟は安息の港を見いだした。ここに長逗留できるように。いつまでもいられるように。秩序正しい生活が現にあるのだから、優秀なものと認められた閉鎖的な体制の外に、すべてをご破算にするような実験を試みる必要がどこにあろう。鬼が出るか蛇が出るかわからないそういう空間を人々は恐れた。時間の流れもできれば止めたいと思った。ヴェルサイユ宮では、泉水の水すら流れていないように見えた。落ちてきた水をとりこんで、また力を加え、もう一度天へ吹き上げさしていたのである。同じ水を永久に使おうとするかのように。

『ドン・キホーテ』El ingenioso hidalgo Don Quijote de la Mancha の後篇第一六章で、セルバンテスは「憂い顔の騎士」〔ドン・キホーテ〕が道で出会った緑の外套の郷士を登場させている。郷士は幸福と知恵が待つわが家をさして急いでいる。彼には財産があるが、それもありあまるほどではない。妻子や友人に囲まれて日を送り、遊びといえば狩りと釣りぐらいで、しかも猟犬や鷹より飼い馴らしたあおさぎやよくなついた鷓鴣（しゃこ）の方を好む。七〇冊ほど本を持っており、それ以上ほしいとは思わない。ときどき近所の人に食事へ呼ばれ、こちらからもときどき呼ぶ。ぜいたくな料理を出すわけではないが、べつにしみったれでもない。しかるべき自由と正義と和合を愛し、貧者には施しをするが、虚栄に流れることはいましめている。喧嘩をする人がいると、なんとか仲直りさせる。そして聖母を信心し、神の限りない慈愛を心から信頼している。以上がこの郷士の自ら描く姿である。サンチョはこれを聞いてすっかり感激し、驢馬からとびおりて郷士の足を取り、それに接吻しはじめる。「何をするんだね、お前さん？」「どうぞ口づけさしておくんなせえ」とサンチョ。「お前さまは、わしが生まれてから今日が日まで見た、馬乗りの最初の聖者さまらしいだでね」（筑摩書房刊「世界古典文学全集」、『セルバンテスII』、八一ページ、会田由訳）。

緑の外套の男ドン・ディエゴ・デ・ミランダは聖者ではなかった。ただ、一六一五年（『ドン・キホーテ』後篇が出版された年）にはやくも、古典主義的な知恵の理想を予示していたのだ。「遍歴の騎士」を彼はけっして馬鹿にはしない。勇壮なことを好む気持も失ってはいない。にもかかわらず、ドン・キホーテのあとについて流浪の旅へのぼるつもりはさらさらないのだ。人生でいちばん幸福なのは精神と感覚と心情の調和であるということを心得ているのである。うまく生きる秘訣を見つけた以上、もうそれを手放したくない。臨終の日まで、それを実践しつづけるつもりなのだ。

だが、浮世ははかないものである。彼の秘訣ものちの人には三文の値打ちもなくなってしまう。大人になった孫たちは、緑の外套の騎士など時代遅れだと思うだろう。ああいう満足のしかたを馬鹿にして、平和裡に活動することを許していたありがたい休戦条約を破りすて、あまりに長くおさえられていた焦燥の歯止めをはずし、懐疑を求めて遠くへ旅立ってゆくだろう。旅を愛する気持が次第にいやまし広まって、他人の生きかた考えかたを知るために探検家が自分の村、自分の州、自分の国から出て行くようになった時、それだけで生活の指導原理に変化が生じたことがわかるだろう。「好奇心があれば旅をせよ……」*とも言われている。

* トロッティ・ド・ラ・シェタルディー『若き貴人への教え、

または紳士の観念』Instruction pour un jeune Seigneur, ou l'idée du galant homme、パリ、一六八三年、六八ページ。

＊

ブルボン温泉〔パリの南々東約三〇〇キロ、現在はソーヌ＝エ＝ロワール県に属する〕へ行ったとき、ボワローは世界の涯まで来たような気がした。オートゥイユ〔パリの西郊。ボワローの屋敷があった〕だけでこと足りていたからだ。ラシーヌもパリだけで満足していた。だからラシーヌもボワローも、国王の遠征のお供をしろと言われたときは、頭をかかえてしまったものである。そう言えば、ボシュエは生涯ローマへ行かなかった。フェヌロンも行かなかった。モリエールもペズナス〔南仏ラングドック地方の町。モリエールが南仏を巡業中にしばしば公演した町で、彼とそこの理髪師ジェリの交わりについて、いろいろな伝説が生まれている〕の髪床を二度とふたたび見なかった。古典主義の大作家たちは動くのが嫌いだったのだ。あっちへ行ったりこっちへ行ったりするのは、ヴォルテール、モンテスキュー、ルソーといった連中である。しかし、この移行は一足とびに行なわれたのではない。じわじわと進んだのだ。

実をいうと、一七世紀の末から一八世紀の初めにかけて、イタリア人は旅行好きな先祖の気質を取りもどしていた。フランス人も水銀のようにじっとしておれなくなっていた。その時代の或る観察者に言わせると、彼らの新し好きはたいへんなもので、同じ友だちとつとめてながくはまじわらず、毎日違った流行を考えだし、自分の国に退屈すると、場所を変え気分を変えるためアジアやアフリカへ出かけてゆくほどだったという。＊ドイツ人も旅をした。旅行をするのは彼らの習慣、いや癖だった。家へ引きとめておくことはできなかったのだ。「私たちは親子代々旅行をしています。どんなことがあっても旅行をやめるわけにはいきません」〔第三幕第二場。一七一一年版作品集、第二巻一一三ページ〕――これはサン＝テヴルモンが『ポリティック・ウッド・ビー卿』Sir Politick Would-Be という面白い無国籍的な喜劇の中に登場させたドイツ人のせりふである。「ラテン語をおぼえると、私たちはすぐ旅行の準備にかかります。まず買いこむのはいろんなルートを教えてくれる〈旅行案内〉で、その次は各国の名所を紹介した小型の本です。文人なら家を出る時、何も書いてない立派な装丁の本を持ってゆきます。これは〈交友録（アルブム・アミコルム）〉といって、行く先々で学者の家を訪問したら、必ずこれを出して、サインしてもらうのです」（同ページ）。このドイツ人はどんな労苦もいとわなかった。山のてっぺんまでよじのぼり、渡しや橋の数をかぞえつつ水源地から河口まで流れをたどり、ローマ時代の円戯場の跡や神殿の名ごりをしらべ、教会、僧院、尼寺、広場、市役所、水道橋、城砦、兵器廠などをノートをとりながら見学し、墓石の碑銘をメモし、鐘楼も組鐘（カリヨン）も大時計も忘れず、フランス国王の戴冠式や神聖ローマ皇帝の選挙があると聞けば、すべてをなげうってかけつける――そういうことが仕事だったのである。

＊ ジョヴァンニ・パオロ・マラナ『或るシチリア人から一人の友人への手紙。パリとフランス人についての面白い批評を収む』Lettre d'un Sicilien à un de ses amis, contenant une agréable critique de Paris et des Français、一七〇〇年および一七一〇年（第二七節。一八八三年版二四ページ）。

イギリス人も旅をした。旅行は教育の仕上げだった。オクスフォードやケンブリッジを出たての若い貴族たちは、ギニー金貨をどっさり持ち、賢明な家庭教師に付き添われ、ドーヴァー海峡を渡って「大漫遊」をくわだてた。旅行者といってもいろいろあった。或る者はフロンティニャン（フランス）やモンテフィアスコーネ（イタリア）のマスカット酒とか、アイ（フランス）、アルボワ（フランス）、ボルドー、ヘレス（スペイン）の葡萄酒とかを味わうだけで満足したが、或る者は良心的に博物標本室や古美術品のコレクションをしらみつぶしにしらべて歩いた。まさに十人十色だった。「フランス人は普通ためるために旅行するから、時によると宿泊地に利益よりも損害を与える。反対にイギリス人は、為替手形をふんだんにたずさえ、豪勢な車馬と大勢の従者をつれて国をいでたち、湯水のように金をばらまく。計算によると、ローマだけでもイギリス人の貴族が普通は五〇人以上おり、それが必ずお供を何人も従えていて、平均すると一人最低年に二千エキュは使うらしいから、ここだけでも年々三万ピアストル余の現金をイギリスから引き出していることになる。」パリでも同じだった。「ここにもイギリス人の旅行者がいない時はない。イギリスの或る商人はフランスにいるイギリス人の貴族たちに年一三万エキュもはらったと言っていた。そんなに金のある銀行家ではなかったのに。」＊ これは流浪の冒険家グレゴリオ・レティの言葉である。レティには最低五つの祖国があった。ミラノに生まれ、ジュネーヴではカルヴァン派になり、パリではルイ一四世の讃辞を書き(1)、ロンドンでは英国史(2)をものし、オランダではお雇い諷刺文作者(パンフレテール)(3)となって一七〇一年にそこで歿しているからだ。学者たちも町から町へ遊学して歩いた。たとえば、パドヴァ〔イタリア〕のアントニオ・コンティは一七一三年にパリへでかけ、一七一五年にはロンドンへ行って微積分論争に口を出し、ライプニッツと会談するためにハノーヴァーへでかけ、途中オランダを通ったときはレーウェンフクをおとずれている。哲学者たちも旅をした。それも、炉部屋で静かに瞑想するため(4)ではなくて、世界中の珍しい物を見るためだった。ロックやライプニッツがそうである。王様たちも旅をした。スエーデンのクリスティーナ女王は一六八九年にローマで死んだし、ピョートル大帝は一六九六年にヨーロッパへ向けていでたっている。

＊ グレゴリオ・レティ『O・クロムウェルの生涯に関する歴史と覚書』Historia e memorie sopra la vita di O. Cromvele、アムステルダム、一六九二年。仏訳一六九四年。再版一七〇三年、四六ページ。

境界ははっきりしないが、学問的な論述でも博物館のカタログでも恋物語でもみんなつっこめるしごく便利な「旅行記」という文学ジャンルが制覇した。その中には学問的な蘊蓄を傾けた重っくるしい報告もあれば、心理的な研究もあり、純然たる小説もあり、それらを全部いっしょくたにしたものもあった。これへの賛否は相なかばしたが、批判にしろ讃辞にしろ、旅行記が今や重要な位置を占めていること、旅行記なしにはもはやすまされなくなったことを示していた。同じ好みが旅行案内やガイドブックの生産にも拍車をかけた。題名をひろってみれば、『フランスを旅する異国の紳士〔のための案内書〕』Le Gentilhomme étranger voyageur en France〔一六九九年、ライデン〕、『真正人形劇、または旅する人のための一般的指針』Il Burattino verdico, ovvero Istruzione generale per chi viaggia〔一六八三年、ローマ〕、『スペイン、フランス、イタリア、ドイツ各地への行路案内』Guia de los caminos para ir por todas las provincias de España, Francia, Italia, y Alemania〔一七〇五年、マドリード〕。有名な都市は単独で扱われる権利があった。『ヴェネチアの町と共和国』La Ville et la République de Venise〔一六八〇年、パリ〕、『外国人のためのローマ市紹介』Description de la ville de Rome en faveur des étrangers〔一六九〇年、パリ、リヨン〕、『王都ナポリの名物を見聞せんとする異国の人のための案内書』Guida de' Forestieri curiosi di vedere ed intendere le cose le più notabili della regal città di Napoli〔一六八六年、ナポリ〕、『新篇パリ市名所紹介』Description nouvelle de ce qu'il y a de plus remarquable dans la Ville de Paris〔一六八四年、パリ〕など。読めば誰でも駅馬車に乗りたくなり、楽しい約束に充ちた地平線が瞼に浮かぶような、そういう魅力満点のタイトルもあった。「楽しみ」というのである。『イタリアの楽しみ』Les Délices de l'Italie〔一七〇六年、ライデン〕、『デンマークとノルウェーの喜び楽しみ』Les Délices et Agréments du Danemark et de la Norvège (Deliciæ sive amoenitates Regnorum Daniæ, Norvegiæ, Slesvici, Holsatiæ)〔一七〇六年、ライデン〕、『イギリスとアイルランドの楽しみ』Les Délices de la Grande-Bretagne et de l'Irlande〔一七〇七年、ライデン〕、『スイスの国と楽しみ』L'État et les Délices de la Suisse〔一七三〇年、アムステルダム〕。こういう「楽しみ」を全部集めたのが『ヨーロッパ名所めぐり』Les Merveilles de l'Europe〔一七〇二年、ウルム〕だった。

ならばいっそ『世界見てある記』Galerie agréable du monde〔一七一五年、ライデン〕とした方が面白そうではないか。

*

それもそのはず、世界の発見と踏査という仕事を、ヨーロッパはもうやめられなくなっていたからだ。一七世紀は前世紀が遺した仕事を受けついだ。地球の探検は古い哲学がよって立つデータをくつがえしたから、物事についての新しい考え方がそこから生まれるにちがいない——このことはすでに一六二九年[5]にピエール・ベルジュロンという無名作家が言っており、一六三七年[6]にはトマソ・カンパネッラも言っていた*。こういう思想ははじめ緩慢な歩みを辿ったが、やがてしだいにピッチをあげた。事実、オランダ人は東インド貿易を行なうかたわら、現地の変った事柄を記述していたし、イギリス人もユニオン・ジャックを七つの海にひるがえすかたわら、かつて例のないほど大量の紀行文を発表していた。コルベールもフランス人の活動力の対象として、豊かな植民地や遠隔の商館をあたえ、「王命により行なわれたる」(!)という但し書をつけた旅行記がそこからぞくぞくとあがってきた。自分の信仰にとってこの上もなく大切な、自分の権威を維持するためにも必要欠くべからざる観念が、これらの旅行記から生まれた思想によって揺らぐおそれがあることを、王様はまるでご存知なかったのである。

* 本書が扱う直前の時期に旅行が思想にあたえた影響については、アンリ・ビュッソン『シャロンからパスカルまでのフランス宗教思想』**La Pensée religieuse française de Charron à Pascal**（一九三三年）二八四ページを参照。

こうして「××記」、「××紹介」、「××見聞録」、「××集」、「××双書」、「××文庫」、「××雑記」といったものが滅茶苦茶に大量生産された。家から一歩も出ず、アメリカの大湖もマラバール〔インドの西海岸地方〕の庭園もシナのお寺も知らずにおわる人々が、炉ばたに坐ったまま他人の話を本で読むことになった。海外布教会、カプチン会、フランチェスコ会、同原始会則派、イエズス会などの面々は異教徒の改宗の話をした。チュニスやアルジェやモロッコに捕われていた人々は信仰ゆえの迫害の話をした。貿易会社付きの医師はそれぞれの観察を語り、ダンピア(7)、ジェメッリ・カッレリ(8)、ウッズ・ロジャーズ(9)などの船乗りは世界一周の自慢話をした。時代の空気をよくあらわしているのは、一六九〇年七月一〇日に〔フランスからの〕亡命新教徒(10)がアムステルダムから船出して、あてどない旅にのぼったことだった。実りのないヨーロッパをあとにして、東インドへ行く道のどこかにエデンの園をみつけ、人生のやりなおしをしようと思ったのである。だが、そんな場所はついにみつからなかった。

こういう材料を前にして、人々の意識は動揺をきたした。一七世紀も末にさしかかると、醱酵作用はいまやたけなわとなった。政界の騒ぎから身をひいて、ムア・パーク〔テンプルの別荘の名。ロンドン南方のサレー州にあった〕の美しい庭を耕し（キュルティヴェ）、自分の精神を陶冶（キュルティヴェ）することに専念していたウィリアム・テンプル卿の思索の跡を、私たちは逐一たどることができる。こう考えたらしい。商人や船乗りや旅行家の話によって、未知の国や蛮地と見られていた国も今では知られるようになった。ところで、われわれの視野に最近ようやく入ってきて、今日では有識者に話の種を提供しているこういう国々でも、古来われわれの精神の糧となってきた豊かな発見や立派な行為に比肩するものがいくらでも起こっている。こうした国の広さや地味や風土や産物だけでなく、その法律や習慣や政体にも関心を持つべきだ……と。

そこでウィリアム・テンプルは、シナやペルーや韃靼やアラビアの政治・道徳を研究しはじめた。新世界の地図とにらめっこしながら、旧世界を律するさまざまな原理を再検討しはじめた。*

* 一六九〇年の『随筆集』Miscellaneaに収められた「英雄の力について」Essay upon Heroick Virtue。

もっとも、旅行者が持って帰る考えは、当人は独創的なつもりでも、実は往々にして旅立つ時から荷物のなかに収められていたものだった。しかし、それの効能を信じたのはまちがいではなかった。同じ考えでも、アムステルダムやロンドンやパリへ持ち帰った時にはじつに誇らかで、大胆で、はじめにはなかったような力を持っていたからだ。財産とか自由とか正義とかいう最重要な観念が、どれもみな遠い国の実例によってあらためて論議の対象となった。誇張ではない、文字どおりそうだったのである。ひとつの理由は、異なるものをおのずから単一の原型に還元するのではなく、特殊なもの、還元しがたいもの、個的なものの存在を人が確認したからだった。もうひとつの理由は、思想家の手にも簡単にとどく経験的な事実が、広く受けいれられてきた見解と対置されえたからだった。あれこれのドグマ、キリスト教のあれこれの信仰に異を立てようとする者は、これまで古代という貯蔵庫から汗水たらして証拠を探してくるほかなかったが、今や新鮮できらびやかな新しい証拠が現われた。旅行者の報告を手元へ置けるようになったからだ。あらたな権威によって保証されたこういう証言を、ピエール・ベールはたびたび引き合いに出している。「ベルニエ氏は、ムガール国見聞録(11)という面白い本でこう述べている……」〔第一九節。プラ版、一九三九年、第一巻七一ページ〕。「タヴェルニエ氏の旅行記(12)が教えるとおり……」〔同上〕。「シナの見聞録が教えるとおり……」〔同節。同、第一巻七三ページ〕。「オランダ〔東インド〕会社の日本見聞録(13)を参照……」〔第七三節。同、第一巻一八八ページ〕など。月蝕の月を助けるためにドンチャン騒ぎをする習慣については、「ピエトロ・デッラ・ヴァッレの報告(14)によると、ペルシャ人は今でもこの滑稽な儀式をしているらしい。これはトンキン王国でも行なわれている。この国の人は、月蝕は月と龍の格闘だと思いこんでいるのである。タヴェルニエ氏の見聞録新篇(15)を参照」〔第八九節。同、第一巻二三八ページ〕。また、「キリスト教徒の間にも身持ちの悪い者が多いことを私は前段で述べた。ここで思いだすのは、リーコウ氏の見聞録[16]で読んだ以下のような文章である」〔第一六五節。同、第二巻八四ページ〕。「リーコウ氏の見聞録はたいへんさわがれたものですから、あなたもきっとご存知でしょう」〔第一七四節。同、第二巻一一二ページ〕。神の存在が万人の一致によって保証されてはいないこと――これが肝腎な点だ――を証明する時にも、旅行記が待っていましたとばかり恰好の論拠を提供してくれる。「ストラボン[17]が語っている神を信じない民族の例や、近代の旅行者がアフリカやアメリカで発見した同種の民族の例をあげて反駁したら、あなたはなんと答えますか*」〔第一二九節、同、第一巻三三七ページ〕。

＊　ピエール・ベール『一六八〇年一二月の彗星出現に際して、ソルボンヌの某博士に宛てた諸考察』Pensées diverses écrites à un Docteur de Sorbonne, à l'occasion de la Comète qui parut au mois de Décembre 1680、一六八三年、第一九[18]、七三、八九、一二九、一六五節その他。

空間があたえる教えのうちでも、いちばん新しいのはたぶん相対性ということだった。パースペクティブが変ったのである。超越的と見えた概念も、もはや場所の相違からくるものにすぎなくなった。道理にもとづく慣習も、ただのしきたりにすぎなくなった。また逆に、突飛と思われていた習慣も、起源と環境から説明すれば筋が通っているように見えた。われわれは髪をのばして、ひげをつるつるにそるが、トルコ人は髪をそって、ひげをのばしている。われわれのあいだでは右手の方が格が上とされるが、トルコ人のあいだでは左手の方がそう見られている。逆だからとて、いいの悪いの言ってはいけない。あるがままに受けいれよう。シャム人は女が通ると背を向ける。相手を見ないことが即ち敬意を表することだと思っているのだ。われわれはそうは考えない。だが、正しいのはどちらなのか。まちがっているのはどちらなのか。シナ人が四千年来いだいてきた特有の考え方にもとづいてわれわれの習俗を判断すれば、もうすこしでわれわれを野蛮人扱いしかねない。われわれもシナ人の習俗を判断すれば、なんと奇怪で馬鹿げたものかと思う。『シナの儀式に関する手紙』Lettre du R. Père Louis le Comte, de la Compagnie de Jésus, à Monseigneur le Duc du Maine, sur les Cérémonies de la Chine という本のなかで以上のように述べたイエズス会のル・コント神父は、そこから次のような哲学的結論を引きだした。「私たちはどちらも同じようにまちがっているのです。なぜなら、人間の行為の大部分はそれ自体としては善でも悪でもなく、最初に制定されたとき諸国民がそれに好んで結びつけたものを本来は意味するにすぎないのですが、私たちは幼時からの先入見に惑わされて、このことを見ることができないからです」(『シナの儀式に関する手紙』、一二ページ)。この原理はいくらでも延長される。何もかも相対的だという考えへ一直線に行ってしまう。「臆見、予断、慣習、期待、名誉心などはどんなことでもやりとげられる」とベルニエは言った(19)。「風土だ」とシャルダンは言う。「私見によれば、各民族のおかれている風土が、いつも人々の好みや慣習を決定する主要な原因となっている……(20)。」それにつづけて、「疑念は学の始まりである。何も疑わない人は何も検討しない。何も検討しない人は何も発見しない。何も発見しない人は盲目だし、いつまでたっても盲目のままだ。」こういう意味深長な文句を読むと、「或る人々は長旅によってすっかり堕落し、残っていたわずかな信仰心もなくしてしまう。毎日のように新しい宗教を見、さまざまな習俗、さまざまな儀式を見て……云々」という、ラ・ブリュイエール(21)が「不信者について」の章で言っていることも合点がゆくのである。

*

そこへ「象徴的な異国人」がやってきた。それぞれの慣習と掟と独自の価値体系を持ってやってきた。いやでも考えざるをえなくなったヨーロッパは、彼らの歴史や宗教をしきりに問いただした。彼らはそれぞれに求められた回答をあたえた。

面倒なのはアメリカ人だった。遅れて発見されたあの大陸に埋もれていたアメリカ人は、セムの子孫でもハムの子孫でもヤペテの子孫でもない。では誰の子孫なのか。キリストが受肉する前に生まれた異教徒もアダムの子孫として原罪にあずかっていたはずだが、アメリカ人はどうなのか。どうして彼らは世界的な大洪水をまぬがれたのか。いやそれだけではない。周知のとおりアメリカ人はまったくの未開人だった。社会ができる前の人間の姿を思い浮かべようとする人は、まっぱだかで群ともいえないような群をなすアメリカ人をみんなモデルにしたものである。しかし、ここに疑いが生じた。未開人は軽蔑すべき低級な物ときまっているのか。幸福な未開人というのは存在しないのか。

昔の製図師が大陸の図の上に草木や獣や人間の姿を描い

たように、知的な世界地図には「善良な未開人」の位置と重要性を書きしるさねばならない。べつに新しい人物ではないが、それがはっきりした形をとり、攻撃的な性格を帯びたのは、ここで扱う世紀の入れかわりの時期だった。すでに準備はととのっていた。未開人の美点をたたえた各派の宣教師たちは、自分がほめそやす美徳はキリスト教的なものかどうかということなどほとんど意に介さなかった。あとさきの考えなしにやたらと熱をあげ、未開人が自然から授かっている――と称した――単純さと、ヨーロッパ人のあいだではかならずしも見られない人の好さ、心の広さをほめちぎった。こういう考えが十分に熟した時、はたして一人の人物が現われて、それを情熱的に、激越に、かつ巧妙な形で――これがいちばん必要な条件だった――提示したのである。ラオンタン男爵という反逆児だった。道をまちがえて国王の軍に投じたこの男は、一六八三年ケベックに上陸した。馬鹿でも腰抜けでもなかったから、はじめはカナダで一旗あげようと思い、中尉ついで大尉としてイロクォイ族討伐の遠征にくわわったが、軍規を破り、嫌気がさして、ついに失意のあまり脱走し、ヨーロッパへ舞いもどって敗残の余生をおくった。しかし、一七〇三年に彼が発表した『紀行』〔正確には『北アメリカ新紀行』Nouveaux Voyages de Mr. le baron de Lahontan dans l'Amérique septentrionale〕と『覚書』〔正確には『北アメリカ覚書』Mémoires de l'Amérique septentrionale ou la Suite des Voyages de Mr. le baron de Lahontan〕と『対話』〔正確には『著者と、旅行経験を持つ良識ある未開人との面白い対話』Supplément aux Voyages du baron de Lahontan où l'on trouve des Dialogues curieux entre l'Auteur et un Sauvage de bon sens qui a voyagé〕は、まさにひとつの記念碑だった。誇りたかいラオンタンも、自作のいのちがこんなにながいとは思っていなかったにちがいない。

　未開人のアダリオ〔『対話』の登場人物〕と文明人のラオンタンが議論をする。ラオンタンの方が分が悪い。アダリオは意気揚々と福音書に自然宗教を対置し、懲罰への恐れしか吹きこもうとしないヨーロッパの法律に自然道徳を対置する。社会には、正義と幸福を同時に保証する原始共産主義を対置する。そして「ヒュロン族万才！」を叫ぶのである。勇気もなければ体力もなく、食べものや住まいを自分で用意することもできず、頽廃して精神的にはけだものとかわりがなく、青い服、赤い靴下、黒い帽子、白い羽飾り、緑色のリボンといった異様ななりをして、あとには不快の念しか残らない富と名誉を四苦八苦して求め、おかげで四六時中死の苦しみをなめている、そういうあわれな文明人がアダリオには気の毒でならない。それにくらべれば、丈夫で健脚で狩りの名手で困苦欠乏によく耐える未開人の方がずっと立派で高尚ではないか。学芸は頽廃のもとで、読み書きできない者は多くの不幸にあわずにすむから、未開人が無知であることすら特権なのだ。未開人は自然という慈母に従っている。だから幸福なのである。文明人こそ本当は野蛮人なのだ。すべからく未開人をみならって、人間の自由と尊厳をとりもどすがよい。

「善良な未開人」とならんで、「エジプトの賢者」も名乗りをあげた。ただ、これはまだはっきりした形をとっていなかった。形成途上だったのである。

それはモザイクを作るような作業だった。いつでも使われながらけっしてすりへらないヘロドトスとストラボンの石[22]や、神聖な名誉をヘブライ人から奪ってエジプト人にあたえようとする年代学者の讃辞*や、旅行家の話などが材料になった。旅行家たちはいにしえのエジプトの地に音楽と幾何学がはじめて呱々の声をあげたこと、エジプトの空に星座の位置がはじめて画定されたことをあらためて想起させていた。ボシュエの『世界史論』Discours sur l'Histoire Universelle のみごとな記述も思いおこされた。ボシュエによれば、スキティア人やエチオピア人はまったくの野蛮人で、完全な文明とはどういうものかを教えてくれたのはエジプトだった。エジプト国民は重厚かつ謹厳で、志操堅固で、新しいものを忌み嫌っていた。人一倍感謝の念が厚いと言われたとおり、社交性にかけてもその右に出る者はなかった。法律をつくっただけではない。もっとむずかしいことだが、つくった法律をよく守った。エジプト人は死者をさばいた。この最高法廷の決定で善人と悪人を分離したうえ、善人には大きな墓をたて、悪人はごみ捨場へ捨ててしまった。エジプト人はナイル河を氾濫させて地味をこやした。エジプト人はピラミッドをたてた。

＊ 第一部第二章を参照。

ボシュエがこんなに興奮したのは古代の思い出に養われていたからだが、もうひとつ、高部エジプトをおとずれたカプチン会の名もない宣教師たちの記述をペンを片手に読んだおぼえがあったからである。宣教師の言葉をまに受けて、ボシュエは、百の市門をつらねるうるわしのテーベがいつかはよみがえることを熱烈に期待していた。これこそルイ大王にふさわしい事業ではないか。「旅行者がこの町の跡まで踏みこんでいたら、廃墟のなかに比類を絶する何物かがまだ発見されたにちがいない。エジプト人が作ったものは持ちがよいからだ。……国王のみ名が世界のすみずみにまでとどろきわたり、陛下が自然と人工の傑作をかくも遠方にまで探させておられる現在、テバイスの砂漠にうもれた美を発見し、エジプトの発明によってわれらの建築術を豊かならしめることは、陛下のけだかい好奇心にふさわしいことではあるまいか」〔『世界史論』第三部第三章。ヴィヴェス版全集、一八五七年、第二三巻三四五―三四六ページ〕。

しかし、ボシュエが認めなかったのは古くて新しいひとつの哲学をエジプトに求めることだった。かわりに現われたのが創意満点の奇人、ジョヴァンニ・パオロ・マラナという冒険家である。これはジェノヴァの人だったが、故国といざこざを起こし[23]、フランスへ来てルイ一四世に仕えた[24]。欲得ぬきで、というといささか嘘になるが。この人はいろんなフィクションをものしたけれども、なかにひとつ、一六九六年に出した『道徳と学問の諸問題に関する哲学者と隠者の対談』Entretiens d'un philosophe avec un solitaire sur plusieurs matières de morale et d'érudition というおかしな小説がある。ここには、齢(よわい)九〇をかぞえながら、乙女よりバラ色で若々しい一人の老人が登場する。どうしてそんなに若いのか。ながくエジプトで暮らしたからだ。エジプトへ行けば、不老不死の霊薬を作る秘訣が学べる。とくにありがたいのは、キリスト教とはまったく違う本当の哲学を学べることだ……。この小説にはエジプト人の青年も出てくる。徳と学識の塊のような人物で、どんなむずかしい問題についても即席で滔々と弁舌をふるう。祝福された異教の地、エジプトの霊験たるやかくのごとしである。

月日がたつうちに物の形は鮮明になり、肉付けされる。振鈴(シストル)、パピルス、とき、白蓮といった舞台装置もととのってゆく。そしてついに「エジプトの賢者」、一八世紀に愛読されたテラソン師の『セトス』[25] Sethos, histoire ou vie, tirée des monuments, anecdotes de l'Ancienne Égypte の登場となるわけである。セトスは英雄ではなくて哲人である。王ではなくて管理者である。キリスト教徒ではなくてエレウシスの秘義に通じた達人である。為政者の鑑、万人の鑑だ。

回教徒のアラビア人は、こういう幸運に恵まれそうもなかった。マホメットは運命をきびしいものと考えたからだ。アラビア人はペテン師で、下劣な詐欺師で、大地を火の海、血の海にする野蛮人で、天のこらしめと思われていた。ところがここに学者たちがやってきて、旅行家に助太刀したのである。空間ではなく時間の探検をやったのは、この面々だった。デルブロ氏、その弟子及び後継者でコレージュ・ロワイヤルの教授だったガラン氏、オクスフォード大学のアラビア学の教授ポコック氏、ユトレヒト〔大学〕の東洋語と古代教会史の教授レラント氏、ケンブリッジ大学のアラビア語の教授オックレー氏、といった人たちが東洋文明を一生懸命研究した。直接に原典を読み、それでアラビア人を見なおしたのである。

学者たちは指摘した。マホメットがただの妄想家、癲癇病みにすぎなかったら、あれほど大勢の人がマホメットに従うようなことはなかったろう。回教が噂どおりの粗末でくだらない宗教だったら、ながつづきも拡大もできなかったろう。しかし、でたらめな伝説を踏襲せずに直接アラビア人に尋ねてみれば、マホメットもその信徒たちも知情意のすべての点でほかの民族の名高い英雄豪傑に劣るものではないことがわかるはずである。昔の異教徒もさんざんキリスト教の悪口を言ったではないか。常識では考えられぬことを言いふらしたではないか。物事を外から判断すれば、そうなるにきまっている。みんなマホメット教徒が言ってもいない命題や、犯してもいない誤りを反駁してきたのだ。それで勝つのだったら誰にでもできる。だがマホメット教というのは、実は非常に首尾一貫した、高尚な、格調高い宗教である。のみならず、彼らの文明たるやまことに驚嘆すべきものだったのだ。蛮族が世界を支配して以後、思想と文化の権利を保ちつづけたのは誰だったか。アラビア人ではないか……。

不人気から共感へ——この変化に要した時間はいくばくもなかった。一七〇八年にはすでに完了していたのである。この年、サイモン・オックレー[26]は真実と言おうか錯覚と言おうか、とにかく二百年後の今日でも議論する価値がありそうなひとつの説をなした。西洋の方が東洋よりまさっているということに異議をとなえたのだ。東洋に生まれた天才の数は西洋にひけをとらないし、幸福に生活できるという点では東洋の方が上だからである。「神を怖れること、欲望をおさえること、生活を慎重にいとなむこと、身分や状況のいかんにかかわらず礼節と節度を守ること――こういうすべての点（要するに、いちばん大事な点である）について、西洋がほんの少しの進歩でも東洋の知恵に付け加えているならば、私はたいへんな思い違いをしたことを白状せねばならぬ。」こういう考えは広まって、ブーランヴィリエ伯爵というフランス人に受けつがれた。この人はデルブロ、ポコック、レラント、オックレーに感謝しつつ『マホメット伝』La Vie de Mahomedなる一書をひそかに著わしたが、上記の変化はここに至ってまさに完成の域に達した。各民族はそれぞれ固有の知恵を持っており、キリストがユダヤ人の知恵を体現したように、マホメットもアラビア人の知恵の体現である、とされたのだった。

　われわれの癖や欠点や悪徳の皮肉な目撃者となって、ヨーロッパの町々の大路小路を逍遙し、さかんに観察し批評をくわえ、面白いことは面白いが、そのじつ神経を逆なでするようなせりふを吐き、おごりたかぶった国民に、君たちはすべての真理もすべての完全性も保有してはおらんのだぞと教えてやる――そういうたぐいの人物はたぶんヨーロッパ文学になくてはならぬものなのであろう。好みのタイプとして愛用され、何回となくお役をつとめたからである。しまいに飽きられてしまったのもいたしかたない。さて今、こういう人物を提供するのはどこの国か。トルコかペルシャか。

　軍配はトルコの方にあがったかに見えた。この国は顔の一方をヨーロッパへ向けていたし、ペルシャより知られていたからである。大使の書記をつとめていたポール・リーコウ卿というイギリス人が[27]、この国の潑剌たる記述をのこしていた。一六六八年以来、その本は旅行記の古典の列に加えられ、つぎつぎと版を重ねて万人の手に渡っていた。同種の話はほかにもたくさん出た。ところがここに、エジプト気違いだった例のマラナがトルコを食いものにしだしたのである。一六八四年に彼は『トルコ皇帝の密偵』Espion du Grand Seigneur dans les Cours des Princes chrétiensを出しはじめ、これはものすごい大当りをとって、ほとんどかぞえきれないほどの子供や孫をつくった。モルダヴィアのティトゥス[28]と称されるスパイのマムート[29]は、顔も姿もいたって不細工で、しかも無口な男である。控え目で地味な人間だったから、人目に立たず、誰にも怪しまれずに四五年間パリで暮らした。昼間は外をほっつき歩き、日が暮れると部屋へ帰って手紙を書いた。宛先は自分の主人であるコンスタンチノープルの国務卿、ハスナダル・バッシ(30)つまり帝室財務長官、近衛歩兵隊長（ジャニセール・アガ）、皇太后の宦官メヘメット、あるいは天下無双の総理大臣（ヴィジル・アゼム）。政治的なこと、軍事的なこと、教会関係のこと、どれについても彼の手紙は不敬きわまりなかった。このスパイはあらゆるものを馬鹿にしていたのだ。

しかしペルシャ人も仕返しをした。そして最後の勝利をおさめた。理由はたぶん二つあったろう。ひとつは、シャルダンの旅行記(31)が出ていたことである。テンポはのろいが、こんなに感動的な旅行記はそうざらにあるものではなかった。宝石商の息子で自身も宝石商だったシャルダンは、時計や腕環や首飾りや指環を売りにペルシャへ行った。ナント勅令の廃止(32)でフランスへもどれなくなったこの新教徒は、生まれつきエキゾチックな魂の持ち主だった。パリよりイスパハン〔イランの町。一六―一八世紀のサファヴィー王朝の首府〕の方がくわしくて、それに大事なことは、イスパハンの方が好きだったのである。だからその本を読むと、どんなに頭の悪い読者でも、生活のしかたは自分とはまるで違うが、それでもあらゆる点で自分にひけをとらない人間が遠いアジアにいることをいやでも悟らざるをえなかったのだ。優越というおなじみの観念のかわりに、相違という観念を用いなければならなくなった。この心理的変化は重大である。ペルシャでは何から何までべつなのだ。途中でたべる食事も、土地の医者がつける薬も、宿泊する隊商宿も、衣服も、冠婚葬祭も、宗教も、裁判も、法律も、何から何までべつなのだ。でも、このペルシャ人は野蛮人ではない。それどころかきわめて洗練されている。文明的すぎるほど文明的で、ながい文明にいささか倦んでいるほどだ。シャルダンが力説したのはこういう「べつの世界」の存在と、それの正当性だった。「距離からしても習俗や準則の違いからしてもまさにべつの世界と呼んでよいこの国について、ヨーロッパ人の興味をひきうるすべてのことを＊」彼は読者に伝えたのである。

＊『シャルダン騎士のペルシャ、東インド旅行日誌』Journal du voyage du chevalier Chardin en Perse et aux Indes orientales（一六八六年）の序文。

ペルシャ人がトルコ人を押しのけた理由はもうひとつあ

る。これはあえて説明するまでもあるまい。いろんな下書きやスケッチがとられたあげく、いまや用意万端ととのったこの材料を仕上げるために、なみの才人ではない、文字[33]どおりの天才が登場したからだ。ごぞんじモンテスキューである。

この雑多な群にシャム人があやうく一枚加わりかけた。ルイ一四世はシャムでもフランスの貿易事業をおこし、あわせて正しい信仰を広めたいと思っていた。そこで往き来が始まった。一六八四年にはシャムの役人がパリへやってきて、市民の目をみはらせた。一六八五年にはフランスの使節団がシャムへおもむいた。一六八六年にはシャムの使節団がまたフランスへ来た。一六八七年にはフランスの二度目の使節団が前回の試みをくりかえした。そのころから、学のある坊さんや関係の外交官がものした見聞録がつぎつぎと活字になった。大衆も興味をおぼえ、例によって例のごとき心理から、敬虔にして賢明、賢明にして開明的なるシャム人という美化されたイメージができあがった。たとえばシャムの王様は改宗をすすめられた時こう答えたという。神の摂理は、世界にひとつの宗教しかないことをもし望んだら、このもくろみをいとも簡単に実行できたはずである。しかし、神はたくさんの違った宗教を黙認しておられるのだから、浜の真砂のような大勢の人間がそれぞれのしかたで神をたたえる方がよいと思われたに違いない、と。この言葉を報告した筆者は、ここで感きわまって言う。ヨーロッパの学問にまったくうといシャムの君主が、唯一の真なる宗教に対して異教の哲学がもちだしたいちばんもっともらしい理屈を、これほど明晰な言葉で、これほど強力にふりかざすとは驚きではないか……。ここから引きだす結論には異端のにおいがした。シャム人はどんな宗教でも黙認して、キリスト教の宣教師が町々で自由に布教するのを許している。ヨーロッパ人はそんなに寛大だろうか、寛容だろうか。仏教僧(タラポワン)——シャムの僧侶の呼び名——がもしフランスへ来て布教しだしたら、フランス人はなんと言うだろう。シャム人の宗教はおよそ滑稽で、おがんでいるのもソモノコドムという珍妙な神様である。しかし、シャム人は品行方正だし、謹厳とすら言える。その生活ぶりにはキリスト教徒も文句をつけられない。とすると、道徳と宗教はかならずしも関係ないのではないか。

そこへ宮廷革命が起こって、フランス大使館はあてがはずれた。シャムの王様は改宗しなかったし、改宗の計画もご破算になった。シナの哲人がもてはやされると、仏教僧はすっかりかすんでしまった。

*

無理もない。この思想の地理で、シナほど大きな位置を占めた国はなかったからだ。

北京で皇帝の尊敬をえていた勇敢で博学なイエズス会士たちは、相違をぼかし、対立点はそのままにして、嘘ではない、アジア人の大群をまるごとキリスト教の信仰へとりこむという壮大な野望をいだいていた。だからシナの哲学についても、これはカトリック教によく似たもので、多少の善意さえあれば同化も可能だというふうに努めて描いたのである。こう言ったのだ。シナのバックボーンをなしている孔子の教えには、いつも神の息吹きのようなものが感じられる。天からあたえられた人間の本性はもともと一点の曇りもない完全無欠なものだったが、それが時とともに堕落してしまった、だから今、それに原初の美しさを回復させなければならない――これが孔子の説なのである。それゆえ、孔子を師とあおぐシナ人は神に従い、神意にのっとり、自分と同じく隣人をも愛さねばならないのだ。孔子の教えを読むと、自然状態の腐敗の内で育った人というよりは、むしろ福音を説く学者といった感じがする。聖パウロ以前の聖パウロ、シナの聖パウロというべきか。たぶんシナ人は、真理の教えをその源から汲みとっていたのであろう。東アジアに広がったノアの子たちが、真理の種子を持ってきて、孔子はそれを育てただけなのであろう。孔子は紀元前四七八年の生まれだが、まるで予言者のように、西の方に本当の聖者がいるとよく言っていた。紀元六五年に、後漢の明帝はこの師の言葉を解釈し、一夜の夢を手がかりに西の方へ大使を派遣して、くだんの聖者に出会うまで旅をつづけよと厳命した。ちょうどその頃、聖トマスはインドでキリスト教の布教をしていた。役人たちがちゃんと使命をまっとうし、荒海におそれをなして最初の島で旅装を解いたりしなかったら、おそらくシナはローマ教会の一部になっていたはずである……。(34)

同様に、イエズス会士の同化の努力がもしも成功していたら、ヨーロッパはいやでも目につくあの極東の還元不能な性格におそらく気づかなかったはずである。一六八七年、(35)イエズス会士は最後の努力をこころみた。『シナの哲人、孔子[36]』Confucius, Sinarum Philosophus という大著を出したのはその時である。この本は学問よりも教理、事実よりも事実の解釈にかかわるものだった。なによりも若い宣教師に読ませるためのものだったからだ。人をすなどる宣教師は、ありうべき類似点を十分のみこんでおけば、魂を網にかけ、やすやすと一網打尽にできるはずである。こうしてキリストの兵士たち〔イエズス会士〕は新しい戦いにふさわしい武器をそなえた。

しかし彼らは失敗した。一七〇〇年は東洋の知識がもたらす新しいものを古い枠組に収めることが不可能とわかった年だった。典礼論争が勃発し、精神的な二つの態度が浮き彫りにされ、どちらかを選ばなくてはならなくなった。論争そのものはけっして新しいものではなかった。イエズス会士の寛大さや先入見や宥和的傾向はライバルの各教団からたえず非難を浴びてきたから、シナへの伝道の第一歩からすでにこの論争はあったと言える。しかし、イエズス会の神父たちが成功をおさめ、シナ人を半キリスト教徒、いやキリスト教徒そのものと同一視するのを見た時、ほかの教団は言葉はげしく抗議した。問題は教会当局をとおりこして、大衆の面前へ持ちだされた。神学論争がこういう場所で行なわれると、いかに毒々しいものになるかは周知のとおりである。彼らは言った。気をつけろ、君らはイエズス会士にだまされてるのだ。シナ人は偶像教徒だぞ。先祖をおがんだり孔子をおがんだりしているのだぞ。シナのイエズス会士は、新しい信徒がシェンホアム〔釈迦?〕の偶像の前にひざまずいたり、迷信だらけの儀式で死者を祭ったり、孔夫子〔孔子のこと〕という博士に犠牲を捧げたりするのを許している。奴らは救主の十字架の玄義を隠し、終油もあたえず、洗礼の儀式もおこたっている。そう言って海外布教会の面々は、キリスト教信仰を裏切った張本人と見立てたル・コント神父とル・ゴビアン神父の著作[37]をソルボンヌとローマ法王庁に告発した。

血みどろの戦いが行なわれた。ローマ法王庁はあらためて調査するため、特使をシナへ送ることにきめた。しかし、その結果も待たずにソルボンヌはイエズス会士を断罪してしまった。未知のものを既知のものへ還元し、シナの宗教をカトリック教へ還元し、シナをキリスト教世界へ還元することはもはやできなくなったのである。奇妙であることも偉大であることも否定しえない還元不能なものが存在するということを、誰しも認めざるをえなかったのだ。

自由思想家にもいろいろいたが、そろいもそろってシナには首ったけだった。

ヴォシウスはシナ論(38)を著わして
シナ人を神にもまさるものと見せたり

ヴォシウスがそこで言ったのは、シナ人は文人しか貴族と認めないこと、正義と平和を愛する君主しか記憶にとどめないこと、皇帝の顧問や寵臣はみな哲人で、いにしえの予言者がユダヤの王にしたように、自分の主人を遠慮会釈なく叱ること、そうしないと民衆の批判と怒りを買うこと、などだった。ラ・モット・ル・ヴァイエも、「ワレラガ力ノ限界ヲ示セル孔子ニ栄アレ」と叫ぶのをおさえかねたといわれる。それも、シナの哲人の本を読まないさきからそうだったのだ。だから、孔子のこともくわしくわかるようになり、目の前で典礼論争も行なわれ、シナの文明がすばらしいもので、しかもまるっきり異教的だということが判明した時、不信者がどんなに大喜びをしたかは想像に余りある。政治については、

「シナ人は啓示を授かっていない。われわれが精神的な本性に帰する結果を、彼らはすべて物質の力によるものとしている。精神的な本性の存在と可能性を、彼らは否定するのである。盲目で、おそらくは頑迷なのであろう。

しかし、彼らは四、五千年前からこうなのだ。彼らの無知または強情も、安楽、豊饒、必要な技芸の実行、学業、平穏、安全といった、理性的な人間が社会に期待し社会から当然引き出すはずのすばらしい利益を、彼らの国家からひとつとして奪っていないのだ。*」

* ブーランヴィリエ『マホメット伝』、一七三〇年、一八〇—一八一ページ。

宗教については、

「世界にあるさまざまな宗教のなかで、啓示の助けをかりず、驚異にみちた体系や、人の行ないを正す上で有用きわまりないものとされる迷信と恐怖の幻をひとしく排し、もっぱら自然の義務の上にうちたてられた宗教がひとつだけ見つかったのは驚くべきことだ。*」

* 同『バルーフ・デ・スピノザの誤謬を駁す』Réfutation des erreurs de Benoit de Spinoza、一七三一年、三〇三—三〇四ページ。

シナ人は無神論者である。それも、アメリカの未開人の

ように消極的な無神論ではなくて、熟慮と意志にもとづいた積極的な無神論である。だが、彼らの叡知や徳性がそれで減るわけではない。彼らは敬虔で、しかもスピノザ主義者なのだ。

「旅行者の記述、とくにル・ゴビアン神父が『シナ皇帝のキリスト教優遇令史』Histoire de l'Edit de l'Empereur de la Chine en faveur de la religion chrestienne で言っていることからシナの文人の考えを判断すれば、彼らはみな次の点でスピノザと同意見らしい。それは、スピノザが神と名づけ、ストラトン(39)が自然と名づけた物質のほかに、宇宙にはいかなる実体もないということだ。*」

＊ コリンズ『人間の魂の本性と行先に関するエッセイ』、仏訳、Essai sur la nature et la destination de l'Ame humaine、ロンドン、一七六九年、二八九―二九〇ページ。(40)

新秩序を求め、その到来を促した人たちは、「善良な未開人」より、「エジプトの賢者」より、「回教徒のアラビア人」より、冷やかし半分のトルコ人やペルシャ人より、「シナの哲人」にいっそう心をひかれたのである。

＊

ヨーロッパを旅する人は概して穏かな好奇心の持ち主である。アメリカやアフリカやアジアを旅する人は冒険心や利欲や信仰に動かされているから、いきおい情熱的にふるまう。架空の世界の旅行者となると、これはもう狂乱と言うほかない。

こういう旅行者もたくさんいた。どれを選んだらいいか迷うほどである。南大陸（テール・オーストラール）に三五年余も滞在したジャック・サドゥール(41)か。セヴァランブ人の国へ行ったシダン大尉(42)か。道理をわきまえた人間しかいないカレジャヴァ島(43)か。醇風美俗のお手本のようなノードリ島(44)か。強国クリンケ・ケスメス(45)か。ジャック・マッセの冒険譚(46)か。こういう架空の物語はどれも芸術作品ではない。登場する主人公は手におえない饒舌家で、平気で長談義をやりだしたり、うっとうしい枝葉の議論にふけったりする。文体にも張りがない。みんな我こそはとばかり自分の学識をひけらかし、自分の徳性をこまかに分析してみせる。だいたい作者にしてからが、おおかたは流れ者、変節者(47)で、村八分にされる原因になったおのれの意見を作中で吐露して喜んでいるのである。

なかには虫も殺さぬブルジョワもいるが、この連中ですら抑圧されたひそかな夢を開陳しているのだ。

　手口もみんな同じである。まず原稿の故事来歴。手から手へ渡ってきたか、奇蹟的に発掘されたか、どちらかに相場がきまっている。どういう風の吹きまわしで、文士たちはいつまでもこんな虚構に惹かれたのか。永久に色あせぬ妙手のように、およそ恥ずかしげもなく、次から次へそれを踏襲していったのか。ともあれ、その原稿が語るのは冒険が飯より好きな主人公の波瀾万丈の物語である。荒海にのりだした主人公は、難船して見知らぬ土地に漂着する。多くは南の方である。ここから本論が始まる。地理学者が夢にも知らない国が延々と紹介されるのだ。各種のユートピアや遠征記から借りてきた断片が重ね合わされ、それに突飛なディテイルや、好んで卑猥な冗談が付け加えられる。たとえば、ジャック・サドゥールは男女同体である。さいわい彼が上陸したのは両性人の国で、ひとつの性しか持たない者は畸型児と見られて殺される仕組になっている。しかし、こういう気のきいた話はアクセサリーにすぎない。本当の狙いは、架空の土地へおもむいて、旧大陸の宗教・政治・社会の状態を総点検することだ。一般にキリスト教、特殊にはカトリック教が不合理で野蛮な存在であること、一般に統治が、特殊には君主制が邪悪なけがらわしいものであること、社会は根本から作りかえねばならないことを明らかにすることだ。この証明が完了すれば、架空の旅行記の主人公はあとはヨーロッパへもどって死ねばよい。

　こういう小説で目につくのは持続的な破壊の意志である。あらゆる伝統が否定され、慣習的な思想はなにひとつ認められず、権威という権威がひっくりかえされる。あらゆる制度をやっつけて存分に悪態をつくのである。悪口がちょうど一段落ついたところで、賢者のごとき老人がやおら登場して、坊主どものかわりに宗教色のない説教をし、清廉な共和制や、寛容な寡頭制や、説得でえられる平和や、僧侶も教会もない宗教や、それ自体が楽しみとなる軽減された労働をたたえ、罪の観念すらなくしたこの王道楽土を支配している知恵を説く。そしてドグマを攻撃するためのドグマを展開する。それがすむと、想像力がひと跳びしてまた冒険譚にもどり、卑猥な話がでてきて読者のご機嫌をとりむすぶ。少なくとも作者はそれを意図している。それからまた、われわれの日常生活がいかに疲れて擦りへって道理を失っているか、実在しないかの地でおくる一日々々がいかに幸福であるかが延々と説かれるのである。

もうひとつ目につくのは幾何学的精神の勝利だ。縄をつかってまっすぐすじを引き、数と寸法どおりなんでもきっちり並べたいという気持が作者たちを追っかけまわす。夢や狂気の中にまでそれが残っている。何もかもならしてしまう傾向は手がつけられぬほど強い。それはあらゆる生活現象に適用される。言語[48]ですら経験的なものはなにひとつなく、百パーセント合理的でなければならない。これは住まい[49]にもあてはまる。「十六域（セザン）」というのがそれである。各十六域には一六の街区があり、各街区には二五軒の家があり、各家には四つの部屋があり、部屋には四人ずつ住んでいる。なんときちんとした国ではないか。道路は碁盤の目のようで、大きな四角い建物はみんな規格がきまっている。なんとみごとな町ではないか。庭園もま四角で、樹木は実の効用や美味（うま）さの順に並んでいる。なんとすばらしい庭ではないか！　どんなことでも数字で証明される。肉の復活[50]はありえないということまでそれ式で教えるのだ。村が四一、六〇〇ある国を考えてみよう。各村には二二世帯住んでおり、一世帯には九人いる。合計八三、二三〇、〇〇〇人[51]である。体の体積は合わせて一〇、四〇〇、〇〇〇立方フィートだ。これだけの量が五〇年[52]ごとに更新されると、一万年後にはどれだけになるか勘定してみたまえ。地球よりはるかに大きな山をなしてしまう。だから肉の復活はありえないのだ、と。[53]山は見た目にでこぼこして、気になってしかたがない。そこで南大陸の人間は、きれいさっぱり山を平らにしてしまった。

こんな精神に酔いしれた者が具体的な事物の前で目ざめた時には、どうしても苦痛を感ぜずにいられない。というよりも、具体的な事物そのものを否（いや）でも幾何学的に仕立て直さずにいられない。キリストの来臨は理性では解しかねるから真実でないとか、聖書は明晰でないから嘘っぱちだとか、明瞭なものしか承認しないことが唯一の知恵だとか言われる。ユートピア作家の内でも人一倍勉強しものを考えた『ジャック・マッセの旅と冒険』Voyages et Aventures de Jaques Massé〔一七一〇年〕の著者ティッソ・ド・パトは、『書簡選』Lettres choisiesの中で次のように書いている。「私は長年、幾何学の明るい大道を歩いてきましたので、宗教の暗い小道はにがてです。……明証性ないし可能性を私はどこにでも求めるのです。*」

* ティッソ・ド・パト『書簡選』一七二七年、書簡第五〇、

六七ページ。

こういう本には愚劣なことがいっぱい書いてある。がらくたも少なくない。だがそこには、荒けずりだが激しい思想が、表現はへただが力強い感情が宿っている。それはスウィフト、ヴォルテール、ルソーにとどまらず、ジャコバン派の精神をも、ロベスピエールをも予告しているのだ。

＊

めくるめくイメージを求めること、自己の感性をさまざまな空の下にさまよわせ、その変容を貪欲に追求すること——旅行はまだそういう意味を帯びてはいない。だが、旅をすることはとにかく習俗や主義主張、哲学や宗教をたがいに突き合わすことなのだ。物事を相対的に見、対比し、疑うことなのだ。世界を股にかけてとび歩き、未知なものを土産に持ってきた人の中には少なからぬ自由思想家(リベルタン)がいた。

旅行記を読むことは日常性から逃れることだった。精神を静から動へ移すことだった。シナ帝国やムガール王国を知ることで、小心ないし怠惰な思想が、どれだけ刺激を受けたことだろう。相対立するドグマがいずれも唯一無二の真理をあらわすと称したり、互に似ても似つかぬ文明がどれも唯一無二の完全性を主張したりするのを見れば、何も信じられなくなるのはあたりまえではないか。「ヨーロッパは隣人をぜんぜん必要としない充足した土地だと思うのは、盲目な経験の浅い人である。……南大陸の人間と交渉を持っていたら、ヨーロッパも必ずや今とは違ったものになっていたろう。」＊

＊ ガブリエル・ド・フォワニー『南大陸ついに知らる』La Terre Australe connue、一六七六年、第一一章〈ラシェーヴル版、一九二二年、一三七ページ〉。

ヨーロッパは南大陸の人間と交渉を持たなかった。引く手あまたのヨーロッパが好んでつきあったのは東洋である。ヨーロッパの手で歪められてはいたけれども、東洋はなおかつ独自の力を十分にそなえていた。それは非キリスト教的な価値をあらわし、自己のモラルと真理と幸福を別個にきずきあげた人間集団だったのだ。

これは、古いヨーロッパの意識が攪乱され、望むがままに根底からくつがえされるひとつの原因となったのである。

訳註

（1）ルイ一四世の讃辞　一六六〇年以来ジュネーヴで生活していたレティは、一六七九年にフランスへ行き、そこで定住するために『名声は幸運をうらやむ。ルイ大王の誕生、生活、行動、統治、躍進、勝利、栄光、幸運をたたう』La Fama Gelosa della Fortuna, Panegirico sopra la Nascita, Vita, Attioni, Governo, Progressi, Vittorie, Glorie e Fortune di Luigi il Grande（一六八〇年）をルイ一四世に捧げた。しかし、四囲の事情から、結局フランスに定住することはできなかった。

（2）英国史　一六八〇年、フランスからイギリスへ渡ったレティは、国王チャールズ二世に謁見し、修史官の地位を約束された。そこで彼は英国史『英国総覧』Il Teatro Brittanico（一六八三年、ロンドン）を著わして国王に献呈したが、余りに自由な書き方をしていたために逆に不興を買い、国外退去を命じられた。

（3）お雇い諷刺文作者　一六八二年、イギリスからアムステルダムへ来たレティは同市の修史官となり、一七〇一年に同地で死ぬまでに実に五二巻の著作をものしたが、中でももっとも有名なのは、対仏戦下のオランダ政府の意向を受けて著わした激烈なルイ一四世攻撃書『ルイ一四世の世界王国』La Monarchia Universale del Re Luigi XIV（一六八九年）であった。これはいち早く仏訳され、当時の反仏文書中もっとも代表的なものとされている。

（4）炉部屋で静かに瞑想する　デカルト『方法叙説』Discours de la méthode 第二部冒頭にある次の言葉を参照。「その頃私はドイツにいた。……皇帝の戴冠式から軍隊に帰ったとき冬が始まって、私は或る屯営に留められてしまった。そこでは気晴らしになるような話相手もなければ、またさいわい心を乱すような心配事や情念もなかったので、私は一日中ひとりで炉部屋にとじこもって瞑想にふける余暇を持った」（角川文庫、二〇ページ、小場瀬卓三訳）。

（5）一六二九年　原著には「一六一九年」とあるが、ここで引かれているベルジュロンの『航海および発見旅行論』Traité de la Navigation et des Voyages de découvertes は一六二九年の出版なので、訂正した。

（6）一六三七年　原著には「一六三六年」とあるが、ここで参照されているカンパネッラの『太陽の都』La Città del Sole（もとはイタリア語で、一六〇二年ナポリの牢獄中で書かれた）の著者自身によるラテン語版がパリで出版されたのは一六三七年であるから、訂正した。なお、『太陽の都』には、それ以前にフランクフルトで出版されたもうひとつのラテン語版（一六二三年）がある。

（7）ダンピア　ウィリアム。一六五二―一七一五。イギリスの航海者で海賊。後出のロジャーズの按針長として世界一周航海を行なった。『新世界周航』New voyage round the world（四巻、一六九七―一七〇五年）などがある。

（8）ジェメッリ・カッレリ　ジョヴァンニ・フランチェスコ。イタリアの航海者。ナポリの人で、一六九三年以降エジプト、ペルシャ、インド、シナ、フィリッピン、メキシコなどを船でまわった。その航海記『世界周航』Giro del mondoは一六九九年にナポリで出版され、全六巻の仏訳本は一七一九―二七年にパリで上梓された。

(9) ウッズ・ロジャーズ　?―一七三二。イギリスの航海者。一七〇八年から一一年にかけて世界一周航海を行なった。その記録『世界周航』A Cruising Voyage round the worldは一七一二年にロンドンで出版されている。

(10) あてどない旅にのぼった　亡命新教徒の海軍軍人アンリ・デュ・ケーヌ（一六五二―一七二二）は一六八九年七月オランダ政府に請願書を出し、亡命新教徒を移民として数隻の船にのせ、当時フランスが占領していた西インド洋のマスカレーニュ島を奪取して、そこに植民地を作ることを提議した。この請願は採択され、七月二六日には東インド会社との契約も結ばれたので、デュ・ケーヌは大々的に移民の募集を行なった。彼はマスカレーニュ島の名を秘したまま、乳と蜜の流れる「エデン島」という名で人集めをし、同時に、この新植民地の憲法をも早ばやと作成して、自分自身を首長とする軍事的な独裁体制を立案した。参加する移民からは参加金を出させたにもかかわらず、この計画は財政難のため難航し、デュ・ケーヌは半年かかってようやく二隻の船を艤装しおわり、一六九〇年一月にいよいよ出航のはこびとなったが、まぎわに大寒気が襲来して、氷のため船の動きがとれなくなり、計画は破産し、乗船していた移民たちは四散してしまった。デュ・ケーヌはそこで計画を変更し、小フリゲート船「燕」丸でまずエデン島周辺の偵察を行なうことにきめ、「燕」丸は一〇人の亡命新教徒をのせて一六九〇年七月一〇日にアムステルダムを出航した。三日後に船内の争いのため船はストップしてしまったが、九月四日に再び出航、一六九一年一月なかばに喜望峰を回り、マスカレーニュ島には立ち寄らず、四月二五日、同じ群島中のロドリーグ島に着いた。新教徒たちはこの島と、ついで移ったモーリス島でロビンソン・クルーソーさながらの生活を送ったのち、一六九六年九月にオランダ船に拾われてバタヴィアへ運ばれ、一六九八年六月二八日、生き残りの三人がようやくオランダの土を踏んだ。出航から実に八年を経過し、いずれも乞食同然の有様だった。

(11) ムガール国見聞録　『ムガール国の最近の革命の歴史』Histoire de la derniere Revolution des Estats du Grand Mogol（一六七〇年）、『ベルニエ氏のムガール帝国覚書続篇』Suite des Mémoires du Sieur Bernier sur l'Empire du Grand Mogol（一六七一年）のこと。

(12) タヴェルニエ氏の旅行記　『ジャン=バティスト・タヴェルニエがトルコ、ペルシャ、インドへ行なった六回の旅行』Les Six Voyages de Jean-Baptiste Tavernier, escuyer, baron d'Aubonne, qu'il a faits en Turquie, en Perse et aux Indes……（一六七六年）のこと。

(13) オランダ会社の日本見聞録　『日本国皇帝のもとへ派遣されたるオランダ東インド会社の記念すべき使節』Ambassades mémorables de la Compagnie des Indes Orientales des Provinces-Unies vers les Empereurs du Japon（一六八〇年）のこと。

(14) ピエトロ・デッラ・ヴァッレの報告　『トルコ、ペルシャ、インド旅行記』Viaggi in Turchia, Persia, ed India descritti in 54 lettere famigliari（一六五〇—五八年）のこと。

（15）タヴェルニエ氏の見聞録新篇　『トルコ皇帝の宮廷内見聞録新篇』Nouvelle relation de l'intérieur du serrail du Grand Seigneur（一六七五年）のこと。

（16）リーコウ氏の見聞録　『オスマン帝国の現状』The present State of the Ottoman Empire（一六六八年）のこと。ベールが参照しているのは、一六七〇年に出たその仏訳である。

（17）ストラボン　前六四—二一以後。ギリシャの地理学者。ローマ、エジプト等を旅し、伝説や史実をも含む一七巻の『地理書』Geographiaを残した。

（18）第一九(節)　原著には「第一四」(節)とあるが、誤りなので訂正した。

（19）ベルニエの引用　『フランソワ・ベルニエの旅行記。ムガール国、ヒンドゥスタン、カシミール王国等の記述を収む』Voyages de François Bernier, docteur en médecine de la Faculté de Montpellier, contenant la Description des Etats du Grand Mogol, de l'Hindoustan, du Royaume de Kachemire, &c.（一六九九年）の第二巻に収録の「ムガール国の最近の革命の歴史」より。一六九九年版、第一巻五七ページ。

（20）シャルダンの引用　出典は『シャルダン騎士のペルシャ、東洋各地旅行記』Voyages du chevalier Chardin en Perse et aux autres lieux de l'Orient（一七一一年）、一〇巻本、第三巻四二七ページ。

（21）ラ・ブリュイエール　いうまでもなく、引用は『人さまざま』Les Caractères de Théophraste, traduits du grec, avec les Caractères ou les moeurs de ce siècle(一六八八年）より。プレイアード版全集、一九五一年、四七〇ページ。

（22）ヘロドトスとストラボンの石　ギリシャの史家ヘロドトス（前四八四頃—四二五頃）の『歴史』Historiaiと、ストラボンの『地理書』のこと。

（23）故国といざこざを起こし　一六七〇年、ジェノヴァでラファエレ・デッラ・トッレの陰謀とサヴォワ公国のジェノヴァ支配計画が発覚した時、当時二七歳(または二八歳)のマラナはこの事件に連座し、国事犯として四年間投獄された。彼は一六八二年にリヨンでこの陰謀記を出版している。

（24）ルイ一四世に仕えた　一六八一年にジェノヴァとフランスの関係が緊張した時、デッラ・トッレの陰謀以来故国で危険人物視されていたマラナはフランス行きを決意し、モナコ、リヨンをへて一六八二年の暮にパリへ着いた。パリではルイ一四世の聴罪司祭ラ・シェーズ神父やパリの大司教に庇護されて、一六八九年まで平穏な生活を送ったが、その間にマラナは、フランスの宮廷に命じられて『一六八四年、無敵のルイ大王の軍により砲撃されたるジェノヴァとアルジェとの対話』Dialogue de Gênes et d'Alger, villes foudroyées par les armes de l'invincible Louis le Grand, l'année 1684（一六八五年、原題 Dialogo fra Genova et Algieri, cita fulminate dal

Giove Gallico）を著わしたり、『ルイ大王の生涯と治世の特筆すべきこと』Le più nobili azioni della vita e regno de Luigi il Grande（未刊、その抜萃はLes événements les plus considérables du règne de Louis le Grandの題で一六八八年に仏訳出版された）をルイ一四世に捧げたりしている。

（25）『セトス』　一七三一年に出版された歴史小説で、エジプト第一九王朝の三代目の王セティ一世（在位、前一三一七—〇一年。セトスというのはそのギリシャ語読み）の生涯を描いたものである。

（26）サイモン・オックレー　『サラセン人のシリア、ペルシャ、エジプト征服』The conquest of Syria, Persia, and Œgypt by the Saracens（一七〇八年）のこと。

（27）一六六八年　原著には「一六六六年」とあるが、リーコウの『オスマン帝国の現状』の初版が出たのは一六六八年であるから、訂正した。

（28）ティトゥス　ローマの歴史家ティトゥス・リヴィウス（前五九—後一七）のこと。『ローマ建国史』Ab urbe condita libri一四二巻を著わした。

（29）マムート　原著には「マムート」Mamut とあるが、訳者が参照した『トルコ皇帝の密偵』の一七一五年版(六巻本)には「メヘメット」Mehemetとある。

（30）ハスナダル・バッシ　原著には「ハズナバルダッシ」Haznabardassyとあるが、『トルコ皇帝の密偵』一七一五年版の第一巻に付せられた「トルコ語・アラビア語用語辞典」にはHasnadar Bassiとあるので、訂正した。

（31）シャルダンの旅行記　『シャルダン騎士のペルシャ、東インド旅行日誌』Journal du voyage du chevalier Chardin en Perse et aux Indes orientales（一六八六年）、『シャルダン騎士のペルシャおよび東洋各地旅行記』（一七一一年）。

（32）ナント勅令の廃止　ナント勅令はいうまでもなくプロテスタンティズムを合法化したフランス王アンリ四世の勅令（一五九八年）だが、一七世紀の後半からフランスでは新教徒圧迫が再開され、特に八〇年代には、ドラゴナードと呼ばれる軍隊による強制改宗が全国的に進められ、その結果、「もはや新教徒は存在しなくなった」という名目で、ナント勅令は一六八五年一〇月に廃止された。

（33）モンテスキュー　もちろん、『ペルシャ人の手紙』Lettres persanes（一七二一年）のこと。

（34）聖トマス　キリストの一二使徒の一人。パルティア、インドに伝道したといわれる。

（35）一六八七年　原著には「一六九七年」とあるが、誤りなので訂正した。

（36）『シナの哲人、孔子』　正確には『シナの哲人、孔子。またはシナ人の学問をラテン語にて紹介す』Confucius, Sinarum Philosophus, sive scientia sinensis, latine expositaと題する二つ折版の大著で、ベルギーのイエズス会宣教師フィリップ・クプレ神父が他の三人のイエズス会士と協力して著わしたもの。

（37）著作　ここで告発され断罪されたのは、ル・コント神父の『シナの現状に関する新篇覚書』Nouveaux Mémoires sur l'état présent de la Chine（一六九六年）、同『シナの儀式に関する手紙』(前出、一七〇〇年)、ル・ゴビアン神父の『シナ皇帝のキリスト教優遇令史』Histoire de l'Edit de l'Empereur de la Chine en faveur de la religion chrestienne（一六九八年）である。

(38) シナ論　ここでいうヴォシウス（オランダ語でフォス）は、ゲラルト・フォスの子でイギリスに定住したオランダの人文学者イサク・フォスのこと。そのシナ論は、彼が一六八五年にロンドンで出版した『雑考集』Variarum Observationum Liber中に含まれている。

(39) ストラトン　？―前二七〇。ギリシャの哲学者。テオフラストスの死後、アテナイでペリパトス学派（アリストテレス学派）を主宰した。

(40) コリンズ……二九〇ページ　原著にはこの引用文の出典として、「コリンズ『霊魂の不滅についてドッドウェルに送った手紙』Lettre à Dodwell sur l'immortalité de l'âme（一七〇九年）、仏訳、ロンドン、一七六九年、二八九ページ」と指示されているが、これはいくつかの点で不正確である。一七六九年に仏訳されたのは、『人間の魂の本性と行先に関するエッセイ』という総題を付されたコリンズの論文集であって、その内容は「ドッドウェル氏への手紙。魂の本性に関するドッドウェル氏の書簡体論文に対する反駁の中でクラーク氏が提出せる霊魂の非物質性および本性的な不滅性の（自称）論証に関する若干の感想を収む」A Letter to the learned Mr. Henry Dodwell, containing some Remarks on a (pretended) Demonstration of the Immateriality and Natural Immortality of the Soul（一七〇七年）（アザールが引用書の題名としたのは、この標題を簡略化したものであろう）、「クラーク氏の〈ドッドウェル氏への手紙〉の弁明への応答」A Reply to Mr. Clark's Defence of his Letter to Mr. Dodwell（一七〇七年）、「クラーク氏の〈ドッドウェル氏への手紙〉の第二の弁明に関する考察」Reflections on Mr. Clark's Second Defence of his Letter to Mr. Dodwell（一七〇七年）、「クラーク氏の〈ドッドウェル氏への手紙〉の第三の弁明への回答」An Answer to Mr. Clark's third Defence of his Letter to Mr. Dodwell（一七〇八年）という四篇の論文で構成されている。本文で引用されている文章は、その第四論文の末尾に近い一節であって、「ドッドウェル氏への手紙」からのものではない。出版年代も、第四論文は一七〇八年であり、第一論文は一七〇七年である。一七〇九年というのは、第一論文の第二版が出た年にすぎない。

(41) ジャック・サドゥール　ガブリエル・ド・フォワニーのユートピア小説『南大陸ついに知らる』La Terre Australe connue（初版は一六七六年にジュネーヴで出版。第二版は『南大陸発見旅行におけるジャック・サドゥールの冒険』Les Avantures de Jacques Sadeur dans la découverte et le voiage de la Terre Australe という題で、一六九二年にパリで出版）の主人公。

(42) シダン大尉　ドニ・ヴェラスのユートピア小説『セヴァランブ物語』L'Histoire des Sévarambes（一六七七―七九年）の主人公。シダン Siden は著者の名前ドニ Denis のアナグラム。

（43） カレジャヴァ島　クロード・ジルベールのユートピア小説『カレジャヴァまたは理性人の島の物語。彼らの道徳とキリスト教との比較論を付す』Histoire de Calejava, ou de l'Ile des hommes raisonnables, avec le parallèle de leur Morale et du Christianisme（一七〇〇年）の舞台。

（44） ノードリ島　ピエール・ド・レスコンヴェルのユートピア小説『温和にして幸福なる治世の構想、またはモンベロー公のノードリ島旅行記』Idée d'un Regne doux et heureux, ou Relation du voyage du Prince de Montberaud dans l'Ile de Naudely（一七〇三年）の舞台。

（45） クリンケ・ケスメス　『ロビンソン・クルーソー』との関係が論議されているオランダ人ヘンリク・スメークスのユートピア小説『強大なるクリンケ・ケスメス王国記』Beschryvinge Van het magtig Koningryk Krinke Kesmes（一七〇八年）の舞台で、クリンケ・ケスメスは著者の名 Henrik（Enrikk）Smeeks のアナグラム。

（46） ジャック・マッセの冒険譚　シモン・ティッソ・ド・パトの小説『ジャック・マッセの旅と冒険』Voyages et Avantures de Jaques Massé（一七一〇年）のこと。

（47） 変節者　「おおかたは」というのは明らかに誇張だが、すくなくとも『南大陸ついに知らる』の著者ガブリエル・ド・フォワニー（一六三〇―九二）には当てはまる。フォワニーははじめフランチェスコ会原始会則派の修道士だったが、やがて還俗し、一六六六年にジュネーヴへ行って新教に改宗、そこでも迫害された末、一六八四年カトリックへ再改宗してジュネーヴを去り、サヴォワの僧院で死んでいるからである。ティッソ・ド・パト（註46参照）やドニ・ヴェラス（註42参照）は、ともにオランダで生活した生まれながらの新教徒、クロード・ジルベール（註43参照）はディジョンの弁護士だった。なお、ティッソ・ド・パトのもうひとつのユートピア小説『フランチェスコ会原始会則派のピエール・ド・メザンジュ神父の生涯と冒険とグリーンランド旅行』La Vie, les Avantures et le Voyage de Groënland du Révérend Père Cordelier Pierre de Mésange（一七二〇年）には、アムステルダムにおけるこうしたルンペン・インテリたちの生活の興味深い描写がある。

（48） 言語　ユートピアの「合理的言語」は、『南大陸ついに知らる』の第九章「南大陸人の言語とこの国での勉強について」、『セヴァランブ物語』第五部の「セヴァランブ人の言語について」の項、『ジャック・マッセの旅と冒険』の第六章「きわめて美しき国の発見について、そこの住民とその言語・風俗・習慣等について、また著者と同行者がそこで尊敬されたいきさつについて」などで広く扱われている。

（49） 住まい　ユートピアの住宅、街区の以下の紹介は、『南大陸ついに知らる』の第四章「南大陸の描写」からとったもの。

（50） 肉の復活　肉の復活の不可能性に関する以下の「数学的証明」は、『ジャック・マッセの旅と冒険』の第七章「著者とその村の判事および祭司との宗教その他に関する面白い会話」からとったもの。

(51) 八三、二三〇、〇〇〇人　アザールの原著には「三八、二三〇、〇〇〇人」とあるが、ティッソ・ド・パトがあげている数字(ケルン版、一七一〇年、一七三ページ)とは違うので、些細な点だが訂正した。しかし、両方とも計算間違いで、ティッソ・ド・パトが言うように各村の人口を約二〇〇人とすれば、総人口は約八、三二〇、〇〇〇人である。

(52) 五〇年　アザールの原著には「六〇年」とあるが、ティッソ・ド・パトの原文にしたがって訂正した。

(53) 山　以下の山をならす話は、『南大陸ついに知らる』の第四章からとったもの。

第二章　旧から新へ

古代の人よ、親愛なる古代の人よ、あなたがたは後の世の驚嘆すべき模範だった。筆をとれば必ず高尚な作品をものし、哲学者としてはキリスト教もそれを補うだけでいいようなすばらしい道徳を残し、行動においては英雄豪傑としてふるまった。それもローラン(1)やアマディス(2)のような架空の英雄ではなく、本物の英雄として。だから、ものを書き、ものを考え、生きるためには、あなたがたを見ならうだけでまず足りるのだ。

　と思っていたところへ、突然（少なくともそう見えた）不敬のやからが現われて、冒瀆的なことを言いだしたのである。「近代派」だった。古来の神々の祭壇はひっくりかえされ、今や**近代**というただの一語が未曽有の価値を担うようになった。これは過去の魔力を祓う呪文だった。はじめは臆病だった連中も、やがて近代派であることをひけらかし、挑戦的な態度をとりだした。偉大な死者をほったらかして、よしはかないものにせよ、若い命が身内にあふれる喜び――安易で傲慢なものではあるが――に甘んじて身を任せた。永遠に賭けるより現在に賭けようとした。マリヴォーにでてくるトリヴラン(3)のように、四千年というお荷物はもう栄光ではなくて耐えがたい重荷であると考えたのだ。そこに生まれたひとつの迷信から、私たちもまだ脱却していない。「新しさというのは本質的にはかないものであるが、私たちはそれを実にすぐれた美点とみなしている。それがないとほかのすべての美点がだいなしにされ、それさえあればほかの美点がなにもなくてもすむほどである。芸術でも風俗でも政治でも思想でも、私たちはますます**進んだ**ものになろうと自己を強制する。でないと、無能呼ばわりされ、馬鹿にされ、あくびをされる。私たちは驚きや瞬間的なショックしか重んじないように育てられているのだ……。」*

　* ポール・ヴァレリー『現代の考察』Regards sur le monde actuel、一九三一年、一六一ページ。

過去から現在へ。この第二の地すべりはどこから起こったのか。ヨーロッパの知的世界の一部が、ルネサンスから古典主義時代にかけて信奉された古代崇拝を断罪したのはなぜなのか。有名な新旧論争(4)はこの変化の原因とよくいわれるが、じつはその徴候にすぎない。ああいう論争がなぜ起きたかを考えなければならないのだ。

ほかでもない、意識の底で歴史というものが破産したのである。歴史性の意識自体がなくなりかけていたのである。過去が棄てられたのは、変りやすくとらえがたいもの、嘘にきまっているものとしか見られなかったからである。過去を知っているなどと言う人をみんな信用しなかった。思い違いをしているか、嘘をついているかどちらかだと思った。大なだれが起こって、あとにはもう現在しか確かなものは残らなかった。あらゆる蜃気楼は未来の方へ逆流せざるをえなかったのだ。

*

第一に、近代の歴史家はあんまりあてにならないことをみな感じていた。

歴史家は掃いて捨てるほどいた。メズレー、マンブール神父、ヴァリヤス、ヴェルト、サン＝レアル、ダニエル神父、国王や王妃や条約、合戦、帝国、地方、都市などを暗記用の短い詩句に収めた(5)ビュフィエ神父。ローレンス・イチャード、クラレンドン伯エドワード・ハイド、アベル・ボワイエ、とりわけ有名なギルバート・バーネット。一六八四年にスペインで傑作『メキシコ征服史』Historia de la conquista de México を出したアントニオ・デ・ソリス。ほかにも黄泉の国からもどされるのを待っている者は多いが、ほっておいてもうらまれはしまい。千差万別なこの歴史家たちも、いくつかの共通点をそなえていた。彼らに言わせれば、歴史は道徳の学校であり、最高の法廷であり、良き君主には晴れの舞台、悪しき君主には処刑台にひとしいものだった。歴史は「人間の行動の精神的な解剖」だから、いろんな性格を知るための勉強になった。そしてとりわけ、歴史は芸術作品だったのである。王太子殿下の朗読係をつとめていたコルドモワ殿が言ったように、「歴史上の事実をしらべるよりも、その事実を按配するまとめの仕事に時間を費した方がよい。また、書くことが一点の誤りも含まぬように見えることよりも、文体の美しさ、力強さ、明快さ、簡潔さを考えた方がよい。(6)」歴史はドラマチックで悲壮感に充ちているから、豪華な演出が必要になる。合戦、陰謀、革命、教会分裂などは絶好の素材、またとないテーマだ。また、歴史は一種の弁論だから、詩歌にも近い。詩歌自体も雄弁の一形式、雄弁が韻をふんだものにすぎない。さらに、歴史は高貴でなければならないから、その本来的な要素は崇高さである。歴史は法則として、必ず演説、描写、金言、分析、比較論などを含んでいる。たとえば、カルル五世とフランソワ一世の次のような比較である。「神の摂理はこの両者を、同じ国に、血のつながった近親として、同時に呱々の声をあげさせ、のみならず、二人がそれぞれ自己の輝きの多くを相手から引き出すように定められた。一方が戦列から離れてのちは、他方も勇気の片鱗だに示しえず、過誤を重ねるほかなかったほどである……。この名高い両者の比較を、これら偉大なる英雄の史上もっとも知られざる諸事より始め、できうれば、この種の著述の最大の巨匠たるアリストテレスとプルタルコスが求めるほどの正確さを以て筆を進める所存である……。」*

* ヴァリヤス『フランソワ一世の事績。同じ著者によるフランソワ一世とカルル五世の比較論を付す』Histoire de François Ier; à laquelle est jointe la comparaison de François Ier avec Charles-Quint par le même auteur, 一六八四年。

要するに、当時の歴史家はみなティトゥス・リヴィウス(7)たらんとしていた。いや、ティトゥス・リヴィウスに輪をかけた雄弁と文飾を狙っていた。「歴史とは私人と君主の教化、および市民社会の福祉のために、才気と雄弁と鑑識力を以て書かれた、真実で主要な公共的事柄の連続した記述である」*、と歴史理論家ル・モワーヌ神父は言ったが、この公式にはみんな賛成したにちがいない。

* ル・モワーヌ神父『歴史について』De l'Histoire、一六七〇年、七六―七七ページ。

歴史家は立派な序文を書いて、公平な態度を何よりも重んじると口では言った。ただ、自分たちの国王や国や宗教を弁護することも歴史家の役目として認めていたから、実際にはことごとに一定の立場をとり、真実の発見などそっちのけにして、テーゼを主張することに汲々とした。カトリック教徒と新教徒が筆を手にしてわたりあい、一方はルイ一四世を、もう一方はオレンジ公ウィリアム〔英国王ウィリアム三世〕をもちあげた。こうして、際限のない論争が起こった。ギルバート・バーネットの『イギリス教会改革史』The history of the Reformation of the Church of England（一六七九―一七一五年）、マンブール神父の『ルター派史』Histoire du Luthéranisme（一六八〇年）、『カルヴァン派史』Histoire du Calvinisme（一六八二年）、ヴァリヤスの『ヨーロッパに起これる宗教革命の歴史』Histoire des Révolutions arrivées en Europe en matière de religion（一六八六―八九年）――これらをめぐる論争は特にかまびすしかった。

みんな平気の平左だった。サン＝レアルはドン・カルロス[8]の性格と生涯や、ヴェネチア共和国に対するスペイン人の陰謀のエピソードを小説風に書いた[9]。小説家だって歴史からしょっちゅう借用しているから、歴史そのものを小説にして悪い筈はない。もともとでたらめなのだから、どっちにしたって同じことだ――というのが彼の理屈だった。ヴァリヤスは年をとって目がかすんでからも、日に何時間となく口述をした。内容は全然たしかめなかった。いや、年をとる前から、事実を創作するのはお手のものだったのだ。たとえば、フランソワ一世とシャトーブリアンの奥方[10]との恋が悲劇に終ったなどという作り話を、ライバルの歴史家は槍玉にあげている。ヴァリヤスによると、一五二六年にパヴィア〔イタリアの町〕から帰ったシャトーブリアン殿は、黒布を張った一室に不貞の妻を監禁し、彼女が嘆き悲しむのを物陰からうち眺めて復讐の喜びを満喫した上、最後に二人の外科医を使って奥方の体から血を抜いてしまったという。だが事実はどうか。一五三二年のブルターニュ行幸の際、フランソワ一世はこの奥方にいくつかの荘園からの収入（あがり）を下賜しており、一五三七年に彼女が死ぬと、その財産の用益権を夫にあたえているのである。ユリウス・カエサル以来のイギリス史を書いた[11]ローレンス・イチャードも、今のような洗練された時代には、修道士がものした粗雑な文書など参考にする必要はないと思った。だから、古今の典籍の中の気にいった個所を換骨奪胎し、必要ならばそれを引き写すだけにとどめておいた。ほかの連中がだまってやっていることを、この人は宣言した上でやったのである。――歴史家についてはいろんな逸話が伝えられているが、みなありそうなことと思われる。ヴェルトはロードス島攻囲[12]を書きおえたあとで資料があると教えられたが、「遅すぎたね、攻囲はすんじまったよ」と答えたという。ダニエル神父は王室図書館の本を見に行き、一時間いただけでご満悦のていだった。仕合わせな人である。写本を引用することは作家の名を高めるもので、私もかなりたくさん写本を見たが、読んでも労多くして益は少なかった、と彼はみずから言っている。さもありなんである。

　こういう見かけ倒しの建物がほんのわずかな衝撃にも耐えられないのは当然であろう。疑いはすでに内部に巣くっていた。歴史家たちの意識そのものの内にあった。ユマニストといってもみんな時代おくれのユマニストで、この遅れをそれとなく感じていたからだ。みんな気がかりでならなかった。肩で風を切りながらも、心は穏かでなかった。大衆の前では華麗なラッパを吹き鳴らしつつも、実は不安にさいなまれていた。真実トハナニカ？

　真実とは疑わしい事柄にある単なるまことらしさなのか？　「多少頭を使えばでっちあげられる論理的な見せかけ」なのか？　内的な一致なのか、筆の巧みからくる調和なのか、芸術的な創作なのか？　真実とはなんととらえがたいものだろう。真実に出会うためどこまで行くことが許されるのか？　「物珍しげに他人の家をのぞきこみ、部屋へ押しいり、帳（とばり）をあげ、家庭の秘密を隠すカーテンをあけ、面白そうなものを探す」権利がいったいあるのか？　同じ城攻め、同じ合戦を語る二人、三人、四人の著者が、まちまちな言いかたをする例は枚挙にいとまがないが、そういう時はいったいどれを選べばいいのか？　筆にかかると事件という事件が小説がかって見えるのは、いったいどういうからくりなのか？　こういう疑問がくだんの歴史家たちを悩ましていた。もちろん、みな浅薄な人間で、息の長い調査などする力もなく、冗長なくせに一刻も早く切り上げようとあせっていたから、彼らはこぞってむずかしい問題をごまかした。源流（ソース）を見つける方法も、何重にも重なった上塗りを剝いで最初の色を突きとめる方法も知らなかった。批判精神が欠けていたのである。しかし、いくら欠けていたとはいえ、心にしのびよるやましさを簡単に払いのけられるほどではなかった。一七一三年にラングレ・デュフレノワ——これはかなり自由な考え方をする人で、しかもなかなかのうるさがただった——が著わした『歴史研究の方法』Méthode pour étudier l'histoire にもそれが表われている。気をつけろ、誤謬を避けるほどむずかしいことはないのだぞ。用心の上にも用心して、安全な規則に従え。鵜呑みにしないで検討し、ふるいにかけろ。奇異なこと、異常なことは適当に疑え。それぞれの著者にありえた間違う理由、嘘をつく理由をさぐりだせ。批判的であれ。**でないと、本当と嘘に同程度の権威があたえられてしまう。**——

こういう危険があることはみんな気づいていた。それを言いあらわしたひとつの単語が、よるとさわると口のはにのぼった。いくら断罪してもこの言葉をしめだすことはできなかった。パスカルがつとにおぞけをふるったピロニスム[13]〔ピュロン主義〕という語に、**歴史**という語がつけられたのである。

ライデン大学で前からギリシャ・ローマ史を教えていた高名なヤコプ・ペリゾニウス教授は、一七〇二年にオランダ史の講義をすることになった。慣例どおり、市の役人や同僚の教授や学生の前で開講挨拶の講演をやらされたが、その時テーマに選んだのがほかならぬ歴史ピロニスムだった〔『歴史の信憑性に関する講演。歴史ピロニスムを駁す』Oratio de fide historiarum contra Pyrrhonismum historicum〕。みごとなラテン語で、彼はこう言ったのである。現代はあらゆるものが批判される時代だ。みんな好んで極端にはしる時代だ。歴史も非常な危機にある。或る者はこれまで歴史をねじ曲げてきた作り話を愚かに受けいれ、或る者は歴史の内容を一から十まで否定する。華々しくて、魅力的で、現に広まっているこの第二の精神状態は特に危険だ。これが勝ったら、何もかもご破算になってしまい、普遍的な懐疑論に落ちこんでしまう。だから、彼は壇上から、歴史の確実性は得られると断言した。「ピロニスム、クタバレ」と叫んだのである。

しかし、それは手に余る仕事だった。当時、少なくとも三つのグループが歴史に攻撃をかけていた。ひとつは、大先生のひそみにならったデカルト派である。君子にとっては、ギリシャ語やラテン語に通じる方がスイス語やブルターニュ語に通じるよりもふさわしく、ゲルマン帝国やローマの歴史に通じる方がヨーロッパの最小の国の歴史に通じるよりもふさわしい訳ではない、とデカルトはつとに言っていた[14]。マールブランシュはそれにいっそう輪をかけた。歴史家という人種は他人の考えを語るだけで、自分では考えようとしない。地上の楽園にいたアダムは完全無欠な学識を持っていたが、いったい歴史を知っていたろうか。知らなかったにきまっている。したがって、完全無欠な学識は歴史ではない。だからこの私、マールブランシュは、アダムが知っていたことを知るだけで満足しよう……[15]。こういう人にとっては、真実はもっぱら瞑想によって探し見いだすものだった。真理は歴史的ではなく形而上学的なものだったのだ。――一方、ジャンセニストや厳格なモラリストもこういう形の飽くことのない知識欲(リビド・スキエンディ)に不信を抱いていた。だが、いちばんすさまじいのは自由思想家(リベルタン)だった。彼らは歴史を目のかたきにしていたからだ。この連中は口ぐせのように言っていた。歴史は不確かで嘘っぱちだ。いつでも強者にへつらう下劣な学問だ。皿の料理のように歴史はいつでも味付けをされ、おんなじ肉が国によってそれぞれ違ったシチューにされる。歴史を読むべきだとしても、それは事実を知るためではなくて、もっぱら各人、各党派、各国民がそれにあたえる解釈を見るためである。要するに、歴史はおしなべて永遠のピロニスムにすぎない。

攻撃の激しさではフランス人がぬきんでていたが、歴史をやっつけたのはフランス人だけではない。『ライプツィヒ学報』Acta Eruditorum Lipsiensia の創刊者を父に持つ(16)J・B・メンケンは、ライプツィヒから猛烈な歴史家攻撃を放って、彼らを十把ひとからげに山師扱いした。山師というのはほかでもない、或る者はティトゥス・リヴィウスの栄光にあやかろうとして、物語のあちこちにあくびがでるような長い演説をはさんだり、しゃれた金言を武骨な男に言わせたりしているからだ。或る者は、見ばえが悪いと読まれないためか、陳腐な飾りをごてごてつけて厚化粧をし、また或る者は、スポンサーのご機嫌をとろうとして系図を想像ででっちあげたり、偽物を製造したりしているからだ。山師の中でも大の山師はフランスのヴァリヤスだが、しかし歴史家はみな一般に山師である。序文では公衆に真理を伝えるなどと約束しながら、それがいっこう出てこないのだから……。

もっともだ、と賢い人は考えた。フランス史は山ほどあるのに、信用できるフランス史はひとつもない。イギリス史にしても、なんの歴史にしてもそうだ。昔はみんな盲目的に信じていた。今や懐疑の時が来たのだ。「現代こそ歴史ピロニスムの時代とするのが至当ではあるまいか。*」

* ポーリアン『ジュリユ氏の牧会書簡の批判』Critique des Lettres pastorales de M. Jurieu、一六八九年、七八―八〇ページ。

*

この疑いをローマ史まで広げ、不公平で軽率で山師なのは古代の作家も同じだなどと考えるのは、なんともつらいことだった。

無理もない。多少とも学のある人なら、ロムルスやその前後に現われた英雄たちをみんな掌を指すように知っていたからだ。学院時代からのおなじみで、学校では彼らがしゃべった言葉〔ラテン語〕を書き、彼らの手紙や演説の作文までしていたからだ。崇敬の的だったこの歴史はじつにみごとに組み立てられていた。語り口は堂々として終始気品にあふれており、嘘が入りこむ余地などなさそうに見えた。この叙事詩は実話だったのである。或る日――正確には創世後二八二四年、ローマ建国前四〇〇年――イーリオン〔トロイアの別名〕滅亡の劫火を逃れたトロイア人をひきつれて、アイネイアースがラティウムへやってきた。三年のあいだ海上をさまよったあげくである。当時この地を治めていたラティーヌスは雅量のある人で、アイネイアースの不幸に同情し、彼を温かく迎えいれた。そして情愛の固い絆で彼をつなぎとめるため、自分の娘のラウィーニアと結婚させた。ルトゥリー人の王トゥルヌスは嫉妬のあまり戦争をしかけたが、敗北のすえ討死にした。ラティウムは平和をとりもどし、ラティーヌスはいまわのきわに、女婿への遺産としてアイネイアースに王位を譲った。* 筋立ては一糸乱れず、さながら一篇の悲劇である。このローマ人たちは本物なのだ。兜に羽根を飾り、裾長の上衣を着た舞台の上のローマ人と同じように。

＊ ローレンス・イチャードの『建国以来……のローマ史』The Roman History from the building of the City ……（一六九四年）による。ヴェルトの『ローマ共和国の統治に起これる革命の歴史』Histoire des Révolutions arrivées dans le gouvernement de la République romaine（一七一九年）も、事実は多少違っているが、大筋に変りはない。

いやいや。親愛おくあたわざるこの友人たちの間違ったイメージは、割引きし修正しなくてはいけない。涙なしにはできないことかもしれないが、いたしかたないではないか。もしかすると、これは単なる幻で、日が昇れば雲散霧消するものと思わなくてはならないのかもしれない。木霊を呼ぶひとつの声が、つとに彼らの非現実性をあばいていた。こう言ったのである。人間は昔も今もおんなじだ。子供っぽくて自惚れ屋で軽信家で、自分の出自の問題にはことのほか敏感なものだ。だから今の人は、自分が属する民族をことさら古く見せかけようと嘘八百を並べる。昔の人もそうだった。われわれが受けいれて大事にしてきた絵空事は、みなローマ人のでっちあげなのだ。

「ローマ人もこういう虚栄心を持たないではなかった。トロイア人をイタリアへつれてきたアイネイアースを通じて、彼らはウェヌス〔ヴィーナス〕の血を引くと称したが、それだけでは満足せずに、ロムルスの神話的な出生によって神々との同盟をさらに更新した。ロムルスをマルス神の息子と考え、死後には彼自身をも神に仕立てた。次の王ヌマは神の血筋ではなかったが、その徳操ゆえに女神エーゲリアとねんごろになった。この関係はヌマが儀式を制定する上に少なからず寄与している。それだけではない。ローマ人に言わせれば、運命はローマのいしずえをきずくことをひたすら念じていたというのだ。いとも巧妙なる摂理によって、歴代の王の種々さまざまな天分が国民のさまざまな必要にマッチした、とまで言うのである。

作り話を土台にしたり、間違った判断にたよったりしながら、いたずらに感心ばかりすることは私としても嫌(いや)である。ローマ人の間には感心すべき本当のことが山ほどあるのだから、作り話で尾ひれをつけるのは失礼であろう。」*

* サン＝テヴルモン『共和国の各時代におけるローマ国民のさまざまな天分の考察』Réflexions sur les divers génies du peuple romain, dans les différents temps de la République〔一七二一年版作品集、第一巻一八二―一八三ページ〕。

この力強い澄んだ声は、この大胆な考えは、静かな水面に一石を投じた。感心すべきだとサン＝テヴルモンが言う本当の事は、どうやって嘘と見わけるのか。だいいち、細部までぴっしりきまった全体という観念をぶちこわし、当時はほとんど想像もつかぬ進化という観念をかわりに据えるにはどうしたらよいのか。あるがままの過去は遠くの闇の中に推量されるだけだと言って、過去を歩一歩と後退させ、時のかなたへ追いやるにはどうしたらよいのか。

ライデンではヤコプ・グロノヴィウス(17)がロムルスの実在を否定していた。オクスフォードでもヘンリ・ドッドウェル(18)が疑っていた。ウェスタ(19)に仕える処女のレア・シルウィアはマルス神と交わってロムルス、レムスの二子を生んだ、この双児(ふたご)はカピトルの丘に棄てられ、狼の乳で育った――こういうことを二千五百年近くのあいだ無数の著者が書きつづけてきた。しかし、このお話はあまりにも馬鹿馬鹿しくて、ほとんど反駁する値打ちもない。「始源ノ記述ニ作リ話ガマジッテイナイヨウナ歴史ハ、ドウ見テモ聖史シカナイ。ロムルス以前ノローマ史ハ信用ガオケナイ。

ロムルスノ話デスラ、タブン疑ワシイモノデアロウ……。」こんなことをみんな言いだしたのである。やがて、ローマ史の最初の四世紀はまるであてにならない[20]ことが証明されるようになる。

ギリシャ史については多言を要すまい。これはローマ史以上に怪しいものと思われていた。人一倍学のあったアテナイ人たちが、ずっと後まできまった年代記を作らず、そのため自国の起こりも始まりも全然わからなかったとは、およそ考えられないような話である。年であれ循環期[21]であれ、彼らはみんなごっちゃにした。祭の日付すらわからなくなった。この好機を月が知らせてくれなかったばかりに、全市をあげての饗宴をフイにして、腹ペコのまま天へ帰らなくてはならないと愚痴をこぼす、そんな神々をアリストファネスは登場させている。それなのに、ギリシャの年代記者を信用しろというのか。

気がついたのは、古代史の分野では真実が得られていないのみならず、真実をとらえるための必要な道具すら持っていないということだった。古代の人々は物をどうやって測ったのか。どうやって勘定したのか。彼らの生活の実態を語る前に、とにかくこのことを知らなくてはならない。でないと、いつまでたっても不確実で、言葉のから回りになってしまう。こういう懸念は王立碑文アカデミー[22]のような学者の集まりでは現われていた。そこに欠けていたのはもちろん知識でもなければ善意でもなかった。確かな方法だったのである。みんな研究し、疑い、いつまでも充たされぬ知識欲を示した。そして、何も知らないことを知るという悲しい知恵を身につけたのだ。

*

まあいい。俗世のことはほうっておこう。神が教えた歴史だけを信用するとしよう。ほかのことは、結局どうでもいいのだから。ここでは万事簡単である。天地創造からイエス・キリストの来臨までには四〇〇四年の歳月が流れている。どうしてもあげ足とりをしたい人は四〇〇〇年と言えばいい。一二九年から地は充たされ、犯罪がふえはじめた。一六五六年に大洪水が起こり、一七五七年にバベルの塔の建設が試みられた。アブラハムの召命は二〇八三年に確定した。アブラハムの召命から四三〇年、大洪水から八五六年して、書かれた掟がモーゼにあたえられ、同じ年ヘブライ民族はエジプトをあとにした。こういう不動のメルクマールがあったから、ボシュエも逸品『世界史論』Discours sur l'Histoire universelle の筆をとるに当って、一連の時代が整然と配置され時の流れの中におのずから浮かびでるのを目にすることができたのである。調和のとれた壮大な門をつぎつぎとくぐって、末はメシアにまで至る勝利の道が続いていた。この道をたどるのはまことに快いものだったから、心まずしき人々は種々の暗合や回想で生活を充たし、聖史にある記憶すべき事柄が起こった年、いや年だけではない月や日付まで思い出していた。信者たちが祈祷書をあければ、二月一八日は主の誕生の二三〇五年前にノアが箱舟の外へ鳩を放った日、と書いてあった。三月一〇日はイエスがラザロの病気を知らされた日、三月二一日はイエスが無花果の木に呪いをかけた日、八月二〇日は創世後九三〇年に原人アダムが死んだ日だった……。*

＊　アンリ・ブレモン『フランスにおける宗教感情の文学史』Histoire littéraire du sentiment religieux en France、第一〇巻（一九三〇年）、第六章に引用。

こういう素朴な信仰に、こういう安心感に、当時ことさら異を立てたのが年代学である。

見たところ、これはしがない一分科にすぎなかった。生徒におぼえさせて馬鹿な間違いを防ぐには役立つが、もともと無味乾燥でとっつきが悪く、骨と皮ばかりでおよそうるおいのない代物だった。ところが、人の書き残した古文書には秩序もへちまもないという印象が強まるにつれて、それが重要度を増し、威厳をそなえ、必要な技術どころか、ひとかどの学問にのしあがった。人呼んで「時代学」である。「航海術が水先案内人にあたえるのは、遠洋航海でも迷わずに海上を正しく進むための規則である。年代学があたえるのも、古代という広漠たる国を安全に旅するための規則だ。」過ぎた時代、滅びた人種の間をへめぐるのはじっさい遠洋航海にひとしい。年代学は自分の規則を正確に意識したわけではないが、とにかくそれを実地に応用した。どんなテキストでも、それを支える権威ではなく、ただ算術によってまことらしさを判定した。テキストが何語であるかはどうでもよかった。フランス語でもラテン語でもギリシャ語でもヘブライ語でもかまわなかった。テキストの出所や性格も問題ではなかった。計算一点ばりであろうとするその本性からして、年代学は俗界と聖界の仕切りをやすやすと踏みこえた。年代学が知っていたのはただひとつ、正確に足し算すべしということだった。書庫の奥で文献の上に身をかがめ、閲読し比較しながら、歴史の計算の検査・検証を買ってでた専門家たちが、報いの少ない、一見無害な仕事にうちこんでいた。年代を画定し年数の算術をすることが、この人たちの楽しみでもあれば情熱でもあった。彼らはお互にののしりあった。上流社会の人たちが何かの拍子にその論争を耳にしたら、みんなふきだすだけだったろう。なんだ、衒学者の暇つぶしじゃないか、と。ところが、いざ仕事をおえ、正確に言えば研究を先まで進めた時(この仕事は遠くルネサンス時代から始まっていたし、いつまでたっても終る気づかいはなかったから)、この学者たちは背神の徒や反逆者どもに輪をかけて人々の意識の中へ混乱を持ちこんだ。過去のことはみんなあてにならないという考えを蔓延させた。みんながみんな疑ってばかりいたわけではない。新派の年代学者の手から伝統的な計算を守ろうと、何度も勘定しなおした人もいた。こうして何年もの間、目立たないけれども決定的な戦いが両派のあいだにくりひろげられた。これにはライプニッツ(23)も加わった。ニュートン(24)も。

もっとも、普通行なわれる足し算はごく簡単なものだった。アダムは一三〇歳にして自分によく似た男子を生み、セツと名づけた。セツを生んでからもアダムの命は八〇〇年つづき、その間に男子や女子を何人も生んだ。だからアダムが生きた年は合わせて九三〇年である。それから彼は死んだ。セツは一〇五歳にしてエノスを生んだ。エノスを生んでからセツは八〇七年生きて……等々。これらの各世代を合わせると、天地創造からキリストの生誕までに四〇〇〇年たっていることになる。だが、もしかすると鎖の輪に脱落があるかもしれない。完全に列挙されてはいないのではないか。ヘブライ人の勘定のしかたが特殊だったということも考えられる……。このあやふやにけりをつけようとして、年代学者が比較という方法を使いだし、ユダヤの近隣の民族に年代や数字を尋ねてみると、これはまた、いったいなんという不一致であろう! 困難は増すばかりで、行きつく先は「黒暗々の闇」なのである。

さっそく本題に入ると、二つの民族がこれまでの枠をぶち破ってしまった。四〇〇〇年なんて自慢にならない、われわれの歴史は何万年、何十万年だ、と言いだしたのである。あんなに賢明で公正で、かねて尊敬してきたエジプト人にしてからが、こと年代の問題となるとまるで気ちがい沙汰だった。自分たちの歴史の古さ、生まれのよさを頑固に主張して、「無限の世紀が重なりあう奈落の底へ落ちるのもよいではないか。永遠へ近づくように見えるのだから」などとごたくを並べていたのである。けれど、その言いぶんをしりぞけるのはひと苦労だった。エジプト人は計算の大家で、ちゃんとした年代記を持っていたからだ。紀元前三世紀には、「ヘリオポリスの神官で供犠の係だった有名なマネトン」が、プトレマイオス・フィラデルフォス王の命を受けてすでにエジプト史を書いていた。そこには一連の王朝が列挙されていたが、その始まりはノアの洪水の時期といわれてきた時より早く、以来王統は連綿とつづき、洪水の時期にすらとぎれてはいないのである。それよりもっと古い、プトレマイオス朝よりずっと前に書かれた或る年代記にも、エジプト人の間には「三六、五二五年のあいだ国王がおり、最後の王ネクタネボス(25)はアレクサンドロス大王の統治が始まる一九年前に、ペルシャ王オコス(26)によって王位を逐われた」*とある。

* ポール・ペズロン神父『古代復元』L'Antiquité des Tems rétablie et défenduë contre les Juifs & les Nouveaux Chronologistes、一六八七年、第一三章。(27)

シナ人も同じだった。天文学に通じ、思慮分別もあり、暦や年代記もたくさんそなえているくせに、この連中は神が光を創造する前からいたと言っている。なんという恥知らずだ！ シナの初代の皇帝たちにくらべると、アダムなど遅れてのそのそやってきたどこかの馬の骨としか見えない。「……世界の始まりから、一六二〇年に即位した天啓帝〔明の熹宗〕までに、少なくとも一九、三七九、〇九六年はたっているとヤム＝クアム＝シエムは言うのである。」*

* グレーロン神父『韃靼人支配下のシナ史』Histoire de la Chine sous la domination des Tartares、一六七一年、第一部第九章、四二ページ。

当時の人の意識にとっては、これは重大な問題だった。ヨーロッパ中の学者が汗水たらしてすこしずつこの問題を解こうとした。一六七二年にイギリスの年代学者ジョン・マーシャム(28)は答をみつけたような気がした。たしかに、エジプトには王朝が三〇あって、それをつなぎ合わせれば世界の年齢より長くなる。しかし、そもそもつなぎ合わせるのが間違いなのだ。王朝は縦ではなくて横に並んでおり、エジプト各地を並列的に治めていたのだから……。一六八七年には、戒律きびしいシトー修道会の修道士ポール・ペズロン神父(29)が別な解答を持ちだした。四〇〇〇年では古代エジプト人がはみだすことは認めよう。だが、四〇〇〇年という期限は聖書のヘブライ語原本を採るかぎり動かしがたい。ところが、七十人訳[30]を採るとどうなるか。およそ五五〇〇年というふうに、ぐっとゆるやかになるのだ。一五世紀も余計にあれば、年代記も王朝も楽々納まる。ペズロン神父は得意満面だったが、これもながくは続かなかった。この余分の年数も計算家にはまだ不足と思われたし、だいいち、エジプト人やシナ人の顔を立てるために聖書の特定のテキストを選ぶなどというのは無鉄砲だと断じられたからだ。君は年代学から冒瀆行為へ落ちこんだ、とペズロン神父は指弾された。なになに論、なになに考と称するものがさかんにやりとりされた[31]。礼儀もへちまもあったものではなかった。イタリアではアストリーニ神父[32]がひとつの憶説を発表し、一七〇三年にはトゥルヌミーヌ神父[33]もそれを採用した。たとえば一六〇〇年というような千年代の年号をあげたあとで、それに近い他の年号を言う場合、普通は数字を全部くりかえさない。一六〇〇年にこれこれのことがあり、六一〇年代にこれこれのことがあった、と言う。ユダヤ人の間でもたぶんそうだったのだろう。この習慣がわからないで、ユダヤ人の年号の呼びかたを字義どおり受けとったために、われわれは歴史を数千年もカットしてしまったのだ……云々。だが、まったくイタリア的なこのかぞえかたがヘブライ人の間でもされていたことをどうやって証明するのか。それに、これでは結局不確実に代えるに別の不確実を以てするだけではないか……。

この困惑は、それに劣らぬ別の困惑をひきおこした。ここでもボシュエを引用しよう。「そこで神は、その民をエジプト人の圧制から解放され、礼拝に予定された土地へ導いてゆかれたが、そこへ定住させるに先立って、民がふみおこなうべき掟を呈示された。その掟の基礎を二つの石板に手ずから書かれ、シナイ山上でそれをモーゼにあたえられた。これが十戒、即ち神崇拝と人間社会の基本的原理を盛った一〇の戒命である。同じモーゼに、神はその他の戒律も口授された……」(『世界史論』第一部第四期。ヴィヴェス版全集、第二三巻一四―一五ページ)。だが、こんなことを考えた人がいた。エジプト人が歴史も古く知恵も深く、その支配下にながくヘブライ人がいたのなら、論理的には必ず高い方の文明が低い方の文明に作用したはずだ。だからエジプト人はヘブライ人に影響をあたえたはずだ。これは最初ジョン・マーシャム[34]が言いだしたことで、一六八五年にケンブリッジのコルプス・クリスティ・カレッジの校長ジョン・スペンサー[35]がいっそう厳密かつ学問的な形でくりかえした。二人とも、尊敬するエジプト人がヘブライ人の律法、戒律、祭式に決定的な影響を与えたと称した。割礼も洗礼も神殿も祭司職も供犠も儀式もみなエジプト人から来たものだと。蛇に噛まれて死ぬ者が続出した時、モーゼが民を救うため青銅の蛇を作り、それを見る者は癒やされた[36]のも、奇蹟ではなくエジプト古来の魔術のひきうつしにすぎないと。だが、そうだとすると、神に選ばれた民は信仰の基本を異教の民に負うたことになる。神がシナイ山上で戒命を口授されたというのは嘘になってしまう。モーゼも師であり主人であるエジプト人を猿まねしたことになってしまう。

気がやさしくて勉強家だったアヴランシュの司教ユエは、蔵書がたくさんありすぎて家がつぶれてしまったという。この人は万巻の書をひもときながら敬虔な或る目標を追いかけていた。モーゼを正当な第一の地位にもどそうとしたのだ。異教徒の神学はみなモーゼの事績と著作から派生している、フェニキア人、エジプト人、ペルシャ人の神々も、トラキア人、ゲルマン人、ゴール人、ブルトン人、ローマ人の神々も全部モーゼから出てモーゼを移し変えたものにすぎない——こういうことの証明を彼は引き受けたのである。そして、一六七九年[37]の『福音の論証』Demonstratio Evangelica、さらに一六九〇年の『理性と信仰の一致に関するオーネーの諸問題』Quæstiones Alnetanæ de concordia rationis et fidei でそれを実行してのけた。こんな論理を使えば簡単に逆手を取られることがわからなかったのだ。モーゼの信仰と異教古代の信仰の間にそれほどの類似が見られるのは、モーゼが他民族に教えたからか、それとも、もっと古い民族がその伝承を遺産としてモーゼに伝えたからか。ユエは気の毒に、なまじっか本が当ったためかえって不敬のやからにされてしまった。ルイ・ラシーヌは穏やかに言う。「この博学な作家が世俗の学を宗教のため役立てようとしたことに、父〔ルイ・ラシーヌの父である劇作家のラシーヌ〕は賛成でなかった[38]。」アントワーヌ・アルノーはもっときつい。「これ以上に不敬な本はちょっとやそっとでは作れないでしょう。宗教は信じなければならないが、宗教でさえあればどんなものでも結構ではないか、異教にだってキリスト教と比較する価値がある——といったことを尻の青い不信者どもにこれ以上うまく説ける本は、書こうと思ってもなかなか書けるものではありません。[39]」

よかれと思ってやったのに、結果はこのざまだった。一難去ってまた一難、疑念はいつまでたっても晴れなかった。これは一世代ごとに形を変えてひきつがれてきた科学と信仰の争闘の痛苦に充ちた一モーメントだった。一七〇二年、碑文アカデミーでジョン・マーシャムの本を批評したルノード師の言葉は傾聴に価しよう。敬意と不安が、そこにはこもごも表われている。この作品は「整理、方法、明晰、簡潔、そこにみなぎる深い学識という点で、それなりに完璧の域に達している。けれども、著者が古代エジプトへの偏愛または他のなんらかの理由から、聖書の古さと権威を高めるものをおしなべて徹底的に弱め、公然と宗教を攻撃した人でも多くはなしえなかったほど不信者に疑惑の種をあたえたのは、まったく許しがたいことである。[40]」

みんな迷っていた。もうわからなくなってしまった。もちろん、柴の中にたてこもって、年代学者が持ちだす論拠をかたっぱしからしりぞけ、何万年の歴史を認めてもらわないと満足しないカルデア人やバビロニア人はみんな嘘つきだとか、聖史に反することを世俗の著作家が言う時は嘘だと思え、という聖アウグスティヌスの言葉で問題はかたづいているとか、あいもかわらず言いたてることはできたろう。

しかし、柴の外へ一歩踏みだし、護教論がまだ手合わせをしていない鋭い太刀でうちかかられると、誰しも身の危険を感じた。二万三千年とか、四万九千年とか、一〇万年とか、一七万年とか、茫漠として目がくらむような数字がいつまでも脳裡から離れなかった。アントニオ・フォレスティ神父[41]のように、年代の選定に当っては本当かどうかより便利かどうかということを規準にすべきなのか。創世以来の年数については一方で六九八四年、一方で三七四〇年という両極端の説があり、その中間に七〇種もの意見が分布しているが、それを全部受けいれることも全部たしかめてみることもできない。だから、学問とは無関係な実際上の理由からきめるほかない、とフォレスティは言っていた。著作家の選定にしても同じだった。現実にはみんな反対のことを言っているから、誰が間違っているかわかったものではない。こちらを立てればあちらが立たずということになる。それでもきめなくてはならないのだ。

それもいやなら、かつてライデンの学生たちの前でピロニスムの侵入を撃退してみせたあのペリゾニウスにならって軽挙妄動をつつしむか、である。開講挨拶の例の講演から九年して、この人は年代学の論争にも口を出した(42)。例によって論旨明晰、まことにもっともな内容だったが、その知恵にはなにがなし酔いざめに似た感があった。彼は言う。先人の論拠をくつがえすのは割に簡単だが、建てなおす仕事はややこしい。肝腎のエジプト人からも確かなことは何も引きだせない。せいぜいやれるのは、古代の種々な民族に起きた事件の間にいくつかの同時関係をうちたてることだ。ペリゾニウスはこうやって、難破した大船のせめて破片だけでも救いだそうとしたのである。

往時の確信はどうなってしまったのか。単純で壮大な展望や、迷いの影もない断定や、不動の年代への信仰はどうなってしまったのか。もはや渾沌(カオス)としか見えぬものに摂理の手などどうして認められようか。事実そのものが手からすりぬけそうなのに、認識における事実の価値などどうして承認できようか。新派の学者は歴史と摂理と権威とを同時に傷つけたのである。

しまいには、みんないてもたってもいられなくなった。なんだ、研究すればするほどわからなくなるではないか。歴史は霧に包まれて、払えば払うほど霧はますます濃くなるではないか。「時の流れは万物を滅ぼし、永遠の忘却にすべてをゆだねようとするかに見える。おかげで人類も自分の齢(よわい)や古さがほとんどわからなくなってしまった。今日、その大きさをつきとめ、世界の始めからメシアの到来まで何世紀たったかを知るためにあらゆる努力が払われたにもかかわらず、真実はすこしも見いだされていない。それどころか、真実からますます遠ざかってしまったのが実状である……。」*

* ポール・ペズロン神父『古代復元』、一六八七年、一―二(43)ページ。

*

もっとも、歴史を書きなおす方法がひとつだけあった。考証学である。一団の考証学者がテキストを刊行したり、資料を解読したり、石をひっかいたり、古銭をこすってみたりして、金にもならぬ仕事に精を出していた。これは果敢で情熱的な小集団だった。この蟻の群には働き蟻ばかりか戦闘蟻すらいた。力仕事が好きな気のいい人足のように、この人たちは事の大小にかかわらずとにかく不動の確実性をうちたて、性急な解釈や先入見や人工的な歪曲をつつしみながら、恒久不変な確固たる材料を発掘しようと努めていた。テキストからは得られない確かなデータを考古学に求めたフランチェスコ・ビアンキーニ、トリニティー・カレッジの校長（マスター）で王立図書館の司書で古典研究の大家でなみはずれた頭脳の持ち主だったリチャード・ベントレー、古文書の値打ちをよく知っていたプーフェンドルフ、それにライプニッツというのがこの人たちの名前だった。ライプニッツは図書館にとじこもり、古い羊皮紙を探しだしては、王命や外交官の報告などを好んでみずからコピイした。(44)国際関係の規範は単なる言葉ではなくて、宣戦布告、講和条約その他真正な文書にもとづかねばならない、というのが持論だった。(45)ブラウンシュヴァイク公の図書館長として、彼は現王朝の歴史を書こうとした。さんざ待たせたあげく、まず一巻、ついであと二巻の分厚い本(46)を出した。出所の確かな資料をぎっしりつめこんだ、およそ時流に背を向けたような作品だった。まわりの人はびっくりしたが、ライプニッツは平気な顔で答えたものである。レトリックを展開したりするよりも、こういう作品の方が役に立つし、自分も今までこんな仕事をしたことはない、これのおかげで、暗々たる闇に被われた幾世紀に新しい光が投じられ、多くの不確かさがとりのぞかれ、多くの誤りが改められたはずである、と。

　どこの国でもみんな猛烈に勉強していた。ハインリヒ・マイボーム(47)はゲルマンの故事を、トマス・ゲール(48)やトマス・ライマー(49)はイギリスの古文書を、ニコラス・アントニオ(50)はスペイン文学史の源流（ソース）をそれぞれ明るみに出した。イエズス会が組織した大がかりな学問工場でも、ボランディスト(51)を筆頭にみな営々と研究をつづけた。ベネディクト会でも同じだった。ここの修道士の堅忍不抜な仕事ぶりは特に定評があったのである。あまりの熱心さに、トラピスト修道院を改革した激越なランセは、神に捧げるべき時間と愛を学問に捧げるのはけしからんとこの勉強家たちにかみついた。ドン・マビヨン(52)が受けて立ち、そこから最高善をめぐる高尚な論争が延々とくりひろげられた。

　エティエンヌ・バリューズ、シャルル・デュ・カンジュなど、俗人の学者たちも心血を注いだ。こうした努力の甲斐あって、考証学はいくつかのすばらしい成果を収めた。一六七八年に、デュ・カンジュが『中後期ラテン古語辞典』Glossarium mediæ et infimæ latinitatis を出し、一六八一年にマビヨンが『公文書諸事、五巻』De re diplomatica libri V を出し、一七〇八年にモンフォーコンが『ギリシャ古文書学』Paleographia græca を出した。しかし、こういう学問一筋の生活をひとつだけ例で示すとしたら、白羽の矢を立てられるのはやはりアントニオ・ムラトーリであろう。人間が残した古証文を忘却から救うために、この人は一生を賭けたのである。モデナの図書館に朝から晩までとじこもり、イタリアの古文書の調査旅行に行くほかはほとんどそこから一歩も出ずに、ムラトーリは実に半世紀余にわたって二つ折の大型本を次から次へ出していった。この人が著わした文学書、哲学書、論争書のたぐいは、ムラトーリ以外の人だったら業績としてなに不足ないものだったろう。しかしムラトーリにとっては、こんなものはただの気ばらしにすぎなかった。イタリアについて——それもローマ時代より、まったくといっていいほど知られていない中世について——集められるかぎりの証言をまず集め、しかるのち一〇世紀間を筆の下によみがえらす[53]ため執拗な努力を続けたムラトーリは、もっぱら骨休めのつもりでこういう軽い本を書いたのである。

イギリスはギリシャ研究、オランダはラテン研究、フランスは教会史や聖者伝、イタリアは自国の過去というふうに、興味の中心はそれぞれ違っていたようである。しかし、截然たる区別があるわけではないし、研究はどこの国でも行なわれていた。まやかしではない、純正な富がこうして蓄積された時、古銭学のようなまだ若い学問が往時の文明の思い出を地下まで探りに行った時、こうした研究がさずける忍苦と謙譲のすばらしい教えによって人心が改まった時、その時こそ歴史懐疑論は粉砕されるだろう。

だが、この仕事はいつになったら終るのか。推測ならざる知識が得られ、嘘をつかずとも断定できるようになるためには、あと何年、何十年、いや何世紀かかるのか。巨大なモザイクのほんの二、三の石を見つけるだけでも、ほとんど絶望的な仕事である。研究家もこういう石を集めはじめたかと思うと、たちまち死者の群に入ってしまう。過去にうち負かされるのである。過去は彼らを踏みこえてゆき、彼ら自身が過去のものになるのだ。それに、再生の奇蹟が仮りに成功したとしても、過去の闇からとりだした生（せい）の断片を使ってほしいと思う人、滅びた物に形と色とおののきを回復さすためそういう資料を役立てるはずの人が、こんなものはいらないとそっぽを向いてしまうのだからどうしようもない。当時、考証学者と歴史家が互に相手のことは知らないまま、平行的に仕事を進めていたのは厳たる事実だったのである。平行ならまだいい。二つの道はますます離れてゆきつつあった。軽いもの、肩のこらないものばかりほしがり、とっつきにくいものには目もくれない、そういう世代が現われ始めていた。文章もへたくそで、本の余白に参考書目をやたらと並べる、のろまではえない下請人夫が名声などとは縁のない労役に我とわが身をしばりつけていたかと思うと、一方では絢爛たる才能を誇る歴史家が、細かなことにかかずらうのをいさぎよしとせず、重箱の隅をほじくるような研究は鈍才どもに任せて、身内にみなぎる情熱に水をかけるような議論はことさらに回避していた。奴隷はせっせと材料を集めたが、文筆界の殿様たちはそんなものに鼻もひっかけなかったのだ。

*

つまり歴史とはなんなのか。民族の起源についてはお伽話の寄せ集め、その後については誤謬の寄せ集めにすぎない。このことを思い知らされた時、懐疑家の典型とされるフォントネルの口からさえ、思いなしかいささか悲しげな言葉が洩れた。いや、絶望に似たものがそこには漂っていたのである。

「どんなに単純なことでも、人々が何か合理的なものに行きつくためにはものすごく時間がかかる。ありのままの事実を記憶に留めるというのはそれほど驚くべきことではないが、このことをやれるようになるまでには何世紀もの時間がいる。それまでは、記憶に留められる事柄も妄想と不条理以外の何物でもない……」〔『歴史論』Sur l'histoire。一八一八年版全集、第二巻四二九ページ〕。

「私たちは子供の頃、ギリシャ人のお伽話にすっかり慣らされてしまったから、理性を働かせる年になっても、こういう話をそれほど驚くべきものとは思わない。しかし、習慣の目をいざ取り去ってみると、民族の往古の歴史が妄想と夢物語と不合理の寄せ集めにすぎないのを目のあたりにして、誰しも怖気をふるわずにいられなくなる。こんな話が真実としてあたえられたということがありうるのか。虚偽としてあたえられたとしたら、それはどういう目的からか。明白で滑稽な虚偽に対する人々のこの愛着はいかほどのものか。それが今後はなくなるという保証があるのか」〔『神話の起源について』De l'origine des fables。カレ版、一九三二年、一一ページ〕。

こういう歴史の書き方につづいて、もうひとつ別な書き方が現われ、学問のさかんな文明国では支配的になった。行動の動機や人の性格をしらべるというやりかたである。だが、虚偽である点では、これも最初のやりかたと甲乙ない。人が情念に動かされたり、軽信的だったり、事情をよく知らなかったり、不注意だったりすることは避けがたいからだ。「本当ならば、中立の立場からあらゆる物を注視するような歴史家をみつけなければなるまい」〔『神託史』Histoire des Oracles、第一部第四章。メグロン版、一九〇八年、三四ページ〕。そんなことは不可能である。歴史家がせいぜいやれるのは、形而上学者と同じように或るアプリオリな体系を組み立て、脈絡のあるひとつの全体像を作りだすこと、手元にあるいくつかの事実の原因を想像することぐらいしかない。歴史家の著作は哲学者の思弁よりもっと不確かで信用のおけないものになる。役に立つ歴史があるとしたら、それはもっぱら人間の錯誤と情念をかぞえあげたものだけであろう。

「私たちも狂人であるが、気違い病院にいる狂人と全く同じではない。彼らの一人々々は、隣室の患者や自室に前いた患者がどのように狂っているかを知る必要はないが、私たちはどうしてもそれを知らなくてはならない。人間の精神は自分がどこまで、どれほど多くの仕方で誤りうるかを知るならば、誤謬に陥る可能性もそれだけ減る。だから、自己の迷妄の歴史をしらべすぎるということはけっしてない」〔『歴史論』。一八一八年版全集、第二巻四三二ページ〕。

新旧の大論争で近代派のチャンピオンだったフォントネルに言わせると、歴史とは所詮この程度のものだった。現在はただ現在のことを考えればいい。学校では青少年にローマの歴史家のものを何年もかかって読ませるが、そんな暇があったら現代のことを教えた方がずっといい。コルネリウス・ネポス(54)やクイントゥス・クルティウス(55)やティトゥス・リヴィウスの最初の一〇巻から、現代の事柄のいかなる解明が得られるか誰も知らない。書いてあることを全部まる暗記しても、こうした本にある名句・金言の厳密な一覧表を作っても、このことに変りはない。アエクイ人やヘルニキ人やウォルスキ人を打ち破った時ローマ人が戦陣へつれていった牝牛や羊の頭数など、正確にわかったところでなんにもなりはしない*。ただ現在が、生活が、未来が、私たちを招くのだ、酔わせるのだ。理性ハ生キノビ、古キハ終レリ……。

* S・フォン・プーフェンドルフ『今日のヨーロッパの主要な諸国の歴史への序論』Einleitung zu der Historie der vornehmsten Reiche und staaten …… in Europa、一六八二年、序文。マールブランシュ『真理の探求』De la Recherche de la vérité、一六七四年、〔第二編〕第二部第四、五、六章をも参照。

訳註

（1）ローラン　一一、二世紀の武勲詩『ローランの歌』Chanson de Roland の主人公。シャルルマーニュ帝麾下の勇士で、皇帝のスペイン遠征の帰途、殿（しんがり）を承り、サラセン人の襲撃を受けて、敵を敗走させながら、自らも戦死した。

（2）アマディス　スペインの騎士物語『アマディス・デ・ガウラ』Amadis de Gaula の主人公。この物語は、一二世紀からスペインに広まっていたらしい。アマディスはフランス王の息子で、デンマークの王女に恋しており、さまざまな冒険や試練をへて、王女との結婚に成功する。

（3）トリヴラン　この名前の召使はマリヴォーのいくつかの芝居に登場するが、ここでは『偽侍女』La fausse suivante（一七二四年）第一幕第一場におけるトリヴランのせりふが念頭に置かれている。この場でのトリヴランとフロンタン（別の召使）のやりとりは明らかに新旧論争をからかったもので、中に次のようなせりふがある。「フロンタン―ご主人様はどうしてわしらを嫌ってなさるのかね。トリヴラン―頭の上に四千年のお荷物をのっけてないと、人間の値打ちがないように思ってらっしゃるからさ。」

（4）新旧論争　一七世紀後半から一八世紀初頭にかけて行なわれた文学上の論争。ギリシャ・ラテン文学と近代文学との優劣をめぐるもので、一七世紀末のペロー（近代派）とボワロー（古代派）を代表選手とする論争、一八世紀はじめのダシエ夫人（古代派）とウダール・ド・ラ・モット（近代派）のホメロス翻訳をめぐる論争という二つの山を持っていたが、ラ・フォンテーヌ、ラ・ブリュイエール、フェヌロン、デュボス（ともに古代派）、フォントネル、テラソン（ともに近代派）なども論争に加わり、歴史的相対主義の問題、文学評価における理性と感性の問題など、かずかずの重要な問題がこのなかで論議された。

（5）暗記用の短い詩句に収めた　『年代学、歴史、地理をおぼえるための人工記憶法』Pratique de la mémoire artificielle pour apprendre et retenir la chronologie, l'histoire et la géographie（一七〇一―一五年、四巻）のこと。

（6）コルドモワの引用　『形而上学・歴史・政治論文集』Divers traités de méthaphysique, d'histoire et de politique（一六九一年）から引いたものであろう。

（7）ティトゥス・リヴィウス　前五九―後一七。ローマの歴史家で大部の『ローマ建国史』Ab urbe condita libri の著者。雄弁かつ流麗な文章で、文学的な価値は高いが、記述の正確度はきわめて低い。

（8）ドン・カルロス　一五四五―六八。スペイン王フェリペ二世の子ドン・カルロス・デ・アウストリア。議会により王位継承者と認められたが、錯乱や不行跡の末、父王の暗殺をはかって捕えられ、獄死した。後世、彼を主人公にした文学作品のなかで、シラーの悲劇『ドン・カルロス』Don Carlos が有名。

（9）小説風に書いた　サン＝レアルの代表作『歴史小説、ドン・カルロス』Dom Carlos, nouvelle historique（一六七二年）、『一六一八年におけるヴェネチア共和国に対するスペイン人の陰謀』Conjuration des Espagnols contre la République de Venise en l'année MDCXVIII（一六七四年）。

（10）シャトーブリアンの奥方　シャトーブリアン伯爵夫人フランソワーズ・ド・フォワ。一四九五頃―一五三七。ロートレック子爵ジャン・ド・フォワの娘。一二歳でシャトーブリアン伯と結婚し、はじめ夫の領地で生活していたが、国王フランソワ一世のたっての要求で宮廷に出、王の情人となった。夫の伯爵が嫉妬に苦しんだのは事実のようだが、本文に紹介される妻殺しの話は伝説にすぎない。ヴァリヤスはこの話を、シャトーブリアン家の古文書にもとづくフェラン法院長の覚書によるとしている。この伝説はヴァリヤスの『フランソワ一世の事績』以後も、アンリ・ソーヴァル（一六二〇―七〇）の『フランス国王の恋』Les Amours des Rois de France（一七二四年）やヴァンサン・シャーロン（一六四二―九四）の『フランス史』Histore de France（一七二〇年）などに受けつがれ、さらにミュラ夫人とレスコンヴェルによってそれぞれ小説化されて、広く人口に膾炙した。しかし、レンヌ高等法院のピエール・エヴァン（一六二一―九二）が一六八六年に『シャトーブリアン伯爵夫人の話に関する手紙』Lettre touchant l'histoire de la comtesse de Chateaubriand を出してヴァリヤス説を反駁し、ダニエル神父（一六四九―一七二八）も『フランス史』Histoire de France（一七一三年）で夫人の歿年が一五三七年であることを主張して、ヴァリヤス説は完全にくつがえされた。ベールやモレリの歴史辞典も、この話には疑義を唱えている。

（11）イギリス史　『イギリス史』History of England（一七〇七年）のこと。

（12）ロードス島攻囲　この話はヴェルト師の『マルタ騎士団史』Histoire de l'ordre de Malte（一七二六年）に出てくる。アザールの原著には「マルタ島攻囲」とあるが、これは一五二二年にロードス島（ギリシャ）がトルコ軍に襲われ、長期の攻囲戦のすえ占領された事件を言っているので、ロードス島攻囲と訂正した。当時「ロードス騎士団」と呼ばれていたその教団は、ロードス島陥落後、一五三〇年にマルタ島へ移り、「マルタ騎士団」と名のるのである。

（13）ピロニスム　ギリシャの懐疑論哲学者ピュロン（前三六〇頃―二六〇頃）の名からきたもので、一六―一八世紀には「懐疑論」と同義に、あるいは否定的定言論の中期アカデメイア説と区別して用いられた。セクストゥス・エンピリクスのピュロン哲学紹介が主要な典拠とされており、一七世紀フランスでも、その信奉者ないしそれに深い親近性を持つ思想家としてガサンディ、ラ・モット・ル・ヴァイエ、サミュエル・ソルビエール、ピエール＝ダニエル・ユエ、ピエール・ベールなどがあげられる。

(14) デカルトの発言　『方法叙説』Discours de la méthode 第一部の次のような言葉が念頭に置かれている。「私はすでに十分の時間を語学にも、また昔の本、歴史の本や寓話の読書にも費したと信じていた。というのは、ほかの世紀の人々と会談するのは旅行をするのとほぼ同じだから。いろいろの民族の習俗について何事にもせよ知っておくことは、われわれの習俗をより健全に判断するためにも、またどこの習俗も見ていない人たちがえてやりがちなように、われわれの習俗に反したものを笑止で理性にそむいたものと考えたりしないためにも結構なことである。しかし旅行にあまり多く時間を費すと、しまいには自分の生国では外国人になってしまうものである。また過去の世紀に行なわれたことにあんまり夢中になる人間は、現在行なわれていることについては普通ひどく無知なものである……」「非常に強い推理力を持ち、自己の思想を明瞭に、理解しやすくするためにそれらをよく按配する人たちは、たとえ彼らが低ブルターニュの方言しか話せず、また修辞学を全然勉強したことがなくても、自分が主張しようとすることを常にもっともよく人に納得させることができるものである」(角川文庫、一四―一五ページ。小場瀬卓三訳)。

(15) マールブランシュの発言　これは『真理の探求』De la Recherche de la vérité（一六七四年）、第二編第二部第三、四、五、六、七章などの内容をアレンジしたもの。これらの章では、読書人や学問にたずさわる者のさまざまな偏向や歪みが批判されている。

(16) 歴史家攻撃　『学者の山師性に関する二演説』De charlataneria eruditorum declamationes duæ（一七一五年）のこと。

(17) ヤコブ・グロノヴィウス　『ロムルスの出自を論ず』Dissertatio de Origine Romuli（一六八四年）のこと。

(18) ヘンリ・ドッドウェル　『カムデン史学講座における講義』Prælectiones Academicæ in Schola historices Cambdeniana（一六九二年）のこと。

(19) ウェスタ　ローマのかまどの女神。国家のかまどの神としてローマのフォルムに神殿を持ち、それに仕える女祭司はウェスターリスと呼ばれた。

(20) まるであてにならない　一八世紀前半にはローマ史批判がいっそうさかんになり、レヴェック・ド・プイイの『ローマの最初の数世紀の歴史の不確実性を論ず』Dissertation de M. Pouilly sur l'incertitude de l'histoire des premiers siècles de Rome（一七二二年）や、ルイ・ド・ボーフォールの『ローマ史の最初の五世紀の不確実性を論ず』Dissertation sur l'incertitude des cinq premiers siècles de l'Histoire romaine（一七三八年）が著わされる。

(21) 循環期　古代ギリシャの一年は三五四日からなっていたが、太陰暦のこの暦が太陽の周転と一致する周期が循環期と呼ばれ、はじめそれは八年（各年は一二カ月のものと一三カ月のものが交互する）だったが、前五世紀の後半から一九年に変った。本文にある循環期に関する歴史批判は、ヘンリ・ドッドウェルの『ギリシャ・ローマ人の古代循環期について』De veteribus Græcorum Romanorumque cyclis（一七〇一年）より。

（22）王立碑文アカデミー　一六六三年にコルベールがつくったもので「小アカデミー」とも呼ばれ、はじめはルイ一四世の建てる記念碑の碑銘や、メダルの銘を作るのが仕事だったが、一七〇一年に四部門、会員四〇人と組織が確定し、一七一七年からは歴史、考古学、言語学などの研究記録を出すようになった。実証的な学者たちを集めた地味なアカデミーで、フランス革命で解体されたが、王制復古で再建され、現在まで続いている。

（23）ライプニッツ　ライプニッツには、『ブラウンシュヴァイク家の財産を継続するを明らかにする功のあった著述家』Scriptores rerum Brunsvicensium illustrationi inservientes（一七〇七、一〇、一一年）、『ブラウンシュヴァイク所蔵本西ローマ帝国編年史』Annales Imperii occidentis Brunsvicenses（遺稿）、『地球前史』Protogaea（一六九一年）、『歴史の補遺』Accessiones historicæ（一六九八年）、『ヨハン・アドルツライテル著ボイイ族の編年史』Joannes Adlzreiteri Annales Boicae gentis（一七一〇年）、『主として言語の指示から導き出した諸民族の起源に関する考察の概要』Brevis designatio meditationum de originibus gentium ductis potissimum ex indicio linguarum など、歴史・年代学関係の著作があるが、彼が聖書のそれを始めとする古代の年代研究に非常な関心を持っていたこと、後出のペズロン神父と同じく、年代学的な観点から旧約聖書のヘブライ語原本よりも七十人訳の採用に傾いていたことなどは、多くの書簡に見ることができる。

（24）ニュートン　ニュートンにも『古代諸王国の年代改訂』The Chronology of Ancient Kingdoms Amended（一七二八年）という有名な年代学関係の著述があり、これをめぐって、イエズス会士スーシエの反論、ラ・ノーズの擁護論など、さまざまな論議が行なわれた。

（25）ネクタネボス　エジプト名はネクト・ネブ・フ。エジプト第三〇王朝第三代の王で、在位は前三五九―四二年。ペルシャと戦って敗れ、アビシニアへ逃亡した。原著には Mectanèbes とあるが、Nectanèbes の誤植であろう。

（26）オコス　アルタクセルクセス三世（在位、前三五八―三三六年）の綽名。ギリシャ語で「馭者」の意。

（27）第一三章　原著には「第一五章」とあるが、誤りなので訂正した。なお、この引用符で囲まれている文章は、引用というよりも、むしろペズロンの文章のパラフレーズである。

（28）ジョン・マーシャム　『エジプト、ヘブライ、ギリシャ年表』Chronicus Canon Ægyptiacus, Ebraicus, Graecus, et disquisitiones（一六七二年）のこと。

（29）ポール・ペズロン神父　前出の『古代復元』のこと。

（30）七十人訳　旧約聖書の最初のもっとも重要なギリシャ語訳。元来はギリシャ語五書のみを意味しており、伝説によると、イスラエルの各支族から六人ずつ選ばれてパレスチナからアレクサンドリアへ連れてこられた七二人の長老によって、プトレマイオス・フィラデルフォス王（前三世紀）の後援のもとに訳されたものといわれるが、いずれにせよ、アレクサンドリアに多数在住していたヘブライ語を解さない離散のユダヤ人の宗教的要求を充たすために、まず五書が、ついで他の諸書が前二、三世紀に飜訳されたものと思われる。ただし、現存する七十人訳写本はほとんどみなキリスト教会のものである。

（31） さかんにやりとりされた　ペズロン神父の『古代復元』に対して、ポール・マルティアネイ神父の『古代復元なる書からヘブライ語原本とヴルガタの年代記述を守る』Défense du texte hébreu et de la chronologie de la Vulgate contre le livre de l'antiquité des temps rétablie…（一六八九年）、ルキアン神父の『ヘブライ語原本とヴルガタ訳を擁護し、〈古代復元〉と題する書物に答える』Défense du texte hébreu et de la version vulgate servant de réponse au livre intitulé: L'antiquité des temps rétablie…（一六九〇年）という反駁書が著わされた。ペズロンは『古代復元』よりもさらに大部な『古代擁護』Défense de l'antiquité des temps（一六九一年）で応酬したが、ルキアン神父は『古代破壊、または古代擁護への答』L'antiquité des temps détruite, ou réponse à la Défense de l'antiquité des temps（一六九三年）で反撃した。

（32） アストリーニ神父　『イエス・キリストの真の教会対ルター派、カルヴァン派』De vera Ecclesia Jesu Christi contra Luteranos et Calvinianos（一七〇〇年）より。

（33） トゥルヌミーヌ神父　「ヘブライ語原本とサマリア本と七十人訳で族長の年数のかぞえかたが異なる理由に関するイエズス会士トゥルヌミーヌ神父の推測」Conjecture du P. Tournemine, Jésuite, sur l'origine de la différence du texte hébreu, de l'édition samaritaine, et de la version des Septante, dans la manière de compter les années des Patriarches（『トレヴー新聞』Mémoires de Trévoux、一七〇三年三月号）より。

（34） ジョン・マーシャム　前出の『エジプト、ヘブライ、ギリシャ年表』。

（35） ジョン・スペンサー　『申命記第三三章八節のウリムとトンミムを論ず』Dissertatio de Urim et Thummim in Deuter. c. 33, v. 8（一六六九年）、特にスペンサーの代表作である『祭式に関するヘブライ人の律法とそれらの根拠について』De legibus Hebræorum ritualibus et eorum rationibus（一六八五年）より。

（36） 癒やされた　この話は民数記第二一章九節にある。

（37） 一六七九年　原著には「一六七二年」とあるが、『福音の論証』の初版は一六七九年に出ているので、訂正した。

（38） ルイ・ラシーヌの引用　『ジャン・ラシーヌの生涯と著作に関する覚書』Mémoires sur la vie et les ouvrages de Jean Racine（一七四七年）より。

（39） アルノーの引用　ドダール宛の手紙（『書簡集』Correspondance、第三巻四〇〇ページ）より。これは、アルノーがバナージュ・ド・ボーヴァルの新聞『学芸著作史』Histoire des ouvrages des savants でユエの『……オーネーの諸問題』の紹介を読んだことから書いたもの。

(40) ルノード師の引用　『碑文アカデミーの記録からとった文芸覚書』Mémoires de Littérature tirés des registres de l'Académie des Inscriptions et Belles-Lettres、第二巻、一七一七年、二五八―二五九ページ。

(41) アントニオ・フォレスティ神父　『世界史』Mappamondo istorico（一六九一―九四年）より。

(42) 年代学の論争にも口を出した　『エジプトの起源と最古代の研究』Ægyptiarum originum et temporum antiquissimorum investigatio（一七一一年）のこと。

(43) 一―二ページ　アザールの原著には「八ページ」とあるが、『古代復元』の初版にしたがって訂正した。この引用文は、『古代復元』第一章の冒頭の文章である。

(44) コピイした　ライプニッツが刊行した記録集『国際公法彙典、公的記録の真正な一覧を収む』Codex gentium diplomaticus, in quo tabulæ authenticæ actuum publicorum continentur（一六九三年）のこと。

(45) 現王朝の歴史　前出の『ブラウンシュヴァイク所蔵本西ローマ帝国編年史』（遺稿）のこと。

(46) 分厚い本　『ブラウンシュヴァイク所蔵本西ローマ帝国編年史』の準備としてライプニッツが刊行した資料集『ブラウンシュヴァイク家の財産を継続するを明らかにする功のあった著述家』（前出）のことで、第一巻は一七〇七年に出版され、第二、第三巻はそれぞれ一七一〇、一一年に出版された。

(47) ハインリヒ・マイボーム　中世ドイツ史に関する彼の遺稿『ゲルマンの故事に関する歴史小論集』Opuscula historica varia ad res germanicas spectantia（一六六〇年）。

(48) トマス・ゲール　彼が刊行した資料集『イギリス史資料集』Historiæ anglicanæ scriptores（一六八七年）、『ブリテン、サクソン、アングロ・デンマーク史資料集』Historiæ britannicæ, saxonicæ, anglo-danicæ scriptores（一六九一年）のこと。

(49) トマス・ライマー　一一〇一年から一六五四年までのイギリスと他の諸国との外交文書を集めた『協約集』Foedera（一七〇四―三五年）のこと。これは全二〇巻で、最後の五巻はロバート・サンダーソンが編集した。

(50) ニコラス・アントニオ　『スペイン文庫』Bibliotheca Hispanica（一六七二、九六年）のこと。これは二部に分かれ、第一部「新文庫」Bibliotheca Nova は一五〇〇年から一六七二年までのスペイン、ポルトガルのすべての著作家名と作品名を集めたもので、第二部「古文庫」Bibliotheca vetus は一世紀から一五〇〇年までについてそれを行なっている。

(51) ボランディスト　ベルギーのイエズス会士ジャン・ボラン（ボランドゥス）（一五九六―一六六五）の名からきたもの。ボランは一六三〇年、ヘリベルト・ロスヴァイデ（オランダのイエズス会士）の仕事を受けついで、カトリック聖者伝 Acta sanctorum の集成・刊行を命じられ、一六四三年に一月関係の聖書伝二巻、一六五八年に二月関係の三巻をそれぞれアントワープで出版し、三月関係の三巻（一六六八年刊行）をも準備した。この仕事は彼の死後も「ボランディスト」と呼ばれる研究家集団（多くはイエズス会士）によって継承され、一〇月関係の第三巻（一七七〇年刊行）まで続けられた。ボランディストの仕事は一九世紀にベルギーのイエズス会士たちが再継承し、現在なお続いている。

（52）高尚な論争　一六八三年三月、トラップ修道院の改革者として知られるランセ師は『僧院生活の聖性と義務について』De la sainteté et des devoirs de la vie monastique を発表して、弛緩した当代の修道生活を罵倒した。この本ではベネディクト会、シャルトルー会、シトー会などさまざまな修道会が槍玉にあげられていたが、マビヨンはベネディクト会を代表して、『僧院の義務に関する考察』Réflexions sur les devoirs monastiques と題する三四ページほどの感想文をランセに寄せた（一六八四年）。ランセは一六八五年六月に、『僧院生活の聖性と義務についての書に提出された若干の疑問点の解明』Éclaircissemens de quelques difficultés que l'on a formées sur le livre de la sainteté et des devoirs de la vie monastique という大著を著わし、ベネディクト会のドン・ジョゼフ・メージュ神父の反論『聖ベネディクトゥスの規則の解説』Commentaire sur la règle de saint Benoist（一六八七年）に答えて、『聖ベネディクトゥスの規則を新訳し、その真の精神にしたがって説明す』La règle de saint Benoist, nouvellement traduite et expliquée selon son véritable esprit（一六八九年）を発表した。このランセの三部作に対して、マビヨンは一六九一年に『僧院での学問研究を論ず』Traité des études monastiques を著わした。これはランセの非難から僧院での学問研究を擁護すると同時に、僧院で行なうに適当な学問の種類やその方法をも詳述した学問論であった。ランセとマビヨンの論争はその後も、ランセ『僧院での学問研究に答う』Réponse aux études monastiques（一六九二年）、マビヨン『〈僧院での学問研究を論ず〉に対するトラップ僧院長の返答についての考察』Réflexions sur la Réponse de M. l'abbé de la Trappe au Traité des Études monastiques（一六九二年）と続いたが、この『考察』に対するランセの反論『学問研究論への返答についてマビヨン神父がなせる考察の検討』Examen des Réflexions que le R. P. Mabillon a faites sur la Réponse à son Traité des études（一六九三年執筆）は結局公表されなかった。

（53）筆の下によみがえらす　ムラトーリが刊行した資料集『イタリア諸事資料集』Rerum italicarum scriptores（二八巻、一七二三―三八年）、および彼の著『中世イタリア故事』Antiquitates italicæ medii ævi（六巻、一七三八―四二年）のこと。

（54）コルネリウス・ネポス　前九九頃―二四。ローマの伝記作者。『偉人伝』De Viris illustribusの一部、『カトー伝』Vita Catonis Censoriiなどが残っている。

（55）クイントゥス・クルティウス　一世紀のローマの歴史家。『アレクサンドロス大王史』De rebus gestis Alexandri Magni を著わした。

第三章　南から北へ

ヨーロッパはすでに出来上ったように見えた。住民は国ごとにきわだった個性があり、それがまた天下周知のものだったから、ちょうど雪は白とか太陽は灼熱とかいうように、国の名前を言っただけで、それにぴったりする一連の形容詞がおのずと浮かんでくるほどだった。スイス人は――まじめで、理性的で、誠実で、単純で、開放的で、勇気と決断力があり、攻撃されればだまっておらず、堅忍不抜で、忠実で、大胆で、背が高く、良い兵士になって多くはフランスの軍隊に入るが、高給をほしがり、金の切れめが縁の切れめと心得ている。ドイツ人は――好戦的で、規律さえよければすばらしい兵隊になるし、商売もなかなか好きで、どんな仕事でも立派にこなす。進んで謀反を起こすようなことはなく、一度或る政体に慣れたらいつまでもそれを守ろうとする。全部合わせると大勢力だが、あいにく宗教的・政治的な内紛でてんでんばらばらになっている……。――「ポーランド人は勇敢で、文芸を愛し、放蕩も嫌いではない。みなカトリック教徒である。」スペイン王と王太子のおかかえ地理学者だった正直者のニコラ・ド・フェール(1)は一七〇八年にこう語った。――「ハンガリー人は美男子で、戦(いくさ)と馬が好きで、大胆で勇猛で大酒飲みである。この国の貴人は威風堂々としており、女は美しく慎ましい。」――「スエーデン人は誠実で律義で学芸を愛する。この国の空気は冷たく澄んで、体によい。森には猛獣・野獣がうようよいる……。デンマーク人の習俗もスエーデン人とほぼ同じである。ノルウェー人はもっと単純らしい。それにたいへん率直である。」

文士たちが出来合いの性格を探す場合、このように理解されたそれぞれの国籍が便利なレパートリーを提供してくれた。宮廷娯楽のバレーの台本を書こうとする人は、たいして知恵もしぼらずに、ナポリっ子とかスラヴォニア人とかいう異人を登場させた。威厳のある年配の人物とか悪がしこい下男などより、この方がもっときわだっていたし、使いなれてもいたからである。一六九七年に、ウダール・

ド・ラ・モットは王立音楽アカデミーに『恋のヨーロッパ』L'Europe galante というバレーを上演させている。「ここではヨーロッパ諸国の内から、性格がとくに対照的で芝居向きのフランスとスペインとイタリアとトルコを選んだ。それぞれの国民の気風については世間一般の考え方に従った。フランス人は移り気で口が軽くてしゃれ者、スペイン人は忠実で情熱的、イタリア人はやきもちやきでずるがしこくて乱暴、というふうに描かれている。サルタンの威厳や絶大な勢力、そのお妃の逆上ぶりなども、芝居で許されるかぎり表わした。」このステロタイプをもっと黒ずませると、手法は同じでも、今までの気の抜けた形容詞がたちまち悪口雑言に変る。一七〇〇年にダニエル・デフォーは『生粋のイギリス人』The true-born Englishman という政治諷刺文を出して大当りをとったが、そこでも各国がそれぞれおほめにあずかっている。デフォーにすれば、そんなことは朝飯前だった。

自惚れは並ぶものなき大貴族、地獄の総裁なれば、
最大の国スペインを得……

淫蕩は、血潮たぎりて強姦・男色をなす
灼熱の地イタリアを選び……

地獄の寵姫、泥酔は
ゲルマニアを支配下に収め……

野放図なる激情はまずフランスを住みかとせり
人みなあわただしく行きかい、ただ幸運によりて富み
栄ゆる
真なく実なき踊り子の国なり……

みんな兄弟喧嘩をくりかえし、何回となくぶつかりあい角突き合わせてきた。何回となく仲直りし、手を握り、抱きあってきた。互に肌をすり寄せながら、遠い昔から多くの苦しみを分かちあってきた。だからお互になんでも知っているつもりだった。互にいだいている考えはもう絶対に変らないと思っていた。――だが、これは大間違いだった。西欧の空にも、かすんでゆく星座もあれば光芒を放ちはじめる星座もある。いつまでも同じ場所から光が射してくるわけではない。変化するのはたえまない戦争で揺れ動く国

境線だけではない。ヨーロッパの知的な力、その分力、ヨーロッパの集団的な魂の針路自体が変るのだ。もちろんそこには闘いもあれば苦しみもある。新たな革命もないわけではないが。

*

知的な指導権は昔から一種の家産のようなものだった。ラテン世界から一歩も出なかったからである。ルネサンス時代にはイタリアがそれを行使し、ついでスペインが黄金時代を迎え、最後にフランスが遺産をついだ。北方の蛮族どもがこの女王らに太刀打ちできるなどと思うのは無礼で滑稽なことと見えたろう。あんな連中に何があるのだ。醜怪なシェイクスピアか？ ドイツなら下品なゴシック詩人か？ そんなのは問題にならない。イタリアとスペインとフランスは目をつりあげ、互にけちをつけながら三つ巴の喧嘩をしていたが、それでも、自分たち三人が最高だという主張をだんじてひっこめなかった。三人ともローマの娘だったからだ。

ただ、スペインの光輝はもう過去のものになっていた。もちろん、不滅の光をいくばくかヨーロッパに投じなかったわけではない。しかし、一国が首位の座を保つというのはたいへんな仕事である。疲れてはいけない、力を出しつくしてはいけない、自分の栄光をたえず更新し輸出しなければならない。だが、スペインの生活はもう現在の内にはなかった。一七世紀の終りの三〇年間も、一八世紀の初めの三〇年間も、ほとんどと言っていいほど空白だった。この国の知的歴史の中で心臓の鼓動がこれほど緩慢だった時はない、とオルテガ・イ・ガセト(2)は言っている。スペインは自分の殻にとじこもり、何が起ころうと知らぬ顔の半兵衛で、ただふんぞりかえるだけだった。この国をおとずれる人もまだいたが、旅行者は軽侮の念を隠そうともせず、迷信的な民衆や無知な宮廷の欠点をあげつらい、貿易の衰退を論じたり、住民の怠惰と虚栄心をあざ笑ったりした。文学では大げさで気取った（プレシュウ）スタイルや、通人が顔をしかめる破格でバロック的な芝居の例が引き合いにだされた。スペインは勢威を失ったばかりか、自分の天分にさえ背を向けている、という批判も出はじめた。情熱的で、誇らかで、名誉をたっとび、正義を愛し、あくまでも公正無私というのがスペイン人のいいところなのに、セルバンテスは『ドン・キホーテ』El ingenioso hidalgo Don Quijote de la

Mancha でそれを笑いものにした。スペイン人はこのセルバンテスに拍手を送って、自分を否認し裏切ったのだ、と。馬鹿げた理屈である。しかし、互に張り合う諸国民が力の弱った隣人を見かぎるには、それ以外の理屈はいらなかった。

それにくらべると、イタリアはずっと活気があり、ずっと柔軟だった。この国は生産を転換させる力があって、文芸からは得られなくなった栄光を学問という別な分野に求めた。イタリアが外部に働きかける手段は、第一にローマの思い出だった。歴史を見渡しても、この国がローマの威光に頼らなかった時はない。イタリアはローマに希望を託していた。第二の手段は柔らかで響のいいイタリア語である。この音楽の言葉、恋の言葉を習おうとする者は跡を絶たなかった。第三の手段は歌手や舞踏家や歌劇の脚本家、作曲家だった。イタリア・オペラは文明世界でもてはやされていたからだ。イタリアの影響は西より東、ダルマチア海岸〔バルカン半島の西海岸〕やオーストリア、ポーランドで強かった。これもけっして馬鹿にはできない。しかし、思想が求められるこの現代に、もうイタリアは思想を提供できないではないか。イタリアは衰えていたのである。この国を巡歴する旅行者は依然たいへんな数にのぼった。有名なものだけあげても、ギルバート・バーネット[3]、亡命新教徒で或る青年貴族の「諸国漫遊」のお伴をしたミッソン[4]、ウィリアム・ブロムレー[5]、モンフォーコンと相棒のドン・ブリワ[6]、アディソン[7]など。だが、彼らのノートや手紙や記述から浮かびあがるのは、古いものへの引きつづく礼讃と、当代のイタリアへのいやまさる侮蔑でなくてなんだったか。旅人の目の前で、オレンジと廃墟の地に、死者の地に変りつつあるイタリアの政治的・道徳的・知的落伍でなくてなんだったか。

いよいよフランスの出番だった。少なくとも四〇年間、フランスはヨーロッパ政治をリードした。のちにホリス・ウォルポールが言うとおり、「一六四八年のミュンステル条約[8]から一六八九年のイギリス革命〔名誉革命〕と大同盟[9]の始まりまで、フランスの国威が驚くべき躍進をとげた」ことは敵も味方もひとしく認めていた。この上昇、この勢威、この栄光は強烈な活力のしるしだった。フランスは一種の法人で、しだいに自覚されるひとつの論理により、その統一の意志と拡張の意志は連続関係をなしていた。国が統一されてもフランスの活気はなくならなかった。ただ方向づけをされただけだった。フランスはそれで、エネルギーを外に発散する用意をととのえた。これが脇道へそれることは当分ないであろう。フランスの国王は文字どおり行動の人だった。外へ向かって広がるたちの人だった。彼はみずから光たらんとした。いや太陽たらんとした。ヴェルサイユを中心にひとつの太陽系を作りあげ、ヨーロッパ諸国民をその衛星にしようとした。この人こそ、「見事な知的秩序を世界に打ちたてようとする系統的な努力」*を表わしていたのだ。

* サルバドル・デ・マダリャガ『イギリス人、フランス人、スペイン人』Englishmen, Frenchmen, Spaniards。ロンドン、一九二八年。スペイン語版、一九二九年。フランス語版、一九三一年。

フランスは人口が多く、たくさんの町や村があり、戦（いくさ）が好きで、いつでも武器を取れる貴族がうようよいる。住民は陽気で活潑で柔軟で愛嬌があり、行動的で器用で、何をやっても成功する。とくに、長期的な努力より瞬間的なひらめきを要する仕事には強い。そのかわり、むら気で軽率で放蕩を名誉と心得ている。してもいない放蕩の話を得々とする者さえいる……。ステロタイプ化されたフランス像はざっと以上のようなものだった。ここには時の試練に耐えうるような真実も少なからず含まれていた。だがいまや、赫々たる成功という観念がこの特徴に付け加わり、それに新たな輝きをあたえた。フランスには品のよさ、礼儀正しさ、文化と生きる楽しみがみなぎっている。こうしてフランスは異国の貴人の一大集合地と化した。アカデミーで勉強し、宮廷で磨きをかけようと、彼らはヨーロッパのあらゆる国からやってきた。フランスぶりに魅せられたこの異人たちは、まるで学校へでも入ったように、われがちに垢抜けした所作を身につけようとした。こうやって人が集まり、パリはおのずとあらゆる都市の首位にのしあがった。パリの魅力は自由と気楽さだった。パリでは何をしても、人にとやかく言われることはない。生活を変えようと思ったら、別の街へ引っ越せばいい。今日は金ピカの衣裳をまとい、明日はぼろを着て現われても、気にかける人はいない。ほしい物はなんでもすぐ手にはいる。生活の楽しさを増すために世界のどこかで何か発明されると、たちまちそれがパリで流行する。かつてはローマが世界中のすべての都市を睥睨（へいげい）していた。今ではパリだ。

往年のライバルはいずれも力を使いはたしたかに見えた

が、フランスだけは奇蹟的に傑作の大量生産を続けていた。それも、自分の国だけが気休めに傑作と見立てるような代物ではなくて、世界中から公認された傑作だった。デカルト、コルネイユの後にはモリエール、ラシーヌ、ラ・フォンテーヌ、ボシュエが現われ、この世代がまだ退場しないうちにマション、ルニャール、ルサージュが後続部隊として登場した。この生産は四分の三世紀も続いた。たちまち古典となった作家たちの悲劇、喜劇、寓話、説教などが版を重ねる一方で、別な本がぞくぞくと刊行されて生産の総量を増し、そのスピードを上げていた。これがヨーロッパ中を呑みつくさなかったらどうかしている。こうして、フランス優位の伝統はくずれるどころか日に日に固くなっていった。一流作家の普及力を算定し、後続の大群をそれに加え、さらに、表に刻んだ肖像も今では忘れられた小額貨幣ではあるけれども、当時は広く用いられ、いたるところに流通したブウール、ラパン、フルーリその他三流、四流の作家を足してみれば、フランスの影響の広さと深さと多様性が想像できよう。*

* この影響には国によって或る限定を付さねばならない。第四部第二章を参照。

こうなると、ヨーロッパの知的エリートにはもう翻訳など必要ですらなくなった。フランス語は世界語になりつつあった。ジュネーヴの人でロンドンに住み、仏英・英仏辞典[10]を出したギイ・ミエージュもそう言っている。こんな字引きを出すのも「フランス語が或る意味で世界的になりつつあるからだ」と。自作の『クロムウェル伝』(正確には『O・クロムウェルの生涯に関する歴史と覚書』Historia e Memorie sopra la vita di O. Cromvele (仏訳La Vie d'Olivier Cromwel)をアムステルダムで仏訳したグレゴリオ・レティも同じことを言っていた。フランス語になおしたのは、「当代ではフランス語がヨーロッパ中でいちばん広く知られる言葉になったからである。かつてローマ人の勢力がその言葉を全世界へ広めたように、フランスの勢威がフランス語を隆盛ならしめたのか、磨きぬかれたフランス語が誰しも認める自然な明晰さの内に、ほかの言葉にはない独特の美しさを持っているからか、それはわからないが。」こういった証言はいくらでもあげられるが、いちばん特徴的なのはたぶんベールの言葉であろう。いわく、「今やフランス語はヨーロッパのすべての国民の接触点、超越的ともいうべき言語になった。超越的というのは、あらゆる範疇の内に広がったり、そこを移り歩いたりする本性を哲学者がそう呼ぶのと同じ理由からだ……。*」

＊ ピエール・ベール『文芸共和国便り』Nouvelles de la République des lettres、一六八五年一一月号、記事六[11]〔一七三七年版著作集、第一巻四一六ページ〕。

本や言葉だけではない。風俗も生活の飾りもそうだった。ヴェルサイユを模した城館の勉強部屋には、若い貴族の教育にうちこむフランス人の家庭教師がいた。男女の着物もかつらもフランス式だった。踊りを習おうとする者は、優雅な身のこなしを教えてくれるフランス人の踊りの先生(フレンチ・ダンシング・マスター)についた。ここではイタリア勢も押されぎみだった。台所へおりてゆけば、フランス風の料理をつくるコックや、フランス渡来の葡萄酒の栓を抜く酒倉係がいた。「今日では、昼食であれ夕食であれ、多少上等な食事をする時には、厚ガラスの徳利に入れた舶来の葡萄酒が欠かせないようだ。この徳利は壜(ブティユ)と呼ばれる。容れ物までフランス語である……。」ムラトーリは言う、「われわれ善良なイタリア人は実に滑稽な猿である。フランス人の百面相を、フランスのありとあらゆる流行を、ユピテル〔ジュピター〕の最高法廷できまったかのようにあわててまねをする。*」ドイツのトマジウスも『フランス人を見ならうの論』Von Nachahmung der Franzosen(一六八七年)で言っている。ご先祖さまがこの世へもどってこられても、もうわれわれを見分けられないだろう。われわれは堕落した雑種民族だ。この国は、今では万事フランス式でないと気がすまぬ。服もフランス式、料理もフランス式、言葉もフランス語、風俗もフランス式なら悪徳もフランス式だ……。**

＊ ジュリオ・ナターリ『一七世紀』Il Settecento、ミラノ、一九二九年、六八ページ以下による。

＊＊ クリスティアーン・トマジウス『フランス人を見ならうの論、一六八七年版および一七〇一年版による』、シュトゥットガルト、一八九四年。

イタリア語やスペイン語だけならまだしも、ヨーロッパという共同体のひとつの絆をなしていたラテン語にもフランス語はとって代った。「誰でもフランス語を話せるようになりたいと思っている。フランス語をしゃべれるのは立派な教育を受けたしるしとされている。フランス語へののぼせぶりにはみんなびっくりしているが、それでもこれはなおらない。ラテン語の学校がひとつしかないのに、フランス語の学校が一〇も一二もあるような町もある。古代人の本はどこでも訳され、ラテン語が古来の領地から追放されはしないかと学者は心配しはじめている……。*」言語そのものの内在的な価値、思考の質、文法と語彙の問題を何よりも重視して、世界でただひとつ単語の使用を監視するアカデミーという国家機関を持っていたフランス人の細心な配慮など、この覇権の原因としていろいろなことがあげられている。それはみな正しい。しかし、見事に分析されたこういう深遠・微妙な理由に加えて、もうひとつ、生まれかわりつつあるヨーロッパの要求自体をあげるべきであろう。ラテン語にはスコラ哲学や神学のにおいがした。いうなれば過去のにおいである。いつのまにかラテン語は実生活と無縁なものになってしまっていた。教育の道具としてはよいが、卒業したらこれだけでは役に立たなかった。フランス語の登場はいわば文明の若返りだったのだ。フランス語はラテン的な資質を近代化した。それは明快で堅実で危なげなく、何よりも生きていたのである。当時の科学は世界を動力因〔スコラ用語〕で説明することをなんとかやめたいと思っていたが、これには、中世を満足させた表現とは違ったものが必要だった。一七一四年のラシュタット条約[12]でフランス語が外交語になったのも、神聖ローマ帝国の官房にとっては十分だったものが一七一四年の外交官にはもう十分でなくなったことから来ていた。フランス人の欠点とされる投げやりで軽薄な態度さえ、実は彼らのプラスになった。重すぎる過去を振り落としたかに見えたからだ。外国のモラリストらはフランス人のもったいぶりやコケットリーや上っ調子を批判したが、いくら言っても無駄だった。フランス人は**アラモード**だった。アラモード――このフランス語独特の言いまわしは、一七世紀の末にイタリアへ移植された。時を同じくして、店屋のウィンドーにはパリ・モードの、トップ・モードの衣裳をつけた人形が飾られた。イギリス人も負けていなかった。貴婦人たちはアラモードに（アズ・ザ・モード・イズ）髪を結い、本屋は『アラモードな秘書』The a la mode secretary〔ジョン・エヤーズの作品〕を推奨した。トマス・ブラウンは『二枚目、蒲団むし』The Stage-Beaux toss'd in a Blanket, or Hypocrisie A la modeの中で「アラモードな猫かぶり」を皮肉り、ファーカーは『貞操夫婦』The Constant Coupleで「ロンドン・モード」と「フランス・モード」を対比した。スティールは『葬式、またはアラモードな悲しみ』

The Funeral, or Grief a la mode を舞台にのせた。この喜劇に自らつけたプロローグの中で、アディソンはこうした流行の秘密を語っている。

作者は……
二人の旅の貴婦人を登場させぬ。
一人は想像裡にて旅せる令嬢、
品よきも一人はフランスより来りし人……

* ピエール・ベール『文芸共和国便り』、一六八四年八月号、記事七（一七三七年版著作集、第一巻一一四ページ）。

これは一般的な動向のひとつの特殊例だった。需要に応じる供給だった。フランスの支配がなんらかの強力措置によるのではなく――武力では精神の領域に持続的な王国をうちたてられない――まさに万人の一致によって行なわれたことも、ここから説明されるのである。スペインでも、さらにはスペインの植民地でも――リマ（ペルーの町）ですら、一七一〇年に『ロドギューヌ』Rodogune（コルネイユの悲劇）の翻案と、『女学者』Femmes savantes（モリエールの喜劇）を下敷にした芝居が上演された――、地方的な精神がアントニデス・ファン・デル・グースの作品によりむなしい防戦を続けていたオランダでも、イタリアの影響が減りフランスの影響が増していたポーランドでも、どこでもフランス語が響き、フランスの作品が上演され読まれ、フランス精神がそれぞれの国の精神に或る刻印を残した。

ところが、フランスが覇権を打ちたててからほどなくして、一人のライバルが現われた。驚いたことに、これは北方の国だった。

*

イギリスはまずフランスの政策を妨害した。フランスには海も大陸も残すまいとした。フランスの支配権のみか、王権の土台をなす権威原理そのものがイギリスの打倒の対象だった。ルイ一四世とオレンジ公ウィリアム（英国王ウィリアム三世）という二人の象徴的な英雄の間で果たし合いが行なわれた。一六八八年にオレンジ公ウィリアムがイギリス王国からジェームズ二世を放逐し、その後釜にすわって議会の監督下に国政を執ることを承諾すると、ルイ一四世は流亡の前王をみずから庇護して、サン＝ジェルマン＝アン＝レー（ヴェルサイユの北方十数キロの町）に豪壮な邸をあたえた。ジェームズ二世を保護することは神授王権を守ることだと考えたのである。長い戦い〔アウグスブルク同盟戦争〕の末フランスが連合国に屈服し、一六九七年にレイスヴェイク〔オランダの町〕で講和条約が結ばれた時、ルイ大王の屈辱はいかばかりであったろう。これは敵の権力を認めることだった。自己の同意によってこの権力を承認し合法化し、従兄弟であり兄弟であるジェームズ二世を裏切ることだった。

こうやって自分の意志をヨーロッパにおしつけ、過去五〇年間になめた屈辱を上まわるほどのものをフランスに一挙に味わわせたこの民族は、いったいぜんたい何者なのか。フランスの世論は沸騰した。『アタリ』(13) Athalie の壮大な舞台の陰にイギリス革命ありというのが事実だとしたら、この事件にわきたったのは宮廷から町方までみな同じだった。事実、ディジョン〔フランス東部の町〕では一七〇九年に次のような歌が口ずさまれていた。

じいさんは大ぼら吹きで、
息子は阿呆、
孫は腰抜け、
なんと立派なご一家じゃないか。
フランスの人民よ、君たちはかわいそうだね、
こんなやつらがご主人だなんて。
イギリス人みたいにしたまえな、
これだけ言ったらわかるだろう……

この強力でねばりづよい民族も、再興の当初にはあまり文才はなさそうに見えた。ルイ一四世がロンドン駐劄大使にイギリスの芸術家や作家にはどんなのがいるかと尋ねた時、大使は次のように答えている。文芸や学問というものは、或る国を捨てて別の国へ移ることがよくあります。今はみんなフランスへ移ってしまいました。イギリスに残っている多少の痕跡はベーコンやブカナンの思い出ぐらいです。それにミルトニウス〔ミルトン〕(14)ですが、この男は危険な本を書いていて、国王を殺した犯人以上にけがらわしいものとされています、と。

だがやがて、物を考える特権をイギリス人にもあたえざるをえなくなった。ここでまた対立が生じた。フランスには社交術や会話の妙や行儀作法や洗練された精神がある。イギリスにあるのは個人の力、探求の深さ、大胆さ、それ

に自由な思考である。ウィッチャレーとかコングリーヴとかヴァンブルーとかファーカーとか、王政復古期の風俗を舞台にのせた達者な作家、活気はあるが放埒な喜劇の作者しかいなかったら、イギリスは所詮腰元役に甘んじざるをえなかったろう。これはフランスの模倣だったし、フランスの作家の恥知らずな剽窃だったからだ。だがイギリスは、色事の筋立てや放蕩者の性格の描き方などよりもっと高級な問題をおおやけに論議していた。宗教問題は解決ずみだといってしりぞけるのでなく、バンヤンのピュリタン的な神秘主義とか、クラークやティロトソンの開明的な国教主義とか、トーランドのすさまじい理神論とか、人間と神の関係のいろいろな理解のしかたをたえずぶつけあっていた。ロックによって新しい哲学を作り、ニュートンによって――『自然哲学の数学的原理』 Philosophiæ naturalis principia mathematica は一六八七年だった――科学に革命を起こしていた。イギリスの生命力はここから来ていた。これにはフランス人ですら目を見張った。

イギリス人は深く考える。

かれらの知性はこの点でかれらの気質に従っている。かれらは問題を深く掘り下げ、実験が得意で、あらゆる面で学問の領域をひろげている……*

* ラ・フォンテーヌ『寓話』Fables、第一二部（一六九四年）、「イギリスの狐」[16] Le renard anglais〔邦訳、岩波文庫、下巻三六八ページ、今野一雄訳〕。

そのうち、連中は文芸でも栄誉を求めだした。今や精神の帝国は決定的に分裂した。一七〇〇年にドライデンが死んだ時、イギリス人は自国の唯一の大詩人を失ったと思ったが、驚異的な再興がおとずれたのはまさしくその時なのである。哲学者はときかれたら、彼らはカドワース、バークレーと答えた。モラリストはときかれたら、アディソン、スティール、アーバスナット、シャフツベリと答えた。考証学者ならベントレー、詩人ならポウプ、ゲー、プライアー、それに万能の天才スウィフト。一流だけあげてもこれである。この富の値打ちをイギリス人は身にしみて知っていたから、みんな作家や学者を尊敬し優遇した。フランスの学者も作家も今ではイギリスの同業者をうらやむようになった。まさに主客転倒である。たくましい木が長年の準備の末にようやく最高の花を咲かせる勝利の時がおとずれたのだ。

英文学史を読んでも、叙述がこの黄金時代にさしかかると、感動で筆が震えるのが感じられる。エドマンド・ゴッス(17)は言う。一七〇二年に「アン女王が即位した。女王の治世はごく短かったが、この時期に並々ならぬ才能と独創性を持つ一群の人々の手によって、イギリスの文芸は輝かしい復興をなしとげた。一七一一年から一四年までに、散文・韻文の重要な作品群がほとんど時を同じくしてロンドンの書肆から刊行された。ながいこと空をおおっていた雲が風に吹き払われ、燦然たる星座が姿を現わしたかに見えた。一七〇二年には、イギリスほど知的な面で空白な国はヨーロッパのどこにもなかったが、一七一二年には、フランスですら作品の質と量でこの隣国に太刀打ちできなかった。」一七一三年はまさしく驚異の年だった。「バークレーのうすっぺらな対話篇『ハイラスとフィロナス〔の三つの対話〕』Three dialogues between Hylas and Philonous が出たのは驚異の年（アヌス・ミラビリス）一七一三年である。当時、ポウプもスウィフトもアーバスナットもアディソンもスティールも才能のピークに達し、イギリスは突如として、ヨーロッパのどの国も足元にも及ばぬような光輝燦然たる一群の作家を輩出した。」

万事休す。光は北方から来たのである。北の国にも、南の国と対抗して勝つ権利があったのだ。

　南の国にどんな美しいものがあっても、
　この北の国は見せてくれる、同じもの、もしくはそれ
　に比肩するものを……*

という当時の詩人の言葉は精神的な産物にも当てはまるのだ。

* ジョン・ローレット「北の国におけるわが生活の報告」An account of my life in the North。『雑詩集』Poetick Miscellanies（ロンドン、一六八七年）に収録。

首位に躍り出たイギリス人は、この勝利をすっかり鼻にかけていた。こしかたをふりかえってはこんなことを言っていた。最強の王ルイ一四世に自由も宗教も国土そのものもおびやかされて、われわれはほとんど絶望的な状態だった、だが、やがてヨーロッパの様相は一変し、天の加護により悪人は打倒され義人の天下になった、義人とはつまりわれわれだ、と。イギリス人は自己の哲学、文学、いや自

己の全存在をひけらかした。今日まで尾を引くひとつの動きがまさにこの時期に始まった。意外かもしれないが、英語とフランス語の対比はすでに一七一三年に行なわれているのだ。「英語はギリシャ語、ラテン語のライバルである。同じように豊饒でエネルギッシュで、どんな束縛も嫌い（それを話す国民もそうだ）、表現の美しさ気高さに資するものならなんでも自由に受けいれられる。ところがフランス語は、なまじ洗練されたのが仇になって、元気も豊かさもなくなり、いつもおずおずし、いつも規則や慣用にしばられ、羽目をはずすことはめったになく、思いきった言いまわしで効果を上げたりすることはけっして認めないのだ……。」*

* アベル・ボワイエ、アディソン『カトー』Cato の仏訳への序文、一七一三年。

*

この生命力があふれでて外に影響をあたえるには、多くの条件が充たされなければならない。何よりも、古いステロタイプの代りにもっと現実に即した魅力的なイギリス像がうちたてられねばならない。貴人たちは好んでパリへ出かけるが、ロンドンなどへ行く物好きはいるはずがないではないか。いやいや、そうではない。一六六〇年（王政復古）からイギリス旅行がさかんになるのだ。障害は山ほどあった。野蛮視される風俗、チンプンカンプンな言葉。それに何よりも、イギリスへ行くには胆の凍る荒海を越えなくてはならない。海峡を横断しようとシェルブール（英仏海峡に面したフランスの港）まででかけたが、波を見ているうちにこわくなり、遠征をあきらめて家へ帰ったノルマンディーの坊さんの話は有名である。率先範を垂れたのは、労苦に慣れた海岸都市の住人だった。学者も文人もでかけた。貴族たちもステュアート朝の宮廷へでかけた。はては単なる弥次馬まで。船、税関、よそ者には陰険な仕打ちをする駅馬車や宿屋、道路、畑、世界一きれいな芝生、ロンドンとその名所、一面船におおわれたテームズ河、ウェストミンスター、ロンドン塔、イギリス人のおかしな風俗、食べかた、飲みかた、激しいがちっとも楽しそうでない遊びかた——発見の苦しみ喜びが見聞録にそれとなくヒロイックな調子をあたえていた。要するに一七一五年（ルイ一四世の歿年）には、イギリスも実地に見られはじめていた。その後の世代はもうわざわざスケッチをとる必要はなかった。諸国の似顔画コレクションの中に今や堂々とかかげられた一枚の画をたえず加筆修正するだけでよかったのである。

*

やがてイギリス思想はドイツへ分房した。ハノーヴァー家がイギリスの王位につくと[18]、英独両国は政治の絆で結ばれるようになる。だがその前から、二つの国は少なくとも部分的には新教によって、法王教（パピスム）[19]への共通の憎悪とローマへの共通の抗議によって結ばれていた。一六九七年にテュービンゲン大学の教授アンドレーアス・アダム・ホッホシュテッターは、ラテン語の講演でイギリス旅行の効用をたたえている。題して『イギリスを旅することの効用を論ず』Oratio de utilitate peregrinationis anglicanæ。そして言うのである。私がたたえるのはイギリスの肥沃さではない。大都市ロンドンの名所ではない。むしろイギリスの学問を、いやそれよりもイギリスの宗教を語りたい。「ジェームズ二世の治下に、選ばれた人々がいかに大きな勇猛心を発揮して、ローマの会堂（シナゴグ）の密偵どもに対抗し、我らと共同の利益を守りぬいたかを知らぬ者があろうか。」つづいて哲学がやってきた。ロックである。文学もそのあとにつづいた。イギリス思想がドイツ思想におよぼしたいちばんたしかな効果は、自分の生地（きじ）とはかけはなれすぎたお手本〔フランスのこと〕をとりあげてしまったことである。もっと身近な親近性のあるお手本をあたえ、ドイツ思想の形成を助けて、ついには独自の形をみつけさせたことである。一八世紀を通じて、イギリスの台頭はドイツの地にも影響をおよぼした。つまりフランスの支配への反乱だった。この支配に対抗する北方の同盟だった。

だが、南の国へ行きつくにはどういう道をとればいいのか。ロンドンで出た本はながいこと待ちぼうけをくうおそれがあった。大陸の人は英語を知らなかったからである。英語を読めるラテン人は少なかったし、しゃべれる人はさらに少なかった。奇蹟に類することでも起こらないかぎり、英国書の普及はスピードアップされそうもなかった。たとえば、広く知られているフランス語を利用するとか、島国の隠れた宝を世に広める仕事をフランス語が買ってでるとか。「こういうすぐれた著作類がブリテン諸島の狭い枠から出られないのは実に残念なことである。英語がどんなに美しくても、ヨーロッパのほとんどすべての国民の共通語だという点で、フランス語の方がはるかにまさっている。

事実、使用範囲の広さでは、キケロが『アルキアス弁護』Pro Archia で当時のギリシャ語とラテン語について言ったことが、そのままフランス語と英語の関係に当てはまる。いわく、「ギリシャ語ハアラユル民族ニ読マレテイルガ、ラテン語ハ非常ニ狭イ範囲ノナカニトジコモッテイル。*」ちょうどその時、飜訳家のチームがうまいことと養成されたとしたら？　大量のフランス人がロンドンへ住みつき、みな勤勉で教養も高く、イギリス文学にふれて興味をおぼえ、生活の資を得ると同時に、自分を受けいれてくれたイギリスに感謝の意を表するため、すぐれた作品を選んで訳出刊行したとしたら？　これ以上スピーディーな普及手段はないであろう。だが、それは夢だ……。

＊　リコティエがS・クラーク『神の存在と属性を論ず』Demonstration of the Being and Attributes of God の仏訳(De l'existence et des attributs de Dieu、アムステルダム、一七一七年)につけた「まえがき」より。[20]

いや夢ではない。牧師や教授や文士たちが宗教迫害でフランスから追われ、やむなくロンドンへ亡命してイギリス思想の通弁になった時、このことがまさに事実となったのである。もちろん現実の経過はそれほど図式的ではない。これは急激に起こったことではなく、前々から接近や準備はされていた。肝腎の亡命者にしてからが、イギリス文学をヨーロッパ大陸へ輸出する仕事と、フランス文学をイギリスに知らせる仕事を実は半々にしていたのだ。しかし、ナント勅令廃止の思いがけない結果のひとつは、とにかくイギリスが一群の仲介者を手にいれたこと、それによりイギリスの作品の普及とイギリスの勢威の拡大がいちじるしく速まったことだった。再興の前夜に、イギリスは自己の栄光を文明世界に告げ知らせる多くの伝令を得たのである。

それはどういう人たちか。天才ではないが好奇心の強い積極的な人、亡命というなみなみならぬ冒険を男らしく受けいれ、体を養うパンのみに甘んじようとしない強い性格の持ち主だった。みんな新し好きだった……。その一人、アベル・ボワイエは初めピュイローランス（南フランスの町）の新教大学で勉強した。ルイ一四世がナント勅令を廃止した時にはとって一九歳だった。[21]オランダへ行き、一六八九年にはイギリスへ渡って、家庭教師をして生活を立てた。フランス語の飜訳やいろいろな教科書を出版し、一六九九年[22]には『ロイヤル・ディクショナリ』Royal dictionary in two parts first french and english, secondly english and frenchを出した。これはイギリス人にも便利だが、とりわけフランス人の間では古典とされて、後のちまで使われた字引きである。その後、アディソンの『カトー』Catoを訳してイギリス悲劇[23]の傑作を大陸に伝え、イギリスのなかば公認の編年史家になり、時の文学論争にも一枚くわわり、嵐を乗り切って安息の港へたどりついたように、善良なロンドン市民としてチェルシー〔ロンドン西部の有名な住宅地〕に一軒の家を建て、そこで静かに息を引きとった。――牧師の子だったピエール・デ・メゾーは新教徒迫害でスイスへ逃れ、ベルン、ジュネーヴで神学を学んだ。父は「エルサレムの倒れた城壁を建てなおすため息子を忠実な後継者に」したいと思っていた。しかし、そんな願いは知らばこそ、息子はひと旗あげにオランダへ行き、ピエール・ベールと知りあった。正統信仰の先生としてベールが適任であろうはずはない。だからデ・メゾーは牧師にならないで文士になり、信仰のくびきから解放されてイギリスへ渡った。スイス、オランダ、イギリス――どれほど多くの亡命者がこの道をたどったことだろう。いろんな仕事に手を出すかたわら[24]、デ・メゾーはサン＝テヴルモンやベールの作品を刊行し、シャフツベリやトーランド、コリンズとまじわり、ロック[25]やトーランド[26]の断片を出し、チリングワース[27]を研究し、哲学・宗教・科学をめぐるライプニッツとクラークとニュートンの大論争の文書[28]を集め、いやそれだけでは足りずに、カフェの常連になり、ほうぼうの雑誌に寄稿し、たくさんの手紙を書き、たのまれれば職の世話をし、困っている人には儲け口をみつけてやり、思想だけではない、思想と人間が行きかうすべての道の交叉点に陣取った。こうして思想交流の熱っぽさ、大胆さ、あぶなっかしさとともに、精神生活におけるその効用や限りない豊饒さを体現したのだ。

　こういう腕の立つ職人のなかでも、ピエール・コストはたぶん第一人者だったろう。一六六八年にユゼス〔南仏セヴェンヌ地方の町〕で生まれたピエール・コストは、牧師になるためにジュネーヴ大学へ送られた。本来ならば卒業後、セヴェンヌ地方のどこかで教師か牧師をつとめ、礼拝をやり、信者たちに説教をし、狭い世界にとじこもったまま一生をおえるはずだった。しかしナント勅令が廃止されたため、フランスへは帰れなくなってしまった。そこでコストは流れ者になった。ローザンヌ大学、チューリヒ大学、ライデン大学を転々とし、一六九〇年にはアムステルダムのワロン教会〔フランス語教会〕会議で牧師補に任ぜられた。それから或る印刷所で校正係をつとめ、一六九七年にイギリスへ渡った。思想史上の彼の位置はこれでできまったのである。名家の家庭教師になったコストは、「大漫遊」をするえりぬきの生徒たちを案内してヨーロッパをめぐり、ロンドンのロイヤル・ソサイエティの会員になり、哲学論や歴史書[29]を著わし、ラ・ブリュイエールやモンテーニュやラ・フォンテーヌを刊行し[30]、ギリシャ語からクセノフォンを[31]、イタリア語からグレゴリオ・レティ[32]やレーディ[33]を訳した。しかし、いちばん大きな仕事は英語からの飜訳だった。シャフツベリの『ウィットとユーモアの自由に関するエッセイ[34]』An Essay on the freedom of wit and humour とニュートンの『光学[35]』Optics を訳したのだ。ニュートン、シャフツベリ——こうした偉人をフランスに知らせ、フランスをつうじて全ラテン世界に知らせるだけでもたいへんな仕事である。しかし、コストの仕事はこれだけにはとどまらなかった。ロックも訳したからである。細心の注意と情熱をこめて、彼は『人間悟性論』An Essay concerning human understanding をフランス語になおし[36]、ヨーロッパにイギリス哲学への通路を開いた。「イギリス人はロックのおかげをこうむっているが、フランス人はそれに劣らずコスト氏のおかげをこうむっている……。*」

＊　ダルジャンス『人間のいろいろな身分とさまざまな仕事に関する道徳的・批評的書簡』Lettres morales et critiques sur les différents états et les diverses occupations des hommes、書簡第二三〔一七四八年版、二三四ページ〕。

思想の足どりをたどる時、私たちは往々そのルートの意外さに思わず唖然とすることがある。だがもっと驚くのは、フランスが四囲の状況に押しつけられたこの役割をじつにすばやくやすやすと受けいれてしまったことである。北方に現われて自己の支配をおびやかすあの強国をフランスは受容しただけではない。進んでそれに手を貸したのだ。自分の創造的な活動のほかに、もうひとつ別な仕事を引き受けて、北方の品物をラテン市場へ紹介したのだ。フランスはいそいそと紹介者の役を演じ、イギリス思想をイタリアやスペインやポルトガルのお客に広めた。フランスが北方と北方の間の仲介者になって、ロンドンから来た作品がまずパリをとおり、それからライン河を渡るようなことさえあった。しかし、それよりずっと多いのは、フランスが自国の産物のみならず、イギリスやのちにはドイツの産物をローマやマドリードやリスボンへ伝えた場合である。伝えるといっても、ただの飛脚のような冷淡な伝えかたではない。冷淡どころか、品物に化粧をほどこし、「ヨーロッパのしきたり」に合うようにしてやったのだ。フランスがヨーロッパ中にはやらせた好み、いうなればフランス人の好みに合わせたのだ。イギリス人というやつは明晰でないから、上澄みだけとらねばならない。形式論理学の規則に従わないから、思想を秩序立ててやらねばならない。長ったらしいから短くし、粗っぽいから磨きをかけてやらねばならない。そこで、フランスは仕事にかかった。着物を変えたり截ったり縫いなおしたり、顔にお白粉や口紅をつけてやったりした。その上ではじめておひろめをさせたのである。まだエキゾチックな感じは残っていたが、それもごくわずかだった。風趣を添えるくらいで、これならお客がおじけづくおそれはなかった。フランスは自分の腕前をよく知っていた。お客の好みもわかっていた。だから、自分自身とともにイギリスとヨーロッパの利益をも一手に引き受けたのである。フランスが使う飜訳家は格上げされた。奴隷のように忠実であろうとするただの人足ではなくなった。二次的な創作家、少なくとも全権委員になった。「英語だとかかりぐあいが曖昧で（イギリス人はこの点でフランス人ほど細かくないから）文意がよくわからない場合、私は内容をつかんだ上で、誤解の余地がないようにフランス語ではっきり意味を限定した。かならずそうやった。フランス語がほかのすべての国語にまさっているのは主にその明瞭さである……。そんなことをしているうちに、飜訳家とは全権委員のようなものではないか、という考えがふと浮かんだ。これは仰々しい比喩である。世間で重んじられない飜訳という仕事をあんまりごたいそうに考えすぎると文句をいう人もいるだろう。けれど、権限が小さすぎると腕をふるえないという点では、飜訳家も全権委員もいずれにせよ同じではないかと思う……。」*——フランスがイギリス思想とラテン系諸国の仲立ちをするというのも、この頃に生まれた傾向だった。この流れは一八世紀をつらぬいて、その後にまで及んでいる。

* ピエール・コスト、『人間悟性論』の仏訳（アムステルダム、一七〇〇年）につけた「おしらせ」。

*

船は町のまんなかまで来て荷をおろす。町全体が大きな港なのだ。取引所、銀行、インド会社の社屋などの大廈がそびえ、運河沿いには豪華な家が並んでいる。活気はあるが規律正しく、いかにも裕福そうなたたずまいだ。乞食も貧乏人もいない。いるのは堅実な商人と血色のいい市民だけ……。外国人が頭に描くアムステルダムはまさにこういう町だった。外国人はオランダを楽園のように考えていた。

われは見る、かの岸辺に
清浄と自由のみなぎるを。
その風景の内に、
相いれぬあまたのもの
相寄りてわれを驚かす。
豊かなれども質素にして、
権威あれども隷従なく、
富あれども放縦なく、
貴顕みな誇ることを知らず。
われここを選ぶことに定めたり……*(37)

* J＝B・ルソーの作とされる。『ショーリユ作品集』Œuvres de Chaulieu、一七七四年版、第二巻三〇四ページに収録。

オランダは栄えていた。オランダは強大だった。たしかに、貿易ではイギリスという競争相手がおり、一六八八年〔イギリスの名誉革命〕以後のオランダは大型船の舷側に横づけされたはしけのようになっていったが、いやそれどころか、大海洋国、大植民国にのしあがったかつての闘志や冒険心も徐々に失いかけてはいたが、この変化はべつにオランダがおちぶれたことではなかった。オランダはあいかわらず金持だった。それに、この国は金銀をかき集める別の手段を持っていた。銀行である。オランダは資本主義国家の最初のモデルで、金融事業から甘い汁を吸いつづけていた。

潮の干満のようなこうした富の流れによって、オランダは当然よその国の仲介者になった。政治の面でもそうだった。オランダには、ヨーロッパの均衡、ヨーロッパの平和が必要だったからだ。同じでんで、オランダはいろんな宗教に避難所を提供した。ユダヤ人改宗の事業に熱を上げたりする者は、キリスト教徒としては及第だが貿易商としては落第である。オランダが信教の自由に好意的だったのは、まず、自分自身信仰ゆえの迫害をながいこと受けてきたから、オランダの歴史そのものが精神の独立のための果敢な闘いの歴史だったからだが、もうひとつ、洗礼証明書の提示を求めたりしたら、貿易も銀行もなりたたなくなるからだった。だからオランダはプロテスタントの会堂とならんでカトリックの教会やユダヤ教の会堂（シナゴグ）を許容したのだ。もちろん、この寛容も絶対的なものではなかった。牧師は内輪もめをして、公権力の介入を余儀なくさせた。どこでもそうだが、およそ権力というものは自己の破滅を招くような主義主張とは必ず戦うものである。しかし、相対的であれ、こうした自由はまことに稀有なものだった。うるわしいものだった。

　オランダを仲介者にしたものに、もうひとつ大学があった。講壇のまわりには、東から西から、北から南から来たたくさんの学生が集まっていた。教授もオランダ人だけではなくて、フランス人やドイツ人もいた。オランダでは「いろんな国の人や書物や思想が出会い、当時ほかのどんな場所にも見られなかったような精神的交流が行なわれた……。一七世紀全体と一八世紀の大部分にわたって、イギリス人、フランス人、スコットランド人、デンマーク人、スエーデン人、ポーランド人、ハンガリー人、またそれよりははるかに多くのオーストリア帝国の国民が、ライデンやフラーネケルやフローニンヘンやユトレヒトで勉強した……。」*

* J・ホイジンハ「西欧と中欧の間でオランダが演じた仲介者としての役割について」Du rôle d'intermédiaires joué par les Pays-Bas entre l'Europe occidentale et l'Europe centrale、カーネギー財団ヨーロッパ・センター、会報第七号、一九三三年。

ナント勅令が廃止された時、オランダの用意はととのっていた。寛容で親切なこの国は亡命イギリス人を前から見なれていたからだ。クロムウェル時代には王党派を、チャールズ二世時代には共和派を。かずかずの騒乱、革命の中で、国内では身の安全を保てないイギリスの名士たちは、シャフツベリであろうとロックであろうとコリンズであろうと、みな申し合わせたようにオランダへ渡り、嵐が過ぎるのを島陰で待った。一六八五年〔ナント勅令廃止の年〕前後になると、今度はフランスのユグノー〔新教徒〕がオランダ各市の門をたたいた。例によってオランダはそれを迎えいれた。惻隠の情に動かされたのだ。どんなにたくさん来ようが、数など問題ではなかった。オランダは知恵をしぼって工場や軍隊や学校に亡命者を就職させ、彼らを国民の一人として認めた。自分もプロテスタントだったからだ。ルイ一四世の政治を憎んでいたからだ。人情に厚かったからだ。

オランダが国際的な大役を果たす時が来た。当時のヨーロッパは自己の意識の表現を求めていたが、本当に全ヨーロッパ的規模の新聞はまだなかった。フランスのユグノーたちは、気前よく提供された自由や歓待とひきかえに、オランダにこのすばらしい贈物をした。全ヨーロッパ的な新聞を作ることは、前から何度も試みられながら、一度も成功していなかった。理由はいろいろある。最古参の『学芸新聞』(38) Journal des Savants は海外思潮に接する努力を重ねていたが、まだまだフランスという狭い世界にとじこもりすぎていた。『哲学会報』(39) Philosophical Transactions は哲学より科学を重んじていた。『イタリア文芸家新聞』(40) Giornale dei Letterati d'Italia には活力も包容力もなかったし、ライプツィヒの『ライプツィヒ学報』(41) Acta Eruditorum Lipsiensia はあまりにも重っくるしかった。つまり、適当なものはひとつもなかったのだ。ところがここに待望の新聞が現われたのである。オランダに現われたのである。一六八四年三月にピエール・ベールの『文芸共和国便り』Nouvelles de la République des lettres が、一六八六年一月にジャン・ル・クレールの『古今東西文庫』Bibliothèque universelle et historique が、一六八七年九月にバナージュ・ド・ボーヴァルの『学芸著作史』Histoire des ouvrages des savants が。三紙ともフランス語で、全ヨーロッパ的な読者を狙っていた。

この狙いはたちまち当った。新聞が生殺与奪の権を握り、国境を越えてすべての国に通用する世界的な栄光を意のままにできるとあらば、著作家が色めきたたぬはずはない。自分の評判を聞きたがらぬ作家がいるだろうか。自分の長所をほめられたと思ったら感謝しない作家が、けなされたと思ったら抗議しない作家がいるだろうか。——「拝啓。『文芸共和国便り』七月号の「補遺」の記事には小生のことが出ていますが、貴殿の非紳士的な書きかたに抗議したいと思います……。万民法を破らないでください。『便り』では公正の限度を踏みはずさないでください。キリスト教の愛の掟を守ってください……。」*——あるいは、「『便り』の一二月号でとりあげられてから、拙作(42)はどこでもひっぱりだこです。学者たちは読まない先から、あれはたいしたものだなどと言っています。本の内容をつかんでそれを正しく評価する仕事を貴殿ほど立派になさる方は過去にも現在にも皆無だとみんな思っているからです。」** ——「お作を拝見するようになって以来、私はそれを不滅の栄光を祀るもっとも聖なる神殿のひとつと考えてきました。多くの才能に加えて、よほどの労苦を払わないかぎり、この神殿に席を得ることはできないのだと……。」*** しかし、ヴィコが或る日、ナポリからジャン・ル・クレールに出した訴えほど胸を打つものはないだろう。ナポリでは誰も自分を認めてくれないが、ジャン・ル・クレールさえウンと言ったら、自分の名前はヨーロッパ中に鳴りひびくだろう、というのだ。****

* ド・ヴィル師よりピエール・ベールへ。シャンベリ、一六八六年八月三一日（エミール・ジガスが刊行した『ピエール・ベール未発表書簡選』Choix de la correspondance inédite de Pierre Bayle、コペンハーゲン、一八九〇年、二一八—二一九ページ）。

** フランソワ・ベルニエよりピエール・ベールへ。パリ、一六八六年二月二八日（同右、一八五ページ）。

*** ドニ・パパンよりピエール・ベールへ。（ロンドン）、一六八五年六月二六日（同右、六〇一ページ）。

**** F・ニコリーニ[43]「G・B・ヴィコよりジャン・ル・クレールに送られた二通の手紙」（『比較文学雑誌』Revue de Littérature comparée、第九巻、一九二九年度、七三七ページ）。

今や、光は北方から来るようになった……。いや、東方でも価値転換がされつつあった。ながい戦いに疲れヒロイズムの大量消費にあきあきしたポーランドは、全ヨーロッパの感嘆の的だったソビエスキー[44]の偉業のあとはもっぱら内紛にあけくれていた。ずっと前から、ポーランドはモスクワ公国にヨーロッパ文明を教えこんでいた。自国の文学、美術、科学、政治観などで武骨な隣人にはたらきかけていたのである。しかし、モスクワ公国はやがて模範を他に求めるようになった。とかくする内にスエーデンの勢威は傾き、カルル一二世[45]の壮烈な武勇伝はポルタヴァで幕を閉じた。こうして何人かの立役者が舞台の正面から姿を消し、他の役者に席をゆずった。一七〇一年一月一八日、ケーニヒスベルクでブランデンブルク選挙侯フリードリヒ三世は王位について、プロイセン国王フリードリヒ一世を名のった。このニュースはパリにも伝わったが、最初の内は誰もたいして重視しなかった。その頃、モスクワ公国では何が起こっていたか。土語で「ツァール」と呼ばれる大公の一人が、あのアジア人の群を開化された一勢力に仕立てあげようとしていたのだ。ツァールはドイツ、ハンガリー、オランダ、イギリス、フランスに教えを求めた。こうして年一年とモスクワ公国は変っていった。風俗も変り、習慣も変り、流行も変り、髪型や服装も変った。この変貌をまのあたり見たオランダの旅行家コルネリス・ファン・ブロインは、おおいそぎでローカルな衣裳を絵に写しとった。記憶だけでも残しておくためだった。「こういう変化によって、この国の古来の衣裳の思い出すらやがて失われてしまうかもしれない。だから私は乙女の着物を画布に描いたのだ」[46]と彼は言っている。古い国々はびっくりした。全ロシアの皇帝、大ピョートルの巨大な姿にただ目をまるくしていた。

しかし、この二大強国が登場するのはまだ先である。プロイセンとロシアが知的な面で影響力を持つのはもっとあとのことだ。さしあたり重要なのは、精神的な指導権がラテン系だけに独占されなくなったことである。イギリスが権力の分割を求めていた。この国は自分の価値を自覚し、進んで自己の栄光を宣言し、ポルトガル人やスペイン人、イタリア人やフランス人、こういうラテン系の全部に対して軽侮の念を隠さなかった。やつらは所詮奴隷ではないか。「さいわい、われわれブリテン人はもっと正しい統治感覚を持っている。これは先祖伝来のものである。われわれは人民という概念や憲法という概念を持っており、立法権と執行権の構造も知っている……。われわれがそこから引き出す格率は、明証的な点では数学の格率に劣らない。増大するこの知識は、政治における常識（コモン・センス）の価値を日ごとに明らかにしてくれる。これがまた必然的に、政治の基礎たる道徳における常識の価値をも悟らせるのである。」*シャフツベリはこういう言葉でイギリスの政治を謳歌した。しかし、イタリアとの比較でアディソンが称揚するのは、イギリスが持つ自由に対する感覚である。おおイタリアよ、お前はなんと美しい国だ……。しかし、お前の土地を抑圧と暴政が支配するなら、自然のほほえみや芸術の魅惑など、そういう贈物も無駄ではないか。オレンジが黄金（こがね）に色づき、穀粒がふくらんでゆくのを、貧しい住民は見ているだけだ。ミルタの香りもかぐだけだ。肥沃な畑の中で飢え死にし、葡萄畑の中で渇き死にをする……。自由よ！　お前こそ貧乏を楽しくしてくれるもの。太陽に輝きをあたえ、命に喜びをあたえてくれるもの。自由こそイギリスの女神だ。凌ぎやすい風土のさまざまな利点を、イギリスはけっしてうらやまない。そういうものはあまりに高くつきすぎる。自由は不毛な岩の上に立っている。ほかの国は宮殿や絵や彫像を好むがよい。イギリスがするのは、ヨーロッパの運命に目を光らせ、不遜な国王どもをおびやかし、しいたげられた隣人の願いをきくことだ……。[**]

＊　シャフツベリ『ウィットとユーモアの自由に関するエッセイ』An Essay on the freedom of wit and humour、一七〇九年、第三部第一節[47]〔『性格論』Characteristics of men, manners, opinions、一九〇〇年版、第一巻七三ページ〕。

＊＊　アディソン『一七〇一年にイタリアよりハリファックス卿チャールズ閣下に送った手紙』A Letter from Italy, to the right honourable Charles lord Halifax, in the year 1701.

「イギリス人は見れば見るほど感心します。一般に、イギリス人はあらゆる点でわれわれより上なのです。[*]」上かどうかはともかく、少なくとも彼らは無視できない。少なくとも彼らは勢力を確立している。少なくとも彼らは新しい精神を代表している。——だが、その新しい精神とは？

＊　ダニエル・ラロックよりピエール・ベールへ。一六八六年七月一二日〔前出の『ピエール・ベール未発表書簡選』、四三三—四三四ページ〕。

訳註

（1）　ニコラ・ド・フェール　『地理学入門』Introduction à la géographie（一七〇八年）より。

（2）　オルテガ・イ・ガセト　一八八三—一九五五。スペインの文化哲学者。マドリード大学の教授だったが、市民戦争により亡命、第二次大戦中帰国した。『背骨なきイスパニア』España invertebrada（一九二二年）、『大衆の反逆』La rebelión de las masas（一九三〇年）などがある。

（3）　ギルバート・バーネット　バーネットのイタリア旅行記は『スイス、イタリア……のもっとも注目すべき事柄を報告した数篇の手紙』Some Letters containing an account of what seemed most remarkable in Switzerland, Italy, etc.（一六八六年）、『バーネット博士の手紙、補遺。イタリアの一貴人がしたため、著者に送られしもの』Supplement to Dr. Burnet's letters written by a nobleman of Italy and communicated to the author（一六八七年）、『イタリアの現状に関する三篇の手紙』Three letters concerning the present state of Italy（一六八八年）。

（4） ミッソン　ナント勅令の廃止でイギリスへ亡命したフランソワ＝マクシミリアン・ミッソン（一六五〇―一七二二）は、オーモンド公の孫、のちのアラン伯の家庭教師となり、一六八七年から八八年にかけて、この生徒に付添ってイタリア漫遊をした。ミッソンは一六九一年、その旅行記を『新イタリア紀行』Nouveau voyage d'Italieの名で発表し、これはイタリア旅行のガイド・ブックとして大当りをとった。

（5） ウィリアム・ブロムレー　ブロムレー（一六六四―一七三二）はトーリー党の政治家。オクスフォード大学を出たのち数年間ヨーロッパ大陸を旅し、一六九二年にその記録『一貴人が先ごろ行なえる大漫遊記』Remarks in the Grande Tour lately performed by a Person of Qualityを出版、一七〇二年にはその続篇として『一紳士の数年にわたるポルトガル、スペイン、イタリア、ドイツ、プロイセン、スエーデン、デンマーク、オランダ旅行』Several Years through Portugal, Spain, Italy, Germany, Prussia, Sweden, Denmark, and the United Provinces, performed by a Gentleman を出したが、これらの旅行記、とくに前者は親カトリック的傾向のゆえに発表当時物議をかもした。この旅行から帰ったのち、ブロムレーは政界に入り、一七一三年には国務大臣となっている。

（6） モンフォーコンと相棒のドン・ブリワ　ベネディクト会のドン・ベルナール・ド・モンフォーコン神父（一六五五―一七四三）はアタナシウスの研究から東方の図書館を渉猟する必要を感じていたが、イタリア訪問しか許されなかったため、一六九八年から一七〇一年にかけて、助手のドン・ポール・ブリワ神父とミラノ、モデナ、ヴェネチア、ローマなどをおとずれ、古文献や古美術品を蒐集してまわった。これは彼の専門であるギリシャ古文書学の研究にも資するところ多かったが、その旅行記は『イタリア日誌』Diarium italicumと題して一七〇二年にパリで出版された。ブリワの旅行記はながく未刊だったが、一九〇四年、『図書館雑誌』Revue des bibliothèquesに「一六九八年のパリからローマへの文学旅行。モンフォーコンの道づれドン・ポール・ブリワのノート」Voyage littéraire de Paris à Rome en 1698. Notes de Dom Paul Briois, compagnon de Montfauconという題で発表された。

（7） アディソン　アディソンは一六九九年から一七〇四年にかけてフランス、イタリアを旅し、ミッソンの『新イタリア紀行』の補遺という形で、『イタリア各地の覚書』Remarks on Several Parts of Italy（一七〇五年）を出した。

（8） ミュンステル条約　三十年戦争を終結させたウェストファリア条約のひとつで、オーストリア帝国とフランスの和議をきめたもの。一六四八年一〇月、ウェストファーレン地方のミュンステルで締結された。

（9） 大同盟　「アウグスブルク同盟」のこと。オーストリア帝国、ドイツ諸公国、イギリス、オランダ、サヴォワが結んだ対仏同盟で、これらの同盟国とフランスとの間に、一六八九年から九七年にかけて「アウグスブルク同盟戦争」が戦われた。

（10） 仏英・英仏辞典　『新仏英・英仏辞典』A new dictionary french and english, with another english and french（一六七七年）、『大仏語辞典』Great French

Dictionary in two parts（一六八八年）のこと。

（11）記事六　原著には「記事五」とあるが、誤りなので訂正した。

（12）ラシュタット条約　ラシュタットはドイツ西部の町。ラシュタット条約はスペイン王位継承戦争を終結させるため、フランスとオーストリア帝国の間で一七一四年三月に結ばれたもので、条約は従来使われてきたラテン語ではなく、フランス語で起草され、こうしてフランス語は、ヨーロッパの外交語となった。

（13）『アタリ』　ラシーヌの悲劇で、名誉革命直後の一六九一年のもの。主人公アタリはユダ王国の女王で、王子四二人を殺して王位を奪ったが、結局民衆に殺され、祭司長のはからいで危害をまぬがれていた幼少の王子が王位を回復するという筋。この劇については、当時、作者に政治的意図——名誉革命を打倒するために軍事的な手を打つことをルイ一四世にすすめる——があると見る一部の読者の見方もあった。

（14）国王を殺した犯人　一七世紀中葉のピュリタン革命で英国王チャールズ一世が処刑されたことを言う。

（15）王制復古期　ピュリタン革命ののち、チャールズ二世が即位してイギリスの王制復古が行なわれたのは一六六〇年で、以後、名誉革命まで復古王制がつづいた。

（16）「イギリスの狐」　原著には「狐と葡萄」Le renard et les raisins とあるが、誤りなので訂正した。

（17）エドマンド・ゴッス　一八四九―一九二八。イギリスの文芸批評家、詩人。北欧文学の紹介者としても知られる。この引用はたぶん彼の『一八世紀文学史』A history of eighteenth century literature（一八八九年）からであろう。

（18）ハノーヴァー家がイギリスの王位につく　一七一四年のジョージ一世即位から。

（19）法王教　カトリシズムの蔑称。

（20）宗教迫害　ナント勅令廃止によるプロテスタンティズムの非合法化（一六八五年一〇月のフォンテヌブロー勅令）を頂点とする新教徒迫害で、これにより推定約二〇万人にのぼるフランスの新教徒がオランダ、イギリス、スイス、ドイツなどへ亡命した。

（21）一九歳　アーグの『新教フランス』La France protestante によると、ボワイエは一六六七年六月生まれだから、ナント勅令廃止時には一九歳ではなく一八歳ということになる。

（22）一六九九年　アザールの原著には「一七〇二年」とあるが、『ロイヤル・ディクショナリ』の初版は一六九九年にロンドンで出ており、標題をフランス語（Dictionnaire royal français et anglais divisé en deux parties)に変えた一七〇二年版(ハーグより)はその再版なので、一六九九年と訂正した。

（23）編年史家　ボワイエには『アン女王の生涯と治世の歴史』History of the life and reign of Queen Anne, digested into Annals（一〇巻、一七〇三―一三年）などの史書があり、また一七一一年以降『イギリスの政治事情』Political state of Great Britain という月刊の著作を発行していた。

（24）サン＝テヴルモンやベールの作品　『サン＝テヴル

モン氏作品集』Œuvres melées de Mr. de Saint-Evemond（五巻、一七〇六年）、『ベール氏著作集』Œuvres diverses de M. Bayle（四巻、一七二七年）のこと。

（25） ロック　『ジョン・ロック断片集』Collection of several pieces of John Locke（一七二〇年）のこと。

（26） トーランド　『ジョン・トーランド氏断片集』Collection of several pieces of Mr. John Toland（一七二六年）のこと。なお、デ・メゾーには『ジョン・トーランド氏の生涯と著作の若干の覚書』Some memoirs of the life and writings of Mr. John Toland という書簡形式の小論（一七二二年五月二六日付）もある。

（27） チリングワース　『ジョン・ヘイルズとチリングワースの生涯』Life of John Hales and Chillingworth（一七一九、一七二五年）のこと。

（28） 大論争の文書　デ・メゾーが一七一九年に編集・出版した『ライプニッツ、クラーク、ニュートン諸氏、および他の有名な著作家たちによる哲学・自然宗教・歴史・数学などに関する各種文書集』Recueil de diverses pièces, sur la philosophie, la religion naturelle, l'histoire, les mathématiques, &c. par Messieurs Leibniz, Clarke, Newton, et autres auteurs célèbres（二巻）のこと。

（29） 哲学論や歴史書　コストの著作『哲学論、この学問の歴史を要約して示す』Discours sur la philosophie, où on voit en abrégé l'histoire de cette science、『コンデ大公ルイ・ド・ブルボン二世伝』Histoire de Louis de Bourbon, deuxième de nom, prince de Condé（一六九三年）のこと。

（30） 刊行　コストは一七二〇年にアムステルダムでラ・ブリュイエールの『人さまざま』Caractèresの新版（三巻）を、一七二四年にはロンドンでモンテーニュの『随想録』Essaisの新版（三巻）を、一七四三年にはパリでラ・フォンテーヌの『寓話』Fablesの新版をそれぞれ出した。

（31） クセノフォン　コストは一七一一年にアムステルダムからクセノフォンの対話篇『ヒエロン』Hieronの仏訳を出版している。

（32） グレゴリオ・レティ　前出のレティ『O・クロムウェルの生涯に関する歴史と覚書』第一巻の仏訳。

（33） レーディ　イタリアの博物学者フランチェスコ・レーディの寄生虫研究『生きた動物の体内に発見される動物の観察』Osservazioni intorno agli animali viventi che si trovano negli animali viventi（一六八四年）の仏訳で、『微小動物論』Traité des Animalcules と題して、一七〇〇年にアムステルダムから出版された。なお、コストはこの本のラテン語訳も一七〇八年に出している。

（34）『ウィットとユーモアの自由に関するエッセイ』　コストの仏訳の題名は『ひやかしを行なうことについてのエッセイ』Essai sur l'usage de la raillerieといい、一七一〇年に出版された。

（35）『光学』　仏訳は『光学論』Traité d'optiqueと題して、一七二〇年にアムステルダムから二巻本で出版された。

（36） フランス語になおし　この仏訳はアムステルダムか

ら一七〇〇年に出版された。題名は『人間悟性に関する哲学論』Essai philosophique concernant l'entendement humain となっている。なお、コストにはロックの『キリスト教の合理性』The Reasonableness of Christianity（一六九五年）（仏訳『合理的なるキリスト教』Christianisme raisonnable、一六九六年）や、『教育に関する考察』Thoughts concerning Education（一六九三年）（仏訳『子供の教育について』De l'Education des enfans、一六九六年）の仏訳もある。

（37）ルソーの詩　「オランダへの隠棲」Retraite en Hollande という書簡詩で、一七一一年または一二年の作と見られる。引用されているのはその冒頭の部分。

（38）『学芸新聞』　フランスでもっとも古い学芸雑誌で、一六六五年一月から刊行された。はじめドニ・ド・サロ、ついでガロワ師が発行者だったが、一七〇二年に国家に買いとられ、編集委員会が組織された。

（39）『哲学会報』　イギリスのロイヤル・ソサイエティの雑誌で、一六六五年からロンドンで刊行された。

（40）『イタリア文芸家新聞』　アポストロ・ゼーノとフランチェスコ・シピオーネ・ディ・マッフェイが共同創刊したイタリア最初の文芸新聞で、一七一〇年に創刊され、一七三三年まで続いた。

（41）『ライプツィヒ学報』　ドイツの学者オットー・メンケンが一六八二年から刊行したラテン語の学術新聞で、一七〇七年に彼が死んでからも続けられ、約一世紀間に一一九巻まで刊行された。

（42）拙作　この手紙の筆者フランソワ・ベルニエの著『自由なものと意志的なものを論ず』Traité du libre et du volontaire（一六八五年）のこと。それの紹介が『文芸共和国便り』の一六八五年一二月号（記事七）に出ていた。

（43）F・ニコリーニ　原著にはE・ニコリーニとあるが、誤りなので訂正した。Fはファウストの略。

（44）ソビエスキー　ポーランド王ヤン三世。一六二四—九六。在位一六七四—九六年。即位前にはポーランド軍総司令官としてトルコ軍を破り、即位後もトルコの手からウクライナの大半を奪回し、一六八三年にはオーストリア帝国を助けて、ウィーンに肉薄したトルコの大軍を全滅させた。

（45）カルル一二世　スエーデン王。一六八二—一七一八。在位一六九七—一七一八年。近隣諸国が自国の分割を策していることを知り、一七〇〇年機先を制してデンマークに侵入、さらにロシアへ進撃してナルヴァで大勝を収め、ついでポーランド、ザクセンをおそい、一七〇六年にはポーランド王アウグストゥス二世を退位させた。その後再びロシアに向かったが、酷寒と食糧不足に悩まされ、一七〇九年ポルタヴァで大敗、トルコに逃亡した。一七一四年に帰国し、再建につとめたが、ノルウェー侵略戦で戦死した。「北方のアレクサンドロス」または「北方の狂人」と呼ばれ、王の死後スエーデンは大国の地位を失った。

（46）ファン・ブロインの引用　『モスクワ公国紀行』Reizen over Moscovien（一七一一年）の第一〇章より。

（47）第三部第一節　原著には「第一部第三節」とあるが、誤りなので訂正した。

第四章　異端

一六七八年にボシュエは牧師〔プロテスタント〕クロードと会談した。離脱しようとする新教と、新たに選ぼうとするカトリック教の間でまだ迷っていたデュラス家の令嬢(1)がこの討論を求めたのである。相対峙した二人の護教家は、一人の女性の魂を得るために、いやそれぞれの真理それぞれの信仰のために丁々発止と切りむすんだ。個人の良心の権利ということが俎上にのぼった時、ボシュエはクロードを問いつめた。改革派教会の方々が求める自由というのは、いったいどこまで行くのですか。限度はないのですか。では、「どんな個人でも、女でも無学文盲な男でも、公会議全体より――世界の隅々から集まった公会議だとしても――教会の残りの部分全部より、自分の方が神の言葉を正しく理解することもありうると信じてよいのですね？　信じるべきなのですね？」クロードは答えた。「そう、そのとおりです。」*

＊　ボシュエ『教会問題に関するシャラントンの牧師クロード氏との会談(2)』Conférence avec M. Claude, ministre de Charenton, sur la matière de l'Eglise、一六八二年〔ヴィヴェス版全集、第一五巻三七六ページ〕。牧師クロードは『〈クロード氏との会談〉と題するモーの司教殿の著書への回答』Réponse au livre de Monsieur l'évêque de Meaux, intitulé, Conférence avec Monsieur Claude（ケヴィリおよびルーアン、一六八三年、四八五ページ以下）で、次のような説明をしている。「〈各個人はどんなに無学文盲でも、もっとも世界的な教会会議より、教会全体より自分の方が神の言葉を正しく理解できると信じる義務を負う〉とわれわれが考えている、というこの高僧の命題から始めよう。この命題は二つの意味にとれる。ひとつは、各個人はどんなに無学文盲でも、イエス・キリストの名において集まった善人たち、敬虔で賢明で学識のある人々で構成されるもっとも世界的な真の教会会議よりも、真の教会の残りの部分全体よりも、自分の方が神の言葉を正しく理解できると信じる義務を負う、という意味。もうひとつは、神がその聖霊を伴(とも)としてあたえる信徒各個

人は、俗物や欲得ずくの人間や偽善者たち、つまり神が全然御霊を伝えないような人々で構成されるもっとも世界的な贋の教会会議よりも、すべての俗物を全部いっしょにしたよりも、自分の方が神の言葉を正しく理解できるだろうと信じる義務を負う、という意味。」新教徒が第一の意味で考えているというのは全くの中傷で、これは受けいれられないが、第二の意味なら誰が見ても真実だから、ボシュエの勝利をそこから引きだすことはできない、とクロードは言う。

　権威と自由の間の永遠の葛藤が宗教的な場に移されて、この日ひときわ尖鋭な形をとった。この日、人間がそのいずれかを生活の指導原理に選ばねばならぬ二つの準則が、激烈に、すさまじく対立しあった。敵対する両陣営のチャンピオンで強豪中の強豪だったクロードとボシュエは、おのれの運命に深く思いをめぐらしているひとつの魂の前で、いや全フランスの、全ヨーロッパの目の前で、それぞれ自己の原理を主張した。一方は束縛なしに考える権利を、拘束なしに検討する権利を、個人の良心の決定を万人の一致より優先させる権利を。もう一方は共同で考えようとする意志を、最後的に受けいれた規律に従うきびしい喜びを、生きつづけるためには権威を認めねばならないという事実を。

　当時、クロードは負け犬になる一歩手前、ボシュエは明らかに勝ち犬だった。異端は後退しつつあった。開明的な牧師なら自ら認めていたとおり、ドイツのルター主義は枯渇して、活力を失い、卑俗化していた。イギリスのプロテスタンティズムは、ステュアート朝[3]の友であるカトリック教徒と、各種の非国教徒という二つの敵にはさみうちされていた。反宗教改革の攻勢は中央ヨーロッパのかなりの部分を奪回していた。きわめつきの秩序派、規律派だったイエズス会士がこんなに強力だったことはなかった。

　どの国よりも論理的で、思想の問題ではどの国よりも非妥協的に見えたフランスは、自分の好みに酔いしれて、完璧な統一をあくまでも求めていた。政治問題を単純なドグマに還元してしまった全能な国王は、国民の胸底に意見の不一致がひとつでも残っているかぎり、少数者が反抗的な宗教に執着するかぎり、いつまでも心が休まらなかった。思いだすたびに胸が痛み、仕事はこれからだという気がした。信念をも規制すること、信仰をも画一化すること、プロテスタンティズムを追放し、ようやく秩序立てたこの国に教会をひとつしか残さなくすること――これがルイ一四世の夢だった。そこで「自称改革宗教」の抹殺にとりかかった。はじめは論争によって、平和的な改宗によって。それから徐々に武力によって。かつてフランスを流血の巷と化した宗教改革も、今は武器を奪われ、打ち倒され、ひれふしています。それどころか、もうあらかた消滅して、気息奄々、いまや臨終を待つばかりです――こんなことをみな王様に吹きこんだ。王様も喜んでそれを信じた。さあ、もうひと息です――マンブール神父は『カルヴァン派史』Histoire du Calvinisme でこう書いた。「フランスを荒廃させたカルヴィニズムという魔の大火も、今ではほとんど煙しか残っていない。やがて完全に鎮火されるだろう。神があたえた唯一の国王への侵すべからざる服従を万人に等しく義務づける同じ法の絆によって、全国民がいと敬虔なる王国に統一されているように、やがてわれわれは同じ信仰の絆によって結ばれるだろう。期して待つべきである」〔第二巻三八三ページ〕。フランスはヨーロッパの手本だから、フランスが模範を示せば、次にイギリスがカトリック教へもどることも当然考えられるではないか。マンブール神父はすでにこの改宗を見こしていた。「離教とそれにつづく異端によってイギリスに一世紀余も広がっていた暗黒を、神が恩寵の光によって吹き払い、イギリス人の目にふたたび真理の太陽を輝かせ、聖グレゴリウス大法王[4]が告知したのと同じ信仰の内にすべての精神を結び合わせる日が、いずれ来るであろう。これは期待してよいのである」〔第二巻三八四ページ〕。こうして、いと輝ける、いと敬虔なる王の力で、キリストが身にまとっていた一枚布の美しい衣が復元されるのだ。こうして正統信仰の勝利が保証されるのだ。

一六八五年の一〇月にルイ一四世がナント勅令を廃止したのも、彼なりに筋はとおっていた。ただ、キリスト教の精神とは相いれなかった。人間の良心とはどういうものかを国王は見あやまったのだ。良心は暴力に耐ええない。これは良心の気高さであり栄光でもある。極度の抑圧は良心の反抗を招くことにしかならない。未来の進路にとってこれ以上決定的な、これ以上大きな影響をあたえる行為はそうざらになかった。思想の動きを固定さすためにひとつの年代に立ち止ることが許されるとしたら、一六八五年は反宗教改革の勝利の到達点と言っていい。それから先は退潮だった。

＊

はたせるかな、国外からは囂々たる非難があがった。警報が鳴りひびいた。一六八八年のイギリス革命〔名誉革命〕はただの政治革命ではない。宗教革命である。オレンジ公ウィリアム〔ウィリアム三世〕の勝利は議会の勝利であるとともに宗教改革の勝利でもあった。彼がたたえられたのは、たんに人民の権利の守り手としてではなく、宗教の救い主、プロテスタンティズムの英雄としてだった。北方のすべての国はルイ一四世を第一の敵、自由な同意にもとづく信仰〔プロテスタンティズム〕の敵と見立てた。みな口々に言っていた。あんなこと〔新教徒迫害〕をするのは、奴の専横と不正、獣性と暴力性、人格の権利に対する軽蔑の明らかな証拠だ。そのシンボルだ。あの暴君、あのマキャヴェッリ、あの黙示録の獣(5)、あの反キリストは、自分の武力を世界におしつけるだけでは満足せずに、征服や偽善的な併合だけではこと足りずに、魂を支配し、自分の法を神の召命にかわらせようとしているのだ！　この強力な弾劾は新世界〔アメリカ大陸〕にまで広がった。ベンジャミン・フランクリンは、子供の頃にフィラデルフィアのオールド・サウス教会で、「あの呪われた老いぼれ、神の民の迫害者、ルイ一四世」＊がやっつけられるのを聞いたことがあると言っている。

＊『B・フランクリン著作集』Writings of B. Franklin、スミス版、第六巻八六、八七ページ。

フランスを追われたフランスの民——新教ヨーロッパを沸きたたせるこれ以上の酵母はなかった。彼らは全世界を自分の不幸、自分の苦しみの証人に立てた。何年もの間、われわれは包囲され駆り立てられてきた。そして、信仰を裏切ることをがえんじないために、今や罪人扱いされている。——ジュネーヴ、ベルリン、ブダペストは言うまでもなく、数十の教会、数千の信徒を擁するオランダ、イギリス在住の亡命者団も、おのずからルイ一四世に対抗する砦と化した。抵抗と闘争になが年きたえられた剛毅で不屈なこのフランス人たちは、さまざまな力を宗教改革のために役立てた。信仰ゆえの苦難に耐える者の感化力を、身に加えられた不正のあかしを、論戦の力の回復を、自国民への改宗工作を、命がつづくかぎり消えることのない、いや一代のみか子々孫々にまで伝えられる感情的な激発を。

ルイ一四世が勅令を廃止してからは、牧師クロードの語調もがらりと変った。こう言うのである。論拠には論拠を、論理には論理を対置しえた時代、誠実な態度の内にしか勝利はなかった時代は過ぎた。私はだまされていた。会堂から追われ、二四時間以内に亡命の旅へのぼることを強いられた。思い出してもぞっとする。龍騎兵（ドラゴン）がやってきて大通りも市門もおさえ、見張りを置き、それから剣を手にして進んできた。「殺すぞ！　殺すぞ！　いやならカトリックになれ！」とわめいていた。「口々にわめきながら、冒瀆の言葉を吐きちらしながら、彼らは男も女も見さかいなしに、部屋の天井や暖爐の鉤に髪の毛や足をしばって体をつるし、しめった秣の束に火をつけていぶした……。ひげや頭髪を一本残らず抜いた。わざと大きな火をたいてその中へほうりこみ、黒こげになりかかるまで出さなかった。脇の下に綱をかけ井戸の中へ何度もつけて、改宗の約束をするまで引き上げなかった……。[6]」信仰は天与のもので人間の政治には左右されないこと、強制的な方法は無神論者ないし偽信者を作るか、誠実な人の場合には刑苦を上まわる強固な意志と忍耐力を生みだすだけだということが、フランス国王にはわからないのか。こんなやりかたをしたために自分が国際社会から村八分にされたこと、先代・先々代の国王〔ルイ一三世とアンリ四世〕の約束や公的な信義をこれほど無残に踏みにじった以上、もうこれからは彼の約束も条約も信用されなくなることがわからないのか。*

＊　ジャン・クロード『フランス王国で残酷にしいたげられている新教徒の抗議[7]』Les Plaintes des Protestants, cruellement opprimés dans le royaume de France, ケルン、一六八六年。

ほかにもたくさんの牧師が、バビロンの岸辺〔流謫の地〕で涙を流しつつ同じ断罪をした。ジャック・バナージュ、雄弁できこえたジャック・ソーラン、エリ・ブノワ、イザーク・ジャクロ。しかし、怒りの爆発がどれほどものすごいかを知ろうと思ったら、ここでしばらくピエール・ジュリュの発言を聞かねばならない。ジュリュは生まれつき喧嘩好きだった。フランスの国土にいる内は抑えてきたが、亡命してからは手がつけられなくなった。ほかの人ならお上品に言うことでも、ジュリュの口から出る時はまるで狂人のうわごとだった。当然、言いすぎだ、世迷いごとだと叱られたけれども、彼を突き動かす感情はけっして彼ひとりのものではなかった。城壁の上から彼は四方を監視していた。法王教（パピスム）とトリエント公会議[8]を断罪し、宗教改革をたたえ、信徒らを抵抗に駆り立て、力に屈するなと呼びかけ、初代教会の司教らが迫害下の信者にあてて書いたような牧会書簡[9]を故国に残った新教徒へ送った。いやそれだけではない、予言までした[10]。反キリストの支配が終り、悪魔の帝国〔カトリシズム〕が完全に滅んで、神の真の教会が栄光の冠をとりもどす日は近い。一七一〇年、遅くも一七一五年にはかたがついて、新教徒はフランスへ凱旋できるだろう。こういう予言を信用し、それに従い、帰国の日どりを議論したりする人もいた。亡命者がエルサレムをとりもどすのは一七二〇年か、三〇年か。――だがジュリユは、こんな絶叫、狂躁、錯乱だけで満足したわけではない。ブランデンブルク選挙侯やイギリス国王に手を貸して、彼はフランスへの敵対工作をした。王国の各地で新教徒の暴動を準備し、故国での諜報活動を組織して、密偵を送り迎え、その報酬を支払った。憎しみのあまり、雑言家（アンジュリユ）ジュリユはついにここまで身を落し、一七一三年に死ぬまでこの役をつとめたのである。

*

前章で定義しようとしたオランダのフランス語新聞の精神は、実は「ノン・コンフォルミスム」の一語につきた。いずれも異端の声を伝えたからである。

『文芸共和国便り』Nouvelles de la République des lettres には、悲劇とか喜劇とか小説、書簡詩、オードなどをとりあげた記事はひとつもなかった。『古今東西文庫』Bibliothèque universelle et historique にもなかった。『学芸著作史』Histoire des ouvrages des savants ははじめて美文学にも席を設けたが、それもおそるおそるで、系統的なものではなかった。もちろん進歩の跡はやがて見られるはずである。月日がたち、イギリスにも有能な作家や天才的な作家がふえると、この面での情報も増してくる。しかし、一七一五年以前に各新聞が主に関心を持ったのは、文学ではなくて思想だった。こうしたジャーナリストたちはプロテスタント神学校の卒業生だったからだ。道徳や教理の話を聞くとみんなとたんにわくわくして、新教大学で習った言葉を思いだし、当時の勉強や思索をあらためてふりかえっては自分の存在理由を再確認した。その上でやおら筆をとり、なじみのテーマについて書きに書いた。芸術作品を掘りだしては、通や目ききを気取って値ぶみをするディレッタント、というふうに彼らを見てはならない。美しいとか美しくないとかいうことはどうでもよかったのだ。彼らの情熱を掻き立てたのはアルノー氏やニコル氏の大著であり、リシャール・シモン氏の聖書釈義であり、イギリスではアイザク・バロー、トマス・ブラウン、ギルバート・バーネット、ヘンリ・ドッドウェルなどの論文だった。こういう著述家とならば話も通じた。理解しあうことも、了解しあうこともできた。日々の糧にしている楽しい論争の中でもこの基本線だけは忘れなかった。ジャンセニズムかモリニズムか、自由意志か予定か、摂理か宿命か、といったことが彼らの領分だったのだ。三一致の規則など、彼らの目には、世界の哲学的な説明にくらべたらとるに足らないものに見えた。これらのジャーナリストは生まれながらのコスモポリタンではない。旅行家や流れ者とはおのずから別な種族に属していた。つまり聖書の註解者や教会教父、異端の教祖、ルネサンスの哲学者、宗教改革の推進者、宗教裁判の審問官、トリエント公会議の博士たち、当代ではマンブール神父、フランソワ・ラミ、ボシュエなどという論敵を含む激越な種族——神学者である。

宗教改革の精神の力と活力を保つこと——オランダで新聞を出した人たちが何よりも努めたのはこのことだった。彼らは父祖のユグノー〔フランスの新教徒〕の事業を継承し、それを広げ、それに新しい響きをあたえた。フランスもローマもこの点を見抜いていた。ベールは当局のご機嫌をとり、王権にもへつらおうといろんな努力を試みたが、その新聞『文芸共和国便り』はパリで禁止され、ローマでは断罪された。ここで、三種の『文庫』[11]を著わしたジャン・ル・クレールをすこしくわしく見てみよう。種切れという言葉に彼ほど縁遠い人はなかった。その新聞は死んでも死んでも生まれ変った。発行所は変っても、彼は続けた。次々と巻を重ねるのが楽しみだったのである。疲れた疲れたとこぼしていたが、本当は好きでやっていたのだ。ジャーナリストとしての仕事のほかに、彼はたくさんの本を書いた。昼も書き、おそらく夜も書きつづけた考証学者——こういうタイプは当時珍しくなかったが、ル・クレールはまさにその代表だった。昼夜兼行でやらないかぎり、あんなにたくさんのページを残せるはずがない。著述は考証学[12]、批評[13]、聖書釈義[14]、哲学[15]、歴史[16]の万般に及んだ。そのほかエラスム

[17]ス、グロティウス[18]を刊行し、聖書を訳し[19]、雑纂[20]も出した。つまりなんでも屋だったのだ。モレリの辞典[21]の改訂までした……。

しかし、仕事に仕事を重ねながら、それでも彼は変らなかった。ジャン・ル・クレールは文学者ではなかったのだ。その散文には気取りもコケットリーもまるでなかった。おそらく言葉の音楽性など感じたこともなかったのだろう。やたらに書きまくるだけだった。教えを説くこと、働くこと、これだけがジャン・ル・クレールのすべてだった。ジュネーヴで生まれ、ジュネーヴで勉強したこの人は、僧籍に入り、ソーミュール大学に学び、ロンドンのワロン教会ついでサヴォワ教会[22]に勤め、結局アムステルダムに定住して、二七年間[23]この町のアルミニウス派[24]学院で哲学と人文学とヘブライ語を教えた。「彼は三つのことを勉強の基調にした。文学と哲学と神学である……」〔『パラーズ雑纂』Parrhasiana、一七〇一年版、第一巻三四一ページ。引用は不正確なので修正した〕。文学とはラテン語、ギリシャ語、ヘブライ語を操ることで、つまり哲学と神学の侍女にすぎない。ル・クレールはそういう人だった。生活においても、著作においても、新聞においても。あらゆる機会を利用して宗教問題をとりあげ、それに自己流の説明を加えた。「楽しませながら教える術を彼は知らなかった。ただの学識よりも、この方がずっと上なのだが……。」*そんなものを彼は求めていなかったのである。『古今文庫』Bibliothèque ancienne et moderne の「まえがき」で言っているように、彼の狙いは楽しませることではなくて真理と徳を教えることだった。

* ヴォルテール『ルイ一四世の世紀』Siècle de Louis XIV、「フランス作家名鑑」〔ガルニエ版、一九四七年、第二巻三一七ページ〕。

オランダが大車輪で印刷したもろもろの書物についてもおなじことが言える。「大量の書物を印刷している都市は世界中に一〇か一二しかない。イギリスではロンドンとオクスフォード、フランスではパリとリヨン、オランダではアムステルダム、ライデン、ロッテルダム、ハーグ、ユトレヒト、ドイツではライプツィヒ、これでほぼ全部である。」*[25] 出版業の大中心地がイギリスとフランスには二つずつなのに、オランダには五つもあったわけだからたいしたものである。アムステルダムには印刷屋または本屋が四〇〇人いたと言われる。オランダ人だけでなく、ドイツ人もフランス人もイギリス人もユダヤ人もいた。営利一点ばりでない感心な本屋もあったが、中には海賊まがいのもいた。「途方もない偽造をぬけぬけとやったアムステルダムの某書店の詐欺行為」に『学芸新聞』Journal des Savants の一六八二年六月二九日号は抗議している。同じものがオランダで、コピイならまだしも改竄されて出たからだ。――「彼らのやりくちはこうである」、とベールも一六九三年に抗議した。「著者にはほとんど一銭も払わない。パリでも出せるような原稿だととくにひどい。オランダで海賊版を出す権利を留保するのである。著者にはびた一文払わずに……。」

* この証言は一六九九年のもの。H・J・レーシンク『オランダでもっとも古い三つのフランス語定期刊行物に見るイギリスとイギリス文学』L'Angleterre et la Littérature anglaise dans les trois plus anciens périodiques français de Hollande de 1684 à 1709（一九三一年）、九三ページに引用。

こういうやりかたで書物が氾濫した。よそでもみつかる本もあれば、どこにもないような本もあった。原稿の内容が大胆すぎると、フランスでは買い手がつかず――いかにもフランス人らしく、当局がつい油断した時は別だが――イタリアで出すのはもっとむずかしく、スペインやポルトガルではほとんど絶望に近かったが、検閲官に禁止されたりその筋から断罪されたりした作品でもオランダでは日の目を見て、印刷屋や本屋に押し出してもらえた。新規改宗者に教理を教えるためポワトゥー地方へ派遣されたフェヌロンは、オランダのどこかの町で出たといつわって、カトリックの護教論の本を印刷させ、この連中に読ましたらどうか、と言っている。プロテスタント根性がまだしみついている読者は、このレッテルを見て安心するだろうというのだ。アルノーのようなカトリック教徒が自分の本をぬけぬけとオランダで出したりするのは、ジュリユに言わせれば卑劣な裏切り行為だった。オランダは聖徒の土地、神の砦だ。法王教徒（パピスト）は立入り禁止にせよ。フランスはカトリックの本を出し、オランダは改革派の本を出せばよい。フランスの或る自由思想家（リベルタン）はハーグの銀行に預金口座を持っていた。あすこなら思想表現に制約がない。あすこなら政治的偏見や宗教的ドグマに作家がしばられることもない。自由な精神の持ち主が本を調達する場所はあすこしかない。

禁止された本、断罪された本、呪われた本は、国境警備の網をくぐって、ルイ大王治下のカトリック一色のフランス[26]へ密輸された。旅行者の荷物の中に隠されて、北部の要塞や英仏海峡の港をとおり、パリまでやってきた。正統信仰の守り手の側が抗議したのは当然である。見張りに立っていた『トレヴー新聞』[27] Mémoires de Trévoux の筆者たちも、警戒の目が必ずしも行きとどかないことは百も承知だった。「堂々たるタイトル、きれいな紙、きれいな活字、きれいな版画——こういうのは書物の飾りである。この点では、オランダの本はほぼ例外なしにすばらしい。だが、看板が見事でも品物がいいとは必ずしも言えない。あの国からは密輸本がしょっちゅう来るから。」* ボシュエも言う。「『新約聖書の主要な註解者の批評的歴史、司祭シモン氏著』Histoire critique des principaux commentateurs du Nouveau Testament……, par M. Simon, prêtre という本が最近オランダからとどいた。これはカトリック教会内では誰も承認せず、したがってわが国では出版を許可されずに、ただなんでも許される国でしか、信仰の敵の間でしか日の目を見られないような本のひとつである。とはいえ、為政者の警戒と英知にもかかわらず、こうした本は徐々に流入しつつある。世間に流布して、人に贈ったり贈られたりしている。珍しくて引っぱりだこで好奇心をそそること、ひとことで言えば禁書であるということが、それを読ませるひとつの魅力なのだ……。」**

　* 一七一九年二月号、記事一五。

　** 『伝承と教父の擁護』Défense de la tradition et des Saints Pères、「序文」(ヴィヴェス版全集、第三巻二七九—二八〇ページ)。

ルイ一四世とローマに敵対する本を出したのはオランダだけではない。スイスもそういう本を作っていた。ドイツもイギリスも同じだった。とくにイギリスではたくさん出た。宗教に関するかぎりイギリス人は大へんな勉強家だ、とリシャール・シモンも言っている。こうしてジュネーヴからロンドンまで、異端が今やフランスを包囲した。オランダ人の、いやそれ以上にオランダへ亡命したフランスのユグノーたちの特殊な役割は、こういう反逆的な思想・感情をフランスの心臓部まで浸透させることにあった。

*

分裂はますます深まっていった。「それにしても、神は前世紀になんとおそろしい切除宣告を地上に響かせられたことであろう。人心をつなぎとめるのは統一の聖なる絆しかないが、イギリスはそれをあえて断ち切って、心に浮かぶありとあらゆる幻に身を任せた。ネーデルランドの一部やドイツ、デンマーク、スエーデンも、みな復讐の剣（つるぎ）に切り落とされた小枝であって、昔からの幹にはもうつながっていない……。*」ナント勅令の廃止はこのおそろしい切除宣告にいっそうの力と響きをあたえた。これにより知的・道徳的なひとつの同盟が復活した。今後、軍隊が講和を結んでヨーロッパの平和を約束しても、この同盟の働きがやむことはあるまい。「今では、ほとんど北ヨーロッパの全体が南ヨーロッパと相対しています。ゲルマン民族の大部分がラテン民族と対立しているのです。**」事実、フランスでは十中八九負けだった宗教改革も、一歩フランスを出ればこれまでになく強力で統一がとれていた。「外部からの支持だけ見れば、諸君の自称〈宗教改革〉はかつてないほど強力で統一がとれている。新教派は全部手を握っている……。国外では宗教改革がこれまで以上におそるべき力をそなえ、自信と威嚇的な態度をともどもに強めている。***」宗教改革、正確にいえばカルヴァン派である。

* フェヌロン『御公現の祝日の説教』Sermon pour la fête de l'Épiphanie, 6 janvier 1685、一六八五年一月六日（一八五一―五二年版全集、第五巻六二二ページ）。

** ライプニッツよりボシュエへ。一六九二年四月一八日。（『ボシュエ書簡集』Correspondance de Bossuet、「フランス大作家双書」版、第五巻、一九一二年、一二九ページ）。

*** ボシュエ『新教徒へのいましめ、第一』Premier Avertissement aux Protestants、一六八九年（ヴィヴェス版全集、第一四巻六六ページ）――のちにアベ・プレヴォが『賛否新聞』Le Pour et Contre の第一巻一〇号にのせた歴史的考察も参照。

というのも、ルター派の方はますます「北方へ追いやられ*」、後退に後退を重ねて、今では限られた局地的な行動しかしていなかったからである。戦勝国の力を利用して大がかりな征服にのりだしたりすることは全然なかった。ルター派は野心もなければ柔軟性も欠けていた。カルヴァン派は反対である。イギリスの勝利は、とりもなおさずカルヴァン派の勝利だった。一六九〇年にジョン・ロックが発表した二篇の論文(28)は近代政治の新たな法典たらんとしたが、これはそもそも、ヨーロッパのカルヴィニズムのおそらく代表的な人物であるオレンジ公ウィリアム（ウィリアム三世）

の権力獲得（名誉革命）を理論的に裁可するためのものだった。過日の勝利の威光に飾られたこれらの論文には、容易に見てとれるジュネーヴ精神が底に流れていた。イギリス、フランス、オランダにいるジョン・ロックの師友はみなカルヴァン派だった。ロックの思想や論拠もカルヴァン派の本から来ており、当然のことながら彼自身も聖書からの多くの引用でそれをいっそう補強していた。専制に無条件には従わないという彼の立場は、一六世紀にカルヴァン派の信徒団が抑圧的な司教や君主に対してとった拒否の立場と同じものだった。ここではカルヴィニズムが、政治の場に置きかえられた良心の自由を代表していた。カルヴィニズムがイギリス国家の御用をつとめたからとて、この特権がなくなるわけではない。自己の原理を守るためカルヴィニズムが行なった闘争の歴史的な記憶は、あまりにもなまなましかったからだ。ルイ一四世が神授権の名のもとに犯した権力の濫用は、あまりにも歴然としていたからだ。

＊ マンブール神父『ルター派史』Histoire du Luthéranisme、一六八〇年、二六八ページ。

それだけではない。かつてジュネーヴで結ばれた資本主義と宗教の盟約の効果がここで裏付けられ、栄光の内に完成を見た。イギリスがオランダのあとをおそって世界貿易を徐々に独占し、国威を発揚するのと平行して、こういう実際活動を邪魔するどころか奨励するカルヴィニズムの権威も同時に増大していった。というのも、当時の人が書いているように、「法王教の中には実業に対してもともと或る種の鈍さがあるが、これに反して、改革派の宗教の中には、彼らの情熱が大きければ大きいほど、怠惰を不法なものと考えて、ますます商業や工業にむかっていく傾向がある」＊からである。ヨーロッパ社会でしだいに大きな地位を占める商人は、天の不動の決定によって自己の職業――いや職分といった方がいい――を行なうように召命され、ほかの人が文筆や説教に予定されているように売買の仕事に予定され、神意と商売の繁昌がともに要求する勤勉、良心、慎重、節倹という同じ徳目を励行しながら、後悔もやましさもためらいもなしに、帳場から教会へ昂然と足をはこんだ。二重の義務を果たしていることをかたく信じて、地上での現在の地位と天上での将来の地位を同時に確かなものとしていることに誇りを感じていたのである。

＊ R・H・トーニー[29]『宗教と資本主義の興隆』（ロンドン、一九二六年）、第四章に引用。邦訳、岩波文庫、下巻一〇六

ページ、出口勇蔵・越智武臣訳。

カルヴィニズムの復讐――南から北への権力の移行は、少なくとも部分的にはこの言葉で特徴づけられよう。

*

しかし、年とともに自ら規律正しくなり、自己の内部で二次的な統一を回復するような、そういう反対派が考えられないものだろうか。カトリシズムには反対だが、内部ではいかなる例外も認めないような信仰のありかた、要するにプロテスタンティズムの正系というのが考えられないものだろうか。

そういう希望、そういう意志は、この戦国乱世の中でしばしば形をとって現われた。細分化と風化の危険は誰もが感じていた。教会が分会堂に、分会堂が信徒の小さな集まりに分れてゆけば、最後には、敵対しあう孤立した個人しか残らないのは目に見えている。隊列を固め、皆が一致する単一の信条(クレド)を作ることはできないものか。法王教(パピスム)という外敵に対しては同盟を結べたのだから、これができないはずはない。こうしていろんな信条が作られ、その外に救いはないと宣言された。イギリスもその方向で努力したが、おそらくイギリス以上に活潑だったのはオランダだった。フランスの牧師が大量に流れこんだため、この国には頭痛の種がふえていた。正統的な信仰告白というと、オランダの場合、一六八六年四月のロッテルダム教会会議(30)で採択し、牧師たちに署名を求めたものがそれに当る。署名するか改革派教会からとびでるか、道は二つしかなかったのだ。教会会議はその後数年にわたって教理の維持に目を光らせ、分裂的な意見の持ち主を出頭させ、信徒たちを断罪して聖餐からしめだし、聖務にたずさわる者はその職を停止した。教会会議の決定は、彼らが蛇蝎のごとく忌み嫌うローマ教会の決定とほとんど厳しさにおいて変りなかった。「我らの間で真理の教えと平和の福音を説くべく召される者の正統性と意見の一致を何よりも願う当会議は、危険な改変に門戸を閉ざすためにとらねばならぬ正当な予防措置を真剣かつ敬虔に検討した結果、この点につき神に再三祈りを捧げた上で、旧来の規定にしたがって、次のとおり宣言することを決定した。すなわち、いかなる牧師も、一般に我らの信仰告白、特殊にはドルドレヒト教会会議(31)の決定と同意見であり、かつ、我らの宗規にもとづくすべての命令に従うことをあらかじめ保証しないかぎり、我らの間で牧職につくことはできない……。」*ジュリュは大審問官さながらに告発し訴追し断罪した。信教上のわずかな罪でも犯した者があれば、彼は平然と地上の権力に訴え出て、意見を同じくしない者の罷免や投獄を要求した。ジュリュの手でロッテルダム(32)の法官の前へ引き出され、職を奪われたベールは次のように書いている。「プロテスタントの宗教裁判所なんてまっぴらです。そんなものができたら、五、六年先にはすさまじいことになり、みんなローマの宗教裁判の方がよかったとなつかしがるようになるでしょう……。**」

* ロッテルダムで開催されたオランダ・ワロン教会会議（一六八六年）の決議箇条からの抜粋、第六条。フランク・ピュオー『一七世紀フランスにおける寛容の先駆者たち(33)』Les Précurseurs français de la Tolérance au XVIIe siècle（一八八一年）に引用〔一九五—一九六ページ〕(34)——同書に紹介されているアムステルダム教会会議（一六九〇年）の討議も参照。

** ベールよりシルヴェストルへ。一六九一年一二月一七日〔一七三七年版著作集、第四巻六七一ページ〕。

だが、危険なのはそれではなかった。オレンジ公ウィリアム（ウィリアム三世）治下のイギリスが非国教徒に対してやれたのも、彼らを統合することではなくて、黙認することだけだった。もっぱら政治的な同意だけ求めて、信仰は各自に任せたのである。ローマに依存するカトリシズムは認めなかったが、ただ自分自身にのみ依存する国教以外の宗教は認めていた。オランダとなると、これはもうセクトのひしめき以外の何物でもなかった。宗教改革の当初からあったセクト、途中でのびてきたセクト、いちばん古いものからいちばん新しいものまで全部がオランダで顔を合わせ、国土を決闘場にして切りむすんだ。アルミニウス派とゴマルス派(35)、コッツェーユス派とヴォエティウス派(36)、三位一体派と反三位一体派(37)——教理についてのひとつひとつの意見が、恩寵、聖書、良心の権利、寛容、さらには政治権力の本性に関するひとつひとつの意見のニュアンスが、憎悪にもえたさまざまな党派を相対峙させた。いさかいが絶えなかったのはただたんに、みんな厳格で融通がきかなくて、自分が真理と思うものをあくまでも主張しようとしたからではない。「小石を二つぶつけると、粗い物体の内に埋もれていた光を持たぬ物質が火花に変る」ように、違った意見をぶつけあわせると光を発するといった、論争の楽しさ有益さからでもない。プロテスタンティズムの精神にある原理そのものから来ていたのだ。

実際、プロテスタンティズムのさまざまな表われの中には、信仰問題への権威の介入に対する個人の良心の反抗という要素がある。だとしたら、なんらかの権威によって良心を圧服する権利がどこにあるのか。ここまでは正統ここから先は異端というはっきりした線を誰が引くのか。プロテスタンティズムの名において、自由意志と予定に関するこれこれの説は教義であると言ったり、ましてや、偶像崇拝を打ち倒し異端の拡大を防ぐために為政者は自己の権力を用いる権利があるとか、他人が良心の命じることを教えるのを、教えなくてもただ信じるのを人は邪魔する権利があるなどと言ったりするのは、全然筋が通らないではないか。

だから、教会会議をいくら開いても、牧師や信徒を従順な大衆(マッス)に仕立てあげることはできなかった。セクトの増加をくいとめることも、検討の精神の倦むことのない働きを止める鍵をみつけることもできなかった。当時の神学論争には、とりわけ頻繁に登場するひとつの名前があった。「ソッツィーニ派」[38]である。これはもともとファウスト・ソッツィーニが作った異端派で、一六世紀の末から一七世紀の初めにかけてポーランドに現われた。ソッツィーニの弟子や後継者はポーランドを追われてプロイセンやフランスに移住し、とくにオランダを本拠に選んだ。「ポーランド兄弟会」が作られたのもオランダだし[39]、ソッツィーニの孫のヴィショヴァーティが同派の愛読書となった『合理的宗教』**Religio rationalis** を一六六五年に著わしたのもオランダだった。ここで、ソッツィーニ派にはフランスからの支流が流れこむ。一六六九年にソーミュールの牧師イザーク・デュイソーは『キリスト教の合同』**Réunion du christianisme** という本を著わして、デカルトが哲学でした改革を宗教にも応用すべきだと唱えた。これからは聖書にはっきり説明されていることしか信じないようにしよう。聖書にのっていて理性の教えとも合致する単純で普遍的な真理だけを保持することにしよう。伝承などというものはもうなくなる。正直なところ教会もなくなる。神と聖書と個人の良心——それ以外のもの、それ以上のものはないのだ。フランス改革派教会はこうした原理についてあげて激論をたたかわせた[40]。ドラゴナード〔軍隊の力による新教徒の強制改宗〕や亡命も分裂をくいとめるどころか、それをいっそう激化させた。イザーク・デュイソーの婿のパジョン[41]が異端説の集大成をして、パジョン派と反パジョン派が[42]

争いあった。いくら教会会議を開いても、ソッツィーニ派的な精神[43]は抑えようもなく広がっていった。

たしかにソッツィーニ派はセクトとしては凋落し、「目に見える形では激減し」〔ピエール・ベール『歴史批評辞典』、「ソッツィーニ（ファウスト）」の項、本文。一七二〇年版、第三巻二六〇九ページ〕たが、「目に見えない形」〔同〕ではむしろ増殖していた。その原理は拡散して人々の意識の中にしのびこみ、宗教的な精神状態を合理的な精神状態と交替させた。ソッツィーニ派とはそもそも何か。

明瞭に認識しないものを信じるように義務づけることはできない――ボシュエ[44]に言わせるとこれがソッツィーニ派の大原則だった。「ソッツィーニ派ハ信仰ト聖書ヲ理性ノ下ニオク」とポワレ[45]は書いている。ソッツィーニ派はキリスト教を純道徳的なただの哲学にしてしまう、とプーフェンドルフ[46]は言う。なんでもソッツィーニ派ときめつけるのがジュリユ[47]の悪い癖だったが、これも百パーセントまちがいとは言いきれないだろう。合理主義への全般的な地すべりは明らかにあったからだ。ソッツィーニ派は宗教的な無差別論者で秘義を否定する、だが、秘義を感得することこそ宗教精神の本質なのだ、とジュリユは叫んでいる。しかし、いちばん手きびしいのはデュイソーの断罪を伝えたリシャール・シモンの言葉である。「あの小さな群〔改革派教会〕がデュイソー牧師にこんな厳しい処置をとったのは、あの人と主義を同じくするほかの多くの牧師をおどかすためです。デュイソー[48]は自分の計画を各地のたくさんの牧師に伝えて諒解をえていました。ですから、ああいう厳しい処置をとらなかったらフランスのカルヴィニズムは終りだったのです。この派のとりわけ有能な連中は、自分はアルミニウス派――ソッツィーニ派とは言わないまでも――だとおおっぴらに宣言したにちがいありません。今までのところ、連中は心の中で考えるだけで、このことは仲の良い友だちにしかもらしていません。クビになるのがこわいからです。もっぱら政治的な配慮から信仰告白書に署名しながら、内心では、カルヴァンもほかの初代改革者もあらゆることを知っていたわけではないし、宗教改革も半分しかやっていない、と思っていたのです……。」*憎々しげな中傷だが、とにかく、リシャール・シモンが鋭く見抜いたひとつの事実がここで浮き彫りにされている。宗教改革の改革が続いているということだ。

＊ リシャール・シモンよりディロワへ。一六七〇年。リシャ

ール・シモン『書簡選』Lettres choisies、〔一七〇二―五年版〕第三巻、書簡三〔一六ページ〕。

オランダの牧師はドイツの牧師と論戦し、ロンドンに住む離散の牧師〔フランス人の〕は英仏海峡をこえてきたソッツィーニ派と戦った。遠縁の親類に当るカルヴァン派とルター派の絆を強めて、二つの教会をひとつの信仰告白のもとに統合しようとさまざまな努力が行なわれたが、これはいずれも徒労に終った。

カトリック教徒はえたりとばかり、新教徒はローマ教会からとびでるや否や迷路の中へ踏みこんだ、などとはやしたてた。ボシュエもそれ見たことかと言わんばかりに『新教会変異史』Histoire des variations des Églises protestantes を一六八八年に著わして、こうした新教系の教会は過去にも変ったし今でもたえず変っており、変るのがそれの本質であることを明らかにした。それらはどんどん細分化して、しまいにはけし粒のようになってしまう。もとの鞘にもどすことも、散らないように枠をはめることもできない。どの教会も存在する権利を同等に持つからである。検討から検討へとあくまでも変化を求める同じ探求の原理からすべてが発しているからである。だから、歴史家には記録することしかできない無数の信仰告白が現われるのだ。だから、本来的に細分化する集団を相互に和解させようとしても、所詮効果はないのだと。

*

ボシュエに答える方法はいろいろあった。ひとつは、カトリック教会だって変ったではないかと逆襲すること。これは数あるボシュエ反駁者の中でジャック・バナージュ(49)がとった方法だった。あるいは、プロテスタント教会は基本的な点では変っていないと言い返すこと。これはギルバート・バーネット(50)の方法だった。

でなければ、ボシュエの指摘を非難としてでなく、むしろ名誉として受けいれることだ。真理というのは天からまるごとあたえられるものではなくて、人間が自分で汗水たらして掘りおこし、うちたてるべきものだから、検討の精神を人間が持つ特権と考えることだ。*過度な権威が持つ危険と過度な自由が持つ危険を秤にかけて、危険を冒すなら第二の危険を冒すべきだと意識的に選択することだ。ジャン・ル・クレール(51)は一七〇五年の『精選文庫』Bibliothèque choisie で、問題をほぼそのままの言葉で提出している。

私のまわりには無神論者がじつにたくさんいるらしい。新聞で私が紹介する本の中にも、無神論を反駁しようとしたものが山ほどある。これは無神論の脅威がますますつのっている証拠であろう。昔はみんな検討しなかった。先生の教えを疑わず、その言葉をまる呑みしていた。今では正反対である。みんな権威を信用しなくなっている。では、昔の方がよかったのか。――この問いにジャン・ル・クレールは断乎として答える。不信心は悪いことだが、なんでもかでも無批判に信じるのはもっと悪い。こういう態度は愚鈍な精神と真理に対する怠慢から来る。多くの知識を持つかわりに若干の無神論者をかかえている国民の方が、世間に受けいれられた見解を絶対に疑わない無知な国民よりましである。悪用する者がいたとしても、知識はなおかつ徳性の生みの親だ。無知は野蛮と悪徳しか生みださない。

＊　アルフレッド・レベリヨ『プロテスタンティズムの歴史家ボシュエ』Bossuet historien du protestantisme、第三版、一九〇九年、五七一[52]ページ参照。

アルミニウス派でソッツィーニ派のジャン・ル・クレールがこういう言葉で言い表わした思想は、まもなく一八世紀の前半に支配的となった。既知の土地でも未知の土地でも自分の思想がやがて勝利を収めると考えたデカルトが、なおかつ、実践の上では慎重な格率を進んで自らに課し、「第一は、わが国の法律および習慣に従うことである。神の恵みによって、自分が子供の時からそのなかで教育されてきた宗教をつねに信奉し、ほかのすべての事柄においては、わたしが生活をともにしなければならないひとたちのなかでもっとも良識あるひとびとによって実践上広く承認されている、いちばん穏健な、極端からいちばん遠ざかった意見に従って身を修めることである」〔『方法序説』Discours de la méthode 第三部。邦訳、角川文庫、三四ページ、小場瀬卓三訳〕などと言った時代はもう過ぎた。異端の時代、ありとあらゆる異端の時代、ルイ一四世の治下で日のあたらない物陰にはびこって、解放の合図をひたすら待っていた一匹狼や反逆者の時代、伝承を無批判には受けいれない学者の時代、消えることのない焔をふたたびかき立てるジャンセニストの時代、各種各様の敬虔主義者の時代、釈義学者と哲学者の時代、要するにピエール・ベールの時代が来たのである。

訳註

（1）デュラス家の令嬢　原著には「デュラス夫人」とあるが、誤りなので訂正した。デュラス公爵家はギュイエンヌ地方の新教徒の名家で、このデュラス嬢マリもチュレンヌ元帥の姪に当り、デュラス、ロルジュ両元帥を兄弟に持ち、自身も王弟オルレアン公妃の侍女をつとめていた。彼女はボシュエの『カトリック教会教理説明』Exposition de la doctrine de l'Eglise catholique（一六七一年）を読んで感銘を受け、カトリックへの改宗に傾いていたが、まだ残っている若干の疑念をはらすため（あるいは、すでに決意していた改宗の体裁をととのえるため）、新旧両教会の指導的な理論家であるボシュエとシャラントン教会（パリ教会）の牧師ジャン・クロードが自分の面前で討論することを希望した。ボシュエは彼女の希望を伝えたリシュリユ公の要請によって一六七八年二月末日、任地のコンドンから上京し、翌三月一日、デュラス嬢の姉に当るロワ伯爵夫人の家で、同嬢を初めとする数人の新教徒の立会いのもとに、延々五時間にわたってクロードと激しい討論を行なった。その結果、デュラス嬢は三月二二日にボシュエの手で正式にカトリックへ改宗している。はじめ、ボシュエとクロードの間には、会談の内容をいっさい文書にしないという約束が交されていたが、ボシュエはそれを破って会談の経過を文書にまとめ、それが手写本で流布されたのち、一六八二年に『教会問題に関するシャラントンの牧師クロード氏との会談』Conférence avec M. Claude, ministre de Charenton, sur la matière de l'Eglise と題して出版されたため、クロードもそれに答えて『〈クロード氏との会談〉と題するモーの司教殿の著書への回答』Réponse au livre de Monsieur l'évêque de Meaux, intitulé, Conférence avec Monsieur Claude（一六八三年）を出版した。ボシュエはさらにこれに答えて、大部の『クロード氏の一文書に関する考察』Réflexions sur un écrit de M. Claude を書き、これは『クロード氏との会談』の一六八七年版に収録された。ボシュエとクロードの双方によるこれらの会談の記録は、その迫真的な叙述と核心をついた議論によって、当時の宗教論争書中でも白眉と言うにふさわしいものである。

（2）『教会問題に関するシャラントンの牧師クロード氏との会談』　アザールの原著はこの本の題名を『教会の無謬に関するクロード氏との会談』Conférence avec M. Claude, touchant l'infaillibilité de l'Eglise としているが、不正確なので訂正した。

（3）ステュアート朝　英国王チャールズ二世（在位一六六〇—八五年）とジェームズ二世（在位一六八五—八八年）のこと。

（4）聖グレゴリウス大法王　五四〇頃—六〇四。中世カトリック教会の基礎をきずいた古代末期のローマ法王（在位五九〇—六〇四年）で、ブリテン島（今のイギリス）のアングロ・サクソン族にキリスト教を布教した。

（5）黙示録の獣　「ヨハネ黙示録」第一三章に出てくる終末の世を支配する怪獣。「私はまた、一匹の獣が海から上ってくるのを見た。それには角が十本、頭が七つあり、それらの角には十の冠があって、頭には神を汚す名がついていた。私の見たこの獣は豹に似ており、その足は熊の足のようで、その口は獅子の口のようであった。……この獣には、また、大言を吐き汚しごとを語る口が与えられ、四十二か月のあいだ活動する権威が与えられた。そこで、彼は口を開いて神を汚し、神の御名と、その幕屋、すなわち、天に住む者たちとを汚した。そして彼は、聖徒に戦いをいどんでこれに勝つことを許され、さらに、すべての部族、民族、国語、国民を支配する権威を与えられた」、と黙示録にはある。

(6) クロードの引用　『フランス王国で残酷にしいたげられている新教徒の抗議』Les Plaintes des Protestants cruellement opprimés dans le royaume de France（一六八六年）、六九―七二ページ。

(7) 『フランス王国で残酷にしいたげられている新教徒の抗議』　アザールの原著はこの書名を『フランス王国から残酷に追われた新教徒の抗議』Les Plaintes des Protestants cruellement exilés du royaume de France としているが、誤りなので訂正した。

(8) トリエント公会議　宗教改革期の一五四五―四九年、五一―五二年、六二―六三年に開かれた世界公会議で、プロテスタンティズムの断罪とカトリック教会の態勢整備を行ない、反宗教改革運動の出発点となった。

(9) 牧会書簡　一六八六年九月一日以降、月二回ずつ定期的に発行され（発行地はオランダ）、フランスへ秘密裡に持ちこまれていた『バビロンの捕囚のもとに呻吟するフランスの信徒に宛てた牧会書簡』Lettres pastorales addressées aux fideles de France qui gemissent sous la captivité de Babylon のこと。これは一六八九年七月一日付のものまで約三年間つづき、故国に残った信徒たちの抵抗の消息を伝えたり、カトリック側の護教論者の論理を逐一反駁するなどして、残留新教徒の大きな心の支えとなっていた。とくにこの『牧会書簡』は、一六八九年四月一五日付、五月一日付、五月一五日付の三号にわたって、圧制に対する人民の抵抗権の理論を展開し、政治思想史上にも大きな地位を占めている。

(10) 予言までした　ジュリユは一六八六年に出した『予言の成就、または教会の近き解放』Accomplissement des prophéties ou la délivrance prochaine de l'Eglise、およびその後の諸作で、黙示録にもとづいて、現在の宗教迫害は三年半しか続かないこと、その後「法王教」の崩壊が始まってそれが一七世紀いっぱい続き、一八世紀の初めには法王教が完全に亡び、イエス・キリストが全世界を支配すること、を予言した。一六八八年のイギリス名誉革命は熱狂的な新教徒にこの予言を裏付けるものと理解され、彼らの希望をかき立てたが、亡命新教徒中にもこの狂信に批判的な部分があり、この派の見解を代弁した『フランスへの近き帰還に関する亡命者への重大な忠告』Avis important aux Réfugiés sur leur prochain retour en France（一六九〇年）の発表を契機として、両派の間に激烈な内部闘争が展開された。

(11) 三種の『文庫』　『古今東西文庫』（一六八六―九三年、二六巻）、『精選文庫』Bibliothèque choisie（一七〇三―一三年、二七巻）、『古今文庫』Bibliothèque ancienne et

moderne（一七一四―二七年、二九巻）のこと。

（12） 考証学　『アウグスティヌス付録』 Appendix Augustiniana（一七〇三年）、『ヒエロニムスの諸問題』Quæstiones hieronymianæ（一七〇〇年）、ティトゥス・リヴィウス、メナンドロス、ヘシオドスなどの刊行と註釈など、この面でのル・クレールの仕事は枚挙にいとまがない。

（13） 批評　この面で代表的なのは『批評術』Ars critica（一六九七―一七〇〇年）で、これは著者の生存中に五版を重ねた。前註であげた諸作もこの分野に含めることができる。

（14） 聖書釈義　この面で重要なのは、リシャール・シモンを駁した『オラトリオ会のリシャール・シモン神父が著わせる〈旧約聖書の批評的歴史〉に関するオランダの数人の神学者の見解』Sentiments de quelques théologiens de Hollande sur l'Histoire critique du Vieux Testament, composée par le P. Richard Simon de l'Oratoire（一六八五年）、『オランダの数人の神学者の見解を擁護す』Défense des Sentiments de quelques théologiens de Hollande……（一六八六年）である。

（15） 哲学　『論理学』Logica（一六九二年）、『存在論と霊体論』Ontologia et Pneumatologia（一六九二年）、『自然学』Physica（一六九六年）で、これらは一六九八年に『哲学著作集』Opera philosophica としてまとめられた。

（16） 歴史　『枢機卿リシュリユ公伝』La Vie du cardinal duc de Richelieu（一六九四年）、『オランダ史』Histoire des Provinces Unies des Pays-Bas（一七二三―二八年）、『要約世界史』Compendium historiæ universalis（一六九八年、仏訳一七三〇年）など。

（17） エラスムス　ル・クレールは一七〇三年から一七〇六年にかけてエラスムスの全集 Desiderii Erasmi Roterodami Opera omnia を刊行している。

（18） グロティウス　ル・クレールは一七〇九年に、かねて尊敬していたグロティウスの護教論『キリスト教の真実性を論ず』De Veritate Religionis Christianæ（一六二七年）の新しいラテン語版を出した。

（19） 聖書を訳し　旧約聖書のラテン語訳と註解は創世記が一六九三年、五書の他の部分が一六九六年、歴史書が一七〇八年、残りがバルベラックの手で一七三一年に出版され、それらは一七三五年にひとつにまとめられた。新約聖書についても同時に作業が進められ、一六九八年にハモンドの新訳註解（英語）のラテン語訳が出、一七〇三年にはル・クレールが自らギリシャ語から訳した新約聖書の仏訳が刊行された。このフランス語版聖書はソッツィーニ主義的な誤りを含むものとして、新教正統派の激しい非難をこうむった。

（20） 雑纂　『パラーズ雑纂、または批評、歴史、道徳、政治の諸問題に関する雑考』Parrhasiana ou Pensées diverses sur des matières de critique, d'histoire, de morale et de politique（一六九九―一七〇一年）で、その中には神義論に関するベール批判、聖書批評に関するリシャール・シモン批判など、思想史上重要な文章が収められている。なお、テオドル・パラーズというのはル・クレールの筆名のひとつ。

(21) モレリの辞典　ルイ・モレリの『大歴史辞典』Le Grand Dictionnaire historique（初版一六七四年）のことで、ル・クレールは一六九一年に出たその第六版、さらに一六九四、九八、一七〇二年の各版の校訂を行なった。

(22) ワロン教会、サヴォワ教会　貿易商を主としたロンドン在住のフランス人のために、この町にはフランス語を用いる改革派教会が一六八二年(ル・クレールが渡英した年)当時二つあった。ひとつはフランス教会またはワロン教会と呼ばれていたもので一五五〇年創立、もうひとつは国王チャールズ二世が一六六一年に作ったもので、サヴォワ礼拝堂を使っていたことからサヴォワ教会と呼ばれ、当時はサヴォワ礼拝堂のほかに、ソホー地区にあるギリシャ人会堂をも用いていた。

(23) 二七年間　ル・クレールがアルミニウス派学院で教えたのは一六八四年から一七二八年までだから、正しくは二七年間ではなくて四四年間であろう。

(24) アルミニウス派　原著には「アルメニア人」Arméniens とあるが、「アルミニウス派」Arminiens の誤植に相違ない。アルミニウス派については本章註35を参照。

(25) 引用　これは『文芸共和国便り』一六九九年九月号にのったボルドロンの言葉である。同号三四五ページ。

(26) ルイ大王治下のカトリック一色のフランス　ピエール・ベールの作品『ルイ大王治下のカトリック一色のフランスとは何か』Ce que c'est que la France toute catholique sous le règne de Louis le Grand（一六八六年）が念頭に置かれている。

(27)『トレヴー新聞』　正確な題は『学問・芸術の歴史のための覚書』Mémoires pour l'histoire des sciences & des beaux arts。一七〇一年からイエズス会士たちがソーヌ河畔のトレヴー、のちにはパリで出していた学芸新聞で、一七六二年までつづき、それ以後イエズス会の手を離れた。オランダの学芸新聞とは対蹠的な保守派の新聞で、事実、オランダの対抗紙とはしばしば論争を行なっている。

(28) 二篇の論文　『統治に関する二論文』Two Treatises of Government のこと。前篇はフィルマーの王権神授説を反駁した「ロバート・フィルマー卿とその追随者らの誤れる原理及び根拠の摘発ならびに打倒」The false Principles and Foundation of Sir Robert Filmer, and his Followers, are Detected and Overthrown、後篇は統治の原理論を展開した「社会統治の真の起源、限界及び目的に関する論文」Essay concerning The True Original, Extent, and End, of Civil Government で、現在では後篇の方が前篇よりもはるかに重視されている。

(29) 第四章　原著には「序文」とあるが、邦訳にしたがい訂正した。

(30) ロッテルダム教会会議　原著には「ドルドレヒト教会会議」とあるが、誤りなので訂正した。このワロン教会会議は一六八六年四月二四日に開会されているが、そこでは、後出のパジョニスムを排除して、ワロン教会（フランス語教会）の教理的統一をはかるため、シュパンハイム（スパンアイム）、ル・モワーヌ、ガイヤール、ジュリユ、ド・ジョンクール、デマレ、エリ・ソーラン、ピエロの八人からなる起草委員会によって、普通「ロッテルダム宣言」と呼ばれるクレドが作成され、会議に出席した一七八人の牧師が全員それに署名した。ドルドレヒト教会会議は、言うまでもなく、アルミニウス主義を断罪してカルヴィニズムの正統信条を作成した一六一八―一九年の教会会議で、ロッテルダム会議とは全く別なものである。

(31) ドルドレヒト教会会議　前註の最後の部分を参照。

(32) ロッテルダムの法官　原著には「アムステルダムの法官」とあるが、誤りなので訂正した。前出(註10参照)の『亡命者への重大な忠告』(一六九〇年)をベールの作と考え、しかもこれをフランスの宮廷が操る国際的な陰謀の所産と見立てたジュリユは、一六九一年、『〈フランスへの近き帰還に関する亡命者への重大な忠告〉と題する反宗教・反国家・反イギリス革命文書の検討』Examen d'un Libelle contre la Religion, contre l'Etat, et contre la Révolution d'Angleterre, intitulé Avis important aux Réfugiés sur leur prochain retour en France と題する反駁文を著わし、ベールを背神者、裏切者と非難した。ベールはそれに答えて『架空の陰謀』Cabale Chimérique (一六九一年) を発表したが、ジュリユはこれを自身への名誉毀損としてロッテルダムの市会へ提訴した。当時まだ共和派が優勢だった同市会はいずれにも組せず、もっぱらベールとジュリユの和解を勧告したが、両者および双方の支持派の間の論争はその後も延々と続けられ、とくにジュリユのベール攻撃は、ベールの初期の作『一六八〇年一二月の彗星出現に際して、ソルボンヌの某博士に宛てた諸考察』Pensées diverses écrites à un Docteur de Sorbonne, à l'occasion de la Comète qui parut au mois de Décembre 1680 (一六八三年) に対する無神論という非難を軸として激烈に展開された。当時、ロッテルダムのワロン教会評議会内には、ジャック・バナージュを初めとするベール支持派がおり、大勢(たいせい)もジュリユに対しては批判的だったため、ジュリユは同じロッテルダムのフラマン教会(オランダ語教会)評議会を動かして、『……諸考察』をそこで検討させた。その結果、同評議会はベールのこの著作を断罪し、評議会の告発にもとづいて、ロッテルダム市会は、一六九三年一〇月三〇日、ベールから同市の大学Ecole illustreの哲学教授の職を奪い、五百フロリンの年金をさしとめるとともに、ベールが私的な教授活動を行なうことすら禁止した。市会がこうした強硬な態度をとったのは、同じ年に市会内で小規模なクーデタが行なわれ、共和派の議員が一掃されて、正統カルヴィニズムの立場に立つオランイェ(オレンジ)派が市会を制していたからであった。

(33) 『一七世紀フランスにおける寛容の先駆者たち』　原著はこの本の原題をLes Précurseurs de la Tolérance en France au XVIIe siècle としているが、誤りなので訂正した。

(34) アムステルダム教会会議　一六九〇年八月二三日にアムステルダムで開会されたワロン教会会議のこと。ここでは、ジュリユを中心とする正統派のイニシアチブにより、ソッツィーニ派やパジョン派のみならず、政治的ないし教会内的寛容や、宗教問題への政治権力の不介入を唱えるすべての者を断罪した「正統信仰護持のための規程」が満場一致で採択された。

(35) アルミニウス派とゴマルス派　アルミニウス派とは、オランダの神学者アルミニウス（ヤコプ・ハルメンセン、一五六〇—一六〇九）の流れを汲む改革派中のリベラル派のこと。贖罪と恩寵の普遍性、自由意志の役割などを強調して、正統カルヴィニズムに敵対した。一六一〇年、この派は彼らの主張をまとめた「抗議書」をオランダ議会に提出したが、改革派正系のゴマルス（フランシス・ホンメル、一五六三—一六四一）はこれに対抗して「反抗議書」を提出、両派の争いはブルジョワ共和派と貴族・農民層を基盤とするオランイェ（オレンジ）派との政治的葛藤と結びつき、オランダ改革派教会を二分して続けられたが、結局、一六一八—一九年のドルドレヒト教会会議でアルミニウス主義は断罪され、教会から排除されたアルミニウス派は別個に抗議派（レモンストラント）教会を作り、現在まで続いている。

(36) コッツェーユス派とヴォエティウス派　コッツェーユス（ヨハン・コッホ、一六〇三—六九）はドイツ人の改革派神学者で、オランダのフラーネケル、ライデンの各大学で教授を勤めた。その神学体系は「契約」の観念を軸としており、堕罪前の「業の契約」と堕罪後の「恩寵の契約」、さらに後者における「律法前」、「律法下」、「律法後」の三つの時期の設定によって、恩寵の教育的な働きを重視し、先在的な予定を実質的に緩和しようとした。また、旧約聖書の内容をイエス・キリストとキリスト教会の歴史の象徴的表現と解し、旧約の一字一句の徹底した寓意的解釈を主張した。このような彼の説は、改革派正系のヴォエティウス（ヒスペルト・フート、一五八八—一六七六）によって強く批判され、改革派内部にはコッツェーユス派とヴォエティウス派という敵対的な二派が形成されたが、ヴォエティウス派には逆に、或る種の神秘主義的志向をプロテスタント・スコラ主義に加味する傾向が現われていた。なお、コッツェーユス派はデカルト哲学をいちはやく取りいれたが、ヴォエティウスはデカルトおよびデカルト哲学に対する攻撃によって有名である。

(37) 三位一体派と反三位一体派　反三位一体派とは、正統的な三位一体説を「三神論」としてしりぞけ、キリストの神性を認めないソッツィーニ派のことで、現在まで続くユニテリアンの先祖でもある。ソッツィーニ派はすでに一六世紀末から徐々にオランダへ浸透していたが、一六三〇年代からこの国での活動が非常に活潑化し、一六三八年にはこの派の出版センターもポーランドのラコフからアムステルダムに移された。アルミニウス派、メンノー派（メノナイト）、コレギアント派などの内には、ソッツィーニ説の賛同者が少なからずかぞえられ、一七世紀のオランダはイギリスとともに反三位一体派の中心地となっていた。

(38) ソッツィーニ派　一六世紀イタリアの宗教改革者レリオ・ソッツィーニと、とくにその甥ファウスト・ソッツィーニがはじめた新教徒中の一派で、現在までつづくユニテリアンのひとつの源流。宗教改革と人文主義の結合ともいえるもので、一方では徹底した聖書主義、他方では大胆な理性主義を特徴としており、三位一体、キリストの先在と神性、原罪、贖罪、予定など、在来の教義の多くを否認した。この派ははじめポーランド、トランシルヴァニアなどに広まり、とくにポーランドのラコフには一七世紀初頭以来、同派の学校や印刷センターが設けられて、同市はソッツィーニ派のメッカのごとき観を呈した。しかし、ラコフのソッツィーニ派センターはカトリック教徒の攻撃によって一六三八年に壊滅し、一六六〇年にはソッツィーニ派は最後的にポーランドから追放された。亡命した信徒の一部はオランダへ流れてアルミニウス派、メンノー派、コレギアント派などの内に同調者をみいだし、さらに一部はイギリスにも渡って、一七世紀後半以後はこの両国がソッツィーニ派の活動の主要な舞台になった。ニュートン、プリーストリー、サムエル・クラークなどにも、ソッツィーニ派（またはユニテリアン）の思想的影響が顕著に見られる。ただ、「ソッツィーニ派」という言葉は、当時、とりわけプロテスタント正系がリベラル派を断罪するためのレッテルとしてかなり無差別に濫用されているから、これを真に受けるのは危険である。本章でのアザールの記述は、この点、必要な配慮を欠いているように思われる。

(39)「ポーランド兄弟会」が作られたのもオランダだし　この記述は誤っている。「三位一体を否定したポーランド、リトアニア兄弟会」、正式には「改革派小教会」はすでに一五六五年にポーランドで創立されており、一五七九年にポーランドへ来たファウスト・ソッツィーニがその指導者となって以後、「ポーランド兄弟会」はソッツィーニ派の別名となった。「ポーランド兄弟会」の本拠地は彼らの大学、出版センターのあったラコフで、一六〇五年には「ラコフ教理問答」と呼ばれる彼らの教理問答書も出版され、また一六一二年と一八年に開かれた同派の教会会議にはそれぞれ四〇〇人および四五九人の代表が参集した。この両会議の当時、同派の信徒会は総数約三〇〇にのぼったと推定されている。やがて彼らの根拠地はカトリック教徒の攻撃によって壊滅し、「ポーランド兄弟会」は国外へ追放された。彼らの一部はトランシルヴァニアへのがれ、一部は東部プロイセン、シュレージエン、プファルツへ移り、さらに一部はオランダへ亡命して、アムステルダムとライデンを中心に新天地を開拓した。とりわけ、同派の理論的著作を集めた『ポーランド兄弟会文庫』Bibliotheca Fratrum Polonorum（二折判、全八巻）がアンドレアス・ヴィショヴァーティの手によって一六六五年から六八年にかけてアムステルダムで刊行されたことは、この派の思想の普及にとっては画期的なことであった。アザールのこの誤記は、「ポーランド兄弟会」の設立と『ポーランド兄弟会文庫』の刊行とを混同したことによるのであろう。

(40) あげて激論をたたかわせた　『キリスト教の合同』が出てからまもなく、デュイソーは三人の信徒によってソーミュールの教会評議会に告発され、教会評議会は彼の牧師罷免と破門を決定した。この決定はさらに、一六七〇年九月一八日にルーダンで開かれたアンジュー地方教会会議で再確認され、デュイソーは最後的に改革派教会から追放された。それ以前から、デュイソー擁護派と批判派の間に地方的な規模でさかんな文書合戦が行なわれていたが、やがて「デュイソー事件」はフランス改革派教会全体の問題となり、まずシャラントン教会（パリ教会）の長老ラ・バスチードが『〈キリスト教の合同〉と題する書物に関する指摘』Remarques sur un livre intitulé La réunion du christianisme（一六七〇年）を、ついでジュリユが『〈キリスト教の合同〉という書物の検討』Examen du livre de La réunion du christianisme（一六七一年）を出してデュイソーを攻撃した。デュイソーもジュリユに答えて『〈キリスト教の合同という書物の検討〉と題する書物へのデュイソー氏の答え』Réponse de Monsieur d'Huisseau au livre intitulé Examen du livre de La réunion du christianisme（一六七一年）を著わし、ジュリユもさらにこれに応酬するなど、激しい論争が展開された。

（41） イザーク・デュイソーの婿のパジョン　原著には「イザーク・デュイソーの婿のパポン」とあるが、この記述は二重の意味で誤っている。（1）アザールはこの人物の名をパポン Papon、彼の支持派をパポン派 Paponistes、反対派を反パポン派 Antipaponistes としているが、当時のフランス改革派の学者にはパポンなどという人物は存在しておらず、これらは明白にパジョン Pajon、パジョン派 Pajonistes、反パジョン派 Antipajonistes の間違いである。「パポン」というのは、パジョンと、パジョンの甥でパジョン派の代表的な神学者だったが最後にはボシュエの手でカトリックへ改宗したイザーク・パパン Isaac Papin の二つの苗字をいっしょくたにしたのであろう。（2）パジョンはデュイソーの婿ではない。パジョンは二度結婚しているが、最初の妻はブロワの牧師ポール・テスタールの娘カトリーヌ、二度目の妻はオルレアンの牧師ペローの娘エステルであった。デュイソーに息子がいたことはたしかだが、娘がいたことは知られていない。

（42） 異端説の集大成　クロード・パジョンの学説は普通「適合主義」と呼ばれているが、これは聖霊の救済的な働きを人間の魂に対する内的・直接的な働きかけとしてではなく、「御言葉の説教」という手段による外的・媒介的な働きかけとしてとらえ、神は選ばれた者に対して、説教が彼の知性を動かしてそこに真理の認識を生じさせ、知性が次に意志を動かして「回心」が行なわれるように、さまざまな状況を適合的に配置するのだとした。聖霊の神秘的作用を事実上自然の諸過程に解消してしまうこのパジョニスムは、パジョンの弟子イザーク・パパンやシャルル・ル・セーヌらに受けつがれ、ますます急進化していったが、改革派正系もこれに対する防衛措置を講じ、一六七六年七月のパジョン＝クロードの会見、翌年七月の正統派指導者（クロード、ジュリユ、メナールなど）の密議をへて、一六七七年八月からイル＝ド＝フランス、ノルマンディー、アンジュー地方の各教会会議でパジョニスムの断罪が行なわれ、論争はナント勅令廃止の直前まで続いた。勅令廃止後も、オランダのワロン教会は一六八六年の「ロッテルダム宣言」や一六九〇年の「正統信仰護持のための規程」によってパジョニスム禁圧をくりかえしている。本章註30、34を参照。

（43） ソッツィーニ派的な精神　アザールはここでデュイソーやパジョンをもソッツィーニ派として扱っているようだが、彼らの思想と、反三位一体論を主軸とするソッツィーニ主義とは厳密に区別すべきである。こうした厳密な意味でのソッツィーニ主義は、フランスではほとんど皆無であり、晩年カトリシズムへ改宗したノエル・オーベール・ド・ヴェルセなどにその痕跡が見られるにすぎない。したがって、ここで言うソッツィーニ派とは、宗教的理性主義というもっとも広い意味に解すべきであろう。

(44) ボシュエ 『新教徒へのいましめ、第六。神の存在の不動性と三つの個格の同等性に関する古説の解明』Sixième Avertissement aux Protestants. L'Antiquité éclaircie sur l'immutabilité de l'Estre divin et sur l'égalité des trois personnes(一六九一年)より。これは、註47でのべるジュリユの『ソッツィーニ主義一覧』Le Tableau du socinianisme(一六九〇年)を反駁した長大な著作である。

(45) ポワレ 『信仰と理性の結合』Fides et Ratio collatæ(一七〇八年)より。

(46) プーフェンドルフ 『今日のヨーロッパの主要な諸国の歴史への序論』Einleitung zu der Historie der vornehmsten Reiche und Staaten……in Europa(一六八二年)、仏訳 Introduction à l'Histoire des principaux Etats qui sont aujourd'hui dans l'Europe、第二巻、三三〇ページ。

(47) ジュリユ 改革派中のリベラルな部分に対し、ジュリユはほとんど無差別的に「ソッツィーニ主義」という非難を浴びせたが、この攻撃をもっとも系統的に行なったのは一六九〇年の著作『ソッツィーニ主義一覧』であろう。この本はソッツィーニ派理論への体系的な批判をも含んでいるが、同時に、ソッツィーニ派に対し寛大なアルミニウス派や、ベール、ジュデオン・ユエ、ノエル・オーベール・ド・ヴェルセなどの寛容論者に対する「半ソッツィーニ派」という非難の展開にひとつの力点が置かれており、新教徒中のリベラル派に対する全般的な弾劾の書となっている。とくに、ベールの寛容理論への批判には多くの紙数があてられている。次に紹介されるジュリユの発言は、同書第一部第三書簡第二項、一一五ページ以下より。

(48) 自分の計画 カトリシズムとプロテスタンティズムの合同計画のこと。デュイソーは『キリスト教の合同』の中で、まず聖書の教えと聖書解釈者の所説とを区別し、聖書の教えの中でも信仰内容と規律や祭式に関する規定と道徳的な教えとを区別し、さらに信仰内容の中でも宗教的秘義と歴史記述と予言とを区別し、またこの秘義をも、救霊に必要な基本的箇条と非基本的な箇条に分けて、使徒信経にまとめられたこの基本的箇条を承認するすべてのキリスト者は皆同じ教会に属する者として認めあわねばならないと説いた。そして、この宗教的平和を実現するために、宗派間の話し合いや、世俗の君主、特にルイ一四世の強力なイニシアチブを期待していた。ルイ一四世の手で教会が統一されれば、次に回教徒もキリスト教に改宗し、世界的な宗教統一がなるであろう、とすらデュイソーは語っている。

(49) ジャック・バナージュ 『改革派教会宗教史』Histoire de la religion des églises réformées(一六九〇年)、特に『イエス・キリストから現在までの教会史』Histoire de l'Église depuis Jésus-Christ jusqu'à présent(一六九九年)のこと。

(50) ギルバート・バーネット 『ル・グラン氏の〈国王へ

ンリ八世の離婚の歴史〉への批判を含むテヴノ氏への手紙。モー殿の〈新教会変異史〉への批判を付す』A Letter to Mr Thevenot containing a Censure of Mr Le Grand History of King Henry the Eighth's divorce; to which is added a censure of Mr de Meaux History of the Variations of the Protestant churches（一六八九年）のこと。この手紙は一六八八年九月一〇日付のもので、一六八九年に仏訳 Critique de l'《Histoire des variations des églises Protestantes》 par M. de Meaux, où il est parlé de l'église anglicane, avec quelques réflexions sur l'《Histoire du divorce de Henri VIII》, par M. Le Grand が刊行された。

(51)『精選文庫』　次に紹介されるル・クレールの発言は、『精選文庫』第七巻（一七〇五年）の緒言にある。

(52)　アルミニウス派でソッツィーニ派　ル・クレールがアルミニウス派だったのはたしかだが、ソッツィーニ派というのは言いすぎであろう。

第五章　ピエール・ベール

ピエール・ベールはフォワ伯爵領〔フランス西南部、ピレネー山脈の近く〕の出身だった。つまり、南から北へ追われて、持ち前の鋭い頭と理屈っぽさと剛毅な性格と途轍もない生命力を第二の故郷へもたらした多くの南方人の一人なのである。彼は新教徒で、父親は牧師だった。ラテン語、ギリシャ語を父から習い、ピュイローランスの新教大学で勉強を続けた。この道はやがてベールをはるかかなたまで連れていってしまう。仲間を全部追いこして、彼はほとんど単独行を余儀なくされる。宗教から出発して純然たる懐疑論の一歩手前まで行った彼の思想の行程を明らかにするために、私たちもいずれこの道を跡づけてみよう。しかし、その第一歩で彼は立ち止ったのである。宗教論争の本を読んでカトリックへ改宗し、トゥールーズのイエズス会の学院で哲学の勉強を続けることになったのだ。その後、「最初に受けた教育の感化がもりかえしたため」*、極地に住む人が再び太陽を拝んだように、彼は喜び勇んで改革派教会へ復帰した。そして一六七〇年にジュネーヴへ出発する。「あの頃、私の議論のしかたはなかなか堂にいったものでした。学校でスコラ流の屁理屈をたたきこまれたばかりでしたし、自慢ではありませんが、私はけっして劣等生ではなかったからです。」**

* ベールよりパンソン・デ・リオルへ。ロッテルダム、一六九三年六月二五日〔ピエール・デ・メゾー『ベール氏伝』La Vie de M. Bayle（一七三〇年）、一七三二年版、第一巻一〇ページに引用〕。

** ベールよりバナージュへ。パリ、一六七五年五月五日〔一七三七年版著作集、第四巻五九七ページ〕。

さらにもう一歩踏みだして、彼はアリストテレスからデカルトへ移った。セダンの新教大学の教授に任命された時ベールが書いた哲学の講義案[1]があるが、それで見ると、彼は明らかに明晰な思考と理性的な明証性を信奉している。こういう好みが宣伝の努力や情熱をともなわずにいたためしはない。こんな人物が教壇でしゃべるだけではたして満足したろうか。単調な授業を毎年くりかえしたりしたろうか。それは考えられないことである。案のじょう、ベールはセダンから彗星と前兆に関する一通の手紙を『メルキュール・ギャラン』(2)誌 Mercure galantへ送った。編集者は没に(3)したが、手紙はやがて加筆され、厖大にふくらまされて、一六八二年に公刊された(4)。解放の合図が鳴りひびいた。

心の中に、ベールは或る呼び声を聞いていた。研究し検討すること、何事によらず賛否の両論を秤にかけること、自身の法廷であらかじめ判決をくださないかぎり何物も受けいれぬこと――これこそ彼の生来の欲求だった。だから、セダンの新教大学が宗教上の理由で閉鎖され、「運命ガイズコヘ導クカ不安」だったベールが、さんざ職さがしをしたあげく、ロッテルダムのお偉方たちに招かれて、その地のいと高名なる学校(5)にポストをあたえられたのは、摂理と――ベールがまだ摂理を信じていたとしたら――彼の生きた力のすばらしい出会いと言うことができる。生活を立てるため彼はその後も教師稼業を続けた。だが本当の職業は、いや職業というより職務、職分はジャーナリスト(6)だった。おのれが惹かれた仮借ない真理へ人々をいざなうためである。

そういうベールの姿を想像してみよう。ロッテルダムの部屋の中。激しい情熱をたたえたひ弱な体。そばには誰もいない。感覚的な生活から解脱していたのか、肉親の情愛は強かったらしいが色恋にはまったく縁がなかったからだ。あるのは大量の本、日一日とふえてゆく本。それにニュースだ。さいわいヨーロッパの各首都から友人たちがニュースをふんだんに送ってくれる。「餓鬼のようにニュースばかりほしがるのは、これも一種の業病で、どんな薬もさっぱりききめがありません。自分でもわかっているのです。まるで水腫のように、もらえばもらうほどますますほしがるのですから。」* ニュースにくらべれば書物の方は多少輪郭がはっきりしていた。書物が表わすのはひとつのきまった思想である。これは正確につかめるし、手からすりぬけることもない。書物は精神を刺激し挑発する。いろんな論拠を正々堂々と配置して、野戦の陣がまえをした敵が目の前にいる。軽捷な部隊に仕立てたこちらの応答や論拠や論理をそれにぶつけてみるのは愉快ではないか。書物をとおして著者をやっつけることもできる。思っていることをずけずけ言い、自分のくだらなさを相手に思い知らしてやることもできる。ただし、人間は書物の結果としてしか現われない。ピエール・ベールが大会戦をするのはもっぱら書物が相手なのだ。これ以後、ベールの生活になにかの意味を持ったのは知的な出来事だけだった。彼は読み書き議論をし、「ほかの人が賭事や酒場で味わう愉悦を勉強で」味わった。知識欲が彼をとらえていた。なんでも知ることだ。そしてなんでも批判することだ。

＊ ベールよりミニュトリへ。コペ、一六七三年二月二七日（一七三七年版著作集、第四巻五四四ページ）。

ジャーナリストでいるうちは、ベールもまだ爪を隠していた。論戦でたけりくるったりすることはなかった。「イタリアの良酒のようにあなたには〈あまから（ドルチェ・ピッカンテ）〉な味わいがあります。でも、私たちのような意地悪な人間はむしろ〈からあま（ピッカンテ・ドルチェ）〉になってほしいと思いますね」（エミール・ジガス刊行『ピエール・ベール未発表書簡選』Choix de la Correspondance inédite de Pierre Bayle、一八八一―一八九ページ）――ベルニエは一六八六年四月一一日の手紙でベールにこう言っている。たしかにベールは多少遠慮していたのだ。それでも、『文芸共和国便り』Nouvelles de la République des Lettresの一般的な精神ははっきりしていた。それは読者をうながして、いちばん大事な問題を考えさせた。なぜ信じるか、なぜ疑うか――これ以上重大な問題はないのだから、すべからくあらゆる思想を自由に対決させるべきである。思想の内でもとかく日陰者にされてきた不信心な反逆思想に特等席をあたえるべきである。よそでは圧殺されている異端思想に復讐させるべきである。それぞれの意見が表明されて、いちばん大胆な者がいまこそ栄光で飾られるべきだ。「異端者の書物に対する寛容な態度に文句をつける人は、どんなたぐいの精神でも宗教裁判のくびきを受けつけるとは限らないことを知るべきである」（一七三七年版著作集、第一巻三三五ページ）。正統派もびくびくせずに異端と対決すべきだ、とベールは言う。でないと、正統派の勝利は自己の論理を展開できないような状態に敵を置いたからにすぎなくなる。それでいいのか。＊

＊『文芸共和国便り』、一六八五年七月号、記事九「異端の書物の寛容に関する考察」。

ベールの性格にはどこか熱病的なところがあった。実際、熱に浮かされでもしなければ、あんなに厖大な仕事をやれるはずがない。彼はせっせと原稿を書き、校正をした。こんなことはちっとも苦にならなかった。印刷インクはいいにおいではないか。苦労の種はむしろ、なかなか満足しない読者たちだった。みんなちぐはぐな意見を出し、自分が百パーセント正しいとそれぞれ頭から信じこんで、人間の愚かさの見事なお手本を示している。それから疲れるのは、書いた先から散っていく無数の手紙をしたためねばならぬことだった。著述をしている時には、しばらく休んでまた始めたり、途中で別の本を開いたり、気分転換に別の仕事をしたりできるが、手紙となるとへとへとになるまで一気呵成に書くほかない。一六八四年の三月から一六八七年の二月まで、ベールは三年の間この早駆けをした。それからほかの人にバトンを渡した。(7)

しかし、かつてたどったあの道がふたたび彼をとらえて、もう引き返しのきかない所まで連れてきてしまっていた。ベールはプロテスタンティズムの守り手の第一線に立っていた。論理であろうと罵詈雑言であろうと、すべてを滔々と押し流す激流のように豊かな言葉で、立て板に水の饒舌ぶりを発揮して、彼はすでにマンブール神父への反駁書(8)を著わしていた。迫害がさらにつのった時、ルイ一四世が治下の王国をカトリック一色にしたことを讃美する本(*)がフランスからとどいた時、彼はふたたび筆を取った。(**)いよいよ彼、ピエール・ベールが自分の考えを言う時だ。「この言葉〔〈カトリック〉という〕が持つ力と現在の意味を知ったら、フランスがルイ大王の治下でカトリック一色であることをうらやむ人はいないでしょう。なぜなら、この名を特別に冠した人(9)が前々から極悪非道な振舞をしているのを見て、まじめな人間ならカトリックと呼ばれることを悪口と受けとるはずですし、いと敬虔なる（トレ・クレチアン）王国〔フランス〕であなたがたが最近なさったことを見ても、これからは〈カトリック教〉と〈悪人の宗教〉とは同義語にならざるをえないからです」〔一七三七年版著作集、第二巻三三七ページ〕。

＊　『ルイ大王治下のカトリック一色のフランス、または、異端を棄ててローマ教会の弁護をする数人の自称改革派フランス人の対談(10)』La France toute catholique sous le règne de Louis le Grand, ou Entretiens de quelques Français de la Religion prétendue Réformée, qui ayant abjuré leur Hérésie, font l'Apologie de l'Eglise Romaine、リヨン、一六八五年。(11)

＊＊　『ノートルダム・ド・××教会参事会員××師にあてたロンドンからの手紙。ルイ大王治下のカトリック一色のフランスとは何か』Lettre écrite de Londres à Mr. l'abbé de ***. chanoine de Notre-Dame de ***. Ce que c'est que la France toute catholique sous le règne de Louis le Grand』、サン＝トメール、ジャン・ピエール・ラミ書店刊、一六八六年。

福音書のルカ伝第一四章には、宴席をもうけながら肝腎の招待客に逃げられてしまった一家の主人の話が出てくる。主人は僕に言う。「今すぐに、町の大通りや小道へ行って、貧乏人、不具者、盲人、足なえなどをここへ連れてきなさい。」僕は言う。「ご主人様、仰せのとおりにいたしましたが、まだ席がございます。」主人は僕に言う。「道や垣根のあたりに出ていって、人々を無理やりにひっぱってきなさい……。」

「強いて入らしめよ」Compelle intrare ――聖アウグスティヌスはドナトゥス派[12]をアフリカ教会へ引きもどすためにこの言葉を取り上げた。カトリックの護教論者らもこの言葉を取り上げて、新教徒に対して武力を使ったのは正しいと主張した。* ベールはこれを見て激怒した。怒りの激しさはこれまでの比ではなかった。問題は彼の思想のもっとも深い、もっとも重要な点にかかわっていたからだ。** 良心の問題で武力を使うとはなんたる醜悪、なんたる破廉恥であろう。罵倒から罵倒へ、絶叫から絶叫へと筆は進んだ。権威と無謬性を自己に要求し、強者の掟を魂に押しつけ、鬼か龍〔龍騎兵〕かわからない改宗勧誘人を使ったりするローマ教会は、母なる教会どころか性悪女、淫売にすぎない。連中は二言目には昔ながらの隠語を使い、われわれは教会、お前たちは謀反人だから、われわれはお前たちを罰してもいいが、お前たちにはわれわれを罰する権利はないなどと言う。こんな主張は許せない。ああ、願わくばヨーロッパの分裂が続かんことを！　ローマの権威から脱した諸国民が二度とふたたびその桎梏のもとに陥らぬことを！

* 『新教徒を帰順させるためにフランス教会がとった行動と、ドナトゥス派をカトリック教会へ帰順させるためにアフリカ教会がとった行動との一致』Conformité de la conduite de l'Eglise de France pour ramener les Protestants avec celle de l'Eglise d'Afrique pour ramener les Donatistes à l'Eglise catholique[13]、一六八五年。

** 『〈強いて入らしめよ〉というイエス・キリストの言葉の哲学的註解。強制により改宗させるのはこの上なく忌むべきものであることを多くの論証的な理由によって証明し、改宗を強制する者のすべての詭弁と聖アウグスティヌスの迫害弁護論を反駁する。ブラッグズのジョン・フォックス氏の英語本をJ・F氏訳す』Commentaire philosophique sur ces paroles de Jésus-Christ :《Contrains-les d'entrer》;où l'on prouve par plusieurs raisons démonstratives qu'il n'y a rien de plus abominable que de faire des conversions par la contrainte, et où l'on réfute tous les sophismes des convertisseurs à contrainte, et l'apologie que saint Augustin a faite des persécutions. Traduit de l'anglais du sieur Jean Fox de Bruggs, par M.J.F.、一六八六—八七年。(14)

こういう発言は亡命地の仲間にとっては立派な保証になるはずだった。ベールは自派の連中に多少は感謝される権利があったろう。だが、そうは問屋がおろさなかった。カトリック教徒に強制権をあたえないなら、プロテスタントにもそれをあたえるわけにいかない。理性の要請は秘義というものを常に一時的な障害としか考えない。その秘義を司祭が受けいれようと牧師が受けいれようと、この点に変りはない。カトリックの教会であれプロテスタントの会堂であれ、幕屋にまたたくともしびに理性の光はとって代ろうとする。だからベールは、敵を叩く武器で同時に味方にも致命傷を負わせた。こう言うのである。良心は自分自身にしか依存しない。真理と思うものを良心が本気で採用した場合、それに外から圧力をかけることは絶対に許されない。間違ってはいるが悪意はない良心、つまり迷える良心は罪を犯していないのだから、それに強制を加えてはならない。無神論者であるべきだと思って無神論者でいる者は、正統派のプロテスタントにいかなる点でも劣らない。いや、正統派という言葉自体が許されない。それは精神に或る方向を押しつけることを前提としているから……。この言葉を聞いた時、ジュリユは恐怖に目をおおった。(15) そして叫んだ。ベールはソッツィーニ派だ。ソッツィーニ派、いや、もっと悪い。「ソッツィーニ派」という言葉についてベール自身次のように言っているのが本当だとしたら……。

「ソッツィーニ派は理性の光と形而上学の原理に合わないような聖書の意味はみんなしりぞけるべきだと言っており、この格率にしたがって、三位一体や受肉を信じることをこばんでいる。私はそういう光、そういう原理の適用範囲を彼らほど広げるつもりはない。そんなことを無制限に主張する者ではない。たしかに、聖書の言葉がいくらはっきりしていても、いくら明瞭でも、ぜんぜん太刀打ちできないような公理があることは私も十分心得ている。たとえば、全体はその部分より大きいとか、等しい物から等しい物を引けば残りも等しいとか、相反する二つの事がともに真実ではありえないとか、或る物の本質がその物が破壊されたあとまで実在的に存続することは不可能だとか。これらの命題と反対のことが聖書で百万べん説かれても、良識のこういう普遍的格率に反する教理を打ち立てるためモーゼや使徒たちに輪をかけた何千という奇蹟が行なわれても、人間が人間であるかぎり人はぜんぜん信じないだろう。こうした格率は理性の間違いだなどと思うよりは、むしろ、聖書は隠喩的、反語的に語っているにすぎないとか、そういう奇蹟は悪魔の仕業だとか思うだろう。……くりかえし言うが、私はこの原理をソッツィーニ派ほど拡大するつもりはない。しかし、思弁的な真理についてはこの原理に若干の制限がありうるとしても、こと道徳に関する実践的・一般的な原理についてはいかなる制限もあってはならないと思う。つまり、道徳の掟はみな例外なしに、形而上学的な光と同じくこの世に生まれたすべての人を照らしている〈公正〉という生得的な観念に従わすべきだということである……。

そこから必然的にこういうことになる。個々の教義はみな、聖書に含まれていると言われようと、ほかの形で提示されようと、理性の明晰判明な観念によって反駁される時は誤りなのだ。とくに道徳についてはそうなのである。*」

* 『〈強いて入らしめよ〉というイエス・キリストの言葉の哲学的註解』、第一部第一章（一七三七年版著作集、第二巻三六七―三七〇ページ）。

*

こういうたちの男がこともあろうに辞書を作ろうというのだから妙な話ではないか。この疑問にはベールが自ら答えてくれる。「一六九〇年の一一月頃[16]、私は批評辞典を作る計画を立てました。これは、辞典の作者やその他の著作家が犯した間違いを方々から集めてきて、見出しにあげたそれぞれの人名や都市の名の下に、その人間や都市に関する間違いをまとめて紹介したようなものになるはずでした……。*」このアイデアをベールはそのまま実現したわけではない。アルファベット順に並んだ名前の下に、彼はいくつかの確実なデータを出した。特に大胆な意見は註の中にばらまいて隠しておいた。だから、ベールの思想の最高の表現が期待どおりの場所に見つかるのはほんの例外にすぎない。彼はこういう隠れんぼが好きだった。またそれに長じてもいた。出版社や本屋や読者が最初からおじけづかないように、初めの計画は水で薄めざるをえなかったが、それでもこの『歴史批評辞典』Dictionnaire historique et critique は人間を恥じいらせ、当惑させるために書かれた前代未聞の痛烈な論告書だった。ひとつの名前があがるたびに、必ず錯誤や誤謬やペテン、さらには犯罪の記憶が立ち現われたと言っても過言ではない。民を不幸にしたすべての国王、自己の野心や欲念のレベルにまでカトリシズムを落してしまったすべての法王、馬鹿々々しい体系をうちたてたすべての哲学者、戦争や掠奪や殺戮を思いださせるすべての都市名や国名……。次にあの品行の悪さ、あの退廃ぶり。こういう話をする時、明らかにベールは自ら悦に入っている。自分でも言うように[17]、これは客寄せのため本屋からたのまれてしたのであろう。また、自分がしたみだらな行為を吹聴することと、猥褻ないし桃色がかった話をして物語に興を添えることは別である、とこれも自ら言っているとおり[18]、夫子(ふうし)自身多少なりとも面白がっていたのであろう。だが、それよりも何よりも、われわれの虚偽の集積に、無軌道や乱行の集積が付け加わるからではないのか。精神の次元での誤謬に道徳の次元での悪徳が対応しているからではないのか。そして三番目には、他人がしたことを語った人の作り話である。軽率さや愚かさ、貪欲や退廃から来た作り話が山をなしている。なんたる光景であろう。

＊ ベールより従兄弟のド・ノーディス[19]へ。一六九二年五月二二日〔一七三七年版著作集、第一巻一六一ページ〕。

こうしたものを全部掃き捨てなければならない。なかば喜びなかば悲しみながら、ベールが最初にとりくんだのはこの仕事だった。「伝説屋」をやっつけよう！　みんな間違ったのだ。古代の人はわれわれが普通にしゃべるように自然と嘘をついていた。近代の人は古代の人の威光に目がくらみ、どんなに有能な尊敬すべき著作家でも例外なしに間違った。ラ・モット・ル・ヴァイエですら間違った。ガサンディも。批判的ならざる辞典、虚偽にあふれた辞典、要するに作るべからざる辞典を作ったモレリ[20]のような嘘の専門家もいる。これこそ公衆を毒する者だ。細大もらさず反駁してやれ。ここでは一二回、あすこでは一五回というふうに、モレリの嘘をかぞえあげてやれ。あいつの喉もとを徹底的にしめあげてやれ。こういう完璧な作業によって、はじめて真理は復権される。思想の共和国の掟は厳しいものだ。うるわしいものだ。「この共和国はきわめて自由な国である。そこでは真理と理性の支配しか認められず、それらの庇護さえ受けていれば、誰と戦争をしてもとがめられない。そこでは友達が友達を、父親が自分の子供を警戒しなければならない……。*」

* 『歴史批評辞典』、「カティウス」(21)の項、註D〔一七二〇年版、第一巻八一二ページ〕。

この勇気、この好戦的態度、迷妄を覚まそうとするこの意欲は、真理はどんなことがあっても命脈を保ち、それに到達することは可能だという考えを前提にしている。ここで真理というのは、批評によって掘り起こされる事実に関する真理、現実にあるものの認識である。だがこの認識、この真理はなんととらえがたいものだろう。誤謬はじつに強力で、深い根をおろしており、すぐにまた生まれ変ってくる。「どんなに馬鹿々々しい嘘でも、書物から書物へ、時代から時代へ受けつがれないものはない。ヨーロッパで最低の赤新聞(ワルドニスト)の筆者でも次のように言うことができよう。〈思いきって嘘をつきたまえ。でたらめな話をなんでも活字にしたまえ。君の作り話をまる写しするやつがけっこうたくさんいるよ。一時は相手にされないでも、君を復活さすことがみんなのとくになるような状況がいずれ生まれるよ〉と……。*」納得するのはすでに納得している人だけだ。それほどまでに精神は真理に反抗するのである。いかに明証的な真理であっても。

* 『歴史批評辞典』、「カペ」の項、註A(22)〔一七二〇年版、第一巻七四九ページ〕。

事実というのは現実にわれわれが受けとるようなものなのか。新派の哲学〔デカルト学派〕が言うことは、事実とは心の変様にすぎないという考えを植えつけることにならないか。これがピュロン派の思うつぼだったことはけだし想像に余りある。

「私たちの学校ではセクストゥス・エンピリクス(23)の名もほとんど知られていませんでした。彼が巧みに主張した判断停止(エポケー)のいろいろな方法は、未知なことにかけては南大陸(テール・オーストラール)にも劣りませんでした。(24)その時ガサンディがそれの要約を出して、私たちの目を開いてくれたのです。さらにデカルト主義がその仕上げをしてくれました。ちゃんとした哲学者ならば、私たちの感官を打つ物体の性質はたんなるペール自身は必ずしもあきらめきれなかった。彼の精神は明らかに四方から攻め立てられていた。いやいやながらかもしれない、あるいは生来の傾向に従ったのかもしれないが、とにかく真理と誤謬をさんざん突き合わせている内に、彼はだんだんピロニスムの方へ傾いていった。ひとつの原理が結果としてどこへ行きつくかは絶対にわからない。「嘘とたたかうためにしばしば役立つ原理が、えてして真理をひどい目にあわせる……。」*いくら捜しても、最後には必ず反対の物が見つかる。「要するに人間の運命は八方ふさがりだから、何かの光明によってひとつの不幸から解放されても、人はそのために別の不幸へ落ちこんでしまう。無知と野蛮を追いはらえば、たしかに迷信は倒れるし、民衆の愚かな軽信も倒れる。軽信というのは指導者には金のなる木のようなもので、彼らはしこたま儲けたあげく、その金を悪用して懶惰と遊蕩にふけるのである。しかし、こうした乱脈ぶりを世人に教えると、彼らはどんなことでも検討したがるようになり、さかんにあら探しをはじめ、屁理屈をこねて、自分のあわれな理性を満足させるものはひとつも見つけられなくなってしまう……。」**

*、** 『歴史批評辞典』、「タキッディン」の項、註A

外見にすぎないと懐疑論者が主張するのは正しいことをもう疑いません。われわれは皆〈私は火があると熱さを感じる〉とは言えるが、〈私は火がそれ自体として見えるとおりのものであることを知っている〉とは言えない、というのが昔のピュロン派の言いかたでした。今日では、新しい哲学がもっと積極的な言いかたをしています。熱、におい、色などは感覚対象の内にあるのではなくて私の心の変様にすぎない、物体がけっして見えるとおりのものでないことを私は知っている、と言うのです。延長と運動はそこから除外したいと思ったようですが、それは無理でした。感覚対象が色や熱さや冷たさやにおいを持つように見えながら、実際は持っていないのなら、延長と形状を持ち、静止したり運動したりするように見えながらも、実際はそういうものを何も持たないということになるはずではありませんか。……あの新しい哲学者たちはピュロン派にこういう利益をもたらしたのです。それにあずかることを私はあきらめようと思います……。」*(25)

* 『歴史批評辞典』、「ピュロン」の項（註B、一七二〇年版、第三巻二三〇六—二三〇七ページ）。

（一七二〇年版、第四巻二六八八ページ）。

ひとつだけ方法がある。努力をすればこれを見分けることもできよう。いや、なんらかの定式にまとめることさえできよう。「どんな体系でも、合格するためには次の二つの条件がいる。ひとつはそれを構成する観念が明瞭であること、もうひとつはその体系で経験的な事実を説明できることである。*」この方法を適用すれば、抽象的な真理とそれをテストする具体的な真理が同時にとらえられよう。だが、どうやってこれを適用するのか。具体的な真理と言っても、人間はあらゆる事実を混同しねじ曲げているではないか。現に『歴史批評辞典』でも、批評が歴史を解体しているではないか。抽象的な真理の場合も、人間はもろもろの観念を判明に見られるわけではない。仮りに見るとしても、そうした観念の正体が明らかになるだけだ。それぞれが等しい力、等しい蓋然性を持って互に殺しあいをしている姿が。

＊『歴史批評辞典』、「マニ教徒」の項、註D（一七二〇年版、第三巻一八九九ページ）。

＊

しかし、ベールはこの地点で立ち止ったのではない。彼の思想をトータルに知り、それが一種冷徹な執念を持って、解明し足りないと思うさまざまな問題にたえず立ちかえる姿を見ようとしたら、一七〇三年[26]から出はじめて作者の死によって中断された『或る田舎人の質問への答』Réponse aux questions d'un Provincial まで行かねばならない。助走とジャンプの連続のような書きぶりも、歴史記述や論文・論考などの印刷物から出発してそれへの反応、反論を書きしるすという習慣も、情容赦のない毒舌も、みんな昔ながらのものである。しかし、ジャンプは昔以上に勢がよかった（あれ以上の勢がありうるとしたら）。助走はいっそう息が長く、反応はいっそう強烈で、分析はいっそう仮借なかった。表題のその田舎人が本の内容や年代の確定や歴史的な事実や単なる面白ずくの事柄についてベールに尋ねる形になっている。それを受けたベールは、ほんの二言三言で、目がさめるほど適確に問題の所在をえぐりだす。逃げ口上はきかない。ごまかしは許されない。誤謬の残党が逃げこめるような灰色の余白もない。言いわけはきかないし、目をつぶったり見逃したりすることは絶対にない。彼の前には同じ問題がたえずくりかえし持ち出される。神は万人の一致によって自己の存在が証明されることを許すのか？　神は人間に自由を与えたか、それとも運命の力が人間を導くのか？　神があるとしたら、それが不正や各種の悪を生みだしたのはなぜか？　質問する田舎人と同じく、ベールもうまずたゆまず自分の解答を提示する。つまるところ、何事も断定しえない、何事も知りえないということである。

こうして、この偉大なる人足はまたも例の仕事へ立ちかえった。前にもまして大胆に、自分の責任を強く自覚しながら。彼が決定的に証明しようとしたのは、宗教と哲学の間に共通の物差しはないということ、両者を混同するかぎり荒野(あらの)に叫ぶにひとしいということだった。自分は信仰を信仰として攻撃しているのではない、とベールは言う。それどころか、信仰をたてまつるようなふりさえする。こう言うのである。信仰を擁護する人の論理に私は従っているだけだ。それをくりかえしているだけだ。護教家は、およそ宗教には本源的な神秘があると告白しているではないか。まさにそうである。これは理性と両立しない神秘なのだ。思考する精神の働きとも、いやその存在とも両立しない精神的態度なのだ……。これまで以上にベールは砦の中にいた。砦の中にいて、それを内部から崩そうとした。砦の守り手の中にまじって、彼らを混乱させようとした。啓示が承認されるなら宗教は真実だし、教義も論理的に導き出される、と彼は言う。ただ、それに付け加えてこう言ったのだ。啓示は証明できない、信じることと理性を用いることは別なのだ、と。

中間はないのである。分業もないのである。これこれの教義をしりぞけて、これこれの教義を保つなどというのは歴然たる矛盾だ。不合理だ。「あなたのお手紙のいくつかを拝見して、私は次のことに思いいたりました。それは、三位一体とかキリスト教のその他いくつかの信仰箇条については理性は神の権威に従うべきだと言いながら、アダムの罪やその結果のすべてについては聖書の言葉を哲学者の法廷にかけるべきだという立場をあなたがお取りなのではないかということです。実際にこんな考えをお持ちだとしたら、こんなちぐはぐなことを本当になさっておられるとしたら、全くお気の毒としか言いようがありません……。」*君は神秘の味方なのか。ならば、それを信じたまえ。哲学がウンと言おうが言うまいが、無敵の論拠で反駁してこようが、かまわずにそれを信じたまえ。だが今日かぎり、理性を働かせるなどと言ってはいけない。馬鹿か気違いであることをベールが立証しようとしたのは、カトリック教徒ないしカルヴァン派だけではなかった。ユダヤ教徒や回教徒もそうだったし、神が存在することを理性の光で証明しようと思っている理神論者もそうだった。彼の言いかたに従えば、みんな「宗教派」**である。それに対抗するのが「理性派」だ。

* 『或る田舎人の質問への答』、第三巻、一七〇六年、第一二八章(一七三七年版著作集、第三巻七四六ページ)。

** 同、第一三四章。「宗教派[27](ユダヤ教徒、異教徒、キリスト教徒、回教徒などをコミで呼ぶために、この言葉を使うことをお許し下さい)」(一七三七年版著作集、第三巻七七一ページ)。

しかし、二つの権力がひとたびこのように分離された場合、理性派は論理の筋を通そうとしたら自分自身の原理をも検討せざるをえなくなる。そこから混乱が生じるのだ。残念ながら哲学は、どんなに心をくだいても自分が作った破れ目を修復できない。哲学は広く受けいれられてきた定言を打ちこわす力はあるが、問いかけ以外のものを代りに置く力はない。人間は自由なのか？　運命に従うのか？
「自由の問題に首をつっこむときりがなくなります。どちら側にも使う手は無限にあるからです。それに、自由意志の問題は非常にこみいっていて曖昧な点が多いので、それをつっこんで論じると、皆ひっきりなしに自己撞着に陥り、しゃべる時間の半分は論敵とおんなじことを言い、自分の立場をくずす武器を自分から鍛えるようなことになります……。」*——霊魂は不滅だろうか？　霊魂は死ぬもので、物質に属するということにならないかぎりはそうであろう。——この上なく賢明でこの上なく慈愛に充ちた神が存在するか？　たぶん。しかしこの賢明で慈愛に充ちた神が、被造物の肉体と魂を苦しめて喜んだり、被造物を罪に落して喜んだりすることをどうやって説明するのか？　どんな論理でもいいから、ひとつ答えてもらいたいものだ。一見して明らかなこの帰結、理性に反し感情を逆(さか)なでするこの事実の確認が、ベールにはことのほかおぞましかった。彼は戦慄した。「容易に防げる悪を許容する者は非難さるべきです。簡単に助けられる人を見殺しにする者は、その人の死に責任があります。そこらの百姓女にでも訊いてごらんなさい。ありあまるほど乳の出る母親が、それを吸わすより子供を飢え死にさす方がいいなどと思うのは、子供を水に投げこむのと同じく犯罪的ではないかどうか。息子が毒饅頭を食べかけるのを見た父親が、ひと声かけるか目くばせでもすれば毒殺を防げることを知っておりながら、それをほったらかしておくのは、自分で息子に毒を盛るのと同じ極悪非道の振舞ではないかどうか。**」

＊ 同、第一四二章（一七三七年版著作集、第三巻七九四ページ）。

＊＊ 同、第二巻、一七〇五年、第七四章以下。W・キング『悪の起源について』De origine mali （一七〇二年）の反駁。

そういう人でなしの母親や犯罪的な父親に神が似ているなどということがどうして理解できようか。善男善女はそこで知恵をしぼった。ウィリアム・キングというイギリス国教会の神学者などは、自分こそ悪の存在を最後的に正当化しえたと無邪気にも思いこんだ。ラテン語の分厚い[28]本を著わして、解決不能の問題をみごと解決した気になったのである。実際は何も解決していなかった。円積法（円と等積の正方形を作るという作図不能の問題）と同じだったのだ。

人間というのはまったく矛盾だらけなものである。「人間という食べものはどんな体系にとってもいちばんこなしにくいものです。これは真偽のいりまじった暗礁で、博物学者を当惑させ、正統信者をも当惑させます……。詩人のいう渾沌《カオス》よりもっと解きがたい渾沌《カオス》がここにあるのです。」みんな誤謬とたたかおうとするが、この戦いの末に、われわれの心が真実より嘘に向いていることに気がつくのを恐れている。* 公明正大な理性の力に全幅の信頼をおくけれども、しばらくするとこの理性には力も気力もないことに気づくのである。「理性も気質にはかないません。捕虜としてまたは従者として、凱旋式にひっぱりまわされます。しばらくのあいだ理性は情念に異を立てますが、やがて黙ってしまい、心で悲しむだけで、最後にはそれを承認してしまうのです。**」理性が自分の定言に百パーセントの確信を持っていないこと、一見もっとも明瞭な観念でも、実は問題であることに人は気がつく。ピロニスムの脅威がふたたび生じ、思考は腐蝕されてゆく。

＊ 同、第二巻、第一〇三章（一七三七年版著作集、第三巻七〇八ページ）。

＊＊ 同、第一巻、一七〇三年、第一三章（一七三七年版著作集、第三巻五二一ページ）。

＊

ベールは絶対的な懐疑論まで行ったのか？――心の生来の傾斜に従っていたらそこまで行ったはずである。賛否の議論をたたかわせるこのゲームが彼には最高の楽しみだったからだ。完全に筋を通したら、自分の人生体験の結果と、自分の精神に日一日とますます強く押しつけられる結論だけを考えたら、彼はたぶん行為する理由も生存する理由もなくなる漠々たる地帯まで行ってしまったろう。ジャン・ル・クレールの言う「形而上学的・歴史的ピロニスム」、つまりトータルな懐疑にまで行きつくことが可能でもあり必要でもあったろう。

しかしベールは持ちこたえた。その勇気、その使命感、真理に対する疑いより強い誤謬への憎しみ、敗北を完全には受けいれなかったその理性、とりわけその意志の自覚的な努力によって、彼は最後の一線を守りきった。なんらかの道徳的な善をなし、なんらかの進歩を助けなければならないという考えを、彼は最後まで捨てきれなかった。『歴史批評辞典』にはこの点で感動的な個所がある。「マーコン」の項の註C、「ああいうおぞましい混乱になぜふれるか」という一文だ。ああいう混乱、未曾有の蛮行の口実になったああいう宗教戦争、ああいう「非人間性」は、その思い出をなくし、記憶を抹殺した方がいいのではないか。それを今さら語るのは、人々の心に不倶戴天の憎しみをはぐくむことにならないか。「私がこの本のあちこちで一六世紀の歴史に出てくるもっとも恐ろしい出来事を語るのは、睡っていた激情を呼び覚まし、憎悪の火を絶やさぬためだなどと言われるのではないか」〔一七二〇年版、第三巻一八四四ページ〕。――そうではない。「物事には必ず二つの面があるから、ああいう怖るべき混乱の記憶が大切に保存されることを願う十分な理由がある」〔同一八四五ページ〕。為政者も聖職者も神学者も、同じことを二度とくりかえさぬために、過去の不幸を知っておかねばならないのだ……。こうしてベールは、物事に必ずある二つの面の内で多少とも希望を託せそうな面を選んだ。絶対的な真理に達せるかどうかは疑わしいと思ったが、それでも、虚偽は一種の伝染病で、それの汚染範囲を限ることが自分の務めだと信じようとした。盲人相手の医者でも、せめて一人二人の患者の目をあかせる義務があるではないか。

自分があざ笑った臆病者のまねをベールはけっしてしな

かった。「この連中は体が丈夫で運も向いている内は神に対して横柄で大胆な態度をとる。ところが、病気にかかったり不幸になったり年をとったりして意気鎖沈すると、普通は迷信家に早変りしてしまう。そして、いよいよ死期が近いと思うと、人一倍念いりに来世への旅のあらゆる準備をするのである……。」しかしベールは最後の最後まで攻撃的だった。相手を選ばず、当るをさいわい切りまくった。シャーロック、ティロトソン、カドワース、W・キング、ル・クレール、ジュリユ、アルノー、ニコル、ベルナール、さらにはジャクロ氏。[29]『辞典』[30]を攻撃して理性と信仰の一致を論証しようとしたジャクロ氏は、たんなる論敵以上のものだった。これは、最終的な啓蒙を望まぬ思想と、理性の道にあくまで立ちはだかる障害と、そして人間の弱さのシンボルだった。もはや力つきたベールは、咳と胸の炎症に悩まされ、発熱に苦しみながら、それでも死ぬまでのしばしの時を利用して応答を書いた。思い残すことがあったとしたら、それはジャクロ氏の誤謬を反駁してから死にたかったということだった。*

* イザーク・ジャクロ『信仰と理性の一致、または、ベール氏の《歴史批評辞典》に散見する主要な反論から宗教を守るの書』Conformité de la foi avec la raison, ou Défense de la religion, contre les principales difficultés répandues dans le Dictionnaire historique et critique de Mr. Bayle、アムステルダム、一七〇五年、四折判。この英雄時代には、誰一人として論敵に最後の言葉を言わせようとはしなかった。執念ぶかい論争者は敵を墓の中まで追いかけていった。ル・クレール『精選文庫』Bibliothèque choisie、第一二巻、一七〇七年、記事五、記事七「ベール氏の死後刊行の対談に関する指摘」、および次のような「緒言」を参照。「ベール氏が私に対してなんと言うかは知っていた。しかし、彼が必死に求めていた最後に発言する喜びをあたえるよりは、むしろ彼の憤激と悪罵を存分に浴びた方がよいと、私は肚をきめていたのである。」

ベールの批判的な思想は強すぎるエキスのようなもので、そのままの形では使えなかった。水で薄めて使うようにわざと作ってあったのだ。事実そのとおりになった。『辞典』のおかげでこれは神学者の論争の場から抜けだして、「誰でも反論をありのままに見られるように」万人の手へと渡り、すべての国の異端者に霊感をあたえ、文字どおり無信仰の女王になったのである。「ベール氏の著作が多数の読者を疑念で充たし、もっとも広く受けいれられてきた道徳と宗教の原理について疑惑を広めたことは天下周知の事実である……。」*

＊『ゲルマン文庫』(31) Bibliothèque germanique、第一八巻、一七二九年。

＊

一六世紀の思想戦の末に平和提案と休戦の申しいれが行なわれた。ながいこと心を苦しめてきた諸問題はいっそ解決ずみと考えよう、というのである。そうすれば日夜不安におびえたり、たえまない有為転変に苦しんだりせずに、のんびり生活できるだろう。その上で行動しよう。せっかくの情熱は純粋な精神的創造の方へ向けよう。社交生活の楽しみを味わおう。社交的になれば、人間は百パーセント幸福でないまでも、とにかく満足するはずだ。受容という行為の内にも雄壮で偉大な要素を持ちこめるはずだ。自分の意志にもとづいた安泰であれば、その中にすら崇高なものはあるはずである。蜂の巣の組織や位階や掟、その生産と繁殖の内にも、数しれぬ犠牲に支えられたひとつの秩序があるように。

しかし、平和が確立されるより早く、その拠って立つ心理的な基盤が変化しはじめた以上、せっかくの平和もながく持ちするはずがなかった。旅行家、流れ者、弥次馬、煩悶屋、定住を嫌う人々のさだかならぬ群、歴史的な精神状態の内に弱さと偽善しか見ない近代派、ラテン人の考え方を理解すらできない新参者〔イギリス人〕、総じて抗議する人、疑う人、政治問題は少しも解決されておらず、まして宗教問題はまったく未解決だと考える人——いろんな要素からなるこの強力な大群を、抑えておけるはずがなかった。彼らはやがて伝統的な信仰に宣戦を布告した。これが手始めだったのである。

訳註

（1） 哲学の講義案 『全哲学体系』 Systema totius philosophiæ (Système de philosophie) のこと。これはセダン大学でもロッテルダム大学でもベールが講義に使っていたもので、序論のほか論理学、自然学、形而上学の三部に分かれ、全体として従来のスコラ的形式を踏襲しているが、形而上学の部ではデカルト哲学の紹介やそれとスコラ的形而上学との対比なども行なわれている。なお、セダン大学の採用試験を受けたさいにベールが書いた「哲学テーゼ」Theses philosophicæ (Thèses philosophiques) にはデカルトの影響がいっそう顕著で、「講義案」とはあるいはこれを言うのかもしれない。

（2） 『メルキュール・ギャラン』 原著には『学芸新聞』Journal des Savants とあるが、誤りなので訂正した。

（3） 編集者は没にした この記述は不正確である。問題の手紙は『一六八〇年一二月の彗星出現に際して、ソルボンヌの某博士に宛てた諸考察』Pensées diverses écrites à un Docteur de Sorbonne, à l'occasion de la Comète qui parut au mois de Décembre 1680 (第二版の題名)のことであるが、一六九九年に出たこの本の第三版につけられたベールの序文や、それに依拠したデ・メゾーの伝記によると、この作品の刊行のいきさつは次のとおりである。一六八〇年一二月の大彗星に怖れおののいた人々から彗星は災厄の前兆ではないかとさかんに質問されたベールは、「もしも彗星が災厄の前兆ならば、神は偶像崇拝を強固ならしめるために奇蹟を行なったことになる」という独創的な論拠でこの迷信に反対するため、一六八一年一月一一日にこの手紙を執筆しはじめた。はじめこれは『メルキュール・ギャラン』にのせてもらうつもりだったが、書いてゆく内に厖大なものとなり、到底雑誌への掲載は望めなくなったので、ベールはこれを単行本の形で発表することを考えた。そして、五月二七日に、出来上った原稿を『メルキュール・ギャラン』の編集者ドノー・ド・ヴィゼに送り、出版許可をとった上でこれを『メルキュール』誌の印刷所から刊行してくれるよう依頼した。しかしドノー・ド・ヴィゼは多忙で、出版許可の手続きをとることを面倒くさがり、原稿をいつまでも手元に温めていたので、ベールは遂にパリでの出版をあきらめ、原稿をドノー・ド・ヴィゼから取りもどした。その内、一六八一年七月にベールの奉職していたセダンの新教大学が王命によって閉鎖され、同年九月、彼はオランダのロッテルダムへ亡命することとなった。そして、ドノー・ド・ヴィゼへ送った原稿へさらに加筆して、ロッテルダムの書店からこの作品を刊行したのである。印刷が完了したのは一六八二年三月一一日であった。以上が第三版の序文やデ・メゾーの伝記が伝える出版の経緯であるが、ベールが一六八三年三月三〇日にミニュトリへ送った手紙や、一六八二年一〇月三日の弟宛の手紙では、出版の事情がかなり違った形で説明されている。それは次のとおりである。たぶん一六八〇年一〇月のことと思われるが、ベールはパリへ旅行した時、昔の同級生で今はソルボンヌの博士となっている旧友と再会し、「前兆」という問題について議論をした。この友人はベールに「前兆」に関する小論文を書くことを勧め、ただし、第三者にも見せられるようにカトリック教徒に偽装して書いてほしいとたのんだ。たまたま、それから程なく例の大彗星が現われたので、ベールは旧友から勧められたこの論文を書きあげ、セダン大学閉鎖後にパリへ行った時、それを渡すつもりで旧友の博士の家を訪れたが、相手が田舎へ行っていて留守だったため、原稿を渡さずに持ち帰った。やがてベールはオランダへ亡命し、ロッテルダムの書店に、パリで他の人から受けとった原稿といつわってこの論文を渡したところ、書店は彼に相談せずにそれを出版してしまったのだという。これが前掲の手紙におけるベールの説明であるが、この説明には『メルキュール・ギャラン』の話は全然出てこないのである。

（4） 公刊された　『ソルボンヌの博士L・A・D・C氏への手紙。哲学・神学より引きしいくたの理由によりて、彗星はいかなる災厄の前兆にもあらざることを証明す……』Lettre à M. L. A. D. C. Docteur de Sorbonne Où il est prouvé par plusieurs raisons tirées de la Philosophie et de la Theologie, que les Comètes ne sont point le présage d'aucun malheur のこと。この初版の題名は、一六八三年の第二版では註3にのべたような形に変更された。

（5） いと高名なる学校　原語は Ecole très illustre。これは、ベールがロッテルダムで奉職していた学校が Ecole illustre（直訳すれば「高名なる学校」、本書では「大学」と訳した）と名づけられていたことを念頭に置いている。Ecole illustre というのは正規の大学の資格を持たぬ市立の高等教育機関のことで、ロッテルダム以外のオランダの都市にもいくつかあった。ロッテルダムの Ecole illustre は、ロッテルダムの市会議員で共和派の中心人物だったアドリアン・パートゥスが、セダン大学閉鎖で失職したベールとジュリユを引き取るため創立したもので、ベールは哲学と歴史の教授、ジュリユは神学の教授に任命された。ベールの開講挨拶は一六八一年の一二月五日に行なわれている。

（6） ジャーナリスト　ベールは一六八四年三月から学芸新聞『文芸共和国便り』Nouvelles de la République des Lettres を発行し、これは一六八七年二月号まで、まる三年間続いた。

（7） ほかの人にバトンを渡した　『文芸共和国便り』は一六八七年二月号を最後としてベールの手を離れ、その後ド・ラ・ロックとバランの手で一六八九年四月まで刊行されたのち、ジャック・ベルナールが一六九九―一七一〇年、および一七一六―一八年にわたって同名の新聞を出した。しかし、ベールの新聞の実質的な後継紙は彼の友人バナージュ・ド・ボーヴァルが出した『学芸著作史』Histoire des ouvrages des savants で、これは一六八七年九月から一七〇九年六月まで続いた。

（8） マンブール神父への反駁書　ルイ・マンブールの『カルヴァン派史』Histoire du calvinisme（一六八二年）を反駁した『マンブール氏の〈カルヴァン派史〉に対する一般的批判』Critique générale de l'Histoire du calvinisme de Mr. Maimbourg のこと。これは一六八二年七月に初版が出、同年一一月の第二版、一六八四年の第三版で増補されたのち、一六八五年三月に『〈マンブール氏のカルヴァン派史に対する一般的批判〉の著者による新たな手紙』Nouvelles lettres de l'auteur de la Critique générale de l'Histoire du calvinisme de Mr. Maimbourg が、その続篇として刊行された。

（9）この名を特別に冠した人　スペイン国王のこと。フランス語で Sa Majesté Catholique（カトリック的なる陛下）というのはスペイン国王の尊称である。

（10）『ルイ大王治下のカトリック一色のフランス』　これは新教からの「新改宗者」であるゴートローなる人物が著わした三巻本である。なお、アザールはこの本の副題を「数人のフランス人新教徒の対談」Entretiens de quelques protestants français としているが、不正確なので訂正した。

（11）一六八五年　原著には「一六八四年」とあるが、誤りなので訂正した。

（12）ドナトゥス派　四世紀の北アフリカを風靡した異端派。ヌミディアのカサエ・ニグラエの司教ドナトゥス（三五五年歿）の名からくる。彼は秘蹟の有効性が司祭の徳性に依拠することを説いて、迫害に屈した信徒に寛大な態度をとったカルタゴの司教カエキリアヌスの排撃運動を起こした。ドナトゥスはラテラノ、アルル両公会議で断罪され、コンスタンティヌス帝によって流刑に処せられたが、ドナトゥス派の運動はその後も続き、四世紀いっぱいにわたってアフリカ教会は事実上二つに分裂していた。この運動の基底にはローマの支配に対するアフリカ人の民族的な解放要求があったようで、特に「キルコンケリオネス」と呼ばれるドナトゥス派の武装組織は北アフリカ一帯を反乱状態に置いていた。三九六年にヒッポの司教となったアウグスティヌスは、はじめ説得と討論によってドナトゥス派を正統教会へ帰順させようとしたが、国権の介入が実際上有効なのを見てしだいに意見を変え、政治的・軍事的強制による異端の撲滅を積極的に主張するようになった。

（13）『新教徒を帰順させるために……』　この本はガブリエル・デュボワのもので、パリ大司教の後援で出版された。内容は国権による異端禁圧の正当性を主張したアウグスティヌスの二篇の手紙（四〇八年のヴィンケンティウス宛の手紙と、四一七年のボニファキウス宛の手紙）の仏訳に、アウグスティヌスの権威によってルイ一四世の新教徒迫害を正当化した三〇ページほどの序文をつけたもの。

（14）一六八六―八七年　原著には「一六八六年」とあるが、この本は一六八六年一〇月に第一部と第二部が、そして、前註で述べたデュボワの本に紹介されるアウグスティヌスの言葉を逐一反駁した第三部が一六八七年六月に出版されているから、出版年代は一六八六―八七年と訂正した。なお、一六八八年にはさらに補遺が出ている。

（15）目をおおった　『哲学的註解』発表直後のジュリユの批判、とくにソッツィーニ主義という非難は、『良心と君主という宗教問題における二つの主権者の権利について』Des Droits des deux Souverains en matiere de religion, la Conscience et le Prince（一六八七年）や、とくに『ソッツィーニ主義一覧』Le Tableau du socinianisme（一六九〇年）にある。

（16）一一月頃　アザールの原著には「一二月頃」とあるが、ベールの手紙では「一一月頃」なので訂正した。

（17） 自分でも言うように　書店の利益を考えた賢明な第三者たちに勧められて、自分はこの辞典をできるだけ肩のこらないものにするため、ブラントームやモンテーニュの色っぽい文章をわざとたくさん引用した、とベールは辞典第一版の序文（序文七ページ）で語っている。

（18） これも自ら言っているとおり　この辞典が卑猥であるという非難に対して、ベールは、一七〇一年一二月末に刊行された辞典第二版の巻末につけた四篇の釈明文のひとつ「第四の釈明。本書に卑猥な個所があるとしても、それは正当に非難しうるようなものではないこと」の中で、書物における卑猥さを九種類に分けることによって弁明している。

（19） ド・ノーディス　原著にはノーデ Naudé とあるが、これはベールの母方の従兄弟ジャン・ブリュギエール・ド・ノーディス Jean Bruguière de Naudis のことなので訂正した。

（20） モレリ　『大歴史辞典』Le Grand Dictionnaire historique（初版一六七四年）の著者ルイ・モレリのこと。

（21） 「カティウス」　Catius。原著には「カリウス」Calius とあるが、誤りなので訂正した。

（22） 註A　原著にはかわりに lettre Y とあるが、辞典第三版の表記に従った。

（23） セクストゥス・エンピリクス　二世紀末の哲学者、医師で、「エンピリクス」とは経験派の医師のこと。アレクサンドリアとローマで哲学を教えた。古代懐疑論の集大成である『ピュロン主義概説』Purrhoneioi hupotuposeis や『定言論者を駁す』Pros mathematikous を著わし、これらは一六世紀後半にラテン語に翻訳されて、一七世紀の懐疑論の最大の典拠となった。『ピュロン主義概説』の初の仏訳は、亡命新教徒のクロード・ユアールによって一七二五年にジュネーヴで出版された（Les Hipotiposes ou Institutions pirroniennes）が、その序文や訳註はベールにしばしば言及している。なお、『概説』の仏訳にはそれ以前に、一七世紀中葉の自由思想家（リベルタン）サミュエル・ソルビエールが試みたものがあり、その断片が『ソルビエール氏の手紙と論稿』Lettres et Discours de M. de Sorbiere sur diverses matieres curieuses（一六六〇年）に収められている。

（24） ガサンディがそれの要約を出して　ガサンディの初期の作『アリストテレス派に反対する逆説的論稿』Exercitationes Paradoxicæ adversus Aristoteleos（一六二四年）のこと。この作品は、「アカデメイア派やピュロン派の言う〈判断停止〉ほど私に好ましく思われた物はなかった」と著者自身序文で述べているとおり、感覚的経験は不確実であり、人間の認識はもっぱら外見に関するもので、物自体は認識されないというピュロン主義的な立場に立っていたが、やがてガサンディは、主としてメルセンヌの影響によって、破壊的なピュロン主義と定言論の中間を行く経験論、「建設的懐疑論」（ポプキンの言葉）に移行して、形而上学から分離した新しい科学方法論を確立していった。『哲学総論』Syntagma philosophicum（一六五八年の全集に収録）はこの立場を代表している。

（25） ベールの引用　これは辞典の「ピュロン」の項の註Bからだが、この長大な註は、哲学に造詣の深い一人の神父とスコラ哲学しか知らないもう一人の神父との議論の形をとっており、引用されているのはその中で第一の神父が語る言葉である。

（26）　一七〇三年　原著には「一七〇四年」とあり、『或る田舎人の質問への答』の第一巻にも「一七〇四年」と表記してあるが、実は一七〇三年一〇月の出版なので、「一七〇三年」と訂正した。なお、第二巻は一七〇五年一二月、第三巻は一七〇六年一一月、第四巻と第五巻はベールの死後の一七〇七年に出ている。

（27）　宗教派　この原語 religionnaires は、元来〈新教徒〉を意味する言葉。

（28）　ラテン語の分厚い本　前出の『悪の起源について』。

（29）　シャーロック……さらにはジャクロ氏　『或る田舎人の質問への答』で彼らが批判、または言及されている主な個所は次のとおりである。

シャーロック　第一一一章
ティロトソン　第一七六章
カドワース　第一七九―一八一章
キング　第七四―九二章
ル・クレール　第一七二―一七五、一八一章
ジュリユ　第一一六、一二三、一七七章
アルノー　第八八、九一、一五一、一六一章
ニコル　第一七、一七七、一七八章
ベルナール　第九五―一一二、第四巻第九―二九、第五巻第二〇―二六章
ジャクロ　第一二八―一六八、第五巻第一七―一九章。

なお、ベールの遺作『マクシムとテミストの対談』Entretiens de Maxime et de Thémiste（一七〇七年）は第一部がル・クレール、第二部がジャクロへの反駁である。

（30）　ジャクロ氏　亡命新教徒で、当時プロイセン国王フリードリヒ一世の礼拝堂牧師をしていたイザーク・ジャクロは、思想的にはアルミニウス主義を信奉していたリベラル派で、かつての寛容論争ではベールの僚友として共にジュリユの攻撃にさらされた仲だったが、ベールが懐疑論ないし信仰絶対論の立場を明らかにするにつれて、両者の間に亀裂が生じた。最初に攻撃したのはジャクロの方で、ベールの『歴史批評辞典』（特に「マニ教徒」の項や「ピュロン」の項）を批判した『信仰と理性の一致』Conformité de la foi avec la raison を一七〇五年に発表した。ベールはそれに答えて『或る田舎人の質問への答』の第一二八―一六八章を書いたが、ジャクロがさらに『ベール氏の神学の検討』Examen de la théologie de Mr. Bayle（一七〇六年）で応酬したため、『マクシムとテミストの対談』の第二部「ジャクロ氏の〈ベール氏の神学の検討〉に答う」を著わした。ベールの死後も、ジャクロは『〈信仰と理性の一致〉と〈ベール氏の神学の検討〉に対抗してベール氏が著わせる対談に答う』Réponse aux Entretiens composez par M. Bayle, contre la Conformité de la foi avec la raison, et l'Examen de sa théologie（一七〇七年）を出してベール攻撃を続けた。

（31）　『ゲルマン文庫』　アムステルダムで出ていた学芸新

閲。副題を「ドイツ、スイス、北欧諸国文芸史」Histoire littéraire de l'Allemagne, de la Suisse et des pays du Nordといい、一七二〇年から四〇年まで五〇巻を出した。主にドイツで出版された書物を海外に紹介することを目的としており、著者はジャック・ランファン、イザーク・ド・ボーゾーブル、モークレール、フォルメーだった（最初の二人はベールとも親交のあった亡命新教徒の牧師）。一七四一年からは フォルメー一人の手で、前記の副題をそのまま本題に変えて、一七四三年まで続けられ、一七四六年から五九年までは、フォルメーとペイラールによって『新ゲルマン文庫』Nouvelle Bibliothèque germanique が出された。

第二部　伝統的な信仰を倒せ

第一章　理性派

数年前より、「理性」とやら名乗る見たこともなき女めが、大学の各学部へ力ずくで闖入をはかり、ガサンディ派、デカルト派、マールブランシュ派などと渾名されるそちこちの道化た輩、どこの馬の骨やらわからぬ素浪人どもの手を借りて、アリストテレスの検討と放逐を企てておりまするゆえ……。*

* フランソワ・ベルニエ、ニコラ・ボワロー・デプレオー『文学士らの請願書……』、一六七一年。

そのとおり。攻撃的な理性が土俵へ上ったのだ。アリストテレスだけではない、ものを考え書いたすべての人を理性は検討しようとした。過去の誤りを全部白紙にかえし、再出発をはかった。いつの世でも理性は錦の御旗だったから、これはけっして「見たこともなき女」ではなかったが、しかし顔つきは昔と全然違っていた。

原因、ことに目的因などというものに、理性はもうなる気はなかった。「人間のある機能、すなわち人間を動物から区別すると想定される機能で、人間が明白に動物からはるかに優越する機能」〔ロック『人間悟性論』An Essay concerning Human Understanding、第四巻第一七章。邦訳、中央公論社「世界の名著」27、一八一ページ、大槻春彦訳〕というなら、それはそうであろう。だが、その高級な機能の権限を限りなく拡大して、どんな思い切ったことでもあえてやらせてみるなら、という条件つきの話なのだ。理性の特権は明瞭で嘘いつわりのない原理を打ち立て、同じく明瞭で嘘いつわりのない結論へ達することにある。理性の本質は検討すること、まず手始めにやる仕事は、神秘なもの、説明されないもの、不明なものに挑みかかって、自分の光を世界へ投射することにある。この世には誤謬がみちみちている。それは心が持つ瞞着の力によって生みだされ、無批判に受けいれられた権威によって保障され、軽信と怠惰のおかげで世に広まり、歳月の力によって蓄積・強化されている。だから大がかりな清掃作業をまずしなければならない。こういう無数の誤謬をぶちこわすことが理性の使命だった。

理性はさっそくそれを実行しようとした。これこそ自分自身から、自分の存在の価値から出た使命だったからだ。

理性の呼びかけにたちまち理性派がはせさんじた。行動的で情熱的で命知らずのつわものどもが。

フランス人あり、イギリス人あり、オランダ人あり、ドイツ人あり。ゲットーに嫌われた(1)ユダヤ人のスピノザが、その天才をあげて彼らに協力した。彼らはじつに多種多様だった。同じ目的地へ着くために、互に正反対の地点から出発した。この力の集中ぶりは目をみはるほどだった。

＊

まず自由思想家（リベルタン）である。政界の騒ぎから身を退（ひ）いて、賢明なエピキュリズムにもとづく心地よい閑居のうちに幸福を求めたウィリアム・テンプルのようなイギリスの自由思想家（リベルタン）。それから特にフランスの自由思想家（リベルタン）。自由思想家という人種はまだ若かった。少なくとも二種類の哲学を前から彼らは広めていた。広めるとは水で割ることを当然に含んでいる。まずポンポナッツィ、カルダーノといったパドヴァ派(2)の哲学。ついでガサンディ哲学の非キリスト教的な面。ガサンディはエピクロス説とそこにある原子や物質的な魂という考えかたを取りあげて、この思想を純化するとともに複雑化し、けっしてわかりやすくはないが、とにかく古来の伝統の権威に新奇な性格をかけあわせたれっきとしたひとつの哲学を作りあげた。それに従う自由思想家（リベルタン）は一派をなし、その勢力も、いわば権威も上向線をたどっていた。

だが、ガサンディはデカルトとやりあってしまった(3)。数ラウンドにわたる激しい決闘が二人の間で行なわれ、観衆がかたずをのんで見守る内に両雄は突撃を敢行した。おお純粋精神よ、おお精神（メンス）よ、とガサンディはデカルトに言った。デカルトはガサンディにやりかえした。「さあどうだ、おお肉体よ……。」*(4)

＊　ピエール・ガサンディ『形而上学研究、またはルネ・デカルトの形而上学と彼の回答に対する疑問と反駁』Disquisitio metaphysica seu Dubitationes et instantiæ adversus Renati Cartesii Metaphysicam et Responsa、一六四四年、四折判。

論争はガサンディの負けだった。もちろん、まだ弟子は残っていた。イギリスにもドイツにもスイスにもイタリアにも。だが数は少なかったし、ヨーロッパの思想界を席巻したデカルトの栄光と、次には新星ロックの光ですっかりかすんでしまっていた。パリでは、一六七四年に『ガサンディ氏の哲学要約』Abrégé de la philosophie de Mr Gassendi——これはたいへん好評で、何度も版を重ねた——を出したフランソワ・ベルニエが、師の口からじきじき教わった学説の木霊を聞かせていたが、その筆には強烈な確信から生まれる熱っぽさはもう感じられなかった。ほめた先から「ともあれ」などと続けるのだから、まったくぶちこわしだった。「ともあれガサンディの哲学は、あらゆる哲学の中でいちばん合理的で単純ではっきりしてわかりやすいように思う」、といった具合である。ベルニエの基調をなしたのは懐疑だった。「三十余年間、私は或る種の事柄には絶対の確信を持って哲学をしてきたが、今ではそれを疑いはじめている……。」つまりシモニデス(5)と同じなのである。シモニデスはヒエロン王に神とは何かと訊かれた時、最初一日猶予を乞い、次の日は二日、その次の日は四日とだんだんそれをふやしていった。王様がびっくりして、日数を毎日々々ふやすのはどうしてかと訊くと、シモニデスは、考えれば考えるほどわからなくなるからですと答えたという。

だから、自由思想家(リベルタン)にははっきりした理論があるわけではなかった。深遠な哲学者でもなく、せいぜい仲間内の夕食会の席でだけ哲学者になるにすぎなかった。愛読書といえばホラティウスのオードをときどきぱらぱらめくるぐらいで、その形而上学などあってなきがごときものだった。ではなぜ正統思想の守り手たちは彼らにあれほどの不安を感じたのか。ほかでもない、形而上学的なセンスが相手に欠けていたからである。彼らは生まれつき反抗的で、強情で、御しがたい連中だった。貴族的な教養も、その懐疑を強めたにすぎない。自由思想家(リベルタン)とは、精神の領域にどこでも見られる軽捷な小川のようなものだった。こういう流れが集まって、無信仰の河はやがて大きくふくれあがった。自分の頭で考えようとする知性、圧服されることにがえんじない意志——自由思想家(リベルタン)は哲学者ではなかったが、すでに〔一八世紀的な意味での〕「哲学者(フィロゾーフ)」だった。彼らにとって、〔宗教的な〕神秘とは解きがたい謎にすぎなかった。謎が解けないとわかると、みな尊敬の念をいとも簡単に捨ててしまった。彼らは宗教の中ではなくて、その脇で生きていたのだ。暗黒があるなら、それを払うことができないなら、せめて限りある命を生かそうではないか。それが提供する楽しみを品よく味わい、しかるのち運命に譲歩しようではないか。これは精神的なあきらめかもしれない。しかたがないということで許されるだけのものかもしれない。しかし、こういう立場は当時、けっして低俗とはいえぬ多くの人を惹きつけたのである。

これがフランスの自由思想家(リベルタン)だった。この人種はあまりに洗練されていたから、武骨で力のあるほかの種族と交配して面目を一新するか、それをしないで亡びるか、どちらかしかなかった。ギイ・パタンやラ・モット・ル・ヴァイエの跡を継いだジャン・ドゥエノーがそうである。ドゥエノーはごたぶんにもれずルクレティウスを仏訳(6)し、追随を許さぬたくみな筆で自己の否定を表現した。そこには憂鬱だが毅然たる調子がみなぎっていた。

われらが死ぬ時、われらの内のすべては死ぬ。
死は何も残さず、自らも無だ。
われらが生きつづけるわずかな時は
ただ極小の一瞬にすぎぬ。
死の後に来るあの未来を
恐れることも望むこともやめよ。
消滅への恐怖と、あの無明の未来に
再生する希望で心を惑わすことをやめよ。
死につづく状態は
生に先立つ状態と同じであるから。

われらは時の餌食となり、
自然はわれらをたえず渾沌へ呼びもどす。
自然はわれらを踏みしだきつつ、
永遠の変化をつづける。
われらにすべてを与えたごとく、
自然はわれらの全存在を取り返す。
死ぬことの不幸は生まれることの幸福と等しい。
人は全体的に生まれたごとく、また全体的に死ぬのである。*

* セネカ『トロイアの女たち』Troades 第二幕合唱部の飜案。『作品集』Œuvres diverses、一六七〇年。フレデリック・ラシェーヴル『ジャン・ドゥエノー作品集』Les Œuvres de Jean Dehénault、一九二二年、〔序文〕

XXVII―XXVIIIページ。

デズリエール夫人もそうだった。ニノン・ド・ランクロもそうだった。ニノンは自分には霊魂などないことをかたく信じていて、年をとっても、いや死ぬ時にも、けっしてこの意見を取り消さなかった。

この人種のいちばん輝かしい精華は、いと敬虔なる王〔フランス国王〕の軍隊で少将をつとめたシャルル・ド・サン＝ドニ殿(7)である。大臣たちやフランス国王の勘気を避けてイギリスへ亡命した一六六一年から、一七〇三年に世を去るまで、サン＝テヴルモンには自由思想家(リベルタン)である以外にほとんど仕事らしい仕事はなかった。だから、自由思想家(リベルタン)の典型、自由思想家(リベルタン)のナンバー・ワンになる暇がたっぷりあったのである。事実、彼を愛惜したフランス人も、彼をいとおしんだイギリス人も、彼がながいこと滞在したオランダの人に至るまで、みなサン＝テヴルモンをそういうものとして見ていた。彼の性格にも、その精神の或る種の素質にも、言うなれば多少時代おくれなところがあった。大人になってから習慣や生活を変えさせられた人は、よほど努力しないと自分の過去のとりこになってしまう。サン＝テヴルモンもそうだった。「紳士(オネットム)」などという代物がまわりではだんだん少なくなり、こういう素敵な人間類型もしだいに力を失って歴史の遺物になりつつあったそういう時まで、彼は昔ながらの紳士の座を守りとおした。紳士だったから、彼はけっして自慢しなかった。私が物を書くのは、他人を教え自分の説を主張する学者としてではない、つれづれなるままに筆を取る上流人としてだ、と彼は自ら説明している。まわりの人がさかんに熱を上げていた数学や自然学など、彼にはまったく畑違いだった。彼に言わせれば、紳士にかかわりのある学問は道徳と政治と文学以外なかった(8)のである。科学が哲学の仕事を支え、それをおぎない、科学がわからぬ者は生活の圏外に立たされかねなかった時代だから、こういう態度はどう見ても後向きだった。古代作家のきめの細かい研究(9)、高尚な批評家が行なう歴史家相互、弁論家相互の公平な比較(10)、対比論(11)、人物論(12)、その他、生まれつき繊細な精神が心理的な読みの深さを発揮できる万般の形式をサン＝テヴルモンは好んでいた。会話という方法を愛用したのは言うまでもない。マザラン公爵夫人オルタンス・マンシニ(13)（マンチーニ）がロンドンに居を定めてサロンを開いた時、彼の願いは充たされた。毎日行けるサロンというのは、彼の生活にそれまでなかった定点だったからだ。

　彼はエピキュリアン(14)だった。最高善に関する哲学者の説は多いが、エピクロスの説ほど道理にかなったものはないと思っていた。自然に従って生きるのが彼の望みだった。実をいうと、この自然とはなんなのかしかとは知らなかったのだが、それでも、安楽に生きる術は驚くほどよく心得ていた。権力に庇護され――その権力が主《ぬし》を変えて（名誉革命のこと）、ジェームズ二世からウィリアム三世の手へ移っても――きちんときまった無理のない習慣で毎日を充たし、やや度を越した食いしんぼうで、快楽を十分味わうためにその分量を細心に按配したサン＝テヴルモンは、要するに自分一人で楽しんでいるエゴイストだった。欠乏、自己放棄、苦行、禁欲――こうした観念に彼は怖気をふるっていた。中庸と節度と、情念の激発を防いでくれる無頓着と、洗練されたエゴイズムを彼は基本的な美徳とみなした。それと、健康を保つための努力である。慣れると有難味はなくなるけれども、健康はやはり貴重な善だ。夫子も、齢《よわい》七〇になんなんとして持病で苦しむ身になったのだから。「サン＝テヴルモン氏は青くて鋭いきらきら光る目をしていた。額は広く、眉は濃く、形のよい口には皮肉な微笑をたたえ、見るからに好ましい才気にあふれた風貌だった。上背のある恰幅のいい体、身のこなしはどっしりとして風格があった。なくなる二〇年前から眉の間に瘤《こぶ》ができ、やがてずんずん大きくなった(15)。」彼の伝記をはじめて書き、彼の作品を刊行したデ・メゾーはこう言っている。その瘤も、サン＝テヴルモンはやむをえないものとしてあきらめた。命さえ続けば、目と目の間に大きな瘤ぐらいあってもいい。「一週間の命の方が死後一週間の栄光よりまし」なのだから。

　彼はこの命を大事にし、それを巧みに長期にわたって引き延ばした(16)。若い頃には失敗(17)もあったが、その後は生活もやさしくほほえんでくれた。彼の目には生きること以外に幸福はなかった。サン＝テヴルモンが世を去った時、彼をたたえる碑銘詩がたくさん書かれたが、中に一点こんなのがあった。その内容には故人も賛成したにちがいない。

　一人ならずの王者に愛され、一人ならずの貴女にめで
　　られ、
自負をも知らず、恋の炎も知らずして、
筆をとり美食をたしなむを特技とせり。

うつせみの命をこよなく愛して、
神にはうとく、おのが魂はげに露ほども知らざりき

たしかに彼はうつせみの命をこよなく愛していた。この命の価値をなす自分のことを自分できめる自由をも愛していた。いろんな自由の中で彼がいちばん大切にしたのは、自分自身の掟しか受けいれない精神の自由だった。

これ以上複雑な魂を彼の内に見るべきだろうか。この人は自分で自分の神話を作りあげ、わざと自由思想家風の肖像を世に残そうとしたのであって、本当のサン＝テヴルモンは後髪を引かれる思いで、懐疑の道も中途までしか進まず、最後まで希望を抱きつづけたと考えるべきだろうか。見事な筆でこういう解釈を語った人もいるけれども、そうだと断定はできない。なぜなら、人間のみじめなありかたに不安を感じ、自分を天使の域にまで高めるか、それともいっそ獣の域にまで落してくれと言ったりする時、彼がたのむのは十字架にかかった神ではなくて自然だからである。神だったら、こんなことをたのむこと自体冒瀆であろう。

精神と物質のさだかならぬ混合に、
知の光、多きに過ぎしか少なきに過ぎしか、
とまれわれら、善悪を正しく知ることなし。

自然よ、この怪しげなるさまを改めて、
われらを天使の明知にまで引き上げよ、
または、並の動物の感覚にまで落しめよ

＊　A・M・シュミット『サン＝テヴルモン、または不純なる人間主義者』Saint-Evremond ou l'humaniste impur、一九三二年、一四一ページ。

いずれにせよ、巧みに描かれたこの肖像が躊躇と矛盾に充ちた実物とは違うにしても、実物はあくまで秘密であって、行為に現われたのは自由思想家の方だった。「この人物の伝記や著作を手に取って、そこに謹厳でいかめしい人間や哲人の生涯を見いだそうとしても、さして読み進まぬ内に読者は大間違いをしたことがわかるだろう。この人の行ないをまねたりしたら、感覚的な快楽から解脱したまじめな哲学者とはけっして見られないことに気がつくだろう。

……著作にしても、そこに哲学や古代についての深い学識とか、ストア派や隠修士の厳しさなどを求めたらまったくおかど違いで、全部読んでも期待したものが見つからないのにおそらく人は腹を立てるだろう。」軽薄なエピキュリアン――『精選文庫』Bibliothèque choisie で、アムステルダム版のサン＝テヴルモン作品集を書評したジャン・ル・クレールなどもこういう判定を下していた。[19]*

＊『精選文庫』、第九巻、一七〇六年（三二二―三二四ページ）。

新世紀の先駆けとなったこの二面的な自由思想家（リベルタン）が自己の種族にもたらした新しい財産とは何だったか。まずあげられるのは微量のコスモポリティズムである。それは、第二の祖国イギリスの文学に興味を持ったり、『ヴォルポーニ』Volpone〔ベン・ジョンソンの喜劇、一六〇六年〕を訳したり、「イギリス風」の喜劇『ポリティック・ウッド・ビー卿』Sir Politick Would-be を書いたという単純な理由からではない。それだけでなく、歴史における進化という観念、ならびに相対性という観念を持っていたからである。各国民は固有の習俗、生活様式、天分を持っており、ほかの国民がとやかく言ってもはじまらないひとつの価値を表わしている。このことを彼は十分に心得ていた。そして外国人を野蛮人扱いするのをやめ、思想について唱えた寛容を国際的な関係にも適用した。どんな体系にも真実があるように、どんな民族にも美点はあるものだ。「フランス人が物事を注意深く考察した場合、またイギリス人が過度の沈思から抜け出して、できればいつでも持たねばならぬさわやかな弁舌と或る種のくつろいだ精神に立ち帰った場合、これこそじつに最高の良識家と言える。世界中で最高の紳士は、物を考えるフランス人と物を言うイギリス人だ」（「イギリス喜劇について」De la comédie anglaise。『散文作品集』Œuvres en prose 第三巻、一九六六年、五七―五八ページ）。

わかりたい理解したいという気持から、彼の目はおのずと死後へ向けられた。宗教と関係なしに味わっている落着きと幸福感もそうさせた。反逆者意識は彼にはなかったのだ。しきたりに従い体裁を保つために多少の犠牲を払っただけで、ほかの人が信仰の中にのうのうとあぐらをかくように、彼は無信仰の中にあぐらをかいた。思想のために迫害された自由思想家（リベルタン）もいるが、彼は反対に褒賞と栄誉を受けた。サン＝テヴルモンが表わしていたのは、もはや戦う自由思想ではなくて、勝利を収めた自由思想だった。論より証拠、この人はウェストミンスター寺院の詩人を集めた一角に栄光の内に葬られたではないか。――それともうひとつ、サン＝テヴルモンに顕著に見られた傾向は、自分より強力で攻撃的で、新しい物に飢えた人にも実のある糧をあたえられる、そういう他人の説に心を惹かれたことだった。一六六六年から七二年まで(21)のオランダ滞在中に、彼はスピノザというユダヤ人と知り合いになった。デ・メゾーの言うとおり、「当時ハーグにいた二、三の有名な学者や哲人、特にヘンシウス氏、ヴォシウス氏、スピノザ氏に会うのを喜びとした」（『サン＝テヴルモン氏伝』La Vie de Messire Charles de Saint-Denis, sieur de Saint-Evremond。『サン＝テヴルモン氏作品集』Œuvres melées de Mr. de Saint-Evremond（一七〇六年）、一七一一年版、第一巻 CXVII ページ」のである。その密談の内容は正確にはわからない。しかし確かなことは、スピノザの思い出が後々までサン＝テヴルモンの脳裡を去らなかったことである。「解放を望む下心、規則へのいらだち、ドグマへの反抗、要するに精神的なフロンド(22)にすぎなかったフランスの自由思想は、謙虚で瞑想的なレインスブルフ(23)とフェールカーイ街(24)の隠者の内に、自己の背神の理論家、それのもっとも深い志向を論理的に基礎づけ、教説にまとめてくれる形而上学者を求めた。またそれを見つけたように思った……。」*

* ギュスタヴ・コーエン『サン＝テヴルモンのオランダ滞在とフランス思想圏へのスピノザの登場』Le Séjour de Saint-Evremond en Hollande et l'entrée de Spinoza dans le champ de la pensée française、一九二六年――ドゥエノーもスピノザに会いにオランダへ旅立った。「これは洗練された快楽を愛し、巧みに品よく放蕩をする、才気と学識を兼ねそなえた人物でした。しかし、この人には人間として最大の欠点がありました。無神論を鼻にかけ、いやらしい気取った調子で自説を猛烈にひけらかしたのです。この人は霊魂の不滅を否定する三つの違った体系を作り、スピノザに会うためわざわざオランダまでかけましたが、スピノザの方は、彼の学識をそう高く買わなかったそうです。」（デュボスよりベールへ。一六九六年四月二七日。エミール・ジガス刊行『ピエール・ベール未発表書簡選』Choix de la Correspondance inédite de Pierre Bayle、一八九〇年（二五七―二五八ページ））。

こうして理論的には貧困だが、自由思想家はやはり腐っても鯛だった。フランス流の古典主義が申し入れた哲学上の休戦を、彼らはけっして受けいれなかった。どういう学説であれ、それを不動のものと認めることを彼らはこばんだ。そして常に疑い、常に否定した。この不服従はきたるべき反乱を準備した。自由思想家（リベルタン）は言うなれば無信仰の予備軍だったのだ。論より証拠、当時のさまざまな論争では、各種の学説や教派や体系を区別してそれぞれの違いをしらべ境目をきめる余裕がない場合、福音書の本文批評をやりすぎる者とか、啓示や奇蹟を信じない者とか、無差別論者、理神論者、無神論者など、およそ信仰にとって危険とみなす人々を大急ぎで一括して言う場合、みんないっしょくたに自由思想家（リベルタン）と呼んだのである。

　しかし、自由思想家（リベルタン）が自分だけではどうにもならなくなり、一七世紀の末になるともっと首尾一貫した強力な哲学思想のつっかえ棒が必要になったことも、やはり動かすべからざる事実だった。自由思想（リベルティナージュ）〔この語には「放縦」の意味がある〕という言葉は、一方では無信仰、一方では官能生活の愛好を意味しており、おのずから精神と感覚の二重の自由がうたわれているが、この二つの性格も時とともに変化していった。不信者はやせこけた時代おくれなガサンディ哲学に代る新しい理論を求めた。ヴォルテールの内には、自由思想家（リベルタン）とは別なもの、それ以上のものがあるはずである。逸楽家が求める快楽も前ほど繊細で節度あるものではなくなってゆく。みんなますます放蕩者になり、ますます厚顔無恥になってゆく。摂政時代〔一七一五―二三年〕の放蕩（リベルティナージュ）に見られるのは平衡をとろうとする努力ではなくて、むしろこれ見よがしな無礼講である。当時の道楽者の特徴は思想の独立よりも素行の悪さだったのだ。こういう変化を表わしているのがラ・ファールとショーリュであろう。なかでもショーリュは、賢明な自然が提供する良き物の内でも酒と女は第一だと思っていた。友人マレズィュの唄に答えて、或る日彼は次のような信仰告白をしたためた。

君の唄に答えるためには、
ルクレティウスかエピクロスの自然論から
むずかしい理屈を二、三
借りてこなくてはならないだろう。
だが、彼らが言う神の本質論などは
あんまり無鉄砲で好きにはなれぬ。
僕が好むのはただひとつ、
快楽に関する説だけだ。

自然が心の奥底に
炎で焼いて彫りつけた
あのさからいがたい傾向に、あの好もしい性癖に
僕は従うだけなのだ。
神聖な放逸の中で、
僕はどんな欲望にも耳をかす。
知恵とはけだし
快楽への道だと思うから。

〔「マレズィユの唄に答う」Réponse aux couplets de Malézieux。『ショーリユ作品集』Œuvres de Chaulieu、一七七四年版、第一巻三一七ページ〕。

自由思想家（リベルタン）という言葉自体も意味が変りつつあった。感覚面での放縦（リベルティナージュ）でないことをはっきりさせようと思ったら、混同を防ぐために「**精神的リベルタン**」*と言わなくてはならなくなった。それとともに、「理神論やその種の懐疑に陥った人は……とりわけ**エスプリ・フォール**〔自由思想家。直訳では〈強い精神〉〕と名乗る」**ようになったのである。

* ピエール・ベール『歴史批評辞典』Dictionnaire historique et critique、「アルケシラオス」の項〔註K〕。「われわれの性行の真の原理は、われわれが事物の本性について下す思弁的な判断とはあまりかかわりないから、素行の悪い正統派のキリスト教徒や、道徳堅固な精神的リベルタンがどこにでもころがっているのである」〔一七二〇年版、第一巻二八六ページ〕。

** ピエール・ベール『一六八〇年一二月の彗星出現に際して、ソルボンヌの某博士に宛てた諸考察』Pensées diverses écrites à un Docteur de Sorbonne, à l'occasion de la Comète qui parut au mois de Décembre 1680、第一三九節〔プラ版、一九三九年、第二巻一九ページ〕。

*

「今日デハ、デカルト派ホド有名デカマビスシイ流派ハナイ」――『理性の歴史』*という示唆的な題の本で、当時の或る人はこう語っている。実を言うと、世紀末にはデカルトが王様だった。もちろん、この王権は絶対的なものではない。精神の領域にそんなものはあるわけがないし、夾雑物を取り去った最も抽象的な思考形式の内にも民族的・人種的な或る種の個性は残っていて、けっしてなくならないからである。イギリスの知性にもイタリアの知性にもイギリスなりイタリアなりの特殊な存在を守り保とうとする

部分があって、さすがのデカルトもこの部分だけはついに征服できなかった。しかし、思想家たちが普遍という次元で思弁する限りでは、いずこも同じデカルトの天下だった。デカルトに反対の人も含めて、およそ物を考えるフランス人でその影響を大なり小なり蒙らない者はなかったし、外国人でも一流の人なら、少なくともデカルトから思考と哲学への刺激を受けない者はなかった。ロックもデカルトに借りがあることを認めている。スピノザの最初の作[25]もデカルトの体系の解説だった。彼ほど深く師の思想をつかんでいた者はなかったろう。それから少したって、ヴィコがイタリアにイタリア独自の哲学をあたえようとした時[26]も、戦うべき敵はすでに王座を逐われたアリストテレスではなく、現に君臨しているデカルトだった。デカルトの学説はオランダの学校で正式に教えられており、ライデン、ハーグ、アムステルダム、ユトレヒト、フラーネケルの各大学からもどる学生たちに運ばれて、オランダの学校からハンガリーへ流れこんだ。ドイツがスコラ哲学から脱却するために採用したのもこの学説だった。ここでも作用の強さをそれに対する反作用から測るとしたら、大ライプニッツがデカルトを懸命に反駁しようとした[27]ことを想起すべきであろう。はじめは告発され禁書目録にのせられ迫害され断罪されたデカルトの弟子たちも、半世紀たった今では、大学の教壇に立って講義をし、本を著わし、世人の尊敬を集めていた。彼らこそ権威だったのだ。

＊『理性の歴史、D・P・D・J・U・D（フィリペール・コレ）著』Historia Rationis, auctore D.P.D.J.U.D.、一六八五年、第一三項、一〇七ページ。

或る学説がこれほど極端に普及して、それを学んだことのない人にまで知られ、その本を手に取ったことのない者にまで影響をあたえるようになった時、その学説が道々多くの富を失って、その実質の内でも、永久に人類の遺産となった部分だけが働きつづけるのは自明であろう。魂の座の松果腺とか、快感も苦痛も感じない動物機械とか、充満と渦動とか、デカルトの自然学、いや形而上学さえ途中でこぼれ落ちてしまっていた。では基本的に何が残ったのか。デカルトの精神である。もはや既定のものとなりおわったデカルトの方法である。精神指導の明瞭な規則である。この規則は単純で強力だから、真理を全面的にあかすことはできないまでも、せめて闇の一部を払う力にはなるはずだ。確実な認識の道具とされる理性への信頼、「内から外へ、主観から客観へ、心理的なものから存在論的なものへ、意識の肯定から実体の肯定へと向かう動き」*——これこそデカルトが二代目、三代目の後継者に遺した譲るべからざる価値だった。フォントネルはなんと言っているか。「この新しい推論方法を導入したのは、私の見るところデカルトであるが、この方法は彼の哲学そのものよりもはるかにすぐれている。デカルトの哲学のかなりの部分は、彼が教えてくれた当の規則によっても誤謬ないしきわめて不確実なものと認められる……」（『古代人と近代人に関する余談』Digression sur les anciens et les modernes。一八一八年版全集、第二巻三五八ページ）。

＊ メネンデス・イ・ペラヨ『美学思想史、一八世紀』Historia de las ideas esteticas. Siglo XVIII の「序文」。

鎖を解かれたこの理性は、もうとどまるところを知らなかった。それはどんな伝統も権威も認めず、「すべてを検討するためにすべてを手放して何が悪い」などと公言した。具体的なものを理性は一掃しようとした。はずみがつきすぎてあぶなっかしい時にそれを止められる魔法の言葉、師のデカルトが用心して早々と口にしたあの賢明な言葉を[28]、弟子たちはもう知らなかった。仮りに知っていても使おうとは思わなかったろう。地も天もよこせ！　認識できるすべてをよこせ！　文学も芸術もよこせ！　幾何学的精神の手から逃げられるものはない、と彼らは思った。だから神学もよこせ！　となる。ヨハン・ヤーコプ・ショイヒツァー*という数学教授は、神学上の問題でも幾何学的な精神を讃美して、フォントネルが『一六九九年の規約作成以降の王立科学アカデミー史』Histoire de l'Académie royale des sciences depuis le règlement fait en 1699につけた「序文」[29]の次のような言葉を誇りと感謝をこめて引用している。「幾何学的精神は幾何学だけにしばりつけられたものではないから、そこから引き出してほかの分野へ移すこともできる。道徳、政治、批評、いやたぶん雄弁に関する著作でも、ほかの条件がみな同じなら、幾何学者の手で作られた方が立派になるだろう。もろもろの良書にこのところ見られる秩序正しさ、明確さ、正確さ、厳密さは、この幾何学的精神からそもそも発しているのかもしれない。幾何学的精神はかつてないほど行き渡っており、いわば次次と伝わって、幾何学を知らない人をすらとらえている。一人の大人物が時代の調子をきめるということも稀ではない。新しい推論方法を確立した名誉をもっとも正当に受けることのできる偉人〔デカルト〕は、まさにすぐれた幾何学者であった」〔一八一八年版全集、第一巻三四ページ〕。やんぬるかな。とにかく時代が変ったのだ。幾何学者のデカルトが、新時代の調子をきめてしまったのだ。――しかし、この幾何学的精神が信仰とぶつかった場合、信仰の問題に無条件で適用された場合、いったいどういうことになるのか。その時、幾何学的精神は「宗教を消すスポンジ」**になり、あらゆる宗教を抹殺しようとするはずである。

* 『数学を神学に用いることについての緒言』 Praelectio de Matheseos usu in theologia, habita a Jh. Jacobo Scheuchzero, Med.D., Math.P. チューリヒ、一七一一年。

** ピエール・ベール『文芸共和国便り』 Nouvelles de la République des Lettres、一六八四年一一月号、記事一〔一七三七年版著作集、第一巻一六一ページ〕。

理論というものが進行過程で全く反対の結論を論理的に引き出すことを、これ以上奇妙な形で示した例があるだろうか。このことは先人がすでに余すところなく証明しているから、ここではそれを*思いだし、感嘆の念を新たにすることしか残されていない。宗教に対して、はじめデカルト哲学はたいへん貴重な支えをあたえた。しかしこの哲学は無宗教の原理を内に宿しており、時とともにそれが現われ、働き、作用して、信仰の土台を掘りくずすために利用されたのだ。たしかにデカルトの理論は或る確実性、安全性をもたらした。それは懐疑論にはなばなしい断定を対置した。神の存在や霊魂の非物質性を論証し、思惟を延長から、高尚な観念を感覚から区別して、本能に対する自由の勝利のしるしとなった。要するに自由思想（リベルティナージュ）に対する防壁となった。ところがあにはからんや、これは自由思想（リベルティナージュ）の基礎を固め、それを強化してしまったのだ。理由はほかでもない、デカルトの理論が検討と批判を主張していたからである。明証性をあくまでも要求し、かつては権威の手で明証の掟から除外されていた問題までそこに含めたからである。信仰をかくまうために自ら建てた仮り住まいに自ら攻撃をかけたからである。自分をあざむくならともかく、そうでなければデカルト理論の行く先にみんな嫌でも気づくはずだった。そこまで行けば、もろもろのドグマとドグマティズムの本質自体が俎上にのぼるのである。デカルト理論はすでにアリストテレスを追放した。「あわれな逍遥学派やアリストテレスの弟子たちは、〈永遠のロゴス〉が晩年にデカルト派になったのを見て、すっかり面くらうにちがいない[**]」などと言われた。だが、もう少し待ってほしい。やがて、デカルト思想の効果がいかに甚大だったかがわかるはずである。「デカルトが今この世に戻ってきたら、あなたはびっくりなさるでしょう。デカルトこそキリスト教のいちばんおそろしい敵だとお考えになると思います。[***]」

＊　ギュスタヴ・ランソン「フランス文学にあたえたデカルト哲学の影響」L'Influence de la philosophie cartésienne sur la littérature française（『文学史研究』Études d'histoire littéraire、一九三〇年、所収）。

＊＊　ジュリユ『アルノー氏の精神』L'Esprit de M. Arnauld、一六八四年、第一巻七九ページ。

＊＊＊　L・A・カラッショリ『ルイ一四世の世紀とルイ一五世の世紀の対話』Dialogue entre le siècle de Louis XIV et le siècle de Louis XV、ハーグ、一七五一年、三九ページ。

＊

しだいに動かしがたくなってゆくこの断絶に、自己の精神の総力をあげて抵抗した人がいた。マールブランシュ神父である。「宗教こそ本当の哲学だ」というのが、この人の終生変らぬ信念だった。

俗人はこの人を純一無垢の哲学者のように想像したが、これは当らずといえども遠からずだった。この人が羽をのばせるのは無限の世界だけだった。観念を糧にして生きていたから、物質などほとんど必要としなかったのだ。形而上学が彼以前に存在しなかったら、マールブランシュはたぶん形而上学の発明者にすらなれたろう。いっぷう変った魅力的な人物で、見かけは単純だが、よくよく見ると実に複雑な性格の持ち主だった。マールブランシュに驚異を感じながら、反面皮肉な目で面白がって眺めていたフォントネルは、いみじくもこう言っている。あの人は虚弱で病身だったから、意志が命じる叡知と禁欲を体質からして選んだのだ、つまり体質と意志、肉体と精神がここで一度だけ一致したのだ、と。俗世を恐れ生活におびえたマールブランシュはオラトリオ会へ逃げこんで、役職とか名誉とかわずらわしいものを一切避けながら、心貧しき者として、ただつつましくひっそりと暮らした。もとは金持だったけれども、財産はみな人にやってしまった。つまり、人を聖者たらしめるもろもろの美徳の少なくともいくつかを彼はそなえていたのである。しかし無邪気で天真爛漫な反面、この人は実に聡明だった。しかも頑固で意志が強かった。世界中の全部の人が寄ってたかっても、彼に自説を捨てさせることはできなかったろう。考えてゆくうちにむずかしい問題が起こると、この人は独特の仕方で別の難問へとびこんで、しまいに何がなんだかわからなくなってしまった。それで凱歌をあげるのだった。

或る日、彼はデカルトの思想と出会った。これは文字どおり天啓だった。それまでのマールブランシュは、せっかくの知力も使い途がわからないで、進むべき方向を探していたのである。その時からもうためらいはなくなった。デカルト派であるとともにキリスト者であろう。この違ったものを両立させよう。一生の方向はこの日にきまった。

長い充実した思索の末、自己の思想がいよいよ熟したと見るや、彼は分厚い形而上学の論文をつぎつぎと出した。これは大きな反響を起こした。呼びもしないのに名声は自分の方からやってきた。今日では想像もできないことだが、マールブランシュの赫々たる盛名はフランスの国境を越えて遠く広がり、死後にもながく続いたのである。マールブランシュには少なからぬ読者と弟子、いや狂信的な信者すらいた。ベルナルド・ラマというナポリの神学生などは、かの有名なマールブランシュをひと目見ようと、わざわざ祖国から逃亡してパリへやってきたほどだった。マールブランシュは穏かな人で、言い争いなどけっして好きではなかったが、それでも反駁文や感情的な反対論を山と寄せられ、強烈な信念でそれに逐一答えていたから、哲学戦争はいつまでたってもやまなかった。社会を逃れ自然をさげすんで、ひたすら思索のためにとじこもった謹厳な独房生活の中から、「自由なキリスト教哲学の最後の試み」がはなばなしく打ち出されたのだ。全力投球を好む思考の特質に支えられて、この試みが人々の心を動かし、思想の歴史に不朽の名をとどめたのである。

理性的明証性——この完璧な光にマールブランシュはあこがれた。神秘的な熱情をこめてあこがれた。神秘主義と理性崇拝が彼の内部で手を結んでいたからである。個人の生も宇宙の生も、つまりは存在するすべてのものが、信仰を説明し包含するひとつの秩序の実現として現われること——敬虔な心で彼はこのことを追求した。

この世界をよく見れば、そこには否定しがたい一般的な秩序とともに、人を困惑させるさまざまな無秩序が認められる。天災地変や畸型は物的悪の存在を示しているし、罪は道徳的悪の存在を示している。こうした無秩序を説明することが哲学者の任務なのだ。

いかなる場合にも異常な事が起こらないためには、罪を犯そうとする魂がそのつど誘惑に負けずにすんだり、仮りに負けても悔い改めるに必要な恩寵を得られるためには、この世界に四六時中介入し、奇蹟を成就するため四六時中脇道へそれ、侵すべからざるものとして自ら設けた法則を自ら侵す、そういう神を仮定しなければならない。無秩序はなくなるが、そのかわり神の取消し命令が数かぎりなく出ることになる。

全能な者〔神〕がこういう拙劣な手段の浪費をするとは到底考えられなかったから、マールブランシュは神のかわりにここで自ら介入して次のように言った。神は一般的な意志で動くのであって、個別的な意志で動くのではない。神は最高の叡知だから、叡知の利益に従わねばならない。神は何よりも強く叡知を愛する。これは自己の本性から来る必然的な愛である。自己の属性にふさわしい行ない、合理的で辻褄の合った行ないを神が免除されることはありえない。

土を肥やすために水がいる畑の上にも、道路や流れや海の上にも、雨は同時に降りそそぐ。それを見て私たちは驚くが、しかし、雨が降るたびに雨域を制限するため介入するのと、一般的な運動法則の作用に任せるのと、いったいどちらが合理的か。第二の仕方の方が論理的で立派なら、神はそちらを選ばざるをえない。

もちろん神は個々の不信者、個々の悪人の劫罰を望みはしない。しかし、すべての不信者に信仰をあたえ、すべての悪人に善き性(さが)をあたえるため不断に介入することはできない。そんなやりかたは無限の叡知、無限の完全性を持つ存在という観念と相いれない。したがって万人の救済は行ないえない。

神がせいぜいやれるのは機会原因を設けることである。これは二次的に作用する執行者で、その働きはおのずと決定されている。イエス・キリストは父なる神により、すべての恩寵の単一の機会原因として定められており、特定の人々のため個別的な懇請をして彼らに恩寵を分かちあたえる。この人々は父なる神が個別的な意志を持たずとも救われる。またイエス・キリスト自身も、秩序が求めるままに、神が建てようとする靈的な建物が生ける石を必要とするのに応じてこのような懇請をする。単純化と力の節約という同じ原理にイエス・キリストも従っている。この原理こそ論理であり真理であり命でもあるのだから。(30)

これがマールブランシュの論法だった。哲学と信仰の間に分裂が起こりかけると、化体の問題であれ聖書の字句をめぐる論争であれ、マールブランシュはどこへでもすぐにかけつけて説明をした。理性をもっと信頼しよう、秩序の価値と力をもっと理解しよう、そうすればすべてが明らかになる、調和もとりもどされる、と。この人はじつに敏捷だった。その力業もまさに驚異だった。奇蹟的に保たれた平衡を堅牢さのしるしと勘ちがいして、彼は次々と観念の楼閣を積み上げた。ただ、勝利した秩序に、勝ち誇った理性に、論理的な叡知に神を従属させる時、同時に神の特権と存在理由が剝奪されること、神はたんなる代理者になるか、それとも必然的な法則によって作られた世界そのものになるということに気がつかなかった。だから、闡明された彼の意図にもかかわらず、舌をまくその巧妙さにもかかわらず、いと敬虔なるマールブランシュがおのれの意に反して反キリスト教的な説をなしたと主張することも困難ではなかった。自分の説が信仰を哲学に従属させ、キリスト教の玄義を否定するソッツィーニ派の原理を権威づけることがあなたにはわからなかったのか、とフェヌロンはマールブランシュ反駁の中で言っている。(31) マールブランシュの崇拝者、たとえば、マールブランシュ神父とアルノー氏の二人を世界で最大の哲学者と呼び(この讃辞はいささか気になるが)、『自然と恩寵を論ず』Traité de la nature et de la grace を「高度な天才の作、人間精神の最大の努力のひとつ」*とみなしたピエール・ベールのような人ですら、この形而上学の到達点を見落さなかった。「正確に言うと、この人は次のように想定しているのです。神の慈愛と力は非常に狭い枠をはめられていると。神にはいかなる自由もないと。神は第一に創造すること、第二にほかならぬこれこれの作物を創造すること、第三にほかならぬこれこれの手段によって創造することを自己の叡知によって強いられていると。この三つの隷従は、ストア派に輪をかけたような運命(ファトゥム)を形作ります……。」*その上でベールは二つの三段論法を立てる。前の三段論法の小前提と後の三段論法の大前提は、彼に言わせればマールブランシュ神父の説を言い表わしたものにすぎない。

第一、

神は自己の叡知に対して抱く必然的な愛に反することを何事も欲しえない。

しかして万人の救済は、神が自己の叡知に対して抱く必然的な愛に反している。

故に、神は万人の救済を欲しえない。

第二、

神の叡知にもっともふさわしい作物は、なかんずく万人の罪と大部分の人間の劫罰を含んでいる。

しかして、神は自己の叡知にもっともふさわしい作物を必然的に欲する。

故に、神は、なかんずく万人の罪と大部分の人間の劫罰を含む作物を必然的に欲する。*

* ピエール・ベール『或る田舎人の質問への答』Réponse aux questions d'un Provincial、第三巻、第一五一章〔一七三七年版著作集、第三巻八一一―八一三ページ〕。

なんたる冒険であろう。敬虔で信心家で、いやそれどころか心底からのカトリック教徒、自己の生活実践のすべてにおいても自己の信仰の内奥においてもれっきとしたカトリック教徒でありながら、しかもなお、神をも含む一切を吸収するかに見えるほどの絶大な地位を理性にあたえるとは！

*

私たちの同時代人はルイ一四世の治下にもいた――ディドロは自分自身や兄弟の哲学者(フィロゾーフ)たちを語った中でこのように述べている〔『百科全書』Encyclopédie、「百科全書」の項。アセザ版ディドロ全集、第一四巻四二五ページ〕。これは事実だった。ディドロの同時代人はルイ一四世の治下にもいたのである。それも政治的・社会的構造がしだいに解体してゆくルイ大王の晩年だけでなく、それよりはるか前、普通は自信満々たる正統思想と絢爛豪華なたたずまいしか目に映らないこの治世の全盛期にもいたのである。実際、宗教の権威も国王の権威も不動のものとして確立された瞬間にすでに土台を掘りくずされていたのだ。文学だけ、とくに一六七〇年から七七年までのフランス文学だけ見れば、絶対的な権威と平和と偉大さがすべてを支配しているかに見える。『女学者』Les Femmes savantes は一六七二年、『気で病む男』Le Malade imaginaire は一六七三年だ

〔いずれもモリエールの喜劇〕。ラシーヌは一六七二年に『バジャゼ』Bajazet、一六七三年に『ミトリダート』Mithridate、一六七四年に『イフィジェニー』Iphigénie、一六七七年に『フェードル』Phèdre を出している。[32] 一六七〇年にボシュエはアンリエット・ダングルテールの棺前演説をし、王太子の教育係に任ぜられ、やがてこの生徒のために『神と自己の認識を論ず』Traité de la connaissance de Dieu et de soi-même、『聖書の言葉から引いた政治学』Politique tirée des propres paroles de l'Ecriture sainte、『世界史論』Discours sur l'Histoire universelle を書くことになる。ボワローの『詩法』Art poétique は一六七四年である。まさにまばゆいばかりだが、それだけではない。これらの作品はそれぞれ緊密に結合して、堅固で均衡のとれたひとつの全体を形作っている。しかし、文学のこういう光輝に目を奪われて、文学自身がのちにはそれに従うはずのもっと根本的な価値がしばしば不当に見落されてしまう。文学からいくぶん目を離して、哲学思想の大きな流れを見てほしい。そうすれば、この力が発揮しつくされる前から、いろいろな要素がそれの解体作業をさかんにしていたことがわかるはずである。ちょうど、花や実をまだつけた木が根から枯れはじめるように。

忘れてはいけない。『神学・政治論』Tractatus theologico-politicus はすでに一六七〇年に出ていたのだ。この本は、当時の社会を根底からくつがえすに足る新しさを持っていたのだ。スピノザはラテン語で静かに語った。伝統的な信仰を白紙にかえし、新しい次元で思考をやりなおさねばならない。今ではキリスト教徒もユダヤ教徒やトルコ人〔回教徒〕や異教徒と区別できないほどになっている。信仰が道徳への影響力を失ったため、魂はすっかり堕落してしまった。悪の根源は、宗教がもはや検討と同意にもとづく内面的な行為ではなくて、外面的な礼拝、機械的な勤行、聖職者の命令への受動的な服従にあるとされていることだ。野心家が聖職を独占し、愛の情熱を醜い貪欲に変えてしまった。そこから激しい論争や嫉妬や憎悪が生じた。キリスト教には、形式主義と偏見しか残っていない。偏見は判断力の自由な行使をはばみ、人間的な理性の炎を消し去って、人間を獣に変えてしまっている。この理性から再出発せねばならない。理性の名において非論理的で破滅的な二つの建物を打ち倒さねばならない。それは神の国と王の国だ。

まず聖書である。服従を強いるために、聖書がよるとさわると引き合いに出される。聖書からあらゆる教義、あらゆる迷信が引き出される。聖書とは正確に言うとなんなのか。神の通訳で神に口授されて書いた予言者など存在しない。あるのはただ、強烈な想像力と隠喩のいささかの蓄えで思考の弱さを補った並の人間だけである。神の法を永久に護持するために選ばれた選民など存在しない。あるのはただ、ほかの民族と同じく過ぎ行きそして亡びていったひとつの民族だけである。奇蹟など存在しない。自然はいっときも休まずに不動の秩序を保っているから、自然の法則に反することは神が強力だという証拠ではなくて、神が存在しないという証拠であろう。聖書に付加され、それの真の姿を歪めてしまった偏見をひとつのこらず取り去って、世界中のどんなテキストにも当てはまる批評の規則にのっとって解釈すれば、聖書のなんたるかはわかるはずである。これは躊躇と矛盾と誤謬に充ちた人間の作物なのだ。モーゼ五書はモーゼのものではありえない。ヨシュア記も士師記もルツ記もサムエル記も列王紀も本物ではない、等々。一歩一歩足を踏みしめ、必要とあらば立ち止って読者がついてくるかどうか見きわめたスピノザは、こうして最初の結論に達した。キリスト教はたんなるひとつの歴史現象であって、発生の時期やその後の状況によって説明されるものだ。ただ一時的な性格のもので、永久的なものではない。相対的なもので、絶対的なものではない。

次にスピノザは国王たちを攻撃して論証を再開した。国王らは自分のために宗教的な偏見を利用してきた。君主制とは人をあざむく術である。権力者が人民をつないでおこうとする恐怖状態を、それは宗教の名で飾り立てている。臣民が服従の義務と呼ぶものは、実は国王一人の利益にすぎない。自分を救うために戦っているつもりでも、実は自分自身の隷属を強固ならしめているにすぎない。自分の血を流すことによって、臣民はたった一人の人間の権力を強めその自負心をくすぐっている。しかも相手は彼らを道具扱いし、彼らから自由を奪い、生きる理由をも奪っている。こういう状態から抜け出したいと思ったら、方法はひとつしかない。それは、迷信をくじくのに役立ったあの検討の精神で政治組織の本性と目的を究明することである。それをするために、まず自由に考えることである。そうすれば、国家は専制君主のために作られたものではないこと、権力は臣民の同意による委託にすぎないこと、民主制は自然法にもっとも近い統治形態であること、いずれにせよ信仰と言論と行動の自由を個人に保証するのが政治制度の目的であることがわかるはずである。

一六七〇年にこういう主張が持っていた爆発力を考えてみれば、スピノザが同時代の人にきわめつきの破壊者、いや悪魔のように見られたことも不思議ではない。賤民〔ユダヤ人〕の子で自分の種族からも村八分にされ[33]、孤独の内に謎めいた生活を送って、快楽も金銭も名誉も好まず、レンズ磨きと思索に没頭していたこのユダヤ人は、まさに好奇心と驚愕と憎悪の的になった。奴の名はベネディクトゥス（祝福された者）だが、本当はマレディクトゥス（呪われた者）だ。神に呪われた土地がそうなるように、奴はまさしくスピノザ（棘がある）だ。無神論は異教を復活させたイタリア・ルネサンスに生を受け、マキャヴェッリとアレティーノとヴァニーニの手で広められた。その主唱者はハーバート・オブ・チャーベリとホッブズだった。だが、今やとびきり有害な奴が現われた。スピノザである。*

* 『三大詐欺師論、神学博士にして首席教授クリスティアーン・コルトホルト著』De tribus impostoribus magnis liber, cura editus Christiani Kortholti, S. Theo. D. et Professoris Primarii, キール、一六八〇年。

今日ではスピノザはむしろ建設者、それも超大型の建設者の一人とされている。スピノザは取りこわすばかりで建てなおしをやらないという見方に対しては、彼自身はげしく抗議していた。『神学・政治論』にしても、この積極的な意志を読みとらないかぎり正しく理解することはできないだろう。『エティカ』Ethica については言うまでもない。死後の一六七七年に出版されたこの作品はまさに豪華をきわめた概念の宮殿で、その穹窿は文字どおり天を摩している。幾何学的でありながら全篇生命の息吹きに充ちた『エティカ』は、神的なものと人間的なものを素材とし、それらを単一の範疇たらしめて、神はすべてでありすべては神であるという一句をその前壁に刻みつける。形而上学の才のない者には目で追うことすらむずかしいこの建物の骨組自体の内に、この上もない大胆さが隠されている。スピノザは設計と定理と演繹法を示して、次のように説明するのだ。自己原因とはその本質が存在を包含するもの、すなわちその本性が存在するとしてしか考えられないもの、と解する。実体とはそれ自身の内に在り、かつそれ自身によって考えられるもの、換言すれば、その概念を形成するのに他のものの概念を必要としないもの、と解する。属性とは理性が実体の内にその本質を構成するものとして知覚するところのもの、と解する。したがって、そのおのおのが永遠・無限の本質を表現する無限に多くの属性から成った唯一の実体、すなわち神が存在する。すべて在るものは神の内に在る。神なしには何物も在りえず、また考えられない。神は思惟であり、神は延長である。そして、人間は心身ともに実有〔神〕の一様態である。このようなものとして、人間は自己の有を維持するよう努める。この努力は精神に関係づけられれば意志と呼ばれ、身体に関係づけられれば衝動と呼ばれ、精神がこの努力を意識している時には欲望と呼ばれる。したがって、欲望は道徳生活の基本的な要素となる。

今や既成の価値はひとつ残らずくつがえされた。

今まで人は自分自身を出発点として、自分の一時的な外観や習慣、弱さ、欠点、悪徳などを出発点として、いい気な想像をほしいままに働かせては、貪欲で利己的でお世辞に弱い、復讐的で残忍な、自分自身によく似た神を作り上げてきた。スピノザは逆に神から出発して、その理性的な神の内に人間を再統合した。人間は国家内の国家ではなくなり、今や宇宙の秩序の中に根をおろすようになった。悪の問題も同時に問題でなくなった。「在るものはすべて同じ資格で神の本質の必然的な表現である。作用する力はすべて、それが作用するかぎり神の力の表われである。したがって、神は絶対的な善である以上、すべての被造物はその力と正確に同じだけの権利を持っており、すべての作用は同じ必然の絆で神の有と結びついているから、みな同じ正当性をもって行なわれる……。」*

* レオン・ブランシュヴィック『スピノザとその同時代者』Spinoza et ses contemporains、第三版、一九二三年、一〇五ページ。

自由の問題も前とは違った形で提出された。無差別的自由などもう問題にならない。問題はただ、自己自身によってしか行為するよう決定されないことを理解している実体〔神〕に思惟を少しずつ同化させること——それだけである。自己の情念を統御し抑制することができなければ、人間は奴隷にひとしい。しかし感情は、われわれがそれについて明晰判明な観念を形成すれば受動であることをやめるから、自己の身体の変容を悟性の秩序に従って秩序づけ、連結し、それらを神への愛に従属させることができれば、人間は自由になるのである。
幸福の追求も別の方向をとり、今までと違った道を通ってついに目的地に達した。高度な認識にまでたかまれぬ粗野な人は、幸福とは情念を満足させることだと思っているが、そうではない。また幸福は、いろいろな宗教がいろいろな形で思い描く天国を待望しつつ、現世のあらゆる楽しみを断念することでもない。幸福とは真なるものを理解することであり、宇宙の秩序の法則に同意することであり、自分の個的な存在においてこの秩序を実現していると意識することである。安らぎをもたらすこの幸福に達したとスピノザは考えていた。右往左往するあわれな人間どもに憐憫の目を向けながら、彼は自分の哲学が生活実践にいかに役立つかを説明したのである。

「第一に、この説は、私たちが神の指示にのみしたがって行動し、神の本性に与るものであること、そして、神を知ることいよいよ深くなればなるほど、それもまた昂まるものであることを教えてくれる。それゆえ、この説は、私たちの心情をあらゆる点で静和ならしめるということを別にしても、私たちの最高の幸福または浄福がどこにあるかを教えるという効能を具えている。すなわち、私たちの最高の幸福または浄福は、神についての認識のなかだけにあり、これが私たちを導いて、愛と敬神の命ずるところだけを行なうようにさせてくれるのだ。……第二に、この説は……どちらの運命にたいしても平静な気持で待ちうけ、これに堪える（ことを教えてくれる）。なぜなら、一切は、神の永遠なる決意にしたがい、あたかも、三角形の本質からその三つの角の和が二直角に等しいということが起こってくるのと同じ必然性をもって生起しつつあるものだからである。第三に、この説は、共同生活にとっても効用がある。なぜなら、それは、だれをも憎んではならぬ、侮蔑してはならぬ、嘲弄してはならぬ、怒ってはならぬ、嫉妬してはならぬと教えているからだ。なおこの他、各人は自分の分をもって満足し隣人に援助の手を差しのべよ、しかも、それは女々しい憐憫の情からではなく、また党派心や迷信からでもなく、むしろ、ただひたすらに理性の導きによってなされねばならぬ、と教えているからである……。」*

＊『エティカ』、第二部「精神の本性および起源について」（邦訳、河出書房新社「世界の大思想」9、九八―九九ページ、高桑純夫訳）。

永生を保証されるのはもう、善行により原罪を洗い落として天国を得る信心家ではない。賢者である。

「ここからして、賢者はいかに多くのことをなすことができるかが明らかになる。……賢者は殆んど心を乱されることなく、自己・神・事物については、ある永遠の必然性にしたがって意識をもっている。また彼は、断じて存在することをやめず、つねに、精神の真の満足を保っている。＊」

＊　同、第五部「知性の能力または人間の自由について」〔邦訳、同二六一―二六二ページ〕。

これは低俗で安易な安手の知恵ではない。ストア派よりもストイックで、調和と険しさを兼ねそなえ、キリスト教と対置されるにふさわしい知恵である。だから、ほかならぬキリスト者と賢者とがしのぎをけずる一大思想戦を期待することもできよう。誰かがいみじくも言ったように、『パンセ』Pensées〔パスカル〕と『エティカ』には、「一方では宗教意識の理想と他方では哲学的真理の理想がそれぞれ向かった二つの極限状態のもっとも完璧な記述＊」が見られるとしたら、この二つの人生観、この二つの精神状態、この二つの世界のあいだの戦いはいかに高貴なものだったろう。だが先にも述べたとおり、パスカルは弟子を作らなかった。バルーフ・デ・スピノザも思想の建築家としては当面理解されなかった。その後、スピノザは復讐する。その後、スピノザはドイツ形而上学の元祖になる。その後、『エティカ』の出現は西欧の歴史の一大転機と見られるようになる。＊＊しかし、一六七七年ではまだ早すぎた。『エティカ』は食べものとしてはきつすぎた。『神学・政治論』の方は『エティカ』より理解されたが、それもほとんど否定により破壊力により影響をあたえたにすぎなかったらしい。

＊　レオン・ブランシュヴィック『スピノザとその同時代者』、第一四章、一五〇ページ。

＊＊　レオン・ブランシュヴィック『西洋哲学における意識の進歩』Le Progrès de la conscience dans la philosophie occidentale、一九二七年、一八八ページ。

スピノザの学説をわかりもせず、読みもせず、それに近づく労さえとらずに、ただ反駁ばかりした人がなんとたくさんいたことだろう。それにくらべれば一応努力したとはいえ、この学説を正確に語れるほどにはそれに親しむことができず、やはり空しい叫びしかあげられなかった人がなんとたくさんいたことだろう。せめて親類筋のデカルト派ぐらいは温かく迎えてもよさそうなのに、実際はそうではなかった。血がつながっていただけに彼らはすっかり当惑してしまい、スピノザをどうしても認めようとしなかった。このはた迷惑な従兄弟に彼らは赤面していたのだ。スピノザを否認した『魔法の世界』De betooverde weereld の著者ベッケルよりも、彼を「現代のもっとも著名な無神論者」と呼んだジャン・ル・クレールよりも、さらに強くスピノザを排撃したのはマールブランシュだった。論敵たちがほくそ笑みながら強調し、味方は味方で弁護の必要を感じていたひとつの非難を、彼は身におぼえのないものとしてしりぞけた。少なくとも二回、一六八三年の『キリスト教的省察』Méditations chrétiennes と一六八八年の『形而上学と宗教に関する対談』Entretiens sur la Métaphysique et sur la Religion で、マールブランシュは自分の哲学を「憎むべきスピノザ」の哲学と同一視することが、自分の信仰のみならず哲学をもいかに傷つけるものであるかを語っている。

スピノザはベールの頭にもつきまとっていた。ベールはよるとさわるとスピノザの名をあげ、遠い昔のあれこれの異端説を発掘しては、それとスピノザ説がいかに似かよっているかを再三指摘した。良心の束縛を好まず、自己の思想を存分に展開し、立派な生涯を送って、死ぬまで自説を守りとおしたこの人物には、ベールも感嘆の念を禁じえなかった。無神論をはじめて体系化し、幾何学的な方法でひとつの学説にまとめたことすら、彼にはなんら非難する理由にならなかった。しかし、スピノザの形而上学にはひとつだけ気にくわない点があった。彼がスピノザ説をおよそ想像しうるもっとも奇怪な仮説、人間精神のもっとも明瞭な観念にまっこうから対立するもっとも不合理な仮説と呼んだのは、反駁するようなふりをして、スピノザ説を紹介するためではなかった。この反対は本心から出たものだった。ただのかけひきだったら、あんなにくりかえし言うことはなかったろう。ベールは本当に怒ったのである。憤慨したのである。理由はほかでもない、悪の問題で頭がいっぱいだったからだ。悪の問題にことのほか神経質だったからだ。そして、今まで出されたあらゆる解答の内で、スピノザの解答がいちばんひどいと思ったからである。なんたることだ。無限の存在者が自己の内に人類のすべての狂気、すべての妄想、すべての犯罪を生みだすというのか。それの動力因であるばかりか、それを蒙る主体でもあるというのか。考えうるかぎりもっとも緊密な結合によって、それらと一体化しているというのか。様態は変様される実体と実在的に区別されないから、それは浸透的な結合、むしろ文字どおりの同一性ということになる……。「人々が互に憎みあい、森の一角で互に暗殺の網を張り、殺しあいをするために軍隊を編成し、時には勝者が敗者を食べてしまうのは、彼らが別々なものであり、双方の所有物が彼らの内に正反対の情念を生みだすことが前提になっているからである。しかし人々が同じ存在者の変様にすぎず、したがって行為するのは神だけで、数において同一の神がトルコ人にも変様し、ハンガリー人にも変様するのに、それでもなおかつ戦争や合戦があるなどというのは、気違い病院の患者の内でも最高に狂った者の頭に浮かぶすべての怪奇、すべての妄想・錯乱にさらに輪をかけたような話である。」*

* ピエール・ベール『歴史批評辞典』、「スピノザ」の項、註N(一七二〇年版、第三巻二六三九ページ)。

哲学者の中でも、スピノザにいわば対等な形で近づいて、『エティカ』をすっかりわがものにし、その哲学に答えるに、それを反駁しうる別な哲学をもってしたのは、当時はほとんどライプニッツただ一人だった。だが、『神学・政治論』は別である。この本をなんとか理解して、そこから聖書と王権をたたく論理を汲みとるためには、べつだん大学者である必要はなかった。だからこそ検閲の網をくぐって、この本は贋の標題(34)で普及したのである。だからこそ猛烈な批判がこの本を迎えたのである。だからこそ自由の国オランダですら、この本は政府当局に訴えられ、罪に問われた(35)のである。

スピノザの影響について互にくいちがった証言が得られるのもこのことから説明されよう。アルノー(36)は自由思想(リベルティナージュ)はスピノザから来ると言ったが、ジュリュ(37)は、百万人の俗人の内スピノザの噂を聞いた者は十人にも充たないはずだ、と答えた。スピノザを読んでわかるためには読書の耐久力がよっぽどないといけないから、自由思想家(リベルタン)はスピノザを読もうともせず、ただ来世などないかのように暮らしているだけだ、とデュボス(38)は書いている。フェヌロン(39)もそうで、自由思想家(リベルタン)の間で今大ばやりなのはスピノザを追っかけることではない、と言っている。ところがラミ神父(40)は違うのである。こう断言しているのだ。スピノザ派の数は日ごとに増し、その謬説はたくさんの若者の頭を狂わせてしまった、或る消息通からこのことをくりかえし聞かされている、と。言うことは正反対だが、この証人たちはみな正しかった。たしかに、スピノザの厳密な意味での弟子は、オランダ、ドイツ以外にはほとんどいなかったと言ってもよい。

「スピノザの説に賛成らしいと疑われる人はきわめて少ない。そう疑われる人の中でも、スピノザを研究した人はまた少ない。スピノザを研究した人の中でも、それがわかった人、そこに見られる混乱やわけのわからぬ抽象的思考に嫌気がささなかった人はさらに少ない。しかしこういうことがある。信仰をほとんど持たない人、そのことをあまり隠そうとしない人は、一般に全部スピノザ派と呼ばれるのである……。*」

＊　ピエール・ベール『歴史批評辞典』、「スピノザ」の項、本文（一七二〇年版、第四巻二六四三ページ）。

スピノザは自由思想家（リベルタン）の糧になって、その大胆さを保ち、その反抗をはげました。イタリアの不信者らの糧にもなった。不信者はイタリアにもいたからだ。ローマの宗教とローマの政治権力をともに攻撃したアルベルト・ディ・パッセラーノ伯のような反逆者の著作には、スピノザの息吹きが感じられる。スピノザはマティーアス・クヌッツェンとその「良心派」、F・W・シュトッシュその他ドイツの不信者たちの糧にもなった。また、イギリスの理神論者シャフツベリ、コリンズ、ティンダル、とりわけ派手で騒々しいジョン・トーランドに恰好の論拠をあたえたのである。

＊

ジョン・トーランドというのはおかしな男だ。文字どおり理性に酔っていたのである。一六九六年、その名を高からしめた或る本[41]で彼は叫んだ。キリスト教は神秘にあらず、と。理由は単純明白である。秘義（ミステリー）（神秘）など存在しないからだ。キリスト教が異教から受けついだ用語は多いが、秘義という言葉もそのひとつで、廃止すべき迷信か解明すべき一時的な疑問を意味するにすぎない。キリスト教が理性そのものとなって宇宙の秩序へのたんなる賛同のみを表わし、伝承、教義、典礼、信条、信仰など、この賛同それ自体ではないものを全部剝ぎとるか、それともキリスト教が存在しえなくなるか、道は二つにひとつである。何物も理性の上に置かれることはできないのだから。理性に反対することはできないのだから。

ジョン・トーランドは無学ではなかった。グラスゴー大学で文学士の免状を取った上、エジンバラ、ライデン、オクスフォードでもさらに勉強したからである。彼には古代の知識があった。古代とは大がかりなペテンにすぎず、古代の歴史家は人をあざむくこと以外やらなかったということを明らかにするためである。また聖書の知識もあった。聖書は偽書で、そこにある奇蹟も自然の原因によって説明されると言うためである。裁断し罵倒し考案し、まぜこぜのごった煮を作るためである。文学や詩歌や雄弁術の知識もあった。もろもろの宗教の聖別されたペテン師たちが語る言葉は、民衆の鼻づらを引きまわすための偽装にすぎないと言うためである。彼は乱世の人間だった。自惚れが強く、スキャンダルを起こすのを天職と心得、大騒ぎをするのがうれしくてならなかった。運が向けばそれこそふんぞりかえったが、石を投げつけられても文句は言わなかった。降ってくる石もとにかく音を立てるからだ。

　これまであげた諸家の破壊力に自己の破壊力をプラスしたこのジョン・トーランドに、けっして独創的な思想を求めてはならない。トーランドを読むと、フォントネル、ベール、ベッケル、ファン・ダーレン、ホッブズ、スピノザなどの木霊が聞こえる。こうした影響を疑う人がいるかもしれない。しかし、トーランド自身大手をふって引用しているのだから、これは偶然の類似ではなく、まがうことなき到達点であることが証明されてしまう。トーランドの頭には読書の記憶がつめこまれていた。著作にも先人の思想の切れはしがあちこちに現われていた。トーランドに求められるのは独創的な思想ではなくて、興奮、狂躁だったのだ。アイルランドのカトリシズムとイングランドのピュリタニズム、また体面を重んじる社交儀礼にながいこと抑圧されてきた感情が、或る日こういう束縛をすべて断ち切り、途方もない大爆発をしたように。

　ジョン・トーランドはアイルランドの生まれだった。はじめはカトリック教徒だったが、やがて新教に改宗した。赤子の頃から自分は迷信と偶像崇拝の中で育てられたが、私の理性は二、三の人の援助を受けて首尾よく私を改宗させてくれた、と彼は自慢げに語っている。なぜなら、まだ一六にもならない内に、生涯をつらぬく法王教（パピスム）への激しい敵意はすでに固まっていたからである。法王教だけではない。イギリスの国教にも彼は敵意を抱いていた。いや、憤怒の塊と化したこの人格から何かを奪おうとするあらゆる教会、桎梏の影にすら耐えぬこの自由を侵害しようとするあらゆる教会に、彼は敵意を抱いたのだ。『神秘ならざるキリスト教』Christianity not Mysterious が当ったあと、トーランドは自分の悪評を楽しみながらカフェで長広舌をふるい、伊達者を気取ろうとしてアイルランドへでかけた。そしてひどいめにあったのである。侮辱され爪はじきされ村八分になり、下層階級に投げこまれて、ついにアウト・ローになって〔逮捕状が出たこと〕しまったのだ。はじめトーランドを買っていたロックからこの男を紹介された数学者のモリヌークスは、その失墜の模様を哲学者に報告している。「トーランド君はついに王国を去らざるをえなくなりました。軽率な言動でみなから総スカンをくい、一度でも彼と話をしたことがわかると危険なほどになったのです。そのため、自分の評判を大事にしなければならない人はみんな会うのを避け、しまいにトーランド君はパンにもこと欠く始末だったとか。誰もあの人を食事に呼ぼうとしなかったとか。持ってきたわずかな蓄えも使いはたして、これも又聞きですが、あの人は三〇スー貨一枚すら会う人ごとに借りてまわらねばならなかったようです。かつらの代（だい）も服の代も間代も払えなかったらしいのです。その上まずいことに、最高法院が彼の本を弾圧して、刑吏の手で焼き捨てよと命令しました[42]。……それを聞いて、あの人は当地から逃げだしました。どこへ行ったのか誰にもわかりません……。」

トーランドの精神的な姿勢はアウト・ローという立場から或る程度説明される。フランスの自由思想家（リベルタン）に見られる一抹の貴族性も、ベールのような純粋な知性も、スピノザのような品位も、彼の性格とはまったく無縁だった。マホメットのような教祖になることが夢だったけれども、力も権威も両方ともなかった。そのかわり、トーランドは辛辣だった。獰猛だった。よく動く舌よくまわる頭を総動員して、それを自分の憎悪に役立てた。坊主に対する憎しみたるやまさにすさまじいものだった。現在の坊主も過去の坊主も、全部ひっくるめてである。レビ族〔古代イスラエル民族の〕の祭司[43]たちもすでにペテン師だったではないか。彼は坊主に悪態をつき、嘘つきとか犯罪人とか呼んだ。トーランドは本質的に反教権主義者だったのである。

アン女王崩御の折は誰が王位をつぐかをめぐって、イギリスでは政治論争が行なわれていた。トーランドは『自由イギリス』Anglia libera（一七〇一年）を著わして、敢然とハノーヴァー家の味方についた。イギリスは法王教（パピスム）のくびきにふたたび陥るような危険を冒してはならない、何より貴重な財産である政治的自由を守りぬかねばならない、というのだ。こういう著述がハノーヴァー家に喜ばれたのは当然である。ジョン・トーランドは政治的な密使[44]として政府に雇われることになった。密命を帯びて彼は何度も海外へでかけた。ベルリンにもハノーヴァーにもデュッセルドルフにもウィーンにもプラハにもハーグにも現われた。ライプニッツに事物の最終的な説明を求めたプロイセン王妃ゾフィー＝シャルロッテは、この奇人に会って彼の哲学を問いただし、とりまきの学者や聖書註釈家に彼と論争[45]させた。それがきっかけとなって、トーランドは一七〇四年に、彼の思想のおそらくは精髄を盛った[46]『セリーナへの手紙』Letters to Serena を王妃に捧げ[47]たのである。

彼は説明している。霊魂の不滅という信仰はキリスト教だけのものではなくて、もともと異教の教義である。これを最初に唱えたのはエジプト人だ。人格神への信仰[48]も偶像教から来ている。人々は自分と同じ被造物を神に祭り上げ、神殿を建立し、祭壇をしつらえ、立像を立て、神官や祭司を設けた。臣民は早くから君主をもとにして神を考える習慣をうえつけられた。だから神を気まぐれで、変りやすくて、ねたみ深くて、復讐的で、専制的なものと見てばかりいる、云々。――こういう説はみな初耳ではない。これまでにもさんざん言われてきたことだから、素通りしてもさしつかえなかろう。こと思想に関しては、トーランドはかなりいいかげんだった。スピノザを反駁する[49]ためわざわざ筆をとりながら、逆にスピノザの影響を受け、汎神論者（パンテイスト）[50]という言葉をはじめて使ったりしている。自分でもさほど厳密には考えなかったらしい。矛盾撞着にあまり敏感な方ではなかったのだ。

と同時に、私たちの第二の印象も裏付けられる。感情の激しさ、反宗教のすさまじさはどうだ。「迷信」というテーマになると、彼はとたんに激してくる。興奮してくる。言うところの「偏見」をわれわれの肉の中、血の中にまで探しにゆく。いたるところにそれを見る。もはやそれしか見ないのだ。まさに強迫観念である。誕生の瞬間から、偏見はわれわれを待ちかまえている。

「子供を取り上げる産婆は迷信的な儀式をとり行なう。分娩に立ち会う老婆たちは、生まれた子供が不幸にならぬよう、幸福が得られるように無数のまじないを唱え、吉兆とか凶兆とか馬鹿々々しいことを言ってはその子の未来の運命を推し測ろうとする。所によると、このおばさんたちに負けないほど坊主が敏捷に立ちまわり、強力な呪文のように或る種のきまり文句を唱えたり、塩や油といった穏やかなシンボルを使ったり、もっと手荒く鉄や火を押し当てたり、その他なんらかの方法で未来にまでわたる自己の権利と所有権を刻印したりして、その子をたちまち自分の支配下に引き入れてしまう。」*

＊『セリーナへの手紙』、第一書簡「偏見の起源と力について」(一七〇四年版、三ページ)。

子供が大きくなると、偏見の力も同時に強まる。乳母はお化けの話をし、召使はお伽話をする。小学校では精霊やニンフや半獣神の話とか、その他驚異ないし奇蹟に類する出来事を聞かされ、いずれも嘘を商売にする詩人や寓話作家や雄弁家のものを読まされる。大学にはいっても、青年はちっともましにならない。賢くもならない。教授は国法にしばられていて、独立の立場も真摯な態度もとれないからである。「大学は文字どおり偏見の苗床だ……」(51)(『セリーナへの手紙』、第一書簡。一七〇四年版、七ページ)。

一生涯、偏見は私たちを待ちかまえ、あざむきとおす。死ぬ時にも、私たちは偏見に希望を求め、偏見ゆえに恐怖を抱く。しかし、彼トーランドには偏見はなかった。自分は他人の偏見と戦うために生まれてきたのだ。自分は真理を保有しているのだ。このことを彼は片時も疑わなかった。自惚れと勇猛心と片意地を、彼は自分の墓碑銘にまで書きしるした。「ここにジョン・トーランド眠る。アイルランド、(ロンドン)デリーの近傍に生まれ、スコットランド、アイルランドにて学を修め、長じてはオクスフォードに遊学せり。一度ならずドイツをおとずれ、壮時をロンドン周辺にすごせり。文芸百般を修め、十余カ国語を心得、真理の旗手、自由の守護者として、何者にも加担せず、何者の恩顧をも受けざりき。威嚇にも屈せず、不幸にもひるまず、私利より上に善を置き、おのが選びし道をあくまでも歩みとおせり。その魂はそこより出でし天なる神と合一す。かならずや、彼はとこしえによみがえるべし。されど、トーランドは二人とあらざらん。誕生は一一月三〇日、その余のことは著作の内に探されよ……。」

＊

これが理性派だった。

抗議しながらそのあとにくっついていったマールブランシュのような、本隊とはおよそ異質な同伴者をつれて、明証性と論理と秩序が支配する国をめざして彼らは進撃した。だからこそ、途上によこたわる邪魔物をぶちこわしたのである。だからこそ批判したのである。「現代は批判者の時代だ。」＊「われわれはあらさがしの時代に生きているらしい。」＊＊彼らはたえず攻撃をしかけた。卑屈な盲従や怠惰な習慣や誤謬と不合理の集積に挑みかかった。謬見だけではない、おのれの怯惰をも振りはらうという常に必要な作業を彼らは再開したのである。われわれは信者の役にも立っている、われわれがいるからこそ彼らも自分の信仰を正当化し、あたえられたものをただ受けいれるだけではなく、意識的な選択によってそれを採用せざるをえないのだから——こんなふうに彼らが言うのもその意味では完全に間違いとは言いきれなかった。その誠意と勇気と大胆さは尊敬に価した。気楽で有利な立場ではなく、はじめは苦しいことを承知の上で、あえて困難な道を選んだのだから。数をたのむことも、既成の力によりかかることも彼らにはできなかった。それどころか、所詮ひとにぎりの少数派で、たよれるものは自分の努力しかないことを知っていた。「自分の目で真理を探求する苦労は、他人が盲目的に歩む道を自分も盲目的に歩むことのたやすさよりも大きい。」＊＊＊謬見の支配が長ければ長いだけ、いっそう勇敢にそれと戦わなければならない。「誤謬と戦うにしても、それが長年の習慣で一国民の精神に根をおろす前のことなら、古さによってそれが一見聖化されたのちよりも、世の顰蹙を買う度合いははるかに少ないだろう。このことは私も認める。だが、真理に時効はないのだから、今まで知られていないという理由で、真理を永久に忘却の内に埋もれさせておくことは正しくない。」＊＊＊せざるをえないその苦労、起こさざるをえないそのスキャンダルの内に、彼らはおのが使命の必要性、いやその偉大さを認めていた。「私は急流にさからって泳ぐ人の力を、知らない内に流れに運ばれる人の力よりはるかに高く評価する。同様に、あらゆることを検討し、昔から受けいれられてきた見解に時には反対する人の洞察力と判断の確かさを、そうした見解を祖先から受けついで、多くはそれの古さや権威のゆえに後生大事に守りつづける人のそれよりもはるかに高く買うものである。」＊＊＊＊

＊　グレゴリオ・レティ『英国総覧』Il Teatro britannico、[52]一六八三年、序文。

＊＊　エアロン・ヒル『オスマン帝国史』History of the Ottoman Empire、一七〇九年、序文。

*** クロード・ジルベール『カレジャヴァまたは理性人の島の物語』Histoire de Calejava, ou de l'isle des hommes raisonnables、一七〇〇年、三五ページ。

**** ピエール・ベール『一六八〇年一二月の彗星出現に際して、ソルボンヌの某博士に宛てた諸考察』、一六八三年、第九一節(プラ版、第一巻二四三ページ)。

***** ティッソ・ド・パト『ジャック・マッセの旅と冒険』Voyages et Avantures de Jaques Massé、一七一〇年、二八―二九ページ。

ただ、彼らの態度もすでに不遜をきわめていた。その点では、彼らが忌み嫌うあの宗教派のいちばん不遜な連中にもひけをとらなかった。ユダヤ教徒であれ回教徒であれキリスト教徒であれ、人々がこんなに何世紀間も祈りつづけてきたわけを彼らは考えようともしなかった。それは何物によっても消しがたい宗教的な情熱が人々の心の内にあったからではないのか。このことを無視して、彼らはいとも簡単に割り切った。誤謬とかペテンとか言うだけで、偏見とか迷信とかいう言葉をくりかえすだけで能事終れりとしていた。こういう用語ひとつをとっても、本当の偏見や明らかな迷信と、正当かつ必要な信仰とがその中でいっしょくたにされていないかどうかを考えもしなかった。せっかちで傲慢な彼らは、歴史の全体を筋違いの折り目がいっぱいついた一枚の紙にたとえた。折り目を消して白紙にかえせばそれでいいと思っていた。それが簡単なことであるかのように。可能なことであるかのように。遠い昔から連綿とつづくこの道の上で、人間がただただ誤謬しか積み重ねてこなかったかのように。聖者や殉教者の献身とヒロイズムを忘れて、彼らはそこに不幸と犯罪しか見なかった。要するに自惚れていたのである。すべての闇を払う大きな光を、全面的な真理を見つけたつもりだったのである。あげくのはてに、彼らは人間を神格化した。「理性に従う時、私たちは自分自身にしか依存しない。それによって私たちは、或る意味で神々になるのである」*、と。

* クロード・ジルベール『カレジャヴァまたは理性人の島の物語』、五七ページ。

訳註

（1）ゲットーに嫌われた　「ゲットー」とはもちろんユダヤ人居住区のこと。ここでは、スピノザが二三歳でユダヤ教の会堂から破門されたことを言っている。ルカスの伝記によると、スピノザは二人の友人に神や霊魂に関する危険な意見を述べたため、会堂の有力者に密告され、査問の席でも自説をひるがえさなかったので破門されたと言われるが、実際はスピノザの方から先に会堂を脱退し、会堂側はやむなく破門処分に出たらしい。破門は一六五六年七月二七日に布告された。

（2）パドヴァ派　イタリアのパドヴァ大学で一六、七世紀に栄えた哲学の一流派。その理論家たちはいずれもアリストテレス主義者で、或る者はアヴェロエス、或る者はアフロディシアスのアレクサンドロスの説に従って真正かつ非スコラ的なアリストテレス学説の復活を図った。その代表者はピエトロ・ポンポナッツィ（一四六二―一五二五）で、アレクサンドロス説にもとづいて個的霊魂の不死を否定した『霊魂の不滅について』De immortalitate animæ（一五一六年）や、魔術や奇蹟の自然主義的解釈を主張した『魔法について』De incantationibus（一五五六年）で全ヨーロッパ的影響をあたえ、パドヴァ大学を一躍自由思想のメッカたらしめた。ポンポナッツィの伝統はさらにチェザーレ・クレモニーニ（一五五〇―一六三一）に受けつがれるが、一方ジロラモ・カルダーノ（一五〇一―一七六）や、無神論者としてトゥールーズで火刑に処せられたジュリオ＝チェザーレ・ヴァニーニ（一五八五―一六一九）なども、いわばパドヴァ哲学の普及家としてその後の自由思想の展開に一定の影響を及ぼした。

（3）デカルトとやりあってしまった　デカルトの『省察』Meditationes de prima philosophia（一六四一年）に対して、ガサンディはいわゆる「第五論駁」Cinquièmes Objections を著わし、デカルトはそれへの「答弁」Réponses aux Cinquièmes Objections を書いたが、ガサンディはさらに長文の「反駁」Instances でこれに答えた。デカルトは「クレルスリエ宛の手紙」でこの「反駁」に答えている。ガサンディの「論駁」と「反駁」は一六四四年にまとめて出版され（次の原註を参照）、一六四七年ないし四八年にデカルトとガサンディの和解が成立した。

（4）ガサンディとデカルトの引用　ガサンディの言葉は「省察二」への「論駁疑義二」にあり、正確には「おお魂よ」O Anima である。デカルトの言葉はそれへの「答弁」より。ガサンディ『形而上学研究』Disquisitio metaphysica、羅仏対訳版（一九六二年）、八八―八九ページ、九〇―九一ページ。『デカルト哲学著作集』（ガルニエ版、一九六三―六七年）、第二巻七〇九、七九三ページ。

（5）シモニデス　前五五六―四六八。ギリシャの抒情詩人。ペルシャ戦争時代には一種の国民詩人だったが、前四七六年頃シチリアのヒエロン一世の客となり、アクラガスで客死した。

（6）ルクレティウスを仏訳　ラテンの詩人ルクレティウスの『物の本性について』De Natura rerumは、自由思想家のバイブルのひとつだった。その仏訳は彼らの何人もが手がけており、一六五八年に出版されたミシェル・ド・マロルの散文訳のほか、散逸したモリエールやシャペルの訳もあった。ドゥエノーの飜訳は断片的なもので、冒頭部分の韻文訳が一六九四年に発表されている。

（7） 大臣たちやフランス国王の勘気を避けて　サン＝テヴルモンは一六五九年のピレネー和議の当時、この和議とそれの立役者マザランをからかった手紙を書いたが、マザランの死後、大蔵卿のフーケが失脚・逮捕された時、さしおさえられたフーケの友人デュプレシ・ベリエール夫人の文書の中にこの手紙が見つかり、コルベールやル・テリエらはこれを国王に見せた。逮捕を恐れたサン＝テヴルモンは、はじめノルマンディーの親戚の家に隠れ、その後転々と逃げまわったが、勘気が解けないのを見て亡命を決意し、まずベルギーからオランダへ行き、程なくイギリスへ渡った。ロンドンへ着いたのは一六六一年一一月末であった。

（8） 道徳と政治と文学以外なかった　サン＝テヴルモンは、このことを「紳士がたずさわりうる学問についての判断」Jugement sur les sciences où peut s'appliquer un honnête homme で語っている。

（9） 古代作家のきめの細かい研究　「セネカ、プルタルコス、ペトロニウス論」Jugement sur Sénèque, Plutarque et Pétrone など。

（10） 歴史家相互、弁論家相互の公平な比較　「サルスティウスとタキトゥスに関する考察」Observations sur Salluste et Tacite など。

（11） 対比論　「アレクサンドロスとカエサルについて」Sur Alexandre et César、「大公殿下とチュレンヌ殿の対比論」Parallèle de Monsieur le Prince et de Monsieur de Turenne など。

（12） 人物論　「チュレンヌ讃」Eloge de Turenne、「オロンヌ伯爵夫人の性格」Caractère de Madame la Comtesse d'Olonne など。

（13） オルタンス・マンシニ　一六四六―九九。枢機卿マザランの姪で才色兼備をうたわれた女性。ラ・メイユレー侯爵、のちのマザラン公爵と結婚したが、嫉妬深い夫に苦しめられ、再三家出をしたあげく遂に国外へ脱出し、ジュネーヴ、ミラノ、ローマを転々としたのち、サヴォワの宮廷で三年間生活した。一六七五年、サヴォワを去ってドイツ、オランダをめぐり、同年暮れにイギリスへ渡って、チャールズ二世の宮廷に現われた。かつて彼女に恋心を抱いていた国王は彼女に年金と館をあたえ厚遇した。彼女はその館でサロンを開き、名誉革命後にはカトリック教徒の陰謀に加わったというかどで逮捕されかかったりしたが、そのままイギリスにとどまり、その地で歿した。サン＝テヴルモンのプラトニック・ラブの対象だったらしい。

（14） エピキュリアン　サン＝テヴルモンには「エピクロスの道徳について」Sur la morale d'Epicure や「快楽について」Sur les plaisirs という文章もある。

（15） デ・メゾーの引用　デ・メゾーが刊行した『サン＝テヴルモン氏作品集』Œuvres melées de Mr. de Saint-Evremond（一七〇六年、五巻）の第一巻には、デ・メゾーが書いた『サン=テヴルモン氏伝』La Vie de Messire Charles de Saint-Denis, sieur de Saint-Evremond が収められている。引用はその中から。一七一一年版CCXXV—CCXXVIページ。

(16) 長期にわたって引き延ばした　サン=テヴルモンは九三歳まで生きている。

(17) 失敗　サン=テヴルモンは一六五三年と五八年に、政治的理由で三カ月ずつバスチーユに投獄された。一六六一年の亡命も三度目のバスチーユ行きを恐れたからであった。

(18) こういう解釈を語った人　『サン=テヴルモン、または不純なる人間主義者』Saint-Evremond ou l'humaniste impur（一九三二年）を書いたアルベール=マリ・シュミットのこと。

(19) アムステルダム版　註15で述べたデ・メゾー版のこと。

(20) 書いた　この記述では『ヴォルポーニ』の訳と『ポリティック・ウッド・ビー卿』とは別なもののように書かれているが、『ポリティック・ウッド・ビー卿』そのものが『ヴォルポーニ』のきわめて自由な飜案なので、これは同じものである。ポリティック・ウッド・ビー卿というのも、もとは『ヴォルポーニ』に登場する副人物であった。ただし、サン=テヴルモンは『ヴォルポーニ』を下敷には使っているが、けっしてそれを「訳した」わけではない。

(21) 一六六六年から七二年まで　この記述はやや不正確である。サン=テヴルモンは一六六五年のたぶん七月に、ロンドンを離れてオランダへ渡り（理由は療養のためともペストを避けるためとも言われるが、真因は英仏間の戦争が迫っていたためであろう）、一六七〇年まで主としてハーグに滞在した。そして一六七〇年五月に帰英して、イギリスへ最後的に落ち着いたあと、七二年一―二月に短期間オランダを再訪している。

(22) フロンド　一六四八年から数年間つづいた大貴族と高等法院による王権への反乱、いわゆるフロンドの乱のこと。

(23) レインスブルフ　ライデンに近いオランダの町。スピノザは一六六〇年暮れないし六一年初頭から六三年の四月まで、ここに住んでいた。

(24) フェールカーイ街　ハーグの街。スピノザは一六七〇年にハーグへ引越し、この街のファン・デ・ウェルフェ宅（コレルスは寡婦ファン・フェーレン宅と言っているが）へ寄寓した。そして翌年、パフィリューン運河沿いのヘンドリク・ファン・デル・スペイク宅へ移っている。

(25) スピノザの最初の作　『デカルト哲学原理』Renati Des Cartes Principia philosophiæ（一六六三年）のこと。

(26) イタリアにイタリア独自の哲学をあたえようとした　ヴィコは一七〇九年に、『現代の研究方法を論ず』De nostri temporis studiorum ratione を自費出版した。これは自然学、幾何学、医学、詩学、哲学、宗教、法学などについてヴィコの考える学問研究の目的と方法を述べたもので、特に興味と批判の対象はデカルトに置かれ、デカルトの思弁的な哲学に対して事実としての歴史が対置されており、初期の作ではあるが、後の『新科学』La Scienza nuova に結晶するヴィコの哲学の基礎を定めたものであった。

（27） 懸命に反駁しようとした　ライプニッツのデカルト批判は形而上学と自然学の両面にわたって行なわれており、まず一六八六年三月、『ライプツィヒ学報』Acta Eruditorum Lipsiensia にのせた「デカルトその他の人々の顕著な誤りの簡潔な証明」Brevis demonstratio erroris memorabilis Cartesii et aliorum によって、ライプニッツは、宇宙で不変的に保存されるのはデカルトの言うような質量と速度の積（運動量）ではなく、質量と速度の二乗の積（力の量）であると主張した。これをめぐってマールブランシュやカトラン師とライプニッツとの間に論争が行なわれた。さらにライプニッツは、すでに私的な文書や書簡では一六七一年前後から行なっていた物体＝延長というデカルトの物質観に対する批判を手紙の形で、『学芸新聞』Journal des savants の一六九一年六月号にのせ、さらにこれを同紙の一六九五年六月号に発表した「実体の本性及び実体の交通、並びに精神物体間に存する結合に就いての新説」Sistême nouveau de la nature & de la communication des substances, aussi bien que de l'union qu'il y a entre l'ame & le corps で詳説した。これは同紙の一六九六年四月号の「説明」Eclaircissement du nouveau systeme によって補足され、そこには予定調和の観念や有名な時計の比喩も現われているが、その翌年、ライプニッツはクロード・ニケーズに宛てた一六九七年二月一五日付の手紙で、デカルトの機械論的な哲学を、スピノザの無神論を生みだした反宗教の哲学として激しく攻撃、これが回覧されたため、デカルト派のレジスとライプニッツとの間に激烈な論争が展開された。

（28） 賢明な言葉　『方法叙説』Discours de la méthode、第二部の次のような発言を言うのであろう。「一私人がある国家をその根底から変更することによって、あるいは建て直しを目的としてすっかり転覆してしまうことによって、その国家を改造しようと企図したりするようなことは、まことに不条理なことであり、また同様に、一私人が、学問の全体系、またはそれらを教えることを目的とする学校に確立している秩序を改革しようと企図したりすることも不条理であると確信した。……公の大きな組織は、一度打倒されると再建は至難であり、またそうでなくても、動揺を受けるならば、これを保持することすら至難であって、しかもその崩壊は、きわめて激烈なものであらざるをえない。……わたしの著作がかなり自分の気に入ったというのでここにその見本を諸君にお目にかけるのも、これをまねることをすすめようと思ってのことではない。……さきに信頼して受け容れたすべての意見から脱却しようという唯一の決意さえ、すべてのひとが従わなければならない模範であるというわけではない」（邦訳、角川文庫、二二―二四ページ、小場瀬卓三訳）。

（29）「序文」　『科学アカデミー史』の四篇の序文のひとつ「数学・物理学の効用と科学アカデミーの仕事に関する序文」Préface sur l'utilité des mathématiques et de la physique et sur les travaux de l'Académie des Sciences のこと。

（30） マールブランシュ説の紹介　これは主としてマール

ブランシュの『自然と恩寵を論ず』Traité de la nature et de la grace（一六八〇年）の内容紹介である。

（31）マールブランシュ反駁　『自然と恩寵に関するマールブランシュ神父の体系を駁す』Réfutation du système du père Malebranche sur la nature et la grace のこと。これはフェヌロンがボシュエの勧めで一六八七年頃に書いたもので、ボシュエがそれに手を加えた。ただし、当時は出版されず、一八二〇年にはじめて活字になった。

（32）アンリエット・ダングルテール　一六四四―七〇。英国王チャールズ一世の娘で、ルイ一四世の弟フィリップ・ドルレアン公に嫁したが、一六七〇年に急死した。

（33）村八分にされ　スピノザが青年時代にユダヤ教の会堂から破門されたことを言う。註1を参照。

（34）贋の標題　『神学・政治論』は一六七八年、フランス人の亡命新教徒ガブリエル・ド・サン＝グランによって、「至聖所の鍵」La Clef du sanctuaire、「古今のユダヤ人の迷信的な儀式を論ず」Traité des Ceremonies superstitieuses des Juifs tant anciens que modernes、「公明正大なる人物の興味ある考察」Les Réflexions curieuses d'un esprit désintéressé という三種の贋の題をつけて、アムステルダムで仏訳出版された。この仏訳本は標題の奇妙さも手伝って広く読まれ、『神学・政治論』の国際的な普及に大きな貢献をした。なお、『神学・政治論』の英訳は一六八九年、オランダ語訳は一六九三年、独訳が出たのははるか後の一八〇六年であった。

（35）罪に問われた　『神学・政治論』はオランダの改革派教会当局から当然はげしく攻撃され、発禁のための働きかけが政府に対し行なわれた。スピノザを庇護していたヤン・デ・ウィットの健在中は、この工作も効を奏さず、一六七二年に彼が暗殺された後もしばらくは無事だったが、オランイェ公ヴィレムと正統教会との結合が強まるにつれて圧迫が激しくなり、遂に一六七四年七月一九日、オランダの宮廷は布告によって、『神学・政治論』を他の二、三の書とともに禁止した。「我々はこれらの書物の内容を検し、それらが真のキリスト教たる改革宗教を転覆するのみならず、神と神の諸性質および神の敬慕すべき三位一体に対する、イエス・キリストの神格とその真の聖業に対する、あらゆる冒瀆に溢れたるものなることを認める上に、それらが上述の真のキリスト教の基礎となる要旨を、そして実際に聖書の権威を、できうる限り完全に軽侮の中へ陥れ、弱く志操定まらぬ人々を疑惑の中へ投げこまんとするものなることを認めるが故に……」と、その禁止理由を述べている。

（36）アルノー　アルノーのこの発言は、『カトリック教徒のための弁明』Apologie pour les catholiques（一六八二年）、第二巻一八一―一九ページにある。

（37）ジュリユ　ジュリユのこの発言は、『アルノー氏の精神』（一六八四年）、第一巻一五八ページにある。

（38）デュボス　デュボスのこの発言は、ピエール・ベールに宛てた一六九七年三月一日付の手紙にある。エミール・ジガス刊行『ピエール・ベール未発表書簡選』、一九三ページ。

（39）フェヌロン　フェヌロンのこの発言は、『形而上学と宗教の諸問題に関する書簡集』Lettres sur divers sujets de métaphysique et de religion に収められている「第五書簡、神の存在とキリスト教と真の教会について」Sur l'existence de Dieu, le christianisme, et la véritable Église（一七一三年六月五日付）にある。一八五一―五二年版全集、第一巻一二九ページ。

（40）ラミ神父　ラミのこの発言は、彼の『新無神論転覆』Le Nouvel Athéisme renversé（一六九六年）の緒言にある。ベネディクト会のフランソワ・ラミはマールブランシュの影響を強く受けたデカルト主義者で、一六八五―八六年にボシュエに勧められて、幾何学的方法による『エティカ』の反駁文を著わした。ボシュエはこれの刊行準備を進め、一六八八年に日の目を見かかったが、デカルト主義に敵意を持つソルボンヌの反対にあって計画は挫折し、その後原稿は大幅に加筆され、当初の幾何学的反駁に、一般読者のための「通常の方法による反駁」と長い「緒言」をつけて一六九六年に出版された。これはフランスで著わされたスピノザ反駁書の内でももっともすぐれたものとされている。

（41）或る本　『神秘ならざるキリスト教、または、福音書の内には理性に反するものも理性を超えるものもなきこと、キリスト教の教理はいずれも正確には秘義と呼びえぬことを証明するの論』Christianity not Mysterious; or, a Treatise shewing, that there is nothing in the Gospel contrary to Reason, nor above it; and that no Christian Doctrine can be properly call'd a Mystery のこと。

（42）命令しました　ダブリンの最高法廷キングズ・ベンチは、一六九七年九月九日、『神秘ならざるキリスト教』の焚書と持ち込みおよび販売の禁止、さらに著者トーランドの逮捕と訴追を決定した。

（43）レビ族の祭司　トーランドの処女作は二一歳の時に書いた『レビ族』Tribe of Levi という諷刺詩であった。彼はその中で、僧侶階級を人類の最悪の敵として罵倒している。

（44）政治的な密使　イギリスの王位をハノーヴァー家に属させるという議会の決定は、マックルズフィールズ伯爵によりハノーヴァーの宮廷へ持参されたが、そのとき、トーランドは伯爵の秘書という資格でそれに同行した。その後トーランドは、一七〇七年から一〇年にかけて、トーリー党のロバート・ハーレー首相の密使として諸国の宮廷をおとずれるため、ヨーロッパの諸都市に派遣された。

（45）論争　ゾフィー＝シャルロッテはジャック・ランファン、イザーク・ジャクロ、イザーク・ド・ボーゾーブルなど、いずれもフランス人の亡命新教徒である当時の有名な神学者たちを礼拝堂牧師として宮廷に置いており、彼らといろいろな思想家を面前で議論させるのを一種の娯楽と心得ていた。トーランドがベルリンへ行った時も、王妃はシャルロッテンブルクの邸で彼をボーゾーブルと議論させた。イザーク・ド・ボーゾーブル（一六五九―一七三八）は、ランファンとともに新約聖書の仏訳もした有能な聖書釈義家で、また有名な『マニとマニ教の批評的歴史』Histoire critique de Manichée et du Manichéisme（一七三四、三九年）などの史書を著わした歴史家でもあった。彼とトーランドの論争は、『ジョン・ミルトン伝』

The Life of John Milton（一六九八年）以来、トーランドの著作で再三問題にされてきた聖書の信憑性というテーマをめぐり、二時間にわたって続けられた。論争の報告は『ゲルマン文庫』Bibliothèque germanique の第六巻にのったボーゾーブルのそれがあるだけで、当然ボーゾーブルが勝ったことになっているが、トーランドがイエスの復活を否定したとか、神を信じるかとボーゾーブルに訊かれて怒ったとか、興味ある記述が散見される。なお、この論争はトーランドとボーゾーブルの一騎打ちであるから、「とりまきの学者（複数）や聖書註釈家（複数）に彼と論争させた」という原著の記述は不正確である。

（46）　王妃に捧げた　『セリーナへの手紙』を構成する五篇の手紙の内、最初の三篇はこの王妃に宛てられているが、直接に自然学を扱った最後の二篇は、オランダのスピノザ主義者に宛てられている。

（47）　霊魂の不滅　霊魂の不滅という信仰の起源は、『セリーナへの手紙』の第二書簡で扱われている。

（48）　人格神への信仰　偶像崇拝や宗教一般の発生の歴史は、『セリーナへの手紙』の第三書簡で扱われている。

（49）　スピノザを反駁する　『セリーナへの手紙』の第四、第五書簡は、運動は物質の本質的性質で、思惟も脳の特殊な運動である、という唯物論的な立場から、スピノザの哲学を批判している。この部分を、ディドロが『ダランベールの夢』Le Rêve de d'Alembert に多く利用している。

（50）　汎神論者　トーランドには『汎神論』Pantheisticon（一七二〇年）という著書がある。彼の哲学的遺書とも呼ぶべきものである。

（51）　トーランドの引用　この文章はトーランドの原文では、「大学は偏見のもっとも肥沃な苗床だ」。

（52）　一六八三年　原著には「一六八四年」とあるが、誤りなので訂正した。

第二章　奇蹟の否定——彗星、神託、妖術師

自然法則を乱暴に踏みにじり、これ見よがしな威光に輝いている奇蹟こそ敵のナンバー・ワンだった。奇蹟は民衆を引きつけていた。理性派が獲得したかったのもまさにこの民衆だった。信者や教会でお祈りをする人たち、それにご婦人がただった。それを味方につけないかぎり成功はおぼつかなかった。

奇蹟に対してはうかつなことはできなかった。勝手な攻撃は禁じられていたからだ。だが少なくとも、個々の迷信を叩くことは許されていた。材料もふんだんにころがっていた。だから理性派は多かれ少なかれお粗末な偏見を暴露して、その不合理と有害さを明らかにし、権威と同意と習慣というこの誤謬の原因にまでさかのぼった。奇蹟信仰の土台も権威と同意と習慣だから、彼らはこの遠まわしな方法で言わんとすることを伝えたのである。

この戦いには三つのエピソードがあった。

*

『学芸新聞』Journal des Savants、一六八一年一月一日(月曜)号。

「どこも彗星の話でもちきりである。これは新年の最大のニュースであろう。天文学者は軌道を観測し、民衆は多くの災厄の前兆と考えている……。」

事実はこうである。一六八〇年の一二月に彗星が天空に現われた。その後数年の間にさらにいくつも現われた。それをきっかけとして古くからの論争が再燃したのである。だが、調子は今までと違っていた。

或る者は言った。彗星はそれ自体危険なものだ。彗星の素材は大地からの発散物の集合で、この発散物が発火する——それは四元素の領域(レギオ・エレメンタリス)〔月を運ぶ球面より内側の下層界〕に大混乱が起きた証拠である——とものすごい天変地異が起こるのだ、と。——それに対して或る者は答えた。たしかに昔の哲学ではそうだった。でも今の人は、彗星が天体で、地球は彗星をこわがるに及ばないことを知っているのだ、

と。

軽信家は言った。彗星は前兆だ。人間に加えられる大きな懲罰を予告するために天が遣した前ぶれだ。彗星を見ておのれの罪を悔い改めない者にわざわいあれ！ 思いだすがよい。昔から、彗星が現われるときまって不幸な事件が起こったではないか。国王が暗殺されたり、地震や飢饉や戦争やペストが発生したりしたではないか。さあ、泣き叫ぶがよい。冒瀆がきわまって、今や神が怒りを表わしたのだ。天からの使者をわれわれにむけて放ったのだ。

或る者は答えて言った。「自分のために天がわざわざ彗星ひとつをフイにするなどと思えるほど私たちは重要な存在なのか。」いくら探してみても、この民間信仰を根拠づけるものは見当らない。学者の論理にもそれを納得させるものはないし、聖書の内にもこの偏見を権威づけるものはない。彗星とは何か。並の星よりもきれいな星、天の飾りにすぎないではないか。夜の闇は恐怖をさそうが、光っている星がこわいはずはない。かりに蒸気であるとしても、それがなにかの前兆だとどうして考えられるのか。物質だけでできている理性も感性もないような物が、未来の方向を指示できるのか。彗星は自然の秩序に従っている。自然は神が創造したもので、原罪によってもその調和を乱されはしない。彗星はこの秩序に従っているのであって、それに影響をあたえるものではない。「オオ迷信ノ力ヨ。オ前ハ人々ノ心ヲシイタゲテ、イカニ多クノ擾乱ト嵐ヲヒキオコスコトカ！」

そのときベールが発言を求めて、問題を整然と分析した。* 彗星を大災厄の前兆ないし原因とする説は、そもそも何を根拠にしているのか。職業的な嘘つきである詩人の話か。作り話にうつつをぬかす歴史家の権威か。この世でもっとも滑稽な占星術か。この説にはしっかりした根拠は何もない。彗星が現われると多くの不幸が起こるということが常に真実だったとしても、彗星をその不幸の徴候ないし原因とすることはできない。「そうでなかったら、サン＝トノレ街〔パリの中心部〕に住んでいて、窓から顔を出すたびに馬車が通るのを目にする女は、自分こそ馬車が通る原因だと想像してもよいことになろう。少なくともその界隈の人人には、彼女が窓辺に現われることはまもなく馬車が通ることの前兆になるはずであろう……。」(1) だが実を言うと――確実な事実だけを問題にすれば――彗星出現後にも普通以上に多くの不幸が起こったわけではない。彗星ぬきの災厄もあれば、災厄ぬきの彗星もある。因果関係と二つの物の並存とを混同するのはこじつけだし、事実を曲げてこの並存を主張するのは嘘をつくことだ。彗星などほうっておこう。あんなものは人間と関係ない。彗星が人間にかかずらうなどと思わせたのは、いずれも謬見に力を添える自惚れと愚昧、それから怠惰だけなのである。

* 『ソルボンヌの博士L・A・D・C氏への手紙。哲学・神学より引きしいくたの理由によりて、彗星はいかなる災厄の前兆にもあらざることを証明す……』Lettre à M. L. A. D. C., docteur de Sorbonne. Où il est prouvé par plusieurs raisons tirées de la Philosophie, & de la Theologie, que les Cometes ne sont point le presage d'aucun malheur、一六八二年。――『一六八〇年一二月の彗星出現に際して、ソルボンヌの某博士に宛てた諸考察』Pensées diverses écrites à un Docteur de Sorbonne, à l'occasion de la Comète qui parut au mois de Décembre 1680、一六八三年。――第三版、一六九九年。――『彗星雑考補遺』Addition aux Pensées diverses sur les Comètes、一六九四年。――『一六八〇年一二月の彗星出現に際して、ソルボンヌの某博士に宛てた諸考察、続篇』Continuation des Pensées diverses écrites à un Docteur de Sorbonne, à l'occasion de la Comète qui parut au mois de Décembre 1680、一七〇五年。

ここまでなら、キリスト教徒でも開明的な人は簡単に賛成するはずである。だがベールの話はまだ終っていない。いや絶対に終らないのだ。証明が完了したかと思うと、新しい章をまた延々と書きだす。一冊終れば次の本を書きはじめる。まだまだ序の口なのである。

彗星の力を信じてはならない。たとえ諸国民の全体がその証人になったとしても。幾百万の人間がそう主張したとしても。万人の一致が得られたとしても……。万人の一致という証拠は不信者に神の存在を証明する時いつでも持ちだされるものだが、ベールはこれに異議をとなえた。信仰上の真理を保存し永続させる力があると信者たちの言う伝承に対しても、彼は同じく異議をとなえた。「重ねて言いたい。世紀から世紀へ、世代から世代へ受けつがれてきた見解が完全に間違っていることはありえないなどというのは、まったくの錯覚なのである。」

議論はさらにエスカレートする。とびきり独創的で斬新だと思うとっておきの論拠を、ベールはいよいよ持ちだすのだ。彗星が災厄の前兆ならば、神は偶像崇拝を強固ならしめるために奇蹟を行なったことになる……。ベールはしだいに興奮してくる。激してくる。能弁になり、ほとんど抒情的にすらなる。ああ、人間がいかに無力で無知だとはいえ、事実の説明がつかない時にそのつど奇蹟の観念にたよるのはやめようではないか。奇蹟は道理にかなわない。自ら設けた一般法則を維持することほど神の偉大さにふさわしいものはない。この法則を踏みにじるために神が介入するという考えほど、神の偉大さをないがしろにするものはないのだ。それも、国王の誕生とか死とかいう、宇宙の秩序にくらべたらとるにたらないことのために。

「人間をしらべればしらべるほどよくわかることは、人間の支配的な情念は自負心であって、どんなに悲惨な状況にあっても人は偉そうなふりをするということだ。人間は虫けらのような存在のくせに、自分が死ねば自然界に必ず混乱が起こるとか、天が新たな散財をして自分の葬儀を照らしてくれるとか思いこんだ。愚劣で滑稽な自惚れである。宇宙について正しい考えを持っていたら、一人の君主の生死など自然の全体にくらべたらほんの些細なことで、天が大騒ぎするには及ばないということがすぐわかるはずである。古代ローマの哲人中でももっとも崇高な思想の持ち主〔セネカ〕にならって、私たちは次のように言うはずである。天の配剤はたしかに私たちにまで及んでいるし、私たちもそれにあずかっているわけだが、しかしそれらの目的は人間の保全ということよりはるかに大きなものである、と。天の運動は私たちに大きな利益をあたえるけれども、それらの巨大な天体が地球に対する愛のために動いていると言うことはできない、と。」*

* ピエール・ベール『一六八〇年一二月の彗星出現に際して、ソルボンヌの某博士に宛てた諸考察』、一六八三年、第八三節〔プラ版、第一巻二一六―二一七ページ〕。

万人の一致、伝承、奇蹟――いやベールはさらに続ける。彗星を国難の前兆とするのは異教徒の古い迷信であって、それがキリスト教に持ちこまれいまだに続いているのである。事実、異教の多くの謬見は時代を越えて生きのびており、キリスト教徒の習慣や儀式、その信仰の内にすら容易にそれを発見できる。もっと言えば、神が異教徒を闇から引き出したのは、彼らの哲学を改善するためでも自然の秘密を教えるためでもなく、民衆の偏見や謬見に対する抵抗力を強めてそこに陥らないようにするためでもなかった。数限りない錯誤と偏見、情念と悪徳を負っている人間性の内実は、啓示があろうとなかろうと変りないのである。だから、キリスト教徒もほかの人間と同じ混乱に陥るのだ。いやさらに言えば、宗教は闇を払うどころか、それをいっそう増したかもしれないのだ。「悪魔が人間精神に見いだした迷信的な素質に話をもどそう。私はこう言いたいのである。神の敵、われらの救いの敵であるこの悪魔は、懸命に車を押し、たくみにこの機会を利用して、この世で最上のものである宗教をも突飛で珍妙でらちのない話と怖るべき犯罪行為の集積と化してしまった。それのみか、この傾向を利用して、考えられるかぎりもっとも滑稽[*]でいまわしい偶像崇拝の内に人々をたたきこんだのである。」[2]

＊　同、第六七節〔プラ版、第一巻一七三ページ〕。

偶像崇拝はもしかすると世界中のすべての宗教の特性かもしれない。とにかく、宗教の現在の特性であることは火を見るよりも明らかである。しかし偶像崇拝ほど悪いものはない。無神論ですら偶像崇拝ほど悪ではないのだ。抽象的に言えば、不完全であることは存在しないことに劣らず神の本性に反すると言える。偶像崇拝の唾棄すべき性格を示すために、教会そのものがこれに対して下してきたありとあらゆる断罪を集めてみせることもできよう。だがそれよりも、むしろ事実を見た方がよい。常に事実へ立ち帰らねばならない。キリスト教徒はあらゆる悪徳の手本を示しているではないか。誰の目にも明らかな不道徳が実際には神信心と両立しているではないか。また逆に、きわめて有徳な行ないをする無神論者がいるではないか。名誉の掟を完全に守り、霊魂の不滅は信じないが自分の名には永久(とわ)の栄光を得させようと努める、そういう無神論者がいるではないか。無神論者の社会すら考えられる。それはキリスト教徒の社会と同等、いやそれ以上のものであろう。思想の価値がそれの生んだ英雄や殉教者によって測られるなら、無神論にもそれなりの英雄や殉教者がいた。これは周知の事実ではないか。

こうしてベールは、罪のない彗星から出発して、とうとう無神論の讃美にまで行ってしまった。ベールの仕事を受けついだ人、彼のように哲学の世界へとじこもるのでなく、世の善男善女に進んで働きかけようとした人もいたが、誰一人、ベールを往々まる写ししたトーランドですら、このすさまじい力には及ばなかった。反対者や論敵はむろんそれ以上にいた。みなひとつひとつの論点について詳細な反駁を試みた。だが、細部にとらわれない強力な反対思想は数年間出てこなかった。デルフト〔オランダの町〕のワロン教会で牧師をしていたエリ・ブノワが、それほど充実したものではないが、とにかく実のあるベール反駁をやっと著わしたのが一七一二年である。エリ・ブノワはこう言っている。絶対的な明証性を要求し、あらゆる証言に異議を申し立てるという、ベールが彗星で使った方法を用いると、ベールが『歴史批評辞典』Dictionnaire historique et critique の著者ではないということも証明できる。ベールは自分が著者だと言うが、この発言が嘘でないという証拠を出せるか。ベールは誓うが、私がほしいのは正確さと明証性だ。偽誓ということもあるではないか。ベールは友人たちを引っぱりだして、彼はまじめな人間だと証言させるだろうが、この友人たちが嘘つきでないことを証明する必要がある。ベールは本屋や植字工や校正係をあげるだろうが、私は証人の誠意を疑って、証人のそのまた証人と次次に要求してゆき、結局のところ、全人類の総会が開かれないかぎりベール氏の話は信じられないことを見せてやるだろう……。

こんなことを言うのも、人間には心証だけで満足せねばならない場合があるからである。ベールの方法の欠点は全精神・全生活へそれを押し広げようとすることにある。多少の暗さや影のある心証でも、それによって選び斥け動き欲することはできるのだ。「厳密な証明はごく稀で容易にみつかるものではないから、生活の必要が行動の必要を課しているような事柄ではなんの役にも立たない。選択するためには、巧妙な哲学者がどんな反対論を持ち出してもびくともしないような理由がいる、などと言ったら、生活の機能はほとんど全部停止せざるをえないだろう。技芸も学問も社会も法律も商業も、この種の証明〔心証〕以外にはどんな根拠も持たないのである。」* 宗教も心証に拠っているのだ……。

＊『〈迷信なき人間〉(3)および〈ユダヤ教の起源〉と題するトーランド氏の二篇の論文に関する批評的・歴史的・哲学的・神学的考察雑纂。デルフトのワロン教会牧師エリ・ブノワ著』Mélange de remarques critiques, historiques, philosophiques, théologiques sur deux dissertations de M. Toland, intitulées l'une, L'Homme sans superstition, et l'autre, Les Origines judaïques, par Élie Benoist, Pasteur de l'Eglise wallonne de Delft、デルフト、一七一二年〔序文、一一ページ〕。

その日から彗星のことなどきれいに忘れて、デルフトのワロン教会の信者たちと、ついですべての人々は、純粋な合理主義とプラグマティズムのどちらかを選択できるようになったのである。

*

ミケランジェロがシスティナ礼拝堂〔ヴァチカンの〕に描いたあの美しい巫女(シビュラ)は、いずれも神感を受けた女たちだった。異教徒でありながらも、イエス・キリストの到来とその生涯、奇蹟、死と復活を予言していた。教父たちも異教徒を改宗さすためにその神託をおおいに利用した。巫女の言葉を書きとめた書物の中にキリスト教の秘義があらかじめ述べられているのを見たとき、さすがの異教徒もこの宗教が神的な真の宗教であることを認めざるをえなかった。有名な一〇人の巫女、(4)ギリシャ語・ラテン語で記された八巻の書〔神託予言集〕、ヴェルギリウス、タキトゥス、スエトニウスら大作家の証言、殉教者聖ユスティノス、(5)聖アウグスティヌス、聖ヒエロニムスといった教父たちの権威——これだけあれば鬼に金棒ではないか。懐疑に対するじつに強力な防壁ではないか。しかも、神託があったのはキリストが生まれるまでで、それ以後は無用になり、みごと消滅しているのである。この奇蹟的な沈黙も神託の神性を証明している。

だが、このことに文句をつける学者もいた。その巫女の書とは本物か。メシアを待望するユダヤ教徒、もしかするとキリスト教徒が偽造したものではないのか。どう見てもこれは粗雑な寄せ集めらしい。教父らにしても、その学識と誠実さが誤謬を防ぐ衝立だったわけではない。教父の時代には批評学などまだなかった。みな先入見を持っていて、明らかに間違った主張を真実と考えた。こうしてあざむかれた教父らは、まったくの善意から今度は読者をあざむいたのだ。

デルフォイの巫女とかキューメーの巫女とかヘレスポントス、プリュギア、ティーブルの巫女とか言われても、学者たちは屁とも思わなかった。(6)ウィンザーの教会評議員をしていた碩学ヴォシウスはユダヤ人起源説に傾いていた。(7)フローニンヘン大学の神学博士ヨハネス・マルキウスは初代キリスト教徒起源説だった。そこへアントン・ファン・ダーレン(8)というオランダの医者が現われて、考証学にはさほどの考慮を払わずに、さながら重戦車よろしく、二点にわたって神託に大鉄槌を加えた。まず神託はペテンであること、それからキリストの到来後もやんでいないことを明らかにしたのだ。

さらに、軽妙洒脱なフランス人が現われた。それは、論争に加われば(9)必ず決定的な言葉を吐き、議論がどれだけ長びいても自分を乗り越える者はけっして自派から出させない、そういうたぐいの人物だった。人心の移り変りをフォントネルほど見事に象徴している者はない。大コルネイユの甥に生まれながら、英雄的なものなどに彼はほとんど未練を持たなかった。崇高などと言ってもたわごととしか思わなかった。一時プレシオジテにかぶれて、軽妙な短詩やいきな書簡詩や恋歌(マドリガル)を好み、美人の黒髪の間に見える一すじの白髪について絶妙な言葉を百も並べた。『メルキュール(10)』Mercure galant 誌に寄稿したり、喜劇や悲劇やオペラ(11)を作ったりした。文学の修練とはきまった作法で厳格な形式を充たすことにある――自分自身に関するかぎりフォントネルはそういうふうに考えていた。この修練が彼にはそれなりに楽しかったのだ。こういう趣味はたんなる思い出以上のものを彼に残した。フォントネルは一生涯、ラ・ブリュイエールが仮借ない筆で描いたあのシディアス(12)だった。

それにしても、フォントネルは生来好奇心が強かった。いや好奇心と言うよりも、厳密で確かな知識に飢えていた。なんなら数学的な知識と言ってもいい。どんな遊びも楽しみも享楽も、分析と推論、少しずつ闇を払う精神の作業に匹敵するとは思えなかった。たちどころにすべてを理解し、いかなる想像にも歪められず、いかなる感情にも惑わされないフォントネルの見事な知性は、知性の実体の理想的な純一性とまさに紙一重のものだった。それの働きを外から見れば、ピカピカ光る鋭利な解剖器具を思わせた。それに、当時の人が例外なしに持っていた――感覚がまだ鈍磨していなかったから――宣伝熱を加えねばならない。フォントネルはたしかに大のエゴイストだった。怒りや激情を自らに禁じ、自分のためにしか女を愛さず、寒さや暑さやすきま風、うるさい連中や友人たち、要するに迷惑なもの、自分をすりへらすものからことごとく身を守って、虚弱なためにかえって長生きし、頑健な人々を次々と墓に葬って、自分は百歳までも生きながらえた。しかし、真理を山と手にしながら、その手をいつも閉じていたというのは当らない。宣伝家は育ちの悪い騒々しい人間とは限らない。フォントネルのように鋭敏で繊細な宣伝家もいる。謬見への嫌悪が強すぎて、彼は持ち前の慎重さすら忘れてしまった。懐疑論の誘惑にも負けなかった。「実際、どちらを向いても誤謬ばかりだ」と彼は悲しげに述べている。

巫女（シビュラ）に近づいてうさんくさげに見やったのは、誰あろうこのフォントネルだった。一六八六年に『神託史』Histoire des Oracles を出したのである。ネタ探しにはそう遠くまで行ったわけではない。ファン・ダーレンだけでたくさんだった。いや、この種本は実に強力で安定感があったから、訳すだけでもよかったろう。しかし、ファン・ダーレンの本は重くるしくて、ごつごつして、引用だらけで、野暮ったくて、見るからに食欲がわくような代物ではなかった。お化粧をしてやって、フランス風のきれいな衣裳を着せ、口当りをよくした方がいい。「この国のご婦人方や、ありていに言えば大方の殿方も、厳密をきわめた研究や深遠をきわめた議論の堅固な美しさとともに、言いまわしや表現や着想の魅力にも敏感である。とりわけ、皆ひどくなまけ者だから、注意を集中しなくてもいいように秩序立った書き方を求めている……」〔『神託史』、序文。メグロン版、一九〇八年、Ⅲページ〕。要するにこれは分業だった。考証的な知識はファン・ダーレン、才気や魅力や軽快な筆致や辛辣な口調はフォントネルのものだった。

第一に、神託は悪魔が下したというのは本当でない。こんなことがどうして信じられたのか。驚異的な事柄を無数に述べた一連の文献がそう断定したからである。この奇蹟がキリスト教徒に承認され、承認されるや当然フルに利用されたからである。悪魔信仰はプラトン哲学と一致するかに見えたからである。そしていちばんの理由は、人間精神が神奇なものに動かされやすいことだ。

しかしこの建物は土台が弱い。架空の伝承が拠って立つ記述は、偽書であったり矛盾だらけであったりする。あるいは、理性を使って検討すればたちまち崩れてしまうような歴然たる嘘なのである。こうしてフォントネルは右に左に敵をなぎ倒していった。神託をめぐる通説は思いのほか宗教と一致しない。悪魔の存在はプラトニズムによっても十分確立されていない。異教の哲学者の大きな流派はいずれも神託を超自然的なものとは考えていない。哲学者でなくても、神託をまるで敬わない人がかなり多い。古代のキリスト教徒にしてからが、神託を悪魔が下したとはさほど考えていない。あらゆる主張をフォントネルは疑い否定する。そして必ず、なぜかを説明する。

神託は買収されていたこと、権力者の希望によって設けられたこと、軽信的な民衆にそれを信じこますため異教の神官がありとあらゆる策を弄したこと、神託は曖昧で、したがって無価値であること、それは神の介入ではなく人間のペテンによること――これがまず証明された。第二に、キリストの到来で神託がやんだというのも嘘である。それ以後にもたくさんの神託が行なわれている。しまいに聞かれなくなったのは、破滅の因を内に宿していたからである。明白に虚偽であるという、神の力とは関係ない論理的な原因を内包していたからである。「神官の犯罪行為と厚顔無恥、そのペテンが暴露されたさまざまな事件、彼らの回答の曖昧さ、たよりなさ、その嘘などは、異教が死滅しなくてもついには神託の信用を失墜させ、それが完全に滅び去る原因となったであろう」〔第二部第七章。メグロン版一九六ページ〕。要するに、この話には超自然的なものなどひとつもない。これは或る者の無知と他の者の欺瞞から来ている。超自然に訴えるというのは人間がいちばんよく使う手だが、これほど間違った当てにならないものはない。原因をつきとめようとあせるあまり、私たちは事実の真実性をとびこしてしまう。そこから間違いが起こるのだ。それを防いでくれるのは、いつでも頭に入れておかねばならぬ次のような言葉であろう。**原因をあれこれ考える前に、まず事実をたしかめよう。**

あの金の歯の話を知らない人はいないだろう。面白くて愉快で含蓄のある話だ。不滅の価値を持つあのエピソードを、ここでもう一度読みかえしてみよう。読みかえしながら、それが最初に発表された時のみずみずしさを考えてみよう。フォントネルは一見ふざけているようだが、実は人間の最大の関心事に触れているのだ。科学と歴史と宗教に触れているのだ。

「一五九三年にこんな噂が流れた。シュレージエン地方の七歳になる子供に、歯が抜けたあと臼歯のかわりに金の歯が生えたというのだ。ヘルムシュタット大学の医学教授ホルスティウスは一五九五年にこの歯の話を書いて、これは自然と奇蹟が半々にいりまじったもので、トルコ人に苦しめられているキリスト教徒を慰めるために神がその子に贈ったものだと主張した。いったいなんの慰めなのか、この歯とキリスト教徒やトルコ人とどういう関係があるのかはご想像に任せよう。この金の歯が歴史家の不足を嘆かぬように、同じ年にルランドゥスもその話を書いた。二年後にインゴルステテルスという別な学者が、金の歯に関するルランドゥスの見解を反駁する文書を著わし、ルランドゥスは蘊蓄を傾けた見事な応答文をただちに起草した。リバヴィウスというもう一人の大人物が、この歯をめぐるすべての発言を集め、それに自分自身の見解を付けた本を出した。これら多くの傑作にひとつだけ欠けていたのは、歯が金であることの真実性だった。金細工師がしらべてみたら、普通の歯に巧みに金箔をはったものだということがわかったのである。だが、みんな最初に本を作って、金細工師の意見を聞くのは二の次だったのだ。

どんな問題についてもこれほど自然なやりかたはない。私が人間の無知を痛感するのは、実在しながら理由がわからない物のためではなくて、実在しないのに理由がわかる物のためである。つまり、私たちは真実へ導く原理を持たないのみか、虚偽とはまことにうまく調和する別な原理を持っているのだ。

偉大な自然学者たちは、地下の場所が冬には温かく夏には寒いわけをみごとに説明した。しかし、それよりもっと偉い自然学者が、つい最近、そんな事実はないことを発見したのである。

歴史上の議論はこの種の誤りにいっそう陥りやすい。歴史家の語った事柄がいろいろと論議される。しかし、歴史家は感情に動かされてはいなかったろうか。軽信家ではなかったろうか。事情をよく知らなかったり、不注意だったりしなかったろうか。本当ならば、中立の立場からあらゆる物を注視するような歴史家をみつけなければなるまい。

とくに、宗教に関係した事を書く場合、自分の立場にしたがって偽りの宗教に不当な利益をあたえたり、真の宗教に不必要な偽りの利益をあたえたりすることは避けがたい。だが、真実にそれ以上の真実性を加えることも、虚偽に真実性をあたえることもできないのを肝に銘じるべきであろう……」〔第一部第四章。メグロン版三二―三四ページ〕。

書きだしは軽妙洒脱なただの冷やかしのように見えるが、口調は徐々に重々しくなる。見かけはいかにも屈託がないが、その深遠な思想は彗星にことよせてベールが言ったところと合致する。二人の間の血のつながりは一目瞭然である。両方とも、哲学者や神学者だけでなくもっと多くの人に語りかける。両方とも、誤謬の第一原因である人間性の弱さと、誤謬を引きとり、強め、ほとんど無敵のものにする伝承の盲目さを告発しようとする。なんでもいい、馬鹿げた説が立てられると、古人はそれを信用し、それに権威をあたえてしまう。そして古人が言ったという理由で、私たちもやみくもに信じてしまう。しかけはいつも同じである。夜が明けるのは日が昇るからではないと五、六人の人に信じこませれば、いずれ諸国民の全体がそう信じるようになるだろう。ベールと同じくフォントネルも権威を憎んでいる。万人の一致を真実性の証拠として持ちだすのは馬鹿げたことだと思っている。作り話を受けいれる者が百人でも一億人でも、受けいれる期間が一年でも数世紀でも、作り話であることに変りはない。ベールと同じくフォントネルも奇蹟を嫌っている。ベールと同じくフォントネルも異教徒とキリスト教徒の間に種差を認めようとしない。キリスト教はその真理を異教徒の間に予示しなかった。逆に異教徒がその謬見をキリスト教徒に遺したのだ。

フォントネルは精神的に柔弱だったし、神々の怒りを進んで招くにはいささか賢明すぎた。ささやかな幸せを愛しすぎてもいた。だから鳴物入りで闘争したりはしなかった。それでもとにかく闘争したのだ。ボローニアに「安らかならざる者のアカデミー」[13]と呼ばれる科学アカデミーがあることを彼は知っていた。「安らかならざる者」、まさにそうだ。「もはやいかなる権威によっても固定されず、探求しいつまでも探求しつづける近代の哲学者に」*いかにもふさわしい名前ではないか。彼もまた「安らかならざる者」の一人だった。彼もまた困難な使命を担っていることを自覚していた。新説を検討もせずに斥けてただ通説を受けいれるだけなら、理性を使う必要はない。しかし、通説を捨てて新説に味方するのは困難なことである。尊敬に価することである。「流れにさからうためには力がいるが、流れに従うためには力はいらない」〔第一部第八章。メグロン版七九ページ〕。フォントネルは信じる者にすべてを拒み、信じない者にすべてをあたえた。たとえば次のような金言がある。「既成の物を信じる人の証言は支えとしての力を持たないが、信じない人の証言にはそれを破壊する力がある。信じる人は信じない理由を知らないこともありうるが、信じない人が信じる理由を知らないことはまずありえないからである……」〔第一部第八章。メグロン版七八―七九ページ〕。

＊「マルシーリ伯爵讃」Éloge du comte Marsigli〔一八一八年版全集、第一巻四四六ページ〕。

＊

神託よりもっと古く、もっと深い根を張り、俗間にもっと広く行きわたっていたのは妖術師に対する信仰だった。妖術師ほど毛嫌いされたものはなかった。おかしな乗物にまたがっては夜宴（サバト）へでかけて悪魔と宴を張り、当時の人が言っていたように、呪いをかけては夫が妻を抱くのを邪魔し、魔法の薬を飲物や食物にいれて身持ちのいい生娘をも堕落させる。家畜を毒殺し、収穫をだいなしにし、人を衰弱死させ、妊婦を傷つけるなどありとあらゆる悪事を働く。それだけではない。もっと悪質な連中もいる。魔術師である。こちらは悪魔となれなれしく話をし、見たい人には望みどおりの姿で悪魔の顔をおがませてやる。賭けに勝つ秘訣を知っていて、人に教えては大儲けさせる。何が起こるかちゃんと見抜いており、自分の力であらゆる動物に変身し、見るも恐ろしい姿をとる。よその家へでかけては呻き声をあげ、身の毛のよだつ悲鳴や嘆声を発し、木よりも高い燃える姿で現われる。足には鎖をひきずり、手には蛇を握っている。とにかく実におそろしい代物である。これにとりつかれたら、司祭様にたのんでお祓いをしてもらうほかない……。

妖術師はたくさんいる。アメリカの土人の間にも、ラップ人〔今のフィンランドからロシアにまたがる地方の住人〕の間にも。ラプランド〔ラップ人が住む地方〕の妖術師は悪魔と契約を結んでいて、走る船を止めたり天候を変えたりすることもできる。魔法の太鼓を叩きつづけるうちに失神状態になり、顔を地べたへつけたまま動かなくなる。その間に精神が体から抜けだして、遠くの方へ飛んで行くのである。ラプランドではほとんど一歩あるくごとに妖術師にぶつかる。

いや、そんなに遠くまで行くことはない。たとえば古きイギリスのテドワースの町にとある一軒の家がある。住んでいたのは太鼓の鼓手だが、或る日家主に追い出されてしまった。すると男は妖術でもどってきて、太鼓のものすごい音やその他さまざまの悪魔的音響を聞かせたという。この話に間違いはない。ジョゼフ・グランヴィル(14)という牧師がこの家をわざわざおとずれて隅から隅までしらべたけれども、音は聞えたが人影は見えなかった。悪魔の存在と力を示すこの証言に異を立てる者は不信者である。不敬の徒である。サドカイびとである。[15]サドカイ派はイギリスでも力を伸ばしており、無限の精神の存在に疑惑を投げて無神論に道を開いている。しかし、テドワースの亡霊が悪事を働いたことを否定できない善意の人は、こういう連中をしかるべき刑に処するだろう。

ごらんのとおり、すでに百遍も取り上げられたこの問題が、依然として人心を攪乱する力を持っていたのだ。魔法よ、お前はいったい何者なのか。人を苦しめ誘惑して喜んでいる悪霊ども、どこにでものさばる悪天使どものいたずらなのか。イエス・キリストを山の上へ運び、地上のあらゆる王国を見せ、主を誘惑しようとしたあの悪魔が、その破廉恥な力をいろいろな形で現わしているのか。それとも人間の悪夢と錯覚にすぎないのか。虚偽を生む熱した想像力の産物なのか。

こうして三たび戦いを起こさなければならなくなった。いやできるなら、いつ果てるともないこの論争に決定的に介入して、それに終止符を打たねばならなくなった。事は真偽の問題と同時に、原告と被告、法廷、判事、犠牲者などの問題でもあるから、介入はとりわけ精力的でなくてはならない。事実、ヨーロッパの一部の国は寛容政策に傾いて、罪を犯してもいない者を悪魔とつきあうという嫌疑だけで裁判にかけるのを禁じていたし、一六八二年のフランス国王の勅語は裁判所が妖術だけで起訴することを禁止し[16]たけれども、ほかの国ではあいかわらず魔術師や降神術者や悪魔憑きがきびしく訴追されており、投獄、拷問、しばり首、焚殺などにあっていたからだ。

ここで理性派の勝利の努力をとくに強力に押し進めたのは、まず一人のオランダ人、ついで一人のドイツ人だった。バルタザール・ベッケルとクリスティアーン・トマジウスである。――バルタザール・ベッケルは面白い顔をしている。白い胸飾りの中から大きな四角い顎が突きだしており、口も大きく、鼻も大きく、濃い眉の下には目がらんらんと輝いている。面白いと言えばその性格も面白い。好むと好まざるとにかかわらず、この牧師は明晰な正しい思考法を教えるデカルトの影響を受けていた。[17]或る出来事が他人の判断に対するぬきがたい嫌悪感を彼の心に植えつけた。フリースラント地方〔オランダ〕で牧師をしていた頃、ベッケルは一冊の教理問答書[18]を著わしたが、これは一堂に会した二百人を越す牧師によって断罪されてしまった。ところが彼の言によると、断罪の理由をちゃんと言える者は一人もいなかったというのだ。その後、教理そのものはなんの変化もきたしていないのに、同じ本が二度にわたって認可を受けた。こんなことがある以上、本当のキリスト教徒、とりわけ学者は他人の判断などないものとみなして、信仰の規準を自分にのみ求めるべきだと結論せざるをえないではないか。ベッケルは決心した。信徒の世話をのぞいたら、今日から自分の使命はひとつしかない。謬見を暴露し、嘘の仮面をはぎとることだ。これからは、誰の跡にも従うまい。学者の言うことにも耳をかすまい。学者は名声に弱いからだ。偏見だらけだからだ。自分の仕事は人間を賢くすることにある。ただ実を言うと、精神の改善を本気で望んでいる者はごく少ない。みんなと同じように考え動き、毎日耳にする意見をただくりかえしている方が気楽だからだ。群衆のあとについていくのは簡単だが、自分で検討するのはむずかしいからだ。トーランドと同様、バルタザール・ベッケルも理性の酒に酔っていた。だが、少なくとも彼は勇敢だった。それに誠実で行動的だった。胸の内には、精神の十字軍に必要なあの反抗の熱情があったのである。

偏見を求めて出陣したベッケルは、たちまち山のような敵をみつけた。最初の仕事は、誰かのまねをして彗星の無実を証明すること[19]だった。しかし彼がいちばん興味を持ったのは悪魔だった。悪魔は彼の固定観念になり、説教[20]でもしょっちゅう取り上げられた。あげくのはてに、一六九一年に出した大部の本で、彼はとうとう悪魔征伐にのりだした。題して『魔法の世界』[21] De Betoverde Weereld。この魔法を解こうというのである……。

最初からまことに威勢がいい。悪魔の存在やその力、悪魔の手先とその犯罪――こんな信仰は理性の光の前にはひとたまりもない。この信仰の源にまでさかのぼり、あらゆる時代あらゆる国でそれが発展した跡をたどってみれば、これはもともと異教から出てキリスト教に伝わったことがわかるだろう。プロテスタントは法王(パピスト)教徒と訣別して以来そこから部分的に脱したが、この欺瞞からまだ完全には抜け出していない。その信仰は聖書にもとづくなどと言ってはならない。教父が解釈した聖書ならあるいはそうかもしれないが、理性的に解釈した聖書、彼バルタザール・ベッケルが解釈した聖書はそうではない。たとえば、聖書には天使の話が出てくるけれども、天使の本性や本質についてはひと言もふれられていない。天使とは神から特別の使命を負わされ、特殊な力を身に帯びた人々を指す、と認めてもよいのである。聖書には悪霊の話も出てくるが、それも人間、邪悪な人間を指しているのだ。聖書にはアダムの誘惑の話がある。しかしモーゼの記述には、悪魔自身が魂や体に直接働きかけると結論できるようなものはない。聖書はイエス・キリストの誘惑も語っているが、悪魔がただの悪人と違うとは言っていない。また、イエス・キリストが悪魔憑きをなおしたとも言うが、重病を悪魔のせいにしたり、病気を悪魔と呼んだりするのは当時の習慣だったのである。イエス・キリストも当時の言い方をそのまま踏襲しているにすぎない。だから、悪魔（ダエモニア）からの治癒というのは正確には悪魔を追い出すことではなくて、あくまでも実際の病気をなおすことである。「聖書の内容を先入主を持たずに見れば、それは註解者や飜訳者が予断によって認めているああした力や働きをけっして悪魔に付与していないことがわかる……」〔『魔法の世界』の仏訳第一巻に収められた「全篇の要約」より〕。今日でも、魔術師とか妖術師とかいうのは思想も性行も全く堕落した極悪人であって、悪魔と特殊なつながりがあるわけではない。

バルタザール・ベッケルは自分の教会から非難されたが[22]、死ぬまで意見を変えなかった。世評の高い本を必ず食いものにするでたらめなインチキ訳を避けるために、彼は自分の目の前で自作をフランス語に訳させた[23]。この用心は無駄ではなかった。『魔法の世界』は仏訳の形で広く普及した。英語にもドイツ語にも訳され[24]、ヨーロッパ中で読まれたのである。

しかし、当時妖術師がいちばんきびしく、また執拗に追及されていた国はドイツだった。そう昔のことではないが、この国には名声嘖々たる一人の法律家がいた。自分こそ真理も正義も百パーセント保有していると固く信じて、同胞を情容赦なく断罪し、それも相手のためだと思っている恐ろしい男だった。このベネディクト・カルプツォフという人は、聖書を端から端まで五三回読み、少なくとも月に一度は忠実に聖体を拝受し、妖術師に対する訴訟の強化と刑の加重に一生を捧げたことを自慢していたといわれる。この人は自分の手で、あるいは人に命じて、実に数千人の妖術師に有罪判決を下した。ところがそれから一代たつと、同じドイツがこの蛮行と戦う最大の勇者を生みだしたのである。その名はクリスティアーン・トマジウス、その歩みはまさに時の徴だった。

トマジウスは一六五五年にライプツィヒで生まれ、立派な大学教授の息子にふさわしく、この町で正統的な教育を受けた。思考の上ではアリストテレスに従い、信仰の面では正統教理の守り手である牧師たちに従うことを教えこまれた。二〇歳で勉強をおえ、自分も教授になるためにフランクフルトへ行った時には、権威を守るために何をしなければならないか、精神活動に自由を認めず日常の実践に寛大さを認めないさまざまな伝統を護持するために何をしなければならないかを心得ていた。

しかし、一六七五年にトマジウスは、自然法を神法から区別して法学研究を非宗教化したプーフェンドルフの本を読んだのである。これは文字どおり天啓だった。これまでわかりもせずに反対してきた自然法理論が今や彼の信条に なった。この理論の根本原理までさかのぼって、彼は独断家から革命家に生まれかわった。何でも盲目的に受けいれて信じるのはやめよう。学説を検討する時には、それを唱える者の名声や地位ではなく、それがどれだけ明証性を持つかを考えよう。賛否の論拠を自分でしらべ、自分の理解にもとづいて態度をきめよう。思想の独裁者の忠実な家来ではなく、自由の勝利のためには今まで仕えてきた暴君に対してもあえて武器を取った古代の英雄たちにあやかろう……。

トマジウスは生まれつき気性が激しかった。人につっかかったり、青筋立てて議論をしたり、派手な喧嘩をしたりして大騒ぎをするのが好きだった。案のじょう、騒ぎは大学から市中へあふれだした。彼は有頂天になっていろんな策をめぐらし、自信過剰な敵をけむにまいたり、不敬な言葉や冗談や諷刺で旧弊なお偉方を狼狽させたりした。道行く人も口々に「あれが命知らずのクリスティアーン・トマジウスだ」などとささやいたが、こんな悪評を立てられても彼はどこ吹く風だった。悪い気はしなかったのだ。一六八〇年、彼は無給講師としてライプツィヒへもどった。いよいよ好機到来である。トマジウスの斬新な教育法はたちまち挑発的な様相を帯びた。こんなことを言ったのである。形而上学など屁のようなものだし、神学は神学者だけに任せればよい。学問で意味があるのは論理学と歴史だけだ。論理学は正しく考えることを教えてくれるし、歴史は歴史で正負両面の有益な実例を提供してくれる。知識は実際的で確実で直接的な効用を持つ手段でなくてはならないし、法も社会的なものでなくてはならない。トマジウスは諸悪の根源である偏見に矢を向けた。そもそも偏見は、くだらない謬見を青少年に鵜呑みにさせ、相手の理性に訴えないところから来る。また、信じるように言われたことを人々が軽々しく受けいれるところから来る。トマジウスは最後に得意の理論をくりかえした。理性の光と啓示とは別なのである。神学は聖書の次元に属するが、哲学は理性の次元に属する。神学がたずさわるのは天上における人間の救いだが、哲学がたずさわるのはそれよりも急を要する地上での幸福なのだ。

大学のお偉方はこういう大胆な言説を許しておかなかった。トマジウスは若者の精神を堕落させ無神論へ導いていると攻撃された。もちろん彼も反撃した。教授服を身にまとい、巻毛が肩までたれさがるばかでかいかつらをかぶった長身でたくましいトマジウスは、さながら巨塔のように頑丈だった。いくら叩かれてもびくともしなかった。反駁書や中傷文を寄せられたり、脅迫されたり、大学のお歴々の前に出頭を命じられたり、講義を中止させられたりしたが、逆にますますふるいたつばかりだった。ときどき彼は天才的な思いつきをした。たとえば、授業のプログラムをラテン語でなく俗用語で掲示したことなどはドイツの大学の歴史に今でも特筆されている。しかもテーマがふるっていた。トマジウスは学生に感化をあたえて、弁護士や裁判官ではなく物を考える人を作りたいと思っていたから、勉強のテーマにもバルタサール・グラシャンが唱えた「偉丈夫」[25]という人間類型を選んだ。そこでは「紳士」という別の人間類型や、広く人間というものを教えてくれるフランス文明とも出会った。最初の授業で出した問題は[26]、ドイツ人はフランス人をどこまでまねるべきかということだった。もちろんフランス人を研究するのはいい。『ポール・ロワイヤル論理学』[27] Logique de Port-Royal のようなフランス人が書いた傑作を読み、微妙な心理的ニュアンスに富むフランス語を習うのはいい。しかし、剽窃者か猿のようにフランス人のまねばかりしてはいけない。学問や趣味や礼儀作法ではフランス人の方が上だが、卑屈な態度でその後についてゆくよりも、むしろ競争を挑もうではないか。われわれも進歩しようではないか。高慢なフランス人にモスクワの野蛮人と同列に置かれることをわれわれは恥じるべきだ。ゲルマン人の力量を奴らに見せてやるべきだ。われわれの未来はわれわれ自身にかかっているのだから。

戦いのさなかでも彼は笑いを忘れなかった。グラシャンも言うとおり、陽気であることは度を越さぬかぎり欠点ではなくて長所だし、多少の冗談[28]はいい薬味になるからである。一六八八年に彼は自作の新聞を発刊して、多少ではない多量の冗談を合理主義の薬味に添えた。正理論家はここでまた色めきたった。ライプツィヒの誇る『ライプツィヒ学報』Acta Eruditorum Lipsiensia のようなラテン語の新聞ではなく、ドイツ語の新聞を出すということにトマジウスの狙いがあった。軽佻だがまじめな新聞、浮薄だが道理をわきまえた新聞、謹厳な本をも陽気な本をも語る新聞、つまり道理と皮肉を兼ねそなえたエラスムスを範と仰いだわけである。

それやこれやで、トマジウスは一六九三年にとうとうライプツィヒを去らざるをえなくなった。こういう反対者の生活にはいつもこの種の不運がつきまとっている。彼はそこでベルリンへ行った。ちょうどブランデンブルク選挙侯のフリードリヒ三世がハレの貴族アカデミーを大学に変え、ここが知的活動の大中心地になろうとしている時だった。クリスティアーン・トマジウスはそこにポストをみつけた。ハレ大学の実の創立者、推進者として、文字どおりこの大学の主(ぬし)になった。そして、悪魔論[29]をここで書いたのである。

これはたいへんな努力の産物だった。トマジウスはいろんな論拠を次から次へくりだした。ベッケルから借りたのもあれば、自分で考えだしたのもあった。悪魔が獣や人の姿で人間の前に現われるとか、悪魔との契約が結ばれるとか、妖術師が自分の魂とひきかえに人間や物に呪いをかける力を得るとか、そういうたぐいの迷信は事実によっても聖書の正しい解釈によっても良識によっても理性によっても全く存立の余地がない。書き進みながらトマジウスは知恵をしぼった。悪魔の馬鹿々々しいイメージは書物から、信仰書から来ている。カトリック教徒は子供の頃から怪物の形をした悪魔を信仰書で見なれているし、ルター派も子供の頃から、足の先がふた叉(また)に分かれ、頭布から角が突きでた、修道僧の形をした悪魔をやはり信仰書で見なれているのだ。書き進みながら、またトマジウスは腹を立てた。ルターが出て、法王教徒(パピスト)の作り話があんなにたくさん暴露された以上、新教徒はこの不合理な信仰からも脱却したと人は思うだろう。あにはからんや、この迷信は民間では依然猛威をふるっている。それどころか、新教徒とくにルター派の間では伸びつつある。けしからんではないか！　これはたんなる哲学者の発言ではない。法律学の教授の発言、刑事裁判で妖術師の弁護をさせられた弁護士の発言でもある。キリスト教の信仰にそむいて悪魔と契約を結ぶ者は、他人に害を加えなくても死に至るまで火で焼かれる、という法律がザクセンにある。それも最近できた法律である。ああ、デカルト哲学の伸張と理性の進歩によって、ドイツの法律家と神学者が犯罪に通じるこの謬見に二度と陥らないでほしい。トマジウスのいちばん独創的な点は、たぶんこういう実践的な発言にあったろう。ここでは具体的な形で正義と人道が擁護されたのである。

一七〇九年、悔い改めたライプツィヒ大学はトマジウスをあらためて招聘したが、彼はみごと肘鉄砲をくわせた。トマジウスはハレにいついてしまった。ドイツの「啓蒙（アウフクレールンク）」のこの輝ける先達、文明のための大闘争のこの勇士は、ハレで長い生涯の晩年を送り、ハレで一七二八年に世を去った。

＊

表層へたえず浮かびあがる迷信を見つけるためには、意識の深層へまでわざわざ掘り進む必要はない。ブランヴィリエ(30)やヴォワザン(31)もただの毒殺犯人ではなくて魔女と見られていたのである。一六八〇年には、フランス王国の指折りの名士リュクサンブール元帥(32)が逮捕・投獄された。悪魔と契約を結んでいるというのがもっぱらの噂だった。古いところではルーダン〔フランス西部の町〕の悪魔憑きの話(33)が今でも口のはに上っていたし、同種の事件(34)はほかにもいくつか起こっていた。一六九二年には、ジャック・エマール(35)という杖使いが殺人犯の発見に大手柄を立てて一躍有名になった。泥棒や人に呪いをかける悪者がいると、彼が持っていた魔法の杖がふるえだすのである。エマールはこの特技をフルに活用して、気絶したり失神状態であらぬことを口走ったりした。あちこちから呼ばれて文字どおり時の人になった。いや彼だけではない。トゥールーズもドーフィネもピカルディーもフランドルもこの種の手柄話でもちきりだった。司祭や修道士や女子供がどこでも水脈や金のありかを当てていた。フランスだけでなく、ドイツでもそうだった。ここでは魔法の杖を使って骨つぎをしたり、傷をなおしたり、出血を止めたりするのがはやっていた。ボヘミアでもスエーデンでもハンガリーでもイタリアでもスペインでもそうだった。「サウリス――これはスペインで或る種の人間を呼ぶ名前である。話によると、彼らは実に目がよくて、地下の水脈でも鉱脈でも宝物でも屍骸でも見えるらしい。目はまっかである……。*」エジプトでも魔法の杖で「水腫にかかった動物の水を取っている。」こういう話にはいろんなペテンが隠されていた。しかし、杖がたしかに動きだし、それを握っている人の誠実さも疑えない場合があった。だからみな杖の不思議な動きを悪魔のしわざと思った。各種の魔術師や降神術者や占い師やカルタ使いがすることもみな……。

* ピエール・ベール『歴史批評辞典』、「サウリ」の項（本文。一七二〇年版、第四巻二九〇二ページ）。

しかしまた、良識の反撥も至るところに現われた。このジャック・エマールについては肯定否定のいろんな本が書かれたが、多かれ少なかれ金の歯の二番煎じにすぎなかった。「これについては今まで小さい本が[36]二冊出ていますが、ヴァルモンが一二折判六〇〇ページにのぼる三冊目[37]の本を著わして、占い杖の回転を力学的に説明しました。オラトリオ会のルジャンドル神父[38]はそれを反駁して、悪魔が介入しなければ杖は回転しないことをみごと証明してのけました。さて、こういう立派な本が出たあとで、ジャック・エマールはペテン師で宮様（ブルボン＝コンデ公）に追っぱらわれたことがわかったのです。……この話でとりわけ哲学者の興味をひくのは、ファン・ダーレン[39]氏が語る金の歯の話を知って私は慎重になったから、奇蹟の説明をくわだてる前にそれが実在するかどうかを確かめた、とヴァルモンが自著の冒頭で言っていることです」（エミール・ジガス刊行『ピエール・ベール未発表書簡選』Choix de la correspondance inédite de Pierre Bayle、二六一―二六二ページ）。デュボスはベールに宛てた一六九六年四月二七日の手紙でこのように揶揄している。ところがブロセットは軽信の誘惑にひっかかってしまった。奇蹟の人をわが目で見、強い感銘を受けて、友人のボワローに心情を吐露している。「リヨン、一七〇六年九月二五日――昨日ここで、不可解な性質、性質といって悪ければ天賦の才を持った一人の男に会いました。有名な杖師のジャック・エマールです。リヨンから一四里ほど入ったドーフィネ地方のサン＝マルセラン村の百姓ですが、しょっちゅう当市へ呼ばれていろんな発見をしています。泉や標柱の移動や隠し金や盗品や殺人などを占う能力について、この男はびっくりするような話をしてくれました。犯行現場へ来たり犯人が近くにいたりすると、激しい苦痛と痙攣におそわれるらしいのです。まず高熱が出て心臓がどきどきし、口から血へどを吐き、汗をだらだら流して気絶してしまうそうです。探すつもりでなくてもそうなるらしく、これは杖のせいより体のせいだと言っていました。くわしく知りたいとお思いでしたら、いつでもお役に立つつもりです……」〔『ボワロー・デプレオー、ブロセット往復書簡集』Correspondance entre Boileau Despréaux et Brossette、一八五八年版、二二五―二二六ページ〕。――いやいや、ボワローはくわしく知りたいとは思わない。友の記述に全然無関心である。そして次のような気むずかしい返事を書く。「オートゥイユ、一七〇六年九月三〇日――ありていに申しますと、あなたのような紳士がこんな低級な罠にどうしてはまってしまわれたのか私には合点がゆきません。当地では完全に化けの皮をはがされて、当節のパリでは子供や乳母でさえ鼻もひっかけないようなペテン師の言うことをどうしてお聞きになるのですか。ダゴベール[40]やシャルル・マルテル[41]の時代だったらこういう詐欺師の話も信用されたかもしれませんが、ルイ大王の御代にこんな絵空事に耳をかせるものでしょうか。このところ、王国の勝利と制覇にともなって、私たちの良識もどこかへ行ってしまったようですね」〔同二二七ページ〕。――いや良識は健在だった。「占いを商売にして儲けている人がパリには少なからずいるそうです。そう聞いても私はべつに驚きません。この大都会にはありとあらゆる馬鹿者がいっぱいいますから、占い師が繁昌するのも不思議ではないのです。」*

* リシャール・シモン『書簡選』Lettres choisies〔一七〇二―五年版〕、第三巻四五ページ。

これは健全な精神がした個人的な抗議だった。だがこれとは別に、迷信からの脱却をはかるとともに信仰にも攻撃を加えるようなひとつの体系が徐々に練りあげられていった。それは迷信と信仰という二つの概念をけっして区別しなかった。いつでもそれをいっしょくたにしていた。

彗星はいかなる災厄の予告でもない。神託はペテンにすぎない。神は自分の決定を動物の繊維[42]の中に書きこんだり、気違いや半気違いに託したりはしない。妖術師はペテン師、病人という意味なら存在するが、それ以外の意味では存在しない。悪魔たちも、大文字の「悪魔」も存在しない。最後的な決定をくだす権威などないし、誤謬や嘘をともなわぬ伝承もない。自然が人間とともに狂うことはないから、*

奇蹟など存在しない。超自然も存在しない。理性の歯が立たないような神秘はどこにもない。「あなたが理性の神託にも諮らずに通説を真に受けられるのはどうしてか、昔からの友人としてひとつ言わせていただきましょう。それは、ここには神的なものがあると思っておられるからです。……こんなに多くの国民の意見が昔から全部一致しているのは一種の神感によるほかありえない、つまり〈民ノ声ハ神ノ声〉だと思っておられるからです。また神学者として、神秘があると見るやたちまち理性の働きを止める習慣がついておられるからです。**」

* スピノザ『神学・政治論』Tractatus theologico-politicus、緒言。邦訳、岩波文庫、上巻四〇ページ、畠中尚志訳。

** ピエール・ベール『一六八〇年一二月の彗星出現に際して、ソルボンヌの某博士に宛てた諸考察』、第八節（プラ版、第一巻四〇ページ）。

訳註

（1） 引用文　ベールの『一六八〇年一二月の彗星出現に際して、ソルボンヌの某博士に宛てた諸考察』Pensées diverses écrites à un Docteur de Sorbonne, à l'occasion de la Comète qui parut au mois de Décembre 1680 の第五節（一六八二年の第一版では一〇ページ、プラ版では第一巻三三ページ）。なお、第二三節にも同じ趣旨の文章があるが、そこでは、サン＝ミシェル橋を見下ろす窓から人が通るのを見るパリの町民が例としてあげられている。

（2） 第六七節　原著には「第六八節」とあるが、誤りなので訂正した。

（3） 『迷信なき人間』　トーランドのラテン語の論文『アデイシダエモン、または迷信の非難につきティトゥス・リヴィウスの仇を討つ』Adeisidæmon, sive T. Livius a superstitione vindicatus のこと。これは『ユダヤ教の起源』Origines Judaicæ をつけて、一七〇九年にハーグで出版された。この本は理神論者のコリンズに捧げられている。

（4） 一〇人の巫女　前一世紀のローマの学者ヴァロがあげているもので、それぞれペルシャ、リビア、デルフォイ、キメリア、エリュトライ、サモス、キューメー、ヘレスポントス、プリュギア、ティーブルに一人ずつついた。

（5） 殉教者聖ユスティノス　？―一六一。キリスト教初期の弁証論者。ローマで殉教した。『弁証論』Apologia その他が残っている。

(6) ヴォシウス　『巫女のとりわけキリスト生誕に先立つ神託について』De Sibyllinis aliisque quæ Christi natalem præcessere oraculis（一六七九年）のこと。

(7) ヨハネス・マルキウス　『巫女の予言に関する一二の学術論』De Sibyllinis Carminibus disputationes academicæ duodecim（一六八二年）のこと。

(8) アントン・ファン・ダーレン　『異教徒の神託に関する二論文』De Oraculis ethnicorum Dissertationes duæ（一六八三年）のこと。

(9) 論争に加われば　いわゆる「新旧論争」で、フォントネルが近代派の代表選手として『古代人と近代人に関する余談』Digression sur les Anciens et les Modernes（一六八八年）を著わしたことを言うのであろう。

(10) 『メルキュール』誌　一六七二年にドノー・ド・ヴィゼが創刊した文芸誌で、フォントネルは一六七七年からそこに多くの詩や、『詩歌の国を描く』Description de l'empire de la poésie（一六七八年）などの文章を発表した。

(11) 喜劇や悲劇やオペラ　フォントネルの喜劇は十数篇あるが、中でも重要なのは一六八一年一月に上演されて大当りをとった『彗星』Comète であろう。これは前年暮に現われた大彗星をテーマにして、それを災厄の前兆と見る迷信を笑ったもので、前項で扱われたベールの彗星論と同じ主張を舞台の上で行なったものだった。フォントネルの悲劇には失敗作の『アスパール』Aspar（一六八〇年）や『ブルートゥス』Brutus（一六九〇年）などがあり、オペラには『プシシェ』Psyché（一六七八年）、『ベレロフォン』Bellérophon（一六七九年）、『テティスとペレ』Thétis et Pelée（一六八九年）、『エネとラヴィニ』Enée et Lavinie（一六九〇年）などがある。

(12) シディアス　ラ・ブリュイエールが『人さまざま』Caractères の第八版（一六九四年）に登場させた人物で、フォントネルを戯画化したもの。新旧論争でフォントネルらと対立する古代派に属していたラ・ブリュイエールは、ここでフォントネルを、プラトン、ヴェルギリウス、テオクリトスよりも自分自身を上に置く高慢家、注文しだいで散文でも韻文でも書く職人的な「才人」、口を開けば必ず反対論を述べる「衒学者と気取り屋（プレシュー）のあいのこ」などと痛罵している。

(13) 「安らかならざる者のアカデミー」　正式の名は「ボローニャ学芸院」。これは博物学者のルイジ＝フェルナンド・マルシーリ伯爵（一六五八—一七三〇）が一七一二年に自分の博物標本や実験器具や機械の見本や古美術品のコレクションを市に贈与して作ったもので、一七一四年に開院された。フォントネルはこのアカデミーのことを、ベーコンのアトランティスを地で行くものと賞讃している。

(14) ジョゼフ・グランヴィル　この太鼓の話は、グランヴィルの『妖術師と亡霊の存在を擁護するための哲学的努力』A Philosophical Endeavour towards the Defense of the Being of Witches and Apparitions（一六六六年）の一六六八年版（『近代のサドカイ派を叩く』A Blow at Modern Sadducism と改題）に、「モンペッソン氏宅の有名な騒動の記述」The relation of the famous disturbance at the

house of M. Mompesson という題で収められている。

（15）　サドカイびと　この「サドカイ派」攻撃は、もちろん前註にあげたグランヴィルの著作に盛られている主張である。

（16）　一六八二年　原著には「一六七二年」とあるが、妖術の訴追をフランスで最後的に停止させた勅令は、ルイ一四世、コルベール、ル・テリエの署名を付して一六八二年の七月に発布されているから、一六八二年と訂正した。なおこの勅令では、「妖術」という言葉の代りに「自称〈魔術〉」という言葉が使われている。

（17）　デカルトの影響を受けていた　ベッケルは一六六八年にデカルト派を擁護した『デカルト哲学の率直真摯なる勧め』Admonitio candida et sincera de philosophia cartesiana を著わしており、『魔法の世界』De Betoverde Weereld の中でも、悪魔の働きかけを否定するために身心問題に関するデカルトの原理を用いているが、それほど明確なデカルト主義者ではなかったらしく、『魔法の世界』に対しても、デカルトの原理からの逸脱だという非難がデカルト派自身の内（アールスティウス、ステーンヴィンケル、フルーネウェーヘンら）から起こった。

（18）　教理問答書　一六七〇年、フラーネケルから二里ほど離れたオーステルリッテンス村の牧師だったベッケルは、『実のある糧』Vaste Spyse と題する教理問答書を著わした。その中では堕罪前のアダムの状態や、地獄の刑罰の永遠性（これは神の慈愛に反するかのごとく説かれていた）、為政者の牧師任命権（為政者は為政者としてではなく、教会の一員として牧師任命権を持つという主張によって、ベッケルは教会の独立性を擁護しようとした）、教会内の位階制（この点でベッケルは、位階制を認める英国国教会的な考え方をしていた）などにつきベッケルの個人的見解がかなり盛られており、出版される前から異端的という風評が流れていた。この本は発行されると飛ぶように売れたが、異端（とくにソッツィーニ主義という）という非難はますます強まり、非難の主であるフラーネケル大学の二人の教授をベッケルが名誉毀損で告訴するなどの派生事件があったのち、『実のある糧』はオランダ政府によって発売禁止を命じられた。問題は一六七一年にボルスヴァルトで開かれたフリースラント地方教会会議にもかけられ、会議はベッケルに弁護の手段もあたえないまま、この本を「奇妙な表現」や「反聖書的命題」や「危険な見解」を含むものとして断罪した。ベッケルはその個所を具体的に指摘することを求めたが、教会会議の議長は、会議はこの本の検討を各地区教会代表者会議に任せており、自身では行なっていないと答えた。ベッケルは翌一六七二年七月にフラーネケルで開かれた次の教会会議に提訴し、多忙のためこの問題を取り上げるいとまのなかった教会会議は、一二人の委員を任命して『実のある糧』の再審査を依頼した。委員会は慎重な検討の末、前回の断罪を取り消し『実のある糧』の出版を許可すべきであるという結論を出し、これは一六七三年にハルリンヘンで開かれた次の教会会議によって承認された。しかし、ベッケルに対するさまざまな追及はその後も二年間にわたって続けられた。

（19）　彗星の無実を証明する　一六八三年、当時アムステルダムの牧師だったベッケルは、彗星に関する迷信を批判した『彗星の前兆に関する研究。一六八〇、一六八一、一六八二年の彗星出現に際して』Ondersoek van de beteekeninge der Kometen, by gelegentheid van de genen die in de Jaaren 1680, 1681, 1682, geschenen hebben という八折本一六五ページのオランダ語の小冊子を出した。これはベールの彗星論と同じく一六八〇年一二月の彗星出現に触発されたもので、真実性の証拠としての「万人の一致」という論拠の拒否など、二人の論理には共通点が多く、時期的にもベッケルの本はベールの第二版と同じ年に出ているけれども、両者の間の影響関係はないようである。事実、「彗星が災厄の前兆ならば、神は偶像崇拝を強固ならしめるために奇蹟を行なったことになる」というベールの基幹的な論理は、ベッケルのこの本には全く現われていない。

(20) 説教　悪魔についてふれたベッケルの最初の説教はダニエル書に関するもので、同書第二章にある魔術師たちがネブカデネザルの夢を解けなかったという話から、彼は悪魔の知恵が普通考えられているほど大きくないことを主張し、出エジプト記第八章にある魔術師らが地の塵をぶよに変えられなかった話なども引き合いにだした。この説教を聞いたオランダの或る貴族は、民衆の迷妄をさますためそれを出版するようベッケルに勧めたが、多忙なベッケルはそれを果たさなかった。その間、彼はヨブ記に関する説教や、サムエル記上第二八章に出てくるエンドルの口寄せの女に関する説教で同じ問題を扱い、一六八九年の暮には「ガラテヤ人への手紙」第五章一九―二〇節の講義で、そこに出てくる「まじない」という言葉について自説を展開した。このように説教壇上で再三悪魔信仰を批判したベッケルは、さまざまな反駁に答えるため、自説を体系化した『魔法の世界』の執筆を思い立ったらしい。

(21)『魔法の世界』　正確な題は『魔法の世界。悪魔とその本性、力、働き、および彼らの介入によって人間が行ないうるとされるすべてのことについての通説に関し、真理を厳密に探求す』De Betoverde Weereld; zynde een grondig Ondersoek van 'tgemeen gevoelen aangaande de Geesten, der selver Aart en Vermogen, Bewind en Bedryf: als ook 'tgeene de Menschen door derselver Kraght en gemeenschap doen.

(22) 自分の教会から非難された　『魔法の世界』はオランダ改革派教会によって断罪され、ベッケルは反省のために二カ月の猶予を与えられたが、この期間を経過しても自説を変えなかったため、一六九二年八月にアルクマールで開かれた北オランダ地方教会会議で牧師を罷免された。ベッケルは当時アムステルダムの牧師だったが、アムステルダムの教会評議会はさらに強硬な措置をとり、ベッケルの陪餐を停止した。

(23) フランス語に訳させた　仏訳の題は Le Monde enchanté で、一六九四年にアムステルダムから出版された。全四巻で、各巻はそれぞれ別な人物に捧げられている。飜訳者は、「オランダ語を一生懸命勉強している一フランス人」と第一巻の献辞にある。

(24) 英語にもドイツ語にも訳され　『魔法の世界』の英

訳は The world bewitched の題で一六九五年にロンドンで、独訳は Die bezauberte Welt の題で一六九三年にアムステルダムで公刊された。英訳は仏訳からの重訳である。

(25)「偉丈夫」　スペインのモラリスト、グラシャンが評論『偉丈夫』El héroe(一六三七年)で描いた理想人。

(26) フランス人をどこまでまねるべきか　これは『フランス人を見ならうの論』Von Nachahmung der Franzosen(一六八七年)という名で出版された。

(27)『ポール・ロワイヤル論理学』　正確な題名は『論理学、または思考術』La Logique ou l'Art de penser。ジャンセニストのアントワーヌ・アルノーとピエール・ニコルが著わしたもので、デカルト主義的な立場に立ち、一六六二年に初版が出たのち、一六六四年、六八年、七四年、八三年と改訂増補され、一八世紀の末までに四〇版近くを重ねた。ラテン語訳 Logiga, sive ars cogitandi は一六七四年、英訳 Logic, or the Art of thinking は一六八五年に出ている。

(28) 自作の新聞　『ドイツ月報』Teutsche Monate(その後何度か改題した)という月刊紙で、一六九〇年まで続いた。

(29) 悪魔論　『魔術罪について』De crimine magiæ のこと。一七〇一年にハレで出版された。

(30) ブランヴィリエ　マリ=マドレーヌ・ドーブレ、ブランヴィリエ侯爵夫人。一六三〇—七六。一七世紀の有名な毒殺犯人。シャトレ裁判所の民事代官の娘で、ブランヴィリエ侯爵と結婚した。やがて騎兵将校のゴダン・ド・サント=クロワという情人を作り、立腹した父(すでに刑事代官に転職していた)はこの情人をバスチーユへ投獄した。サント=クロワは獄中で或るイタリア人から毒薬の製法を教わり、出獄後侯爵夫人にもそれを伝授した。彼女はまず一六六六年秋、不倫の恋の邪魔になる父親をこの毒薬で殺し、さらに父の遺産を独占するため、一六七〇年六月と一一月に二人の兄弟をも毒殺した。一六七二年にサント=クロワが死に、その財産目録の作成中に、ブランヴィリエ侯爵夫人が故人に宛てた手紙の束が発見され、そこから彼女の犯行が発覚した。彼女はロンドン、ついでオランダへ逃げたが、一六七六年三月にリエージュの修道院で逮捕され、七月一七日、斬首の上火刑台にかけられた。

(31) ヴォワザン　カトリーヌ・デ・エユズ、モンヴォワザン未亡人。一六四〇頃—八〇。本業は産婆だったが、占いをしたり、賭博で勝つ秘訣を教えたり、不老長寿の薬を売るなど、さまざまなインチキ商売を行なった。また堕胎手術を無数にし、新生児の生血を使って黒ミサをあげ、「相続薬」と称してひそかに毒薬を販売した。彼女の顧客にはソワソン伯爵夫人、ブイヨン公爵夫人、リュクサンブール元帥、ヴァンドーム公爵、モンテスパン夫人など宮廷の大貴族が多く、彼女から買った毒薬によって上流社会でいくたの犯罪が行なわれた。前出のブランヴィリエ侯爵夫人の犯罪が発覚した時、ヴォワザンの行為も明るみに出、一六七九年三月、彼女は逮捕・投獄された。彼女を拷問にかけた当局は、その自白に一驚を喫し、「毒薬事件」の全貌が明らかになる前にこの危険な証人を抹殺するため、一六八〇年二月二二日、パリのグレーヴ広場で彼女を火刑に処した。

(32) リュクサンブール元帥　フランソワ=アンリ・ド・

モンモランシ＝ブートヴィル、リュクサンブール公爵。一六二八―九五。一七世紀フランスの名将の一人で数々の手柄を立てたが、ルーヴォワに嫌われ、前出の「毒薬事件」の共犯で悪魔とつきあっているというかどで投獄された。投獄は五週間にわたり、その後一四カ月間裁判が続いたが、結局判決は下されず、元帥はパリから二〇里以内への立ち入りを禁じられた。だが、一六八一年に彼は再び宮廷に現われ、八九年にはフランドル派遣軍の司令官に任命されて、ここでもいくたの戦功をあげた。

(33) ルーダンの悪魔憑きの話　一六三三年のいわゆる「ルーダン事件」のこと。この町にあったウルスラ会の修道院で、院長をはじめ修道女たちが集団的な狂乱状態に陥り、彼女らは、この修道院の指導に当っていたサント＝クロワ教会の学僧ユルバン・グランディエ司祭の手で悪魔に憑かれたのだと主張した。事件は一時ボルドーの大司教の介入でもみ消されたが、たまたまルーダンをおとずれた参事院のローバルドモンがこれを知り、国王やリシュリユに報告して、事件解決の全権を得た。その結果、グランディエは一六三三年一二月に逮捕され、七カ月の裁判ののちローバルドモンを含む一二人の裁判官により魔術や憑依の罪で火刑を宣告され、刑は即日執行された。このグランディエの焚殺は、悪魔憑きに名を借りたリシュリユの政治的陰謀によるという説もある。

(34) 同種の事件　ルーダン事件から一〇年後の一六四三年、ノルマンディー地方のルーヴィエで、ルーダンとよく似た修道女たちの悪魔憑きの事件が起こり、修道女マドレーヌ・バヴァンがサバトへの参加、悪魔への売淫等の罪で教会当局により終身禁錮に処せられ、助任司祭のトマ・ブーレと、前年暮に物故した司祭マチュラン・ピカールの遺体が火刑台にかけられた。そのほか、ルーダン事件と同時期にシノンでも娘たちの悪魔憑きの事件が発生していた。農村地帯では、一六四四―四五年に特にブルゴーニュ地方で妖術の流行が見られ、農民たちが裁判所の制止を無視して「妖術師」と見られた村人を集団的に拷問し私刑に処するという事件が相次いだ。南仏のラングドック地方でも一六四四年に同種の現象があり、二五〇人を越す魔女、妖術師が裁判にかけられたという。一七世紀の後半では、オーソンヌのウルスラ会の修道院で修道女の集団的な悪魔憑きの事件が一六五八年に起こり、修道女の一人バルブ・ビュヴェが悪魔の手先として訴えられたが、ディジョンの高等法院は一六六〇年一二月から六二年八月までの長期の裁判の末、彼女に無罪を言い渡した。さらに一六八〇年から八二年にかけては、ラングドック地方でカトリーヌ・ダルメラックの悪魔憑き事件や、トゥールーズの四人の娘の悪魔憑き事件が起こったが、トゥールーズの高等法院はこうした迷信的な訴因をもはや本気に取り上げようとはしなかった。そして、一六八二年七月には、魔術や妖術による訴追を全面的に禁止するルイ一四世の勅令が出るのである。

(35) ジャック・エマール　一六六二―？　有名な杖占い師。ドーフィネ地方の石工で、占い杖で泉や隠匿物を発見して名をあげた。一六九二年、リヨンで一人の商人とその妻が自家の地下室で殺され、捜査当局の要請を受けたエマールは、盗みが行なわれた部屋や兇器の鉈の隠し場所を杖で当て、さらに犯人の逃走経路も示して、別件で投獄されていた一人の囚人がその犯人であることを教えた。さらに、同じくリヨンで起こった盗難事件の捜査にも協力して、犯人と盗んだ金の隠し場所を当てた。このエマールの大手柄は全ヨーロッパに喧伝され、一六九二年の七月から九月にかけて、その報告が『メルキュール』その他の新聞をにぎわした。また、この驚異を説明するためにさまざまな議論が行なわれ、それにはマールブランシュなども加わった。大コンデの息子ブルボン＝コンデ大公は非常に興味を抱き、エマールをパリの館に招いた。館ではその直前に盗難が行なわれており、大公はエマールに犯人の発見をたのんだが、占い杖は何の効果も現わさなかった。あまり贅をつくした場所なので自分がおじけづいたからだとエマールは言い訳したが、大公はさらに彼の力量をためすため、庭に五つの穴を掘り、そこに金貨、銀貨、銅貨、石、木を埋め、占い杖でそれを当てさせた。しかし、杖の指示は全くでたらめで、金貨があると言った場所には銅貨しかなく、銀貨があると言った場所には堆肥しかなかった。当然、エマールはペテン師ではないかという疑惑が生じたが、ちょうどその時大公妃の銀の燭台が二つ盗まれた。エマールはただちに杖で捜査を始め、盗品を故売した時計屋を教えた。翌日、見知らぬ男が大公の館に現われ、燭台の代金と称して三六リーヴルの金を渡した。しかし、燭台の実際の値段は二四リーヴルだったので、人々は、エマールがこの燭台を盗んで、実際よりも高く売りつけ、差額の一二リーヴルを着服したのではないかと疑った。さらにエマールは、大公邸で昔起きた盗難事件の犯人として、最近傭ったばかりの下男を名指ししたりしたため、完全に化けの皮がはがれ、ドーフィネ地方へ送り返された。故郷へ帰ったエマールは再び数々の驚異をなしとげたが、やがて、地方警察の中に彼の仲間が何人もおり、一六九二年の殺人犯の発見や泥棒の発見も警察の情報にもとづいて行なったにすぎないことが発覚して、一世を騒がせたジャック・エマールの驚異も大山鳴動鼠一匹の結果に終った。

（36）　小さい本が二冊　グルノーブル高等法院弁護士のN……が著わした『ヤコブの棒、または隠された宝を発見する術』Verge de Jacob ou l'Art de trouver les trésors cachez（一六九三年）と、イエズス会士メネトリエ神父が著わした『杖の使用と指示に関する考察』Réflexions sur les usages et sur les indications de la baguette（一六九四年）のことであろう。

（37）　三冊目の本　ピエール・ル・ロラン、ド・ヴァルモン師が著わした『神秘物理学、または占い杖論』Physique occulte ou traité de la baguette divinatoire のこと。ただし、この本の初版は一六九三年に出ているので、デュ・ボスがこの手紙で言っているのは一六九六年の第二版のことではなかろうか。

（38）　ルジャンドル神父　アザールの原著に引用された手紙の文章には「P氏」（M.P.）とあるが、デュ・ボスの手紙そのものには「ルジャンドル神父」とあるので訂正した。ただし、これは「オラトリオ会のルジャンドル神父」ではなくて、「オラトリオ会のルブラン神父」ではなかろうか。ピエール・ルブラン神父はヴァルモン師の『神秘物理学』を反駁した『杖に関する哲学者たちの錯誤をあばき、彼らの体系を破壊する手紙』Lettres qui découvrent l'illusion des philosophes sur la baguette et qui détruisent leurs systèmes を著わして、悪魔の介入説を主張した。この著作は一六九三年にパリで第一版が出ているが、デュ・ボスがあげているのは一六九六年にアムステルダムで出た第二版のことであろう。なおルブランは、一七〇二年に出した『諸国民をたぶらかし学者たちを困惑させた迷信的行為の批評的歴史』Histoire critique des pratiques superstitieuses, qui ont seduit les peuples, & embarassé les sçavans の第一部で占い杖の問題を再論している。

(39) ファン・ダーレン氏　フォントネルの『神託史』にのった形で先に引用されているシュレージエンの金の歯の話は、もともとファン・ダーレン『異教徒の神託に関する二論文』の第二論文、四七四―四七六ページにのっている。

(40) ダゴベール　六〇〇頃―六三九。フランク人の王で、メロヴィング王朝の最後の王。

(41) シャルル・マルテル　六八九―七四一。フランク王国の宮宰で、のちのカロリング王朝の基礎をきずいた。

(42) 動物の繊維　獣を使った占いを言う。

第三章　リシャール・シモンと聖書釈義

聖書だけが大目に見られるはずはなかった。検討と批判がそこまで及ぶのは当然だった。聖書は最高の権威だったからだ。

聖書の矛盾がみつかると自由思想家（リベルタン）は雀躍（こおどり）した。たとえば創世記によると、アダムとエバが最初の人間で、そこからカインとアベルという二人の息子が生まれ、カインはアベルを殺し、カインは神に「私の罪は重くて負いきれません。……私をみつける人は誰でも私を殺すでしょう」〔創世記第四章一三―一四節〕と言ったといわれる。**私をみつける人**とある以上、アダム以前にもすでに人間はいたのである。この発見は、イザーク・ド・ラ・ペレール(1)がずっと前にしたもので、「アダム前人」というのは自由思想家（リベルタン）にはおなじみだった。

オクスフォード大学の或る文学士が一六九五年にロンドンの一貴族に宛てた書簡形式のエッセイを読んでみると、そこにはまた別種の攻撃が見られる。こんなことを言っているのだ。ヘブライ人も含めて、東洋民族はみな神話的な想像力の持ち主だった。ペルシャ人やメディア人やアッシリア人の歴史は伝説の寄せ集めにすぎないが、聖書もそれと変りはない。タルムード〔ユダヤ教の口頭伝承の集成〕には無数の作り話が含まれている。隠喩や直喩や虚構にかけてはアラビア人の方がヘブライ人より上だった。彼らが作ったコーランやたくさんの詩人の群がそれを証明している。のちにこの詩人たちが、流浪の騎士や巨人や龍や魔法の城の話とか、騎士道などというものをスペインやプロヴァンス地方に広めたのだ……。要するに聖書は「神秘的で寓意的で謎めいた」もので、「空想的な憶説」にすぎない東洋の神話のひとつである……*。

* 『オクスフォードよりロンドンの一貴族に宛てた二篇の書簡体エッセイ。第一篇は二部よりなり、天地創造、大洪水、人間の繁殖に関するいくたの謬説を取り扱う。第二篇は神話・伝説の発生、発達、滅亡を取り扱う。文学士L・P著』Two Essays sent in a letter from Oxford to a

Nobleman in London. The first concerning some errors about the Creation, General Flood, and the Peopling of the World, in two parts. The second concerning the Rise, Progress, and Destruction of Fables and Romances. By L. P. Master of Arts、ロンドン、一六九五年。

神のみ言葉の本文を研究して解釈の垢を取り除こうと必死になっていた新教徒は、本文がそれほど単純なものではないことに気がついていた。彼らは聖書に対するカトリック教徒の消極的な態度を非難したが、カトリック教徒は逆にその大胆さを非難した。事実、カーンの牧師兼教授だったサミュエル・ボシャール(2)や、ソーミュールの牧師兼教授だったルイ・カペル(3)の著作が示すとおり、新教徒側では活潑な釈義研究が行なわれていた。

ユダヤ人側にはスピノザが現われた。スピノザは——彼の言葉を借りれば——自然研究と同じ方法で聖書を解釈することを提唱したが、それの行きつく先は明らかだった。自然研究の方法は、まず現象を忠実に記述し、その確実なデータから出発して正確な定義へ進むことにあるから、われわれはまずヘブライ語を知ることから始めねばならない。この仕事はきわめてむずかしい。「古代のヘブライ語学者たちはこの言語の諸基礎と教えとについて何物をも後世に残しておらぬ」し、「われわれはヘブライ語の辞書をも文典をも修辞学書をも持たぬ」からである。スピノザはさらにつづける。第二に、われわれは聖書の意味と精神に従い、自分を聖書に合わせるべきであって、自分の偏見に聖書を合わせるべきではない。——「第三に聖書の歴史は、われわれが今日なお知りうる限りにおいてあらゆる予言者の特殊的諸事情を解明せねばならぬ。即ちまず各巻の著者の生活、風習、意図について、またその著者が何者であり、いかなる機会、いかなる時に、誰のため、どんな言語でそれを書いたかについてである。次に各巻の運命について、即ちそれがまずどんなふうに認められたか、どんな人々の手に入ったか、またそれにはどれだけ多くの読み方があったか、またどんな人々の発議によって聖典の中に容れられたか、最後にまた人々が今日聖典と認めているすべての巻がどのようにして一体に結合されたか、等についてである……。」*

* スピノザ『神学・政治論』Tractatus theologico-politicus、第七章。邦訳、岩波文庫、上巻二四一―二四二、

二五一ページ、畠中尚志訳。

カトリック陣営にすら、聖人抹殺者の異名をとったジャン・ド・ローノワ[4]や、本文批評に長じた碩学マビヨンがいたではないか。およそ正統的な『教会史』Histoire ecclésiastique（一六九一―一七二三年）の著者フルーリ師でさえ、聖母や使徒たちの生涯から、飾りのようにことさら付加された伝説をはぎとっている。これが時代精神だったのだ。

しかし、こういうすべての傾向がはじめてひとつに結晶したのは、単純だが決定的な次の言葉を発した人物がついに登場した時だった。

「批評を職とする者は、著者の言葉の字義どおりの意味を説明するためにのみ立ち止るべきであって、この意図に沿わぬことはいっさい回避しなければならない。*」

* リシャール・シモン『旧約聖書の批評的歴史』Histoire critique du Vieux Testament、第三部第一五章（一六八五年版四四一ページ）。

*

リシャール・シモンとその著『旧約聖書の批評的歴史』（一六七八年）の出版によって、批評学はおのれの力を自覚した。

リシャール・シモンが自著の序文で言っているように、「批評」というのはひとつのテクニカル・タームだった。「この問題についてフランス語ではまだ何も著わされていないから、あまり適切といいえぬ或る種の言いまわしを時おり用いることもいたしかたない。どの分野にもいわば慣用で認められた専門用語がある。〈批評〉Critique とかこれに類する単語が本書でしばしば使われるのはこの意味である。専門分野の用語で自己を表現するために、私はこうした言葉を用いざるをえなかった。学識のある人ならば、フランス語でもこうした用語を用いることに慣れているはずである。たとえば、カペルが著わした『聖書批評』Critica Sacra という本とか、イギリスで出版された『聖書批評』[5] Critici Sacri という題の聖書註解などは、フランス語でそれぞれ〈カペルの批評〉la Critique de Cappelle、〈イギリスの批評〉les Critiques d'Angleterre と呼ばれているから」（『旧約聖書の批評的歴史』、「著者の序文」の末尾）。

学者の世界から抜け出して、今や万人の前に自己の力を現わそうとする「批評」という特殊な技術は、いわば自己目的のものだった。自分がしらべるテキストの確かさや真正さの度合いをきめるだけで、美しいところを残しておくとか、道徳性をそこなわずにおくとか、自分の目的以外のことはいっさい考えようとしなかった。聖典を扱う時にも、批評は神学を無視しようとした。まるっきり管轄外のことだったからだ。批評は神学を攻撃すべきでないし、擁護すべきでもない。また批評の側から言うならば、神学はテキストについてあれこれ指図すべきではない。テキストのありようはいかなる権威を以てしても変えられるものではないからである。或る一節がなんらかの教義に反していても、もし真正なものならば、生かすべきは教義ではなくてその文章だ。或る一節がなんらかの教義にとって必要でも、偽筆であれば落とさなくてはならない。対象が『イーリアス』でも『アエネイス』〔ヴェルギリウスの叙事詩〕でも「モーゼ五書」でも、批評の原則に変りはない。批評はアプリオリなものを拒否する。石に刻まれ羊皮紙に記され紙に書かれた字の前に立てば、批評はその瞬間から自己の活動の唯一最高の支配者になる。

批評の土台は文献学である。いやしい侍女だった文献学は、今や女王になり変った。文献学の卓越と尊厳を語ったルナンの言葉に(6)、地下のリシャール・シモンは双手をあげて賛成したにちがいない。彼の意見もまったく同じだった。批評学者兼文献学者——彼がなろうとしていたのもまさにこれだった。たしかに、リシャール・シモン以前にも年代学者が批評学を志してはいた。この人たちも年代の算出という専門的な問題しか考えなかった。しかし、年代学者は自分の発見に恐れをなしてしまった。彼らにいちばん欠けていたのは、自分がしようとする革命についての自覚だった。それに、どのみち聖典の内部にまで立ち入ることはなかったのである。旧約と新約の註解を著わしたグロティウスも、批評学者といえば批評学者だった。だが、この人には十分なきびしさが欠けていた。自分できめた掟を二度も破っているからである。ひとつはなんの関係もない世俗古代の知識に訴えたこと、もうひとつは個人的な見解に流されたこと。アルミニウス派、ソッツィーニ派のグロティウスは、本文の説明として普通は最善のものを選んでいるが、ままアルミニウス派やソッツィーニ派に有利な読みをことさらに採用している。グロティウスだけではない、スピノザも批評学者にはちがいなかった。いや、スピノザこそリシャール・シモンの直接の先達と見るべきである。リシャール・シモンはたしかにスピノザに文句をつけ、その結論を斥けてはいるが、その言葉には巨匠に対する尊敬のニュアンスがあった。「これは聖書が語る奇蹟を全面的に否定した背神者スピノザの言葉ではないか、などとおっしゃいませんように。どうかお捨てになりますように。今日多くの人が濫用しているこの先入見を、格率からスピノザが引き出した瀆神的な結論は断罪すべきですが、その格率自体は必ずしも間違いではありませんし、排斥すべきでもないのです。*」とはいえ、スピノザは天才的な発明家だが、文献学者としては十分でなかった。その釈義の建設的な部分にはこの欠点が現われている。スピノザの形而上学がスピノザの科学を支配してしまったのだ。批評を純粋なものに、自律的で厳密なものにしたのは、だからリシャール・シモンがはじめてだった。今や、哲学も教義も批評の決定になんの影響もあたえなくなった。重要なのは写本、インク、字体、筆蹟、文字、句読点、アクセント記号だけだった。世俗の学問は神聖な権威など認めようとしなかったのだ。

* リシャール・シモン『書簡選』Lettres choisies、一七三〇年版、第四巻、書簡第一二。

*

これは裏声でしゃべる小男だった。顔も不細工で、知的な感じなどまるでなかった。「〈自然が顔に推薦状を書いた〉などとよく言われるが、こういう言いかたは彼には当てはまらない。」生まれや富についても、自然の恩恵を受けていなかった。ディエップの貧しい鍛冶屋の息子だったからだ。そのかわり、自然は彼に勉学への情熱と、強力で明晰な理性と、不屈の意志をあたえていた。柔軟さと執拗さを彼は両々かねそなえていた。ディエップのオラトリオ会の学校で古典学級と哲学級をおえたのち、生まれつきそちらへ向いていたリシャール・シモンは僧籍に入る決心をして、パリの修練所に給費生として送られた。だがやがて「嫌気がさしてたまらなくなり」、教団からあやうく脱退しかかった。ド・ラ・ロック師という金持のパトロンが彼をもとの道へ引きもどし、神学の勉強をしにパリへもどる費用を出してくれなかったら、第一歩で早くもつまずいていたにちがいない。彼の天職が定まったのはパリへ帰ってからだった。人文学は不得意で、スコラ哲学にいたっては皆目わからなかったリシャール・シモンは、そのかわりいちばんむずかしくて人のやらない考証学に惹かれた。そしてヘブライ語の勉強を始めた。

一六六二年にオラトリオ会へもどると、彼はこの勉強を続ける許可をもらった。こういう偉人の生涯には象徴的な逸話が必ずと言っていいほどあるものだが、リシャール・シモンも例外ではない。この時期の話であるが、彼の部屋にロンドンで出た多国語訳対照聖書や各種の聖書批評書など異端者の本が置いてあるのを見て、仲間たちが憤慨し、ご注進に及んだらしい。ところが、シモン君には相棒がいたのである。なんと、校長のベルタ神父だった。神父は毎日シモン君と聖書の原典を読んでおり、六十の手習いのつもりで、この子供のような先生に弟子入りしていたわけである。だから軍配はシモン君にあがった。

彼の生涯でいちばん幸せだったのは、教団所有の東洋語文献のカタログを作るために、サン＝トノレ街の僧院の図書室ですごした時間だったろう。文献学的知識を広げかつ深め、じかに源流(ソース)に当り、周囲の手のとどく所に最高の教師——最高どころか、これが唯一の教師だった——をはべらすのが彼には無上の楽しみだった。しかしリシャール・シモンは、印刷本や手写本に毎日ふれるだけで満足したわけではない。その上に、律法教師(ラビ)の教えを奉じるユダヤ人と個人的につきあって、とりわけヨナ・サルヴァドールという人物とはいっしょに聖書を読んだりした。一六七〇年——司祭に叙任された年——には、この人にたのまれて、儀式的殺人行為のかどで起訴されたメッスのユダヤ人たちを弁護する文書を著わしている。(8)

彼は言っていた。律法教師(ラビ)の大海を船で行こうと思ったら、長い苦難の航海に慣れた水先案内を選びたまえ、と。事実、この遠洋航海は何年も続いた。進路を一定させ、その安全をはかるために、彼はどんなことでもなおざりにしなかった。ありとあらゆる海図をしらべ、ありとあらゆる星座を見つめ、意志の緊張を保ちながら自分の長所をフルに生かした。まず明晰さである。どんなに厄介な文法の問題についても、この人は常に明晰である術を心得ていた。* それから良識、眼識、率直さ、洞察力、判断の確かさ。加えて、「ユダヤ関係をはじめとする」学殖をふんだんに利用した。こうしてついに『旧約聖書の批評的歴史』を世に問う用意ができたのである。

* これらの言葉はE・シュパンハイム(9)の『或る友への手紙。一六七八年にパリで出版された〈旧約聖書の批評的歴史〉

と題する書物を評す』Lettre à un ami, où l'on rend compte d'un Livre, qui a pour titre, Histoire critique du Vieux Testament, publié à Paris en 1678（一六七九年）より〔『旧約聖書の批評的歴史』の一六八五年版、巻末五六五ページ以降に収録。この引用は五六六ページより〕。

「第一に、聖書の本文がいろいろな時と所でどういう状態にあったかをあらかじめ呑みこんでおかないかぎり、またその本文に生じたすべての変化を正確に知らないかぎり、聖書を完全に理解することはできない……」〔『旧約聖書の批評的歴史』、「著者の序文」冒頭〕。そこからただちに、彼の方法の原理と基本法則がうちたてられる。彼はそれをくりかえし、可能なかぎり強調する。「本文批評についてあらかじめ知らなければ、聖書を読んでも効果はないと思う」〔同、第一部第一章。一六八五年版二ページ〕などと言う。文献学の重要性については驚くべき例がある。単語ひとつ、たとえば、それ自体ではなんの意味もなさそうな「さて」という接続詞を落としただけで、異端を助ける結果になってしまう。ルカ伝福音書の第三章は、「さて、皇帝テベリオ在位の第一五年……」という言葉で始まっている。これはその前になんらかの記述があることを前提にしている。「さて」orという小辞は文法学者が反意語と呼ぶもので、先行するなんらかのものとの必然的なつながりを示すからである。反対に、「皇帝テベリオ在位の第一五年……」だけだと、ルカ伝の初めの二章はこの福音書にあとから付け加えられたものだと言った古代のマルキオン派異端の説[10]が正しいことになってしまう。新約聖書でさえそうなのだから、まして、素人には思いもよらぬさまざまな困難に充ちた旧約聖書は、この規則をマスターしこの精神で接しないかぎりとても近づくことはできない。

ひとつ聖書を手に取って、予断を持たずに検討してみよう。どんなふうに見えるだろうか。はたしてこれを、天からじかにあたえられ、文字に書きとめられて、もとのままの姿で現在にまで伝わった神の言葉とみなせるだろうか。

リシャール・シモンは答える。しらべてみれば、聖書のテキストに改変、変更の跡が見えることは否めない。年代学的にも往々辻褄が合わず、或る種の記述にはまま数章にわたる奇妙な置きかえがあることも否めない。では、このテキストが書かれた時代に身を置いてみて、ヘブライ文明の認識と理解につとめてみよう。そもそも予言者とはなんだったのか——書記である。国の記録を忠実に書きとめ、記録保管所に保存する記録係である。「こういう記録係がモーゼの時代からヘブライ人の国にいたことは十分ありそうな話である。そうなると、五書の全部がモーゼのものではないという反論もたちまち解消されてしまう。モーゼのものでないことは、普通、五書の書き方から証明される。それはモーゼ以外の誰かが記録を集めて書きとめたことを示唆するように見えるからだ。こういう記録係を想定すれば、これらの書の歴史に関する部分はその記録係に、律法や戒命に属することはすべてモーゼに帰することができよう。聖書が〈モーゼの律法〉と名づけているのは後者の部分なのである」〔同、第一部第一章。一六八五年版三ページ〕。これらの予言者つまり記録係は、その時代に起こったことを記録にとどめ保管所に収める以外に、時には前任者が書きとめた記録を編みなおしたりもした。五書以外の各書〔リシャール・シモンの原文では、「聖書の各書」〕に見られる付け加えや書きなおしはこのことから説明される。同様に、これらの書はそれよりはるかに長大な覚書のたんなる要約にすぎないから、聖書からは正確で間違いのない年代記が書けないのも不思議ではない。たとえば、聖書に出てくるペルシャ王しか認めようとせず、その連続で時の計算をしたりするのは滑稽であろう。記録係はもともとユダヤ人に関係のあることしか語っていない。世俗の著作家のものには、聖書に出てこない国王もたくさん出てくるから、年代記もこちらの方がずっとながくなる。それに、歳月による破損や写字生の不注意も考えなければならない。写字生たちがどういう物質的条件のもとで書いたかを思い浮かべてみよう。「昔のヘブライ語の本は小さな巻物、つまり重ねて巻いた紙片に書かれ、一枚々々がそれぞれ一巻をなしていたから、巻物の順序がたまたま狂うと記述の順序も狂ってしまったのである」〔同、第一部第一章。一六八五年版五ページ〕。

リシャール・シモンの説明は一見きわめて単純で、力強かったから、その後(あと)について神聖な神秘の世界へ入るのに最初は恐れをなした素人たちも、だんだんこの案内人の発言を傾聴するようになった。この人は具体的なものの説明に論理的明証性の外観をあたえる独特の術を心得ていた。しかも神学者の言葉で語るのではなく、フランス語で書こうとした。旧約聖書の『批評的歴史』を立派な美しいフランス語でもまにあうが、聖書のテキスト学者の議論ならラテン語でもまにあうが、聖書のテキスト註釈の全般的な推移は万人の目に明らかにすべきものだったのだ。

*

本書で今までしらべてきた立役者たちの性格は、どちらかというと単純だった。みな生まれながらの反逆者で、野党にいないと息もつけないような人ばかりだった。リシャール・シモンの心理はもっと複雑である。カトリックの司祭だった彼は、厳格な教理に対しても、いや教会の精神に対してすら忠誠を誓っていた。教会から断罪されても、この処置が間違っていることを必死に証明しようとした。

なぜなら、リシャール・シモンは正統派を自称していたからである。事実、彼は神感を否定するどころか、聖書の各書を手直しした人にまで逆に神感を押し広げた。彼の主張はこうだった。モーゼに自分の意志を伝えた神は、モーゼのテキストに代々手を入れた書記や年代記者とも交渉を持った。聖書には変更の跡が見えるけれども、変更をした人は「聖なる書を書く権限を持っていたのだから、当然訂正の権限も持っていた。」予言者つまり記録係もやはり神の通訳者だった。相次ぐテキストの改変も、やりかたは人間くさいが発想は神から来ていた。聖書のテキストの作成者は、モーゼ時代に始まってその後代々継続したこの神聖な職務を神からあたえられていたのである。ヘブライ民族が選ばれた民だというのは、たんなる言葉の綾ではなくて、まさに文字どおりそうだったのだ。「ヘブライ人の国は、首長として古来神しか認めず、国王に服属した時ですら神が首長として統治をつづけたという点で、世界中のどんな国とも違っていた。そこから、この国は〈聖なる神の国〉という称号を得、国民もまた〈聖徒〉を名のった。この輝しい名によって、自分を他国民から区別しようとしたのである。また同じ理由から、神はモーゼとそのあとをついだ他の予言者を介して、完全に自分のものとして選んだこの民族に自ら律法をあたえたのである。」*

* リシャール・シモン『旧約聖書の批評的歴史』、第一部第二章（一六八五年版一五ページ）。

他の人が伝承の価値を否定しても、彼はあくまで擁護した。聖書は常に明瞭だとか、聖書さえ読めば神が命じることは全部容易にわかるなどというのは嘘だ。伝承は聖書を補うものとして不可欠だし、聖書を説明し解釈するのに役立つのである。『旧約聖書の批評的歴史』は伝承の価値を主張しようとした。「本書では……次のことが見られるであろう。すなわち、権利上の規準と事実上の規準を分離するなら、つまり伝承と聖書を結びつけないなら、宗教では確かなことをほとんど何も言えなくなるということである。神の言葉を教会の伝承と結びつけるのは、それを放棄することではない。私たちを聖なる文字に差し向ける者〔神〕は、同時にまた私たちを、この神聖な寄託物を任された教会に差し向けているのだから。*」リシャール・シモンはさらに続ける。律法がモーゼによって書かれる前には、昔の族長たちももっぱら伝承によって信仰の純粋性を保っていた。モーゼ以後にも、むずかしい問題が起こるたびにユダヤ人は律法の解釈者たちに相談してきた。新約聖書についてはどうだったか。福音の教えは何も書かれない前からすでに多くの教会に確立されていた。この文字にされない言葉は、使徒たちが創立した主要な教会に保存され、そこに代々伝えられた。聖エイレナイオス(11)やテルトゥリアヌス(12)などは、異端者との論争で、聖書に盛られた神の言葉よりむしろ伝承に訴えているほどである。公会議でも、聖書のむずかしい個所を説明するために、司教たちがそれぞれの教会の伝承を持ち寄った。「それゆえ、トリエント公会議に集まった神父たちは、〈教父らの一致した意味に反して〉聖書を解釈してはならないと賢明にも決定した。さらに公会議は、聖書に盛られた神の言葉と同程度の権威を文字にされない真の伝承にあたえた。なぜなら、文字にされないこの伝承も主から来たもので、まず主から使徒たちに伝えられ、しかるのち私たちまで受けつがれてきたのであると同時に想定したからである。これらの伝承はキリスト教の宗教の要約と言ってもよい。この宗教はキリスト教が始まったその時から、聖書とは関係なく初代教会にうち立てられていたのである……。**」

*、** リシャール・シモン『旧約聖書の批評的歴史』、「著者の序文」。

こういう明確な宣言をかかげて、リシャール・シモンは新教徒を痛烈に非難した。聖書だけに訴える新教徒は、改変され改竄されたテキストに訴えているのだ。伝承をしりぞける新教徒は、同時に、この曖昧なテキストに先立ち、ともない、それを明らかにしてくれる聖霊の加護をはねつけているのだ。ウィンザーの教会評議員イサク・ヴォシウス(13)や、ルーアンからロッテルダムへ移った牧師ジャック・バナージュ(14)と、彼は長期間の激しい論戦をまじえた。とりわけ攻撃したのは、伝承を無効とするのみか聖書そのものも一部は切り捨て、自分の気にいることとしか信じようとせず、普遍的な理性が認めるいくつかの格率を採用するだけで、あとは何ひとつ取り上げないソッツィーニ派だった。この意味でリシャール・シモンはカトリシズムの守り手をもって任じたのである。

そういう意味ではそうであろう。だが、彼の推理の欠陥は一目瞭然ではなかったか。ひとつの価値からそれとは別種な他の価値へどうして話をすりかえるのか。第一は、モーゼの律法のテキストが年月とともに積み重なった多量の沖積土におおわれていること。彼によれば、これはひとつの事実である。第二は、律法のテキストを手直しした著作家たちも後々までずっと神感を受けつづけたこと。これはもう事実ではなくて、ひとつの信念、ひとつの解釈である。片方は歴史的、科学的に証明できる現象だが、もう片方は信仰箇条にすぎない。この信仰を持たない場合、第一点には納得しても第二点は受けいれないという立場もありうる。とくに素人の場合、彼が証明しようとしたように聖書には人間の手の跡があることを認めながらも、もとのテキストに手を加えたユダヤ人らも神の考えを表わしていたという、彼が個人的な確信からなんの客観的な証拠もなしに付け加えたことを認めないという立場もありうる。リシャール・シモンは、あれほど厳格に境界と法則をきめた批評の場から、文献学の場からとびだしてしまったのだ。

序文で自分の意図を説明した時から、すでにこのとびだしは始まっている。しかし、『旧約聖書の批評的歴史』をくわしくたどれば、自分の精神の生来の傾斜が彼をどんな立場へ導いてゆくかがわかるだろう。たとえばモーゼ五書の場合——モーゼだけがそれの著者ではないことを彼は懸命に証明しようとする。五書にはいろんな引用句や箴言や詩句があるが、これは言葉からいっても文体からいってもモーゼ以後のものだ。——五書にはモーゼ以後の出来事の記述がある。「たとえば、モーゼの死と墓のことを書いた申命記の最後の章をモーゼの筆になるものと言えるだろうか」*〔一六八五年版三二ページ〕。——五書には無数のくりかえしがある。たとえば「創世記第七章の洪水の書きぶり」**〔一六八五年版三三ページ〕である。「一七節には〈水が増して箱舟を浮かべたので、箱舟は地から高くあがった〉、つづく一八節には〈また水がみなぎり、地に増した〉、一九節には〈水はまた、ますます地にみなぎり、天の下の高い山々は皆おおわれた〉、これがまた二〇節でもくりかえされて、〈水はその上、さらに一五キュビトみなぎって、山々は全くおおわれた〉とある。一人の人が書いたのなら、こんなに多くの言葉をけっして使わなかったろう。とりわけ歴史記述の場合には……」〔一六八五年版三三ページ〕。リシャール・シモンはこの作業を続けてゆく。終りまで来て、読者はどういう感じを受けるだろうか。聖書にある天地創造の記述は支離滅裂だ、これはいろんな時代に下手くそな連中が書いたものだ、少なくとも最初の筆者が見分けられないほど頻繁かつ不器用に手直しされたものだ――そう思うにきまっている。伝承に訴えてみたところで、どうなるものでもない。

*、**、*** リシャール・シモン『旧約聖書の批評的歴史』、第一部第五章。

それにリシャール・シモンは、伝承そのものもけっして信仰の精神ではなく、もっとも純粋な批評精神で検討している。ここでもその作業をたどってみよう。たとえば聖アウグスティヌスにどうやって近づいたかを仔細に観察してみよう。この大聖人は、その強力な精神と確かな判断力で聖書批評学でも別格の地位を占めているからだ。『キリスト教の教理について』[15] De Doctrina Christiana や他のいろいろな個所で、この人は聖書を正しく解釈するのに必要な資質をあげている。その言やよし、である」〔一六八五年版三九七ページ〕。――ただ、「彼は謙虚な人だったから、こういう資質が大方自分にはないことをあっさり白状してしまった」〔同ページ〕。それに、この人の註解たるやおよそ不正確な代物だった。――彼はヘブライ語を知らなかったから、マニ教徒[16]を反駁するために書こうとした創世記に関する著作を手に余るものと認めた。「いや、聖書を正しく説明するのに必要な知識も持たないまま大あわてで書いてしまったものを、彼はいささかも悪びれずに自ら断罪しているのである」〔同三九八ページ〕。――字義どおりの意味をさぐるかわりに、「この人はほとんどもっぱら、歴史からもテキストの文字からも離れた寓喩的な意味ばかり論じている」〔同ページ〕。――「鋭敏で烱眼な人だったから、彼は聖書の難点をすぐ見つけた。いや、何もなさそうな所にも自分から難点をこしらえあげた。しかしこの種の研究には十分習熟していなかったので、読者を満足させる適切な解決をあたえることはできなかった」〔同ページ〕。――「それに哲学上、神学上のいろんな先入見を持っていて、どの著作でもそれを振りまわした……」＊〔同ページ〕等々。――リシャール・シモンが聖アウグスティヌスと聖ヒエロニムスを喧嘩させて[17]ほくそえんでいたことを、ここにひとつだけ付け加えておこう。その上で、素人の読者たちが聖アウグスティヌスの権威をどう思ったか、ひとつ考えてみようではないか……。

＊ リシャール・シモン『旧約聖書の批評的歴史』、第三部第九章。

しかし、批評と文献学に彼はすぐさま立ちかえる。真の霊感をあたえてくれるのはこれだけだから。心の底で彼は次のように考える。何物も「正当な理由」にうち勝つことはできない。特に「照明派[18]や狂信者」の直観は当てにならない。「聖書のもっとも隠れた真理を啓示してくれる」「個人の霊感」や「内なる声」などは伝説時代だけでたくさんだ。「こういう個人の霊感は、今ではクエーカー教徒などの狂信者にしかほとんど見られなくなっている。この連中は良識も能力もないから、喜んでそれの助けにすがるのである。」

＊

あらゆる困難をのりこえてリシャール・シモンは進んだ。一六七八年五月二一日、彼はオラトリオ会から除名通告を受けた。同じ年、『旧約聖書の批評的歴史』は閣議決定[19]により禁止され、それにもとづき警察代理官はこの本の残部を押収、つぶしにかけた。一六八三年には〔ローマ法王庁の〕検閲聖省もこの本を断罪[20]した。検閲とはとても折り合いがつきそうにないし、かといって手書きのコピイをもとにして「エルセヴィル氏[21]」が出した間違いだらけの版が国外に出まわるのを放置することもできなかったので、シモンは一六八五年にロッテルダム[22]で真版を出した。彼の仕事は続いていた。内なる力を外に表わし、旧約聖書の次には当然新約聖書にとりかからねばならなかった。彼は着々と近接作業を進めた。一六八九年には『新約聖書の本文の批評的歴史』Histoire critique du Texte du Nouveau Testament、一六九〇年には『新約聖書の訳書の批評的歴史』Histoire critique des Versions du Nouveau Testament、一六九三年には『新約聖書の主要な註解者の批評的歴史[23]』Histoire critique des principaux Commentateurs du Nouveau Testament を出した。どの標題にも「批評」という言葉がついていた。誤解がないように、リシャール・シモンはそれをもう一度説明した。くりかえしくりかえし説明した。キリスト教の初期から教会には、聖書の中にましのびこむ間違いを念入りに訂正する学識者がいた。聖書についての正確な知識と手写本の博捜を必要とするこの作業が「批評」と呼ばれる。本文にとどめるべき最良の読みは何かを判定するものであるから。「批評」というのは専門用語で、いろんな読みを検討し、正しい読みを復元するための研究にいわば捧げられたものである。未開野蛮な時代にはこの技術を知らなかったのもいたしかたない。が、今でもそれを軽視することは許されない。神学にかつてあたえた役割を、今日では批評にあたえなければならない……。こんな言葉を耳にして、神学者たちがいかに憤激したかは想像に余りある。「つまり、この批評学者に言わせると、新約聖書を正しく説明するためには神学や伝承ではなく、文法の規則だけに従うべきなのです。……ソッツィーニ派をこんなに喜ばす考え方はないではありませんか……。*」

* アルノーよりボシュエへ。一六九三年七月。〔『ボシュエ書簡集』Correspondance de Bossuet、「フランス大作家双書」版、第五巻、一九一二年、四〇六—四〇七ページ〕。

ついに、『主イエス・キリストの新約聖書。古代のラテン語版より訳し、註を付す』Nouveau Testament de Notre-Seigneur Jésus-Christ, d'après l'ancienne édition latine, avec des remarques…… という大著が一七〇二年にトレヴーで出版された。この飜訳はただ原文だけを考えて、常に原文へ立ち帰り、原文の字義どおりの意味を伝えることを目的としたものだった。伝統的な解釈も所詮は解釈にすぎない。それは往々誤解であり誤訳であるにもかかわらず、法としての力を持ってしまった。ここではそんなものに一顧もくれない。ギリシャ語、ヘブライ語の知識にもとづく比較対照を註の形で欄外に置いたこの訳は、言うなれば一種の批評的飜訳だった。「なお、註の部分はただ福音書と使徒の文書の字義どおりの意味を説明するためのものであるから、浅慮な人にしか好まれぬ〈神秘ごっこ(ミスティクリー)〉をそこに探してはならない。」意味、字義どおりの意味、それだけである。「そうでないと、霊的と称するわけのわからぬたわごとを口走るようになってしまう。」——このトレヴー版聖書は発禁になった。(24)

*

リシャール・シモンをロマンチックな人と考えてはならない。ましてや、甘ったるい男と思うのは禁物である。これはとげとげした、きつい性格の人だった。知力は旺盛だが、情緒はおよそ貧困だった。正面攻撃だけでなく、彼はえてして詭計を使った。「なぜかというと、パリ大学神学部の匿名神学者[25]、ガリカン教会〔フランス教会〕司祭ルネ・ド・リール[26]、ジェローム・ル・カミュ[27]、ジェローム・ド・サント＝フォワ[28]、牧師ピエール・アンブラン[29]、オリゲネス・アダマンティウス[30]、アンブロシウス[31]、ジェローム・アコスタ[32]、モニ殿[33]、シモンヴィル殿[34]、その他おおぜい[35]の著作家がみな同一人物であることを知っていただかねばならないからです。」この同一人物とはほかならぬリシャール・シモンだった。カトリック教徒と論争するさい、彼は必ずしもフェアプレーに徹しなかった。ソルボンヌの博士たちに検査用に渡した『旧約聖書の批評的歴史』のコピイには危険な章がはぶいてあったりした[36]からである。新教徒との長期にわたる論戦でも、キリスト教的な愛徳などということを彼は全然考えなかった。傲慢で冷酷で、侮辱的な皮肉をとばし、とぎすました矢を楽しげに放ちつづけた。彼の大論文を見ても、縁の下の力持になるなどというのは口先だけで、自分に対する尊敬が他人に対する軽蔑と好んで手をつないでいることがわかる。しかし、リシャール・シモンの底意地の悪さ、胸にたまった憎しみがとりわけ透けて見えるのはその『書簡選』Lettres choisies である。これは書簡というよりも、むしろ誹毀文書、攻撃文書だ。権力の支持を奪われ、圧迫から必死に身を守り、激昂し、目を血走らせた男――そういうものだけがここにあると思ってはいけない。書簡に見るリシャール・シモンは、異端くさい理論を紹介したり、教会と離別した神学者の話をしたり、離教の種子を宿す秘匿文書や発禁本など危険な書物を取り上げたりすることが大好きな、そういう異端邪説の愛好者である。こういう気持と、あくまで保ちつづけると称した宗教的な性格とを、どうして両立させるのだろうか。

或る者は、そのひそかなる考えを見抜きて、
司祭らしからずと思いしがゆえに……*

* ドライデン『世俗人の宗教』Religio laici、一六八二年。

しかし、内面の葛藤があったとしても、そんなことを彼はおくびにも出さない。その信仰のありようを正確に知ろ

うと思ったら、身の危険を感じて自らの手で焼いてしまった厖大なノートを読まなければなるまい。ノルマンディー地方のボルヴィルに主任司祭として隠棲していたリシャール・シモンは、或る日地方長官に呼び出され訊問を受けた。次は書類の押収だと思ったシモンは、それをいくつかの大樽につめ、夜の内にとある牧場までころがしていって灰にしてしまった。この人の心の底は神様でなければ知りようがないのである。オラトリオ会から除名されても、彼は最後まで教団の一員のつもりだった。「汝ハトコシエニ聖職ニアリ」のマーク〔オラトリオ会の〕を消そうとするどころか、それをかたくなに保持しつづけた。学問以外はふりむきもしない学者として、彼は死ぬまで仕事を続け、教会の非難を浴びつつも、なお教会の頑固な息子として終始した。「彼はキリスト教徒にふさわしい立派な態度で秘蹟を受け、一七一二年八月[37]、七三歳にして主の腕に眠った……。」*

＊　ブリュザン・ド・ラ・マルティニエール『シモン氏讃』Eloge historique de M. Simon。

＊

「昔からそう信じられてきた」、「いつもこう教えられてきた」、「これは世界と共に古い伝統だ」――リシャール・シモンはこういうきまり文句に抗議して、人々の意識の中で行なわれるあの価値転換（これまでもいろいろな角度から見てきたが）の一翼を担った。――その影響の第二は、批評学に自分の力と義務を、「批評研究ノ効用ト必要性」を十二分に自覚させたことである。論敵のジャン・ル・クレール[38]（精神のありかたからして、ル・クレールとシモンは互に考えていたよりもはるかに似た者同士だった）は、一六九七年に批評学の教範、教科書のような『批評術』Ars critica という本を著わしているが、そこにはすでに勝ち誇ったような調子が見られる。――第三に、リシャール・シモンは聖書釈義の運動の火つけ役になった。カトリック教徒は尻ごみしたが、少なくとも新教徒の間ではそうだった。四十数種にのぼる『旧約聖書の批評的歴史』への反駁は彼が投じた波紋の大きさを示して余りある。――ラファエル・レヴィ、通称ルイ・ド・ビザンスが、彼から教わった方法でコーランの翻訳などをしているけれども、リシャール・シモンの直弟子はほとんどゼロにひとしかった。それでも、彼は多くの人々に新たな勇猛心を湧き立たせた。一七〇七年にナポリの人ビャージョ・ガロファロ[39]は、聖書の中にリズムや韻をふんだ詩句があることを明らかにしたが、神の言葉の内にこういう人間の痕跡を発見したりするのは、『旧約聖書の批評的歴史』の著者があらゆる冒険に道を開いていなかったらおよそ考えられないことだったろう。

さらに不信者にとっても、これは百万の援軍だった。彼らには聖書のテキストを自分でしらべる力はなかったが、聖書の権威をおとしめるものならばなんでも鵜呑みにする用意はあった。彼らはあらましこう言っていた。「何世紀も前に書かれて、いろんな国語から訳される聖書の言葉を、どうして真に受けろなどとおっしゃるのですか。訳す人も、本当の意味をつかめない無学な連中か、そこにある言葉を変えたりふやしたり減らしたりする嘘つきか、どっちかなのですよ……。」*

* ラオンタン男爵『著者と、旅行経験を持つ良識ある未開人との面白い対話』Dialogues curieux entre l'auteur et un sauvage de bon sens qui a voyagé, 一七〇三年、ジルベール・シナール版一六三ページ。

訳註

（1）イザーク・ド・ラ・ペレール　新教徒で、コンデ大公の従者だったラ・ペレールは、「ローマ人への手紙」第五章のパウロの言葉から、アダム以前にも人間はいたという確信を抱き、有名な『アダム前人、または、アダム以前に原人がいたことを示すパウロのローマ人への手紙第五章一二、一三、一四節に関する論考』Præadamitæ, sive Exercitatio super Versibus duodecimo, decimotertio, et decimoquarto, capitis quinti Epistolæ D.Pauli ad Romanos, quibus inducuntur Primi Homines ante Adamum conditi（一六五五年）を出版した。この本はパリの高等法院によって焚書にされ、著者も一六五六年にブリュッセルで投獄されたが、ローマへ行って自説を取り消し、あわせてカトリシズムへ改宗するという条件で釈放された。

（2）サミュエル・ボシャール　ボシャールの聖書研究は『聖書地理』Geographiæ sacræ（一六四六年）と『聖書動物記』Hierozoicon（一六六三年）に代表され、特に前者は古代の民族移動やフェニキア人の植民地の研究、ヘブライ語とフェニキア語の類縁性の証明など、のちの聖書研究や考古学、民族誌学に大きな貢献をした。

（3）ルイ・カペル　カペルはリシャール・シモン以前におけるフランス最大の聖書批評学者で、当時新教徒中に支配的だった聖書の逐語神感説に対してさまざまな面から戦いを挑んだ。彼の処女作は一六二四年に発表した『記号添加の謎の解明、またはヘブライ人の著作に見られる母音・アクセント記号の真の古さを論ず』Arcanum punctuationis revelatum, sive diatriba de punctis vocalium et accentuum apud Hebraeos vera et germana antiquitate で、これは旧約ヘブライ語本文における母音添加が比較的最近の出来事で人為の所産であることを明らかにして、母音・アクセント記号をも神感にもとづくものとするブクストルフの説に反駁したものであった。また、一六四五年の『真の古代ヘブライ文字を論ず』Diatriba de veris et antiquis Ebræorum literis は、ヘブライ語字体の歴史的な不変性を主張するブクストルフの説に反対して、ヘブライ語の古字体は現行の「アッシリア文字」ではなく、古代フェニキア文字の変形であるサマリア五書の字体であることを明らかにした。これらの準備作業をへて、カペルは一六五〇年に畢生の労作『聖書批評、または旧約聖書の各書に見られる異文について』Critica sacra sive de variis quæ in sacris V. T. libris occurrunt lectionibus を出した。これは旧約の現行マソラ原本に指摘される各種の異文や誤記など、この標準本文の絶対的な信憑性をくつがえすすべての欠陥の厖大な一覧表で、これは逐語神感説にとどめを刺すとともに、その後の聖書本文批評にきわめて大きな貢献をした。リシャール・シモンもこのカペルの仕事を非常に高く評価している。

（4） ジャン・ド・ローノワ　ローノワはソルボンヌの博士で、三〇年間にわたり、フランス各地に伝えられた聖者伝説の批判を精力的に行ない、パリの聖ドニ（ディオニュシオス・アレオパギータ）、プロヴァンスの聖ルネ、聖女マリ＝マドレーヌ（マグダラのマリア。ローノワはマグダラのマリアとその兄弟ラザロがプロヴァンスへ来たことを否定した）、トゥールのガシアン、アルルのトロフィーム、ヴィエンヌのクレサン、トゥールーズのサテュルナン、オーヴェルニュのオストルモワーヌなどに関する伝説が全く架空のものであることを明らかにし、さらに有名な巡礼地サン＝ジャック・ド・コンポステルやカルメル会のスカプラリオにまつわる伝説などにも批判を加えた。こうした伝説批判を方法化したのは『否定論の権威を論ず』De auctoritate negantis argumenti Dissertatio（一六五〇年）という論文で、これは無数の実例をあげながら、起源についての証拠をあげられないような伝説はすべて拒斥すべきであるとしている。ローノワは毎年一人ずつ天国から聖者を追放しており、やがては神をも追放するのではないか、などと巷間では取沙汰されたが、強硬なガリカニストだったローノワは、このような歴史批判の作業をつうじてカトリック信仰を純化することを意図していたのであった。事実、パリを中心として、一六七〇年代から誤った聖者伝説の追放が教会当局自身によって行なわれ、ローノワの仕事は教会により公認された形になった。

（5）『聖書批評』　一六五七年にロンドンで、ブリアン・ウォールトンの手になる画期的な多国語訳対照聖書が出版されたが、それの継続事業として行なわれたのがこの註解集の出版で、それにはゼバスティアーン・ミュンスター、パウル・ファギウス、ロベール・エティエンヌ、セバスティアン・カステリヨン、グロティウスなど、一六世紀以来の新教徒学者による主要な聖書註解が集められていた。

(6) ルナンの言葉　エルネスト・ルナンは一八四八年に書いた『科学の将来』L'Avenir de la Science（出版は一八九〇年）の特に第八章で、精神の進歩の最大の要因のひとつとして文献学をたたえ、近代が中世にまさるのは何よりも文献学と批評によってであって、文献学が滅びれば世界は再び野蛮状態に陥るであろうと言っている。

(7) 旧約と新約の註解　『福音書註解』Annotationes in libros Evangeliorum（一六四一年）、『旧約聖書註解』Annotata ad V. Testamentum（一六四四年）、『新約聖書註解』Annotationes in Novum Testamentum（一六四六年）のこと。なお、本文にあるグロティウス批判は、リシャール・シモンが『旧約聖書の批評的歴史』の第三部第一五章でしている批判の紹介である。

(8) メッスのユダヤ人たちを弁護する文書　『〈メッスのユダヤ人に対する裁判の要約〉と題する書物に答える弁駁書』Factum servant de réponse au livre intitulé: Abrégé du Procès fait aux Juifs de Metz（一六七〇年）のこと。メッスの高等法院は同市に住んでいたラファエル・レヴィというユダヤ人を瀆聖および宗教上の理由による子供殺しの罪で火刑に処し、マイル・ショナベその他のユダヤ人に対しても同様の判決を下そうとしていた。ヨナ・サルヴァドールからこの事件の話を聞いたリシャール・シモンは、公判記録をしらべ、ただちに前掲の弁駁書の筆をとった。この弁駁書は、上記の事件が閣議の所管事項であることをまず明らかにした上、ユダヤ人に対する迫害の歴史をのべ、ユダヤ人に帰せられる諸々の犯罪、特に儀式的殺人行為なるものがキリスト教徒の憎悪と偏見にのみもとづくでっちあげにすぎないことを説得的に主張したもので、無実のユダヤ人を擁護した文書として大きな反響を呼び起こした。その結果、閣議はラファエル・レヴィに対する判決の理由を国王に至急報告することをメッスの高等法院に命令するとともに、当時すでに下されていたマイル・ショナベらに対する判決の執行を差し止めて、メッスのユダヤ人たちを救った。

(9) E・シュパンハイム　アザールの本には「F・シュパンハイム」とある。ライデン大学の教授だったスイス生まれの改革派神学者フリードリヒ・シュパンハイム（フレデリック・スパンアイム）（一六三二―一七〇一）を考えているのであろうが、手紙の筆者はフリードリヒではなく、プファルツ選挙侯の使節としてロンドンにあったその兄エツェヒール・シュパンハイム（一六二九―一七一〇）だから、FをEに訂正した。

(10) マルキオン派　マルキオンは原始キリスト教会の最大の異端者。シノペの裕福な船主で、一三九年頃ローマに来て教会を改革しようとしたが容れられなかったため、自派の教団を作り、それは「全人種」の間にまたたくまに広がったといわれる。この派は旧約聖書をしりぞけ、新約の内でもパウロ書簡とパウロの影響の強い「ルカ伝福音書」しか用いなかった。マルキオンの教説は、「慈愛の神」（新約の神）と「義の神」（旧約の神、造物主）の対立というグノーシス派にしばしば見られる二神論的構造にもとづいているが、ハルナックによる再評価以後は、原始教会に支配的だったユダヤ的、律法主義的傾向に対するもっとも急進的な改革者、パウロ的原理のもっとも徹底的な唱導者としてマルキオンを見るのがほぼ定説となっている。

（11）聖エイレナイオス（イレナエウス）　二世紀の教父。小アジアの生まれだが、リヨンの司教として南ガリアのケルト人に布教した。グノーシス派を反駁して正統信仰を擁護した『異端者を駁す』Adversus hæreses が残っている。

（12）テルトゥリアヌス　一六〇頃―二二二以後。二―三世紀の教父。アフリカのカルタゴの人で、ラテン教父の始祖に当る。『弁証論』Apologeticus などの護教的著作や、『異端者への抗弁』De præscriptione Hæreticorum、『マルキオンを駁す』Adversus Marcionem などの異端者反駁書など多くの著述を残したが、次第にモンタヌス派異端に接近したため、ローマ教会からは聖者の称号を授けられていない。

（13）イサク・ヴォシウス　ヴォシウス（フォス）とシモンとの論争の経過は次のとおり。ヴォシウスは自著『世界の真の齢を論ず』Dissertatio de vera ætate Mundi（一六五九年）から起こった年代学論争の延長として、一六六一年に『七十人訳論』De LXX Interpretibus を著わし、旧約聖書の七十人訳は神感にもとづくこと、これに反してヘブライ語原本はユダヤ人により故意に改竄されていることを主張した。リシャール・シモンは『旧約聖書の批評的歴史』の第三部第二〇章で、ヴォシウスのこのような七十人訳偏愛を批判したが、ヴォシウスは『巫女のとりわけキリスト生誕に先立つ神託について』De Sibyllinis aliisque quæ Christi natalem præcessere oraculis（一六七九年）に付録として付けた「新たな聖書批評の反論に答える」Responsio ad objectiones nuperæ criticæ sacræ でこれに反駁し、キリスト教成立以前からユダヤ人はすでにギリシャ語を話しており、神感にもとづく彼らの公認聖書は七十人訳のみであったことを重ねて主張した。シモンはこれに『イサク・ヴォシウスを駁する批評的小論集』Opuscula critica adversus Isaacum Vossium（一六八五年）で答えた。その内容は、「巫女の神託に関するイサク・ヴォシウスの小論と、〈新たな聖書批評の反論に答える〉への批判」Castigationes ad Opusculum Isaaci Vossii de Sibyllinis Oraculis & Responsionem ad Objectiones nuperæ criticæ sacræ という五〇ページ程の小論に、ヘブライ語原本の信憑性、七十人訳、およびオリゲネスの六カ国語対訳聖書に関する自説の三篇の摘要 Excerpta を付したものであった。ヴォシウスはただちに『雑考集』Variarum Observationum Liber（一六八五年）に収めた「シモン神父の再度の反論に答える」Responsio ad iteratas P. Simonii Objectiones という一文でこれに反撃し、それに対しシモンは、「パリの神学者ジェローム・ル・カミュ」の筆名で発表された『イサク・ヴォシウスの新たな応答〈シモン神父の再度の反論に答える〉を裁く』Judicium de nupera Isaaci Vossii ad iteratas P.Simonii Objectiones Responsione（一六八五年）で三たびヴォシウスを批判して、ヴォシウスの七十人訳至上論に対し、旧約ヘブライ語原本の価値を擁護した。ヴォシウスは『ポンポニウス・メラ考』Observationum ad Pomponium Melam（一六八六年）

に付けた「シモン神父の三度目の反論に答える」Responsio ad tertias P. Simonii Objectiones でそれに応酬し、論争は一応ここで打ち切りとなった。

(14) ジャック・バナージュ　バナージュは一六八四年に出した『一六八二年のフランス僧族会議の諸氏が提唱した方法の検討』Examen des Méthodes proposées par Messieurs de l'Assemblée du Clergé de France en l'année 1682中の一章で『旧約聖書の批評的歴史』にふれ、シモンが掲げる伝承原理や、予言者＝書記説、ヨセフス評価などを批判した。シモンは『旧約聖書の批評的歴史』の一六八五年版の序文でこの批判に答えたが、バナージュは一六八七年の『修道士カエサリウスに宛てた聖クリュソストモスの手紙』Divi Chrysostomi Epistola ad Cæsarium Monachum に付した「シモンを駁す」Adversus Simonium という一文でこれに応酬し、旧約のテキストがシモンの言うほど改変されてはいないこと、伝承に頼らずとも聖書の意味を理解できること、などを再び主張した。シモンとバナージュの間のやりとりはその後も折にふれて行なわれ、たとえばバナージュの『イエス・キリストから現在までのユダヤ人の歴史』Histoire des Juifs depuis Jésus-Christ jusqu'à présent(一七〇六年)に、シモンが『新精選文庫』Nouvelle Bibliothèque Choisie の第二巻（一七一四年）で批判を加えるなどのこともあったが、シモンとバナージュの論争は全体としてかなり穏かなものだった。

(15) 『キリスト教の教理について』　アウグスティヌスが著わした聖書研究の書で、彼が司教になって間もない紀元三九七年に書き始められ、長い中断ののち、紀元四二七年頃に書き終えられた。全四部からなっており、聖書の神感の理論の組織的な提示、正典の確定（トリエント公会議でもこれがそのまま採用された）、釈義学者に必要な知識や資質の指摘、聖書解釈に当って留意すべき事項の列挙などがあり、古代キリスト教会が生んだ最初の聖書釈義の書として大きな歴史的価値を持っている。

(16) 創世記に関する著作　『創世記の字義どおりの意味について、未完一巻』De Genesi ad litteram imperfectus Liber unus のこと。アウグスティヌスは紀元三八九年に『創世紀に関しマニ教徒を駁す』De Genesi adversus Manichæos を著わして、創世記解釈をめぐりマニ教徒らと論争を行なった。しかしアウグスティヌスは徹頭徹尾聖書の言葉を寓喩的に解釈したため、字義どおりの意味に固執するマニ教徒を納得させることはできなかった。そこでアウグスティヌスは、創世記を字義どおりに解釈してもなおかつマニ教徒の説は誤りであることを証明するため、紀元三九三年頃に上記の書を書きはじめたが、創世の第六日の所まできてついに筆を投げてしまった。『点検書』Retractationes の第一部第一八章はこのいきさつを次のように記述している。「けれども私は、このような困苦に充ちた仕事においても自分の力を試してみたいと思った。しかし、聖書の解釈ではまだまだ初心者だったから、こういう重荷に耐えきれず、つぶれてしまった。一巻も書き上げない内に、私は自分の手に余るこの仕事を中止してしまった。」紀元四〇一年頃から四一四年頃にわたって書かれた『創世記の字義どおりの意味について、一二巻』De Genesi ad litteram, Libri duodecim は、この未完の書の代りとして改めて書かれたものであった。

(17) 聖アウグスティヌスと聖ヒエロニムスを喧嘩させて　ヒエロニムス（三四〇～五〇—四一九）は聖書の飜訳や釈義を行なった古代教会の大学者。ここで言われているのは、ヒエロニムスによる聖書の訳、特に「ガラテヤ人への手紙」第二章の解釈をめぐって、アウグスティヌスとヒエロニムスの間に手紙による論争が行なわれたことを言う。シモンが『旧約聖書の批評的歴史』の第三部第九章でこの論争を紹介しているのを、アザールは「喧嘩させ」たと言っているのである。

(18) 照明派　frères illuminés。この原語は一七世紀のドイツ、イギリス、オランダなどに広がった秘教的な結社「薔薇十字（ローゼンクロイツ）」の会員の呼称であるが、Illuminés と名乗る神秘主義的なセクトは一六世紀後半から一七世紀前半のスペインとフランスにもそれぞれ現われている。前者（スペイン語でアルンブラドス）は一五七五年頃にコルドバで発生し、一六二〇年代のセビーリャに再び出現したもの、後者は一六三四年から三五年にかけてピカルディー、フランドル地方一帯に広がり、弾圧により程なく壊滅したものである。

(19) 閣議決定　一六七八年六月一九日の閣議決定。

(20) 断罪　一六八三年二月九日の検閲聖省の決定。

(21) エルセヴィル氏　エルセヴィル家はオランダの有名な出版業者の一族で、一六世紀の末にライデンで開業し、一七世紀にアムステルダムへ移った。『旧約聖書の批評的歴史』がこの書店から再版されたのはダニエル・エルセヴィル（一六二六—八八）の代である。一六七八年にパリのビレーヌ未亡人の店で印刷されたこの本の初版は発行前に禁止されたが、禁止前に二冊イギリスへ送られており、その一冊をマザラン夫人の礼拝堂牧師が手写した原稿をもとに、エルセヴィル書店は一六八〇年（あるいは七九年）にこの本の第二版を出し、さらに第三版（おそらく一六八一年）、第四版（おそらく一六八三年）をも刊行した。なお、エルセヴィルはこの本のフランスへの持ちこみを容易にするため、フランスへ送る分には『ユダヤ人の宗教、およびスペインその他ヨーロッパ各地への彼らの定住の歴史』Histoire de la Religion des Juifs, et de leur établissement en Espagne et autres parties de l'Europe という偽の標題をつけた。

(22) ロッテルダム　アザールの原著には「アムステルダム」とあるが、誤りである。『旧約聖書の批評的歴史』の真版（第五版および第七版）は、一六八五年にロッテルダムのライニール・レールス書店から出版されている。

(23) 『新約聖書の主要な註解者の批評的歴史』　アザールの原著には『新約聖書の註解の批評的歴史』Histoire critique des Commentaires du Nouveau Testament とあるが、誤りなので訂正した。

(24) 発禁　一七〇二年九月一五日、ノアイユ枢機卿はトレヴー版新約聖書を読むこと、または所持することを禁じ、この本を読むことを許可または慫慂した聖職者を破門するという布令を出した。そして、翌一七〇三年一月二二日には、閣議決定によってこの本の出版許可が取り消された。

(25) 匿名神学者　『旧約聖書の批評的歴史』を批評したエッェヒール・シュパンハイムの手紙（註9参照）への答『シュパンハイム氏の手紙に答える。または、オラトリオ会のシモン神父の作とされる〈旧約聖書の批評的歴史〉を一人の友人に批評するパリ大学神学部の一神学者の手紙』Réponse à la lettre de Mr. Spanheim, ou Lettre d'un Theologien de la Faculté de Paris, qui rend compte à un de ses amis de l'Histoire critique du Vieux Testament, attribuée au Pere Simon de l'Oratoire（一六七九年九月一〇日付）が一六八〇年アムステルダムのエルセヴィル書店から出版された。これはリシャール・シモン自身のもので、『旧約聖書の批評的歴史』の第五版（一六八五年）以降ではその巻末に収録された。

(26) ルネ・ド・リール　フランス系ユダヤ人でボシュエによりカトリックへ改宗し、アンジェで神学教授をつとめたが、やがてイギリスへ渡って再改宗し、国教会の牧師になり、のちに再洗礼派へ転じたシャルル＝マリ・ド・ヴェイユが、『旧約聖書の批評的歴史』の出版直後に有名な物理学者ボイルに宛てた一六七八年五月一四日付の手紙（『神学博士にして牧師ド・ヴェイユ氏より、ロンドン王立科学院のボイル氏に送られたる手紙』、Lettre de Monsr. de Veil, docteur en theologie, & ministre du Saint Evangile, à Monsr. Boyle, de la Société Royale des Sciences à Londres、一六七八年）を発表し、シモンの伝承原理に反対して、聖書のみが信仰の基準であることを主張した。シモンはこれに反論するため、一六七八年八月一六日付の『J……S・D・R氏（「国王秘書ジュステル氏」の略）への手紙』Lettre à Monsieur J×× S.D.R. という一文をガリカン教会司祭R・ド・リールの署名で著わし、ド・ヴェイユの手紙とともにそれを『旧約聖書の批評的歴史』の第五版（一六八五年）に収録した。ド・ヴェイユはこれに対し『神学博士C・M・ド・ヴェイユ氏より貴族T・マンブール氏への手紙』Lettre de Mons. C.M. de Veil, Dr en théol. à Mons. T. Maimbourg, écuyer（一六八五年）をロンドンで出して応酬したが、シモンは再度の反論をあえてしなかった。

(27) ジェローム・ル・カミュ　七十人訳聖書の評価をめぐるイサク・ヴォシウスとの論争の中で、シモンがヴォシウス反駁書『イサク・ヴォシウスの新たな応答〈シモン神父の再度の反論に答える〉を裁く』（一六八五年）で使った筆名。註13参照。

(28) ジェローム・ド・サント＝フォワ　前註で述べた『イサク・ヴォシウスの新たな応答〈シモン神父の再度の反論に答える〉を裁く』は、タイトル・ページには著者名としてヒエロニムス（ジェローム）・ル・カミュの名を掲げているが、偶数ページの上段に掲げられた著者名はヒエロニムス・ア・サンクタ＝フィーデ（ジェローム・ド・サント＝フォワのラテン語読み）となっている。

(29) ピエール・アンブラン　『旧約聖書の批評的歴史』の第七版（一六八五年）には『パリのオラトリオ会のシモン神父が著わせる〈旧約聖書の批評的歴史〉に対する牧師ピエール・アンブランの答』Réponse de Pierre Ambrun, Ministre du

Saint Evangile, à l'Histoire critique du Vieux Testament, composée par le P. Simon de l'Oratoire de Paris という全四八ページの小論が収録されている。これはシモン自身が著わしたものだった。自分の著作にプロテスタントの牧師が反駁したと見せることによって、彼は、自作が新旧両教会の論争でカトリック側を助けるものであることを示そうとしたのである。反駁といっても、これは当然きわめて穏かなもので、シモンへの多くの讃辞を含んでいる。つまりシモンは、ピエール・アンブランという架空の牧師の口をかりて、半ばは自画自讃していたのである。

（30）オリゲネス・アダマンティウス　『新多国語訳対照聖書の計画』Novorum Bibliorum Polyglotorum Synopsis（一六八四年）でシモンが用いた筆名。シモンは『旧約聖書の批評的歴史』の第三部でも、ウォールトンの手になるロンドン版の多国語訳対照聖書を詳細に批判しており、そこでもすでに新しい多国語対訳版の計画を示しているが、一六八四年八月二〇日の日付を持つこの全三一ページの小論でそれをさらに展開した。

（31）アンブロシウス　前出の『新多国語訳対照聖書の計画』はオリゲネスからアンブロシウスへの手紙という形をとっているが、これに対するアンブロシウスの答という形で書かれたのが『新多国語訳対照聖書に関するオリゲネスへのアンブロシウスの手紙』Ambrosii ad Origenem Epistola de novis Bibliis Polyglottis（一六八五年）で、これは新しい多国語訳対照聖書の計画をいっそう敷衍して述べたものであった。

（32）ジェローム・アコスタ　一六八四年にシモンはフランクフルトから、「法学博士、法王庁書記長ジェローム・ア・コスタ」の偽名で『教会収入の発生と成長の歴史』Histoire de l'Origine & du Progrès des Revenus ecclesiastiques を出版した。ちょうどフランス宮廷とローマ法王庁の間に「レガール」（司教や修道院長の空位中、その管区の収益を受ける国王の特権）の問題が争われていた時だった。この点に関するシモンの立場はガリカニズムとウルトラモンタニズムの中間に位しているが、貧者の教会だった原始キリスト教会への郷愁と、莫大な富を抱えて無為徒食している修道士たちへの厳しい批判がこの作品には流れている。なお、一七〇六年にはこの本の第二巻が出、一七〇八年には架空の聖者伝や偽の聖遺物など、修道院の致富の手段となった各種のペテンを暴露した長い「補遺」が、『批評文庫』Bibliothèque critique の第三巻に収録された。

（33）モニ殿　一六八四年の『東方諸国民の信仰と慣習の批評的歴史』Histoire critique de la Creance et des Coutumes des Nations du Levant でシモンが使った筆名。この本は東方のキリスト教諸派（ギリシャ正教、ネストリウス派、コプト派、マロン派等）や回教徒の信仰と慣習を新旧両教徒の故なき非難から擁護しようとしたもので、特に回教徒に対する寛大な態度などは、宗教的無差別論をあおるものとしてアントワーヌ・アルノーから厳しく追及された。

（34）シモンヴィル殿　リシャール・シモンは一六七四年に、ヴェネチアの律法博士（ラビ）レオーン・デ・モデナ（一五七一

―一六五四）の『ヘブライ人の祭式の歴史』Historia degli riti hebraici（一六三七年）を『ユダヤ人の間に今日行なわれている儀式と慣習』Cérémonies et coûtumes qui s'observent aujourd'hui parmy les Juifs の題で仏訳出版した。この本の第一版ではドン・レカレド・シメオンという筆名が用いられているが、一六八一年、『ユダヤ人の儀式と教会宗規の比較』Comparaison des Cérémonies des Juifs, et de la Discipline de l'Eglise というシモン自身の筆になる補遺をつけてその第二版が出た時には、補遺の著者名にもレオーン・デ・モデナの本の訳者名にも「シモンヴィル殿」という別の筆名が使われた。

（35）その他おおぜい　リシャール・シモンが使った筆名には、このほかに、ジャン・ル・クレールとの論争（一六八六年の『〈旧約聖書の批評的歴史に関するオランダの数人の神学者の見解〉と題する書物に答える』Réponse au Livre intitulé Sentimens de quelques Theologiens de Hollande sur l'Histoire Critique du Vieux Testament や、一六八七年の『〈旧約聖書の批評的歴史に関するオランダの数人の神学者の見解の擁護〉と題する書物に答える』Réponse au Livre intitulé, Défense des Sentimens de quelques Theologiens de Hollande sur l'Histoire Critique du Vieux Testament）で使われた「ボルヴィルの僧院長」や、『聖書の神感に関する神学博士・神学教授P師への手紙』Lettre à Monsieur l'Abbé P. D. & P. en Th. touchant l'Inspiration des Livres Sacrés（一六八七年）で使われた「R・S・P・D・B」、『新約聖書の本文と訳書に関する新たな考察』Nouvelles observations sur le texte et les versions du Nouveau Testament（一六九五年）で使われた「R・S・P」、『批評文庫』（一七〇八、一七一〇年）で使われた「サンジョール殿」などがある。ただし、「ボルヴィルの僧院長」というのは彼の現実の職名であり、「R・S・P・D・B」は「ボルヴィルの僧院長リシャール・シモン」Richard Simon, prieur de Bolleville の略、「R・S・P」も「司祭リシャール・シモン」Richard Simon, prêtre の略にすぎない。

（36）危険な章がはぶいてあったりした　シモンの著『パリのオラトリオ会のシモン神父が著わせる〈旧約聖書の批評的歴史〉に対する牧師ピエール・アンブランの答』は、『旧約聖書の批評的歴史』の検査用のコピイにはロンドン版多国語訳対照聖書の序論を批判した巻末の数章（第三部第二一―二四章）が抜けていたと語っている。A・ベルニュス（『リシャール・シモンとその〈旧約聖書の批評的歴史〉』Richard Simon et son Histoire critique du Vieux Testament、一八六九年）は、そこから、故意に抜いた個所はほかにもたくさんあったのであろうと推測しているが、最近ではジャン・ステンマン『リシャール・シモンと聖書釈義の起源』Richard Simon et les origines de l'exégèse biblique（一九五九年）が逆にリシャール・シモンの誠実さを主張している。ステンマンの見解は次のとおりである。『旧約聖書の批評的歴史』の原稿はソルボンヌのピロ博士の検査をパスし、オラトリオ会の総会長サント＝マルト神父の承認をも得て、印刷もほぼ終り、発行のはこびとなっていた。その時、この本の目次の部分だけがボシュエの手に入り、それを読んで驚いたボシュエは、自分の面前で、ピロを含むソルボンヌの三人の博士にこの本を再検査させた。その結果、この本の出版を禁止する一六七八年六月一九日の閣議決定となったのであるが、この本を許可したピロとサント＝マルトは自己の責任を回避するために、ピロが検査の際に訂正を命じた個所が印刷本でも直されていない、いくつかの危険な個所は検査にすらかけられなかった、等のことを主張した。そしてオラトリオ会は、このような「欺瞞的行為」の故に、閣議決定に先立つ五月二〇日に早速シモンを除名処分に付した。憤激したシモンはピロを告訴して、検査用に渡した原稿は完全なものであったこと、訂正命令は忠実に守られていることを証明しようとしたが、結局この告訴を取り下げざるをえなかった。つまり、ピロもサント＝マルトも、当時権力の絶頂にあったボシュエと、その背後にある宮廷の追及から自己の身を守り、同時に、一度許可したシモンの本をボシュエの圧力によって否認するという自己の行為の矛盾を正当化するために、シモンに「欺瞞」の罪を負わせた、というのがステンマンの解釈である。

(37)　一七一二年八月　リシャール・シモンが死んだのは、正しくは一七一二年四月一一日である。

(38)　論敵のジャン・ル・クレール　シモンは新しい多国語訳対照聖書の計画を発表した(註30参照)時、慣例どおり広く学者たちの助言を求めた。これを見たル・クレールはクリトブルス・ヒエラポリタヌスという名で一六八四年一一月四日付の手紙をシモンに送り、彼の計画に対する意見を述べた。シモンはこれに対してフラマン語の侮蔑的な手紙で答えたが、憤慨したル・クレールは一二月一一日付の再度の手紙で反撃する一方、すでに数年前から温めていた『旧約聖書の批評的歴史』への反論の作業にとりかかった。その結果発表されたのが『オラトリオ会のリシャール・シモン神父が著わせる〈旧約聖書の批評的歴史〉に関するオランダの数人の神学者の見解』Sentiments de quelques théologiens de Hollande sur l'Histoire critique du Vieux Testament, composée par le P. Richard Simon de l'Oratoire（一六八五年）である。これは単なる反駁書ではなく、ル・クレールの独自の見解を積極的に展開したもので、特にモーゼ五書については、シモンの予言者＝書記説を斥けて、五書はヨシア王の時代にパレスチナの住民を教化するためバビロンから派遣されてきたイスラエル人の祭司が書いたものだという新説を唱えた。また聖書の神感についても、逐語神感説を否定して五書の記述のさまざまな矛盾を暴露した。このル・クレールの主張にはスピノザの影響が明らかに見られ、或る意味ではシモンの説よりもいっそう非正統的なものですらあった。シモンはこのル・クレール説を批判するために『〈旧約聖書の批評的歴史に関するオランダの数人の神学者の見解〉と題する書物に答える』（一六八六年）を出し、さらにル・クレールの『〈旧約聖書の批評的歴史に関するオランダの数人の神学者の見解〉の擁護』Défense des Sentiments de quelques théologiens de Hollande sur l'Histoire critique du Vieux Testament（一六八六年）、シモンの『〈旧約聖書の批評的歴史に関するオランダの数人の神学者の見解の擁護〉と題する書物に答える』（一六八七年）と二人の論争は続いた。このシモン＝ル・クレール論争は『旧約聖書の批評的歴史』がまきおこした多くの論争の内でももっとも重要なもので、ル・クレールのこれらの著作は、シモンやスピノザのそれと並んで近代聖書批評学の先駆のひとつとされている。

(39) ビャージョ・ガロファロ『ヘブライ人とギリシャ人の詩歌に関するビャージョ・ガロファロの考察』Considerazioni di Biagio Garofalo intorno alla poesia degli Ebrei e dei Greci（一七〇七年）のこと。

第四章　ボシュエの戦い

ボシュエというともっぱら、リゴー(1)の絵にあるような偉風堂々たる姿が目に浮かぶ。あの威容をこと新しく持ち出すのはいかにも陳腐なことではあるが、これも必要な手続きだからいたしかたない。ボシュエの名文、その壮麗さ、その輝きが、私たちの目にいつまでも焼きついているからである。文章ではなくて、棺前演説をする弁士の姿でもいい。その声が流れはじめると、私たちは崇高な世界へ運ばれてゆくような気がする。声は次第に高まって、聞き手の魂に苦しいほどの深い反響を呼びおこす。すすり泣きや嘆息があちこちから洩れる。そして、この聖なる音楽が墓のあなたへの讃歌をもって終る時、私たちは人間を超えた世界に生きつづけてきた予言者の声を、神の使者の声を聞いたような思いがする。

こういうボシュエ像も嘘ではない。だが、これは特殊な照明を前提にしている。高貴とか威厳とか勝利とか、そうしたもの以外は時の篩にかけられてしまっている。実は、これとは違う別のボシュエがいたのである。屈辱にまみれた、苦しげなボシュエが。

この人の深い確信、その力強い、驚嘆すべき単純性に異を立てようというのではない。永遠なもの、普遍的なもの、「イツイカナル場所ニモアルモノ」に彼は決定的に賭けていた。「神からいただいた真理は初めから完全性をそなえている」(『新教徒へのいましめ、第一』Premier Avertissement aux Protestans、一六八九年。ヴィヴェス版全集、第一四巻五ページ)——彼の不屈の信念はこの格率に要約された。神が人間に啓示したひとつの真理が存在する。それは福音書に書きしるされ、奇蹟によって保証されている。それは神的なものだから完全であり不変である。変化するとしたら、それはもう真理ではない。教会の役目はそれの守り手であることだ。「あずけられた教義を入念に守護するイエス・キリストの教会は、それにぜったいなんの変更も加えない。必要なものを削ったり、減らしたり付け加えたりしない。教会の仕事はもっぱら、余計なものを付加したりしない。

昔あたえられたものに磨きをかけ、十分説明されているものを確認し、確認され決定されているものを守護することにある……*(2)」この単一不動の真理に個人は服さなければならぬ。各人が自分固有の真理を持ったりしたら、収拾がつかなくなってしまう。論理もへちまもなくなってしまう。同じ問題について真理は何百万もありえないこと、いや千個でも百個でも十個でも二個でもなくて、ただ一個しかありえないことは明らかであるから。「〈カトリック〉〈エレティック〉〔異端者〕という言葉の本当の起源がここから明瞭にわかる。異端者(エレティック)というのは〈意見を持つ者〉という意味である。意見を持つとはどういうことか。自分の考え、自分だけの意見に従うことだ。しかし、カトリック教徒は〈カトリック〉、つまり普遍的である。カトリック教徒は自分だけの意見を持たず、ためらうことなく教会の意見に従う……**。」

＊　『新教徒へのいましめ、第一』、一六八九年〔ヴィヴェス版全集、第一四巻七ページ〕。

＊＊　『教会の約束に関する教書、第一』Première Instruction pastorale, sur les Promesses de l'Eglise、一七〇〇年〔ヴィヴェス版全集、第一五巻三五ページ〕。

おお聖書よ、愛する聖書よ！　それはこの上なく美しい、生彩に富む、感動的な筆で、人類の歴史と人間の義務の集成とを同時に示してくれる。聖書にはカトリシズムの基礎となる原理が盛られている。聖書は伝承によって解釈され、これらの原理が不断に問いなおされるのを防ぐ権威となる。ボシュエは聖書を肌身はなさず持っていた。少年の頃から彼は聖書を熱愛していた。そして死ぬまで熱愛しつづけた。聖書なしには夜も日も明けなかった。聖書は彼の糧、彼のパンだったのだ。田舎の名もない司祭が暗記している祈祷書をなおも再読三読するように、ボシュエも暗記している聖書をくりかえし読んだ。聖書に盛られた初めの真理を説明し確認し敷衍したのは教父たちだから、ボシュエがあれほど頻繁に教父の助けを仰いだのも不思議ではない。彼は活字マニアだった。何かの論争が始まると、彼はきまって関係の文書を洗いざらい手にいれた。堅固な信仰も情報を集める妨げにはならなかった。情報蒐集は趣味でもあり義務でもあったからだ。しかし、あらゆる書物の内でいちばん参考にしたのは、教会の僕(しもべ)である教父たちのものだった。細心な秘書としてボシュエの言動を書きとめたルディユもちゃんとこのことを観察している。「先生は聖アウグスティヌスの理論に養われ、聖アウグスティヌスの原理を堅持しておられたから、教義を証明する時も、教書を作る時も、反論に答える時も、きまって聖アウグスティヌスを使われた。聖アウグスティヌスにはなんでもあったからだ。……説教の準備をする時には、聖書のほかに聖アウグスティヌスを持ってくるように言われた。誤謬を反駁する時にも、信仰上のなんらかの点を証明する時にも、きまって聖アウグスティヌスを読まれるのだった。」

自分の信仰に確信を持ち、書物によって深い理解に達していたボシュエは、おのれの存在を正当化する秩序に進んで自己を組みいれた。ボシュエが一個の人間として努力したことは、この世界観に加担して、それをいっそう強固にし、他人の精神がそれをはっきりつかめるようにすることだった。自分の限界も彼にはいっこう気にならなかった。甘んじてそれを受けいれ、内面的な不安など全然なしに自分の生活を組織した。生の努力は、自分の意志で受けいれた規範をたえず批判することではなく、その規範があたえる安心感にあずかりながら、愛と行動に身を捧げることだ。列王紀から借りてきた「服従は犠牲にまさる」というすばらしい言葉を、彼は座右の銘にしていた。服従である。神にも、国王という地上における神の代理人にも服従することである。そうすれば、神と同じ方向に動いているという安心感が得られる。神こそ、人が参加する秩序の作り主であるから。また真理でもあり命でもあるから。服従すれば、いたずらな思弁からも不安からも脱却できる。古典派の作家が、正当で道理あるものとみなした三一致の規則に決定的に従って、この規則の中で、この規則に守られながら傑作を作るのと同じことだ。

ボシュエは気質からいっても禁欲家ではなかった。ランセには敬愛を抱いており、トラップ修道院をおとずれた時は、院長〔ランセ〕とモーの司教〔ボシュエ〕が祈りの時間を歓談に費していつまでもいっしょに散策するのが修道士らの目をひいたが、それでも彼は修道院にはいつかなかった。古典派の人は皆そうだが、何事につけ彼は行きすぎを恐れていた。信心の行きすぎですら彼には危険なものに思われた。「かたくなな者」には一歩も譲らなかったボシュエも、弱い者には思いやりがあり、貧しい者には情深かった。食卓にもヴォルネーやサン＝ローラン〔ともに有名な葡萄酒〕が置いてあり、ぜいたくという程ではないが料理の数もけっこう多かった。自然に対する感受性もあって、世界でいちばん美しいジェルミニ〔モーから二里ほどの距離にあり、モーの歴代司教の別荘があった村〕の園の快適さにも、聖務日課書を読みながら思索にふける並木道の心地よさにも、いや、風景のたたずまいと感動する胸の内との交感にすらけっして無感覚ではなかった。時には峻厳な態度をとったが、半面やさしい心の持ち主で、友情にもいたって厚かった。彼の中では、聖アウグスティヌスが師の聖ヴァンサン・ド・ポール(3)と手を握っていた。たくましい上に均斉のとれた人だったのだ。

こういう魂には、もはや懐疑など入りこむ余地はなかった。彼の心は、自分自身の法廷で正しいと認めたものでなければ受けつけなかったし、自分の観念と意志についてはは最大限に明瞭な自覚を持っていた。とにかくボシュエは、人一倍気むずかしい懐疑家のように、自分の思考の歩みと到達点を自分で厳密に確かめていた。甥のボシュエ師との雑談の中で、彼は、とある瀕死の病人が或る日自分にした質問と、それに対する自分の答を語っている。

「或る不信者が危篤になって、私を呼びに使いの者が来た。行ってみるとこんなことを言う。お坊さま、昔からあなたは正直な方だと思っています。私ももう長くありません。信用しますから、ひとつ率直におっしゃってください。宗教をどうお思いですか。——宗教に間違いはないのです。全然疑ったことはありませんね……。」*

* ルディユ『ボシュエの生涯と著作に関する覚書と日記』Mémoires et journal de l'abbé Ledieu sur la vie et les ouvrages de Bossuet。「日記」、一七〇〇年五月一五日。

この揺るぎない信仰については、もはや何ひとつ言うことはない。しかし、この堂々たる姿をそれだけ切り離して考えるのではなく、ボシュエという人をひとつ同時代人の群の中へ投じてみよう。論争や騒ぎに巻きこまれ、四苦八苦しているさまを眺めてみよう。若年のボシュエでも日の出の勢いのボシュエでもなく、老境に入ってからのボシュエを取り上げ、金色の額縁から抜けだして生活のまっただなかへほうりだされたらどういう姿を呈するかをしらべてみよう。それは四面楚歌となったひとつの伝統の代弁者、いわば時代から取り残された落伍者の姿なのである。

*

『神学・政治論』Tractatus theologico-politicus をボシュエはアントワーヌ・アルノーから送ってもらい、その一冊を蔵書の内に収めていた。そこらの不敬な本とは違って、ボシュエにはこの一冊が目ざわりでならなかった。文字どおり癪のたねだった。スピノザとかいうあのオランダ系ユダヤ人は、ヘブライ語をかじったくらいでいい気になりおって。ラテン語だけではだめだ、ギリシャ語がわかってもまだだめだ、ヘブライ語を知らなかったら聖書を語るな、などとぬかしおって。

ボシュエは今までヴルガタ〔標準ラテン語訳聖書〕だけで満足していた。ヘブライ語は全然知らなかった。これはたいへんなことだ。ちゃんとわかった上で反駁しようと思ったら、旧弊で時代おくれで滑稽な人間と思われたくなかったら、いやそれよりも、自分の義務を指し示す良心の声に忠実であろうと思ったら、もう一度学校へ入りなおさなければならない。容易ならぬことだ……。ボシュエは必死に勉強した。あの小さな集まりをここで頭に描いてもいい。うるわしい、いかにも敬虔な図ではある。僧籍に属さぬ数人の学識者と数人の僧侶とが定期的に会合を開いている。みんな聖書を手に持って、或る者はヘブライ語のテキストを読み、或る者はギリシャ語のテキストを読み、聖ヒエロニムスや教会博士たちも参照して、解説し議論をする。そしてボシュエが裁断を下し、それをフルーリ師が書きとめる。これは善意の人々のサークルである。みんな知識をみがき互に切瑳琢磨している。今や大きな試練が来たことをそれとなく感じているからだ。しかし、肝腎なのはヘブライ語である。ボシュエは読めるようになれるだろうか。

さて、一六七八年の聖木曜日に、この集まりのメンバーだったウゼーブ・ルノード師が近く刊行を予定されているリシャール・シモンの『旧約聖書の批評的歴史』Histoire critique du Vieux Testament なる本の目次をボシュエのところへ持ってきて、見てくださいと言った。この本は国王の允許も検閲官の承認もオラトリオ会の総会長の許可もとってあった。いや、王様ももう少しで献呈の辞を受けるところだった。ラ・シェーズ神父〔国王付の聴罪司祭〕が仲介の労をとろうと約束していたからである。ボシュエはとびあがった。この批評的歴史というのは瀆神の塊だ。自由思想(リベルティナージュ)の防壁だ。なんとしても差し止めねばならぬ。教会の儀式と悔い改めにあてられた厳粛な日なのに、ボシュエは委細かまわず、大法官ミシェル・ル・テリエの家へとんでいった。そして説得し、せっついて、この本の出版を中止させてしまった。

それにしても、なんたることか。いやしくも司祭が、オラトリオ会の司祭が聖書をこんなふうに扱うとは。ボシュエには一生涯リシャール・シモンが不安と悩みの種だった。リシャール・シモンは彼のまわりをうろついて、自分はかたくなな人間ではないことを彼にわからせようとした。だが、多少とも警戒心のある人なら、彼を動かす激しい力をけっして見落とすはずはなかった。あの男は文法に神学の代りをさせようとしている。あれは悪い奴だ……。

スピノザとリシャール・シモンがボシュエの頭から離れなかったことを思い出しながら『世界史論』Discours sur l'Histoire Universelle の第二部を読んでみれば、正統カトリシズムの守護者が語る感情的な言葉の意味が、いやこの本の真の性格がもっとよくわかるだろう。自説を開陳するよりも、ボシュエはむしろ他人の説に反駁している。自分固有の考えとは本性的、本質的に異なったさまざまな論理に応戦している。論敵と本当に太刀打ちしようと思ったら、どうしても歴史的な弁明をしなければならない。その弁明をひとつの信仰告白に、アプリオリなひとつの原理に脚色するのは容易なことではない。ボシュエの主張はじつに明確だった。聖書は神のものだから、純人間的なテキストのように扱う権利は誰にもないということである。しかし、そう言っただけではしかたがない。新派の解釈学者に答えるためには、こちらも彼らの土俵に上って、人間的な配景を考察しなければならない。ボシュエは困ってしまった。モーゼがどうやって過去の歴史を書きとめたかを説明し、エズラ(4)が五書の著者だという仮説に反論を加え、聖書のテキストをテキストとして検討した上、そこにある曖昧さや難点や改変の跡を正当化する必要が生じた。こういう「無意味な議論」から一刻も早く抜け出そうと、彼はまっすぐに突進した。細かい点はさておいて、本質的な問題に直行した。何語版の聖書にも、同じ律法と同じ奇蹟と同じ予言と同じ歴史叙述と同じ教理体系が、つまりは同じ実質があるではないか。その上何が必要なのだ。こういう不動の全体にくらべたら、細かい点での若干のくいちがいなどどうでもいいではないか。いつもながらの明朗率直な態度で、ボシュエは反論を回避せず、それをまず目の前に据え、それから持ち前の金剛力で吹きとばそうとした。「しかし、モーゼのテキストには後から付け加えたものがあるではないか、モーゼが書いたとされる書物の終りにモーゼの死が出てくるのはどうしてか、と言われる。これが反論の強みである。だが、モーゼの歴史を書きついだ人たちが、全体のまとまりをつけるために、モーゼの事績のあとにその多幸な最期を書き足したとしても不思議はない。それ以外の追加部分については、その内容を見ればよい。新しい律法が、新しい儀式が、新しい教義が、新しい奇蹟が、新しい予言が付け加わっているだろうか。そんなことを夢にも考える者はいまい。その疑いは全然ないし、そのしるしはどこにも見られない。そういうことをしたら、神の作物に何かを付け加えることになる。それは律法で禁じられているし、もしかしたら大変なスキャンダルが起こったろう。何を言うのだ！　途中まで書いた系図がたぶん書きつがれ、その後変った町の名前にたぶん説明が付され、四〇年間民を養ったマナの話に関連して、この糧が天からあたえられなくなった時が示され、その後別の書に書きとめられたこの出来事が、すべての民が目撃したまぎれもない事実として註の形でモーゼの書の中に留められ、さらに、ヨシュア、サムエルまたは同様に古い他のなんらかの予言者の記した四つか五つの同種の註が、古来一点の疑いもない万人周知の事柄であるために、おのずと本文の中にくりいれられ、同じ伝承により他の部分とともに現在まで伝えられたというだけで――ただそれだけのことで、たちまち一切が駄目になるのか！　……」[5]

それを聞いてリシャール・シモンはほくそえんだ。赤い舌を出した。これはこれは、いいことを言ってくださった。モーの司教殿もモーゼの書に書き加えがあることを認めておられる。五書が改変されていることを認めておられる。[6]とすると、モーの司教殿も（アヴランシュの司教ユエ殿と同じく）神学者の目にはスピノザ派になってしまう。聖書の完全な破壊者になってしまう。

ボシュエは皮肉が嫌いだった。「紳士は冗談を好まない」からだ。しかし、皮肉だけならなんでもない。ボシュエには勝負はこれからだという気がした。リシャール・シモンが一作ごとに大胆になり、「教会にとって事はまことに重大」だという感じがした。多忙をきわめた彼の生活には、もはや余分なものを容れる余地はなかった。王太子の教育、教区の世話、自分が精神的な首領となっているフランス教会の指導、そこらじゅうに発生する異端との戦い、説教、宮廷への伺候。体がいくつあっても足りなかった。

昼夜兼行で仕事をせねばならなかった。司教館中が寝しずまっても、彼は一人で起きていた。ランプをともし、書類をしらべ、筆を走らせた。だが、このたくさんの仕事をさらに圧縮して時間を作り、リシャール・シモンの攻撃から伝承と教父を守らねばならない。何をおいてもそれだけはしなければならない。新約聖書の仏訳版が現われると、彼はふたたび憤怒の発作にとらわれた。『旧約聖書の批評的歴史』を差し止めたように、この本も急いで差し止めるべきだ。しかし、あれからすでに二四年の歳月が流れている。時は一七〇二年である。あの時彼の命令に易々諾々と従ったミシェル・ル・テリエも世を去って、その棺前演説(7)はすでに彼自らが行なっていた。今の大法官ポンシャルトランはもう言うことを聞かなかった。彼に敵意を持っていた。いやそれだけならまだしも、シモン氏断罪のために準備している『教書』(8) Instructions について、検閲を通してくださいなどと言いだしたのだ。あくまでも守ってくれる王様がいなかったら、ボシュエは一敗地にまみれるところだった。このボシュエが検閲にかけられるとは！ このボシュエが役人にいじめられるとは！ このボシュエが邪魔者のように、いや、ほとんど負け犬のように扱われるとは！ 私も落ちたものだ。時代が変ったのだ。自由思想家(リベルタン)の勝ちなのだ。ボシュエにとってこんなにつらいことはなかったろう。

大著『伝承と教父の擁護』(9) Défense de la Tradition et des saints Pères を、彼はしょっちゅう持ってこさせた。読みかえし、あらためて手に取り、また執筆にかかった。しかしいつまでたっても書き上げられなかった。一章また一章と、次から次へ書き足さなければならなかったからだ。敵は一人ではなく、いつでも現われようと待ちかまえているひとつの拡散した精神だったからだ。リシャール・シモン事件がかたづかぬ内に、今度はエリ・デュ・パン事件(10)が起こった。この男も司祭だった。リシャール・シモンほど頑迷ではないが、その平然たる無神経ぶりはまさに時代の性格を表わしていた。教会著述家の厖大な著作集を刊行したエリ・デュ・パンは、その中で、聖書のテキストの研究では異端者の方がカトリック教徒より烱眼で的を射ている場合があるなどと言っていた。いや、秘蹟や教義の主な点は紀元三世紀の教父たちの間でもまだ画定していないなどと、じつに恐ろしいことを語っていた。原罪を明瞭に語ったのは聖キプリアヌス(11)が最初だ、悔悛や司祭の繋釈権をくわしく論じたのもこの教父がはじめてだ、等々。しかしボシュエは見張っていた。彼としては、エリ・デュ・パンにあまり手荒な扱いはしたくなかった。相手は詩人のラシーヌ氏の親類だし、自分の誤りはいつでも認める用意があると言っている。それにしても我慢のならない点が多々あった。異端者を優遇していること、原罪をはじめ多くの点で伝承の力を弱めていること、カトリック教徒なら昔はけっしてしなかったような向こう見ずな態度で教父を裁断していること。「こういう批判的な」時代には、まさに最悪の自由が流行らしい。

一六九二年三月二三日に、フェヌロンは次のような手紙をボシュエに送った。「老博士、老司教の御健在ぶりを拝見して欣快にたえません。耳かくしのある球帽をかぶられた先生が、さながら鷲がかよわいはいいたかでもつかむようにデュパン氏をつかまえておられる姿が目に浮かびました」〔『ボシュエ書簡集』Correspondance de Bossuet、「フランス大作家双書」版、第五巻、一九一二年、五七ページ〕。モーの鷲が今も見張りをしていなかったら、主の畑は必ず荒らされてしまうでしょう、とフェヌロンはにこやかに言った。しかし、いくらフェヌロンにそう言われても、ボシュエが時に感じる深い疲労はどうすることもできなかった。*

＊ 一七〇三年一二月一日付のルディユの「日記」にはこう書いてある。「先生はよく言われた。こんなことをしていると、もうこれ以上労苦に耐えられないような気がする。神のみ旨が行なわれますように！ わしも死ぬ覚悟はできている。これから先も、神は教会にたくさんの守り手をおあたえになるだろう。わしの力を神が返してくださるなら、それをこの仕事に使いたいものだが。」

＊

『伝承と教父の擁護』も『聖書の言葉から引いた政治学』[12] Politique tirée des propres paroles de l'Ecriture sainte もついに書き上げられなかった。いや、書き上げられなかった本がなんとたくさんあったことだろう。みな必要な、急を要するものだったのに。ボシュエはイギリスへ行きたかった。あちらの神学者と討論し、その目を開いてやりたかった。しかし、イギリスにはついに行けなかった。イギリスは離教の中にはまりこみ、国王〔ジェームズ二世〕を追い払って、フランスとカトリシズムの最悪の敵〔ウィリアム三世〕を君主の座に据えてしまった〔名誉革命〕。

「イギリスを思うと悲嘆にくれるばかりです」*と彼は自ら述べている。ボシュエは昔トルコ人討伐の十字軍を復活させたいと思っていた。奴隷救済修道会の教会で聖ペトルス・ノラスクス(13)をたたえる演説(14)をして、イスラム教の怖るべき大拡張をいきどおり、宿敵トルコ皇帝が地上最強の帝国を作ったのを嘆いたあの良き時代はどこへ行ってしまったのか。あの時、自分はこう言ったものだ。「おおイエスよ、主の主よ、よろずの帝国の支配者よ、地上の王たちの王よ、あなたはいつまで我慢なさるのですか。大コンスタンティヌス(15)の玉座に坐ったあなたの公然の敵が、雲霞のごとき大軍でマホメットの瀆神を支え、あなたの十字架を打ち倒して新月旗をかかげ、赫々たる戦勝によってキリスト教世界を日に日に縮小してゆくのを」〔ヴィヴェス版全集、第一一巻二五二ページ〕。あの頃はルイ一四世もまだ若く、大がかりな事業には好意的だった。今ではもう、はるかな東洋へ出陣することなど問題にもならない。夢は終ったのだ。十字軍の話などすると、自由思想家(リベルタン)が薄笑いを浮かべるだけならまだしも、信心深い僧侶ですらトルコ人のことなどかまわぬ方がいいと言う。みんな十字軍の夢からさめた、とフルーリ師(16)も言っている。今では十字軍など、盲目的な熱狂者の願望か、そこらの詩人がご機嫌とりにするいかさま説教でしか取り上げられない。

＊ボシュエよりルノード師(17)へ。一六八八年一二月二二日。〔『ボシュエ書簡集』、「フランス大作家双書」版、第三巻、一九一〇年、五三三ページ〕。

ボシュエは昔のままだった。まさに微動だにしなかった。しかし、まわりでは地滑りが起こり、色どりも変ったように思われた。まるで見おぼえのない物ばかりだった。昔はみんな自分に一目(いちもく)置いてくれた。いくら激論をしても、自分の熱意と愛と誠意だけは重んじてくれた。司教や外国の君主が自分をたたえ、尊敬のしるしをふんだんに見せてくれた。ところが、〔フランスの〕改革派がオランダにいついてからは、尊敬などどこれっぱかしもなくなった。尊敬どころか礼儀すらなくなった。自分に罵詈讒謗を浴びせるのだ。誰にもすごい剣幕でつっかかるあのジュリュ(18)などは、とりわけ自分を目のかたきにしている。私が本心をいつわっているとか、嘘をついているとか言う。私の素行を疑って、女を囲っているなどと言う。あいつは実際品が悪い。こんな言いかたをするのだ。ボシュエは自分を猊下と呼ばせている。驚くじゃないか。キリスト教の開祖たちには、イエス・キリストの僕（しもべ）という呼称しかなかった。それにくらべると、きょう日の司教さんたちはずいぶん偉くなったものだ。ボシュエなんて誇りもなければ誠実さもないただの演説屋だ。良識も羞恥心もない。まったく無学文盲で、浅はかなこと驚くほどだ。ボシュエが否定したことを同じく否定するためには、面（つら）の皮が千枚張りか、人の何十倍も無知か、どちらかでなくてはならない……。

ボシュエは罵倒されても動じないような人ではなかった。悪罵を挑発し身に浴びることで或る種の快感をおぼえるような人でもなかった。癇癪を起こしたり怒りだしたりすること自体、苦しむ力がある証拠だった。事実、フェヌロンのように自分が深く愛していた人が離れていった時とか、(19) 悪罵が自分の権威を弱め、神の言葉を解釈する資格が自分にないと思わせかねない時には、この人も本当に苦しみ悩んだのである。痛苦に充ちた彼の行く道に、ジュリユが立ちふさがって泥を投げつけた。誇りも誠意もない男、嘘つき、偽善者とののしった。その時、ボシュエの口から絶叫が洩れたのである。すべてをしろしめす神、すべてを魂の幸福に役立てられる神に対する悲痛な訴えが洩れたのである。

「おお主よ、お聞きください。おお主よ、私は中傷者として主の怖るべき審判の座に呼びだされました。宗教改革にかずかずの冒瀆と瀆神と許すべからざる誤謬をなすりつけ、いや、なすりつけるだけならまだしも、一人の牧師がこの罪を自ら自白したなどとあらぬ非難を加えたというのです。おお主よ、私は主の前に告発されました。……私の語ったことが真実ならば、私を中傷者として誠意も誇りも良心もない人間として主の審判の座に呼びだした人々が瀆神と中傷の罪を犯していることを私が証明ずみであるならば、どうか彼らの面前で私の無罪を証（あか）してください。彼らを赤面させ、恥じいらせてください。しかし、おお神よ、伏してお願い申しあげます、それが悔悛と救いをもたらす有益な恥じいりかたでありますように！」*

＊『新教徒へのいましめ、第二』Deuxième Avertissement aux Protestans、一六八九年〔ヴィヴェス版全集、第一四巻一〇八ページ〕。

＊

無信仰の風が吹くたびにボシュエは身震いした。自由思想家（リベルタン）が書いた本をボシュエは全部知っていた。ソッツィーニ派のグロティウスも読んでいたし、それでも足りずに『ポーランド兄弟会文庫』Bibliotheca Fratrum Polonorum にまで手をのばして、クレリウスの著作や教祖ソッツィーニの著作も読んだ。毒はここから広がったのだ……。――南大陸（テール・オーストラール）をめぐる議論とか、キリストの名前すら知らない大陸があるのだから、カトリシズムは世界的（カトリック）でないという反論などを、彼が知らなかったと思ったら大間違いである。そういうことは百も承知だった。現にこう言っているではないか。「それなら、聖パウロやイエス・キリストご自身に文句をつけるがいい。南大陸の話を持ち出して……宣教が全世界に及んだことを否認するがいい！」

あの厄介なシナ人の問題も、彼は一部始終を知っていた。いや、知っているどころか、シナの儀式は偶像崇拝だとイエズス会士に白状させようとした海外布教会の陰謀に一枚加わっていたのである。王様が介入してイエズス会士の肩を持つかもしれないから、『シナ人の偶像崇拝と迷信に関する海外布教会の諸氏の法王への手紙』[20] Lettre de Messieurs des Missions étrangères au Pape sur les idolâtries et sur les superstitions chinoises は先に印刷してから王様に見せよう、という決定はボシュエの家で下された。宣教師たちは司教館へ出かけて行って、北京の模様を彼に知らせた。「本日、朝方から昼食後にかけてロサリアの司教ド・リオンヌ氏来訪。[21] かの国〔シナ〕の事情や国民の習俗、素質についてモー殿〔ボシュエ〕と歓談……。」「シナ教会」などと言うのは冒瀆もはなはだしい。ボシュエは怒った。「信仰も約束も秘蹟もなく、神の証言もなんら記されていない教会、何をおがむのか、誰に犠牲を捧げるのか、相手は天や地や山の精、川の精といった精霊ではないのかもよくわからないような教会、要するに、無神論と政略と無信仰と偶像崇拝と魔術と占いと妖術のごった煮にすぎないような教会、こんなおかしな教会があるものか！」

年代学者の地下作業も知らぬわけではなかった。ボシュエの本当の姿がわかりかけてきた今は、彼の蔵書のうちにマーシャムの『エジプト、ヘブライ、ギリシャ年表』Chronicus Canon Ægyptiacus, Hebraicus, Græcus を見つけても驚く人はいないだろう。モー殿〔ボシュエ〕はいろんな物を無断でマーシャムから借用している、とジャン・ル・クレールは攻撃した。事実はこうだったのである。一六八一年に『世界史論』を著わした時から、ボシュエもご多分にもれず俗史と聖史の明白なくいちがいに動揺をきたしていた。結局は在来の年代に拠りはしたが、少なくともそれを採る理由を王太子に説明しなければならないと思った。(22)

殿下、年代学というのは実際むずかしいものです。聖史によると、ネブカドネザル(23)はエルサレムとオリエントから持ち帰った戦利品でバビロンを美しく飾ったといわれていますす。その後、バビロニア帝国はメディア人の勢力を黙視できず、宣戦を布告しましたが、メディア人はペルシャ王カンビュセス(24)の息子キュロス(25)を総大将に選び、このキュロスがバビロニアを亡ぼして、この征服で版図を広げたメディア王国にそれまで無名だったペルシャ王国を加え、こうして全オリエントの安定した支配者となって、史上最大の帝国をきずいたということです。ところが世俗の歴史家は、ユスティヌス(26)にしろディオドロス(27)にしろ、著作が残っているギリシャ・ラテンの大方の作家にしろ、けっしてこういう言いかたをしておりません。こんなバビロニア王は知らないのです。それぞれにいろんな王国の連続を書いていますが、こうした王にはなんらの地位もあたえていないのです。聖書やオリエントの歴史では有名なティグラート・ピレセル(28)、シャルマナサル(29)、セナケリブ(30)、ネブカドネザルその他多くの国王のことは、彼らの著作には全然といっていいほど出てこないのです。

殿下、こういう世俗の歴史家を信用なさってはいけません。ギリシャの史書はなくなったものが多いのです。もしかするとその中には、聖書と同じことを語ったものがあったかもわかりません。それに、ギリシャ人――ローマ人はそれを写しただけですが――が書いたのはずっと後になってからです。ギリシャの歴史家は語り口こそ雄弁ですが、事実の探求にそれほど熱心ではありませんでした。混乱した覚書をもとにして昔の話を書き、それでギリシャ人を楽しませるのが狙いだったのです。ああいうのを信用なさってはいけません。むしろ聖書を信用すべきです。オリエントの出来事には聖書の方が関係が深いので、当然真実味も多いわけです――聖霊の口授によって書かれたことを仮りに知らないとしても……。*

* 『世界史論』、一六八一年版、四一ページ以下。

しかし、一七〇〇年に同じ『世界史論』の第三版が出た時、ボシュエの精神の営みがいっそう明瞭にあらわれた。すでにペズロン神父の『古代復元』L'Antiquité des temps rétablieが一六八七年に出ていたし、マルティアネイ神父とルキアン神父の反駁[31]も一六八九年と一六九〇年に発表されていた。それらに盛られたおびただしい着想や事実を、ボシュエも取りいれていたのである。彼も年代学者と同様に、エジプト人やアッシリア人やシナ人には困惑を感じていた。彼らの歴史を収めようとするとあと何世紀も必要になって、聖書の年代記述の枠をどうしても破ってしまう。ペズロン神父と同じく、ボシュエもこの大障害をのりこえるために、五世紀余分に提供してくれる七十人訳聖書にたよって、あの邪魔者の容れ場所を作るべきだと言った。ペズロン神父と同じくボシュエも、時の計算がくいちがう聖書の二つの訳の一方をもっぱら年代上の理由から選択せざるをえなかった。これほど当惑したことはたぶんなかったにちがいない。

*

ボシュエの本当の姿がしだいにはっきりと現われてくる。これはルイ一四世様式で一貫した豪壮な大伽藍（カテドラル）を平穏無事に建てている建築家ではない。むしろ、日に日に大きくなる破れ目を修理するため、あたふたと駆けまわっている人夫と言った方がよい。烱眼なボシュエは事態の根源までも見きわめていた。神の教会の土台そのものを崩そうとする不信者の努力の規模と力と多様性を測っていた。

スピノザは奇蹟を否定して、神を自然法則に従わせようとしている。こんな抽象的観念としての神に、影のような神に人心がたぶらかされてはならない。モーゼの神は全然違った力を持っている。「神は好むがままに作ったりこわしたりすることができる。神は自然に法則をあたえ、また好きな時にそれをくつがえす。大方の者が神を忘れていた時に、神がおのれを知らしめるため驚くべき奇蹟を行ない、自然を恒久不変の法則からそらせたのも、これによって、おのれが自然の絶対的な支配者であり、おのれの意志こそ世界の秩序を維持する唯一の絆であることを明らかにするためであった……」（ヴィヴェス版全集、第二三巻一三〇―一三一ページ）。天地創造を見るがよい。「その一言で世界を作ることによって、神はおのれをさまたげる物がどこにもないことを示された。これを何度もくりかえすことによって、神は、おのれの素材も働きかけも、いやおのれの企図の一切が意のままになること、自己の行為の唯一の規準はそれ自体によって常に正しい自己の意志であることを示された……」（同一一八ページ）。大洪水を見るがよい。「世界はひとり歩きをしているとか、これまであった物はおのずから常にあるであろうとかいう考えを、人々はもう捨てなければならない。万物を作り万物を存続させる神が、今やあらゆる動物とあらゆる人を水に溺れさせるのである。つまり、自己の作物のいちばん見事な部分を自ら破壊するのである」（同一二七ページ）。ここでボシュエが*考えているのは、『エティカ』Ethica の神がキリスト教徒の意識の内に生みだすやもしれぬ荒廃だった。だからこそ、彼はこの神におびえたのだ。

＊『世界史論』、第二部。

マールブランシュもボシュエの心配の種だった。その哲学の根底にも同じような考え方があったからである。一六八三年九月一日に行なったマリ＝テレーズ・ドートリッシュ(32)の棺前演説で、彼は次のように叫んだ。「自分の思考の物差しで神のはかりごとを測定し、神がお作りになったのは或る一般的な秩序だけで、あとのものはそこからしかるべく展開される、などと言っている哲学者がおります。私はこの人たちを限りなく軽蔑します。これではまるで、神が私たち人間と同じように漠然とした不明瞭な目的しか持たないことになるではありませんか。至高の知性がその計画の内に個物を包含しなくてもいいことになるではありませんか。しかし、本当の意味で存在するのは個物だけなのです」（ヴィヴェス版全集、第一一巻五七ページ）。マールブランシュ神父が謙虚な人でその意図が純粋であることはボシュエも認めた。しかし、にもかかわらずその弟子たちが異端の道をひたすら歩んでいることも知っていた。マールブランシュが言うことはおそろしく難解だが、その底をさぐってみると、この哲学による世界の説明からは超自然が追放されてしまうことがわかる。説明自体が「おそろしいほど不都合」な方法にもとづいていることがわかる。――それはボシュエの作品の中でももっとも洞察に富む、著者の本領をもっとも見事に表わした個所であろう。

「こういう原理を誤解すると、もうひとつのおそるべき不都合が知らず知らずに精神をとらえてゆきます。なぜなら、明瞭に理解できることしか認めてはならない――或る限度内ではまさにそのとおりですが――と称して、人それぞれが〈私にはこれは理解できるが、あれは理解できない〉と言う自由を自分にあたえ、それだけの理由でなんでも好き勝手に承認したり拒否したりするようになるからです。

明晰判明な観念のほかにも、不明瞭で漠然としていながらなおかつ基本的な真理を含んでおり、それを否定したらこの真理自体がくつがえってしまうような、そういう観念もあるということが忘れられてしまうのです。つまり、伝承などかまわず、思ったことをなんでも向こう見ずに主張する判断の自由が、明瞭に理解できることしか認めないという口実で徐々に導入されるのです……。*」

＊ マールブランシュの或る弟子へ。一六八七年五月二一日〔『ボシュエ書簡集』、「フランス大作家双書」版、第三巻、一九一〇年、三七二—三七三ページ〕。

マールブランシュはどこから出たのか。デカルトからである。デカルト哲学にみんな夢中になっていたあの時代に、自分も或る程度までデカルト派でありながら、ボシュエは反省し分析し区別し防戦した。デカルトの中には少なくとも三つのものがある。第一は無神論者や自由思想家（リベルタン）を叩くのに役に立つ論理である。第二は自然学の理論だが、これは採用してもしなくてもいい。もともと宗教とは無関係だから、それ自体ではさほど重要なものではない。そして最後は、信仰をおびやかすひとつの原理である。

「デカルト哲学の名のもとに、教会に対する大がかりな戦いが準備されている……ようです。デカルト哲学の内部から、その原理から、いや私に言わせればその原理に対する誤解から、ひとつならずの異端が生まれつつあるようです。祖先伝来の教義に反する帰結がそこから引き出されて、デカルト哲学がすっかり嫌われ者になり、教会は、哲学者たちの精神の内に魂の神性と不死をうちたてるためデカルト哲学から期待しえた実りをもことごとく失うことにならないでしょうか。どうもそういうことになりそうです。*」

＊ 同〔『ボシュエ書簡集』、同巻同ページ〕およびユエへの手紙、一六八九年五月一八日〔『ボシュエ書簡集』、第四巻、一九一一年、一九—二〇ページ〕。

もう少し掘り下げてみよう。デカルト哲学が最初はそれの単なる指数、のちにはそれを自ら強化したようなひとつの精神的態度があるのではないか。すべてがそこへ帰着するひとつの意志が、もっと広くもっと生活にとけこんだ形であるのではないか。それは権威に対する大がかりな服従拒否、「現代の病であり誘惑である*」打ち勝ちがたい批判の欲求ではあるまいか。人々が神の前にひざまずき、国王に服従を誓った時代は過ぎた。今や「精神的放縦」の時が来たのだ。この発見をボシュエは雄弁で飾り立てた。荘重な言葉で、次第に広がるこの精神状態を描いた。人々の意識を呑みつくそうとするこの精神のありかたに、文字どおり震えおののいていたのである。

＊ ボシュエよりランセへ。一六九二年三月一七日。「現代の病であり誘惑である間違った批判……」（『ボシュエ書簡集』、第五巻、一九一二年、六二ページ）。

「彼らが道案内に選ぶ理性は、彼らの精神に単なる憶測か困惑しかもたらしません。宗教を否定することで陥る不合理は、彼らがその高さに驚いた真理よりいっそう支持しがたいものになります。理解を絶する玄義を信じたくないために、彼らは理解を絶する誤謬をつぎつぎと追いかけます。皆さん、このいまわしい無信仰はそもそもなんでしょうか。はてしない誤謬、命知らずの軽挙妄動、故意の自失、一言で言えば良薬を受けつけない、つまり正当な権威を受けつけない不遜な態度でなくてなんでしょうか。人間は感覚的な放縦にのみ流れるものではありません。精神的放縦も感覚的放縦に劣らず心地よいものです。感覚的放縦と同じく、それも隠れた快楽を味わい、禁じられるといらだちます。そういう傲慢な人は、長いことあがめてきた宗教を超越すると、いや超越したような気になると、自分を含むあらゆるものを眼下に睥睨（へいげい）するようになります。迷いから醒めたと称して、自分で何も見つけずにただ他人のあとをついてゆく頭の悪い連中を心の中でののしります。そして、もっぱら自分にだけへつらって、自分自身をおのれの神に仕立て上げてしまうのです。」＊

＊ 『アンヌ・ド・ゴンザーグの棺前演説』（ヴィヴェス版全集、第一一巻九三―九四ページ）。

＊

もう単純なものなどありはしない。権威に従わなくなったのだから、もう均衡も中庸もありはしない。どんなに敬虔な人でも、どんなに学識のある人でも、奇怪な世迷いごとを言いかねない。安心できるものはもうどこにもない。どうなることやら、皆目見当がつかないのだ。アグレダの尼僧院長マリア・デ・ヘスース(33)などという、神秘家といわれるが実はただの気違いにすぎないスペインの修道女の作品が、れいれいしく出版(34)されもてはやされているではないか。親愛なるフェヌロンですらとんでもない間違いを犯している……。演劇を擁護しようとする者は、教会が舞台の上のふしだらを黙認してきたことを何がなんでも証明しようとして、承認の言葉を無理やり引き出すために教父の文章をねじ曲げる。それどころか、図々しくも聖書の例を楯にとり、聖書ですら恋情を表わす言葉を使っている、聖書自体に罪はなくても異端はみな聖書から発しているから、有害な結果を生むおそれのあるものを全部禁止したら、聖書をラテン語で読むことすら禁じなければならなくなる、などと公言する。こんな愚論、こんな冒瀆を口にするのが、誰あろうカファロ神父[35]という修道士だ。——みんな極端から極端へ走った。ボシュエが頑張っていて、カエサルのものをカエサルに返し、神のものを神に返さなかったら、国王に服従するということでローマ法王への服従が拒まれ、ガリカン教会〔フランス教会〕は分離教会[36]になるところだった。遮止急進をくりかえしながら、ボシュエは防戦のために東奔西走した。それどころか、あらゆる地点に同時にいなければならなかった。彼が死んだら敵は大喜びをしただろう。時々、モー殿〔ボシュエ〕が卒中にかかったという噂が流れた。ほうっておけばいい、どうせ長いことはないのだから、とシモン氏が言ったなどと見てきたように言う人もいた。だが、モー殿は依然頑張っていた。

たぶんそのせいであろう、極度の警戒と不断の努力のためであろう、この偽りの世に属するものを呪咀する時、ボシュエの口調はまさに狂暴そのもの[37]になった。人を引きずり落とす肉欲しかり、目の欲しかり、精神の欲しかり。その厳しい告発を免れるものはもはやなかった。経験を積みものを知ろうとする欲も、歴史への好みも、慢心の罪の一形態であれば学問も、名誉心も、ヒロイズムも。人々の数かぎりない誤りに嫌気がさしたボシュエは、だんだんと人間味をなくしていった。慰めを求めて神的なものに憧れたのもそのせいであろう。そういう時、彼はあらためて福音書を取り上げた。それを論じるためではない。そのすばらしい個所を開いて敬虔な瞑想にふけり、信じる喜び、愛する喜びにひたるためである。「わが心よ、このやさしき愛の戒命を読みかえせ……」〔『福音に関する瞑想』Méditations sur l'Evangile、第四九日。ヴィヴェス版全集、第六巻一七九ページ〕。ボシュエの心は高く高く天の宮居へのぼってゆき、祈りと詩が混然一体をなす崇高な境地に達した。言葉に表われる感情は、もはや、永遠に続く真理と美への全的な憧憬にほかならなかった。

訳註

（1）リゴー　イヤサント。一六五九—一七四三。有名な肖像画家。国王ルイ一四世、一五世をはじめ、宮廷の貴顕や学者、文人、軍人など多くの有名人の肖像をものした。彼が描いたボシュエの肖像は現在ルーヴル美術館に収められている。

（2）ボシュエの引用　これはボシュエの文章ではなく、一七世紀の新旧両教徒の論争でカトリック側の有力な拠り所とされていた五世紀の教会著述家聖ヴィンケンティウス・レリネンシス(ヴァンサン・ド・レランス、四五〇年頃歿)の『教示書』Commonitorium（四三四年頃）からボシュエが引用したもの。

（3）聖ヴァンサン・ド・ポール　一五八一—一六六〇。フランスの司祭。愛徳信心会、ラザリスト宣教会、慈善の友会などを設立し、農民や貧民、捨て子などに対する慈善と布教の事業を精力的に行なった。

（4）エズラ　前五世紀のユダヤの祭司。前四五八年にバビロンからエルサレムへ帰り、エルサレムの祭儀を改革し、のちのユダヤの宗教の基礎をきずいた。五書をエズラに帰するのは『神学・政治論』の見解である。

（5）ボシュエの引用　『世界史論』、第二部第二八章より。ヴィヴェス版全集、第二三巻三〇七—三〇八ページ。

（6）ユエ殿　『福音の論証』Demonstratio evangelica や『理性と信仰の一致に関するオーネーの諸問題』Quæstiones alnetanæ de concordia rationis et fidei でユエがした聖書釈義に対する神学者の批判については、本巻五五—五六ページを参照。

（7）棺前演説　ミシェル・ル・テリエの棺前演説は、彼が埋葬されたサン＝ジェルヴェの教会で、一六八六年一月二五日、ボシュエによって行なわれた。

（8）『教書』　シモンの仏語版新約聖書が発行されるより早く、その何部かを手にいれたボシュエは大急ぎでそれに関する「注意書き」remarques をしたためて、パリの大司教ノアイユ枢機卿に送った。一七〇二年九月一五日、ノアイユ枢機卿はトレヴー版聖書を読むことを禁じる布告を出したが、ボシュエもそれを追って同月二九日、モー司教管区を対象とした同様の布告を出し、さらにこの聖書を批判する『一七〇二年にトレヴーで印刷された新約聖書の訳書に関する教書』Instructions sur la Version du Nouveau Testament imprimée à Trévoux en l'année M.DCC.II の出版準備を進めた。しかし大法官ポンシャルトランは教書をまず検閲にかけることを要求し、ボシュエの上記の布告の印刷本をも破棄させてしまった。ボシュエはノアイユ枢機卿などを通じて、教書の出版許可を得るため運動し、布告と教書は一七〇二年一二月に出版された。

（9）『伝承と教父の擁護』　リシャール・シモンが『新約聖書の主要な註解者の批評的歴史』Histoire critique des principaux Commentateurs du Nouveau Testament（一六九三年）を発表した時、そこに見られる教父批判、とりわけアウグスティヌスの恩寵論や原罪論への批判に反駁するために、ボシュエはこの書の執筆をはじめた。一七〇二年、トレヴー版の新約聖書が出た時、彼はこの作品を再び取り上げ、書き足して、前註でのべた二つの教書の続きという形にしようとしたが、この計画を実現する前に他界してしまい、この未完の大作は一七五三年に出たボシュエの『遺作集』Œuvres posthumes de Messire Jacques-Benigne Bossuet ではじめて公刊された。

（10） エリ・デュ・パン事件　ソルボンヌの博士、エリ・デュ・パンは一六八六年、現在でも有名な『新・教会著作家文庫』Nouvelle Bibliothèque des Auteurs Ecclésiastiques 全五八巻の刊行をはじめた。最初の八世紀までの分が刊行された時ボシュエは、特にエペソ、カルケドン両公会議に関するエリ・デュ・パンの記述に重大な誤りを認め、パリの大司教アルレーや大法官ブシュラに働きかけて、一六九三年四月一六日にこの本を禁止させた。しかし、エリ・デュ・パンは標題を変えただけでこの本の刊行を続け、当局もそれを黙許した。この事件に関連したボシュエの著作としては、大法官ブシュラに宛てた覚書『デュパン氏の新・教会文庫中の訂正すべき個所についての覚書』Mémoire de ce qui est à corriger dans la nouvelle Bibliothèque ecclésiastique de M. Dupin と『デュパン氏のエペソ、カルケドン両公会議史についての指摘』Remarques sur l'Histoire des Conciles d'Ephèse et de Chalcédoine de M. Dupin が前出の『遺作集』に収録されている。

（11） 聖キプリアヌス　二〇〇頃—二五八。カルタゴの司教で、ヴァレリアヌス帝の迫害によって殺された。神学的にはテルトゥリアヌスの影響が強く、書簡形式の著述が多い。

（12） 『聖書の言葉から引いた政治学』　これははじめ王太子の教育のために書かれたもので、一六七七—七八年にこの目的から第一部が書かれ、二十数年後の一七〇〇—一七〇一年に第二部が書き足されたが、ボシュエはその完成を見ずに他界した。彼の死後、甥のボシュエ師がその刊行を企てたが、大法官ポンシャルトランの故人に対する敵意からその出版は難行した。しかし、国王ルイ一四世の命令でやがて大法官も態度を変え、この著作は一七〇九年にはじめて日の目を見ることとなった。

（13） 聖ペトルス・ノラスクス（ピエール・ド・ノラスク）　一一八九頃—一二五六。フランスの修道士。アルビ派討伐の十字軍に加わり、モール人に捕われた捕虜たちの請戻し事業を行なった。一二一八年、アラゴン国王の協力をえて奴隷救済修道会を創立し、その初代総会長をつとめた。

（14） 演説　パリの奴隷救済修道会の教会で、ボシュエがこの称讃演説をしたのは一六六五年の一月であった。

（15） 大コンスタンティヌス　キリスト教を公認したローマ皇帝コンスタンティヌス一世（在位三二四—三三七年）のこと。彼は紀元三三〇年、ローマを去ってビザンティウムに新しい都を作り、コンスタンティノポリス（コンスタンチノープル）と命名したが、のちにこの町は、イスタンブールと改名して、オスマン帝国の首府となった。

（16） フルーリ師　クロード・フルーリは大著『教会史』Histoire ecclésiastique（一六九一—一七二三年）の一種の序論として、八篇の『教会史に関する論説』Discours sur l'Histoire ecclésiastique を著わしているが、その第六篇は「十字軍と軍事教団」を扱っている。

（17） ルノード師　原著には「ペルード師」l'abbé Perroudot とあるが、誤りなので訂正した。

(18) 目のかたきにしている　ボシュエとジュリユの間の論争がとりわけ激烈だったのは、ナント勅令廃止の翌年、一六八六年からだった。この年のはじめにボシュエは『教区の新カトリック教徒に宛てたモーの司教殿の牧会書簡』Lettre pastorale de Monseigneur l'Evesque de Meaux aux nouveaux catholiques de son diocèse を出したが、ジュリユは同年九月一日から出しはじめた『バビロンの捕囚のもとに呻吟するフランスの信徒に宛てた牧会書簡』Lettres pastorales adressées aux fideles de France, qui gemissent sous la captivité de Babylon の第一年度第一号、第二号（九月一五日）、第三号（一〇月一日）でこれを反駁した。ジュリユはこのあと、一〇月一五日の第四号から一六八七年八月一日の第二三号にいたるまで延々と古代教会に関する論議を続け、キリスト教の成立以来の変異、ジュリユに言わせれば法王教（パピスム）への堕落の過程を跡づけようとした。一六八八年五月末、このジュリユの議論に対抗するような形でボシュエの『新教会変異史』Histoire des Variations des Eglises protestantes が発表され、真の宗教が持つべき不変性と、新教系諸教会の変動常なき有様とを鋭く対比して見せた。ジュリユはただちに反駁の筆をとり、一六八八年一一月一五日の『牧会書簡』第三年度第六号から一六八九年二月一日の同第一一号まで、六号にわたって『変異史』批判をつづけ、さらに同一三号（一六八九年三月一日）、一四号（三月一五日）、一九号（六月一日）、二〇号（六月一五日）、二一号（最終号、七月一日）とボシュエの『牧会書簡』への批判を行なった。一方ボシュエは、これらの攻撃に答えて『〈変異史〉を反駁するジュリユ牧師の書簡に関する新教徒へのいましめ』Avertissement aux Protestans sur les Lettres du ministre Jurieu contre l'Histoire des Variations を次々と執筆し、その第一篇は一六八九年九月、第二篇は同一一月、第三篇は同一二月、第四篇は一六九〇年三月、第五篇は同四月、第六篇は一六九一年七月にそれぞれ出版され、一六九二年七月にはその補遺として『教会論争と新教の現状』Etat Présent des controverses et de la religion Protestante が付加された。なお、第三篇と第四篇の間に入るものとして『偶像崇拝という非難に関する新教徒へのいましめ』Avertissement aux Protestants sur le reproche d'idolâtrie という著作があるが、これはボシュエの生前には発表されず、一七五三年の『遺作集』に収められた。

(19) 離れていった　いわゆる「静寂主義（キュイエティスム）」に関するボシュエとフェヌロンの論争をさす。この論争は一六九四年から一七〇〇年頃まで続いた。

(20) 『シナ人の偶像崇拝と迷信に関する海外布教会の諸氏の法王への手紙』　これは、典礼論争の中で海外布教会側が発表した代表的なイエズス会攻撃文書で、一七〇〇年に出版された。海外布教会側はこの文書を発表すると同時に、イエズス会のル・コント神父の『シナの現状に関する新篇覚書』Nouveaux mémoires sur l'état présent de la Chine（一六九六年）、『シナの儀式に関する手紙』Lettre des Cérémonies de la Chine（一七〇〇年）、同ル・ゴビアン神父の『シナ皇帝のキリスト教優遇令史』Histoire de l'édit de l'Empereur de la Chine en

faveur de la religion chrétienne（一六九八年）から引いてきたシナとシナ人の宗教を讃美する六箇条の命題をソルボンヌの審査にかけ、その結果、一七〇〇年一〇月一八日にソルボンヌはこれらの三冊の書物を断罪した。この海外布教会側の手紙に対しては、イエズス会側も『シナの儀式に関する海外布教会の諸氏の法王宛手紙に答える』Réponse à la Lettre de Messieurs des Missions étrangères au Pape sur les cérémonies chinoises（一七〇〇年）、『海外布教会の諸氏の名で発表されたシナの儀式についての手紙に関する一般的考察』Réflexions générales sur la lettre qui paraît sous le nom de Messieurs des Missions étrangères, touchant les cérémonies chinoises（一七〇〇年）などの反駁書を発表し、典礼論争はますます激化していった。

(21) ド・リオンヌ氏　アルテュス・ド・リオンヌ。一六五五—一七一三。一七世紀中葉の大政治家ユーグ・ド・リオンヌの息子。フェカンの僧院長だったが、宗教的熱情にかられて東洋への布教活動に投じ、ロサリアの司教、シナの一地方の法王代理となった。一七〇三年ローマへ帰り、海外布教会からパリに派遣されたが、やがて過労のため病歿した。典礼論争における海外布教会側の代表選手の一人である。

(22) 王太子に説明　『世界史論』ははじめ、当時ボシュエが教育係をつとめていた王太子のために、一六七七、七八年に執筆された。

(23) ネブカドネザル　新バビロニアの国王ネブカドネザル二世。在位、前六〇五—五六二年。

(24) カンビュセス　ペルシャ王カンビュセス一世。在位、前六〇〇—五五九年。

(25) キュロス　ペルシャ王キュロス二世。在位、前五五九—五三〇。はじめメディア王アステュアゲスに仕えたが、のち独立して、旧主を捕え、メディア王国を亡ぼした。さらに新バビロニアを亡ぼし、エジプトをのぞく全オリエント世界をペルシャ帝国に統一した。

(26) ユスティヌス　三世紀のローマの史家。トログスの書いた世界史の要約を著わし、これは中世に広く読まれた。

(27) ディオドロス　前一世紀末のシチリア生まれの歴史家。四〇巻にのぼる厖大な世界史を著わした。

(28) ティグラート・ピレセル　アッシリア王ティグラート・ピレセル三世。在位、前七四六—七二七年。バビロニアを併合し、バビロン王プルと称した。旧約聖書にもプルの名で出てくる。

(29) シャルマナサル　アッシリア王シャルマナサル（旧約聖書ではシャルマネセル）五世。在位、前七二七—七二二年。イスラエル王ホセアを攻め、三年にわたってサマリアを包囲した。

(30) セナケリブ　アッシリア王。在位、前七〇六—六八一年。ユダヤの王ヒゼキヤをエルサレムに包囲して降した。

(31) マルティアネイ神父とルキアン神父の反駁　これはマルティアネイの『古代復元なる書からヘブライ語原本とヴルガタの年代記述を守る』Défense du texte hébreu et de la chronologie de la Vulgate contre le livre de l'antiquité

des temps rétablie……（一六八九年）と、ルキアンの『ヘブライ語原本とヴルガタ訳を擁護し、〈古代復元〉と題する書物に答える』Défense du texte hébreu et de la version vulgate servant de réponse au livre intitulé : L'antiquité des temps rétablie……（一六九〇年）のこと。

（32）マリ＝テレーズ・ドートリッシュ　一六三八—八三。スペイン王フェリペ四世の娘で、ルイ一四世の王妃。

（33）マリア・デ・ヘスース　一六〇二—六五。スペインの神秘家。フランチェスコ会原始会則派の修道女で、アグレダの処女懐胎修道院の院長。たびたび神秘的な恍惚と幻視に襲われ、神からの啓示と称して『神秘なる神の都』Mystique Cité de Dieu（一六七〇年）と題する聖母伝を著わしたが、法王庁とソルボンヌに断罪された。

（34）フェヌロン　フェヌロンが「静寂主義（キエティスム）」の信奉者になったことを言う。

（35）カファロ神父　フランチェスコ。イタリア生まれのテアト教団の修道士。一六八二年に演劇を擁護するラテン語の一文を著わし、これが『芝居は許されうるか厳禁さるべきか、著名なる一神学者の手紙』Lettre d'un théologien illustre pour sçavoir si la comédie peut estre permise ou doit estre absolument défendue（一六九四年）という題で仏訳されて、ブルソーの劇作集の巻頭にかかげられた。この文章は多くの教会当局者の非難を浴び、カファロはパリの大司教に宛てた一六九四年五月一一日付の手紙で公に前言取り消しを余儀なくされた。ボシュエは同年五月九日付でカファロに批判の手紙を送り、やがてこれをいっそう敷衍した『芝居に関する格率と省察』Maximes et Reflexions sur la Comédie を著わし、一六九四年の暮に出版した。本文に紹介されているのはこの本の内容である。

（36）分離教会になる　フランスの王権とローマ法王庁の対立は積年のものだったが、「レガール」（司教や修道院長の空位中、その管区の収益を受ける国王の特権）の問題を契機とした一六八一年一一月—八二年五月のフランス僧族会議で頂点に達した。この会議は一六八二年三月一九日、世上権に関する国王の絶対的独立、法王に対する世界公会議の優位、ガリカン教会の自由、法王の無謬性の制限など、いわゆる「ガリカニズム」の綱領的性格を持つ「四箇条宣言」を採択した。この宣言はローマ法王により断罪され、ルイ一四世も結局一六九三年に法王との取り引きでこれを撤回しているが、ボシュエはこの宣言の作成に終始指導的な役割を演じた。宣言は前文と本文とからなっているが、前文はボシュエが起草した原案どおり、本文も彼が作った四種類の案文の第四に若干の修正をほどこして採択された。その後もボシュエは、この宣言を擁護する『フランス僧族の宣言の擁護』Defensio Declarationis cleri gallicani をルイ一四世の要請で一六八三—八五年頃に書き、晩年にもそれに手を入れて、『正統なるフランス』Gallia orthodoxa という序論を付けたりしたが、その発表は死後に持ちこされた。

（37）狂暴そのもの　このパラグラフで紹介されているのは、ボシュエが一六九四年に執筆し、一七三一年にはじめて出版された『欲情論』Traité de la Concupiscence である。

第五章　ライプニッツと教会合同の失敗

「蒼い顔をしたひょろ長い男だった。無数の筋がついた手から、ほっそりした指がのびていた。目つきはいつも穏かで、見たところ威圧的な感じはまるでなかった。歩く時にもうつむいていて、けっして急な動作はしなかった。香りのよいものが好きで、かぐと文字どおり心が休まるらしかった。人と話をするよりも、一人で考えごとをしたり本を読んだりすることを好んだが、それでも、一度おしゃべりが始まると喜んでいつまでも続けた。夜なべをするのが好きだった。過ぎたことにはこだわらず、過去の最大の事柄よりも今頭にある最小の事柄に注意を向けた。だから、新しい事をたえず書きかけては、未完のままほうりだしてしまった。あくる日には忘れているか、二度と見ないように意識的に努力していた……*。」

* ジャン・バリュズィ『ライプニッツ（キリスト教思想）』Leibniz (La pensée chrétienne)、一〇一―一二ページ。

ライプニッツはこういう人だった。しかし、その複雑な心の中にはなんとものすごい知識欲が秘められていたことだろう。これこそ彼の一番の情熱だった。この人はあらゆることを知りたがった。実在の果ての果てまで。いや、その先の想像上の世界までも。彼はこう言っているのである。動植物の図や機械の図や家や砦の説明や絵をひとつでも多く熟視した人、巧みな小説をひとつでも多く読み、面白い話をひとつでも多く聞いた人は、描かれ語られたものの内に一片の真理すらなくとも、ほかの人より多くの知識を持つことになる、と。彼はあらゆることを勉強した。まずラテン語、ギリシャ語、修辞学、詩歌。先生たちは飽くことのないこの知識欲に驚いて、こういう初歩的な勉強から出られないのではないかと心配したが、もうその頃には、ライプニッツは彼らの手から飛び去っていた。スコラ哲学や神学を修めたのち、彼は数学へ移って、やがてその分野で天才的な発見[1]をした。数学の次には法律学を勉強した。また錬金術[2]にも手を出して、隠れたもの、珍奇なもの、一般の人には近づきがたい道を通って現象を解明できるかもしれないものを探し求めた。たまたま出会った一冊々々の本が、一人々々の人間が、例外なしにその知識欲をそそった。きまった場所に、きまった学科に、きまった学問に「釘づけされる」ことは、彼には耐えられなかった。はっきりした職業を選んで、弁護士か教師になって、毎日同じ時間に同じ仕事をしたりするのはまっぴらだった。そこでライプニッツは旅をした。ドイツの諸都市やフランス、イギリス、オランダ、イタリアをおとずれて、博物館を見、学者の集まりに出入りし、無数の接触によって精神をつちかいながら、自分の生活をあげて新知識の不断の吸収にささげた。やがて、人間の思考という思考が発する絶えざる呼び声を聞くために、ライプニッツは〔ハノーヴァー公の〕図書館長[3]になった。また、過去と現在を最大限にとらえるために〔同公の〕修史官になった。諸侯の相談役になり、常に開かれている百科辞典になった。だがこの人の存在理由は、事実や観念や感情や人間的関心をたえず新たに供給される一見無尽蔵なダイナミズムをこの世で表現することだった。

もろもろの新知識を攪拌する意識の醱酵作用の中から、時として有益な発明や哲学的な体系やうるわしい夢が立ち現われた。理念的構築の無限の素材を手にいれた上に、ライプニッツはあらゆる学芸をひとつ残らずマスターした。誰かが言ったように、ライプニッツは「数学者であり物理学者であり心理学者であり論理学者であり形而上学者であり歴史家であり法律家であり文献学者であり外交官であり神学者であり倫理学者であった。」いかなる「人の子」も、こういう驚異的な活動をそれほど大規模にした例はない。この活動のなかで、彼が何より好んだのは多様性だった。「タシカニ、多様性ハトリワケ私タチヲ喜バセル。」

「多様性ハトリワケ私タチヲ喜バセル。タダシ、ヒトツノモノニ還元サレタ多様性デアル。」無理もない。ひとつのものに還元するということこそライプニッツの第二の情熱だったから。対照よりも一致に敏感なライプニッツは、光と影、無と無限をつなぐ一連の細かな漸進を発見しようと目を皿のようにしていた。学者たちをひとつにまとめることも彼の念願だった。学問の進歩がこんなに遅いのは、それにたずさわる者が孤立しているからではないか。各国にアカデミーを作って、互に連絡しあえば、大量の新知識を運ぶこの精神の運河によってやがて大地がうるおされるだろう[4]。いやそれだけではない。ライプニッツは世界語を作ることまで考えていた。実際この世は不和と軋轢の地獄図である。いたるところに障壁があり、答を得られない問いがあり、真理に向かって飛び立った者もむなしく地に落ちるほかはない。こういう混乱がもう数世紀も続いている。一見して道理に反するこの障害の少なくともいくつかをなくすることはできないものか。まず手はじめに、言葉の意味について互に諒解しあうことはできないものか。そのためには、万人に通用する言語を作ればよい。国際的な交流を促すだけでなく、明瞭さと厳密さと柔軟さと豊かさを兼ねそなえ、それ自体が理性的・感覚的な明証であるような言語を創造すればよい。その言語を精神のあらゆる営みに用いることだ。数学者が代数を使うのと同じだが、ただこの場合、それぞれの用語は隣接する他の用語との可能な諸関係がひと目でわかるようにできているから、これは代数といっても具体的な代数である。こうすれば、人間精神がかつて用いたもっとも精巧な道具である普遍的記号学が得られるだろう。

ドイツの分裂、ヨーロッパの分裂がライプニッツの悩みの種だった。なんとかしてそれをおさめたいと思った。内紛をなくし、あり余る戦闘力を東方へ向けたらよかろう[5]。ライプニッツの精神の奥底にまで立ちいってみると、そこにもやはり同じような欲求が見られる。この人の数学上の大発見だった微積分も、もとはといえば非連続から連続への移行ではないか。彼が発見した心理学的な大法則もほかならぬ連続性の法則である。明瞭な知覚も不明瞭な知覚に結びついており、その不明瞭な知覚を順々にたどってゆくと、その差を感知できないような一連の段階をへて、ついには生の力の根源的なおののきにまで至る。調和こそ形而上学の最高の真理である。還元不能に見える多様性も最後には調和の内にとけこんで、神的な秩序にしたがいそれぞれがあるべき場所に置かれているひとつの全体の構成要素となる。宇宙は大きなコーラスである。各人はそれぞれの歌を一人でうたうように思っているが、これは錯覚であって、実は巨大な総楽譜をそれぞれがたどっているにすぎない。この楽譜ではすべての声が対応しあい、それらが全部集まって、プラトンが想像した天体の音楽よりもさらに完全な合唱を形づくるように、おのおのの音符が配列されているのである。*

* この哲学については、本書第四部第五章で再説する予定。

こういう精神がその登場に当ってどんな困難に逢着せねばならなかったか——それを述べたエミール・ブートルー[6]

こうして、さまざまな思想が未曽有の激しさで渡り合い、たけり狂っていた時代に、大胆かつ冷静なこの驚嘆すべき知性は、対立物を排除するような選択はすべて力のしるしではなく弱さとあきらめのしるしと見えるような、そういう高い視点に身を置こうとした。このもくろみは成功するだろうか。ライプニッツが思弁から実践へ移って事実の方へ下りてゆき、引き裂かれ手傷を負った同時代者の宗教意識を和解という薬でいやそうとした時、問題はもはやぎりぎりのところへ来ていた。この努力が実を結ぶか、既存の教会分裂に回復不能という烙印を押すにすぎないか、結果は二つに一つだった。伝統的なもろもろの信仰の間から単一のキリスト教世界という意識を救いだすことは、天才の力をもってしてもはたして可能なことだったのか。

＊

ヨーロッパを眺めると、まずひとつの傷口が目についた。宗教改革以来、精神的な統一が破られてしまったことである。住民は敵対する二つの党派に分かれていた。この兄弟喧嘩では戦争と迫害と激論と罵詈讒謗が日常茶飯事になっていた。調和を夢見る者にとっては、ますます悪化するこ

の美しい文章を、ここで読みかえしてみることにしよう。「この仕事の条件は古代人の場合とは違っていた。彼の前には、キリスト教と近代的な反省がくりのべる截然たる対立、相反があった。本当は矛盾かどうかわからないが、とにかくこれは古代人のまったく知らないものだった。普遍的なものと個別的なもの、可能なものと現実的なもの、論理的なものと形而上学的なもの、数学的なものと物理的なもの、機械性と合目的性、物質と精神、経験と本有性、万物のつながりと自発性、原因の連鎖と人間の自由、摂理と悪、哲学と宗教。こういうすべての対立物は、分析によってますます共通の要素を剝ぎとられ、今や両立不能と思われるほど分かれ分かれになっていた。明晰さと一貫性を重んじるならば、二つの内の一方を選び、もう一方を完全に排除せざるをえないように見えた。こういう条件の中でアリストテレスの仕事を受けつぎ、人間精神がとらえることも、おそらくは認めることも放棄したように見える事物の統一性と調和とを再発見すること、これこそがライプニッツの目標だったのである。」*

＊「単子論への序文」Préface à la Monadologie、一八八一年。

の病をいやすことが第一の課題だった。事実、カトリック教徒と新教徒のいさかいは一六六〇年からまたもや激化していた。ほうっておいたらどこまで行くかわからなかった。こんないさかいが続いたら、宗派の別なく、およそ信仰そのものがやがて壊滅してしまう。自由思想家や理神論者や無神論者までが信仰に対し日ごとに大胆な攻撃を加えているのに、守る側が分裂していてはどうにもならない。新教徒とカトリック教徒が提携すれば、和解した全キリスト者がその団結の内に不敗の力を見いだして、不信心と立ち向かい、神の教会を守りぬくことができるのだが。

和解の事業にライプニッツは全力をあげてはせさんじた。彼は両派の主張を知っていた。宗教論争の本には昔からなじんでおり、それが総じてがらくたにすぎないことも知っていた。それに、いろんな人と面識があった。ものを考える人の間で多少とも信用を博する資格があることはこれまでの発見で証明されていたから、自分が言えばそこらの人が言うのとは違った重みがあるだろう。ヨーロッパのあらゆる国で、一流の学者たちがなんなら保証人になってくれるだろう。ライプニッツはルター派だったが、自分でも見事に言っているように、合同という聖業のためにはことさら「対立点を浮き彫りにする」気はなかった。彼の場合、合同の方法をみつけるには持って生まれた自分の気質に従いさえすればよかった。つまり、相違点は本質的なものでないこと、逆に類似点が山ほどあり、両者がまったく瓜ふたつであることを示した上で、信仰のもっとも深い、もっとも単純な形に全員の賛同を得ればよかった。

前にパリをおとずれた時、ライプニッツはジャンセニストのアルノーの家で、これなら誰にも受けいれられると思う自作の主祷文を披露したことがあった。「おお神よ、単一にして永遠にして全能なる神よ、常に真実を語り無限に支配する唯一の神よ、私はあわれな被造物として、おんみを信じ、おんみをたのみ、何物よりもおんみを愛し、おんみに祈り、おんみをたたえ、おんみに感謝し、おんみに身を捧げます。私の罪をお赦しください。おんみの現在の意志にしたがって、私たちの現世の幸せと永世の幸せに役立つものを、すべての人と同じく私にもおあたえください。よろずの悪から私たちをお守りください。アーメン。(7)」しかしアルノーは、イエス・キリストの名が出てこないから駄目だと言った。これからも、自分の定式を斥ける者がいるだろう。この仕事はそんなになまやさしいものではないだろう。でもとにかくやってみよう。これが成功したら、調和という宇宙の法則を自分なりに実現したことになる。失敗しても自分の責任ではない。頑固な連中、盲目な連中が責任を負うべきだ。教会分裂をながびかして回復不能にし、ヨーロッパの宗教意識を台なしにしてしまうのはこの連中なのだ。

数年にわたってゆっくり準備作業が行なわれた。一六六七年[8]、ライプニッツが錬金術にこっていた頃、彼はすでにニュールンベルクでボイネブルク男爵[9]という仲間を見つけていた。これは新教からの改宗者で、当時の言いかたに従えば「和解交渉（ネゴシアシヨン・イレニック）」に打ちこんでいた人だった。ボイネブルクはフランクフルト、ついで宗教論争たけなわのマインツの宮廷へライプニッツを連れていった。一六七六年、ライプニッツはパリから帰ってハノーヴァー公の図書館長になったが、時の宗主ヨハン＝フリードリヒ公は国民は新教徒なのに自らはカトリック教徒で、ローマはこの人を通じて北ドイツ一帯をカトリックに改宗させたいと思っていた。合同運動はにわかに活潑化して、ヨハン＝フリードリヒの後を継いだエルンスト＝アウグストや、神聖ローマ皇帝の庇護を受けつつ教会合同の糸を織るためウィーンとドイツの諸公国とローマの間を往き来していたスピノラ司教[10]など、この運動の立役者たちがハノーヴァーを舞台にあわただしく動きまわった。一六八三年に、スピノラは「キリスト教ノスベテノ教会ヲ合同サセルタメノ規則」Regulæ circa christianorum omnium ecclesiasticam reunionem という基礎的な定式書をもたらした[11]。両派の神学者が集まって討論会を開き、ロックムの僧院長モラヌス[12]――視野の広い温かい心の持ち主だった――の肝いりで待望の和解に至るための方法が練り上げられた。題して「ローマ教徒ト新教徒間ノ教会統一回復法」Methodus reducendæ unionis ecclesiasticæ inter Romanenses et Protestantes。

ライプニッツは誰より先まで進んだ。フランス王国でナント勅令の廃止（一六八五年）が準備され実行されていた頃、和合の精神こそ真理であり命であるとかたく信じて、この一時的な暴虐に目もくれなかったライプニッツは、ここ一番と沈思黙考して、『神学体系』Systema theologicum（一六八六年）と普通呼ばれる信仰告白書を書き上げた。荘重な調子の美文をつらねたものだった。長い熱烈な祈りによって神の加護を求めたのち、人間として可能なかぎりいかなる党派精神をも排し、新世界から来た者のように予断を持たぬ目で宗教論争を熟視した私は、いかなる教団にも属さずいかなる誓約にもしばられない一介の新たな信徒として、結局これから述べる諸点を信奉することに落ち着いた。それらを信ずべきだと考えたのは、聖書と、敬虔なる古代の権威と、健全で正しい理性そのものと、事実の確かな証言とがみな一致して、偏見を持たぬすべての人にそれを確信させるように見えたからである……云々。

この確信とはなんなのか。神の存在、人間と世界の創造、原罪、各種の秘義といった教義だけでなく、修道の誓い、善業、儀式、聖像、聖人崇拝など、特に論議の的になっている実践上の諸点をも検討したあげく、ライプニッツは、カトリック教徒と新教徒が相互に相寄り、手を握り、いくつかの表面的な障害については譲歩しあって、信仰の統一をとりもどすのを妨げるものはどこにもないと信じるにいたった。仲間のルター派が怒りと軽蔑をあらわに示すローマ教会の宗規についても、彼はこういう言い方をしている。

「正直に言うと、修道会とか信心会とか宗団とか、その他これに類するすべての制度に、私は昔からひとかたならぬ讃嘆の念を抱いてきた。悪弊や腐敗を取り除かれ、創立者の精神と規則によって運営され、法王の手で普遍教会が必要とする所にふりむけられれば、こうした機関は地上で戦う天の軍勢のごときものであろう」（『神学体系』。フーシェ・ド・カレイユ版著作集、第一巻、一八六七年、五六〇ページ）。

それだけではない。

「たとえば楽の音や、妙なる歌声や、讃美歌の詩情や、説教壇での雄弁や、燈明の輝き、香のかおり、絢爛たる衣裳、宝石を飾った聖器、高価な供え物、信仰心を起こさせる彫像や画像、巧みな建築法、配景の組み合わせ、荘厳な行列と町々に張りめぐらされた華麗な幕、鐘の音、一言で言えば民衆の信仰心が好んで示す敬意の表現が、今日一部の人が単純かつ気むずかしげに装っている軽蔑を神から受けるとは考えられない。これはしかも理性と事実によってともに裏付けられることである……」（同五六九ページ）。

修史官の仕事と限りない好奇心から一六八九年にローマへ行った時、ライプニッツをヴァチカンの図書館長にする話が持ち上ったのも、こういう発言を聞けば不思議でなくなる。ライプニッツは内心カトリック教徒ですでに改宗しかけていると世人が考えたのも当然ではないか。

＊

ボシュエ。そうボシュエだ。ボシュエを落とさなくては成功はおぼつかない。「あなたは聖パウロの再来のようなかたです。聖パウロの著作は一国一洲に限られませんが、あなたのお作も現在ヨーロッパの大半の国語に訳され、その感化で改宗した人はあなたにもわからない言葉であなたの勝利を宣言しているのです……＊。」

＊　パース卿よりボシュエへ。一六八五年一一月一二日（『ボシュエ書簡集』Correspondance de Bossuet、「フランス大作家双書」版、第三巻、一九一〇年、一六〇ページ）。

ながいことボシュエは、新教徒を論争によって帰順させることが可能だと思っていた。一六七一年に『カトリック教会教理説明』Exposition de la doctrine de l'Eglise catholique を出したのも、新教徒に手をさしのばし腕をひろげて迎えるためのように見えた。ライプニッツと同じく、ボシュエも対立点を浮き彫りにはしなかった。強調したのはもっぱら互に一致できる点だった。軽率な人や極端な人が持ちこんだ余計な荷物をカトリックの教理からとりのぞき、基本的な信仰箇条は共通していることを証明し、聖人崇拝、聖像、聖遺物、免罪符、秘蹟、恩寵による義化などについてもできるだけ妥協的な説明をし、教会の伝承と権威を正当化して、化体の信仰だけは現実的な障害であるがこれすら解決不能ではないことを示したこのボシュエの行為は、大方の新教徒も感激したほど寛容で誠意に充ちたものだった。『説明』はリベラルすぎて正統からはずれるという非難すらあったが、それでもこれは司教たちや法王じきじきの承認をえて、栄光に飾られ、全ヨーロッパに風靡して、さまざまな感化を及ぼした。「この教理説明は二つの良い結果を生むだろう。ひとつは、いくたの論争が信仰の誤った説明にもとづくことが認められ、それにより完全に消滅すること。ひとつは、消滅せずに残った論争も、自称改革派の原理によれば彼らが最初言ったほど重大なものとは見えなくなり、その原理にしたがえば、信仰の基本をなんら傷つけるものではなくなること、である」（『カトリック教会教理説明』。ヴィヴェス版全集、第一二巻三六ページ）。

もちろんボシュエもナント勅令の廃止を讃美した。彼の思考の筋からしても、この措置は当然のことと思われた。

こうして断絶が生まれたのである。一六八五年一〇月二一日、日曜日、宮廷の人々を集めてボシュエが「強イテ入ラシメヨ」という聖句について説教をした時、新教徒は彼をただの論争相手ではなく、文字どおり敵の一人にかぞえざるをえなくなった。一六八八年の『新教会変異史』Histoire des Variations des Églises protestantes の出版が嵐をまきおこしたのは有名である。反駁や応答や応答に対する応答が数ヵ月、いや数年にわたって続いた。(13) いずれも手きびしいものだった。「海水がにがいことは全部飲んでみなくてもわかる。私たちが憎まれていることは、私たちに対する中傷を全部こと細かに報告しなくてもおわかりであろう。」*

* 『教会に対するイエス・キリストの約束に関する第二の教書』Seconde Instruction pastorale sur les promesses de Jésus-Christ à son Eglise（一七〇一年）〔ヴィヴェス版全集、第一五巻一七八ページ〕。

こうなると、合同の企ても勇壮になり、いささか悲壮美すら帯びてくる。よりによって勅令廃止後に教会合同を追求するとはなんたることか。合同の希望はほうぼうから出ており、善男善女をひとつの群に集めようとした人はスエーデンにもイギリスにも、(14) いやロシアにすらいたが、(15) 牧者たちが内輪もめをしている時になおも和解を考えつづけるというのは普通ではとてもできることではなかった。だが、これこそがライプニッツの夢だった。この夢のために、彼はボシュエの援助を求めたのだ。

二人は協議を始めた。面と向かって話しあったわけではないが、とにかく互の構想と意志を突きあわせた。向こうとこちらに坐って対談したわけではないが、どこかの一室を借りて十字架像の下で厳粛に話しあっても、これほど綿密な検討はできなかったかもしれない。事情を知っている二、三の人に助けられて、困難な長期の交渉にふさわしい闇と秘密に包まれながら、この二大人物の間に今や悲痛な討論が開始されたのだ。

*

儀礼的な手紙を大急ぎでやりとりした一段階をへて、討論らしい討論が始まったのは一六九一年からだった。フランス側では信心家の小グループがハノーヴァーに期待の目を向けていた。(16) フーケの旧友で一時バスチーユに投獄され、やがて自由の身になってユグノー〔新教徒〕からカトリックに変身し、改宗金庫[17]の責任者をつとめ、かつて属した改革派教会をローマ教会に統合しようと必死の努力をしているペリソンがそうだった。ハノーヴァー公妃の妹で、新教を捨てたのちポントワーズ〔パリの北西の町〕に近いモービュイッソンの修道院にこもっていたルイーズ＝オランディーヌや[18]、その秘書で神の栄光に情熱を捧げていた行動的なブリノン夫人[19]もそうだった。ひょっとするとハノーヴァー公妃も改宗するかもしれない。次にはハノーヴァー公がお妃のあとに続くかもしれない。良い種子が芽ぶいているらしいあのハノーヴァーの土地から、もしかすると輝かしい収穫が生まれるかもしれない。そこでサインが交換された。ライプニッツとペリソンは文通し、議論をし、遠く離れたこの二人の間に敬愛の念が徐々に生まれた。ボシュエも知らせを聞いて、「この計画に賛成した」。

　両雄は今や四つに組んだ。ライプニッツはまず妥協点をさぐった。要塞に突入できる防備の手薄な場所を探した。見つけたのは次の点だった。信仰で誤りを犯しても、かたくなでさえなければ異端者にも離教者にもならない、ということである。世界公会議はみな救霊に関する真理を表わしていることをもしも新教徒が認めるなら、離別を決定的ならしめたトリエント公会議は世界的でないと考えて新教徒が誤りを犯しても、その誤りには少なくとも悪意はないということになる。新教徒は異端者でも離教者でもなくなり、将来開かれる世界公会議の決定に委ねることに同意しているわけだから、精神においては今なお教会の交わりの内に留まっていることになる……。これは有望だ。ボシュエがウンと言ってくれたら、宗教の和解に向かって大きな一歩を踏みだせるだろう。

　公会議が確立した立場をひっくりかえし、突きつめて言えば公会議などなかったものとみなすようなことは、モーの司教〔ボシュエ〕として容易に認められるものではなかった。「こういう合同計画で間違いを犯さぬためには、次のことを十分わきまえておかねばなりません。それは、ローマ教会はどうでもいい箇条や宗規上の問題については時と場合に応じて譲歩することはあっても、きまった教理、とりわけトリエント公会議できまった教理についてはいかなる点でも絶対に譲歩しないということです……」〔ボシュエよりブリノン夫人へ。一六九一年九月二九日。『ボシュエ書簡集』Correspondance de Bossuet「フランス大作家双書」版、第四巻、一九一二年、二九九ページ〕。聖体拝受を二つの形色〔パンと葡萄酒〕で行なうなど、若干の点でルター派を満足させるのはかまわない。しかし、教会の柱石である権威原理については絶対に妥協できない。およそ外交には向かぬ例の猛烈な調子で、ボシュエはさっそく攻勢に出た。ライプニッツ氏が公同性（カトリシテ）を信じるなら、公同性の本質をなす諸命題を承認すると言うなら、いちばん簡単な方法がある。カトリシズムへ改宗すればいいのだ。

これは間違いだった。ボシュエは相手をよく知らなかったのだ。自分とローマ教会の間にあるぼんやりした空白を、ほとんど見えないようなかすかな一線を、ライプニッツは踏みこえようとしなかった。それを絶対踏みこえようとしなかったのは、外からの圧力ではどうにもならぬ個人の良心の問題だったから。だいいち、本当の問題はそこにはない。新教徒の立場からすれば、問題は棄教ではなくて合同である。自分は交渉者であって裏切者ではない。ボシュエもこのことをわかってほしい。有無をいわさぬ権柄ずくなもの言いをやめて、和解と改宗の違いをよくつかんでほしい。「ここでは、愛徳と平和への愛を裏切らぬようにできるだけ努力しました。コンフェランス島〔ビダソア河の中の島で、一六五九年、ピレネー和議がこの島で結ばれた〕へいずれ渡ろうとビダソア河〔フランスとスペインの国境の河〕の岸辺へ近寄り、論争めいた調子や、誰もが普通とる見くだしたような態度や……気を悪くさせる尊大なもの言いや、自信たっぷりな口のききかたをわざとしませんでした。いくら自信があっても、同じように自信のあるほかの人の前でひけらかすのは無益で不愉快なことだからです……」〔ライプニッツよりボシュエへ。一六九二年二月八日。『ボシュエ書簡集』、第五巻、一九一二年、四〇ページ〕。もう一度言わせてください。私が出した問題は、トリエント公会議は世界的でないと悪意なしに考えた場合、あの公会議の決定を変更できるかどうかということなのです。あなたのお答えは性急すぎます。もう一度考えなおしてください。お待ちしましょう。

そこでボシュエは仕事にかかった。殺人的な多忙にもめげず、これまでに起草されたいろいろな文案や、とりきめられた協定の書式を仔細に検討しようとした。「暇ができしだい、私の意見を腹蔵なく言わせていただくつもりです……。」「あなたにとっても、キリスト者の合同を心から求めるどの人にとっても、今年がしあわせな年でありますように。」*ボシュエは精を出した。「私も計画には賛成です。方法には賛同しかねる点もありますが、モラヌス師をはじめ、あの公正な方々の言われるとおりならば、障害もおおかたなくなるでしょう。私の意見は近い内お目にかけます……」〔ボシュエよりライプニッツへ。一六九二年三月二六日。『ボシュエ書簡集』、第五巻、一九一二年、八九ページ〕。

＊ ボシュエよりライプニッツへ。一六九二年一月一七日。〔『ボシュエ書簡集』、第五巻、一九一二年、一四ページ〕。

ライプニッツも手をこまぬいていたわけではない。自分の立場を強めるために、彼の方でも論拠を探した。フランス自体トリエント公会議を世界的とみなしていないことは前からすでに指摘していたが[20]、今度という今度は証拠になる事実を見つけた。否定しようのない前例を発見して彼は躍りあがった。少なくとも一度――本当はこれだけではない。しかし、典型的なケースが少なくともひとつある――ローマ教会は公会議の決定を破棄したことがある。ボヘミアの聖盃派(カリクスタン)[21]が、二つの形色による聖体拝受についてコンスタンツ公会議[22]の権威を認めなかったため、法王エウゲニウス[23]とバーゼル公会議[24]はこの点を不問に付して、聖盃派に服従を求めるかわりに問題を教会の新たな決定に委ねているのだ。こういう前例をボシュエはどう考えるのか。今起きている問題も結局これと同じではないか。「ゲルマン語圏の大部分も、少なくともボヘミア人と同程度の心づかいを受ける資格がないでしょうか。お考えください……」〔ライプニッツよりボシュエへ。一六九二年四月一八日。『ボシュエ書簡集』、第五巻、一九一二年、一二九ページ〕。

ついに待ちに待った返事が来た。これは、モラヌスの『プロテスタント教会をローマ・カトリック教会と合同させる方法についての私見』[25] Cogitationes Privatiæ de methodo reunionis Ecclesiæ Protestantium cum Ecclesia Romano-Catholica[26]を一節々々検討して、最後に自分の結論を述べた一篇の論文だった。ボシュエはそこで言っていた。原理問題を論議する以前に和解を認めようとするモラヌスの棚上げ方式は受けいれがたい。認められるのは、実際にどうこうする前にまず原理をはっきりさせる宣言方式だけである。実際面での和解をまずして、それから教理について友好的なとりきめを結ぶための集まりを開き、合意できなかった点を決定する公会議を最後に開催するというのは、間違いもはなはだしい。まず公会議を開いて、新教徒が罪を認める場合にはそこへ出席させ、それから和解をすればよい。そうでないと、肝腎の点をあらかじめ譲ってしまうことになる。新教徒が服従の誓いもしないで最初からローマ教会へもどろうとするのは、自分の誤りを認めないからだ。教会の権威を承認しようとしないからだ。問題はここにあるのである。

方法の問題にも論争の核心をなす思想の問題がすでに含まれている。教会は無謬である。トリエント公会議の決定は永遠の価値を持っている。フランスがあの公会議を世界的と認めなかったというのは間違いもはなはだしい。フランスが拒否したのはもっぱら王国の上席権や特権や自由や慣習についてであって、信仰問題になんら触れるものではない。ボヘミアの聖盃派の例を持ち出すのはさらに大きな間違いだ。バーゼルで検討を約束したのは、コンスタンツの決定をあらためて問題にするためではなくて、それを明確にし再確認するためだった。教会の決定に服従する用意はあるが、或る公会議を世界的なものとみなさない人をはたして異端者と考えるべきか否か——ライプニッツはこうはっきりと問いかけている。自分もはっきり答えたい。「そうだ、こういう人間は異端者だ。そうだ、こういう人間はかたくななのだ」(ヴィヴェス版全集、第一六巻七七七—七七八ページ)。これ以上ライプニッツが防戦してもはじまらなかった。「昨日はそう信じていたから、今日もそう信じなければならない」というのはおかしいなどと言い返してみてもはじまらなかった。[27] いくら前例を持ち出しても、もはや何ひとつ得るところはなかった。ボシュエは自分の前に割れ目のない——自分ではそう思っていた——壁を築いてしまったのだ。論争はここで打ち止めにしてもよかったろう。

それでも論争は再開された。[28] 二流作家[29]は世を去ったが、ライプニッツとボシュエだけは残っていた。まだ一縷の希望はあった。一六九八年八月二七日、ロックムの僧院でライプニッツは新たに『新教徒とローマ・カトリック教徒の合同促進計画』Projet pour faciliter la réunion des protestants avec les catholiques romains を著わし、神に捧げる感動的な祈りの言葉でその稿を閉じた。そしてボシュエとの文通を再開した。しかし、論拠は依然として同じだった。いや、ひとつだけ前にはなかったものがある。教会は不易でないことをあくまでも証明しようとしたライプニッツは、ここで聖書の真正性の問題を取り上げたのだ。今日の教会は古代教会が偽書とみなしていたものを真正とみなしている。[30] だから伝承にも変化があったのだ、と……。重箱の隅をほじくるような辛気くさい論争がボシュエの死期が迫るまで[31]続いた。手紙は長大な論文になり、その一篇[32]は実に一二二項にまで及んだ。しかし、聖書の真正に疑いをさしはさんだりした以上、ライプニッツが和解の道からはずれてしまったことはもはやことわるまでもなかろう。

*

疲労にもめげず、困苦にもめげず、それぞれ自分の掟に従って二人は最後まで努力を続けた。ライプニッツは鋭敏で柔軟な知性と外交的センスを発揮して、最初は慎重で控え目な態度をとった。自分でも言っていたように、必要なのは議論したり書物を書いたりすることではなくて、互の意見を知りあい、相手の力を測ることだったから。そのうちに彼もだんだん激してきた。自分の善意と腕前をもってしても相手の抵抗を打ち破れないのに業をにやして、ライプニッツは相手が「屁理屈」を並べるなどと文句を言い、ボシュエはごまかしているとか、問題をすりかえているとか、すぐいきりたつとか言って咎め立てた。言葉もしだいに苦々しい調子になった。あの司教は生まれつき頑固なのだ。教会外から人を選んでボシュエの補佐役につけ、その人たちと相談した方がいい。聖職者には独特の見方があるし、偏見はつきものである。ライプニッツは和解と妥協の人だった。その驚くべき記憶力は、現在の参考になる過去の実例をいつでも提供してくれた。その思考はどんな場合にも、異なる物の間に妥協点を見つけ、ひとつの障害をいくつかの無限小の障害に還元して、そこに調和をうちたてた。この人は宗教的な感覚より政治的な感覚の持ち主だった。賭金がこんなに莫大なら、多少ルールに目をつぶってもかまわないと思っていた。それでもひとつの点だけは譲らなかった。いや実を言うと、この点からほかのすべての点が導き出されていたのである。それは自由検討の権利を守り、ドグマティックな権威をはねのけるということだった。合同の試みが失敗してライプニッツは悲しんだ。悲しむ以上に苦しんだ。ヨーロッパと全人類に多大の益をもたらすはずの計画を、そうやすやすとあきらめるわけにいかなかったから。かたくなに同じ考えをくりかえす彼の言葉には、苦々しさと他人への非難がそれとなく感じられる。「分裂がこの先キリスト教会にもたらすすべての不幸について、罪なしとされること……」〔ライプニッツよりブロソーへ。日付なし。フーシェ・ド・カレイユ版著作集、第一巻三一九ページ〕。「私たちは十分義務を果たしました。よほど不正な人でないかぎり、もう私たちに離教の非難を加えることはできないでしょう。私たちは今、そう考えて自ら慰めているのです」〔ライプニッツよりブリノン夫人へ。一六九八年一二月二三日。同、第二巻、一八六九年、二二二ページ〕。「分裂をひきおこしたのも、統一の精神をなす愛徳をふみにじったのも」〔同。一六九五年四月一八日。同九一ページ〕ローマ教会なのだ。

ボシュエの方は、あまり感情を表わさなかった。ライプニッツを異端者やかたくなな者と呼んだのは、相手を傷つけたことになるだろうか。ライプニッツはこの断罪に心を痛めているだろうか。だとしたら、自分としても遺憾である。しかし、はっきり言えといわれたのに遠まわしな言い方しかしなかったら、ライプニッツの方から自分をまっさきに難詰したろう。非難に答える彼の言葉には一種無邪気な謙虚さがあふれていた。「私があなたのご希望にどの点で答えていないとお考えなのか、ひとつお教えいただけませんか。それをお知らせいただいたら、私も右顧左眄せず、自分としてできるかぎりの率直な善意で十分ご満足いただけるようにするつもりです。嘆かわしい分裂によっていまだに血を流している教会の傷口をできればふさぐために、こういう有能で誠実な方々とごいっしょに努力することは、私の何物にもまさる喜びなのですから」〔ボシュエよりライプニッツへ。一六九九年一月一日。『ボシュエ書簡集』、第一一巻、一九二〇年、七〇ページ〕。新教徒の見方を表わす覚書をスピノラ司教に書いてもらい、カトリック教徒の見方を表わす覚書を自分が書く、などというライプニッツの思いつきはボシュエの頭にはとうてい浮かびそうもなかった。真理はそんなに二面的なものではない。真理はひとつで不動で永遠のものだ。変らずにあるものだけを守りぬけ——精神を養い魂の掟となり行動と生活の指針であったこの格率に、ボシュエはしがみついていたのである。

合同という蜃気楼に骨がらみにされたことは、ボシュエには一度もなかった。この蜃気楼が遠ざかってゆくのを見ても、彼はライプニッツほど痛みを感じなかった。そのかわり、恨んだり怒ったりすることもなかった。もともと、宗教的な感覚の方が政治的な感覚よりも強い人だった。和解をあきらめるのは、ヨーロッパがかつてないほど必要とする精神の平和をあたえないということである。しかし、カトリック教会は誤りを犯しうるとか、間違った断罪や除名をしてきたとか、前言を取り消したり意見を変えたりしうるとか、そういうことを認めなければ合同ができないとしたら、カトリック教会の原理そのものがこわされてしまう。権威の壁にできたこの一本の亀裂からあらゆる異端が次々と入りこみ、真理の神殿は倒れてしまう。二つの可能性の一方を彼は選んだ。離教者は誤謬の内に留まるがいい。ただ教会は、一本の枯枝だけを失った老樹のようにいつまでも生きつづけなければならない。

＊

もう終りだった。ボシュエは長生きしすぎたのだ。年をとりすぎてしまったのだ。結石に悩まされた彼は、うなったり悲鳴をあげたりした。痛みが多少やわらぐと、かごにのって館を出、王様のもとへもどった。昔は王様のおそばにいると、力も勇気もいちどに回復したものだった。だが肝腎の王様も今では下り坂で、墓へ急いでいる者に回春の奇蹟をなしとげたりする力はなかった。

身をさいなむ病に抗しながら、「おぼつかない足どり」で、涙なしには見られないおよそぎごちない恰好をして、彼は主君のおん前へ伺候しようとした。ヴェルサイユ宮へいりびたった。いささか滑稽で目ざわりなこの図体の大きい老いぼれ爺いを、廷臣たちはみな馬鹿にした。「あの人は宮廷で死ぬつもりなのかしら」――薄情なマントノン夫人はつぶやいた。[33]一七〇三年、聖母被昇天祭の行列にくわわったボシュエは実にみじめなていたらくだった。友人たちは胸を痛め、関係のない人は同情し、宮廷の古顔はあざけった。「モー殿、さあ元気を出して。もうじき着きますよ」とみちみち妃殿下〔オルレアン公妃〕は声をかけた。「ああ、モー殿もかわいそうに」と言う者もいた。「あぶないあぶない」と言う者もいた。いちばん多いのは、「さっさと帰って死ねばいいのに」という声だった。＊

＊ヴィクトル・ジロー『ボシュエ』Bossuet、一九三〇年、一三九ページ。

ライプニッツもボシュエより幸福だったわけではない。[34]彼はいろんな夢を追いつづけた。シナを改宗させよう。それも、シナ人にその間違いを示すのではなく、彼らの宗教とわれわれの宗教の類似点を浮き彫りにし、人間精神の実体的な単一性にまでさかのぼることによって……。しかし、現実は彼を失望させた。現実という素材は思いどおりに変容できるものではない。頭で考えるだけで、難なく形をきめられるようなものではない。現実は梃子でも動かない。

普遍的記号学も教会合同もありはしない。みんなむなしい計画、とらえようのない影にすぎない。フォントネルはパリの科学アカデミーでライプニッツの肖像を描いて、この人をたいへんな成功者に仕立て上げた。「横に八頭も馬を並べて車につなぎ、それを一度に御した器用な人が古代にはいたが、ライプニッツもそれに似ていた。あらゆる学問を同時にやってのけたのである」(「ライプニッツ讃」Eloge de Leibniz。一八一八年版全集、第一巻二二六ページ)。しかし、フォントネルはライプニッツの人間くささも見落としていない。「この人は家では絶対的な支配者だった。家で食事をする時は必ず一人で食べたからである。それもきまった時間に食べるのではなく、いつにするかは勉強の都合できめた。世帯道具は全然持たず、食物屋からなんでもいいから買ってこさせた。……椅子に坐ったまま眠ることが多かったが、それでも朝の七時、八時になると爽快な気分で目をさました。ぶっつづけに勉強して、何カ月も椅子から立たずに過ごすこともあった……」(同、二五〇ページ)。年をとるにつれて、この後の方がライプニッツの生地になった。彼はまったく一人ぼっちだった。前にはあてにした地上の有力者も、みな彼を見捨ててしまった。一七一四年の六月にハノーヴァー選挙侯がイギリス国王になった時[35]、この病身の老人はお役にたちたいと願い出て、逆に肘鉄砲[36]をくわされてしまった。教会にも行かず、聖餐にも近づかなかった彼は、無信仰だと言われて牧師たちとも対立した。ライプニッツが息を引きとったのは一七一六年一一月一四日である。葬式は貧相で、葬列も会葬者もなく、涙を流す人もなかった。「祖国の誉れだった偉人の葬儀というよりも、むしろ野盗の野辺送りにふさわしい」ものだった。

夢を見るのは簡単である。事実、教会合同が実現可能に見えた瞬間もあった。まさに「千載一遇」の好機だった。一六九一年九月二九日、ライプニッツはブリノン夫人に次のような手紙を書いた。「神のお力が減ったわけではありません。〔神聖ローマ〕皇帝はそのご意向を持っておられます。法王インノケンティウス一一世も多くの枢機卿も修道会の総会長たちも検閲聖務長官も謹厳な神学者らも、十分おわかりの上でたいへん好意的な意見を述べておられます。イエズス会の総会長だった故ノワイエル神父[37]の真筆を拝見したことがありますが、実にはっきりした言い方をなさっておいでてした。〔フランス〕国王と、この問題で国王が相談なさる高僧や神学者の方々が計画に加わってくださるなら、合同は実現可能どころか、ほとんど実現したも同然です……」〔フーシェ・ド・カレイユ版著作集、第一巻二五六ページ〕。こうして合同が行なわれ、公同教会は改革され、ゲルマン世界とラテン世界は霊的な交わりを取りもどし、「ローマ改革教会」にオランダもイギリスも復帰して、すべての信徒が信仰をおびやかす破壊勢力に対抗するようになるのだ。

現実はそうはいかなかった。カトリック教徒と新教徒はついに折り合いがつかなかった。好機は去ってしまったのだ。人並はずれた能力と善意の持ち主ですら、せっかく引き受けたこの仕事をやりとげることはできなかった。キリスト教の敵どもは大喜びをした。得意になった。すさまじい破壊が行なわれ、いたるところに廃墟が現出した。

イスラエルの神、イサクの神、ヤコブの神に、宇宙の秩序にほかならぬような、いやおそらくは宇宙そのものにすぎないような抽象的な神がとって代ろうとした。この神には奇蹟を行なう力はなかった。奇蹟は神の気まぐれないし自己矛盾だから、神の存在はそれで確証されるどころか、逆に否定されてしまう。権威などもう三文の値打ちもない。伝承は嘘っぱちだし、万人の一致も証明のしようがない。よしんば証明されたにしても、誤謬でけがされていないという保証はない。モーゼの律法も、シナイ山上で口授され一字一句たがわずに直接書き写された神の言葉ではなくて、あくまでも人間が作った法であり、それをヘブライ人に伝えた諸民族、とりわけエジプト人の痕跡をとどめている。聖書も普通の書物であって、改変やたぶん修正をいやというほどされている。年代のことなど考えもせず、場合によると始めと終りを取り違えたりするお粗末な連中が、下手くそな手でいいかげんにその巻物をつなぎ合わしたのだ。これが神的なものだとはもう思われない。聖書ですらそうなのだから、王権が神的でないのはもちろんである。それに対抗するものとして、すでに蜂起の権利[38]が宣言されている。どこでもかしこでもプラスの記号はマイナスの記号に取って代られた。ルイ一四世が世を去った時、この置きかえはすでに完了したかに見えた。

古来の社会が立脚する信仰、特にキリスト教がこんなに攻撃を受けたことはかつてなかったにちがいない。スウィフト*は一七〇八年[39]に、いかにも彼らしい例の皮肉をとばしている。こう言っているのだ。演説や文書や事実が証明するとおり、どの党派も一致してキリスト教廃止の決意を固めている今、それに反対の説をなすのは危険であるし不用心でもある。キリスト教を弁護したり、それを廃止したら必ず何か不都合が生じるとか、期待するような好結果はたぶん得られないとかいうことを示したりするのは、逆説家でなければとてもできないことであろう……。スウィフトのこの警句は、積年の解体作業の結果を前にしてキリスト教的な意識が感じた不安を表わしている。もはや秘密の小攻撃ではなく、白昼堂々の総攻撃が行なわれていたのだから。

* ジョナサン・スウィフト『イギリスでキリスト教を廃止することは、現状においてなんらかの不都合をともなうこと、またおそらく、そこから生じるとされる多くの好結果を生みだしえないことを証明する論。一七〇八年執筆』An argument to prove that the abolishing of Christianity in England may, as things now stand, be attended with some inconveniencies, and perhaps not produce those many good effects proposed thereby, written in the year 1708.

しかし、ヨーロッパはなにも廃墟が好きだったわけではない。廃墟を認めるのは一時の気まぐれからで、せいぜい庭の飾りにするためと昔から相場がきまっている。しかもこれは、木々の勢いや花々の鮮烈な色どりを逆に引き立たせるためにすぎない。今までその活動をたどってきた人々の内でもっとも懐疑的な部分でさえも、疑いが嵩じてニヒリズムへ陥りそうになった時は皆はたと立ち止った。知恵と幸福はそこにこそあるとピュロンが言ったあの「意志と悟性の両面にわたる完全な静止」*を、彼らはけっして享受しなかった。彼らの悟性は時として「賛成」よりも「反対」を好ましいものと見せたけれども、彼らの意志はあきらめなかった。古い住まいをこわすのは別な住まいを建てるためだと彼らはいつも言っていた。そして、解体作業のまっさいちゅうにも新しい家の図面を引き、土台を据え、壁を立てた。解体だが同時に再建だったのだ。この大きな危機を生きぬいた人々を十全に理解したいと思うなら、彼らがした積極的な創造の試みを、次に見なければならないのである。

* ルイ・モレリ『大歴史辞典』Grand Dictionnaire historique、「ピュロン」の項（一七〇四年版、第四巻三五四ページ）。

訳註

（1）天才的な発見　微積分学の発見のこと。これは一六八四年と八六年に『ライプツィヒ学報』Acta eruditorum Lipsiensia に発表された「極大と極小に関する新方法」Nova methodus pro maximis et minimis、「改新された幾何学と不可分なもの、無限なものの解析について」De geometria recondita et analysi indivisibilium atque infinitorum という二論文で明らかにされた。その後、ライプニッツとニュートンのどちらが早く微積分を発見したかについてさかんな論議が行なわれたが、ニュートンの方が約一〇年早かったこと、ただし使用した記号はライプニッツのそれの方がより合理的だったこと、が今日では定説となっている。

（2）錬金術　一六六七年、当時ニュールンベルクにいたライプニッツは、「薔薇十字（ローゼンクロイツ）」と名乗る錬金術士の結社があることを知って、古今の錬金術士の言葉をつなぎ合わせた自分でも意味不明の手紙を送った。これが縁となって、ライプニッツはその結社の仲間にはいり、書記に任ぜられて、実験の記録をとる役を任された。錬金術への期待は結局失望に終ったけれども、このような錬金術体験は彼の思考に少なからぬ痕跡を残した。

（3）図書館長　一六七六年一二月、ライプニッツはハノーヴァー公ヨハン＝フリードリヒが数年前から提供していた図書館長兼宮中顧問官の職を受けいれてハノーヴァーに移り、以後四〇年間、死ぬまでこの北ドイツの町に住んだ。

（4）世界語を作る　「普遍的記号学」Characteristica universalis の計画のこと。ライプニッツが求めていたのは、あらゆる学問の原理を含み、かつその原理の適用法を教える「普遍学」Scientia universalis seu generalis で、普遍的記号学はその手段をなすものであった。

（5）東方へ向けたらよかろう　ライプニッツは一六七〇年八月にヨーロッパの再組織計画を著わして、ヨーロッパ諸国が内輪もめをやめ、キリスト教世界を拡大するため、その力を外に向けることを提唱した。彼がそこで提案しているのは、スエーデンとポーランドが共同でシベリア、南ロシアを攻め、イギリスとデンマークが北アメリカ、スペインが南アメリカを征服し、オランダが東インドを収め、フランスがアフリカとエジプトを攻略することだった。この対外征服、とくにフランスの東方遠征への夢は、同年一一月二一日の日付を持つ『帝国における内的及び外的公安を確立するための方策』Bedenken welchergestalt Securitas publica interna et externa im Reich auf festen Fuss zu stellen の第二部にも流れているが、これがもっとも明瞭な形をとったのは一六七二年の『エジプト遠征献策』Consilium Ægyptiacum であった。同年三月、ライプニッツはマインツの前首相ボイネブルクに派遣されてパリへ行き、ルイ一四世の目をドイツ、オランダからエジプト、近東諸国に向けさせるため、このエジプト征服計画をフランス国王に捧呈しようとした。しかし、この献策を呈上する機会は結局なかったようである。

（6）エミール・ブートルー　一八四五―一九二一。フランスの哲学者。エコール・ノルマル、ソルボンヌなどの教授をつとめた。

(7) 引用文　この主禱文はグールアウアーの『ライプニッツ男爵伝』G. W. Freiherr von Leibniz―eine Biographie(一八四六年)、第一巻一一八―一一九ページに紹介されている。

(8) 一六六七年　原著には「一六七六年」とあるが、誤植であろう。

(9) ボイネブルク男爵　ヨハン＝クリスティアーン・フォン・ボイネブルク。一六二二―七二。ドイツの政治家、外交官。マインツ選挙侯の首相で、同侯やヘッセン伯の命によりかずかずの外交交渉を行ない、当代最高の交渉者と言われた。たぶん錬金術を介してライプニッツはこの人物と知りあい、その秘書となって、一六六七年から七二年まで親しくその薫陶を受けた。

(10) スピノラ司教　クリストバル・デ・ロハス・イ・スピノラ。一六二六―九五。スペインのフランチェスコ会修道士。はじめケルンで哲学・神学を教えていたが、神聖ローマ皇帝レオポルト一世に見いだされて、クロアティアのティーナの司教に任命され、主としてトルコ軍に対する共同防衛の必要から、ドイツ諸侯を宗教的に統一する運動を任された。マインツ選挙侯ヨハン＝フィリップ・フォン・シェーンボルンはこの運動に非常に積極的で、前出のボイネブルクやライプニッツもマインツ侯を助けてこれに協力した。一六七三年、マインツ侯の死によって交渉は一時中断したが、スピノラはその後も精力的に運動をつづけ、皇帝レオポルト一世の委任状を持って、ベルリン、ドレスデン、ハノーヴァー、ハイデルベルクなど、ドイツ諸侯の宮廷を系統的に訪問してまわった。一六八五年、ウィーン＝ノイシュタットの司教となり、ロックムの僧院長モラヌスとの長い交渉ののちに、ウィーンで両派の神学者の合同会議を招集したが、新教徒側の参加がえられず、彼の計画は決定的に挫折した。スピノラは弁明書を著わし、まもなく一六九五年に世を去った。

(11) 基礎的な定式書をもたらした　この記述では、「規則」を作成したのはスピノラであるようにも受けとれるが、これはスピノラが書いたものではなく、ハノーヴァーのルター派神学者たち、おそらくはモラヌスがスピノラとの七カ月にわたる協議の上に起草して、この司教に渡したものであった。これは教会合同のための一〇の準則を述べたもので、後段で述べられるモラヌスの『私見』Cogitationes Privatiæ も全くこれに拠っているし、ライプニッツもたえずこれに立ち返っており、その意味でこの「規則」はモラヌス、ライプニッツ、ボシュエらによる和解交渉の出発点となるものであった。ボシュエは一六八三年にハノーヴァー公妃からこの「規則」を一部送られたが、紛失してしまい、一六九一年にブリノン夫人を介して、公妃から新たに一部送ってもらった。ボシュエの書類には、この「規則」を二度目に手に入れた一六九一年という年代が付してある。

(12) モラヌス　ゲルハルト＝ヴァルター・ファン・デル・ミューレン。ラテン語読みでモラヌス。一六三三―一七二二。ドイツのルター派の神学者。ヘルムシュテット大学でカリクストゥスの教えを受け、宗教的和解に積極的な師の影響を強く受けた。一六六四年、リンテルン大学の神学の教授となり、一六七四年にはハノーヴァーに呼ばれて、ブラウンシュヴァイク＝ハノーヴァー公爵領の全教会の総監督的な地位についた。一六七七年、もとシスト派の修道院で、ルター派に変ったのちもなかば従前と同じ形で運営されていたロックム僧院の院長となり、本文でも述べられているように宗教和解運動を積極的に進めた。

(13) 反駁や応答や応答に対する応答　『新教会変異史』に対する改革派の牧師ピエール・ジュリユの反駁については前章の註18で述べたが、新教徒側の反駁書でそのほか有名なのは、ジャック・バナージュの『改革派教会宗教史』Histoire de la Religion des Églises réformées（一六九〇年）と、イギリスのギルバート・バーネットが著わした『ル・グラン氏の〈国王ヘンリ八世の離婚の歴史〉への批判を含むテヴノ氏への手紙。モー殿の〈新教会変異史〉への批判を付す』A Letter to Mr Thevenot containing a Censure of Mr Le Grand History of King Henry the Eighth's divorce; to which is added a censure of Mr de Meaux History of the Variations of the Protestant churches（一六八八年、同年仏訳）の二つである。それ以外に、ボシュエの生前に出たものだけでも、ジャン・エモン『ローマ教会の変身』Métamorphoses de l'Eglise romaine（一七〇一年）、ジャン＝バティスト・ルヌー『ガリカン教会変異史』Histoire des Variations de l'Église gallicane（一七〇三年）、ジュネーヴのヨハン＝アルフォンス・トゥレティーニの『法王教のピロニスム』Pyrrhonismus pontificius（一六九二年）、ドイツの法律家・神学者セッケンドルフの『ルター派に関する歴史的・弁証論的註解』Commentarius historicus et apologeticus de Lutheranismo（一六八七－九一年）の第二版（一六九四年）、同じくドイツのヨハン・ブルンスマン『ボシュエに反駁しルター教会を弁護す』Apologia Lutheranæ ecclesia contra Bossuetium（一六九四年）、同ダニエル・シュルツ『ローマ教会の誤りの素描。ボシュエの〈変異史〉に対して』Hypotyposis errorum romanæ Ecclesiæ ad J.B. Bossueti Historiam Variationum（一七〇四年）、亡命新教徒でイギリス国教会の牧師となったピエール・アリクスの『旧ピエモンテ教会の教会史に関する若干の指摘』Some remarks upon the ecclesiastical history of the ancient Churches of Piedmont（一六九〇年）、『旧アルビ派教会の教会史に関する指摘』Remarks upon the ecclesiastical history of the ancient Churches of Albigenses（一六九二年）などがあり、亡命新教徒の歴史家ミシェル・ル・ヴァソール、ジャック・ランファン、イザーク・ド・ボーゾーブルなどもそれぞれの著作で折にふれ『変異史』に反駁している。なお、ボシュエはバナージュの反駁に答えて『バナージュ氏の返答に反対し〈変異史〉を擁護す』Défense de l'Histoire des Variations contre la Réponse de M. Basnage（一六九一年）を著わしているが、ジュリユに対する応酬については前章註18を参照されたい。

(14) スエーデンにもイギリスにも　アザールがここで念頭にうかべているのはイギリスのジョン・デュリー（一五九五－一六八〇）の活動であろう。デュリーは一六二六年にポーランド領からスエーデン領になったエルビングのイギリス人教会の牧師で、四〇年間にわたり教会合同運動を行なった。スエーデン王グスタフ＝アドルフや宰相ウクセンシェルナもキリスト教、とくに新教系諸教会の合同に積極的で、デュリーの活動を援助し、スエーデンの指導的な聖職者の中でもシュレングネスの監督などは進んでこの運動に加わった。一六三二年にグスタフ＝アドルフが死に、支えを奪われたデュリーはやがてイギリスへもどり、ピュリタン革命期にはクロムウェルが進めたイギリスのヘゲモニーによる新教合同計画に加わった。王政復古後、デュリーは再び大陸へ帰ってエキュメニズム運動を続けたが、その成功を見ずに死んだ。デュリーの活動は、一七世紀末からのドイツ敬虔主義者（シュペーナー、フランケ、ツィンツェンドルフら）や、一八世紀前半のヤブロンスキー（一六六〇—一七四一）による教会合同運動に大きな影響をあたえた。なお、イギリス国教会とフランスのカトリック教会との合同計画には、国教会における叙任の有効性を主張して断罪され、ロンドンへ亡命したピエール＝フランソワ・ル・クーレイエ神父（一六八一—一七七六）や、エリ・デュ・パンが、それぞれ一七二一—二八年、および一七一六—一九年にカンタベリーの大監督ウィリアム・ウェークと進めた運動がある。

(15)　ロシアにすらいた　エキュメニズム運動のロシアにおける要の役を果たしたのは皇帝ピョートル一世（ピョートル大帝、在位一六八二—一七二五年）自身であった。皇帝は早くから教会統一に好意的で、特にギリシャ正教とルター派教会の接近には、「ルター派的正教」の指導者プロコポヴィッチを宗教上の助言者として努力した。ライプニッツが一七〇八年に、合同のための新たな世界公会議を招集するのにもっとも適当な人物としてピョートル大帝の名をあげているのも、皇帝のこのような態度を知っての上のことであった。なお、一七一七年に皇帝がパリのソルボンヌをおとずれた時、東方教会と西方教会の統一の話が出、ウニゲニトゥス教書（一七一三年）に反対するソルボンヌの一八人の博士が連名で統一の申入書を皇帝に送ったことや、一七一二年にイギリスの非宣誓派の監督たちが正教のアルセニウス主教を介してピョートル大帝に覚書を送り、東方教会との結合をはかろうとしたことなども逸話として残っている。

(16)　フーケ　ニコラ。一六一五—八〇。フランスの政治家。マザランの信任を受け、ルイ一四世の大蔵卿をつとめたが、マザランの死後コルベールに捕えられて汚職を追及され、終身禁錮に処せられた。

(17)　改宗金庫　改宗した新教徒を財政的に援助するための金庫。このような財政援助は一六七六年二月以来グルノーブルの司教ル・カミュが行なって成功していたが、ル・カミュの友人で自らも新教からの改宗者だったポール・ペリソン＝フォンタニエの発案で全国化された。財源ははじめ、クリュニ、サン＝ジェルマン・デ・プレというもっとも富裕な二つの僧院からの収益があてられた（一六七六年一一月一日以後）が、やがて一六七七年七月三一日と一一月二六日の決定によって、同年はじめから空位となっているすべての寺領の収益の三分の一がそれに当てられることとなった。改宗金庫はペリソンを総責任者として、パリに事務所をかまえ、各地方に出張所を置いて、改宗により仕事や顧客を失ったり、家族からの援助を断たれたりした新教徒に金銭上の補助をしたが、金をもらうために改宗する者などもあり、新教徒側からは良心を金で買うものという激しい非難を浴びせられた。

(18)　ルイーズ゠オランディーヌ　プファルツ選挙侯で一時ボヘミア王だったフリードリヒ五世の娘で、母はイギリス王ジェームズ一世の娘だった。オーストリア軍に破られてすべての地位を失った父親とともにオランダへ亡命、そこでカトリシズムを知り、一六五八年にアントワープで改宗、ついでフランスへ移って、一六六〇年にモービュイッソンの修道院に入り、六六四年にはルイ一四世によってその院長に任命された。彼女は、ハノーヴァー公エルンスト・アウグストに嫁した姉のゾフィーをカトリックに改宗させようと努力していたが、ゾフィーも一六八三年にスピノラ司教の著作をボシュエに紹介するなど、合同の企てには好意的な態度を示していた。

(19)　ブリノン夫人　マリ・ド・ブリノン。?—一七〇一。初めウルスラ会の修道女で、マントノン夫人に愛され、サン゠シールの寄宿学校が作られた時、そこの永代院長に任命された(一六八六年)。しかし、やがてマントノン夫人にうとんじられて、一六八八年にサン゠シールを追われ、モービュイッソンの修道院に隠棲した。強い性格の持ち主で、院長のルイーズ゠オランディーヌを事実上自由に操っていたらしく、自らもボシュエとライプニッツの間の仲介者をつとめ、教会合同運動の要となった。

(20)　前からすでに指摘していた　ライプニッツはブリノン夫人に宛てた一六九一年九月二九日付の長い手紙で、トリエント公会議の決定にフランス国民は抗議しており、国王アンリ四世もそれを批准していないこと、一六一四年の三部会でも貴族と第三身分は各高等法院とともに公会議を国内で認められたものとみなしていないこと、などを理由に、公会議の世界的性格に異議を唱えていた。

(21)　聖盃派　フス派中の穏健派。コンスタンツ公会議でフスが断罪されたあと、フス派は急進的なタボル派と穏健な聖盃派に分裂した。聖盃派は聖体拝受においてパンと葡萄酒の双方を共に用いることを主張していたため、葡萄酒を容れる聖盃(calix)の名からこう呼ばれる。バーゼル公会議は、聖盃は不可欠なものでも、キリストが使用を命じたものでもないという但し書をつけた上で、この派に聖盃の使用を許したが、コンパクトゥムと呼ばれるこの協定も長くは続かず、プラハの大司教の地位をめぐって正統派との抗争が程なく再燃した。この派は一六世紀の宗教改革まで続き、その後は大方ルター派に合流した。

(22)　コンスタンツ公会議　西方教会の統一を回復するため一四一四年一一月から一四一八年四月にかけて開催された公会議。この会議で、当時三人いた法王の内二人は退位、一人は破門され、新法王マルティヌス五世が選出された。公会議はまたウィクリフやヤン・フスの所説を断罪し、神聖ローマ皇帝ジギスムントの保証をえて会議に出席したフスは、不当にも逮捕、焚殺された。

(23)　法王エウゲニウス　エウゲニウス四世。在位一四三一―四七年。バーゼル公会議と長期にわたって争い、公会議は彼を退位させて、対立法王フェリクス五世を立てた。エウゲニウスはローマを逐われ、フィレンツェへのがれたが、やがてローマ市民を武力で弾圧して復帰した。

(24) バーゼル公会議　一四三一年五月から一四四九年四月にかけて開催された公会議。法王権を制限しようとして法王エウゲニウス四世と対立し、対立法王フェリクス五世を立てたが、この対立法王もやがてバーゼルを去り、一四四九年に退位したので、公会議は新法王ニコラウス五世を選出したのち散会した。

(25)『……私見』　モラヌスのこの著作は公表しないという条件でボシュエに個人的に送られたもので、一六九一年一一月、一二月という日付を最後に付してある。ライプニッツは一六九一年一二月一七日、ブリノン夫人を介してそれの最初の部分をボシュエへ送り、同月二八日には残りの部分をも送った。一六九二年一月一七日にボシュエがライプニッツへ送った手紙はそれの受領を報じている。ボシュエは次の註で述べるようなそれに対する感想文を著わし、ハノーヴァー公妃にも理解できるように、モラヌスの著作と自己の感想文の双方を自らフランス語に訳して、一六九二年八月二八日にライプニッツへ送った。ボシュエが作った『……私見』の仏訳は Pensées particulières sur le moyen de réunir l'Église protestante avec l'Église catholique romaine と題している。

(26) 一篇の論文　この論文は前註で述べたようにラテン語、フランス語の双方で著わされており、ラテン語の題名は『〈プロテスタント教会をローマ・カトリック教会と合同させる方法についての私見〉と題する文書について』De scripto cui titulus: Cogitationes Privatæ de methodo reunionis Ecclesiæ Protestantium cum Ecclesia Romano-Catholica、フランス語の題名は『モラヌス師の文書に関するモーの司教の考察』Réflexions de M. l'Évêque de Meaux sur l'écrit de M. l'Abbé Molanus となっていた。論文は末尾に一六九二年四、五、六、七月という執筆の月が記されており、ボシュエはこれを一六九二年八月二八日にライプニッツへ送った。

(27) 言い返してみてもはじまらなかった　ボシュエの『考察』を受けとったライプニッツは、一六九二年一一月一日にボシュエへ手紙を送り、『考察』中にあった自分への反駁に答えた。「昨日はそう信じていたから……云々」の句もその中にある。

(28) 論争は再開された　ライプニッツとボシュエの文通は一六九四年に中断され、一六九八年の年末から九九年の年頭にかけて再開された。

(29) 二流作家　ここで特に念頭に置かれているのは、合同のための交渉のひとつのパイプだったペリソンが、一六九三年に他界したことであろう。

(30) 真正とみなしている　聖ヒエロニムスをはじめとする古代の教父たちが正典の内に含めなかったユデト書、トビア書、両マカベア書、バルク書、伝道の書などがトリエント公会議で正典に加えられたことを取り上げて、ライプニッツは同公会議の権威に疑問を呈した。この論点は一六九九年四月二三日付のボシュエ宛手紙ではじめて取り上げられ、以後、延々たる論争の種となるのである。

（31）死期が迫るまで　教会合同をめぐるライプニッツとボシュエの往復書簡で現在まで残っている最後のものは、一七〇二年二月五日の日付を付したライプニッツのボシュエ宛手紙である。ボシュエはその翌々年の四月一二日に世を去った。

（32）その一篇　ライプニッツからボシュエへの一七〇〇年五月一四日付（六一項まで）および五月二四日付（六二項以降）の手紙で、聖書の正典を論じたもの。

（33）マントノン夫人　フランソワーズ・ドービニェ、マントノン侯爵夫人。一六三五―一七一九。ルイ一四世の愛人。国王とモンテスパン夫人の子供の家庭教師をしているうち、王の寵愛を受け、王妃の死後ルイ一四世と秘密に結婚した。

（34）シナを改宗　このシナ人改宗の夢は、ライプニッツが一七一五年または一六年（彼が死んだ年）に、ニコラ・レモンに送ったシナの哲学に関する長い手紙の内に語られている。

（35）イギリス国王になった　イギリスのハノーヴァー朝を開いたジョージ一世（ハノーヴァー公ゲオルク・ルードヴィヒ）のこと。彼はハノーヴァー選挙侯エルンスト＝アウグストの子で、一六九八年に父の後をつぎハノーヴァー選挙侯になったが、イギリスの王位継承法（一七〇一年）の規定により、アン女王の死後イギリスの王位についた。彼の母ゾフィーが英国王ジェームズ一世の孫だったからである。

（36）肘鉄砲　ハノーヴァー公が英国王になった時、このことに自らの功績ありと感じていたライプニッツは、前々から立てていたロシア訪問の計画をとりやめ、自薦によりイギリスの王室に仕えたいと思った。ハノーヴァー公ゲオルク・ルードヴィヒは一七一六年にイギリスへ赴いたが、ライプニッツは途中で公に会い、自己の希望を述べるつもりであった。しかし、当時、微積分の発見に関するニュートンとライプニッツの争いが激化しており、イギリスのロイヤル・ソサイエティはライプニッツをニュートンの剽窃者と非難して彼の渡英に反対の運動を起こしていたので、それを知ったライプニッツはハノーヴァー公に会う望みをも捨ててしまった。

（37）ノワイエル神父　シャルル・ド・ノワイエル。一六一五―八六。ベルギー生まれのイエズス会士で、一六八二年七月にイエズス会の総会長に選ばれ、死ぬまでの四年半の間、法王とフランスの宮廷の間の緩衝役として努力した。

（38）蜂起の権利　一七世紀末に圧制に対する人民の抵抗権を主張したもっとも代表的な著作は、ひとつはロックの『統治に関する二論文』Two Treatises of Government（一六九〇年）であり、ひとつはフランスの亡命新教徒ジュリユが著わした『バビロンの捕囚のもとに呻吟するフランスの信徒に宛てた牧会書簡』Lettres pastorales addressées aux fideles de France, qui gemissent sous la captivité de Babylon（一六八六―八九年、特に一六八九年四月一五日、五月一日、五月一五日の三号）であった。

（39）一七〇八年　アザールの原著には「一七一七年」とあるが、誤りなので訂正した。

第三部　再建の試み

第一章　ロックの経験論

こうして、大旅行をやりなおさなければならなくなった。別の道を通って別の目的地へ人間の隊商をつれてゆかねばならなくなった。

何より必要なのは、ベールですら恐れをなしたピロニスムをなんとかよけて通ることだった。「あらゆることを議論して結局判断の停止しかしない」のでは、行きつく先は無活動と死しかない。ピロニスムは精神に選択の自由を回復させる助けにはなるが、嵩じると、意志も選択の可能性自体も破壊されてしまう。詭弁を弄して賛否を秤にかけるのではなく、山のあなたの幸福の国へ直行すべきではないか。

フォントネルは教え子の侯爵夫人に、いっしょに星を見ながら言ったものである。(1)哲学は二つの土台の上に立っている。ひとつは好奇心が旺盛なこと、もうひとつは目が悪いことだ。だから哲学者は目に見えるものを信じようとせず、逆に見えないものを見とおそうと一生あくせくして暮らす。情ないことだ。方針を百八十度転換して、見えないものなどかまわずに、見えるものだけ信じていたらさぞ楽だろうに。この条件を両方充たす世界観があれば有難いのだが。それさえあれば人間は懐疑から救われるのだが。

そこへロックがやってきた。

＊

待ち人きたる。まさに救いの神だった。ほかでもない、この人は事実の価値と至高の尊厳を主張したからだ。事実といっても歴史上の事実ではない。それはすでに告発され断罪され廃棄されている。この点ではもう後もどりはきかない。結着はついていたのである。よみがえることのない過去の内に事実は埋もれてしまっている。それを白日のもとへ返そうとしても、取りこぼしや誤解や歪曲を蒙って、事実はいわば嘘にまみれた姿でしか浮かび上らない。良識のある人なら、そんなものを信用するわけにはいかない。別種の確実性がなければならぬ。それを見つけたのがジョン・ロックだった。

なぜなら、ロックはものを考える人たちに、心理的な実在、変質を蒙らぬ生きた実在が心の中に現前することを教えてやったからである。この面では理性も彼を助けてくれた。思考を麻痺させるようなことはなかった。理性は疑い深いものだが、批判も歯が立たぬ基本的なデータはいやでも記録せざるをえない。それのみか、今まで知らなかった自己の活動の条件をよろこんで発見するのである。こうして理性派は懐疑論から救ってくれるこの同盟を受けいれた。一八世紀精神は一七世紀に根を持つかぎり、本質は理性主義的、妥協した形では経験主義的なものだった。

ロックは本物の哲学者になるあらゆる素地を持っていた。まずイギリス人だったこと。つまり物事を深く考えるたちだったこと。それから、形而上学の勉強だけでは足りずに、実験科学や医学を学んだことである。魂のことを心配する前に、彼はまず体のことを知っておこうとした。夢想家なら、こんな用心はしないだろう。ロックは公事にもたずさわった。シャフツベリ伯爵アシュレー卿(2)の腹心の秘書として、主人ともども国王の不興を蒙りオランダへ亡命、やがてオレンジ公ウィリアム〔のちの英国王ウィリアム三世〕について故国へ凱旋し、無敵の新生イギリスを準備する一人となった。しかし、賢明な彼は脇役に甘んじていた。一歩さがって人々の動きを観察していた。丈夫な人なら喜び勇んで行動へもろにとびこむところだが、体が弱くいつも病気がちなロックはそうはいかなかった。深く考えるため行動は控え目にしていたのかもしれない。旅行のおかげでロックの精神は柔軟になっていた。南フランスに長いこと滞在して、フランス人という嫌ではないが風変りな人種をとっくり観察したこともあった。フランス人の風俗や食物はどうか。ものを考えるフランス人はどのようにして考えるか。考えないフランス人はどのようにして働くか。オリーヴ油と葡萄酒というイギリスにない珍味は、どのようにして作られるのか。農民はいかに悲惨か。その理由は何か。パリではまた、医師や天文家や各種の学者、研究家、つまり「安らかならざる人々」とつきあった。しかし、亡命ほどつらいが有益な学校はないというのが本当だとしたら、フランス以上にロックのプラスになったのはオランダだった。国を逐われ、異国の町々をさまよって、牧師や非国教徒や異端派の連中とつきあいながら、彼は思想の学校へ入りなおしたのだ。それからもうひとつ、ロックは家庭教師だった。家庭教師をするというのも勉強のひとつの仕方である。しかも生徒は庇護者アシュレー卿の孫(3)、やがて新哲学の大家の一人にかぞえられるシャフツベリその人だ。ペダントリーもなく、尊大な風もなく、気さくで温厚で（ときどきカッとなることはあったが）、実生活でも作品でも愛想がよく、おのずからなる気品にあふれたジョン・ロックはまさに紳士（ジェントルマン）だった。教授服を着て四角い帽子をかぶった博士のような感じは全然なかった。もともと胸が弱くて、教壇で大声を張りあげることなど思いもよらなかったのだ。上流社会の人々を相手に、彼はいつまでも静かに話をした。ロック以後、本当の哲学者は坊さんではなくなる。牧師や聖職者（モンシニョーリ）、ソルボンヌやサピエンツァ〔ローマ大学〕の教授の中から哲学者が出ることは、よほどの例外を除いてまずなくなる。本物の哲学者は実生活とかかわりを持ち、それを導くようになるのである。

＊

ロックの出発点はオクスフォードで教わったアリストテレス哲学だった。しかし、これには満足できなかった。彼は長いこと自分の道を探し求めた。ベーコンやガサンディやデカルトを道案内にしたが、信用したのは結局自分だけだった。一六七〇―七一年の冬に五、六人の友人と哲学の話をしていた時、自分が確かな規準を持たないことにロックはハッと気がついた。啓示にもとづく道徳・宗教の原理を確立するには、あらかじめ、「自分たち自身の才能を調べ、私たちの知性が取り扱うのに適した対象と適さない対象とを見る必要があると思いつきました」〔『人間悟性論』An Essay concerning Human Understanding、「読者への手紙」。邦訳、中央公論社「世界の名著」27、六五ページ、大槻春彦訳〕。何よりもまず、悟性の力を正確に測定しなければならない。人の施し物で暮らしたり、呑気な顔で他人の意見にもたれかかったり、プラトンやアリストテレスがどう言っているか気にしたり、先生の言葉を金科玉条にしたりするのではなく、真理を唯一の目標に選び、検討の精神でそれに到達しなければならない。ロックの知的な営みには最初から、当時人々の意識に酵母のような働きをしたあの独立の意志が、あの革新の要求が、自分の頭で考えたいというあの願望があったのである。

こういうやりかたは孤絶した人にできるものではない。ロックの文章を読むと、自分を安心させてもらおうとロックを質問攻めにする友人たちの言葉が聞こえるような気がする。彼らは時代の要求を表わして、自己の懐疑を鎮めてくれる哲学をなんとか見つけてもらおうと、仲間の内でもピカ一のロックに頼んでいるのである。ロックは時代の要請を受けていた。修業時代から同時代者と終始直接にまじわって、彼らの問いを聞いていた。真理トハ何カ――この永遠の問いが鋭い形で再び提出された時期だった。伝統的な答ではもう不十分だった。その新しい真理を自分が教えてやらねばならぬ。一六七一年に、彼はさっそく自分の考えを文字にした。それはたちまちまとまって、そのままでも出版できるほどになった。しかし、ロックはそれを二〇年近くも温めておいた。二〇年近くもかけて自分の考えを展開し、原稿を知人に見せて反響をためした。一匹狼ではない、社会性の強い人だったのだ。

フランス旅行中の宿屋でも、オクスフォードの閑居でも、ロンドンの政界の騒ぎの中でも、ロッテルダムでもアムステルダムでもクレーフェルト〔オランダ国境に近いドイツの町〕でも、ロックは思索と勉強を続け、自分の学説を徐々に仕上げた。著作がやっと活字になった時、この人にはどんな主題にも生気をあたえる稀有な力があることを世人は認めざるをえなかった。ロックが扱ったのは純粋な哲学だけではなかった。宗教についても政治についても教育についても、彼は好んで意見を述べた。本を一冊出すたびに、いつまでも続く反響が起こった。ロックのように書くもの書くものすべて必読の書にされたような人は、私の見るかぎりジャン＝ジャック・ルソーぐらいしかない。ルソーも宗教を語り政治を語り教育を語って、そのつど大火をひき起こした。ロックの場合は火は火でも弱かったから、ルソーのように近づく者をことごとく焼きつくす激しさはなかった。しかしルソーに先立って、ロックは人心が何を求めているかを知り、それに自ら答えたのである。彼の効力はそこから来ていた。ロックの著作はどれもみな会話のようなものだった。それは読者を攻め立てて、相手を納得させるまで絶対に離さなかった。くりかえし説得し、陥落させるまでねばりにねばり、結局は自分の言葉で相手をがんじがらめにしてしまった。ロックの武器はいかにも都会人らしい品のよさ、気安さ、それになんと言うか一種平明ななめらかさだった。巫女のお告げのような難解さも、度を越した濃密さも、目まいがするような深遠さもなかった。この人は理解できるものしか認めなかった。マールブランシュのような形而上学的な人と渡り合うのは本当につらかったらしい。「ここにある多くの表現は、私の精神に明晰判明な観念を何ひとつあたえず、ほとんどただの響きであり、したがって私の精神にいささかの光ももたらさぬことを白状せねばならない……」(『すべてを神の内に見るというマールブランシュ神父の説の検討』An Examination of P. Malebranche's opinion of seeing all things in God。一八二三年版全集、第九巻二一三ページ)。「ここでもまた、私は深い闇に包まれてしまう……」(同。同二一四ページ)。「わかりにくい言い方を人がいくら勉強しても、これほどチンプンカンプンな書き方はできなかったろう……」(同。同二二六ページ)。そんな難解さは禁物である。「私が印刷して出したのは出来るだけ役に立つためなのであるから、私の言わねばならぬことを、すべての種類の読者に対して出来るだけやさしく解り易くすることが必要であると思う。私にとっては思索的な目ざとい人が私の論が或る部分に於て退屈であることをこぼすことの方が、抽象的な思索に慣れて居らず、又は別な考が先入主となっているような人が私の意味を誤まり或は理解しないよりは遙かにましである……」(『人間悟性論』、「読者への手紙」。邦訳、岩波文庫、上巻二六ページ、加藤卯一郎訳)。

これがロックの考えだった。これがロックの流儀だった。哲学の専門家だけを相手にしたくない、「思索的な目ざとい人」がかりに不満を持つとしても、正しい生活法を求めるすべての人に役立ちたい——こんなことを公言するのも当時ならではのことだったろう。

*

一六九〇年にようやく『人間悟性論』が出た。「人間の悟性に関する一試論」An Essay concerning Human Understanding という控え目な題だった。大博打(ばくち)を打たなければ哲学でないような気でいる人はどう言うかわからないけれども、とにかく、一六九〇年は決定的な変化の年、方向転換の年だった。人間は今や研究対象として人間精神という無限の宝庫を持つようになった。ロックは言うのだった。形而上学的な仮説は棄てよう。そういうものが結局実を結ばなかったのを私たちは知っているではないか。無意味な問いに私たちはうんざりしているではないか。魂の本性や本質を誰がきめられたろう。身体器官の助けによって感覚や観念が生まれるためには、動物精気にどんな運動が起こらなければならないか、身体にどんな変化が生じなければならないかを誰が明らかにできたろう。体は魂に従い、また魂に影響を及ぼす。しかし、形而上学が口を出すと、それ自体では実に明瞭なこの経験的事実がたちまち神秘と化してしまい、どんなに学のある人でもその闇を深めることしかできなくなる。そんな問題はほうっておこう。考えないことにしよう。私たちの外に実体があるとしても（たぶんあるのだろうが）、私たちはこの実体をそれ自体としてとらえるいかなる手段も持っていない。どうして無理にとらえようとするのか。そういう見込みのない研究はあきらめよう。

私たちに必要な確実性は私たちの心の内にある。自分の心を見つめよう。幻影を生む無限の空間から目をそらして、自分の心を注視しよう。私たちの悟性が限られたものであることを肝に銘じて、その制約を受けいれよう。しかし、制約されたものとしてそれを研究してみよう。その働きをしらべてみよう。私たちの観念がどうやって形成され結合されるか、記憶がどうやってそれを保持するかを観察してみよう。この驚くべき営みを私たちは今まで知らずにきた。そこに本当の認識があるのだ。確実な認識はこれしかないのだ。それは一生かかってもしらべつくせないほど豊かな展望を持っているのだ。

「航海する者が自分の持つなわの長さを知ることは、それで大洋の深さをすべて測れるものでないとはいえ、たいへん役にたつ。航海を導いて、難破の恐れのある浅瀬へ乗り上げないよう用心させる必要のある場所で、十分底へ届く長さがあると知っていればよいのである。この世での私たちの仕事は、なんでも知り尽くすことではなく、私たちの行ないに関係あるものを知ることである（以上、邦訳、中央公論社「世界の名著」27、六九ページ、大槻春彦訳）。現世の人間のような状態におかれた理性的な被造物が自分の考えとそれにもとづく行動を統御することが可能でもあり必要でもあるような、そういう物差しさえみつけられれば、ほかのいろいろなことを知らないでも私たちは苦にする必要はない。」*

* 『人間悟性論』、序論（コストによる仏訳、一七五五年版、四—五ページ）。

くりかえしをいとわぬロックのことだから、次のように言いかえてもよかろう。私たちがこの世でなすべきことは何なのか。被造物に関する持てる限りの認識によって創造主を知り、自分の義務を学び、かつ物質生活の必要を充たすこと、それしかない。私たちの能力は非常に弱いお粗末なものではあるが、この要求を充たすくらいの力はある。だから、有限な存在には手が届かない私たちの周囲の物の完全で絶対的な認識を求めるのではなく、あるがままの自分に満足して、できることをし、知りうることを知るだけにとどめよう……。

実際、精神が限られた範囲から出て事物の原因にまでさかのぼろうとするや否や、私たちはとたんに、この探求が自分の知識の乏しさを痛感させるにすぎないことを思い知らされる。私たちは暗黒の壁に突き当ってしまう。反対に、背伸びをしないできまった範囲だけ探検してみれば、そこには必ず驚異の世界が発見できる。知恵も幸福も発見できる。どちらを選ぶか迷うことはないではないか。無理はやめよう。私たちのかよわい手でもとらえられる確かな事実をしっかりと握っておけば、奈落へ落ちこむおそれはなくなる。

ロックの哲学のかけがえのない価値は、形而上学をあきらめたことにあるのではない。あきらめるだけなら、すでに多くの人が同意していた。むしろこの哲学の価値は、茫洋たる大海の中にひとつの小島を限定し、それを守りぬいたことにあったのである。

*

それにしても、懐疑の手から守ろうとするこの陸地を組織しなおさなければならない。先験的(アプリオリ)なものを存在しないかのように扱わなければならない。これは大変な変化である。古くはアリストテレスから、最近ではイデアを復活させようとしたカドワースその他ケンブリッジ学派の新プラトン主義者にまで至る哲学全体を別な面で作りなおすことである。本有観念など存在しない。永遠という観念も生得的ではないし、無限という観念も生得的ではない。同一性の観念も、全体や部分という観念も、礼拝や神という観念も同じである。人が生まれた時、その内部にどこから来たのかわからないこうしたいわゆる「実在」を見分けることなどできはしない。これはみな思弁的思考の創作にすぎない。思弁的思考はギリシャ的、スコラ的、近代的といろんな形をとってはいるが、言葉だけで満足するという点では昔も今も変りがない。こんな幻は追い払おう。精神とは、字が刻まれるのを待っているまっさらな書き板のようなものである。日がさしこむのを待っている暗い部屋のようなものである。

再建のための積極的な要素がひとつだけ存在する。感覚である。これさえあれば十分なのだ。感覚は外から来て精神を打ち、目ざめさせ、やがてはそれを充たしてしまう。並列と結合によって、感覚はますます複雑な観念やますます抽象的な観念を提供する。それは心が自分の材料を加工したものにすぎない。感覚をもとにすれば、不動の確かさを持つ認識の理論（直観的な認識であれ、理論的な認識であれ）がいとも簡単にうち立てられる。主観と客観の関係は消え去り、それよりずっと単純な主観と主観の関係だけが残る。そうなれば、誤謬の可能性を防ぐことも心の内部の問題にすぎなくなる。いつでも用心するという、ただそれだけの問題にすぎなくなる。「およそ心は、そのあらゆる思惟と推理に当たって自分自身の観念のほかには直接の対象を持たず、自分自身の観念だけを熟考し、熟考できる。したがって、私たちの真知は明白に観念だけにかかわる。……してみると、真知とは私たちの観念のあるものの結合・一致の知覚、あるいは不一致・背馳の知覚にほかならないように私には思われる……」（『人間悟性論』、第四巻第一章。邦訳、中央公論社「世界の名著」27、一五三ページ）。だから私たちの知識は、人間としての私たちの知識は、完全に可能であるとともに限りない確かさを持つわけである。

同様に、はじめに感覚ありという原理が承認されると、そこからすぐにひとつの道徳が組みたてられる。人は快感と苦痛を感じる。そこから有益、有害という観念が生じる。そこから許されること、禁じられることという観念が発生する。そしてここから、心理的な実在のみにもとづいた、またそれ故に外からの義務づけによる道徳には見られないような確かさをそなえた別種の道徳が生まれるのである。確実性とは観念相互の一致・不一致を知覚すること、論証とは媒介的な観念を用いてこの一致を知覚することにほかならないし、道徳的な観念も数学的な真理と同じく精神の行なった抽象にすぎないから、道徳的な観念と数学的な真理の間に種差はない。両方とも等しい確実性をそなえている。

こうして、心理生活に起こるすべての事柄を発見し記録する経験論が、徐々に独断的な態度にとって代った。言語の起源は何か。神がなんらかの意志の働きでこの驚くべき通訳を私たちに授けたのか。それは皆目わからない。ただはっきりしているのは、人間が有節音を形成するのに適した器官を持っていること、この有節音によって最初は自己の感性に起こった変化を言い表わすこと、単語が観念の個別的符号、ついで一般的符号になることである。修辞とか文章の書き方とか言っても結局ここに帰着する。こういう単純な観察にもとづかぬ文体論や詩法などもう問題にすべきではない。単語の起源と役割をわきまえた作家なら、明白な観念を全然含まない単語は使わないようにするだろう。単語の使い方が時々でまちまちだと、その単語をただの符号とすべき観念に混乱が生じるから、そういう作家はいつでも同じ物に同じ単語を当てるだろう。また、文字どおり裏切行為である煩瑣な使い分けや大げさな言い方は避けるだろう。言語の目的は自分の観念を他人の精神に伝えること、それも敏速に伝えることにあるのだから、この目的をいつも忘れずに文体上の手段をそのために用いる人が書き方も話し方もうまいことになる。文法自体も、自分の気まぐれを勝手に生徒へ押しつけるせせこましい衒学者たちの仕事ではなくなる。それにはそれなりの内的な論理があるから、感覚を起点として文法を再構成しなければならない。

人間の思惟が徐々に練り上げられてゆき、学問も道徳も芸術もみな自身の働きからくることを自覚しながら人間が幸福な生活を営めるように、さまざまな信念が同時にうち立てられてゆくこの光景ほど、見る者に興味と喜びと誇りをあたえるものはない。誇りといってもこれは神々に挑戦する者の自負とは違う。宗教的な悟得者の列に加わるためには、あらかじめ犠牲を払い、おのれを卑しくし、実質的な無知を告白して、自分をとことんまで棄てることに同意しなければならないからだ。この誇りはむしろ、難船して命からがら岸へたどりつき、知恵と勇気をふるって一軒の仮小屋を建てた者の深い満足感と言った方がいい。ロックが選んだ題名は見るからにつつましいものだった。これは「試論（エッセイ）」にすぎなかった。しかし試論（エッセイ）は試論（エッセイ）でも、人間の悟性という最大の驚異に挑んだ試論（エッセイ）である。ロックの原理は二つしかなかった。外的な対象が感官にあたえる印象と、この印象によってひき起こされる心の働きである。これらの原理は、その活動を把握し研究し分析すれば、人間のあらゆる好奇心を充たして余りあるほどの多くの奇蹟をなしとげる。それも本物の奇蹟である。意志とは何か、想起とは何か、表象とは何かが正確にわかるためには、学者たちの数代にわたる努力がいる。これは無尽蔵な鉱脈で、そこからは文句なしに純金がとれる。だまされるおそれも、当てがはずれるおそれもない。「人々が能力以上に研究を広げ、確かな足場を見いだせない深みへ思惟をさまよわせるときは、人々が疑問を起こし、論議を重ねても、それら疑問・論議はけっして明らかな解決に至らないで、ただ疑惑を続け、疑惑を増し、果ては完全な懐疑論を堅持させるのに適するだけというのも、すこしもふしぎではない」（『人間悟性論』、序論。邦訳、中央公論社「世界の名著」27、六九ページ）。反対に、

「自分の精神の力と限界を知れば、私たちは懐疑論からいやされるし、真理を発見できないのではないかと思って手をこまぬくようなこともなくなる」（『人間悟性論』、序論。コストによる仏訳、一七五五年版、四ページ余白欄にある序論第六節の要約）。

*

ピエール・コストは『人間悟性論』の仏訳『人間悟性に関する哲学論』Essai philosophique concernant l'entendement humain の第二版（一七二九年）につけた序文の中で、師の作品の成功を次のようにたたえている。「これはイギリスが前世紀に生みだした屈指の天才の手になる傑作である。本書の英語版は一〇ないし一二年の間に著者の目の前で四度も版を重ねており、また一七〇〇年に私が出した仏訳によりオランダ、フランス、イタリア、ドイツにも知られて、本国でもこれらの国でもおしなべて高い評価を受けてきた。これは現在でも変りがない。とくにイギリスでは、この本の全巻にみなぎる広さと深さ、正確さ、明晰さがたえず感嘆の的になっている。さらに、本書の栄光に錦上花を添えるのは、これがいわばオクスフォードでもケンブリッジでも採用されて、若者の精神を養い知識を整え広げるのにもっともふさわしい書物として講読され解説されていることである。こうして、ロックは現在これらの有名な大学で、アリストテレスやそのもっとも著名な解説者らと同じような地位を占めているのだ。」

哲学書が広く読まれるのはいつの世でも知的な大事件に違いないが、『人間悟性論』の普及ぶりはことのほか急速で目ざましかった。ヨーロッパ情勢の変化――ロック自身それに一役買っているが――が生んだ思想の仲介者たちからロックは恩恵を蒙った。まっさきに呼びこみ役をつとめた

のはオランダのジャーナリスト、とくにジャン・ル・クレールだった。『古今東西文庫』(4) Bibliothèque universelle et historique には「〈人間悟性に関する哲学論〉と題するイギリスの未刊の書物の抜粋。確実なる認識の範囲と、それに達する方法を明らかにしたもの」という記事が掲載された。(4) 一人はダヴィッド・マゼル、(5) もう一人は著者の影のような存在としてたえず引き合いに出されるピエール・コスト――この二人の亡命者がロックの政治思想と哲学思想をそれぞれ飜訳で紹介した。ロックは一七〇四年に死んだが、一七一〇年にはその『著作集』(6) Works〔一七〇六年。仏訳Œuvres diverses de M. Jean Locke〕が飜訳されて、フランス語しか知らない読者にもロックの作品のエッセンスが提供された。ドイツではトマジウスが一七〇〇年頃に『人間悟性論』を読み、この本の影響で啓蒙時代の先駆けになり変った。ロックは新世紀へ向かうヨーロッパの道の曲り角に立っていた。

もちろんロックはいろんな変容を蒙った。ロック自身は経験論と感覚論の立場だったが、バークレーの観念論も実はロックから想を得ていた。考えてみると、それほどおかしな話ではない。ロックの出発点を全然考慮の外に置いて、その哲学体系の中だけで生活すれば、もう実在の世界ではなく、ただ関係の世界に身を置かざるをえないからである。

唯物論者と混同されることをロックは絶対に望まなかった。唯物論者どころか、思惟する原理で無限の叡知を持つ永遠の存在者があると自ら断定しているのだ。その長い厳密な論証には意地に似たものが、いや或る種の勿体ぶりすら感じられる。「物質は永遠の心と同じように永遠ではない」* ――このことをロックは非の打ちどころのない形で証明してみせた。だがその途中で、神の全能という観念につい流されたのか、神は結局「適当に配置されたある物質体系に、知覚し思考する能力をあたえ」** ることもできたろうなどとうっかり口をすべらしてしまった。このうかつな一句はたちまち神学者の非難を浴びた。(7) ヴォルテール(8)もこの言葉を見つけて、存分にそれを利用し大衆化した。これはロックの著作全体に対する長期の誤解を生みだすもとになった。彼は心ならずも唯物論者にされてしまった。本当はキリスト者たらんとしていたのである。彼の念頭にあったのは理性と信仰を区別することだったのである。理性は「心がそのもって生まれた自然の機能を、すなわち感覚と内省を、使って得た観念から行なう演繹によって到達する命題ないし真理の絶対確実性もしくは蓋然性の発見」（『人間悟性論』、第四巻第一八章。邦訳、中央公論社「世界の名著」27、一八三ページ）に役立つが、信仰とは、「このように理知の演繹で作りだされずに、ある異常な伝達され方で神から来るとする命題提出者の信用に基づく、ある命題に対する同意」（同ページ）である。「人々に真理を知らせるこのやり方は啓示と呼ばれる」（同ページ）。つまりロックは、啓示もイエス・キリストの神的使命も福音書の権威ももろもろの奇蹟も信じていたのである。いかに細心な人でも、いかにピロニスムに染まった人でも、福音の啓示に対してはいかなる疑問もさしはさめないと思っていたし、現にそう言っていたのである。だが一方で、彼は信仰の範囲をキリストを信じることと悔い改めることという最小限のところまで縮小してしまった。イエスの使命を認めて正しい生活を送る以外に救いの要件はないなどと言い、幾百万の人間に名前すら知られていない原人の罪の故に、アダムの子孫が末代まで永劫・無限の責苦にあうということを頭から否定してしまった。だからロックは理神論者に分類されてトーランドと同一視された。彼の『キリスト教の合理性』The Reasonableness of Christianityは『神秘ならざるキリスト教』Christianity not mysterious（トーランドの代表作）と並べて置かれた。ロックにはそれがやりきれなかった。無理もない。機械的な勤行や煩瑣な教義や宗派の乱立ぶりを見て宗教から離れていった人々を連れもどすことが、ほかならぬロックの狙いだったからだ。自然宗教だけでは不十分だということを彼は主張しようとしていたからだ。彼が打倒しようとしたのも、まさしく、理性的原理の名において啓示を否定する理神論者だったからだ。

* 『人間悟性論』、第四巻第一〇章（コストによる仏訳、一七五五年版、五二二ページ余白欄にある同章第一八節の要約）。

** 『人間悟性論』、第四巻第三章（邦訳、中央公論社「世界の名著」27、一五八ページ）。

ロックの思想はこういう結果、こういう不都合を生じた。必ずしも首尾一貫せず、論争相手にとかくつけいる余地をあたえたからだ。しかし、誤解や逸脱や逆流はあっても、彼の作品は或るひとつの方向に持続的な影響を及ぼした。その方向がなんであるかは容易に看取することができた。ロックは賢明な人々に自分の庭だけを耕すように勧めていたのだ。耕すべき庭さえあれば、地上の楽園であるかのように錯覚もできるではないか。それが駄目でも、せめて自ら慰めて、生きる理由を見つけることができるではないか。とりわけロックは、いちばん必要不可欠でまた何よりも面白い或るからくりに人々の注意を引いた。ほかならぬ「心理」である。人間精神のバネをしらべ、善悪を判定したり断罪したりするのではなく、ただ観察し理解すること——この仕事、この楽しみはその後のコンディヤック、さらにその後の観念学派（イデオローグ）(9)やテーヌによって磨きをかけられ、今日にまで及んでいる。私たちも今なお同じ仕事にたずさわり、同じ楽しみを味わっているのだ。

訳註

（1）『世界の多数性に関する対談』Entretiens sur la pluralité des mondes より。「侯爵夫人」というのは、この作品で著者がコペルニクスの天文学やデカルトの渦動論を説明する相手のことで、「哲学は二つの土台の上に立つ」という指摘はその「第一夜」にある。カラーム版、一九六六年、一七ページ。

（2）シャフツベリ伯爵アシュレー卿　一六二一—八三。イギリスの政治家。一六四〇年下院に入り、ピュリタン革命期にはクロムウェルに反対して王政復古に尽した。王政復古後、大法官となったが程なく罷免され、反宮廷派の指導者として、王弟ヨーク公（のちのジェームズ二世）の排斥運動やモンマス公の擁立運動に加わり、遂に一六八二年、身の危険を感じてオランダへ亡命し、翌年客死した。

（3）孫　原著には「息子」とあるが、誤りなので訂正した。

（4）『古今東西文庫』　第八巻、一六八八年一月、四九—一四二ページ。これが出たのは『人間悟性論』が出版される二年前だった。

（5）ダヴィッド・マゼル　マゼルはロックの『統治に関する二論文』Two Treatises of Government の第二論文（仏訳標題 Du Gouvernement civil, où l'on traite de l'origine, des fondemens, de la nature, du pouvoir et des fins des sociétés politiques）の仏訳を一六九一年にアムステルダムで出版した。

（6）『著作集』　これは『寛容についての書簡、第一』A Letter concerning Toleration、『奇蹟論』A Discourse of Miracles、その他三篇を収めたもので、仏訳はジャン・ル・クレールの手になり、巻頭にル・クレールが書いたロックへの讃辞がかかげられている。仏訳の第一版は一七一〇年に出たが、一七三二年には二巻本の改訂増補版が出版された。

（7）神学者の非難　『人間悟性論』に対する神学者側の反論としては、ヘンリ・リーの『反懐疑論』Anti-Scepticism（一七〇二年）、ジョン・ノリスの『理念世界』Ideal World（一七

○四年）などがある。

（8）　ヴォルテール　ヴォルテールは初期の『哲学書簡』Lettres philosophiques（第一三信「ロック氏について」）でもロックのこの主張を大々的にとりあげているが、とりわけ『哲学辞典』Dictionnaire philosophiqueの「魂」の項では、「魂に関するロックの疑い」という一節をわざわざ設けてロックの言葉を長文にわたって引用し、さらに、魂を微細な物質と見るのは古代哲学全体、キリスト教の初代教父全体の見解であることを述べて、ロックの発言を神学的形而上学に対する攻撃の恰好の武器にしている。

（9）　観念学派（イデオローグ）　フランス大革命期から一九世紀初頭におこった哲学流派で、コンディヤック、エルヴェシウスなどの影響のもとに、観念の分析、その起源や成立の探求に哲学を限定し、そこから教育、倫理、政治などの改造と合理的基礎づけを試みた。デステュット・ド・トラシ、カバニスなどが代表的な存在である。

第二章　理神論と自然宗教

これもまた、ルネサンスとこの時代をじかに結ぶ強力な多くの絆のひとつだった。理神論はイタリアから来たもので、すでに一六世紀にフランスへ移住してそこへ住みついた形になった。それがちゃんとした資格を得たのも、そのつかみどころのない存在をなんとか明確化し限定しようと再三再四それの定義が試みられたのもフランスだった。一七世紀の前半に理神論はしばしば表へ現われたが、その後はほとんど地下生活を余儀なくされた。

しかし、この主枝からすでに一本の小枝がイギリスの方へのびていた。一六二四年にチャーベリ男爵エドワード・ハーバートがパリで理神論の信仰告白を著わした。否定や冒瀆の書ではない、尊敬と敬虔、いや神秘主義に近いものすら感じさせる本だった。「親愛なる読者よ、私は最初におことわりしておきたい。ここで述べるのは信仰における真理ではなくて、悟性における真理である……」〔『真理論』De Veritate、序文冒頭の句〕。それはそうであろう。しかし、悟性が受けいれるような信仰上の真理もある。ハーバート・オブ・チャーベリの教えはもっぱらそういう性格を持っている。いわく、最高の力が存在すること、それをあがめねばならないこと、徳を行なうのは人間の神崇拝の一部であること、背神と罪は悔悛によってつぐなわれること、来世での賞罰が私たちを待っていること、等々。

イギリスという新しい場へ移されて、理神論は繁殖した。繁昌した。恰好の土壌と風土を見つけて、我がもの顔に振舞った。理神論に賛成の者と反対の者がおおっぴらに衆人環視の中で論争を始めた。トーランドはこの思想を激昂と狂信の極にまで引き上げた。ベントレー(1)、バークレー(2)、クラーク(3)、バトラー(4)、ウォーバートン(5)などがそれに対抗して啓示宗教を擁護した。要するに、「自然宗教の確定がイギリスほどうまく行なわれた国はなかった……。」*

* 『イギリス文庫』(6) Bibliothèque anglaise、一七一七年、第一巻三一八ページ。

その後、思想の潮のたえまない満干（みちひ）の中で、フランスは由度理神論を迎えいれた。もはや舶来のものとしか見えなかった。ヴォルテールは自分の宗教哲学をそこから引き出し、ルソーはエドワード・ボムストン卿[7]という唯物論者だが徳の高い理想的な理神論者を描いた。しかし、こういう理神論の昂揚期はまだ先である。自己確立の戦いがさしあたり先決だった。

理神論の否定的な性格はとらえやすい。「自分を束縛してはならない。当世では束縛ほどはやらないものはない。」*カトリシズムにしろプロテスタンティズムにしろユダヤ教にしろ、とにかく今までは人を束縛する宗教があった。この束縛をなくすのである。権威を持つと自称する司祭や牧師や律法教師（ラビ）はもうなくなる。秘蹟もなくなる。祭礼も断食も苦業もなくなる。教会や会堂〔プロテスタントの〕やシナゴグ〔ユダヤ教の会堂〕へ出かける義務もなくなる。聖書も超自然的な価値を持たなくなる。石板に記された律法も戒命もなくなる。理神論はたやすいものをますます求める時代の要求にマッチしていた。神というものを作りなおそうとしたのである。神の怒りや復讐、いや人事への介入すらもう願い下げだ。神は遠ざかり、ぼやけてゆき、邪魔者めいた感じはなくなった。何世紀にもわたって人という人の心を動揺させてきた罪の意識や恩寵の必要や救いの不確かさも、もう人の子の不安の種ではなくなった。

* ビュフィエ神父『誰にもわかる形而上学の原理』Eléments de métaphysique à la portée de tout le monde、一七二五年、九二ページ。

だが、理神論の肯定的な性格とはなんなのか。

*

イスラエルの神、アブラハムの神、ヤコブの神は拒否しても、理神論は神の存在をやはり信じていた。啓示宗教は否定しても、天がからっぽになることは望まなかった。人間だけを万物の尺度にしたわけでもない。それゆえ、カトリック教徒や新教徒やイギリスの国教徒が理神論者に放った非難の内にも、やわらかい言葉づかいや好意的な形容詞が時にはまぎれこんでいる。神を信じるという最初で最後の一点では反駁の相手とも一致していることが感じられる。オラトリオ会の司祭ミシェル・ル・ヴァソールはリシャール・シモンの態度に心を痛めて、教団の名誉回復のため一六八八年に大著『真の宗教について』De la Véritable Religionを著わしたが、そこには次のような言葉があった。

「当代の或る種の理神論者はアカデメイア派[8]やエピクロス派より道理と分別をわきまえていて、この世には自然宗教と自然道徳の原理があり、人間はそれに従う義務があることを率直に告白している。だが同時に、そうした原理だけで十分なのであって、神と隣人に対する義務を教えるには啓示も成文化された律法も必要ないと付け加える。自分の行為を律することは理性があればできる、私たちの心に神の手で刻みこまれた宗教感と道徳感に従ってさえいれば神はいつでも満足するはずだ、と言うのである……。*」つまり、このカトリック護教論者に言わせると、或る種の理神論者(「或る種の」である。理神論者にもいろいろあるから)が表わしているのは絶対的な否定ではなくて嘆かわしい逸脱なのだ。

* 『真の宗教について』、第一部第七章。

次に新教徒の意見を聞こう。無信仰の蔓延に心を痛めた碩学ロバート・ボイルは、ロンドンにある自分の家作の収入をあてて、自身の名を冠した年次的な講演会を催した。これは宗教をテーマにしたが、宗派の間の論争に油を注ぐのでなく、信仰の一般的な原理を強固にかため、「キリスト教の真実性の証拠を明らかにし、無神論者、理神論者、異教徒、ユダヤ教徒、マホメット教徒といった札つきの不信者の攻撃からそれを守って、しかもキリスト教徒の各団体が相互に行なう宗教論争には触れまい[9]」としたものだった。「ボイル・レクチュアズ」は創立者の意図に沿って行なわれ、大成功を収めた。イギリス屈指の深遠な神学者や雄弁で鳴る説教師たちが招かれてこの講演をした。当時ノーウィッチの監督の礼拝堂付牧師だったサムエル・クラークも、一七〇四年と五年に二回講演をしている。そこでは理神論者についてどう言っているか。クラークに言わせると理神論者には四種類ある。ひとつは永遠で無限で独立的で知性的な存在があることを信じるようなふりをしながら、しかも摂理の存在は否定する者。ひとつは神も摂理も認めるが、神は行為の道徳的な善悪とは無関係で、善悪は人間の法の恣意的な決定によってきまると言う者。ひとつは神も摂理も道徳の義務的性格も認めるが、霊魂の不滅や来世の存在は認めようとしない者。

「理神論者にはもう一種類ある。……この人たちは神とそのすべての属性についてあらゆる点で健全な正しい考えを持っており、単一で永遠で無限で知性的で全能で全知で万物の創造者であり維持者であり支配者であるようなひとつの存在があることを信じると言っている……[10]」〔『神の存在と属性、自然宗教の義務、キリスト教の啓示の真実性と確実性を論ず』A Discourse concerning the Being and attributes of God, the obligations of natural religion, and the trust and certainty of Christian Revelation、第二篇第二章〕。

サムエル・クラークの批評はミシェル・ル・ヴァソールの批評と似ている。理神論者の中でも話せるやつは成立宗教(ルリジョン・ポジティヴ)〔実際に成立している宗教のこと。これと自然宗教との関係は、実定法と自然法との関係に相当する〕のいろいろな要素を保持している、ただ啓示を否定するのが玉にきずなのだ。

次に坊さんではなくて俗人の意見をたたいてみよう。柔軟で鋭敏なドライデンの意見を。この人も詩の中で理神論を断罪しているが、言葉はむしろ穏かで、同情的な調子さえ見られる。多くの理神論者に残っている漠とした宗教性に勘づいていたからである。少なくともそう見えるのだが、間違いだろうか。

最高善について説をなした哲学者たちを追ってゆく内に、ドライデンは理神論者にぶつかった。彼は理神論者をこう定義する。

理神論者はおのが足場をさらに強固なものと考えて、
エウレカ、大いなる秘密を見たり、と叫ぶ。
神は至高にして完全なる善の源、
我らは神に仕えるために作られ、我らの幸福もそこに
　こそある。
とすれば、礼拝のなんらかの規則が天よりあたえられ、
万人にひとしく分与されねばならぬ。
さもなくば、神は不公平な者となり、
神の義が万人にもたらすべき手段を或る者は拒まれる
　こととなる。
この普遍的な礼拝は、神をたたえ、祈りを捧げ、
神から恩恵を借り、またそれらを返すことにある。
我らの弱き性(さが)が罪に陥る時には、
悔い改めがそれをあがなう犠牲となる。
だが、摂理の結果は見たところ
人類の内に雑多な形で現われるゆえ、
現世では悪徳が勝ち、美徳が苦難にさらされるゆえ
（至高の義はこうした侵害に耐ええない）、

理性は我らを来るべき世に向かわせる。
これは禍福と運命に対する最高の上告審であり、
そこでは神の義の道が開示され、
悪人は罰せられ、善人はつぐないを受ける。
かくして人は自力で天へ向かってはばたいてゆき、
このほかに、神に対するいかなる義務も負わないのだ。*

＊『世俗人の宗教』Religio laici、一六八二年、四二―六三行。

つまり、ドライデンの描く理神論者は理性派だが、宗教に郷愁を感じている理性派なのだ。

当時の作品に現われた限りでは、理神論は神を弱めているが破壊はしていない。神に対する信仰も漠然としたものになってしまうが、実在することに変りはない。理神論はそうあることを望んだのである。理神論者が悪しき兄弟である不敬の徒に優越感を抱き、お祈りや礼拝をし、孤立し見放されたみなし児のように感じないためにはそれだけで十分だった。やがて現われるサヴォワの助任司祭たち[11]が、山々に朝日が昇るのを見ながら切々と心情を吐露し、涙を流して再び信じはじめるためには、まさにそれだけで十分だった。無神論者になって神を一刀両断に否定するのは容易でない。理神論者になる方がはるかにたやすかった。全的な反抗、絶対的な否定は非凡な人でなければやれないのである。「厳密に検討すれば、無神論者と理神論者の違いはほとんどない」とベールは言う。しかし、この「ほとんど」の内にニュアンスの違いがいくらでもありうる。「理神論者とは、無神論者になるひまがなかった人である」と後のボナルド[12]も言う。いやむしろ、無神論者になる意志がなかった人と言うべきではないのか。

理神論がイギリスで最後的な形をとったのには、それなりのわけがあった。イギリスという国は、住民がかなり正確に自分の思考を思いどおりの地点で打ち切るならいの国である。どんな学説でも、あまり先まで進みすぎ国民の道徳的な安全に危険を及ぼすようになると、その勢いが必ずくじかれる国である。当時の人もこう言っている。「イギリス人は昔から宗教と徳の感化を非常に受けやすい国民として通ってきた。不信心と悪徳がわれわれの間にこんなに広まったのは驚きだが、こういうのは国民の気質に反するから、一時的な病気にすぎないのではないか。*」自分の意志で思考を打ち切っても、いや矛盾撞着を犯しても、こういう気質の国民は驚きも怒りもしなかった。神秘のない宗教でもいいではないか。イギリス人は神秘を捨てたが宗教はとっておいた。イギリスでは、考えるというのはたんに論理の問題ではなくて意志の問題でもあったのだから。

＊ リチャード・ブラックモア『いくつかの主題に関するエッセイ』Essays on several subjects、一七一六年、第一巻、序文。

＊

理神論者がとっておいたのは、もうひとつ、或る種の掟に同意するという考えだった。掟といっても自然の掟である。そういう掟が存在することをカトリック教徒は喜んで認めた。「人間ノ内ニハ或ル種ノ自然ノ掟、即チ、ソレニシタガッテ善悪ヲ弁別スル永遠ノ掟ヘノ参加ガアル……。＊」新教徒はもっと喜んでそれを認めた。彼らの立場は理性主義にいっそう近かったし、自分の信念からしても、護教論を当世風に色上げする必要からしても、哲学者としばし行をともにする用意がカトリック教徒以上にあったからである。理神論者が送ってくれた援軍は馬鹿にならなかった。無神論者はそれだけ地歩を奪われるのだ。やつらはびっくりするだろう。まごつくだろう。

＊ 聖トマス・アクイナス『神学大全』Summa theologiæ、第二―一部、第九一問題、第二項。同、第九四問題、第四および第六項。

ただ、この「自然」という概念をほじくっていくと、たちまちどうしようもない意見の相違が現われた。対立点は少なくとも三つあった。

カトリック教徒も新教徒も同意できなかったのは、まず第一に、この大胆な自然が前後七日で創造されたものとして、自分を無から引き出してくれた神にその美をもっぱら負うだけでは満足しなくなり、神の仲介者になったり、はては神の代行をしだしたりすることだった。自然が秩序、それも最高の秩序になって、神がそれに従わざるをえなくなることだった。自然が「在りて在るもの」（神）になることだった。スピノザの思想がいかに激しい嫌悪を以て迎えられたかはすでに見たとおりである。

信者が同意できなかったのは、第二に、自然がそれだけで宗教全体になりかわれるような一種の道徳本能になることだった。それだと、宗教は自然の掟と人間との関係にすぎなくなってしまうから。

第三に、ラオンタン流に自然は「慈母」だとか、シャフツベリ流に「自然は悪意を持たない」とか、善をなすには自然の掟に従うだけでいいとか言う場合、原罪やそこから生じた壊敗はどうなるのか。贖いの必要はどうなるのか。地上の生活そのものも、天国を得るために自己の内なる悪しき原理と格闘するただ一時的な試練の期間ではなくなるのか。

自然とは何か。あらゆる問いが激烈な形で提起された当時だけに、この問いもまた例外ではなかった。問われる方も一騎当千のつわものぞろいだった。いずれの陣営に属するとを問わず、彼らはごまかしや言いのがれを許さなかった。真理に飢えていたからである。光明を求めて戦っていたからである。問題はむずかしければむずかしいほど取りあげる価値がありそうに見えた。自然とは何か。――彼らはやがて気がついた。この言葉はいろんな意味に使われて、「人の話――無知な人でも学識者でも――におそるべき混乱」を起こしている。自然はまことに賢明だとか、自然は無駄なことをしないとか、自然はやりすぎることはないとか、自然は常に最善のことを行なうとか、自然は常に一番の近道をとるとか、自然は必要なものを欠くことも余計なものを持ちすぎることもないとか、自然は自己を維持するとか、自然は病気をなおすとか、自然はいつも宇宙の維持に気をくばるとか……。こういう辻褄の合わない諺がなんとたくさんあることだろう。同じ対象について矛盾した不統一な解釈がなんとたくさんあることだろう。一口に自然と言っても、自然の作り主、物の本質、事物の秩序、一種の半神、その他いろんな受けとりかたがされている。*

* ロバート・ボイル『自然そのものについて、または、一般に受けとられている自然という概念の自由な検討』De ipsa natura, sive libera in receptam naturæ notionem disquisitio、ロンドン、一六八六年。

意見の一致はついに見られなかった。いや、一致できないというだけなら昔もそうだし、これから先も一致するはずはないのだが、それを苦に病んだということが当時の人の違う点だった。上のような言葉でその混乱をあばきだし、自然という語の解釈をすこしは整理してほしいと言ったロバート・ボイルも、この言葉の決定的な定義を求めるよりは、むしろキリスト者の良心の抗議の声を聞かせていたのである。神の代りに自然を置くような風潮が広まるのを恐れていたのだ。人間は自然的に〔生まれつき〕善であるというとりわけ不合理な思想――これはのちに一世を風靡するが――に対しては、ピエール・ベールも抗議した。自然などと言っても、だいたい人の心に自然がひき起こす運動を正確に観察したためしはないではないか。「〈自然〉という語ほど漠然と使われる言葉はありません。この言葉はどんな話にも出てきて、或る時はこの意味に、或る時は別な意味に使われ、使う人もほとんど正確な観念を持っていません。しかし、厳密に哲学する人ならば、とにかく次のことは認めるでしょう。それは、或ることが自然によって吹き込まれているのを確かめるためには、青少年がいかなる教育の助けもかりずにそれを認識していることがはっきりしなくてはならない、ということです。何も教わっていない人の精神にどんなことが起こるかをしらべたような実験はないのではないでしょうか。何も教えてやらず、ただ食物をあたえるだけで一定数の子供を育ててみれば、自然が自力でどこまでやれるかもわかるでしょうが、実際は赤ん坊の内からいろんなことを教えこまれ、好き勝手なことを信じこまされている人しか私たちは知らないのです」〔『或る田舎人の質問への答』Réponse aux questions d'un Provincial、第二巻第一〇五章。一七三七年版著作集、第三巻七一三ページ〕。それに、目をあけてまわりを見れば、「自然」と「善」が同義でないことを誰しも気づかざるをえない。「人類の内には非常に悪いことがたくさん見られます。それが純粋に自然の所産であることは疑いないのですが……。たいへん信心深く、福音の真理を子供に教えることにたいへん熱心な父親でも、〔子供たちの〕復讐への欲望、讃辞への欲望、遊びへの欲望、不純な愛への欲望を抑えかねる例があります……。*」あるいはまた、「人類全体が一致している事柄は自然の声だから間違いなく真実だ、というのがシャーロック氏[13]の前提です。これは証明のしすぎでしょう。自然の声として通用できるものがあるとしたら、復讐すべし、飢えや渇きと同じく淫欲をも充たすべし、ということがそれなのですから……。**」だから、自然という言葉を口にさえすれば善や徳を気どれるわけではないのである……。

* ピエール・ベール『或る田舎人の質問への答』、第二巻第一〇五章「自然から発するものとは正確に言って何なのか。或る事柄が善であるのを知るためには、自然がそれを教えていることを知るだけで十分なのか」〔一七三七年版著作集、第三巻七一三ページ〕。

** 同、第二巻第一一一章〔一七三七年版著作集、第三巻七二六ページ」。

それでも理神論者は、宇宙を維持し秩序立てる隠れた力の働く方向へ自分たちも自由な意志で動いていると思っていた。そう思って満足していた。神秘ならざる神をおがみつつも、実定的な或る掟に同意しているつもりでいた。それどころか、啓示宗教の方が真の神を傷つけるように思うことさえあった。啓示宗教は、私利をむさぼるペテン師どもが作りあげ迷信によって存続される自然ならざる人為の表象を神の観念の代りに置いてしまったからだ。

*

理神論者のひとつの宗派が形成された。「自由思想家(エスプリ・フォール)、つまり自由に考える人間という新しい宗派*」である。

* アンソニー・コリンズ『自由思想を論ず。自由思想家という宗派の勃興に際して』A Discourse of free-thinking, occasion'd by the rise and growth of a sect call'd Free-thinkers、ロンドン、一七一三年。——仏訳『思想の自由を論ず。自由思想家、つまり自由に考える人間という新しい宗派に関連して。英語より飜訳』Discours sur la liberté de penser, écrit à l'occasion d'une nouvelle secte d'Esprits forts, ou de gens qui pensent librement. Traduit de l'Anglois、ロンドン、一七一四年——同『もっとも重要な事柄に関する思想と推論の自由を論ず。自由思想家、つまり自由に考える人間という新しい宗派の勃興に際して。英語より飜訳』Discours sur la liberté de penser et de raisonner sur les matières les plus importantes, écrit à l'occasion de l'accroissement d'une nouvelle secte d'esprits forts, ou de gens qui pensent librement. Traduit de l'Anglais、改訂第二版、ロンドン、一七一七年。

彼らは次のように考えた。思想の自由とは、「いかなる命題であれその意味の発見につとめ、それに対する賛否の議論の明証性のありようをしらべ、その明証性が強く見えるか弱く見えるかに応じて、それを判定するために悟性を用いること[14]」(『自由思想を論ず』、五ページ)と定義される。さて、この意識の法廷は必ずしも有罪の判決ばかり下すものではない。或る証言に十分な根拠があると思えばそれを受けいれるし、或る事柄が明証性の規則に合致していればそれを認める。自由思想家は虚偽と思うものをしりぞけるが、真実と思うものはとっておく。自由思想家は懐疑論者どころか、真理と正義の基礎となる理性の有効な力を支持するのだ。

自由思想家の内なる力はそこから来る。自分の原理は明瞭に真実であって、その真実性をさらに明らかにするようなものを付加することすらできない——そう思って彼は自信と確信を得るのである。自由思想家はひよわな者には絶対に知れぬ大きな秘密をさぐり当てたのだ。「自由に考える」というまじないを彼は楽しげにくりかえす。それさえ唱えれば、人と物に対する自分の力を信じていられる。この世に間違いをしなかった人はないが、自分だけは二度と間違えずにすむのである。目に見えるもの、心に浮かぶものをひとつ残らず厳しく検討したあげく、迷信から脱したその勇気の報いとして真と善を発見するのである。信徒らがかつて信仰の内に見いだした安息と浄福が、理性の断定によってもたらされる。理性ハ欺カレルコトモ欺クコトモケッシテナイ。自由に考えれば、その他の物はおまけとしてもらえる。自由に考えれば、知恵の木の実を味わうことができる。一方、臆病者や奴隷たちは地上の楽園からしめだされ、いつまでも外の闇の中にとどまるのである。「通説の根拠を検査する自由を人々にあたえるのは危険だという考え方があるが、これほど理不尽な話があるだろうか。この自由を用いる者の良き意図を疑う向きがあるが、これほど馬鹿げた話があるだろうか。人間が理性にまさる案内人を見つけるまでは、どこへでもこの光についてゆくのが人間の義務なのである」〔コリンズ『ドッドウェル氏への手紙』A Letter to the learned Mr. Henry Dodwell。『人間の魂の本性と行先に関するエッセイ』(仏訳版標題) Essai sur la nature et la destination de l'âme humaine、一七六九年版、一ページ〕。

自由に考えることはそれ自体幸福だが、また生活を幸福に向けて組織する手段でもある。人間はよほど考えない限り、人間生活を深く知り、悲惨と不幸は悪徳の結果で愉悦と幸福な生活はいつも美徳の賜物であるという確信をわがものにすることはできない。自分の義務を喜んで果たし、自分の一挙手一投足に気をくばり、法を恐れるからではなく法をそれ自体すぐれたものとみなすが故に法に従う、そういう人の幸福をキケロ[15]が讃美しているのも、そのことを固く信じていたからである。自由思想家は、自分が耳を傾けるのは啓蒙されたおのれの意志と、おのれの理性の内にある論理の力だけだと思う。まさに自分の主人、万物の主人なのである。

自由思想のこういう定義を最初に唱えたのはアンソニー・コリンズだった。まずいくつかの論争書[16]で、より詳細には一七一三年の有名な『自由思想を論ず』で。こうして「フリー・スィンカー」（自由思想家）、「リーブル・パンスール」（自由思想家）という言葉は市民権を得た。ここに自他ともに認める一人の紳士（ジェントルマン）[17]がいる。イートン校を出てケンブリッジで勉強し、ロックも言っていたように田舎に家を、都会に蔵書を、そしていたるところに友人を持ち、きちんとした非の打ちどころない生活を送り、イギリス人が社交的な美徳の第一にあげるあの「体裁（レスペクタビリティー）」をあくまで重んじる人である。この紳士（ジェントルマン）が自由思想家（リベルタン）や理神論者の雑多な遺産を相続して、そこに含まれる意志と原理を最後的に抽出したのである。自由思想家が流行に乗り、粋（いき）な人種と見られるようになったのはその頃からだった。まだ数と力を誇っている各種の信者たちが憐憫と嘲りの目で見られるようになったのもその頃からだった。サムエル・クラークに語るアンソニー・コリンズの口調は文字どおり侮蔑にあふれていた。サムエル・クラークは正統派である、それだけ言えば沢山なのだ。それだけで断罪されてしまうのだ。「クラーク氏で私がたいへん驚いたのは――クラーク氏ともあろう人がそんなことをやろうとは思わなかったから――私の信仰が薄すぎないかと疑うなどと『弁明』に書いてあることだった。こういった判断を下し、こういった疑いを抱く権利は誰にもあるわけだが、しかし、こういう疑いはそれを抱く者の名誉にはまずならないし、分別のあるまじめな読者には全然歓迎されないのが普通である。証拠もなしに持ち出されたこんな疑いを晴らす義務はないと思う。それに答えるには、クラーク氏の正統性を証言するだけで十分であろう。氏の信仰は厚すぎも薄すぎもしないこと、氏は完璧な非の打ちどころない正統派で、いつまでもそうでありつづけるにちがいないこと――このことを保証して、私はクラーク氏に別れを告げたい」（「クラーク氏の〈ドッドウェル氏への手紙〉の第三の弁明への回答」An Answer to Mr. Clark's third Defence of his Letter to Mr. Dodwell。『人間の魂の本性と行先に関するエッセイ』（仏訳版標題）、二九五ページ）。こういう人心の変化によって、正統派はただ単に自分の頭で考えられない人間、遅れた人間というだけでなく、進歩にとって有害な人間と見られるようになった。自由思想家もただ単に物事を正しく考える人間というだけでなく、社会の福祉に積極的に寄与する人間と見られるようになった。軽薄でエゴイストで享楽的な放蕩者であるとか、どこの馬の骨かわからないごろつきであるとか、山師や落伍者であるとか――そんなことを言って自由思想家を攻撃することはもうできなくなった。道徳堅固で威厳のあるコリンズのような例を見ると、多くの反対者も自由思想家を見なおさざるをえなくなった。

　ニュアンスの違いなどおかまいなく――そんな細かいことはわからなかったから――敵の論拠に立ちいろうともせず、コリンズはただまっしぐらに突進した。『自由思想を論ず』の内には否定もあれば肯定もあった。いや、彼は符号を置きかえて、プラスをマイナスに、マイナスをプラスにしたのである。彼に言わせると、必然は自由を教えるものだし[18]、唯物論は精神の勝利を保証するものだった[19]。ルイ一四世がまだ生きていた一七一四年にこの本の仏訳が出まわった。一七一七年に第二版が出たところを見ると、これは相当あたったらしい。訳者も言っているように、この本は世界的な射程を持っていたからである。これはもっぱらイギリス人のために書かれたもので、厖大な解説をつけなければ外国人にはわからないとか、だからほかの言葉に訳されても普及する見込みはないとか――そんなことを言う人もいたが、これは明らかに間違いだった。「真理と思想と道理は万国共通のものである」（『自由思想を論ず』、一七一四年版仏訳。訳者序文Ⅳページ）。「この論述の内容はどの国民にもひとしく関係がある」（同Ⅴページ）。しかも――これがまた面白いが――コリンズは自由思想の礼拝堂を聖者の像で飾っていた。理性の信者はこの新宗教をうち立てるのに力を貸した古来の偉人を崇拝したのである。ソクラテス、プラトン、アリストテレス、エピクロス、プルタルコス、ヴァロ[20]、監察官カトー[21]、キケロ、ウティカのカトー[22]、セネカ、ソロモン、予言者たち、歴史家ヨセフス[23]、オリゲネス[24]、ミヌキウス・フェリクス[25]、ベーコン卿、ホッブズ、さらにアフリカの司教シュネシオス[26]やティロトソン大監督[27]。ティロトソンは実をいうとキリスト教の護教論者だが、その説教は社会の平和と幸福に多大の貢献をする・宗教と徳性をともなう「思想の自由」の確立を志向しているのだ。それぞれの功績が紹介されるこれら自由思想家に、さらに多くの英雄を加えることもできよう。煩を避けるため、コリンズは名前を列挙するだけにとどめている。いわくエラスムス、モンテーニュ、スカリジェル、デカルト、ガサンディ、グロティウス、ハーバート・オブ・チャーベリ、ミルトン、マーシャム、スペンサー、カドワース、テンプル騎士、ロックなど。要するに、良識と徳性で世にぬきんで、なんらかの形で自己の足跡を残した人の名をあげれば、その人が「思想の自由」を証しだてていることも同時に認めざるをえないのである。同様に、身分や地位にかかわりなく、およそ「思想の自由」の敵というのは、多少とも頭のおかしい狂信家か、いまわしい悪徳に充ちた人でなしの野心家で、つまりは神の栄光、教会の福祉というもっともらしい理由があればどんなことでもやりかねない人間と相場がきまっている。おのれの底知れぬ無知と獣性の跡形を残した者、坊主か女か禍福の奴隷になった者ときまっている……。

＊

世俗の聖者だけではない。この変化の行きつく先には、思想の共同体を再建し、仲間を見分けてそれをひとつに集めるような入会式を再び設け、あらためて儀礼をとり行なおうとする欲求が明らかに見られた。

トーランドから唯一のテーマであるキリスト教憎悪を除いたら誰が哲学者とみなせよう、とスウィフト(28)は言っている。ほかならぬこのキリスト教憎悪から、彼は結局ふりだしへもどって、教会に対抗する別の結社を作ることになった。彼は讃美歌も作っている。神ではなく哲学に捧げたものだが、それでも讃美歌であることに変りはない。おお哲学よ、我らの生活を導き、我らを美徳へいざなって、よろずの悪徳を駆逐する先導者よ。おんみの助けなかりせば、我らはいかなる者でありえたか。我らも、生きとし生けるすべての者も。おんみは町を建設し、ちりぢりの人間をひとつに集めて社会を作った。……法律を発明し、道徳律と規律を教えた。我らはおんみの助けをあおぐ。おんみの教えに従ってすごす一日は、不死の生にもまさるのだから。……我らに生活の安らぎをあたえ、我らを死の恐怖から解き放ったおんみのほかに、我らが助けを求むべき者はあろうか……。

人々が行なうあらゆる礼拝を私は唾棄する、とトーランドは自ら宣言している。にもかかわらず、彼は人間をより良くし、より賢明に作りかえ、常に変らぬ喜びと無上の満足をあたえるような新しい結社の定式書(29)を示した。人類愛にもえたトーランドは「ソクラテス会」を創立して、その道徳と基本原理、その天来の妙法とその哲学を素描した。会員は秘密の集会を開く。そこには歌があり、羽目をはずさぬ飲酒があり、愛餐がある。典礼用のきまった文句もある。座長が一節ずつ唱えると、信徒たちが答誦する。ひとつジョン・トーランドのあとについて、これらの平等者、兄弟たちの集会場へ入ってみよう。彼らの言うことを聞いてみよう。

「座長――末ながく幸多かれと、
他の者答えて――我らソクラテス兄弟会を作る。
座長――哲学の花開かんことを。
答えて――自由学科も同じく。
座長――静かに！　この集まりと、そこにて考え、語り、なすことのすべてが、真理と自由と健康なる賢者らの三つの祈念に捧げられんことを。
答えて――それがいつの世にも絶えざらんことを。
座長――我ら互に平等者、兄弟と名乗らん。
答えて――また協同者、朋友とも……。」
〔『汎神論』Pantheisticon、一九二七年版仏訳、二一九―二二〇ページ〕。

こうして、教会の破壊に人一倍血道をあげたトーランド自身が、ごらんのとおり自分の礼拝堂を建立しているのだ。フリーメーソンのロンドン大ロッジが一七一七年に創立され、一七二五年にはフランスでも最初のロッジが作られていることを、ここで忘れてはならないだろう。

訳註

（1）ベントレー　リチャード・ベントレー『コリンズの〈自由思想を論ず〉に関する指摘』Remarks upon Collins' Discourse on Free-thinking（一七一三年）。

（2）バークレー　バークレーの著作は或る意味ではことごとく理神論や自由思想への攻撃であるが、論争書としてとりわけ代表的なのは『アルシフロン』Alciphron（一七三二年）であろう。

（3）クラーク　サムエル・クラーク『神の存在と属性、自然宗教の義務、キリスト教の啓示の真実性と確実性を論ず』A Discourse concerning the Being and attributes of God, the obligations of natural religion, and the trust and certainty of Christian Revelation（一七〇六年）。

（4）バトラー　ジョゼフ・バトラー『自然宗教と啓示宗教の類比』Analogy of Religion, natural and revealed（一七三六年）。

（5）ウォーバートン　ウィリアム・ウォーバートン『モーゼの神的委託の証明』Divine Legation of Moses Demonstrated（一七三八―四一年）。

（6）『イギリス文庫』　フランスの亡命新教徒ミシェル・ド・ラ・ロッシュが一七一七年からアムステルダムで出したイギリス文芸紹介誌で、一七二〇年から牧師アルマン・ド・ラ・シャペルの手に移り、一七二八年まで続いた。

（7）エドワード・ボムストン卿　ルソーの小説『ジュリ、または新エロイーズ』Julie ou la Nouvelle Héloïse に登場するイギリス人。

（8）アカデメイア派　アカデメイアはもともとプラトンの学校だが、ここではアルケシラオス、カルネアデスらの中期アカデメイアをさす。その所説は懐疑論ないしは蓋然論だが、一六、七世紀の理解では、アカデメイア派を「否定的定言論者」として純粋な懐疑論者（ピュロン派）と区別する場合が多い。

（9）この引用は、サムエル・クラーク『神の存在と属性、自然宗教の義務、キリスト教の啓示の真実性と確実性を論ず』の仏訳（訳者リコティエ、仏訳版標題 Traités de l'existence et des attributs de Dieu: des devoirs de la religion naturelle, et de la vérité de la religion chrétienne）の冒頭に置かれた「訳者からのお知らせ」より。一七二七―二八年版、第一巻XXVIページ。

（10）この引用は前註で述べたリコティエの仏訳によっている。一七二七―二八年版、第二巻三九ページ。

（11）サヴォワの助任司祭たち　ルソーが自然宗教に対する自己の信仰を告白した『エミール』Emile 第四篇の中の「サヴォワの助任司祭の信仰告白」が念頭におかれている。この「信仰告白」は以下の導入部によって導かれる。「それは夏のことだった。われわれはまだ夜明けに床を離れた。彼は町の外へ連れ出し、小高い丘の上に登った。下の方にはポー河の流れが、肥沃な土地をうるおしながら横切っているのが見えた。はるか彼方には、巨大なアルプスの連峰が地平を限って聳えていた。朝日の光がもう平野に射してきて、野原に木や丘や家々の長い影を投げ、さまざまな光の効果で、人の目にふれうるもっとも美しい光景を飾り立てていた。まるで自然はわれわれの眼の前に、あらんかぎりの壮麗な景色をくりひろげて、われわれの話のテクストを提供しているようだった。そこで、しばらくの間、そういう光景を無言のまま眺めていたが、やがて、やすらかな心の人は次のようにわたしに語った」（邦訳、河出書房新社「世界の大思想」17、二八六ページ、平岡昇訳）。

（12）ボナルド　ルイ・ガブリエル・アンブロワーズ・ド・ボナルド子爵。一七五四―一八四〇。フランスの保守的な政治思想家。フランス革命で国外に亡命し、のち帰国してナポレオンの文相になった。メストルと並ぶ法王派、伝統主義の代表者。

（13）シャーロック氏　ウィリアム・シャーロック『霊魂

の不滅と未来の状態を論ず』Discourse on the Immortality of the Soul, a Future State（一七〇五年）のこと。ベールの論敵ジャック・ベルナールは『文芸共和国便り』Nouvelles de la République des Lettres の一七〇五年四月号、五月号で、「万人の一致」に関する自己の見解を裏付けるものとしてこのシャーロックの著作を紹介した。ベールもしたがって、ベルナールへの反駁の中でシャーロックに言及したのである。

（14） この引用は英語の原文からそのまま訳した。しかし、アザールがかかげているのはアンリ・シュルレエルによる仏訳版の文章（一七一四年版、五ページ）で、原文とは多少違っているから、仏訳からの重訳を以下にかかげる。「思想の自由とは、いかなる命題であれその意味の発見につとめ、それに対する賛否の理由の明証性を測り、それらの理由が強く見えるか弱く見えるかに応じてそれを判定するために自分の精神を用いることが許されていること、と解する。」なお、アザールの引用では「それを判定する」という部分が脱落しているが、不注意によるものと思われる。

（15） キケロ　キケロ『最高善と最大の悪について』De Finibus Bonorum et malorum のこと。

（16） いくつかの論争書　コリンズの最初の哲学的著作は一七〇七年に出た『その明証性が人間の証言に依存するような命題における理性の使用に関するエッセイ』An Essay concerning the Use of Reason in Propositions, the Evidence whereof depends upon Human Testimony であるが、すでにここでも、コリンズは理性を「命題の真と偽、蓋然性と非蓋然性を認知する心の能力」（三ページ）と規定して、「理性はいかなる命題にも参画し、その同意は各命題の明証性の度合いに比例する」（七ページ）ことを主張した。同じ年、コリンズは霊魂の不滅をめぐるヘンリ・ドッドウェルとサムエル・クラークの論争に介入して、『ドッドウェル氏への手紙』A Letter to the learned Mr. Henry Dodwell（一七〇七年）、『クラーク氏の〈ドッドウェル氏への手紙〉の弁明への応答』A Reply to Mr. Clark's Defence of his Letter to Mr. Dodwell（一七〇七年）、『クラーク氏の〈ドッドウェル氏への手紙〉の第二の弁明に関する考察』Reflections on Mr. Clark's Second Defence of his Letter to Mr. Dodwell（一七〇七年）、『クラーク氏の〈ドッドウェル氏への手紙〉の第三の弁明への回答』An Answer to Mr. Clark's third Defence of his Letter to Mr. Dodwell（一七〇八年）を出した（これらは一七三一年にクラークの応答とともに合本で再刊され、一七六九年に『人間の魂の本性と行先に関するエッセイ』という総題で仏訳された）。アザールが自由思想の宣言的な文章として先に引用している（「通説の根拠を検査する自由を……」）のは、「ドッドウェル氏への手紙」の冒頭の部分である。これ以後、『自由思想を論ず』に至るまでのコリンズの著作には、国教会信仰告白書の第二〇条を攻撃して物議をかもした『完璧なる僧侶の政略』Priestcraft in Perfection（一七一〇年）などがある。

（17） ロック　コリンズはロックの晩年の弟子で、深い信頼を受けていた。一七〇三年から四年にかけてロックがコリンズに送った愛情に充ちた手紙はロックの著作集に収められている。

（18）必然は自由を教えるもの　コリンズが一七一七年に著わした『人間の自由に関する哲学的研究』A Philosophical Inquiry concerning Human Liberty の内容が念頭におかれている。

（19）唯物論は精神の勝利を保証するもの　註15にあげた一連のクラーク批判の内容が念頭におかれている。

（20）ヴァロ　マルクス・テレンティウス。前一一六―二七。ローマの学者で「もっとも博識の人」と称された。軍人としてはじめカエサルと戦ったが、許されてローマへ来、その命令で大図書館建設のために書物を集めた。学問の全分野に及ぶ四九〇巻の著作を書いたといわれるが、現存するものは少ない。

（21）監察官カトー　いわゆる大カトー。前二三四―一四九。ローマの政治家。統領、監察官などを歴任し、保守派の代表としてギリシャ文化を排撃、素朴な古ローマへの復帰を説いた。文筆家としてはラテン散文学の祖とされる。

（22）ウティカのカトー　いわゆる小カトー。前九五―四六。ローマの政治家で大カトーの曽孫。元老院側を支持してカエサルに抗し、北アフリカのウティカへ追いつめられて自殺した。有徳の士でストア哲学に通じ、死ぬ間際までプラトンをひもといていたといわれる。

（23）ヨセフス　フラヴィウス。三七―一〇〇頃。ユダヤの歴史家。ローマへ来て市民権を得、フラヴィウス家の皇帝に仕えた。『ユダヤ戦記』De Bello Judaico、『ユダヤ古史』Antiquitates Judanicæ などがある。

（24）オリゲネス　一八五―二五四。キリスト教の教会学者。ギリシャ教父の代表的な人物で、プラトン哲学の影響を強く受け、神秘神学や聖書の釈義学に巨大な足跡を残した。

（25）ミヌキウス・フェリクス　マルクス。二、三世紀のキリスト教弁証論者。生地はアフリカらしいがローマで活動した。対話形式の弁証論『オクタヴィウス』Octavius がある。

（26）シュネシオス　三七〇頃―四一三。ギリシャの哲学者。はじめ新プラトン派のヒュパティアの教えを受けたが、のちキリスト教に改宗し、晩年はプトレマイスの司教に選ばれた。演説文、詩、書簡などが残っている。

（27）ティロトソン大監督　ジョン。一六三〇―九四。イギリスの聖職者。ロンドンの有名な説教者で、カトリシズムや無神論に激しく反対し、一六九一年にはカンタベリの大監督になった。その説教は説教文学の範とされる。

（28）スウィフト　『イギリスでキリスト教を廃止することは、現状においてなんらかの不都合をともなうこと、またおそらく、そこから生じるとされる多くの好結果を生みだしえないことを証明する論』An argument to prove that the abolishing of Christianity in England may, as things now stand, be attended with some inconveniencies, and Perhaps not produce those many good effects proposed thereby（一七〇八年）のこと。

（29）定式書　『汎神論』Pantheisticon（一七二〇年）のこと。これには「ソクラテス会執行定式書」という副題がついている。

第三章　自然法

神法というものがあった。

宗教と同じく、万事が単純で壮大だった。政治も聖書から引いた言葉にもとづいていた。これ以上堅固な基礎があるだろうか。「イスラエルよ聞け。我らの神、主は唯一の主なり。汝、心をつくし、精神をつくし、力をつくして、汝の神、主を愛すべし」〔申命記、第六章四―五節。ボシュエ『聖書の言葉から引いた政治学』Politique tirée des propres paroles de l'Ecriture Sainte 第一部冒頭に引用。ヴィヴェス版全集、第二五巻一六七ページ〕。神への愛は人々に互に愛しあうことを義務づける。こうして社会が生まれる。支配の第一は父権である。君主制がそれに続く。君主制は統治形態としていちばん普通で、いちばん古く、またいちばん自然なものだ。人間は生まれながらに支配さるべきものだからである。父親の支配は人間を服従に慣らすとともに、ただ一人の首長しか持たないように習慣づけるからである。君主制は政体としていちばん良いが、君主制の中でも継承的な世襲王制がいちばん良い。とくに男子から男子へ、長子から長子へ受けつがれる場合には。*

* ボシュエ『聖書の言葉から引いた政治学』、一七〇九年出版。

王太子の教育係だったモーの司教〔ボシュエ〕は、玉座をおおう天蓋をこうして自分の手で作りあげた。国王は神聖である。この世の何者も国王の権力を侵すことはできない。むろん陛下もあらゆる規範の外におられるわけではない。それどころか神の掟によって、人間中でいちばん卑しい人間よりももっと厳しくもっと重いさまざまな義務を課されておられる。王権は神聖だが、慈父のごときものでなければならぬ。絶対的だが、道理には従わねばならぬ。それは時々の気まぐれではなく、一般的な意志によって行使される。限りない権力を持つ者は、それを悪用した時ふるえおののくがよい。いずれ審判の日に、すさまじい追及を受けるだろう。だが、国王は神に責任を負うのであって、臣下に責任を負うのではない。臣下に相談したり、臣下の意見に従ったりする必要はない。なぜなら、服従すべき者が命令すべく神に定められた者に対して実効的な権限を持つというのは筋が通らないからだ。不敬だからだ。これは政治の鉄則であるから、かりに主権者が公然と信仰をふみにじり迫害しても、人民は服従の義務を免除されない。君主の乱暴に対しては、反抗もせず不平も言わず、うやうやしい諫言を呈し、ただ主君の回心を祈るほかない。神は天の高みですべての王国の手綱を握っている。神のひそかな計画にしたがって国王は臣下に命令し、臣下は文句を言わずに従うのである。この調和を一見乱すような一時的な出来事もあるが、それを肉の目で見るのをやめて、それらのつながりを洞察すれば、こうした事件もそれなりにこの調和の一助となっていることがわかるだろう。

さて今、光輝燦然たるこの装い、超人的とも言えるこの威厳にふさわしい姿を求めるならば、立ちどころに目に浮かぶのはルイ一四世である。その輝かしい姿は私たちの脳裡を離れない。それは時の流れを貫いて私たちを追いかけ、私たちに追いつき、常に現前し生きている。ルイ大王の有名な言葉（「国家、それは朕だ」[1]）は私たちの記憶に焼きついており、さながら親政開始の日のように、私たちは自分の耳でそれを聞く思いがする。周知のとおり、ルイ一四世は「一人の王、ひとつの信仰、ひとつの法」というモットーを文字どおり実行しようとした。そしてあらゆる抵抗を打ち破った。教会という船を導く水先案内の法王にすら抗して、船の安全に気をくばる船長の権利を守った。船長とは自分のことだ。彼はまさしく君主制のチャンピオンだった。私たちはヴェルサイユへ行くと、あちこちの広間や中庭に今でもルイ一四世の姿を探す。「鏡の間」[訳2]に、大王の一挙一動を見守っている大宮人の中に彼の姿を追いつづける。そして夕闇迫る頃、彼の至高の意志が引いた庭園の小道を去りながら、ふとふりかえってその宮殿を見る時、どこかの窓にラ・ブリュイエールの言う影法師が今でも見られるような錯覚に陥る。「あえて言うなら、大王ご自身が宰相を兼ねておられるのです。私たちの安寧に日夜専念されている陛下には、くつろぐ暇も特別の時間もありません。夜がふけて、宮殿の通路では衛兵が交代し、星はきらめきながら天をめぐり、自然はすべて眠りに落ち、陽光を奪われて闇に没し、私たちも眠りに落ちたその時でさえ、寝所に退かれた国王はまんじりともせずに、私たちのこと、国全体のことに心を砕かれているのです……」（『ラ・ブリュイエールのアカデミー・フランセーズ入会演説』Discours de réception de La Bruyère à l'Académie Française。「フランス大作家双書」版全集、一九二二年版、第三巻第二部、四七一ページ)。

一方、君主に全権ありという思想は、人間は手段として扱わぬかぎり統治できないという不敬きわまる理論によって補強されていた。遠い過去のものとはいえ、今なお記憶に新しいマキャヴェッリの理論がそうだった。近いところではホッブズの理論がそうだった。とげとげしい、シニカルな彼の理論は、一六四二年のスケッチ(3)をへて、一六五一年の『リヴァイアサン』Leviathan で最後的な形をとった。およそヨーロッパの思想家ならば、反駁のためではあれ、とにかくこの理論を考慮に入れざるをえなかった。当時の理論書を手に取ってページをくってみると、ホッブズの名前にぶつかることがしょっちゅうある。その思想はものすごい反響をまき起こした。木霊はいつまでも鳴りやまなかった。

ホッブズは人々にこう言っていた。君らは生まれつき悪人だ。この世には精神的な原理などありはしない。善とはもっぱら快楽のこと、悪とはもっぱら苦痛のこと、目的はただ利益、自由とは情念を阻むものがないことだ。生存を維持する原理はエゴイズムで、自分の生存の権利を各人が守ろうとするから、自然状態とは人間同士の戦闘状態である。人間は狼なのだ。「こういう自然的自由における人間の状態はまさに戦争状態である。なぜなら戦争とは、力によって攻撃し抵抗しようとする意志と努力が言葉ないし行動によって十分表明される時にほかならないから。戦争ならざる時が平和と呼ばれるのだ」(『政治体について』De corpore politico、一六五〇年、第一章一一節。サミュエル・ソルビエールによる仏訳 Du corps politique から引用。『トマス・ホッブズ哲学政治著作集』Œuvres philosophiques et politiques de Thomas Hobbes、一七八七年、第二巻五ページ)。それでは、人類は滅んでしまうのか。なんらかの人為の手段によって自然状態の弊害が改められないかぎり、人間相互の平等が或る不平等な体制——人間を人間自身の手から守れるのはこれしかない——で置きかえられないかぎり、必ずやそうなるだろう。だからこそ、君主の権威をいただく政治体が設立されたのだ。その君主は絶対に暴君でなければならないのだ。

契約も宣誓も人々の間に平和を保つ力はない。人間はいつでもそれを破るだろう。人間の未開な本能を抑えられるのは力だけである。力があたえる恐怖だけである。だから国王は戦の剣と司法の剣を持たねばならない。絶対的なすべての権限が国王に集中せねばならない。議会のような何か民主主義的な発明によって国王の権力を制限すれば、混乱を助長し、やがて自然状態の渾沌へ再び陥ることになる。国王は誰に対しても責任を負わない。何物にも規制されない。国王こそすべてである。人民が一定の愛着を寄せる自由は、ここではたしかに犠牲にされてしまう。だがそれが何だろう。自由と生命を両立さすことはできない以上、生命を選ぶ方がましではないか。人間はすばらしい業を持っている。歩いたりすわったり、首を動かしたり、口をあけたり、まばたきをしたりする自動人形、つまり人工的な動物までも作り上げている。同じように、人間は人工的な社会を作り出したのだ。これは巨大な機械、政治的な自動人形で、さいわいこれが自然的な社会に取って代ったのだ。この自動人形は「リヴァイアサン」と呼ばれる。「コモン・ウェルスあるいは国家と呼ばれるかの偉大なリヴァイアサンは人工的人間にほかならない。もっともこの人工的人間は、本来の人間を保護し防衛する目的をもっているから、本来の人間よりも大きくて強い……」(『リヴァイアサン』、序説。邦訳、河出書房新社「世界の大思想」13、一一ページ、水田洋・田中浩訳)。

*

出発点は違うがいずれ劣らず権威原理へ収斂してゆくこうした理論に、やがて別な理論が対抗しはじめた。新たな戦いが開始された。はじめは抽象と抽象の合戦だったが、それにもそれなりの悲壮美があった。生まれたての思想は臆病で弱々しくて、たちまち世人に忌避される。それがだんだん成長する。どれも生まれた国にとじこもりはしない。みんな飛び立ち、国境を越える。それが彼らの性質なのだ。生命なのだ。土地を変えるたびに力をつけてゆくらしい。彼らはたえず攻撃される。またたえず擁護され、論じなおされ、明確化され、じりじりと前進し、攻撃的になる。しまいに、十分力をたくわえた新しい思想は、過去を律してきた原理に自らとって代り、より良いものと期待する未来の方へ人を導いてゆくのである。自然法は、超自然や神的なものを否定して、神の人格的な働きや意志のかわりに自然の内在的な秩序をもってする、そういう哲学の所産だった。また、それぞれの人間には人間の定義の内に含まれる一定の能力と、それらの能力をその本質にしたがって発揮する義務があるという、社会的次元でうち立てられた合理的な志向から発していた。さらに自然法の源には、国内では臣下と君主の関係を恣意的に律し、対外的には戦争をしか生みださないような、そういう権威は拒否すべきだという気持があった。幸福を生みだしそうな新しい法、それぞれの国民が自分の運命を自分で支配するという前提のもとに、諸国民の関係を律するような政治的な法を権威のかわりに置くべきだという気持があった。つまり万民法である……。

法は生活の理で、社会的・実践的な価値である。その根は深く、その枝は密生している。法を衣がえさせるのは一朝一夕にできることではない。この道にはいくたの戦闘的な大作が標柱のように並んでいる。それぞれを元の時代に置きなおして順次たどってゆけば、進むにつれて求めるものを次第にはっきり自覚してゆくひとつの壮大な努力が見られるだろう。

一六二五年。ホイフ・デ・フロート〔グロティウス〕『戦争と平和の法』De jure belli ac pacis

最初に狼火をあげたのはパリへ亡命した一人のオランダ人[4]だった。感受性に富み学識に富み知性に富んで、政治的争闘の第一線に立ち、宗教論争のまっただなかに身を置いたこの人は、ヨーロッパを荒廃させるいつ果てるともない争乱に深く心を痛めていた。「キリスト教世界には、こと戦争に関する限り、野蛮人でも恥じるような放縦が見られる。人々は些細な理由で、または全然理由もなしに武器をとり、ひとたび武器をとった上は、まるで一般的な法則によって狂躁があらゆる犯罪へ走るように、神の法をも人間の法をもまったく尊重しなくなる……」〔序言、第二八節。これはアザールが引用している仏訳文からの重訳だが、一又正雄氏による邦訳『戦争と平和の法』（巌松堂書店刊）では第一巻一八ページ〕。思想のゆえに迫害[5]されたグロティウスは、幽閉された牢獄から小説もどきに脱走し、フランスへ来て、一六二五年、『戦争と平和の法』という大著をルイ一三世に捧げた。大衆の運命に深い影響をあたえる本はとかく大衆に無視されがちだが、この本も例外ではなかった。グロティウスは言う。法の中でも人民と人民あるいは元首と元首の関係を律する部分は誰も研究していない。それどころか一般には、戦争はどんな法とも両立しないと言われている。マキャヴェッリが考えだした国家理由なるものによって、どんな背信も暴力も理解し赦すべきだと言われている。これは正しくない。戦時にも滅びないひとつの法が、戦争を律するひとつの法があるのである。それは自然法というものだ。なぜなら、自然はそれを人の心に刻みこみ、人間に社交性をあたえているのだから。成文化されぬこの根源的な法は何物によってもくつがえすことはできない。「戦争が正しくあるためには、裁判で普通見られるのと同じような慎慮をもって行なわれなければならない」(序言、第二五節。邦訳では同一六ページ)。「戦の最中には法律は沈黙するが、自然が定めた不文律はそうではない」(序言、第二六節。邦訳では同一六ページ)。

だが神法はどうなるのか。グロティウスもそれには傷をつけまいとする。彼はこう明言している。神は存在しないとか人事に関与しないとかいうことを認めたとしても(それを認めれば罪になるが)、私が言ったことは通用するだろう。しかし神と摂理は疑いもなく存在するから、法の源としては自然から発するもの以外に神の自由な意志から発するものがあることになる。「自然法そのものも神に帰することができる。神はこのような原理が我々のうちにあることを望み給うたからである」(序言、第一二節。邦訳では同一〇ページ)。

神の法と自然の法……こういう二重の定式はグロティウスが発明したものではない。それはずっと前から使われていた。中世にもすでに知られていたのである。では、どこに新しさがあったのか。なぜこれは学者たちに批判され断罪されたのか。なぜセンセーションをまき起こしたのか。

この定式の新しさは、二つの項の分離が明るみに出たことだった。両者の対立が動かしがたくなったことだった。またその上で、両者の調停が試みられたことだった。調停ということ自体、断絶の観念を前提としている。だが、グロティウスの新しさは何よりも、神の法が禁止するどころか黙認し、うかがい知れぬもくろみによって正当化すらしている戦争や暴力や無秩序など、私たちを苦しめるこれらすべての悪が、人間の法によって遂には緩和され廃止されるかもしれないと考えていたことである。この気持はまだ漠然たるものだったが、それなりにきわめて強い感情だった。こうして、自分の大胆さを自分で弁解しながら、人は摂理の次元から人間性の次元へ移行したのである。

一七世紀の末にいたるまで、この本はさかんに飜訳され、解説され、法律学の講義のテキストに使われた。

一六七〇年。スピノザ『神学・政治論』Tractatus theologico-politicus

一六七七年。同『エティカ』Ethica

国王とは宗教を利用して自己の不正な権力を安泰ならしめるペテン師だ、という思想。またそれよりはるかに根本的な、すべての物は自己の存在を維持するため必然的に努力する、という思想。

この点については、『エティカ』第三部、定理六の文章をあげれば十分であろう。

「定理六　あらゆる事物は自分の力のおよぶかぎり、自らの有のうちにとどまろうと努力する。

証明　個物は神の属性を一定の仕方で表現するところの様態である、換言すれば、それによって神が在り、それによって神が活動するところの神の力を一定の仕方で表現する事物だからである。そしていかなる事物も、それを破壊しうるような、或いは、その存在を廃棄しうるような何ものかを、自己のうちにもっていることはない。むしろ反対に、その存在を廃棄しうるような一切のものに対抗せしめられている。したがって、あらゆる事物は、自己にできるかぎり、全力をあげて、自己の有のなかにとどまろうと努力するのである。かくして証明される」（邦訳、河出書房新社「世界の大思想」9、一〇八ページ、高桑純夫訳）。

一六七二年。ザームエル・プーフェンドルフ『自然法・万民法を論ず、八巻』De jure naturæ et gentium libri octo

一六七三年。同『自然法にもとづく人間・市民の義務を論ず、二巻』De officio hominis et civis juxta legem naturalem libri duo

スエーデンで教鞭をとっていた一人のドイツ人がこの仕事を引きついで、形成途上の自然法理論に消しがたい足跡を残した。ザームエル・プーフェンドルフはハイデルベルク大学の自然法と国際法の首席教授だったが、一六七〇年、スエーデン王カルル一一世に招かれてルンド大学の教授になった。「人間・市民の義務」——そんな題の本がこの頃からあったとは驚きである。どう見ても百年早すぎるような感じがする。[6] いつごろの本かと訊かれたら、知らない人はフランス革命当時のものと答えるにちがいない。しかしそうではないのである。本当は、この作品の中味が継承されて、一八世紀の意識を遂には支配するようになったのだ。そのひとつは、哲学的な抽象が歴史にとって代ったことである。「最初の人間も、今日の人々が生まれながらに持っているのと同じ傾向を持って、いわば天から降ってきたもの」〔『自然法にもとづく人間・市民の義務を論ず』、序文。ジャン・バルベラックによる仏訳 Les Devoirs de l'homme et du citoien, tels qu'ils lui sont prescrits par la loi naturelle を引用。一七一五年版、XXXVIページ〕とされるのだから。――第二は社会道徳である。義務とは、「その義務づけを課す法に全くかなった人間の行為」〔『自然法にもとづく人間・市民の義務を論ず』、第一巻第一章。同一ページ〕であるから。――最後に政治契約である。結婚や家族や政治体の形成によって自然状態のあとをおそった市民社会〔社会状態〕は、すべて協約の上に成り立っている。個々人は寄り集まって単一の集団を作り、共同の安全と利益にかかわる事柄を合意によってとりきめることを約束する。最高権力を持つ者は公共の安全と利益に心を配ることを約束し、同時に他の者は彼らに忠順を約束する。

自然法はこうして力と重要性を増していった。戦争の中に自分の地位を要求するだけでなく、国家の政治的組成の中にも腕ずくで地位を獲得した。自然法は社会生活の支配者になった。「自然法は人間の理性的・社会的な本性に不変的にかなった法であるから、その格率を守らないかぎり、立派で平和な社会は人類の間に存在しえない……」〔『自然法にもとづく人間・市民の義務を論ず』、第一巻第二章。同六〇―六一ページ〕。プーフェンドルフは神の力を否定はしないが、それを別な面へ追いやってしまう。純粋な理性の面と啓示の面、自然法の面と道徳神学の面という二つの次元があるのである。義務の内にも、人間社会一般を維持するために必要だと健全な自然的理性が判断するがゆえに課せられる義務と、神が聖書の中で命じたがゆえに課せられる義務、という二つの違った面がある。そう言った上でプーフェンドルフは、これらの面が互に衝突するのではなく相互に一致しうることを証明するため、さまざまな論拠を提出する。だがそれらは両者の根本的な不一致を証明するものにすぎない。神学は天に関するものだが、自然的理性は地上の生活に関するものだ。プーフェンドルフが見て楽しむのは地上の生活だけである。天はあまりに遠すぎるから。

この分割、正確に言えばこの公然たる偏愛が持つ危険をスエーデンの牧師たちは見のがさなかった。この自然法理論家は囂々たる非難を浴びた(7)。地上の権力の助けを求めなかったなら、職を逐われていたにちがいない。
それでも彼は勝ちのこった。

一六七二年。リチャード・カンバーランド『自然法に関する哲学論』De legibus naturæ disquisitio philosophica

イギリスも一枚加わった。神学博士で後に監督となるリチャード・カンバーランド師がホッブズの憎むべき原理を反駁したのだ。何によってか。自然法によって。自然法は『リヴァイアサン』の著者が説く暴力とは正反対のものであるから。「自然法は皆、人はすべての理性的存在に対し好意的であらねばならない、という掟に還元される……」〔『自然法に関する哲学論』、第一章。ジャン・バルベラックによる仏訳 Traité philosophique des loix naturelles を引用。一七四四年版、三七ページ〕。

しかし、カンバーランド個人よりずっと有効に寄与したのは、政治的な議論が国民の知的・道徳的・宗教的な生活の一部をなしている古きイギリスの土地自体だった。一七世紀を通じて王権がたえず事件に巻きこまれ、転覆され〔ピュリタン革命〕、再建され〔王政復古〕、また転覆され、三たび再建されて本質的な衣がえをし〔名誉革命〕、ブルジョワも貴族も、詩人や哲学者だけでなく国王自身も加わる激烈な論争の的になっていたイギリスの国自体だった。あわてることはない。もうすこし待てばいいのである。

一六八五年。ナント勅令廃止

フランスの外に作られたフランスから、国外の亡命地から、反抗の呼びかけが起こった。もちろん、迫害され亡命しても、改革派の全員が国王への忠節の誓いを解除されたと思ったわけではない。良心問題の解決の仕方は必ずしも一様ではなかった。君主への服従は神法にもとづくから、君主が過ちを犯しても神授王権が変るわけではないと思いつづける者もいた。しかし、暴には暴でむくいよと大声でわめき立てる騒々しい連中もいた。一六八六年から八九年にかけて、ジュリユは『バビロンの捕囚のもとに呻吟するフランスの信徒に宛てた牧会書簡』Lettres pastorales addressées aux fideles de France, qui gemissent sous la captivité de Babylon を発行して、蜂起の権利を宣言した。「君主の権力の行使は良心にまでは及ばない。」

良心を強制するため権力を行使したルイ一四世は、法の保護外に身を置いたのだ。今や反抗は正当なものとなったのだ。

憤激したボシュエは、それを反駁するために『〈変異史〉を反駁するジュリユ牧師の書簡に関する新教徒へのいましめ、第五。この牧師は国家の土台をくつがえす』Cinquième Avertissement aux Protestans sur les Lettres du ministre Jurieu contre l'Histoire des Variations: Le fondement des empires renversé par ce Ministre（一六九〇年）を著わした。ジュリユ氏は「あらゆる国家をくつがえし、神がうち立てたあらゆる権力を失墜させる謀反の原理」〔第一節。ヴィヴェス版全集、第一四巻二二一―二二二ページ〕を吹聴している。なんたることだ。古代キリスト教会は迫害されても反抗しなかったではないか。新教徒自身も、フランスやイギリスで王権に反旗をひるがえしたことを、長いあいだ否定してきたではないか。それを今になって、自分の王、自分の国に対してもはむかう権利があるなどと、ジュリユはぬけぬけと公言している。そういう反逆の精神は唾棄すべきだ。「諸君の宗教改革が君主と祖国に忠実でなかったこと、したがってキリスト教の精神に反することを、私は見せてあげたいと思う」〔第二節。同二二三ページ〕。

これは新教徒とカトリック教徒だけの問題ではなかった。両者の喧嘩に自然法が介入したからである。ジュリユはグロティウスを拠り所にしていた。グロティウスならボシュエもよく知っていた。善意の学者であることは間違いないが、ソッツィーニ派で、神的なものと人間的なものを混同した危険な男だ。自然法などと称して、あの男は何を言わんとしていたのか。自然のままでは人民が主権者だと思っていたところを見ると、人類は原初の状態でもすでに、自分に固有な主権の観念と、この主権を好きな者に委譲する権限という観念を持っていたと言いたいのだろう。間違いもはなはだしい。グロティウスもそれにならったジュリユも最初から誤りを犯している。言葉の意味をとりちがえている。間違ってはいけない。人類の最初の状態は未開で手がつけられぬ無政府状態で、理性を働かせればわかるように、人間の最初の集団は人民ではなく、規律もへちまもない烏合の衆にすぎないのだから、そこに主権を考えることなどできる道理がない。主権とはすでに統治の一種である。「この状態では人民が主権者であるどころか、人民すら存在しない。家族はあるかもしれない（まだまとまりが悪く、安全も確保されていないが）。群や人の集まり、雑然たる多衆はあるかもしれない。しかし人民はありえない。人民と言うからには、なんらかの規律立った行為と確立された法を合わせた何物かが前提されているのである。これは、そういう不幸な状態から、つまり無政府状態から抜け出しはじめた人々にしか起こりえないのだ」（第四九節。同三一四ページ）。無政府が主権を委譲するなどということはボシュエにはとうてい考えられなかった。

その間にも、絶対君主としてのルイ一四世は批判の矢面に立たされていた。彼が代表していたのは、すでに「旧政体（アンシャン・レジーム）」と呼びうるようなものだった。フランス王国の内ですら、神だけに認可された権力という原理は非常に風当りが強かった。古文書をしらべて君主制の起源をさぐり、それが簒奪であることを明らかにした抗議者たち、屁理屈を並べて輝やける高等法院の権利と特典を擁護した強情で頑固な法官たち、重臣（ペール）としての特権を要求した貴族たち、ブルジョワも大領主も、気分屋も反逆者も、馬鹿も利巧も、みなオランダで印刷させた論文や、ひそかに回覧させた原稿の中で、不満と怒り、束縛に対するいらだちを表明していた。

前に述べたように、ルイ一四世は国外ではくそみそだった。しかし、法的な見地からするとボシュエの反論はまだ生きていた。自然状態の人間が烏合の衆と大差ないのなら、この最初の無秩序からいかにして法が生まれたかはやはり疑問として残ったからだ。

一六八八年。イギリス革命〔名誉革命〕

英国王（バイ・ザ・グレース・オブ・ゴッド・キング）ジェームズ二世が放逐され、オランイェ公ヴィレムがその後釜に坐った。一六八九年四月一一日ウェストミンスター寺院で戴冠式をあげた新国王は、「土地所有者が自分の領地の代理人を選ぶ権利と全く同じ権利によって王位につき」、議会の監督を受けいれ、こうして君主と臣下の間に結ばれた不文の契約にしたがって議会政治の勝利を保証した、と歴史家は語っている。

教授たちが教壇で語り、学生がそれを吸収し、学術新聞でもとりあげられてさんざ議論され反論され再説され、グロティウス以来二世代にわたって論議の的になってきたあの思想が、こうした事件と無関係でおれただろうか。教会博士が開陳し、錚々たる御用法学者が大学で教え、長い伝統を誇っていた対抗思想についても同じことが言える。実践そのものによって、全ヨーロッパを湧き立たせたあの事件によって、自分の意志を表明し闘争の決定的な局面で反対の声をあげる絶好の機会をあたえられながら、伝統思想が棄権の道を選ぶということがありえたろうか。はたして、ステュアート家の揺らいだ権力を守護するために理論が動員された。絶対権力の正当性を主張したもろもろの著作、とくに、この世紀の中頃に国王の立場を敢然と擁護した強力な論争家の作品が発掘された。ロバート・フィルマーは服従を説いてまわった人だった。混合政体は混乱しか生みださない、臣下には反逆の権利はない、ホッブズの原理は間違いだが、結論は全く正しい、要するに、すべての国王が絶対権力を持つべきだ、云々。このフィルマーが再び流行作家になったのである。「この学者」の大著『族長論』Patriarcha は一六八〇年に刊行され、その後数年間に次次と版を重ねた。これは国王の権力が父権の延長であることをはっきり証明したものだった。神を恐れ人を恐れる息子なら、父親にあえて反抗するはずがないではないか。

しかし、ジャコバイト〔ジェームズ二世の支持者〕の主張は事実によって否定されてしまった。この事実に普遍的原理としての価値をあたえるため、やがて一人の人物が登場するのである。

一六八九年。ジョン・ロック『統治に関する二論文。第一篇、ロバート・フィルマー卿とそれに従う人々の誤れる原理及び根拠の摘発ならびに打倒。第二篇、市民的統治の真の起源、範囲及び目的に関する論文』Two Treatises of Government. In the former the false principles and foundation of Sir Robert Filmer and his followers are detected and overthrown. The latter is an essay concerning the true original, extent, and end of civil government

オランイェ公ヴィレム〔ウィリアム三世〕をオランダからイギリスへ、革命へ運んでゆくその船の中に、新時代の哲学者ジョン・ロックもいた。二篇の論文で君主主義者の挑戦を受けて立ったのはこの人だった。

ロックがとりあげた思想自体はけっして目新しいものではなかった。しかしロックはこの思想を今までよりもさらに押し進め、一連の推理によって反抗権の正当性を証明した。彼は自然状態から出発している。プーフェンドルフもそうしていたし、今では猫も杓子もそうしていた。これは流行だった。いや偏執と言った方がいいかもしれない。自然状態はホッブズが言うような暴力と残虐の状態ではないが、かといって完全な状態でもない。自然状態の不都合をなくすため人間は社会状態を作りだす。ただ、フィルマーが言うように族長制をモデルにして作るのではなく、プーフェンドルフが示したとおりひとつの契約にもとづいて作るのである。このことを知っておかねばならない。「政治社会が存在するのは、その成員のだれもが、社会によって樹立された法に保護を求めることを拒絶されないかぎり、この自然的な権力を放棄して、その権力を共同社会の手に委ねるという場合、そんな場合だけなのである」〔第二論文、第七章八七節。邦訳、中央公論社「世界の名著」27、二四五ページ、宮川透訳〕。絶対権力はこの保護を求める権利を否定するから、市民社会とは絶対にあいいれない。カトリックの学者が説く神法も、一人の人間の他人に対する権力をなんら基礎づけるものではない。権力は監督されねばならないし、イギリスのように立法権と執行権に分割されねばならない。執行権が設立の目的にしたがって行動しない場合には、それが人民の自由をふみにじる場合には、執行権をそれを保持する者の手からとりあげなければならない。それのみか、暴君が自分たちを奴隷にしようと準備していることに気づいたら、臣民は先手を打って公然たる反乱を起こし、暴君の悪しき計画が成就するのを阻止すべきである。

ロックは実際的な精神で事を処理した。自然という観念に彼は文明という観念をつけ加えた。その主張はボシュエにあらかじめ答えているように見える。自然状態にいろんな不都合があったのは事実である。また、社会の始まりについては歴史そのものがそれほど豊富でも正確でもなく、確かな実例をあげるより、むしろもっともらしい仮説の組立てを許すにすぎないことも事実である。私たちにできるのは、人々が自己の権力を委譲したいきさつを蓋然的な仕方で想像することしかない。たとえばこういうふうに。人間は自然のままでは自由だった。しかし、この自由を主張するに当って彼らは審判者と当事者を兼ねていた。この自由を守るために彼らは誰に訴えたのか。人間は自然のままでは平等だった。しかし、この平等を維持しありうべき侵害を防ぐために誰の助けを求めたのか。原初の自由と平等を守りぬけるような政府に自分の権力を委譲しなかったら、人間は不断の戦争状態に陥ったろう。初めから烏合の衆ではなかったにしても、気をつけないと烏合の衆になってしまったろう。自然法は、自然の諸性質が生活の実践におびやかされるのを防ぐため、ここに政治法を発案させたのだ。

どんな困難が起こっても、賢明なロックはそれを賢明な仕方で解決しようとした。たとえば父権の問題である。これは神と人間の媒介物、王権の最初の似姿とされていた。父権の観念は簡単に切って捨てられるものではなかった。そこへロックがやってきて、次のように説明したのである。子供は十全な平等状態**のために**生まれるのであって、そういう状態**のうちに**生まれるのではない。親は（父親も母親も）子供に対して一種の制裁権を持っている。子供に分別がつくまで、彼らを自由に向けて準備する義務があるからだ。だから父権というものは実在する。しかし、それは絶対的なものではない。権力というよりはむしろ義務である。それには法を制定する力はない。初期の時代には家父長支配があったことも考えられるが、それも子供の暗黙の同意なしにはありえなかったろう。

さらに所有権という大問題がある。所有権は自然的な平等と必ずしも一致しない。神が全人類に大地を共有物としてあたえたことは、理性によっても啓示によっても明白である。とすると、この万人の財産の一部を個人が正当に取得しえたということはどうやって説明するのか。ここでもまた、ロックがやってきてこう答える。個人の所有権は労働によって説明されるのだ。「大地と人間以下のすべての被造物はすべての人々の共有物であるが、しかしすべての人間は、自分自身の身体に対する所有権をもっている。これに対しては、本人以外のだれもどんな権利ももっていない。彼の身体の労働とその手の働きは、まさしく彼のものであるといってよい。そこで、自然が準備し、そのままに放置しておいた状態から、彼が取り去るものは何であれ、彼はこれに自分の労働を混合し、またこれに何か自分自身のものをつけ加え、それによってそれを自分の所有物とするのである……」（第二論文、第五章二七節。邦訳、同二〇八—二〇九ページ）。泉から流れる水は万人のものだが、私がそれを水差しに汲めば、私の水差しの水が私の財産でないなどと誰が言えよう。

純粋法学者と大衆の間に立って、ロックはさかんにあらさがしをし解説をした。間といえば、ロックの位置は古い時代と新しい時代の間でもあった。読む人があんまりおじけづかないように古い信仰も適当に保っていたし、一面では新しさを存分にそなえていた。もう神授権も征服権もなかった。「征服は統治をうち立てることとは、決して同一ではない。それはちょうど、家を取りこわすことと、その場所に新しい家を建てることが違うのと同じである」〔第二論文、第一六章一七五節。邦訳、同三〇三ページ〕。ロックのおかげで、イギリス憲法の輝きが自然法にも及んだ。また同時に、議会があり国民の意志で呼ばれた国王がいるイギリス憲法の実際の姿が自然法によって基礎づけられた。その時代、その国、その民族の政治の中に彼は自然法を組みいれた。それのみか、自然法と「改革宗教」のつながりをも明らかにした。絶対主義の基礎づけをはかるやいなや、神法はたちまち超自然から反自然と化する。何かわからぬ神意によって絶対主義を正当化するのは、カトリックの神学者が最近考えだした手にすぎない。「そんな考えは、ごく最近の神学がわれわれに教えてくれるまでは、人々の間で聞いたこともなかったものである……」〔第二論文、第八章一一二節。邦訳、同二六四ページ〕。

一六九九年。『テレマックの冒険』Les Aventures de Télémaque

実をいうと、フェヌロンは神授権の原理に異議を唱えたわけではない。しかし、子供の間にも大人の間にも数限りなく流布されて長期の名声を保ったこの本が世間に広めた多くの感情と観念の中に、ここでとりあげなければならないものが少なくともひとつずつあった。

その感情とはルイ一四世への嫌悪であり憎悪である。これは理論的な反対というよりもむしろ心情の激発だった。これは告発者の激怒だった。「いったい、あなたは、あなたに逆らうことに適任の、無私無欲な人物を求めたことがあるか。ご機嫌とりには心を砕かず、その行いがまったく私利私欲を離れ、あなたの没義道な情念や感情を指弾する力を誰よりも備えた人びとから、あなたは意見を求めようと心がけたことがあったか。おべっか者を発見したとき、彼らを疎んじたか。彼らを警戒したことがあるか。いや、いや、真実を愛し、真実を知る値打ちのある人間の行いを、あなたは何一つしなかった。……まだ土台のぐらつくあなたの王国を虎視眈々と狙う多くの敵勢が外にひかえているのに、あなたは、内に向かって、新しい都市の華麗な仕上げのことばかり考えていた。……あなたは、財宝を蕩尽した。あなたは、人民を殖やすことも、肥沃な土地を開拓することも考えなかった。……むなしい野望のため、あなたは、深淵のふちに追いつめられてしまった。強大を装いたい一心から、いまや真実の偉大さを破滅に導きかけている……」〔巻一〇。邦訳、現代思潮社刊、下巻一一―一二ページ、朝倉剛訳〕。

その観念とは人民の価値という観念である。「神々が自分を王に仕立てたのは、自分の利益を図るためでは決してない。人民あっての王であり、自分の時間、心づかい、愛情のすべてを人民に捧げるべきであって、自分の身を顧ることなく、万人のしあわせに献身するとき、はじめて王位にふさわしいと言える」〔巻五。邦訳、同上巻九八ページ〕。――「統治すべき人民があってはじめて王だということを肝に銘じよ……」〔巻一〇。邦訳、同下巻一二ページ〕。いやそれだけではない。しいたげられた人民は国王に復讐することしか考えなくなる。こうして革命がやってくるのだ。「国王の絶対的権力は、臣下と同数の奴隷をつくり出さずにはおかない。人びとは王にへつらい、王を崇敬しているようにうわべをとりつくろい、王の視線のかすかな変化にもびくびくする。だが、ごく小さな革命でも起こったらどうだろう、あまりにも行きすぎたこの怪物のような権勢はひとたまりもなかろう。この権勢は、人民の心の中に、いかなる拠りどころも持っていない。それは、国全体をうんざりさせ、いらだたせる。だから国の手となり足となる人民すべては、変革にあこがれるといったありさまだ。最初の打撃で偶像はたちまちくずれ落ち、砕け、踏みにじられる」〔巻一〇。邦訳、同下巻三七ページ〕。

フランス王国は、まさに悲惨が地に充ちていた。ラ・ブリュイエールが農民の有様を描いた劇的な一節(8)を知らない人はいないだろう。しかし、効果(9)を狙ったものではないが、これよりはたぶんロックの観察の方が胸に迫るものを持っている。こう言っているのだ。農民はあばら屋に住んで、衣食にもこと欠いている。ただでさえ貧乏なのに、その上税金をしぼりとられる。だから土地は耕されなくなり、荒れたままほうっておかれる。働けば働くほどますますしぼりとられるから、みな働くのをやめてしまう。産業も衰え、でなければフランスで失った自由をとりもどすため国外へ出ていこうとする。出口という出口、渡しという渡しで必ず関税をとりたてられ、商業は麻痺してしまう。コルベールの政策の失敗は生前にも現われていたが、死後には誰が見ても明らかになった。一六九四年の大飢饉、破産――こんなみじめな話があるだろうか。

エリートたちはこうした不満をすくいあげた。こうした不幸をいやそうとした。生活の必要が生みだしたかに見えるいくつかの書物の中に、やがてフランスの窮状が書きとめられることになる。鈍重で筆のたくみなどひとかけらもないが、それなりに感動的なねばりづよさと厳密さをもって、ボワギユベールは次のことを明らかにした。かつては世界一豊かだったフランスも、その後、年間五、六百万フランの所得を失った。この欠損は日一日と増加している。人頭税（タイユ）の配分はじつに不公平で、貧乏人には重くかかるが、金持は免除されている。この制度のために、貧乏人は窮民と化した。王国全体が破滅の道を歩んでいる、云々。* 租税の配分の仕方を即刻変えるべきだということはヴォーバンも言っていた。公平な十分の一税を設ければ、負担は軽くなり、あがりは逆にふえるというのだ。ボワギユベールもヴォーバンも反逆者ではなくて、財政を健全化し、国王が必死に探していた財源を得させることが目的だった。けれども、禁断の花園へ土足で踏みこんだことに変りはない。『十分の一王税案』** Projet d'une dixme royale は焚書にされた。

* ピエール・ル・プザン・ド・ボワギユベール『フランス詳論』Le Détail de la France、一六九五―九九年。

** 『十分の一王税案』、一七〇七年。

だが、フェヌロンの方が[10]はるかに大胆でとげとげしかった。テレマックがイドメネにする質問を、フェヌロンは同じ痛苦に充ちた調子で教え子のブルゴーニュ公[11]にしたのである。ブルゴーニュ公が他日権力を握るのにそなえてだった。殿下は王国の造りをごぞんじですか。国王の道徳的な義務をおしらべになりましたか。民の苦しみをやわらげる方法を探されましたか。絶対主義と悪政と戦争が生みだす不幸を、殿下はどうやって臣民から遠ざけられるおつもりですか。一七一一年にこのブルゴーニュ公が王太子[12]になると、フェヌロンは公の即位にそなえて改革の一覧表を呈上した。

フェヌロンを評価するさいもうひとつ忘れてならないのは、彼が人類一般の権利を擁護したことである。その言葉を聞こう。「一家族が或る特定の国民の構成員であるのと同じく、一民族は人類という全体社会の構成員である。人間は皆、生をうけた個々の祖国より、人類という大きな祖国にずっと多くのものを負っている。だから、民族間の正義を傷つけることは、国禁を犯して家族間の正義を傷つけることよりずっと大きな罪になる。人情に目をふさぐのは、礼節を欠き野蛮状態に陥るのみか、山賊や未開人と同類の人でなしになることである。人間を廃業して人食い人種になることである。*」

* 『死者の対話』Dialogues des Morts、「ソクラテスとアルキビアデス」、一七一八年(一八五一—五二年版全集、第六巻二五六ページ)。

一七〇五年。トマジウス『常識より演繹せる自然法・万民法の基礎』Fundamenta juris naturæ et gentium ex sensu communi deducta

一七〇八年。グラヴィーナ『国法の起源。国法の発生と発展、自然万民法および十二銅板法を説明す』Origines juris civilis, quibus ortus et progressus juris civilis, jus naturale gentium et XII Tabulæ explicantur

ジャン・ヴィンチェンツォ・グラヴィーナは自然法の概念を歴史に導入した。また一方で、自然というとらえどころのない観念がきまって生みだすひとつの矛盾を説明しょうとした。自然の掟とは徳行を命じる理性のことである。徳は悪徳を排除する。なのに、一見して明らかなように、自然の内には悪徳も存在している。なぜなのか……。答はこうである。「魂と体が相互に結合されたものとして共にあずかっている一般的な法のほかに、人間はそれとしばしば対立する自分固有の法を持っている。私は前者を〈共通法〉、後者を〈魂のみの法〉と呼ぶ。共通法は万物を包含しており、したがって人間自身をも包含する。しかし魂の法、理性的な法は思惟することにあり、人間だけのものである。」この第二の法によって、人間は自己の理性に従わされる。それゆえ徳に従わされる。徳とは、私たちの行動を判定し感覚を監視するために理性が設けた司法官にほかならない……。

精神の営みもこうした思想の普及も今日まで続いている。しかし一七世紀の末は決定的な一段階だった。自然法理論と国際法理論と事実とがここでひとつに合したからである。グロティウスやプーフェンドルフにくらべると深さも力強さもはるかに劣り、往々非論理的ですらあるロックが法の非宗教化を完了させた。自由、平等——彼の論文はこの言葉を銘句にかかげてもよかったろう。「自然の状態にはそれを支配する自然の法があり、それはすべての人を拘束している。そして理性こそその法なのだが、理性にちょっとたずねてみさえすれば、すべての人は万人が平等で独立しているのだから、だれも他人の生命、健康、自由、あるいは所有物をそこねるべきではないということがわかるのである……。*」

訳註

(1) 親政開始　枢機卿マザランが死に、ルイ一四世が親政を開始したのは一六六一年三月一〇日だった。

(2) 「鏡の間」　ヴェルサイユ宮殿の中にある、四壁に鏡を張りめぐらした長い部屋。普通は王家の人々が礼拝堂へ行く通路だったが、特別の際はここでレセプションなどが開催された。

(3) 一六四二年のスケッチ　『市民論』De Cive のこと。これは一六四二年にパリで匿名出版された。

(4) 政治的争闘　一七世紀初頭のオランダの政界および宗教界を二分した共和派（宗教的にはアルミニウス派）対オランイェ派（宗教的にはカルヴィニズム正統派）の抗争で、グロティウスは政治家としても神学者としても前者の指導者の一人で、オランイェ派の勝利により一六一八年八月に逮捕・投獄され、翌年五月に終身禁錮の判決を受けてルーフェスタイン監獄に幽閉されたが、一六二一年初頭に妻の助力で脱獄し、フランスへ亡命した。

(5) 小説もどきに　グロティウスの脱獄の経緯は以下の

* 第二論文〔第二章六節〕。ダヴィッド・マゼルによる仏訳 Du Gouvernement civil[13]、アムステルダム、一六九一年、第一章〔邦訳、中央公論社刊、一九五―一九六ページ〕。

とおり。入獄していたグロティウスは常々洗濯物を大きな箱に入れて、近くのホルクムの町へ出していた。看守たちははじめは箱をあけて中を点検していたが、度重なる内にそれを怠るようになった。これに気付いた妻は、獄中へ面会に行った或る日、この箱の中に夫を入れ、息をするための孔をあけて、箱ごと夫を獄外へ出した。グロティウスはホルクムにある友人の家に身を寄せ、それから指物師に変装してアントワープに逃れた。獄中に残っていた妻は、脱獄成功と見るや看守に一切を打ち明けた。彼女は起訴されかかり、夫の代りに彼女を投獄すべきだという意見もあったが、結局釈放され、むしろ世人の称讃の的になったといわれる。

(6) フランス革命当時　いうまでもなく、フランス大革命で採択された「人間・市民の権利宣言」（いわゆる「人権宣言」）が念頭におかれている。

(7) 囂々たる非難　プーフェンドルフの『自然法・万民法を論ず』を最初に攻撃したのはルンド大学の同僚のベークマンだった。彼はスエーデンの宗教界をプーフェンドルフ攻撃に立たせようとして、『ザームエル・プーフェンドルフが自著（自然法、万民法〉によりルンドで発表せる根本的正統信仰に反する新説の一覧』Index Novitatum quarumdam, quas Dn. Samuel Pufendorf Libro suo de Jure Naturæ et Gentium, contra Orthodoxa fundamenta Lundini edidit を著わした。スエーデンの元老院はベークマンの策動を阻止してプーフェンドルフ攻撃を禁じ、国王の名で『新説の一覧』を発禁にした。しかしこの本は国外で出版され、スエーデンに持ちこまれたため、元老院は一六七五年にこれを焚書にし、著者ベークマンを国外へ追放した。ベークマンは復讐のため数篇のプーフェンドルフ攻撃文を著わし、プーフェンドルフも『自己と自著のための弁明』Apologia pro se et suo Libro（一六七八年）などでこれに答えた。なお、『新説の一覧』の執筆に加わった同じく同僚のシュヴァルツとの間にも、プーフェンドルフは攻撃文の応酬をしている。しかし、「牧師たち」が彼を表立って攻撃したのはスエーデンではなく、むしろドイツで、一六七三年にはベークマンの『新説の一覧』にもとづいて、『自然法・万民法を論ず』はライプツィヒ大学により断罪された。

（8） 劇的な一節　ラ・ブリュイエールの『人さまざま』Caractères 第一一章一二八節には、次のような有名な言葉がある。「雄や雌の一種の野獣が野原に点々と見える。まっくろで、血の気がなく、日に焼けて、地面にへばりつきながら、すさまじい執念で土を掘ったり耕したりしている。有節音らしきものを出し、立ち上ると人間の顔をしている。たしかに人間なのである。みんな夜になると巣穴へひっこみ、黒パンと水と木の根を食べて生活する。この連中は、ほかの人が種子を播いたり耕したり収穫したりしなくても生きられるようにしているのだから、自分が種子を播いたそのパンを十分に得る資格があるのに」（「フランス大作家双書」版全集、一九二二年版、第三巻第一部、六一ページ）。

（9） ロックの観察　一六七五年一一月から七九年五月にいたるロックのフランス滞在中の日記には、フランスの経済事情、社会事情に対する観察が豊富に盛られており、農夫との会話の報告なども随所に見られる。この日記は『ロックのフランス旅行』Locke's travels in France（一九五三年）という題で刊行されている。

（10） イドメネ　『テレマックの冒険』に出てくるサラントの王。

（11） ブルゴーニュ公　フェヌロンは一六八九年から九九年までルイ一四世の孫ブルゴーニュ公（一六八二―一七一一）の教育係をつとめ、『テレマックの冒険』を書いたのもこの王太孫に帝王の道を教えるためであった。

（12） 改革の一覧表　これはブルゴーニュ公に提出するためフェヌロンがシュヴルーズ公爵とともに起草したもので、『ショーヌの一覧表、または経国案』Les Tables de Chaulnes ou Plans de gouvernement という（ショーヌはピカルディー地方の村の名で、そこにシュヴルーズ公爵の領地があった）。これはまず平和の回復の必要を述べ、ついでその後における宮廷、行政、司法、商業、教会などの改革を具体的に提案しているが、これが起草されてから数週間後に、フェヌロンが希望を託したブルゴーニュ公は他界してしまった。

(13) 第一章　第二論文の第一章はフィルマーを反駁した第一論文の内容を要約したもので、マゼルの仏訳では省略されているから、仏訳本では原著の第二章が第一章になるのである。

第四章　社会道徳

あらゆる先人にまさって宗教からの道徳の独立を明確に力強く主張した者がいたとしたら、それはまさしくピエール・ベールだった。『歴史批評辞典』Dictionnaire historique et critique の各項目でも、『或る田舎人の質問への答』Réponse aux questions d'un Provincial でも、彼はくりかえしこのテーマへ立ち帰った。しかし、ベールが絶好のチャンスをとらえ、持てる力をフルに発揮して、冷徹に、かつ激情的にこの「分離」の大憲章（マグナ・カルタ）を書き上げたのは『一六八〇年一二月の彗星出現に際して、ソルボンヌの某博士に宛てた諸考察』Pensées diverses écrites à un Docteur de Sorbonne, à l'occasion de la Comète qui parut au mois de Décembre 1680 だった。

はじめは処女のごとしである。無神論者は精神においても心情においても偶像教徒に劣るものではないというのだ。こうして作った傾斜に沿って、さてその次に、ベールは無神論者がキリスト教徒に劣らぬことをほのめかす。理性と良識をそなえ、神を恐れ、善行の報いとしては天国が、悪徳の報いとしては地獄があると信じている——そういう人間がいることをよその世界から来た人がもし知らされたら、この連中が慈善を行ない、隣人をうやまい、害を加えられてもそれを赦して、永世の幸福を得ようとつとめることを、この人は必ず期待するにちがいない。だが現実はそうではない。考えることとすることとは大違いだという実生活の情景が示す経験的な事実の前には、誰しも兜をぬぐほかない。主義主張は行動になんら影響しない。口では敬虔な人でもすることには敬虔のかけらもないし、神をあがめると称する人も利益を追い欲念に従うことしかしていない。「善を見、善を承認しつつ悪をなす」という諺は目新しいものではない。キリスト教徒の生き方を見てみるがよい。みんな信仰書を読んでいるが、読んだそばから忘れてしまう。カトリックの教えを奉じる軍隊でも、兵士たちは女遊びと掠奪の常習犯で、敵国であろうが同盟国であろうが見さかいなしに荒しまわり、必要とあらば教会でも礼拝堂でも僧院でも委細かまわず焼き払ってしまう。十字軍というのも理屈ではすばらしい試みだったが、それにともない、それに続いて、買収や不正や裏切りや犯罪が数限りなく犯されている。婦女子はとくに信心深いが、告解室から出たその足で恋人に会いに行くような女が掃いて捨てるほどいる。娼婦や泥棒や人殺しの中には、聖母を特別に信心している者もある。淫売でも悪漢でも蠟燭をともし聖母像の前でひざまずくとマリア様が護ってくださる、というおかしな信心話が伝わっている。ジャンセニストが頻繁な聖体拝受に反対したのは、聖体拝領台へ毎日のように近づいてもなおかつ極悪人でいられることを知っていたからだ。要するに、人が奉じる信仰は当人の行動にも徳性にもなんら影響しないのである。むしろ信心は、意見が違う人に対する怒りとか、形式的な礼拝に対する熱意とか、偽善とか、さまざまな悪しき情念を助長するのである。

次にベールは逆の経験を読者に示す。身持の悪い正統キリスト教徒がざらにいるように、非の打ちどころない生活を送った精神的自由思想家(リベルタン)の例がたくさん見られる。ディアゴラス(1)、テオドロス(2)、ニカノール(3)、エウヘメロス(4)、ヒッポン(5)、「高名なるローマ人」の名に終生恥じなかったプリニウス(6)、模範的な生活を送ったエピクロス——こういう古人は言うまでもない。近代でも同じである。大法官ロピタル(7)は無宗教の疑いをかけられたが、その態度はこの上なく謹厳だったし、その生活もこの上なく高潔だった。スピノザに接した人は、彼は愛想がよくて誠実で思いやりがあって非常に几帳面だったと言っている。それでもスピノザは無神論者だったのだ。

無神論者の国ですら考えられないはずはない。宗教が全然ない社会があったとしても、それは異教徒の社会と同じようなものであろう。キリスト教徒も実際生活では異教徒と変りがない……。無神論者もキリスト教徒に劣らず毀誉褒貶や賞罰には敏感なはずだ。霊魂が不滅でないと思ったからといって、自分の名を不朽にしようという願望がなくなるわけではない。殉教者が出ないような学説は尊敬に価しないと言うのなら、無信仰の学説にもそれなりの殉教者はいる。ヴァニーニ(8)は無神論のために死を選んだ。最近にも、神の存在に反対する説をなしてコンスタンチノープルで処刑されたマホメット・エフェンディ(9)という男がいる。「誤りを告白し、今後は改めますと約束して、自分の命を救うことも彼にはできた。しかし、〈自分はいかなる報いも期待していないが、真理を愛するがゆえに、真理をかかげて殉教に耐えることを義務づけられている〉と言って、あくまでも冒瀆を続けることを選んだのである」〔『一六八〇年一二月の彗星出現に際して、ソルボンヌの某博士に宛てた諸考察』、第一八二節。プラ版、第二巻一三八ページ〕。

こうしてテストと反対テストをした上で、ベールは論証の終着駅へすべりこむ。宗教と道徳は一体不可分どころか相互に独立したものなのだ。宗教的な人が道徳的でないこともあるし、道徳的な人が宗教的でないこともある。有徳な生活をする無神論者というのも、自然の力を超えた怪物ではけっしてない。「無神論者が有徳な生活をすることも、キリスト教徒があらゆる犯罪へ走ること以上に不思議ではない」〔同第七四節。プラ版、第二巻一〇七ページ〕。トルコに住む無神論者やシナに住む無神論者は、ローマやパリに住むキリスト教徒より品行方正なのだ……。

それだけではない。自立的な道徳は宗教的な道徳より上だとも言えないだろうか。自立的な道徳は賞罰を期待せず、自分自身しか考慮に入れないが、地獄を恐れ天国を望む宗教的な道徳は無私無欲とはけっして言えないからである。ここでトーランドが例によって問題をエスカレートさせた。「どんなにいまわしい無神論でも、未開野蛮な迷信ほど国家と人間社会に有害ではない。迷信はどんな栄えた国をも内紛と暴動で充たし、どんな偉大な王国をも荒廃させ、父と子、友と友の仲を引き裂き、もっとも固い絆で結ばるべき〔夫婦の〕契をも断ち切ってしまう……。」[*]

＊『アデイシダエモン』Adeisidæmon、一七〇九年。

＊

しかし、神的次元の道徳をぶちこわした上で、それを人間の次元で再建するにはどうしたらいいか。これからが面倒だった。

いっそ後もどりして古代へ帰り、あらためて異教徒を道案内にすればいいのか。では異教徒の誰を？　エピクロスかエピクテトスか。この二人は反対のことを言っている。それなら、独自の理論を編みだしたわけではないが、古代道徳の精華を紹介した第三の哲学者を選ぶべきか。ローマの雄弁家で『義務論』De Officiis を著わしたキケロに純世俗的な生活の規範を求めるべきか。かつてエラスムスは、キケロの生涯の偉大さと心の清らかさに感嘆の声をあげていた。「徳と自由と祖国と全人類への愛――人間性の栄光と完全性のもととなるこうした高潔な原理をあれほど完全に展開し、あれほど力強く推奨したものを、異教世界は他にひとつとして残していない。*」

＊ この言葉はC・ミドルトン『マルクス・トゥリウス・キケロ伝』The History of the Life of Marcus Tullius Cicero（ロンドン、一七四一年）より。アベ・プレヴォによる仏訳 Histoire de Cicéron（一七四三年）を使用。

しかし、キリスト教徒のモラリストは待ってましたとばかり反駁した。復活などと言うけれども、あんな学説は一七〇〇年も前にキリスト教が一掃したものではないか。ブルトゥス(10)やカトーなどお手本としては貧弱きわまる。みんな大言壮語や芝居がかった態度を好んだあまり、最後は破産してしまったではないか。この破産からキリスト教精神は人類を救出したのだ。

そこへ登場したのが「紳士の道徳」という純近代的なモラルである。心理の襞にわけいったモラルである。この道徳も古代の泉から水を汲むことをないがしろにしたわけではない。キリスト教より古代の方がいずれにしろ好きだったからだ。しかし、それが援用したのは何よりも理性だった。それも文明化された理性、昔のようにごつごつしたいかめしいものではなく、往時の厳しさをほとんど留めないスマートな理性だった。「厳格でありさえすれば有徳でありえたような時代は忘れるべきです。現代では、礼儀正しさや愛想のよさや快楽についての知識も人間の値打の一部をなしているのですから。悪い行為を憎む気持は世界が続くかぎりなくならないでしょう。しかし、武骨で粗野な人たちが悪徳と名づけたものを、繊細な人たちが〈快楽〉と名づけることも認めるべきです。未開な性格ゆえに初期の人が抱いた古い考え方をもとにして、あなたの徳性を作るべきではありません。*」この道徳は快楽を排さない。緩和され正しく導かれたものならば、情念をすら排さない……。それはそうであろう。だが、こんな道徳ではとても強制力を持てそうもなかった。まして、普遍的な価値など持てるはずがなかった。この道徳を会得し実践するためには、サン＝テヴルモンかウィリアム・テンプルかハリファックス卿でなければならなかった。これは貴族の、垢抜けした人の、感覚が麻痺した人の道徳だった。こわれやすい合成物で、妥協の産物だった。支配するものではなくて、順応するものだったのだ。

＊ サン＝テヴルモン。ギュスタヴ・ランソン「道徳思想の

変化」（『月刊雑誌』Revue du Mois、一九一〇年）による。

*

前にも言ったが、高邁でいかめしいスピノザの形而上学的道徳はごく少数の人にしか受けいれられそうもなかった。千差万別で常に矛盾を孕んでいる人間の習俗を見ると、みんな混乱するばかりだった。時代の違い、場所の違いをこえてすべての人に課せられる共通の規範など容易に見つかるものではなかった。或る国では、子供を捨てて獣の餌食にしたり餓え死にさせたりすることがならいである。それでも家族の義務は普遍的だというのか。別の国では子供の方が年とった親を平気で殺してしまう。「アジアの一部では、病人はなおるみこみがなくなると、まだ息があるのに外へつれだされ、地面にねかされる。そのまま置きざりにされ、風雨にさらされて、助ける者も憫む者もなく息をひきとる。自分の子供を平気で生埋めにすることも、キリスト教を奉じているミングレリア人〔ミングレリアはグルジアの西部〕の間では日常茶飯事である。自分の子供を食べてしまう所もある。カリブ人は子供をふとらせて食べるため去勢してしまう。ガルシラソ・デ・ラ・ベーガ[11]によると、ペルーの或る民族は女の捕虜に作らせた子供をふとらせた上食べてしまうらしい。そのために彼女らを妾として囲っておくが、生殖能力がなくなると母親も殺して食べてしまう[12]。」この世の有様は道徳なるものが根っから可変的であることを証明している。文句を言ってもしかたがないのだ。「人類の歴史を精読して、海外のいろんな種族に目をやり、それぞれがしていることを冷静にしらべる人は、次のことを納得できるにちがいない。それは、どこかある場所で、ほかとは全く対立した実践上の見解や生活規範に支配されている社会全体の一般的な習慣により軽視されたり断罪されたりしていないような道徳原理をあげることも、徳の規準を考えることもほとんどできないということである（社会のまとまりを保つうえに絶対必要なものは別であるが、別な社会同士の関係ではそうしたものも無視されてしまう）……。」*

* この引用と先の引用は、ともにロック『人間悟性論』An Essay concerning Human Understanding 第一巻第二章〔通常の英語版では第三章〕より〔コストによる仏訳、一七五五年版、二九―三〇ページ〕。

社会のまとまりを保つうえに絶対必要なものは別である

……。ここに新しい道徳の可能性が開けた。善の観念、悪の観念も含めて生得的なものは何ひとつ持たず、しかも集団生活の支えとして正当かつ必要であるような、そういった道徳である。人間は社会生活を営むようにできているから、人類を滅ぼす無政府状態を当然恐れる。それゆえ、死を招く無秩序からまぬがれるための措置を講じ、自己保存の本能があたえる忠告を法典化する。なぜなら集団の生命を保つ正当な自己愛というものがあるからである。エゴイズムが悪いのはそれが集団にとって脅威となる時、したがって全体と不可分な一単位としての個人自体にとっても脅威となる時だけだ。道徳的な善は名声や富や快楽のような意見の対象ではなくて、死活の必要事なのである。それは人類を維持することにあるのだ。

　賛成者は言った。すばらしいではないか。前代未聞ではないか。この道徳は証明可能なのだ。なんらかのアプリオリな公準ではなくて、全く分析可能な現実にもとづいているのだ。自分の内部を見てみよう。快感を生みだし増し保つようなものを私たちは善と呼ぶ。反対に、苦痛の感覚を生みだし増し続かせるようなものを悪と呼ぶ。したがって、正しく解された自己の利益、正確に言えば自己の存在そのものが私たちを国法に従わせる。国法を守ることは自己の財産と自由を維持し、それによって自己の快感の持続と安全をはかることになるのだから。反対に国法を守らなければ、私たちは懲罰を受けるおそれがある。それから無秩序、さらには無政府状態に陥るおそれがある。無政府状態では苦痛なしに生活できない。単に生きることすら不可能になる。公衆の意見や評判という法についても同じことが言える。徳は周囲の人の敬愛の念を呼び起こし、したがって私たちの快感を増す。悪徳は非難と批判と敵意を、したがって苦痛を呼び起こすのだ。*

＊『人間悟性論』、第二巻第二八章。

＊

ただ、社会の幸福が即、純粋な徳なのかどうか。自分の義務を厳格に果たす共同社会はいったい繁栄できるのかどうか。いや、立ちゆくことすらできるのかどうか。ロックはそれを疑わなかったが、人間の心の中に大度と善意と愛他心しか見ようとしない世のモラリストにむかっ腹を立てた一人のすね者、自由思想家(リベルタン)がそれすらも疑問視した。それはバーナード・ド・マンデヴィルというイギリスへ移住したオランダ人だった。権威も習慣もおかまいなしに、畏敬の念など露ほどもなく、言いたい放題のことを言う点では、彼も新派の哲学者の一人だった。大胆不敵で乱暴で、逆説を弄してはセンセーションをまき起こす名物男だった。もちろん、彼の寓話もセンセーションを起こした。マンデヴィルは前からイソップやラ・フォンテーヌの模倣[13]を試みていたが、今度の寓話は子供用ではなかった。

一七〇五年四月二日、『ブンブン不平を鳴らす蜂の巣。悪漢ども化して正直者となる話』The Grumbling Hive: or, Knaves turn'd Honest という全二六ページの匿名の小冊子[14]が出版された。昔々、立派に整った人間社会をひき写したようなひとつの蜂の巣があった。そこには何もかも揃っていた。詐欺師、ペテン師、悪い医者、悪い坊主、悪い兵隊、悪い大臣。女王蜂まで悪者だった。この蜂の巣では不正行為が毎日のように行なわれ、腐敗を禁圧すべき司法官すら買収される有様だった。要するに、どの職業もどの身分も悪徳が充満していた。にもかかわらず、この国は栄えていた。この国は強大だった。なぜなら、個人の悪徳が公共の福利に寄与し、また逆に、公共の福利が個人のしあわせをもたらしたから。このことがわかっていたから、どんな悪者も喜んで公益のために役立とうとした。

ところが或る日、蜂どもの心に変化が起こった。正直と徳しか求めないなどという妙な気を起こしたのだ。そして徹底的な改革を要求しだした。のらくら者ほどペテン師ほど大きな声を張り上げた。そんなに文句があるのなら、このうるさい群から悪徳を消してしまえ、とユピテル〔ジュピター〕はご託宣を下した。たちまちにして、善に対するいちずな愛が万人の心をとらえた。

蜂の巣はみるみる内に崩壊していった。暴飲暴食はなくなり、病気もなくなり、医者は不要になった。喧嘩はなくなり、訴訟もなくなり、弁護士も裁判官も不要になった。倹約になり節制家になった蜂どもは、財布の口をしめてしまった。奢侈も技芸も商業もなくなり、国中が荒廃してしまった。

近隣の国々はここぞとばかり攻め寄せてきた。戦闘が起こった。くだんの蜂の巣は防戦これつとめて侵入軍を撃破したが、この勝利は非常に高くついた。何千匹という勇敢な蜂が討ち死にした。残りの群は悪徳に再び陥らないように、威儀を正してとある木のうろへとびこんだ。蜂たちには徳と不幸しかもはや残らなかったのである。

「さらば不平はやめよ、馬鹿者だけが
偉大な蜂の巣を正直にせんとする。
世界の佳きもの楽しみながら、
武威は輝き、生活は安泰、
その上さしたる悪徳なしということは
脳裡に宿る空しいユートピア。
詐り、奢り、誇り、は矢張なくてならぬもの、
そしてその恩沢をばわれらが受ける……。」

〔四〇九―四一六行。邦訳、新紀元社刊『蜂の寓話』、三〇五ページ、上田辰之助訳〕。

反駁文[15]がぞくぞく出、喧々諤々の議論が起こった。辛辣なバーナード・ド・マンデヴィルはいちいちそれに応戦[16]した。彼は長生きしている。しかし寓話の方がさらに長生きして、今でも論議の的になっているのである。

訳註

(1) ディアゴラス　前五世紀後半のギリシャの詩人。アテナイでデュオニュソスの讃歌や抒情詩を作り、無神論者として神々をそしったというかどで死刑を宣告されたが、逃れた。

(2) テオドロス　前四世紀のギリシャの哲学者。アリスティッポスの弟子でキュレネ学派に属し、神々の存在を否定して「無神論者」の異名をとった。エピクロスの哲学は彼から来るともいわれる。

(3) ニカノール　キプロスの哲学者。「有徳な無神論者」を列挙したこのベールの文章（一七四節）中、古代ギリシャに関する部分は、キリスト教の初期教父アレクサンドリアのクレメンスの『ギリシャ人への勧め』Protreptikos pros Hellenas 第二章二四節の記述を下敷にしているが、クレメンスのその個所にはエウヘメロス、ディアゴラス、ヒッポン、テオドロスと並んで、「キプロスのニカノール」が、無神論者と非難された有徳の哲学者の一人としてあげられている。しかし、ギリシャ・ラテンの文献に名をとどめる「ニカノール」は、ディオゲネス・ラエルティオスの伝えるエピクロスの遺言に登場するその弟子（たぶん師より年長の）のニカノール、アリストテレスの養嗣子でやはりその遺言に出てくるニカノール、キュレネの文法学者で神話学にも関係する仕事をしたニカノールなど、その数は二〇人をこえており、クレメンスの言うニカノールがその（またはそれ以外の）いずれであるかは特定しがたい。なお、使徒行伝やバロニウスには、使徒たちの選んだ七人の執事の一人で

のちに故郷で殉教した「キプロス生まれのニカノール」のことが語られているが、前後の文脈からおして、クレメンスの言うのがこの人物であるとは考えにくい。

（4） エウヘメロス　前三〇〇年頃に生まれたギリシャの神話学者で、マケドニア王に仕えた。エピクロスの弟子とされる。神々の誕生について合理的な説明をあたえようとし、神々とは本来地方の王ないし征服者で、民衆の尊崇と感謝の念がそれを神格化したのであると説いた。

（5） ヒッポン　ベールが拠っているアレクサンドリアのクレメンスの文章には「メロスのヒッポン」とあるが、これはサモス（あるいはレギオンまたはクロトン）のヒッポンのことと思われる。サモスのヒッポンは前五世紀後半の自然哲学者で、動物の精液の観察から、タレスと同じく水を万物の根源としたといわれる。同時代の喜劇作家クラティノスはその芝居の中で、事実、彼を無神論者扱いしていた。

（6） プリニウス　六二―一一四頃。いわゆる小プリニウス。博物学者の大プリニウスの甥で、その養子となった。トラヤヌス帝の信任を受けて、統領やビティニアの総督をつとめ、全十巻の書簡集を残した。

（7） 大法官ロピタル　ミシェル・ド。一五〇四―七三。フランスの政治家。シャルル九世の大法官となり、新教徒への寛容、新旧両教徒の和解のために努力したが、カトリック強硬派と対立して罷免された。宗教戦争期における調停主義的政治家の代表者。

（8） ヴァニーニ　ジュリオ＝チェザーレ。一五八五―一六一九。イタリアの哲学者。ルネサンスの自然哲学、とくにポンポナッツィ、カルダーノらパドヴァ派のそれの継承者、普及者で、多分に汎神論的な説をなしたが、無神論のかどによりフランスのトゥールーズで火刑に処せられた。

（9） マホメット・エフェンディ　この人物のことは、リコウの『オスマン帝国の現状』Present state of the Ottoman Empire 第二部第一二章に出ており、ベールもそこから引いているのである。

（10） ブルトゥス　マルクス・ユニウス。前八五―四二。ローマの政治家でカエサル暗殺の首謀者。暗殺後東方へ去り、フィリッピの戦に敗れて自殺した。厳格な道徳家をもって聞こえる。

（11） ガルシラソ・デ・ラ・ベーガ　一五三九頃―一六一六。ペルーの歴史家。インカ皇女とスペイン人征服者の子供で、スペインへ移り、インカの風俗、スペインによる征服などの歴史を著わした。

（12） アザールが引用しているのは『人間悟性論』のコストによる仏訳で、これはロックの原文（本文にかかげたのはその邦訳である）とは多少違うから、コスト訳の日本語重訳を次にかかげる。「アジアの或る場所では、病人がなおる見込みがなくなると、人々は地面に掘った穴にその病人を入れ、風雨に曝して、なんの助けもあたえずにそのまま無慈悲に死なせてしまう。自分の子供を平気で生埋めにすることも、キリスト教を奉じているミングレリア人の間では日常茶飯事である。別な場所では父親が自分の子供を食べてしまう。カリブ人は子供をふとらせて食べるため去勢する習慣だった。ガルシラソ・デ・ラ・ベーガによると、ペルーの或る民族は妾にするために女の捕虜をとっておき、作った子供は一三歳になるまでできるだけいい食事をさせて養うが、一三歳になると食べてしまい、子供ができなくなった母親も同じく食べてしまったという。」

(13)　イソップやラ・フォンテーヌの模倣　『ラ・フォンテーヌ氏のやさしく平易な方法によるいくつかの寓話』Some Fables after the Easie and Familiar Method of Monsieur de la Fontaine（一七〇三年）、および『イソップ精選、または平易な詩で書いた寓話集』Æsop Dress'd or a Collection of Fables Writ in Familiar Verse（一七〇四年）のこと。

(14)　匿名の小冊子　『ブンブン不平を鳴らす蜂の巣』の寓話詩は、一七〇五年に単独で出版されたのち、一七一四年に、「道徳的美徳の起源の研究」という散文の解説と、二〇項目の註をつけて、『蜂の寓話、私人の悪徳は公共の利得』The Fable of the Bees: or, Private Vices, Publick Benefits という題で刊行され、さらに一七二三年には「慈善および慈善学校論」、「社会の本性の研究」という二篇のエッセイを追加された。また一七二八年には、六篇の対話からなる第二部が別に出版されている。

(15)　反駁文　『蜂の寓話』が世人の注目を浴び激しい批判にさらされたのは、『ブンブン不平を鳴らす蜂の巣』が単独で出版されてから二〇年近くたった一七二三年版刊行時からである。その理由は、この版からはじめて加えられた「慈善および慈善学校論」（慈善学校廃止論）にあった、とマンデヴィル自身は言っている。いずれにせよ、『蜂の寓話』の一七二三年版はミドルセックスの大陪審廷によって危険文書の烙印を押され、『ロンドン・ジャーナル』London Journal の一七二三年七月二七日号でも「C卿への手紙」なる一文によって攻撃された。その後、第二部刊行時（一七二八年）までに発表されたマンデヴィル批判は、単行本で出たものだけでも、ウィリアム・ロー『〈蜂の寓話〉と題する新刊書に関する指摘』Remarks upon a Late Book, Intituled, the Fable of the Bees（一七二四年）、W・G・バーンズ『慈善および慈善学校の擁護』Charity and Charity Schools Defended（説教、一七二四年）、ジョン・デニス『悪徳と奢侈は公共の害悪』Vice and Luxury Publick Mischiefs（一七二四年）、リチャード・フィッズ『一般道徳論』A General Treatise of Morality（一七二四年）、トマス・ウィルソン『貧者や金持の子供を教育する真にキリスト教的な方法』The True Christian Method of Educating the Children both of the Poor and Rich（説教、一七二四年）、ジョージ・ブルーイット『一般的な徳の実践は国民の富と窮乏、利益と不利益のいずれをもたらすかの研究』An Enquiry whether a General Practice of Virtue tends to the Wealth or Poverty, Benefit or Disadvantage of a People?（一七二五年）、ウィリアム・ヘンドレー『慈善学校の擁護』A Defence of the Charity-Schools（一七二五年）、フランシス・ハチソン『美と徳の観念の起源の研究』An Inquiry into the Original of our Ideas of

Beauty and Virtue（一七二五年）、H・S・ライマールス（ドイツのプロテスタント神学者）『〈蜂の寓話〉検討考課』Programma quo Fabulam de Apibus examinat（一七二六年）、ジョン・ソロルド『〈蜂の寓話、私人の悪徳は公共の利得〉と題する書に述べられた思想の簡潔な検討』A Short Examination of the Notions Advanc'd in a Book, intituled, the Fable of the Bees or Private Vices, Publick Benefits（一七二六年）、アレグザンダー・インズ『美徳論、または道徳的美徳の起源の研究』APETH-ΛΟΓΙΑ or, an Enquiry into the Original of Moral Virtue（一七二八年）などがあり、一七三二年に出たバークレーの『アルシフロン』Alciphron もマンデヴィルをひとつの攻撃対象にしている。

(16) 応戦　『ロンドン・ジャーナル』にのった「C卿への手紙」に対して、マンデヴィルはただちに同じ新聞の一七二三年八月一〇日号に自分の弁明文をのせ、ミドルセックス大陪審廷の決定に対する抗議とともに、『蜂の寓話』一七二三年版の巻末にあとから添加した（A Vindication of the Book）。また、ロー、ブルーイット、インズらの批判に答えて自作を擁護するために、『蜂の寓話』の第二部を著わしたのである。なお、マンデヴィルは第二部の序文で、『蜂の寓話の擁護』Defence of the Fable of the Bees という文章を書いたと言うが、これは単独の形では発表されなかったらしい。また、バークレーの『アルシフロン』に対しては、マンデヴィルの応答文『ダイオンへの手紙』A Letter to Dion が一七三二年に発表されている。

第五章　地上の幸福

幸福――これを相変らず来世に任せておくべきなのか。あの世の亡霊などあまりにうつろで影の薄いものではないか。いや、亡霊すらもうないのである。あるのは形など考えられない、何かわからぬ永遠の実体だけだ。もう後光も竪琴も神々しい合唱もない。ならばいっそ地上で幸福をつかもうではないか。さあ急げ。ぐずぐずするな。明日(あした)があると思ってはいけない。大事なのは今日、ただ今だ。未来をあてにするのは軽率もはなはだしい。純人間的な幸福をしっかりつかもうではないか。

新派のモラリストたちはそう考えて、現在の幸福を追求しだした。

＊

幸福な生活を作りあげるには、まず(第一の方法として)、純粋な知性にふさわしく冷静に物事を考え、不幸を誇大視する想像力を抑制すればよい。不幸を生みだすことにかけては、私たちは抜群の腕前を持っている。自分の不幸を誇張して、それを特異なもの、慰めようのないものと思う。それのみか、自分の苦しみに一種の愛着を抱き、それを後生大事にぶらさげて歩く。危険な想像力にはもうひとつ別な欠点がある。手のとどかない喜びを手にいれようとすることだ。それは次から次と蜃気楼を見せて私たちをだます。私たちは追いつこうとしてかけだすが、そのつど裏切られて不快な思いしか残らない。人生というものはありのままに見るべきなのだ。過大な要求をすべきではないのだ。私たちは生活のみすぼらしさを嘆くけれども、自分に起こるかもしれぬあらゆる災難、災厄を生まれる前に見せられたと仮定したら、みな慄然としないだろうか。その上で、今の自分がいかに多くの危険を免れているかを見れば、たいした被害も受けずにのうのうとしていられるのは本当に有難いことだと思わないだろうか。「奴隷や生活の資を持たない人、額に汗してかろうじて生きている人、痼疾に悩む人――人類の大部分はそういった人たちである。どういう風の吹きまわしで、私たちはそうならずにすんだのか。人間であるということはいかに危険なものであるかを悟るべきである。そして、私たちがあわずにすんだすべての不幸を勘定し、そういう危難をことごとく免れたわが身のしあわせを思うべきである。*」

* フォントネル『幸福論』Du bonheur（一八一八年版全集、第二巻三八三ページ）。この節では全体的にフォントネルの言いかたをそのまま援用した。

こうやって物の大小を正しく見る目をとりもどしたら、その上で私たちは賢明な財産管理につとめるべきである。私たちの財産はわずかだが、けっして架空のものではない。情念の激しい動きは心の乱れと苦しみしか生まないから、それは慎重に避けねばならない。求めるべきは平安である。そんなのは面白味がないなどとまわりの人が言ったら、肩をすくめてみせてやるがいい。「静かなだけだなどと文句を言う人は、人間のありかたをどう考えているのか」（同三八六ページ）。目立つ地位や、派手なことや、高望みは避けよう。こうしたものは平和な船路をおびやかす危険物だ。私たちはささやかな自分の小舟を波静かな港の方へソッと導いてゆかねばならないのだから。自分をいつわってはいけない。自分に確信が持てるということは何物にもまさる防壁である。油断もすきもなく、守銭奴のように用心を重ねて、一文の無駄使いすらつつしみながら、自分の乏しい財貨に目を光らせていよう。もちろん風向きしだいでは、いくら用心してもこれを奪われるおそれはある。しかし注意と警戒を怠らなければ、それだけ持ちとおせる可能性も強いのだ。賢明でいる限り、私たちは自分の生活を自分で作っているのだから。

ささやかなしあわせ。これは手の届かない至福からこぼれ落ちた小銭のようなものである。楽しい会話、狩り、読書――こうしたもので日々を充たしてゆこう。こういう確かな喜びを味わって、不確かなものをあてにしないことにしよう。「私たちは現在を手中に握っているが、未来という一種のペテン師は私たちの目をあざむいて、それをまんまとくすねてしまう」（同三八四ページ）。平凡な幸福をたのしもうではないか。それを授けてくれた或る力は、明日にでも気まぐれな贈物をとりあげてしまうかもしれない。快楽の適当な機会についても、性質についても見誤らないようにしよう。「問題はもっぱら計算することである。知恵はいつでも数とり札を手に持っているべきだ……」（同三八五ページ」。

ゲームにいつも興味を持って、ことさらに賭金を上乗せしたり、親を譲ったりする、そういう巧みな賭博者の態度も魅力がないわけではない。だが、正直に言って、皆が皆こういう態度をとれるものではない。そのためには並はずれて明晰な冷たい知性が必要である。それは、もろもろの情念を推理さえ働かせれば押さえこめるとなめてかかっている。想像力を従順な奴隷のように扱っている。暮しに困らないこと、人にしばられないこと、さらには暇があることが、それの前提をなしている。要するに利己的な幸福なのだ……。

*

お手本はもうひとつ出た。私たちの心が百パーセントくつろぐためには、実存の悲劇性の意識をこそとり除かねばならない。この意識は私たちを一生苦しめつづける。そして最後の息を引きとる時、それはいっそう激発して、ここにもうひとつの悲劇、永世の悲劇が始まる。軽口をたたきながらあの世へ行った人はしあわせだ*。そういう人は、心の安らぎをことごとに邪魔するあの陰惨な神がかりなど知らなかったにちがいない。あれにかかると、自分の心が不安にさいなまれるだけでなく、いつのまにか狂信的にのぼせあがって、他人をも苦しめるようになってしまう。神がかり、天のお告げ、片時もやまぬ恐怖の責苦、地獄と刑罰の黒暗々の幻――こうしたものを遠ざけるにはどうしたらいいか。

* ブロー＝デランド『軽口をたたきつつ死んだ偉人の考察』Réflexions sur les grands hommes qui sont morts en plaisantant、一七一二年。

そうむずかしいことではない。「グッド・ネイチャー good nature、グッド・ヒューマー good humour」という心がまえがあることに気がつけばいいのである。霊験あらたかな淡いバラ色の眼鏡さえかければ、あらゆるものが陽気な色合いを帯びてくる。人間がこぞって微笑する気になれば、不幸をいっそううつのらせるとげとげしい気持はなくなる。上機嫌という常備薬の効能を馬鹿にしてはいけない。誰でも知っているように穏健な方法で同時代者の矯正を試みて、嫌味（いやみ）でない程度の道徳を一号々々に盛りこんだスペクテーター氏(1)は、上機嫌こそ私たちの普段着であるべきだと明言した。これさえ着たら、世の中はずっとうまくいくはずなのに。

　こういう気持はフランスも含めてかなり広くあった。しかし、特にさかんだったのはイギリスだった。これは観察者がひとしく認めるイギリス人の陰気な傾向と、ピュリタン的な過度の信仰熱心に対する同時的な反作用だった。これをスマートに代弁したのが、シャフツベリ伯爵アンソニー・アシュレー・クーパーである。この人の繊細な風貌を眺めて、しばらく目を休めることにしよう。シャフツベリは明らかに楽天的である理由をいやというほど持っていた。ロックのパトロンだった政治家[2]の孫[3]で、名家の御曹子だったこと。ロックその人から手をとって教育されたこと。政治には不向きで、思想と芸術の楽しみに静かにふけっていたこと。金があったから、旅行をしたり、立派な画や立派な本をたくさん買ったり、デ・メゾー、ベール、ル・クレールといった素寒貧の文人を援助してやったりできたこと。つまり運命の贈物をふんだんにもらっていたことである。もらい忘れたのはただひとつ、健康だった。胸を病んでいたからである。館も領地も友人も故国も捨て、シャフツベリはモンペリエ〔南フランスの町〕、ついでナポリの空気の内にこの業病の薬をむなしく求めた。そして四二歳で逝っている。つまりこの人は、楽天的になるたくさんの理由とともに、人生を呪うただひとつの決定的な理由を持っていたのである。

　彼は人生を美しいもの、しあわせなものと見立てた。病魔に冒されつつも晴々として常に微笑を失わぬ彼の言葉は、こうして感動的な調子を帯びた。老樹の繁るイギリス風の庭園で、あるいは地中海岸の透明な光の中で、シャフツベリは好んで仲間と歓談した。重っくるしい四角ばった会話ではない。肩のこらない愉快なおしゃべりである。欠点があるとしたら、冗長でテンポがのろいことだったろう。或る時はギリシャの哲人やラテンの詩人の名言を気楽に引き、或る時は現在を語って時事問題や存命中の人をとりあげるなど、会話は多彩な魅力をそなえていた。それは皮肉すらいとわなかった。いや、正確に言えばユーモアである。皮肉とユーモアは同じではない。皮肉はフランス人のもので、イギリス人のはユーモアだ。曲りくねった彼の話は、片時も脳裡を去らぬひとつの観念、魅惑によって相手を征服しようという固い決意に貫かれていた。では、幸福に出会うにはどうしたらいいのか。

　こういう言いかたが許されるとしたら、「人間を人間化」

すればいいのである。見せかけの謹厳さとか偽善とか、自分の本心を自分にもわからなくさせる興奮状態などをはぎとればいいのである。今でも有名な——当然のことだが——手紙*の中でシャフツベリが攻撃したのは「神がかり」だった。もちろん神がかりと言っても、美的な作品を湧き出させる創造的な天才のことではない。信仰の上での神がかりである。それにかかった人は神性の火花を宿したような気になるが、実は自分の最悪の欠点を助長しているにすぎない。ふさぎの虫とか、ものを考えるのをおっくうがる怠惰な習性とか、げてもの食いとか自惚れとか虚栄心とか。それだけならまだしも、他人の生活に干渉し他人の良心をおさえつけたいという無遠慮な欲求や、習慣的な憎悪と残酷な行動などがそれに加わる……。神がかりをやっつける武器は良識と精神の自由、さらには——いささか意外かもしれないが——適切なひやかしである。

＊『神がかりについての手紙』A Letter concerning Enthusiasm、一七〇八年。

笑うことを知らねばならない。精神医学ではこれ以上の薬はない。こちらもカッとなって、憎悪に対するに憎悪をもってしてはならない。むしろ笑いとばしてやるがいい。勿体ぶったやつはへこましてやり、陰気なやつはからかってやるがいい。神がかりなやつは笑殺することだ。

現に、フランスのセヴェンヌ地方(4)〔南フランスの山地〕からロンドンへ亡命してきたカミザールの連中がいる。彼らは文字どおり神に憑かれて、予言をしたり譫言を言ったりしている。それがあんまり度を越して、ついには危険人物と目され、官憲にしょっぴかれたり(5)する有様だ。この連中を牢屋へぶちこむべきか。絞首刑に処すべきか。殉教者に仕立てるべきか。——いやいや、人形芝居(6)でもからかわれているのだから、それだけでもうたくさんだ。茶化されたら偉そうな顔はできなくなる。これは発疹のようなものである。なりゆきに任せて、ただ笑っていよう。微笑していよう。そうすれば自然に衰えて、ひとりでに治るにきまっている。時の始めから、あらゆる宗教的な争いでこういうやりかたがとられていたら、多くの火刑台が燃やされずにすんだものを。

宗教というのは気軽に扱うべきものである。上機嫌からは真の敬神が生まれるが、不機嫌からは無神論しか生じない。神がこの上なく慈愛に充ちたものならば——事実そうだが——恐怖と苦悩を抱きつつ神を思うよりも、むしろ平和な気持で神を考えよう。不幸な時か不安な時か怒った時しか神に訴えないのは大間違いだ。

「閣下、要するに私の見るところでは、宗教の陰気な扱い方こそ、宗教をかくも悲劇的なものと化し、事実、かくも多くの陰惨な悲劇をこの世に生ぜしめているものなのです。宗教を正しく扱うならば、宗教に対して上機嫌でありすぎることも、宗教を検討するのに自由でありすぎたり慣れなれしすぎたりすることも決してないというのが私の考えです。なぜなら、その宗教が本物で偽りのないものならば、検査に耐えるどころか、逆にそこから利益を引きだすはずですし、もしも贋物ないし欺瞞を含んだものならば、それは摘発され暴露されるに相違ないからです」（『神がかりについての手紙』、第四節。『性格論』Characteristics of Men, Manners, Opinions, Times, etc.、一九〇〇年版、第一巻二四ページ）。

シャフツベリが実存の悲劇性を誰よりも痛感していたパスカルにたてついたのは、当然といえば当然だし(7)、或る意味では避けがたいことだった。彼は賭けの論理も知っていた。知った上でそれを拒否した。神が存在すれば全部いただきだし、存在しなくても全然損にならないから宗教の方に賭けるというのは、町で出会うこすっからい乞食の真似をすることにならないか。連中は道行く人を誰彼かまわず「閣下」と呼ぶ。相手が貴族なら、そう呼ばないと気を悪くする。貴族でなくても、そう呼ばれれば嬉しいだろう。どっちにしろ恵んでもらえるはずだ……。こんな打算にもとづいて信仰するのは神を侮辱することではないか。

神そのものもけっして悲劇じみてはいない。神は予定論者が言うように不公平ではないし、永劫の刑罰をこわがる人が言うように恨みがましくもない。未来の報酬をあてにして徳行を行なう者は、欲得ずくの偽善者であることを神は人間に強制すると思っているが、実際はそうではない。神とは宇宙に充ちわたる慈愛である。慈悲である。慈悲深い人、慈愛に富んだ人は神と一体なのである。

「公衆を愛し、世のしあわせをはかり、力の及ぶ限り世間一般の利益を増すことは、間違いなく最高の仁慈で、私たちが〈神的〉と呼ぶ気質を作りなすものです……」（『神がかりについての手紙』、第四節。『性格論』、一九〇〇年版、第一巻二七ページ」。

論争、喧嘩、口論、騒動——私たちはこういうものをいやというほど見てきた。なにぶん感覚が麻痺していない時代である。無関心を毛嫌いし、懐疑を恐れて探求を重ねた時代である。シャフツベリも信念の強さでは同時代の誰にもひけをとらなかったが、ただこの人の口調にはとげとげしさがなかった。この人の品の良さ、ものやわらかさ、貴族的なみやび、あふれるほどの善意と愛、自分では理性的なつもりだが、えてして、心やさしい著者が自身の心情を吐露しているにすぎないようなその所説——こうしたものに私たちは胸を打たれる。また安らぎをおぼえる。不思議なことに、このモラリストは人間を嫌うことが遂にできなかった。辛い点をつけることさえできなかった。自分が生きるこの時代をいやな時代とは思っていなかったのである。もちろん非常識なこと、気ちがいじみたことは山ほどある。しかし非常識は暴露され、狂気は汚辱にまみれているではないか。救いの第一歩である自由な批判が充ちあふれているではないか。お前の救済策は単純すぎるとか、お前の幸福獲得法は寸足らずだとか、お前の哲学——「自分をしらべるという平易な月並みの哲学」〔『神がかりについての手紙』、第六節。『性格論』、一九〇〇年版、第一巻三一ページ〕、「平易でまじめな道徳」〔同第五節。同第一巻二九ページ〕と『手紙』にはある——はあまりに平俗でマイホーム的だとか言われても、シャフツベリはそう簡単にあきらめなかった。地上の世界から離れずに天上の至楽を味わわせること、美の力によってそうすることが彼の念願だったのである。

「美と善は同一である。」宇宙はひとつの調和だから、そこには不協和音は考えられない。私たちの道徳感はこの調和の実現をめざすから、それが完全であることを望まざるをえない。悪徳は美的な欠陥であって、故意にこの罪を犯すのはまず論理に反し、次に道徳に反し、さらには趣味に反している。芸術は事物を秩序だてるイデアを反映した感覚世界の輝きを再現するが、人間も同じイデアの別な反映にほかならぬ道徳的な美、道徳的なウェヌス〔ヴィーナス〕を自己の内に再現すべく努めねばならない。人間は自分の影像を自分で作る芸術家で、正しい考えと有徳な行動と美しい形を自分の内から湧き出させる。創造的な意志によって現実化されたこの全体が幸福と名づけられるのである。無神論者はこういう秩序への協力を拒んでしまう。だから判断を誤り、悪事を行ない、醜さをばらまくのである。だから不幸なのである。

「人道の達人」といううまい綽名を奉られたシャフツベリは以上のように考えていた。道徳は根っから社会的なものだという確信を得るために、彼は恩師ロックの言葉に耳を傾けた。幸福を語る時にはスピノザにも傾聴した。スピノザは罪の観念を排撃して、生の喜び、心地よい香り、草木の美しさ、音楽、遊戯、芝居などを楽しむように賢者に勧めている。意地悪な神でなければ、人間のすすり泣きを聞いて喜ぶはずはないというのだ。スピノザは胸底に秘めた深い喜びに充たされている。彼に言わせれば、喜びとは存在のより高度な性質を実現したという意識、悲しみとは存在の減退の意識にほかならない。それのみか、スピノザは快活であることに一種哲学的な高い価値をあたえている。シャフツベリもこの点ではスピノザに従った。しかし、どこでも最高のものを選ぼうとしたシャフツベリは、スピノザだけでなくプラトンにも従っている。彼の時代はさまざまな面でルネサンスを髣髴させた。プラトンの思い出がそこに現われぬはずはない。ケンブリッジの教授たち[8]は敬虔なプラトン信者だった。カドワースはイデアと創造の媒介をなす造型的本体[9]によって世界を説明した。シャフツベリも洞窟の壁[10]にうつる大きな影の神々しいたわむれを見るのを好んだ。天体の楽の音に耳を傾けていれば、人間の嘆声も悲鳴も聞こえなくなると思っていたのだ。

思索のはてに、幸福はもうストイシズムの内にあるとは思えなくなった。ストイシズムは避けがたい不幸に耐えること、それを軽んじることしかできない。幸福は禁欲主義や、堕落した自己の本性の不断の禁圧によってあがなわれるものではなくなった。地上の生活も、泣く者はいずれ慰められる[11]がゆえに、自分を押しつぶす不幸の方が喜びよりもいっそう貴重であるような、そういう試練の宿ではなくなった。人々を救うために十字架にかかった痛々しいキリストから、みんな目をそむけようとした。キリストの腕の無言の呼びかけなど、もう聞きたいと思わなかった。幸福とは自分の内におのずからある力が外へ広がり出ることだ。それを正しく導けばいいのだ。苦痛の甘受、犠牲の欲求、本能との戦い、十字架の狂気――こうしたものは判断の誤り、間違った習慣にすぎない。神＝理性は私たちの死すべき命を不死への準備と考えることを禁じているのだ。

＊ ボシュエ『マリ＝テレーズ・ドートリッシュの棺前演説』[12]

Oraison funèbre de Marie-Thérèse d'Autriche にはこうある。「地上では、キリスト者はけっして生きてはおりません。いつも苦行をしているからです。苦業は死の前味、死の修業、死の始まりだからです」〔ヴィヴェス版全集、第一一巻七七ページ〕。

＊

地上に幸福をうち立てるには、ひとつの徳目が手をかす必要があった。それも新しい徳目だった。

今までは美徳の内に入らなかったものである。気の弱さ、ほとんど怯懦と見られていたものである。あらゆる意見を許容したり、同胞が誤謬に陥って地獄の道を歩んでいるのにその意見を黙認したり、にせ予言者や嘘つきの意見に目をつぶったりするくらいなら、いっそ虚偽と誤謬の共犯者だとおおっぴらに宣言したらいいではないか。黙認ではなく、盲目な者の目を開き、道を踏みはずした者を正道へ引きもどすのが人間の務めだ。良心を手荒に扱うのはいけないにきまっているが、真理がひとつでそれを知ることに永遠の救いがかかっている以上、それを放任していいのか。人間の義務は寛容であることを禁じている。愛もそれを禁じている。だから寛容派は偽装したソッツィーニ派、真の教会の特性の抹殺者、信仰の交わりの中にすべての異端者を受けいれる無原則派、宗教上の無差別を説く懐疑論者、反逆者、自由思想家（エスプリ・フォール）にすぎない。寛容といえば、ボシュエのような人は絶対に寛容でありえなかった。ペリソンですらそうだった。新教徒をローマ教会へ復帰させるためライプニッツと交渉した時でさえ、彼は断じて寛容ではなかった。一六九二年にライプニッツ宛の手紙の中で、ペリソンは次のように述べている(13)。「いわゆるソッツィーニ派、それから理神論者やスピノザ派などと言われる連中が、この説を広めるのに大いに貢献したのではないかと思います。この説はどんな謬見とも折りあえるものですから、最大の謬見と呼んでしかるべきでしょう。自分が認容されないことと、法律が介入することを恐れるあまり、彼らはあらゆるものを許容すべきだと好んで主張したのです。そこから〈寛容〉と呼ばれるドグマが生まれました。またもう一つ、〈不寛容〉という言葉がそのあとで生まれ、ローマ教会の大罪として非難の的になったのです……」〔『宗教上の寛容について』De la Tolérance des religions（一六九二年）、四六ページ〕(14)。

しかし、なんと言っても無駄だった。ペリソン自身知っていたように、ひとつの変化が起こっていた。非常な努力で、また非常な不安をまき起こしながら、何年にもわたる粒々辛苦の末に寛容はマイナスからプラスへ変り、ひとつの徳目と化しつつあった。政治的な論争と宗教的な論争がこれをめぐって行なわれていた。一方の側はこう言った。フランス国王には、頑迷な人間に強制を加えて誤謬から引きもどすため力を用いる権利がある。オランダの為政者にも、思想上の権威を否認して平和を乱し国家の存立をおびやかす者を罷免したり投獄したりする権利がある。イギリス国王にも、政治権力に対する法王庁の優位を主張してやまぬ醜悪なカトリック教徒を非合法化する権利がある、と。しかし、もう一方の側はこう言った。良心の問題はもっぱら神の権限に属するから、良心の動きを縛ることはできもしないし許されもしない。本当のキリスト者なら、迫害と福音の精神が水と油のように相容れないことを知っている。だからキリスト者たる君主は、自己の政治権力を臣下が尊敬するかぎり、すべての臣下に対して寛容でなければならない、と。新教徒の歴史家に言わせれば、オレンジ公ウィリアム〔英国王ウィリアム三世〕こそこのような君主の典型だった。「この点について彼は次のように言った。自分はプロテスタントである、だから改革宗教を維持することしか約束できない、それに異端者という言葉の意味をどこまで拡張できるかも正確には知らない、しかし自分としては、宗教ゆえに人が迫害されるのを絶対に許さないつもりだし、相手が誰であれ、人を改宗させるには福音にのっとった説得という方法しか用いないつもりである、と。」* ナント勅令の廃止にウィリアム・オレンジが対置したのは一六八九年の寛容令[15]だった。

* ダヴィッド・デュランによるラパン＝トワラース『ローマ人定着以来のイギリス史』Histoire d'Angleterre depuis l'établissement des Romains（一七二三—二七年）の続篇（一七三四年）。第一一巻四八ページ、「寛容に関する彼の意見」。

宗教的な論争はさらに激しかった。すでに一六六九年[16]に牧師のデュイソーが口火を切って、宗派という宗派が武器を捨て、全世界を包含するような幅広い信条を採択することを提案[17]していた。ジュリユの癇癪玉が破裂したのは、この時が最初[18]らしい。デュイソーに反駁するため私は『〈キリスト教の合同〉という書物の検討、または宗教問題における寛容を論ず』Examen du livre de La réunion du christianisme ou traitté de la tolérance en matière de religion を著わした、「ごらんのとおり、異端の寛容という無法な主張への憎しみは私の持病のようなもので、時とともにますます一層強まったのである」(『ジュリユ氏の弁明』Apologie du Sr. Jurieu(一六九一年)、三ページ)、とジュリユは語っている。亡命地でもこの戦いは継続し、さらに激烈の度を加えた。必ずしも噛み合わない論理が互に投げつけられ、論文が次々と発表された。アンリ・バナージュ・ド・ボーヴァル、[19] ジェデオン・ユエ、[20] エリ・ソーラン[21]等の開明的な牧師は、寛容ではなく不寛容こそ精神に対する罪であることを明らかにした。実を言うと、ウィリアム三世がカトリック教徒を寛容令から除外したように、この人たちもカトリック教徒だけは一般的な善意の対象からはずしたが、とにかく彼らは、自国の自由な伝統を忠実に守るヘイスベルト・クーペル、[22] アドリアン・パートゥス、[23] ノートなど[24]賢明で学識のあるオランダ人と手を組んで、ともどもに寛容という徳目を押し出すために苦闘した。ときどき嵐が起こって問題がこんがらかった。真偽の程はわからないがとにかくベールのものとされた『亡命者への重大な忠告』[25] Avis important aux réfugiés は、カトリックの不寛容と同じくプロテスタントの不寛容にもくってかかり、それがきっかけで激烈な論戦がさらに嵩じた。[26] しかし嵐が過ぎると、オリーヴの枝をたずさえた寛容の姿が前よりもさらにはっきりと現われるのだった。

いちばん人間的だったのはロックである。寛容を論じた著作は多いが、彼が一六八九年に発表し死にいたるまで擁護した[27]『寛容についての書簡』Epistola de Tolerantia ほど雄弁で雅量のある呼びかけはない。ロックは叫んだ。考えてほしい、寛容こそキリスト教の本質ではないか。愛とやさしさと善意がなくて、どうしてキリスト教徒と言えるのか。信仰は鉄火によって動くのではない。愛によって動くのだ。真偽の程は最後の審判の日までわからないちょっとした意見の相違のために、兄弟を火刑に処さねばならないのか。たけりくるった狂熱家は、そんなに仕事がほしければ同信徒が毎日のように犯している犯罪や悪徳と戦うがいい。そういう放埒の方が、良心の声に従って教会の何かの決定をしりぞけるよりずっと有害なのは明らかである。霊的なことと俗世のことは違うのだ。宗教団体と市民社会は違うのだ。為政者は精神を治めるわけではないから、神殿の閾を絶対にまたいではならない。寛容はイエス・キリストの福音にも万人の常識にも全くかなったものだから、その必要と利益を見ようとしない者は怪物とみなしてさしつかえない。教会の中でラテン語を話そうが話すまいが、ひざまずこうが立とうが、長い衣を着ようが短い衣を着ようが、どうでもいいことではないか。カトリックの礼拝をする人も、ジュネーヴの人〔カルヴァン派〕も、抗議派（レモンストラント）〔アルミニウス派〕も反抗議派（レモンストラント）〔正統カルヴァン派〕も再洗礼派もアルミニウス派もソッツィーニ派も、魂を力ずくで奪えるものではないことを知るがいい。君たちにはそんな権利はないし権限もない。みんなが許しあうべきなのだ。善を行なうという同じひとつの意志を持って、互に愛しあうべきなのだ。

訳註

（1）スペクテーター氏　アディソンとスティールが出していたイギリスの新聞『スペクテーター』Spectator（一七一一―一四年）の語り手。

（2）ロックのパトロンだった政治家　第三部第一章、訳註2を参照。

（3）孫　原著には「息子」とあるが誤りなので訂正した。

（4）カミザール　ナント勅令廃止後の弾圧に抗して蜂起した南仏セヴェンヌ地方の農民のこと。彼らは官憲による強制改宗に反対して武器をとり、一七〇二年六月のシェイラ師殺害と、新教徒の囚人の解放を手はじめに、各地のカトリック教会を襲ってそれを焼き払い、司祭を殺し、政府軍に対してゲリラ戦を展開した。政府は一万の軍隊を派遣して鎮圧に当ったが、この暴動が完全に鎮定されたのは一七一〇年だった。この暴動に参加した農民の間には当初から予言、幻覚などの憑依現象が広汎に見られ、彼らの一部はその後イギリスへ亡命してからもロンドンでその習慣をくりかえして、泰平なイギリス社会にスキャンダルをまき起こした。第四部第六章、五一二―五一四ページを参照。

（5）官憲にしょっぴかれたり　ロンドンへ亡命したカミザールの残党がフランスやルイ一四世を攻撃していた間はイギリスの官憲も黙認していたが、やがて彼らの攻撃は「不信者」に充ちみちたロンドン社会や、カトリシズムと余りにも酷似したイギリスの教会にも及んだため、遂に彼らは検挙され、指導者エリ・マリオンと二人の弟子は一七〇七年一二月一、二両日、ロンドンの町角で晒物にされた。群衆は彼らを「イエズス会士」とののしり、石を投げたが、オーモンド公爵はいかなる暴力行為も許さなかった。

（6） 人形芝居　一七〇七年、当時人気の絶頂にあったロンドンのセント・バーソロミューの市で、フランス人の「にせ予言者」をカリカチュアライズした人形芝居がかかっている。

（7） 賭けの論理　パスカルの『パンセ』Pensées には次の有名な言葉がある。「……賭はしなければならない。それは随意なことではない。君はすでに船を乗り出したのだ。いったい君はどちらを取るか？　考えてみよう。選ばなければならないからには、どちらが君にとって利益が少ないかを考えてみよう。君が失うかもしれないものは二つ、真と善である。賭けるものは二つ、君の理性と君の意志、つまり君の認識と君の幸福である。そして君の本性が避けようとするものは二つ、誤謬と悲惨である。どうしても選ばなければならないからには、他方を措いて一方を選んだところで、君の理性は別に傷つけられるわけではない。これで一つの点が片づいた。だが、君の幸福はどうなるか？　神は存在するという表の側をとって、その得失をはかってみよう。二つの場合を見積ってみよう。もし君が勝てば、君はすべてを得る。もし君が負けても、君は何も失いはしない。だから、ためらわずに、神は存在するという側に賭けたまえ」（ブランシュヴィック版、第二三三。邦訳、河出書房新社「世界の大思想」8、一一一ページ、松浪信三郎訳）。

（8） ケンブリッジの教授たち　ヘンリ・モア、シオフィラス・ゲール、ラルフ・カドワースらのいわゆる「ケンブリッジ・プラトン派」のこと。シャフツベリは或る意味でこの派の継承者だった。

（9） 造型的本体　Natura plastica。カドワースが自然の内に想定した造型的な力。これはひとつの能動的、創造的な力だが、明確な認識を持たずにその目的を追求し、神の意志の執行者となる。彼はその例として動物の本能をあげているが、このようなクッションを設けることによって、カドワースはデカルト的な機械論から脱するとともに、すべての事象を神意の直接的な結果と見ることから生じる神義論上の困難を回避しようとしたのである。

（10） 洞窟の壁　プラトン『国家』Politeia 第七巻の次の文章を参照。「〈われわれが本来的な意味での教育を受けるのと、受けないのとの関係を、次のような情態に似ているものと見てくれたまえ。すなわち人間を洞窟状の地中の住いにあるかのように見るのだ。それは光明のあるほうへ入口を開いているのだが、その入口は長い奥行をもち、洞窟の幅に開かれているとしよう。人間はこの住いに子供のときから、手足と首をしばられたままでいるので、そこにそのままとどまっていて、前方しか見ることができず、縛られているので、頭をめぐらすことはできない。かれらのためには火の光が上方から、かれらの後方はるかのところに燃えていて、この火とその囚人との間には高めに道がついているとしよう。そしてその道に沿って、いいかね、ちょっとした城壁のようなものができていると見てくれたまえ。それは人形づかいたちが、その前面に置いておいて、その上へ人形を出して見せる、あの台のようなものなのだ〉……〈奇妙な似像〉とかれは言った。〈奇妙な囚人のお話ですね〉〈われわれ自身によく似たね〉とわたしが言った、〈つまりそのような情態にある人間は、自分自身のにせよ、お互い同士のにせよ、自分たちの正面にある洞窟の一部に、火の光で投影されている影以外に、何かほかのものを見たことがあるだろうと、君は思うかね？〉……〈それでは、愛するグラウコンよ、以上の似像を、全体として前に言ったことに接合してもらわなければならないのだ。視覚を通して現われる座は、囚人たちの住いと同じようなものであり、その中の火の光は、太陽の機能に比すべきものであるとするのだ。また上方への登昇と、その上方のものを観照することは、心が可知界へのぼって行くことだとしてくれれば、とにかくぼくの所期のもくろみだけは、君にとって見あやまれたことにはならないだろう。……認識されるものの場においては、究極のところに善の実相（イデア）があって、これはかろうじて見られるだけだ。しかしこれを見たうえで、やはりこの実相がすべてのものにとって、すべての正常なもの、美なるものの原因なのであり、これが可視界においても、光とその主となるものを生み、可知界においては、自身が主となって、真実性と知性とを供給するのだと勘考しなければならない。また公私いずれにおいても、心ある行いをしようとする者は、この実相（イデア）を見なければならないのだ〉」（邦訳、筑摩書房刊「世界古典文学全集」、『プラトンⅡ』、一八七―一八九ページ、藤沢令夫・尼ケ崎徳一・田中美知太郎・津村寛二訳）。

(11) 泣く者はいずれ慰められる　「山上の垂訓」の次の言葉が念頭におかれている。「幸福(さいわい)なるかな、悲しむ者。その人は慰められん」（マタイ伝、第五章四節）。

(12) マリ＝テレーズ・ドートリッシュ　一六三八―八三。ルイ一四世の王妃。スペイン王フェリペ四世の娘で、一六六〇年のピレネー和議によりルイ一四世に嫁した。彼女の棺前演説は一六八三年九月一日に行なわれている。

(13) 一六九二年　この手紙の日付は一六九二年ではなくて、一六九〇年九月四日、発信地はヴェルサイユである。一六九二年というのは、教会合同をめぐるペリソン、ライプニッツ間の書簡による論争が『宗教上の寛容について』という本にまとめて出版された年にすぎない。なおこの本は、ペリソンの『宗教対立に関する考察』Réflexions sur les différends de la religion（一六八六―八九年）に対するライプニッツの「反論」、それに対するペリソンの「回答」（この手紙がそれ）、ライプニッツの「第二の覚書」、それに答えたペリソンの「考察」の四篇で構成されている。

(14) ライプニッツ宛の手紙　前註でも述べたように、この手紙はライプニッツの「反論」に答えたものだが、直接の宛先はライプニッツではなく、ライプニッツとペリソンやボシュエの間の仲介者になっていたモービュイッソン修道院長の秘書ブリノン夫人で、この手紙の引用部分の冒頭にも「奥様、実を申しますと……」という一句が入っている。

(15) 一六八九年の寛容令　原著には「一六九〇年」とあるが訂正した。この寛容令 Toleration Act は名誉革命後のイギリス議会を通過したもので、一六八九年春に国王および王妃の裁可を得た。これは非国教徒の公職からの排除は従前どおり維持しながらも、教会当局への申告と公開を条件に、三位一体を信じる非国教徒が礼拝の場所を持つことを許したもので、カトリック教徒と、新教徒中でもソッツィーニ派などの反三位一体派は寛容から除外されていた。この内容からもうかがわれるように、寛容令は信教の自由という原理から出発したものではなくて、きわめて不徹底な政治的妥協の産物だった。

(16) 一六六九年　原著には「一六七〇年」とあるが、訂正した。アザール自身も、第一部第四章では一六六九年と言っている。

(17) 提案　ソーミュールの牧師イザーク・デュイソーが著わした匿名文書『キリスト教の合同、または、すべてのキリスト者を単一の信仰告白のもとに結びつける法』La Reünion dv Christianisme, ov La Maniere de rejoindre tous les Chrestiens sous une seule Confession de Foy のこと。これはすべてのキリスト教徒が恩寵、予定、三位一体など一切の論争を棚上げして、簡略な「使徒信経」へ帰ることにより統一を回復すべきであるとしたもので、その手段としては強力な君主、具体的にはルイ一四世の介入が期待されていた。

(18) この時が最初　事実、次にあげられるデュイソー反駁書『〈キリスト教の合同〉という書物の検討』(執筆一六七〇年、出版一六七一年)はジュリユの処女作だった。

(19) アンリ・バナージュ・ド・ボーヴァル　寛容思想に対するバナージュ・ド・ボーヴァルの最大の寄与は、一六八四年にロッテルダムで出版した『宗教の寛容』Tolérance des Religions という著作であるが、著者がオランダへ亡命したのはナント勅令廃止後の一六八七年であるから、これはアザールが言うように「亡命地で」発表されたものではない。またアザールの文章ではバナージュ・ド・ボーヴァルも「開明的な牧師」とされるが、彼は牧師ではなくてフランスでは弁護士、オランダへ移ってからは新聞『学芸著作史』Histoire des ouvrages des savans を出したジャーナリストだった。なお、オランダ亡命後、彼は一六八九年頃から、あるいは単独で、あるいは親友ベールの介添役として正統派のジュリユと激しい論争をしており、『学芸著作史』の諸号にのった彼の論争文以外にも、ジュリユ『ド・ボーヴァル氏にあたえる〈牧会書簡〉の著者の意見』Avis de l'Auteur des Lettres Pastorales à Mr. de Beauval(一六九〇年)、バナージュ・ド・ボーヴァル『ジュリユ氏の意見に対する〈学芸著作史〉の著者の答』Réponse de l'Auteur de l'Histoire des Ouvrages des Sçavans à l'Avis de Mr. Jurieu(一六九〇年)、同『ジュリユ氏の理論の検討』Examen de la Doctrine de Mr. Jurieu(一六九二年)、同『ジュリユ、ベール両氏の争いに関する手紙』Lettre sur les Différends de MM. Jurieu et Bayle(一六九二年)等々、数多くの文書が発表された。

(20) ジェデオン・ユエ　寛容問題に関するユエの著作としては、まず最初に、『スイスからオランダへの手紙』Lettre écrite de Suisse en Hollande(一六八九年)、この手紙がジュリユの『ソッツィーニ主義一覧』Tableau du Socinianisme で攻撃されたことによる弁明『真の寛容派のための弁明』Apologie pour les vrais tolerans(一六九〇年)、これら二作に対する世間の攻撃(著者が奉職していたドルドレヒトのワロン教会でも、一六九〇年八月六日に、朝夕二度にわたって、寛容派を攻撃する説教が行なわれたという）への弁明『寛容派の弁明者のための弁明』Apologie pour l'apologiste des tolerans（一六九〇年）がある。一六九一年五月のワロン教会ライデン教会会議はユエの所説を断罪し、召喚されたユエは涙を流して自説を撤回、半年間の停職処分に服した。その後、ライデン会議の決定によって書かされた彼の自己批判書が再び批判されるなどの騒ぎもあったが、一六九四年四月の教会会議で一応彼の問題は落着した。

（21）　エリ・ソーラン　ソーランはユトレヒトの牧師で、寛容派の一人として、正統派を代表するジュリユと激烈な論争を展開した。問題の発端は、一六九〇年八月のワロン教会アムステルダム教会会議が政治的寛容および教会内的寛容の主張を断罪したことに対し、翌一六九一年五月のライデン教会会議でアムステルダム、ユトレヒト、ライデンなどの教会代表が異議を申し立てたことで、ユトレヒト教会を代表するソーランは、アムステルダム決定にあくまで固執するジュリユを公然と追及し、バナージュ・ド・ボーヴァルがライデン会議に寄せたジュリユの告発を会議がとりあげるべきであると主張した。そこから起こったジュリユ、ソーランの論争は数年続き、ジュリユの『ジュリユ氏の弁明』Apologie du Sr. Jurieu（一六九一年）、『ジュリユ氏のための第二の弁明』Seconde Apologie pour M. Jurieu（一六九二年）、『オランダ政府への通知』Information pour Nosseigneurs les Etats（一六九二年）、『教会会議と、〈二つの説教に関する考察〉と題するド・ボーヴァル氏の最近の諷刺文によって傷つけられたいくたの善人のための弁明』Apologie pour les Synodes et pour plusieurs honnêtes gens déchirez dans la derniere satyre du Sr. de Beauval, intitulée, Considérations sur deux Sermons……（一六九四年）、『教会の普遍的教理の擁護』Défense de la Doctrine universelle de l'Eglise（一六九五年）、『ジュリユ氏の回答続篇』Suite de la Reponse de M. Jurieu（一六九五年）、『広義論者の宗教』La Religion du Latitudinaire（一六九六年）、ソーランの『ジュリユ氏の神学の検討』Examen de la Théologie de Mr. Jurieu（一六九四年。それまでのジュリユ反駁文を集めたもの）、『改革派教会の真の教理の擁護』Défense de la véritable Doctrine de l'Eglise Réformée（一六九七年）、『エリ・ソーラン氏の理論の弁明』Justification de la Doctrine du Sr. Elie Saurin（一六九七年）、『エリ・ソーラン氏の理論の弁明続篇』Suite de la Justification de la Doctrine du Sr. Elie Saurin（一六九七年）などを生みだした。しかし、最初から個人攻撃の色彩を帯びていたこういう論争書よりもはるかに重要なのは、ソーランが一六九七年に発表して非常な好評を博した『良心の権利の考察』Réflexions sur les droits de la conscience であった。これはベールの『哲学的註解』Commentaire philosophique に代表される極端な寛容主義と、ジュリユの『二つの主権者の権利』Droits des deux souverains に代表される極端な非寛容主義の双方を批判して、政治的寛容の限度を明らかにしたもので、為政者は宗教問題に介入する権利を持つが、それはあくまで国法に従ってなすべきであるとしている。

(22) ヘイスベルト・クーペル　一六四四—一七一六。オランダの文献学者、考古学者で、デフェンテル大学の歴史学の教授。ベールと親しく、彼の『文芸共和国便り』Nouvelles de la République des Lettres や『歴史批評辞典』Dictionnaire historique et critique のために多くの文献・資料を提供した。フランスの新教徒迫害を非難するスエーデンのクリスティーナ女王の手紙を提供し、『文芸共和国便り』の一六八六年五月号に収録させたのも彼であった。しかし、クーペルとベールのつきあいは純学問的な面に限られていたらしい。思想的にはクーペルの立場はベールのそれよりもむしろジュリユの立場に近く、一七〇四年以後はベールとの文通もたぶん打ち切られたようで、その後のジュリユ宛手紙（たとえば一七〇五年七月一四日付のもの）などを見ると、クーペルはベールの「極端な寛容論」を無神論の温床として非難している。したがって、アザールがクーペルをオランダにおける寛容思想の旗手としているのは必ずしも適当と思われない。

(23) アドリアン・パートゥス　一六三〇—八五。法律家。ロッテルダム市の助役として非常な影響力を持っていた。彼はデ・ウィット家の姻戚で、同じく共和派に属し、正統カルヴィニズムを標榜するオランイェ派に対しては敵意を隠さなかったといわれる。セダン大学の閉鎖で失職したベールを、ロッテルダムに大学（Ecole illustre）を作ってそこの教授に迎えいれ、終始その庇護者の役をつとめたのはパートゥスであった。晩年はロンドン駐剳大使となり、亡命新教徒間の抗争が激化する数年前に世を去っている。

(24) ノート　ゲラルト。一六四七—一七一五。法律学者。一六七一年、二四歳でナイメーヘン大学の法律学の教授となり、その後フラーネケル大学、ユトレヒト大学、ライデン大学の教授を歴任した。寛容や思想の自由の問題にも並々ならぬ関心を持ち、一七〇六年、ライデン大学の学長を離任した際の記念講演『万民法により宗教を政治権力より解放す』De Religione ab imperio, Jure Gentium libera は政治的寛容を真正面から主張した宣言的な発言として、寛容思想の歴史に大きな位置を占めている。この講演はグロティウスやプーフェンドルフの仏訳者として名高い亡命新教徒のジャン・バルベラックにより「信教の自由に関する講演」Discours sur la liberté de conscience という題で仏訳されている（『君主の権力と信教の自由について』Du Pouvoir des Souverains et de la Liberté de Conscience、一七〇七年、に収録）。

(25) 『亡命者への重大な忠告』　一六九〇年四月半に出版された匿名の文書で、内容は亡命新教徒間に風靡している抵抗権の理論や、勝利の予言に対する狂信的な信仰を辛辣に批判したもの（アザールが言うように「プロテスタントの不寛容」を直接的に攻撃したものではない）。ジュリユを中心とする新教徒の強硬派は、この文書をフランスの宮廷が操る国際的陰謀の所産と見て、著者と目されたベールに激烈な攻撃を加え、亡命新教徒の強硬派と穏健派（これは不寛容派と寛容派の分け方とほぼ重なる）の間には、この一書をめぐって熾烈な抗争が行なわれた。著者については、ベールともダニエル・ド・ラロックとも言われ、研究家の間でも意見が一致しないが、ベールがこれを書いたにせよ、ラロックの原稿に手を入れたのであるにせよ、この文書の主張がベール自身のものであることを疑う者はいない。

(26) 論戦がさらに嵩じた 『亡命者への重大な忠告』をベールのものと見たジュリユは『〈フランスへの近き帰還に関する亡命者への重大な忠告〉と題する反宗教・反国家・反イギリス革命文書の検討』Examen d'un Libelle contre la Religion, contre l'Etat, et contre la Révolution d'Angleterre, intitulé Avis important aux Réfugiés sur leur prochain retour en France (一六九一年) を発表して、ベールを背神者、裏切者と攻撃した。ベールはこれに『架空の陰謀』La Cabale chimérique (一六九一年) で答え、以後、ベール、バナージュ・ド・ボーヴァル、ユエらとジュリユとの間に無数の攻撃文が応酬された。

(27) 死にいたるまで擁護 『寛容についての書簡』はオクスフォードの神学者ジョナス・プローストの『〈寛容についての書簡〉の論理を簡潔に考察し、それに答える』The Argument of the Letter concerning Toleration, Briefly consider'd and Answer'd (一六九〇年) によって反駁された。ロックはそれに答えるため、フィラントロプスの偽名で一六九〇年五月二七日付の『寛容についての書簡、第二』A second Letter concerning Toleration (一六九〇年) を発表し、プローストの再度の反論『寛容についての書簡、第三』A Third Letter concerning Toleration (一六九一年) にも、一六九二年六月二〇日付の『寛容のための書簡、第三』A Third Letter for Toleration (一六九二年) で答えた。さらにロックは死ぬ直前の一七〇四年に『寛容のための書簡、第四』A Fourth Letter for Toleration を書いたが、これは結局未完に終り、一七〇六年の遺稿集に収録された。

第六章　科学と進歩

森閑たる大庭園に二人の人物。コケットな侯爵夫人とその友達、たぶん恋人と思われる社交人。暗くなっても、二人はいつまでも話しこんでいる。なんの話か。天文学だ。「星のことを教えてちょうだい……」〔フォントネル『世界の多数性に関する対談』Entretiens sur la pluralité des mondes、第一夜。カラーム版、一九六六年、一六ページ〕というわけ。二人ともお品がよくて、気取り屋で洗練されている。フォントネルがそういうふうに描いたのは、たんに自分がそうだったからではない。登場人物を魅力あるものにしたかったからだ。自分の本に誰も尻ごみしないこと、それがみんなの気にいって、とりわけ何も知らない連中に喜ばれること、読物的な面白さと魅力満点の軽妙な筆致でまず読者の心をとらえること——フォントネルははっきりそれを狙っていた。いやもう少しで自作の偉大さを消失させるところだった。だが、消失してはいないのである。形は愛らしいが、その愛らしい形をとおして崇高な偉大さが輝き出ている。闇に包まれたくだんの社交人と侯爵夫人は、星座に問いかけた古代カルデアの神官の身ぶりを再現する。地球の最初の住人のように、二人は昼の太陽に驚嘆し、今はまた夜空の星に驚嘆している。貧弱な目で、あえて大空に探りをいれているのである。

侯爵夫人は何も知らない。だがフォントネルは知っている。数夜にわたって(1)、一見神秘的な星の動きを彼は夫人に教えてやる。誤謬はもうたくさんだ。天体の運行について、みんな余りにながく間違った説を信じてきた。太陽が地球の周囲を廻るのだと余りにながく思いこんできた。この最初の間違いから、ほかの間違いが次々と生じた。だが、誤謬はついに一掃された。「コペルニクスというドイツ人が、古人の考えたそういういろんな円(2)や堅い天(3)を皆殺しにしたと思ってください。コペルニクスは円をぶちこわし、天をこなごなにしたのです。天文学者らしい高貴な怒りにとらわれて、地球をむんずとひっつかみ、今まであった宇宙の中心から遠くの方へほうり投げ、この中心にはもっとふさわしい太陽を地球のかわりに置いたのです……」(『世界の多数性に関する対談』、第一夜。カラーム版、二八ページ)。ここでも古人は誤った。それに追随したために後の人も誤った。だが新しい時代が始まったのだ。理性と観察によって積年の誤謬は暴露された。科学が語ることを信じなければならない。地球も天も変ったのである。

この発見から恐怖が生まれることもありえたろう。ペイライエウス〔アテナイの港〕へ着く船はみんな自分のものだと思っていたあのアテナイの気違い(4)のように、侯爵夫人も宇宙全体が自分のためにあるのだと思いこんでいた。幻滅もはなはだしい。労苦と戦乱と不安に充ちた地球は、今や、小さくて脆くて吹けば飛ぶようなひとつの繭としか見えない。無限の空間を見せつけられて、夫人が戦慄したとしても不思議ではない。

だが、彼女が感じるのは戦慄ではない。新知識を得た喜びである。誇りである。一新した科学に参入しているのだから。私も信徒の交わりに加わったのだ。真理を認識したことのない異教徒の群や、誤謬の中をはいずりまわる異端者の群とは手を切ったのだ。侯爵夫人はそれが得意でならないのである。フォントネルはいつも身近な比喩を使って、抽象的な事柄を楽しいイメージに還元する(川面をすべる小舟、沖を行く船、道をころがるボールなど)。こんなことを言うのだ。オペラを思いうかべてみよう。ファエトン〔日輪の車を駆った太陽神の子〕が地から離れて風にさらわれ、天へ向かってとんでいったとする。そしてピュタゴラス、アリストテレス、プラトンその他、おなじみのすべての賢人がこの情景を見たとする。一人は言うだろう、「ファエトンは或る種の数で構成されている、だから上へあがるのだ」と。もう一人は言うだろう、「或る秘密の力がファエトンをさらってゆくのだ」と。また、もう一人は言うだろう、「ファエトンは劇場の上の方に対して或る種の親和力を持っている。上の方にいないと落着かないのだ」と。古人がいった馬鹿々々しい説明は、ほかにもたくさん考えられる。あわれなものではないか。さいわいデカルトその他の近代人がやってきて、こう言ったのだ。「ファエトンが上へあがるのは、綱でひっぱられているからだ。それより重い分銅が下るからだ。」書割の裏を見ることなど今まで誰も考えなかった。からくりを見つけ推理をはじめたその日から、目が開かれたのである。発見の楽しみはすばらしいものではないか。真理の愉悦はすばらしいものではないか。
科学的な認識にもそれなりの美しさがある。もっとも複雑な出来事がもっとも単純でいわばもっとも経済的な仕掛けによって起こる、そういう完全に計画化された世界を見ると、知性は恍惚となるからである。機械的な宇宙など興ざめだと言いたい人は言うがいい。侯爵夫人は宇宙が時計のようなものだと知って、ますますそれが好きになるのだ。この規則性、手段を選ぶさいのこの節約、この単純さ——それこそ最高にすばらしいものではないか。自然法則を発見して、彼女は理性的な快感をおぼえる。デリケートな、えもいえぬ快感である。「これはモリエールの芝居で味わう快感とは違います。理性の中のどこかしらで感じるもので、もっぱら理知だけを笑わせるのです」(『世界の多数性に関する対談』、第一夜。カラーム版、一六ページ)。

今までにも、私たちは随所で科学にお目にかかってきた。だが、これから登場するのは科学者中の科学者ともいうべき人、目がまわるような数字を黒板にいっぱい書いたり、望遠鏡をのぞいたり、動物や人間の体を解剖したりする人である。これから私たちが入ってゆくのはこの人たちの領分である。招待してくれるのはフォントネルだ。哲学では「安らかならざる者」[5]の一人だったこの人は、科学の世界では「物見高い者」[6]の一人だった。「安らかならざる者」といい「物見高い者」といい、結局は同じことである。善悪を知らす知恵の木に俗人もびくびくせずに近寄るがいい。真理はすべての精神に天啓のごとく作用するだろう。一六八六年の『世界の多数性に関する対談』は、宇宙の新しい解釈につけたコケットにして深遠なひとつの序文だったのである。

*

幾何学的精神のみならず、幾何学そのものが流行だった。前代に登りつめた高い頂[7]から、幾何学は教養のある一般大衆の方へ降りてきた。パリではジョゼフ・ソーヴール[8]という数学者の講義が評判で、貴族たちがわれもわれもとつめかけた。淑女たちは、結婚の申しこみをする前に円積法[9]を見つけなさいなどと言いだした。少なくとも『学芸新聞』Journal des Savants はそう言っている。時代の風潮をからかっているのだ。「数学者が閨房にまで出入りして、『メルキュール・ギャラン』[10] Mercure galant を武器に、まじめでお堅いこの学問の用語を婦人部屋まで入りこませて以来、色事の天下は見るかげもなく、今ではもっぱら問題、系、定理、直角、鈍角、長斜方形などということが話題になっているらしい。つい最近にも、パリに住む二人の令嬢がこの種の知識で頭がおかしくなってしまい、一人は『メルキュール・ギャラン』で評判になった望遠鏡の製法を求婚者が習わないかぎり結婚の申しこみなど聞きたくないと言いだし、もう一人は、指定の期限内に円積法の新発見ができなかったのを理由に、あたら申しぶんない紳士を袖にしてしまったとか」(一六八六年三月四日号)。物質とは延長以外の何物でもないから、物理学とは数学にほかならなかった。物質に手がかりをあたえてくれ、言葉の遊戯――阿片が人を眠らすのは催眠力を持つからだ、といったような――を危なげない計算に取ってかえたことを、みんな幾何学者に感謝していた。幾何学者のおかげで、宇宙のあらゆる現象を解く鍵が見つかったのだ。

だが実を言うと、精神を支配したのはそういう気持だけではなかった。別の要求が日ましに強くなっていった。数学は知解のひとつの形式だが、本当に唯一の形式だろうか。すべてを抽象するということはすべてを認識することだろうか。勝ち誇った幾何学はもしかすると自分の権限を踏みこえているのかもしれない。論より証拠、すぐれた幾何学者だったデカルト氏も物理学では錯誤[11]に陥っているではないか。観察と実験――新しい哲学が推奨するのはそれではないか。科学がそれを馬鹿にしていいものか。ガリレイの声が聞こえた。いやそれ以上に、片時も忘れぬベーコンの声が聞こえた。ベーコンは言っていたではないか。観察から始めなければならない、人間の精神は感官の知覚によって事物をとらえる、感官の映像は精神に伝達されて理性の判断の素材になり、今度は理性がそれを精製し修正する、だから、本当の哲学は感官から出発して、直接的で恒常的で確実な道を悟性のために開かねばならない、と。幾何学者〔たとえばデカルト〕は物質の定義から出発して、空虚は存在しないと言っていた。ところが、空虚は疑いもなく存在することを、ほかの学者[12]が実験によって証明してしまった。この人たちは現実をしらべることに精進したからこそ本当の真理を発見したのだ。事実。事実。事実に従わなければならないのだ。

さあ、仕事がもうひとつふえてしまった。それも大変な仕事である。人間精神の進路をもう一度修正しなければいけない。研究し仕事をし苦労を重ねなければいけない。何よりも、確実な成果を上げる必要がある。数学にも確実性がなくはないからそれの援助は今後もあおがねばならないが、かといって存在を骨組みだけには還元せず、あるがままの複雑さを受けいれ、その上でこれを支配する別な型の認識をうち立てる必要がある。生成途上のヨーロッパはそのために集団的な努力をした。筆頭はフィレンツェのアカデミア・デル・チメント[13]に集まったイタリア人である。この学者たちには自然現象のひとつひとつが問題だった。果物の中になぜ虫がいるのか。木の茎や葉にできる瘤はなんなのか。水中で燐光を発する魚が空気中で光らないのはなぜか。皆さかんに研究した。実験室もなければ器具もなく、仕事といっても服やいかめしいかつらを脱ぐわけでもなかった。それでもみんな研究した。道具を作り、実験を重ねた。こう言いながら――むろん、認識の理想的な型は幾何学だ、しかし、幾何学は私たちを置きざりにして無限の空間へとんでいってしまう、だから実験へ帰らなければいけない、実験だけがテストと反対テストによって真理へ導いてくれるのだ、と。一六六七年にアカデミア・デル・チメントは解散したが、イタリアの伝統は亡[14]びなかった。それは次の世紀を通じて、マルシーリ、ヴァリスニエーリ[15]、グアルティエーリ[16]、クラリーチ[17]、ミキエーリ[18]、ラマッツィーニ[19]、フォルティスら[20]――全部あげるつもりはないが――に受けつがれる。一七〇四年の『ミネルヴァの回廊』Galerie de Minerve に、ジョヴァンニ＝マリア・ランチーシ[21]はひとつの論文を発表している。「医術における哲学の仕方について。理性的なる医学のためには、何よりも実験哲学を用いるがよいことを証明するもの」というのであった。

ボイルが異彩を放っていたイギリス勢もイタリアに劣らず活潑だった。ロイヤル・ソサイエティはヨーロッパ中の感嘆の的だった。「イギリス・アカデミーの有能で思慮深い人たちは、演説で才気や記憶のよさをひけらかすよりも、しっかりした成果をあげて学芸を進歩させることを誇りにしている。だからそこでは、実際問題に還元できるさまざまな命題の真実性をまず検討し、それ以外の命題にはほとんどと言っていいほど興味を持たない……。それから次に、推理と新しい実験によってその原因を研究する。実験は次次と重ねられ、この大博物学者たちをじつに遠くまで引っぱってゆく。はてはテネリフェ山〔アフリカ沖のカナリア諸島の中心であるテネリフェ島にある三〇〇〇メートル級火山〕の頂までテストをしに人を送ったりするようになる。もちろん自分の国でもかぞえきれないほどテストをし、特別の機械を考案した上でのことだが。*」

* サミュエル・ソルビエールの言葉(『ソルビエール雑纂』Sorberiana、一六九五年版、四―五ページ)。ジョルジュ・アスコリ『一七世紀のフランス世論が見た大英帝国』La Grande-Bretagne devant l'opinion française au XVIIe siècle、一九三〇年、第二巻四二―四三ページに引用。

オランダの自然学者は形成されつつある新しい方法の大家だった。医学者も植物学者[22]も博物学者もみな競争で仕事をしていた。スヴァンメルダム、ホイヘンス、ブールハーフェ[23]、フラーフェサンデ[24]、レーウェンフク[25]。手先が器用で目がよくて新し好きのレーウェンフクは、今日ふうの言い方をすればまず技術をみがいた。自分の手で何度も何度もテストしながら、先人の顕微鏡よりもっと強力なものを作ろうと彼は粒々辛苦した。そして見事にやりとげた。レーウェンフクが最後に作った顕微鏡は対象を二七〇倍まで拡大した。それで見ると、一滴の水の中にもひとつの世界が現われた。微小な生物が動きまわって、くいあいをしたり餌を探したりしている。まるで大洋のように、水滴の中にもいろんなものが住んでいるのだ。生命が脈打っているのだ。今度は同じテストを各種の液体でやってみた。血液、人間の精液……。もっとも、彼の発見には異論も出た。彼の目が見た真実に一般の世論が承服するまでには、議論があり反駁があり、パンフレットや本が何冊も出るなど、まだまだ大変な努力[26]が必要だった。

そのほかオラウス・レーメル[27]、トマス・ベルテルセン[28]、解剖学上の発見で医学を一新したニールス・ステンセン[29]などのスカンジナヴィア勢もいた。真空の実験を続けたオットー・フォン・ゲーリッケ[30]のようなドイツ勢もいた。規律正しく、集団作業に精を出すドイツ人たちは、医学・物理学の専門新聞[31]を発行して、自然をさぐる物見高い連中の仕事を世に知らせた。ベールもこれを激賞[32]して、この筆者たちは疲れを知らぬ刻苦精励と発明心と才能で科学に最大の貢献をしている、と語った。

フランス人も自然に興味を持ちはじめた。パリッ子たちはデュヴェルネー[33]の解剖学の講義を聞きに王立植物園[34]へ出かけ、薬剤師あがりのニコラ・レムリ[35]という「最初の合理的化学者」(ヴォルテール[36])や、マリオット[37]という当代有数の物理学者を持つことを誇りにした。「新しい博物標本室がパリに開かれました。科学アカデミー[38]のことです。この標本室の鍵を握るビニョン師[39]は、自然はここでいとも簡素な姿を現わす、アカデミー・フランセーズの面々からお得意の衣裳や飾りを借りてくることをよしとしなかったらしい、と明言しました。もっともな話です。*」

* 〔グードヴィル〕『欧州諸宮廷の風潮』L'Esprit des Cours de l'Europe、一六九九年、二五ページ。

スペインも調査運動に加わった。物理学と実験医学の学会が一六九七年にセビーリャに出来ている。文学でも哲学でもそうだが、思想はすぐに分房した。そのスピードは科学の方が速かったかもしれない。有名なトスカナの医師フランチェスコ・レーディ[40]は、微小動物に関する一書を著わし、蠅がつかなければ物は腐らないこと、蠅がつくと卵が産みつけられることを証明した。ヨーロッパ中の学者がこの発見に興味を示し、国際協力を地でゆこうとするかのように、そのイタリア語の本をフランス人のピエール・コストが飜訳してオランダで出版した。パオロ・サロッティというヴェネチアの人はロンドンでロバート・ボイルと知りあって科学にすっかり熱をあげ、「実験機械の扱い方を心得た二人の若いイギリス人」をヴェネチアへつれて帰った。タシャール神父[41]は二度目のシャム旅行を行なった際、テヴノ氏[42]から、おかしな話を聞いたけれども本当らしいからしらべてほしい、と或る依頼を受けた。テーブル山〔喜望峰の近くにある一二〇〇メートルほどの山〕という高山に貝殻があるというのだ。そんなことがありうるだろうか。そこで、命知らずのルブラン神父とド・ベーズ神父がわざわざ登山をこころみた。全欧的な大新聞は高等数学の問題にかなりのページをさいているが、自然科学にさいたページはそれよりさらに多かった。読者が寄せた通信は往々にして神奇なものへの根強い好みを表わしているにすぎない。卵を産まない雌鶏が、大きな音がしたと思ったらへんな声で鳴きだして、普通よりずっと大きい卵を産んだ、それも世間で言うように彗星のマークがはいった卵ではなく、星じるしがいくつもついた卵だったとか。子供のような頭をした蝶をつかまえたとか。蜘蛛や毛虫やナメクジやいろんな虫を口から吐いた少女がいたとか……。いずれも俗受けのする「珍事」である。しかし、同じページに科学者の努力の跡もはっきりと読みとられる。あらゆる国の学者たちが同じ好奇心、同じ不安にかられて研究にいそしんでいる。樹液の運動はどうやって行なわれるのか。キナ皮（キニーネの原料）の効果は本当はどうなのか。酵母はどう作用するのか。目の解剖、胃の解剖。人間の心臓の新しい導管。畸型の猫が見つかったと？ それはいい。驚嘆したり奇蹟よばわりしたりする前に、ひとつ解剖してみようではないか。

哲学の場合も批評の場合も同じだが、まわりの雰囲気が熟した時、偉大な時代が要求する一人の英雄が現われた。ニュートンである。

*

ヴィコの言った「現世紀の二大天才ライプニッツとニュートン」（『新科学』La Scienza nuova、第一編第四部三四七節）が微積分をほぼ同時に発見[43]したのも時のしるしではあるまいか。この新しい方法を使って、自然現象を非連続ではなく連続的なものとして扱うことができるようになった。事実、自然現象は連続的なものであって、一般に非連続ではないのである。それでは、人間の思考の発展の中でこの学問――そんなものがなくてもやってゆけると紳士たちはまだ思っていたが――はどういう位置を占めたのか。算術にはピュタゴラス説、幾何学にはスピノザ説、同じく微積分にはライプニッツ哲学というように、数学の大きな分科がひとつずつ自己を意識するにしたがって、その分科を基礎として普遍的な物の見方をうち立てる新しい体系が作り出された、と或る人は言っている。* 実際ライプニッツも、哲学者にとっていちばん助けになるのは数学で、自分も運動の法則をあらかじめ立てなかったら調和の体系をけっして発見できなかったろう、と自ら明言しているのだ。しかしニュートンの場合、微積分という新しい方法の到達点は重力の法則の発見だった。

* レオン・ブランシュヴィック『数理哲学の諸段階』一九一二年。Les étapes de la philosophie mathématique.

事実、その説明を盛った『自然哲学の数学的原理』Philosophiæ Naturalis Principia Mathematica という大著がすでに一六八七年に出ていたのである。この原理は即座に理解されるようなものではなかった。それが十分な効果をあらわすのはもう少したってからである。哲学でも批評でもなんでもそうだが、一八世紀は一七世紀末に見つかったものを糧にした。そういう強力な養分はゆっくりと同化するほかなかったのだ。いずれにせよ、『自然哲学の数学的原理』は、デカルトのように数学を物理学のすべてではなく、物理学が発見と検証のために用いるひとつの道具たらしめた。この不朽の名著は観察と実験に尊厳と価値を回復させた。事実への注意、事実への服従、事実に対する謙虚さ、事実のテストをへていない理論に対する本能的ともいえる恐怖――ニュートンの素質にはこういういくつかの特徴があった。あの宇宙的な発見も、いうなれば彼の原理を顕揚したもの、その決意に賞を授けたものだった。リンゴの木の下に坐って実が落ちるのを眺めながら、このリンゴはどうして落ちるのか考えている、そういうニュートンの姿を一般の人は想像するが、この図もまず現実から出発する精神の歩みをそれなりに象徴しているとしたら、あながち間違いとは言いきれない。前段でねばり強い情熱的な仕事ぶりを見たあの研究者集団の共通の願望を、ニュートンは高度な形で実現した。具体的な事実を受けいれること、それを理性で解釈すること、この解釈自体を具体的な事実で検証すること――これこそ、あの研究者集団が黙々ときずきあげた科学の、明確に定式化された準則だったのである。

科学アカデミー終身書記のフォントネルが、アイザク・ニュートン卿の讃辞を述べ、その明晰な思考がニュートンの発見を巧みに紹介して、門外漢にもわかったような錯覚をあたえたとき、その散文が平明さ、なよやかさを保ちつつ、称揚するこの偉人の創造的な息吹きに触れたかのごとくみるみる活気と熱を帯びていったとき、そのときに、単なる言葉の綾ではないひとつの充実した比較論がフォントネルの口をついて出た。正当かつ望ましい形でデカルトとニュートンの対比が行なわれた。フォントネルは師のデカルトを偏愛していたが、にもかかわらず、彼に言わせれば人間精神の限界を画したこの二つの精神的態度の違いがみごと明らかにされたのである。

「非常に対照的なこの二人の偉人は、お互に深い関係を持っていました。二人とも第一級の天才で、自分以外のすべての人を支配して思想の帝国をうち立てるために生まれたような人でした。二人ともすぐれた幾何学者で、幾何学を物理学へ移しかえる必要を感じていました。二人とも、ほとんど自分一人で考案した幾何学の上にそれぞれの物理学を築いたのです。しかし、一人は大胆に羽ばたいて万物の根源にわけいり、明晰で基本的ないくつかの観念によって第一原理をわがものにし、その上で必然的な帰結である自然の諸現象へまで下りてきましたが、一人はもっと小心でつつましく、歩きだす時にはまず現象をふまえ、それから未知の原理までさかのぼり、帰結の連鎖がどういう原理を導きだしても必ず受けいれる覚悟でいました。一方は見える物の原因を見つけるためにはっきり理解した物から出発し、一方は見える物から出発してその原因を見つけようとしたのです……」(「ニュートン讃」Éloge de Newton。一八一八年版全集、第一巻三九三―三九四ページ)。

同じ演説の続きで、ニュートンが一七〇四年に出した『光学、または光の反射、屈折、屈曲、色彩を論ず』Optics or a treatise of the reflections, refractions, inflections and colours of light にふれて、フォントネルは実験の役割と価値、そのむずかしさ、いや美しさをも明らかにしている。

「実験技術も或る程度以上になるとありふれたものとは言えなくなります。私たちの目にうつる事実はどんなに些細なものでも、それを構成したり変容させたりする他の多くの事実によって複雑化されていますから、よほど腕がないと関与する物を全部見分けることはできませんし、よほど利口でないと何が関与するかを見抜くことさえできません。問題の事実をいくつかの別な事実へ分解せねばなりませんが、この別な事実もやはり複合的なものです。時によると道を間違えて迷路へふみこんでしまい、出られなくなることもあります。初源的・要素的な事実は、原因と同じく自然が念いりに隠しているように見えます。しかし、それの姿をおがめるようになると、全く新しい、全く思いがけない景観が開かれるのです」(同三九四ページ)。

実験物理学の登場は、多くの――たぶん無数の――結果をもたらしたひとつの精神状態が勝利を収めたことを意味した。プーフェンドルフが法学で、リシャール・シモンが聖書釈義で、ロックが哲学で、シャフツベリが道徳でやろうとした超越的なものから実証的なものへの移行を、ニュートンはいかにも天才らしく派手にやってのけた。一時は破壊的と見られた理性の行きすぎに対する懸念を、彼は自信をもって払いのけた。不可能と思われるほど困難だった批判の要求と経験的事実の結合が彼によってなしとげられた。人間はこうして再び宇宙の征服にいでたった。

*

一七一五年二月八日、医師のブールハーフェはライデン大学で『物理学において真理を見いだす方法について』De comparando certo in physicis という講演をして、最近の成果を要約した。事物の本質をとらえようとする試みは、みんな無に帰してしまった。第一原因も実体も私たちにはわからない。原子（アトム）とか単子（モナド）とか、私たちは単語ばかり意味なくふやしているにすぎない。こういうのは明日（あした）になればくつがえされる仮説にすぎないことを、私たちは今や知るべきであろう。――私は引力と言うけれども、理解できない原因を「隠れた性質」で説明したスコラ学者の誤りに陥るつもりはない、とニュートンもことわっている。物体はどうしても引き合っているように見えるが、なぜ引き合うかという説明を彼はさしひかえる。感覚でとらえられる明らかな現象を確認し、結果を比較し計算するが、そこで立ち止ってしまう。私たちもこのお手本を見ならって、多くの哲学者が迷いこんだ形而上学の世界を立入り禁止にすべきであろう。経験が獲得し確認する成果だけに自己を限定して、形而上学を棄て、物理学の方へ行くべきであろう。そうすれば、今までわからなかった自然の本当の性質がはじめてわかってくるに違いない……。

風が吹けば桶屋がもうかる。ここでまた一種のピロニスムが打破された。ブールハーフェも言っている「物理ピロニスム」である。今までその発展を辿ってきた各種の変化がなかったら、もともとこんな講演をやれるはずはない。オランダのこの大医学者は、ロックがすでにエッセンスを述べた当代の知恵の、一般的な哲学の、原理を要約しているのである。もはや把握不能と思われる実体の追求にあきあきして、人々は自分が今なお王者でいられる限られた領地の目録作成に精を出すようになる。そこを開墾するがいい。そこに住みよい家を建てるがいい。労働を軽減し、さらに実り豊かにするがいい。そこでしあわせになるがいい。ますますしあわせになるがいい。では、この仕事を指導するのは誰なのか。科学者だ。生活を導くのは科学者だ。だから、科学者には名誉があたえられる。科学者は王侯や征服者にもまさるものとされ、アカデミーで讃辞を呈され、昔は作家にしか寄せられなかった顕彰演説を捧げられる。科学者は国事をリードすることもできる。政治が微妙な計算に、デリケートな組合わせに還元できれば、政治で腕をふるえるのも科学者だろう。ニュートンは英国議会の議員になった[44]が、むろんただの陣笠には終らなかった。歴史家は諸国の興亡を見ていると自慢げに言うが、そんな楽しみは科学者の楽しみにくらべたらものの数ではない。「どんな面白い歴史上の事件も、燐光や、まざると火が出る冷たい液体や、銀木や、魔法のような磁石の働きや、その他自然の仔細な観察と探索が見つけた無数の秘密にとても太刀打ちできないだろう……。*」だとすれば、詩歌が顕微鏡や空気ポンプや気圧計をたたえはじめたり、血液の循環や光の屈折を描きはじめたりしたことも異とするに足りない。新しい精神に讃辞を呈しただけなのである。

* この言葉も以下に引用する言葉も、フォントネルが『王立科学アカデミー機構改革史』Histoire du renouvellement de l'Académie royale des sciences（一七〇八年）の「序文」（「数学・物理学の効用と科学アカデミーの仕事に関する序文」Préface sur l'utilité des mathématiques et de la physique, et sur les travaux de l'Académie des sciences）で科学に捧げた讃歌から引いたもの（*印の引用文は一八一八年版全集、第一巻三五ページ）。

知識は今後ますます広がってゆくだろう。重力の存在は今日明らかになったが、明日は別の天才が現われて別の秘密を明らかにするだろう。こうして私たちは徐々に、今まで知らなかった驚くべき機械のすべての部分を発見してゆくだろう。知識は私たちに力を授けてくれるだろう。なんの役にも立たないように見える時でも、科学はやはり役に立っている。正確に厳密にものを考えることに習熟し、きびしい規則にしたがって精神を鍛錬するということはどうでもいいことではない。しかも、理論は常に実践を生みだす。「理論ハ実践トトモニ*」である。「抛物線の接線影が対応する横座標の倍の長さであることを知るのは、それ自体では全く不毛な知識である。しかしそれは、今日のように正確に砲弾を発射できるようになるための必要な一段階だった」（同三三ページ）。――「一七世紀の最大の幾何学者たち[45]が擺線と呼ぶ新しい曲線の研究をはじめた時には、それはまだ純然たる思弁にすぎなかった。……ところが、擺線の性質を深くしらべてゆくにつれて、これが振子時計を可能なかぎり改善し、時間の測定を正確無比にしうるものだということがわかったのである」（同ページ）。自然に対する私たちの働きかけはたえず進歩に進歩を重ね、私たちは驚異から驚異へと進むだろう。人間が空を飛ぶ日も来るだろう。体を支える翼を組立てて空中飛行を試みた人も少なくない。この技術は「将来改良されて、いずれ人間が月へ行くようになるだろう……。」要するに、「地上の人間がそれを用いて利益をあげられる広大な知識の領域があるのである。人間の労働を短縮または軽減するスピーディーな新しい機械を発明すること、人間が利用できる有益な新製品を作りだすために、いろいろな動因ないし材料を巧みに組合わせて使用すること、人間の富、つまり、人間生活の利便に役立つ物の総量を、これによってふやしてゆくこと……。」地上はパラダイスになるだろう。今でもすでに、古くさい詩神（ミューズ）などよりはるかに強力な力学、幾何学、代数学、解剖学、植物学、化学という学者姉妹（きょうだい）の力で、死は後退しているではないか。

学ある姉妹よ、
わが詩の予言にそむくことなかれ。
おんみらによりて、諸芸は
あまたの新しき美にて世界を飾らん。
おんみらの保護を受けて、
流れ去ること余りに早きわれらが命も
やがて伸びゆくこととならん。
すでに、かの小暗き岸辺にて
アトロポス[46]はなすこと少なく
ラケシス[47]は紡ぐ糸多きを嘆きつつあらん。**

* ライプニッツ『ベルリン・アカデミー設立に関する考察』Denkschrift über die Errichtung der Berliner Akademie（『ドイツ語著作集』Deutshe Schriften、第二巻二六八ページ）より。普遍学の計画を述べた『学問の効用、人類の幸福にたいする真の学識の有効性について』De utilitate scientiarum et veræ eruditionis efficacia ad humanam felicitatem（クーチュラ刊『未発表小品・断片集』Opuscules et fragments inédits、二一八ページ）をも参照。

** ウダール・ド・ラ・モット「科学アカデミー。ビニョン師に捧ぐるオード」L'Académie des Sciences. Ode à Monsieur l'Abbé Bignon（『オードその他ド・ラ・モット氏作品集』Odes et autres ouvrages de Mr. de la Motte、一七二二年版、第一巻一〇三ページ）。

*

進歩——この一語の内にいかに大きな勝利感といかに楽しい期待がこめられていたことか。この言葉は、それなしには生きがたい誇りの念と、現在に反するどころか現在を補い現在をすでに美しく見せている未来の展望を同時にあたえた。われわれの方法は進歩しつつある。われわれの科学は進歩しつつある。われわれの行動力は増しつつある。われわれの精神の性質自体が改善されている。「二世紀来ほぼ完全に進歩が止っていたあらゆる科学、あらゆる技術は、今世紀になって力をもりかえし、いわば新たな前進を始めた……。」[*]——「私たちの世紀は日ましに啓蒙されてゆくから、それにくらべると以前のあらゆる世紀は暗黒としか見えないだろう……。」[**]あらゆる不安、あらゆる動揺が一定の水路に流しこまれる。誰も皆、遠い過去をふりかえって黄金時代をなつかしむのに飽きてしまった。しかも永世については確信が持てない。そこで、もっと近い将来に希望をかけた。もしかすると、自分もそれにあずかれるかもしれない。いずれにせよ、息子たちはそこへ到達できるのだ……。

* フォントネル、前記の「序文」。

** ピエール・ベール『文芸共和国便り』Nouvelles de la République des Lettres、一六八四年四月号、記事一一(一七三七年版著作集、第一巻四一ページ)。

科学はすでに偶像、神話と化していた。科学と幸福、物質的進歩と精神的進歩がしだいに混同されていった。科学は哲学と宗教にとって代るだろう、人間精神のあらゆる要求を科学だけで十分充たせるだろう——人々はそう考えるようになった。またその反動で、抗議の声もすでにあちこちから上っていた。反対者は、科学が慎重にきめた自分の限界を踏みこえようとしていると文句を言った。そして科学の自信過剰をあげつらい、科学の破産を宣言した。生まれたばかりのこの神話をさっそく叩いておくことがどうしても必要だったからである。[*]

* トマス・ベーカー『一紳士による学問に関する考察』Reflections upon Learning, by a gentleman、ロンドン、一七〇〇年。

訳註

（1）数夜にわたって　『世界の多数性に関する対談』は、「第一夜」から「第六夜」まで六篇の対談で構成されている。

（2）いろんな円　ギリシャの天文学者たちが考えた離心円、周転円、誘導円などのこと。コペルニクス自身も彼の体系を観測の結果に合わせるためこういう道具立てを使っているが、これはやがてケプラーにより一掃された。

（3）堅い天　ギリシャの天文学者たちは、天はガラス状の球面で、星はそこに固定されているのだと考えた。コペルニクス自身にもこうした考え方は残っており、彼の宇宙図のいちばん外側には「不動の恒星球面」が記されている。

（4）アテナイの気違い　ローマの作家クラウディウス・アエリアヌス（一七〇頃―二三五頃）の小話集にでてくるトラシュロスなる人物のこと。

（5）「安らかならざる者」　当時イタリアのボローニャにあった「安らかならざる者のアカデミー」Accademia degli Inquieti（ボローニャ科学アカデミーの前身、一六九〇年創立）の名が念頭におかれている。

（6）「物見高い者」　当時ドイツのバイエルン地方、シュヴァインフルトにあった「自然について物見高き者のアカデミー」Academia Naturæ Curiosorum（一六五二年創立）の名が念頭におかれている。

（7）前代に登りつめた高い頂　一七世紀前半から中葉にかけて、ケプラー（立体求積法、逆接線問題など）、カヴァリエーリ（不可分の原理、円錐曲線論など）、ロベルヴァル（擺線、回転体の求積など）、フェルマ（極大・極小論など）、デザルグ（射影幾何学）、デカルト（解析幾何学）などの新しい研究が続出し、幾何学は一種の黄金時代にあった。

（8）ジョゼフ・ソーヴール　一六五三―一七一六。幾何学者、物理学者。ほとんど独学で数学を修め、パリへ来て数学の講座を開き、ラ・サブリエール夫人に認められて、宮廷や大貴族の若者たちを多く弟子に持った。一六八〇年、王太子妃の小姓たちの数学の教師に任命され、その後コレージュ・ロワイヤルの教授、科学アカデミーの会員などになった。物理学の分野では、音響学の開拓者として大きな功績を上げている。

（9）円積法　円と等積の正方形を作ることで、作図不能の問題。

（10）『メルキュール・ギャラン』　一六七二年にドノー・ド・ヴィゼが創刊した週刊の文芸新聞。

（11）錯誤　デカルトの物理学には落下論の誤り、衝突理論の失敗など数多くの失敗例があるが、いちばん有名なのは、運動において保存される量を質量と速度の積（mv. 正しくは mv^2）としていることである。

（12）ほかの学者　たとえばトリチェッリ、パスカルなど。

（13）アカデミア・デル・チメント　一六五七年にフィレンツェに創立されたアカデミーで、ボレリ、ヴィヴィアーニ、マガロッティなどを集め、実験的方法による物理科学の研究にすぐれた足跡を残した。九人のメンバーからなり、政治的・宗教的理由で一六六七年に解散している。

（14）マルシーリ　ルイジ＝フェルディナンド。一六五八―

一七三〇。伯爵。トルコとオーストリアの戦争に一兵卒として従軍し、最後には将軍となり、一時はローマ法王の軍司令官をもつとめた。退役後、博物学の標本や実験器具などを故郷のボローニャ市に寄贈してボローニャ・アカデミーの基礎を作った。博物学、地理学などの著書が多く、特に『海洋誌の自然学的試論摘要』Breve Ristretto del saggio fisico intorno alla storia del mare（一七一一年）は、海洋学を開拓した重要な文献とされている。

（15）ヴァリスニエーリ　アントニオ。一六六一－一七三〇。医師、博物学者。はじめ開業医だったが、一七〇〇年にパドヴァ大学の医学・博物学の教授となり、最新の発見を大胆に講義へ導入した。泉の水が海から来るものではないことの証明などもあるが、特に有名なのは昆虫の生殖の研究で、没食子の自然発生説を反証し、この虫も卵から発生することを明らかにして、自然発生理論に大打撃をあたえた。

（16）グアルティエーリ　ニコラ。一六八八－一七四七。医師、博物学者。パヴィア大学の医学の教授で、メディチ家の主治医をつとめた。博物学者としては、多くの図版を添えた『貝類一覧』Index testarum conchyliorum（一七四二年）の著者として知られる。

（17）クラリーチ　パオロ＝バルトロメーオ。一六六四－一七二四。植物学者。パドヴァで商売を営むかたわら、博物学の研究、とりわけ珍しい植物の蒐集をした。その後聖職に入り、パドヴァの司教の従者をつとめた。『植物誌と植物栽培』Istoria e cultura delle piante（一七二六年）が死後に出版されている。

（18）ミキエーリ　ピエトロ＝アントニオ。一六七九－一七三七。植物学者。ピサ大学の植物学教授代理。植物採集のためイタリア、オーストリア、ドイツ各地を旅し、特に野生植物の研究をした。一七二九年、一四〇〇種の新種を紹介した『新植物分類』Nova plantarum genera を著わし、当代随一の植物学者とうたわれた。

（19）ラマッツィーニ　ベルナルディーノ。一六三三－一七一四。医師。パドヴァ大学の医学の教授で、一七〇八年にはその学長になった。著作は多いが、特に『職業病論』De morbis artificum diatriba（一七〇一年）は各種の職業病と、それを予防する保健・安全措置を論じたもので、各国語に訳され、労働医学の先駆的労作とされている。

（20）フォルティス　ジャンバッティスタ、通称アルベルト。一七四一－一八〇三。博物学者、詩人。はじめ修道士だったが、のち宗門をはなれて、最後にはボローニャの図書館長となった。『ダルマチア紀行』Viaggio in Dalmazia（一七七四年）その他の著作がある。

（21）ジョヴァンニ＝マリア・ランチーシ　一六五四－一七二〇。医師。ローマの人で、一三年間にわたりローマ大学（サピエンツァ）で解剖学を教え、法王インノケンティウス一一世の主治医をもつとめた。疫学や動脈瘤の研究ですぐれた成果をあげている。

（22）スヴァンメルダム　ヤン。一六三七－八〇。博物学者、医学者。顕微鏡を用いて生物学の研究を行ない、はじめて赤血球を記録、またリンパ管の弁を発見した。昆虫の解剖や生態の研究も行ない、前成説をとりながらも変態の合理的説明を試みた。晩年は神秘家アントワネット・ブリニョンの影響を受けて研究を放棄し、原稿も焼いてしまったといわれる。

(23)　ブールハーフェ　ヘルマン。一六六八―一七三八。医師。ライデン大学の理論医学の教授。臨床医学の大家で、近代的な臨床医学教授法の創始者とされる。消化の生理の研究ですぐれた成果をあげた。

(24)　フラーフェサンデ　ヴィレム＝ヤコプ。一六八八―一七四二。数学者、物理学者、哲学者。ライデン大学の教授としてガリレイやニュートンの新しい物理学を教え、新科学の普及に貢献した。また、熱による固体の膨張を証明する「フラーフェサンデの環」など数々の実験器具を考案し、ヘリオスタットの考案、日時計の製作などにも大きな寄与をした。哲学的にはデカルト、ライプニッツ、ロックなどの折衷につとめている。

(25)　レーウェンフク　アントニ・ファン。一六三二―一七二三。博物学者。生地デルフトで小役人の生活を営みながら、レンズを磨いて単レンズ顕微鏡を作り、これにより細菌、滴虫類、血球、筋の横紋などを発見した。微生物学の開拓者とされている。

(26)　大変な努力　レーウェンフクは一六七七年一一月、ロイヤル・ソサイエティの書記ブラウンカー卿に宛てた手紙の中で、健康人の射精直後の精液中に、砂粒大の空間に千ないし百万の微小動物を発見したことを報告した。彼はその後、犬、兎、魚などについても同様の微小動物（精虫）を発見し、約五年かかって、当時支配的な卵生説に代る独自の発生理論（微小動物説）をうち立てた。彼の発見は一六九〇年頃から学者間で評判になり、一六九四年にはハルトゥスケルがレーウェンフクより早く精虫を発見したと主張する先陣争いもあったが、一般に顕微鏡の性能が悪く追試が困難であるなどの事情も手つだって、レーウェンフクの発見やその理論には学界内部での抵抗がきわめて強く、精虫の存在を否定するもの、その存在は認めながらもそれが生殖の鍵を握ることを否認するものなど、さまざまな反駁がカスパル・ボスネル（『発生人間学』Γενεανθρωπολογία、一六九二年）、マーチン・リスター（『動物発生の新仮説に対する反論』An objection to the new hypothesis of the generation of animals、一六九八年）、ピエール・ディオニス（『人間発生論』Dissertation sur la génération de l'homme、一六九八年）、アントニオ・ヴァリスニエーリ（『考察と実験』Considerazioni ed esperienze、一七一〇年）、ジョヴァンニ＝マリア・ニリソーリ（『生物発生の考察』Considerazioni intorno alla generazione de' viventi、一七一二年）、アンゴ（『或る有名な文書への答』Responsio ad libellum famosum、一七一二年）、モーケット・ド・ラモット（『発生論』Dissertation sur la génération、一七一八年）、マルティン・シュリヒ（『精液論』Spermatologia、一七二〇年）などにより行なわれた。

(27)　オラウス・レーメル　一六四四―一七一〇。デンマークの天文学者。一六七一年にデンマークへ来たフランスの天文学者ピカールの助手になり、彼の伴をして渡仏、王太子の数学教師、科学アカデミーの会員になった。一六八一年デンマークへ帰り、コペンハーゲン大学の天文学の教授、造幣局長、コペンハーゲン市長などを勤めた。パリで木星の衛星の食の観測から、光速度にはじめて毎秒一八万六〇〇〇マイルという近似的な有限値をあたえた。また観測器具を改良し、コペンハーゲン近郊にタスキューラン天文台を建設した。

(28) トマス・ベルテルセン　一六一六—八〇。デンマークの解剖学者。コペンハーゲン大学の言語学、ついで医学の教授。胸管を発見、腸のリンパ組織の重要性を説いたりした。

(29) ニールス・ステンセン　一六三八—八七。デンマークの解剖学者、地質学者、鉱物学者。解剖学者として前出のベルテルセンに認められ、オランダ、ドイツ、フランスを経てイタリアへ行き、トスカナのフェルディナンド大公の主治医などを勤めた。耳下腺のステノ氏管を発見して名声を博したのはパリ滞在中である。イタリアでカトリックに改宗、一六七一年帰国してコペンハーゲン大学の解剖学の教授となったが、彼の情熱は学問よりもむしろ宗教に移っており、やがて再びイタリアへ行って僧籍に入り、ギリシャのティティオポリスの司教に任命された。地質学者としては層位学の基本原理をうち立て、鉱物学者としては結晶面の間の角は常に一定であることを水晶について発見した。

(30) オットー・フォン・ゲーリッケ　一六〇二—八六。物理学者で、一時はマクデブルクの市長も勤めた。帰納的・実験的方法を重視し、真空ポンプを発明して真空現象を研究、空気の重さや熱膨張などを見いだした。一六五四年に公開した「マクデブルクの半球」の実験は有名である。

(31) 医学・物理学の専門新聞　本章註6でのべた「自然について物見高き者のアカデミー」Academia Naturæ Curiosorum が出していた研究報告集『面白雑報、または〈自然について物見高き者のアカデミー〉のドイツ医学・物理学誌』Miscellanea Curiosa, sive Ephemeridum Medico-Physicarum Germanicarum Academiæ Naturæ Curiosorum のこと。一六七〇年から年一冊ずつ発行され、医学、物理学、化学、数学などの新しい研究、観察を発表していた。

(32) ベールもこれを激賞　ベールが出していた新聞『文芸共和国便り』Nouvelles de la République des Lettres の一六八五年一〇月号は記事四で『面白雑報』の第一三号(一六八五年)をとりあげ、〈自然について物見高き者のアカデミー〉の沿革や研究ぶりを紹介して讃辞を呈している。

(33) デュヴェルネー　ジョゼフ・ギシャール。一六四八—一七三〇。解剖学者。アヴィニョンで学位をとったのちパリへ来て解剖学の講義を開いた。これは彼の雄弁によって大流行となり、サロンをも解剖談義でもちきりにしたといわれる。一六七四年に科学アカデミーに入り、七九年には王立植物園の解剖学の教授に任ぜられて、王太子にも解剖学の進講をした。毛様体神経節の発見などの業績もあり、その『聴官論』Traité de l'organe de l'ouïe(一六八三年)は名著とされた。

(34) 王立植物園　今のパリ植物園の前身。一六三五年にギイ・ド・ラ・ブロッスがルイ一三世の命令で作ったもので、正式には「薬草園」、通称「王立植物園」Jardin du roi と呼ばれた。はじめは薬草の栽培・研究センターだったが、次第に動物・植物・鉱物の三分野を網羅するようになり、一八世紀にはビュフォンがその所長を勤めた。

(35) ニコラ・レムリ　一六四五—一七一五。医師、化学者。高等法院の検事の子で、ルーアンで薬剤師を営む伯父の家で化学・薬学の初歩を修めたのち、パリへ来て王立植物園の化学の教授グラゼールに学び、さらにモンペリエへ赴いて、薬剤師ヴェルシューの実験室で化学の講義を行なった。一六七二年パリへ戻り、コンデ大公の館にあったブルドロの実験室をはじめは借りて、のちにはガランド街に自らの実験室を開いて、化学の講義を行なった。錬金術の残滓を払拭した明快な彼の講義はパリ中の評判を呼び、貴族、貴婦人、さらにはロオー、レジスなどという大学者も聴講に来たといわれる。講義のかたわら、彼は医師・薬剤師を同時に開業しており、特に薬剤師としては名声をはせたが、もともと新教徒であったため、ナント勅令前の新教徒の職業制限令により営業不能となり、一時イギリスへ渡り、やがて帰国してカトリックに改宗した。一六九九年、科学アカデミーの会員に選ばれている。

(36) ヴォルテール　このヴォルテールの言葉は『ルイ一四世の世紀』Le Siècle de Louis XIV の巻末に付せられた「フランス作家名鑑」の「レムリ」の項にある。ガルニエ版、一九四七年、第二巻三一七ページ。

(37) マリオット　エドム。一六二〇頃—八四。物理学者。フランスにおける実験物理学の創始者で、一六七六年ボイルの法則を再発見し、これはフランスでは「マリオットの法則」と呼ばれた。ほかに水力学でも大きな業績をあげ、肉眼における盲点の発見などもした。

(38) 科学アカデミー　コルベールによって科学アカデミーが作られたのは一六六六年のことだが、この文章が書かれた一六九九年にはこのアカデミーが改組され、はじめて正式の規約をあたえられた。

(39) ビニョン師　ジャン＝ポール。一六六二—一七四一。オラトリオ会士。一六九一年科学アカデミーの会員となり、アカデミー・フランセーズや碑文アカデミーの会員も兼ね、一七一八年には王立図書館の司書に任ぜられた。トリエント公会議などに関する歴史書を書いている。彼は国務卿ポンシャルトランの甥で、伯父の力で科学アカデミーの会長に任命された。一六九九年の科学アカデミーの改組は彼の考えにもとづいてポンシャルトランが行なったもので、新規約も一六九九年二月四日の会合でビニョン師が突然読み上げた。改組の準備はこの二人が秘密裡に進めていたのである。

(40) フランチェスコ・レーディ　一六二六—九七。医師、博物学者。トスカナ大公フェルディナンド二世の主治医。肉を布で被い、蝿が卵を産みつけないようにすれば、蛆が自然発生することはないのを証明した。だが内臓の寄生虫や虫癭の昆虫は自然発生すると述べている。ほかに蛇毒に関する研究もある。本文に述べられている「微小動物に関する一書」というのは、彼が一六八四年に出した『生きた動物の体内に発見される動物の観察』Osservazioni intorno agli animali viventi, che si trovano negli animali viventi のこと。フィレンツェで出版されたこのイタリア語版は、一七〇八年、ピエール・コストによって De animalculis vivis quæ in corporibus animalium vivorum reperiuntur observationes の題でラテン語訳され、アムステルダムで出版された。

(41) タシャール神父　この話はフランスのイエズス会宣教師ギイ・タシャール（一六五〇—一七一二）が著わした『第二シャム紀行』Second voyage au Siam（一六八九年）の第二部五三ページに出てくる。

(42) テヴノ氏　メルキセデク。一六二〇—九二。フランスの旅行家。若年の頃からヨーロッパの大部分を旅し、一六八四年に王立図書館の司書に任ぜられた。歴史、地理、博物学、数学、東洋語など博大な知識の持ち主で、また多くの学者や旅行家とも交渉を持ち、彼の家で開かれていた学者たちの会合が科学アカデミーの母胎となった。『いまだに発表されざる各種の興味ある旅行記』Relations de divers voyages curieux qui n'ont point été publiés（一六六三—七二年）などの有名な旅行記集成がある。

(43) ほぼ同時に発見　ライプニッツが微積分の原理をはじめて発表したのは、『ライプツィヒ学報』Acta Eruditorum Lipsiensia の一六八四年一〇月号にのった「極大・極小の新方法」Nova Methodus pro Maximis et Minimis という論文だった。一方ニュートンもすでに一六六九年に流率の方法を述べていたが、その原理がはじめて一般に紹介されたのはライプニッツの論文より三年遅い一六八七年の『自然哲学の数学的原理』第一版であった。そこから、流率=微分学の発見はいずれが先であったかについて長期の論争が行なわれ、ライプニッツ自身もロイヤル・ソサイエティに何度も訴えて剽窃の非難の取消しを要求した。現在では、二人が別々にこの発見を行なったこと、時期的にはニュートンの方が早いが、使用した記号はライプニッツの方がまさっていたことが定説となっているらしい。

(44) 英国議会の議員になった　ニュートンは一六八八年のコンヴェンション議会にケンブリッジ大学の代表として参加し、議会が解散するまでその議員を勤めた。

(45) 一七世紀の最大の幾何学者たち　擺線を最初に研究したのはガリレイらしいが、その後この曲線はロベルヴァル、デカルト、パスカルなどによって研究された。これを振子時計の問題に結びつけた（サイクロイド振子）のはホイヘンスである。

(46) アトロポス　ギリシャ神話の神。運命の女神である三人のモイラの一人で、運命の糸を断つ者、つまり死の神と考えられている。

(47) ラケシス　同じくモイラの一人で、運命を割当てる者、つまり生の神と考えられている。

第七章　新しい型の人間を求めて

イタリアの宮廷人〔ルネサンス期の典型的な人間類型〕が先生ないし案内人の役を演じおわって退場した時、その後釜にすわったのが「紳士（オネットム）」だった。まだ喧騒のおさまらぬひとつの世代に「紳士」は知恵の教えを垂れ、それが拳々服膺された。多くの経験と労苦の末にやはり最善と考えられる宗教的・政治的・社会的秩序をいかにして受けいれるべきか。万人が幸福であるように、少なくとも満足できるように、一人々々が混乱もなく反抗もせずにその中へいかにして落着くべきか。「紳士」は対照的な素材で出来ていたが、その組立てが実に巧妙だったので、しまいには完全に調和した姿を呈するようになった。古代の知恵とキリスト教的な徳目が、思考の要請と生活の要請が、魂と肉体が、日常的なものと崇高なものがそこに両立していたのである。

「紳士」は礼儀を教えてくれた。このむずかしい徳目は、要するに他人に好かれてそれで自分も満足するということだった。行きすぎは避けねばならない。善の行きすぎですらいましめねばならない。名誉にかかわることは別だが、それ以外は、どんなことにも夢中になってはならない――これが「紳士」の口ぐせだった。不断の規律と張りつめた意志で「紳士」は自分を鍛錬した。自我の溢出を防ぎ、共同の価値の構成要素に甘んじるよう強いるのは並大抵の仕事ではない。こういう自己強制には一種つつましいヒロイズムが必要である。「紳士」が外目に魅力満点と見えたのは、もっぱら内なる力を規制して、調和のとれた形でそれを消費していたからだった。

世紀末にかかっても、「紳士」の姿はまだ輝きを失わなかった。それを有難そうにうち眺め、若い者に模範として示す人もいた。論説書きは先人の成功をくいものにして、飽きるほど聞かされた忠告を何度でもくりかえした。たとえば、「紳士」はつきあいを好むもので、自ら進んでそれを求めるとか。「紳士」は知的な作物について正しい判断を下し、先入見やあらさがしや嫉妬心からそれを云々するものではないとか……。

こんな忠告は六日の菖蒲だった。二番煎じ三番煎じにすぎなかった。現状を承認し、自らうべなったこの承認から最大の利益を得ることなどもはや問題ではなかったのだ。できるだけ早くすべてを改革することが問題だったのだ。もう調停も妥協もない。政治を社会を変えなければいけない。国教になど従えるものか。自分の娘に人生訓を垂れるハリファックス侯爵(1)のような新しい人、流行の波に乗った人は、あとからくる世代に自分の宗教を自分で作るよう勧めた。これは穏かで便利で楽しさいっぱいの宗教だった。恐怖も憂鬱も抜きにした宗教だった。今や、神が被造物に命じるのでなく、被造物が神を併合したのである。要するに、「紳士」の哲学の構成原理はあらかた崩壊してしまったのだ。美しい影像はこなごなになってしまったのだ。

この影像もかつては理性の製作物とみなされていた。だが、ほかならぬこの「理性」の意味が変った。理性は妥協による秩序を押しつける調停的な力ではなくて、検討の精神を第一の徳目とする批判的な力になった。ついぞ満ち足りぬこの理性には、「紳士」などというものはもうそぐわなかった。

いや、「紳士」は自分から権利を放棄してしまった。「紳士」の治世は長かったから、それをまねたり手本にしたりする仕方の中には一部に機械的なものがはいりこんでいた。人によって、「紳士」であるということは正しく生きるための手段ではなく、自己目的になってしまい、徳性のかけらすらないただの愛嬌と化してしまっていた。「紳士」のカリカチュアである。グラモン騎士は友人のマッタに自分が道場で受けた教育を次のように話して聞かせる。「君も知ってるだろうが、僕はフランス随一の器用人だからね、じきに何もかもおぼえちまった。ことのついでに、若者に磨きをかけていっぱしの紳士にしてくれるものを全部勉強したわけだよ。カルタ遊びやさいころ遊びをひとつ残らず習ったわけさ。*」この男は本末を顛倒して、人と時をすごすひとつのしかた、ひとつの飾りにすぎない遊びが「紳士」のすべてと思いこんでいる。この物語の少しあとで、くだんの男が腕にものをいわせて自信満々たる賭博者から金をまきあげるのを目にする時、一八世紀の初頭には「紳士」であることと廉直であることがもはや両立しえなかったことを、私たちは確認せざるをえないのである。今や「紳士」の権威は失墜した。生活を導く別の手本が必要になった。

＊ハミルトン『グラモン伯爵の生活覚書』Mémoires de la vie du comte de Grammont、一七一三年、第三章〔一八七六年版、一二ページ〕。

＊

驚いたことに、スペインがそのお手本を示してくれた。いやもっと驚きだったのは、スペイン産のこの「偉丈夫」が昨日や今日に生まれたものではなく、一種の先祖がえりだったことである。イエズス会のバルタサール・グラシヤン神父は一六三七年に『偉丈夫』El Héroe を、一六四〇年に『政治家フェルナンド』El Politico Fernando を、一六四六年に『つつましき者』El Discreto を、一六四七年に『手の神託』El Oráculo manual を、一六五一、五三、五七年に『批判者』El Criticón を出した。いずれも人間を研究し、その特徴をえりだして見ならうべき手本を作り上げようとしたものだった。しかし、普通だったらそういう本ははやらなかったはずである。思想の流れに加速度がついたこういう時期には特にそうであろう。ではなぜ一七世紀末にバルタサール・グラシヤンがあれほどやたらと飜訳され、賞讃を博したのか。グラシヤンはもちろん前から知られていたが、好意に充ちた薄明の中から栄光の白日のもとへ躍り出たのはずっとたってからだった。これはおそらく、一六八四年に出たアムロ・ド・ラ・ウッセの仏訳(2)が、品のあるのびのびとした文章で、原作の味わいはいささか欠けるが、そのかわりグラシヤンにはまだないヨーロッパ風の感じをあたえたからであろう。またたぶん、イエズス会が著者との喧嘩(3)を水に流して、グラシヤンの死後の成功のためひと肌ぬいだからでもあろう。新しい傾向には満足できず、地の糧を苦いと思うたくさんの読者がいたからでもあろう。スタンダールがのちに言うように、いつの時代にもスペイン趣味は人々の心の内にある。そのほかに、私たちにはわからないいろんな理由があるのかもしれない。全部説明しつくすことはもともと無理な話なのだから。

とにかく、一六八五年から一七一六年までに、フランスだけでもグラシヤンの飜訳は約一五点をかぞえた。ドイツもこのスペインのモラリストに熱をあげた。トマジウスは卑屈なフランスかぶれをいましめてセンセーションを起こしたあの開講挨拶の講演(4)で、ドイツ人が自己陶冶のため学ぶべき師の一人としてグラシヤンをあげている。講演の始めと終りで、名をあげて絶讃している。ドイツだけではない、イギリスでもイタリアでもどこでもグラシャンは大もてだった。

グラシャンに言わせると、理想的な人間は平均的な性質の調和のとれた混合だけで満足するものではない。凡庸な美徳はいくら数だけ多くても、所詮は凡庸な人間しか作りださない。理想的な人間はもっと高い野望を抱く。偉大さにおいて他にぬきんでたいと思う。卓越した知性と、間違いのないしっかりした判断力と、烈々たる精神を持ち、情熱に燃え（知性があっても、心情がそれに答えなければなにもならない）、自分の支配的な能力をよく見きわめ、運命のはかりごと――運命の女神は自分を手ごめにする者を愛するのだ――を理屈ぬきで信用し、各分野で最高の実例を模範に選び、それに並ぶというよりはそれを追いこすために努力しながら、理想的な人間はまさに「第一人者」、「唯一者」たらんと努めるのである。そのためには無口で本心をあかさないこと、好機を待つこと、そして自分のたくらみを隠しおおせることが必要になる。自分の姿を小出しに現わし、自分の力を無尽蔵と見せて、俗人の目を見張らせることが肝要である。「偉丈夫」は苦しみにも屈辱にもストイックに耐える。本当の屈辱は、良心の法廷で自分が自分に加える屈辱しかない。自分を尊敬できなくなるとそういうことが起こるのである。勝利はそれ自体目的ではない。世界を支配することも手段にすぎない。勝ち誇った自我を「偉丈夫」は神に捧げる。自分がかちえた精神的な支配を宗教の手に引き渡す。「聖なる奸策」を行なうほどに巧妙で、無邪気な自負心を持ち、人の心のありようを底の底まで知りつくし、ロマネスクで、実際的で、理想の美に憧れ、熱狂的で、傲岸で、信心深く、つらさ厳しさのゆえに困難を愛するすばらしい男、きらびやかな、矛盾に充ちた男――これが「偉丈夫」の肖像である。地味で穏やかで灰色に曇ったイル・ド・フランス〔パリを中心とする地方〕の風景によく似合う「紳士」などというタイプは、これにくらべるとすっかり影が薄くなってしまった。カスティーリャの道の上でドン・キホーテの背を焼いて、正義と善と愛を目のあたりにきらめかせたあの陽光が、「偉丈夫」にもやはり必要だったのである。

「偉丈夫」はヨーロッパ中で愛好されたが、それもほんのいっときだった。ヨーロッパは物珍しげに、共感をこめてグラシャンを眺め、その本を読み、教訓と喜びとをそこに見いだすことはできたけれども、この人を道案内に選ぶことはできなかった。もう遅すぎたのだ。ヨーロッパの覚悟はきまっていた。後もどりはできない。「紳士」では不足だからといって、それよりはるかに宗教ばなれしていない「偉丈夫」のあとなどどうしてついてゆけるだろうか。

*

とにかくおかしな時代だった。消えそうで消えないひとつの像と、まだ不鮮明でたよりない別の像がスクリーン上でもつれあっていた。「貴族」の影はぼやけてゆき、「ブルジョワ」が徐々に形と色を鮮明にしていった。今まで君臨してきた貴族的な原理には誰もみな食傷していた。武人よさらばである。勇将の手柄話や、攻めおとした町や、四つ相撲で勝った合戦や、猛攻撃で敗走させた敵軍や、栄冠に飾られた征服者の雄姿などに感心する時代は過ぎた。サン＝テヴルモンは勇将オッカンクール元帥(5)を小馬鹿にした。フェヌロンはイドメネ(6)の口を借りて、戦好きの国王を敬うべきではない、かわりに賢明な国王を愛した方がよい、とテレマックに教えた。フォントネルも嘲笑している。「大方の武人は自分の仕事を実に勇敢に実行しますが、それを頭で考える人はほとんどありません。腕だけはいくらでも猛烈に動くのですが、頭はお留守でほとんど関知しないのです」〔『ラ・ファーユ讃』Eloge de La Faye、一八一八年版全集、第一巻二六七ページ〕。ベールも自分の名声しか考えぬ「野心的な武人の虚栄心を、弱さとして、あるいは狂気として」〔『或る田舎人の質問への答』Réponse aux questions d'un Provincial、第七四章。一七三七年版著作集、第三巻六五一ページ〕良識の名で断罪している。こういう発言にジャン＝バティスト・ルソーも木霊を返した。征服者というのは運命の女神に可愛がられたにすぎない、この女神は前代未聞の大罪に王冠を授けるのだ、と。

汝が英雄ら
いかに堂々たる称号もて飾らるるとも、
理性を審判者として
その徳をさぐるとせば、
そこに見らるるは無法、
懦弱、不正、傲慢、
背信、狂気、残忍のみ。
ことのほかおぞましき悪徳の

巨大なる集合によりて作られたる
世にも奇怪なる徳性なり。

古代の偉大な英雄からも、あまりにながくあたえられてきた不当な賞讃を剝ぎとらねばならない。

おお、灰燼に帰せるローマ、イタリアが
スラ(7)をたたえしむるとは。
アッティラ(8)のおぞましき所業を
アレクサンドロスがなせば賞讃さるるとは。
わが血の中に手をひたす
殺人者の勇猛さが
武徳の名もて呼ばるるとは。
人の不幸のために生まれたる
獰猛なる英雄をたたえんと
いかでわが口に強うるをえんや。

征服者とは、人類に腹を立てた神々が、国という国を荒廃させ、恐怖と悲惨と絶望をいたるところにまきちらし、自由な人間を残らず奴隷にするためにこの世につかわした者である。――栄光燦然たる大征服者も、実は氾濫した大河と変りがない。見かけは堂々としているが、実際は、ただうるおせばいい肥沃な野原をしらみつぶしに荒らしまわるのだ。――これもフェヌロンの言葉である。『テレマックの冒険』Les Aventures de Télémaque の巻八にある。

体面などというくだらない物にみんな夢中になりすぎたのだ。そんな偏見から今こそ脱却すべきである。迷信のように体面にばかりこだわるから、決闘などというこの上なく馬鹿げたことをやらかすのだ。貴族がえてして見せびらかす自称「品のいい」悪徳や、風俗の頽廃、賭博熱、常習的な瀆神などに、イギリス人のピュリタニズムとフランス人の理性は一致して反対した。こうして非難囂々の内に貴族は引きさがっていった。

そこへ「ブルジョワ」が登場した。にこやかに、最初か(9)らほくほく顔で。その名付け親はスティールとアディソンだった。いずれも勘のいい、賢明なモラリストである。或る種の集中力、はなばなしさ、大胆さにはいささか欠けるが、とにかく二人は楽しげにこの新しい人間類型をものの見事に描きあげ、イギリスはじめ全ヨーロッパで得た無数の読者にそれを自ら売りつけた。文学上の大成功には必ず社会的原因があるとしたら、それはさしずめこうだったろう。『タトラー』Tatler と『スペクテーター』Spectator はにこにこ顔で、ふむべき掟を求めているこの時代に人間のお手本を示したのである。それらが人間を研究したのは、人間を描くのが楽しいからには違いないが、それだけでなく、人間の改造を企てていたからだった。刷りあがりの最新号がロンドンのカフェにばらまかれ、それから英仏海峡を渡るたびに、この新聞は礼儀作法と義務のルールを求めている社会にひとつのメッセージを伝え、『タトラー』が言うとおり人間性の名誉回復に一役買った。皮肉な口調で、時にはどなりつけるような調子で、どの記事もあるいは虚偽に反撃し、あるいは悪弊に苦言を呈し、さらには、何を避けるべきかを言った上で何をなすべきかを明らかにした。『タトラー』も『スペクテーター』も古代の人をよく知っていて、それにしかるべき讃辞を呈した。モンテーニュ、サン＝テヴルモン、ラ・ブリュイエールといったフランスのモラリストにもくわしかった。紳士とか粋人とかしゃれ者とか伊達男とか才子とか、最近現われた人間の亜種のどれをとっても知らないものはなかった。しかし同時に心得ていたのは、人間の心は変らないけれどもやはり変るものだということ、たえず新しく加工すべきだということだった。そして、この仕事にとりかかったのである。カスティリョーネ[10]、デッラ・カーサ[11]、ニコラ・ファレ[12]、ド・メレ騎士[13]というラテン人につづいて二人のイギリス人が現われた。今度は彼らの番だったのだ。

　一人の法律家、商人のフリーポート、セントリ隊長、ハネーコウムという社交人、それに坊さんが一人――これがスペクテーター氏を中心とする小さな集まりのメンバーである。要するに、ここにはブルジョワしかいない。ロジャー・ド・カヴァーリ卿という准男爵は別だが、このロジャー卿も実に朴訥で良識があって、仲間の貴族たちの流儀とは正反対だし、それに一言居士で逆説家で実にデリケートで実に親切な人だから、前代の文学でもてはやされた性悪(しょうわる)貴族とは似てもつかない。スペクテーター氏自身もおよそ質朴な人である。六百年前から続いた田舎の小さな地所だけが全財産で、なんでも知っているくせに知識をひけらかしたりせず、世界中を旅行していながら自慢話のひとつもしない。謹厳で無口で孤独を愛し、親友も少なく、親類縁者ともあまりつきあわず、自分の弱味は家主のおばさんにすら見せない。時代の習俗をさぐりにロンドンの劇場やカフェや公共の場所に出入りするスペクテーター氏を見て、或る者はイエズス会のまわし者かと思い、或る者はスパイではないかと思う。或る者は陰謀家、或る者は偏執狂だと思う。「そういう小さな失敗を慰めてくれるのは、自分はなんの偏見もなしに、静かな目であらゆる物を見ているのだという心地よい満足感です。人を支配するいろんな情念や利害から私は超越していますから、人の才能や態度、欠点や美点を普通より目ざとく見つけるのです」(『スペクテーター』、第四号(スティール筆)、一七一一年三月五日付。一九六五年版、第一巻一九ページ)。その単純さ、その穏やかな知恵によって、スペクテーター氏は語りだす前からすでに、幸福なすばらしい生活の手本を示している。

貴族は見せかけの体面や——決闘をやたらとしたがるのがその証拠だ——正義という言葉の取り違えによって——プロの博奕打(ばくちうち)と賭けをして素寒貧になったりするのがその証拠だ——破滅の道を歩んでいる、とスペクテーター氏は言う。そして、偶然があたえたむなしい称号だけを誇りにする連中をあざ笑う。家柄などというものは自分の力と関係ない。スペクテーター氏は風俗の醇化、洗練を説いて、劇場で騒ぐ男や酒や煙草をのむ女を非難する。しかし同時に、外形的なお行儀のよさが人生のすべてではないとも言う。無性格であるよりは個性を強く出した方がいい。お世辞や気取りやわざとらしい態度は胸糞が悪い。人間の価値をきめるのは人工的なものではなくて、自分の内から湧き出るものだ。男の最高の美徳——ほとんど唯一の美徳——は勇敢さ、女の最高の美徳は貞節というのも間違いである。この偏見は異性の気にいられたいという気持からくる。女は男の勇気を何よりも尊び、男は不貞な女が大嫌いだから。まるで道徳性や気立てのよさが通常もてはやされる「社交的」な性質ほど尊敬に価する美徳ではないかのようだ。それに本来なら、有益な物の方が単に愉快な物よりも上でなくてはならない。人目に立つことしか考えぬコケットな女や、人の気にいることしか考えぬのらくら者や、凝りすぎて善にも悪にも無関心になった才子などというのは、実は有害な人種なのだ。社交界でもてはやされる冗談や洒落や気のきいたひやかしなども、多くはただの意地悪にすぎない。要するに社交生活そのものがくだらないのである。人間の役目は人前でしゃれ者を気取ることなのか。そこに本当のしあわせがあるのか。幸福は虚飾や虚名を嫌い隠棲を求めるものである。それは自己を楽しむこと、または選ばれた少数の人の友情に浴することから生まれる。幸福は物陰と孤独を愛し、森や泉や畑や牧場を好んでおとずれ、いる物は自分の内に見つけて、証人や見物人などなくてもすませる。逆に架空の幸福は人目を引くことを楽しむものだ。人にほめられることばかり求め、宮殿や劇場や人の集まりの中で暮し、他人の目が自分に注がれなくなると死んでしまう。幸福については過大な要求をしてはならない。人類にとって、幸福の追求よりも必要かつ有益なのは、自分を慰め、苦しみの中でも微動だにしないための技術である。この世で期待できるのは心の満足ぐらいであろう。あまり高望みすると障害にぶつかり、いらぬ苦労をさせられる。現世の平安と来世の幸福を得ることに研究と努力を注ぐべきだ。——ごらんのとおり、スペクテーター氏は古来のテーマのおなじみのヴァリエーションを奏でるが、しかし古典的ではあれ、これは「紳士」のタイプから明らかにはずれている。今までよりもっと高度な文明をうち立てようと、彼は貴族からブルジョワジーへ、外面から内面へ、社交的な楽しみから社会的な効用へ、芸術から道徳へ移行しているのだ。

　口先だけの宮廷人や無学な人を馬鹿にする学者などより、商人の方がずっと「ジェントルマン」の名にふさわしい、と『タトラー』は言う。『スペクテーター』の考えもそうである。商人に脱帽、だ。商人はイギリスに力と富と名誉をあたえた。新時代の神殿、イギリス銀行を栄光の座へ押しあげた。それだけではない。貿易により万国の協力体制を作り、全世界の福祉にそれぞれを寄与させている。商人は人類の友なのである。英雄豪傑はとりとめのない名声だけで満足するが、商人に必要なのはもっとデリケートで敏感で、いうなればもっと微妙な評判である。これは信用と呼ばれる。ただのひと言で、ただのほのめかしで、いいかげんな噂で、商人はたちまち信用をなくして破産する。昔こんなことを言った貴族がいる。ほかの貴族のことなら自分はいくらでも悪口を言うが、商人の悪口だけは遠慮している、それは告発するようなもの、いやむしろ、相手の言いぶんも聞かないで断罪するようなものだからだ、と。こうして別種の名誉、商人の名誉がわがもの顔にひけらかされた。

　誰でも知っているように、芝居では普通より特徴が浮き彫りされる。効果を出すため作者は多少とも誇張せざるをえない。スティールは貴族と商人の対立を新聞で描くだけでは満足せずに、それをわざわざ劇化した。彼の傑作のひとつとされる『はにかみ屋の恋人』The Conscious Loversがそれである。貴族のジョン・ベヴィル卿は娘を嫁にやろうとしている。相手はインド貿易で産をなしたシーランド氏という裕福な商人の息子である。ところがベヴィル卿はシーランド氏と対立してしまう。商人が貴族を馬鹿にするのだ。うちの家系だってすごいんだ、ゴドフレー、その子のエドワード、その子のトレミー、その子のクラッサス、その子のリチャード伯爵、その子のヘンリ侯爵、その子のジョン公爵、どうだまいったか、などと……。

それでもわからなければ教えてやろうと、シーランド氏はイギリスにどういう変化が起こっているかを語る。

「言わせてもらいますがね、われわれ商人（あきんど）は前世紀におこった新しい貴族ですぜ。あんたがたは昔っからあたしたちよりずっと上だと思ってなさるが、こちとらだってあんたがた地主にひけをとりゃしませんや。これでもけっこうお役に立ってるんだからね。実際あんたがたの事業なんて、荷車一台分の乾草か、脂がのった牛一頭がせいぜいじゃないですか。のらくらするように育てられたなんて、あんたがたは実際面白い人種だね。」

これ以上誇らしげな言い方があるだろうか。

「完璧な商人が国中で最高のジェントルマンだということは、全くそのとおりなのです。学識でも礼儀正しさでも判断力でも、商人は多くの貴族にまさるのです。」

要するに革命が起きたのである。その結果でもあり原因でもある文学は、革命を記録すると同時に宣伝した。

「祖先からの遺産を、自分より正確に帳簿をつける新しい支配者に譲らざるをえないというのが多くの貴族の運命です。努力して土地を手にいれた人の方が、怠慢で土地をなくした人よりも所有する資格がはるかにあるということを疑うべきではありません……。」*

* 『スペクテーター』、第一七四号（スティール筆）、一七一一年九月一九日付。一九六五年版、第二巻一八九ページ」。

*

こうして、イギリスで作られた人間類型は全ヨーロッパに深刻な感化を及ぼすようになる。新聞や旅行記や芝居や小説が普及の役を買ってでる。流行を追う人はそれを真似ようとする。簡素な身なり、飾らぬ服装、絹ではなくてラシャ、剱ではなくてステッキ。いや外見だけではない。心の方も質朴でなければならぬ。苛酷なほど嘘を嫌う率直な性格、良識、実際問題への関心。スペクテーター氏も言うように、いつまでも文学や美術にばかり首をつっこんでいていいものか。それと並んで、いやそれ以上に労働や取引や商売や貯蓄や、生活の改善に役立つ手仕事に関心を持たねばならない。ジョン・ロックの『教育に関する考察』Thoughts concerning Education を一六九五年に飜訳したピエール・コストは、このイギリスの著作家は実は若いジェントルメンのために書いたのだが、「ジェントルマン」という言葉をフランス人が誤解してはならない、これは貴族を指すのではなく男爵のすぐ下の階級、つまりフランスでは「家柄のいい人」、「ちゃんとした市民(ブルジョワ)」と呼ばれるような人を指すのだ、とわざわざ読者にことわっている。「そこから容易に出てくる結論は、この教育論はジェントルメンのために書かれたから、この言葉をイギリス風の意味に解釈すれば、非常に広く読まれるべきだということである。」ピエール・コストの口を借りて、イギリスのブルジョワジーはヨーロッパのブルジョワジーに勧誘したのだ。

しかし、普遍的な人間類型を作りだす権利を一国だけが独占することはもうできない。だから、この類型も前より複雑化し、輪郭もぼやけたものにならざるをえない。お手本などと言っても、古典主義芸術が世界に投じた具体的な射影のようにかっきりした線を持つことはもうありえないのだ。フランスも探していた。この国には理性へ、精神の独立へ導く案内人か必要だった。気質的にもそうだったし、現にそう望んでもいた。こうして遂にフランスは、一八世紀の知的流行がやがて決定的に採用する理想像、イギリス人とフランス人、抽象的な思索家とすぐれた生活者のあいのこである「哲学者(フィロゾーフ)」を打ち出した。

この陣痛と分娩の時代に、それはどういう姿で現われたか。アカデミー辞典の一六九四年版にはこうある。哲学者(フィロゾーフ)とは「学問研究に没頭し、原因・原理によって結果を認識しようとする者のこと。……また、わずらわしい世事を避けて静かに隠棲する賢明な人も哲学者と呼ばれる。……また時には、精神的リベルティナージュ（自由思想）によって市民生活の通常の義務や責務を超越する人も一般にそう呼ばれる」（第二巻二二九ページ）。

　そういういろんな特徴がこの時期にしだいに重なりあっていった。まず第一に、哲学者はアリストテレスやプラトンを盲信する衒学者でも、職業人でも専門家でも教師でもなくなった。形而上学を勉強したことがなくても哲学者になれた。——第二に、これは記憶力ではなく理性を使う科学者だった。哲学者は天文学を研究し、世界が複数であることを語り、地球が太陽のまわりを廻る——それが今では定説だった——理由、少なくともその仕方を説明したりするようになった。——哲学者はまた賢者でもあった。たとえば、養育係は養育係でも、王侯貴族の子弟ではなくセント＝ジェームズ公園（ロンドンにある庶民的な散策地。世界各地の水鳥が集められている）のあひるの養育係にしかなりたいと思わず、男友達・女友達に囲まれてぬくぬく気楽な毎日を送ったりする。哲学者の政綱には快楽という一項が入っていたが、過大な地位はあたえられなかった。慎重に考えた上での快楽なのだ。——さらに哲学者は精神的自由思想家だった。これが大事な点である。哲学者は何物にもとらわれずあらゆることを判断した。ランベール夫人[14]がのちに言うように、哲学者は理性の尊厳を回復させた。しかし、アカデミーのお歴々が哲学者は市民生活の義務や責務を超越すると言ったのは間違いだった。少なくとも未来の予測を誤っていた。超越どころか、哲学者はそれを改革しようとした。布教熱が多少ともなければ哲学者とは言えなかった。——最後に、哲学者は激しい情熱の持ち主だった。だがそうなるのはまだ先である。心が熱して烈々と燃えあがるには、あと半世紀待たなくてはならない。

　哲学者は最初から啓示宗教を目のかたきにしていた。シナでは皇帝の顧問や寵臣がみな哲学者だと言われるが、ここでいうのは彼らの先生の孔子のような宗教色のない賢者である。哲学者が道徳や学問を語る場合、その道徳も学問も宗教的でないことは請け合ってもいい。宗教的どころのさわぎではない。哲学者として生きかつ死ぬということは、信仰を持たずに死ぬという意味である。伝統を守る側もその点は見誤らなかった。一六九六年、ルジェー神父は自分の学院で上演するため『ダモクレス、または天下をとった哲学者』Damocles, sive philosophus regnans という芝居を書いた。哲学者などにうっかり権力を渡したら、たちまち天下はひっくりかえされるというのであった。

*

形而上学を放棄して、人間の心の内に直接とらえられるものだけに進んで自己を限定した哲学。完全に善だということにはまだ異論もあるが、とにかく強力で秩序立って理性ともうまく合致し、そこから自然宗教や自然法や自然的自由や自然的平等が導き出されるような自然の観念。多くのモラルに細分化された道徳。そのひとつを特に選ぶなら、社会的効用に頼る道徳観。幸福の権利、地上における幸福の権利。この世でしあわせになるのをはばむ絶対主義や迷信や戦争との正面きった闘い。人間の限りない進歩と、したがって人間の至福を保証する科学。生活の道案内となる哲学。私たちの目の前で起こった変化は、思うに以上のようなものだった。こういう思想、こういう意志が早くも一七世紀末に自覚され、相寄り相集まって相対的なもの、人間的なものという教理を作り出したのである。今や用意万端ととのった。ヴォルテールの登場を待つばかりになった。

訳註

（1）ハリファックス侯爵　ジョージ・セイヴィル、ハリファックス侯爵の『婦人のお年玉、または娘への忠告』The Lady's New Year's Gift, or Advice to a Daughter（一六八八年）が念頭におかれている。

（2）仏訳　『手の神託』の仏訳のこと。これは『宮廷人』L'Homme de Cour の題で、一六八四年にパリで出版された。

（3）著者との喧嘩　一六一九年、一八歳でイエズス会に入ったグラシャンは、ウェスカの学院の教授となり、また説教師としての名声を博して、マドリードのフェリペ四世の宮廷でも二度にわたり生活した。イエズス会は生涯にわたりこの人物に厳しい監視の目を注いでいたが、束縛を嫌うグラシャンは有力者の庇護を盾にして反抗し、教団とのいさかいが絶えなかった。事実、兄弟のロレンソ・グラシャンの名で刊行された彼の著作類は、ジャンセニズムとの抗争という状況のもとで規律の引き締めをはかっていた教団の目にあまりにも大胆すぎるものと見えたらしい。教団に嫌気がさしたグラシャンは、イエズス会から脱退して、他の禁欲的な修道会に移りたいと願い出たが、許されず、譴責や断食の刑に処せられたあげく、晩年はタラソナの独房に幽閉されてしまった。

（4） 開講挨拶の講演　一六八七年にトマジウスがライプツィヒ大学で行なった講演「フランス人を見ならうの論」Von Nachahmung der Franzosen のこと。

（5） オッカンクール元帥　シャルル・ド・モンシ、オッカンクール侯爵。一五九九―一六五八。一六五一年以来元帥。フロンドの乱ではじめ宮廷側につき、コンデ公に再三撃破されたが、その後コンデ側へ移り、ダンケルク防衛戦で敵（フランス軍）の戦線を斥候中重傷を負い、落命した。サン＝テヴルモンは諷刺文『オッカンクール元帥とカネー神父の会話』Conversation du maréchal d'Hocquincourt avec le P. Canaye の中で、無知なこの元帥とそれに取りいるイエズス会士のいやらしさを存分に皮肉っている。

（6） イドメネ　第三部第三章、註10参照。

（7） スラ　ルキウス・コルネリウス。前一三六―七八。ローマの貴族で、将軍として兵士たちに偶像視された。破廉恥な野心家で、内乱を煽動して共和派を撃破、敵を追放して自ら独裁者となった（前八三年）が、程なく退位した（前七九年）。

（8） アッティラ　五世紀のフン族の王。四四七年、東ローマ帝国に侵入して劫掠し、ついでガリア地方を侵略したが、四五一年カタローニャ地方でローマの将軍アエティウスに敗られた。翌年北イタリアに侵入し多くの都市を破壊したが、ローマ法王の懇請により撤退、その後まもなく急死した。

（9） スティールとアディソン　リチャード・スティールとジョゼフ・アディソンが出した新聞『タトラー』（一七〇九―一一年）、『スペクテーター』（一七一一―一四年）のこと。

（10） カスティリョーネ　バルダッサーレ。一四七八―一五二九。一六世紀のイタリアの作家。長くウルビーノ公爵の宮廷で暮し、またイギリス、フランスの宮廷へも大使として派遣された。一五一三年、法王レオ一〇世のもとへ大使として派遣されてローマへ行き、ラファエロ、ベンボなどを知った。その後僧籍へ入り、法王特使として神聖ローマ皇帝カルル五世のもとへ派遣されたりしたが、皇帝のローマ攻囲後まもなく失意の内に死んだ。彼の代表作『宮廷人の書』Libro del cortegiano は一五〇八年から一五一六年の間に書かれ、一五二八年に出版されたもので、ウルビーノ公の宮廷を描き、宮廷人のとるべき生活態度を論じて、「紳士」の道を教える教科書のごときものとされた。

（11） デッラ・カーサ　イタリアの作家、詩人、ジョヴァンニ・デッラ・カーサ（一五〇三―五六）のこと。彼は一五三四年僧籍にはいり、ベネヴェントの大司教から晩年には法王パウルス四世の秘書になった人だが、死後フィレンツェで出版された『作法書』Galateo ovvero de' costumi（一五五八年）は各国語に訳され、礼儀作法の教範として全欧的に広く読まれた。「あの人は Galateo を読んでいない」というのが無作法な人間への非難の言葉になったと、一七世紀のフランスの作家シャルル・ソレルはのべている。なお、アザールの原著ではここに「ベニンカーサ」という人名があげられているが、デッラ・カーサの誤りと思われるので訂正した。

（12） ニコラ・ファレ　一六〇〇―四七。フランスの文人。『オスマン年代史』Histoire chronologique des Ottomans

（一六二一年）等の歴史書もあるが、むしろ『紳士、または宮廷で気にいられる法』Honneste homme ou l'art de plaire à la cour（一六三〇年）の著者として残っている。この本は「紳士」の道を教えたものとして評判が高く、一七世紀に広く読まれた。アカデミー・フランセーズの最初の会員の一人。

（13）ド・メレ騎士　アントワーヌ・ゴンボー。一六〇七頃―八四。フランスの文人、社交人。若くしてマルタ騎士団に入り、「騎士」の称号を得たが、一六四五年軍務を捨ててパリへ来、社交界に出入りして、趣味人、処世術の名手としてうたわれた。晩年になって、『D・M・C（クレランボー侯爵）とD・C・D・M（メレ騎士）の会話』Conversations de D.M.C. et D.C.D.M.（一六六九年）、『魅力』Agréments（一六七七年）、『才気について』De l'Esprit（一六七七年）、『会話について』De la Conversation（一六七七年）などで、趣味の道、処世の道をコード化し、「紳士」の道の教師としてうたわれた。

（14）ランベール夫人　アンヌ＝テレーズ・ド・マルグナ・ド・クルセル、ランベール侯爵夫人。一六四七―一七三三。フランスの女流作家。アンリ・ド・ランベール侯爵の妻だったが、夫の死後パリに有名な文学サロンを開き、そこにはフォントネル、ラ・モットなどが出入りして、アカデミー・フランセーズの出店のような観を呈した。作品には、一七〇一年頃執筆したエレガントな道徳論『娘と息子におくる母の意見』Avis d'une mère à sa fille et à son fils（一七二八年）のほか、いくつかの小品がある。

第四部　想像的・感性的価値

第一章　詩のない時代

合理主義の運動は『百科全書』Encyclopédieまで、『習俗論』[1] Essai sur les moeurs まで、人権宣言まで、さらには現代までも辿ることができる。

しかしリチャードソンは、ジャン＝ジャック〔ルソー〕は、「疾風怒濤（シュトゥルム・ウント・ドラング）」はどこから来るのか。どこかに隠れた水源があって、こういう情熱の大河はそこから出ているにちがいない。私は今まで世界という舞台の上に理性派しか見ないようなふりをしてきた。たしかにこの時代は、理性派が舞台の前面に躍りでて、わがもの顔に主役を演じ、騒々しくさわぎたてた時代である。しかし理性派しかいなかったわけではないから、今度はほかの連中を見る番であろう。ただこの調査はむずかしく、表面だけ見たのでは必ず失望すること、最初の調査結果は否定的たらざるをえないことをあらかじめ覚悟しなければならない。

＊

さぐりをいれてみたいのは詩歌である。これから探す想像的・感性的な価値は何よりも詩歌に見られるはずであるから。

しかし、この時代は散文の時代だった。スウィフトの散文ほど豊かで張りがあって、どこから見てもすばらしい散文がほかにあろうか。サン＝テヴルモンほどしなやかな散文が、フォントネルほどきめの細かい散文が、ベールほど激越な散文がほかにあろうか。ベールといえば、この弁証家、論理家、ライプニッツが言うように攻撃（クリミナシヨン）と区別（ディスクリミナシヨン）をもっぱら好んだこの人物は、感情の冷却とはおよそ無縁の人だった。彼は怒った。いきどおった。彼が書いたものを読むと、その熱気が今でも伝わってくる。日常言語では足りなくなると、ベールは別な単語を作った。その文章は観念を締めつけ締めあげて、その内容を洗いざらい吐きださせた。これは誰にもできない芸当だった。署名がなくても、彼の文章はひと目でわかるにちがいない。

イギリス人もフランス人も、散文に新しい効果をあたえた。思想をつめこみ、戦闘的・攻撃的なものにした。エッセイに手紙に生者や死者の対話に架空の旅行記に、彼らは道徳・宗教・哲学の一切合財を注ぎこんだ。

みんな詩人ではなかった。言葉の輝きやかぐわしさなど耳には感じられなかった。心は神秘に対する感覚を喪失していた。みんな仮借ない光で現実をくまなく照らし、心情の吐露すら明晰に秩序整然と行なわれることを求めた。詩が祈りだとしたら、彼らはけっして祈らなかった。語りえぬものに至る試みだとしたら、彼らはそういう語りえぬものを否定した。音楽と意味の間のためらいだとしたら、彼らはいっときもためらわなかった。彼らが求めたのはもっぱら証明と定理だった。詩を作るのも、幾何学的精神をそこへとじこめるためだった。*

* 〔リモジョン・ド・サン＝ディディエ〕『パルナス旅行』Le Voyage au Parnasse（一七一六年）の二五八ページにはこうある。「突然、大きな声が聞こえた。百人もの詩人がいっせいに声をはりあげて、私たちのオードを聞いてくださいとアポロンに嘆願しだしたのだ。一人は叫んだ〈全能の神よ、私は地球の運動をうたうオードを作りました〉。もう一人は叫んだ、〈私は代数をうたうオードを作りました〉。」——イギリスについてはジョルジュ・アスコリ『一七世紀のフランス世論が見た大英帝国』La Grande-Bretagne devant l'opinion française au XVIIe siècle（一九三〇年）、第二巻一一九ページを参照。

こうして詩は死んでしまった。少なくとも死にかけたように見えた。知性にくまなく浸透され、機械的でカサカサになってしまったら、詩の存在意義はもうなくなる。作詩家は当時も掃いて捨てるほどいたが、ラ・フォンテーヌが死んでからはフランスに詩人はいなくなった。イギリス古典派の見事な花盛りでも、いちばん欠けていたのは本物の詩人だった。

それに、創造的な天才を出にくくさせる障害がもうひとつあった。前の世代がふんだんに生みだした傑作がいわば称讃されすぎたのである。コルネイユやラシーヌやモリエールの友人や弟子が多すぎたのである。こういう偉人はいつまでもまねし引き写す価値のある芸術の妙手、秘訣をわがものにしているから、それさえ再発見すれば同じような不滅の傑作を生みだせる——みんなそう考えていたのだった。何物も敬わず、偏見と迷信を嫌うことを誇りとするたくましい精神も、こと文学の問題となると羊のようにおとなしくなり、偶像の前でお辞儀をし、ジャンルの峻別という掟にも三一致の規則にも手を触れようとしなかった。悪魔や天使の存在を信じない人でも、自己流に解釈したピンダロス(2)、アナクレオン(3)、テオクリトス(4)などは信じていた。いや、アリストテレスまで信じていた。哲学者としてのアリストテレスではない。『詩学』 Poietike の著者としてのアリストテレスである。アリストテレスもこの方では神様だった。

ラシーヌにとってギリシャは感動的な詩的現実だった。フェードルも神々の娘でなかったら、あんなには苦しまなかったろう。

「わたしの祖父は神々の父、神々の主。天は、宇宙全体は、わたしの先祖にみちみちている。どこへ身を隠そう？地獄の闇にのがれようか。いや、なにをいうことやら、わたしの父は地獄で運命の壺をささげている。運命が、この壺を父のきびしい手に与えたというはなし。ミーノースは地獄で、青ざめた人間どもを裁いている。ああ、自分の娘が目の前に引きだされ、あれやこれや多くの大罪、地獄でも知られぬほどの罪とがを告白するはめになったのを見たら、おびえた父のまぼろしはどんなにふるえおののくだろう。父上、このおそろしい光景を見て、父上はなんとおっしゃるでしょう……」(ラシーヌ『フェードル』 Phèdre、第四幕第六場。邦訳、人文書院刊『ラシーヌ戯曲全集』Ⅱ、二四五ページ、伊吹武彦訳)。

しかし、この成功が仇になって、やがてギリシャはギリシャでなくなってしまった。内発性もみずみずしさも生気もなくし、彫像しか住まぬ墓場のようになってしまった。そのかけがえのない傑作も、たんなる法典か悪がしこい手を集めた目録にすぎなくなった。みんなギリシャを現在へ引っぱり寄せ、オデュッセウス(オデッセー)やアイアース(アジャックス)を理解しようともせずに、彼らが立派なのはかつらと短剣をつけているからだなどと言いだした。

一七一五年頃にホメロス礼讃がさかんになり、古代派が近代派に仕返しをしようとした時、ポウプが『イリアス』 Ilias の訳を発表して、その序文がフランス語にもドイツ語にも訳された時、当時の人がこのギリシャの叙事詩の内に見たものは正確にいってなんだったのか。訳者は意気揚揚と言っている。発明の才にかけてはホメロスに及ぶ者はない。発明は天才のしるしである。それは自然の召使いである芸術に、整然と配置すべき豊かな富をあたえるからだ。ホメロスはこの能力によって、アリストテレスが叙事詩の魂と呼んだ「物語」を考えだした。物語は三つの種類に分けられる。ひとつはありそうな物語、もうひとつは詩人が知恵や学問の秘密をあからさまではなく、ヴェールをかぶせて語る寓意的な物語、最後は超自然や神々のからみあいを含む驚異的な物語である。「詩の仕組みの中へはじめて神々を持ちこんだのはホメロスらしい。それはこの詩に最大の重要性と権威をあたえている……。」この発明の才は論弁、描写、イメージ、比喩、文体、詩句などを大いに引き立てているが、多少の欠陥もなしとはしない。その驚異性も今では真実味を失っているし、その隠喩も度を越している。またくりかえしが多く、読む人は疲れてしまう……。

これを読んで、気性の激しいダシエ夫人[5]はいても立ってもいられなくなった。何を言うか。このイギリス人はホメロスを訳したくせに、ホメロスがまるでわかっていないではないか。この男に言わせると、『イリアス』は「秩序も均斉もない雑然たる美の寄せ集め、材料だけあって、完成した物も形をなした物もないただの見取図、できれば取った方がいい——残す価値のある物を枯らしたり歪めたりするから——余計なお荷物をいっぱいかかえた作品ということになる。ホメロスの敵ですら、こんなに侮辱的な暴言を吐いたことはない。『イリアス』という庭園は自然のままどころか、この上なく整然として均斉がとれているのだ。その道では世界一のル・ノートル氏[6]の庭園にさえ、ホメロスの詩にあるような完璧なすばらしいシンメトリーはないのである。」

行くところまで行って、万事はあるべき所におさまった。イタケー〔イオニア海にある小島で、オデュッセウスの領地〕はヴェルサイユになったのだ。

*

詩歌はなんと虐待されたことだろう。みんなもう詩がわからなかった。理解できなかった。神的な息吹きが胸をよぎるようなこともなかった。詩歌は雄弁術——もともと詩の敵なのに——の一様式にすぎなくなった。心の底へしみいるのではなく、詩歌は無理な努力をして外へばかり向かい、議論したり証明したり答を出したりしようとした。想像力は低級な能力とされ、ラベルをべたべた貼ったイメージはただの安ピカ物にすぎなくなった。単調でおよそ響のない詩句は、むずかしいことをやってのけたという以外なんのとりえもなくなってしまった。一七一七年、ド・フルーリ氏のアカデミー・フランセーズ入会演説に対する答辞の中でヴァランクールが言っていたように、ミューズはもはやパルナス山には住まなくなった。いや女神ですらなくなった。それは、人の心をとらえるために理性が昔から用いてきた単なる手段にすぎなくなった。

当時の人がどこまで常軌を逸していたかを見ようと思ったら、フォントネルが牧歌の性質について書いたもの(7)や、ウダール・ド・ラ・モットがオードについて書いたもの(8)を読みかえすといい。しかし、ウダール・ド・ラ・モットの方が論理的である。自分の原理の帰結まで平然と進んでゆき、詩は窮屈だから散文で書こうなどと言っているのだ。詩が語ることは散文でも全部表現できる。散文の方が正確で明晰で手っとりばやい。韻やリズムで苦労することもない。さあ、肚をきめよう、詩形式でないオードを提供しよう……。と言っても、この人は自由詩を考案しようとしたわけではない。インスピレーションにはいつでも好きな形式を生みだす権利があることを知っていたわけではない。いや逆に、彼は諧調を否定したのだ。それも得意然たる顔で。実際、歴史を通じて詩はいつも雄弁におびやかされてきたけれども、ウダール・ド・ラ・モットが「自由な雄弁」La libre éloquence というオードを作った日ほど雄弁に手いたくやられたことはなかった。韻もリズムも消えてなくなれというのだから。

「気まぐれにして横柄なる押韻よ、圧制的なる韻律よ、汝らいつまでわが思念を奴隷のごとくしいたぐるや。汝らいつまで理性の支配を横取りするや。数と拍子が命ずる時、我らさながら生けにえのごとく、正確、簡潔、明晰を犠牲とせざるをえず。汝らの意にそむきてそれをあくまで保たんとせば、汝らいかなる拷問によりてこの抵抗をくじかんとするか。……理性を侮辱するかかる隷属より我を解き放つ者は、ただおんみ、自由独立の雄弁のみ」(一七五四年版全集、第一巻五三一―五三四ページ)。

ウダール・ド・ラ・モットは『イリアス』を再加工(9)してそれを一二篇の歌に縮めた上、ホメロスが登場してこの美挙をたたえるオード(10)を作ったり、ラシーヌの場面を散文化(11)

して悦にいったりした。彼の仲間や同類は、大事なのは事実の説明だけだということがみんなにもいずれはわかると思っていた。そうなれば、誰も幻を追うのをやめて真実だけを表現するようになり、耳を楽しますという些細な理由で言葉に手枷足枷をはめたりすることはなくなるだろう。詩人は哲学者になるだろう。詩人を役立てるにはこれがいちばんいいのである。* 「理性が改善されるにつれて、判断力の方が想像力より重んじられるようになり、したがって詩人は尊重されなくなるだろう。最初にものを書いたのは詩人だと言われる。それはそうであろう。詩人以外にありえなかったかもしれない。しかし最後は哲学者である。」**

* フォントネル『詩歌一般について』Sur la poésie en général。『著作集』Œuvres diverses、第八巻、一七五一年。

** トリュブレ師『文芸・道徳の諸問題に関するエッセイ』Essais sur divers sujets de littérature et de morale、一七三五年。

そうなるのはまだまだ先のことである。それまでは、頑固で嘘ばかりつくこの役立たずの人種を信用してはならない。ジャン・ル・クレールの定義によると、詩人とは自分が扱う主題を全体的または部分的に発明して、読者を驚かせ耳をそばだたせるような一定の順序で自己の観念を配列し、韻律のみならず発声法でも普通とは違う仕方で自己を表現する者、ということになる。「詩を読みはじめる時には、これを作った人は嘘つきで絵空事を語っているのだ、少なくとも、真偽を見分けるのが難儀な程に腐った真実を語っているのだ、と自分で自分に言いきかせねばならない。詩人が使う大げさな言いまわしはおおむね理性に不意うちをかけるためのものでしかないこと、詩人が駆使する韻律も私たちの耳を楽しませて主題に感心させ、夫子自身を偉く見せるためにすぎないことを念頭におくべきである。こういうことを頭に入れておけば、この種のものを読む時の解毒剤となろう。まっすぐな正しい精神の持ち主には詩を読むことも何かの役に立ちうるけれども、理性がさほど強くない人は、あまり詩に淫すると頭が混乱するばかりである。」* 理性派のスター、ル・クレールのこういう敵意はどこから来るのか。詩は嘘だという牢固たる信念からだ。

* ジャン・ル・クレール『パラーズ雑纂』Parrhasiana（一六九九年）、冒頭（一—二ページ）。

当時の人は大方みな無意識の内にそう考えていた。彼らがしようとしていたのはピンダロスのオードや「ナミュール占領についてのオード(12)」Ode sur la prise de Namur――このお手本は特に大きな害毒を流した――の模造品を作ることだった。当代最高の抒情詩人といわれたジャン＝バティスト・ルソーは、「崇高の境地に達するいちばん安全な道のひとつは昔の有名作家をまねることだと私はつねづね考えてきた」と言っている。彼の言う崇高とは、疑問符、感嘆符の多用やみせかけの熱狂からなるにすぎない。彼はまず、びっくりして腰をぬかしたようなふりをする。あれはなんだ、あの光景は、あの音は。天の帷が開いたのは。それは某々王女がお嫁に行かれたからである、某々王子がお生まれあそばしたからである、某々王が崩御されたからである。そのあとに、神話の知識をふんだんに盛りこんだ詩句が数節。そして最後にしゃれた比喩やらまい描写や目がさめるような一句があって、それでオードはおしまいである。論理や構造のメカニズムが無秩序を気取る技巧のかげに隠れていないかぎり、オードは完全に成功したとは言いがたい。「この無秩序にも規則と技術と方法があるが、それは隠れていればいるほど、そのつながりが見えなければ見えないほど、ますます見事なものとなる。会話に精神的な陶酔が宿って、話がだらけることを防ぐのと変りがない。だから、この無秩序はまさに狂気の衣を着た知恵である。動きを鈍くする幾何学的な鎖から解き放たれた知恵なのである……。」*

* 「ブルターニュ公誕生に関するオード」Ode sur la naissance du duc de Bretagne（一七〇七年）について。

*

場合によれば情状酌量を求めることができるかもしれない。成功と失敗をしるす大きな帳簿に、たくさんの損失と守りとおした少数の価値とを左右のページに並べて記入することができるかもしれない。

純粋詩というのは美しすぎる夢である。詩というものは、過ぎゆく各世代のありかたとかかわる相対的なものでしかない。詩が生きのこるには、抽象的な理性に夢中になった世代でも、人をあざむく虚偽なるものに依然なんらかの魅力を感じていればそれでよい。たてまえとは違うが、詩をあくまでも散文化したがる人をまねしなければそれでよい。この世代にもまだ音楽やリズムに敏感な作家がおり、無力であっても、とにかく高級なハーモニーという幻想を培っていればそれでよい。純粋詩はなくても、詩に対する永遠の要求はある。ポウプは天才的な詩人に見えた。そう見えた以上、天才的な詩人にちがいなかった。時代の気弱な要求を彼はその手で充たしたのだ。ふんだんに充たしたのだ。

　だとしたら、この無味乾燥な時代にも当時の人にとっては詩があった、と言ってもあながち逆説とはいえないだろう。カーニッツでもドイツ人にとっては詩人だった。いや、フランス人にとってもそうだった。ドイツ人の自然さ、素朴さをフランス人に味わわせようとしたのちの人は、カーニッツをお手本のひとつにあげたからである。イタリアが持ち出した一連の詩人もヨーロッパ中の感嘆の的になった。意外なのは、下手な詩ばかり書く理由が山ほどあったにもかかわらず、これらの詩人が一日以上、一年以上、一世紀以上の生命を持ち、今でも魅力を感じさせる詩をいくつか書いたことである。彼らはみな、凍った火や灼熱の氷や厳しい楽しさ、楽しい厳しさを十年一日のようにうたうマリーノ[13]風の伝統に圧しつぶされていた。いや、圧しつぶすと言うなら、マリーノよりも古代の思い出にはるかに強く圧しつぶされていた。アナクレオンをまねすることが義務でなくなると、かわってピンダロスをまねすることが義務になった。それともうひとつ、彼らの足をもつれさしたのは科学というニューフェースの登場だった。彼らも科学にたずさわり科学を愛していたから、詩の中でも科学に席を設けなければ気がすまなかった。大げさな言葉をしこたま並べ、技巧の極致である見事な無秩序を作りだそうとあくせくした彼らのオードは、ごつごつして重くるしくてやりきれないような代物だった。ところが或る日、フランチェスコ・レーディがピンダロス張りとはいえ、とにかくバッコス〔バッカス〕をトスカナの丘陵へ呼びだして、たわわな葡萄からとれた銘酒を次々と味わわせ、この神様がだんだん酔っぱらって、千鳥足になり舌がもつれてゆくさまを詩に書くことを思い立った。

味気ないビールを
口にするやつは
早死にする。耄碌するまで
長生きする者はめったにない。
地面の下へ早く行きたいやつは
イギリスのシードルを飲め。
早くたばりたいやつは

北方の飲み物をあおれ……。

こういう不純な飲み物の名を口にしただけで、バッコスは冒瀆の罪を犯してしまった。けがされたこの神様の唇は、

サンソヴィーノ〔トスカナの山〕にあかあかと燃える
祝福された
葡萄からとれる
その酒をなみなみ注いだ
金盃に
清められ、ひたされ
沈んでゆく……。*

* 『トスカナのバッコス』Bacco in Toscana、一六八五年。

この日、粗野でたくましく野趣に富んだ一種独特の詩――古代の酒神讃歌を模したものだと言ってはいたが――が救い出された。また別のところで、ヴィンチェンツォ・ダ・フィリカーヤは祖国の隷属に思いをはせて、気高い叫び、胸をうつ歎きの声を聞かせた。

おおフランスよ、お前は武器を取り、抜身の剣を握りしめ、
私に打ちかかろうとするか、ガラスの甲冑でしかお前の太刀を受けられぬ私に、
古代の王杖の栄光も
そのかみの栄華も守るによしない私に。*

* 『イタリアよりフランスへ』L'Italia alla Francia、一七〇〇年。

それだけではない。コンチェッティ〔衒飾的表現〕とか、大げさで常軌を逸した隠喩とか、複雑で凝ったわけのわからぬ言葉の綾とか、総じて「セチェンテーズィモ」〔一七世紀風のマニエリズム〕と言われるものをイタリア人は詩から追放しようとした。反旗をひるがえしたわけである。針小棒大な詩はもうたくさんだ。素朴なのがいい、自然なのがいい。家はあんまりごたついているから、一度からっぽにした方がいい。いや、もう家もいらない。壁も屋根もいらない。本当の詩には野天がいいのだ。一六九〇年、ローマで数人の詩人と賢者が集まって(14)、戸外の林で会合を開くこ

とをきめた。いにしえのアルカディア〔牧歌的な架空の国〕、吹き渡る風の中に人々が詩を呼吸し、牧人たちが鄙びた鳥笛で神々しいメロディーをかなでた時代をよみがえらそうとしたのである。残念ながら、このすばらしい計画は実行してみると仮装行列になってしまった。アルカディア人たちはイの一番に規則を作り、ギリシャ語をまねた牧人ふうの名前をつけた。次々とたくさん植民地ができてイタリア全土に広がったが、いずれも、ローマのアルカディアにさらに輪をかけてペダンティックだった。林の中で朗誦される詩は、質の悪さにかけては彼らが追放しようとしたものと甲乙なかった。いや、全く同じものすらあった。紙挟みに入れておいて、一字一句たがわず読んでいたのである。結局この企ては失敗に終った。普通は失敗したということに力点がおかれるが、企図の麗わしさ、すばらしさを強調することもできるだろう。

　イギリスの畑でも落穂拾いはできるはずである。もちろんプライアーには目も鮮かな大壁画などありはしないが、それでも、小さなタブローに絵画的な魅力を持たせる腕はあった。力強いシンフォニーなどあるわけはないが、そのメロディーはとにかく気持のいいものだった。ギリシャ・ラテンの詩人から教わった凝った技巧は第二の天性〔習慣〕の賜物だったが、それでも第一の天性を抹殺することはなかった。アナクレオンや好んで師と仰ぐホラティウスも才能に磨きをかけただけで、それを生みだしたわけではない。激しい情熱こそなかったが、この人は心地よい閑暇や生活の苦労や死の恐怖や時の流れや、しおれた花を見て泣くクロエ[15]などを優雅にうたった。憤怒も軽蔑も胸を刺す苦しみもないが、その歌にはときにメランコリックな調子がただよい、読者の胸にしみいるのだった。マシュー〔プライアーの名前〕は友人のジョンと古きイングランドを旅行して、昔とまったある宿屋に立ち寄る。

やさしいおかみさん、ちょっとここへ、ご機嫌いかが、
どこにいますか、きれい好きなサイスリーは、プルー
　デンスは、スーは、
この下にとまっていた後家さんは、
八年ほど前に歌をうたっていた馬丁さんは、
ラッパのように冴えた声で女中さんと話をしていた
やさしい人気者の妹さんは。

まさにイギリスの版画である。田舎の旅籠屋。テーブルに坐った客。そしておかみ。

本当に、と彼女は答える。前よりお若くなったようですね。
こちらのかたは葡萄酒はなんになさいます?
あんまりいろんなことをおっしゃって、
何からお答えしていいかわかりませんわ。

万事が自然でくつろいだ調子である。ついで、調子は同じだが、「去年の雪」を思うとき心をとらえるおののきがおかみの答の中をふとよぎる。

あの時から見ると、なんという変りようでしょう。
馬丁は首をくくりましたし、後家さんは再婚しました。
プルーの子供は捨てられて、教区で養われています。
サイスリーはお客さんの財布を盗んで、どこかへ行ってしまいました。
やさしい人気者の妹も、
ずっと前からお墓の中で眠っています。*

* マシュー・プライアー「ダウン・ホール(バラード)」Down Hall, a Ballad。最初の発表は一七二三年。

ほかの作家についても、何かの詩を見つけることは難事ではなかろう。最初に聞いた人たちに詩と思われたものであれ、歳月の霧に包まれて大時代ないじらしい魅力を今なおとどめるものであれ。同時に私は、ここであらためて情状酌量を求めざるをえない。絶対をあきらめて、相対的なものだけで満足せざるをえない。一八世紀の最初の五〇年間ほど抒情的ならざる時代はなかったこと、今はまだ不毛な時代の始まりにすぎないことをカルドゥッチ(16)とともに確認した上、ここで名をあげた詩人の内で最高の者でも、ダンテやシェイクスピアにくらべたら貧相な端役の域を出なかったことを白状せざるをえないのである。

*

もうひとつ白状するが、同じ変化はほかの文学分野でもたいてい起こっていた。みんな創造的価値に無感覚になり、書くとはまねること、従うことだと考えた。
交叉点には批評家が陣取っていて、作者が道に迷うのを防いだり、正道へ引きもどしたりした。シェイクスピアは悲劇が全然わかっていないということをみごと証明してのけたあのトマス・ライマーが言ったように、批評家が見ていないと詩人はぞんざいになるからだった。

批評家は実にたくさんいた。アリストテレス、ホラティウス、ロンギノス[17]といった故人も席を譲るどころか、かつてないほど大もてにもてはやされた。その上に現存の批評家が山といた。ブウール神父、ラパン神父、ル・ボッシュ[18]神父などの高名な学者は、知的作物における正しい思考法[19]や、演説や詩句のととのえ方や、叙事詩の組立て方[20]などを教えた。イギリスにも、こわい先生がいっぱいいた。ジェラード・ラングベーン、エドワード・ビシー、レナード・ウェルステッド、ジョン・デニス、ほか大勢。イタリアでは、ムラトーリやクレシンベーニやグラヴィーナが完全な詩[21]、完全な悲劇の本質的なありかたを分析した。ドイツではクリスティアーン・ヴェルニケが、フランス文学が高い完成度に達したのは、パリでは有名作家の作品でもすぐさま批判の対象になるからだ、と説いて聞かせた……。いやはや大変な熱のいれようである。気むずかしい権威主義もここまで来ればたいしたものだ。雷のようなお叱言(こごと)や喧嘩口論が絶えなかった。どやされたり、因縁をつけられたりした作家の方はいい迷惑だが、ありていに言うと、彼らもけっこう時代に順応していたのである。作家にも二つの楽しみがあった。鼻っぱしの強い者には応戦して金切声を上げる楽しみが、ぐずな者には人にヘイコラする楽しみが。

ボワローはもう歳だった。一七〇一年に出した自分の作品集の新版の序文で、彼はいまだに衰えぬ筆力で自分の文学原理を要約し、かたわらお別れの言葉を述べた。「この版がたぶん私の著作集の自分で見なおせる最後の版になりそうだし、歳も六三をすぎ、体もすっかりがたがきて余命いくばくもなさそうだから、この機会に、読者の皆さんに形どおりお別れの言葉を述べ、とるにたりない私の著作を何度も買ってくださった御厚意に感謝したいと思う……」〔ガルニエ版ボワロー作品集、一九六一年、八―九ページ〕。読者の方は全然飽きた様子もなかった。その証拠に、同じ別れの挨拶の中で、ボワローはエリセイラ伯爵[22]にお礼を言っているのである。「氏は私の『詩法』Art poétique をポルトガル語の詩に訳され、一通のお手紙とご自作のフランス語の詩を添えて、リスボンからお送りくださった……」〔同、一三ページ〕。『詩法』が読まれなかった国、解説されなかった国、訳されなかった国があるだろうか。これが一種の法典にならなかった国があるだろうか。タッソーを安ピカ物よばわりした意地悪なボアロー[23]〔Boalò、イタリア語ふうの綴り〕、異国のものは何ひとつ知らず、何ひとつ評価しなかったあの高慢なフランス人をやっつけることはできたが、それでも彼がパルナスの立法者であることに変りはなかった。いたるところで権威が揺らいでいた時に、ボワローの権威だけは崩れずに残っていた。

ボワローはもはや単なる個人ではなく、制度化された存在だった。ルーヴル宮の柱廊やマルリの馬〔マルリはパリの近郊で、ルイ一四世の館があり、そこの水飼い場にはクストゥーが製作した馬の彫像が飾られていた〕でも見にいくように、みんな彼に会いにオートゥイユ〔パリの郊外。ボワローの邸があった〕へでかけた。ここにモンタギュー夫人といういっぱしの女流作家がいた。コンスタンチノープル駐在イギリス大使だった夫のもとへ行く途中、彼女はたまたまトルコ語の詩の飜訳を読まされた。それを読んで、咄嗟に考えたのは誰のことか。ボワローである。「この詩にはたいへんきれいなところがございます。〈鹿の目をした〉Stag-ey'dという形容詞〔英語ではあまり耳ざわりのいい言葉ではございませんが〕にはほれぼれいたしました。お妃の目の輝きとつれなさを実にいきいきと言い表わしているように思います。古代の作家の言いまわしが高尚かどうかを私たちの耳にどう響くかで判断してはいけない、昔の人にはたいへん優雅に聞こえたものが私たちには下卑て聞こえたり粗野に思われたりすることもあるのだから、とボワローさんはおっしゃいましたが、本当にそうでございますね……。」*

* ポウプ氏への手紙。アンドリアノープル〔トルコの町〕、一七一七年四月〔一日付。一九五六年版ポウプ書簡集、第一巻四〇〇ページ〕。

作家は天分がなくてもいいなどとボワローは一度も考えたことはなかった。だがボワローの後継ぎたちは、ほうっておくと天分より手続きを重視しかねなかった。美しい詩を書くには「規則に対する鋭い感覚」がありさえすればいいなどと言いだすようになるのである。ボワローはジャンルの峻別を主張したが、その教えが行きついたのはおよそくだらない区分けや区分、再区分、再々区分だった。古典主義はひとつの心、ひとつの意志だが、擬古典主義はたんなる公式にすぎない。違いはそこにあるのである。

道徳性――落ちぶれた後継者らが擁護したのはこれだっ

た。それで自ら慰めようとするかのように。叙事詩は道徳的でなければならない。叙事詩の目的は「習俗の改良」にある。詩は道徳的でなければならない。いや、一歩進めて宗教的な真理を教えなければならない。詩は倫理である。神学の一部と言っても言いすぎではない。「楽しませつつ教え、教えつつ楽しませるように、有益さと楽しさを組み合わす者だけが立派な詩人と言える。」――「詩は魔術師だが、しかし有益な魔術師である。狂愚を排する錯乱である。」とりわけ芝居は学校の役をしなければならない。美徳を茶化し悪徳を立派に見せる喜劇作家は呪われよ。喜劇はイギリスで独創的な形を見つけていた。筋はフランスのお手本、特にモリエールからとってきたが、それをつきまぜ薬味をきかせて、一種独特の味を出していた。野鄙な言葉やきわどい場面を愛用する不道徳で破廉恥で陽気で愉快な芝居だった。コングリーヴやヴァンブルーの手でロンドンの劇場を席巻したのはこの手の喜劇である。ところがここにジェレミー・コリアーという坊さんが現われて、この種の芝居を猛然と攻撃し、一六九九年に『イギリス演劇の不道徳性と冒瀆性を一瞥す』Short View of the Immorality and Profaneness of the English Stage という一書を著わした。道徳性、われわれに必要なのは道徳性だ。芝居は本来、栄耀栄華のはかなさや運命の定めなさ、乱暴や不正のみじめな報い、慢心の馬鹿々々しさや偽善の犯罪性を明らかにすべきものなのに、実際にしていることは逆ではないか。誠実な人は笑いものにされ、冒瀆と不敬と品の悪さがステージにのさばり、聖職者を茶化すことすら平気で行なわれているではないか。はずかしいことだ。情ないことだ。――面白いのは、この猛攻撃が口火を切った激論の末に、ピュリタン精神と擬古典主義のモラリズムの野合した勢力が喜劇の改善をまんまとなしとげたことである。スティールの芝居で前より増してデリケートな最後の光芒を放ったのち、自分が好む形ではもはや生きられぬことを悟った喜劇は甘んじて死を選んだ。同じころ、イタリアでもコメディア・デッラルテが非難の的になり、理性と道徳をたっとぶ新しい喜劇の創出がくわだてられた。(24) フィレンツェやローマではない、なんとナポリにニコロ・アメンタという作家が現われて、いきのよさも縦横の機知も道化ぶりも羽目をはずしたところもない、要するに面白くもおかしくもないような芝居を書いた。不道徳な人物も野鄙な言いまわしも気ちがいじみた恋もない、淫奔な下女も食いしんぼうの下男もいない、突飛な筋など薬にしたくてもないような、折目ただしい道徳的なお芝居だった……。

言葉の美しさについて判定を下し、文学上の良き趣味を守ることを主たる任務とした国家機関を作るなどという考えは、フランスが規律と秩序にうつつを抜かした一時期[25]をのぞいて、これまでどこの国も持ったことがなかった。ところが今や、近隣諸国はアカデミー・フランセーズに羨望の目を向けはじめた。このアカデミーは仕事も徐々に儀式化し、ほかのいかなる会も持たないような権威を得、懸賞コンクールとか入会式とか演説とか、ひとつひとつの行事がセンセーションを起こした。世界一自由なイギリス人さえアカデミーを作りたがった。イギリスのラ・フォンテーヌに当るプライアー氏、イギリスのボワローに当るポウプ氏、イギリスのモリエールに当るコングリーヴ氏などがその会員になるはずだ。* 束縛を嫌うスウィフト氏も、この束縛にはよろこんで従うだろう。** 計画はながいこと論議されたが、結局実現を見ずに終った。それでもベルリン・アカデミーは一七〇〇年に、スペイン王立アカデミーは一七一三年に出来ている。遠いロシアにすら一七二五年にアカデミー[26]が出来た。

* ヴォルテール『哲学書簡』Lettres philosophiques、第二四信「アカデミーについて」。

** スウィフト『英語の矯正・改善・確定のための提言』A Proposal for correcting, improving and ascertaining the English tongue、ロンドン、一七一二年。

宗教や政治の世界では過去の制度をのこらず白紙に返した批評も、今度は逆に保守的だった。かつては人知の進歩の障害として古人を非難した批評が、ここでは古人を守護神と仰ぎ、個々人の判断をすべての尺度にしたことなどきれいに忘れて、「規則の外に救いなし」[27]という言葉で経験的な事実を至上命令に変えてしまった。悲劇を書きたかったら、時間は二四時間、場所は宮殿の一間、厳粛荘重な英雄が何人か登場して、恋あり義務ありといったものを書けというのだ。

*

一七一一年にイギリス人は躍りあがった。パルナスの立法者が書いた新しい『詩法』が自分の国に、自分の土地に生まれたのだ。ひよわで小男で神経質で、かすかな風にも香気にもおそろしく敏感だったこの作者は、しかし、こういう相違——違いはまだあったが——にもかかわらずボワローの立派な後継ぎだった。この人には長い治世が約束されていた。『批評論』Essay on Criticism を世に問うた時、アレグザンダー・ポウプはまだ二二歳だったから。

いちはやく当時の名著にかぞえられたこの作品は最後のあがきのような感じがする。『批評論』の著者の中には二人の人間が共存している。この二人は必ずしもしっくりいかないし、ぶつかりあうこともしょっちゅうある。一人は彼自らの激しい気性を代表し、もう一人はやがて決定的な勝利を収める規律と秩序を代表する。一人の人間の中に同居するこの二人の人物の内、最初の人物は若々しい情熱を羽ばたかせ、口に出そうが出すまいが多くの作家の胸の内に巣くっている気持を表現する。これは批評家に対するいらだち、焦慮、反抗心である。作家は批評家の讃辞を懇望するが、逆にやっつけられれば不当と思うにきまっているから。ポウプも批評家をくそみそに言う。私の作品をあげつらい、判定を下したりけちをつけたりするあいつらには、いったいどんな権利があるのか。私は批評家になりますとやつらは或る日宣言してこの商売を選んだわけだが、そんな選択をしただけで自分の方が偉くなるのか。なんたることだ。そんじょそこらの馬鹿者が肩で風を切って、私に教えを垂れるとは。詩人になりそこねたやつが私の詩の値打ちについて判定を下すとは。やじりたおされた劇作家が喜劇の作り方を教えるとは。今度はやつらに多少の真実を聞かせてやれ。一度でいいから作家が批評家を批評してやれ。へっぽこ詩人一人に対して、へっぽこ審判官が十人もいる。傲慢さは価値の証明にはならない。断罪する前にせめて理解はするべきだ。作者の視点に立てないような狭量なやつは、所詮トンチンカンなことしか言えない。世のアリスタルコス諸氏[28]には、ききたいことが山ほどある。経験と研鑽によって狂いのない判断力を培っているか。柔軟な精神と直観力があるか。やきもちを焼かないだけの謙虚さを持っているか。小さな欠点には目をつぶって、美点を強調することができるか。守銭奴のような讃辞の出し惜しみをせずに、人を率直にほめられるか。公平無私か。とんでもない、やつらは権力や名声の、政党政派や宗教的な激情の下僕なのだ……。

こういう憤激は見た目にも非常に愉快である。これは感覚が麻痺していない魂と、インク壺の嵐にもむきになるような純情な気質を表わしている。しかし、もっと面白いのは第二のポウプが第一のポウプを押えこむ仕方であろう。第一のポウプがいささか簡単すぎるほどあっけなく兜を脱いでしまう負けっぷりであろう。もともと、第一のポウプが批評家どもにかみついたのは、もう少しましな批評をしてくれと言わんがためにすぎない。その次に理屈屋のポウプ、分別家のポウプが登場して、自ら教えを垂れドグマを立てるわけである。こう言うのだ。自然に従わなければならない。無謬の自然に従わなければならない。自然は純粋な光、神の光輝だ。しかし、不動で普遍的なこの自然に従うには、理性を道案内に選ぶべきである。ペガサス〔天馬〕に拍車を入れるよりそれを巧みに操る方が、やたらとつっぱしらせるより血気にはやったこの駿馬を抑える方がいいにきまっている。この気高い天馬をほどほどに走らすことが大切なのだ。芸術も自然にはちがいないが、これは磨きをかけられ方法化された自然、程よさというものをあくまでも重んじる自然である。だから詩人は、古人が自然から引き出した規則に従わねばならない。想像力を適当に飛躍させるためそれを適当に引き締めるよう、見識の高いギリシャが有益な教えを垂れていることを知らねばならない。ヴェルギリウスは一時、自分の天才を信用したいという誘惑にかられた。だが、ホメロスと自然はひとつだということに早目に気がついて、得心し驚きいったこの詩人は、そういう無謀な意図をあきらめ、注意に注意を重ねて、まるで自作の一行々々にアリストテレスが目を通してもしたかのように、作品を厳格な規則に従わせた。だから、世の詩人たちも過去の立派なお手本を正しく評価しなければいけない。それをまねるのは自然をまねることなのである。それから、自分の作品には何度も磨きをかけなければいけない。本当に滑らかな文体は技術の結果であって偶然の結果ではない。楽々と滑るような歩き方は舞踏を習ってはじめて身につくのだ。——これがポウプの要旨だった。まさに古典派そのものである。アリストテレス、ホラティウス、ディオニュシオス・ハリカルナッセウス(29)、ペトロニウス(30)、クインティリアヌス(31)、ロンギノス、中世的な迷信を打破したエラスムス、レオ一〇世〔法王としての在位一五一三—二一〕時代のイタリアの覇権を表わしたヴィーダ(32)、それにボワロー——名だたる先輩として敬意を表するこれら先人の作品に骨の髄まで培われ、こういう先祖をいただくことに誇りの念を禁じえなかったポウプは、これらの肖像に一礼したのち、やおら当時の作家の方へ向きなおり、今度は自分が号令をかけようとしたのである。

＊

理論の優秀性の裏付けとして若干の作品を紹介しておくのも悪くなかろう。しごく簡単なことなのだから。叙事詩の作り方ならなんでも知っていた詩人たちは、いったい何を待っていたのか。

マントヴァのそれ(33)をもギリシャのそれをも凌ぐ
驚異に充ちたる前代未聞の叙事詩、
すべてが正確にして美しく、力にあふれ、
アンナの軍(34)とマルブロ(35)の砲火にふさわしきもの、
われらの最高の詩人らが力を合わせて求むるはこれなり……(36)。

こんな言葉で自国の詩人を激励したリチャード・ブラックモアは、まず隗より始めた。詩歌の目的は、精神を陶冶し習俗を正すことにある。叙事詩というジャンルはいちばん貫禄のあるもので、いちばん道徳的なものでもある。叙事詩に登場する英雄は宗教と徳と感情の制御と知恵を教える。つまり、叙事詩を書くのは義務なのである。たしかにホメロス、ヴェルギリウス以後叙事詩で成功した人はいないが、この失敗は天分がないことより規則を知らなかったことからくる。だが今日では、アリストテレスやホラティウス以外にもラパン、ダシエ、ル・ボッシュ、ライマーという道案内がいるから、私たちは傑作の作り方を細大もらさず知っているわけだ。さあ、始めよう。

彼は始める。「おおミューズよ、われに語れ……。」ミューズは語った。英雄詩『アーサー王子』Prince Arthur、英雄詩『アーサー王』King Arthur、叙事詩『エリザ』Eliza、哲学詩『天地創造』Creation、叙事詩『アルフレッド』Alfred。歌の数何十、何ダース、行数にして数千行。だが、リチャード・ブラックモアは詩人よりむしろ医者としてすぐれていた。彼の叙事詩を記憶にとめる人はなかった。

では悲劇は？　有名な法律家の俊秀ジャン・ヴィンチェンツォ・グラヴィーナがやがて模範を示すことになる。グラヴィーナはいろんな詩論や詩法を勉強し、フランスの古典主義にもルネサンス期の作品にもあきたらず、大本のギリシャ悲劇までさかのぼってそれを完全にマスターした。

一七一二年にナポリで本にした五篇の戯曲の序文の中で、[37] グラヴィーナは「悲劇」そのものに発言させている。「悲劇」は叫ぶ。私はここにいます。無知蒙昧な数世紀を経て、私はやっと今もとの姿で世に出ることができました。一人の法律家・雄弁家・哲学者に導かれ、規則を律する詩的な理性にともなわれ、批評の松明に先導されて、私はとうとうやって来たのです……。ミューズの口上はまことにもってご立派だが、グラヴィーナの悲劇が下手くそであることに変りはなかった。

当時、全ヨーロッパ的規模で悲劇の一大コンクールが催されていた。勝利の栄冠を得んものと各国はそれぞれ知恵をしぼり、悲劇作家はどこでも多忙をきわめた。クレビヨンはラシーヌと張り合ったが、彼が塗りたくった色は黒褐色と黒ばかりだった。諸外国もフランスと張り合っていた。ああ、もしもフランスを凌駕することができたなら……。とにかく、時間も労苦も作品の数も惜しまずに、数年間はどの国もただがむしゃらに働いた。シピオーネ・マッフェイ侯爵が、ふくよかさにはいささか欠けるが、もっとも古典主義的なフランス悲劇よりさらに輪をかけて古典主義的と見える『メローペ』La Merope をヴェロナで初演した一七一三年六月一二日は、まさに記念すべき一日だった。その地方で、ついでイタリア全土で万雷の拍手が起こった。大成功だった。あの高揚した感情に、あの大仰な長台詞に、機械的なリズムをふんだあの詩句に感嘆の叫びがひきもきらなかった。戯曲は世界中で評判になり、飜訳され議論され激賞され、ヴォルテール[38]やレッシング[39]を通ってゲーテ[40]にまで至った。イタリア人だけではない、イギリス人も演劇改革の必要を悟っていた。シェイクスピアがしたような恥ずべき破格を追放し、悲喜劇が悲劇と一体化するのを禁じ、戦闘場面や大騒動や舞台の上の行列や、ラッパや太鼓、多少とも趣味のいい人なら正視するにたえないような殺害シーンなどをなくさなければならないことに気がついていた。要するに規矩整然として、恐怖と憐憫を適当に盛り分け、ヒロイックではあるが抑制がきき、崇高ではあるが羽目をはずさない、そういうきちんとした美しい悲劇にあこがれていたのだ。彼らもせいぜい努力した。ナサニエル・リーは『ネロ』Nero、『ソフォニスバ』Sophonisba、『グローリアナ』Gloriana、『対抗王妃』The Rival Queens、『ミスリデイテス』Mithridates、『イーディパス』Oedipus、『スィオドウシアス』Theodosius、『ルーシアス・ジューニアス・ブルータス』Lucius Junius Brutus などを書き、もともと雑駁な人なのに、自分で必死に努力して、ひとつの戯曲には二つの筋を持ちこまないこと、余計なエピソードをはぶくこと、時の一致という偶像を満足させること、程よさを守ること、上品で飾った言葉しか使わないことに努めた。いや、時にはそれがうまくゆき、おのれの目には至高の美と見えるあの規則正しさからさして遠からぬ地点にまで達した。すでにその頃にはオトウェーの『救われたヴェネチア』Venice Preserved が大成功を収めて、イギリス演劇も端正と悲壮という性格をあわせ持てることを異国の人に証明していた。しかし、凱歌があがったのは一七一三年だった。アディソンの『カトー』Cato がこの年に発表されたのである。この芝居は時を移さず、すぐさまフランス語に訳された[41]。すでにボワローの再来〔ポウプ〕がいたロンドンには、今やラシーヌが再来した。こうして、あの厳粛な『カトー』の全ヨーロッパ的栄光の幕が切って落とされた。これは半世紀——ないし半世紀弱——にわたる努力の賜物だった。イギリス人が自分の素質の内にある未開なものを矯めなおし、こういうきちんとした傑作を生みだすには、これだけ時間がかかったのである。

それにくらべるとドイツ人は遅れていた。しかし、いずれは来るにきまっている。もう少しの辛抱だ。ドイツ演劇の混沌状態を見てゴットシェトは悩んでいた。彼はおおいに勉強し、アリストテレスの『詩学』やその解説書、古人の芝居やフランスの詩人を読んだ。序文までも読んだ。こうして彼は目を開かれ、劇芸術には道理にかなった規則があること、この規則は絶対的で必要不可欠なものだから、それを守らぬかぎりドイツは野蛮の域から出られないことを悟った。そこでゴットシェトは芸術の秘密をつかもうとにもかくにも努力して、一七三二年にみごと『死にゆくカトー』Der Sterbende Cato を出した。アディソンの『カトー』をドイツ語になおすだけでもいいのだが、あの芝居はまだ多少ごたごたしていて、贅肉も十分落としきっておらず、二、三のエピソードや飾りが無用なお荷物になっているから、思いきって書きなおしたのだ、と作者は自ら説明している。天の加護か才能のしからしめるところか、さいわいドイツ版の『カトー』は場所もウティカ〔アフリカの北海岸。カエサルに追いつめられたカトーはこの地で自殺した〕の館の一室に限られ、筋の展開も「正午から日没まで」に完了した。

考えてみるとおかしなことだが、ヴォルテールのような人でも、悲劇やオードを書く時は自分自身の天分から離れて——当時の人はそのことに気がつかなかった、ヴォルテール自身でさえ——コルネイユやラシーヌやボワローをまねしたがった。擬古典主義は近代のどの流派より長生きした[42]が、すでにこの頃から、さえない寓話や作りものの悲劇やポエジーのない詩句が山をなしたのは見るも無惨な有様だった。水ぶくれとしか言いようがなかった。古典主義が世にもたらした恩恵の、これが代償だったのだ。フランスの古典派が崇高なほどの完成度に達し、眩惑された亜流たちは模倣しかもうないような気がしたために、二流作家が易きについて柳の下にどじょうと思ったために、幾何学的精神がしなやかな形や鮮烈な色どりへの愛着をなくさせたために、威圧的な理性が単なる綾などというものをもはや認容しなかったために、抒情の力は涸れつくし、詩精神は麻痺状態に陥ってしまった。

訳註

（1）『習俗論』　正確には『諸国民の習俗・精神、シャルルマーニュよりルイ一三世までの歴史の主要な出来事に関するエッセイ』Essai sur les mœurs et l'esprit des nations et sur les principaux faits de l'histoire depuis Charlemagne jusqu'à Louis XIII（一七六九年）。ヴォルテールが著わした世界史で、啓蒙史学の代表的作品。

（2）ピンダロス　前五二二—四四二。ギリシャの抒情詩人。パイアン、ディテュランボス、行列歌、乙女歌、踊歌、頌詩、挽歌、競技勝利歌などがあり、雄大で絢爛たる詩体によりギリシャ最大の抒情詩人とうたわれる。

（3）アナクレオン　前六世紀後半から五世紀前半のイオニアの抒情詩人。酒と恋をうたった詩を残したが、大半は失われた。技巧的な完成と流暢な言葉により広く愛された。

（4）テオクリトス　前三世紀前半のギリシャ詩人。シチリアの人でコスやアレクサンドリアに住み、ドリス方言で小叙事詩、牧歌、頌歌、戯曲等を作り、その技巧的完成によって後世に影響をあたえた。

（5）ダシエ夫人　『イリアス』の仏訳の第二版（一七一九年）に付けた「ポウプ氏の英語の序文に関する若干の考察」。

（6）ル・ノートル氏　アンドレ。一六一三—一七〇〇。フランスの造園家。リュクサンブール庭園の所長、国王の建築総監などをつとめ、その功績により貴族に列せられた。古典主義的な造園術の代表者で、ヴェルサイユ宮やチュイルリー宮の庭園の改修などを行ない、フランス以外にも諸国の宮廷に招かれてその造園をした。

（7） 牧歌の性質について書いたもの　『牧歌の性質を論ず』Discours sur la nature de l'églogue のこと。

（8） オードについて書いたもの　『詩歌一般、特殊にはオードを論ず』Discours sur la poësie en général, et sur l'ode en particulier のこと。

（9） 『イリアス』を再加工　『イリアス』を飜案して、巻頭にホメロス論をつけた L'Iliade, poëme（一七一四年）。

（10） この美挙をたたえるオード　前註でふれた「ホメロス論」Discour sur Homere のあとにおかれている「ホメロスの亡霊」L'Ombre d'Homere というオードのこと。

（11） ラシーヌの場面を散文化　「〈ミトリダート〉第一場と同じ場を散文化したものとの比較」Comparaison de la Ire scène de Mithridate avec la même scène réduite en prose のこと。

（12） 「ナミュール占領についてのオード」　オードの模範とされたボワローの傑作。アウグスブルク同盟戦争の一齣だったルイ一四世のナミュール攻囲戦は、一六九二年五月二六日に始まり、六月三〇日、ナミュール城の落城で終った。ボワローは、国王に随行していたラシーヌから攻囲戦の詳細を伝えられ、それにもとづいてこのオードを作り、一六六三年に出版した。

（13） マリーノ　ジャンバッティスタ。一五六九―一六二五。一七世紀初頭のイタリアの詩人。バロック風のきわめて巧緻かつ優美な詩を作り、その流れをひくプレシューな詩風は「マリニスモ」と呼ばれる。

（14） 集まって　グラヴィーナ、クレシンベーニなどスエーデンのクリスティーナ女王のとりまきの作家たちが、アカデミア・デリ・アルカーディAccademia degli Arcadiを創立したことをいう。初代の院長にはクレシンベーニが選ばれている。

（15） クロエ　プライアーの詩「クロエ」Chloe（仏訳では「狩の女クロエ」Chloé chasseresse）が念頭におかれている。クロエは元来ギリシャ神話の青い穀物の女神だが、ギリシャの作家ロンゴスの田園物語『ダフニスとクロエ』Poimenika ta kata Daphnin Kai Chloēn では清純な羊飼いの娘として登場した。

（16） カルドゥッチ　ジョズエ。一八三五―一九〇七。イタリアの詩人。古典詩の韻律を復活させ、一九世紀後半のイタリア詩壇に新生命を吹きこんだ。一九〇六年、ノーベル文学賞を受けている。

（17） ロンギノス　二一三頃―二七三。ギリシャの著述家。アテナイで哲学と修辞学を教え、のち小アジアのパルミュラの宮廷に仕えたが、パルミュラ滅亡のさい捕えられて殺された。批評家として名高く、ボワローは彼の作とされていた『崇高論』Perihypsus を仏訳（Traité du Sublime、一六七四年）したが、これは彼のものではない。

（18） 知的作物における正しい思考法　ブウール神父の『知的作物における正しい思考法』La manière de bien penser dans les ouvrages de l'esprit（一六八七年）が念頭におかれている。

（19） 演説や詩句のととのえ方　ラパン神父の『当世雄弁考』Réflexions sur l'usage de l'éloquence de ce temps

（一六七二年）、『ホメロスとヴェルギリウスとの比較論』Comparaison d'Homère et de Virgile（一六六四年）、『アリストテレスの詩学と古今の詩人の作品に関する考察』Réflexions sur la poétique d' Aristote, et sur les ouvrages des poètes anciens et modernes（一六七四年）のこと。

（20）叙事詩の組立て方　ル・ボッシュ神父の『叙事詩論』Traité du poème épique（一六七五年）のこと。

（21）完全な詩　ムラトーリが一七〇六年に発表した『完全なイタリア詩について』Della perfetta Poesia italiana が念頭におかれている。

（22）エリセイラ伯爵　フランシシュク＝シャヴィエル・デ・メネゼシュ。一六七三―一七四三。ポルトガルの文人。叙事詩『エンリキエダ』Henriquieda など多くの作品があり、またベール、ムラトーリ、ビニョンなどヨーロッパ中の名士と文通し、ロイヤル・ソサイエティなどいくつかのアカデミーの会員でもあった。彼はボワローの『詩法』をポルトガル語に訳して、その写しをボワローに送ったが、この飜訳は結局出版されなかった。

（23）タッソーを安ピカ物よばわりした　『詩法』の第三篇は叙事詩においてキリスト教的な驚異を取り扱うことに反対して、「最後に、君の主人公の光栄を減殺し、しばしば神と勝利を争おうと欲する悪魔がたえず天に向かって吠え立てるのをわれわれの眼に見せるとは、何という対象を描いたものだ」（二〇五―二〇八行）とタッソーの『解放されたエルサレム』La Gerusalemme liberata を攻撃している。この攻撃はそのあと二〇九―二一六行にわたって続く。

（24）ナポリ　ナポリはとりわけ、活気の横溢した民衆の町で、コメディア・デッラルテがさかんだった。

（25）一時期　アカデミー・フランセーズがリシュリユによって公的な機関とされ、国王ルイ一三世の勅許状がおりたのは一六三五年、高等法院の裁可を得たのはその翌々年だった。時期的には絶対王政の確立期に当る。

（26）アカデミー　ピョートル大帝の計画にもとづいて皇后エカテリーナ一世が開設したサンクト＝ペテルベルグ科学アカデミーのこと。

（27）「規則の外に救いなし」　「教会の外に救いなし」というカトリシズムの伝統的な格率が念頭におかれている。

（28）アリスタルコス　前二一七―一四五。ギリシャの批評家・文献学者。一時アレクサンドリアの図書館長をした。本文批評、文学史、文法など多面的な活動をし、とくにホメロスのテキストの校合によって科学的文献学を開拓した。「厳しい批評家」の代名詞とされている。

（29）ディオニュシオス・ハリカルナッセウス　？―前八頃。ギリシャの修辞学者、歴史家。小アジアからローマへ出て、文学・修辞学を教えた。批評的な著作としては、『語の配列を論ず』、『修辞学』、『古代ギリシャ雄弁家考』、『トゥキュディデスの文体の批判的検討』などの小品が残っている。歴史家としては『古ローマ史』Antiquitates Romanæ が名高い。

（30）ペトロニウス　一世紀のローマの作家。ネロ帝の寵を受けたが、のち自殺を命じられた。「優雅さの判官」と綽名された趣味人で、諷刺的な風俗小説『サティリコン』Saturae は彼の作と推定されている。なお、この作品の従来よりも完全な写本が一六六三年にダルマチアで発見され、翌年出版されている。

(31) クインティリアヌス　三〇—一〇〇以前。ローマの修辞家。同地の修辞学校の教師だったが、退職後『雄弁家教育論』Institutio Oratoria を著わし、雄弁教育の方法を詳細に論じて、ルネサンス期に大きな影響を及ぼした。

(32) ヴィーダ　マルコ・ジロラモ。一四八〇頃—一五六六。イタリアのラテン語詩人。若くして宗門に入り、一五三二年アルバの司教に任ぜられた。詩では叙事詩『クリスティアス』Christiasが有名だが、一五二七年にローマで出版された『詩法』Poeticorum libri III もホラティウス、ボワローの詩法と並び称された。

(33) マントヴァのそれ　タッソー父子の叙事詩のこと。父のベルナルド・タッソー（一四九三—一五六九）はアリオストをも凌ぐといわれた有名な叙事詩『アマディージ（アマディス）』Amadigi の作者で、晩年はマントヴァ公爵の庇護を受け、同公爵領にあるオスティーリャの知事として死んだ。ベルナルドの息子トルクアト・タッソー（一五四四—九五）は不朽の名作『解放されたエルサレム』の作者。

(34) アンナ　イギリスのアン女王（在位一七〇二—一四）のこと。ブラックモアのこの詩が書かれた一七〇六年はスペイン王位継承戦争のさいちゅうで、マールバラ公爵のひきいるイギリス軍が大陸で連勝していた。

(35) マルブロ　マールバラ公爵（ジョン・チャーチル、一六五〇—一七二二）のこと。スペイン王位継承戦争でイギリス・オランダ連合軍の総司令官に任命され、フランス軍をブレンハイム（一七〇四年）、ラミリー（一七〇六年）、ウーデナルデ（一七〇八年）などに破って、英国民の感謝の的となった。

(36) この引用はリチャード・ブラックモアが一七〇六年に書いた『詩人たちへの助言。フランドル地方でマールバラ公爵のひきいる女王陛下の軍が収めた素晴しい成果に触発された詩篇』Advice to the Poets, a poem occasion'd by the wonderful success of her Majesty's Arms, under the conduct of the Duke of Marlborough, in Flanders より。

(37) 五篇の戯曲　『悲劇五篇』Tragedie cinque（一七一二年）のこと。

(38) ヴォルテール　ヴォルテールはマッフェイにならって、彼の傑作とされる悲劇『メロープ』Mérope を一七四三年に書いている。

(39) レッシング　レッシングの『ハンブルク演劇論』Hamburgische Dramaturgie では、マッフェイとその『メロープ』がかなりの紙数を費して言及されている。

(40) ゲーテ　ヴォルテールやゴッターの『メロープ（メロープ）』に関するゲーテ『演劇と劇芸術』Theater und Schauspielkunst 中での言及を言うのであろう。

(41) フランス語に訳された　『カトー』の仏訳（Caton）は原作の発表と同じ年にアベル・ボワイエによって行なわれ、ロンドンで出版された。また一七一五年には『ウティカのカトー』Caton d'Utique という題でデシャンによる新訳がパリで出版されている。

(42) 長生きした　フランスの場合、擬古典主義の支配は一八世紀とフランス革命期を経て一八三〇年頃まで続く。

第二章　生活の万華鏡

こんな造花の園はつまらないから、いっそほかを探してみよう……。

スペクテーター氏(1)も知恵と節度を読者に説くが、ときどきこういうお説教をやめて、空想の楽しさをたたえたり、目の喜びは知性の喜びに劣らぬなどと言いだしたり、はてはシェイクスピアの高尚な無茶に感嘆の声をあげたりする。サワヤカナ泉ニ近ヅカレヨ、というわけだ。イタリアの理論家たちも規則への服従を説くけれども、同時に、規則を平気でふみにじり或る種の創造的な幻想の価値と権利を保留している。この人たちをロマン派の先駆と見る好意的な見方——ひいきのひきたおしの感はあるが——さえ生まれた。じっさい矛盾だらけなのである。フランス人はどうか。この国民はなんでもコンパスで測ったが、それですら、妖精が面白半分にやってきて幾何学的な図案をごちゃごちゃにしなければ、というひとつの条件がついていた。世紀末の雰囲気は謹厳で陰気で衰退の気がみなぎっていた。壮麗な作品群の後につづいたのは批評論文のたぐいだった。その時、いきなりはやりだしたのはなんだったか。ウィンドーにいっせいに並んだ本はなんだったか。驚くなかれ、お伽話である。

老境にさしかかったルイ一四世や信心家で分別くさいマントノン夫人(2)の同時代者は、なんと、鵞鳥の母さん(3)が子供に聞かせてやるようなたわいのない話に目を細めていた。たしかに、デカルトの王座は一気にくつがえされたわけではない。金色のかぼちゃが金色の馬車に化けたり、とかげがけばけばしい制服を着た従僕に化けたり、ひげの鼠がひげの御者に化けたりして、フランス人には大切な論理的関連を或る意味で保っている。しかし、論理的におかしいこともいっぱいある。たとえば、黄金とルビーで固めた豪華な宮殿が現われる。中へ入るには、ダイヤモンドの鎖につけた小鹿の足をひっぱるのである。動物も口をきく。森で草をはむ牝鹿も、小屋に住む雌猫も、みんな女が魔法をかけられた姿なのだ。青い鳥はチャーミングな王子である。

どちらを向いてもみんな不思議なものばかり、花と宝石と超自然的な飾りばかりだ。四〇〇オーヌ（一オーヌは約一・二メートル）の布地が粟粒ひとつの中におさまったり、広げたままで針の孔を通ったりする。陸と海と空に住むありとあらゆる動物が月や太陽や星といっしょに描かれる。木馬が全速力でかけだしたり、馬場の馬も顔負けなほど見事なジャンプをしたりする。乗り物は、どんな道でも知っている大きな羊がひっぱった二輪馬車だったり、神速の二頭の鹿がひっぱった金色燦然たる小さい橇だったり、羽のある蛙がひっぱって空を飛ぶ椅子だったり、龍が空中をひきまわす火の四輪馬車だったりする。宇宙の法則などもう跡形もない。魔法の力がそれを丹念にひっくりかえしている。物体は重さがなくなり、夢は真実になり、徳は報われ、悪徳は罰せられる。こういう素敵なお伽話に別れを告げて、さて現実に目を転じると、実生活はなんともくすんでひえびえとして、生きるに難い感じがする。

見当もつかないほど遠い昔から伝わったこういう話、風と夜、春と冬、天地自然のすべての内にただ魔法しか見なかった原始の魂のこういう息吹きを、最初にとりいれたのは女たちだった。女というものは男より本能的で、人類のこうした過去には敏感だから。また想像力の守り手だから。とかくする内にシャルル・ペローが登場した。この元営繕総監は蝶の羽や蜘蛛の糸や月の光をかき集めて、いかにも脆そうだが不滅の命を持つお伽話の傑作を組立てた。美女は森の中で睡っていた。(4) あらゆるものが静止していた。夢ですら動かなかった。妖精も気まぐれもとびまわるのをやめて、ヴェルサイユにも市中にも宮廷にも完成した物の持つうら悲しい空気がただよっていた。その時、魔法の杖のひと振りであらゆるものが目をさまし、皿洗いは走りだし、下男たちははねまわり、馬は鼻あらしを吹き、森の小鳥は枝から枝へ呼びかわした。お姫様は目をさまし、にっこり笑って王子様に言った。遅かったわね、ずいぶん待ったわよ、と。

＊

実際に旅をした人は今の私たちが好むようなもの——それは徐々に得られたのだ——を必ずしも持ち帰ったわけではない。おのれの自我を遠い空の下にさまよわせ、それがどうなるかをしらべてみたり、未知の風の息吹きにふれて自分の心がおののくのを感じとったりしたわけではない。

けれど、彼らの思想を語っただけですべてが言いつくされるものでもない。みんな生身の人間ではないか。この世界の絵画的な魅力に目を開かれ、知性に飽いたその時代に魅惑的なイメージを提供していたではないか。

勝手のわかった大洋の中に新しい島が生まれたように、まだヨーロッパにも不思議な土地が出現する余地はあったのだ。たとえば、常闇の中から徐々に抜けだしたラプランド〔フィンランドとロシアにまたがる地方〕がそうである。旅行家のフランソワ・ベルニエが言ったように、鼻ぺしゃなあのラップ人は実におかしな人種だった。「小男で、ずんぐりして、脚が太く、肩幅が広く、首は短く、へんに長っぽそい、熊のようなおそろしい顔つきで、魚の油をがぶ飲みする……。」(5) それに、あの国自体が実に変っていた。夏は日が沈まず、冬は日が昇らない。馬のかわりに馴鹿を使い、人々は足に板をつけて滑ってゆく。妖術師はイエス、ノーを言うたびに失神状態に陥る。奇妙といえばあまりにも奇妙で、旅行者の報告は「ヨーロッパ大陸の一部というより、むしろ別な世界の記述」のように見えた。

バルバリア諸国〔北アフリカ〕からはあいかわらず奇想天外な話が伝えられた。海の冒険の話、捕虜になったり脱走したり釈放されたりした話、生き別れの恋人同士が再会した話、殉教者や背教者の話など。パシャやトルコの近衛兵、後宮に捕われて泣き沈む美女、貰い泣きする異教徒の女、看守と櫂の上に身をかがめた漕役囚、スペインのドブロン金貨やフランスのエキュ銀貨で大枚の身代金を苦心惨憺して運ぶ宣教師。こういう話はたえず蒸しかえされ、たえず潤色されながらあいかわらず人気を保ち、喜劇の大団円や恋物語の大詰に使われた。しかし、事実は小説よりも奇なり、であった。

エルサレムから、聖墓〔エルサレムにあるキリストの墓〕から、少なくとも一度抒情的な哀歌が聞こえた。おおエルサレムよ、おお不幸な町よ、おお墳墓の都市よ！　墓地の骸骨、ばらばらな骨、折れた骨。それらの呼び起こす陰惨な思念がその「瞑想」Contemplation から発散していた。

ああ、かくももてはやさるる我らがうつそみとはかかるものか、
我ら栄誉を求むるはそがためか。
羨望の的たる栄華より来たるはいかなるしあわせぞ、
これらのあわれなる残骸もかつては全能の王者たりし

なり。

おお、人の力の脆さ、はかなさよ、
おくつきは至上の権をも呑みつくしうるものなれば。(6)

こう嘆くのは『夜の想い』Night Thoughts のヤング(7)でも『墓の間の瞑想』Meditations among the Tombs のハーヴェー(8)でもない。ロマンチックなエアロン・ヒル、聖地へ旅したエアロン・ヒルだ。

プレマール神父(9)が広東からラ・シェーズ神父(10)へ送った手紙を見たら、ルイ一四世も、オランダ人の絵にすら出てこない実に奇妙な醜男（ぶおとこ）がこの世に存在することに気がついたろう。広東というのは実際へんな町だった。狭い通りに人がうようよしている。人足は皆はだしで、雨よけにも日よけにもなるおかしな麦藁帽をかぶっている。馬車のかわりに妙な轎（かご）が使われていて、プレマール神父も六人ないし八人の男がかつぐ金ぴかのばかでかい轎（かご）に乗って町を行く。供侍が列をなし、ツォン・トゥ（二州の代官）は少なくとも百人の供をつれないかぎり絶対家（うち）の外へは出ない……。「ここからも、パリとはおよそかけはなれた目新しい町がご想像いただけると存じます。家だけで人がいなくても、通り全体がなんと物珍しく見えることでしょう。窓がひとつも見当らないのです。全部店のような造りで、それも大方は貧しく、戸のかわりにすのこしかないものもあります……。」* それから坊主のいるお寺、日が暮れるとしまる通りの門。川面には一家の住まいをなしている小舟が群がり、水上都市を作っている。田舎には田んぼがある……。

＊ 国王付聴罪司祭ラ・シェーズ神父に宛てたプレマール神父の手紙。広東、一六九九年二月一七日付。（『イエズス会海外宣教師書簡集』Lettres édifiantes et curieuses écrites des missions étrangères、第一巻、一七〇三年）〔一八一九年版、第九巻二二五ページ〕。

西インド諸島、通称「島々」からは冒険そのもののイメージが、陸にも海にもかつてないとびきり冒険的な冒険家のイメージがやってきた。彼らの本拠はサント・ドミンゴ〔今のハイチ〕の近くのトーチュガ島で、ここにはあらゆる国、あらゆる人種のならず者（デスペラード）が集まって、常人のそれとは違う彼らだけの名誉の掟にしたがって暮していた。これはブカニエ〔野牛狩りをする船乗り〕とフリビュスティエ〔カリブ海の海賊〕である。ブカニエは革をとるために野牛狩りをし、肉をとるため猪狩りをする。ディエップやナント

〔ともにフランスの港町〕で特別に製造された長い鉄砲を持ち、猟犬をつれ、従僕――これは三年契約で雇う。三年たつと、勇敢で強い者だけ仲間に加える――を従えて獲物を追う。獣を倒すと、主人が太い四本の骨を抜き、それを割ってほかほかの髄をすする。それが昼食がわりになる。みんな射撃が実にうまくて、実を痛めずにオレンジの柄を射抜いて遊んだりする。牡牛に追いついて膕腱を切れるほど足の速い者もいる。荒っぽくて乱暴であばれん坊で残忍で、いつでも血を流す覚悟でいる勇者中の勇者だが、また不思議と友達甲斐のある連中だ。片やフリビュスティエは海の狩人である。荒海に乗りだして、大きな船に襲いかかる。相手はインドの金を積んだスペイン船が多い。舷側から躍りこんで、乗組員を皆殺しにし、船をのっとってしまう。戦闘に戦闘を重ね、勝利に勝利を重ねて、分捕品を山と蓄えるが、最後に或る日どこかの港へ上陸し、湯水のように金を使ってスッカラカンになってしまう。しこたま獲物をぶんどってボルドーへ着いた連中などは、轎に乗り、まっ昼間から松明を先頭に練り歩いたりした。

フリビュスティエの勇気と残忍さは叙事詩の域にまで達していた。手首の力がめっぽう強くて「鉄腕」と綽名され、「いにしえのアレクサンドロスが征服者の中で名をなしたように、冒険家の中でその人ありとうたわれた」〔仏訳、一九三〇年版、一四四ページ〕アレクサンドル。ディエップ生まれの「ピエールおんたい」。フローニンヘン〔オランダの町〕出身のロック、通称「ブラジル野郎」。ウェールズ出身のモーガン。ヌエバ・エスパーニャ〔メキシコのスペイン植民地〕、カルタヘナ〔カリブ海岸のコロンビアの町〕、メキシコ、フロリダ、ニューヨークなどの沿岸やカナリア諸島〔アフリカの西の大西洋上の諸島〕、ベルデ岬〔アフリカ西部、今のセネガルにある大西洋に面した岬〕などを二〇余年もかけまわったモントーバン船長。ポワトゥー〔フランス西部の地方〕生まれの「オロネ」〔オロンヌ――町の名――生まれ、の意〕は二一人の手下をつれてキューバに投錨し、追手の船を奪いとったが、フリビュスティエを絞首刑にするためスペインの総督がこの船に死刑執行人を乗せていたのをたまたま知った。「死刑執行人、絞首刑と聞くや、オロネは怒髪天をついた。すぐ甲板の昇降口を開けさせて、スペイン人に一人ずつ上ってこいと命令し、くる者くる者かたっぱしから首を切った。たった一人で最後までこの殺戮をやりおおせた」〔同一〇ページ〕。オロネはベネズエラ地方のマカライボとヒブラルタルを奪取した。「全部集めると、宝石や銀器――一ポンドが一〇エキュとして――が計二六万エキュもあった。ほかに掠奪品が一〇万エキュ。廃墟にされた教会やこわされた家具、焼かれた船、拿捕して持ち去った最低一〇万リーヴルはする煙草を積んだ船まで加えると、損害は実に一〇〇万エキュを越えた」〔同一二三ページ〕。オロネの末路はあわれだった。「不幸にも彼は、スペイン人が〈インディオ・ブラボ〉〔未開のインディオ〕と呼ぶ未開人に生けどりにされた。彼らはオロネを四つ切りにした上、焼いて食べてしまった」*〔同一四一ページ〕。

* A・O・エクスムラン『アメリカの海賊』De Americaensche Zee-Rovers、アムステルダム、一六七八年。仏訳、一六八六年。

近東からは、世にも素敵なコントが来た。「周知のとおり、神奇なことにかけては、東洋人はすべての国民にまさる」からである。一七〇四年から一七一一年にかけて、アントワーヌ・ガランがアラビアン・ナイトの翻訳を刊行した。シェヘラザード(11)がこの夜話を始めて、アラビア、シリア、広大な近東諸国のすべての夢に培われた空想の無限の富を飽くこともなくくりひろげた時、東洋人の風俗習慣、宗教的儀式、家庭のしきたり、要するに目もあやな生活の雑多な色どりを描き上げ、人の心をつなぎとめ虜にするにはどうすべきかを観念の巧みな演繹や推理ではなく鮮烈な色彩と寓話の魔力によって示した時、全ヨーロッパは彼女の話に聞きほれて、今やサルタンのお妃やトルコの大臣、回教の僧侶、ギリシャ人の医者、黒人の奴隷などが妖精カラボスや妖精オーロール〔いずれもフランスのお伽話に出てくる妖精〕にとって代り、軽快で気まぐれな建築や、噴水や、純金の獅子が番をしている泉水や、メッカから来た絹や織物を壁に飾った大広間が、美女(12)が目ざめて恋に落ちるのを野獣がじっと待っているあの宮殿と交代し、ひとつの流行が別の流行のあとをおそった。しかし変らないのは、次から次と永久に奇談を求め夢を求める人間の要求だった。

イメージといえば、旅行家もデッサンや版画で紀行文を飾った。シナのお寺、シャムのつのへびや官船（バロン）や仏教僧、マラバール(13)〔インドの西海岸〕の園に生える不思議な植物。ブーヴェ神父は宦官の装束をかいた版画を彫らせてフランス人をびっくりさせた。フランスの宮廷からトルコ皇帝へ遣わされたド・フェリオル大使(14)は、一〇〇点からなる版画集を注文して作らせ、近東諸国の豪華な衣裳をパリっ子に見せた。こういうエキゾチックな人物を使って、いろんな場面や絵画的な情景を読者に見せる者もいた。一人の未開人が女主人のベッドに燃え木を持ってゆく図、エジプトのピラミッドに探検家が入りこみ、千古の墓に松明(たいまつ)があやしい光を投げている図。遠い未知の国から来たこういう版画は実に面白いものが多かった。それらの目新しさは芸術家たちに、古代のお手本のまねばかりしている内にいつかなくしてしまったみずみずしさをとりもどさせているかに見えた。言葉で言うより物の形をじかに表わした方が人の心を確実につかめることを知って、時には旅行家自身が画家になりかわった。コルネリス・ファン・ブロイン[15]は聖務にたずさわるかのように身をひきしめ、謹厳な面持ちでモデルの前に立った。真理は彼の双肩にかかっていたのだ。

書物だけではない。西インド諸島やバンコックや北京から来た色とりどりのお客さんは家庭の中へも入りこんできた。フランドルのつづれ織はこれまで以上に世界各地の風物をテーマに選ぶようになった。オペラや縁日の芝居にはすでに登場していたシナ人が、今度は屏風や壁掛に現われた。陶磁器や漆器の渡来も孔子の思想に遅れをとらなかった。スピノザ、マールブランシュ、ライプニッツ。だがそのかたわらには鉄腕アレクサンドルやシェヘラザードがいた。理性にもとづく形而上学の偉大な体系のかたわらには、奇談からお伽の国へさまよいゆく空想が、犀や海牛(ジュゴン)をこわごわ見ながら夢想に沈む目があった。世界の底深くわけいってそれを解こうとする数々の努力とともに、表面にはこうしたきらめき、こうしたたわむれがあったのである。

*

魚がリンゴに無関心なように、能産的自然〔スピノザの概念〕や「神において見る」〔マールブランシュの概念〕ことにはまるっきり興味を持たぬ陽気な遊び人、放蕩者、酔っぱらいやかっぱらいの一団があった。この連中が関心を持つ唯一の予定調和〔ライプニッツの概念〕は、自分の喉と銘酒の間に自らうち立てた予定調和だった。彼らはみんなわが道を行き、自分がどこから来たかも考えず、自分の道がどこへ至り着くかも知らなかった。そんなことを知ってなんになる。大事なのは生きることだ。生きている犬の方が死んだ哲学者よりましではないか。具体的——これが彼らの領分だった。口笛を吹き、歌をうたい、どんちゃん騒ぎをし、馬鹿や阿呆をくいものにしながら、彼らはいそいそとこの領地を濶歩した。生きるしあわせを満喫した。死神にはお気の毒さま、来世にはお気の毒さま、だ。

ならず者、放蕩者、かっぱらいというタイプ自体が心理的な真実味か象徴的な価値か娯楽としての力をよほどそなえていない限り、それがいろいろ形を変えて代々の読者にたえず愛好されてきたことは説明できない。まさに不滅の悪党である。グスマン・デ・アルファラーチェ(16)やラサリーリョ・デ・トルメス(17)の息子や孫が、パニュルジュ(18)の子孫やその従兄弟でイギリス生まれのメリトン・ラットルーン(19)などと腕を組んで、今でも世界を股にとびまわっていたが、この疲れを知らぬ一団にはさらに新手の群が加わった。ロンドンのネッド・ウォードという酒場のおやじは、丸焼きの鵞鳥二羽、仔牛の頭二つ、それに巨大なチェスター・チーズの塊の前に数人の親友とどっかり腰をおろし、食前のビールと食後のポートワインを何パイント(一パイントは約〇・五七リットル)も飲んだのち、やおらこの居酒屋を出て、ロックやサムエル・クラークやボイルやニュートンとすれちがいながら通りを行き、広場を横切り、ほかの酒場や家や教会、銀行、博物館など、総じて人類という珍奇な種族の面白い見本にお目にかかれる場所という場所へのこのこでかけた。そして荒々しい力と直截なイメージと滋味満点のボキャブラリーで彼らを描き、ユーモアとアイロニーに充ちたとめどない筆で『ロンドンのスパイ』The London Spy の一章々々を一篇の写実的喜劇たらしめた。写実的しかも陽気であるという奇蹟を毎日のようになしとげた。それほど遠からぬ所では、ボヘミアン中のボヘミアン、諷刺家中の諷刺家で、金のためにはなんでも書き、筆でもうけた金ぐらいいつでもスッカラカンにする覚悟のトム・ブラウン(20)が、こちらはこちらで大都市の気ちがいじみた光景を観察していた。なんだ、人生なんて結局遊びにすぎないじゃないか。或る者は野心と遊び、或る者は欲得と遊び、或る者は恋などという馬鹿げた情熱と遊んでいる。身分の卑しい者はちっぽけな快楽を楽しみ、偉い人は名前を天下にとどろかせて楽しんでいる。かく言う俺は、みんなくだらないこと、遊びにすぎないことを思って楽しむのだ……。

酒を飲み、恋をし、金を借り、不当にながく監獄の中で寝かされたすえ四一歳で世を去ったこの裏返しのモラリストは、ざっとこういう言い方をした。同じ頃、パリ、イコール、マドリード(21)でも「びっこの悪魔」がおんなじように楽しんでいた。入口から入るかわりに彼は好んで家々の屋根を持ち上げたが、見つけたのは同じく反形而上学者、反英雄、物質界に沈淪して特に居心地が悪いとも思わず、いやむしろ何も考えずに生きることだけで満足している連中だった。「あわれな人間どもが誕生と死の間の小さなはざまをできるだけ楽しく充たそうとして、あくせくしたり大騒ぎしたり苦労したりする図」*である。それ以上のもの、それ以外のものはなんにもない。超越的な実在など全然問題にならないし、そんなことを思いわずらう様子もない。関心を持つ様子もない。現実とは、ここではもっぱら心と体の醜さである。ちょっとひっかいて上塗りをはがせば、たちどころにそれが見られる。いや、それしか見られないのだ。「隣りの家ではなかなか面白い図が見られるよ。二つもね。ひとつは、うば桜の蓮っ葉女（コケット）が髪の毛と眉毛と歯を化粧台に置いてベッドへ入るところさ。もうひとつは、逢引きから帰ってきた六〇がらみの色男だよ。禿げ頭を隠してたかつらもろとも、義眼もつけ髭もとっちまって、あとは下男が木でできた腕と脚をとってくれたら、残りの体でベッドへ入るわけさ」（第三章。一八二八年版ルサージュ作品集、第一巻一八ページ）。では、美など存在しないのか。見つかる見込みはないのか。「僕の目が確かなら、この家には絵にかきたいような大柄な若い娘がいますよ、とサンブロは言った。なんてかわいいんだろう。――そうかね、とびっこは答えた。君が感心してるその若い美人は、寝仕度をしてるあの色男の姉さんだぜ。いっしょに住んでる老いぼれ蓮っ葉女（コケット）と好一対さ。君が見とれてるあの胴体だって使い古しの機械だよ。胸だって腰だって作り物だよ。……それでもあいつ未成年者みたいなふりをするから、若い騎士が二人であいつのとりっこをしてるんだ。あんな女のためにつかみあいまでやってさ。気ちがいだね。犬が二匹で骨のとりあいをするようなもんさ」（同一八―一九ページ）。『びっこの悪魔』Le Diable boiteux に思想はない。あるのはむしろ、グロテスクで暗黒の空想というひとつの偏執である。ルサージュは一七一五年に第一部が出た『ジル・ブラス』Gil Blas でそれなりに完成の域に達した。主人公も前より繊細で頭がよくて複雑になった。観察も深まり、語り口も流暢で自然になった。しかし、形而上学的悲劇の対極にあるということはいささかも変らなかった。

＊ アラン・ルネ・ルサージュ『びっこの悪魔』、一七〇七年。

乗ればいいのだ。なんという生活だろう。なんともものすごいスピードだろう。「ハザード騎士は父も母も知らない。むつきにくるんで教会の戸口に捨てられていて、教区の費用で育てられ、やがてそこからとび出してよそへ一旗あげに行き、或る貴婦人の世話で金銀細工師の徒弟になったが、軍人になろうとそこもおん出てS・T卿の海軍部隊に入り、乗っていた船が難破したが奇蹟的に仲間の一人と助かって、あらためてボストン行きの船に乗り、ボストンでは賭け事のもつれで友人が殺されたため、恋人への愛を犠牲にしてその仇を討ち、女の子を孕ませたといって文句をつけられ、別な子と結婚する気になっていたところ、或る日大道で襲われてピストルをくらい、傷が悪化し、その間に結婚も邪魔され、文句をつけたその娘が妻になろうと訴訟を起こし、兄貴は自分の暗殺をはかり、またまた襲われて四ヵ所に手傷を負い、傷がなおると今度は恋人が天然痘にかかり、死んでしまい……。」＊こんなにいそがしくては、こんなにハイスピードでは、物を考えるひまなどありっこない。

＊『ハザード騎士の覚書、英語の原稿より訳す』Mémoires du chevalier Hasard. Traduits de l'anglois sur l'original manuscrit, ケルン、石部金吉書店、一七〇三

＊

最後に、この仲間に入るのを恥ずかしがっているように、一番しっぽにくっついて数人の貴族が登場した。みんな堂堂たる面がまえだが、そろいもそろって道徳の問題を考えない、いや考えるのが遅いという欠点の持ち主だった。感じはいいがちょっとペテン師くさいという、アミアン（北フランスの町）の宿屋のおやじがマノン・レスコーとデ・グリュ(22)について言った言葉が、そのまま彼らにもあてはまった。みんなもっぱら冒険と旅と賭博と色恋のために生きていた。悪さをしたり、爽快な騙り（かたり）をやったり、大胆な離れ業をしてのけたり、派手なちゃんばらをしたりするのが大好きで、敵をばったばったとなぎ倒し、時には自分もやられたりした。しかし、けっして死ななかった。傷の手当をしてもらい、ベッドに寝かされても、一週間たつと起き上り、平穏無事な町民どもは聞いただけでも目をまわすような波瀾万丈の生活に戻るのだった。殿様に化けた悪党（ピカロ）を次から次へ世に放ったあのガシアン・ド・クルティルが主人公の一人につけた名前は、彼ら全部の名前といってもよかったろう。みんなハザード騎士(23)（「出たとこ勝負」騎士）と名

年、「梗概」。

こういう名だたる冒険家の中でいちばん魅力的なのはモンブラン侯爵[24]でも不運な貴公子ロアン騎士[25]でもない。一五〇年の眠りの後やがて大活躍をするダルタニャン殿[26]でもない。アンソニー・ハミルトンがたわむれに伝記を発表した*グラモン伯爵である。ピエモンテ〔イタリア北西部〕戦や亡命先のイギリス宮廷――伯爵はそこで危険な人気者になる――で送ったグラモン伯の修業時代の話を耽読しなかった人がいるだろうか。相棒のマッタやサン＝ジェルマン嬢、セナント侯爵夫人などという多くの愉快な人物像に微笑を浮かべなかった人がいるだろうか。話の潤達さ、絵画的な美しさ、密度の高さ、辛辣さ、たくましさやユーモアなどに感心しなかった人がいるだろうか。徳性ではなくて性格が、善悪ではなくて物の浮き彫りが、哲学することではなくて生きることがもっぱら問題とされるゆえんは、ハミルトン自身がわざわざ説明してくれている。「ここで問題なのは、追随を許さぬ性格のゆえに欠点――それを隠すつもりはないが――が消されてしまった人物、互に必然的な関連を持って支えあい、たぐい稀な完璧の調和と輝かしい対照を示す悪徳と美徳の混合によって名をなした人物を、ありのままに見せることである。戦争、恋、遊び、その他長い人生のさまざまな浮沈の中でグラモン伯爵を当時の人の感嘆の的たらしめたのは、理解を絶するこのきわだった性格だった……」〔第一章。一八七六年版三ページ〕。生のエネルギー――グラモンが体現したもの、ハミルトンが表現したものはこれだったのだ。

＊『グラモン伯爵の生活覚書。とくに、チャールズ二世時代のイギリス宮廷艶史を含む』Mémoires de la vie du Comte de Grammont, contenant particulièrement l'histoire amoureuse de la cour d'Angleterre sous le règne de Charles II、ケルン、石槌書店、一七一三年。

文学に反映された人間の絵画的(ピトレスク)なうごめきに驚嘆の声を上げたりするのはいささか純情にすぎよう。しかし、高い頂しか見なかった時は、みんなそのことをほとんど忘れていたのである。

訳註

（1）スペクテーター氏　アディソンとスティールが出していたイギリスの新聞『スペクテーター』Spectator の語り手。

（2）マントノン夫人　フランソワーズ・ドービニェ、マントノン侯爵夫人。一六三五―一七一九。文学者スカロンの未亡人で、ルイ一四世とモンテスパン夫人の間にできた子供の家庭教師をしている内に王の寵愛を受け、王妃の死後、王と秘密に結婚した。

（3）鵞鳥の母さん　シャルル・ペローのお伽話集『鵞鳥の母さんの話（お伽話）』Contes de ma mère l'Oye（一六九七年）の題が念頭におかれている。

（4）美女は森の中で睡っていた　ペローのお伽話「眠りの森の美女」La Belle au bois dormant が念頭におかれている。

（5）この引用は、『学芸新聞』Journal des Savants の一六八四年四月二四日号に掲載された「地球の新区分」Nouvelle division de la Terre という文章から。ただし、ベルニエはラプランドへ行ったことはなかった。

（6）この引用は、エアロン・ヒル『オスマン帝国の現状の完全正確な報告』A Full and Just Account of the Present State of the Ottoman Empire（一七〇九年）の序文より。

（7）ヤング　エドワード。一六八三―一七六五。一八世紀中葉のイギリスの詩人。悲劇や諷刺詩などもあるが、無押韻詩『夜の想い』（一七四二―四五年）によって不朽の名をとどめている。これは夜の闇や死を沈欝な調子でうたったもので、内外に大きな影響をあたえ、ロマン派の先駆とされている。

（8）ハーヴェー　ジェームズ。一七一四―五八。イギリスの神学者、モラリスト。オクスフォードで学んだのち宗門に入り、善良な教区長として終始した。『墓の間の瞑想』（一七四六年）は死への想いを誇張の多い感傷的な調子で語ったもので、イギリスで大当りをとり、一七七〇年以来フランスでも何度か飜訳された。

（9）プレマール神父　ジョゼフ＝アンリ。一六七〇―一七三五。イエズス会の宣教師。一六九八年、シナへの宣教の旅にのぼり、北京に骨を埋めた。シナ語をよくし、シナの文学や故事にもくわしく、シナの歴史の研究やシナの劇の飜訳などがある。

（10）ラ・シェーズ神父　フランソワ。一六二四―一七〇九。イエズス会士で、一六七五年、国王ルイ一四世の聴罪司祭となり、宮廷で大きな影響力を持っていた。

（11）シェヘラザード　アラビアン・ナイトの語り手。

（12）美女　一八世紀の女流作家ルプランス・ド・ボーモン夫人（一七一一―八〇）の『子供のお店』Magasin des Enfants（一七五七年）に収められたお伽話「美女と野獣」La Belle et la Bête が念頭におかれている。

（13）ブーヴェ神父　ジョアシャン。一六六〇頃―一七三二。イエズス会の宣教師。ルイ一四世がシナに派遣した数学に長じた六人の宣教師の一人で、清の康熙帝の宮廷で数学を教え、シナ地図の作成につとめた。北京で歿。ここで言われているのは、彼が一六九七年に出した『シナの現状』Etat présent de la Chine のことで、これは彼がジファールに彫らせた版画集である。

(14) ド・フェリオル大使　シャルル。一六二七―一七二二。フランスの外交官。一六九九年、フランス大使としてコンスタンチノープルに派遣されたが、帯剣を捨てようとしなかったためトルコ皇帝への謁見を許されなかったといわれる。一七一〇年に帰国して、自作の下図にもとづいて版画家ル・エーに製作させた『近東諸国のさまざまなモードを示す版画百点集』Recueil de cent estampes représentant les différentes modes des Nations du Levant（一七一五年）を出した。

(15) コルネリス・ファン・ブロイン　一六五二―一七一一。オランダの画家、版画家。ハーグで生まれ、ギリシャ、小アジア、ペルシャ、インド、ロシア等を旅して、ユトレヒトで死んだ。『小アジアの有名な諸地方、キオス島、ロードス島……紀行』Reizen van C. de Bruyn door de vermaardste deelen van Klein Asia, de eylanden Scio. Rhodus……（一六九八年）、『ペルシャ、インド経由モスクワ国紀行』Reizen over Moscovien door Persie en Indie（一七一一年）という二冊の旅行記がある。

(16) グスマン・デ・アルファラーチェ　スペインの小説家マテオ・アレマン（一五四七―一六一四頃）の悪党（ピカレスク）小説『悪者グスマン・デ・アルファラーチェの生涯』La vida del picaro Guzmán de Alfarache（第一部一五九九年、第二部一六〇四年）の主人公。

(17) ラサリーリョ・デ・トルメス　スペインの作家ディエゴ・ウルタド・デ・メンドサ（一五〇三―七五）の作とされた（現在では否定されているが）『ラサリーリョ・デ・トルメスの生涯とその運不運』La vida de Lazarillo de Tormes y de sus fortunas y advertidades（一五五四年）の主人公。この小説は悪党（ピカレスク）小説のはしりであった。

(18) パニュルジュ　ラブレーが『パンタグリュエル』Pantagruel（一五三二年）で創造した人物で、巨人パンタグリュエル王の家臣。一七世紀後半にもブーセ・ド・モントーバンの『パニュルジュの冒険と結婚』Les aventures et le mariage de Panurge（一六七四年）などという作品がある。

(19) メリトン・ラットルーン　イギリスの初期の悪党（ピカレスク）小説であるリチャード・ヘッド（一六三七頃―八六頃）とフランシス・カークマン（一六六一―七四年頃に活動）の『気のきいた変り者メリトン・ラットルーンの生涯を通じて描かれたるイギリス版悪党（ローグ）』The English Rogue described in the Life of Meriton Latroon, a witty Extravagant（一六六五年）の主人公。

(20) トム・ブラウン　トマス・ブラウン『ロンドン風に合わせたる真面目にして滑稽なる楽しみ』Amusements serious and comical, calculated for the meridian of London（一七〇〇年）のこと。

(21) パリ、イコール、マドリード　以下はルサージュの『びっこの悪魔』の紹介であるが、この作品はスペインのルイス・ベレス・デ・ゲバラの同名の小説から想を得たもの。舞台はマドリードとなっているが、描かれているのは当時のパリ風俗である。

(22) マノン・レスコーとデ・グリユ　アベ・プレヴォの小説『マノン・レスコー』Manon Lescault（一七三一年。『或る貴人の覚書』Mémoires d'un homme de qualité、一七二八―三二年、中の一巻）のヒロインとヒーロー。

(23) ハザード騎士　『ハザード騎士の覚書』Mémoires du chevalier Hasard（一七〇三年）の主人公。

(24) モンブラン侯爵　ガシアン・ド・クルティルの小説『モンブラン侯爵の覚書』Mémoires de Monsieur le marquis de Montbrun（一七〇一年）の主人公。

(25) ロアン騎士　同じくガシアン・ド・クルティルの小説『不運な貴公子、またはロアン騎士伝』Le Prince infortuné, ou l'histoire du chevalier de Rohan（一七一三年）の主人公。これはルイ一四世の主猟頭をつとめた実在の人物で、放蕩者、女たらしとして名をはせ、特にマザラン公爵夫人との賑落ちにより有名だったが、この事件によって官職を奪われ、金のために反国家的陰謀に加担して、一六七四年一一月に斬首された。

(26) ダルタニャン殿　同じくガシアン・ド・クルティルの小説『ダルタニャン殿の覚書』Mémoires de Mr. d'Artagnan（一七〇〇年）の主人公。この小説はアレクサンドル・デュマの小説『三銃士』Trois mousquetaires（一八四四年）の種本になった。「一五〇年の眠りの後やがて大活躍をする」とはこのことを言う。

第三章　笑いと涙、オペラの勝利

われはうたわん、合戦を、はたまた
ながき努力と無敵の力もて
とある名高き教会を舞台に猛勇をふるいて、ついに、
譜面台をば合唱席に置かせたるかのすさまじき高僧を
……。

〔ボワロー『譜面台』Le Lutrin、一の歌冒頭。ガルニエ版ボワロー作品集、一九六一年、一九三ページ〕。

『アエネイス』Aeneisをもじる(1)かわりに、片々たるテーマをとりあげてそれを叙事詩ふうにうたうこと、サント=シャペル〔パリにある有名な礼拝堂〕の財務係(2)と先唱者〔聖歌隊のリーダー〕の喧嘩口論を歌にして、叙景、合戦、格闘、予言、夢など、大作品になくてはかなわぬもろもろの飾りつけに滑稽(ビュルレスク)な趣をあたえること――こんなことで人は本当に笑えるだろうか。

しかし、ほかに面白いものがなかった小学校時代の私たちは、『譜面台』を読んでけっこう笑ったものである。今のヨーロッパより二〇〇年も若く感覚が麻痺していなかった古典主義のヨーロッパ、紳士(オネット・ジャン)たちのヨーロッパも笑ったのである。ヨーロッパ中のえりぬきの人がみんな抱腹絶倒したのである。論より証拠、大諷刺詩人ボワロー氏のこの快作はどこの国でも感嘆の的になり、翻訳され模倣された。ロンドンの名医サムエル・ガースは同じテーマをとりあげて、『譜面台』を『薬局』Dispensaryに、教会参事会員を医者に、聖歌隊員を注射器や乳棒や乳鉢を持った薬剤師に変え、それだけで詩人としての栄誉をかちえた。

おおミューズよ、語れ、
人類と戦わんとて久しく同盟を結びいたりし
ロンドンの医師と薬剤師の間に起こりたるかの嬉しき
　争闘を。
いかなる神が我らを救わんと彼らを敵対せしめしや。
彼らいかにして病人に一息つかせ、

親愛なるおのが同僚に打ちかかりしや。
またいかにしてそのかぶりものを鉄兜と、
その注射器を大砲と、その丸薬を弾丸と交換せしや。
彼らみな勇名をはせ、死闘をまじえ、
命をもかえりみず、ために我らが命をば我らが手の内
に残したり……。*

＊ ヴォルテール、サムエル・ガース『薬局』（一六九九年）について。『哲学辞典』Dictionnaire Philosophique、「道化」の項（一八一七年版ヴォルテール全集、第七巻五二三ページ）。

同じく、ミルトンの数行をエピグラフにかかげて、それに滑稽な落ちをつけたりした。

天なるミューズよ、語れ、
散文によるも詩によるも前人未踏のことどもを、
一シリングの……*

＊ ジョン・フィリプス『燦然たるシリング』The Splendid Shilling、一七〇一年および一七〇五年。

こうやって調子をきめた上で、一枚のシリング銀貨――光りかがやく、きれいな新しいシリング銀貨――を手に入れた男が蒼ざめた貧乏神もなにするものぞと酒場へ行って泡立つビールや新鮮な牡蠣を注文する、そのしあわせを厳粛荘重な詩でうたうこと、ふさぎの虫が顔を出すのを絶対許さず、それがのさばりそうになったらおどけた筆で追い払うこと――これがいったい喜劇的なのか。いや、喜劇的だったのである。英語で書かれた最高の滑稽詩はジョン・フィリプスの『燦然たるシリング』だ、と『タトラー』(3) Tatler も言っているのだから。

もうひとつ例をあげよう。ポウプも机に向かって、みごと『巻き毛の強奪』Rape of the Lock（一七一二年）を書きあげた。フランス語では前代未聞の作品を書いてボワローが得意になったように、ポウプもやはりこの新機軸が自慢だった。滑稽叙事詩には必ず仕掛けがなければならぬ。「仕掛け」とは玄人筋が発明した言葉で、筋の展開を導く神々を指す。作品の神奇さはこの仕掛けによってきまる。そこでポウプは知恵をしぼって、使い古された天使や悪魔の代りに、空気の精や地の精や火とかげを使うことを思いついた。こういうスタッフは神秘学からの借りものである。

借りたってかまわない、問題は新しい貸し手を見つけることだ。それともうひとつ、ポウプは別な手を考えだした。たとえばカルタ遊びというような詩のカテゴリーに入りにくいものを書けたら、こいつは大手柄だろう。むずかしいことをやってのけるのが大芸術だから。――この詩の筋は、恋に落ちた殿様が美女のブロンドの巻き毛を切ってしまい、切られた美女がカンカンになり、そのため人間界でも妖精界でも大騒動が起こるという話である。古代の詩の軽やかな網目の上に小さな花をたくみに刺繡し、機知とくすぐりをまぜたこんなものがいったい笑いと言えるだろうか。

いずれにせよ、イタリア人の笑いの方が高かった。トスカナの田園ではミューズももっとのびのびし、陽気になり、儀式ばったことはしなかったからだ。

わがミューズは太陽の娘にあらず、
黄金の、はたまた黒檀にて蔽いたる竪琴も持たず。
粗野なる村の女にして、野天で
うたいて楽しむなり……。

このミューズももちろん英雄物語のもじりを作った。だが「アッラ・ブオーナ」で、つまり気取ったところが全然なかった。漆喰の粉か小麦粉かわからないものに途中でぶつかった蟻よろしく、混乱してわけがわからなくなってしまっても、ミューズは面白がるばかりだった。

うたうはただ楽しまんがため、
聞く者を楽しませんがため。
規則を知らず、かえりみずして……

だからためらいがないのである。至純な愛も崇高な名誉も騎士道精神もあったものではない。カルル大帝[4]の武将ものろまや放蕩者や酔っぱらいに変じてしまう。

リナルドとオルランド[5]はともに
居酒屋にて正体もなく酔いつぶれ……[6]

陽気で時に下品なこのミューズは、魔法や妖術や騎馬行列、追跡、待伏せ、一騎討ち、魔の宿屋、牢獄、悲壮な最期などという古い要素になんの敬意も払わなかった。物語から物語、カリカチュアからカリカチュアへ進んで、まっすぐ歩くことも目標を立てることもまるで考えなかった。考えたのはただひとつ、物知りぶった衒学者の鼻先で、自分も笑い人も笑わすのがいかに簡単かを見せつけてやることだった。

コメディア・デッラルテのイタリア人役者は一六九七年にパリから追放された。大胆すぎ華々しすぎ陽気すぎたからだ。小屋は閉鎖されてしまった。しかしルニャール、あの愛すべきルニャールが残っていた。それにパリの町民は生まれつきふさぎの虫とは縁がない。たしかにルニャールの筋立ては、替え玉とか意外な対面とか始めから待ってたような不意討ちとか、安易といえばおよそ安易なものだった。性格も使い古しばかりだった。息子の首をしめる高利貸、人のくいものにされる金持の後家さん、ワンマンならぬワンウーマンの母親、恋をする娘、浮気な若者。進行係として、下男や小間使がわんさと出てくる。ところが、こういう手垢のついた材料から、ルニャールは実に新鮮な喜劇性を毎度新しく引き出した。これは奇蹟というよりも、この人の豊かさ、器用さ、縦横の奇想、場面や言葉に対するセンス、それに圧倒的な上機嫌の賜物だった。たしかにルニャールの『粗忽者』Le Distrait ほど安易なものはないだろう。道で長靴をなくしたり、ルーアン〔パリから見ると西の方にある町〕へ行くのにピカルディー街道〔ピカルディーはパリから見ると北の方にある〕を選んだり、半熟卵に指をつっこんで血が出るほどそれを噛んだり、部屋を間違えたり、懐中時計を地面へほうり投げたり、好きでもない美人に恋を打明けたかと思うと、好きな女には〈貴女が嫌いです〉などと言ったり、こんなことを実に二〇ぺんもしたあげく、婚礼の晩に自分が結婚したことを忘れてしまうあのレアンドル――これはおなじみのタイプである。これほど使われたタイプ、或る意味ではこれほど月並な、ありきたりのタイプはない。ラ・ブリュイエールが描いたひとつの性格〔メナルク〕を五幕に引き伸ばしただけにすぎない。だが、そんな文句を言いつつも、見る人はいつか引き込まれてしまう。レアンドルが勘ちがいするたびに、みんな子供のように笑いだす。

へたをすると陰気になりそうな場面もある。全篇そういう感じの芝居もある。陰気といっても心理の掘り下げなどありはしないから、モリエールのように深いものではない。しかし、人間の欠点や悪徳にルニャールもけっして盲目ではない。解体しつつある社会で金が持つ絶大な力も知っている。よぼよぼで熱病で癲癇持ちで、中風で肺病で喘息で水腫で、口には歯が一本きり、それも咳ひとつすると抜けそうになる、そんな体でピチピチした若い娘(こ)に手を出したがる老人[7]などを平気で描いたりするのである。『包括受遺者』Le Légataire universel には屍臭がただよっている……。にもかかわらず、陰気くささは感じられない。むしろ陽気である。登場人物が舞台にいるのは、私たちをほんのいっとき楽しませ、束の間の火花を散らすためにすぎない。みな敏捷で軽快で、とんだりはねたりする。多少の狂気こそ万病の薬であることをしかと信じているからだ。死ぬ話をする時でもそうである。芝居が終り、やきもち焼きや守銭奴がなぶり者にされ、クリスパンとリゼット[8]が罪を許され、恋人同士がめでたく結婚し、役者がお辞儀をして幕が下りると、楽しい一夜をすごした観客は次の一句だけを記憶にとどめる。

この世で毎日見るものを
みんな笑いの種にしなくちゃならぬ……。*

＊『粗忽者』、第一幕第六場（一八七六年版劇作集、一一三ページ）。

弱音器をつけたこの新手の伴奏は、今まで聞いた大歌曲の逆をゆくようなものだった。トーランドもコリンズも笑い上戸ではなかった。フォントネルも皮肉な薄笑いしかもらさなかった。ジャン・ル・クレールは謹厳、ジュリユは悲痛だった。年とってからのボシュエはもっぱら峻厳な面持ちで、笑う者は不幸なるかな、いずれ泣くべきものなれば、などとのたまわった。フェヌロンも笑うのをいささかはしたないことと思っていた。ルイ一四世も生涯の秋を迎え冬にさしかかると、もう笑いとは縁遠くなった。だが、彼らがすべての人間を代表していたわけではない。

＊

びっこの悪魔のひそみにならって、次にほかの家々をのぞいてみよう。道化者、飲んべえ、悪党(ピカロ)、ごろつき(ロウグ)、かっぱらい、のんき坊主、笑い上戸などはそれ位にして、感動と憂愁と絶望がなくては生きてゆけない感じやすい心に目を転じよう。理性など非人間的だと思っている、そういう人をとりあげてみよう。

問題は、人がこの世で泣くのをやめたかどうかということではない。涙を見せても恥ずかしくないといつから思いだしたかということだ。
ここに芝居の一場面がある。兜をかぶり、羽飾りをつけ、大言壮語する豪傑が、同じくローマ的な別の豪傑に心の弱さを打ち明けている。

セルヴィリウス
しかし、わしのこういう有様が、
貞節と操をどれほど感謝してもしたりない
若く美しい一人の女性を
やがてこの上もない苦しみにさらすのだと思うと、
ああ、わしの心はひるむのだ。
お願いだ、どうかこの怯懦を許してくれ。
おそろしいことが次々に起こるような気がして、
おぬしの寛大な胸の中でわしは涙を流すのだ。

涙とは！　兜をかぶった豪傑が舞台で涙を流すとは！
相手は同情するより腹を立てる。

マンリウス
涙とは！　ああむしろ、おぬしの雄々しい両の手で、
あの二枚舌のローマ人どもを血の海に溺れさせればよいものを。
涙とは！　おぬしもよほどつらいのだなあ。*

＊　ラ・フォス・ドービニの悲劇『マンリウス・カピトリヌス』Manlius Capitolinus。一六九八年一月一八日、王室劇団により初演。

観客はびっくりした。芝居で腹をかかえて笑うのは恥ずかしくないが、泣くのは恥ずかしいというのはどうしてなのかと首をひねった。*

＊　ラ・ブリュイエール『人さまざま』Caractères、「知的作物について」。

ここは、ピエール・ベールの部屋である。ベールは兄のジャコブ(9)に手紙を書いている。母が死んだのだ。こういう時は泣いてもいい、と彼は書く。
「涙が止らないと言われるのはよくわかります。ありったけ涙を流すように私にお勧めくださるのも、悪いこととは思いません。ストア派の説になど従う必要はないのですから。……天から激しい試練を加えられた時私たちが示す

感受性は、けっしてむだにはならないでしょう。ですから、冷酷な気質より優しい心に多くを期待すべきなのです。私たちの涙と呻きを神は祝福してくださるでしょう……。」

ベールはちょっと迷うが、すぐ気をとりなおす。泣く権利はあるけれども、泣いてばかりいる権利はない。

「とはいえ、おっしゃるようなご気性はけっしてほめたものではありません。お手紙の言葉をそのまま拝借すれば、兄上はひどく感じやすくて、ちょっとしたことを見たり考えたりなさっただけで涙を滝のようにお流しになるとか。そういう弱さは男として恥ずかしいものです。いや、女でもそうそう許せるものではありません。どんな状態に置かれても、大の男がすることには或る種の男らしさがないと困ります……。」

しかし、こんなことを言って兄の心を傷つけたのではないか。ベールはまたまた気をとりなおす。泣きたければ泣けばいいのだ。

「しかし、兄上の激しいお苦しみが正当であると認めた上で、なおかつすべてに向けられるその限りない感じやすさに賛意を表しかねているわけですから、そういう憐み深いご気性を責めながらも、私は兄上が流された、また今でも流しておられる滝のような涙をとやかく申すつもりはありません。涙の度が過ぎたくらいで、男らしい気丈さがなくなるものでもありません。どんなに偉い英雄でも聖者でも泣いたことはあるのですから、涙を女々しいなどと言ってはなりません……。」*

* J・L・ゲーリク、G・L・ファン・ロースブルック「ピエール・ベールの未発表書簡」(『ロマニック・レヴュー』The Romanic Review、一九三二年七―九月号)。

女々しさ、か。ここにブルジョワのお邸がある。金まわりのよさそうなこの家で、今しもかよわい一人の女性が泣きながら恋文をしたためている。(10) この人は若い頃、絶世の美男子と見えたブルトゥイユ男爵(11)と恋に落ち、男が自由の身でないのを知って絶望し、或る日親の家からとびだして修道院へ行こうとしたが、途中で追手につかまってつれもどされ、結婚したら正気にもどるだろうという親心からいやいやながら嫁に出され、アンナ・デ・ベリンツァーニから フェラン法院長夫人と名を変えた。ところがその後例の男爵と再会したのである。彼女は激しく燃え、狂ったように男を愛した。そこから、恋する女がかつて書いたことのない世にも美しい手紙が生まれた。激しい情感にあふれた恋文だった。秘密なだけにいっそう大切な人知れぬ恋の喜び。この恋は日陰の花におわるのだという憂鬱な思い。次第につのる障害への怒り。母性的ともいえる優しい調子、情熱的な叫び。恋人と別れ、肉体的に嫌悪する夫のもとへ帰るのかと思うと、身内を走る不快感。感情を見抜く鋭い目。「そうです、貴方は私がお好きでしょうが、私の愛情はもっと激しいのです……。」それから軽蔑。軽蔑してもなお愛している。「憎む価値しかないような恋人のため、私は親兄弟の好意も失い、家庭を地獄にしてしまいました。けれど、なんとみじめなことでしょう、私はあの人を憎めないのです。軽蔑もし嫌悪もするのですが、憎んでいないことは自分でもわかります……。」この生まれながらの恋人は、一四〇年後のロマン派のヒロインが誇る性格をすでに一部はそなえている。嬉しい時は気が散るが、さびしい時は愛慕の情を身にしみて感じる、と彼女は言う。恋をした女の中で私ほど不幸な者はない。宿命の女。子供の頃から私は恋のいけにえになり、恋の責苦にかけられてきた。そう思って彼女は滝津瀬のように涙を流す。* これが一七世紀とは思えないほどだ。

* 『若きベリーズとクレアントの新恋物語』Histoire nouvelle des amours de la jeune Bélise et de Cléante、一六八九年。——『フェラン法院長夫人からブルトゥイユ男爵への書簡集』Lettres de la Présidente Ferrand au baron de Breteuil、ウジェーヌ・アッス刊、一八八〇年。

たしかに社会は頽廃していた。奢侈が伝染病のように蔓延していた。贅沢をするには金がいる。手軽に儲かるたくさんの金がいる。そこで利用されたのが投機、富籤、トンチ年金、(12) トランプだった。『チュルカレ』Turcaretは一七〇九年の作である。従僕から徴税請負人に成り上ったチュルカレは、エキュ銀貨さえあれば礼儀作法も芸術も女の心もみんな買えると思っている。ルサージュが描くこの人物はみんなから馬鹿にされ、なぶりものにされ、最後は破産してしまうが、しかし金が万能でないにしろ、金のためにすべてが腐ってゆくことは争いがたい事実である。下女のリゼットを相手に[13]下男のフロンタンが引き出すこの芝居の教訓もそれなのだ。「世の中って面白いもんさ。俺たちが蓮っ葉女(コケット)の羽をむしると、その蓮っ葉女(コケット)が事業家を食いものにする。するとその事業家が別の事業家から金をまきあげる。実に愉快なペテンの連鎖反応さ」〔第一幕第一二場。一八二八年版ルサージュ作品集、第一一巻四〇四ページ〕。素敵な切子を刻んだ、時代の小さな鏡ともいうべきダンクールの芝居でも、いちばんカマトトで堕落していて、名誉や金にいちばんガツガツしているのは女である。

また事実といえば、ハリファックス卿[14]やフォントネル[15]といったたぐいが女を哲学や科学へ押しやったことも事実である。女性を完全に解放しよう。男は法律をきめる時、女を奴隷にするために権力を濫用し、女につまらない仕事を割当てた。これは習慣により固定化し、教育がそれにいっそう拍車をかけた。今こそこれを改めよう。筋をとおせば、女も男と対等になり、男と同じ勉強をし、行政機関や教育機関、いや軍隊の指揮や教会の中でも男とおんなじ仕事をしなければならぬ——こんなことを言いだす者も一部にはいた。[16]しかし、『女学者』[17]Femmes savantes をおぼえていたボワローはこの意見に従わなかった。淫蕩な女、蓮っ葉な女、博打(ばくち)好きの女、学者気取りの女、才女ぶった女、気まぐれな女——こんな手合いを彼はどなりつけ、やじり倒し、皮肉な調子で、結婚はいいものだよと訓戒した。[18]だが、ペローはすかさず女性の名誉を擁護した。[19]ボワローは旧弊だ。ボワローが女性を諷刺するのは、ホラティウスやユヴェナリス[20]からテーマを借りて、古人の言ったことをくりかえすのが義務と思っているからだ。でも近代派は公正だから、風俗も昔と違うことを知っている。たたえんかな女性を、というわけだ。パオロ・マッティア・ドーリャというイタリアの哲学者も呼応して、「最高の徳目のほとんどすべてにおいて、女性は男性にいささかもひけをとらぬ」ことを証明してのけた。[21]

こうしたことはどれもみな事実である。若い娘が自由勝手な振舞をして古来の美風を忘れ世人の顰蹙を買っていたこと、女が図々しくてけちんぼでエゴイストだったことは、いくらでも証人がいる。しかし、ひとたび大恋愛が生まれ、その恋が阻まれると、とたんに情熱が本来の権利をとりもどし、激しく爆発して、悲痛な叫びやすすり泣きとなって現われた。これは来るべき時代への呼び声だった。情熱そのものたらんとした時代〔ロマン派の時代〕への呼び声だった。

＊

感受性をこの世から追放しようとした者もいたが、そうは問屋がおろさなかった。追われても追われても感受性は実に巧みににじみ出てきた。イギリスからも火の手が上った。コレー・シッバーという役者が時代のひそかな好みを見抜いたのである。不道徳な芝居はもうたくさんだ。遊蕩貴族が舞台で大手を振るような劇はもうたくさんだ。ジェレミー・コリアー(22)の言うとおりではないか。今こそイギリス演劇を礼儀正しくしなければならぬ。道徳的にしなければならぬ。そこで、道徳は感情と手をたずさえた。

ここに一人の悪い亭主がいる。極道者で、女房を捨てて女の尻を追いまわし、自分でも言うように古い酒と若い女でスッカラカンになってしまった。破産した男はイギリスへ舞いもどってくる。昔ながらの厚顔無恥だ。この男をラヴレス(愛なき者)と名づけるには、想像力などさして働かす必要はない。対するは、貞女の鑑ともいうべき妻のアマンダ。この極道者をずっと愛してきた妻は、亭主の心をなんとかとりもどしたいと思う。もちろん、じかに道徳など持ちだしたら逃げられてしまうにきまっている。そこで感情に訴える。悔悟の念と、徐々に燃え立つ情愛の残り火と、さらには快感に訴える。ラヴレスは過ちに気づき、深く頭(こうべ)を垂れて言う。結局最後に、「ああ、お前は悪徳の麻痺から僕を救いだしてくれた。……僕はひざまずいて、徳の力で僕を征服したお前にお礼を言いたい。恥ずかしさに顔も上げられないで、ずっとこうしていたい。とめどない悔悛の涙で自分の罪を洗い流したい。」彼は感情の手ほどきを受けたのである。

コレー・シッバーのこの道徳的なお芝居『愛の奥の手』Love's Last Shiftは、一六九六年にロンドン王立劇場で上演され大当りをとった。たちまちの内に、陽気で真面目でブルジョワ的で道徳的で、しかも旧来の背徳の残り香が漂う雑種の喜劇がいくつもいくつも作られた。今までの当り狂言から借用した人物がそこには一再ならず登場した。みな当然のことながら、酒を飲んだり女の尻を追っかけまわしたり、純潔な耳には聞き苦しい猥雑な話をしたりする習慣がまだ残っていた。こういう喜劇はさわやかで清純な二、三の場面で新味を出したが、反面、変装とか仮面舞踏会とか手紙の誤着とか勘違いとか、およそ使い古した手を臆面もなく使っていた。その点では、コレー・シッバー自身が自ら範を垂れていた。アマンダが天然痘で多少面変りしていたため、ラヴレスは妻に会ってもわからないという想定だったのだ。どの作品も下手くそで、自然とも美しいとも言えないような説教じみた短い詩句を幕の終りに――時には各場の終りに――おいたりした。だが、こういう喜劇はどれもみな同じ意識状態を表わしていた。どんな欠陥もつぐなって余りある同じ心理的特徴をそなえていた。道徳の改善は力と権威によって外からやれるものではない、それには心の同意がいる。だから、心を動かすことが肝要だ。再生の意志に訴える前にまず心を動かし、それから矯正することだ。亭主が女房のふしだらに気づいても、後悔と悔悟の念を起こさせぬかぎりどうしようもない。その気持を起こさせるために、亭主はわざとひと芝居うつ。金で傭ったロボットをにせの恋人に仕立て上げ、間違いを犯す一歩手前までわざと女房を持ってゆく。罪を犯したも同然の女房は、嘘と裏切りに我ながらゾッとして、悪徳への嫌悪から美徳へ立ち帰るわけである。

ホロリとする場面がふんだんにある。主人のお情に感激している犬のように忠実な老僕が、あわやの際に驚くべき献身ぶりを発揮する。治る見込みのない二、三の女は結局不幸になるが、大方は心やさしい人物で、道を誤っても破局の前に正道へ引きもどされる。男の場合も、変らない真面目な愛は試練ののちに必ず報いられる。息子に苦労をかけまいとする父親、父親に劣らずデリケートで情の深い息子。この上なく感じやすい最良の父親と、この上なく感じやすい最良の息子は、さながら、さわると葉が閉じる二本の含羞草である。この芝居には、人からなんと言われても悪の存在を信じようとしない清純でチャーミングな生娘が登場する。悪役といっても、多少荒っぽいか多少やきもち焼きか、せいぜいその程度にすぎない。やきもちはいずれ治るし、荒っぽい人もいずれやさしくなる。最後には誤解が解けて、みんな泣きながら抱きあうのである。一七二二年にこの種の喜劇の勝利を飾ったスティールの『はにかみ屋の恋人』The conscious lovers はまさにそういう作品だった。

要するに、文学の一部は「人類へのお礼奉公」たらんとしたのである。*

* リチャード・スティール『喜劇・やさしい亭主』The tender husband, a comedy、一七〇五年。アディソン氏へ、「詩歌は人間社会へのお礼奉公です。」

＊

歌劇とは何事だ。理性への侮辱もはなはだしい。目と耳を楽しませながら精神を逆なでするのは、まさに一種の挑発ではないか。愛の告白だけならまだしも、演説も伝言も命令も呪咀も打明け話も内緒話も、始めから終りまで全部歌で言うなどとは馬鹿々々しいにも程がある。「主人がうたいながら召使を呼んだり、用を言いつけたり、友人同士がうたいながら打明け話をしたり、会議でうたいながら相談したり、命令を歌で言ったり、合戦ともなればメロディーにあわせて剣や投槍で人を殺したり——いったいそんなことが考えられましょうか」（サン＝テヴルモン作品集、一七一一年版、第三巻一九九—二〇〇ページ）。——「オペラとは何かと言われたら、私はこう申しましょう。これは詩と音楽の珍妙な合作で、互に足をひっぱりあう詩人と音楽家がへぼな作品を作るために汗だくになっているものです、と」（同二〇一ページ）。

それにもう一人、装置家という犯人がいる。ボール紙の奇物を舞台上に所せましと並べ、心理的な面白さよりアッと驚かす外的な効果を重んじ、宙を飛ぶ車とか、天へ上る神々とか、動く怪物などという異常に複雑なからくりを考え出すのは見当違いもはなはだしい。要するに、真実なもの、真実らしいもの、筋のとおったもの、秩序整然たるものを好むまともな人々、サン＝テヴルモン、ボワロー、ラ・ブリュイエール、アディソン、スティール、グラヴィーナ、クレシンベーニ、マッフェイ、ムラトーリなどに言わせると、オペラは理性に反する全くくだらないものだった。「愚劣なものに音楽や踊りやからくりや飾りをつけても、華麗にこそなれ、愚劣であることに変りはない」＊（同一九九ページ）のだから。

＊ サン＝テヴルモン『オペラについての手紙』Lettre sur les Opéra。

オペラは理性に反したからこそ受けたのだった。このことは誰にも否定できなかった。良識の守り手はこの新しい事態をいきどおったが、にもかかわらずオペラはどこでも勝利を収めた。フィレンツェ、ヴェネチア、ローマ、ナポリとイタリアの都市をひとつずつ攻め落し、ドレスデン、ライプツィヒというドイツの音楽中心地に乗りこんで、遂にはウィーンを第二の故郷にしてしまった。どこの王様も大公も、みんな自分の劇場と自分の装置家・作曲家を持ちたがり、最高の作曲家(マエストロ)と最高の振付師と最高のプリマドンナを抱えたがった。パリはリュリとキノーに名をなさせ、ロンドンはヘンデルを横取りした。ただマドリードだけは遅れていた。オーノワ夫人は一六九一年の『スペイン旅行記』Relation du Voyage d'Espagne で憫笑を浮かべながらこう言っている。「こんなに貧相なからくりは見たことがありません。下りてくる神々は、劇場の端から端へ渡した梁の上に馬乗りになっているのです。油紙で作った一ダース程のカンテラのひとつひとつにランプを入れて、それで太陽の輝きを出すのです。アルシーナ(23)が魔法をかけて悪魔を呼びだすと、悪魔たちは梯子をつたって地獄からいとも簡単に出てくるのです……。」しかし、こんな状態もながくは続かなかった。一七〇三年にイタリア人の一座がマドリードに定着したからである。

この猛烈な流行はどこから来るのか。――誰でも人は感動を求める。しかし、世紀末には早くも悲劇が単なる真似と機械的な所作に堕してしまい、もう感動をあたえられなくなっていた。だから音楽が代りにあたえたのだ。心理的な要求が芸術を変貌させ、新しい形式を生みだしたのだ。あらゆる芸術が協働する装飾的な一大綜合、音と色とリズミカルな動きの饗宴、耳と目をとらえる魔術的な魅力、官能的な快感に体がとろけていくような、分析を絶する全く新しい特殊な感動、魔法か呪縛にかかったような快さ、深く心にしみいる説明しがたい愉悦――それがオペラだった。これでは、オペラを百回、千回断罪しても、荒野(あらの)に叫ぶにひとしかった。批判する方が間違っていたのだ。ひとつの欲求が目ざめていたこと、それを充たさねばならないことに気がつかなかったのである。大衆は驚異に充ちたもの、感動的なもの、やさしいものを求めていた。理屈で納得するのではなく、「スリルを味わう」* ことを求めていた。そこが前とは違ったのである。

* セヴィニェ夫人、一六七四年一月八日付の手紙(『セヴィニェ夫人書簡集』Lettres de Madame Sévigné、「フランス大作家双書」版、新版第三巻、一八六二年、三五九ページ)。

もう少し正確に言うと、ヨーロッパが熱狂的にとりいれたのはイタリア・オペラだった。イタリアはオペラの手本を示し、音の波が湧きでる滾々(こんこん)たる泉となった。そしてヨーロッパ中に音楽と演奏者を同時に供給した。イタリアはメロディーそのものだった。だからイタリアのメロドラマ

〔音楽つきのドラマ〕は近隣のあらゆる国に浸透した。パリは抵抗しようとしたが、イタリア勢に対抗してかつぎあげた天才[24]も、もとはといえばイタリア人だった。それに、抵抗したのはフランスの半分で、あとの半分はイタリア・オペラにすっかりいかれてしまっていた。ハンブルクはながいことドイツ音楽に操をたてたが、やはり最後には屈服した。オペラの世界はもうイタリアの植民地にすぎなかった。

では、イタリア・オペラがこんなに優遇され、どこでも覇権を握ったのはなぜか。——イタリアの台本作家も、できれば至高の理性に忠実でありたいと思っていた。理性に従うことで批評家の侮蔑を免れ、大悲劇作家と張り合うほどの権威を得たいと思っていた。ベネデット・マルチェロや、神聖ローマ皇帝のお抱え詩人でオペラ界のピエール・コルネイユたらんとしたアポストロ・ゼーノらの努力は、脚本をきちんとしたものにすること、オペラにつきもののでたらめをなくし、箍をしめ贅肉を取ること、つまり台本を悲劇に近づけることにあった。メタスターシオにいたっては、メロドラマをアリストテレスの詩学によって正当化[25]した。

これは無駄骨だった。台本作家は夢中になっていたけれども、みんな、叙事詩か悲劇を知的作物の第一位におく当時まだ支配的な文学的錯覚にまどわされ、文学などもう音楽のいうなりになる卑しい侍女にすぎないことがわからなかった。音楽はアリアや二重唱や合唱を時に応じて要求し、これこれのリズムの詩をテノールやバスに何行というふうに注文し、文字どおりなんでもかでも指図した。ボキャブラリーもやさしい、調子のいいものしか使えなくなった。音楽が台本作家に要求したのは、もっぱら柔軟さと器用さだった。いかに順応するか、作曲家やオーケストラ指揮者やプリマドンナにいかに服従するかということが作家の腕の見せどころだった。そして、ヨーロッパのどの国語より豊かで響がよく、調子がとれヴァリエーションに富んだイタリア語が、思想表現の場で失った権威をここで取りもどしたのである。

イタリア音楽はなんと気持のいいものだったろう。それは奔放に湧きおこり、熱い血をたぎらせ、豊かに鳴りひびき、悠々と流れた。滾々たる泉のように気前よく、フランス音楽が持たぬもの、どの国のどの音楽も持たぬものを熱狂的な大衆に提供した。それは元気のよさ、威勢のよさ、表情の豊かさだった。激しいにしろやさしいにしろ、イタリア音楽はとにかく性格がきわだっていた。それが求めたのは慎重で理づめな転調しかやらぬ、耳柔かで変化のない単調なハーモニーではなかった。それは思いきったことをやり、冒険をしでかし、まさにその大胆さによって心を酔わせた。当時の人もそれを認めていた。フランス人ですらも。「フランスの音楽家は、規則に反することをちょっとでもしたら取り返しがつかなくなると思っている。聞き手の耳を楽しませ、それをくすぐり、そのご機嫌をとって、どんなに規則どおりの物を作ってもまだ足りないのではないかとびくびくしている。イタリア人はもっと大胆で、急な転調をしたり、トレモロなどとてもできそうにない速い調子で七拍子や八拍子の同音反復をやったり、慣れぬ人はその大胆さに腹を立てるが、あとでは感嘆久しうするべらぼうに長い持続音を出したりする……。」要するに、「彼らは聞き手の心の中に恐怖と驚愕を叩きこむ。聞き手はコンサートがまるごとすさまじい不協和に落ちこむのではないかと思い、迫りくるこの崩壊にはらはらするが、きちんとした終止部を聞いてたちまち胸をなでおろし、さながら諧調が不協和の中からよみがえり、自分を破壊しかかった不規則な音から自分の最大の美しさを引き出していることに一驚を喫するのである……。」*

* ラグネ『音楽とオペラに関するイタリア人とフランス人の比較論』Paralèle des Italiens et des Français en ce qui regarde la musique et les opéras、一七〇二年。

冒険の楽しさ、神聖な規則をふみにじるような錯覚（少なくとも）が生む不安な楽しさ、聞き手が身も心も引きこまれ、バイオリンが弓の下でふるえるように全身の神経をおののかす楽しさ——「ヨーロッパ中をすぐれた作品で魅了した」名前からして響のいいイタリアの作曲家たちは、まさにこういう快感をあたえた。作曲家の中でも特に有名なスカルラッティは、何が好きとか何をせよとかどういう根拠から言うのですかと弟子にきかれた時、「いい感じだからさ」としか答えなかったといわれる。

訳註

（1）『アエネイス』をもじる　『アエネイス』はもちろん、ローマの詩人ヴェルギリウスの長篇叙事詩。一七世紀フランスの代表的なビュルレスク詩人ポール・スカロン（一六一〇―六〇）はそれを滑稽にもじった『もじりヴェルギリウス』Le Virgile travesti（一六四八―五二年）を発表した。これはイタリアの詩人ジャンバッティスタ・ラッリの『もじりアエネイス』Eneide travestita（一六三三年）から想を得たものだったが、スカロンは八の巻の中途でやめてしまったため、その続篇と称するものが他の作家によっていくつか書かれた。いちばん代表的なのは一七〇六年に出たジャック・モローによるものだが、ほかにも一六七四年出版のM・J作のもの、一七六七年出版のP・ブリュッセル作のもの、出版年は明らかでないがテリエ・ドルヴィルの作とされるもの、がある。

（2）財務係　『譜面台』にうたわれているのは実在の事件で、財務係というのはクータンスの前司教で一六五三年以来この職にあったクロード・オーヴリ、先唱者はジャック・バラン、譜面台が合唱席に置かれたのは一六六七年七月三一日であった。なお、ボワローの『譜面台』は一の歌から四の歌までが一六七四年、五の歌と六の歌が一六八三年に発表されている。

（3）『タトラー』　一七〇九年から一七一一年までスティールとアディソンが出していたイギリスの新聞。

（4）カルル大帝　七四二―八一四。フランスでいうシャルルマーニュ。カロリング朝のフランク王。西はスペインのエブロ河から東はエルベ河にいたる一大帝国を建設し、法王レオ三世から西ローマ皇帝の帝冠を受けた。

（5）リナルドとオルランド　カルル大帝の武将ローラン（オルランド）の伝説から取材したボヤルドの叙事詩『恋するオルランド』Orlando innamorato（一四八七―九五年）や、その続篇に当るアリオストの『狂えるオルランド』Orlando furioso（一五一六―三二年）の登場人物。

（6）これら三個所の詩の引用は、イタリアの詩人ニコロ・フォルテグエッリの滑稽叙事詩で、『狂えるオルランド』の続篇と称する『リッチャルデット』Ricciardetto（執筆一七一五年、刊行は一七三八年）より。

（7）老人　『包括受遺者』（一七〇八年）に出てくるジェロントという老人のことだが、実際とはやや違う。

（8）クリスパンとリゼット　『包括受遺者』の登場人物。クリスパンは老人ジェロントの召使で、リゼットはその恋人。ジェロントが昏睡に陥った時、クリスパンは自分とリゼットを包括受遺者に指定した老人の遺言書を勝手に作製してしまう。老人は息を吹き返すが、クリスパンは陳弁これつとめ、結局老人に遺言書を承認させる。

（9）兄のジャコブ　ジャコブ・ベール。一六四四―八五。生地カルラで父のあとをついで新教の牧師をしていた。ナント勅令廃止の際に逮捕され、パミエからボルドーへ連行されて投獄され、一六八五年一一月に獄死した。釈放命令が届いたのは彼の死後であった。

（10）一人の女性　アンナ・デ・ベリンツァーニ。一六五八？―一七四〇。マザランの書記をしていたイタリア人の娘で、訴願審査院の院長ミシェル・フェランの妻だったが、ブルトゥイユ男爵との道ならぬ恋のため修道院にとじこめられ、つれづれなるままに恋人との書簡をまとめて『若きベリーズとクレアントの新恋物語』という題で出版、これは非常な人気を呼び、多くの版を重ねた。

(11) ブルトゥイユ男爵　ルイ＝ニコラ・ル・トヌリエ・ド・ブルトゥイユ男爵。一六四九―一七二八。ルイ一四世の宮廷で式部官を勤めた人で、その『覚書』Mémoires du baron de Breteuil は貴重な歴史的資料とされる。ヴォルテールの恋人だったシャトレ侯爵夫人の父親で、ラ・ブリュイエールの『人さまざま』Caractères に出てくるセルスという人物のモデル。

(12) トンチ年金　この年金は出資者に年々配当を出し、死亡者があるごとに生存者の配当を増してゆく仕組のもので、国債による終身年金にもこの方法が用いられた。フランスでは一六五三年に「王立トンチ年金」が設けられ、一六八九年と一六九六年には特に大規模に実施されたが、これは国家に多大の財政負担を強いたため、一七六三年、王命により禁止された。トンチ年金という名前は、一六五三年にこの方法を発案しマザランに勧めて実行させたイタリアの銀行家ロレンソ・トンティの名からくる。

(13) 下女のリゼットを相手に　これはアザールの誤り。以下の台詞はフロンタンの独白であって、リゼットに言う言葉ではない。

(14) ハリファックス卿　彼のエッセイ『婦人のお年玉、または娘への忠告』The Lady's New Year's Gift; or Advice to a Daughter（一六八八年）のこと。

(15) フォントネル　貴婦人との対談の形でコペルニクス天文学やデカルト物理学を解説した『世界の多数性に関する対談』Entretiens sur la pluralité des mondes（一六八六年）のこと。

(16) 一部にはいた　代表的なのは『男女平等論』De l'Egalité des deux sexes（一六七三年）、『男性の優越性について』De l'Excellence des hommes（一六七五年）を著わしたプーラン・ド・ラ・バール。ここでアザールが紹介したのは『男女平等論』の要旨である。

(17) 『女学者』　有名なモリエールの喜劇で、一六七二年初演。哲学や科学に血道を上げる才女たちをやっつけたもの。

(18) 訓戒した　このボワローの発言は、一六九二、三年に執筆され、一六九四年に発表された『対話、または女性をたたく諷刺詩』Dialogue, ou Satire contre les femmes（諷刺詩一〇）より。

(19) 女性の名誉を擁護した　シャルル・ペローの『女性弁護論』L'Apologie des femmes（一六九四年）のこと。

(20) ユヴェナリス　五〇頃―一三〇頃。ローマの諷刺詩人。一六篇の諷刺詩が残っているが、女性を攻撃したのはその第一篇である。

(21) 証明してのけた　『最高の徳目のほとんどすべてにおいて、女性は男性にひけをとらぬことを証明する論』Ragionamenti...ne'quali si demostra la donna in quasi

che tutte le virtù più grandi non essere all'uomo inferiore(一七一六年)のこと。

(22) ジェレミー・コリアー　四二九ページ参照。

(23) アルシーナ　アリオストの『狂えるオルランド』に登場する魔法使の女。

(24) 天才　リュリのこと。彼はフィレンツェ生まれのイタリア人で、一四歳の時ギーズ公に見いだされてフランスへ来た。

(25) 正当化　メタスターシオは晩年、『アリストテレスの詩学の分析』という著作をものしている。

第四章　民族的・民衆的・本能的要素

漠然とながら、ヨーロッパ全体が批判と分析、論理と理性だけになることに身をもって抵抗したいくつかの力の働きを、私はこれまで概観してきた。これは将来への布石、まだまだ先のことである感性と想像力の復讐のひそかな準備のようなものだった。具体的生活の現われをその混沌たる多様性の内に受けいれ記録するこうした力の実態は、これで一応見終ったことになる。では次に、これらを全体的に俯瞰して、一段高いところから、こういう抗体が集合する核になったいくつかの原理を見分けることができるだろうか。

＊

民族的な相違という意識は絶対になくせるものではない。それは還元不能なさまざまの価値にかかわっているし、その根源には、理性で認識できるいくつかの理由と、理性では認識できないいくつかの理由が厳としてある。

秩序、正確、規則化された知恵、粒々辛苦してはじめて得られる堅固な美しさ――こういう同じ考え方、同じ書き方がどこの国にも押しつけられようとしていたことは事実である。しかし第二の事実は、各国がこの一般的な教えをそれぞれ自己流に解釈したこと、それによりこの意識的な画一性の内にも顕著な相違や対立が現われたことではなかろうか。イギリスがいい例である。この国は一部はフランスの影響で、一部は自己の力を制御する内部改革の必要から、とにかく古典主義を受けいれていた。だが、これはあくまでイギリスの古典主義にすぎなかった。別格の古典主義、妥協的な古典主義にすぎなかった。＊スウィフトがそうである。この人は古典派の作家とされている。たしかに、イギリスの散文の型がきまったのはスウィフトの貢献によるのだし、また古典派（クラシック）の名にたがわずスウィフトは学校（クラス）でさかんに教材としてとりあげられる。おそらく今後ともそうであろう。スウィフトの功績にも天才にも異論をはさむ余地はないから、この人をイギリス屈指の大作家とすることとをためらう人はいないだろう。しかし今日のフランス人、ましてボワローを金科玉条にした当時のフランス人から見たら、これはなんとおかしな古典派作家だろう。『桶物語』A Tale of a Tub をためしに開いて、一七〇四年（この作品が出版された年）当時の大陸の読者の気持になってみよう。その仰天ぶりを想像してみよう。まず第一に、この混乱ぶりはそもそもなんだ。あの男は本の書き方をまるっきり知らない。頭に浮かんだ着想にすぐとびついて、次から次へ脇道にそれてばかりいる。主題の転換という文章作法の奥義を知らないのか。自分の気まぐれにただ従って、導入部を展開部より長くしたり、形式論理学をないがしろにしたり、その上読者をからかったりする。「あちこちと道草を食ったが、今度こそは話の本題に追いついて離れず、旅路の果てまで足並揃えて歩むとしよう。但し途中で美しい景色でも現われて来れば話は別……」（第一一章。邦訳、岩波文庫、一四〇ページ、深町弘三訳）。脱線讃美の脱線[1]などやらかす作者をどう考えたらいいのか。それに、なんと奇妙きてれつなイメージだろう。実に変っている。まさに想像力の狂乱だ。「智恵は狐のごとくうんとこさ狩り立てたあげくに掘り出す手数のかかるもの。智恵はチーズで、上等であればあるほど皮が厚く見栄えがせず硬い、また美食家の口には蛆の居るのが極上なのだ。それはまたサック酒入ポセットで底へ行くほど甘くなる。智恵は牝鶏で、その鳴き声には玉子が附きものゆえ大いに尊重して聞かねばならぬ。だが最後に、智恵は胡桃で、よく考えて選ばぬと歯を痛めたあげくに中は虫食いということになりかねない……」（第一章。同、四五ページ）。

* この点については、E・ルグイ、L・カザミアン『英文学史』Histoire de la littérature anglaise（一九二四年）の六九四ページにあるルイ・カザミアンの鋭い観察を参照。

また、なんでもかでも攻撃しぶちこわそうとするあの偏執はなんだ。はじめはカトリック教徒をやっつけるが、返す刀でルター派もカルヴァン派もやっつけ、ありとあらゆる狂信者を血祭りにあげる。最初はほめても、後から嚙みつかないという保証はない。書いてゆくうちに興奮して、まるで狂ったようになり、さんざっぱら悪態をつく。まるで気が違ったアリストファネスだ。それにあのアレゴリーの連続。あの皮肉。実際とめどがない。口の悪い冗談も。「先週皮を剝かれた女を見たが、その姿がいかに醜く変っていたか信じ難いくらいである」（第九章。同、一二八ページ」などと言う。

スウィフトだけではない。古典主義の規則の価値を認めながらも、いやそれにあわせようとしながらも、失った自由を内心なつかしむイギリス人は多かった。アリストテレスとホラティウスがあれば十分で、フランス人みたいにコチコチなしゃちこばった態度をとる必要はないと思っている人も多かった。「まるで、上等な蜜をとるために蜂の羽を短く切ってしまい、巣にじっとしているように、とびだしても遠くへ行かないように強制するようなものである。……蜂の方は、庭だけでなく野原へもとんでいって、好きな花を自分で選びたいのに……。*」

* ウィリアム・テンプル「詩歌について」Upon Poetry、一六九二年の『随筆集』Miscellanea に収録。――仏訳、「詩論」Essai de la poésie、『作品集』Les Œuvres mêlées（ユトレヒト、一六九三年、一六九四年。アムステルダム、一七〇八年）に収録（一六九三年版仏訳、第二部三七六ページ）。

文学ではなく風俗になると、つまり、深く根を下した習慣や特殊な生活様式というもっと退った後方陣地を守る段になると、この対立はさらにあらわになった。さらに根強く激しくなった。フランス的な社交性のお手本が或る程度受けいれられたこの時代でも、小説や喜劇を読むと、それに対する反撥の強さに驚かされる。そこではフランスが、ダンスの教師や、金で買収される従僕や、やり手婆の役をする小間使や、流行品屋やあばずれ女や、卑怯者でペテン師のくせにいきな物腰ばかり馬鹿みたいにひけらかす自惚れ屋の侯爵などをロンドンへ送りこむ恥知らずな国として描かれている。この連中を迎えうつのは誠実で素朴で無骨なイギリス男児である。無骨であることすら美徳とされる。人間をマネキン、猫かぶり、「伊達者」にするような外国の影響に染まるよりは、あけすけな物言いや野暮ったい物腰や生の力をそのまま残しておく方がいい。こうして、多くの芝居ではフランス人が男も女も引立て役になった。いずれも滑稽な人物で、はじめは平土間を大喜びさせるが、結局はイギリス人のいいところ、何物より強いその美点を浮き彫りにするのである。

イタリアもフランスの奴隷になったと嘆いていた。事実、或る程度までフランスの奴隷だった。だがここでも、あまり大まかな断定をしてはならない。なぜなら、ローマ世界の統一性という伝統や、ガリア〔今のフランス〕は所詮後進地域にすぎないという考えや、本当の主権者が権利をとりもどす時がやがて来るという期待をイタリアの一部の詩人は依然として抱いていたし、また古典主義といっても、イタリアの理論家たちはフランスの理論より年代的に古い、正統で真正で純粋な唯一の古典主義、つまりイタリア古典主義の権利を主張したからである。彼らが執拗に継承しようとしたのはルネサンス、自国のルネサンスだった。その価値には誰も異存はないはずだ。詩人たちがコルネイユやラシーヌを凌駕すると称してその模倣にうきみをやつすかたわらで、理論家たちはギリシャ悲劇の精神と模範にあくまでも従えとくりかえし言明した。ギリシャ悲劇だけで十分ではないか。しかもこれは、発見者の権利、最初に利用した者の権利からしても、当然自分たちイタリア人のものではないか。フランスは何をしたのか。あの高尚なお手本を改竄し改悪しただけではないか。古代の悲劇を柔弱にし、色っぽくして、恋愛表現に過大な位置をあたえただけではないか。巨匠の名に価するのはやはりソフォクレスだ。ソフォクレスに帰れ。

*

また、各国とも時間的な先着権を主張してやまなかった。自国の過去の底の底まで降りてゆき、身分の高さをそれで証明しようとした。最古の言語、最古の詩、最古の散文、最古の文明はいずれも自国にありとした。そして各国ともにふんぞりかえり、ほかの国は生意気な成上り者にすぎないと言った。

こういう努力をドイツほど勇敢にした国はなかった。この国はまさに惨憺たる状態で、押しつぶされ、卑しめられ、ほうぼうから影響を受けながら自分の影響力はこれっぱかしもなく、精神的な力などもはやなさそうに思われたのだが。

あにはからんや、このドイツが自国の人知れぬ生命力を必死に主張したのである。自己の存在を主張して、全戦線で必死に戦ったのである。統一か。だが、プーフェンドルフも言うように、ライプニッツも言うように、国内を改革すれば統一は容易に成るはずだ。――法律か。だが、ローマ法より教会法より古くてすぐれたゲルマン法があるではないか。大学ではローマ法と教会法しか教えないが、間違いもはなはだしい。今こそ国民法、土着法を復権させる時だ。――言語か。だが、ドイツ語の古さ、美しさはラテン語にもギリシャ語にもどの国語にも劣らない。ドイツ語は世界の始めまでさかのぼる。――文学か。だが、ドイツ文学はどの国の文学にもひけをとらない。一六八二年にモルホフィウス(2)(モルホーフ)という学者が証明したのもこのことだった。その努力は並大抵のものではなかった。厖大な証拠が集められ、重厚で密度の高いその本のどのページにも祖国ドイツへの深い愛情が脈打っていた。彼は言う。ドイツにはハンス・ザックス(3)のような不当に忘れられた輝かしい詩人がいた、オラウス・ルードベック(4)がスカンジナヴィア人と誤り伝えるもっと古い詩人もいた、と。勢いあまって彼はおかしな論理を立てた。ドイツにはたしかに詩人がいた。その痕跡は残っていないが、痕跡がないということは存在しなかったということではない。どの民族でも詩は最初に現われるジャンルだから、ドイツにも詩人がいなければならぬ。だからいたのだ。誰も知らなくても、かりに発見できないとしても……。

ギリシャ語のまろやかさとラテン語の威厳とフランス語の優美さとイタリア語の雅致と英語の豊かさとオランダ語の品位を兼ねそなえたドイツ語、千年の歴史を誇るドイツ語はやがて数々の傑作を生みだし、全ヨーロッパに自分の価値を認めさせるにちがいない――ドイツ語の熱狂的な弁護人はそう心から期待していた。だから一六八九年にカスパル・フォン・ローエンシュタインの『高潔なる騎士アルミニウス』Grossmütiger Feldherr Arminius が発表された時は、文字どおり鳴りやまぬほどの歓声があがった。何よりも祖国を愛する大作家がゲルマン民族にふさわしい主題を遂に探しだしたのだ。ローマに抵抗した――それもローマがまだ無力だった初期ではなく、その力がいちばん強かった時に――アルミニウス(5)をたたえる本を書き、ドイツに槲(かし)と月桂樹の冠をとりもどしたのだ。歓喜の叫びが、かちどきが起こった……。

渇望(ゼーンズフト)の声――永遠のドイツの心理的特徴としてこれ以上広く認められたものがあるだろうか。啓蒙の光が心の闇をのこらず払い、無意識をも照らすと称したこの時代にも、その声はけっして消えることはなかった。詩人で教育家で、どの作品でも単純なものの自然なものを感動的に求めたクリスティアーン・ヴァイゼは、自分の学校(6)で上演するため毎年新しい芝居を書いた。生徒が役者のまねごとをやり、父兄が鼻を高くするだけのものだったが、一六八八年に演じた『楽しまぬ心』Die unvergnügte Seele には充たされぬ魂の苦しみが現われていた。生まれも気立てもいいフェルトゥムヌスは、しあわせなはずなのに、なぜか不幸をかこっている。手の内の幸福を楽しむこともできず、何が欠けているのかつきとめることもできない。女や愉快な飲み友達、世間的な名声、パルナス〔詩界〕の名手たちとのつきあいなどでフェルトゥムヌスは心の空洞を埋めようとするがどうにもならない。絶望した彼はいっそ死のうかと思う。死の中にしか満足はないのだろうか。——ここで急に芝居は説教くさくなり、心理的な面白味をなくしてしまう。コンテントとクヴィーテという百姓の夫婦が通りかかる。この夫婦はたいへん不幸な目にあったが、それでも生を愛する気持を失っていない。人生には可能なものしか求めないからだ。二人はフェルトゥムヌスを懇々とさとす。フェルトゥムヌスはそれを傾聴して悔い改めるわけである。

充たされぬ魂は、まだ恥ずかしげに謙遜している。たかぶった様子はないし、自分を特権的なものとみなすわけでもない。自分の病気は治るものだと思っている。だがフェルトゥムヌスの後継ぎたちは、やがて倦怠をさらに昂進させるだろう。世界と神をおのれの不幸の証人に立てるだろう。生きるに価しないこの世を去ろうと彼らが決心した時には、もうコンテントもクヴィーテも助けに来てはくれないだろう。そのことを私たちは知っているのだ。

『高潔なる騎士アルミニウス』とかクリスティアーン・ヴァイゼの多くの詩に感心した時の批評家らは、民族の魂を実にみごとに表現した美しい小説をドイツがすでに生みだしていようとは夢にも思わなかった。グリンメルスハウゼンの『冒険家ジンプリツィシムス』Der abenteuerliche Simplicissimus である。主人公は冒険から冒険へ渡り歩くから、これは悪党小説(ピカレスク)といってもいいが、ただローカルな味わいが非常に濃くて飜訳には手を焼かせた。フランスのような一部の国では今でもそうである。収穫が焼かれ、村々が掠奪にあい、農民たちが処刑され、いたるところ火の海、血の海になった三十年戦争(7)の思い出というテーマ、素朴で健全な心の持ち主が頽廃した文明の中に投げこまれ、誘惑され傷つけられるが、最後はそれに打ち克つというテーマ、信仰が象徴の森のような地上を横切り、かりそめの幻にとりまかれていることを自覚しながら、永遠の実在に不断の憧憬を捧げるというテーマ、キリスト者が多くの試練と、無知と罪と悔い改めと、永遠の歓喜の序曲である希望を通って、やっとの思いで天国を得るというテーマ——こういういくつかの主題が並行的に展開され、絡みあい、溶けあい、ふたたび固有の調子をとりもどし、比類を絶する豊かさと輝きを持って延々と続くのである。それがうたい上げるのは、近隣の国々からは余命いくばくもないと思われながら、実は亡びるどころか他に類のない不屈の権力意志を現わしている一民族の叙事詩だった。

或る人種が他の人種にまさるなどという理論[8]は、その頃はまだ発明されていなかった。祖国という語の内容もまだ分析されていなかった。民族とは何かということすらはっきりと自覚されてはいなかった。土と鐘の呼び声が心の中にひき起こすさまざまな感情に、それを説明し正当化する知性の営みがまだつけ加わってはいなかった。だが、そういう感情自体は厳としてあったのである。小間切れにされたイタリアに住むイタリア人も、分裂に悩むドイツに住むドイツ人も、内紛にあけくれるポーランドに住むポーランド人も、眠りに落ちたスペインに住むスペイン人も、自分の国の深い資質や、それほどでなくても自国の外見的な栄光が傷つけられたと思った時には、たちまち抗議し口論を始めた。すべてを平準化する普遍的な理性は、民族性の前にその権利を失っていった。

*

ときに歌声が上った。それも巧みに作ったオードや恋歌（マドリガル）や寸鉄詩（エピグラム）ではなく、ほとんど野蛮といいたいような歌だった。中世のスカンジナヴィア王ラグナル・ロドブロック[9]は蛇に噛まれて落命したが、毒が心臓へくるまでの僅かな間にルーン語〔古代北欧語〕で歌をうたった。*なんとも奇妙なこの詩がオレンジ公ウィリアム〔英国王ウィリアム三世〕やルイ一四世時代の人を驚かし魅了したのである。あるいはまた、はるかかなた、北極地帯の奇怪なラップ人の国〔フィンランド、ロシアにまたがるラプランド〕から来た哀歌なども引き合いに出された。たとえばオラの曠野の歌である。

おお、陽気な光でいとしい人を
野遊びにさそう朝日よ、
霧を払い、空を明るくして、
愛するオラを私の目の前へつれてこい。

おお、いとしい人が見られるのなら、
私はあの樅のいちばん高い枝までのぼって、
しずかに震える大気のなかで、
いつまでも四方を眺めていよう。

＊ ウィリアム・テンプル「英雄の力について」Essay upon Heroick Virtue。『随筆集』第二部（ロンドン、一六九〇年）に収録、二三四―二三五ページ〔一六九三年版仏訳、第二部二九四―二九五ページ〕。

あるいは馴鹿（となかい）の歌。

いそげ馴鹿よ、まっしぐらに
この荒れた曠野の恋の旅をしよう。
いそげ馴鹿よ、まだまだ遅すぎる、
激しい恋が求めるのは稲妻の速さ。＊

＊『スペクテーター』Spectator、第三六六号〔スティール筆、一七一二年四月三〇日付。一九六五年版、第三巻三三七ページ〕、第四〇六号〔スティール筆、一七一二年六月一六日付。同、第三巻五一九ページ〕。

最良の規則にのっとった詩が山とある中では、こんなものはたいした力にならなかった。だが、アディソンがこういう不細工な作品に興味を寄せ、それが好きだともしも白状しなかったら、もっと力にならなかったろう。チェヴィー・チェース(10)の古い民謡、森の中の二人の赤ん坊のやさしい歌物語(11)――アディソンはこういうものをいとおしんだ。実に素朴で素敵ではないか。イギリス各地を旅する時、親から子へと伝えられ純朴な民衆を楽しませてきたこういう歌に彼は好んで聞きほれた。＊ もっとも、自分の好みを正当化するために、こういう詩には『オデュッセイア』Odysseia〔ホメロスの叙事詩〕や『アエネイス』Aeneis〔ヴェルギリウスの叙事詩〕と同じ長所があるなどと言っている。さいわい、こういう学問的な論証に彼はあんまりこだわらなかった。すぐにまた、野良の帰りに好きな歌を口ずさむ農夫の自然さ、のびやかさ、単純素朴な表現を讃美しはじめた。これはまさしく民衆の魂の表現なのだ、と。「これは技巧の助けや飾りを持たぬ、自然の全くの模写である。……聞く者に喜ばれるのは、自然の模写であるからだ。それ以外に理由はない……」〔『スペクテーター』、第八五号、一七一一年六月七日付。一九六五年版、第一巻三六二ページ〕。

＊『スペクテーター』、第七〇、七四、八五号。

生活の別の極には、人民の権力こそが唯一正当なもので、王権もそれの委託によってのみ行使されるという思想が同時に支配していた。支配というのが言いすぎなら、少なくとも生長しつつあった。フランス王国にすらこんなことを言う者[12]がいた。ゴール〔ガリア、今のフランス〕をかつて征服したのはフランク族だ、フランク族は練兵場で集会を開いて指導者を任命するならわしだった、だから権力は神から授けられたなんらかの特権や、ローマ以来のなんらかの伝統からくるのではなくて、戦士の集団が自由に選んだ指導者にあたえる委託にもとづくのだ、と。民主主義という意味では人民はまだ存在しないが、人民の権力という概念は豊かな未来を孕みながら次第に鮮明になりつつあった。

＊

次は本能である。もちろん、まだ本能がそれほど歓迎されたわけではない。キリスト教徒は不快と不安を抱いていたし、哲学者も自然を全く善なるものとすることをまだためらって、本能よりは理性の方へ自然を引き寄せていたからである。それでも、本能は時代の関心の全く外にあったわけではない。或る時は医者[13]が、大学の医学部やそこで教える処方をやっつけて、自分で自分の体をなおす方法、本能によって健康を保つ方法を教えたりした。或る時はどこかの変人[14]が、詩想の本質を一種の狂燥、高級な狂気、つまりは本能に帰したりした。ここには、知的な努力や意志的な規律の網の目からこぼれる、理性派にもなかなかとらえられない「崇高」という厄介者がいた。崇高とは真実性と目新しさが偉大な着想の内に合体し、優美かつ正確に表現されたものであるとか、真実がなければ崇高な美も、したがって崇高もありえないとか言われたが、これだけで片づかないことは誰もが感じていた。だから皆、いつまでも充たされぬ情熱をこめてロンギノス[15]を質問ぜめにした。この人は古代の威光に飾られながら、「崇高」というむずかしい言葉にあえて定義を下していた。だが、崇高という価値には所詮理性の統制の及ばぬ部分があるのではないか。

デカルトこのかた延々と続いて、いつ果てるとも知らぬトーナメント試合[16]にあらゆる選手を出場させたあの「獣の魂」をめぐる論争も、つまりは本能のための抗議——往々にして無意識の——ではなかったか。愛馬や愛犬のために弁じた人も、人間と同じ魂を動物にあたえたわけではない。いささかの判断力を彼らのために要求したにすぎない。しかし、動物が愛したり苦しんだりすること、けっして機械でないことはひと目でわかった。機械なら感覚にあずかるはずはないのだから。『ラ・サブリエール夫人に贈る論』Discours à Madame de La Sablière の中で、すでにラフォンテーヌも言っていた。私が動物にあたえるものは、

人間流の理性ではないが、
盲目のバネよりはずっと大きい。
ここに物質の一片をとり、
それを考えられぬほど微細に分け、
原子の精華、光のエキス、
焔よりも活潑で
動きやすいものにすれば……
私が作ったものは
感覚し判断できるが、そこまでで、
判断も不完全なものとなるだろう……。

〔ビュッソン゠ゴアン版、一九五〇年、五七ページ〕。

フィレンツェの博物学者でアカデミア・デル・チメント[17]の推進者だったマガロッティは、ラ・フォンテーヌよりさらに大胆だった。この人はデカルトに反対する論拠として、動物に対する私たちの愛情、「犬、猫、馬、鸚鵡、雀などに私たちが感じる実に深く、実にやさしく、往々にして実に愚かで実に馬鹿げた愛情」をあげた。ところでダンテは言っている。

愛は愛されし者が愛さざることを許さず。

〔『神曲』Divina commedia、「地獄篇」第五巻一〇二行〕。

タッソー[18]も言っている。

愛するは
愛されうる時のみ。

だから、私たちが動物を愛する以上、動物も私たちを愛するのだ。だから動物にも感情があるのだ……。――折にふれ発せられるこういう散発的な声によって、意識の内の感情に憧れる部分がここでもその働きを示した。沼の底か

〔北アメリカのインディアンの一種族〕になるべきだ――こういう宣言はなんと革命的な調子を帯びていたことか。理知的な人ですら理知の破産を告げていた。

誤謬の尽きぬ源よ、
自然の感情の正しさと
人の心の真実を
腐らせてしまう毒液よ、
光っても害しかあたえぬ狐火よ、
無分別な人間をしばる呪縛よ、
理知――私がここへ来たのは
お前に立てられた祭壇をうちこわすためだ
…………
理知よ、お前は誘惑し、感心される、
しかしめったに愛されまい。
人の心を確実に打つのは
胸の底からほとばしる言葉だ。
心をとらえ、揺り動かすのは、
真情が語る言葉だ。

ら湧き上るこうした泡が水面にまで達することも稀ではなかった。

泉のほとりや人けない森で静かな生活を営む幸福なニンフ、幸福な牧人たちよ、この無味乾燥な時代にはあなたがたがなんとうらやましがられたことだろう。洗練された文明など必要としなかった――と想像されていた――素朴でしあわせなベティック〔フェヌロンの『テレマックの冒険』Les Aventures de Télémaque 巻七に描かれる自然状態のユートピア〕の住民たちよ、自然の掟に従わなくなった人間には所詮謎としか思えないあなたがたの幸福が、この時代にはなんともてはやされたことだろう。「おお、この習俗はいちばん聡明であると見なされている人民がもつ、虚栄と野心に満ちた習俗とは、何とかけはなれていることか。われらは、こういう自然な純朴さが真であると信じられないくらい堕落している。われらが、この人民の習俗を一篇の美しい神話のように考えるのにひきかえ、この人民は、われらの習俗を、途方もない夢想と思うにちがいありません」〔フェヌロン『テレマックの冒険』、巻七。邦訳、現代思潮社刊、上巻一八五ページ、朝倉剛訳〕。幸福な未開人よ、君こそ完全な生活の模範となるべきだ、ヨーロッパ人もヒュロン族

人に涙を流させる力を
お前はけっして持たないだろう……。*

* ショーリュ「理知に反対するオード」Ode contre l'esprit、一七〇八年(一七七四年版作品集、第一巻四九—五一ページ)。

およそ鈍感だが機を見るに敏な連中も、理性の害悪を告発していた。

それは理性だ、私たちに
なんでも思いどおりになると信じこませるのは、
いつわりの知識で心を酔わせ、
愚かな虚栄心を培うのは、
手練手管をつぎつぎと使って
私たちの真の姿を私たちから隠しとおし、
悪徳のただなかで私たちを眠らせるのは、
狂暴な気ちがいをアキレスにし、
ペテン師を巧妙な政治家にし、
無神論者を自由思想家に仕立てあげるのは。

だが君ら、
世界で最高と自惚れて、
あまたの異なる民族の
深い無知を憐れむ者よ、
ほとんど本能のみで動いている
小屋に隠れたあのヒュロン族を
野獣と同一視する者よ、
言え、君らを惑わす理性と
彼を導く本能の
どちらがいっそう野蛮でないかを。*

* ジャン゠バティスト・ルソー「オード九、ラ・ファール侯爵に」Ode IX, à M. le marquis de la Fare。

蓄積された人為の手段、肩にのしかかる数世紀の重み、私たちが道徳性と呼んでいる——それを信じてもいないのに——偽善、そういうものを捨てるべきだという気持がすでにこの頃から鋭い形をとって現われていた。昔トマス・インクルというイギリス人がいた。ロンドンの金持の三男で、西インド貿易(19)をやろうと船に乗りこんだ。ところが或る寄港地で、仲間がインディアンに殺されてしまった。インクルは逃げて身を隠した。若くて美しいインディアンの娘が彼を発見した。名はヤリコといった。娘はこの異人、この不幸な青年が好きになり、身も心も捧げて彼を養いかくまった。機会があれば必ずイギリスへつれてゆくと彼は娘に約束した。或る日、沖に白帆が見えたので二人は合図をした。帆船は近づき、水夫が下りてきて二人を船へつれていった。助かったのだ。しかし、トマス・インクルは途中で考えごとを始めた。この女をどうしよう。時間も元手もふいにしたインクルは、次の寄港地で女を奴隷として売りとばそうと決心した。インディアンの娘は涙を流し、歎き悲しんで、恋人の心を動かそうとしたが駄目だった。女はみごもっていたので普通より高く売れた。これが文明人のやりくちだ……。*

＊『スペクテーター』、第一一号。

或る日、道で本能に出会ったフォントネルはこの物の怪にびっくりしてしまった。不愉快にさえなった。「本能という言葉で呼ばれるのは、私の理性に付加されて、私の存在を維持する上に有益な結果を生む或る物、なぜそうなのか理由はわからないが、とにかく私にとって非常に有益な或る物である。本能の驚異はその点にある……」〔『本能について』Sur l'instinct 冒頭の文句。一八一八年版全集、第二巻四一九ページ〕。驚異など存在の権利がないことははじめから了解ずみだから、こんな規則違反は認められない。そこでフォントネルは複雑微妙な頭脳の体操をやり、精緻をきわめた論理を立てて、本能とはただためらっている理性、目の前にあるいろんな行動のひとつをまだ意識的に選択していない理性であると、証明してのけた。それで安心だと思ったのである。

ルソーがたたえた(20)「神聖な本能」からはまだまだ遠いように見える。だが実際はそれほどでもない。上流社会の洗練された空気がなくては生きられないような人ではなくて、もっと田舎くさい連中に尋ねてみればいいのである。ジャン＝ジャック〔ルソー〕の有名な言葉の先取り(21)がベア・ド・ミュラールというスイス人にあるのを見ればいいのである。

「人間がなすべき仕事と尊厳を失ってからは、人間に関する事柄の認識もまた失われ、この無秩序の中で、私たちは自分の仕事と尊厳が奈辺にあるかすらわからなくなってしまった。その認識をあたえられるのはただひとつ秩序であるが、私たちが秩序へ立ち帰る道もただひとつしかないように思う。それは内なる本能に従うことである。人間の原初の状態から今でも残っているものは、私たちを原初の状態へつれもどすため今でも残されているものは、おそらく神聖な本能しかないであろう。私たちが知っているすべての生き物は、けっして欺くことのないそれぞれの本能を持っている。こうしたすべての生き物の中で人間はいちばん優秀なものだから、人間の性質のすべてに及ぶ程の広がりを持ち、また広さに劣らぬ確実性を持つ人間固有の本能がないわけはない。それは必ずあるのである。この本能は、神が姿を現わして私たちに語りかける良心の声だ……。」*

* 「旅についての手紙」Lettre sur les voiages、執筆は一六九八年ないし一七〇〇年（『イギリス人とフランス人と旅についての手紙』Lettres sur les Anglois et les Francois, et sur les voiages、一七二五年）。グールド版、一九三三年、二八八ページ。

「人間の原初の状態から今でも残っているものは、私たちを原初の状態へつれもどすため今でも残されているものは、おそらく神聖な本能しかないであろう。」――原始の呼び声をこれ以上はっきりと、高らかに響かすことができようか。

訳註

（1）脱線讃美の脱線　『桶物語』第七章のこと。

（2）モルホフィウス　『ドイツ語・ドイツ詩教程』Unterricht von der teutschen Sprache und Poesie（一六八二年）のこと。

（3）ハンス・ザックス　一四九四―一五七六。ドイツの詩人、劇作家。ニュルンベルクの靴匠で、中世以来の職匠詩や謝肉祭劇の伝統をついだ多くの作品を残した。聖書劇や寓話なども書いており、ルターの宗教改革に共感を示した『ヴィッテンベルクの夜鶯』Wittenbergische Nachtigall（一五二三年）という詩は特に有名である。

（4）オラウス・ルードベック　一六三〇―一七〇二。スエーデンの医学者、植物学者。ウプサラ大学の教授。医学者としてはリンパ管の発見という不朽の功績を残している。考古学や歴史にも造詣が深く、愛国的な感情のおもむくままに、プラトンの言う「アトランティス」や聖書に出てくる「地上の楽園」は祖国スエーデンのことであり、古代民族の文明や神崇拝はすべてスエーデンから発していることを「証明」した大著『アトランティス、またはマンハイム』Atland eller Manheim（Atlantica sive Manheim）（一六七五―九八年）をスエーデン語とラテン語で著わした。この説は彼の息子によって継承され、「北方楽土派」と呼ばれる一派を形成する。

(5) アルミニウス　ドイツ語ではヘルマン。前一八—後一九。ゲルマンのチェルスキ族の族長。はじめローマ軍に勤務していたが、ひそかにローマ軍撃滅の計画を立て、トイトブルクの森林でローマの三軍団を殲滅、数年後に北ゲルマン地方をローマから解放した。彼の事績はタキトゥスなどのローマ人によって伝えられていたが、のちにはドイツにも伝わり、国民的な英雄として讃美された。

(6) 自分の学校　ヴァイゼが校長をしていたツィッタウのギムナジウムのこと。

(7) 三十年戦争　神聖ローマ皇帝とドイツ諸侯（とくに新教徒の）、ハプスブルク家とフランスのブルボン家の対立を主軸とした全ヨーロッパ的な戦乱で、一六一八年から一六四八年まで続き、特にドイツはその主戦場となった。

(8) 或る人種が他の人種にまさるなどという理論　原著刊行当時に全盛だったナチスのアーリア人種優越論が念頭におかれているのであろう。

(9) ラグナル・ロドブロック　「毛皮のズボン」の意。九世紀のデンマークの首長で、紀元八四五年、一二〇艘の船に乗ったヴァイキングをひきいてフランスへ行き、セーヌ河をさかのぼってパリを荒らし、さらにスペイン、イギリスをも劫掠した。彼にまつわる伝説はアイスランドのもっともポピュラーな「サガ」のひとつとなっている。本文の記述もそこから取ったもの。この「サガ」によると、イングランド王エリと戦ったラグナルは捕えられて蝮を沢山入れた穴の中に投げこまれ、朗朗たる死の歌をうたったのち落命した。ラグナルの息子らは父の仇を討つためイングランドに上陸し、エリを捕えて拷問の末殺し、イングランドの支配者になったという。ラグナルの「サガ」、とりわけ彼の死の歌は今でもアイスランドに広く伝えられている。

(10) チェヴィー・チェース　Chevy Chase。イングランドの有名な古い民謡。

(11) 歌物語　イギリスの古い民謡「森の中の二人の子供」（または「森の中の赤ん坊」）Two Children in the Wood (The Babes in the Wood) のこと。

(12) こんなことを言う者　ここで念頭におかれているのは、貴族主義的な立場から反絶対主義理論を構築したアンリ・ド・ブーランヴィリエ伯爵（一六五八—一七二二）であろう。本文の記述は死後に出版された彼の『古きフランスの統治の歴史』Histoire de l'ancien gouvernement de la France（一七二七年）や『フランス貴族論』Essais sur la noblesse de France（一七三二年）、特に前者の内容を紹介したもの。

(13) 医者　一六八二年にオランダで出版された匿名書『自己医療者、または本能によって健康を保つ法』Medicus sui ipsius, seu ars sanitatem conservandi per instinctum のこと。

(14) どこかの変人　ピエール・プティ（一六一七—八七）のこと。プティははじめ医者だったが、やがて文学に転じ、パリで有数のラテン語詩人とうたわれた。また辛辣なデカルト批判者として有名である。本文で述べられているのは、一六八五年に出た彼の『選詩集二巻』Selectorum poematum libri duo に付せられた「詩的狂燥論」Dissertatio de Furore Poetico のこと。

（15） ロンギノス　第四部第一章、註17参照。

（16） 「獣の魂」をめぐる論争　動物は魂を持たない単なる「機械」であると考えたデカルトの「動物機械論」は、イエズス会士を中心とするアリストテレス派（「感覚的霊魂」の主張）や、「物質的霊魂」を主張するエピクロス＝ガサンディ派から激しい攻撃を浴びせられ、この論議は一七世紀から一八世紀にわたって延々と続いた。デカルト反駁として最も広く読まれたのはイエズス会のパルディ神父による『動物の認識を論ず』Discours de la connoissance des bestes（一六七二年）や、同ダニエル神父の『〈デカルト世界の旅行〉の著者に某アリストテレス主義者が寄せた新たな疑義』Nouvelles Difficultez proposées par un Péripatéticien à l'auteur du 'Voyage du monde de Descartes'（一六九三年）だが、そのほかデカルト派ではアルノー、ラ・フォルジュ、ロオー、マールブランシュ、ゲーリンクスなど、ガサンディ派ではラ・シャンブル、ギヨーム・ラミなどがこの論議に加わり、さらにベールやライプニッツなどもそれにかかわった。

（17） アカデミア・デル・チメント　第三部第六章、註13参照。

（18） タッソー　トルクアト。一五四四―九五。イタリアの詩人で、大叙事詩『解放されたエルサレム』La Gérusalemme liberata（一五八〇年）の著者。

（19） 西インド貿易　アザールの原著には「西インド」ではなくて「東インド」とあるが、『スペクテーター』には「西インド」とあるので訂正した。内容的にも「西インド」でないとおかしい。

（20） ルソーがたたえた　たとえば『エミール』Emile 第四篇の次の言葉を参照。「良心！　良心！　神聖な本能よ、不滅の天の声よ、無知で狭隘な、しかし知性ある自由な一存在の確乎たる案内者よ、善悪に関してあやまつことのない審判者よ、人間を神にも似せしめる者よ、なんじこそ人間の本性の優秀性と人間の行為の道徳性を生みだす者だ。なんじが存在しなければ、ただ規律なき悟性と原理なき理性との助けをかりて、過ちから過ちへとさまよう悲しい特権を感じるのみで、わたしは自分のうちに、禽獣の上にわたしをぬきんでさせる何ものも感じないのだ」（邦訳、河出書房新社「世界の大思想」17、三一八ページ、平岡昇訳）。

（21） 先取り　ミュラールには『神聖なる本能を人々に推奨す』L'Instinct divin recommandé aux hommes（一七二七年）という著作がある。

第五章　不安の心理学、感情の美学、実体の形而上学、新科学

不安の心理学

ジョン・ロックが大博打をあきらめたことは前に述べた。この人は小さくかせぐたちだったから、最高の真理を見つけるなどという高望みは捨てて、私たちのかよわい手でもとらえられる相対的な真理で満足した。ロックに想像力の飛翔を求めるのはお門違いだ。賢明なロックは程よい確実性に通じる平穏な道、平らで変化のない道しか示さない。

けれど、感覚こそ心に起こる最初の事実だというロックの原理的な主張は、将来にきわめて大きな影響を及ぼした。これはよくよく考えてみると、今まで不動のものと見えていた価値序列を一挙にひっくりかえしたからである。高級な観念——どんな美しいものでも、純粋なものでも——も道徳の教えも、およそ心の働きは全部感覚からくる。感覚そのものに作用する私たちの精神は、まだ一介の職人、人夫にすぎない。理性的生活はそれを支配する情動的生活なしにはありえない。今や召使は主人になった。母屋へのりこんでふんぞりかえり、長子権と貴族の権利を手にいれた。その資格を記録したのが『人間悟性論』An Essay concerning Human Understanding である。

感覚は心の本質ではない。——だが、心の本質はとらえがたいものだ。確かなのは、この特権がどう見ても思惟には属さないことである。心の本質が思惟にあるとしたら、もっとも強度な緊張、専心から消滅に近い状態にまで至る種々さまざまな段階の間で心が揺れ動く（見ればわかるように）わけはない。睡っている時は思惟が全く消えてしまう。起きている時でも、思惟がほとんど無にひとしいほど弱くおぼろげになる瞬間がある。こういう消滅、転変、減退は、本質ではなく単なる作用に固有のものだ。作用なら断続や休止ということもあるから。

それだけではない。欲望と不安の心理学がこういう価値の再編成から生じた。

「欲望人」の魂をロックが準備したというのか。サン＝

プルー[1]を、ヴェルテルを、ルネを[2]? ——もちろんこれはロックの直接の子孫ではない。しかし、世代から世代へしだいに時代精神を変貌させたたくさんの原因の中に、理知があたえぬ満足を遂には心情に求めるようになった心理的変化の要因の中に、たしかにロックの哲学をかぞえねばならない。躊躇なくかぞえねばならない。一七世紀の幕が下りない内から、ロックはすでに言っていたからだ。

「それを現に享受することが快の観念をともなうようなんらかの物が不在の時に、人が心に感じる不安が欲望と呼ばれる。それの大小はその不安の激しさによってきまる。人間の巧知や活動力の唯一といわないまでも主要な刺激が不安であるということを、ついでに指摘しておくのも無駄ではあるまい……。*」

＊『人間悟性論』、第二巻第二〇章〈コストによる仏訳、一七五五年版、一七七ページ〉。

「不安」というのは、英語のテキストでは「アニージニス」だった。ピエール・コスト[3]ははたと当惑した。フランス語には、それに相当する言葉がない。しようがないので「アンキエチュード(不安)」と訳したが、そこをわざわざイタリックにして、新しい特殊な意味で使っていることがわかるようにした。この言葉に彼は何度もぶつかった。ロックはくりかえし強調していたからである。

「自分自身についてよく考えてみれば誰でもすぐわかるように、欲望とは不安の状態である。なぜなら、〈望みを得ることが長びくときは、心を悩ます〉(「箴言」、第一三章一二節)と賢人が希望(これは欲望とたいして違わない)について言ったことを欲望についても感じたことがない人はいないはずであるから。こういうことは欲望の大いさに比例しており、時によると不安が非常に激しくなって、〈私に子供をください〉、私に欲する物をください、〈さもないと、私は死にます〉[4]と人々に叫ばせるほどになる。*」

＊『人間悟性論』、第二巻第二一章〈コストによる仏訳、一七五五年版、一九五ページ〉。

人が行動するのは何か善いものがあたえられて、それが眼前にあるからではない。むしろそれが不在だからである。私たちの行為は意志に依存するが、意志を動かすのは不安である。不安がなければ無感覚なアパシーがいつまでも続くだろう。希望も恐怖も喜びも悲しみも不安に拠っている。

情念も、いや私たちの生活自体がそうである。ロックの弟子たちはこのテーマをとりあげ、それを最大限に押し広げた。コンディヤックは師（アリストテレスとロックの間にはこの名に価する哲学者はいないというのが彼の持論だった）の功績を認めた上で、あと残されたのは、不安こそ欲望や愛や嫌悪や恐怖や希望や意志だけでなく、物に触れたり物を見たり、聞いたり嗅いだり味わったり比較したり判断したり反省したりする習慣を生みだす第一の原理であること、心と体の習慣はみな不安から生まれることを証明する仕事である、と明言した。[5] そして欲望を讃美して、倦怠を心の苦痛と定義したのである。[6] エルヴェシウスはさらにいっそう輪をかけて、情念の力と、倦怠から生じる苦痛を強調し、情熱家は単なる分別家にまさること、情熱がなくなると人は愚鈍になることを明らかにした。[7] ――ロマン派的な心理学の登場はいろいろな仕方で説明されてきたが、ロックに目を向けることは誰も考えつかなかったらしい。ロックは『百科全書』Encyclopédie に通じているし、観念学派（イデオローグ）[8]の生みの親だし、それだけでも実にたいへんなものだが、同時にまた、心の中に人を苦しめる不安を観察した人、これを私たちの意志と行動の原理たらしめた人なのである。

教育の問題をとりあげて、哲学的な理念に家庭教師としての経験[9]を結びつけ、人作りという一大事業を始めた時、ロックが人間の内に伸ばそうとしたのも自然の自発性にほかならなかった。革命家をもって自ら任じたロックは、周囲で行なわれているような子供の育て方に反対した。子供は幽霊ではない。腕があり脚があり胸があり胃がある。いろんな方法で身体を鍛え、すこやかで丈夫な体を作らなければいけない。次は精神である。精神を支配すべきものは理性であって慣習ではない。まして、深い同意もなしにふるわれる外から押しつけられた権威や、万人に無差別に適用される恣意的な規則ではない。子供には持って生まれた素質があることを忘れてはならない。「何びとであれ自然の才能はできる限り伸ばしてやらなければならない。しかし他の才能を彼におしつけようとしても、それはむだな骨折というものである。このようにして外から塗りつけたものは、結局のところ坐りのわるいものになり、束縛と見せかけのために、いつもぶかっこうさがつきまとうことになる」（『教育に関する考察』Some Thoughts concerning Education、第二章第三節六六。邦訳、『教育論』、明治図書刊、六五ページ、梅崎光生訳」)。――「ありのままの飾りのない粗野な性質の方が、仕組んだような不作法さや、さんざん手を入れてかえって変に固まったのよりはずっとよろしい」(同。邦訳、同六七ページ)。知よりは徳を重んじねばならない。生きてゆく上で大事なのは、物をたくさん知っていることではなくて、誠実なこと、善良なことである。必要最少限の知識をあたえる際にも、例の自発性――ロックはいつでもそれを念頭においている――を考えねばならない。時と場所をうまく選び、時々の気分やその日その日の興味のあり方を見はからわねばならない。義務や重荷になると教わる方も退屈して嫌がるが、子供の機嫌や一時的な気分を適当に利用すれば仕事は相当楽になる。自然を助け改め導くべきだが、それを相手にけどられるのはまずい。自然に見せるために、必要とあらば多少のトリックを使ってもよい。

個人――ロックに興味があったのは結局は個人だった。公的な学校はここでは問題にならない。賢明な家庭教師が父親代りになって、生徒のために惜しみなく献身するのである。子供を卑しくし卑屈にする体罰などはもうなくなる。束縛もできるだけ取り除かれる。最初はともかく、時がたつうちに子供はますます自由になる。生長する若木にはたくさんの細かい注意をしなければならない。いろんな習慣を教えこむには、巧みな論法を次から次へ使って、その必要性をわからせるのがよい。自分ではしごく単純なつもりでも、実は非常に複雑で非常に誇り高いこの教育論、たいていは感受性にすべてを求めすべてを許すが、時々苛酷なほどにストイックになるこの教育論、現実、現実と二言目には言いながら実際は夢に充ちており、生徒のためのカリキュラムであると同時に、先生が自分の反抗や悔恨や郷愁や欲望を書きとめた小説でもあるようなこの教育論――ここにもまた、七〇年後にロックへの偏愛を声高く語った人、あのジャン＝ジャック・ルソー[10]がすでに予告されているのである。

感情の美学

「哲学的精神のおかげで人間はたいへん合理的になり、いうなれば非常に一貫性を持つようになった[11]が、こんなことでは、かつてゴート人やヴァンダル人のしたことがヨーロッパの大部分でやがてまたくりかえされる羽目になろう。……必要な技術がなおざりにされ、社会の保全に大いに役立つ偏見が次々と捨て去られ、思弁的な推理が実践よりも重視されているのが見られる。経験こそ人類が持つ最高の教師なのに、私たちはそれを無視して行動する。……子孫のために気を配るようなことは全くない。もしも私たちの先祖が私たちと同じ流儀で合理的な人間だったら、彼らが建築や家具に使った金も私たちには全然無駄なものになり、今頃は森へ行っても、家を建てるための材木はおろか、暖房用の薪さえ見つからなくなっているはずである」(『詩歌と絵画に関する批評的考察』Réflexions critiques sur la poésie et sur la peinture、第二部第三三節。一七四〇年版、第二巻四五五ページ)。こんな思い切ったことを言ったのは誰か。デュボス師である。一七一九年に発表されたこの人の『詩歌と絵画に関する批評的考察』は、いわば緩慢な成熟の結果であった。

もともと二つの陣営があったのである。ひとつは芸術そのものを純粋理性に還元しようとする者だった。美とは何か。美を識別する趣味の良さとは何か。崇高とは何か。むずかしい問いである。しかし、世には哲学者という人種がいた。いや哲学者でなくても、習慣により訓練により流行によってもっぱら幾何学的精神に答を求める人たちがいた。彼らの言いぶんはすでに見たとおりである。美とは真実だ、少なくとも真実らしさだ。真実であるから、美はそれなりに道徳にも徳性にも貢献する。良き趣味はいろいろの原理と模範にもとづいているから、不動の規則にしたがって確かな裁定を下すことができる、云々。

こういう芸術哲学を実作に移すと、出てくるのはアカデミズムである。古人の模倣である。技法――各人は自分の才能を技法に還元しなければならない――の完璧な習得である。自然の観察である。ただし、細かい所では自然もとかく気まぐれだから、自然を矯正し規則化する方法を身につけなければならない。ルイ一四世のお抱え画家ル・ブラン[12]は、詩の世界でのボワローのように成功と時代と王様の権威によって聖別され、いわば制度化された存在だった。名前を聞いただけで私たちの目には、大きな金の額縁に入れた一連の油絵が、勿体ぶった味もそっけもないような絵が浮かぶそのル・ブラン先生が、弟子どもを集めて表現のこつを伝授した[13]のである。怒りや驚きや恐怖を表わすにはどうしたらいいか。さらに複雑化して、尊敬や感嘆や畏敬を表わすには。尊敬と感嘆では「顔面の各部の違いはほとんどない。あるとしたら、感嘆では眉があがることぐらいである。しかし左右は対称で、目は普通より心持大きく開き、瞳も両の瞼の中間にあって、感嘆をひき起こす対象にじっと注がれる。口も半開だが、顔の他の部分と同じく特に言うほどの変化はない。」以下同じである。すべてが予測され分類され規則化されている。美とは理性を処方にまとめたものだ……。

第二のグループはそれほど大勢ではなかった。ル・ブランのお手本では満足できなくなった絵かきたち、風格や誇張より優美さを重んじて、ベルナン[14]（ベルニーニ）のお手本から離れようとした彫刻家たち、「ジェス」[15]のような教会やヴェルサイユのような館ではなく、遊び人らが恋の隠れ家にする可愛い家を作りたいと思った建築家たち、要するに先輩とも師匠とも手を切りたくてうずうずしている若い連中がそうだった。それから、教師どもに異を立てアカデミズムに反旗をひるがえして、好きな物を愛する権利を主張したアマチュアがいた。ボローニャ派[16]よりレンブラント、とりわけルーベンスを好み、それを厚かましく公言したロジェ・ド・ピール[17]などもその一人だった。一定の立場から支配的な理論を攻撃したわけではないから、厳密に言うとこの人は革命家ではない。あくまでも自分自身であろうとしたにすぎない。しかし、こういう人は革命家にはやや及ばないが、時として革命家よりずっと威力を発揮する。この人も、きまった立場がないために、かえってのびのびと発言した。たとえば、「画家たるもの、まず天分がなくてはならない。これは勉強や努力で得られるものではない……。」――「破格というのはなくてはならぬものであって、どんな芸術にもそれがある。形式的にはこれは規則に反するが、破格が適切に行なわれれば、実質的にはそれが規則の代りになる。」*

* 『画家列伝要約』Abrégé de la Vie des peintres、一六九九年。

こういう規律を無視した連中の中でも、デュボス師はとくにきわだっていた。それは、この人がたぐい稀な資質[18]をそなえ、社交人でありながら大学者で、オペラの楽屋にも古メダル陳列室[19]にも等分に足を運んだからである。繊細なくせにたくましい精神を持ち、生粋のフランス人でありながら同時にコスモポリタン[20]で、行動の人でありながらまた哲学者だったからである。さらに、ロックと親しく往き来[21]して（ロンドンでロックと知りあい、ピエール・コストの翻訳が忠実かどうか原稿で確かめたりした）、イギリスの偉人が見つけた感性の泉へいざなわれたからでもある。おかげでデュボスは、同時代者のわけのわからぬ喉の渇きがこの泉でいやされるのを知った。感性こそ美の源泉、崇高の源泉、芸術の源泉だ。このことを世人に証明する仕事を彼は引き受けたのである。

『詩歌と絵画に関する批評的考察』は思想のごった煮のようなものである。デュボス師は経験豊富で、たくさんの絵を見、たくさんの喜劇や悲劇やオペラを聞き、それにおしゃべり——単なる言葉のやりとりではなく、物を考える刺激になるようなおしゃべり——が好きで、多少間違ったことを言っても言い方が実に巧妙だから、この本はさながら無限の豊かさを持つように見える。釣合をとるため作者はそれを節に分けたが、長い節、短い節があり、議論の展開がとぎれたり逆に延々と続いたり、テーマが途中でどこかへいってしまったり、やたらに何度もくりかえされたりする。古典派流の見事な起承転結など薬にしたくもない。輝きは劣るが、これはすでに『法の精神』Esprit des Lois〔モンテスキュー〕のジャンルである。分析精神から苦労して抜け出した感受性が、実例と事実に訴えながら、敏捷な知性の助けを借りて自己を表現しているのである。

悲痛なものは私たちの心をなんと強く動かすことか。詩や絵が最大の喜びをあたえるのは私たちを深く悲します時だとは、なんと奇妙な話ではないか。居室はむろん人に快感をあたえるように作ってあるが、そんな部屋にエフタの娘の恐ろしい犠牲の絵がかかっていると、陽気な絵がある時より人はずっとながく足をとめ、ずっと深く魅了される。[22]うら若い王女の死を中心テーマにしたような詩が祝典の番組に堂々とのって、もっぱら楽しむために集まった人々がこういう悲劇に感じいったりする。「このパラドックスを解き明かし、詩や絵があたえる快感の起源を説明することを私はあえて試みたいと思う……」〔第一部緒言。一七四〇年版、第一巻三ページ〕。

実際、倦怠こそ人間の大敵である。物を感じること、ないしは考えることで人は倦怠を逃れようとする。この二つの方法では、始めの方が強力である。情念による心の動揺は非常に激しく、情念は私たちを全的にとらえるからだ。情念にくらべたらほかの状態はただのけだるさとしか感じられない。けれど、本物の情念は危険な結果を伴なうことを私たちは痛い目にあって知っている。ではどうするのか。自分の内に本物の情念を呼び起こしたろうと思われるものを自ら模倣するのである。これが芸術の役割だ。「画家や詩人は、私たちの内に本物の情念を呼び起こしうるもののイミテーションを作って、そういう人工的な情念を私たちの心に掻き立てるのだ」〔第一部第三節。同、第一巻二六ページ〕。だから、芸術イコール理性という広く受けいれられている公式はもう通用しない。芸術イコール情念である。芸術は純化された情念、強度に表現された情念なのだ。いろいろなジャンルの間に序列があるのは、この情念の強度からくる。たとえば、悲劇の方が喜劇より感動が強いというように。「各ジャンルの感動の度合いは、それを描き模倣することがそのジャンルの本質であるような対象が私たちの心をどれだけ動かせるかによってきまる。だから、悲歌や牧歌というジャンルは劇詩のジャンルより私たちの心を惹きつける」〔第一部第八節。同、第一巻六一ページ〕。次から次へ、すべてのものが一新される。創作もそうだし批評もそうだ。情念を効果的に表現すること、情念を効果的に表現しているかどうかを知ることだけが問題だから。芸術の秘密をデュボス師は私たちの存在のもっとも深い所まで、原初的な価値である感覚にまで探りにゆく。感覚にくらべれば知的な価値など蒼ざめて色あせた人工的なものとしか見えない。彼は言う。「人を動かす力は絵の方が詩より強いと思う。理由は二つある。第一は、絵が視覚をとおして働きかけるからである。第二は、絵は詩のように人工的な記号ではなく、自然の記号を用いるからである。絵は自然の記号を使って模倣するのだ」〔第一部第四〇節。同、第一部三八七ページ〕。文体があたえる快感は感覚的なものである。詩の音楽性があたえる快感も感覚的なものである。天才とは模倣や習練で強めようと人がむなしい努力をする貧弱な才能ではない。それは自然の贈物、或る本源的な力であり、何物にもさまたげられず、規則や規範を超越している。それはおそらく物理的な力なのである。「天才というのは神的な恍惚、一種の神がかりである。それにはたぶん物理的な原因があるのであろう。血液の性質とか、さらに身体器官の良好な按配とか。」今は不完全なそういう物理的説明がもう少し確かになれば、いずれこのこともわかるはずである。しかし、文芸の驚くべき進歩には物理的な原因が一役買っていないかどうか、太陽や空気や風土が画家や詩人の創作に何かの作用をしないかどうか、こういう力が人間の構造全体に影響をあたえないかどうかを、今日でもすでに問うことができる。私たちの精神や気質のありかたは血液の性質に大いに左右される。しかし血液の性質は、とくに人間の形成期、幼少期にどんな空気を呼吸するかによってきまる。風土を異にする国では精神も気質も異なるのは、たぶんそのせいであろう……。

デュボスはここまで来て立ち止った。なんと長い道のりだったろう。一方では教条的なアカデミズム、他方では合理主義的な抽象化に対する反抗のなんと華々しい意志表示だろう。彼が自分の考えを書きとめた時には、まだ「美学」という言葉は発明されていなかった。これがはじめて現われるのは一七三五年、アレクサンダー・ゴットリープ・バウムガルテンという若いドイツ人の博士論文[23]の中である。にもかかわらず、私たちは『詩歌と絵画に関する批評的考察』の中に、感情に基礎をおくひとつの美学の試みを見ることができる。色と音が、大地と水と空が、目に見え耳に聞こえ手に触れられるすべてのものが、私たちの感覚生活にあずかるすべてのものが、私たちの内部の情動的、動物的、いや物質的ともいえるすべてのものが、純粋理性の忘却と軽蔑に抗議の声をあげたのである。

実体の形而上学

ライプニッツの哲学には、もうひとつ、別な要求を見てとることができる。それは無限小で、知覚不能で、意識されない不分明なものの価値、心的なダイナミズムの力、生の本能の本質であり自我の本質でもあるような単純な実体の存在――そういうものに基礎をおく形而上学の要求である。

事物の最後的な説明を幾何学があたえるなどということを、ライプニッツはとても承認できなかった。デカルトに対しても心からなる讃嘆とともに或る種の嫌悪を感じていた。この感情も例によって論文から論文[24]へ次第にあらわになっていった。そのあげく、死ぬ二年前の一七一四年に、ライプニッツは哲学的な遺書とも言うべき『単子論』Monadologie を書いた。これはすぐには発表されなかった。ウジェーヌ・ド・サヴォワ公[25]が小箱の中にしまいこみ、大切な宝物のようにめったな人には見せなかったからだ。だがやがて、手紙や論文が明るみに出され、小箱があけられ、そこに収められた精神的な実体〔単子〕が酵母のように作用する時が来た[26]。

延長と実体、運動と生命力を誤って混同したデカルトは、ライプニッツにはあまりに単純すぎるように思われた。また、すべてを一刀両断に解決し、私たちを無限小まで下降させる漸進を無視し、心の不分明な知覚に目をつぶるやり方はあまりに明晰すぎるように思われた。意識に上らない表象（ペルセプシオン）を全然無いものと考えたことがデカルト派の大きな間違いだ、と『単子論』ははっきり言っている（一四節）。そう言えば、一〇年前の『人間悟性新論』Nouveaux essais sur l'entendement humain でも彼はすでにこう書いていた。私たちの内にはいつでも無限に多くの変化が起こっているが、印象があまりに弱すぎたり、その数があまりに多すぎたり、あまりに一様でありすぎたりして、私たちは自分でもそれに気づかない。風車や落下する水の動きも、そのすぐそばにしばらくの間住んでいると、慣れてしまって気にとめなくなる。海岸へ行くと海の音が聞こえる。それぞれの波のそれぞれの水滴の音を私たちは知覚しているはずであるが、そのことは意識しない。心理生活の主要部分をなしているこういう感じられない知覚を、デカルトは観察しなかった。「表象（ペルセプシオン）も、表象に依存して動くものも、メカニックな理由、つまり形や運動などをもちだしては、説明がつかないということである。ものを考えたり、感じたり、知覚したりできる仕掛けの機械があるとする。その機械全体をおなじ割合で拡大し、風車小屋のなかにでもはいるように、そのなかにはいってみたとする。だがその場合、機械の内部を探って、目に映るものといえば、部分部分がたがいに動かしあっている姿だけで、表象について説明するにたりるものは、けっして発見できはしない。とすると、表象のありかたは、複合体や機械のなかではなく、単一実体のなかでなくてはならなくなる……」（『単子論』一七節。邦訳、中央公論社「世界の名著」25、四四〇―四四一ページ、清水富雄・竹田篤司訳）。

この単純な実体が単子（モナド）なのである。文字どおり自然の原子、万物の基本要素だ。この単子の性質を述べる際、ライプニッツは生命の基本的な説明を物理学の手から形而上学の手へ移した。この叙述で何より印象的なのは、個別の精神的力が守られ救いだされていることである。スピノザは個別的なものを普遍的なものに還元したが、ライプニッツは普遍的なものを表わしつつしかも個別的なものがその権利を失わないような一致点を探した。単子は他のいかなる被造物によっても内部を変質させられることはなく、変化させられることもない。単子は何かが出たり入ったりできる窓を持たない。自然の内には同じ物は二つとないから、単子は隣人に当たる他の単子にはないようなそれぞれ特殊な性質を持っている。被造物は皆そうだが、単子もやはり変化する。しかし、この変化も内的な原理によるのであって、外部から来るのではない。

単子のこういう性格は非常にきわだっているから、ここにひとつの困難が生じる。単子は単純な実体で、内部から来るものしか含まないとすると、全くの孤立状態におかれはしないか。——いやそうではない。予定調和があるからである。

個と普遍のこの驚くべき一致をライプニッツがどうやってなしとげたかを、ここで今さらくりかえす必要はない。哲学史という哲学史が私などよりずっとよくこの点を説明している。私の証明に必要な物はすでに出ているのだ。いわく無意識なもの、いわく精神の実体的な価値。「理性的精神は孰れも別に独立した世界で、それ自身を以て足り他のあらゆる創造物に依存せず、内に無限を蔵し宇宙を表出して、創造物から成る宇宙そのものと同様に永続的恒存的で且つ絶対的である」(『実体の本性及び実体の交通、並びに精神物体間に存する結合に就いての新説』Sistême nouveau de la nature & de la communication des substances, aussi bien que de l'union qu'il y a entre l'âme & le corps、一六九五年、第一六節。邦訳、岩波文庫、『単子論』、八一―八二ページ、河野与一訳)。——また、生命のうごめきの詩的なヴィジョン。

「物質のどの部分も、草木のおい茂った庭園か魚のいっぱい泳いでいる池のようなものではあるまいか。しかも、その植物の一本の枝、その動物の一個の肢体、そこに流れている液体の、一滴のしたたりが、これまたおなじような庭であり、池なのである」(『単子論』六七節。邦訳、中央公論社版、四五四―四五五ページ)。

「庭の草木のあいだにはさまれた地面や空気、池の魚のあいだによどんでいる水、これらは植物でも魚でもないが、じつはやはり植物や魚をふくんでいる。ただたいていは、あまりにも微細なので、われわれの目にはわからないだけである」(同六八節。邦訳、同四五五ページ)。

「だから宇宙には、荒廃のたたずまいも、不毛のしるしも、死の影もまったくない。混沌も混乱もない。そう見えるのは、うわべだけである……」(同六九節。邦訳、同ページ)。

さらに、至高の調和という主張。この調和に酔いながら、私たちはしだいに純粋愛[27]の領域へ入ってゆくのだ。

『新科学』

ナポリ。燦々たる太陽、生の喜び。叫び声、喧騒。曲りくねった路地にうごめく世界一あわただしい群衆。みなぎる活気。比類を絶する知的好奇心。さかんな文化活動。厖大な知識を軽々と背負った人々が科学や哲学のあらゆる問題をとりあげて、あらゆる学説を検討し、あらゆる事実を蒐集する熱中した会話、会合、サロン。ヨーロッパ思想の使信を求め、使信を受けとり、自分の天分にそれをあわせることを知っているナポリ、力とヴァイタリティのシンボルとも見える風変りな騒々しいナポリ——ジャンバッティスタ・ヴィコは一六六八年六月二三日にこの町で生をうけた。

ヴィコの精神はあらゆる束縛を経験した。そしてことごとく乗りこえた。蕩児になること、従順すぎる生徒になって先生の話を鵜呑みにすること、きまった職業のとりこになること、いや、物を考えようとする人には特にこわい幸福になるという危険すら、彼は首尾よく免れた。アリストテレスを読み、ギリシャの著作家を全部読み、聖アウグスティヌスや聖トマスを読み、ガサンディ、ロック、デカルト、スピノザ、マールブランシュ、ライプニッツを読んだが、けっして誰の奴隷にもならず、四人のお手本を選ぶだけで満足した。一人はプラトン、一人はタキトゥス。もう一人はベーコン、これは「人事と神事に関する学問が探究をさらに進める必要があること、これまでの発見も今後修正されねばならないこと」を見抜いた人だ。さらにもう一人はグロティウスである。この人は「哲学の全体を法の普遍的体系にまとめあげ、神話的事実または確実な事実の歴史と、キリスト教が私たちに伝えたヘブライ語、ギリシャ語、ラテン語という古代のただ三種の学問的言語の歴史の上に自分自身の神学をきずいた。」しかし、こういう天才の影響を受けつつも、ヴィコは彼らの学の構成要素を根底からとらえなおす仕事をやめなかった。ヴィコはあくまでヴィコだった。痛々しいまでに、壮烈なまでに。

理解する知性と創造する知性という二種類の知性がこの人にはあった。血気さかんなヴィコは、あらかじめ自分がきめた道筋からとびだしたり、隠喩や幻想を書き並べたり、分析的であろうとしながら突然崇高な直観に身を任せたり、論理学の立派な規則にしたがって論証を始めたくせに、問題が豊富で錯綜しているからではなく、むしろ自分の精神のありかたが禍いして、あせったあまり土俵の外へとびだしてしまったりした。しつこく同じことをくりかえしたり、短気に道を急ぎすぎ、最初の原理が片づかないのに早々と結論を出したりした。彼は新奇なものに酔っていた。大胆なもの、逆説的なもの、誤謬の堆積の中から彼ジャンバッティスタ・ヴィコが発見して世界に啓示してやったその真実に酔っていた。古典的な均斉などありはしなかった。癇性で、神経質で、さらに言えば偏執的で、この人はどんなことにも満足できなかった。証明も文章の推敲も思想の精密化も終始不十分で、折角すばらしい発見をしても読者を十分説得できず、強情で、気安いどころかまるで不愛想で、尊大で、怒りっぽくて、自分は大天才だという意識ばかり強く、まわりの人がそれを口に出して認めないこと、いやわかってさえいないことを苦に病んでいた。だから、他人を納得させようとますます死にものぐるいになり、他人と自分に対する闘いを始めた。偉大な秘密、新科学の秘密をどうしても彼らに伝えなければならない。

なぜなら、それは新しいものだったから。新しさの第一はそれが好んで用いる能力、クリエイティヴな想像力である。むろん批評にもそれなりの意義と効用はあるが、批評は生の深い意味とは合致しない。生とは抽象ではなく連続的な創造なのだ。——新しさの第二はその方法。ほかでもない、皆が忌避する歴史的方法である。ただ、歴史というのは歴史家の物語にあるのではない。それは人類が道に残したすべての足跡に読みとれる。原始的な詩歌、言語、法、制度、その他人類のありかたを示すすべてのものの内に。——新しさの第三はその運動の向き。それは時代の流れをさかのぼり、遠い未来ではなく、人類の始源の内に実在を求める。——それは本質的に新しい科学である。それは集団的生成の認識であり、自己を創造するとともに自己を知り、主体と客体の同一化の内にその確かさの保証を見いだす人間存在の認識である。科学とは人間による人間の創造がさらに人間によって記録されたものだ。「遠くへだたった往古を包む深い暗黒の闇の中から、没することのない永遠の光と、けっして疑うことのできぬひとつの真理が見えてくる。それは、この社会的世界が人間の手で作られたものに相違ない、ということである。だから、それの原理を私たちの精神の変容そのものの内に発見することは可能である。それは有益かつ必要なことであるから」〔『新科学』

La Scienza nuova、第一編第三部三三一節。これはアザールに引用されているフランス語訳から重訳した。黒田正利氏の邦訳（秋田屋刊）では一八二ページ」。

＊

あわれなヴィコ、偉大なヴィコ。彼は理解されなかった。ほとんど聞いてももらえなかった。その思想は新しすぎたし、周囲で認められている思想とは違いすぎたからだ。ほかの連中は抽象的なもの、合理的なものをもてはやし、進歩的な文明の恥だといって過去に赤面し、歴史を嘘と思い、詩を技巧と思い、感受性という病人や空想力という気ちがいを追放していた。しかしヴィコだけは天才らしい執念に燃えて、人類という巨大な集団を解剖模型のように見ることを拒み、生の脈動を再発見しようと頑張りぬいた。法律学や文献学や画像や標印や神話の助けを借りながら過去との親しみを徐々に増し、人間の進化の歴史と人間精神の理想型とを同時に発見するために、歴史の深淵の底の底まで降りていった。

ヴィコが持ち帰った金枝篇[28]は世に受けいれられなかった。だから、『新科学』＊には今でも怒り狂った魂の絶叫が聞こえる。思想の積荷が多すぎて容易に離陸できない言葉を、情熱が必死に持ち上げようとしている。あらゆることを同時に証明しようとし、言葉が足りないのではないかといつもやきもきして、あせって、息をはずませて、しかも軽快とはお世辞にもいえないヴィコがそっぽを向いた同時代者に壮大な作品をさしだしている。このすばらしい本[29]がヨーロッパの地平に光芒を投げるまでには、まだ四分の三世紀もあったのである。

＊『国民の性質に関する新科学原理』Principii di una Scienza Nuova intorno alla natura delle nazioni（初版、一七二五年、略称『第一新科学』Prima Scienza Nuova。第二版、一七三〇年、略称『第二新科学』Seconda Scienza Nuova）。

訳註

（1）サン＝プルー　ルソーの小説『ジュリ、または新エロイーズ』Julie, ou la nouvelle Héroïse（一七六一年）の主人公。

（2）ルネ　フランス・ロマン主義文学の草分けとされるシャトーブリアンの小説『ルネ』René（一八〇二年）の主人公。

（3）ピエール・コスト　『人間悟性論』の仏訳者。

（4）〈私に子供をください〉……〈さもないと、私は死にます〉　創世記第三〇章一節でヤコブの妻ラケルが夫に言う言葉。アザールが使っているコストの仏訳では、その前に「ラケルのように」という説明的な句が補われている。

（5）明言した　コンディヤック『感覚論』Traité des Sensations（一七五四年）の次の言葉を参照。「ロックは、或る対象の欠如を原因として生れる不安が我々の決定の原理であることを注意した最初の人である。しかし彼は欲望から不安が生れるとしたので、事実は正にその逆である。また彼は、実際以上の相違を欲望と意志とのあいだに置き、不安の影響を、すべての官能を用い、すべての機能をはたらかせている人間でしか考慮していない。されば、触れ、見、聞き、嗅ぎ、味い、比較し、判断し、反省し、愛し、憎み、怖れ、望み、欲する習慣を我々に与える第一の原理がこの不安であること、一言に尽くせば、魂と身体との一切の習慣の生れるのはこの不安によるということを証明するのが、残された仕事である」（「感覚論摘要」。邦訳、創元社刊、上巻三四ページ、加藤周一・三宅徳嘉訳）。

（6）定義した　同じく、『感覚論』の次の言葉を参照。「最後に、要求の原因が立像の無関心だと判断し慣れた感覚の一つであれば、立像ははじめに苦痛も快楽も感じずに生きる。しかしこの状態は、嘗ての幸福な状況に比較されると、忽ち不快なものとなるのであって、このとき立像の受ける苦痛が、我我の倦怠と称ぶものである。けれども倦怠は続き、増し、堪え難くなり、立像のすべての機能を力強く失われた幸福の方へ向ける」（第一部第二章二六。邦訳、上巻八九ページ）。

（7）明らかにした　「情熱家は単なる分別家にまさること」はエルヴェシウス『精神論』De l'Esprit（一七五八年）の第三部第七章（「情熱家が分別家より精神的にまさることについて」）で、「情熱がなくなると人は愚鈍になること」は同第三部第八章（「情熱がなくなると人は愚鈍になること」）で、それぞれ中心的に論じられている。

（8）観念学派（イデオローグ）　第三部第一章、註9参照。

（9）家庭教師としての経験　本文でもすでに述べられているように、ロックはシャフツベリ伯爵家の家庭教師として、のちの哲学者シャフツベリを教えたことがあった。

（10）ジャン＝ジャック・ルソー　もちろんルソーの教育論『エミール』Émile（一七六二年）のこと。ここでは「賢者ロック」の教育論が随所で言及されている。

（11）ゴート人やヴァンダル人　ともにゲルマンの種族。ゴート人は三世紀にローマ帝国を劫掠、ヴァンダル人は五世紀初頭にゴール、スペインを劫掠した。

（12）ル・ブラン　シャルル。一六一九―九〇。フランスの画家。プッサンの弟子で、イタリアで修業、帰国後、絵画・彫刻アカデミーの設立に参画してその会長となり、一六六二年に王室首席画家に任命された。古典主義絵画の代表者で、フォンテヌブロー、ヴェルサイユ、ルーヴル各宮殿などをその作品で飾った。

（13） 伝授した　ル・ブランは絵画・彫刻アカデミーで何度も講演をしているが、次に紹介・引用されているのはそのひとつ『情念の一般的・特殊的表現について王立絵画アカデミーで行なった講演』Conférence tenue en l'Académie royale de peinture, sur l'expression générale et particulière des passions（一六九八年）である。

（14） ベルナン　本名ロレンツォ・ベルニーニ。フランスでは通称カヴァリエ・ベルナン。一五九八―一六八〇。ナポリに生まれたイタリアの彫刻家、建築家。ウルバヌス八世ほか歴代の法王に仕え、多くの建築物、装飾、彫刻を作った。一六六五年、ルイ一四世とコルベールの招きでフランスへ行き、ルーヴル宮の改築に従事しようとしたが、彼の計画は国王によってしりぞけられ、これが宮廷における古典主義美術の勝利を示す画期となった。彼は「バロックのミケランジェロ」とも呼ばれており、ルーベンス、レンブラントと共にバロック様式の代表者にかぞえられている。

（15）「ジェス」　ローマにあるイエズス会の主教会で、一六世紀の後半に建築された。古典主義建築の代表的なもので、多くの教会のモデルとなった。

（16） ボローニャ派　別名「エミリア派」。建築・彫刻・絵画など美術全般にわたる一流派で、一二、三世紀にまでさかのぼるが、ここで言われているのは、特に絵画で古典主義的技法によって知られたアンニバーレ・カラッチェ、ロドヴィコ・カラッチェ、ジロラモ・クルティ、アンジェロ・ミケーレ・コロンナなど、一六世紀後半から一七世紀にかけての画家たちのことであろう。

（17） ロジェ・ド・ピール　一六三五―一七〇九。フランスの画家、文筆家、外交官。若い頃、絵の修業のためイタリアに行き、帰国後、アムロ法院長に見いだされてその息子、のちのグルネ侯爵の家庭教師となり、この生徒が長じてヴェネチア、ポルトガル、スエーデン各駐剳大使になると、秘書としてそれに同行、また政府の密命を受けてオランダへ派遣されたりした。オランダでは単なる美術愛好家を装いながら、対仏平和派と連絡をとって画策したが、陰謀が露見して投獄され、獄中で代表作『画家列伝要約』Abrégé de la Vie des peintres（一六九九年）を著わした。やがて、釈放されてパリへ帰り、その後も大使秘書としてスペインへ派遣されたりした。彼は絵画・彫刻アカデミーのアマチュア相談役で、ボワローの肖像など少数の絵を残しているが、実作よりもむしろ画論家としてすぐれており、前述の『画家列伝要約』のほか、『絵を知ることに関する会話』Conversations sur la connaissance de la peinture（一六七七年）、『名画家作品論、付ルーベンス伝』Dissertations sur les ouvrages des plus fameux peintres avec la vie de Rubens（一六八一年）、『完全なる画家』Idée du peintre parfait（一六九九年）など多くの著作がある。彼はルーベンスを熱愛し、反面プッサンなどの古典派に対しては厳しい評価を下していた。

(18) オペラの楽屋　若い頃、デュボスは大のオペラ狂で、楽屋に入りびたり、自らオペラ用の作詩などもし、とりわけ新作オペラを批評した彼の手紙は手から手へ回覧されて、「オペラ新聞」的な役割を演じた。また、デュボスはデマレのオペラ『テアジェーヌとカリクレ』Théagène et Chariclée（一六九五年）の序文を書いて、ペローにほめられたりしている。

(19) 古メダル陳列室　デュボスは古銭学者として出発しており、初めて出版された彼の著作は『古メダルにより証明・図示されたるゴルディアヌス四皇帝の歴史』Histoire des quatre Gordiens, prouvée et illustrée par les médailles（一六九五年）であった。また『一一一三年以来の鋳造貨幣』Espèces monnayées depuis 1113 という未刊の論文もあり、歴史家としての彼の代表作『ゴール地方におけるフランス君主制確立の批評的歴史』Histoire critique de l'établissement de la Monarchie françoise dans les Gaules（一七三四年）にも古銭学の知識がふんだんに利用されている。

(20) コスモポリタン　デュボスは一六九八年から一七〇一年にかけてイギリス、オランダ、イタリアなどを旅し、特にイギリスとオランダには再三足を運んだ。これは単なる物見遊山ではなく、政府の密命を帯びて行ったものらしい。イタリアから帰国後、デュボスは一七〇一年に外務省に入り、その後も正式の外交使節としてイギリス、スイス、オランダなどに行っている。英語、イタリア語、オランダ語、おそらくはドイツ語をもよくしたデュボスは、外交官としても政府のお抱え政論家としても有能な存在だったらしい。

(21) ロックと親しく往き来　一六九八年にイギリスへ渡ると、デュボスはまずロックを訪問し、非常に歓待された。二人は何度も会い、デュボスが出発する時にはロックが船まで送りに来たといわれる。二人はその後も規則的に文通を続け、コストによる『人間悟性論』の仏訳が出版された時には、ロックは製本前の見本刷りをデュボスに早速進呈している。

(22) エフタ　旧約聖書の士師記に出てくる人物。ギレアデびとの総大将としてアンモンの人々と戦う前、この戦に勝ったら、家の戸口から最初に出てきて自分を迎える者を燔祭として捧げることを神に誓った。戦はギレアデびとの勝利に終ったが、凱旋したエフタを最初に迎えたのは彼の一人娘だった。エフタは歎き悲しんだが、娘は神への誓を果たすよう勧め、二ヵ月間山々をめぐって自分が処女であることを嘆いたのち、甘んじて犠牲となった。この話は士師記の第一一章三〇―四〇節に語られている。

(23) 博士論文　『詩に関する諸問題についての哲学的考察』Meditationes philosophicæ de nonnulis ad poemata pertinentibus（一七三五年）のこと。なお、「美学」は彼の主著 Aesthetica（一七五〇―五八年）の標題でもある。

(24) 論文から論文へ　ライプニッツのデカルト批判については、第二部第一章、註27参照。

(25) ウジェーヌ・ド・サヴォワ公　フランソワ。一六六三―一七三六。フランス生まれのオーストリアの名将。マザランの姪の子で、初めフランスで軍務を志したがルイ一四世に容れられず、二〇歳の時フランスを去ってオーストリアの軍隊に入り、一〇年後元帥に任ぜられた。トルコ軍と戦ってセンタの会戦に勝ち(一六九七年)、一七一六―一八年にも再び戦ってベオグラードを攻略、トルコ軍を完全に粉砕した。またスペイン王位継承戦争ではフランス軍と戦い、イタリア、ドイツからフランスの兵力を駆逐した。彼は学問や芸術にも深い理解を持っており、ライプニッツは一七一二年の終りから一七一四年九月にわたるウィーン滞在中に彼と知りあい、彼のために一篇の論文を著わした。サヴォワ公はそれを大切に篋底に秘めて、人にはなかなか見せなかったらしい。ライプニッツの伝記を書いたグールアウアーはこの論文こそ『単子論』であると言っており、一八四〇年に『単子論』の原文を初めて公刊したエルトマンも、一八八一年にフランスで刊行したブートルーもそう信じていた。アザールもたぶんブートルーに従って、「サヴォワ公の宝物＝『単子論』」という考え方に立っている。しかし、これは誤りで、ライプニッツがサヴォワ公に贈ったのは『単子論』ではなく、『理性にもとづく自然と恩寵の原理』Principes de la nature et de la grâce fondés en raison であることが、一八八五年、ライプニッツの哲学著作集を刊行したゲルハルトによって明らかにされた。

(26) 時が来た　『単子論』のフランス語の原文が刊行されたのは一八四〇年だが、ドイツ語訳はライプニッツが死んで四年後の一七二〇年に発表されており、ラテン語訳も一七二一年に発表されていた。

(27) 純粋愛　『単子論』の最後の節(九〇節)は、次のような言葉で神への「純粋愛」を高唱している。「さて最後に、この完全な統治のもとでは、善行にはかならず賞がある、悪行にはかならず罰がある。善い人々にとっては、すべてがかならず善い結果となって終わるのである。そのような人たちとは、この偉大な国にあって、不平や不満をいだかない人である。自分の義務をはたしたうえは、神の摂理に信頼している人である。あらゆる善の創造者(神)を、こよなく愛し、かつ模倣している人である。愛する者の幸福に喜びを感じる、あの真に**純粋な愛**の本性にしたがって、神のもつさまざまな完全性をうち眺め、心たのしませている人である。こう考えるところから、賢明で有徳な人たちは、神の意志をおしはかり、つまりその意志に先だって、それにかなうと思われることがらを何事につけても実行する。しかし、推察することができなくても、いったんその意志が実現し、決定的な結果となってしめされた場合には、喜んでそれに満足する。もしわれわれに宇宙の秩序を十分に理解する力があれば、この秩序は、いかなる賢者のいかなる願いをあわせたよりももっとすぐれたものであって、それを現実の状態より、さらによい状態にすることは、不可能であると考えるにちがいないという認識が、ここにはたらいているのである。そしてそのことは、たんに一般的な意味における全体について、あてはまるだけではない。万物の創造者にたいし、われわれの当然もつべき結びつきが、たんに建築者、つまりわれわれの存在の動力因としての結びつきだけでなく、われわれの主君として、つまりそれ自身、まがうことなく人間の意志の全目標となり、かつそれのみが、人間に幸福をもたらしてくれることができる目的因としての結びつきであるならば、われわれのひとりひとりに関しても、やはり変わりないのである」(邦訳、中央公論社「世界の名著」25、四五九—四六〇ページ、清水富雄・竹田篤司訳)。

(28) 金枝篇　原文には単に「金の小枝」とある。これはヴェルギリウスの叙事詩『アエネイス』Aeneis の中で、主人公が地獄へ下りる時にたずさえたお守りの小枝のことだが、ここではそれと共に、未開民族の信仰や風習の比較研究を行なったイギリスの人類学者ジェームズ・フレーザーの有名な大著『金枝篇』The Golden Bough(一八九〇—一九一五年)が念頭におかれているのであろう。

(29) 四分の三世紀　ヴィコが真に再評価されたのは一八世紀末から一九世紀初頭にかけてのヘルダー、ゲーテらによってであった。ゲーテはイタリア旅行中にヴィコの天才に注意を促されており、ヘルダーは一七九七年の『人道書簡』Humanitätsbriefe ではじめてヴィコに温かい一ページを捧げている。なお、ヴィコの全集がはじめてミラノで出版されたのは一八三六—三七年、ミシュレによる『新科学』の仏訳が発表されたのは一八二七年だった。

第六章　燃える心

野原を見おろす鐘楼という鐘楼。町の家々がまわりにかたまり、天をさして昇っていってくださいと嘆願する大伽藍(カテドラル)という大伽藍(カテドラル)。聖櫃の前でまたたく蠟燭の金色の輝き。司祭の声、信者の合唱。「クレド」(カトリック教会でミサの時となえられる信仰告白)、「マグニフィカト」(聖母をたたえる聖歌で、晩課でうたわれる)。鐘の音、香のかおり。人々が相寄り相集まって、おのれの出生、おのれの生と死をとりまく神秘を告白し、理性だけではあたえられない最後の説明を神に委ねるすべての場所、カトリックの教会、プロテスタントの会堂、ユダヤ教のシナゴグ、回教のモスク……。

宗教的な要求は自己の永遠性を守ろうとする。

*

その頃、自由思想家や無神論者の活動に信者たちは脅威を感じていた。多くの護教論者が急を告げていた。護教論者の或る者は躊躇なく理性の場での果たし合いに応じたが、或る者はそれとは違った武器を探した。羊の群の周囲には獲物を狙う狼がたくさんいる。新しい防御法を編みだして、やつらの攻撃を挫かねばならぬ。公然たる瀆神に対しては、いっそうさかんな敬神で答えよ。夜も眠らずに祈る者には、敵も歯が立つまい。

「この崇高な世紀は霊の世紀、または純粋愛の世紀と呼んでもよかろう……。」これは旧政(アンシャン・レジーム)[1]体下のキリスト教生活を研究したアンリ・ブレモンの言葉である。敬虔な魂はデカルト思想の伸張によっても信仰の基本的な真理に対する熱烈な同意と信仰上の実践をなんら減退させなかったことを、ブレモンは明らかにしている。その裏付けとしてあげられた祈禱書のたぐいの中で、私はひとつだけ、『聖体永久礼拝のための掛時計』L' Horloge pour l'adoration perpétuelle du Saint Sacrement という素朴で美しい本をとりあげてみたい。一六七四年に出たものである。この聖なる時計は危険が迫る刻限を教える。信者たちは時計が鳴るのを聞きながら、サタンのひきいる敵軍が信仰を亡ぼそうと攻め寄せるさまを思い描くことができる。身の毛のよだつ幻が一時間ごとに現われる。午前零時、悪霊どもは暗々たる闇——彼らの帝国の本拠——の中で巣窟から姿を現わし、片時も離れぬ責苦と劫火を負いながら地上を飛びかけ、手先をかり集める……。午前五時、聖体のパンが犬の餌にされる……。しかし、攻撃には必ず償いの連禱が応じ、怖るべき時計の音は平穏無事な日には現われぬ「新たな本能」、「ひそかな熱情」を呼び起こす。

感情生活が拡大したこと、これがおそらく肝腎な点だろう。まださだかではないが、その後一世紀間に発展する新たな護教論の萌芽がここにある。啓蒙も結構、理性も結構。どんな教会も啓蒙の敵ではないし、理性の助力がなくてもいいなどと言いはしない。しかし、公然たる無神論という極端な形は別として、平均的な意識に起こった変化だけを見ても、知的な或る力の参加が宗教から奪われたこと、この力が信仰から分離して、それを余計者扱いし、信仰抜きの人間的理想を立てようとしたことも事実である。「現代はたしかに学問のさかんな啓蒙された時代だ。学問も技術も長足の進歩をとげ、よりよい原理を獲得したり、その証明をいっそう強固にしたりした。新たな発見、新たな実験が数限りなく行なわれ、これまでの野蛮な時代が知識をとじこめてきた枠の外へ精神が踏みだす助けになった。——しかし、宗教がそういう立派な研究から大きな利益を得たかどうか、宗教にとっては得る物より失う物が多くなかったかどうかは疑わしい……。[*]」けれども、敵が軽視し否定する心の中の別な力に訴えれば、宗教も失地を回復できるだろう。

* イザーク・ジャクロ『神の存在を論ず』Dissertations sur l'existence de Dieu、ハーグ、一六九七年、序文。

もちろん、神の存在を形而上学的に証明するのがいちばんいい。だが、それでは「想像力に左右される一般人には」〔フェヌロン『神の存在と属性を論ず』Traité de l'existence et des attributs de Dieu、第一部第一章。一八五一—五二年版全集、第一巻一ページ〕わからない。キリスト教の護教論者には、一般人の想像力や感性に訴えて神を証明する道も残されている。自然の驚異は神の存在と力と慈愛の証拠ではないか。こういう論理はべつに目新しいものではない。しかし、ここに力点が置かれ、論証が心情の吐露に変ると、それはおのずから新しい価値を帯びてくる。すべてを説明する感嘆の世界へ、すべてを押し流す抒情の世界へ入りこむ。木を見るがいい。「夏にはその枝が自分の蔭で私たちを日光から守ってくれる。冬には焔の糧となって、私たちの内にある自然の熱を保ってくれる。木材は燃料として役立つだけではない。それは固くて長持ちするわりに細工しやすく、人間の手は建築、造船などの大きな仕事をするため、それに楽々と思いどおりの形をあたえる。さらに果樹ともなれば、枝を地面の方へ傾けて、人間にその実をさしだしているように見える……」（同、第一部第二章。同六ページ）。——水を見るがいい。「もう少し稀薄だったら、水は空気のようなものになり、地球の表面はみな乾燥して作物ひとつとれないだろう。空を飛ぶ動物しかいなくなり、どんな動物も泳ぐことができず、どんな魚も生きられないだろう。通商航海もなくなるだろう。……もう少し稀薄だったら、水は船と呼ばれる不思議な浮かぶ建物を支えられなくなるだろう。どんなに軽い物体でもたちまち沈んでしまうだろう……」（同章、同ページ）。空気を見るがいい、火を見るがいい、星を見るがいい、「数千年来一度も欠かさず昼を告げ、きまった時きまった場所できっかり幕をあける」（同章、同八ページ）暁の光を見るがいい。また、動物を見るがいい。「象の太い首は駱駝のように長いと重くなりすぎるので、象には鼻がかわりにあたえられた……」*（同章、同一〇ページ）。

* フェヌロン『自然認識から引き出した神の存在証明』Démonstration de l'existence de Dieu tirée de la connaissance de la nature、一七一三年。

やがてニーウェンタイト(2)がやってくる。たくさんのお客の前で自然の驚異から神の存在を証明して見せたプリューシュ師(3)がやってくる。ついでベルナルダン・ド・サン＝ピエール(4)が、さらにシャトーブリアン(5)が来るのである。

*

ここまで来て、心情家が心の昂揚を味わう最後の陣地の入口で、ゴットフリート・アルノルトに登場願おう。その『教会と異端の公平な歴史』Die unparteysche Kirchen- und Ketzerhistorie をとりあげてみよう。彼に言わせると、この歴史が公平なのは、著者がいかなる宗派にも属さず、神学的方法ではなく歴史的方法を用いているからである。また普遍的なのは、ひとつの教会しかないという説を認めず、神とイエス・キリストを信じる教会なら全部とりあげているからである。この本は何よりも異端の輝ける歴史であろうとする。

なぜなら、アルノルトによると、世間の人は異端者について思い違いをしているからだ。異端者とは理解されない人々、中傷された人々である。異端者という名前は、偉い人が自分の利益や権力にとって有害な者につけた名前である。偉い人は自分こそ正系だと自慢するが、正系と信仰は違う。ドグマや公式を盲目的に採用すること、権威に従うこと、信仰を外からあたえられたものとみなすこと――これが正系の中味である。正系とは実は宗教体験も覚醒も再生も知らぬ空疎な合理主義にすぎない。

本当の異端者とは誤謬の危険を善意で犯す者ではなくて、むしろ神の感化を受けようとしない者、異教徒のような生き方をする者、エゴイストで独断的で不寛容な者を言うのだ……。一六九九年〔同書初刊行の年〕に、学者で反逆児で神秘家のゴットフリート・アルノルトはこう語った。普通「異端者」と言われる者こそ苦悩で清められ愛で高められた真のキリスト者、イエス・キリストの弟子なのだと。普通「正系」と言われるひからびた潤いのない連中こそ本当は異端者なのだと。

*

アルノルトの案内で、いよいよこれから強烈な信仰者の集まりへ入ってゆこう。

一七〇九年、ポール・ロワイヤル(6)に残っていた最後の修道女らが追い払われ、一七一〇年には修道院がとりこわされた。ジャンセニズムは最後的に粉砕され、なが年フランス教会を苦しめたこのセクトも遂に屈服したかに見えた。「荒野ト化セシ所ニ平定ヲ叫ベリ」(7)である。――だがそうは問屋がおろさなかった。このセクトは国外へ流れ出し、じわじわと広がっていった。ジャンセニズムの拠点はルーヴァン〔ベルギーの町〕にもユトレヒト〔オランダの町〕――ここには頑固な教会(8)があって、亡命者や追放者を受けいれていた――にも、ドイツの諸都市にもウィーンにも〔神聖ローマ皇帝の宮廷にまで〕(9)、ピエモンテにもロンバルディアにもリグリアにもトスカナにも、さらにはローマにもあった。ジャンセニストはスペインでも宣伝をくり広げた。一七一三年にウニゲニトゥス大勅書(10)が発布されると、フランスでも論争が再燃した。その激しさは昔日に劣らなかった。オラトリオ会の司祭ケネルが、福音書の道徳をあつかった一書[11]を著わし、ローマ法王がこの本から引いた一〇一の命題を断罪したのである。これを合図に、前と同じことがくりかえされた。上訴派[12]、受諾派、調停派が三つ巴になって論争が延々と続いた。そのうち痙攣派[13]が現われ、行列の中で、選ばれた者の墓の上で奇蹟が起こった。今度という今度は混乱がスキャンダルと化した。ジャンセニズムの中には神学的要素と道徳的要素があったが、時とともに前者の力が弱まり、後者の力が増していった。魂の苦悩と不安、救いの不確かさ、迫害の悲痛な思い出、報復の奇蹟への信仰――こういうものは国王の意志やローマの決定ぐらいでなくなりはしなかった。時がたつにつれ、ジャンセニズムはもう理論ではなくなった。甘ったるくなってゆく信仰と道徳に対する厳格峻厳な精神の抗議の声となったのである。

ジャンセニストでさえそうなのだから、竜騎兵に狩り立てられ、つかまれば処刑され殉教者になるセヴェンヌ地方〔南フランスの山嶽地帯〕のカミザール[14]が、心情的な激発を保ちつづけたのは当然である。激発は度を越して、遂には幻覚にまで至った。回想録、いわば告白を残しているアブラアム・マゼル[15]という一人の指導者を見てみよう。「武器を取る何ヵ月か前、まだそんな考えが胸に浮かんでいなかった頃、私は庭で、やけに太った大きな黒牛が庭のキャベツを食べているのを見たような気がしました。見知らぬ人が黒牛を庭から追い出しなさいと言いましたが、私はおことわりしました。でもあんまり言うので、言いつけどおり牛を庭の外へ出しました。その時から、主の御霊が私に乗り移って、相撲とりのような力で年がら年中私をつかまえ、私の口をあけていろんなことを喋らせたのです。私が見た庭というのは教会のことで、太った黒牛は教会をくらう司祭のことだとか、この象徴を地で行くように私が召されているのだとか。私は何度も霊感を受けて、兄弟といっしょに武器を取って迫害者と戦う用意をしろとか、ローマ教会の司祭どもをやっつけろとか、やつらの祭壇を焼き払えとか言われました」〔『セヴェンヌ戦争に関するアブラアム・マゼルとエリ・マリオンの未発表覚書』Mémoires inédits d'Abraham Mazel et d'Élie Marion sur la Guerre des Cévennes、一九三一年刊、四―五ページ〕。霊感によって、彼らは森の中で集まりを開いた。聖霊の乗り移り方があんまりものすごかったので、彼らの体が震え出すのを見た人は恐怖にかられた。霊感によって、彼らは武器を取り、行軍し、攻撃しては散った。霊感によって、彼らは司祭館を焼打ちし、司祭らを殺した。捕虜になったマゼルはエグ＝モルトのコンスタンス塔にとじこめられたが、塔の石のひとつを鋸でひいて脱走をはかった。「この仕事にかかると、必ず御霊にとらえられたような気がするのでした(16)」（同一四〇ページ）とある。

エリ・マリオン(17)はもっとすごい。「その一七〇三年の元日に神の御霊が私におとずれ、私の口が語った最初のお告げで、神はご自分の栄光のため母の胎内にいた頃からすでに私をお選びになった、と言われました」（同四六ページ）。エリ・マリオンは神に選ばれた者なのだ。栄光の内に来臨するイエス・キリストの先ぶれなのだ。ここでは戦闘の跡や敗北の経過を辿るかわりに、マリオンが一七〇六年にロンドンへ亡命してからどういう振舞をしたかを見ることにしよう。そこでも神の姿を見、予言をし、神の御霊が乗り移って失神状態に陥り、背神の徒よりもきびしく微温的な信者や牧師を罵倒したのである。マリオンは前にもすでに、キリストの近き来臨を信じようとしないジュネーヴの住民をやっつけていた。「この二度目の来臨は、やつらには太陽のようなものなのです。目がくらんで、とても見ることはできないのです。世界中から村八分にされて、ユダヤ人の二の舞にならないように気をつけるがいい」（同一四五ページ）。ロンドンでも、マリオンはフランス人の牧師をやっつけ、国教会の牧師をやっつけ、誰でも手当りしだいにやっつけた。こうして世にも不思議な痛々しい話が始まった。カミザールの予言者たちは教会からはしめだされ、群衆には嘲られ、逮捕され、法廷へ喚問され(18)、有罪を言い渡された。しかし、胸の火はますます燃えさかるばかりだった。病気は伝染力があったから、彼らはイギリス人の間でも仲間をつのり、現にヒステリー性(しょう)のイギリス女がこの群に加わったりした。或る日彼らは予告した。時は満ちたり。もうすぐシティーは灰になり、背神の徒は一人残らず焼き殺される。信じる者は助かるから、破壊の天使に見分けがつくように、信徒は緑のリボンを腕章に巻くか髪の飾りにつけるがいい。また或る時はこう予言した。われわれ予言者への迫害は半年以内に終熄し、この宣教の真実性が実証される、と。しかし、半年たっても何も起こりはしなかった。彼らはまた、死者をよみがえらす力があると大見栄をきった(19)。イギリスの大衆はこの神がかり、このキじるしをあっけにとられて眺めていた。最初はいらだちを示す程度だったが、徐々に穏かな強制力を行使した。エリ・マリオンは晒物にされ、頭の上にこういう貼紙をはられた。「エリ・マリオンなり。真正の予言者と称して虚偽と背神を行ない、女王陛下の臣民を恐怖させんがため、神の御霊の口授と啓示によると称するあまたのたわごとを語れり。」エリ・マリオンは最後までつき従った数人の信者をつれて、結局イギリスを立ち去った。この小さな群は国から国へ渡り歩き、ついにはコンスタンチノープルや小アジアまででかけ、説教をつづけ予言をつづけ威嚇をつづけた。迫害を受け何度も投獄されたけれども、全世界に輝き渡らせようとしたその狂った火だけはいつまでも絶やさなかった。それはまさしく、「暗黒の内の腐敗を照らし出すために、地上の諸国民の闇の上に天下った一閃の光」だった。

*

スピノザの宿命論は或る意味で理性の剛直さを表わしている。でも、普遍的な存在者に吸収され溶けこむのはそれなりに快いことではないか。これは感情、いやほとんど官能に近い。世界であり神であり全体である、そういう世界を律する秩序への統合は、その力を有効に保つためには自覚的かつ自発的でなければならない。しかし、安易な傾斜によってこの反省的な性格が受身な同意に変り、主体の放棄となる恐れもある。だから、一種の神秘主義が『エティカ』Ethica から生まれ、オランダやドイツに広まったのも、あながち異とするに足りない。——だが、いちばん熱情的な最後のグループはこんなスピノザ派の比ではなかった。

ルター派の牧師たちもカトリックの聖職者と同じ悪徳を非難されていた。ごたぶんにもれず霊の僕から儀文の僕になりさがり、愛も信仰もなく、礼拝を金儲けの手段にし、金さえ払えば悔い改めをしないでもすむようにしていた。説教も真理と命の源どころか、ただ長台詞をそらでおぼえて、それに俗受けする冗談を織りこんだだけで、とても神の御言葉を宣べ伝えるなどという代物ではなかった。だからこそ、こういう牧師に対抗して、心の宗教ともいうべき敬虔主義がドイツに生まれ広がったのである。敬虔、心——この二つは、ながく抑圧されてきたドイツ人の感性を白日の下に現わしたフィリップ・ヤーコプ・シュペーナーが著述でも談話でもしょっちゅう使った言葉である。この人はフランクフルトの牧師だったが、一六七〇年に「敬虔会」の設立を思い立った。牧師のつとめは論争したりわめきちらしたりすることではない。内面生活を目ざめさせることにある。そう思ったシュペーナーは週二回、日が暮れてから善意の人々を集めて、いっしょに聖書を読み、お祈りをし、それぞれの心の中に神の働きが現われるに任せた。これが第一歩だった。第二歩は一六七五年の『衷心からの願い、または真の福音教会の神に嘉せらるべき改善に対する心からなる願望』Pia desideria, oder herzliches Verlangen nach gottgefälliger Besserung der wahren evangelischen Kirche の出版である。彼の働きかけはこれによって広がり、牧師たちにも信者たちにも及ぼされた。それは行動をともなう生きた信仰、愛にもとづく信仰へ彼らを引き戻すことだった。一六八六年にシュペーナーはドレスデンへ移り、宮廷付説教師、ザクセン選挙侯の聴罪牧師、兼、最高教会会議のメンバーになった。しかし、こういう名誉も彼の影響力と成功の度合いを測る尺度としての意味しかなかった。熱烈で重々しい彼の言葉には学生も婦人も耳を傾け、その感化で聖書を勉強するサークルがあちこちにでき、敬虔主義者という名前は嘲りの言葉から名誉ある言葉に変った。アウグスト・ヘルマン・フランケも敬虔主義者だった。信仰について説教しなければならないのに、自分にはその信仰がないことに気がついて彼はすっかり絶望し、こういう惨めな状態から救いだしてくださいと跪いて神に祈った。すると天啓があたえられた。同じ天啓を今度は他人に分ちあたえることが、それ以後彼の使命になったのである。敬虔主義者といえば、自分で救いの道を探そうとした王侯貴族も敬虔主義者だった。ブルジョワも庶民も敬虔主義者だった。ドイツは信仰に目ざめたのである。

信心熱はどんどん広がっていった。シュペーナーはドレスデンを去ってベルリンへ行き、ブランデンブルク選挙侯を味方につけた。一六九四年に選挙侯がハレのアカデミーを大学にした時、シュペーナーはその推進者になった。こうして敬虔主義の砦がきずかれ、各種の宗教事業がそれをとりまくようになった。では、今や勝利を収めたこの情熱家らはいったい何を代表していたのか。第一は、彼らがいつも念頭においた神秘家〔ヤーコプ・〕ベーメの遺産である。——第二は、身内に起こる宗教生活の波を結晶させ凍結しようとする傾向への拒絶ないしは反抗である。——さらに掘り下げてみると、そこには分析的方法や理性的研究だけが知のすべてではないという考え、明晰だけが真理のすべてではないという考えがある。彼らは直観を大事にして、直接知の可能性、生の永遠の源との全的な交わりの可能性を留保しているのだ。——次は自我である。またその内部では、とりわけ個性的、個人的な情緒的機能の力である。——さらには、宗教文明の慣習的な諸形式によりその全一性を脅かされた本源的な「基体（シュブストラトゥム）」への愛着もある。

感情の無限のニュアンスが彼らの生活を豊かにしていた。彼らは時に、自分がひからび、不毛になり、駄目になったような気がした。荒野に空しく叫んでいるような不安にかられた。恩寵を待ち暮すこの状態ほど苦しいものはない。しかし、やがて告白の時がくる。心情吐露の時がくる。脳天を一撃されたように奇蹟と照明と直接的な啓示が起こる。そのあとは、現世を超えた愛の限りないやさしさが身内にみなぎり、知りかつ欲する者、地上の生に永生の前味をあたえる者〔神〕に人間存在は溶けいって無化される。ここまでくれば、研究などなんの役に立とう。哲学者も神学者も聖書釈義家もなんの役に立とう。聖書に記された「御言葉」には謎などありはしないのだから、聖書はおのずと理解される。神の内で行為すること、必要なのはそれだけである。——ここにはまだ能動的要素も残っている。だが、静寂主義者（キュイエチスト）はやがてそれすらもなくしてしまった。

＊

フランス教会のもっとも名高い二人の高僧、ボシュエとフェヌロンを敵味方に分け、非難と告発の応酬、ローマへの提訴、そして一方の断罪にまで至ったあの争い[20]も、全般的な傾向の特殊な例と考えなければとても説明できそうにない。静寂主義（キュイエティスム）とはそもそも、感情解放の名において既成教会の壁をいたるところで揺るがした神秘主義の高まりのひとつの形態だったのである。

フェヌロンはとてつもない夢を描いていた。彼は旅仕度をしている[21]。ギリシャは彼に両腕を開き、サルタンは恐れをなして退却し、教会の分裂[22]は終りを告げ、東方と西方が一体になり、ユーフラテスの奥地までアジアが大きな溜息をついて、長夜ののちに曙の光を迎えるさまが目に浮かぶ——自分でそう言うのだから間違いない。また彼は、こよなく美しい夢の国ベティック[23]を想像しては、それをみごとな筆で描いた。そこは冬温かく夏は涼しく、一年中春と秋が手をとり合い、幸福な夫婦（めおと）の契を結んでいる。土地は肥え、収穫は年に二度あり、柘榴や月桂樹やジャスミンが道ばたで香りを放っている。フェヌロンはまた完全無欠の国サラント[24]を自ら建設した。そこには悪徳もなければ不幸もない。サラントには平和と正義と社会秩序と豊饒が支配する。南大陸[25]ですら人の子にこれほどの幸福は提供できまい。富は満ち潮のようにこの国へ入り、引いたあとには別の富をかわりに残す。どんな困難が起こっても「それは容易に解消できる」。杖のひとふりですべてが変る。町の住人もしあわせになり、農夫もしあわせになる。女も子供も老人もしあわせになる。「老人たちは、その長い生涯を通じあえて望めなかったほどのことがまのあたりに実現されているのを見てびっくり仰天、感動と喜びのあまり涙を流した。彼らは天にふるえる両手を高く差しのべ……」(『テレマックの冒険』Les Aventures de Télémaque、巻一〇。邦訳、現代思潮社刊、下巻三九ページ、朝倉剛訳)。対外的にも平和になる。進んでくる敵軍をくいとめるには、その中へはいっていって一場の演説をすればいい。兵士らは武器を投げ捨て、みんな相擁して泣くのである。

フェヌロンは涙が好きだったのだ。『テレマックの冒険』の英雄たちは、文字どおり滝津瀬のように涙を流し、この本をびしょ濡れにしてしまう。カリプソもユカリスもヴェニュスもテレマックもメントールもフィロクレスもイドメネも(いずれもこの本の登場人物)、この愛する涙をたっぷり流す。フェヌロンが好きなのは愛らしくてやさしくて情にあふれたものだった。びっくりするもの、驚異的なものより、私は愛らしいものを採ります、と『アカデミーの仕事についての手紙』Lettre sur les occupations de l'Académie で彼は言っている。フランス語にない用語でも、響きがやさしいものならばフランス語として認めてはどうでしょうか、とも。「誠に貴方らしいおやさしさで……」とアカデミーの理事[26]は答えた。フェヌロンは情深かった。寛大だった。拒む心も寄りすがる心もひとしく魅了する術を心得ていた。そしていとも自然にそれを実行した。

しかし、自分の想像力が野心的で気むずかしくて、非現実の世界にたゆたうだけでは満足しないことも、彼は同時に知っていた。自分でもわかっていたように、彼は横柄にもつっけんどんにもなれる人だった。それどころか、心の中には憎しみの激しい力が宿されていた。完徳などというものとはなんと縁遠い人だろう。なんと不幸なコントラストの持ち主だろう。懊悩し、憂欝と嫌悪にかられながら、おのれの道徳性の「説明しがたい或る深部」を彼は苦しげにのぞきこんでいた。自分でも言うように、そこには卑劣な爬虫類の姿が見られた。

フェヌロンは喉の渇きをいやしてくれる清冽な水に飢えていた。社交人の、策謀家の、野心家の、喜劇役者のあらゆる欠点を消滅させる恩寵に憧れていた。自力では到達できない完徳を望み、おのが不安に苦しんでいた。ギュイヨン夫人の影響の秘密もおそらくここにあるのだろう。この女性が彼の上にあれほど大きな力をふるったのは、彼の方でも自分を縛る重い鎖を神秘の火で溶かし去り断ち切りたいと願っていたからにほかならぬ。ギュイヨン夫人はそれまでにも、サン＝シール[27]のお嬢さんがたや名流婦人、さらにはマントノン夫人をも一度は味方につけていた。しかし、この人たちはすぐ我に帰って、みんなたちまち離れていった。ギュイヨン夫人はボシュエを味方につけようとしたこともあった。だがこれはむずかしすぎた。ボシュエは誘惑すらされなかった。彼の信仰はこんないかがわしい援助など必要としなかったからだ。たかが女ではないか。それをごたいそうになんだ、予言をするとか神を見るとか奇蹟を起こすとかいって威張っている。ボシュエは不愉快になった。祈禱は一種完全な自己消滅でなければならない、それは神に何物も求めてはならない、罪の赦しをも求めてはならない――こんなことを言われてはもうおしまいだ。ギュイヨン夫人は異端者だ、もうあんなやつの言うことを聞くもんか、とボシュエは思った。だがフェヌロンは違った。あの不安な心、熱病的な心、自分の欠点がわかるだけの高尚さはありながら、実生活にあまりにも深いりしてそこから足を抜く勇気がないあの魂に、ギュイヨン夫人は純粋愛の教えをもたらしたのだ。

神と人間の間の中間地帯、或るものは粗大で密度が高く、或るものは稀薄で非物質的といえるほどだが、それでも一種の隔壁をなし、動作の必要や祈りの義務という最後の障害が実はもっとも強力に見えるようなそういう欲求の高みへ昇るにつれてますます耐えがたくなる中間地帯――ギュイヨン夫人がなくそうとしたのはそれだった。回心早々から、人の良心を導きたいという情熱にかられて、彼女はこういう高度の霊性に達するにはどうしたらいいかを教えた。そして声を大にして言った。祈りを学べ。祈禱を学べ。愛に生き祈禱に生きよ。来たれ、飢えた心よ。来たれ、悩める者よ、病む者よ、罪びとよ。汝の神のもとへ来たれ。心ある者はすべて来たれ。

生きた信仰によって人は神のみ前に立つ。考えるためではなくただ精神を集中するために、何か敬虔な文章を読みはじめる。それから自分の内部へ深く沈潜し、あらゆる感覚を内へ取り込む。気持が高ぶっている時はそっと鎮静させる。波風を立たせると、心の糧が奪われてしまうから。心は愛と信頼に充ちたささやかな休息によって、味わった物を呑みこまなければならない。

習慣が生まれ、単純な祈禱という第二段階を迎える。前ほど努力しなくてもすむようになり、可能性は逆に増す。神の存在は前より楽に、またなんとなく前より強く感じられる。いちばん大事なのは、異質な物を全部ぬぎさった全く無私の純粋な愛で祈禱にのぞむことである。何も求めないことである。神から何かを得るために祈禱をしないことである。報われる度合いに応じて主人につくす召使は報われる資格がない。たのんだりせずに、ただじっと待つこと。祈りも瞑想へ入るため必要な程度にしておくこと。祈りとは心を溶かす愛の熱にすぎないから。

聖なる山を登ってゆくキリスト者はいよいよ自己を放棄する所までくる。自分のことはもういささかも考えず、神の導きに全く身を任せる。推理もなければ反省もなく、意志という意志——善い意志も——を捨て、体と心のあらゆること、現世の幸(さち)にも永生の幸にも無関心になり、過去を忘却に任せ、未来を摂理に任せ、現在を神に捧げる。神に身を任せる人はやがて完徳の域に達する。

あらゆる悪の源である「個」の特殊固有な性格は消滅してしまう。全能の神は自らの「知恵」をつかわす。それは人間の内の不純な物を焼きつくすために地上へ送られる火のようなものだ。火は万物を焼きつくし、さからう物をみな灰と化す。「知恵」も同じく、被造物の内にある不純な物をことごとく焼き、人を神との合一にそなえさせる。この合一は言葉では言い表わせない。強いて言うなら、愛が胸にあふれ幸福感がみなぎるとでも言おうか。自分であることを放棄して無限の存在にとらえられるのは、人間世界のどんな快感からも想像できないほどに快い。空虚でなくて豊饒。放棄とは得ること、捨てるとはあらゆる物を手に入れて自分が豊かになることだ。愛こそがすべてなのだ。

ギュイヨン夫人はあまりにも饒舌な自分の言葉をただ一度だけ引き締めて、聞く耳を持つ人々のために『祈禱の簡便な方法。誰にでもいとも容易に実行でき、それにより高度の完徳へ簡単に到達できるもの』Moyen court et facile pour l'oraison, que tous peuvent pratiquer très aisément, et arriver par là en peu à une haute perfection（一六八五年）という本を出した。やり手で策謀家のこの女性は雄大な宗教刷新計画を温めていた。だがドーフィネ地方(28)〔フランス南東部〕でも、ラコンブ神父(29)をお伴につれてモリノス(30)の教えを説き広めたピエモンテ〔イタリア北西部〕の道々でも、いやパリですら、静寂主義の宣布者になれそうな人物にまだ出会ったことがなかった。フェヌロンなら刷新された教会を照らす燦然たるともしびになれる。聖体の内の主イエスをいかにおがむべきか、悪魔といかに闘うべきかも教えられる。要するに、指導者となって神的な愛の支配をうち立てられる人だ。

ほかの人には彼女は山師と見えたかもしれない。だが、フェヌロンにとっては完徳へ導いてくれる教導者だった。鋭敏で用心深い理性、人間的な知恵、おのれの善意を阻み苦しめるこういう不純な要素は実に捨てにくい。しかし、彼女がもたらす神秘的熱情は少しずつこれらの不純物を焼きつくしていった。「主の御胸に余す所なく身を任せ、主のみがしろしめす感謝の念をもって、敬白。」バネが弛んだり気が散ったり急に意志が目ざめたり、嫌悪を感じたりいらだったり横柄になったり、心が枯渇したりすることもあった。内的には祈禱、外的には隣人とのつきあいでそれが起こった。そういうフェヌロンを彼女は矯正し進歩させ、その足枷をはずしてやった。あどけない無垢な気持のよみがえるのが感じられた。「ああ、自分が無になるということは自卑の限りない幸福をあたえるものです。」自分が消滅し、すべてを剝ぎとられ、念願どおり幼子のようになるのを彼は感じた。そういう時、彼は歌の節にあわせて詩を書いた。

おお純粋な愛よ、まだ残る私を
跡形もなくうちこわせ。
神の意志よ、おんみのみが私を導け、
おんみのひそかないざないに身を任せよう。

あるいは、

お前にはなんでもないことだ、命をなくすくらい、
あれほど愛したその自我を滅ぼすくらい。

まだ足りなかった。こういう詩にも何か形式的なもの、知性的なものが残っている。必要なのは子供が言うような片言だ。フェヌロンは二言目には言うのだった。私もかつては、被造物のくせに自力で存在すると自惚れていた。悪意に充ち、不安でみじめで、たえず苦悩にさいなまれていた。だが今は父なる神の腕に睡る幼子にすぎない。ああ、この楽しさ！　彼女はこう書き送った。「貴方もいずれ私のように単純におなり下さい。富貴を捨てて幼子になるというお気持を貫かれたら、貴方は賢明であればあるほどますます単純で幼くおなりになるはずです。」彼の方もこう書いた。「貴女が言われる幼さ、あどけなさの霊を受けるために、私は心のありったけを神に開きます。」――「私には思えるのです。神が私を幼子のように抱えてくださるのではないかと。自分の力では一歩あるいてもころんでしまうのではないかと。私の内に、私を通して神のみ旨がなしとげられるなら、何が起ころうとかまわないのですが。」

　本当に何が起ころうとかまわなかった。迫害されようが、ギュイヨン夫人の教えが誤解されようが。(31)誤解はあくまで誤解にすぎない。聖女テレサ・デ・ヘスース、聖ファン・デ・ラ・クルス(32)など教会公認の最大の神秘家といったいどこが違うのだ、とフェヌロンは思っていた。ただ、純粋愛の快さを味わう力のない連中が、崇高な敬虔の繊細な花を粗野な手で握りつぶして、あの女は祭壇に近づく資格がないなどと言っているにすぎない。論争のあげく遂にローマから断罪されたことも、彼にはひとつの試練にすぎなかった。身を低くしてそれを受けいれ、教区の信徒に宛てた司牧書でそれを伝えたのも、肉の人間を無に帰してこの上ない犠牲を甘受し、自尊心の最後の抵抗を抑えた上で神において勝利を得るひとつの手段にすぎなかった。安息ノ港ハ見イダサレタリ。ギュイヨン夫人に会うまでは知らなかった安らぎをフェヌロンは今や見つけていた。もうそれを失いたくなかった。死ぬまで失いたくなかった。間違いがあるなら認めよう。罪を犯したのなら悔い改めもしよう。しかし、私の精神には誤謬が入りこむ余地はない。私の心には罪を犯す力はない。私は文字どおり無なのだから。灰なのだから。住みかに選んだ者を死なすことでしか充たされない激しい愛のなきがらなのだから。ボシュエとの喧嘩、手紙、論文、応答、応答への応答、審査、弁論、裁定などという普通私たちが目を向けるドラマより、純粋愛へ向かう内的歩みのドラマの方がフェヌロンにはずっと大事だった。この秘められたドラマは俗人にはとうてい想像できない。人性から神性への変質、火による純化のその悲愴さものすごさが俗人にうかがい知れるわけがない。「私が純粋愛というのは、その持ち主を美しくするにすぎないような、いわばその人だけに属する熱情的な愛ではありません。そういう愛を無知な人は聖性の極致のように思いますが、私に言わせれば不完全な愛にすぎません。私が純粋愛とみなすのは、その持ち主を美しくしたり飾りたてたりするのではなく、その人から容赦なしにあらゆる物を剝ぎとり、当人にはもはや何物も残らないがゆえに、最後の目的地まで行くことを何物も阻めなくなるような、そういう無慈悲で破壊的な愛だけです。そこ以外に純粋愛の成り立つ場所はありません。その仕事はもっぱら醜くすること、剝ぎとること、うちこわすこと、駄目にすることです。それは破壊だけで生きるのです。あらゆる物を食いつくし嚙みつくしむさぼりつくす、ダニエル(33)が見たあの獣のように。」

*

ギュイヨン夫人の弟子はヨーロッパ中にいた。彼女の著作を刊行したポワレ(34)も、心の神学を唱えた人々の内で無視できぬ存在である。神がかりの狂信者は追っぱらってもあとからあとから現われた。どんな力をもってしてもそれを抑えることはできなかったし、道理を説こうにも説くすべがなかった。この連中は議論などもともと拒否していたからだ。こういう飢えた人、熱に燃えた人、いや病人はどんどんふえ、ひしめきあって、師匠たちの極端な教えをさらに極端に推し進め、遂には神経のたかぶり、精神の錯乱、狂気の内に神を求めるようになった。彼らはあらゆる束縛をふり捨てた。牢獄としか見えぬ国家教会の束縛も。暴君と呼ぶ司祭や牧師の束縛も。自分を迫害する社会の束縛までも。彼らは進歩を堕落と見、知を頽廃と見た。原罪と贖罪は概して認めたが、最初の贖罪〔キリストの十字架による贖罪〕はもう恩恵が種切れで、きたるべき第二の贖罪が必要だと思った。今や時は満ち、この世は反キリストの支配下にある。本当のキリスト者はもういない。

この反キリストが生まれてから
すでに一年余の時が流れた。
今こそ彼が
現われるべき時が来た。

或る晴れた夜、
私は彼の幻を見た。
見事に光り輝く
大舞台の上、
肉色のビロードを
一面に張りつめて、
まわりに刺繡をほどこした
帷におおわれ、
柔かいしとねの上に
半ば身を横たえて彼はいた。
もう子供ではない、
大人だった。
その栄光は比類なく、
非常な尊敬に包まれていた。
供の者が現われて、
夜半に大宴会が開かれた。
彼には大勢の召使がいた、
近隣の諸国民、
ありとあらゆる国から来た
かぞえきれない軍勢のように……。*

* アントワネット・ブリニョン『反キリスト発見』L'Antéchrist découvert、アムステルダム、一六八一年、第二三章。

最初の災禍、戦争はすでに始まった。ペストや大火や飢饉がそれに続くだろう。しかし、神は信徒を滅びさせはしない。やがてキリストが来臨される。肉の身と魂を持ち、神として、栄光の内に。真に幸福な時代がそこから始まる。

彼らはしばしば共同体を作った。「天使兄弟会」を創立したヨハン・ゲオルク・ギヒテルのように。その弟子たちは瞑想し自己を無にすることによって、あらゆる仕事、あらゆる労働から解放され、人間から天使へ変らねばならなかった。あるいはまた、「神秘なソフィア」への信仰をうち立て「フィラデルフィア会」を作ったジェーン・リードのように。ギヒテルの好みからすると、リードはいささか視野が狭く、いささか穏健でありすぎた。頻繁な幻視と予言だけで満足していたからである。予言とは、たとえば次のような。「仔羊の書」[35]の秘密の封印がやがて開かれます、偉大なアッティラが竜を追い払い、フィラデルフィア会は王の名を刺繡した愛の旗をかかげます、福音がいたるところに広められ、地上のもっとも遠い国々も救主キリストのものとなるでしょう……といったたぐいの。

天的な自己放棄だけではあきたらず、彼らは奇蹟的な幻視や法悦やエクスタシーを味わった。これは単なる精神的な愉悦ではなく、官能的な逸楽でもあった。彼らは恐ろしい形をとって現われる悪魔と闘い、全力をつくした格闘の末に勝利を得た。彼らは予言をし病をいやし魔法を使った。気の毒な魔法使である。監獄へぶちこまれ、石を投げられ、権力者とおのれの狂乱の双方に追い立てられて、町から町、国から国へさまよったのだから。サタンの支配をうちくずす神の道具と自任した彼らは、自分をこんなに苦しめるのはサタンだと思って満足した。そして、終りはどこかの施療院で窮死した。時には死刑になることもあった。この人たとえばクヴィリヌス・クールマンがそうである。この人はドイツ、オランダ、イギリス、フランス、イタリア、トルコをへめぐって、石ころだらけの土地に種子を播き、行く先々に信徒の共同体を作ろうとして、もうじきバベルの塔が倒れること、義人の「第五王国」が始まることを告げてまわったが、結局一六八九年にモスクワで火あぶりにされた。

こういう人が大勢いたことを考えていただきたい。互に連絡があり、血統があり、相互に呼応しあっていたこと、著述を大量にばらまいて、それがまたヨーロッパ中に張りめぐらされた神知学の一大連絡網のおかげで次々と他国語に訳されていったことを考えていただきたい。また、謎の「薔薇十字会（ローゼン・クロイツ）」(36)とか、カバラ学者とか、一元的な宇宙霊魂のひとつの発現形態を別の発現形態へ変質できるとおぼろげに信じていた化金石の研究家〔錬金術師〕とか、別な夢を描く別な種類の人間もいたことを考えていただきたい。そうすれば、大規模で持続的なこの醗酵状態が想像できるはずである。

感情は理性に負かされたが、敗北を受けいれたわけではない。哲学者流に解された知に対抗して、見神家たちは自分を照らし燃やしてくれる火を持つと豪語した。進歩を未来に託するような知識に対抗して、神知学者らは、学ばずとも得られる直接知を持っている、それだけあればたくさんだ、と公言した。当時の思想家の多くは「認識せよ」と語ったが、少数の者は「愛せよ」と答えた。やたらと人に盾ついて迫害され、波瀾万丈の生涯を送ったアントワネット・ブリニョン、最後には情緒生活しか持たなくなり、神と直接交わって、知識など自分を十分充たしてくれるひそかな知恵を鈍らせるだけだといって軽蔑し、福音が滅びても被造物は真理と幸福へ導いてくれる十分な法を自己の内に見いだすはずだと言い切ったこの*奇妙な女性は、或る日、デカルトに師事するオランダ人たちと対決した。「彼女はデカルト派と討論会をやり、その主義について恐ろしい感想を抱いた。……彼らもこの女性に不満だったし、彼女もデカルト派に不満だった。デカルト派の方法は彼女には向かなかった。こちらは理性の光になど諮るべきではないと思っていたのに、デカルト派はこの試金石であらゆるものをしらべるという原理を立てていたからである。〈デカルト思想のこの誤りは創世以来もっとも悪質な、もっとも呪われた異端であること、それは明白な無神論、または神の拒否であって、神のかわりに堕落した理性を置くものであること――このことを神は私に見せてくださった。いや、口ではっきりそうおっしゃった〉、と彼女は断言した。彼女が哲学者らに言った言葉もそれに関連している。いわく、〈哲学者の病気は人間的な理性の働きですべてを理解しようとし、神的な信仰の照明にいかなる余地も残さないことから来る。信仰が求めるのは、理性や精神や無力な悟性が働きを停止して、神がそこに神々しい光を充ち渡らせること、またはよみがえらせることである。それなしには神は認識されないし、それどころか、理性と堕落した精神の働きによって、神もその真の認識も心の中から追い出されてしまう。これこそ文字どおりの無神論、神の拒否である〉。**」

* 『暗黒に光生まる』La Lumière née en ténèbres、アントワープ、一六六九年。第二版、アムステルダム、一六八四年。

** ピエール・ベール『歴史批評辞典』Dictionnaire historique et critique、「ブリニョン」の項、註K〔一七二〇年版、第一巻六四二ページ〕。

*

「一八世紀は長くきびしい努力の末に、人間一人々々を温かく見やってそれを自ら保護してくれる白ひげの神の姿をなくしてしまった――あるいはなくしたように思った。どちらでも同じことだが。しかし、宗教問題がそれで片づいたわけではない。神秘的な願望と、人間が自己を満足させるためこの願望にあたえる標識とは別だからである。標識は消えても願望は残る。人間は自分の底からたえず湧き出る言葉にならない願いを押しこめられるような容れ物が頭の上にほしくてたまらないのである……。*」

訳註

(1) アンリ・ブレモン　一八六五—一九三三。フランスの批評家。若い頃イエズス会に入ったが、やがてそこを脱した。大著『フランスにおける宗教感情の文学史』Histoire littéraire du sentiment religieux en France（一九一六—二八年）の著者、および「純粋詩」問題の提起者として有名である。

(2) ニーウェンタイト　オランダの数学者で医師のベルンハルト・ニーウェンタイト（一六五四—一七一八）が著わした護教論『宇宙の観照の真の用法』Het Regt Gebruik der Werelt Beschouwingen（一七一五年）のこと。この本は医師ノゲスによって『神の存在を自然の驚異によって証明す』L'Existence de Dieu démontrée par les merveilles de la Nature（一七二五年）という標題で仏訳され、広く読まれた。

(3) プリューシュ師　ニーウェンタイトの前掲書と並んで目的論的な神の存在証明、いわゆる「物理神学」の代表的な古典とされるプリューシュ師の『自然の景観』Spectacle de la Nature（一七三二年）、およびその補遺にあたる『天の話』Histoire du ciel（一七三九年）のこと。

* ピエール・アブラアム『バルザックが創造した人物』Créatures chez Balzac、一九三一年、一五ページ。

(4) ベルナルダン・ド・サン＝ピエール　自然に現われる神の摂理を浮き彫りにした彼の『自然の研究』Etudes de la nature（一七八四年）およびその続篇『自然の調和』Harmonies de la nature（一七九六年）のこと。

(5) シャトーブリアン　シャトーブリアンの護教論『キリスト教精髄』Génie du christianisme（一八〇二年）の第一部第五篇「自然の驚異によって証明された神の存在」は註2で述べたニーウェンタイトの書を紹介したものである。

(6) ポール・ロワイヤル　ポール・ロワイヤル・デ・シャン女子修道院。一二〇四年に作られた古い修道院だが、一六三五年にサン＝シランがその霊的指導者となってからはジャンセニズムの本拠と化し、ル・メートル兄弟をはじめいくたのジャンセニスト隠者がここに住んだ。一七〇六年、ここに残っていた約二〇名の高齢の修道女たちは法王クレメンス一一世の大勅書「主の葡萄の株」（一七〇五年七月一六日付）への署名を拒否したため、国王ルイ一四世の介入を招き、一七〇九年一〇月二九日、修道女たちは警察の手でいくつかの修道院へ強制収容され、空屋と化したこの修道院が巡礼地となるのを防ぐため、翌年、建物のとりこわしが命令された。

(7) 「荒野ト化セシ所ニ平定ヲ叫ベリ」　ローマの歴史家

タキトゥスが『アグリコラ伝』De vita Julii Agricolæ の中で、ローマ人の掠奪を非難するカレドニア（スコットランド）の英雄ガルガクスに言わせている言葉。

（8） 頑固な教会　オランダのユトレヒト大司教区は五つの司教区を含む管区だったが、一六世紀の宗教的動乱で正規の運営が不可能となったため、一五九二年、サスボウト・フォスメールが新たに法王代理に任ぜられて広範な権限を授けられた。一六三三年には法王代理座参事会が新たに設けられ、これは始め司教座参事会と並存していたが、やがてそれにとって代った。法王代理の法的な地位は当初から論議の的となっていたが、ガリカニズムやジャンセニズムをめぐる対立がやがてそれに絡みあい、問題をいっそう深刻化した。後期ジャンセニズムの立役者だったパスキエ・ケネルは法王代理のネールカッセル、およびその後任として一六八八年一〇月に就任したペーテル・コッデの強力な支持を受け、コッデの時代にはユトレヒト教会の一員とみなされて、非常な影響力を発揮した。一七〇三年五月にブリュッセルで逮捕され、九月に脱獄、リエージュに難を避けたケネルは、一〇月にコッデの招きでオランダに亡命し、以後一七年間アムステルダムに定住して、神学論争のかたわらユトレヒト教会の権利擁護に努力した。一七一〇年にコッデが死んでからは、ユトレヒト教会とローマの関係はさらに悪化し、ついに一七二三年、ユトレヒトの参事会は大司教コルネリス・ステーノーフェンを独自に任命してローマと絶縁、現在まで続くユトレヒトの独立教会（オランダ古カトリック教会）を作って分裂を決定的にした。

（9） 神聖ローマ皇帝の宮廷　ウィーンの宮廷はカトリック諸国の宮廷の内でもケネルに好感を示していた唯一の場所で、特に皇帝レオポルト一世の腹心の相談役だったザルム公などは陰に陽にケネルやコッデを庇護した。

（10） ウニゲニトゥス大勅書　大勅書「神のおん独り子」のこと。ケネルの著書の可否をめぐる国内の司教たちの分裂を収拾するため、ルイ一四世は一七一一年以来、ケネル断罪の大勅書の発布を法王に強く要請していた。法王クレメンス一一世は非常に渋ったが、結局不本意ながら譲歩して、一七一三年九月八日この大勅書に署名、一〇日にそれを公示した。

（11） 一書　『仏訳新約聖書、各節に道徳的考察を付す』Nouveau Testament en français avec des réflexions morales sur chaque verset のこと。この本は一六七一年に第一版が出ており、その後版を重ねるごとに次々と書き加えられていった。一七〇三年、カプチン会士のティモテ・ド・ラ・フレーシュはジャンセニズムを復活させるものとしてこの本をローマに告発、法王クレメンス一一世は一七〇八年七月一三日の小勅書「主の御手にあるすべての人」の中でそれを断罪したが、この小勅書はガリカニズムに反対していたためフランスでは全然受けいれられず、かえって司教の間の対立が激化したため、遂に、ケネルの書の一六九九年版から引いた一〇一の命題を断罪するウニゲニトゥス大勅書の発布となったのである。

（12） 上訴派　ウニゲニトゥス大勅書の受諾をめぐってフランスの僧族の間では激烈な論争が展開され、ビシー、ロアン両枢機卿の率いる受諾派とノアイユ枢機卿を中心とする反対派が対立しあった。一七一七年三月五日、スネの司教ソーナン、モンペリエの司教コルベール、ミルポワの司教ラ・ブルゥ、ブローニュの司教ラングルの四人がウニゲニトゥス大勅書の制定問題を世界公会議に提訴する公正証書をソルボンヌに提出し、ソルボンヌのほかに一二名の司教もこれに賛成して、ノアイユ枢機卿も四月三日、ひそかに上訴決議書に署名した。上訴への賛成者は日ましにふえ、一〇万人の聖職者中三千人強に達した。一七一八年三月八日、宗教裁判は上訴を断罪し、八月二七日にはクレメンス一一世が上訴派を破門したが、高等法院の反対でそれも実効をともなわなかった。一七二〇年三月一三日、ノアイユ枢機卿は一三ヵ条にわたる大勅書の解説を承認し、約八〇名の司教が大勅書への署名にふみきったが、こういう調停派の動向とは別に、前記の四司教は同年九月一〇日、世界公会議への再度の上訴を行なった。王権は上訴派に激しい弾圧を加え、四司教の中心だったソーナンは一七二七年九月、封印状によってラ・シェーズ・ディユーに追放された。ウニゲニトゥス大勅書がフランスの国法として制定されたのは一七三〇年三月二四日である。

(13)　痙攣派　　パリのサン＝メダール教会の助祭で上訴派の一人だったフランソワ・ド・パリスは一七二七年五月一日に死に、サン＝メダール小墓地に葬られたが、彼の生前の徳をしたって墓参の人が絶えなかった。一七三〇年一一月三日、アンヌ・ル・フランがその墓の上で奇蹟的に病気が快癒し、翌年七月にはエーメ・ピヴェールという麻痺患者が、九月には同じくペシュラン師が快癒した。これらの快癒には全身の激しい痙攣がともなった。この噂を聞いて大勢の人がサン＝メダール墓地につめかけ、痙攣は次々と伝染して、文字どおり集団ヒステリー状態が現出した。王権はやむなく、一七三二年一月二七日に墓地の閉鎖を命じたが、痙攣はその後も個人の家で続き、さらに一七三二年の暮頃からは「助け」と称するすさまじい相互的加虐行為がそれに加わり、全国的に波及して、警察の取り締りにもかかわらず、その余喘は一九世紀初頭まで続いた。痙攣や「助け」の問題は落ち目のジャンセニスト陣営を賛否両派に分裂させ、ジャンセニズムやひいては宗教一般の信用を失墜させる一因となった。

(14)　カミザール　　第三部第五章、註4参照。

(15)　アブラアム・マゼル　　一六七七―一七一〇。セヴェンヌ地方フォーギエールの農夫。一七〇一年一〇月に最初の天啓を受け、翌年七月のシェイラ師殺害に始まるカミザール反乱に最初の反徒の一人として参加、その一隊を指揮して、一七〇四年五月に首領ジャン・カヴァリエが降伏したのちも戦いつづけた。一七〇五年一月、政府軍の不意打ちを受けて逮捕され、モンペリエへ護送されて裁判にかけられようとしたが、一七〇二年に教会を焼打ちされた時マゼルのおかげで命を助けられたサン＝マルタン＝ド＝コルナックの司祭がマゼル助命に奔走したため、結局判決は下されず、マゼルは一月二八日、エグ＝モルトのコンスタンス塔に幽閉された。半年後の七月二四日、マゼルは牢獄の壁を破って仲間の一六人とともに脱走、二七日他のカミザールと合流して、リヨン経由スイスからロンドンへ亡命した。本文で「回想録」と言われているのは、マゼルと後出のエリ・マリオンがロンドンでシャルル・ポルタレスに口述したもので、マゼルの口述部分には一七〇八年八月二五日という日付が入っており、内容は一七〇一年に最初に神感を受けた時から、反乱勃発後一時身を退いていたマゼルが再び戦列に復帰する一七〇三年三月末までの、いわば反乱の初期に関するものである。口述の日付の翌日、マゼルはセヴェンヌへ帰って反乱を再燃させることを命じる聖霊の神感に促されてロンドンを発ち、ジュネーヴを経由してまずヴィヴァレ地方へ入り、一七〇九年の五月から七月にかけてそこで反乱を起こしたのち、九月なかばにセヴェンヌ地方へ入ったが、翌年一〇月一四日、仲間の密告によって隠れ家を政府軍に包囲され、防戦もむなしく射殺されて、その首は三日間晒物にされた。

(16) この引用はマゼルの口述部分からではなく、次に述べるエリ・マリオンが第三者として語っていることである。

(17) エリ・マリオン 一六七八―一七一三。カミザールの予言者の一人。セヴェンヌ地方バールの人で、代訴人の書記をしていた。反乱勃発時にはまだ参加していなかったが、一七〇三年元旦に啓示を受けて、二月から「荒地」の信者たちの間で説教を始め、その年の復活祭の日にマゼルが指揮する叛徒の群に投じた。その後各地を転戦したが力つきて一七〇四年一〇月に降伏、スイスに亡命した。しかし、翌年二月、ニヨンで帰国を命じる聖霊の声を聞き、翌々日の夕刻ジュネーヴを発ってフランスへもどり、三月から五月にかけてニーム、モンペリエで反乱のための陰謀を企てた。だが形勢利あらず、七月なかばに再び投降し、再度亡命の旅に上り、八月二四日ジュネーヴ着、約一年スイスで生活したのち、オランダを経て一七〇六年九月一六日ロンドンへ着いた。ロンドンで彼の予言がイギリス市民と亡命フランス人の冷笑と反感を買ったことは本文で述べられているとおりである。一七一一年六月、マリオンを中心とする神感者たちはブランデンブルクへ宣教に行くことを聖霊に命じられ、マリオンら四人の一行は六月二二日船に乗り、ロッテルダム、アムステルダムを経てベルリンに着いたが、官憲によって退去を命じられ、その後もライプツィヒ、ニュルンベルク、ウィーンなどを転々としたのち一一月二二日ロッテルダムへもどった。翌年五月、マリオンらは再び聖霊の命によって今度はスエーデンへの宣教の旅に上り、七月にストックホルム着、そこで東方への宣教を聖霊に命じられてまずケーニヒスベルクへ渡ったが、スエーデンのスパイとみなされてポーランドの官憲に逮捕され、一七一二年一〇月から一七一三年五月まで入獄した。釈放後、ハレ、プラハ、ベオグラードを経てコンスタンチノープルへ行き、さらにスミルナを経て一七一三年一〇月三日にイタリアのリヴォルノへ着いた。仲間はさらに旅を続けたが、マリオンは一人リヴォルノに取り残され、一一月二九日その地で落命した。他の三人は一一月二四日ローマへ発ち、たぶん一七一四年三月初めにロンドンへ帰着した。彼らの一行には、夫の死後この一団に加わって一年にわたり世界を放浪したピエール・ジュリユの未亡人もいた。

(18) 法廷へ喚問され マリオンはロンドン到着後間もなく、一七〇六年九月一八日から翌年三月三〇日までに行なった予言を集めた『予言的警告』Avertissements prophétiques

をまとめ、それに彼の誠実性を証明するジャン・ドーデ、ニコラ・ファシオ、シャルル・ポルタレスの証明書を添えて、一七〇七年四月初旬に出版した。同月末にはその英訳も出たが、六月はじめ、ロンドンのサヴォワ教会（フランス人教会）はこの本を「謀反と瀆神の書」としてマリオン、ドーデ、ファシオを告発し、裁判の結果、一一月二八日の判決によって、三人の被告は罰金刑を言い渡され、加えて一二月一、二両日、二時間にわたって市中で晒物にされた。また一二月一一日には、『予言的警告』の英訳者に対する別の裁判が行なわれている。

（19）　大見栄をきった　一七〇八年の初めから彼らは、信者の一人だったエムズ博士の遺体を五月二五日によみがえらせると予告していた。しかし、官憲の禁止命令によって、その日墓地に集合することはできなかったらしい。

（20）　あの争い　いわゆる「静寂主義論争」のこと。一六八八年九月一四日にギュイヨン夫人を初めて知ったフェヌロンは次第にその感化を受け、とりわけボシュエと夫人の間の調停につとめた。一六九四年から翌九五年にかけてボシュエとシャートロンの司教ノアイユ、サン＝シュルピスの総会長トロンソンはイシーで会談して、祈禱に関する正統信仰を三〇ヵ条の定式書にまとめたが、この三人の補佐役として審議に加わったフェヌロンは、静寂主義に対する非妥協的態度の緩和に努力し、新たに四ヵ条を追加させ、これらは一六九五年三月一〇日、「イシーの三四ヵ条」として確定された。翌月一六日、ボシュエは司牧書を発してモリノス、ラコンブ神父、ギュイヨン夫人らの著作を断罪し、さらに『祈禱状態に関する教書』Instruction sur les états d'oraison を著わした。しかし、一六九六年七月にボシュエから『教書』の草稿を見せられたフェヌロンはそれへの不同意を表明、すでに二月に執筆していた「イシーのノート」に手を加えて『聖人の格率解説』Explication des Maximes des Saints を著わし、一六九七年一月末に刊行した。これは「純粋愛」に関する自己の理論を展開し、ギュイヨン夫人を擁護したものであった。ボシュエの『教書』は一ヵ月後に出版され非常な好評を博したが、フェヌロンの『解説』に対しては各所から批判が上り、特にボシュエはこの本から引いた断罪すべき命題の一覧表を作る作業を始めた。これを知ったフェヌロンは一六九七年四月二七日ローマに提訴し、『解説』の是非を法王インノケンティウス一二世の裁定に委ねた。ボシュエは、一六九七年七月の『一博士の手紙』Lettre d'un docteur や八月六日の『三司教の声明』Déclaration de trois évêques を皮切りに公然とフェヌロンを攻撃し、フェヌロンもそれに応戦して、一六九八年まで二人の間には激烈な論争が展開された。主要な論争書はボシュエ『静寂主義記』Relation sur le quiétisme（一六九八年六月）、フェヌロン『〈静寂主義記〉に答える』Réponse à la Relation sur le quiétisme（同七月）、ボシュエ『〈静寂主義記に答える〉に関する指摘』Remarques sur la Réponse à la Relation sur le quiétisme（同一〇月）、フェヌロン『〈静寂主義記に答える〉に関するモーの司教殿の指摘に答える』Réponse aux remarques de Mgr l'évêque de Meaux sur la réponse à la Relation sur le quiétisme（同一一月）である。しかし翌一六九九年の三月一二日、インノケンティウス一二世は小勅書「クム・アリアス」を発して、フェヌロンの『聖人の格率解説』を正式に断罪し、フェヌロンも四月九日それへの服従の意を表明して、静寂主義論争はここに終止符を打った。すでに一六九七年の八月一日、フェヌロンは宮廷から失脚して、任地カンブレに流されていた。

(21) 旅仕度をしている　以下の記述は、フェヌロンが二四歳(または二五歳)の時に書いた或る手紙の内容紹介である。手紙の日付は一六七五年(または七六年)一〇月九日、名宛人は不明だが、たぶんボシュエであろうと言われている。そこでフェヌロンは東方への宣教に従事したいという夢を語っている。

(22) 教会の分裂　東方教会(ギリシャ正教)と西方教会(ローマ・カトリック教会)の分裂のこと。

(23) ベティック　『テレマックの冒険』巻七に出てくる理想郷。

(24) サラント　『テレマックの冒険』巻八、九、一〇、一一で語られる理想の国。

(25) 南大陸　今のオーストラリアは一六世紀にポルトガル人が発見したのち、一七世紀の初頭から四〇年代にかけて、主としてオランダ人によりさかんに調査され、最後的には一八世紀後半のクックにより島であることが確認された。その間、「南大陸」と呼ばれたこの謎の地はいくたのユートピアの舞台とされ、一七世紀末から一八世紀初めに至るこの時期にも、ガブリエル・ド・フォワニーの『南大陸ついに知らる』La Terre Australe connue(一六七六年)、ドニ・ヴェラスの『セヴァランブ物語』Histoire des Sévarambes(一六七七—七九年)、シモン・ティッソ・ド・パトの『ジャック・マッセの旅と冒険』Voyages et avantures de Jaques Massé(一七一〇年)など、代表的なユートピア小説の多くがこの地に舞台を設定した。この南大陸ユートピアの伝統はレティフ・ド・ラ・ブルトンヌの『空飛ぶ人の南大陸発見』La Découverte australe par un homme-volant(一七八一年)などにまで至っている。

(26) アカデミーの理事　一七一三年以来アカデミー・フランセーズの終身書記だった古典学者アンドレ・ダシエ(一六五七—一七二二)。有名な批評家ダシエ夫人の夫)のこと。『アカデミーの仕事についての手紙』(一七一四年)は、彼宛の手紙の形で書かれている。これは、ダシエを通じて意見を求めてきたアカデミーへの答であった。

(27) サン＝シール　本来はヴェルサイユ西方の町の名。一六八六年、マントノン夫人はここに貴族の子女を教育するための学校を作り、これは一八世紀末まで存続した。はじめギュイヨン夫人に好意を持っていたマントノン夫人は、フェヌロンや、サン＝シールの院長だったブリノン夫人、さらにギュイヨン夫人の親類でやはりサン＝シールにいたラ・メゾンフォール夫人らの勧めで、この学校の生徒らをギュイヨン夫人の教えにあずからせようと思い、彼女をサン＝シールに招いて数度にわたり滞在させた。しかし、彼女の教えに次第に不安を抱いたマントノン夫人は、一六九四年の夏ごろから、自分の霊的指導者であるシャルトルの司教ゴデ・デ・マレをはじめ、ボシュエ、シャーロンの司教ノアイユらの意見を求め、その結果急速にギュイヨン夫人から離れてゆき、サン＝シールの婦人たちはギュイヨン夫人の著作を読むことを禁止されるに至った。註20で述べたボシュエ、ノアイユらのイシーでの会談も、そもそもの発端はギュイヨン夫人のサン＝シールでの影響に不安を感じたマントノン夫人のこうした諮問にあったのである。

(28) ドーフィネ地方　一六七六年、二八歳で夫を失ったギュイヨン夫人は、一六八〇年にパリで相知ったジュネーヴの司教ダラントンに勧められて、翌年ジュネーヴ北西のジェクスへ行き、新教から改宗した娘たちの教育の任に当った。しかし、彼女の神秘主義的傾向はやがて司教の不信を招き、彼女はほどなくジェクスを去ってレマン湖畔のトノンへ移り、さらにグルノーブル（ドーフィネ地方の中心都市）へ行き、ついでイタリアに入ってピエモンテ地方のヴェルチェッリ、トリノへ行き、再びグルノーブルへもどったのち、一六八六年パリに定着した。教会当局者の敵意にいたるところで出会ったこの布教行脚は、こうして足かけ七年に及んだ。

(29) ラコンブ神父　フランソワ・ド。一六四三―九九。サヴォワ地方トノンのバルナバ会修道士。ギュイヨン夫人の霊的指導者だったが、逆に彼女から深い感化を受けて静寂主義の使徒となり、夫人とともに前註で述べた宣教の旅を続けた。一六八六年、二人はパリに定着し、ラコンブ神父はバルナバ会の僧院に彼女と別れて住んだが、一六八七年一〇月、パリ大司教の命により逮捕、キリスト教教義協会の僧院に幽閉され、以後ルルド、ヴァンセンヌ、シャラントンなどの獄を転々としたが、ギュイヨン夫人と別れて以後精神に異常をきたし、完全な発狂状態で死んだ。ラコンブ神父には『念禱の分析』Analysis orationis mentalis（一六八六年）という著作があるが、これは一六八八年、法王庁により断罪された。

(30) モリノス　ミゲル・デ。一六二八―九六。スペインの神秘家で静寂主義の創始者。バレンシアで神学博士の学位をとったのち、一六六三年ローマに定住し、すぐれた霊的指導者とうたわれて、のちの法王インノケンティウス一一世を含む多くの人々の尊敬を得た。一六七五年、『心の導き』Guida spirituale をローマで出版し、これはドイツの敬虔主義者フランケによるラテン語の訳が出るなどして広く読まれ、いわゆる静寂主義を世に広めた。イエズス会はこの理論に強く反撥し、ラ・シェーズ神父（ルイ一四世の聴罪司祭）を通じルイ一四世を動かし、結局フランスの宮廷の圧力でモリノスは一六八五年に逮捕され、その著作から引いた六八ヵ条の命題は一六八七年一一月法王庁によって断罪された。モリノスは自説を撤回したが、終身禁錮に処せられ、最後はローマで獄死した。

(31) テレサ・デ・ヘスース　一五一五―八二。スペインの神秘家。カルメル会の修道女で、一五五八年神秘的体験を得て回心し、カルメル会を刷新して改革カルメル会の最初の修道院を作り、さらにファン・デ・ラ・クルスと協力して男子修道院にも同様の改革をもたらした。

(32) 聖ファン・デ・ラ・クルス　一五四二―九一。スペインの神秘家。カルメル会の修道士で、同修道会の改革を行ない、投獄されたり宗教裁判にかけられたりしながら、遂にその改革をなしとげた。「神秘博士」と綽名され、その著作は神秘神学の古典とされている。

(33) ダニエル　旧約聖書「ダニエル書」の主人公。「獣」の幻はその第七章に述べられている。

(34) 刊行した　フランスのプロテスタント神秘思想家ピエール・ポワレ（一六四六―一七一九）は、『キリストのまねび』Imitatio Christi や『ドイツ神学』Theologia Germanica の仏訳（前者は一六八三年、後者は一七〇〇年）、後出のアントワネット・ブリニョンの著作等とともに、『ラモット・ギュイヨン夫人著作集』Œuvres de Madame de Lamothe-Guyon（一七〇四、一二、一五年）を刊行している。

(35) アッティラ　四〇六頃―五三。中央ヨーロッパを征服し、フランス、イタリアにまで侵入したフン族の王。

(36) 「薔薇十字会（ローゼン・クロイツ）」　一七世紀に主としてドイツにあった見神家の集まり。一六一四―一五年にドイツで出版された『普遍的・全般的改造』Allgemeine und General Reformation という一種の匿名小説にその名前が出てくる。これは虚構だったらしいが、その後いろいろな神秘家の集まりがこの名を名のるようになり、フリー・メーソンや魔術から借りたさまざまな要素に世界宗教、世界平和というプログラムを加えて、ドイツ、オーストリアからオランダ、イギリスに広まった。その神知学的な理論はイギリスのロバート・フラッド（一五七四―一六三七）によって詳細に解説されている。

むすび

ヨーロッパとは何か。それは戦火をまじえる隣人同士の激しい憎悪の念である。フランス=イギリス間の対立、フランス=オーストリア間の対立、アウグスブルク同盟戦争[1]、スペイン王位継承戦争[2]である。こういう混戦の詳細を苦労して辿る歴史の本は「全面戦争」という言葉をよく使う。いくら協定が結ばれても休戦はすぐ破れ、平和は郷愁にすぎなくなり、国民がへとへとになっても戦争は続いた。毎年春になるときまって戦闘が始まるのだった。

ヨーロッパ人に戦争をやめさせるのは無理だと知ったライプニッツは、その鋒先をせめて外部へ向けようとした[3]。スエーデンとポーランドはシベリアと南ロシアを征服し、イギリスとデンマークは北アメリカを、スペインは南アメリカを、オランダは東インドを取るがいい。フランスは向かいのアフリカを占領してエジプトまで行き、百合の花〔フランス王家の紋〕の支配を砂漠にまで広げるがいい。そうすれば兵隊も鉄砲も大砲も未開人や異教徒へ向けられて、野心も利害も地球上に遠く拡散し、二度とぶつかりあうことはなくなる。

サン=ピエール師は喧嘩の種を外へ移すだけでは満足しなかった。「蛮行、殺人、暴行、火災、その他戦争にまつわるさまざまな荒廃を考え、とりわけフランスや他のヨーロッパ諸国の荒廃に深く心を痛めて、私は戦争の病をいやすすべが絶対にないかどうか、平和を続かせることが全く不可能かどうかを研究しはじめた……。」[*]平和を続かせよう、いや永続化しよう。それには君主たちが条約を結んで、自分も自分の後継ぎも喧嘩の種になるような要求を一切放棄すればいい。現在の領土を永久不変の既得権にすればいい。どの国もよそ以上の軍隊を持たないように兵力を制限し、その数を最大限竜騎兵一万二千ときめればいい。それでもどこかで紛争が起こったら、諸国連合が仲裁にのりだし、連合のきまりに従わず裁定に服さない君主に対しては必要とあらば戦端を開くがいい。たとえばユトレヒト、ケルン、ジュネーヴ、アーヘン〔ベルギーやオランダとの国境地帯にあるドイツの町〕といった自由な中立都市で、全権代表の常設会議を開くがいい……。いかにもユートピアの設計者らしく細部に至るまで夢を正確に組み立てたこの人は、あらゆる希望を含むかに見えるひとつの言葉に酔っていた。「ヨーロッパ」である。ヨーロッパ裁判所、ヨーロッパ軍、ヨーロッパ共和国。この言いつけを守れば、ヨーロッパはもはや戦場ではなくひとつの「社会」になるはずだった。

＊ シャルル・カステル・ド・サン＝ピエール『ヨーロッパ永久平和のための覚書』Mémoire pour rendre la paix perpétuelle en Europe、ケルン、一七一二年、序文。

しかし、ライプニッツが一六七二年にフランスを自分の大計画へ引き込もうとしたのは、オランダとの戦争がちょうど始まった時だった。はるばるドイツから建策にきたこの哲学者にルイ一四世が会ったかどうかは確かでない。四〇年後にサン＝ピエール師が壮大な空中楼閣を組み上げた時も、当時の人は知らん顔をして時期尚早なこの夢が虚空に描かれるに任せていた。熱誠あふれるサン＝ピエール師は支持者を求めて、平和の大業の老いたる闘士ライプニッツにおのれの計画を伝えた。ライプニッツの返事は悲観的だった。人間がなかなか不幸から抜け出せないのは、何よりもその意志がないからです。精力的な君主ならいざとなれば自分一人でペストや飢饉の侵入をくいとめられますが、戦争の防止はそう簡単にはいきません。これは一人の人間の気持しだいで出来ることではなく、何人もの皇帝や国王の協力が必要です。神聖ローマ皇帝がスペインやインドの継承権を放棄するように勧める大臣がいるでしょうか。フランスの王家がスペインの王位を握れるかもしれないという期待が、五〇年[4]にわたる戦争の種になりました。それを手放させるという期待が、もう五〇年間ヨーロッパを混乱させるかもわかりません。「多くの場合宿命が人間の幸福を邪魔しているのです……」＊（フーシェ・ド・カレイユ版著作集、第四巻三二五ページ）。

＊ ライプニッツよりサン＝ピエール師へ。ハノーヴァー、一七一五年二月七日。――同じくライプニッツの『サン＝ピエール師の〈永久平和計画〉についての所感』Observations sur le Projet d'une paix perpétuelle de M. l'abbé de Saint-Pierre（フーシェ・ド・カレイユ版著作集、第四巻〔三二七ページ〕）をも参照。

＊

ヨーロッパとは何か。厳密なくせに不確かな、矛盾した形のものである。障壁が錯綜し、その前には必ず人が立っていて、パスポートの提示を求め、税金を払わせる。友好的なコミュニケーションを阻むありとあらゆる障害がある。柵ばかり念入りに立てて耕すひまもないような畑は、一アルパン〔約一エーカー〕といえども数世紀にわたる争奪戦の的になり、主(ぬし)が変るたびに新しく囲いこまれる。よほど小さなものでなければもう自由な空間はなく、あらゆるものが規定され画定され境をきめられている。人間は狭い所へ押しこめられ窒息しそうになる。なんでも持ち主がきまっている。「生まれたのが遅すぎたのでしょう、私が家と墓を建てる土地はもう一プース〔約一インチ〕もありません。*」

* マラナ『道徳と学問の諸問題に関する哲学者と隠者の対談』Entretiens d'un philosophe avec un solitaire sur plusieurs matières de morale et d'érudition、一六九六年、二九ページ。同じく二八ページの次の言葉を参照。「みんな暴力と錯乱で喧嘩のかたをつけようとします。強い者が守備力のない者を必ず負かします。州や王国や民族があるかぎり、敵対行為や戦争はなくならないでしょう。人間が地上にいるかぎり、悪徳がなくならないのと同じです……。」

しかし、こういう厳密な境界が次にはいたって頼りないものになる。征服や条約やただの占有によって猫の目のように変るから。障壁は前へ後へ移動して、なくなったかと思うとまた立てられる。地理学者は新しい地図を作るが、出来上る前にもう使えなくなってしまう。* みんなひとつの王国を別の王国の延長にしようとし、ピレネー山脈〔フランスとスペインの境にある山脈〕をなくそうとする。(5) そこから次のような内部矛盾が起こる。ヨーロッパを構成するたくさんの図形は修正できないと称しながら、実際はたえず修正されるのである。

* 『学芸新聞』Journal des Savants の一六九三年四月一三日号は『ヨーロッパの現状』État présent des affaires de l'Europe（一六九三年）という文章で、「ヨーロッパが何か新しい変化を蒙らぬ日はほとんどない」と言っている。

西の方は心配ない。蛮族が海から襲来し、千年の歴史を誇る村々が外からの侵略者に荒らされることはもうないだろう。戦闘があっても、さいわいイギリス人、フランス人、ポルトガル人、スペイン人といった兄弟同士の戦闘である。――トルコ人が地中海で旅人や沿岸の住民に無礼を働いても、さいわいヨーロッパの命には別状ない。――しかし東の方はたいへんである。昔なら、文明のきざはし〔中近東やギリシャ〕を占拠した回教徒の軍勢を防いでいればよかったが、今はそう簡単にゆかない。東洋の門口に何百万の人間が現われ、ツァールの命令一下、[6]ヨーロッパへの編入を要求しだした。アムステルダムやロンドンやパリの製品を送ってくれ、モデルも送ってくれ、先生も送ってくれと言いだした。ひげを剃り、髪を切り、服をとりかえ、ドイツ語の会話を習いだした……。でも、心はそうやすやすと変るだろうか。皆より遅れて学校へ入り、高級な人間になろうとして授業をつつましく受けている、そういう小学生ふうの役割に甘んじるだろうか。願いをかなえてやったらば（かなえるほかないけれども）、今度はお返しに、自分の知恵——知恵か狂気か知らないが——を売りこんだりするのではないか。この問題が出てくるのはまだ先のことだが、ヨーロッパはすでに当時からこの対抗的な別のヨーロッパ、東洋との境に現われたヨーロッパの出店、ヨーロッパの模造品、まがいものに当惑していた。均衡を乱されていた。

ヨーロッパは不和と嫉妬の土地である。嫉妬と苦汁と怨恨の土地である。ラテン人は、図体ばかり大きくて無骨で鈍いゲルマン人を軽蔑した。ゲルマン人も、生気のない頽廃したラテン人を軽蔑した。ラテン人はまた内輪もめをした。隣人の美点を認めるのが苦痛であるかのように、いつもまず相手の欠点を考えた。無数の顔形を墨で書いたびっこの悪魔アスモデ[7]のマントと同じである。どれも醜悪なしかめっつらだ。マントをはおったスペインの貴婦人がそぞろ歩きの外人を誘惑している。フランスの貴婦人は鏡の前で百面相をし、戸口に見える黒子（ほくろ）と紅（べに）をつけた若い神父に試してみようとする。ボタンをはずしただらしない恰好で、酔っぱらって煙草の粉をいっぱいつけたドイツ人の男らが、牛飲馬食の滓がちらばる食卓を囲んでいる。イギリス人の男はいんぎんにパイプとビールを彼女にすすめる……。*スペクテーター氏[8]の庭へ行っても同じである。国のシンボルになると、どの花もとたんに色香をなくしてしまう。イタリアの花は匂いが強くて頭がクラクラする。フランスの花は極彩色でけばけばしいが、匂いは弱くすぐ消えてしまう。ドイツや北欧の花はほとんど——あるいは全然——匂わない。たまに匂ってもいい香りではない。**

* ルサージュ『びっこの悪魔』Le Diable boiteux、第一章。

** 『スペクテーター』Spectator、第四五五号。

＊

それでも、私たちのようにこの苦患の地から湧き上る絶叫、嘆声にながく耳を傾けてきた者は、挑発や非難の声にまじって自負の叫びを聞きとることもできる。その武力、その知性、その魅力、その光輝が世界に並びなきヨーロッパの価値をたたえる讃歌が徐々に聞こえてくるのである。

世界の四つの部分の中で、ヨーロッパはたしかにいちばん小さい。だが、同時にいちばん美しく、いちばん肥沃で、荒野もなければ砂漠もなく、いちばん開発されている。自由学課や諸技芸もよそとは比較にならぬほど栄えている。シナの驚異を持ち上げたい人は持ち上げるがいい。しかし、「私たちのヨーロッパから一度も外へ出たことがなく、少なくともあまり遠くへ行ったことがないような、そういう或る種の精神があるのです。それは広い地域に同時に広がることはできず、かなり狭い枠の中に宿命的にとじこめられているのでしょう。この天分がある内は、それを享受しようではありませんか。有難いことに、それは学問や無味乾燥な思弁だけでなく、趣味的な事にまで及んで立派に成功を収めています。ここでも、私たちに比肩する民族があるかどうか疑問なのですから。」＊ヨーロッパはばらばらでも、よその大陸と戦う時は一体になり、敵を打ち負かし従わせてきた。必要とあらばこれからもやるつもりだった。ヨーロッパ諸国民の心の内には、勇壮な大航海や地理上の発見や、黄金を満載したガリオン船（中南米からスペインに金銀を運んだ運搬船）や、未開な帝国の廃墟の上に立てられた輝ける旗の記憶が残っていた。彼らは今でも自分を「怖るべき」「好戦的」な人間と思っていた。「東西両洋を恐怖のどん底へ叩きこもうと思ったら、ヨーロッパはきめるや否や実行するだろう。」──「君主が戦争の合図をすると、アジア人やアフリカ人が金をばらまき恩賞を約束してもなおかつ集められないほど大勢の人が、たちまち名を上げたいという一心から進んではせさんじるのである。」＊＊四分五裂の状態で、おのが不幸とおのが犯した過ちの痛切な自覚によって引き裂かれ、信仰の統一を失ったことを最大の損失として嘆きながら、しかも「キリスト教世界」を再び名のることに絶望していたヨーロッパは、にもかかわらず、自分にしかない特権と、他との比較でますますきわ立つ独自性と、譲るべからざるユニークな価値を内心深く自覚していた。

＊　フォントネル『世界の多数性に関する対談』Entretiens sur la pluralité des mondes、第六夜〔カラーム版、一九六六年、一七八―一七九ページ〕。

＊＊　ルイ・デュ・メイ『慎重な旅行者』Le prudent voyageur、ジュネーヴ、一六八一年。第四話「ヨーロッパ一般について」。

＊

ヨーロッパとは何か。あくなき思考の営みである。自分を甘やかさずに、ヨーロッパは二つの物をたえず求める。ひとつは幸福、ひとつは幸福よりさらに貴重で不可欠な真理である。この二重の要請に答えそうな状態がかりに見つかっても、それが長持ちしない不安定なものであること、一時的、相対的なものにすぎないことをヨーロッパはたちまち気づく。それを知って必死の探求をまた始める。これがヨーロッパの栄光であり苦しみでもある。

ヨーロッパ以外では、文明を知らぬ多くの人が、何も考えず、生きることだけに満足して暮している。老いこんで気力がなくなり、疲労を増す不安動揺などまっぴらだといわんばかりに、「知恵」と呼ぶ不動性の中へ、「完成」と呼ぶ涅槃の中へ籠ってしまった人種もある。自分で発明するのをあきらめて、永久に猿真似ばかりする人種もある。しかしヨーロッパでは、昼間織った布がみんな夜にはほどかれてしまう。別な糸がためされ、別な経糸が揃えられ、小刻みに揺れながら新品を織り出す機の音が毎朝ひびく。

なかなか満足しないこの織姫が、やっと傑作が出来た、ここで休んでもいい、と思ったのが古典主義時代だった。これ以上美しい、長持ちする形を生みだせようか。たしかに今の私たちでも感心するくらいだから、いや孫子の代までお手本にする価値があるくらいだから、その美しさ、その持ちの良さは格別である。しかし、この美しさもそれを生みだした精神の安定を前提にしている。古典主義は古代の知恵を捨てることなしにキリスト教的な知恵を実行する方法、心の諸機能を釣りあわせ、満足と讃嘆にもとづく秩序をうち立て、さらにあまたの奇蹟をなしとげる方法、一言で言えば静謐と隣りあわせの状態を提示する方法を見つけたのである。

こうしてヨーロッパは、この記念すべき成果を楽しげにうち眺めながら、しばし足を止めた。これ以上正確で見事な物はなさそうなほど完璧に測定された壮大な配景の中で、今こそ停止していいのだという幻想をしばし抱いた。

この希望はあまりにもはかなかった。それは時ならずして否定されてしまった。ヨーロッパは本当に足を止めたのではない。止めたいという誘惑を感じたにすぎない。ヨーロッパは自己の掟、厳しい掟から逃れることはできなかった。権威の自発的な承認の上に自己の論理をうち立てたこの世界の理論家たちが、その教えに微妙な陰影をつけ終らない内に、もう別な理論家が現われて、この権威の危険や弊害や欠点をつき、その行きすぎを攻撃して、とどのつまりは権威そのものの一切の価値を否定してしまった。探索作業がこうしてひそかに再開された。静かな外見の下に不安がよみがえった。別な幸福、別な真理をめざして人々はまた旅に上った。不安な連中、物見高い連中ははじめは恥をかかされたり迫害されたり陰にかくれたりしていたが、やがて公然と名のりを上げ、前へ進み、有名になり、教導者・指導者の地位を要求しだした。これが一七世紀と一八世紀の中間に私たちが見た意識の危機のありようである。

*

それにしても、この批判的な思考はいったい誰が培ったのか。その力、その大胆さをいったいどこから得ていたのか。これはそもそもどこから来たのか。

遠い昔から、古代ギリシャから、中世のあれこれの異端学者から、あるいは別の遠い源から来たとも言えるが、直接にはルネサンスから来ていることは疑いない。ルネサンスとこの時代には否定しがたい類似性がある。大胆な思想家たちが人間的なものを神的なものに従わせるのを拒んだことも同じなら、あらゆる実在の限界を画し、あらゆる問題を解決し――あるいは、解決できない問題を無いものとみなし――あらゆる希望を包含する人間的なもの、この人間的なもののみが信じられたのも同じである。うまく定義はできないが、とにかく全能で、造物主の作物ではなく、一般にあらゆる存在、特殊には人間の「生の飛躍（エラン・ヴィタール）」である「自然」というものが介入したのも同じである。断絶が見られるのも同じである。一七世紀末の教会合同の失敗は、一六世紀の宗教分裂を決定的ならしめまいとする試みが徒労に終り、分裂が固定化されたものにすぎない。さらに言えば、年代学や妖術師について際限のない議論が行なわれたのも同じである。一人々々が自分の心の底をのぞきこみ、攻める側も守る側も自己の信念のすべてを賭けるという意識を持ち、懐疑家ですらういういしく見え、生の決定的な解釈が問われているということを誰もが知っていたあの苛烈な時代、あの勤勉で真面目な時代は、まさに第二のルネサンスと呼ぶにふさわしい。ただこれは、かつてのルネサンスよりきびしくて、とげとげしくて、醒めた心を持っていた。ラブレーのいないルネサンス、溢れる喜びのないルネサンスである。

これは漠然たる類似ではない。両者の歴史的関係は容易に把握できるのである。二つ折の大型本をさかんに製造した執念の鬼のごときあの勉強家たち、満腹ということを遂に知らなかったあの大変な読書家たちは、ルネサンスに魅惑とほほえみを添えた詩人たちには無関心だったけれども、そのかわり、ルネサンスの大胆な心を形作り、不羈奔放な思考の喜び、苦しみを教えてくれた哲学者の本は文字どおり座右から離さなかった。発言に耳を傾け、感心し、その教えに従った。ピエール・ベールは一六世紀を一七世紀まで延長したルネサンスのエピゴーネン、自由思想家(リベルタン)の後継ぎだった。「宗教や神の存在について実に大胆なことが書いてある」〔ミニュトリへの手紙、一六七四年七月一二日。一七三七年版著作集、第四巻五八一ページ〕『オラシウス・トゥベロの対話』Dialogues d'Orasius Tubero を書いたラ・モット・ル・ヴァイエを好み、無信仰の輝ける殉教者としてはルチーリョ・ヴァニーニの名をあげた。さかのぼってはジャン・ボダン、シャロン、ミシェル・ド・ロピタル、それにもちろんモンテーニュを知っていた。彗星の例でもわかるように、事実を確かめもせずに原因を詮索する人が多いことを時代がかったフランス語で教えてくれたのはモンテーニュだった。当時の大学者の例にもれず、ベールもジョルダーノ・ブルーノを知っていた。「この人は非常に頭がよかったが、自分の知識を悪用した。そんなことをすれば多くの混乱が起こり、多くの迫害を招くことがわかっていた時代に、あえてアリストテレス哲学を攻撃し、それのみか信仰のもっとも大切な真理にも鋒先を向けたからである」〔『歴史批評辞典』Dictionnaire historique et critique、「ブルヌス」の項、本文。一七二〇年版、第一巻六七二ページ〕。ベールはカルダーノも知っていた。あれは「当時でも指折りの俊才」〔『歴史批評辞典』、「カルダーノ」の項、本文。同、第一巻七六一ページ〕で、「変人」〔同。同七六四ページ〕で、「体といっしょに魂も死ぬと説く人は、その原理からしてほかの人よりも善人だ、と言っている」〔『一六八〇年一二月の彗星出現に際して、ソルボンヌの某博士に宛てた諸考察』Pensées diverses écrites à un Docteur de Sorbonne, à l'occasion de la Comète qui parut au mois de Décembre 1680、第一七九節。プラ版、一九三九年、第二巻一二七ページ」。ベールはポンポナッツィも知っていた。いや、ベールの知らない人がいたろうか。ノーデ殿[9]が愛好措くあたわざる異端者パリンゲニウス[10]も知っていたし、総じて、人間の理性以外にいかなる掟も認めなかった人は全部知っていたから。

　同じくリシャール・シモンも、自分以前に聖書を研究して、ギヨーム・ポステルについて自ら言うとおり「宇宙全体を理性の正しい使用に還元する」(『書簡選』Lettres choisies、一七〇二―五年版、第一巻二〇四ページ、書簡第二三)ことを無二の目的とした人を全部残らず知っていた。テキストの尊重、学問語(ギリシャ語、ラテン語、ヘブライ語など)の知識、文献学の進歩など、彼の行く道を照らす光はみなルネサンスから来ていた。シモンはつまり、コレージュ・ロワイヤル[11]の昔の先生たちを見ならっていたのだ。「コレージュ・ロワイヤルにヘブライ語とギリシャ語の教授が置かれてから四年後に、パリ大学神学部がこの人たちに対して起こした訴訟[12]の記録を私は手もとに持っています」(同、第二巻三〇ページ、書簡第五」と彼は手紙に書いている。

　ルネサンスとこの時代とのまごうことなき提携は、シモンやベールの生前からすでに指摘されていた。「文学や語学が少しばかり出来るからといって、余計なことに口を出し、聖ヒエロニムスと聖アウグスティヌスのどちらが正しいか[13]判定しようとしたりするエラスムス、シモンの輩*」をボシュエはまとめて断罪している。ベールの崇拝者たちも、ロッテルダムのエラスムス像のかたわらにベールの像を建てるべきだと思った**。哲学の敵はスピノザ、ブルーノ、カルダーノ、また異教の謬見を復活させ無神論を世に広めたイタリア・ルネサンスを一括して断罪し***、哲学の味方は新たな光の源となった一五世紀末と一六世紀初頭を讃美した****。

* 『伝承と教父の擁護』Défense de la tradition et des Saints Pères、第一部第三編第二〇章、「聖アウグスティヌスに対するエラスムスの図々しい批判と、それに対するシモン氏の支持」(ヴィヴェス版全集、一八五七年、第三巻三八〇―三八一ページ)。

** エミール・ジガス刊行『ピエール・ベール未発表書簡選』Choix de la Correspondance inédite de Pierre Bayle、序文IXページ、およびピエール・ジュリユ『ロッテルダムの哲学者の告発・起訴・有罪証明』Le Philosophe de Roterdam accusé, atteint et convaincu、一七〇六年、二ページを参照。

*** ジョン・イーヴリン『宗教史』The history of religion、ロンドン版、一八五〇年、序文XXVIIページ、およびクリスティアーン・コルトホルト『三大詐欺師論』De tribus impostoribus magnis liber、キール、一六八〇年、冒頭を参照。

**** L・P『オクスフォードよりロンドンの一貴族に宛てた二篇の書簡体エッセイ』Two Essays sent in a letter from Oxford to a nobleman in London、ロンドン、一六九五年を参照。

*

つまり、近代思想はほぼ次のような歩みを辿ったといえよう。ルネサンス以来、発明の欲求、発見の情熱、批判の要請がいちじるしく顕在化して、ヨーロッパ人の意識の主たる特徴といえるようになった。一七世紀のなかば頃からこの前進が一時止った。対立する要素の間の逆説的な均衡と、敵対する力の間の和解が成立して、古典主義という文字どおり驚嘆すべき成果が生まれた。それは鎮静剤だった。静かな力だった。情熱も懐疑も人並に知ってはいるが、前代の混乱のにがい経験から救済的な秩序に憧れる、そういう人々が意識的に達成した静謐の模範だった。ただ、検討の精神がなくなったわけではない。それは規律にしばられ、流れをせきとめられ、不滅になるには長い忍耐がいる傑作を最高の完成度にまで高めることに専念しながら、なおも古典派自体の内に生き残った。物陰で出番を待つ反抗者の内にも生き残った。革命の貴族ともいえるサン＝テヴルモンやフォントネルのように、政治制度や社会制度から甘い汁を吸い、生活の楽しみを引きだし、それゆえにこれと妥協した人、妥協しながらこの制度を掘り崩した人の内にも。

だから、古典主義が努力でも意志でも考えた上での同意でもなくなり、単なる慣習、束縛に変るや否や、革新的な傾向は待ちかまえていたように力と勢を取りもどした。ヨーロッパ人の意識は再び永遠の探求を始めた。そこから急激な危機が生じた。それは意外に見えるけれども、実は長い伝統によって準備された一種の再開、継続にすぎなかった。

この危機は全的で底深い、逃げようのないものだった。そして、一七世紀が終らない内に今度はそれが一八世紀の内容をほとんどすべて準備した。一大思想戦はすでに一七一五年（ルイ一四世の歿年）以前、いや一七〇〇年以前から始まっていた。「啓蒙（アウフクレールンク）」の度胸も、『神学・政治論』Tractatus theologico-politicus の攻撃的な大胆さや『エティカ』Ethica の眩惑的な大胆さにくらべたら、およそ色あせた貧弱なものとしか見えない。ヴォルテールもフリードリヒ二世もトーランドの反教権的・反宗教的な狂熱には及ぶべくもない。ロックがいなかったらダランベールも『百科全書』Encyclopédie の『序論』Discours préliminaire を書かなかったはずだし、一八世紀の哲学的な論戦もこの時代にオランダやイギリスで起こった論争ほどすさまじくはない。ルソーのプリミティヴィズムですらも、反逆児ラオンタンが登場させた未開人アダリオ(14)のそれほどラディカルではない。密度が高すぎ内容が豊かすぎて一見混乱しているこの時代から、一八世紀を貫いて流れる二本の大河が明らかに発している。ひとつは合理主義的な流れ、ひとつは、はじめは小さなせせらぎだがやがて堤を越えて溢れ出す主情的な流れである。いやそれだけではない。この危機の時代には、思想家の狭い世界から抜け出して大衆の中へ行き、彼らに語り説得することが考えられた。統治の原理や法の概念そのものに手がつけられた。理性にもとづく個人の自由・平等が宣言された。人権・市民権が高らかに語られた。だから、その総体がフランス大革命となるもろもろの精神的態度のほとんどすべてが、ルイ一四世の統治の終る前からすでに現われていたことを認めざるをえない。社会契約、権力の委譲、君主に対する臣民の反抗権——一七六〇年頃(15)には、こんなものはもう言い古された話だった。四分の三世紀、いやそれ以上前からおおっぴらに議論されていたからである。

あらゆるものが関連しあい、世に新しきものなしというのはいわずとしれたことである。いろんな類似やつながりは私もさきほど指摘した。しかし（精神の世界にはこれ以外の新しさはないらしい）、緩慢な準備作業が遂に実を結ぶこと、永久になくならぬ諸傾向が地下の睡りからさめ、無知な人、忘れっぽい人には見おぼえのない力を帯び、輝きを帯びて或る日突然現われることを新しさと呼ぶなら、問題の或る種の立て方、アクセントの置き方、ヴァイブレーションのつけ方、過去より未来を見ようとし、過去を利用しつつ同時に過去から抜け出そうとする或る種の意志を新しさと呼ぶなら、また、日々の実践に明らかに影響を及ぼすほど逞しくなり自信をつけた観念力（イデー・フォルス）(16)の介入を新しさと呼ぶなら、スピノザ、ベール、ロック、ニュートン、ボシュエ、フェヌロン——大物だけあげても——などという天才たちが全面的な自己検討を行ない、生活を律する真理を新たに取り出そうとしたこの時期には、現代にまで力を及ぼすひとつの変化が明らかに起こった。その天才の一人、ライプニッツの言葉を借りて、それを政治の世界から精神の世界へ押し広げれば、「世紀ノ末ニ新タナ様相ガ現ワレタ」*のである。

* フーシェ・ド・カレイユ版著作集、第三巻、「新世紀を迎えるヨーロッパの状態」Status Europæ incipiente novo sæculo〔二九八ページ〕。

訳註

(1) アウグスブルク同盟戦争　アウグスブルク同盟とは本来ドイツ諸侯とスペイン国王の間に結ばれた対仏同盟のことだが、それらにオーストリア、イギリス、オランダ、サヴォワを加えた列強とフランスとの間に一六八九年から九七年にかけてアウグスブルク同盟戦争が戦われ、レイスヴェイクでの講和に至るまで続いた。この講和により、フランスはストラスブールを保持したが、反面、ウィリアム三世をイギリス王として認めるという屈辱を味わわされた。

(2) スペイン王位継承戦争　一七〇一年から一七一三、一四年にかけて行なわれた全ヨーロッパ的な戦争。世継ぎのなかったスペイン王カルロス二世が一七〇〇年に死ぬ前にルイ一四世の孫フィリップ・ダンジュー（即位後はスペイン王フェリペ五世）を後継者に指名したことから端を発し、スペイン王位の継承権をめぐってイギリス、オランダ、オーストリア、ドイツ諸侯、デンマーク、サヴォワ、ポルトガルとフランス、スエーデン、ハンガリーとの間に長期の戦争が行なわれた。この戦争は一七一三年のユトレヒト条約、一四年のラシュタット条約で終熄したが、これらの条約によりフェリペ五世が王位を確保した反面、ルイ一四世は自己の後継者がスペインの王位を要求する権利を放棄した。

(3) 外部へ向けようとした　以下は、ライプニッツが一六七二年にルイ一四世にしようとした建策の内容である。第二部第五章、註5参照。

(4) 五〇年　スペインの王位継承問題は病弱で世継ぎができる見込みのないカルロス二世が即位した一六六五年から起こっており、フランスのブルボン家とオーストリアのハプスブルク家との対立の一因をなしていた。カルロス二世の即位からスペイン王位継承戦争の終了まではほぼ五〇年である。

(5) ピレネー山脈をなくそうとする　フランスのブルボ

ン王家がスペインの王位継承権を狙っていたことが念頭におかれている。註2、4参照。

（6） ツァールの命令一下　ピョートル一世（ピョートル大帝。在位一六八二―一七二五年）による精力的な欧化政策を言う。

（7） アスモデ　ルサージュの小説『びっこの悪魔』Le Diable boiteux に登場し、主人公の学生を案内していろいろな家の内部をのぞかせる悪魔。

（8） スペクテーター氏　アディソンとスティールが出していたイギリスの新聞『スペクテーター』Spectator の語り手。

（9） ノーデ殿　一七世紀前半の自由思想家ガブリエル・ノーデ（一六〇〇―五三）のこと。その『誤って魔術の嫌疑をかけられたすべての偉人の弁明』Apologie pour tous les grands personnages qui ont esté faussement soupçonnez de magie（一六二五年）は、ベールの彗星論やベッケルの魔術否定論の先駆とも言える。

（10） パリンゲニウス　本名ピエランジェロ・マンツォッリ（一五〇〇―四三頃）。筆名マルチェッレ・パリジェニオ（マルケルス・パリンゲニウス）はそのアナグラム。一六世紀イタリアの人文主義者、ラテン語詩人。フェラーラ公の侍医とも、また公妃が宮廷に集めたルター派学者の一人ともいわれる。僧族に対する激しい攻撃と自由思想家流の哲学的考察を含む諷刺詩『生の黄道帯』Zodiacus vitæ（一五三四年）を作ってフェラーラ公に献じたが、法王庁により禁書とされ、著者の死体は墓から掘りだされて火あぶりにされたという。なお、この詩は一七三一年、ラモヌリにより仏訳された。

（11） コレージュ・ロワイヤル　ルネサンス期のフランス国王フランソワ一世が中世以来の大学の枠外に設けた新しい講座で、一五三〇年にギリシャ語、ヘブライ語、数学の講座ができ、一五三四年にはラテン語雄弁術の講座が追加され、その後も順次拡充されて、ルイ一三世の時代にコレージュ・ロワイヤル（王立学院）と呼ばれるようになった。現在のコレージュ・ド・フランスの前身である。

（12） 訴訟　コレージュ・ロワイヤル（まだその名はないが）の最初のヘブライ語教授はイタリア人のパラディージ、グイダチェリオとフランス人のヴァターブル、ギリシャ語教授はダネスとトゥッサンだったが、こうした講座の新設により脅威を感じたソルボンヌは、学長ノエル・ベダの名によって彼らを高等法院に喚問し、ギリシャ語・ヘブライ語を公に教えることは「ヴルガタ」の権威をくつがえし、宗教を脅すものとして非難した。さらに翌年にも、ソルボンヌは彼らを高等法院に喚問し、宗教改革に好意的であるとして非難したため、高等法院は彼らがヘブライ語ないしギリシャ語で聖書を講読することを禁止した。しかし、国王フランソワ一世はこの判決の執行を差し止めて新しい講座を擁護した。

（13） 聖ヒエロニムスと聖アウグスティヌスのどちらが正しいか　第二部第三章、註17参照。

（14） アダリオ　ラオンタンが『著者と、旅行経験を持つ良識ある未開人との面白い対話』Dialogues curieux entre l'auteur et un sauvage de bon sens qui a voyagé（一七

〇三年）に登場させたアメリカ・インディアン。

(15) 一七六〇年　ルソーの『社会契約論』Du Contrat social が出版されたのは一七六二年だが、一七六〇年一二月にはその草稿がほぼ完成していたといわれる。

(16) 観念力　一九世紀末のフランスの哲学者アルフレッド・フイエ（一八三八―一九一二）が用いた言葉で、活動性を持つものとして、あるいは力として考えられた観念のこと。観念はかようなものとして一切の進化の要因と考えられている。

訳者あとがき

フランス文学に親しんだ者ならば、標準的なフランス文学通史としてながく用いられてきたいわゆる「ベディエ＝アザール」（ジョゼフ・ベディエ、ポール・アザール監修『挿絵いりフランス文学史』、二巻、一九二三—二四年）の恩恵に誰しも少なからず浴しているはずである。またその人が、わが国でも戦後発展した比較文学への関心をあわせもつ場合には、フランスにおける比較文学研究の草分けで現在までつづく『比較文学雑誌』の創刊者であるポール・アザールの名は、今さら解説の必要もないほどの親しみをかならずや帯びているに相違ない。

ポール・アザールは一八七八年、北仏ノール県のノールペーヌ村に教員の子として生まれた。後年南ヨーロッパ、とりわけイタリアにそそがれるあの憧憬に充ちた関心が、灰色にとざされたこのフランドルの風土の中で培われたものであることは、けだし想像にかたくない。アルマンチエールのコレージュ、リールのリセ、パリのリセ・ラカナル、そして一八九九年には高等師範学校に入学。級友のダニエル・モルネやピエール・ヴィレとともにブリュンチエール、ランソン、ベディエらにまなんだアザールは、一九〇三年、文学の教授資格試験に二番で合格したのち、二年間イタリアに留学した。彼の最初の論文は、翌年フランス・ローマ学院の紀要に発表したペトラルカにかんする研究であるが、アザールの関心は徐々にイタリア近代文学へ移っていったらしく、一九〇五年に同じ紀要にのった第二の論文は一転して「イタリアの文学界、一七九六—一七九九年」と題するものであった。そして、ここでもすでに成果の一端をあらわしていた大革命期のイタリア文学の研究は、一九一〇年にリヨン大学に提出された博士論文『フランス革命とイタリア文学、一七八九―一八一五年』にみごと結晶することとなる。これはフランス革命とそれにつづくナポレオン帝国とがイタリアにおける国民文学の復活をうながし、民族意識の覚醒のバネとなったことを詳細な文献調査にもとづいて実証したもので、やがてあらわれるバルダンスペルジェの亡命者文学の研究とともに大革命期の文学研究を大きく前進させた労作であった。

一九〇五年に帰国したアザールは、その頃すでにサン＝カンタンのリセ、ランスのリセ、パリのリセ・ルイ＝ル＝グランの教授を歴任していたが、学位取得と相前後して、一九一〇年にリヨン大学文学部の比較文学の教授に任命された。当時、フランスにおける比較文学の講座は一八九六年に創設されたこの大学のそれがあるのみで、初代の教授ジョゼフ・テクストの死後フェルナン・バルダンスペルジェが一九〇〇年以来教授の座にあったが、この年バルダンスペルジェがソルボンヌに迎えられたため、その後任にアザールが選ばれたのである。第一次大戦までのこのリヨン時代の論文はイタリア文学にかんするものが多く、一九一三年に出版された『ジャコモ・レオパルディ』がその頂点をなしている。

一九一四年、第一次大戦勃発。故郷のノール県はドイツ軍に蹂躙された。戦火の中で母を失ったアザールは自らも従軍し、アマード将軍の司令部付きをへて、やがてミラノのフランス軍情報部に通訳の大尉として勤務することとなる。情報将校としての彼の功績は少なからぬものであったらしいが、ここでは大戦中の文筆活動として、独軍占領下のリール市をたたえる『侵略された町』(一九一六年、ポール・ド・サン＝モーリスの筆名)と、戦火に消えた母に捧げる小説『おかあさん』(一九一八年、ポール・ダルマンチエールの筆名)の二冊をあげるにとどめる。

終戦の翌年(一九一九年)、アザールはソルボンヌのフランス文学の教授となった。今度も、ソルボンヌからストラスブール大学へ転出したバルダンスペルジェの後任であった。師のランソンに多くを負いながらも、文学研究における感受性の役割をあくまでも重視して、ランソンのエピゴーネンにありがちな悪実証主義を排した彼の講義には、戦塵を洗いおとした学生たちが毎回大教室をうめつくしたといわれる。この学生たちにラマルチーヌやスタンダールを講じるかたわら、アザールは批評家として現代文学を論じ、ヴァレリーやジュール・ロマンとともに「知的協力委員会」に加わるなど、幅広い活動を展開した。また海外とくにアメリカの大学（一九二三年にはコロンビア大学、二八年にはシカゴ大学、二九年にはハーヴァード大学）で再三出張講義を行なって、アメリカにおけるヨーロッパ文学研究に大きな刺戟をあたえた。事実、彼に名誉博士の称号を贈った大学は、イタリアのローマ大学、トリノ大学、カメリーノ大学、チリのサンチャゴ大学、メキシコ大学、ハーヴァード大学など枚挙にいとまがないほどである。『ラマルチーヌ』（一九二五年）、『スタンダールの生涯』（一九二七年）、シカゴ大学の学生たちと共同でした『〈マノン・レスコー〉批評研究』（一九二九年）、『セルバンテスの〈ドン・キホーテ〉、研究と分析』（一九三一年）、ベディエとともに行なった『挿絵いりフランス文学史』（一九二三－二四年）の監修と執筆（アザールの執筆部分は一九世紀の第一部「革命と帝政」の項）、バルダンスペルジェとの協力による『比較文学雑誌』の創刊（一九二一年）などが、この時期のアザールの主要な業績としてあげられよう。とくに『比較文学雑誌』は、バルダンスペルジェがハーヴァード大学に去ったあと、ほとんどアザール一人の手によって支えられていたといわれる。

名実ともに彼の代表作で、比較文学者として、また独自の思想史家としてアザールの名を不朽のものたらしめたのは、一九三五年刊行の本書『ヨーロッパ精神の危機』（原題「ヨーロッパ意識の危機」）であった。アザールはすでに一〇年前（一九二五年）からソルボンヌを去ってコレージュ・ド・フランスの教授となっており、のちに述べるように、本書の一部はそこでの講義によってその原型をあたえられていた。ファシズムの勃興（ファシズムについては、一九二三年の『現代イタリア』でもすでに触れられていたが）による伝統的ヨーロッパの解体にたいする危機感が、執筆のひとつの衝迫となっていたことは想像にかたくない。また叙述の形式では、戦後文学のすぐれた診断書として当時もてはやされたバンジャマン・クレミュの『不安と再建』（一九三一年）をモデルとしていたことも推測されるが、いずれにせよ、数年にわたる綿密な文献調査にもとづいたこの大著は、二年前に発表された僚友ダニエル・モルネの『フランス革命の知的起源、一七一五－一七八七年』（一九三三年）からさらに一歩進んで、ヨーロッパにおける「啓蒙」の起点を一挙に一七世紀の八〇年代にまで引き下げたという点で、ヨーロッパ思想史の研究にひとつの時期を画したのみならず、各国文化(とくに北方文化と南方文化)相互の交流と浸透を哲学・宗教・文学から巷間の風俗・流行にまでいたる重層的な場の内に跡づけて、比較文学・比較文化の研究にすぐれた模範をあたえたものであった。そして、全ヨーロッパを視野におさめたこの壮大な啓蒙思想史研究は、本書の続篇ともいうべき『一八世紀ヨーロッパ思想、モンテスキューからレッシングへ』(遺作、全三巻、一九四六年)によってさらに延長されるのである。

一九三九年、アザールがアカデミー・フランセーズの会員に選ばれた時には、すでに第二次世界大戦がはじまっていた。陸軍中佐として軍務に服したこの学者は、作家のジロドゥーらとともに中央情報局に勤務した。やがて敗戦(一九四〇年六月)。傷心のアザールは翌月アメリカへ渡ったが、秋学期が終ると早々に占領下のフランスへふたたび戻り、しばらくリヨンで教えたのちコレージュ・ド・フランスに復帰した。コレージュ・ド・フランスにおける一九四二―四三年度の講義題目は「(1)ヨーロッパにおける文学交流、一七一五―六〇年。(2)一八世紀、肖像と性格」、一九四三―四四年度のは「(1)一八世紀における神知学者と見神家の研究。(2)一八世紀における想像力と感性、ジャン=ジャック・ルソー(主に『新エロイーズ』について)」である。リヨンにいたころ地方新聞にアメリカをたたえる論説を書いたり、一九四三年にはジュネーヴで出版された詩文集『フランス領土』にアラゴン、サルトルなど多くの抵抗派の作家とともに執筆(論文「フランス一八世紀」)していることなどを考えれば、占領下におけるアザールの精神的な姿勢は容易にうかがい知ることができる。そのためであろうか、彼のパリ大学総長就任は占領軍当局に拒否されてついに実現しなかったらしい。

独軍占領下のパリでアザールが物故したのは一九四四年四月一二日である。もっとも平凡な意味での愛国者だったこの老教授が待ちこがれていたに相違ない連合軍のノルマンディー上陸に先立つこと、およそ二ヵ月であった。

参考までに、ポール・アザールの数多い著作を年代順に列記しておく。

1910 *La Révolution française et les lettres italiennes, 1789—1815,* Thèse (Hachette).

Journal de Ginguené, 1807—1808, Thèse complémentaire (Hachette).

1913 *Giacomo Leopardi* (Bloud).

1916 *La ville envahie* (Perrin).

1918 *Maman* (Calmann-Lévy).

1923 *L'Italie vivante* (Perrin).

1923—24 *Histoire de la littérature française, illustrée,* publiée sous la direction de MM. Joseph Bédier et Paul Hazard (Larousse).

1925 *Lamartine* (Plon).

1926 Chateaubriand, *Les Aventures du dernier Abencérage,* éditées par Paul Hazard et Marie-Jeanne Durry (Champion).

1927 *Pour un centenaire. Les* 《*Promessi Sposi*》 *relus par un Français* (Circolo di Roma).

La vie de Stendhal (Gallimard).

1928 *Sonnets de Michel Ange Buonarroti,* mis en français par Paul Hazard (à l'Enseigne du Raisin).

1929 *Études critiques sur* 《*Manon Lescaut*》, par Paul Hazard et ses étudiants américains (The University of Chicago Press).

Machiavel, *Le Prince,* traduction de Colonna d'Istria, revue par Paul Hazard (Alcan).

1930 *Les Français en 1930* (Champion).

1931 《*Don Quichotte*》 *de Cervantès. Etude et analyse* (Mellotée).

1932 *Les livres, les enfants et les hommes* (Flammarion).

1934 *L'Influence française en Italie au XVIIIe siècle*, signé : Henri Bédarida et Paul Hazard (Les Belles-Lettres).

1935 *La Crise de la conscience européenne* (1680—1715) (Boivin et Cie).

1936 *Un romantique de 1730 : l'abbé Prévost* (Boivin et Cie, Harvard University Press).

Textes choisis. 3e anné. Histoire des idées et histoire littéraire par les écrivains français des XIXe et XXe siècles, signé : Paul Hazard et Lucien Texier (Aubier).

1937 *Textes choisis pour la culture générale et l'enseignement du français. 2e année. Écrivains français jusqu'à la fin du XVIIIe siècle*, signé : Paul Hazard et Lucien Texier (Aubier).

1938 *Textes choisis pour la culture générale. 4e année. Les grands courants de la pensée contemporaine : Écrivains étrangers*, signé : Paul Hazard et Lucien Texier (Aubier).

1940 *Quatre études* (Oxford University Press).

1942 *Institut de France. Académie française. Rapport sur le prix de vertu* (Firmin-Didot).

Trente-deux sonnets de Michel Ange, mis en français par Paul Hazard (Boivin et Cie).

1946 *La Pensée européenne au XVIIIe siècle, de Montesquieu à Lessing* (Boivin et Cie).

*

『ヨーロッパ精神の危機』は前述のとおり、著者がコレージュ・ド・フランスで行なった一連の講義によって準備されていた。すなわち、

一九二八—二九年度　第二題目「一八世紀におけるフランスの旅行家、コスモポリタンの研究」

一九二九—三〇年度　第一題目「一七一五—三〇年のヨーロッパ思想のいくつかの大潮流の研究」

一九三一―三二年度　第一題目「一七世紀末のヨーロッパ思想のいくつかの大潮流」、第二題目「フランス思想にたいするロックの影響の素描」
一九三二―三三年度「一七世紀と一八世紀を分かつ危機はいかなる知的理由によって準備されたか」
一九三三―三四年度　第二題目「ヨーロッパ合理主義の形成時（一六八〇―一七一五年）にも現われつづけた想像的・感性的価値の研究」
一九三四―三五年度　第二題目「ヨーロッパの抒情をつうじて見た詩の二大テーマの展開。夜と墓のテーマ、孤独のテーマ」

また、著者も緒言でことわっているように、本書の内容はすでに一九三二年からいくつかの新聞雑誌に断片的に発表されていた。主なものをあげれば、

「ヨーロッパ研究。一七世紀末」（Ⅰ宗教分裂の自覚、Ⅱ新たな政治原理、Ⅲ文学上の統一）、『両世界評論』誌、一九三二年八月一五日号、九月一日号、九月一五日号に連載
「理性派」、『比較文学雑誌』、一九三二年一〇―一二月号
「歴史への疑い」、『両世界評論』誌、一九三三年九月一日号
「一七〇〇年の旅行家たちのヨーロッパ」、『中央ヨーロッパ』誌（プラハで発行）、一九三三年一〇月二一日号
「旅行家たちの見た一七〇〇年の世界」、『中央ヨーロッパ』誌、一九三三年一一月二五日号
「マキャヴェッリとリシャール・シモン」、『比較文学雑誌』、一九三四年四―六月号
「ヨーロッパ意識の危機、序文」、『ルヴュ・デ・クール・エ・コンフェランス』誌、一九三四年一二月一五日号
「新しい人間を求めて。グラシヤンの偉丈夫」、『ヌーヴェル・リテレール』紙、一九三五年一月一二日号
「ヨーロッパ意識の危機、むすび」、『ルヴュ・デ・クール・エ・コンフェランス』誌、一九三五年一月一五日号

フランスにおける一八世紀思想の研究は、前世紀末からファゲ、ブリュンチエール、ランソンらによって始動をあたえられ、とりわけダニエル・モルネの諸作（『一八世紀におけるフランスの自然科学』、一九一一年——『一八世紀フランス思想』、一九二六年——『フランス革命の知的起源』、一九三三年）や、ディルタイの影響下にこの世紀の宗教意識のありようをさぐったベルナール・グレテュイゼンの『フランスにおけるブルジョワ精神の起源』（一九二七年）、一八世紀のキリスト教弁証論を綜合的に研究したアルベール・モノの『パスカルからシャトーブリアンへ』（一九一六年）などによって大きな前進をとげた。他方、すでに一七世紀後半から現われる啓蒙思想の先駆形態の研究は、今世紀初頭に早くもランソンが手がけており（「一六七五年から一七四八年までのフランス文学に見る哲学精神の起源と最初のあらわれ」、一九〇七—一〇年、など）、このランソンの示唆（とりわけ「フランス一八世紀哲学の形成における経験の役割」、一九一〇年）を受けたシナール（『一七・八世紀のフランス文学におけるアメリカと異国的な夢』、一九一三年）やアトキンソン（『一七世紀の旅行記と思想の推移。一八世紀精神の形成の研究』、一九二二年——『一七〇〇年以前のフランス文学における非現実旅行記』、一九二〇年——『一七〇〇—一七二〇年のフランス文学における非現実旅行記』、一九二二年）などによって、この面の研究は空間的にもいっそうの広がりを見せていた。また、ジョルジュ・パジェスも歴史家の立場から、一七世紀末—一八世紀初頭の時期の重要性に着目していた（『ルイ一四世時代における一八世紀の起源、一六八〇—一七一五年』）。こうした状況の中で、ランソンが開拓した一八世紀思想の直接的な起源の研究を全ヨーロッパ的な規模で、思想の全領域にわたってなしとげて、一七世紀末から一八世紀初頭にいたるこの転換期の独自の意味を明らかにしたのがこの『ヨーロッパ精神の危機』である。その後、この時期をめぐる思想史研究は、啓蒙前期の地下文書を発掘調査したウェイドの『一七〇〇—一七五〇年のフランスにおける哲学的思想の非合法的な組織と流布』（一九三八年）や、それを継承するスピンクの『ガサンディからヴォルテールまでのフランス自由思想』（一九六〇年）、亡命新教徒の思想活動に全体的な照明をあてたハーゼの『亡命文学序説』（一九五九年）などによってそれぞれの面で深化され、またブーランヴィリエにかんするルネ・シモンの研究、ベールにかんするラブルースの研究、フランス思想に及ぼしたスピノザの影響にかんするヴェルニエールの研究、ライプニッツとフランス思想の関係にかんするバーバーの研究、ロックとフランス思想の関係にかんするボンノの研究、等々によっていっそう個別化してゆくが、これらの個別研究に立脚してこの時期のヨーロッパ思想の全貌をあらためて描きなおすという試みは今にいたるまで行なわれていない。それは、刊行後すでに四〇年近くをけみしたこの本がいまだに近代思想の起源をまなぶ者の必読書とされているゆえんであるし、また、この転換期を呼ぶのに「ヨーロッパ意識の危機の時代」という普通名詞が広く用いられるにいたったゆえんでもある。

この本が全体として言わんとすることは、「まえがき」の次の言葉に端的に示されている。

「私がお目にかけたいと思ったのもほかならぬこのことなのだ。つまり、一八世紀精神の基本的な特徴は普通考えられるよりずっと早くから現われていたこと、ルイ一四世が絢爛たる威容を誇っていた当時から、この精神はすでに余すところなく形成されていたこと、一七六〇年頃にも、いや一七八九年前後にすら革命的と見られた思想が、ほとんど皆一六八〇年前後にすでに表明されていたことである」(五ページ)。

この時代はスピノザ、マールブランシュ、ライプニッツ、ロックの時代、ベールやポウプや英国理神論者の時代である。またヴィコの時代、敬虔主義の発生の時代でもある。戦闘的な理性主義から徹底的な信仰絶対論まで、一見平俗な現世主義から一見超越的な神秘主義にまで至るこれらさまざまな思想を基底において相互につなぐ共通の因子を発見すること、それによって雑多とも見えるこれらの思想現象を単一の座標の内に位置づけること——ここに著者の意図と抱負があったことはいうまでもない。その際、アザールがとる一種独自の方法は、思想をその論理のレベルでとらえるのではなく、それぞれの思想を土台において支えるはずの心理的諸要因にまで下降することにより、いわば「時代心理」という「実体」の個別的な「発現」として諸思想を脈絡づけていることである。そして、この実体を浮き彫りにするためには、文学・演劇作品はもとより、旅行記や旅行案内書、風俗・流行の紹介、巷のざれ歌、はては海賊・ならず者の記録まで、およそ文化の全領域、書かれたもののすべてがこの心理のドラマの担い手として多角的に援用される。こうして、この転換期の「意識の危機」が絵巻物ふうに、かつ高度にドラマティックな形で再構成されるのである。「この本はシンフォニーのように出来ており、小説のように読める。それは思想の葛藤を人間のドラマと化している」、というアンリ・ペールの評言もその点をいうのであろう。

これは思想の心理化、或る意味ではその「文学化」といってもよい。そしてこの還元作業を支えるのがほかならぬアザールの文体、文体というよりもむしろその「語りくち」である。上流サロンの花形として作家のアンドレ・モーロワと覇をきそった（これは、アザールが学者としては珍しいアカデミー入りを果したこととも無関係ではなかろう）と伝えられるこの著者のよどみない談論（おしゃべり）ふうの文章は、難解な思想をも解体し液化して、それをひとつの物語の中へ流しこんでしまう。初版刊行から数十年後の今日のフランスで、この本が二つの書店から同時に発売されているというその驚くべき大衆性も、こうした読物的な魅力に負うていることはいうまでもない。

もちろん、思想の心理化、文学化とは、反面、思想の理解における或る種の浅薄さをも意味している。なぜなら、思想に固有の論理的内容は心理的諸過程のみに還元されるものではないからである。その意味で、あるいはスピノザ、あるいはライプニッツの体系的な理解をこの書に求めるかたがたは、失望以外の何物も得ることはできないだろう。たとえば一七・八世紀のスピノザ理解を或る意味で致命的にゆがめた「様態」概念についての誤解の問題、マールブランシュにおける「叡知的延長」の問題や「神において見る」、「善一般への志向」といった個性的な概念なども、著者によって徹頭徹尾論議を回避されている。さらに、この時期の意識の危機を規定した全般的な政治危機の無視、宗教上の諸問題にかんする理解の浅さ、もろもろの事例の抽出に見られる或る種の恣意性、時代の一般的な思想風土とそこから突出する先駆的思想との混同、とりわけ、この転換期の諸矛盾の特殊な構造を解明するかわりに、もっぱら一八世紀思想の先行的な表現のみをそこに見ようとする平面的な視座など、この書の大小の欠陥はあげつらえば枚挙にいとまがない。また三十数年前の本であってみれば、そのあれこれの部分が今では古色蒼然たる観を呈するのも避けがたいことであろう（たとえば、本書でもっとも多く言及されるピエール・ベールについても、理性主義と懐疑論との両極の間に彼を位置づけようとする著者の見方は、ラブルースの研究以来もはや決定的に過去のものとなっている)。

しかし、これらあまたの欠陥も、この本が啓蒙前期の包括的な思想史研究書としていまだに持ちつづけるかけがえのない価値に決定的な変更をくわえるものではない。北方文化と南方文化の両者をそれらの複雑な相互関係とともに一望におさめたその視野の広さ、思弁的な哲学体系から巷の風俗・流行にいたるまで文化の総体をひとつの大きな流れの中に的確に位置づけたその綜合性、よどみなく流れるその雄弁な語りくち——『ヨーロッパ精神の危機』はこのような特質によって、今後とも思想史研究の貴重な古典として、また比較文学・比較文化研究の好個の模範として、ながく読まれつづけるに相違ない。私があえて本書の訳出を試みたのもそれゆえである。

この訳書はじつに多くのかたがたの御厚情のたまものである。

とりわけ、旧制浦和高校以来の恩師、平岡昇先生にまっさきに御礼申しあげねばならない。すでに二十数年前、無知な私を思想史研究へいざなって、このアザールの名著をはじめて読ませてくださったのは、ほかならぬ平岡先生であった。以来、アザールが雄弁に語るこの転換期の思想ドラマをわが目で確かめることだけに、私の貧しい半生はあらかた費されてしまった観がある。この飜訳ももとはといえば、平岡先生のお手伝いの形で行なう予定のものであった。先生が御多忙のため、結果的には私一人の手で訳了するにいたったが、原稿の段階で先生にごらんいただき、数数の貴重な御指摘をいただいたことはこの上なくありがたいことであった。このささやかな訳書を誰かに捧げるとするならば、それはもちろん平岡先生をおいてありえない。

また、この飜訳の機会を作ってくださった重岡保郎、伊藤基道、西村暢夫の三氏にもここで御礼申しあげたい。三氏の手によるアザールの日本語版の出版はついに実現を見ずにおわったが、三氏の御懇篤なお勧めとはげましがなかったならば、苛烈な大学「紛争」のさなかにこの大著の飜訳を行なうことなど、私にはとうてい不可能だったに相違ない。また、とくにイタリア関係の資料について、伊藤、西村両氏からさまざまな御援助をいただいたことも特記せねばならない。

さらに、当初の出版計画が挫折して以後、行き場のなくなった原稿を快くお引き取りくださり、製作の過程でも訳者のわがままをそのつどきいてくださった法政大学出版局のかたがたに心から感謝の意を表さねばならないことはもちろんである。

そのほか、飜訳について種々の御教示をたまわったかたがた、貴重な文献・資料を御提供くださったかたがた、さらには、大学「紛争」とそれにつづく「正常化」のまことに困難な状況の中で、いたらぬ私を終始はげまし支えてくださった職場の先輩、同僚、学生諸君、また「正常化」の学園から消えていったあまたの「もと学生」諸君など——これら直接または間接にこの訳書の産婆役をつとめてくださった数限りないかたがたに、ここであらためて厚く御礼申しあげたいと思う。

一九七三年二月

人名・事項索引

本文(割註および段落末の原註を含む)にかんするもの．各章末の訳註，および巻末の「原註・参考文献」は含まない．数字はページ数，ゴシック体の数字は特に重要な個所をさす．なお，ここにあげるページの中には，見出語の登場個所のほかに，見出語は登場しないが，それに関連した記述のある個所も含まれている．この両者は表記の上で区別しなかった．

ア行

サ行

タ行

ナ行

ハ行

マ行

ヤ行

ラ行

ワ行

研究文献索引

数字は，巻末におかれた「原註・参考文献」の項で，表記の主題にかんする研究文献があげられているページをさす．

ナ行

ハ行

マ行

ヤ行

ラ行

原註・参考文献

参考文献の項に【　】を付して入れたのは，原著発行後に出た研究書を中心として，訳者が補足したものである．

まえがき

本書の執筆に利用した個別研究はこれから順次あげてゆくつもりだが，その前に，全般にわたってお世話になった本を列記しておく．私がとくに利用したのは以下のものである．スペインについては Marcelino Menéndez y Pelayo, *Historia de las ideas estéticas en España*, Madrid, 1883-1891．イタリアについては Giulio Natali, *Il Settecento* (*Storia letteraria d'Italia*), Milano, 1929．イギリスについては *The Cambridge History of English Literature*, vol. VIII: *The age of Dryden*; vol. IX: *From Steele and Addison to Pope and Swift*, Cambridge University Press, 1907-1927．ドイツについては，Hermann Hettner, *Geschichte der deutschen Literatur im achtzehnten Jahrhundert... Erstes Teil. Vom Westfälischen Frieden bis zur Thronesbesteigung Friedrichs des Grossen, 1648-1740*, Braunschweig, 1872. *Id.*, auf Grund der letzten vom Verfasser bearbeiteten. Auflage herausgegeben von Georg Witkowski, Leipzig, 1928．この最後の本はたいへん視野の広いもので，私にとっては非常に貴重な助言者だった．フランスについては，同僚ダニエル・モルネ君の本をのこらず参照して得るところがあった．とくに*Les sciences de la nature en France au dix-huitième siècle*, 1911；*La pensée française au dix-huitième siècle*, 1926 (3ᵉ éd., 1932)；*Histoire de la clarté française*, 1929; *Les origines intellectuelles de la Révolution française*, 1933 など．

しかし，それぞれの国の文学だけでなく，その上に，またそれ以上に，各国文学の相互関係をしらべなければならなかった．その面では，Friedrich Albert Lange, *Geschichte des Materialismus*, fünfte Auflage, Leipzig, 1926；John M. Robertson, *A short story of Freethought ancient and modern*, third edition, revised and expanded, London, 1915 など，ヨーロッパ思想の大きな流れをあつかった諸作に私が負うていることを，あらかじめおことわりしておきたい．また，エミール・ブレイエが *Histoire de la philosophie*, 1928-1931 (II. La philosophie moderne; 1. le Dix-septième siècle; 2. le Dix-huitième siècle)でつくったようなヨーロッパの哲学者たちの文献目録も，あらかじめ参考書としてあげておきたい．ガブリエル・モーガン氏は *Etude sur l'évolution intellectuelle de l'Italie de 1657 à 1750 environ*,

1909 で仏伊関係の理解を助けてくれたし，驚くほど正確で厳密な Georges Ascoli, *La Grande-Bretagne devant l'opinion française au dix-septième siècle,* 1930 がなかったならば，私はこの本のいちばん重要なひとつの部分を書くことができなかったろう．また，G. N. Clark, *The Seventeenth Century,* Oxford, 1929 は綜合的記述の手本として有益だったし，Antonello Gerbi, *La politica del Settecento. Storia di un'idea,* Bari, 1928 も新しい巧みな示唆を数多くあたえてくれた．

しかし，いろいろな嚮導者たち（*Études littéraires, Dix-huitième siècle,*〔1890〕のエミール・ファゲ，*La critique de Bayle*〔*Études critiques,* vol. V, 1893〕, *Jansénistes et Cartésiens*〔*Études critiques,* vol. IV, 1891〕, *La formation de l'idée de progrès*〔*Études critiques,* vol. V〕, *Huit leçons sur les origines de l'esprit encyclopédique*〔*Études sur le XVIII*e *siècle,* 1911〕のフェルジナン・ブリュンチエール，フランスにおける宗教感情の変遷をシャトーブリアンまでたどった〔*Le christianisme de Chateaubriand,* 1925-1929〕ヴィクトル・ジローなど）の中でも，私の計画にいちばん近い構想を立てていたのはギュスタヴ・ランソンである．*Origines et premières manifestations de l'esprit philosophique dans la littérature française de 1675 à 1748* という総題で1907年の暮から1910年のはじめまで *Revue des Cours et Conférences** に発表した一連の論文で，ランソンは，普通いわれる啓蒙期よりずっと前にフランス人の意識，また或る程度までヨーロッパ人全体の意識の中で行なわれた醗酵作用を指摘している．

* 1907年12月26日号，1908年1月16日号，2月6日号，2月27日号，3月12日号，4月2日号，4月16日号，5月7日号，5月21日号，6月11日号，6月25日号，7月9日号，11月19日号，12月3日号，12月10日号，12月24日号，1909年1月21日号，2月25日号，3月18日号，4月8日号，4月22日号，5月13日号，6月10日号，6月17日号，11月18日号，12月2日号，12月23日号，1910年2月3日号，3月3日号，4月21日号．

【17世紀末—18世紀初頭の一般的な文学史・思想史研究では，その後次のものが出ている．Ira O. Wade, *The clandestine organization and diffusion of philosophic ideas in France from 1700 to 1750,* 1938.——R. F. Jones et al., *The Seventeenth Century: studies in the history of English thought and literature from Bacon to Pope,* 1951.——M. Macklem, *The Anatomy of the world: relations between natural and moral law from Donne to Pope,* 1958.——B. Dobrée, *English literature in the early Eighteenth Century,* 1959.——Heikki Kirkinen, *Les Origines de la conception moderne de l'homme-machine. Le Problème de l'âme en France à la fin du règne de Louis XIV (1670-1715),* 1960.——Roger Mercier, *La Réhabilitation de la nature humaine (1700-1750),* 1960.——Jean Ehrard, *L'Idée de nature en France dans la première moitié du XVIII*e *siècle,* 1963.——Geoffroy Atkinson, *Le Sentiment de la nature et le retour à la vie simple (1690-1740),* 1960.——Id., *The Sentimental Revolution: French writers of 1690 to 1740,* 1965.——Id., *Prelude to the Enlightenment. French literature, 1690-1740,* 1971.——J. Sutherland, *English literature of the late seventeenth century,* 1969.——Ira O. Wade, *The intellectual origins of French Enlightenment,* 1971. 編年的な

文献目録としては，Pierre M. Conlon, *Prélude au siècle des lumières en France, répertoire chronologique de 1680 à 1715*. tome I (1680-1691)， 1970; tome II (1692-1699)，1971; tome III (1700-1707)，1972.】

＊

この補巻を「文献目録」などと銘うったら，看板にいつわりありということになろう．ここに述べたのは35年余にわたるヨーロッパの知的生活のきわめて数多い，きわめて錯綜した諸問題であるから，それの完全な文献目録を作ろうなどと考えることすらできるはずはない．

私がしようと思ったのは次のことである．

第一に，証拠を出すこと．そこでいろいろな方法がとりえたわけだが——残念ながら，どれも必ず文句が出るに相違なかった——私はひとつの事実，ひとつの思想，ひとつのページごとに，自分の主張を正当化してくれる参考文献を本文に添えることにした．

第二に，私は後からくる人たち，この研究のあれこれの部分をやりなおして，それを深めようとする——それこそ正しく，望ましく，また必要なことなのだが——人たちに足がかりをあたえようと思った．そこで，その問題にかんするいちばん重要な研究とか，いちばん新しい研究とか，もっとも論議に価すると思う研究とかをそのつど指示して，先へ進むために十分な標柱を残しておこうとした．良い版，しっかりした年代誌，伝記，個別研究——そうしたものが欠けていることに私はさんざん悩まされたから，自分があつかったこの分野でもやり残しが多いことは承知している．この全体的な研究から，またそれに触発されて，いろいろな細部の研究が出てきたとき，はじめて私の苦労もむくいられるのだ．総じてまったく未知なこの時期における歴史の歴史を書くのに必要な作品のリストをはじめて指示したのも，また，異教徒の神託をめぐる議論を延々とつづけた一連の書物をはじめて年度ごとに示したのも，所詮は遠からずのりこえらるべき仕事だということを私はよく知っている．私の指示はそういう意味に解していただきたい．

第三に，私は珍しいテキストや，とくに示唆的なテキストを註にいれておいた．評言やあれこれの細部の議論，要するに，本文にいれると長くなりすぎるが，それでも記述の支えとして必要だったものである．

なお，文献は時に我ながら驚くほどの厖大な量にのぼったため，私はできるだけそれを簡素化しようとした．名をあげた各作家の著作リストはあらゆるカタログ，辞典，教科書などで容易に見られると思ったので，あえてここにはのせなかった．同じく参考文献からも，それほど必要でないものははぶいた．本の題名のあとに刊行地が書いてない場合には，「パリ」という語をそこにおぎなっていただきたい．この言葉を千度も二千度もくりかえすのは無駄だと思ったからである．

第１部　心理の激変

第１章　静から動へ

10ページ　古典主義と静止の観念

古典主義の指導原理にかんする最新の研究は Henri Peyre, *Qu'est-ce que le classicisme?* 1932 である．そこには，この問題をあつかった主な著作の目録がのっている．

Fontenelle, *Entretiens sur la Pluralité des mondes* の第5夜には，静止の観念にたいする次のような面白い抗議が見られる．

「宇宙を構成するあの莫大な量の物質は不断に運動していて，どの部分も全然動かないということはありません．そして，運動がどこかにあると，さあご用心，たちまち変化が起こらざるをえないのです．緩慢な変化も急な変化もありますが，いつでもそれは結果に比例した時間の内に起こるのです．昔の人はおかしなもので，天体は永久に変らないものだと思っていました．それは，天体が変化するのをまだ見たことがなかったからです．それを経験でたしかめる暇があったでしょうか．昔の人は私たちにくらべたら若僧だったのですから．……今日まで天になんの変化も起こらなかったとしても，全然変らずにいつまでも続くように出来ていることを天が指し示すように見えたとしても，私はやはりそうは考えないでしょう．もっとながく経験をつむまで待つでしょう．ほんの束の間にすぎない私たちの寿命を，何かを測る物差しにすべきでしょうか．私たちより10万倍ながく続いたものはいつまでも続くはずだと言うべきでしょうか．永久などというものは，そんなに簡単に手に入るものではありません．あるものがなんらかの不死のしるしを示しはじめるまでには，人の年齢を山ほど合算しただけの年数をけみしていなければならないはずです……」〔カラーム版，1966年，153—154ページ〕．

11ページ　旅行と思想の推移

A. Lichtenberger, ***Le socialisme au dix-huitième siècle***, 1895；***Le socialisme utopique. Etudes sur quelques Précurseurs inconnus du socialisme***, 1898.

G. Chinard, ***L'exotisme américain dans la littérature française au seizième siècle***, 1911；***L'Amérique et le rêve exotique dans la littérature française au dix-septième et au dix-huitième siècle***, 1913.

G. Atkinson, ***Les relations de voyage du dix-septième siècle et l'évolution des idées. Contribution à l'étude de la formation de l'esprit du dix-huitièmc siècle***, 1922；***Les nouveaux horizons de la Renaissance française***, 1935.

F. Pons, ***Le《voyage》, genre littéraire au dix-huitième siècle*** (***Bulletin de la Faculté des Lettres de Strasbourg***, Ier Février et Ier Mars 1926).

〔Ray W. Frantz, ***The English traveller and the movement of ideas, 1660-1732***, 1934.——R. Pomeau, ***Voyage et lumières dans la littérature française du XVIIIe siècle*** (***Transactions***, vol. 3, 1967).〕

12ページ　ヨーロッパ旅行

旅行者たちがこれこれの時期に突然街道へとびだした，などと言うのは滑稽であろう．むしろ，旅行というもののある種の連続を考えなければならない．この点についてはM. Bouchard, ***De l'humanisme à l'Encyclopédie***, 1930，第1部第5，第6章を参照．

たしかなことは，17世紀末から18世紀にかけて，旅行記の数と読者の好奇心が同時に増したという事実である．このことはまず同時代人の証言によってたしかめられる．たとえばジャン・ル・クレールは ***Bibliothèque universelle et historique***(1) の1691年9月号で，「旅行記という題を見ただけで，読者の好奇心はかきたてられる」と言っている．次に書店のカタログや新聞の書評，さらに専門的な文献目録がある．Al. d'Ancona, ***Saggio di bibliografia dei viaggi in Italia*** (***Italia alla fine del Secolo XVI, Giornale di viaggio di Michele di Montaigne in Italia***. Città di Castello,

1889）は，1670年頃からイタリア旅行記がふえだしたことを示している．Arturo Farinelli, *Viajes por España y Portugal desde la Edad media hasta el Siglo XX*, Madrid, 1920 とその補遺 *ibid.*, 1930 も，1700年から1710年までの10年間には，スペイン旅行記，ポルトガル旅行記がそれ以前の20年間の合計と同じ数だけ出ていることを明らかにしている．Gustav Peyer, *Geschichte des Reisens in der Schweiz*, Basel, 1885も，17世紀の「情ないほどの沈黙」（56ページ）と「18世紀におけるスイス旅行記の新たな急増」を記録している．この主張は A. Waber, *Bibliographie der schweizerischen Landeskunde*, fascicule III, *Landes und Reisebeschreibungen, ein Beitrag zur Geschichte der schweizerischen Reiseliteratur, 1479-1880*, Bern, 1899 の統計によっても裏付けられる．

【E.G.Cox, *A reference guide to the literature of travel*, 1935-1938.】

それに，旅行記の質も考えなければならない．オーノワ夫人(2)やアディソン(3)などのものは，当時のヨーロッパ文学でも上席を占めているのだ．

イタリア人の旅行家については，Giulio Natali, *Il Settecento*, Milano, 1929, t. I, p.49 の次の言葉を参照．「17世紀には，少数の学者や好事家や宣教師しか旅をしなかった．しかし18世紀には，かつてもっとも大胆な旅行家や，最大の地理的発見の達成者や，文明開化のもっともかがやかしい担い手たちを輩出したイタリアが，ふたたび旅行熱にとりつかれた．ヨーロッパ中がイタリア人でみちあふれた……」

フランス人の旅行家については，*Lettre d'un Sicilien à un de ses amis, contenan une agréable critique de Paris et des Français* がある．これは最初 *Saint-Evremoniana*(4), 1700にのり，ついで1710年に本になった．ヴァランタン・デュフール師が刊行した版（1883年）の「序文」を参照．――Gregorio Leti, *Historia e Memorie sopra la vita di O. Cromvele*, Amsterdam, 1692 は1694年に同市でフランス語版が出，1703年には新版が出た．私が依ったのは後者である（第1部，46―47ページ）．

【F.D. Roe, *French travellers in Britain*, 1928. ――Georges Barnaud, *Touristes de jadis. L'Évolution du sens touristique jusqu'au XVIIIe siècle*, 1938. ――F. Baldensperger, *Intellectuels français hors de France. De Descartes à Voltaire* (*Revue des Cours et Conférences*, 1933-1934). ――R. E. Palmer, *French travellers in England, 1600-1900*, 1960. ――R.Pomeau, *Voyage et lumières dans la littérature française du XVIIIe siècle* (*Transactions*, vol.3, 1967).】

ドイツ人の旅行家については．「ドイツ人は世界一の旅行家である．……北方の諸国民は非常に外国を見たがっており，彼らの間では，自国から出ずに若い頃をすごした者は君主たちの宮廷や官房で職務につく資格がないと思われている……」(Louis Du May, *Le prudent voyageur*, préface, 1681)．「そこではドイツ人の旅行好きが称讃されている……」(*Journal des Savants*, 1688年2月16日号．1688年にフランクフルトで出た *Dictionnaire-orateur français-latin-allemand* の序文について言ったもの)．――G. Steinhausen, *Beiträge zur Geschichte des Reisens* (*Das Ausland*, t. LXVI, 1893) を参照．

イギリス人の旅行家については，Constantina Maxwell, *The English Traveller in France, 1698-1715*, London, 1932.

【W.E. Mead, *The Grand Tour in the Eighteenth Century*, 1914. ――R.S.

Lambert, *Grand Tour*, 1937.——Id., *The fortunate traveller : a short story of touring and travel for pleasure*, 1950.——H. Morrison, *The golden age of travel : literary impressions of the Grand Tour*, 1951.—— John Walter Stoye, *English travellers abroad, 1604-67 : Their influence in English society and politics*, 1952.——G. Trease, *The Grande Tour*, 1967.】

旅の功罪を論じたテキストをいくつかあげると，J. Gailhard, *The compleat gentleman, or Directions for Education of youth as to their breeding at home and travelling abroad, in two treatises, by T. Gailhard, who hath been Tutor abroad to several of the nobility and gentry*, London, 1678.——Trotti de la Chétardie, *Instructions pour un jeune Seigneur, ou l'idée du galant homme*, 1683.——Pierre Bayle, *Nouvelles de la République des Lettres*, avril 1686, article V. (5)——*De l'utilité des voyages et de l'avantage que la recherche des antiquités procure aux Savants, par M. Baudelot de Derval, avocat en Parlement*, 1686.——Danieli Morhofii *Polyhistor, sive de Notitia auctorum et rerum Commentarii*, Lubeck, 1688; *editio secunda auctior*, Ibid., 1695; Ibid., 1708 (t. II, livre IV).——*Spectator*, Nos 45, 364, 474.

Béat de Muralt, *Lettres sur les Anglais et les Français et sur les voyages*, 1725 のチャールズ・グールド刊行の版（1933年）を参照.

14ページ　いくつかの旅行案内

Le gentilhomme étranger voyageur en France, qui observe également les meilleures routes qu'il faut prendre, faisant aussi la description des antiquités, par le baron G. de M. Leyde, 1699.

Il Burattino veridico, ovvero Istruzione generale per chi viaggia, con la descrizione dell' Europa, distinzione de' regni, provincie, e città, e con la tavola delle poste nelle vie più regolate che al presente si trovano. Data alla luce da Giuseppe Miselli corriere, Roma, 1683, etc.

Guia dos caminos par ir por todas las provincias de España, Francia, Italia, y Alemania, Madrid, 1705.

De Saint-Didier, *La ville et la République de Venise*, Paris, 1680.

Description de la ville de Rome en faveur des étrangers, divisée en trois parties, par F. D. P., Paris, 1690; Lyon, 1690, etc.

Guida de' Forestieri curiosi di vedere ed intendere le cose più notabili della regal città di Napoli, dall' abate Pompeo Sarnelli, Napoli, 1686.

Guida de' Forestieri curiosi di vedere, e considerare le cose notabili di Pozzoli, Baia, Miseno, Cuma, ed altri luoghi convicini, Id., ibid.

Notizie del bello, dell'antico, e del curioso della città di Napoli per i signori forestieri, Napoli, 1692, etc.

【P. Laubriet, *Les Guides de voyages au début du XVIIIe siècle et la propagande philosophique* (*Studies on Voltaire and the 18th century*, 32, 1965).】

15ページ　「楽しみ」

旅行案内の頭にくる言葉としては，これは別に新しいものではない．たとえば，Kas-

par Ens, *Magnae Britanniae Deliciae ...*, Cologne, 1613 がある．しかし，それが常用されだしたのはこの頃からである．次のとおり．

Les Délices de la Hollande contenant une description de ce pays..., Amsterdam, 1678 ; Id., *avec un abrégé historique depuis l'établissement de la République jusques à l'an 1710. Ouvrage nouveau, sur le plan de l'ancien*, La Haye, 1710.

Les Délices des Pays-Bas, ou description géographique et historique des XVII Provinces Belgiques..., Bruxelles, 1697.

この本の第6版（リエージュ，1759年），序文10ページにはこうある．「『オランダの楽しみ』*Délices des Pays-Bas* という題はそのまま残しておいた．本書はこの題で知られているし，また『イギリスの楽しみ』*Délices de l'Angleterre*，『スイスの楽しみ』*Délices de la Suisse* などという本も出て，この題が広く使われだしたからである．そうした本は，旅をする人にも旅に出られない人にもひとしく役立っている……」

Les Délices de l'Italie, ou description exacte de ce pays, de ses principales villes, et de toutes les raretés qu'il contient 〔par Rogissart〕, Leyde, 1706.――*Les Délices de l'Italie, contenant une description exacte du pays, des principales villes, de toutes les antiquités et de toutes les raretés qui s'y trouvent. Ouvrage enrichi d'un très grand nombre de figures en taille douce*, Paris, 1707〔アヴァールが改訂したロジサールの著作の新版〕.――*Les Délices de l'Italie ... par les Sieurs de Rogissart et Havard. Dernière Édition revue, augmentée de nouveau, beaucoup plus correcte que les précédentes, et enrichie de plusieurs figures nouvelles en taille douce, avec une table des matières fort ample et fort exacte, par Jean de la Faye*, Leyde, 1709.

Deliciae sive amoenitates Regnorum Daniae, Norvegiae, Slesvici, Holsatiae, Leyde, 1706〔Ruttgerus Hermannides, *Regnorum Daniae ac Norvegiae... descriptio*, Amsterdam, 1671 の新版〕.――同じく，*Regnorum Sueviae, Gothiae... descriptio nova*, Amsterdam, 1671 も1706年には *Deliciae, sive amoenitates Regnorun Sueviae, Gothiae...etc.*, Leyde, 1706 と改題した．

Les Délices de l'Espagne et du Portugal, où l'on voit une description exacte des antiquitez, des provinces, des montagnes, des villes, des rivières, des ports de mer, des forteresses, églises, académies, palais, bains, etc. *De la religion, des mœurs des habitants, de leurs fêtes et généralement de tout ce qu'il y a de plus considérable à remarquer. Le tout enrichi de figures en taille douce, dessinées sur les lieux mêmes, par Don Alvares de Colmenar*, Leyde, 1707.

Les Délices de la Grande-Bretagne, et de l'Irlande, où sont exactement décrites les antiquitez, les provinces, les villes, les bourgs, les rivières, les ports de mer, les bains, les forteresses, abbayes, églises, académies, collèges, bibliothèques, palais, les principales maisons de campagne, et autres beaux édifices, les familles illustres, avec leurs armoiries, etc. *La religion, les mœurs des habitants, leurs jeux, leurs divertissements, et généralement tout ce qu'il y a de plus considérable à remarquer, par James Beeverel, A. M. Le*

tout enrichi de très belles figures et cartes géographiques, dessinées sur les originaux, Leyde, 1707.

Les Délices de Leide, une des célèbres villes de l'Europe. Qui contiennent une description exacte de son Antiquité, de ses divers agrandissements, de son Académie, de ses manufactures, de ses curiosités, et généralement de tout ce qu'il y a de plus digne à voir. Le tout enrichi de tailles douces, Leide, 1712.

Les Délices de la Suisse, par A. Ruchat, Leide, 1714.——Abr. Stanian, *An account of Switzerland written in the year 1714*, London, 1714. 仏訳は *État de la Suisse*, Amsterdam, 1714. この2冊の合本が *État et les Délices de la Suisse*, Amsterdam, 1730.

15ページ 「ヨーロッパ名所めぐり」

A. T. Herburr, *Memorabilia Europae, oder Denckwürdige Sachen, welche ein Reisender in den fürnehmsten Städten Europae heutiges Tages observiren und in Acht zu nehmen hat*, Ulm, 1678；第13版，1714年. ——*Les Merveilles de l'Europe ou les choses remarquables qu'un voyageur peut observer maintenant dans les principales villes, châteaux, et autres lieux de l'Europe, traduit de l'allemand*, Ulm, 1702.

Voyage historique de l'Europe ou Recueil des Délices de cette partie du monde, par D. B. P., Bruxelles, 1704.

15ページ 「世界見てある記」

Memorabilia Mundi, or Choice Memoirs of history and description of the World, by G. H., London, 1670.

J. H. Happelli, *Mundus mirabilis tripartitus*, Ulm, 1687.

P. Van der Aa, *La Galerie agréable du monde, où l'on voit en un grand nombre de cartes et de belles tailles douces les principaux empires*, etc., Leyde, 1715.

15ページ ヨーロッパ外への旅行

ヨーロッパ外への旅行がとりわけいちじるしくふえたことは，Boucher de la Richarderie, *Bibliothèque Universelle des Voyages*, 1808 を見ればわかる．Johann Beckmann, *Literatur der älteren Reisen*, Göttingen, 1807-1810 による旅行記の内容紹介からも，17世紀末と18世紀初頭に行なわれた旅行の数と重要性がうかがえる．

しかし，とくに脚光を浴びたのは近東と極東である．ジルベール・シナールのリスト（*L'Amérique et le rêve exotique dans la littérature française au dix-septième et au dix-huitième siècle*, 1913）は，ヨーロッパからアメリカへ向かうかなり持続的な流れがあったことを示しているが，ピエール・マルチノの *Orient dans la littérature française au XVII*[e] *et au XVIII*[e] *siècle*, 1906によると，フランス人による東方旅行記は1610年から1660年までは15ないし20点そこそこだったのが，1660年から1700年までには40点，1700年から1735年までには60点にのぼったという．Émile Bourgeois et Émile André, *Manuels de bibliographie historique* (*Les sources de l'histoire de France, dix-septième siècle, 1610-1751*, I. *Géographie et histoires*

générales, 1913）でも，東方旅行記は1610年から1670年までに31点，その後〔1670年から1715年まで〕には169点がかぞえられる．

オランダ東インド会社はヨーロッパの読者たちの注意をひいた．

Ambassades mémorables de la Compagnie des Indes Orientales des Provinces-Unies vers les Empereurs du Japon..., le tout enrichi de figures, Amsterdam, 1680, in-folio.

Journal des Savants, 1680年5月6日号を参照．

イギリス人は植民地の調査をした．

Oldmixon, *The British Empire in America, containing the history of the discovery, settlement, progress, and present state of all the British Colonies on the Continent and Islands of America*, London, 1708.

Cambridge History of the British Empire, 第1巻850ページ以下，および Justin Winsor, *Narrative and Critical History of America*, Boston, 1884 を参照．

アベ・プレヴォは叙事詩的ともいえる口調で，イギリスの旅行家たちの偉業を語っている．*Voyages du Capitaine Robert Lade en différentes parties de l'Afrique, de l'Asie et de l'Amérique ; ouvrage traduit de l'anglais*, 1744の序文より．

「イギリス人のものほど有益で面白い旅行記は誰に期待できようか．イギリス国民の半分は，世界でもっとも遠隔の地へ向かってたえず移動している．イギリスには，ほとんど家の数ほどの船があり，〈これほど多くの住民の大部分がふだんから水上生活をしている〉というシナの史家が南京について報告していることは，そのままこの島全体にあてはまる．だからロンドンでは，航海日誌や観察録が他のどこよりも多く出版される．イギリス人は航海をつうじて勉強するという便宜に加えて，学問への好みと芸術的な教養からくる向学心をもっている．それに，遠い国々について知識をえるのは旅行者としてだけではない．そこに広大な地域を所有しており，その土地の面白いものを見すごしてばかりはいないのである．彼らの著作家の言によると，北はノーヴァスコーシャ〔現在はカナダ最東端の州〕の端から南はニュージョージアの端まで，イギリス人が占領している土地は延長1,600ないし1,700マイルをくだらないという．それ以外に，ジャマイカ島とバルバドス島だけで20万人のイギリス人がいるほどの，広大な領地をなしている島々がある……」〔*Œuvres choisies de l'abbé Prévost*, 1783—85, t. 15, p. V—VI〕.

フランス人も世界の驚異に無関心ではなかった．たとえば，

Allain Manesson-Mallet, *Description de l'Univers, contenant les différents systèmes du monde, les cartes générales et particulières de la géographie ancienne et moderne..., et les mœurs, religions, gouvernements, et divers habillements de chaque nation...*, 1683.

多くの重要な旅行が「王命により」par ordre du Roi 行なわれた．

Paul Lucas, *Voyage du sieur Paul Lucas au Levant, avec figures*, Paris,

1704 ; La Haye, 1705; Paris, 1714.

Id., *Voyage du sieur Paul Lucas, fait par ordre du Roi, dans la Grèce, l'Asie Mineure, la Macédoine et l'Afrique, avec figures*, Paris, 1712 ; Amsterdam, 1714.

Id., *Troisième Voyage du sieur Paul Lucas fait en 1714, jusqu'en 1717 par ordre de Louis XIV dans la Turquie, l'Asie, la Sourie, la Palestine, la Haute et Basse-Égypte*, etc., Rouen, 1719 ; Amsterdam, 1720, etc.

J. Tournefort, *Relation d'un voyage fait par ordre du roi, contenant l'histoire ancienne et moderne de plusieurs îles de l'Archipel, de Constantinople, des côtes de la Mer Noire, de l'Arménie, de la Géorgie, des frontières de Perse et de l'Asie Mineure, avec les plans des villes et des lieux considérables ; le génie, les mœurs, le commerce et la religion des différents peuples qui les habitent, et l'explication des médailles et des monuments curieux, par Joseph Tournefort, enrichie de descriptions et de figures d'un grand nombre de plantes rares, et de plusieurs observations sur l'histoire naturelle*, 1717.

Muriel Dodds, *Les Récits de voyages, Sources de l'Esprit des lois de Montesquieu*, 1929.――Zenobia Bamboat, *Les voyageurs français aux Indes aux dix-septième et dix-huitième siècles*, 1932.――Adrian Duarte, *Les premières relations entre les Français et les princes indigènes dans l'Inde*, 1932.

イタリア人の旅行家については，

P. Amat di San Filippo, *Biografia dei viaggiatori italiani con la bibliografia delle loro opere. Seconda Edizione*, Roma, 1882 ; 補遺 Ibid., 1884; *Gl'illustri viaggiatori italiani con un' Antologia dei loro scritti*, Ibid., 1885.

16ページ　世界一周旅行

William Dampier, *A new voyage round the World*, London, 1697. その後の版の目録はアルバート・グレイ卿が刊行した版（ロンドン，1927年）に収められている.

〔Willard H. Bonner, *Captain William Dampier, Buccaneer-Author*, 1934.〕

Gemelli Carreri, *Giro del Mondo*, Napoli, 1699-1700. これにかんする文献目録は A. Farinelli, *Viajes por España*, Madrid, 1920 にある.

Woodes Rogers, *A Cruising Voyage round the World...*, London, 1712. G. E. メインウェアリングが刊行した版（ロンドン，1928年）を参照.

16ページ　幸福な共和国をめざす亡命新教徒の旅

F. Leguat, *Voyage et aventures de François Leguat et de ses compagnons en deux îles désertes des Indes Orientales, avec la relation des choses les plus remarquables qu'ils ont observées dans l'Ile Maurice, à Batavia, au cap de Bonne Espérance, dans l'Ile Sainte-Hélène, et en d'autres endroits de leur route*, Londres, 1708;英訳, ロンドン, 1708年;オランダ語訳, ユトレヒト, 1708年; ジャック・ブーランジェによる新版, 1934年.

Ch. de La Roncière, *Histoire de la marine française*, t. VI. *Le crépuscule*

du grand règne. L'Apogée de la guerre de course, 1932.

【Emile Rainer, *Le cas Leguat*, 1945. ——Id., *L'Utopie d'une république huguenote du marquis Henri du Quesne et le voyage de François Leguat*, 1959.】

18ページ　相対性の観念

S. Tyssot de Patot, *Lettres choisies de M. Symon Tissot de Patot, professeur ordinaire en mathématiques dans l'École illustre de Deventer en Over Yssel...*, La Haye, 1727.

書簡第31にはこうある.「しかし，現代にも見られるものをわざわざ古い時代まで探しに行くことはない……のであって，ニウホフ氏，スハウテン氏，メルトン氏，タヴェルニエ氏，ダッパー氏等の見聞録ないし旅行記を読みさえすれば，インド人たちがいかに従容として死におもむくか，さまざまな国で，夫の死出の旅の伴をするという名誉を得るため，妻たちが召使ともどもいかに自発的に自らを犠牲にするかがわかるだろう．それに反し，キリスト教を信奉して，魂の救いともっと幸福な来世の約束が確かなだけに死の閾をこえるのを怖れないはずの人たちが，そこへ行くのをできるだけ避けようとするのである……」

François Bernier, *Histoire de la dernière révolution des États du Grand Mogol, dédiée au Roi, par le Sieur François Bernier, médecin de la Faculté de Montpellier*, 1670. ——*Suite des Mémoires du Sieur Bernier sur l' Empire du Grand Mogol*, 1671. ——*Voyages de François Bernier..., contenant la description des États du Grand Mogol...*, etc., Amsterdam, 1699, 2 vol. in-12. T. II: *Lettre à M. Chapelain, touchant les superstitions, étranges façons de faire, et doctrine des Indous ou Gentils de l'Hindoustan, où l'on verra qu' il n'y a opinion si ridicule et si extravagante dont l'esprit de l'homme ne soit capable...*

L. de Lens, *Les correspondants de François Bernier pendant son voyage dans l'Inde. Lettres inédites de Chapelain*, Angers, 1872. ——H. Castonnet des Fossés, *François Bernier, ses voyages dans l'Inde*, 1888. ——Yusuf Ali, *Three travellers to India: being a simple account of India as seen by Bernier*, London, 1927 を参照.

【ベルニエについては，L. Bouger, *François Bernier, sa vie, ses voyages, sa classification des races*, 1937. ——F. Stora, *Un médecin au XVIIe siècle, François Bernier*, 1937. ——B. Bachelot, *Le grand voyage de François Bernier, médecin de la Faculté de Montpellier*, 1940.】

Cornelis Van Bruyn, *Reizen van C. de Bruyn door de vermaardste deelen van Klein Asia, de eylanden Scio, Rhodus*, etc., Delft, 1698; 仏訳，デルフト，1700年; パリ，1714年.

Id., *Reizen over Moscovien door Persie en Indie*, Delft, 1711; Amsterdam, 1711; Delft, 1714; Amsterdam, 1714; 仏訳，アムステルダム，1718年; 同，1725年（上記2冊の合本). 第1巻，第21章にはこうある.

「この昼食も夕食も例のとおりで，トルコ人はわれわれと正反対のことをするのである

る．たとえば，われわれは一人の妻だけで満足するが，彼らは何人も妻をめとる．われわれは短い服を着るが，彼らは長い服を着る．われわれは髪をのばして，ひげをつるつるにそるが，彼らは髪をそって，ひげをのばしている．われわれのあいだでは右手の方が格が上とされるが，彼らのあいだでは左手の方がそう見られている．われわれは左から右へ行を分けて書くが，彼らは逆に右から左へ書き，行も曲ってつながりあっている．人に挨拶するとき，われわれは帽子をとるが，トルコ人は逆にターバンをとらず，体をちょっとかがめるだけである……」

Le P. Tachard, *Voyage de Siam, des Pères Jésuites envoyés par le Roi aux Indes et à la Chine*, 1686.――*Second voyage du P. Tachard et des Jésuites envoyés par le Roi au royaume de Siam*, 1689.

LE P. Louis Le Comte, *Lettre...sur les cérémonies de la Chine*, Liége, 1700.

20ページ　善良な未開人

これにかんする思想および参考文献については，ジルベール・シナールが刊行した Baron de Lahontan, *Dialogues curieux entre l'auteur et un sauvage de bon sens qui a voyagé, et Mémoires de l'Amérique Septentrionale* のすぐれた版（バルティモア，1931年）を参照．

【B. Bissell, *The American Indian in English literature of the Eighteenth Century*, 1925. ――Hoxie Neale Fairchild, *The Noble Savage. A Study in romantic naturalism*, 1928.――E. Murray, *The* 〈*noble savage*〉(*Scientific Monthly*, march 1933).――René Gonnard, *La Légende du bon sauvage, contribution à l'étude des origines du socialisme*, 1946.――J. Gallotti, *Le Bon Sauvage avant J.-J. Rousseau* (*Le Monde français*, nov. 1946). ――German Arciniegas, *Le Bon Sauvage* (*Revue de Paris*, déc. 1964).――Willy de Spens, *Le Mythe du bon sauvage au XVII*e *siècle* (*Médecine de France*, déc. 1965).――Giuliano Gliozzi, *Il*《*Mito del buon selvaggio*》(*Rivista di filosofia*, luglio-settembre 1967).――Willy de Spens, *Le Bon Sauvage et la fiction* (*Médecine de France*, juin 1969).】

21ページ　エジプトの賢者

Jean-Marie Carré, *Voyageurs et Écrivains français en Égypte*, Le Caire, 1932, page XXX にある全体的な文献目録を参照．ここであつかうテーマにかんしては，第２章であげるエジプト文明とエジプトの年代にかんする著作のほかに，次のものを補足しておく．

Giovanni Paolo Marana, *Entretiens d'un philosophe avec un solitaire, sur plusieurs matières de morale et d'érudition*, 1696.

Aaron Hill, *A full and just account of the present state of the Ottoman Empire*, London, 1709.

Abbé Terrasson, *Sethos, Histoire ou Vie, tirée des monuments, anecdotes de l'ancienne Égypte*, Paris, 1731.――Stendhal, *Vie de Henri Brulard* のシャンピオン版第１巻190ページには次のようにある．「祖父は……私に『セトス』（テラソン師の重厚な小説）を読ませた．セトスは当時の私には神様だった……」

【『セトス』については，Ed. von Jan, *Der französische Freimaurerroman im 18. Jahrhundert* (*Germ.-rom. Monatsschrift*, 13, 1925).】

23ページ　回教徒のアラビア人

敵意が徐々に共感にかわるこの推移は，次のような著作にあらわれている．

L. Addison, *The first state of Mahometanism, or an account of the Author and Doctrine of that Imposture*, London, 1678.

L. Addison, *The life and death of Mahumed, the author of the Turkish religion*, London, 1679.

R. P. Michel Nau, *L'état présent de la religion mahométane, par le R. P. Michel Nau, de la Compagnie de Jésus, missionnaire au Levant, t. I.――T. II, contenant la vérité de la religion chrétienne défendue et prouvée contre l'Alcoran par l'Alcoran même*, Paris, 1684 ; Ibid., 1685.

J. Lange, *Vollständiges Türckisches Gesetz-Buch; oder des Ertz-betriegers Mahomets Alkoran. A. d. Arab. in die Franz. Sprache übersetzt durch Herrn Du Ryer. Aus dieser aber in das Niederländ. durch H. J. Blasemaker und jetzt zum aller ersten Mal in die hochdeutsche Sprache übers.*――E. W. Happel, *Thesaurus exoticorum*, Hamburg, 1688 に収録.

Ludovici Maraccii *Prodromi ad refutationem Alcorani*, Romae, 1691.

Lex islamica Muhametis Syriace ex Musaeo Hinckelmanni, Hamburg, 1694.

J. Langii *De Fabulis Mahomediis dissertatio*, Nüremberg, 1696.

H. Prideaux, *The true nature of imposture fully displayed in the life of Mahomet. With a discourse annexed, for the vindication of Christianity from this charge; offered to the consideration of the deists of the present age*, London, 1697 ; 第8版, 1725年 ; 仏訳, パリ, 1699年.

G. Andrea, *Confusione della setta macomettana; dalla quale s'intende l'origine di Macometto e suoi fatti, e la falsa stolta dottrina da lui ritrovata. Opera di Gio. Andrea, già Moro e ora Christiano e Sacerdote*, Venetia, 1697.

Ludovici Maraccii *Alcorani textus universus arabice in latinum translatus et refutatus*, Patavii, 1698.

Achmet Benabdalla, *Mohammedica, sive Dissertatio epistolaris de Veritate religionis christianae, per Achmet Benabdalla, eruditum Maurum : in qua infidelium illorum objectiones insulsissimae plenissime exponuntur*, Altdorfii, 1700.

David Nerreters, *Neu-eröffnete Mahometanische Moschea...*, Nüremberg, 1703.

J. Pitt, *A true and faithful account of the religion and manners of the Mahometans*, Exon, 1704.

A. Reland, *De religione mohammedica libri duo ; quorum prior exhibet compendium theologiae mohammedicae, ex codice manuscripto arabice editum, latine versum et notis illustratum ; posterior examinat nonnulla, quae falso Mohammedanis tribuuntur*, Ultrajecti, 1705 ; Ibid., 1717 ; ラテン語からの英訳, ロンドン, 1712年 ; 独訳, 1717年 ; 仏訳, 1721年.――Le Clerc, *Bibliothèque choi-*

sie, 1706, t. VIII, art. 9 を参照.

J. H. Happelius, *Glossarium arabicum... et tres praecipuas Alcorani Suratas*, Francfort, 1707.

Simon Ockley, *History of the conquest of Syria, Persia, and Œgypt by Saracens*, London, 1708-1718. 第2巻は第1巻の第2版とともに *The History of the Saracens* という総題で刊行された（ロンドン, 1718年).

〔An.〕, *Lettre d'un médecin arabe à un fameux professeur de l'Université de Hall en Saxe, sur les reproches faits à Mahomet, de son recours aux armes, de la pluralité de ses femmes, de l'entretien de ses concubines, et de l'idée de son Paradis. Traduit de l'arabe*, 1713.

この手紙は, Anthony Collins, *A Discourse of Free-thinking* の仏訳 *Discours sur la liberté de penser, écrit à l'occasion d'une nouvelle secte d'esprits forts, ou de gens qui pensent librement. Traduit de l'anglais et augmenté d'une lettre d'un médecin arabe*, Londres, 1714 の付録.

Boulainvilliers, *La vie de Mahomed, par M. le Comte de Boulainvilliers, auteur de l'État de la France, et des Mémoires historiques qui l'accompagnent*, Londres, 1730.

ここにそれまでの研究の到達点が見られる. ブーランヴィリエはデルブロ(6), E・ポコック(7), A. レラントを引用している. 172ページに彼は次のように書いている.「イギリスのある学者は, 私と同じくアラビア史の奇妙さに打たれて, マホメットの最初の後継者たちの治世の略史を最近発表した. ……オックレー氏……」

【B. P. Smith, *Islam in English literature*, 1939.――N. Daniel, *Islam and the West: The Making of an image*, 1960.――Josephine Maarraoui, *Présence arabe et musulmane dans les contes et les romans français du XVIIIe siècle*, 1968. ブーランヴィリエについては, Renée Simon, *Henry de Boulainviller, historien, politique, philosophe, astrologue*, 1941.――Id., *A la recherche d'un homme et d'un auteur*, 1941.――Id., *Un révolté du Grand Siècle, Henry de Boulainviller*, 1948.――G. Gargallo, *Baulainvilliers e la storiografia dell' Illuminismo francese*, 1954.】

24ページ　トルコ人とペルシャ人

Paul Rycaut, *The present State of the Ottoman Empire*, London, 1668. その後多くの版が出ている. 最初の仏訳, 1670年；イタリア語訳, 1672年；ポーランド語訳, 1678年；独訳, 1694年.

Chardin, *Journal du Voyage du Chevalier Chardin en Perse et aux Indes Orientales, par la mer Noire et par la Colchide, qui contient le voyage de Paris à Ispahan*, Londres, 1686; Amsterdam, 1686.

Id., *Voyages de M. le Chevalier Chardin en Perse et autres lieux de l'Orient, enrichi d'un grand nombre de belles figures en taille douce, représentant les antiquités et les choses remarquables du pays*, Amsterdam, 1711.

André Leval, *Voyages au Levant pendant les seizième, dix-septième et dix-huitième siècles: essai de bibliographie*, Budapest, 1897 を参照.

トルコの密偵やペルシャ人というタイプの形成については，Elie Carcassonne, *Introduction aux Lettres Persanes*, 1929と，とりわけ G. L. Van Roosbroeck, *Persian Letters before Montesquieu. Publications of the Institute of French Studies*, New York, 1932を参照.

【N. D. Samsani, *L'Iran dans la littérature française*, 1936. ——C. D. Rouillard, *The Turk in French history, thought and literature* (*1520-1660*), 1938. ——Marie-Louise Dufrenoy, *L'Orient romanesque en France, 1704-1789*, 1946-1947. ——A. Crisafulli, *L'Observateur oriental avant les Lettres persanes* (*Lettres Romanes*, 1954, p. 91-113). ——J. E. Tucker, *The Turkish Spy and its French background* (*Revue de Littérature comparée*, janvier-mars 1958). ——*Lettres persanes* (Ed. Garnier, 1960) へのポール・ヴェルニエールの序文—— Mohammad Gharavi, *Les Portraits des Iraniens dans les ouvrages français du XVIIe siècle*, 1964. —— G. Almansi e D. Warren, *L'《Esploratore turco》 di Giovanni Paolo Marana* (*Studi Secenteschi*, 9, 1968). ——J. Chaybany, *Les Voyages en Perse et la pensée française au XVIIIe siècle*, 1971.】

26ページ　シャムとシナ

この問題の最新の研究は Virgile Pinot, *La Chine et la formation de l'esprit philosophique en France, 1640-1740*, 1932. ——*Mémoires du Comte de Forbin* の新版（1934年）に付したジャック・ブーランジェの序文を参照.

【Adolf Reichwein, *China und Europa. Geistige und künstlerische Beziehungen im 18. Jahrhundert*, 1923. ——Ting Tchao T'Sing, *Les Descriptions de la Chine par les Français*, 1928. —— Virgile Pinot, *Documents relatifs à la connaissance de la Chine en France de 1685 à 1740*, 1932. ——Ursula Aurich, *China im Spiegel der deutschen Literatur des 18. Jahrhunderts* (*German. Studien*, 169, 1935). ——Henri Bernard, *Sagesse chinoise et philosophie chrétienne*, 1935. ——L. A. Maverick, *China, a model for Europe*, 1946. —— William W. Appleton, *A Cycle of Cathay. The Chinese vogue in England during the Seventeenth and Eighteenth Centuries*, 1951. ——R. Étiemble, *L'Orient philosophique au XVIIIe siècle*, 1958. ——François Bontinck, *La Lutte autour de la liturgie chinoise aux XVIIe et XVIIIe siècles*, 1962. —— Georges H. Dunne, *Generation of Giants. The Story of the Jesuits in China in the last decades of the Ming Dynasty*, 1962. ——Basil Guy, *The French image of China before and after Voltaire* (*Studies on Voltaire and the Eighteenth Century*, Vol. XXI), 1963. ——J. Dehergne, *Voyageurs chinois venus à Paris au temps de la marine à voiles et l'influence de la Chine sur la littérature française du XVIIIe siècle* (*Monumenta Serica*, 23, 1964). ——R. Étiembe, *Connaissons-nous la Chine?*, 1964. —— Lo-shu Fu, *A documentary chronicle of Sino-Western relations* (*1644-1820*), 1966. ——R. Étiemble, *Les Jésuites en Chine, la querelle des rites* (*1552-1773*), 1966. インドについては Z. Bamboat, *Les Voyageurs français aux Indes aux XVIIe et XVIIIe siècles*, 1933. ——J. T. Wheeler, *European travellers in India* 〔1600-1700〕, 1956.】

30ページ　架空の旅行記

G. Atkinson, *The extraordinary Voyage in French literature before 1700*, New York, 1920.——Id., *The extraordinary Voyage in French literature from 1700 to 1720*, 1922.

F. Lachèvre, *Les successeurs de Cyrano de Bergerac*, 1922. —— Id., *La vie de Gabriel de Foigny*, id.

N. Van Wijngaarden, *Les Odyssées philosophiques en France entre 1616 et 1789*, Harlem, 1932.

E. Pons, *Les langues imaginaires dans les romans utopiques* (*Revue de Littérature comparée*, 1930, 31, 32).

E. Von Der Mühll, *Denis Veiras et son histoire des Sevarambes*, 1938.

これらの研究で取り上げられた旅行記に，もうひとつオランダ産のものを付け加えるべきである．次の本を参照．

Lucius L. Hubbard, *A Dutch source for Robinson Crusoe. The narrative of the El-Ho《Sjouke Gabbes》(also known as Heinrich Texel). An episode from the description of the Mighty Kingdom of Krinke Kesmes, etc. by Hendrik Smeeks, 1708. Translated from the Dutch and compared with the story of Robinson Crusoe*, Ann-Arbor, 1921.

【J. Schmid, *Die englischen Utopien des 16 und 17 Jahrhunderts*, 1933.——E. I. Diaconu, *Utopia in Literatura engleza*, 1936.——M. Nicholson, *A World in the moon. A Study of the changing attitude toward the moon in the Seventeenth and Eighteenth Centuries*, 1936.——W. D. Müller, *Geschichte der Utopia-Romane der Weltliteratur*, 1938.——V. Dupont, *L'Utopie et le roman utopique dans la littérature anglaise*, 1941.——Philip Babcock Gove, *The Imaginary voyage in prose fiction, a history of its criticism and a guide for its study, with an annotated check list of 215 imaginary voyages from 1700 to 1800*, 1941. ——D. Cantimori, *Utopisti e riformatori italiani*, 1943.——Raymond Ruyer, *L'Utopie et les utopistes*, 1950. ——A.-L. Morton, *The English Utopia*, 1952.——W. H. G. Armytage, *Heavens Below. Utopian Experiments in England, 1560-1960*, 1961.——P. G. Adams, *〈Travels〉 and travel-liars, 1660-1800*, 1962.——H. Girsberger, *Reise nach Utopia. Französische Utopien aus drei Jahrhunderten*, 1964.——Paul Cornelius, *Languages in Seventeenth- and early Eighteenth-Century imaginary voyages*, 1965.——H. Baudet, *Paradise on earth : some thoughts on European images of non-European man*, 1965. ——Jean Méral, *L'Utopie dans la littérature française du XVIIe siècle*, 1965.——Guerino Bebber, *La Religion et les voyages imaginaires dans la littérature française de 1720 à 1740*, 1966.——Frank E. Manuel and Fritzie P. Manuel, *French Utopias, an anthology of ideal societies*, 1966.——Werner P. Friederich, *Australia in Western imaginative prose writings 1600-1960*, 1966.——J. Méral, *Quelques remarques sur la bibliographie des utopies françaises du XVIIe siècle* (*Romance Notes*, autumn 1968). ティッソ・ド・パトについては David Rice McKee,

Simon Tyssot de Patot and the seventeenth-Century background of critical deism, 1941.——Audrey Rosenberg, *Tyssot de Patot and his work,* 1972.】

33ページ　旅行と精神的自由思想（リベルテイナージュ）

フランソワ・ベルニエの作品を参照. ——Robert Challes, *Journal d'un voyage fait aux Indes Orientales par une escadre de six vaisseaux commandés par M. Du Quesne, depuis le 24 Février 1690 jusqu'au 20 Août 1691,* Rouen, 1721. この本の第1巻150ページには,「自然よ, われに教えよ, いかに奇怪なる努力もて……云云」という人間の無知をうたったサン＝テヴルモンのソネがある. ——新版はA. オギュスタン＝ティエリにより刊行. *Voyage aux Indes d'une escadre française,* 1933.

A. Augustin-Thierry, *Un colonial au temps de Colbert. Mémoires de Robert Challes, écrivain du roi,* 1931 を参照.

【ロベール・シャルについては, F, Deloffre, *R. Challes et le《Journal littéraire》de La Haye (1713-1718)* (*Annales Univ. Saraviensis,* 3, 1954). ——Id., *Un mode préstendhalien d'expression de la sensibilité à la fin du XVIIe siècle* (*Cah. Assoc. Études fr.*, 1959). ——Id., *A la recherche de R. Challes* (*Revue des Sciences humaines,* 1959). ——Émile Henriot, *Les Mémoires de R. Challes* (*Courrier littéraire, XVIIe siècle,* t. 2, 1959). —— H. W. Nöckler, *Zu den Auffassungen über Gattenwahl und Ehe in den französischen und englischen Literatur des 18. Jahrhunderts* (*Neue Beiträge zur Literatur der Aufklärung,* 1964). ——Catherine Lafarge, *《Les Illustres Françoises》de Robert Challes,* 1966. ——Eva-Maria Knapp-Tepperberg, *Robert Challe.《Illustres Françoises》. Erzählte Wirklichkeit in der fanzösischen Frühaufklärung,* 1970. ——Frédéric Deloffre, *Robert Challe, témoin de son temps,* 1970.】

第2章　旧から新へ

42ページ　近代史の何人かの理論家

Le P. Le Moyne, *De l'Histoire,* 1670.

Saint-Réal, *De l'usage de l'Histoire,* 1671.

Sir William Temple, *Introduction to the History of England ...,* London, 1695；仏訳, アムステルダム, 1695年.

Le P. Rapin, *Instructions pour l'histoire,* 1677. *Les Réflexions sur l'éloquence, la poétique, l'histoire et la philosophie,* 1684 に再録.

Gilbert Burnet, *The history of the Reformation of the Church of England,* 1679-1715 の緒言.

Cordemoy, *Divers traités de métaphysique, d'histoire et de politique, par feu M. de Cordemoy, Conseiller du Roi, lecteur ordinaire de Monseigneur le Dauphin, de l'Académie française,* 1691.

Le P. Menestrier, *Les divers caractères des ouvrages historiques, avec le plan d'une nouvelle histoire de la ville de Lyon,* Lyon, 1694.

Edward Hyde, Earl of Clarendon, *The History of the Rebellion and civil*

Wars in England, begun in the year 1641, Oxford, 1702.

Le P. Daniel, *Histoire de France depuis l'établissement de la monarchie française dans les Gaules*, 1713 の緒言.

Lenglet Du Fresnoy, *Méthode pour étudier l'histoire ; où, après avoir établi les principes et l'ordre qu'on doit tenir pour la lire utilement, on fait les remarques nécessaires pour ne pas se laisser tromper dans sa lecture ; avec un Catalogue des principaux historiens, et des remarques critiques sur la bonté de leurs ouvrages et sur le choix des meilleures éditions*, 1713.

参照――G. Dulong, *L'abbé de Saint-Réal. Étude sur les rapports de l'histoire et du roman au dix-septième siècle*, 1921.

W. H. Evans, *L'Historien Mézeray et la conception de l'histoire en France au dix-septième siècle*, 1930.――F. K. Montgomery, *La vie et l'œuvre du P. Buffier*, 1930.

【サン＝レアルについてはほかに, G. Dulong, *Notes et documents relatifs à l'abbé de Saint-Réal*, 1922. ――Ch. Samaran, *Histoire romancée et roman historique* (à propos de l'abbé de Saint-Réal) (*Revue des Études historiques*, 1925). ――G. Mongrédien, *L'Abbé de Saint-Réal* (*Revue de Savoie*, 8, 1955).――R. Judrin, *Saint-Réal* (*NRF*, octobre 1962).――A. Vanel-Mansau, *Précisions sur Saint-Réal* (*Annales publiées...par la Faculté des lettres et sciences humaines de Toulouse*, juin 1969).――Josué Montello, *Un maître oublié de Stendhal*, 1970. ラパンについては, Ch. Dejob, *De R. Rapino*, 1881.――M. Bouchard, *Un précurseur de La Bruyère* (*Revue d'Histoire littéraire de la France*, 38, 1931). ――R. H. Popkin, *The Traditionalism, modernism and scepticism of René Rapin* (*Filosofia*, novembre 1964). コルドモワについては, Ulrich Ricken, *Un Phonéticien philosophe du XVIIe siècle* (*Omagiu lui Alexandru Rosetti la 70 de ani*, 1965).――G. de Cordemoy, *Œuvres philosophiques*, 1968 に付せられた Étude bio-bibliographique (par P. Clair et F. Girbal). ラングレ・デュフレノワについては, M. M. Brien, *Lenglet Du Fresnoy, a biography* (*Papers of Michigan Academy*, 18, 1933).――Id., *N. Lenglet Du Fresnoy in the Low Contries* (*Ibid*, 20, 1935).――Lester Abraham Segal, *Nicolas Lenglet du Fresnoy (1674-1755) : a study of historical criticism and methodology in early 18th Century France*, 1968. ――J. P. Kaminker, *Lenglet-Dufresnoy éditeur et plagiaire de Boulainvilliers* (*Revue d'Histoire littéraire de la France*, mars-avril 1969). バーネットについては, G. W. Conder, *Bishop Burnet and the times of the English revolution and Protestant settlement*, 1863.――Pearson, *Bishop Burnet and contemporaneous schemes of Church Comprehension*, 1882.――T. E. S. Clarke and H. C. Foxcroft, *A Life of Gilbert Burnet*, 1907.――C. Whibley, *Political portraits* (*Ist series*), 1917.――F. J. F. Jackson, *Burnet's History of the Reformation and of his own times* (*A History of church history*, 1939). ――G. P. Gooch, *Burnet and the Stuart Kings ; Burnet and William III* (*Courts and Cabinets*, 1944).――L. V. Driskell, *An Evaluation of the Writings of Gilbert Burnet on the basis of*

stylistic evidence, 1965. クラレンドンについては, T. H. Lister, *Life and administration of Clarendon*, 1837-1838.——A. A. L. Chassant, *Lord Clarendon*, 1891.——C. H. Firth, *Clarendon as statesman, historian and Chancellor of the University*, 1909.——H. Craik, *Life of Clarendon*, 1911.——C. Whibley, *Political portraits* (*I^{st} series*), 1917.——B. H. G. Wormald, *Clarendon : politics, history and religion, 1640-60*, 1951. ——J. E. Hartman, *Clarendon : history, biography, style*, 1960.——F. R. Fogle and H. R. Trevor-Roper, *Milton and Clarendon*, 1965.】

全体にわたって, E. Fueter, *Geschichte der neueren Historiographie*, München und Berlin, 1911 ; 第2版, 1925年.——Benedetto Croce, *Teoria e Storia della Storiografia*, Bari, 1917 を参照.

Émile Bourgeois et Louis André, *Les Sources de l'histoire de France*. I. *Géographie et Histoires générales*, 1913 には, 数ページにわたって, 17世紀のフランス史学にかんする充実した記述がある(第2章, 265ページ以下).

【この時期のイギリスにおける歴史記述については, D. C. Douglas, *English scholars, 1660-1730*, 1939.——R. Wellek, *The Rise of English literary history: the origins and development of literary historiography from Bacon to Thomas Warton*, 1941.——H. Butterfield, *Man on his past : the study of the history of historical scholarship*, 1954.——M. A. Thomson, *Some developments in English historiography during the Eighteenth Century*, 1957.——J. R. Hale, ed, *The Evolution of British historiography from Bacon to Namier*, 1967.】

46ページ　歴史ピロニスム

Descartes, *Discours de la méthode* の冒頭.

François de La Mothe le Vayer, *Deux discours. Le premier : du peu de certitude qu'il y a dans l'histoire...*, 1668.

Le P. Malebranche, *De la recherche de la Vérité*, 1674. Livre II, Seconde partie, ch. IV, V, VI. ここでしらべている心理の変化にとっては, これらの章以上に重要なものは少ない. Livre IV, ch. IV, VII, VIIIも参照.

Fontenelle, *Éloge du P. Malebranche*を参照.

Pierre Bayle, *Pensées diverses écrites à un docteur de Sorbonne, à l'occasion de la comète qui parut au mois de décembre 1680*, 1683, ch. V , De l'autorité des Historiens ; ch. XCVII, Avertissement aux Historiens fançais. ——Id., *Critique générale de l'Histoire du Calvinisme de M. Maimbourg*, 1682, Lettres I et II.

Claude Gilbert, *Histoire de Caléjava*(8), 1700, Livre II : De la foi qu'on doit aux histoires にはこうある.「それら〔歴史〕については, さながらそれが真実であるかのごとく語り論じねばならないが, 心の中では, それらがみな偽りであり, デカルトがその『方法』の初めで述べたとおり, もっとも忠実なものでも, 読んで面白いように物事の価値を増したり減じたりするものだと思わねばならない」〔49—50ページ〕.

Jacobi Perizonii *Historiarum et Litterarum latinarum Graecarumque Professoris publici*, *Oratio de fide historiarum contra Pyrrhonismum historicum...*,

Lugduni Batavorum, 1702.

Baron de Lahontan, *Mémoires de l'Amérique Septentrionale*, 1703, ジルベール・シナール版の92—93ページにはこうある.「私は今や確信している. 伝承というものはあまりに怪しく, 変りやすく, 晦冥で, 不確かで, あてにならず,漠然としており, とうてい信用に価しないものだと……」「今では, 歴史は総じて永遠のピロニスムだと私は思いはじめている.」

Jean Le Clerc, *Bibliothèque choisie*, 1704, t. II, art. 2 : Histoires d'Angleterre et de Hollande は,「私が今述べたことから, いわゆる歴史ピロニスムなるものの裏付けを引きだせる人もいるだろう……」と言っている.

同じ著者は, *Bibliothèque choisie*, 1713, t. XXVII, p. 1で P. Daniel, *Histoire de France* の刊行を告げて, 今まではまともなフランス史がひとつもなかった, と言っている. *Bibliothèque ancienne et moderne*, 1722, t. XVIII, 2e partie, article 2, p. 331で Rapin Thoiras, *Histoire d'Angleterre*, 1724-1727 のプランを発表した時も同じ. Ibid., 1727, t. XXVIII, article 3, p. 36 をも参照.

Le P. Daniel, *Histoire de France*, 1713 の序文には,「歴史ピロニスムと呼ばれるものが許されうるのはこの点〔秘密の事柄〕についてである」と述べられている.

J. B. Mencken, *De charlataneria eruditorum declamationes duae, auctore J. B. Menckenio*, Leipzig, 1715.

Polyhistor を書いたD・G・モルホフの歴史論は, 作者が死んでから61年後にようやく, *Danielis Georgii Morhofi Dissertatio de historia ejusque scriptoribus*, Lugduni Batavorum, 1750 という題で出版された.

48ページ　ローマ史, ギリシャ史への疑惑

Jacobi Gronovii *Dissertatio de Origine Romuli*, Lugduni Batavorum, 1684.

Henry Dodwell, *Praelectiones Academicae in Schola historices Cambdeniana, cum Indice*, Oxonii, 1692. —— Id., *De veteribus Graecorum Romanorumque cyclis...*, Oxonii, 1701.

Thomas Baker, *Reflections upon Learning, by a gentleman*, London, 1700 ; Ibid., 1708 ; Ibid., 1714, etc ; 仏訳, 1714年, 第11章「年代記述について」には次のようにある.

「ギリシャ人の年代記述がこれより確かなことは認めよう. けれども, 遠い昔までさかのぼってはならないのだ. 太古まで行くと, やはりはっきりしなくなるからである. ギリシャ人の内でいちばん知識のあったアテナイ人でも, 自分たちの素性については何も知らなかった. 彼らにいわせると, 自分たちはどの民族から出たのでもないそうだった. 大地の子であるか, 起源がないか, どちらかだというのだった. 歴史時代になっても, いろいろな時期が混乱して解きほぐしにくい. ギリシャ人の年代学はその歴史ほど古くないからである. このことはマーシャム騎士も指摘している. この人の説によると, ギリシャ人は年代学というものが皆目わからなかったようで, いろいろな時を配列する技術を全然持たなかったらしい. 1年の長さも一定せず, 周期や循環期もまちまちだったため, 非常な混乱が起こらざるをえなかった. のっとるべき確かな規準がなかったので, 正確な年数計算などできはしなかった. このために, 毎年のお祭りの時期もあやふやになった. アリストファネスはこれについて愉快なことを言っている. かんじんの神々で

すら，お祭の日取りがわからなくなったというのだ．舞台に登場する神々は，この歓楽の時がいつなのか知らせてくれなかったといって月に文句をつける．おかげで市民総出の饗宴をフイにして，しばしば腹ペコのまま天へもどらざるをえなくなるのだ．」

Levesque de Pouilly, *Dissertation de M. Poüilly sur l'incertitude de l'histoire des premiers siècles de Rome, qui fut lue à la rentrée de l'Académie des Inscriptions*, 1723.

古代の度量衡をはっきりさせようとする努力は，次の諸作にあらわれている．

Joh. Seldeni, Angli *Liber de Nummis, in quo antiqua pecunia romana et graeca metitur pretio ejus quae nunc est in usu. Hinc accedit Bibliotheca nummaria, etc.*, Lugduni Batavorum, 1672.

Eduardi Bernardi *De Mensuris et Ponderibus antiquis Libri tres*, Oxoniae, 1685 ; Editio altera, Ibid., 1688.

Thomas Hyde, *Epistola de mensuris et ponderibus Serum seu Sinensium...*, Oxoniae, 1688.

【Madeleine V.-David, *Le Débat sur les écritures et l'hiéroglyphe aux XVII*e *et XVIII*e *siècles*, 1965.】

51ページ　年代論争

John Marsham, *Diatriba chronologica*, Londini, 1649.——Id., *Chronicus Canon Ægyptiacus, Ebraicus, Graecus, et disquisitiones*, Londini, 1672.——Id., *Canon chronicus*, etc. *Liber non chronologicae tantum, sed et historicae antiquitatis reconditissima complexus ; Londini primum a. 1672 editus ; nunc longe emendatior in Germania refusus... Cum privilegio Electoris Saxoniae*, Lipsiae, 1676 ; Franequerae, 1696.

Le P. Paul Pezron, *L'antiquité des temps rétablie et défendue contre les Juifs et les nouveaux chronologistes*, 1687.

Le P. Paul Martianay, *Défense du texte hébreu et de la chronologie de la Vulgate contre le livre de l'antiquité des temps rétablie...*, 1689.

Le P. Lequien, *Défense du texte hébreu et de la version vulgate servant de réponse au livre intitulé : L'antiquité des temps*, etc., 1690.

Le P. Paul Pezron, *Défense de l'antiquité des temps, où l'on soutient la tradition des Pères et des Églises contre celle du Talmud ; et où l'on fait voir la corruption de l'hébreu des Juifs*, 1691 ; Id., 1704.

Le P. Lequien, *L'antiquité des temps détruite, ou réponse à la Défense de l'antiquité des temps*, 1693.

Fr. Eliae Astorini *De vera Ecclesia Jesu Christi contra Luteranos et Calvinianos libri tres*, Neapoli, 1700.

Le P. Tournemine, *Dissertation sur le système des dynasties d'Égypte du chevalier Marsham* (*Mémoires de Trévoux*, avril 1702). ——*Défense du système de Marsham sur les dynasties d'Égypte.* ——*Réponse à la défense de Marsham* (Ibid., février 1703).

Id., *Conjecture du P. Tournemine, Jésuite, sur l'origine de la différence du*

texte hébreu, de l'édition samaritaine, et de la version des Septante, dans la manière de compter les années des Patriarches (*Mémoires de Trévoux*, mars 1703).

〔Abbé François Sevin〕, ***Dissertation sur Menès, ou Mercure, premier roi d'Égypte. Contre le système de Marsham et de Bochart***, 1709.――Id., *Réponse à quelques critiques sur la dissertation de Menès*, 1710.

Jacobi Perizonii ***Aegyptiarum originum et temporum antiquissimorum investigatio, in qua Marshami Chronologia funditus evertitur, tum illae Usserii, Cappelli, Pezronii, aliorumque examinantur et confutantur***, Lugduni Batavorum, 1711.

以上のほかに，多くの年代誌を付け加えねばならない．その一部は，いろいろな形でたえず版を重ねたペトー神父のもの(9)の新版や Strauch, ***Breviarium Chronologicum*** である．他のものは，こうした新手の困難を記録にとどめて，それなりに解決をあたえようとしている．たとえば，

Le P. Jean-Louis, *Atlas des temps, divisé en quatre livres, par le P. Jean-Louis d'Amiens, prédicateur*, Amiens, 1683, in-folio. *Journal des Savants* の1683年９月６日号には次のような批評がのっている．「旧約聖書の年代記述について起こりうるあらゆる問題は，本書第３部にある聖書年代誌でみな解明され解決された，と彼は考えている……」

A. L. von Imhof, *Historischer Bilder-Saal, das ist, Kurze, deutliche, und unpassionirte Beschreibung der Universal-Historie...*, Nüremberg, 1697ほか. ――*Le grand théâtre historique, ou Nouvelle histoire universelle tant sacrée que profane depuis la création du monde jusqu'au commencement du dix-huitième siècle, traduit par M. Gueudeville*, Leide, 1703ほか.

R. P. Antonio Foresti, *Mappamondo istorico, cioè ordinata narrazione dei quattro sommi imperii del mondo, da Nino primo imperator degli Assirii sino al regnante Leopoldo Austriaco, e dalla monarchia di Cristo da S. Pietro, primo Papa, sino a'nostri di*, Venezia, 1691-1694（再版，続篇多し）.

Journal des Savants 1691年12月10日号には次のような批評がのっている．「この本にほかで読んだのと違うことが二，三出てきても驚かないでほしい，これは，あらゆる状況について必ずしも意見が一致していない各種の著作家から借りてきているからで，意見がまちまちな以上，或る人に従えば他の人たちから離れざるをえなかったのだ，と彼は〔読者に〕言っている．また，時の算定でぶつかる困難についても警告して，世界はキリストの托身の6984年前に創造されたという人もあれば，3740年前だという人もあり，この両端の間に70種類の異なる説があるほどだ，と語っている．これほどの混乱のなかで，フォレスティ神父はいちばん正しい説に従うか，でなければ少なくともいちばん便利と思われた説を選んでいる．」

Jean Le Clerc, *Compendium historiae universalis, ab initio mundi ad tempora Caroli Magni Imp. conscriptum a Joanne Clerico...*, Amstelodami, 1698.

Abbé de Vallemont, *Les éléments de l'histoire ou ce qu'il faut savoir de chronologie, de géographie, de blazon, de l'Église, de l'Ancien Testament,*

des monarchies anciennes, et des monarchies nouvelles, avant que de lire l'histoire particulière, 1696-1702-1708.

この本は伝統的な見方をしている．たとえば，冒頭の「聖アウグスティヌスのすぐれた指摘」にはこんな言葉がある．「ここに，聖アウグスティヌスも非常に重要な準則としているルールがある．世俗の著作家が聖書に含まれた歴史に反することを述べているときには，ためらわずにそれを嘘だと考えねばならない，と聖アウグスティヌスは言っているのだ．なぜなら，聖霊は多くのことをそれが起こるずっと以前に予言すらしているのだから，すでに起こったことを聖書の中で語るときにも，人間よりは優先して信用されるに価する，というのが良識の教えるところである（『神の国』*De Civitate Dei*，第18部第６章）．したがって，キリスト者にあっては，何物も聖書の権威にまさるようであってはならない．聖霊の置いた標柱が人間の手でまぜかえされるようなことはけっしてあってはならないのである．」

だが，ここにも混乱はしのびこむ．第５章「年代が不確かなわけ」の次の言葉を参照．「七十人訳聖書とヴルガタの間に見られる年代についての悲しむべき相違は，脱出の途もわからぬような混乱を生みだしている．ギリシャ語聖書は天地創造からアブラハムの誕生までの年数を，ヘブライ語聖書やラテン語聖書より1500年多くかぞえている．困ったことに，どちらがまちがっているのかわからないのである．」

Benjamin Marshall, *Chronological Tables, in which are contained all the chief things of sacred History from the Creation of the World*, Oxford, 1713.

碑文アカデミーでは，年代を確定するための努力が多くの報告や論文によって行なわれた．*Histoire de l'Académie royale des Inscriptions et Belles lettres, depuis son établissement jusqu'à présent. Avec les Mémoires de littérature tirés des registres de cette Académie...*，第１巻（1717年度）ほかを参照．―― *Lettre de M. Blondel à un de ses amis, par laquelle il l'informe de ce qui s'est passé dans la dernière assemblée de l'Académie royale des Inscriptions, tenue le 14 Novembre dernier*（*Mémoires de Trévoux*, 1703, article 10）をも参照．

【碑文アカデミーについては，L. F. Maury, *L'Ancienne Académie des Inscriptions et Belles-Lettres*, 1864.――*L'Acamédie des inscriptions et belles-lettres, 1663-1963*, 1963.――J. M. Schwartz, *Antiquity not mysterious : the Académie des Inscriptions et belles lettres, 1701-1749*, 1965.】

ニュートンの年代誌(10)が議論されるようになるのはもっと後である．

【Frank E. Manuel, *Isaac Newton historian*, 1963.】

F. Vigouroux, *Les Livres Saints et la critique rationaliste*, 第３版，1890―1891年．――Camille Lagier, *L'Égyptologie et la chronologie biblique*（*Revue des questions scientifiques*, 1923年10月号）を参照．

54ページ　ヘブライ文明と比較史的方法

John Spencer, *Dissertatio de Urim et Thummim in Deuter. c. 33, v, 8...*, Cantabrigiae, 1669 ; Ibid., 1670.

John Marsham, *Chronicus Canon Ægyptiacus, Ebraicus, Graecus, et disquisitiones*, Londini, 1672 ; Lipsiae, 1676 ; Franequerae, 1696.

Hermann Wits, *Ægyptiaca et Δεχαφυλον, sive de Ægyptiorum sacrorum cum Hebraicis collatione libri tres...,* Amstelodami, 1683 ; Ibid., 1696.

John Spencer, *De legibus Hebraeorum ritualibus et earum rationibus Libri tres, authore Joanne Spencero S. T. D., Ecclesiae Eliensis Decano et Collegi Corp. Christi apud Cantabrig. Praefecto,* Cantabrigiae, 1685 ; *Editio secunda,* Hagae Comitum, 1686.

Jean Le Clerc, *Sentiments de quelques théologiens de Hollande,* 1685 の14—15ページにある次の言葉を参照.

「それについては，マーシャム騎士とスペンサー博士という イギリスの２人の学者が引用された．後の方の人は *De Urim et Thummim* という論文で，モーゼの戒命の大部分はエジプトの儀式に発していることを実に明瞭に示して，これが新説だと思われるのを恐れてか，同じ意見をもっていた多くの教父のみならず，このことを断言しているモーセ・ベン・マイモン師をも引用している．エジプトの古い物を非常に念いりに掘りだしたマーシャム騎士の *Chronicus Canon Ægyptiacus et Ebraicus* にもさらに多くの証拠が見られる……」

Pierre Allix, *Réflexions sur les cinq livres de Moïse, pour établir la vérité de la religion chrétienne,* Londres, 1687 ; Amsterdam, 1689. —— *Réflexions,* etc., London, 1688.

Le P. Paul Pezron, *Histoire évangélique, confirmée par la judaïque et la romaine,* 1696.

Thomas Hyde, *Historia religionis veterum Persarum eorumque majorum... Zoroastris vita, ejusque et aliorum vaticinia de Messiah e Persarum aliorumque monumentis eruuntur ; primitivae opiniones de Deo et de hominum origine referuntur ; originale Orientalis Sibyllae mysterium recluditur... Dantur veterum Persarum Scripturae et linguae... specimina,* Oxonii, 1700.

ユエの作品については A. Dupront, *P. D. Huet et l'exégèse comparatiste au dix-septième siècle,* 1930を参照．ルイ・ラシーヌの批判は，この本の40ページに引用されている．アントワーヌ・アルノーの批判は *Œuvres,* t. III; Lettre à M. Du Vaucel, 1er nov. 1691 にある．——ユエと同様の論証としては Isaac Jaquelot, *Dissertations sur l'existence de Dieu ; où l'on démontre cette vérité par l'histoire universelle de la première antiquité du monde,* La Haye, 1697. そこから引き出される理神論的な結論については La Créquinière, *Conformité des coutumes des Indiens*(11) *orientaux avec celles des Juifs et des autres peuples de l'antiquité,* 1704 を参照．

【ユエにかんする研究書としては，その後 Désiré Aubry, *Daniel Huet,* 1943. —— Léon Tolmer, *Pierre-Daniel Huet (1630-1721) humaniste-physicien,* 1949. —— Fabienne Gégou, *Lettre-traité de Pierre-Daniel Huet sur l'origine des romans. Edition du Tricentenaire, 1669-1969,* 1971 がある．】

57ページ　考証学

Leibniz, *Codex juris gentium diplomaticus, in quo tabulae authenticae actorum publicorum... continentur... Edidit G. G. Leibniz,* Hanoverae, 1693.

Journal des Savants の1693年７月６日号には次のようにある．
「この計画に入れられそうな文書をお持ちのかたは，欧州屈指の学者でこの労作をものされたライプニッツ氏にそれをお伝えいただければ，公衆の感謝の的となろう……」
Fontenelle, *Éloge de M. Leibniz* にはこうある．
「ライプニッツ氏は言っていた．中世史について現在までこういうことはいっさい行なわれなかった，おそろしい闇に包まれたこれらの世紀に自分はまったく新しい光を投じ，多くの誤りをただし，あるいは多くの不確かさをとりのぞいた，と．しかも，空いばりをするには彼はあまりに学者だったのである」〔*Œuvres de Fontenelle*, 1825, t. I, p.369-370〕．

ジャン・ル・クレールのような人は，歴史ピロニスムを打破しようと思ったら考証学的な努力が絶対に必要なことをよく知っていた．*Bibliothèque choisie*, tome I, art. 1 にある Thomas Rymer, *Foedera, Conventiones, Litterae et cujuscumque generis Acta publica...* (tome I, 1704) の書評で，彼は次のように書いている．
「あらゆるものを疑わせ，過去の時代のいっさいの歴史を無用なものとするために，一部の人が芝居気たっぷりに持ちこもうとしている歴史ピロニスムは，これで部分的にくつがえされるだろう……」

碩学ルナン・ド・ティユモンは，歴史家たちは学問的な研究を馬鹿にしていると言い，自分の場合は，これから本当の教会史を書く人たちの助けになろうと思っただけだ，と述べている．
「事実の真理を求め，年代学の難問にいどむ〔労苦を，私はこの人たちにかけまいと思った〕．この二つは歴史の土台である．しかし，もっともすぐれた，もっとも高い才能の持ち主は，往々にしてそこまで下りる力を人一倍持たない．自分をつき動かす情熱の火を押しとどめることはあまりにもむずかしいので，彼らは凡庸な精神によりふさわしいこういう退屈な議論にはかかずらわないのである……」これは序文からの引用だが，このすばらしい序文は全篇読まるべきである．Séb. Lenain de Tillemont, *Histoire des Empereurs romains, et des autres princes qui ont régné durant les dix premiers siècles de l'Église... justifiée par les citations des auteurs originaux*, 1700.
【ルナン・ド・ティユモンについては，Bruno Neveu, *Un historien à l'école de Port-Royal. Sébastien le Nain de Tillemont, 1637-1698*, 1966.—— *Religion, érudition et critique à la fin du XVII*e *siècle et au début du XVIII*e, 1968.】

ライプニッツからサン＝ピエール師への手紙．ハノーヴァー，1715年２月７日付．
「今日，フランスの作家たちは，ペダンティスムを排するという口実で，考証的知識を作品にもりこむという習慣をいささか失いすぎています……」

Huetiana, 1722, ２ページ．
「〈無学者（アペドゥート）〉の，無知蒙昧な連中の徒党が形成されている．この連中は自分の無能を感じているし，しかも何年にもわたる孜々とした勉強を自分に強いるだ

けの力もないので……自分の欠点をつぐなって，自分がそれより数段劣ると認めるような，それと比較されれば自分が軽蔑の的となるような人々より上に立つための，もっと手っとりばやい道を探した．おのが無能を自慢して，考証的知識を笑いものにしようとしたのである．」

参照．L. Davillé, *Leibniz historien*, 1909. —— Max Ettlinger, *Leibniz als Geschichtsphilosoph*, München, 1921.

【歴史家としてのライプニッツについては，その後次の研究がある．Werner Conze, *Leibniz als Historiker*, 1951.】

とくにフランスについては，Gustave Monod, *Du progrès des sciences historiques en France depuis le seizième siècle* (*Revue historique*, 1876). ——ヨーロッパ全体については，John Edwin Sandys, *A history of the classical Scolarship*, 3e éd., Cambridge, 1921 ; E. Fueter, *Geschichte der neueren Historiographie*, München und Berlin, 2e éd., 1925 を参照．

ランセとマビヨンの論争については，Henri Bremond, 《*L'abbé Tempête*》. *Armand de Rancé, réformateur de la Trappe*, s. d. 〔1929〕. ——Dom Gaston Chauvin, *Histoire de la Congrégation de St-Maur*, 1928. —— Dom J.-B. Monnoyeur, *Un grand moine : Dom Jean Mabillon* (*Correspondant*, déc. 1932). —— Léon Deries, *Un moine et un savant, Dom Jean Mabillon, 1632-1707*, 1933.

【P. G. Herr, *Joh. Mabillon und das Kloster Sankt Gallen. Ein Beitrag zur Geschichte der historischen Quellenforschung im 17. und 18. Jahrhundert*, 1938. ——Id., *Joh. Mabillon und die Schweizer Benediktiner. Ein Beitrag zur Geschichte der historischen Quellenforschung im 17. und 18. Jahrhundert*, 1938. ——Henri Leclercq, *Dom Mabillon*, 1953-1957. なお，この項で扱われているムラトーリについては，次の研究がある．G. Belviglieri, *La Vità e le opere di L. A. Muratori*, 1882. ——A. Andreoli, *Saggio sulla mente e la critica letteraria di Lodovico Antonio Muratori*, 1921. ——G. Bezzi, *Il Pensiero sociale di L. A. Muratori*, 1922. ——*Per il 250e anniversario della nascita di L. A. Muratori*, 1922. ——G. Bertoni, *L. A. Muratori*, 1926. ——L. Bimbi, *La Poetica di L. A. Muratori*, 1927. ——*Miscellanea di studi muratoriani*, 1933. —— B. Donati, *L. A. Muratori e la giurisprudenza del suo tempo*, 1935. ——B. Brunello, *La Politica della carità in L. A. Muratori*, 1938. ——L. V. Tardinì, *Il Fondamento della concezione giuridica di L. A. Muratori*, 1938. ——G. Cavazzuti, *Muratori*, 1939. —— T. Sorbelli, *Bibliografia muratoriana*, 1943-1944. ——M. Fubini, *Dal Muratori al Baretti*, 1946. —— *L. A. Muratori nel secondo centenario della morte*, 1950. —— *Annali delle commemorazioni del bicentenario della morte di L. A. Muratori*, 1950. ——F. Forti, *L. A. Muratori fra antichi e moderni*, 1953. ——A. Vecchi, *Muratori*, 1955. —— Id., *Lettere di Tommaso Campailla al Muratori*, 1955. ——Id., *L'Opera religiosa del Muratori*, 1955. —— F. De Carli, *L. A. Muratori. La sua vita, la sua opera e la sua epoca*, 1956. ——S. Bertelli, *Erudizione e storia in L. A. Muratori*,

1959.——G. Zanni, *Il Pensiero educativo di L. A. Muratori*, 1962.——G. Falco, *L. A. Muratori e il preilluminismo* (*La Cultura illuministica*, 1964).】

60ページ　お伽話

この点については，大がかりな歴史的研究が行なわれねばならないだろう．この研究によって明らかにされる多くの富を知ることなしには，時代思潮のひとつの流れと，のちにヴィコが *Scienza Nuova* でとった態度を理解することはできない．当面，二つの主要な方向が識別できる．ひとつは，お伽話つまり古代の神話はまったくの嘘だというもの．もうひとつは，お伽話の中には歪められてはいるが，しかし識別できる形でキリスト教の真理が含まれているというもの，である．

データをいくつかあげると，

Fontenelle, *Sur l'histoire* (執筆は1680年以前).——Id., *De l'origine des Fables*, 1724 (執筆は1691年と1699年の間らしい). 同じ思想がとったこの二つの形については，J・R・カレが刊行した版 (1932年) を参照.

ボシュエからP.=ダニエル・ユエへの手紙，1691年10月16日付.「古代人が人類の最初の伝承を包んだお伽話から真の宗教が引きだす利益を軽蔑するためには，理性と良識の敵とならねばなりません」〔*Correspondance de Bossuet*, Collection《Les Grands Écrivains de France》, nouvelles éditions, 1909-1925, t. IV, p. 336〕.

Gian Vincenzo Gravina, *Delle Antiche Favole*, Roma, 1696.

Le P. L. Thomassin, *La méthode d'étudier et d'enseigner chrétiennement et solidement les lettres humaines...*, 1681-1682.

〔L. P.〕, *Two Essays sent in a letter from Oxford to a Nobleman in London... The second concerning the Rise, Progress, and Destruction of Fables and Romances. By L. P., Master of Arts*, London, 1695.

Francesco Bianchini, *Istoria universale provata con monumenti e figurata con simbolo degli Antichi*, Roma, 1697.

Jean Le Clerc, *Parrhasiana*, Amsterdam, 1699 には，お伽話について彼が書いた *Bibliothèque universelle et historique*(12) の記事のリストがのっている．

Le P. Tournemine, *Projet d'un ouvrage sur l'origine des fables* (*Mémoires de Trévoux*, Nov.-Déc. 1702；および *Addition pour les Mémoires de Nov. et Déc.*).

Biagio Garofalo, *Considerazioni di Biagio Garofalo intorno alla poesia degli Ebrei e dei Greci, al Santissimo et Beatissimo Padre Clemente Undecimo*, Roma, 1707 (Parte II).

Abbé Banier, *Explication historique des Fables ; où l'on découvre leur origine et leur conformité avec l'histoire ancienne*, 1711, 2 vol.——*Seconde éd., augmentée d'un troisième volume. Par M. l'abbé Banier, de l'Académie des Inscriptions et Médailles*, 1715, 3 volumes.

【トマサンについては次の研究がある．H. Van Camp, *La《Philosophie chrétienne》de L. Thomassin de l'Oratoire* (*Revue néoscolastique*, 40, 1937). ——Pierre Clair, *Le P. Thomassin et le jansénisme* (*Société des Amis de Port-Royal*, 8, 1957). ——Paul Nordhues, *Die Kirchenbegriff des Louis de Thomassin in*

seinen Zusammenhangen und in seiner lebensmassigen Bedeutung, 1958. —— Pierre Clair, *Louis Thomassin. Étude biographique et bibliographique*, 1964.】

第3章　南から北へ

69ページ　ヨーロッパ諸国民の性格

A. Jouvin, *Le Voyageur d'Europe, où sont les voyages de France, d'Italie et de Malthe, d'Espagne et de Portugal, des Pays-Bas, d'Allemagne et de Pologne, d'Angleterre, de Danemark et de Suède*, 1672.

L. Du May, *Le prudent voyageur, contenant la description politique de tous les États du monde, de l'Asie, de l'Afrique, de l'Amérique et particulièrement de l'Europe...*, Genève, 1681.

Samuel Pufendorf, *Einleitung zu der Historie der vornehmsten Reiche und Staaten...*, さまざまな協力者によって継続・延長されたドイツ語版には，1715年まででも次のものがある．Tome I, Francfort, 1682, 1684, 1693, 1699, 1705, 1709. ——Tome II, Ibid., 1686, 1689, 1693, 1699, 1705, 1709. ——Tome III, 1706, 1709, 1715.——Tome IV, 1707, 1710.

ラテン語訳——Francfort, 1687, 1688；Utrecht, 1693；Francfort, 1700；Utrecht, 1703；Francfort, 1704. 英訳——Londres, 1695, 1699, 1702, 1706；第8版は1719年. 仏訳——Cologne et Utrecht, 1685；Utrecht, 1687-1688；Francfort, 1688-1689；Utrecht, 1703；Amsterdam, 1710；Leyde, 1713. この翻訳はいろいろな人の手で改訂増補され，18世紀をつうじて広く読まれた．オランダ語訳——Utrecht, 1686；Leyde et Utrecht, 1703. スエーデン語の要約がストックホルムで1688年に，フランス語の要約が1689年に出た．

Claude Jordan, *Voyages historiques de l'Europe, contenant l'origine, la religion, les mœurs, coutumes et forces de tous les peuples qui l'habitent, et une relation exacte de tout ce que chaque pays renferme de plus digne de la curiosité d'un voyageur*, 1693-1700.

G. B. Pacichelli, *Memorie de' viaggi per l'Europa cristiana, scritte a diversi in occasione de' suoi ministeri, dall' abate G. B. Pacichelli*, Napoli, 1685, 5 tomes en 4 vol. in-12.

N. de Fer, *Introduction à la géographie, avec une description historique sur toutes les parties de la terre*, 1708.

ヨーロッパ諸国民の性格の文学的解釈については，M. Paquot, *Les étrangers dans les divertissements de cour de Beaujoyeulx à Molière (1581-1673). Contribution à l'étude de l'opinion publique et du théâtre en France*, Bruxelles, 1932を参照.

71ページ　スペイン，イタリアの凋落

スペインの凋落についての証言はA. ファリネッリの文献目録（*Viajes por España y Portugal*, 1920）に引用された旅行家たちや，とくに Mme d'Aulnoy, *Relation du voyage d'Espagne avec une Introduction et des notes par R. Foulché-Delbosc*, 1926 にしばしば見られる. ——Maurice Bardon, *Don Quichotte en France au*

dix-septième siècle, 1931 や Paul Hazard, *Don Quichotte*, 1931は，ドン・キホーテはスペイン精神のすぐれた美徳への断念をあらわす，という奇妙な解釈を紹介している．Marcović, *Cervantes dans la littérature yougoslave* (*Revue de Littérature comparée*, janvier 1934) をも参照．

【オーノワ夫人にかんする主な研究は，Maria Wenke-Streckenbach, *Mme d'Aulnoy, ihre Nouvellen und Romane*, 1931.——Hermann Bergmann, *Mme d'Aulnoy und Spanien*, 1934.——Gabriel Maura Gamazo, *Fantasias y realidades del viaje a Madrid de la condesa d'Aulnoy*, 1944. ——James Rush Beeler, *Mme d'Aulnoy, historical novelist of the late Seventeenth-Century*, 1964. —— Melvin Delmar Palmer, *Mme d'Aulnoy in England*, 1969. 小説には A. Lautère, *Madame d'Aulnoy et sa mère*, 1946 がある．】

この時代におけるイタリアの影響の残存については，Meozzi, *Azione e diffusione della letteratura italiana in Europa*, Pisa, 1932 に，簡単すぎるが若干の指摘がある．現代イタリアへの軽蔑は，旅行者たちがかなり一般的に示している．Camillo Von Klenze, *The interpretation of Italy during the last two centuries...*, University of Chicago, Decennial Publications, 1927 を参照．

【A. Lytton Sells, *The Paradise of travellers : the Italian influence on Englishmen in the Eighteenth Century*, 1964.——*L'Italianisme en France au XVIIe siècle*. Actes du VIIIe Congrès de la Société française de littérature comparée, 1968.】

ラテン系諸国の間の知的ヘゲモニーをめぐる争いは，Luigi Sorrento, *Italiani e Spagnoli contro l'egemonia intellettuale francese nel Settecento*, Milano, 1924. —— Id., *Francia e Spagna nel Settecento. Battaglie e sorgenti di idee*, Ibid., 1928に述べられている．

72ページ　フランスの出番，パリの名声

G. Brice, *Description nouvelle de ce qu'il y a de plus remarquable dans la ville de Paris*, 1684 ; La Haye, 1685 ; Paris, 1694 ; Ibid., 1698 ; Ibid., 1701 ; Ibid., 1706 ; Ibid., 1713, etc.

ライプツィヒの *Acta eruditorum* (1686年2月号) は，この本の書評で次のように述べている．

「詩人の王ヴェルギリウスがかつてローマについて言った〈潅木中の糸杉のごとく，ほかなる町にぬきんでて〉という言葉を，今日のパリについてもし誰かが言ったとしても，それはけっして間違いではあるまい……」

Ch. Lemaire, *Paris ancien et nouveau, avec une description de ce qu'il y a de plus remarquable dans toutes les Églises, Communautés et Collèges*, 1685.

Ezéchiel Spanheim, *Relation de la cour de France en 1690. Nouvelle édition... par Émile Bourgeois, Annales de l'Université de Lyon, Nouvelle série, II*, 1900.

Jean Paul Marana, *Lettre d'un Sicilien à un de ses amis, contenant une critique agréable de Paris et des Français*, 1700 et 1710.

Martin Lister, *A Journey to Paris, in the year 1698*, London, 1699. ——*Voyage de Lister à Paris en 1698, traduit pour la première fois, publié*

et annoté par la Société des bibliophiles français, 1873.

Massillon, *Petit Carême, Sermon pour la fête de la purification de la Sainte Vierge, Des exemples des Grands* にはこうある.

「久しい以前からヨーロッパの視線を集めていたフランスは，とりわけほかの国よりも注目の的になっています．外人がここへ群をなしてやってきて，私たちの習俗を勉強し，ついで，それをもっとも遠隔の地まで持ち帰ります．君主の子供たちが，自国の宮廷の快楽や華美と別れを告げ，一私人としてこの国へ来，自国の言葉や流儀にかわってわが国の作法を身につけ，いつでも目はまず玉座の方へ向くために，そこに坐す君主の叡知と節度，または傲慢と行き過ぎを手本として教育される図すら見られます．」

74ページ　フランス語

ここでは，今や古典となっているフェルジナン・ブリュノの本を参照していただけば十分である．それ以前の研究にかんする文献的な指示は，そこで全部されている．

Ferdinand Brunot, *Le français en France et hors de France au dix-septième siècle* (*Histoire de la langue française*, t. V, 1917). —— その後出たものでは，C.-G. Picavet, *Le français et les langues étrangères dans la diplomatie au temps de Louis XIV* (*Revue des Sciences politiques*, Oct. -Décembre, 1928). —— Louis Réau, *L'Europe française au siècle des lumières*, Albin Michel, 1938 (Bibliothèque de Synthèse historique).

【Kathleen R. Lambley, *The Teaching and cultivation of the French language in England during Tudor and Stuart times*, 1920.——Gunnar von Proschwitz, *Gustave III de Suède et la langue française*, 1962.】

75ページ　フランスからヨーロッパへの影響

各国文学をあつかった概論書には，多かれ少なかれこの影響が記録されている．ここでとくにあげておきたいのは，Fernand Baldensperger, *Comment le dix-huitième siècle expliquait l'universalité de la langue française* (*Études d'histoire littéraire*, 1907). その後の研究では，A. P. Coleman, *French literary influences in Poland before the partition* (*The Romanic Review*, Octobre-Décembre 1932) をあげておこう．それを見ると，フランスの影響がこの時期に支配的なものとしてイタリアの影響にとって代った様子がわかる．

【L. Charlaine, *L'Influence française en Angleterre au XVIIe siècle*, 1906. ——Mary A. Held, *Louis XIV und sein Hof in der englischen Prosadichtung*, 1922.——L. Réau, *L'Expansion de l'art français en Europe centrale aux XVIIe et XVIIIe siècles*, 1927.——Francastel, *Influence française à travers l'Italie dans l'Est de l'Europe à la fin du XVIIe siècle* (*Bull. Soc. H. Art*, 1933). ——M. Blassneck, *Frankreich als Vermittler englisch-deutscher Einflüsse im XVII und XVIII Jahrhundert*, 1934.—— Maximilian Hirschbichler, *Der Kampf um die Eigenständigkeit des deutschen Geistes gegen die frazösische Überfremdung von Leibniz bis Herder*, 1937.——M. Defourneaux, *L'Inquisition espagnole et les livres français au XVIIIe siècle*, 1963.——D.-H. Pageaux, *Nature et signification de la gallomanie dans l'Espagne du XVIIIe siècle* (*Actes du IVe Congrès de littérature comparée*, vol. 2, 1966).】

76ページ　社会的な価値

たとえば「アラモード」という言い方については，Dryden, *Marriage à la mode*, 1672. ——Prior, *Jinny the Just*「ハーグで，スリッパも髪の形もアラモードに」(*Restoration Verse, Chosen and edited by William Kerr*, London, 1930, p. 307). ——Samuel Garth, *The world bewitched...*, London, 1699, p. 22「毎朝フィールズにくるフランスの新教徒の数は，正確な英語を話すクリスチャンが私たちの教会に一日のどの時刻に現われる数よりも多いだろう．蛙のフリカッセやたんぽぽのサラダがアラモードになるだろう．」——*The a la mode secretary, or practical Penman, by John Ayres*, 1700. ——Thomas Brown, *The Stage-Beaux toss'd in a Blanket ; or Hypocrisie A la mode*, 1704. ——Steele, *The Funeral, or Grief a la mode*, 1701. ——Steele, *The tender husband*, 1705 へのアディソンのプロローグ——Farquhar, *The Constant Couple*, 1711（第5幕）.

【ファーカーについては次の研究がある．D. Schmid, *George Farquhar*, 1904. ——J. Palmer, *Comedy of manners*, 1913. ——H. T. E. Perry, *The Comic Spirit in Restoration Drama*, 1925. ——W. Connely, *Young George Farquhar : the Restoration drama at twilight*, 1949. ——K. Spinner, *Farquhar als Dramatiker*, 1956. ——A. J. Farmer, *Farquhar*, 1966. ——V. R. Hutton, *The Aesthetic development of George Farquhar in his early plays*, 1966. ——E. Rothstein, *George Farquhar*, 1967.】

77ページ　イギリスの興隆

ジョルジュ・アスコリのすぐれた労作は，示唆的な Joseph Texte, *Jean-Jacques Rousseau et les origines du cosmopolitisme littéraire*, 1895 が提起した多くの問題を解明してくれた．

Georges Ascoli, *La Grande-Bretagne devant l'opinion française, depuis la guerre de cent ans jusqu'à la fin du seizième siècle*, 1927. ——Id., *La Grande-Bretagne devant l'opinion française au dix-septième siècle*, 1930.

この第二の本が出たあとでは，

Fernand Baldensperger, *A propos des Lettres de Muralt sur les Anglais et sur les Français* (*Revue de Littérature comparée*, Oct.-Déc. 1929). ——Vincent Guilloton, *Autour de la relation du Voyage de Samuel Sorbière en Angleterre* (*Smith College Studies in modern languages*, Northampton, Mass., 1930). ——S. Lovering, *L'activité intellectuelle de l'Angleterre d'après l'ancien* Mercure de France, 1930. ——Fernand Baldensperger, *A propos de l'édition de Montaigne de Pierre Coste* (*Revue de Littérature comparée*, Avril 1933). ——Harcourt Brown, *Un cosmopolite du grand siècle : Henri Justel* (*Bulletin de la Société d'Histoire du Protestantisme français*, Avril-Juin 1933). ——René Ternois, *Les débuts de l'anglophilie : Henri Justel* (*Revue de Littérature comparée*, Oct.-Déc. 1933).

【G. Bonno, *La Culture et la civilisation britanniques devant l'opinion française*, 1948. ——C. A. Rochedieu, *Bibliography of French translations of English works 1700—1800*, 1948.】

ラシーヌの *Athalie* 製作にイギリス革命が及ぼしたかもしれない影響は，Gustave

Charlier, *De Ronsard à Victor Hugo*, Bruxelles, 1931 中の一論文(13)で指摘された．イギリス革命を見ならえとフランス人にすすめるディジョンでうたわれた歌は，M. Bouchard, *De l'Humanisme à l'Encyclopédie*, 1930, p. 283 に引用されている．

【*Athalie* とイギリス革命については，その後次のものがある．Raymond Lebègue, *Les origines d'《Athalie》. Une tragédie jacobite ?* (*Nouvelles littéraires*, 1932). —— Jean Orcibal, *La genèse d'Esther et d'Athalie*, 1950. —— Jean Pommier, *La genèse d'Esther et d'Athalie, à propos d'un livre récent* (*Revue d'histoire littéraire de la France*, 51, 1951). しかし，ラシーヌの伝記研究として現在標準的な Raymond Picard, *La carrière de Jean Racine*, 1956 は，この点について否定的な立場をとっている．】

82ページ　イギリスからドイツへの影響

Andreae Adami Hochstetteri *Oratio de Utilitate peregrinationis anglicanae, ad d. XI Sextil. 1697, recitata Tubingae, quum Eloquentiae et Poeseos Professionem Inclyta in Eberhardiana auspicaretur. Apud J. G. Cottam*, Tubingae.

Lawrence Marsden Price, *The reception of English Literature in Germany*, University of California Press, 1932. ——Mary Bell Price and Lawrence Marsden Price, *The publication of English Literature in Germany*, Ibid., 1934 を参照．

83ページ　亡命フランス人によるイギリスの作品の伝播

ジョルジュ・アスコリの前掲書．イギリス思想とフランス思想の間の橋渡しとしての亡命フランス人の仕事について，アスコリ氏は現在一書(14)を準備しており，その下書きを参考にすることを私に許してくださった．

【アベル・ボワイエについては，L. Tillier, *Un Huguenot français à Londres : Boyer* (*La France libre*, nov. 1941).】

83ページ　フランス人翻訳家の仕事

Paul Hazard, *L'invasion des littératures du Nord dans l'Italie du dix-huitième siècle* (*Revue de Littérature comparée*, I, 1921).

ピエール・コストにならって，コストに劣らぬ仕事をした他の２人の翻訳家の信仰告白をここで追記しておこう．

Histoire de la Réformation de l'Église d'Angleterre traduite de l'anglais de M. Burnet, à présent évêque de Salisbury, par M. de Rosemond, 1683のAvertissement du traducteur にはこうある．

「私がしたこのすぐれた史書の翻訳についていえば，私はそれを正確かつ楽しいものにし，簡潔さと厳密さを結びつけ，原作者の考えを忠実に伝えながら，しかも，それが原作では持っている素朴な味わいをなくさないように心がけた．だから私は，著者の考えのいくつかにわれわれ好みの衣裳をつけ，題材を置きかえ，われわれの書き方にもっとかなっていると思われる別の順序になおすこともあえてしたのである．」

Les devoirs de l'homme et du citoyen, par Samuel Pufendorf. Traduction de Jean Barbeyrac, Amsterdam, 1707 の Avertissement, p. XIII にはこうある．

「『自然法・万民法を論ず』*Droit de la nature et des gens* の原作(15)にもあった不注意や不正確さがここにも見られたような場合，同書の翻訳でもすでにしたように，私

がそれを訂正したということをおことわりする必要はあるまい．しかし，忘れずに指摘しておかねばならないのは，この要約〔『人間・市民の義務を論ず』〕には先の大著〔『自然法・万民法を論ず』〕をほとんど丸うつしした個所が多いので，ここでは時としてそれをより簡潔かつ正確に表現したこと，また，もっと都合のいい用語や言いまわしがみつかった場合にも総じて同じやりかたをしたことである．各章の主な主題をのべた言葉とか，それだけでなくもっとも重要かつ一般的な定義や規則をも，私は大文字ないしイタリック体で書いた．それは，字体が変っているためにその個所がすぐ目につき，読みかえす時にも即座にみつかるようにと思ったからである．原作者はあの大著の若干の個所を書きうつすさいに，時々うっかりして数語とばしているが，そういう所はおぎなっておいた．また，必要と思われた多くの個所で，あの大著からの小さな書きうつしを余分に加えた．一般に，その文体と思想に私がかなり慣れているはずのあの大著がここでもたえず解説書の役をしてくれたから，私は原作者の考えを展開したり，原作者が要約して言ったために不正確になったところをもっと正確に表現したりするために，ところどころで数語つけくわえたり多少の書きかえをしたりした．いろいろな項目を区別するため，適当と思ったところでは番号をいれたし，読者の便宜のために必要な場合は多くの個所を改行にした．時には，言いまわしや叙述の順序を変え，場所が悪いと思った時は一パラグラフ全体を置きかえさえした．原作には不必要なくりかえしが一再ならずあった．余計なものがあってはならないこういう本でそれを残しておくことは間違いだったろう．そこで私は，この問題を一般的に検討し，各パラグラフからくりかえしを除いて，そこにあった余分なものをいっしょに集め，既知のものと想定されるしかるべきパラグラフを参照させることにした．原作者は各パラグラフの要約をしていないし，新版のはあまりにもスコラ的で，しかも往々不完全かつ不正確に思われたから，まったく新しくそれを作らねばならなかった．」

【コストにかんする主な研究は，Ch. Bastide, *Pierre Coste d'après quelques lettres inédites* (*Bulletin de la Société d'Histoire du Protestantisme français*, 1908).——S. F. Whitaker, *Pierre Coste et Shaftesbury* (*Revue de Littérature comparée*, 25, 1951). —— R. Shackleton, *Renseignements inédits sur Locke, Coste et Bouhier* (*Ibid.*, 27, 1953).——J. Hampton, *Les Traductions françaises de Locke au XVIII siècle* (*Ibid.*, 29, 1955).——Gabriel Bonno, *Locke et son traducteur français P. Coste* (*Ibid.*, 33, 1959). デ・メゾーについては，W. N. Daniels, *Des Maizeaux en Angleterre* (*Revue germanique*, 1908).——F. Beckwith, *Peter Desmaizeaux 167?—1745. Life and work*, 1936.——L. P. Courtines, *P. Desmaizeaux* (*Bayle's relations with England*, 1938).——J. H. Broome, *An Agent in Anglo-French relationship, Pierre Des Maizeaux, 1673-1745*, 1949.——Id., *Bayle's biographer : Pierre Des Maizeaux* (*French Studies*, 9, 1955).——Id., *Pierre Desmaizeaux journaliste* (*Revue de Littérature comparée*, 29, 1955). —— E. Labrousse, *Bayle et l'établissement de Desmaizeaux en Angleterre* (*Ibid.*, 29, 1955).——J. H. Broome, *Une Collaboration : Anthony Collins et Des Maizeaux* (*Ibid.*, 30, 1956).——D. C. Potts, *Desmaizeaux and Saint-Evremond* (*French Studies*, July 1965). バルベラックについては，G. Laissac, *Notice biographique sur Barbeyrac*, 1838.——G. Masson, *Desmaizeaux*

et ses correspondants. I. *Barbeyrac* (*Bulletin de la Société d'Histoire du Protestantisme français,* 1866).――P. Meylan, *Jean Barbeyrac et les débuts de l'enseignement du droit dans l'ancienne Académie de Lausanne,* 1937. ほかに Constance B. West, *La Théorie de la traduction au XVIIIe siècle par rapport surtout aux traductions françaises d'ouvrages anglais* (*Revue de Littérature comparée,* 12, 1932).】

87ページ　オランダ

貿易・海運でのオランダの力はフランス人にも深い印象をあたえた．ボルドーの商人S・リカールは *Le nouveau négociant,* Bordeaux, 1696 で，両替の相場がアムステルダム市の相場によってきめられる模様をのべている．また *Traité général du commerce...,* Amsterdam, 1705 でも，オランダ東インド会社の運営と成功ぶりに驚嘆している．――J. Le Moine de l'Espine, *Le négoce d'Amsterdam, ou traité de sa banque,* 1694 に見られる讃嘆もこれに劣らない．同じような調子は Jean-Pierre Ricard, *Le négoce d'Amsterdam...,* Rouen, 1723 にもある．―― この繁栄の知的・政治的理由は Jean Le Clerc, *Parrhasiana,* Amsterdam, 1699 で分析されている．

旅行者の証言については，R. Murris, *La Hollande et les Hollandais au dix-septième et au dix-huitième siècles, vus par les Français,* 1925 を参照．

仲介者としてのオランダの役割については，Johan Huizinga, *Du rôle d'intermédiaire joué par les Pays-Bas entre l'Europe occidentale et l'Europe centrale* (*Centre européen de la fondation Carnegie, Bulletin* N° 7, 1933) にすぐれた問題整理がある．

【L. M. Price, *Holland as a mediator of English-German influence in the XVII and XVIII centuries* (*Modern Language Quarterly,* 2, 1941).】

オランダで出たフランス語新聞については，H. J. Reesink, *L'Angleterre et la littérature anglaise dans les trois plus anciens périodiques français de Hollande, de 1684 à 1709,* Zutphen, 1931 を参照．このしっかりした研究が，まだあまりにも知られていないその後の新聞にまで手をひろげてほしいものである．

【オランダ発行のフランス語新聞については，有名な Eugène Hatin, *Les Gazettes de Hollande et la presse clandestine au XVIIe et XVIII siècles,* 1865 がある．また，個々の新聞の研究には，Paul Hemprich, *Le Journal littéraire de La Haye, 1713-1737,* 1915.――Leonid Belozubov, *L' Europe Savante* (*1718-20*), 1968. フランスで発行されていた *Journal des Savants* については，Betty Trebelle Morgan, *Histoire du《Journal des Savants》depuis 1665 jusqu'en 1701,* 1928.――Jacqueline de La Harpe, *Le Journal des Savants et la renommée de Pope en France au XVIIIe siècle,* 1933.――Id., *Le Journal des Savants et l'Angleterre* (*1702-1789*), 1941.――J. Ehrard et J. Roger, *Deux Périodiques français du XVIIIe siècle : le《Journal des Savants》et les《Mémoires de Trévoux》. Essai d'une étude quantitative* (*Livre et société dans la France du XVIIIe siècle,* 1965). *Mémoires de Trévoux* については，Gustave Dumas, *Histoire du Journal de Trévoux depuis 1701 jusqu'en 1762,* 1936.――A. R. Desautels, *Les《Mémoires de Trévoux》et le mouvement des idées au XVIIIe siècle* (*1701-34*),

1956.——J. N. Pappas, *Berthier's《Journal de Trévoux》and the Philosophes*, 1957. そのほか, S. Lovering, *L' Activité intellectuelle de l'Angleterre d'après l'ancien《Mercure de France》(1672-1778)*, 1930.——Fernand Mitton, *La Presse française des origines à la Révolution*, 1943.——Gabriel Bonno, *Liste chronologique des périodiques de langue française du dix-huitième siècle* (*Modern Language Quarterly* 5, 1944).——K. K. Weed and P. R. Bond, *Studies of British Newspapers and Periodicals from their beginning to 1800*, 1946.——P. R. Bond, ed, *Studies in the early English Periodical*, 1957.——H. Mattauch, *Die literarische Kritik der französischen Zeitschriften, 1665-1748*, 1968.】

90ページ　中部ヨーロッパ

ポーランドについては,

L. Zaleski, *L'influence civilisatrice de la Pologne*(*Le dilemme russo-polonais*, 1920).

St. Blaszczyk, *Sur une traduction en polonais de la Sylvie de Mairet* (*Revue de Littérature comparée*, Janvier 1934).

ハンガリーとフランスの関係についての最近の研究は,

Arpad Marko, *Les soldats français dans la guerre d'indépendance du prince François II Rakoczi (1703-1711)* (*Revue des études hongroises*, Juillet-Décembre 1933).

Émile Pillias, *Études sur François II Rakoczi, prince de Transylvanie, pendant son séjour en France...* (*Ibid.*).

【B. Kopeczi, *La France et la Hongrie au début du XVIIIe siècle. Étude de l'histoire des relations diplomatiques et de l'histoire des idées*, 1971.】

イタリアが東欧にあたえた影響については,

M. Deanovi, *Les influences italiennes sur la littérature croate du littoral adriatique jusqu'à la fin du dix-huitième siècle* (*Revue de Littérature comparée*, Janvier 1934).

A. Ocvirz, *La pensée européenne des seizième et dix-septième siècles et la littérature slovène* (*Ibid.*).

91ページ　いくつかのロシア案内書

J. J. Struys, *Drie anmerkelijke... Reysen door Italien, Griekenlandt, Lijflandt, Moskovien...*, Amsterdam, 1676 ; Ibid., 1705. ——仏訳, パリ, 1681年 ; ルーアン, 1724年. ——英訳, 1684年.

Johann Arnold, v. Brand, *Reysen durch die Mark Brandenburg, Preussen, Churland, Liefland..., und Moskovien*, Wesel, 1702.

Cornelis Van Bruyn, *Reizen over Moscovien...*, Delft, 1711 ; Amsterdam, 1711 ; Delft, 1714 ; Amsterdam, 1714. ——仏訳, アムステルダム, 1718年, 1725年. 引用は第10章より.

Nicolaus Witsen, *Noord en Oost Tartarye...*, Amsterdam, 1692 ; 第2版, 1705年.

J. Perry, *State of Russia...*, London, 1716. ——仏訳, ハーグ, 1720年 ; アムステルダム, 1720年.

「モスクワの皇帝（ツァール）」を文学で使った最初のひとつは，Courtilz de Sandras, *Mémoires du chevalier Hasard, traduits de l'anglais sur l'original manuscrit*, Cologne, 1703 である．

【ロシアとフランスの関係については，Abel Mansuy, *La Russie et la littérature française du XVIIe siècle* (*Le Monde slave et les classiques français*, 1912). ——D. S. Mohrenschildt, *Russia in the intellectual life of XVIII century France*, 1936. ——A. Lortholary, *Le mirage russe en France au XVIIIe siècle*, 1951.】

第4章　異　　端

100ページ　ナント勅令廃止の結果

ドイツで出た攻撃文書の目録は Hubert Gillot, *Le règne de Louis XIV et l'opinion publique en Allemagne*, 1914 にある．

最近の研究では，C. G. Picavet, *La diplomatie française au temps de Louis XIV*, 1. III, ch. II, 1930. ——Louis O'Brien, *Innocent XI and the Revocation of the Edict of Nantes*, Berkeley, California, 1930. ——Cl. E. Engel, *L'écho de la* Révocation *dans le théâtre anglais au dix-septième et au dix-huitième siècles* (*Bulletin de la Société de l'Histoire du Protestantisme français*, Juillet 1932). ——Id., *John Evelyn et le protestantisme français* (*Ibid.*, Janvier-Mars 1934).

【Bernard Devisme, *Unité religieuse, unité nationale*, 1946. ——Jean Orcibal, *État présent des recherches sur la répartition géographique des《nouveaux catholiques》à la fin du XVIIe siècle*, 1948. ——Id., *Louis XIV contre Innocent XI*, 1949. ——Id., *Louis XIV et les protestants*, 1951. ——H. Lüthy, *La Banque protestante en France, de la révocation de l' édit de Nantes à la Révolution*, 1959-1961. ——Warren C. Scoville, *The persecution of huguenots and French economic development, 1680-1720*, 1960. ——W. J. Stankiewicz, *Politics and religion in Seventeenth-Century France*, 1960.】

100ページ　亡命フランス人

Ch. ヴェス(16)，サムエル・スマイルズ(17)，D. C. A. アグニュー(18)，F. ド・シクレール(19)，フランク・ピュオー(20)のそれぞれ有名な研究に，次のものをつけくわえておこう．Gilbert Chinard, *Les rèfugiés huguenots en Amérique*, 1925. ——*Voyages d'un Français exilé pour la religion*, Paris et Baltimore, 1932 への同じくシナールの緒言．——Imré Revesz, *La Hongrie et les Réfugiés huguenots* (*Nouvelle Revue de Hongrie*, Février 1933).

【Herbert W. Ellinger, *Les réfugiés huguenots en Saxe-Weimar, leurs manufactures de bonneterie*, 1933. ——Pierre Bertrand, *Genève et la révocation de l'Édit de Nantes*, 1935. ——Grace Lawless Lee, *The Huguenot Settlements in Ireland*, 1936. ——Albert Carré, *L'Influence des huguenots français en Irelande aux XVIIe et XVIIIe siècles*, 1937. —— Helmut Erbe, *Die Hugenotten in*

Deutschland, 1937. 亡命新教徒の思想については，とくに Guy Howard Dodge, *The political theory of the huguenots of the dispersion*, 1947.——Erich Haase, *Einführung in die Literatur des Refuge*, 1959. ——Walter Rex, *《Blasphemy》 in the Refuge in Holland and in the French Enlightenment* (*Transactions*, vol. 3, 1967).】

101ページ　牧師クロード

Jean Claude, *Les Plaintes des protestants cruellement opprimés dans le royaume de France, édition nouvelle avec commentaires, notices biographiques et bibliographiques, tables des matières et des noms propres, par Frank Puaux*, 1885 をお読みいただきたい.

Élie Bourelly, *Jean Claude et la défense de la Réformation*, 1887 を参照.

【Romain Couchard, *Vie de Claude*, 1837. —— Jean-Léonce Coyne, *Thèse historique et critique sur J. Claude, sa vie et ses écrits*, 1856.——E. Gaujoux, *Jean Claude, prédicateur et controversiste*, 1877. ボシュエとクロードの会談については, H. Paul Boyé, *Essai sur M. Claude et sa conférence avec Bossuet sur l'autorité de l'Église*, 1845.—— Nathanael Estève, *Une conversion au XVIIe siècle. Conférence entre Claude et Bossuet sur《la matière de l'Église》*, 1894.—— Georges de Saint-Etienne, *Claude et Bossuet, leur conférence à propos de la conversion de Mlle de Duras*, 1904.】

101ページ　ピエール・ジュリユ

「仁王立ちで，負い革と剣の鞘を左側にたらし，右手の剣で左手に持った鷲ペンをけずっている——こういう姿であなたは描かれるでしょう．服は地味で，胸飾りとつばの広い帽子と長いマントをまとい，視線は剣に注がれていなければならないでしょう……」(*Lettre à M. J.... sur son livre intitulé l'Esprit de M. Arnauld*, Deventer, 1684, p.25). ——「ジュリユ氏は新教の生ける神託，霊感が滾々と湧きだして，疲れを知らず，すべてに答えうる神託である．人々はいにしえのイスラエル人(びと)のように，片手には家を建てるための鏝を持ち，片手には敵を撃退するための剣を持った姿で彼を示しているけれども，それだけではない．彼は敵国をかけめぐり，あらしまわって，はなばなしい武勲をあげているのである」(Paulian, *Critique des Lettres pastorales de M. Jurieu*, 1689).

研究. Frank Puaux, *Quid de suprema populi potestate Jurius censuerit*, 1880. ——Van Oordt, *Pierre Jurieu*, Genève, 1879.——Roger Lureau, *Les Doctrines politiques de Jurieu (1637-1713)*, Bordeaux, 1904. ——Abbé J. Dedieu, *Le rôle politique des protestants français*, 1921.

【C. E. Mégnin, *Pierre Jurieu: notice sur la vie et ses écrits*, 1854. —— Charles Jaulmes, *Essai sur Le Préservatif contre le changement de religion de Pierre Jurieu*, 1884.——A. Grotz, *Jurieu et la révocation de l'Edit de Nantes*, 1902.——P. Pic, *Les idées politiques de Jurieu et les grands principes de 89*, 1907.——Frank Puaux, *Les défenseurs de la souveraineté du peuple sous le règne de Louis XIV*, 1917.——Hilde Daum, *Pierre Jurieu und seine Auseinandersetzung mit Antoine Arnauld im Streit um die Rechtfertigungs-und Gna-*

denlehre, 1937. ——Guy Howard Dodge, *The political theory of the huguenots of the dispersion*, 1947. ——F. R. J. Knetsch, *Pierre Jurieu, theoloog en politikus der refuge*, 1967.】

102ページ　亡命者帰国の予言

〔Pierre Jurieu〕, *L'accomplissement des prophéties, ou la Délivrance prochaine de l'Église... par le S. P. J. P. E. P. E. Th. A. R.*, Rotterdam, 1686.——*Suite de l'accomplissement des Prophéties ou amplification des preuves historiques qui font voir que le papisme est l'antichristianisme...*, Rotterdam, 1687.——*Apologie pour l'accomplissement des Prophéties...*, Rotterdam, 1687.

Pierre Allix, *De Messiae duplici adventu dissertationes duae adversus Judaeos*, Londres, 1701；独訳，ニュールンベルク，1702年.

ピエール・アリクスについては，*The escape of Dr. Pierre Allix from France* (*Proceedings of the Huguenot Society of London*, vol. XIII, N°6, 1929)を参照.

102ページ　オランダの新聞と異端思想

H. J. Reesink, *L'Angleterre et la littérature anglaise dans les trois plus anciens périodiques français de Hollande*, 1931 のインデックスを見れば，宗教，哲学，道徳についての記事が，文学とくに近・現代の文学をあつかった記事より多いことがひと目でわかる.

ベール，ル・クレール，バナージュの新聞のこのような性格を正しく指摘したH. J. レーシンク女史は，さらに進んで，これらの新聞が共同で新教の宣伝をしたとまで言っている．ジョルジュ・アスコリ氏がH. J. レーシンク女史の研究にたいする書評（*Revue de Littérature comparée*, Janvier-Mars 1933）で，もっと確かな証拠を出してほしい，でなければ組織的行動という説は信じられない，と言ったのはもっともである.

ただ，これらの新聞が主として異端的思潮を代表していたことは間違いない．*Journal des Savants* のような御用新聞は，当時はもう読者の興味をそそれなくなっていた．1682年から出た同紙のアムステルダム版は，だから「パリ版にはないいろいろな記事を加え」(同) ていたのである.

103ページ　ジャン・ル・クレール

Bibliothèque universelle et historique, Amsterdam, 1686-1693, 26 vol.

Bibliothèque choisie, pour servir de suite à la Bibliothèque universelle, 1703-1713, 28 vol.

Bibliothèque ancienne et moderne, pour servir de suite aux Bibliothèques Universelle et Choisie, 1714-1727, 29 vol.

ジャン・ル・クレールの著作目録は次のものにある．*Parrhasiana, ou Pensées diverses sur des matières de Critique, d'Histoire, de Morale et de Politique* (21), Amsterdam, 1699 (*Des ouvrages et des études de M. L. C.*) (22)；第2版，同，1701年——*J. Clerici vita et Opera ad annum 1711*, Amstelodami, 1711, in-12.——*An account of the writings of Mr. John Le Clerc... to this present Year 1711*, London, 1712.——*Éloge historique de feu M. Jean Le Clerc... tiré de la Bibliothèque raisonnée, mais revu et augmenté, avec une Préface de l'Auteur*, Amsterdam, 1736.

Annie Barnes, *Jean Le Clerc (1657-1736) et la République des Lettres*, 1938.
【A. Flitner, *Erasmus im Urteil seiner Nachwelt. Das literarische Erasmus-Bild von Beatus Rhenanus bis zu Jean Le Clerc*, 1952.——*Lettres inédites de Le Clerc à Locke*, édited, with an introduction and notes, by Gabriel Bonno, 1959.——*Religion, érudition et critique à la fin du XVIIe siècle et au début du XVIIIe*, 1968.】

104ページ　オランダの書肆

この点については良い研究がない．普通の書誌学書にあるものはみな表面的で，もう私たちの興味を充たしてはくれない．

私としては，事情は新聞の場合と同じではないかと思う．つまりこの時期には，オランダの出版業が国際的な学芸市場をなすと同時に，禁断の書の貯蔵庫となっていたのだ．この二つの要素の内でも，1715年以前には第2の要素の方が重要と思われる．

国外の本にかんするベールの幻滅は，*Nouvelles de la République des Lettres* の1685年6月号，とくに1686年3月号の *Avertissement de l'auteur* にはっきりと述べられている．すなわち，

「私がこの『文芸共和国便り』*Nouvelles de la République des Lettres* を始めてから，ちょうど満2年になった．始めるとき私は，こういう仕事をするにはオランダが世界でいちばん適していると思っていたし，序文でもそういう趣旨のことを言った．見たところ，ここには書店や印刷所がじつにたくさんあるし，またこの国は一般倉庫，いうなれば他国にあるすべてのものの集積所の観があったからである．世界中でできるすべての酒がこの国にはふんだんにあるし，一言でいえば旧世界と新世界が供給しうる食物，衣類，家具などのすべてがここで売買されている．だから私は，諸外国の良いもの，美しいものを輸入するという精神が書店にも伝わって，ヨーロッパ中で出版される最良の本が店頭に置いてあると思っていた．しかし，こういう判断ほどいいかげんなものはないということを，私は経験で知った．一般的な考えや大ざっぱな概念にもとづいて物事を判断するのは今後いっさいやめようと，私は決定的に肚をきめた．そんなことをすれば，まずかならず間違うものである．正しい知識をえるには，ちゃんとためしてみるにこしたことはない．私はそれによって，この国にはフランスの新刊書がごくごくわずかしか見られないことがわかった．若干の本は偶然手からもれたように，こっそりとはこびこまれる．また若干の本は海賊版が出る．しかし，それは普通小さな本だけだし，たいていは小説類である．ポーランドやスエーデンやデンマークで出た本については，ここでは全然わからない．イタリアやスペインで出た本はなおさらである．しかし，もっと驚くのは，イギリスで出版された本がここではひどく欠乏していることである．この国のいわば門前で，立派な本がたくさん出ているというのに．たしかに，フランクフルトの両市(いち)からドイツのものが多量に供給されはするが，どうしたことか，多くの場合，いちばん良いものは忘れられて持ちこまれない．

以上が，この『便り』は他国の本に全然ふれないという苦情にたいするお答えである……」〔*Œuvres diverses*, éd. de 1737, t. I, p. 503—504〕.

プロテスタント系，一般に異端的な本が多かったことは，当時の書店のすべてのカタログからして明らかである．たとえば，*Catalogus librorum quibus officinam suam*

auxit anno praeterito 1691 Regnerus Leers, Bibliopola Roterodamensis, 1692; および1696年度までのその後の号（国立図書館所蔵）を参照.

【P. J. W. Van Mallsen, *Louis XIV d'après les pamphlets répandus en Hollande*, 1937.】

105ページ　オランダ本の流布

フランソワ・ベルニエからベールへの手紙，1686年2月28日(23)，7月26日，9月12日付．デュボスからベールへの手紙，1696年6月25日付．ベールからパンソン・デ・リオルへの手紙，1693年10月1日付．同，1693年，日付不明．ペリソンからライプニッツへの手紙，1691年12月30日付．ライプニッツからボシュエへの手紙，1692年1月8－18日付．ボシュエからポンシャルトランへの手紙，1694年4月付，を参照．

この最後の手紙には次のようにある．

「スペイン領フランドルやオランダからの書籍の流入が厳禁されているため，書店は非常に困っています．宗教や国家や愛徳を傷つけるような本の販売を防ぐのは正当ですが，そのほかについては手綱をゆるめるべきではないでしょうか．この障害でひどいめにあっている本屋たちのためにも，文筆家――みなそのために多くの必要な本がえられないでいます――同士の交流のためにも．取引きが行なわれるリールその他の場所に命令を出すべきでしょう．リールの本屋フィエヴェ氏というのはたいへんな堅物ですが，以上の細目については同氏からポンシャルトラン殿にお知らせできるはずです」〔*Correspondance de Bossuet*, collection《Les Grands Écrivains de France》, nouvelles éditions, 1909-1925, t. VI, p. 251-252〕．ユルバンとレヴェークが刊行したボシュエ書簡集〔前掲〕の註には，1694年にフィエヴェ氏がオランダ行きの許可をえたこと，またオランダの本屋ライニール・レールスがフランスへ来て，「ボシュエ，ランスの大司教，その他，書物を愛する貴顕の士らに歓待された」〔Ibid., p. 252〕ことを伝えている．本文でも述べるとおり，年とってからのボシュエの態度はこれとは正反対になった．――Richard Simon, *Lettres choisies*, I, 書簡第19をも参照．

お気づきであろうが，出版の大中心地について私が引用するテキストにはスイスの名前が出てこない．F. Ernst, *La tradition médiatrice de la Suisse* (*Revue de Littérature comparée*, 1926) や *Die Schweiz als geistige Mittlerin*, Zürich, s. d. によれば，この時期のスイスの活動はまだたいしたことはなかったようである．ただ，ボシュエからニケーズ師への次の手紙（1694年7月27日付）(24)を見てほしい．

「大兄の常に変らぬご厚情を私はいつも心楽しく思いおこし，それにまったき信頼を置いております．そこで大兄におすがりしたいのは，ジュネーヴでみつかるといわれている2冊の本についてです．大兄はジュネーヴの人たちとも文通しておられるでしょう．……その2冊を入手してくださることができたら，その上で，パリへ来させる方法をご相談いたしましょう」〔*Correspondance de Bossuet*, collection《Les Grands Écrivains de France》, nouvelles éditions, 1909-1925, t. VI, p. 376〕．

研究．H. D. MacPherson, *Censorship under Louis XIV. Some aspects of its Influence. Publications of the Institute of French Studies*, New York, 1929. ――E. Griselle, *Note sur l'Entrée en Angleterre des livres venus de France à la fin du XVIIe siècle* (*Bulletin du Bibliophile*, 1899, p. 228) は，パリ→アムス

テルダム→ロンドンという逆の流れの奇妙な例をあげている。

〔D. T. Pottinger, *The French book trade in the Ancient Régime, 1500-1791*, 1958.——Daniel Bécourt, *Livres condamnés. Livres interdits. Régime juridique du livre*, 1962.——*Livre et société dans la France du XVIIIe siècle*, 1965; t. II, 1970.——Giles Barber, *French royal decrees concerning the book-trade 1700-1789* (*Australian Journal of French studies*, Sept.-Dec. 1966). ——*Tricentenaire du rattachement de Lille à la France. Livres du Grand siècle*, 1968. ——Henri-Jean Martin, *Livre, pouvoirs et société à Paris au XVIIe siècle, 1598-1701*, 1969.〕

109ページ　カルヴィニズムの復讐

カルヴィニズムの政治的勝利については, Herbert D. Foster, *Political theories of Calvinists* (*The American historical Review*, vol. 31), および同じ著者の *International Calvinism through Locke and the Revolution of 1688* (*Ibid.*, vol. 32).

カルヴィニズムと資本主義の結びつきについては, マックス・ウェバーの有名な研究(25)のほかに,

Ernst Tröltsch, *Die Soziallehren der christlichen Kirchen und Gruppen* (*Gesammelte Schriften*, I, Tübingen, 1912); 新版, 1919年.

Ernst Tröltsch, *Die Bedeutung des Protestantismus für die Entstehung der modernen Welt*, 1906; 第5版, ミュンヘンおよびベルリン, 1928年.

Jacques Chevalier, *Les deux Réformes : Le luthéranisme en Allemagne; le calvinisme dans les pays de langue anglaise* (*Revue de métaphysique et de morale*, 1919).

Henri Sée, *Les origines du capitalisme moderne*, 1926.

R. H. Tawney, *Religion and the Rise of Capitalism*, London, 1926.

Id., マックス・ウェバーの英訳 *The Protestant Ethic and the Spirit of Capitalism, translated by Talcott Parsons*, London, 1930 への序文.

〔W. Sombart, *Der Bourgeois. Zur Geistesgeschichte des modernen Wirtschaftsmenschen*, 1913.——G. O'Brien, *Essay on the economic effects of the Reformation*, 1923.——H. Hauser, *Les débuts du capitalisme*, 1927.——J. B. Krauss, *Scholastik, Puritanismus und Kapitalismus*, 1930.——H. M. Robertson, *Aspects of the rise of economic individualism. A criticism of Max Weber and his school*, 1933.——A. Fanfani, *Cattolicesimo e protestantesimo nella formazione storica del capitalismo*, 1934.——W. F. Van Gunsteren, *Calvinismus und Kapitalismus*, 1934.——R. F. Beerling, *Protestantisme en Kapitalisme : Max Weber in de critiek*, 1946.——K. Samuelsson, *Ekonomi och religion*, 1957.——A. Biéler, *La pensée économique et sociale de Calvin*, 1959.—— R. W. Green, *Protestantism and capitalism. The Weber thesis and its critics*, 1959. ——H. Lüthy, *Calvinisme et capitalisme : après soixante ans de débat* (*Cahiers Vilfredo Pareto*, décembre 1963).——M. J. Kitch, *Capitalism and the Reformation*, 1967. ——S. N. Eisenstadt, *The protestant ethic and modernization. A*

comparative view, 1968.——P. Besnard, *Protestantisme et capitalisme, la controverse post-weberienne*, 1970.】

111ページ　ソッツィーニ派

O. Fock, *Der Socinianismus nach seiner Stellung in der Gessamtenentwicklung des christlichen Geistes*, 1847.

【フォック以後の研究には次のものがある. H. Amphoux, *Essai sur la doctrine socinienne*, 1850.——G. Bonnet-Maury, *Des origines du christianisme unitaire chez les Anglais*, 1881.——P. Lecler, *Fausto Socino*, 1885.——P. Sbarbaro, *Da Socino a Mazzini*, 1886.——E. Burnat, *Lelio Socin*, 1894.——J. H. Allen, *A History of the Unitarians in the United States*, 1894.——Lloyd, *The Story of the protestant dissent and English Unitarism*, 1900.——W. J. Kuehler, *Het Socinianisme in Nederland*, 1912.——H. C. Van Slee, *De Geschiedenis van het Socinianisme in de Nederlanden*, 1914.——Earl Morse Wilbur, *Our Unitarian heritage. An Introduction to the history of the Unitarian movement*, 1925. ——Id., *Lelius and Faustus Socinus. An Estimate of their life and influence*, 1933.——H. John McLachlan, *The Unitarian movement in the religious life of England: its contributions to thought and learning, 1770-1900*, 1934. ——S. Kot, *Le Mouvement antitrinitaire aux XVIe et XVIIe siècles*, 1937.——R. V. Holt, *The Unitarian contribution to social progress in England*, 1938.——D. Cantimori, *Gli eretici italiani del' 500*, 1939.——Earl Morse Wilbur, *A History of Unitarianism : Socinianism and its antecedents*, 1945.——Id., *A Bibliography on the pioneers of the socinian-unitarian movement in modern christianity in Italy, Switzerland, Germany, Holland*, 1950.——C. W. Wendte, *I nostri riformatori Fausto e Lelio Socino*, s. d.——H. John McLachlan, *Socinianism in Seventeenth-Century England*, 1951. ——G. Pioli, *Fausto Socini. Vita, opere, fortuna*, 1952.——Earl Morse Wilbur, *A History of Unitarianism : in Transylvania, England, and America*, 1952. ——Stanislas Kot, *Socinianism in Poland*, 1957. ——Magda Martini, *Fausto Socino et la pensée socinienne*, 1967. なお, この項で論じられているパジョンとデュイソーについては, S. Lacheret, *Claude Pajon, sa vie et sa doctrine*, 1882.——E.-André Mailhet, *La Théologie protestante au XVIIe siècle. Claude Pajon, sa vie, son système religieux, ses controverses*, 1883.——Alfred Soman, *Arminianism in France : the d'Huissseau incident*(*Journal of the History of Ideas*, oct.-dec. 1967).——Richard Stauffer, *L'Affaire d'Huisseau*, 1969.——Id., *D'Huisseau a-t-il plagié Arminius* (*Bulletin de la Société d'Histoire du Protestantisme francais*, avril-juin 1972).】

ソルボンヌの教授ギュスタヴ・コーエン氏は, ヨーロッパにおけるソッツィーニ主義の歩みについて, 次のように注意を喚起した.「このように, みなソッツィーニ派で, みな自由思想にかぶれ, みな教会の規則や規律や教義に我慢がならず, みな自由思想（リベルティナージュ）の一種のフリーメーソンに加盟している. この鎖のいくつかの環が見えだす. いわくグロティウス, ソルビエール, ヴィショヴァーティ, ルアル〔ルアルス〕, サン＝テヴルモン, スピノザ……」(29)(*Une biographie inédite de Grotius par S. Sorbière* (*Académie*

royale de Belgique, Bulletin de la classe des lettres, 5e série, 1933). —— *Mélanges offerts à Salverda de Grave*, 1933. コーエン氏の収録論文(27)には，この問題にかんするポーランドの文献についてのノートがある（49ページ）. ——さらに，同じ著者の *Sur Grotius, Sorbière, les Libertins et les Sociniens dans la première moitié du dix-septième siècle* (*Bulletin de la Société d'Histoire moderne*, Avril 1933) をも参照.

オランダの初期ソッツィーニ派の代表者のなかで，17世紀末の世代がその思想をいちばん記憶にとどめていたのはグロティウス（ホイフ・デ・フロート）である(28). 彼の代表作 *De veritate religionis christianae*, 1627 はキリスト教信仰を一種の普遍的理性主義に還元しようとするもので，たえず影響をあたえつづけた. 1675年から1715年までの間に，これは次のように版を重ねている. 新版——アムステルダム，1675年；オクスフォード，1675年；アムステルダム，1680年，1696年；オクスフォード，1700年；ジャン・ル・クレールによる批評版，1709年；ライプツィヒ，1709年. 英訳——ロンドン，1676年，1678年，1680年，1683年，1689年，1694年，1707年，1711年. 韻文訳——ロンドン，1686年. 仏訳——1692年. オランダ語訳——1706年.

【グロティウスの宗教思想については次の研究がある. M. Krogh-Tonning, *Hugo Grotius und die religiöse Bewegungen im Protestantismus seiner Zeit*, 1904. ——Joachim Schlüter, *Die Theologie des Hugo Grotius*, 1919. —— C. W. Roldanus, *Hugo de Groot's《Bewijs van den waren godsdienst》*, 1944. —— J. D. M. Cornelissen, *Hugo de Groot en de vervolging der Katholieken* (*Studia Catholica*, 1944). ——C. W. Roldanus, *De Groot als theolog* (*Gids*, 1945). ——H. Fortuin, *Hugo de Groot's《Houding ten opzichte van oorlog en Christendom》*, 1946. ——A. H. Haentjens, *Hugo de Groot als godsdienstige denker*, 1946. —— H. Meylan, *Grotius théologien* (*Hommage à Grotius*, 1946). —— P. H. Winkelmann, *Remonstranten en Katholieken in de eeuw van de Hugo de Groot*, 1946. ——R. Voeltzel, *La Méthode théologique de Hugo Grotius* (*Revue d'Histoire et de Philosophie religieuses*, 1952). —— F. Blanke, *Hugo Grotius und die Einigung der christlichen Kirchen* (*Reformatio*, 1953). —— P. Polman, *Hugo de Groot in dienst van de verdediging der moederkerk* (*Studia Catholica*, 1954). 】

ソッツィーニ主義のいくつかの定義.

Moreri, *Grand Dictionnaire historique* (初版1674年), *Socin (Fauste)*, *Sociniens, Unitaires, Frères Polonais* の項.

Bayle, *Dictionnaire historique et critique* (初版1696年), *Socin (Fauste)*の項.

Pufendorf, *Einleitung zu der Historie*, etc. (1682), 仏訳，第2巻330ページ.

Jean Le Clerc, *Sentiments de quelques théologiens de Hollande ...*, 1685.

Pierre Jurieu, *Le tableau du Socinianisme...*, 1690.

Bossuet, *Sixième avertissement aux protestants*, 1691.

Noel Aubert de Versé, *L'anti-socinien...*, 1692.

John Edwards, *Socinianism unmask'd. A Discourse, shewing the Unreason-*

ableness of a late writer's opinion concerning the necessity of only one Article of Christian Faith ; and of his other Assertions in his Book, entitled, The Reasonableness of Christianity ..., London, 1696.

Id., *The Socinian Creed, or a brief account of the professed Tenets and Doctrines of the foreign and English Socinians*..., London, 1697.

Pierre Poiret, *Fides et Ratio collatae*..., 1707, p. 10-11 にはこうある.

「……そしてソッツィーニ主義が現われた．これは神的な内奥の光を腐朽させ，もっぱら人間の理性とその観念，働きのみに依りたのみ，それだけで満足して，信仰そのものもそれに従うべきであり，聖書もそれによって解釈さるべきであるとする……」

Richard Simon, *Lettres choisies*, 1730年版, Tome III, Lettre 26, p. 165 ; Lettre 27, p. 183 ; Tome IV, Lettre 36, p. 263 ; Lettre 40, p. 304.

ソッツィーニ主義がイギリスに広まったことについては，François Raguenet, *Histoire d'Olivier Cromwell*, 1691(29) の次のような証言を参照.

「その上で彼らは，オランダから持ちこまれたクレリウスの本によってイギリス人の間に広まりはじめたソッツィーニ主義を根絶しようとした……」

112ページ　プロテスタンティズムと理性主義

Alfred Rébelliau, *Bossuet historien du protestantisme*, 1891, 第3版, 1909年, 第3部第5章には次のように述べられている.

「宗教改革にたいして，それが現にある姿とあるべきはずの姿，その権威主義的な形と独立不羈な基調とのこえがたい不一致を白状せよと迫ったとき，ボシュエが望んでいたのは相手が権威の方を選ぶように決心させること，宗教改革が時として不承不承みずからそれへ近づくかに見えたあのカトリック的な統一性の方へそれを決定的に引きよせることだった.

実際は反対の結果になった.

プロテスタンティズムはローマの岸辺へ近よるかわりに，自由思想の沖へと投げもどされた．不動で固定した宗教という昔の考え方へもどるかわりに，たぶん自らの意志にも反して，『変異史』*Histoire des Variations* がおどしの材料に使おうとしたまさにその理想の方へ進んでいった．そして今でも進んでいる．つまり，各個人の知性と心情と意志による辛苦に充ちた全く自由な行為，人知のすべての息吹きに門戸を開き，新説を受けいれ，新たな獲得や新たな方向，古人の知らなかった概念などを容れうる不断の称讃すべき探求——このようなものとして考えられた宗教の方へである．〈変異〉を本質とするような宗教の方へである」〔571ページ〕.

Karl Joel, *Wandlungen der Weltanschauung. Eine Philosophiegeschichte als Geschichtphilosophie*, Tübingen, 1928-1930.

Paul Meissner, *Die rationalistische Grundlage der englischen Kultur des 17. Jahrhunderts* (*Anglia*, Juli 1931).

【John Tulloch, *Rational theology and christian philosophy in England in the 17th Century*, 1874.——G. R. Cragg, *From puritanism to the age of reason*, 1950.——D. P. Walker, *The Decline of Hell. Seventeenth-Century discussions of eternal torment*, 1964.】

114ページ　ルイ14世治下の思想反乱

この問題設定とその一側面の詳論としては，Ed. Esmonin, *L'anticléricalisme au temps de Louis XIV* (*Bulletin mensuel de la Société d'histoire moderne*, 1914, p. 288 et 335) を参照．同じ著者の *Données statistiques relatives au règne de Louis XIV* (*Ibid.*, déc. 1933, janvier 1934 et février-mars 1934) は，この時代を深く知ろうとする人にかならず役立つはずである．

【P. T. W. Van Mallsen, *Louis XIV d'après les pamphlets répandus en Hollande*, 1937.——Ira O. Wade, *The clandestine organization and diffusion of philosophic ideas in France from 1700 to 1750*, 1938. ——P. Sagnac, *La Formation de la société française moderne*, 1946. ——M. Frost, *L'Opposition à l'absolutisme dans la littérature française au temps de Louis XIV*, 1954.——Rud. Meyer, *Die Flugschriften der Epoche Ludwigs XIV. Eine Untersuchung der in schweizischen Bibliotheken enthaltenen Broschüren* (*1661-1679*), 1955. ——J. S. Spink, *French free-thought from Gassendi to Voltaire*, 1960.——Georges Pagès, *Les Origines du XVIIIe siècle au temps de Louis XIV* (*1680 à 1715*), nouvelle édition, 1961. ——Lionel Rothkrug, *Opposition to Louis XIV. The political and social origins of the French Enlightenment*, 1965.】

第5章　ピエール・ベール

私がとくに利用したのは，ジャン・デルヴォルヴェの綜合的な研究*Religion, critique et philosophie positive chez Pierre Bayle*, 1906(30)を補足するテキストおよび研究の内，とりわけ以下のものである．

テキスト

Harangue de M. le Duc de Luxembourg à ses juges, suivie de la censure de cette harangue. Nouvelle Édition, avec une introduction et des notes, par Edmond Lacoste, 1929 (先にジョルジュ・アスコリにより *Revue des Livres Anciens*, 1914 に発表).

J. L. Gerig and G. L. Van Roosbroeck, *Unpublished Letters of Pierre Bayle* (*Romanic Review*, vol. XXII, Juillet-Septembre 1931 および後続の各号). ——Id., *Unpublished Letters of Pierre Bayle to his mother* (*1671-1672*) (*Leuwensche Bijdragen*, XXIV, 1932).

R. L. Hawkins, *Newly Discovered French letters of the seventeenth... century*, Cambridge (Mass.), 1933 (Pierre Bayle to Gilles Ménage, Rotterdam, 3 Mars 1689; Ier Janvier 1691).

Georges Ascoli, *Quelques pages d'une correspondance inédite de Mathieu Marais* 〔大部分はベールについて〕 (*Revue du dix-huitième siècle*, t. I, Avril -Juin 1913).

【Harcourt Brown, *Pierre Bayle and natural science. An unpublished letter to Robert Boyle* (*Romanic Review*, 1934).——Léo-Pierre Courtines, *Bayle and his English correspondents. Four unpublished letters* (*Romanic Review*, 1936).

——M.-J. Durry, *Trois lettres de Pierre Bayle* (*Mélanges Huguet*, 1940).——Erich Haase, *Quelques pages inédites de la correspondance de Bayle* (*Bulletin de la Société de l'Histoire du Protestantisme français*, 1957). —— Richard J. Popkin, *An unpublished letter of Pierre Bayle to Pierre Jurieu* (*Pierre Bayle, le philosophe de Rotterdam*, 1959).——Élisabeth Labrousse, *Inventaire critique de la correspondance de Pierre Bayle*, 1961.】

研　究

Th. Schoell, *Le protestantisme de Bayle, à propos de deux livres récents* (*Bulletin de la Société d'Histoire du Protestantisme français*, 1908).

Cornélia Serrurier, *Pierre Bayle en Hollande*, Lausanne, 1912.

H. E. Smith, *The literary criticism of Pierre Bayle*, 1912.

Victor Delbos, *La philosophie française*, 1919.

Georges Ascoli, *Bayle et l'《Avis aux réfugiés》* (*Revue d'histoire littéraire*, 1913).

Id., *La critique des croyances : Bayle* (*Histoire illustrée de la littérature française*, t. II, 1924).

L. Lévy-Bruhl, *Les tendances générales de Bayle et de Fontenelle* (*Revue d'histoire de la philosophie*, Janvier-Mars 1927).

E. Constantinescu-Bagdat, *Études d'histoire pacifiste*, t. III, 1928.

A. Tilley, *The decline of the age of Louis XIV, or French Literature 1687-1715*, Cambridge University Press, 1929.

Edmond Lacoste, *Bayle nouvelliste et critique littéraire*, 1929.

Howard Robinson, *Bayle the Sceptic*, New York University Press, 1931.

Émile Henriot, *XVIIe siècle*, 1933.

L. P. Courtines, *Some Notes on the dissemination of Bayle's Thought in Europe* (*Revue de Littérature comparée*, 1937).

Id., *Bayle's Relations with England and the English*, New York, Columbia University Press, 1938.

【ベールにかんするその後の主な研究は, Ruth Elizabeth Cowdrick, *The early reading of Pierre Bayle*, 1939.——Marcel Raymond, ed, *Pierre Bayle. Choix de textes et introduction*, 1948.—— E. A. Beller and M. du P. Lee junior, *Selections from Bayle's Dictionary*, 1952. —— P. J. S. Whitmore, *The use of English thought and history in the works of Pierre Bayle, with special reference to the 《Dictionnaire》*, 1952.——B. J. Orton, *Pierre Bayle et le mouvement des idées dans la presse périodique à la fin du dix-septième siècle*, 1953. ——Paul André, *La Jeunesse de Bayle*, 1953.——E. Beyreuther, *Zinzendorf und Pierre Bayle*, 1955.——Gian Piero Brega, *Pensieri sulla cometa e Dizionario storico e critico di Pierre Bayle*, 1957.——Kenneth R. Scholberg, *Pierre Bayle and Spain*, 1958. ——Paul Dibon, ed, *Pierre Bayle, le philosophe de Rotterdam*, 1959.——Phillip Daniel Cummins, *Pierre Bayle's critique of matter and its impact on modern philosophy*, 1961.——Élisabeth Labrousse, *Pierre Bayle*, t. I : *Du pays de Foix*

à la cité d'Erasme, 1963 ; t. II :*Hétérodoxie et rigorisme*, 1964. ——Bruna Talluri, *Pierre Bayle*, 1964.——Élisabeth Labrousse, *Pierre Bayle et l'instrument critique*, 1965. ——Walter Rex, *Essays on Pierre Bayle and religious controversy*, 1965.——Leif Nedergaard-Hansen, *Bayle's og Leibniz' drøftelse af Théodicé-Problemet*, 1965.——Herbert Schlossberg, *Pierre Bayle and the politics of the Huguenot diaspora*, 1965. ——Richard H. Popkin, ed, *Pierre Bayle. Historical and critical Dictionary, Selections*, 1965. ——Karl C. Sandberg, *At the crossroads of faith and reason. An Essay on Pierre Bayle*, 1966. ——R. M. E. De Rycke, *The Preoccupations of Pierre Bayle in the《Dictionnaire historique et critique》*, 1966.——Craig B. Brush, *Montaigne and Bayle*, 1966. ——*Religion, érudition et critique à la fin du XVIIe siècle et au début du XVIIIe*, 1968.——Gianfranco Cantelli, *Teologia e ateismo. Saggio sul pensiero filosofico e religioso di Pierre Bayle*, 1969.——Pierre Rétat, *Le Dictionnaire de Bayle et la lutte philosophique au XVIIIe siècle*, 1971.——Alain Niderst, ed, *Pierre Bayle. Œuvres diverses*, 1971.——Jacques Solé, *Bayle polémiste*, 1972.】

ベールがヨーロッパにあたえた影響については，F. A. ランゲ(31)や J. M. ロバートソン(32)の概説に，「『辞典』は18世紀前半の最大の作品だったのかもしれない．個人の蔵書500例のカタログ中，いちばん頻繁に出会う（288回）のはこの作品である」という Daniel Mornet, *La pensée française au dix-huitième siècle*, 1926 の証言や，Henry E. Haxo, *Pierre Bayle et Voltaire avant les Lettres philosophiques* (*Publications of the Modern Language Association of America*, June 1931) の証言をつけ加えることができる．

【R. Eucken, *Bayle und Kant, eine studie* (*Beiträge zur Einführung in die Geschichte der Philosophie*, 1906). ——Eriôh Lichtenstein, *Die literarischen Anmerkungen Gottscheds zu Bayles《Dictionnaire》*, 1915. ——C. J. Wijnaendts Francken, *Bayle en Voltaire als mensch en als schrijver*, 1933.——C. N. Staubach, *The Influence of Pierre Bayle on Feijoo* (*Hispania*, 22, 1939).——J. Ray, *Du《Dictionnaire》de Bayle aux《Lettres persanes》*(*Revue philosophique*, 135, 1945).——P. Courtines, *Bayle, Hume and Berkeley* (*Revue de Littérature comparée*, 21, 1947).——M. Bell, *Pierre Bayle and《Moby Dick》*(*Publications of the Modern language Association of America*, sept. 1951).——Id., *Melville and Hawthorne at the grave of St John, a debt to Pierre Bayle* (*Modern language notes*, 67, 1952). ——V. E. Hanzeli, *Pierre Bayle et la Hongrie* (*French Review*, 27, 1954). ——Antonio Casiglio, *Bayle e Collier* (*Sophia*, 1957).——C. Louise Thijssen-Schouten, *La Diffusion européenne des idées de Bayle* (P. Dibon, ed, *Pierre Bayle, le philosophe de Rotterdam*, 1959).——R. Shackleton, *Bayle and Montesquieu* (*Ibid.*, 1959).—— H. T. Mason, *Pierre Bayle and Voltaire*, 1963.】

第2部　伝統的な信仰を倒せ

第1章　理 性 派

150ページ　理性とやら名乗る見たこともなき女めが……

Requeste des Maîtres es Arts, professeurs et Régens de l'Université de Paris, présentée à la cour souveraine de Parnasse 〔par François Bernier〕*: ensemble l'arrest intervenu sur ladite requeste contre tous ceux qui prétendent faire, enseigner, ou croire de nouvelles découvertes qui ne soient pas dans Aristote* 〔par N. Boileau Despréaux〕, A Delphe, par la Société des imprimeurs ordinaires de la cour du Parnasse, 1671.

ここで私が用いる表現は Locke, *Essay concerning human understanding*, 1690（コストによる仏訳，1700年），第4巻第17章から引いたものである．すなわち，「リーズン（reason）という語は〔英語では〕(33) 色々な意義を持っている．或る時はそれは真にして明晰な諸原理と考えられる．或る時はこれらの原理からの明晰にして公正な推理と考えられる．また或る時は原因，ことに目的因と考えられる．しかしながら，私はここでは，それらのすべてと違った意義においてそれを考察する．すなわち人間の或る能力，すなわちそれによって人間が動物と区別せられると考えられ，またそれにおいては人間は明らかにはるかに動物にまさっている能力を表示するものとして考えよう」〔邦訳，ロック『人間悟性論』，岩波文庫，下巻198ページ，加藤卯一郎訳〕.

【I. Simon, *〈Pride of reason〉in the Restoration and earlier Eighteenth Century*, 1959. —— Herbert Dieckmann, *Reflexionen über den Begriff《Raison》in der Aufklärung und bei Pierre Bayle* (*Ideen und Formen*, 1965). —— Leonard M. Marsak, *The Idea of reason in Seventeenth-Century France: an essay of interpretation* (*Cahiers d'histoire mondiale*, 3, 1968).】

151ページ　自由思想家

イギリスの自由思想については，Clara Marburg, *Sir William Temple, a seventeenth Century《libertin》*, New Haven, Yale University Press, 1932.

【Thomas Franklin Mayo, *Epicurus in England (1650-1725)*, 1934. —— G. R. Cragg, *From Puritanism to the Age of Reason*, 1950. —— F. L. Baumer, *Religion and the rise of scepticism*, 1960. ——G. R. Cragg, *Reason and authority in the Eighteenth Century*, 1964. —— Henry G. Van Leeuwen, *The Problem of certainty in English thought, 1630-1690*, 1963. ——D. Foxon, *Libertine literature in England, 1660-1745*, 1963. テンプルについては，ほかに T. P. Courtenay, *Memoirs of the life, works and correspondence of Temple*, 1836. ——C. Hirschberg, *Temples Antheil an der Gründung der Tripleallianz*, 1875. ——E. Emerton, *Temple und die Tripleallianz vom Jahre 1688*, 1877. ——F. I. Herriot, *Temple on the origin and nature of government*, 1893. ——M. L. R. Beaven, *Sir William Temple*, 1908. ——E. S. Lyttel, *Sir William Temple*,

1908.——H. E. Woodbridge, *Temple : the man and his work*, 1940.——R. C. Steensma, *The Influence of Sir William Temple on the mind and art of Jonathan Swift*, 1962.——Pierre Marambaud, *Sir William Temple, sa vie, son œuvre*, 1968. イタリアの自由思想については, G. Spini, *Ricerca dei libertini. La Teoria dell'impostura delle religioni nel Seicento italiano*, 1950. —— V. De Caprariis, *Libertinage e libertinismo* (*Lett. mod.*, 2, 1951).——Mario Saccenti, *Seicento e libertini* (*Mulino*, 3, 1954). —— Benito Rateni, *Luci ed ombre del naturalismo libertino* (*Mulino*, 40, 1955).——A. Prandi, *Religiosità e cultura nel'700 italiano* (parte I : *I predicatori del secolo XVIII e gli 《spiriti forti》*), 1967.——A. Moscata, *Il libertinismo* (*Grande antologia filosofica. Il pensiero moderno* 〔*secoli XVII-XVIII*〕, 1968).】

フランスの自由思想について——その起源と性格にかんする諸問題はHenri Busson, *La pensée religieuse française de Charron à Pascal*, 1933 で明確にされ, 多くの点で一新された.

【フランス自由思想にかんする一般的な研究としては, その後, Antoine Adam, *Théophile de Viau et la libre pensée française en 1620*, 1935.—— René Pintard, *Le Libertinage érudit dans la première moitié du XVIIe siècle*, 1943. —— Id., *La Mothe le Vayer-Gassendi-Guy Patin*, 1943.——U. Kenneth, *A Century for freedom*, 1946.——Henri Busson, *La Religion des classiques* (*1660-1685*), 1948.——J. M. Richards, *Libertinage in France* (*1660-1685*), 1953.——J. S. Spink, *French free-thought from Gassendi to Voltaire*, 1960. —— Richard H. Popkin, *The History of scepticism from Erasmus to Descartes*, 1960. —— *Les Libertins au XVIIe siècle*, textes choisis et présentés par Antoine Adam, 1964 が出ている.】

François Bernier, *Abrégé de la philosophie de M. Gassendi*, 1674, 1675, 1678, 1684.——Seconde Partie, 1675.——*Doutes de M. Bernier sur quelques-uns des principaux chapitres de son abrégé de la philosophie de M. Gassendi*, 1682.—— *Traité du libre et du volontaire*, Amsterdam, 1685.—— *Three Discourses of Happiness, Virtue, and Liberty. Collected from the works of Gassendi*, by Monsieur Bernier. Translated out of French, London, 1699.

【なお, ガサンディにかんする主な研究は, L. Mandon, *Etude sur le Syntagma philosophicum de Gassendi*, 1856. —— P.-Félix Thomas, *La Philosophie de Gassendi*, 1899.——H. Berr, *An jure inter scepticos Gassendus numeratus fuerit*, 1898.——Paul Pendzig, *Pierre Gassendis Metaphysik und ihr Verhältniss zur scholastischen Philosophie*, 1908.——A. Pfeifer, *Die Ethik des Pierre Gassendis dargestellt und nach ihrer Abhängigkeit von dem Epikreismus untersucht*, 1908.——Louis Andrieux, *Pierre Gassendi, prévôt de l'église de Digne*, 1927.——Pierre Humbert, *L'Œuvre astronomique de Gassendi*, 1936. ——G. Hess, *Pierre Gassendi. Der französische Späthumanismus und das Problem von Wissen und Glauben*, 1939.——Bernard Rochot, *Les Travaux de Gassendi*

sur Épicure et sur l'atomisme, 1944. ——*Pierre Gassendi, sa vie et son œuvre, 1592-1655*, 1955.—— *Tricentenaire de Pierre Gassendi, 1655-1955*, 1957. ——H. Berr, *Du scepticisme de Gassendi*, 1960.——T. Gregory, *Scetticismo ed empirismo. Studio su Gassendi*, 1961.——Olivier René Bloch, *La Philosophie de Gassendi, nominalisme, matérialisme et métaphysique*, 1971. また，ガサンディの著作の現代版には以下のものがある．*Dissertations en forme de paradoxes contre les aristotéliciens*（羅仏対訳），1959.—— *Disquisitio metaphysica seu dubitationes et instantiae adversus Renati Cartesii metaphysicam et responsa*（羅仏対訳），1962.——*Lettres familières à François Luillier pendant l'hiver 1632-1633*, 1944.】

ガサンディとベルニエがラ・フォンテーヌにあたえた影響については，*Revue d'histoire de la philosophie et d'histoire générale de la civilisation* の1933年12月15日号，1934年7月15日号，*Revue d'histoire littéraire de la France* の1935年1月，7月，10月号，1936年4月号にのったR．ジャザンスキとH．ビュッソンの諸論文(34)を参照．——同じく，La Fontaine, *Discours à Madame de la Sablière. Commentaire littéraire et philosophique*, par H. Busson et F. Gohin. Société des textes français modernes, 1938 をも参照．

【Henri Busson, *La Religion des classiques (1660-1685)*, 1948.】

ジャン・ドゥエノーその他の自由思想家については，F. Lachèvre, *Disciples et successeurs de Théophile de Viau. Les Œuvres de Jean Dehénault Parisien*, 1922.——Id., *La vie de Jean Dehénault Parisien*, 1922.——Id., *Les derniers libertins*, 1924.

サン＝テヴルモンについては，A. M. Schmidt, *Saint-Évremond ou l'humaniste impur*, 1932.——Emile Henriot, *La conversation du maréchal d'Hocquincourt avec le Père Canaye* (*XVII siècle*, 1933).

【Gustave Merlet, *Saint-Évremond, étude historique, morale et littéraire*, 1870.——M. Léonce Curnier, *Saint-Évremond, sa vie et ses écrits*, 1875.——Jean Macé, *Saint-Évremond*, 1894.——K. Spalatin, *Saint-Évremond*, 1934.——Mario-Paul Lafargue, *Saint-Évremond, ou le Pétrone du XVII*[e] *siècle*, 1945. ——Léon Petit, *La Fontaine et Saint-Évremond, ou la tentation de l'Angleterre*, 1953.——H. T. Barnwell, *Les Idées morales et critiques de Saint-Évremond*, 1957.——Quentin M. Hope, *Saint-Évremond, the《honnête homme》as critic*, 1962.——Paolo Carile, *La《Comédie des académistes》di Saint-Évremond e il contrastato esordio dell' Accademia francese nella satira letteraria del tempo*, 1969. ショーリユについては次の研究がある．Émile Faguet, *Chaulieu et La Fare* (*Revue des Cours et Conférences*, 7, 2, 1899).——F. Schwarzkopf, *Coulanges, Chaulieu und La Fare. Drei Representänten der lyrischen Gesellschaftsdichtung unter Ludwig XIV*, 1908.——E. Rosenblum, *A Seventeenth-Century Epicurian poet : Guillaume Amfrye de Chaulieu*, 1955.—— G. Bouriquet, *L'Abbé de Chaulieu et le libertinage au grand siècle*, 1972.】

160ページ　デカルト思想

最近の研究には次のものがある．

M. Nicholson, *The early stage of Cartesianism in England* (*Studies in philology*, XXVI, 3 juillet 1929).

Louis Berthé de Bésaucèle, *Recherches sur l'influence de la philosophie de Descartes dans l'évolution de la pensée italienne aux dix-septième et dix-huitième siècles*, Paris, 1920.

Guido de Ruggiero, *Storia della filosofia*. Parte quarta, *La filosofia moderna*. I. *L'età cartesiana*, Bari, 1933.――G. de Giuli, *Cartesio*, Firenze, 1933.

Joseph Turoczi Trostler, *Les Cartésiens hongrois* (*Minerva*, 1933). ――*Revue des études hongroises*, Janvier 1934.

【デカルト思想のヨーロッパへの伝播については，そのほか，S. Lamprecht, *The Role of Descartes in XVIIth Century England* (*Studies in the History of Ideas*, 1935).―― P. R. Anderson, *Descartes' influence in 17th-century England* (*Études cartésiennes*, 3, 1937).―― J. Laird, *L'Influence de Descartes sur la philosophie anglaise du XVIIe siècle* (*Descartes, recueil publié à l'occasion du troisième centenaire du《Discours de la Méthode》*, 1937).―― R. Frondizi, *Descartes y la filosofia inglesa del siglo XVII* (*Escritos en honor de Descartes*, 1938).――C. L. Thijssen-Schoute, *Le Cartésianisme néerlandais* (*Proceedings of the Xth international congress of philosophy*, 1949).――A. A. de Andrade, *Descartes em Portugal nos séculos XVII e XVIII* (*Brotéria*, 1950). ――A. Armitage, *René Descartes (1596-1650) and the early Royal Society* (*Notes and records of the Royal Society of London*, 1950).―― A. Bar, *Descartes en Pologne* (*Kwartalnik Filosoficzny*, 1950〔en polonais〕). ――S. Czajkowski, *Descartes et la Pologne* (*Centre polonais de recherches scientifiques de Paris. Bulletin*, N° 6, 1950).―― P. Dibon, *Descartes et ses premiers disciples hollandais* (*Algemeen Nederlands Tijdschrift, voor wijsbegeerte en psychologie*, 1950).―― V. Frankl, *Descartes en Hispano-américa* (*Revista de Las Indias*, 1950).――E. Garin, *Cartesio e l'Italia* (*Giornale critico della filosofia italiana*, 1950).―― E. Lerch, *Descartes und Deutschland* (*Das Buch*, 1950).―― *Descartes et le cartésianisme hollandais*, 1951. ――R. Dugas, *De Descartes à Newton par l'École anglaise*, 1953.―― M. R. Davis, *Descartes and English thought up to the eighteenth century*, 1954. ―― C. L. Thijssen-Schoute, *Nederlands Cartesianisme*, 1954.――Z. Tordai, *Esquisse de l'histoire du cartésianisme en Hongrie* (*Etudes sur Descartes*, 1964). デカルト思想の展開については，Francisque Bouillier, *Histoire de la philosophie cartésienne*, 1868.―― Paul Mouy, *Le Développement de la physique cartésienne*, 1934.―― P. Dibon, *Sur l'histoire de la philosophie cartésienne*, 1955.――Richard A. Watson, *The Downfall of cartesianism, 1673-1712*, 1966.】

デカルトについての考え方の変化を示す1710年付のひとつの証言がある．Tyssot de Patot, *Voyages et Aventures de Jaques Massé* の主人公はメルセンヌ神父と知りあ

いになる（8ページ以下）．

「この人は当時オランダにいたデカルト氏としょっちゅう連絡していたから，私がどんなにむずかしい問いを出しても，遅かれ早かれそれを解明してくれた．この有名な哲学者の6篇の省察を最初に読ませてくれたのもこの人である．神の存在，魂の非物質性，およびそれと身体との実的な区別を論証する方法をまなびたいと思って，私はできるかぎりそれを精読した．しかし，率直に告白するが，私はそれに満足できなかった．理性を導き学問的な真理を求めるためのデカルトの方法や，その屈折光学，気象学，宇宙論，総じて私がそれまでに読んだ彼の著作はみな魅力あふれるものだったが，その形而上学については，もう一度いうが，推論の精緻さ以外なにも頭に残らなかった．そこから私は次のような結論をひきだした．われわれは自分のささやかな精神の手にあまるようなことを絶対にくわだててはならない，もっぱら物体について思索して，その本性，形，数，特性，運動によって起こる変化，さらにそこに見られる・私たちの利用や社会の福祉，知性と人知の向上にもっとも適した事柄を説明するだけに限るべきで，本質的に隠されたもの，永久に信仰と讃嘆の的でしかなさそうなものを，いわば目に見えるように明らかにしようとしたりすべきではないのだ，と……」

164ページ　マールブランシュ

Henri Gouhier, *La philosophie de Malebranche et son expérience religieuse*, 1926.——Id., *Malebranche* (*Les moralistes chrétiens ; textes et commentaires*), 1929.

【マールブランシュにかんするその他の主な研究は，L. Ollé-Laprune, *La Philosophie de Malebranche*, 1870.——Joseph Vidgrain, *Le Christianisme dans la philosophie de Malebranche*, 1923.——Victor Delbos, *Étude de la philosophie de Malebranche*, 1924.——Henri Gouhier, *La Vocation de Malebranche*, 1926.——A. Franchi, *Malebranche*, 1926.——G. Bridet, *La Théorie de la connaissance dans la philosophie de Malebranche*, 1929.——Georg Stieler, *Leibniz und Malebranche und das Theodicee-problem*, 1930.——Lucien Labbas, *L'Idée de science dans Malebranche et son originalité*, 1931.——A. A. Luce, *Berkeley and Malebranche*, 1934.——A. Le Moine, *Des vérités éternelles selon Malebranche*, 1936.——*Malebranche nel terzo centenario della nascita*, 1938.——Martial Guéroult, *Étendue et psychologie chez Malebranche*, 1939.——P. Ducassé, *Malebranche, sa vie et son œuvre*, 1942.——Armand Cuvillier, *Essai sur la mystique de Malebranche*, 1944.——L. Colombo, *Malebranche*, 1945.——Yves de Montcheuil, *Malebranche et le quiétisme*, 1946.——C. Giacon, *La Causalità nel razionalismo moderno*, 1954.——Martial Guéroult, *Malebranche*. t. I : *La Vision en Dieu*, 1955 ; t. II : *Les cinq abîmes de la providence*, 1. *L'Ordre et l'occasionalisme*, 1959 ; t. III: *Les cinq abîmes de la providence*, 2. *La Nature et la grâce*, 1959.——A. Robinet, *Malebranche et Leibniz, relations personnelles*, 1955.——P. Blanchard, *L'Attention à Dieu selon Malebranche*, 1956.——Ginette Dreyfus, *La Volonté selon Malebranche*, 1958.——G. Sebba, *Nicolas Malebranche, 1638-1715. A Preliminary Bibliography*, 1959.——R. Crippa, *Studi sulla coscienza etica e religiosa del Seicento. Il Teocen-*

trismo di Malebranche, 1960.——E. J. Kremer, *Malebranche and Arnauld : the controversy over the nature of ideas*, 1961. ——Geneviève Rodis-Lewis, *Nicolas Malebranche*, 1963.——S. Banchetti, *Il Pensiero e l'opera di Nicolas Malebranche*, 1963.——Beatrice K. Rome, *The Philosophy of Malebranche. A Study of his integration of faith, reason and experimental observation*, 1963. ——S. Nicolosi, *Causalità divina e libertà umana nel pensiero di Malebranche*, 1964.——A. Robinet, *Système et existence dans l'œuvre de Malebranche*, 1965. ——L. Verga, *La Filosofia morale di Malebranche*, 1965. ——D. A. Lorio, *The Notion of intelligible extension in Nicolas Malebranche*, 1966.——A. Elungu, *Étendue et connaissance dans la philosophie de Malebranche*, 1966. ——M. Lacombe, *La Volonté et l'entendement selon Malebranche et l'influence augustinienne*, 1966.——D. Connell, *The Vision in God. Malebranche's scholastic sources*, 1967.——A. Tilman-Timon, *Malebranche ou la prière cartésienne*, 1967.——*Malebranche. L'homme et l'œuvre*, 1967.——*Malebranche vivant. Documents biographiques et bibliographiques recueillis et présentés par André Robinet*, 1967.——M. Adam, *Malebranche et le problème moral*, 1967. ——A. Robinet, ed, *Bibliographie malebranchiste* (t. XX des《*Œuvres complètes de Malebranche*》, 1967).——Martial Guéroult, *Études sur Descartes, Malebranche et Leibniz*, 1968.——L. Wisselmann, *La raison et la foi selon Malebranche*, 1968.——C. J. McCracken, *The Reception of Malebranche's philosophy in Britain*, 1969.——Ralph W. Church, *Study in the philosophy of Malebranche*, 1970.——*Antropologia e teodicea di Malebranche, memoria di Amalia de Maria*, 1970. ——A. Robinet, *Malebranche et l'Académie des Sciences*, 1970. ——Craig Walton, *De la recherche du bien. A study of Malebranche's science of ethics*, 1972.】

マールブランシュにたいする攻撃については, Emmy Allard, *Die Angriffe gegen Descartes und Malebranche im Journal de Trévoux, 1701-1715* (*Abhandlung zur Philosophie und ihrer Geschichte*, Heft 43), 1914. 同時代人がスピノザとマールブランシュをおのずから関係づけていたことについては, 前出の Léon Brunschvicg, *Spinoza et ses contemporains*, p. 338, および E. Bréhier, *Histoire de la philosophie*, II, 1, p. 223 に面白い証言がある.

169ページ　スピノザ

私の記述はとりわけ次の研究に負っている. Victor Delbos, *Le problème moral dans la philosophie de Spinoza*, 1893.——Id., *Le Spinozisme*, 1926. ——Léon Brunschvicg, *Spinoza et ses contemporains*, 1923.——Id., *Le progrès de la conscience dans la philosophie occidentale*, 1927.——Gustave Cohen, *Le séjour de Saint-Évremond en Hollande et l'entrée de Spinoza dans le champ de la pensée française* (*Revue de Littérature comparée*, 1925 et 1926). この研究は, 1925年10月10日に精神科学アカデミーで行なわれたスピノザとフランスの自由思想家との関係についての報告, および1926年12月 5 日に近代史学会で行なわれた同じテーマについての報告によって明確化された.

綜合的なスピノザ研究には Stanislas Graf von Dunin-Borkowski, S. J., *Spinoza*, 1933-1936, 4 vol. がある.

【スピノザの哲学にかんするその後の主な研究は, P. Siwek, *L'Ame et le corps d'après Spinoza*, 1930. ——C. Gebhardt, *Spinoza*, 1932. ——D. Baumgardt, *Spinoza und Mendelssohn*, 1932. —— A. M. Vaz Dias, W. G. van der Tak, *Spinoza*, 1932.——P. Lachièze-Rey, *Les Origines cartésiennes du Dieu de Spinoza*, 1932.——C. Brunner, *Spinoza contre Kant*, 1933. ——Ida Somma, *Il Problema della libertà e del male in Spinoza e Leibniz*, 1933.——C. Mazzantini, *Spinoza e il teismo tradizionale*, 1933.——H. A. Wolfson, *The Philosophy of Spinoza*, 1934.——A. Gemelli, ed, *Spinoza nel terzo centenario della sua nascita*, 1934.——P. Vulliaud, *Spinoza d'après les livres de sa bibliothèque*, 1934.——L. Biagini, *L'Ascetismo di Spinoza*, 1935. ——Madeleine Francès, *Spinoza dans les pays néerlandais de la seconde moitié du XVIIe siècle*, 1937. ——P. Siwek, *Spinoza et le panthéisme religieux*, 1937.——E. G. Kolbenheyer, *Amor Dei*, 1937. —— S. Casellato, *La Dottrina del tempo in Spinoza e Aristotele*, 1937.——E. Chartier, *Spinoza*, 1938. ——A. Shanks, *Introduction to Spinoza's Ethics*, 1938.——E. E. Powell, *Spinoza and religion*, 1941. —— Leon Dujoune, *Spinoza. Su vida, su época, su obra, su influencia*, 1941-1945. ——André Cresson, *Spinoza. Sa vie, son œuvre avec un exposé de sa philosophie*, 1943.——Rudolf Kayser, *Spinoza. Portrait of a spiritual hero*, 1946.—— A. Darbon, *Études spinozistes*, 1946.——Georges Friedmann, *Leibniz et Spinoza*, 1946.——T. Moretti Constanzi, *Spinoza*, 1946. ——D. Runes, *Spinoza Dictionary*, 1951.——Stuart Hampshire, *Spinoza*, 1951. ——R. L. Saw, *The Vindication of metaphysics. A Study in the philosophy of Spinoza*, 1951. —— Leo Strauss, *Persecution and the art of writing*, 1952.——P. Siwek, *Au cœur du spinozisme*, 1952. —— George L. Kline, ed, *Spinoza in Soviet philosophy*, 1952.——G. Semerari, *I Problemi del spinozismo*, 1952.——George H. Parkinson, *Spinoza's theory of Knowledge*, 1954. ——Leon Ruth, *Spinoza*, 1954. —— L. Texeira, *A doctrina dos modos de percepção e o conceito de abstração na filosofia de Espinosa*, 1954. ——Jean Toussaint Desanti, *Introduction à l'histoire de la philosophie*, 1956.——H. F. Hallett, *Benedict de Spinoza. The Elements of his philosophy*, 1957.——Celestine J. Sullivan, *Critical and historical reflections on Spinoza's Ethics*, 1958.——A. Ravà, *Studi su Spinoza e Fichte*, 1958.——Sylvain Zac, *La Morale de Spinoza*, 1959. ——I. S. Revah, *Spinoza et Juan de Prado*, 1960. ——Herbert Lindner, *Das Problem des Spinozismus im Schaffen Gœthes und Herders*, 1960.——P. Di Vona, *Studi sull' ontologia di Spinoza*, 1960. ——H. F. Hallett, *Creation, emanation and salvation. A Spinozist Study*, 1962.——Sylvain Zac, *L'Idée de vie dans la philosophie de Spinoza*, 1963.——A. Deregibus, *La Filosofia etico-politica di Spinoza*, 1963. ——Adolf S. Oko, ed, *The Spinoza Bibliography*, 1964.——Harold H. Joachim, *Study of the Ethics of Spinoza*, 1964. ——Hubertus B. Hubbeling, *Spinoza's*

methodology, 1964.——R. Misrahi, *Spinoza*, 1964. ——R. Crippa, *Le Passioni in Spinoza*, 1965. ——Wolfgang Cramer, *Spinozas Philosophie des Absoluten*, 1966.——C. De Deugd, *Significance of Spinoza's first kind of knowledge*, 1966. —— Jean Préposiet, *Spinoza et la liberté des hommes*, 1967.——Jon Wetlesen, *Spinoza Bibliography*, 1968.——C. Gallicet Calvetti, *Spinoza. I presupposti teoretici dell' irenismo etico*, 1968. ——E. de Angelis, ed, *Schriften zur Philosophie Spinozas*, 1968.——M. Guéroult, *Spinoza*, 1968.——G. Deleuze, *L'Idée d'expression dans la philosophie de Spinoza*, 1968.——B. Rousset, *La Perspective finale de l'《Éthique》 et le problème de la cohérence du spinozisme*, 1968. —— Abraham Wolfson, *Spinoza. A Life of reason*, 1969.——Id., *Oldest biography of Spinoza*, 1970.——Dan Levin, *Sbinoza. The young thinker who destroyed the past*, 1970. —— Emilia G. Boscherini, *Lexicon Spinozanum*, 1970. —— G. Deleuze, *Spinoza*, 1970.——M. Walther, *Metaphysik als Anti-Theologie*, 1971.】

Jean de Warnant, *Spincza et la France* (*Revue franco-belge*, oct. 1932) はこの時期をあつかっていない.

【スピノザとフランス思想の関係については，その後，Paul Vernière, *Spinoza et la pensée française avant la Révolution*, 1954 が出た．イタリアとの関係については，E. Boscherini Giancotti, *Nota sulla diffusione della filosofia di Spinoza in Italia* (*Giornale critico della filosofia italiana*, 1963)．ドイツとの関係については，D. Baumgardt, *Spinoza und Mendelssohn* 1932. —— H. Holters, *Des spinozistische Gottesbegriff bei M. Mendelssohn und F. H. Jacobi*, 1938.—— F. Chiereghin, *L'Influenza dello spinozismo nella formazione della filosofia hegeliana*, 1961 がある.】

170ページ　スピノザのヘブライズム

最近の問題状況は，I. Sonne, *L'ebraïsmo di Spinoza* (*La Nuova Italia*, IV, N° 7, 20 juillet 1933) にのべられている.

【スピノザの宗教思想にかんする主な研究は以下のとおり．C. Siegfried, *Spinoza als Kritiker und Ausleger des Alten Testaments*, 1867. —— Kriuzinga-Homan, *Christus of Spinoza? Godsdienst of geen Godsdienst*, 1868. ——G. Liebrich, *Examen critique du Traité théologico-politique de Spinoza*, 1869. ——P. Relay, *Jesus Christus und B. Spinoza im Zweigespräch*, 1893. ——O. Biedermann, *Die Methode der Auslegung und Kritik der biblischen Schriften in Spinozas theologisch-politischen Traktat im Zusammenhang mit seiner Ethik*, 1903.——H. Bonifas, *Les Idées bibliques de Spinoza*, 1904. ——E. Powell, *Spinoza and Religion*, 1906.——W. Pruemers, *Spinozas Religionsbegriff*, 1906. ——G. Bohrmann, *Spinozas Stellung zur Religion*, 1914.——L. Strauss, *Die Religionskritik Spinozas als Grundlage seiner Bibelwissenschaft*, 1930. ——C. Gebhardt, *Spinozas Religion*, 1932.——H. H. Joachim, *Spinoza's Tractatus.... A Commentary*, 1940. ——G. Nardo, *Spinoza. Il pensiero politico e religioso in rapporto con Hobbes*, 1947.——Y. Luojola, *Die philosophische Grundlage des theologischen Denkens B. Spinozas*, 1951. ——Sylvain Zac, *Spinoza et l'interprétation de*

l'Écriture, 1965.——André Malet, *Le Traité théologico-politique de Spinoza et la pensée biblique*, 1966.——A. Matheron, *Le Christ et le salut des ignorants chez Spinoza*, 1971.——G. Brykamen, *La Judéité de Spinoza*, 1972.】

174ページ　パスカル的護教論の一時消滅

Fortunat Strowski, *La vie et l'influence du livre des Pensées* (*Les Pensées de Pascal. Étude et analyse*, 1930).

174ページ　スピノザ思想への無理解

John Evelyn, *The History of religion* (1670—1680年頃執筆), ロンドン版(1850年)序文27ページにはこうある.「そのころ私は, 批判攻撃の的となっているかの極悪の書『神学・政治論』*Tractatus theologico-politicus* をみつけて喜んだ. これはたしかに, いかなる宗教感覚からもはるかに遠い所にいる一著作家のもので, 聖なる真理を求める人にはひどい障害になるものだった.」Michel Levassor, *De la véritable religion*, 1688の序文には,「スピノザは無神論と無信仰をうちたてる方法を考えすぎたために, 体をこわしてしまった. この稀に見る鋭敏な天才は結局何をみつけたか. 全くわけのわからぬ形而上学である……」

Pierre Jurieu, *Le philosophe de Rotterdam accusé, atteint, et convaincu*, 1706の137ページには,「スピノザはその途方もない原理と難解な文体によって, もっぱら読者に嫌気を起こさせるためにものを書いたように見える.」

Thémyseul de St-Hyacinthe, *Déification de l'incomparable docteur Aristarchus Masso* (t. II du *Chef-d'œuvre d'un inconnu*, 6e éd., La Haye, 1732) の425ページには,「スピノザ……才のない男……クセノファネスから2000年以上もたってから, スピノザはこの自称哲学者の体系を再興しようとした. これは, わけのわからない矛盾の集積を土台とした法外な体系である.」

Le P. Buffier, *Éléments de métaphysique à la portée de tout le monde*, 1725の119ページには,「スピノザのような一部の狂った頭脳の妄想……」

Massillon, *Sermon pour le Mardi de la quatrième semaine de Carême. Des Doutes sur la religion* (*Sermons*, Paris, 1747, t. III) の247ページには,「いろいろな宗教を信奉したのち, 結局なんの宗教も信じなくなったスピノザというあの怪物は……背神のあの不可解な渾沌を, 混乱と暗黒のあの作品をつくりました. そこでは, 神を信じまいとする欲望がなければ読む者の退屈と不快は耐えられず, 背神のほかにはすべてが理解不可能なのです……」

【ビュフィエについては次の研究がある. Frances K. Montgomery, *La Vie et l'œuvre du P. Buffier*, 1930.——Juan A. Ventosa Aguilar, *El sentido común en las obras filosoficas del P. Claude Buffier*, 1957.——Kathleen Sonia Wilkins, *A study of the works of Claude Buffier* (*Studies on Voltaire and the 18th Century*, vol. 66, 1969). マシヨンについては, A. Bayle, *Masillon. Étude historique et littéraire*, 1867.——E.-A. Blampignon, *Massillon, d'après des documents inédits*, 1879.——A. Laurent, *Massillon, esquisse biographique*, 1881.——Bonnet Attaix, *Étude sur Massillon*, 1882.——G. Chabert, *Théologie pastorale de Massillon, d'après ses conférences*, 1890. ——P. Sanvert, *Masillon*, 1891.——E. Chazel, *La Prédication de Massillon, étude religieuse et homilétique*, 1894.

——L. Pauthe, *Massillon, sa prédication sous Louis XIV et Louis XV,* 1908. ——J. Champomier, *Massillon,* 1942. ——A. Chérel, *Massillon,* 1943. —— L.-E. Marcel, *A la découverte de la grande et pure gloire d'Hyères. J.-B. Massillon,* 1963. ——André Monglond, *Masillon ou les origines du romantisme chrétien* (*Pèlerinages romantiques,* 1968).】

175ページ　いくつかの反駁書

〔An.〕, *Miracles Works above and contrary to Nature. An answer to a late translation out of Spinoza, Hobbes, entitled: Miracles no Violation of the laws of Nature,* London, 1683.

Jacques Abbadie, *Traité de la Vérité de la religion chrétienne,* Rotterdam et Londres, 1684 (Tome I, troisième section, chap. 7 et 8 ; Ibid., chap. 17).

Aubert de Versé, *L'Impie convaincu, ou dissertation contre Spinoza, dans laquelle on réfute les fondements de son athéisme,* 1684.

〔Le P. Lamy〕, *Le nouvel athéisme renversé, ou réfutation du système de Spinoza, tirée pour la plupart de la connaissance de la nature de l'homme. Par un religieux Bénédictin de la Congrégation de Saint-Maur,* 1696.

Isaac Jaquelot, *Dissertation sur l'existence de Dieu ; où l'on démontre cette vérité par l'histoire universelle de la première antiquité du monde ; par la réfutation du système d'Épicure et de Spinoza...,* La Haye, 1697.

Samuel Clarke, *A demonstration of the Being and Attributes of God, more particularly in answer to M. Hobbes, Spinoza, and their followers...,* London, 1706.

Rev. George Hickes(35), *Spinoza revived, or a Treatise proving the book entitled The rights of the Christian Church, etc., in the most notorious part of it to be the same with Spinoza's Rights of the Christian Clergy, etc., and that both of them are grounded upon downright Atheism...,* London, 1709.

Le P. Tournemine, *Réflexions du P. Tournemine, Jésuite, sur l'athéisme, sur la démonstration de Mgr. de Cambrai, et sur le système de Spinoza...* 〔Fénelon, *Démonstration de l'existence de Dieu,* 1713年版への序文〕.

【オーベール・ド・ヴェルセについては，次の研究がある. A. Paul, *Aubert de Versé* (*Revue chrétienne,* 1, 1912). ——E. R. Briggs, *A wandering Huguenot scholar: Noël Aubert de Versé* (*Proceedings of the Huguenot Society of London,* 1970 for 1969). フランソワ・ラミについては，A. Pizzorusso, *Arte retorica e《conoscenza di sé》nel pensiero di François Lamy* (*Annali della Scuola normale superiore di Pisa,* 1965). ジャクロについては，E. Brun, *Essai sur Jaquelot considéré comme prédicateur et comme théologien,* 1862. クラークについては，J. E. Rossignol, *The ethical philosophy of Samuel Clarke,* 1892. ——G. von Leroy, *Die philosophischen Probleme in dem Briefwechsel Leibniz und Clarke,* 1893. ——E. Albee, *Clarke's ethical philosophy* (*Philosophical Review,* 37, 1928). ——E. Garin, *Samuel Clarke e il razionalismo inglese del secolo XVIII* (*Sophia,* 1934). —— Id., *L'Illuminismo inglese. I moralisti,* 1941.】

175ページ　スピノザとデカルト派

デカルト思想とスピノザ思想の関係についての研究目録は，P. Lachièze-Rey, *Les Origines cartésiennes du Dieu de Spinoza*, 1932 にある．

Balthasar Bekker, *De betoverde Weereld*, 1691（仏訳 *Le Monde enchanté*, 1694）の序文にはこうある．「少なくとも私は，理性の使用にかんするデカルトの原理を全面的にしりぞける人たちを満足させるようなものが，ここに見いだされると思う．……したがって私は，神と自然をいっしょくたにするスピノザの法外な誤りを強力に論駁しているのである……」

Jean Le Clerc, *Bibliothèque choisie*, 1705, t. V, article II には，「奇蹟とは自然が生んだ異常な結果にすぎず，もしも自然の力をこえる何かが起こるとしたら，それは神が存在するというわれわれの信念を強めるよりむしろ弱めることになるだろう，と『神学・政治論』の著者が主張していることは私も知っている．しかし，こんな考えは全く空疎で不条理だから，相手にするほどの価値はない」〔111ページ〕．また Id., *ibid.*, 1710, t. XXI には，George Hickes, *Spinoza revived*..., London, 1709 に関連して，「スピノザの体系ほど私が軽蔑するものはない……」というはっきりした発言が見られる．すなわち，

「私を知っている人，あるいは私の哲学書なり神学書なりを読んだことのある人は，みな，私の考え方ほどスピノザ主義と対立するものはなく，スピノザの体系ほど私が軽蔑するものはないことを知っている．神と被造物の自由を主張する者，徳と悪徳についての正しい観念をうちたて，褒賞と刑罰を正当ならしめるために，キリスト教徒の中でもほとんどただひとり，無差別的自由と通常名づけられるものを認めるべきだと力説する者は，スピノザの思想からあまりにもへだたっており，彼らが万物の宿命的な必然性をとなえるなどといって非難するのは，よほどの愚か者に相違ない．」

Id., *Ibid.*, 1713, t. XXVI は Samuel Clarke, *A Demonstration of the Being and Attributes of God*, 第2版，1706年に関連して，「現代のもっとも有名な無神論者スピノザ……」と言っている．

176ページ　反駁兼紹介

たとえば，*Korte, dog waarachtige Levens-Beschryving van Benedictus de Spinoza, Uit Authentique Stukken en mondeling getuigens van nog levende Personen, opgestelt. Door Johannes Colerus, Hoogduitsch Predicant der Luthersche ins'Gravenhage.'t Amsterdam by J. Lindenberg, in de Kalverstraat, by de kapel*, 1705（仏訳 *La vérité de la résurrection de Jésus-Christ défendue contre Benoît de Spinoza, et ses sectateurs ; avec la vie de ce fameux philosophe, tirée tant de ses propres écrits que de la bouche de plusieurs personnes dignes de foi qui l'ont connu, par Jean Colerus, ministre de l'église luthérienne de La Haye*, La Haye, 1706）．

Réfutation des erreurs de Benoît de Spinoza, par M. de Fénelon, archevêque de Cambrai ; par le P. Lamy, Bénédictin ; et par M. le Comte De Boulainvilliers ..., Bruxelles, 1731. ——Spinoza, *Éthique*. Traduction inédite du Comte Henri de Boulainvilliers, avec une Introduction et des notes par F. Colonna d'Istria, 1907 を参照．

176ページ 『神学・政治論』の作用

アルノー全集の第10巻15—16ページを見ると，ヨーロッパのカトリック界が『神学・政治論』反駁をいかに重視していたかがわかる．また，この作品を反駁するための一論文——やがて行方不明になったが——をものしたアルノーが，スピノザのほかの著作については反駁はおろか読むのさえ拒否したということも．

『神学・政治論』が刊行早々オランダではげしい論戦をひき起こしたこと，また1678年に三つの違った標題(36)をつけて仏訳されたことは知られている．1683年には奇蹟にかんする部分だけが英訳され，1689年には全訳が *A treatise partly theological and partly political, translated out of Latin* という題で出た．——オランダ語訳は1694年．——ドイツについては L. Baek, *Spinozas erste Einwirkung in Deutschland*, 1895 を参照．

176ページ スピノザにかんする矛盾した証言

Pierre Jurieu, *L'esprit de M. Arnauld*, I, p. 158. ——デュボス師からピエール・ベールへの手紙，1697年3月1日付（Émile Gigas, *Choix de la correspondance inédite de Pierre Bayle, 1670-1706*, 1890,〔p. 293〕）．

Fénelon, *Lettre sur l'existence de Dieu, sur le culte digne de lui, et sur la véritable Église* (*Lettres sur divers sujets concernant la Religion et la Métaphysique*, Paris, 1718).

Le P. Lamy, *Le nouvel athéisme renversé...*, Paris, 1696, Avertissement.——Pierre Bayle, *Dictionnaire historique et critique*, article 〈Spinoza〉.

D'Argens, *Lettres chinoises*, 1739-1740 の第14書簡にはこうある．「(宣教師たちは) あのスピノザのことも，ましてやフランス，ドイツ，イギリス，オランダ，とくにイタリアにいる多くのスピノザ派のことも，私たちにしゃべるのを遠慮していました……」〔1751年版，第1巻116—117ページ〕．

Abbé Prévost, *Mémoires et aventures d'un homme de qualité* (1.XIII) の主人公は，摂政殿下が愛好される哲学者の中にスピノザがはいっているのを見る．「風変りな作品，つまりスピノザ，ホッブズ，ヴァニーニ，カルダーノ，トーランド，パラケルススなどのものが別にまとめてあり，その中に摂政殿下がご自分で書かれた厚いノートがあって，これらの著作家の学説の内でいちばん面白いものが要約してあるのだった……」〔*Œuvres choisies de l'abbé Prévost*, 1783-85, t. 3, p. 11〕．

177ページ パッセラーノ伯爵アルベルト・ラディカティ

イタリア人で1726年以後のイギリスを舞台に知的活動を展開したパッセラーノ伯爵アルベルト・ラディカティは，その情報も思想自体も18世紀以前の産物によってつちかわれた18世紀作家の一人だった．この人は，*Recueil de pièces curieuses sur les matières les plus intéressantes, par Albert Radicati, comte de Passerano*, Rotterdam, 1736 に再録された *Douze discours moraux, historiques et politiques*, 1728の第11論文でスピノザの『神学・政治論』を引いている．—— Alberto Alberti, *Alberto Radicati di Passerano*, Torino, 1931 を参照．

【ラディカティについては次の研究がある．G. Spini, *Dai libertini agli illuministi* (*Rass. stor. del Risorg.*, 1954).——F. Venturi, *Saggi sull' Europa illuminista. I: Alberto Radicati di Passerano*, 1954.】

177ページ　ジョン・トーランド

文献目録と学説の紹介は Albert Lantoine, *Un précurseur de la franc-maçonnerie, John Toland (1670-1722). Suivi de la traduction française du Pantheisticon, de John Toland*, 1927 にある.

「汎神論者（パンテイスト）」という言葉について. *Pantheisticon; sive formula celebrandae sodalitatis socraticae*, in tres particulas divisa ; quae Pantheistarum, sive Sodalium continent: I. Mores et axiomata. II. Numen et philosophiam. III. Libertatem, et non fallentem legem neque fallendam. Praemittitur de antiquis et novis eruditorum sodalitatibus, ut et de Universo infinito et aeterno diatriba. Subjicitur de duplici Pantheistarum Philosophia sequenda ac de viri optimi et ornatissimi idea dissertationcula. Cosmopoli, 1720.

Nourrisson, *Philosophies de la nature*, 1887, p. 87 にはこうある.「誤解でなければ，この言葉が使われだしたのは，アイルランド人のジョン・トーランドがラテン語で一書をものし，それに *Pantheisticon* (1720) というかなり奇妙な題をつけたのとほぼ同時だった. ……それ以前のいくつかの出版物のなかでも，トーランドはすでに pantheistae つまり pantheistes という言い方をしていた（とくに *Adeisidaemon* および *Origines judaïcae*, 1709, 155ページ以下を参照).」

André Lalande, *Vocabulaire technique et critique de la philosophie*, 1932, t. II には，「*panthéiste* という用語はトーランドが発明したもの（*Socinianism truly stated*, etc. Cf. Boehmer, *De pantheismi nominis origine, usu, et notione*, 1851).」

Élie Benoit, *Mélange de remarques critiques, historiques, philosophiques, théologiques, sur les deux dissertations de M. Toland*, intitulées l'une *L'homme sans superstition*, et l'autre *Les Origines judaïques*. Avec une dissertation, tenant lieu de Préface, où on examine l'argument tiré du consentement de tous les peuples, pour prouver l'existence de Dieu ; et on réfute les principales objections par lesquelles on a prétendu l'affaiblir. Par Élie Benoist, pasteur de l'Église wallonne de Delft. A Delft, chez Adrien Beman, 1712 の250ページには，「トーランド氏はモーゼの汎神論に話をもどし……」，252ページには，「この本を多少とも注意して読んだあとで，モーゼは汎神論者だったかもしれないなどとなおも考える人がいたら，そういう人は反駁にも価しない」等々.

【トーランドについては，ほかに次の研究がある. G. Berthold, *John Toland und des Monismus der Gegenwart*, 1876.——L. Zscharnack, *Christianity not mysterious* の独訳（1908年）への序文. —— A. Seeber, *John Toland als politischer Schriftsteller*, 1933.——C. M. Dentice di Accadia, *Il deismo inglese del settecento* (I. John Toland) (*Giornale Critico di Filosofia Italiana*, 1934). ——M. Muff, *Leibnizens Kritik der Religionsphilosophie von Toland* (Dissertation Zürich, 1940).—— F. H. Heinemann, *Prolegomena to Toland Bibliography* (*Notes and Queries*, 1943).——Id., *Toland and Leibniz* (*Beiträge zur Leibniz-Forschung*, 1947).——Id., *John Toland and the Age of Reason* (*Archiv für Philosophie*, 1950).——L. G. Crocker, *Toland et le matérialisme de Diderot*

(*Revue d'histoire littéraire de la France*, 1953).——R. L. Colie, *Spinoza and the early English Deists* (*Journal of the History of Ideas*, 1959). ——H. F. Nicholl, *The Life and Work of John Toland*, 1962.——P. Casini, *Toland e l'attività della materia* (*Riv. crit. St. Filos.*, 1967).】

第2章 奇蹟の否定——彗星，神託，妖術師

191ページ 彗星

この問題をめぐるそれ以前の論議については，Henri Busson, *La Pensée religieuse française de Charron à Pascal*, 1933 の第6，第7章を参照.

【G. Atkinson, *Précurseurs de Bayle et de Fontenelle. La Comète de 1664-1665 et l'《Incrédulité sçavante》* (*Revue de Littérature comparée*, 1951).——L. Dufour, *Les Écrivains français et la météorologie. De l'âge classique à nos jours*, 1966.】

ベールの作品の前後に出た本については，Société des textes français modernes 双書の一冊としてA．プラが刊行した *Pensées diverses sur la Comète* の版 (1911—1912年) を参照．それにつけ加えるものとしては，

Friedrich Spanheim, *Oratio praecipue de Cometarum et naturae totius admirandis*, Lugduni Batavorum, 1672.

Abbé de Gérard, *La philosophie des gens de cour*, 1680 (214ページ以下).

1681年以降に *Acta Eruditorum*, *Journal des Savants*, *Philosophical Transactions* に発表された科学的な諸論文.

Joannis Georgii Graevii *Oratio de Cometis, contra vulgi opinionem, Cometas esse malorum nuntios, habita Trajecti ad Rhenum A. d. XVII Kal. Jan. 1675.* Editio secunda. Accesserunt Andreae Duditii, Samueli Maresii, S. S. Theologiae doctoris et professoris Groeningani, ut et nonnullorum eruditissimorum hominum de Cometis dissertationes et judicia. Trajecti ad Rhenum, 1681.

Balthasar Bekker, *Ondersoek van de Betekeninge der Kometen*, Leuwarden, 1683.

Howard Robinson, *The great Comet of 1680. An Episode in the History of Rationalism*, Northfield, Minnesota, 1916.

Cornélia Serrurier, *Pierre Bayle en Hollande*, Lausanne, 1912 には，この点について有益な指摘がある.

197ページ 神託

ここで復活した議論のそもそもの出発点は，David Blondel, *Des Sibylles célébrées tant par l'antiquité payenne que par les Saints Pères*, Charenton, 1649; 英訳，1661年.

1678年—— R. P. J. Crasset, *Dissertation sur les Oracles des Sibylles.*

1679年——J. Vossii *De Sibyllinis aliisque quae Christi natalem praecessere oraculis. Accedit ejusdem responsio ad objectiones nuperae criticae sacrae*, Oxoniae.

1682年 —— Johannis Marckii *De Sibyllinis Carminibus disputationes academicae duodecim. Accedit Breve Examen Dissertationis gallicae de Sibyllinis oraculis, editae Parisiis a Johanne Crasseto, Jesuita*, Franekerae.

1683年——Antonii Van Dale M. D. *De Oraculis ethnicorum Dissertationes duae : quarum prior de ipsorum duratione ac defectu, posterior de eorumdem auctoribus...*, Amstelodami.

1684年 —— R. P. J. Crasset, *Dissertation sur les Oracles des Sibylles, augmentée d'une réponse à la critique de Marckius*. Par le R. P. J. Crasset, de la Compagnie de Jésus.

1684年——〔Richard Simon〕, *Disquisitiones criticae de variis per diversa loca et tempora Bibliorum editionibus. Quibus accedunt Castigationes Theologi cujusdam Parisiensis ad opusculum Is. Vossii de Oraculis Sibyllinis...*, Londini.

1685年——D. Georgii Moebii *Tractatus Philologico-Theologicus de Oraculorum Origine, propagatione et duratione, etc., cum vindiciis adversus D. Ant. Van Dale, nunc ad multorum desiderium tertia vice editus*, Lipsiae (初版1657年，第２版1660年).

1686年——Fontenelle, *Histoire des Oracles*. ルイ・メグロン刊行の版(1908年)，および J. R. Carré, *La philosophie de Fontenelle*, 1932 (第３部) を参照.

【カレ以後のフォントネル研究書には次のものがある. Johannes Rödiger, *Darstellung der geographischen Naturbetrachtung bei Fontenelle, Pluche und Buffon in methodischer und stilistischer Hinsicht*, 1935. ——Siglinde-Anna Breinbauer, *Bedingungssätze bei Fontenelle*, 1937. ——M. Bouchard, *L'Histoire des oracles de Fontenelle*, 1947. ——F. Grégoire, *Fontenelle, une "philosophie" désabusée*, 1947. ——J. W. Cosentini, *Fontenelle's art of dialogue*, 1952. ——G. H. Swinden, *Fontenelle, l'homme et le philosophe devant ses contemporains*, 1953. —— *Fontenelle, 1657-1757* (*Revue d'Histoire des Sciences et de leurs Applications*, t. X-N° 4, 1957). ——J. -F. Counillon, *Fontenelle, écrivain, savant, philosophe*, 1959. ——Leonard M. Marsak, *Bernard de Fontenelle : The Idea of science in the French Enlightenment*, 1959. —— Amédée Fayol, *Fontenelle*, 1961. ——A. Pizzorusso, *Il Ventaglio e il compasso. Fontenelle e le sue teorie letterarie*, 1964. —— Werner Krauss, ed, *Fontenelle und die Aufklärung*, 1969. —— Anthony Modry Bechman, *Cyrano de Bergerac and Fontenelle*, 1970. ——Alain Niderst, *Fontenelle à la recherche de lui-même* (*1657-1702*), 1972.】

1686年——Petri Petiti *Philosophi et Doctoris Medici parisiensis, de Sibylla libri tres*, Lipsiae.

1687年——Fontenelle, *Histoire des Oracles*.

1687年 —— Georgius Moebius, *Reden-lievende-Godgeleerde. Van der Oorsprong... der Heydensche Orakelen...*, Rotterdam.

1688年——Servati Gallaei *Dissertationes de Sibyllis earumque oraculis, cum figuris aeneis*, Amstelodami.

1688年——M. J. Reiskii *Exercitationes de Vaticiniis Sibyllinis pluribusque, quotquot Christi natalem praecessisse leguntur, ad libellum bis editum viri clarissimi Isaaci Vossii conscriptae ab M. Johanne Reiskio. Accessit de nummis duobus Sibyllinis dissertatio*, Lipsiae.

1688年——Fontenelle, *The History of Oracles, and the cheats of the Pagan Priests*, made English〔by A. B.〕, London.

1689年——*Sibyllina Oracula ex veteribus codicibus emendata ac restituta, et commentariis diversorum illustrata. Opera et studio Servati Gallaei...*, Amstelodami.

1695年——*Historia rationis*, auctore D. P. D. J. V. D.〔s. l.〕,（第6—第11章）.

1696年——A. Van Dale, *Dissertationes de origine et progressu idolatriae et superstitionum : de vera ac falsa prophetia ; uti et de idolatricis Judeorum*, Amstelodami.

1698年——Fontenelle, *Histoire des Oracles*.

1699年——A. Van Dale, *The History of Oracles...*, Made English by Mrs. Behn, London.

1700年——A. Van Dale, *De Oraculis Ethnicorum...*, Editio secunda, Amstelodami.

1701年——Fontenelle, *Histoire des Oracles*, Amsterdam.

1704年——J. B. Thiers, *Traité des superstitions qui regardent les Sacrements, selon l'Écriture Sainte, les Décrets des Conciles, et les Sentiments des Saints Pères, et des Théologiens.*(37)

1707年——Fontenelle, *Histoire des Oracles*.

1707年——〔J. F. Baltus〕, *Réponse à l'Histoire des Oracles de Mr. de Fontenelle, de l'Académie française. Dans laquelle on réfute le système de Mr. Van Dale...*, Strasbourg.

1708年——Id., *Suite de la réponse à l'Histoire des Oracles, dans laquelle on réfute les objections insérées dans le XIII tome de la Bibliothèque choisie, et dans l'article II de la République des Lettres, du mois de juin 1707 ; et où l'on établit sur de nouvelles preuves le sentiment des SS. Pères touchant les Oracles du Paganisme*, Strasbourg ; *Ibid.*, Amsterdam.

1708年——Shaftesbury, *A Letter concerning Enthusiasm*.

1709年——〔Le P. J. F. Baltus〕, *An answer to Mr. de Fontenelle, in which Mr. Van Dale's System is refuted*, London.

1709年——Id., *Réponse à l'Histoire des Oracles*, 第2版, ストラスブール.

1709—1710年——*An Answer to M. de Fontenelle's History of Oracles..., translated from the French. With some Reflections upon the Remarks of Mr. Le Clerc, in his Bibliothèque choisie..., By a Priest of the Church of England. To Which is prefix'd a Letter to the translator, by... G. Hickes*, London.

1711年——Fontenelle, *Histoire des Oracles*〔*Œuvres* 所収〕.

1712年——Le R. P. Michel Meurgue, *Plan théologique du Pythagorisme...*,

t. I, Paris, 1712〔X^e lettre théologique, de la *Divination*, etc., 11 juillet 1708 ; et IIe lettre apologétique *pour justifier le sentiment des Pères de l'Église sur les Oracles du Paganisme, contre deux dissertations de M. Van Dale...*, 16 mars 1709 を参照〕.

1713年——Fontenelle, *Histoire des Oracles*.

1715年——*Les Nouvelles littéraires* の1715年7月20日号（第2巻，44—45ページ）には次のような指摘がある．「『最良のテキストにもとづく巫女の神託の翻訳，および聖書の予言，とりわけダニエル書，黙示録のそれとの比較．巫女の予言の大部分が文字どおり成就されたことを示し，これらの神託にたいして通常なされるすべての反論に答える歴史的註釈を付す』*Les Oracles des Sibylles traduits sur les meilleurs exemplaires et comparés avec les prophéties sacrées, particuliérement avec celles de Daniel et de l'Apocalypse, avec des remarques historiques qui montrent qu'une grande partie des Prédictions des Sibylles sont accomplies à la lettre : et où l'on repond à toutes les objections que l'on fait ordinairement contre ces Oracles*. この本はフォワイエ騎士のもの．」

203ページ　妖術師

アングロ・サクソン世界でのこの点にかんする世論の状態については，G. L. Kittredge, *Witchcraft in Old and New England*, Harvard University Press, 1929 を参照.

【Wallace Notestein, *A History of witchcraft in England from 1558 to 1718*, 1911. フランスについては，魔術，妖術にかんする一般的な歴史研究として，今世紀に主として次のような著作がある．R. Yve-Plessis, *Essai d'une bibliographie française méthodique et raisonnée de la sorcellerie et de la possession démoniaque*, 1900. —— A. Masson, *La Sorcellerie et la science des poisons au XVIIe siècle*, 1904. ——Constantin Bila, *La Croyance à la magie au XVIIe siècle, dans les contes, romans et traités*, 1925. ——Henri Pensa, *Sorcellerie et religion. Du désordre dans les esprits et dans les mœurs aux XVIIe et XVIIIe siècles*, 1933. ——Robert Mandrou, *Magistrats et sorciers en France au XVIIe siècle*, 1968.】

ラプランドの妖術師については，第4部 第2章であげる旅行記のほかに，G. R. Widmann, *Das ärgerliche Leben... des D. Faust*, etc., 1674, 1695, 1711, etc. の付録 *Kurzer Bericht von der Lappländer Zauber-Kunst, Hexerey, und Wahrsagerey...*, Aus der neuen Lapponischen Beschreibung... J. Schefferi zusammengezogen, und verteutscht durch E. Francisci を参照.

ロックからトワナールへの手紙（ロンドン，1681年10月14日付）にはこうある．「ベルニエ氏にもよろしくお伝えください．そして，回教徒，異教徒をとわず東方の民族の間にもなんらかの妖術，亡霊，神託があるのかどうか，アメリカやラプランドやその他の異教徒たちの間のように，彼らの間にも悪魔が姿を見せるのかどうかお問いあわせください」〔*Lettres inédites de John Locke*, 1912, p. 111〕.

〔Tyssot de Patot〕, *La vie, les aventures, et le voyage au Groenland du Révérend Père Cordelier Pierre de Mésange*, 1720 にも，ラプランドの妖術師に

かんする論議がある.

鼓手のエピソード（これがのちにアディソンの喜劇 *The Drummer*, 1716 のネタになった）は1661年のことだが，論戦はこの時代までつづいた．すなわち，

Joseph Glanvill, *A blow at modern Sadducism in some philosophical considerations about Witchcraft. And the relation of the famous disturbance at the house of M. Mompesson.* The fourth edition... enlarged, London, 1668.

John Webster, *The Displaying of Supposed Witchcraft ; wherein is affirmed that there are many sorts of deceivers and impostors, and divers persons under a passive delusion of melancholy and fancy, but that there is a corporeal league made betwixt the Devil and the witch... is utterly denied...Wherein also is handled the existence of angels and spirits*, London, 1676.

B. Camfield, *A theological discourse of Angels and their Ministries... also an appendix containing Reflections upon Mr. W's Displaying supposed Witchcraft*, London, 1678.

Joseph Glanvill, *Saducismus triumphatus ; or full and plain evidence concerning witches and apparitions. With a letter of Dr. H. Moore on the same subject, and an authentick story of certain Swedish Witches. Done into English by A. Horneck*, London, 1681.

【この論争の立役者だったジョゼフ・グランヴィルについては，次の研究がある．F. Greenslet, *Jpseph Glanvill*, 1900.――H. S. and I. M. L. Redgrove, *Glanvill and psychical research in the Seventeenth Century*, 1921.――H. Habicht, *Glanvill : ein spekulativer Denker im England des XVII Jahrhunderts*, 1936. ――J. I. Cope, *Joseph Glanvill, anglican apologist*, 1956.――J. M. Mazza, *Joseph Glanvill's 〈An Essay concerning Preaching〉 and 〈A seasonable defence of Preaching〉*, 1963.】

The Spectator の1711年7月6日号（第110号）は亡霊や物の怪について語っており，1711年7月14日号（第117号）はある「魔女」の事件について述べている．モーレー版 *Spectator*，179ページの註を参照．

La Barre de Beaumarchais, *Lettres sérieuses et badines sur les ouvrages des savants et sur d'autres matières* の第2巻第2部，1729年，第19書簡は，悪魔の力についてそれまでに出た主な賛否両論の著作を列記している．

204ページ　バルタザール・ベッケル

妖術師の問題は前々から世論の注目を浴びていた．たとえば，Malebranche, *De la recherche de la vérité*, 1674の第2巻第3部，第6章「想像にもとづく妖術師と，狼人間について」を参照．しかし，この問題をあらためて取り上げて，純合理主義的な見地からそれを全体的にあつかったのはバルタザール・ベッケルだった．すなわち，

De betoverde Weereld, Leuwarden, 1691, in-8°; Amsterdam, 1691, in-4°.

Die bezauberte Welt..., etc., Amsterdam, 1693.

Le monde enchanté, ou Examen des communs sentiments touchant les esprits, leur nature, leur pouvoir, leur administration, et leurs opérations, et touchant les effets que les hommes sont capables de produire par leur communication et

leur vertu, Amsterdam, 1694.

The World bewitched ; or an examination of the common opinion concerning spirits..., translated from a French copy, London, 1695.——*The World turned upside down*, 1700.

この本が出版され流布したことは文字どおり全ヨーロッパ的な事件で，その波紋は数年間消えなかった．主要な文献は A. Van der Linde, *Balthasar Bekker. Bibliographie*, 1869 と E. Jouin et V. Descreux, *Bibliographie occultiste et maçonnique*, 1930 にあげられている．ベッケルの生涯と作品については W.P.C. Knuttel, *Balthasar Bekker, De Berstrijder van het Bijgeloof*, S'Gravenhage, 1906 を参照．

207ページ　クリスティアーン・トマジウス

De crimine magiae, Halle, 1701.

Herrn D. C. Thomasii *Kurtze Lehr-Sätze von dem Laster der Zauberey... übersetzt und aus des berühmten Theologi D. Meyfarti, Naudaei, und anderer gelehrter Männer Schriften erläutert, auch zu fernerer Untersuchung des nichtigen Zauberwesens, und der umbilligen Hexen-Processe, nebst einigen Actis magicis herausgegeben von J. Reichen*, Halle, 1704 ; *Ibid.*, 1706.

De origine et progressu processus inquisitorii contra sagas, Halle, 1712.

次のものを参照．Andrew Dickson White, *Seven Great Statesmen in the Warfare of humanity with reason*, London, 1910 (略伝)．——*Aus der Frühzeit der deutschen Aufklärung. Christian Thomasius und Christian Weise.* Weimar und Leipzig, 1928 (選集と序文)．——*Christian Thomasius. Rede zum Wiederkehr von Thomasius Todestag (23 sept. 1728) gehalten bei der Gedenkfeier der Vereinigten Friedrichs-Universität Halle-Wittenberg*, von Max Fleischmann, Halle, 1929.

【Eric Wolf, *Grotius, Pufendorf, Thomasius*, 1927. ——F. Schneider, *Thomasius und die deutsche Bildung*, 1928.——L. Neisser, *Christian Thomasius und seine Beziehungen zum Pietismus*, 1928.——G. Bieber, *Staat und Gesellschaft bei Christian Thomasius*, 1931.——W. Becker, *Christian Thomasius, Leben und Lebenswerk, nebst Thomasius-Bibliographie*, 1931.——Max Fleischmann, ed, *Christian Thomasius, Leben und Lebenswerk*, 1931. ——Walter Bienert, *Die Glaubenslehre und die Philosophie des Christian Thomasius*, 1934.——Id., *Der Anbruch der Christlichen deutschen Neuzeit dargestellt an Wissenschaft und Glauben des Christian Thomasius*, 1934.——Felice Battaglia, *Christian Thomasius filosofo e giurista*, 1935.——Id., *Christian Thomasius*, 1936.——Ernst Bloch, *Christian Thomasius*, 1953.——Gertrud Schubert-Fikentscher, *Unbekannter Thomasius*, 1954. ——Rolf Lieberwirth, *Christian Thomasius. Sein wissenschaftliches Lebenswerk. Eine Bibliographie*, 1955. ——Werner Schneiders, *Recht, Moral und Liebe*, 1961. ——Id., *Das Naturrecht und die Philosophie der Liebe. Zur Entwicklung der praktische Philosophie bei Christian Thomasius*, 1967.】

210ページ　占い師

この問題にかんするそれまでの論議を要約した次の著作を，ひとつだけあげておこう．

Le P. Pierre Lebrun, *Histoire critique des pratiques superstitieuses, qui ont séduit les peuples et embarrassé les savants. Avec la méthode et les principes pour discerner les effets naturels d'avec ceux qui ne le sont pas.* Par un Prêtre de l'Oratoire. A Rouen, 1702.

【ほかに，Jacqueline de La Harpe, *L'Abbé Laurent Bordelon et la lutte contre la superstition en France entre 1680 et 1730*, 1942.——P. J. S. Whitmore, *A seventeenth-century exposure of superstition: Select texts of Claude Pithoys (1587-1676)*, 1972.】

第3章　リシャール・シモンと聖書釈義

221ページ　リシャール・シモン

先人の業績については，リシャール・シモン自身が *Histoire critique du Vieux Testament* の序文で分析している．

A・ベルニュスの研究(38)（1869年）と同氏によるリシャール・シモン文献目録(39)（1882年），およびH・マルジヴァルのエッセイ(40)（1900年）に，次のものを付け加えられる．

S. Karppe, *Richard Simon et Spinoza* (*Essais de critique et d'histoire de la philosophie*, 1902).—— A. Tougard, *Note bibliographique sur Richard Simon* (*Bulletin critique*, 2e série, 9, 1903).——Albert Monod, *De Pascal à Chateaubriand*, 1916 (chap. III : Jean Le Clerc et Richard Simon).——Id., *La controverse de Bossuet et de Richard Simon au sujet de la《Version de Trévoux》* (*Cahiers de la Revue d'histoire et de philosophie religieuses*, 1921).——Friedrich Stummer, *Die Bedeutung Richard Simons für die Pentateuchkritik* (*Alttestamentliche Abhandlungen*, 1912).—— L. Salvatorelli, *From Locke to Reitzenstein : the historical investigation of the origin of Christianity* (*The Harvard theological Review*, vol. 22, number 4. october 1929).——Henri Fréville, *Richard Simon et les protestants d'après sa correspondance* (*Revue d'histoire moderne*, janvier-février 1931).

【その後の研究には次のものがある．R. Deville, *Richard Simon, critique catholique du Pentateuque* (*Nouvelle Revue Théologique*, juillet 1951).——Jean Steinmann, *Richard Simon et les origines de l'exégèse biblique*, 1959.——François Monfort, *Richard Simon (1638-1712) d'après Paul Auvray et des documents inédits ou peu connus* (*Oratoriana*, mai 1960).—— Paul Auvray, *Richard Simon après 1678* (*Ibid.*, novembre 1962).——B. E. Schwarzbach, *Un fragment inédit de Richard Simon* (*Ibid.*, mai 1966).——Paul Auvray, *Histoire de l'Oratoire. Richard Simon, Bossuet et l'abbé Bignon* (*Ibid.*, mai 1968).——*Religion, érudition et critique à la fin du XVIIe siècle et au début du XVIIIe*, 1968.——Paul Auvray, *Richard Simon et Jean Le Clerc* (*Oratoriana*, mai

1969).—— Georges Tavard, *La Tradition au XVII siècle en France et en Angleterre*, 1969.】

私としては，心理的な面からとりわけ *Lettres choisies de M. Simon. Où l'on trouve un grand nombre de faits anecdotes de Littérature*. Nouvelle édition, revue, corrigée, et augmentée d'un volume, et de la vie de l'auteur par M. Bruzen de La Martinière, Amsterdam, 1730（初版，アムステルダム，1700年）を重視した．

223ページ　批評とそのルール決定

Jacobi Perizonii Ant. F. *Animadversiones historicae, in quibus quam plurima in priscis Romanarum rerum, sed utriusque linguae auctoribus notantur, multa etiam illustrantur atque emendantur...*, Amstelaedami, 1685.

L. Ellies du Pin, *Nouvelle Bibliothèque des auteurs ecclésiastiques*, 1686の第1巻，序文，第2部には次のようにある．

「批評は往古をさぐる暗い道で私たちを照らし導く一種の松明であって，真と偽を，歴史と作り話を，古いものと新しいものを見分けさせてくれる．物事を真の批評の規則にもとづいてしらべなかったために私たちの父祖がおちいったごく普通な無数の誤りから，今日の人が脱却したのはそれのおかげである．」

Johanni Clerici *Ars critica, in qua ad studium linguarum latinae, graecae et hebraicae via munitur ; veterumque emendandorum, et spuriorum scriptorum a genuinis dignoscendorum ratio traditur*, Amstelaedami, 1697；第2版，同，1698年；第3版，1699年；第4版，1712年．

Mémoires de Trévoux の1702年7月号，9ページ，記事1にはこうある．「この批評という言葉には抵抗がありそうだが，べつに抵抗を感じる必要はない．思慮ある人が精神的な作物についてくだしうる正確な判断を意味するものにすぎないのだから．」

Jean Le Clerc, Popeの *Essay on criticism*（仏訳 *Essai de la critique*）について．*Bibliothèque ancienne et moderne*(41)，第7巻，1717年，234—236ページ．

R. P. Honoré de Sainte-Marie, *Réflexions sur les règles et sur l'usage de la critique, où l'on traite des différentes méthodes pour démêler les véritables traditions des fausse*, 1717.

236ページ　ビャージョ・ガロファロ

Considerazioni di Biagio Garofalo intorno alla poesia degli Ebrei e dei Greci, al Santissimo e Beatissimo Padre Clemente undecimo, Pontefice Massimo, Roma, 1707.

序文8ページにはこうある．「これで私は，どのような方法をとり，どのようなプランを立てたらよいかがわかった．つまり，こういう単純なものから始めて，複雑なものに入ってゆくことである……」

B. Schacchi, *Squarcio di lettera... sopra le considerazioni del signor B. G. intorno alla poesia degli Ebrei*, 1709.

Osservazioni di O. Maranta sopra la lettera di B. Scacchi, cioè dell'ebreo R. Rabbenio, fatte in difesa delle considerazioni del... B. Garofalo..., 1711.

F. Carselini, *Antilogia alle osservazioni di O. Maranta* 〔*i. e. B. Garofalo*〕

intorno alla poesia degli Ebrei, 1711.

第4章　ボシュエの戦い

248ページ　ボシュエとその思想的営み

ボシュエの書簡集にはすばらしい版（Ch・ユルバンとE・レヴェークによる批評版，1909—1925年，全15巻）があるのに，この人の大作品には同様の批評版がどうしてないのか．そういう版があってはじめて，私たちはそれらの作品を一塊のものとして見るのではなく，その内的な生命とその変遷に立ちあえるようになるのである．というのも，無信仰がつぎつぎと見つけだす新たな論拠に答えるため，彼は自作にしきりと手を加えているからだ．年代学者らが *Discours sur l'Histoire Universelle* の年代記述に反対して自分たちの数字をもちだすと，彼はすかさず反駁する．*Discours* の1700年版を準備したとき1681年の元のテキストに挿入した次の一節が，どれほど重要なものだったかを考えていただきたい．

「エジプト人が自らにあたえるあの無限に多くの年数に驚く人は，ヘロドトスを見てもらいたいと思う．エジプト人の歴史が確実なのはプサメティコス時代，つまり紀元前6，700年以後にすぎない，と彼ははっきり断言しているのだ．アッシリアの最初の帝国が普通あたえられている年数に困惑する人は，ヘロドトスがこれをわずか520年間としていること，またこの説が歴史家中もっとも学識のあるディオニュシオス・ハリカルナッセウスやアッピアノスにも踏襲されていることを思いだしてくれればよい．また，それでもなお，確実と思うすべての事件，すべての年号を好きなように配列するには，普通の年数計算ではあまりにも窮屈すぎると考える人は，教会が彼らの自由にまかせている七十人訳の計算によって存分に羽をのばし，ニネヴェにいたといわれるすべての王とその治世にあたえられる全年数，いろいろな順序で配列されるエジプトの全王朝，さらにお望みとあらば今の曖昧な状態のままでシナの歴史全体をも，自由にそこへ位置づければよい．」

また，1704年2月2日付のルディユの次のような証言についても，その重要性を看過すべきではない．

「次に私は，先生がいつも非常に喜ばれる『世界史』の朗読をした．〈宗教の連続と聖書の各書の相互関係にかんする一般的考察〉という第2部第13章の全体，今の第3版では第27章427ページ以下と，第28章433ページ以下，第29章452ページ以下，第30章455ページ以下を一気に読むと，先生はこうもらされた．第2部の終りのこの数章に全篇の力点がおかれている，つまり，自由思想家に対抗して宗教の真実性と聖書の啓示の確実性がここで完全に証明されている，自分の精神の純正な所産がまさしくそこにあらわれているのであって，これは教父たちもとりあげなかった新しい論拠である，〈新しいというのは，もともと無神論者の新しい反論に答えるためのものだからだ〉と」(Fr. Ledieu, *Mémoires et journal sur la vie et les ouvrages de Bossuet*, ゲテ版第3巻56ページ，ユルバン＝レヴェーク版第2巻198ページ)．

H. M. Bourseaud, *Histoire et description des manuscrits et des éditions originales des ouvrages de Bossuet*, 1897．── 国立図書館所蔵の手稿，Fonds

Français 12832-37. ——Clementina De Courten, *Bossuet e il suo《Discours sur l'histoire universelle》*, Milan, 1927 を参照.

ボシュエにかんする数多くの著作の中でも，とりわけ次のもののお世話になった. Gustave Lanson, *Bossuet*, 1891. —— Alfred Rébelliau, *Bossuet historien du protestantisme*, 1891 (3e éd., 1909). ——G. Lambin, *Les rapports de Bossuet avec l'Angleterre (1672-1704)*, 1909. —— Ferdinand Brunetière, *Études critiques*, vol. VI, 1899 および *Bossuet*, 1913. —— Victor Giraud, *Le christianisme de Chateaubriand*, t. I, 1925 および *Bossuet*, 1930. —— Philippe Bertault, *Bossuet intime*, 1927. —— Gonzague Truc, *Bossuet et le classicisme religieux*, 1934. ——なお，カルヴェ師がアティエ書店から出した抜粋集(42)はたんなる教科書以上のもので，きわめて老練で信頼のおける案内役をつとめてくれる. ——最後に，Gabriel Brunet, *Évocations littéraires*, 1930 は，心理面からするボシュエの忘れがたい肖像を描いている.

【その後の主なボシュエ研究には以下のものがある. W. J. Sparrow Simpson, *A Study on Bossuet*, 1937. ——Jean Devroye, *Bossuet, directeur d'âme*, 1937. —— E. Montier, *A l'école de Bossuet*, 1938. ——J. Calvet, *Bossuet. L'homme et son œuvre*, 1941. ——R. Piserre, *Les idées politiques de Bossuet*, 1943. —— Edgar Janssens, *La Doctrine mariale de Bossuet*, 1947. —— J. A. G. Tans, *Bossuet en Hollande*, 1949. ——B. Hüppi, *Versuch über den Stil Bossuets*, 1950. —— Pierre Austruy, *Bossuet anatomiste et physiologiste*, 1951. ——A. Bros, *Bossuet prêtre*, 1952. ——Aimé-G. Martimort, *Le Gallicanisme de Bossuet*, 1953. —— J. Truchat, *La Prédication de Bossuet*, 1960. ——Id., *Bossuet panégyriste*, 1962. —— Thérèse Goyet, *L'Humanisme de Bossuet*, 1965. —— R. Bacon, *Les Dimensions du mystère de l'Eucharistie dans l'œuvre de Bossuet*, 1967. —— Edward Chapman Knox, *Style in the《Oraisons funèbres》de Bossuet*, 1967. ——Pietro Zovatto, *Una recente ristampa del Bossuet di J. Calvet*, 1969. —— Jacques Le Brun, *Les Opuscules spirituels de Bossuet*, 1970.】

252ページ　ボシュエとリシャール・シモン

Richard Simon, *Lettres choisies* の第3巻，書簡第29にはこうある.

「モーの司教殿は，スピノザと必死に論争しておられるまさにその個所で，モーゼの書にこういう書き足しがあることを進んで認めておられます. この高僧の権威はその問題では非常な重みをもっていますから，その言葉をじかにお伝えしましょう.〈反対論の強みは以下の点にある. ……たちまちすべてが崩れるだろう……〉〔『世界史論』*Discours sur l'histoire universelle*, 第2部第28章. ヴィヴェス版全集，1857年，第23巻，307—308ページ〕.

モーの司教殿のこの考察は，ヨセフスやフィロンの権威にさからってモーゼの書に後から何かが挿入されたと認めても向うみずではないということをはっきりと示しています. ここで問題になる事実にくらべれば，そういう書き足しがヨシュア，サムエル，またはそれと同程度に古い他のなんらかの予言者によるのか，それともエズラの手になるのか，といったことはさして重要ではありません. モーゼの死後にその歴史を書きつぎ，

書きはじめた系図を完成させ，時がたつうちに変ってしまった町の名前とか，その他これに類することを説明した予言者たちがいたというだけで十分なのです……」〔1702—1705年版，第3巻198—200ページ〕.

書簡第30にも，「たしかに，パリのフラッサン博士は前便で私が申したことにまっこうから反対しています．……この人は，モーゼ五書の権威をスピノザから守るという名目で，自分が最古の教父たちや近代のもっとも学識のある神学者たちを攻撃しているということがわからないのです．そのでんでいくと，モーの司教殿もアヴランシュの司教ユエ殿も聖書を完全にくつがえすスピノザ派になってしまいます．律法の書の内にいささかの書きかえ，いささかの書き足し，町の名前の置きかえですら認めるのは，敵にたいする譲歩のしすぎだ，というのがこの人の主張ですから……」〔同，200—201ページ〕.

Albert Monod, *La controverse de Bossuet et de Richard Simon au sujet de la《Version de Trévoux》*, 1921. —— Émile Henriot, *Bossuet humilié* (*XVIIe siècle*, 1933) を参照.

【Jacques Denis, *Critique et controverse ou Richard Simon et Bossuet*, 1870. ——Victor Baroni, *La Contre-Réforme devant la Bible. La Question biblique*, 1943.】

255ページ　エリ・デュ・パン

Nouvelle bibliothèque des Auteurs ecclésiastiques. Contenant l'histoire de leur vie, le catalogue, la critique et la chronologie de leurs ouvrages. Le sommaire de ce qu'ils contiennent. Un jugement sur leur style et sur leur doctrine. Et le dénombrement des différentes éditions de leurs ouvrages..., Par M. L. Ellies du Pin, docteur de la Faculté de théologie de Paris, 1681〔-1691〕, 5 tomes en 6 volumes in-8°, T. I. Des auteurs des trois premiers siècles de l'Église, pp. 474-475, 610-611. また t. V, p. 50-60 をも参照.

ラシーヌのとりなしについては，フェヌロンからボシュエへの手紙，1693年3月23日付 (*Correspondance de Bossuet*, collection《Les Grands Écrivains de France》, nouvelles éditions, 1909-1925, t. V, p. 81-82) を参照.

259ページ　南大陸，シナの哲学者

Bossuet, *Seconde instruction pastorale sur les promesses de Jésus-Christ à son Église ; ou réponse aux observations d'un ministre contre la première instruction*, 1701.

Fr. Ledieu, *Mémoires et journal sur la vie et les ouvrages de Bossuet*, 1856 (1700年4月以降).

265ページ　ボシュエ対演劇

Bossuet, *Maximes et réflexions sur la comédie*, 1694. ——Ch. ユルバンとE. レヴェークによる批評版 (1930年) を参照.

M. Barras, Ph. D., *The stage controversy in France from Corneille to Rousseau* (*Publications of the Institute of French studies*, New York, 1933).

Silvio D'Amico, *La querela fra Chiesa e teatro* (*Nuova Antologia*, 16

novembre 1933).

【John Kelly, *La querelle du théâtre en France de 1657 à 1700*, 1952.——François Gaquère, *Le Théâtre devant la conscience chrétienne*, 1965.——Jean Dubu, *L'Église catholique et la condamnation du théâtre en France au XVIIe siècle* (*Quaderni francesi*, 1, 1970).】

265ページ　ボシュエ対歴史

Traité de la Concupiscence, ユルバン＝レヴェーク版（1930年），第8章24ページにはこうある．

「この好奇心はもっとも遠い過去の時代にまで及び，歴史を知りたいという飽くことのない大欲がそこから生まれる．昔の王の宮廷や昔の諸民族の秘密の中へいながらにしてわけいり，ローマの元老院の審議とか，アレクサンドロスやカエサルの野心的なはかりごととか，ティベリウスの手のこんだ政治的嫉妬とかを目にしているような気になる．それも，人間の生活に役立つなにかの手本を見つけるためならばまだよい．この研究がある種の節度をもって行なわれるならば，それも黙認すべきであろう．いや，称讃すべきでさえあろう．しかし，大方の好事家に見られるように，それがこういう無意味な事柄で想像力を楽しませるためにすぎないならば，もはや存在しないものにこうまでながく足をとめ，人の頭をよぎったあらゆる狂愚をさぐりだし，神がその聖なる都でうちこわされたあの偶像や，神が吹き払われたあの闇や，元の住みかたる虚無の中へ自らまた沈んでいったあの虚妄の道具一切をこうまで入念に掘りおこすほど無益なことがあるであろうか．」

【Ch. Braibant, *Bossuet et l'histoire*, 1955.】

265ページ　わが心よ，このやさしき愛の戒命を読みかえせ

Bossuet, *Méditations sur l'Évangile* (49e Journée), 1730-1731.——*Élévations à Dieu sur tous les mystères de la religion chrétienne*, 1727 をも参照．

第5章　ライプニッツと教会合同の失敗

272ページ　世界語

L. Couturat et L. Léau, *Histoire de la langue universelle*, 1903.

Otto Funke, *Zum Weltsprachen-problem in England im 14. Jahrhundert*, Heidelberg, 1929.

【J. Carreras y Artau, *De Ramon Lull a los modernos ensayos de formación de una lengua universal*, 1946.——Lillian Goodhart, *The Universal character: Projects for a universal language developed during the Seventeenth and early Eighteenth Centuries*, 1952. 特殊にライプニッツと世界語については，Friedrich Schleiermacher, *Ueber Leibnitz unausgeführt gebliebenen Gedanken einer allgemeinen philosophischen Sprache* (*Sämmtliche Werke*, 1835).——Christian Gottfried Ehrenberg, *Leibniz' Plan einer allgemeinen Sprache insbesondere in ihrem Verhältnis zur Naturforschung* (*Monastsberr. d. Kgl. Preuss. Akad. d. Wiss.*, 1862).——Hermann Diels, *Über Leibniz und das Universalsprache* (*Sitzungsberr. d. Kgl. Preuss. Akad. d. Wiss.*, 1899).】

273ページ　神義論と和解の観念

ライプニッツからTh. バーネットへの手紙，1710年10月30日付.「この本(43)の大部分は，私がいた故プロイセン王妃のところで，当時さかんに読まれていたベール氏の辞典やその他の作品がきっかけとなって，こういう問題がしょっちゅう論議されたときに，断片的に書きためていったものなのです.」

ライプニッツからトゥレティーニへの手紙，1712年7月付.「私は『神義論』で，いたずらに角突き合わせている人々が互に和解するための一助ともなればと思ったのです.」

【『神義論』については次の研究がある. F. Bonifas, *Étude sur la Théodicée de Leibniz*, 1863.――A. Pichler, *Die Theologie des Leibniz*, 1869-1870.――J. H. von Kirchmann, *Erläuterungen zur Theodicee von Leibniz*, 1879.――Victor Vergnon, *Le Mal dans Leibniz*, 1881.――Otto Engler, *Darstellung und Kritik des Leibnitzischen Optimismus*, 1883.――Gédéon Niel, *L'Optimisme de Leibniz*, 1888.――Rudolf Eisler, *Kritische Untersuchung des Begriffes der Weltharmonie und seiner Anwendungen bei Leibniz*, 1895.――F. W. Schmitz, *Über das Verhältnis der Monadenlehre zur Theologie und Theodicee bei Leibniz*, 1906.――Albert Görland, *Der Gottesbegriff bei Leibniz*, 1907.――Adelheid Thönes, *Die philosophischen Lehren in Leibnizens Theodicee*, 1907.――Siegfried Gelles, *Die pantheistischen Gedanken in Leibniz'《Theodizee》und Schleiermachers《Reden über die Religion》*, 1908.――Fritz Kuhn, *Die historischen Beziehungen zwischen der stoischen und Leibnizischen Theodicee*, 1913.――Emma Hagemeier, *Die ethischen Probleme der Leibnizischen Théodicée und ihre hauptsächlichsten Vorarbeiten in der Geschichte der Ethik*, 1929.――Georg Stieler, *Leibniz und Malebranche und das Theodiceeproblem*, 1930.――Ida Somma, *Il problema della libertà e del male in Spinoza e Leibniz*, 1933.――Bernard Gertzberg, *Le Probléme de la limitation des créatures chez Leibniz*, 1937.――G. Schischkoff, ed, *Beiträge zur Leibniz-Forschung*, 1946.――José Ortega y Gasset, *Del optimismo en Leibnitz*, 1948.――Gaston Grua, *Jurisprudence universelle et théodicée selon Leibniz*, 1953.――Jacques Jalabert, *Le Dieu de Leibniz*, 1960.――Leif Nedergaard-Hansen, *Bayle's og Leibniz' drøftelse af theodicé-Problemet*, 1965.】

275ページ　教会合同

フランスのカトリック教徒とスエーデンのルター派との合同については，

A. Floquet, *Bossuet précepteur du Dauphin, fils de Louis XIV, et Évêque de cour*, 1864, t. I, deuxième partie, ch. v.

イギリスについては，

G. Lambin, *Les rapports de Bossuet avec l'Angleterre (1672-1704)*, 1909.

E. Préclin, *L'Union des Églises gallicane et anglicane. Une tentative au temps de Louis XIV. P.-F. Le Courayer (de 1681 à 1732) et Guillaume Wake*, 1928.

ロシアについては,

K. Bittner, *Slavika bei G. W. von Leibniz* (*Germano-Slavica*, Prague, 1932).

この問題の全般については,

Jean Baruzi, *Leibniz et l'organisation religieuse de la terre, d'après des documents inédits*, 1907.

F. X. Kiefl, *Der Friedensplan des Leibniz zur Vereinigung der getrennten christlichen Kirchen*. Padeborn, 1903.

George J. Jordan, *The reunion of the Churches. A study of G. W. Leibniz and his great attempt*, London, 1927.

【教会合同運動の一般史には次のものがある. M. Tabaraud, *Histoire critique des projets formés depuis trois cents ans pour la réunion des communions chrétiennes*, 1808. ——Carl W. Hering, *Geschichte der kirchlichen Unionsversuche seit der Reformation bis auf unsere Zeit*, 1836. ——Gottlieb Joss, *Die Vereinigung der Christlichen Kirchen*, 1877. ——James H. Garrison, *Christian Union: A historical Study*, 1906. —— Gaius Jackson Slosser, *Christian Unity : Its history and challenge in all Communions, in all Lands*, 1929. ——André Paul, *L'Unité chrétienne : Schismes et rapprochements*, 1930. ——William R. Estep, *A Historical study of the ecumenical movement*, 1951. ——Ruth Rouse and Stephen Charles Neill, *A History of the ecumenical movement, 1517-1948*, 1954. ——P. Conord, *Brève histoire de l'œcuménisme*, 1958. ——Ernst Hornig, *Der Weg der Weltchristenheit : Eine Einführung in die ökumenische Bewegung, ihre Geschichte, und Probleme*, 1958. ——Samuel McCrea Cavert, *The Ecumenical movement : Retrospect and Prospect*, 1959. ——Georges Tavard, *Petite histoire du mouvement œcuménique*, 1960. ライプニッツと教会合同問題については, 〔Max Prechtl〕, *Friedens-Benehmen zwischen Bossuet, Leibnitz und Molan für die Wiedervereinigung der Katholiken und Protestanten*, 1815. ——P. Louis Lescoeur, *De Bossuetii et Leibnizii epistolarum commercio circa pacem inter christianos conciliandam*, 1852. ——Paul F. Haffner, *G. W. Leibnitz und seine Unions-Versuche in Wissenschaft, Politik und Religion*, 1863. ——Carl Josef Hefele, *Die Unionsverhandlungen am Ende des 17. Jahrhunderts und Leibnitzens Teilnahme an denselben*, 1864. ——Edmond Hugues, *Leibniz et Bossuet. Essai sur le protestantisme*, 1871. —— Wilhelm Wiegand, *Leibniz als Religions-Friedensstifter*, 1879. ——Paolo Rotta, *Un Momento importanto nella storia filosofico-religiosa del secolo XVII* (*Leibniz-Bossuet*), 1900. ——Heli Saint-Martin, *Essai sur la correspondance entre Bossuet et Leibniz*, 1902. ——Philipp Hildebrandt, *Die kirchlichen Religionsverhandlungen in der Zweiten Hälfte des 17. Jahrhunderts*, 1922. ——Franz Xaver Kiefl, *Leibniz und die religiöse Wiedervereinigung Deutschlands*. 1925. ——Heinz Weidemann, *Gerard Wolter Molanus*, 1925-1929. ——Ernst Benz, *Leibniz und Peter des Grosse*, 1947. ——Rudolf Walter Meyer, *Leibniz und die europäische Ordnungskrise*, 1948. ——

Giulio Preti, *Il Cristianismo universale di G. W. Leibniz*, 1953.——François Gaquère, *Le Dialogue irénique Bossuet-Leibniz*, 1966. ボシュエと教会合同問題については，ほかに François Gaquère, *Vers l'unité chrétienne. James Drummond et Bossuet*, 1963.——Roger Mazauric, *Le Pasteur Paul Ferry, Messin, interlocuteur de Bossuet et historien*, 1964.——François Gaquère, *La Préparation de Bossuet en ses ascendances (1428-1627). Préhistoire de Bossuet*, 1965.——Id., *L'Œcuménisme en marche. Le Dialogue irénique Bossuet-Paul Ferry à Metz*, 1967.——Id., *Les Suprêmes appels de Bossuet à l'unité chrétienne*, 1969. ライプニッツとシナについては, R. F. Merkel, *Leibniz und China (300 Geburtstages*, 1946).——O. Roy, *Leibniz et la Chine*, 1972.】

286ページ　分裂，決定的に

François Turettin, *De necessaria secessione nostra ab Ecclesia romana, et impossibili cum ea syncretismo disputationes, auctore Francisco Turettino, in Ecclesia et Academia Genovense pastore...*, Genevae, 1687.

〔Joshua Basset〕, *An Essay towards a proposal for catholic communion. Wherein above sixty of the principal controversed points, which have hitherto divised the Christendom, being call'd over, 'tis examin'd how many of them may and ought to be laid aside, and how few remain to be accomodated, for the effecting a general peace. By a minister of the Church of England*, London, 1704.

デュボスからベールへの手紙，1706年6月4日付.「それから，ローマ教会とイギリス国教会の合同をあつかったイギリスの本(44)についてお聞きでしょうか．この本の著者は，ただ自分の楽しみのために自分をくすぐり自分を盲にしている人間のように思えます．私たちの教義のいくつかに好意的なイギリスの著作家たちの文句も，国教会信仰告白(45)の39箇条によって打ち消されているではありませんか．宗教間の和解とか化金石とか永久運動とか円積法とか魔術とかに精を出している文人たちにどうか理性を回復させてくださいと毎年神さまにお祈りするため，私は死ぬまでにかならず，マチュラン会士たち(46)に聖霊のミサを奉献しようとかたく決心しているしだいです……」(*Choix de la correspondance inédite de Pierre Bayle*, 1890,〔p. 313-314〕).

【スウィフトの宗教観については次の研究がある．F. M. Darnall, *Swift's religion* (*Journal of English and Germanic Philology*, 30, 1931).——C. Looten, *La Pensée religieuse de Swift et ses antinomies*, 1935.——H. Reimers, *Swift, Gedanken und Schriften über Religion und Kirche*, 1935.——G. V. Jourdan, *The Religion of Swift* (*Church Quarterly Review*, 126, 1938).——L. A. Landa, *Swift, the mysteries and deism* (*Studies in English*, 1944).——N. Joost, *Gulliver and the Free-thinker* (*Modern Language Notes*, 45, 1950).——H. Davis, *Some free thoughts of a Tory Dean* (*Virginia Quarterly Review*, 28, 1952).——L. A. Landa, *Swift and the Church of Ireland*, 1954.——C. G. Loomis, *Superstitions and beliefs in Swift* (*Western Folklore*, 15, 1956).——M. J. Quinlan, *Swift's project for the advancement of religion* (*Publications

of the Modern Language Association of America, 71, 1956).——D. C. Baker, *Tertullian and Swift's A modest proposal* (*Classical Journal*, 52, 1957).——M. Jones, *Further thoughts on religion : Swift's relation to Filmer and Locke* (*Review of English Studies*, new ser. 9, 1958).——J. Richer, *Swift au pays de kabbale* (*Cahiers du Sud*, 46, 1958).——M.K. Starkman, *Quakers, phrenologists and Swift* (*Journal of the History of Ideas*, 20, 1959).——R.A. Greenberg, *A modest proposal and the Bible* (*Modern Language Review*, 54, 1960).——L. D. Peterson, *Swift's Project : a religious and political satire* (*Publications of the Modern Language Association of America*, 82, 1967).——B. Hall, *〈An inverted hypocrite〉: Swift the churchman* (B. Vickers, ed, *The World of J. Swift*, 1968).】

第３部　再建の試み

第１章　ロックの経験論

298ページ　歴史ピロニスムの結果

Fontenelle, *Entretiens sur la pluralité des mondes*, 第１夜. ——Fénelon, *Dialogue des Morts*, 対話第29, Pyrrhon et son voisin. ——Michel Levassor, *De la véritable religion*, 1688 の序文には次のようにある.

「〈理性〉とか〈趣味の良さ〉とか〈自立性〉とか，教育や自分が生まれた社会の〈偏見〉から超越できる者の優越性とか，そういうことばかりが言われている．なにごとにつけピロニスムがはやりで，精神の正しさは〈軽々しく信じない〉こと，時にあたって〈疑いうる〉ことにあるとされている……」

Bayle, *Dictionnaire historique et critique*, Pyrrhon の項.—— Jean Le Clerc, *Bibliothèque choisie*, tome I, 1703 の Avertissement にはこうある.

「ここで残念なのは，往々にして或る人が建てたものを別の人ができるだけこわそうとすること，あるいは，時がたつうちに崩れてしまう粗末な材料の建物を懸命に作ろうとすることである．建物を作るために協力すべき人たちが互に見苦しい喧嘩をし，余計なことは考えずひたすら仕事にうちこむ人が多少とも大幅に作業を進捗させると，必ず気むずかしい建築家や変人の学者や無知なくせに自惚ればかり強い男がどこからか現われて，建物の土台を崩そうとしたり，それができない場合には，やれもしなかったことを実際にやったと世人に思いこませるため自分の学識と信用をフルに利用したりするのである……」

298ページ　ジョン・ロック

最近のものでは，

テキスト

The correspondence of John Locke and Edward Clarke, edited, with a biographical study, by Benjamin Rand, Oxford, 1927.

An Essay concerning the Understanding, Knowledge, Opinion, and Assent, edited with an introduction by Benjamin Rand, Harvard University Press, Cambridge, 1931.

【*An Early Draft of Locke's Essay together with Excerpts from his Journals*, edited by Aaron and Gibb, 1936.】

研　究

M. Carlini, *La filosofia di Locke*, Firenze, 1920.

Ch. R. Morris, *Locke, Berkeley, Hume*, Oxford, 1931.

H. O. Christophersen, *John Locke. En filosofis forberedelse og Grundleggelse (1632-1689)*, Gyldendal Norsk Forlag, Oslo, 1932 (同じ著者による *A Bibliographical Introduction to the study of John Locke*, Oslo, 1930 はここに再録されている).

Al. Campbell Fraser, *Locke*, London, 1932.[47]

Norman Kemp Smith, *John Locke, 1632-1704*. The Adamson Lecture for 1932. Manchester, Manchester University Lectures, N° 28, 1933.

Tercentenary addresses. 1. *Locke's contribution to political Theory*, by professor J. L. Stocks..., 2. *Locke on the Human Understanding*, by G. Ryle, Oxford, 1933.

James Gibson, *John Locke*, British Academy, Annual lecture on a Master Mind, Henriette Herz Trust, 1933.

【ロックの哲学にかんするその後の主な研究は, A. Hofstadter, *Locke and scepticism*, 1935-1936. ――K. MacLean, *John Locke and English literature of the Eighteenth Century*, 1936. ――Richard I. Aaron, *John Locke*, 1937. ――A. Petzäll, *Ethics and epistemology in Locke's Essay concerning Human Understanding*, 1937. ――J. G. Clapp, *Locke's conception of the mind*, 1937. ――G. Trinivella, *Bacone e Locke: dottrina e critica*, 1939. ――H. MacLachlan, *The Religious opinions of Milton, Locke and Newton*, 1941. ――G. F. Bianchi, *Locke*, 1943. ――F. de Bartolomeis, *John Locke*, 1949. ――D. G. James, *The Life of reason. Hobbes, Locke and Bolingbroke*, 1949. ――G. Aspelin, *John Locke*, 1950. ――Alfred Klemmt, *John Locke: Theoretische Philosophie*, 1952. ――D. J. O'Connor, *John Locke*, 1952. ――N. Abbagnano, *G. Locke e l'empirismo*, 1952. ――J. W. Yolton, *John Locke and the way of ideas*, 1956. ――Maurice Cranston, *John Locke : A Biography*, 1957. ――A. Giganti, *G. Locke e i limiti della scienza*, 1957. ――G. A. Rauche, *Die praktischen Aspekte von Lockes Philosophie*, 1958. ――C. A. Viano, *John Locke : Dal razionalismo all'illuminismo*, 1960. ―― E. L. Tuveson, *The Imagination as a means of grace: Locke and the aesthetics of romanticism*, 1960. ――S. M. P. Fitts, *John Locke's theory of meaning*, 1960. ――L. Ricci Garotti, *Locke e i suoi problemi*, 1961. ――M. Cranston, *Locke*, 1961. ――K. Dewhurst, *John Locke (1632-1704), physician and philosopher : a medical biography*, 1963. ――Henry G. Van Leeuwen, *The*

Problem of certainty in English thought, 1630-1690, 1963. —— A. Leroy, *Locke, sa vie, son œuvre, avec un exposé de sa philosophie*, 1964. —— L. Obertello, *John Locke e Port-Royal. Il problema della probabilità*, 1964. —— J. Harrison and P. Laslett, *The Library of John Locke*, 1965. —— Montague and Jeffreys, *John Locke, prophet of Common-Sense*, 1967. —— Thomas H. Green, *Hume and Locke*, 1968. —— J. W. Yolton, *John Locke. Problems and Perspectives*, 1969. —— Id., *Locke and the compass of human understanding*, 1970. —— Samuel Alexander, *Locke*, 1970. —— R. S. Woolhouse, *Locke's philosophy of science and knowledge*, 1971.】

307ページ　ロックの影響

G. Zart, *Einfluss der englischen Philosophie seit Bacon auf die deutsche Philosophie des 18. Jahrhunderts*, Berlin, 1881.

Lawrence Marsden Price, *The reception of English Literature in Germany*, University of California Press, 1933.

Georges Ascoli, *La Grande-Bretagne devant l'opinion française au dix-septième siècle*, 1930.

仏訳のロック著作集，1732年版（*Œuvres diverses de M. Locke*, nouvelle édition considérablement augmentée, Amsterdam, 2 vol. in-12）は1710年版の *Œuvres diverses* に次のものを加えている．*Dissertation sur les Épîtres de Saint Paul; Réfutation de la vision en Dieu du P. Malebranche; Lettres qui se sont écrites entre M. Locke et M. Limborch.*

H. O. クリストフェルセンはロックの全ヨーロッパ的な影響にかんする研究書(48)を準備している．

【ロックとフランスの関係については，その後次のものがある．Gabriel Bonno, *The Diffusion and influence of Locke's Essay concerning Human Understanding in France before Voltaire's Lettres philosophiques* (*Proceedings of the American Philosophical Society*, 91, 1947). —— *Locke's travels in France, 1675-9, as related in his Journals, Correspondence and other papers.* Edited with an introduction and notes by John Lough, 1953. —— Gabriel Bonno, *Les Relations intellectuelles de Locke avec la France*, 1955. —— J. Hampton, *Les Traductions françaises de Locke* (*Revue de Littérature comparée*, 29, 1955).】

308ページ　ロックと新プラトン派

Freiherr von Hertling, *John Locke und die Schule von Cambridge*, Freiburg, 1892.

Fr. J. Powicke, *The Cambridge Platonists*, London, 1926.

Ernst Cassirer, *Die Platonische Renaissance in England und die Schule von Cambridge*, Leipzig, 1932.

カドワースの思想の流布については，Le Clerc, *Bibliothèque choisie* の1705年および1706年度を参照．

【John Tulloch, *Rational theology and Christian philosophy in England in the 17th Century*, 1874. —— G. P. H. Pawson, *The Cambridge Platonists*,

1930.——J. H. Muirhead, *The Platonic Tradition in Anglo-Saxon philosophy*, 1931.——J. J. de Boer, *The Theory of knowledge of the Cambridge Platonists*, 1931.——Paul Russell Anderson, *Science in defense of liberal religion: A Study of Henry More's attempt to link Seventeenth Century religion with science*, 1933.——Joseph Beyer, *Ralph Cudworth als Ethiker, Staatphilosoph und Ästhetiker*, 1935.——Eugene M. Austin, *The Ethics of the Cambridge Platonists*, 1935.——H. G. Jentsch, *Henry More in Cambridge*, 1935.——W. C. de Pauley, *The Candle of the Lord: Studies in the Cambridge Platonists*, 1937.——Joseph Burns Collins, *Christian mysticism in the Elizabethan Age*, 1940.——Hugo Reimann, *Henry Mores Bedeutung für die Gegenwart*, 1941.——G. Aspelin, *Cudworth's interpretation of Greek philosophy*, 1943.——James Hinsdale Elson, *John Hales of Eton*, 1948.——J. A. Passmore, *Ralph Cudworth. An Interpretation*, 1951.——Marilyn Meyer, *Ralph Cudworth's philosophical system*, 1952.——Rosalie L. Colie, *Light and Enlightenment. A Study of the Cambridge Platonists and the Dutch Arminians*, 1957.——Aharon Lichtenstein, *Henry More. The Rational theology of a Cambridge Platonist*, 1962.——Lydia Gysi, *Platonism and Cartesianism in the philosophy of Ralph Cudworth*, 1962.——S. Hutin, *Trois études sur Henry More*, 1964.——Id., *Henry More. Essai sur les doctrines théosophiques chez les Platoniciens de Cambridge*, 1966.】

308ページ　ロックとバークレー

Georges Lyon, *L'idéalisme en Angleterre au dix-huitième siècle*, 1888.

J. Le Clerc, *Bibliothèque choisie*（とくに第22巻, 1711年を参照）はバークレーに興味を示している. 反対に le P. Buffier, *Éléments de métaphysique à la portée de tout le monde*, 1725 は91ページで次のように述べている.

「〈……スコットランドのある作家は, 自分以外のいかなるものが存在するという明証もまったくない, しかも自分とは《精神》としての自分であって《身体》としての自分ではない, ということを証明する本を出したそうです〉〔とウジェーヌは言った〕. 〈そのスコットランドの作家が言うことを本気で信じた人がいるのですか〉, とテアンドルは言った. 〈いますとも〉, とウジェーヌは苦笑して言った. テアンドルも笑って答えた. 〈じっさい人間には, 珍奇なことをいくらでも言ったり想像したりする権利がまぎれもなくあるわけですからね, それを行使しないはずはないのでしょうね〉.」

H. Ollion, *La philosophie générale de John Locke*, 1908 の471ページにはこうある. 「『悟性論』の哲学が次代に及ぼした影響の歴史的意義には異論の余地がない. それが生みだしたのは経験論や懐疑論や穏健な定言論より, むしろ批判的観念論のように思われる.」

【C. R. Morris, *Locke, Berkeley, Hume*, 1931.——A. J. Ayer, *British empirical philosophers*, 1952.——James D. Collins, *British Empiricists: Locke, Berkeley, Hume*, 1967.——John E. Smith, *Religion and Empiricism*, 1967.——C. B. Martin and D. M. Armstrong, ed, *Locke and Berkeley*, 1968.——Harry Klocker, *God and the empiricists*, 1968.——George Novack, *Empiricism*

and its evolution. A marxist view, 1968. ——A. Boyce Gibson, *Theism and Empiricism*, 1970. バークレーにかんする最近の主な研究は, P. Rotta, *La Dottrina psicologico-ontologica di George Berkeley*, 1922. ——G. A. Johnston, *The Development of Berkeley's philosophy*, 1923. ——R. Metz, *Berkeley*, 1925. ——F. Oligiati, *L'Idealismo di George Berkeley e il suo significato storico*, 1926. ——I. Pfannenberg, *Berkeley und die englische Romantik*, 1930. ——George D. Hicks, *George Berkeley*, 1932. ——L. Amante, *Il Problema degli spiriti finiti in Berkeley*, 1932. ——Benjamin Rand, *Berkeley's american sejourn*, 1932. ——A. A. Luce, *Berkeley and Malebranche*, 1934. ——Th. E. Jessop, *A Bibliography of George Berkeley*, 1934. ——H. J. Oertel, *Berkeley und die englishe Literatur*, 1934. ——J. M. Hone and M. M. Rossi, *Bishop Berkeley: his life, writings and philosophy*, 1934. ——I. Hedenius, *Sensationalism and theology in Berkeley's philosophy*, 1936. ——John Wild, *George Berkeley: a study of his life and philosophy*, 1936. ——S. Del Boca, *L'Unità del pensiero di George Berkeley*, 1937. ——C. D. Broad, *Berkeley's argument about material substance*, 1942. ——A. Testa, *La Filosofia di George Berkeley*, 1943. ——Naguib Baladi, *La Pensée religieuse de Berkeley et l'unité de sa philosophie*, 1945. ——Frans Bender, *Berkeley's philosophy reexamined*, 1945. ——A. A. Luce, *Berkeley's immaterialism*, 1945. ——A. Levi, *La Filosofia di George Berkeley*, n. ed., 1947. ——A. A. Luce, *The Life of George Berkeley, bishop of Cloyne*, 1949. ——A. Brayton, *Berkeley in Apulia*, 1949. ——J. J. Laky, *A Study of George Berkeley's philosophy in the light of the philosophy of St. Thomas Aquinas*, 1950. ——G. Bontadini, *Indagini di struttura sul gnoseologismo moderno: Berkeley ed altri*, I, 1952. ——G. J. Warnock, *Berkeley*, 1953. ——John O. Wisdom, *Unconscious origin of Berkeley's philosophy*, 1953. ——*George Berkeley* (*Revue internationale de philosophie*, 1-2, 1953). ——*George Berkeley* (*Revue philosophique de la France et de l'étranger*, 4-6, 1953). ——A. D. Ritchie, *George Berkeley's Siris*, 1954. ——A. Brayton, *Berkeley in Newport*, 1954. ——M. M. Rossi, *Saggio su Berkeley*, 1955. ——M. Guéroult, *Berkeley. Quatre études sur la perception et sur Dieu*, 1956. ——E. A. Sillem, *George Berkeley and the proofs for the existence of God*, 1957. ——Harry M. Bracken, *The early reception of Berkeley's immaterialism, 1710-1733*, 1959. ——A. L. Leroy, *George Berkeley*, 1959. ——David M. Armstrong, *Berkeley's theory of vision*, 1960. ——T. E. Jessop, *Berkeley*, 1962. ——A. A. Luce, *The Dialectic of immaterialism*, 1963. ——A. Testa, *Meditazioni su Berkeley*, 1965. ——Warren E. Steinkraus, ed, *New studies in Berkeley's philosophy*, 1966. ——A. D. Ritchie, *George Berkeley. Reappraisal*, 1967. ——Gale W. Engle and Gabriele Taylor, *Berkeley's principles of human knowledge*, 1968. ——G. Ardley, *Berkeley's renovation of philosophy*, 1968. ——George J. Stack, *Berkeley's analysis of perception*, 1970. ——Paul J. Olscamp, *The Moral philosophy of*

George Berkeley, 1970.——D. Park, *Complementary notions*, 1972.】

第２章　理神論と自然宗教

312ページ　理神論

イタリア，フランスにおける理神論の歴史については，Henri Busson, *La pensée religieuse française de Charron à Pascal*, 1933 を参照．イギリスについては，Ed. Sayous, *Les déistes anglais et le christianisme, principalement depuis Toland jusqu'à Chubb*, 1882 および A. W. Evans, *Warburton and the Warburtonians. A study in some eighteenth Century Controversies*, Oxford University Press, 1932 を参照．

理神論の積極的な性格については，Leslie Stephen, *History of English Thought in the eighteenth century*（初版1876年，ロンドン；最新版1928年，ロンドン）を参照．

【G. V. Lechler, *Geschichte des Englischen Deismus*, 1841. ——J. Hunt, *History of religious thought in England from the Reformation to the end of the last century*, 1871.——S. G. Hefelbower, *The Relation of John Locke to English Deism*, 1918.——E. C. Mossner, *Bishop Butler and the Age of Reason*, 1926.——N. L. Torrey, *Voltaire and the English Deists*, 1930. ——C. M. Dentice di Accadia, *Il deismo inglese del settecento* (*Giornale Critico di Filosofia Italiane*, 1934). ——Herbert M. Morais, *Deism in Eighteenth-Century America*, 1934.——Hélène Metzger, *Attraction universelle et Religion naturelle chez quelques commentateurs anglais de Newton*, 1938. ——M. M. Rossi, *Alle fonti del deismo e del materialismo moderno*, 1942.——Gerald R. Cragg, *From Puritanism to the Age of Reason*, 1950.——R. N. Stromberg, *Religious liberalism in Eighteenth Century England*, 1954.——S. C. Carpenter, *Eighteenth Century Church and people*, 1959. ——R. L. Colie, *Spinoza and the early English Deists* (*Journal of the History of Ideas*, 1959).——Frank E. Manuel, *The Eighteenth Century confronts the Gods*, 1959.——Gerald R. Cragg, *Reason and Authority in the Eighteenth Century*, 1964.——Günter Gawlick, *Moralität und Offenbarungsglaube. Studien zum englischen Deismus*, 1965.——E. Graham Waring, ed, *Deism and Natural Religion: A Source Book*, 1967. ——Peter Gay, *Deism: An Anthology*, 1968.】

Carl L. Becker, *The Heavenly City of the Eighteenth-Century Philosophers*, New Haven, Yale University Press, 1932 は，いささか逆説めくが，18世紀の哲学者の内にもキリスト教的精神が中世的な形ですら残存したことを示している．

313ページ　17世紀末から18世紀初頭の理神論

Edw. Stillingfleet, *A Letter to a deist, in Answer to several objections against the truth and authority of the Scriptures*, London, Pitt, 1677, in-8°. ——*Défense de la religion chrétienne et de l'Écriture Sainte contre les déistes*, Paris, 1681.——Ed. Stillingfleeti Episcopi Vigormensis Angli *Epistola ad deistam...*, Ulmae, G.G. Kuhnius, 1695, in-8°.

【スティリングフリートについては, J. W. H. Nankivell, *Stillingfleet, Bishop of Worcester*, 1946.】

Dryden, *Religio laici ; or, a Layman's Fate. An Epistle*, London, 1682. 私が訳したのは次の個所（第42行以下）である.

> The Deist thinks he stands on firmer ground, / Cries *Eurêka*, the mighty secret's found:/ God is that spring of good, supreme and best, / We made to serve, and in that service blest ; / If so, some rules of worship must be given, / Distributed to all alike by Heaven : / Else God were partial and to some denied, / The means His justice should for all provide. / This general worship is to PRAISE and PRAY ;/ One part to borrow blessings, one part to pay ; / And when frail nature slides into offence, / The sacrifice for crime is penitence. / Yet since that effects of Providence, we find, / Are variously dispensed to human kind; / That vice triumphs and virtue suffers here / (A brand that sovereign justice cannot bear) : / Our Reason prompt us a future state, / The last appeal from Fortune and from Fate, / Where God's all-righteous ways will be declared, / The bad met punishment, the good reward. / Thus Man by his own strength to Heaven would soar, / And would not be obliged to God for more.

【Religio laici に関連する研究は, C. E. Ward, *Religio laici and Father Simon's History* (*Modern Language Notes*, 61, 1946). ——R. H. Perkinson, *A note on Religio laici* (*Philological Quarterly*, 27, 1949). ——E. R. Purpus, *A deistical essay attributed to Dryden* (*Ibid*, 29, 1950). ——A. E. Maurer, *Dryden and Pyrrhonism* (*Notes & Queries*, june 1957). ——T. H. Fujimura, *Dryden's Religio laici : an Anglican poem* (*Publications of the Modern Language Association of America*, 76, 1961). —— D. D. Brown, *Dryden's Religio laici and the 〈judicious and learned friend〉* (*Modern Language Review*, 56, 1961). ——E. J. Chiasson, *Dryden's apparent scepticism in Religio laici* (*Harvard Theological Review*, 54, 1961). ——D. R. Benson, *Who 〈bred〉 Religio laici* (*Journal of English and Germanic Philology*, 65, 1966). ——V. M. Hamm, *Dryden's Religio laici and Roman Catholic apologetics* (*Publications of the Modern Language Association of America*, 80, 1965). ——J. W. Corder, *Rhetoric and meaning in Religio laici* (*Ibid*, 82, 1967). ——J. K. Welcher, *The Opening of Religio laici and its Virgilian associations* (*Stud. in Eng. Lit. 1500-1900*, 8, 1968). ドライデンにかんする最近の研究は, C. V. Deane, *Dramatic theory and the rhymed heroic play*, 1931. —— G. E. Glazier, *Dryden's associations with Northamptonshire*, 1931. —— G. Fornelli, *La restaurazione inglese nell' opera di Dryden*, 1932. ——T. S. Eliot, *John Dryden : the poet, the dramatist, the critic*, 1932. ——W. Jünemann, *Drydens Fabeln und ihre*

Quellen, 1932. ——C. Hollis, *Dryden*, 1933. ——L. I. Bredvold, *The intellectual milieu of Dryden*, 1934. ——N. B. Allen, *The Sources of Dryden's comedies*, 1935. ——H. Macdonald, *Dryden : a Bibliography of early editions and of Drydeniana*, 1939. ——J. M. Osborn, *Dryden : some biographical facts and problems*, 1940. ——I. Rösecke, *Drydens Prologe und Epiloge*, 1940. ——M. C. Hoefling, *A Study in the structure of meaning in the satire verse〈characters〉 of Dryden*, 1946. ——T. W. Russell, *Voltaire, Dryden and heroic plays*, 1946. ——D. Nichol Smith, *Dryden*, 1950. ——F. L. Huntley, *On Dryden's Essay of dramatic poesy*, 1951. ——J. Söderlind, *Verb syntax in Dryden's prose*, 1951-1958. ——K. Young, *Dryden : a critical biography*, 1954. ——E. H. Emerson, H. E. Davis and I. Johnson, *Intention and achievement in All for love*, 1955. ——W. Frost, *Dryden and the art of translation*, 1955. ——B. Dobrée, *John Dryden*, 1956. ——R. M. Handel Myers, *Dryden and Milton*, 1956. ——A. M. Crinò, *John Dryden*, 1957. ——Id., *Dryden : poeta satirico*, 1958. ——W. Bleuler, *Das heroische Drama Drydens als Experiment dekorativer Formkunst*, 1958. ——M. Nänny, *Drydens rhetorische Poetik*, 1959. ——L. Proudfoot, *Dryden's Aeneid and its seventeenth-century predecessors*, 1960. ——C. E. Ward, *The Life of John Dryden*, 1961. ——B. N. Schilling, *Dryden and the conservative myth*, 1961. ——U. Amarasinghe, *Dryden and Pope in the early nineteenth century*, 1962. ——A. W. Hoffman, *Dryden's imagery*, 1962. ——J. A. Van der Welle, *Dryden and Holland*, 1962. ——B. N. Schilling, ed, *Dryden : a collection of critical essays*, 1963. ——F. H. Moore, *The nobler pleasure : Dryden's comedy in theory and practice*, 1963. ——J. Sutherland, *Dryden : the poet as orator*, 1963. ——G. McFadden, *Dryden, Boileau and Longinian imitation*, 1964. ——A. C. Kirsch, *Dryden's heroic drama*, 1965. ——G. R. Wasserman, *John Dryden*, 1965. ——S. A. Zebouni, *Dryden : A Study in heroic characterization*, 1965. ——A. H. Roper, *Dryden's poetic kingdoms*, 1965. ——H. T. Swedenberg, ed, *Essential articles for the study of Dryden*, 1966. ——B. King, *Dryden's major plays*, 1966. ——E. R. Miner, *Dryden's poetry*, 1967. ——S. Cerevini, *Dryden e Teocrito : barocco e neoclassismo nella Restaurazione inglese*, 1967. ——K. J. Hamilton, *John Dryden and the poetry of statement*, 1967. ——P. Harth, *Contexts of Dryden's thought*, 1968. ——B. King, ed, *Twentieth-Century interpretations of All for love*, 1968. ——Paul Ramsey, *Art of John Dryden*, 1969. ——H. James Jensen, *Glossary of John Dryden's critical terms*, 1969. ——Sanford Budick, *Dryden and the abyss of light*, 1970.】

Michel Levassor, *De la véritable religion*, 1688. この引用は第１部第７章より.

John Locke, *The reasonableness of Christianity, as delivered in the Scriptures*, London, 1695；仏訳 *Que la religion chrétienne est très raisonnable*, 1696；同 *Le christianisme raisonnable*, 1715.

John Toland, *Christianity not mysterious*, London, 1696.

William Stephens, *An account of the growth of Deism in England*, London, 1696.

Rev. Charles Leslie, *A short and easy method with the Deists. Wherein the Truth of the Christian Religion is demonstrated, by such Rules as stand upon the conviction of our outward senses, and which are incompatible with the Fabulous Histories of the Heathen Deities, the Delusions of Mahomet, or any other Imposture whatsoever. In a letter to a friend*, London, 1698.

Samuel Clarke, *A Discourse concerning the Being and attributes of God, the obligations of natural religion, and the trust and certainty of Christian Revelation..., Being Sixteen Sermons preach'd in the Cathedral Church of St. Paul in the years 1704 and 1705*；仏訳，1717年，1727年.

Jonathan Swift, *An argument to prove that the abolishing of Christianity in England may, as things now stand, be attended with some inconveniences, and perhaps not produce those many good effects proposed thereby. Written in the year 1708.*

〔E. D.〕, *The prodigious appearance of deism in this age, modestly accounted for in a letter from a Deist to a friend*, London, 1710.

Sir Richard Blackmore, *Essays on several subjects*, London, 1716.

Samuel Clarke, *A Collection of Papers, which passed between the late Learned Mr. Leibniz, and Dr. Clarke, in the years 1715 and 1716, relating to the principles of Natural Philosophy and Religion. With an appendix. To which are added, Letters to Dr. Clarke concerning Liberty and Necessity ; from a gentleman of the University of Cambridge ; with the Doctor's Answers to them. Also Remarks upon a Book, Entitled, A Philosophical Inquiry concerning human Liberty.* By Samuel Clarke, D. D. Rector of St James's Westminster. London, J. Knapton, 1717, in-8°.

John Leland, *A view of the principal deistical Writers that had appeared in England in the last and present Century...*, London, 1754. ―― *Journal Étranger* の1754年7月号に次のような書評がのっている.

「最初の手紙で著者は，理神論者という言葉が使われだした時期を明らかにしている．〈理神論者（デイスト)〉という語は啓示宗教をすべてしりぞける者をさす言葉だが，これは16世紀の中頃にフランス人とイタリア人が使いだしたもので，彼らは教義を否定する者の名としては〈無神論者〉よりこの方がいいと思ったらしい．ついでながら，理神論者という言葉がはじめは侮辱的なものでなかったことがこの指摘からわかる．しかし，やがてそうなってしまったのだ．ある言葉に侮辱の意味を含ませようとすれば，たちまちそうなるからである……」

317ページ　自然宗教

Jacques Abbadie, *Traité de la vérité de la religion chrétienne*, Rotterdam, 1684. この著作のいろいろな版や翻訳については，Albert Monod, *De Pascal à*

Chateaubriand : les défenseurs français du christianisme de 1670 à 1802, 1916 を参照.

【アバディについては次の研究がある. P. F. Marquié, *Abbadie considéré comme moraliste. Étude sur son《Art de se connoître soi-même》*, 1855.——M. Illaire, *Étude sur J. Abbadie considéré comme prédicateur*, 1858. ——J.-U. Bourdin, *Étude sur la《Traité de la Vérité de la religion chrétienne》d'Abbadie*, 1862. ——Paul Chaudier, *Étude morale sur l'《Art de se connaître soi-même》par Abbadie*, 1862.——Samuel Dieny, *Essai critique sur les preuves de l'existence de Dieu dans le《Traité de la vérité de la religion chrétienne》de J. Abbadie*, 1881.——Aimée Baudouin, *J. Abbadie, Prediger der französischen Gemeinde zu Berlin, in der Geschichte der französischen Literatur*, 1939.】

3部からなる Edward Synge, *A gentleman's religion...*, London, 1693（仏訳 *La religion d'un honnête homme qui n'est pas théologien de profession*, Amsterdam, 1699）の第1部は，宗教が自然的な諸原理によって証明されることを示しており，第2，第3部はキリスト教の教理を説明している.

The prodigious appearance of deism in this age, modestly accounted for in a letter from a Deist to his friend, London, 1710 の著者（E・D）は，自分がキリスト教から離れたのは，各教会が福音をそれぞれ勝手に解釈して内輪もめをしており，キリスト教徒の間には明らかに悪徳が支配しているからだと言う.「自分が創造されたままの理性と自然の状態」の方が好ましい（3ページ），だから私は「自然の愛すべき自由」へもどり，それを「今では享受している」(4ページ)，チャールズ1世時代の偽善と放蕩がその後もつづいているのを見て（6ページ)，「私はいっそう決意を固くし，何よりも，君らの福音書の薄明とは全然違う自然の光にもとづいた自己の原理をますます確信するようになった」，教会の無規律を確認したことも（12ページ)，「今所有している自然と自由と理性の状態に私を少なからず進み入らせた」と.

David Martin, *Traité de la religion naturelle*, par M. Martin, pasteur de l'Église d'Utrecht, Amsterdam, 1713.

ダヴィッド・マルタンはこう考える. 人間にとって，自己の創造者にたいする認識ほど容易に到達できるものはない. 自分自身の存在に少しでも注意を向け，自分をとりまく事物に少しでも目をやるならば，最高存在の叡知がじつに驚くべき仕方で描かれているのが見える. 次に，自分が感じうる感嘆，感謝，崇拝，服従の念について考えてみれば，自己の創造者にこそこれらを最高度に捧げねばならないことが認められるだろう.

「これらの義務とそこからおのずから演繹される義務の内には，自己の理性のみを道案内とする人間が最高存在に，万物の創造者に捧げねばならぬ崇拝が含まれている.〈自然宗教〉と名づけられるのはその崇拝である.」

Wollaston, *Religion of nature delineated*, London, 1722；仏訳，1726年.

【ウラストンについては，C. G. Thompson, *The Ethics of Wollaston*, 1922. 自然宗教についてはほかに，C. E. Raven, *Natural religion and Christian theology*, 1953.】

318ページ 「自然」という概念の定義しにくさ

Spinoza, *Tractatus Theologico-Politicus*, 第6章「奇蹟について」にはこうある.

「しかし彼ら〔民衆〕はこの両能力をいかに解すべきかについて,また神ならびに自然をいかに解すべきかについて何も知らないのであり,ただ神の能力を尊厳な王侯の支配のごとく表象し,自然の能力をば暴力または衝動のごとく表象するのみである」〔邦訳,『神学・政治論』,岩波文庫,上巻199ページ,畠中尚志訳〕.

フォントネルは「自然」という語に,種々さまざまな意味をあたえている.たとえば *Digression sur les Anciens et les Modernes ; Du Bonheur ; Fragments sur l'esprit humain ; Éloges des Académiciens : M. de la Hire, M. Varignon, M. Littre, M. Hartsoëker, le Czar Pierre Ier*, etc. を参照. *Entretiens sur la pluralité des mondes* のことはあとで言うが,この本の考え方にたいするライプニッツの批判をここで引用しておこう.ライプニッツからボシュエへの手紙,ハノーヴァー,1692年4月18日付.

「『世界の多数性に関する対談』を著わした才人の意見に私はくみしません.彼は侯爵夫人に言っているのです.あなたはたぶん自然というものをもっと大がかりに考えておられたのでしょう,今ではそれが職人の仕事場のようなものにすぎないことがおわかりのはずです,などと……

昔は,みなわけもわからず自然に感心していました.それが立派なことと思われていました.最近は自然を非常に扱いやすいものと思うようになり,嵩じては自然を馬鹿にするようにまでなっています.自然などもう十分知っていると思いこむ一部の新しい哲学者のなまけ癖をつちかうまでになっています」〔*Correspondance de Bossuet*, collection《Les Grands Écrivains de France》, nouvelles éditions, 1909-1925, t. 5, p. 133-134〕.

Robert Boyle, *De ipsa natura, sive libera in receptam naturae notionem disquisitio ad amicum*, Londini, 1686.

Nouvelles de la République des Lettres, 1686年12月号,記事3.

Journal des Savants, 1687年11月17日号.

A Free Enquiry into the vulgary received notion of Nature ; made in an Essay address'd to a friend. By R. B., Fellow of the Royal Society. London, 1686.

Pierre Bayle, *Réponse aux questions d'un Provincial*, 第2巻第105章「自然から発するものとは正確に言って何なのか.或る事柄が善であるのを知るためには,自然がそれを教えていることを知るだけで十分なのか」;同第111章.

Nourrisson, *Philosophies de la Nature*, 1887, p. 76を参照.

320ページ 自然宗教は成立宗教を矯正する

Pierre Bayle, *Ce que c'est que la France toute catholique sous le règne de Louis le Grand*, Saint-Omer, 1686 には次のようにある.

「自然的な公正のほかいかなる宗教も持たない人がなんと言うか,聞いていただきたいと思います.この連中は,あなたがたのふるまいを反駁の余地のない論拠と見立てています.もっとさかのぼって,あなたがたの(49)カトリック教が6,700年にわたり世界

中で行なってきた劫掠と流血の暴行を見た場合，彼らはいやでもこう言わざるをえないのです．神は本質的に善であるから，成立宗教などというよこしまなものの作り主であられるはずがない，神が人間に啓示されたのは自然の法だけだったのに，われわれの安息をかきみだす悪魔どもが，戦争と殺戮と不正の永遠の種子になることを承知の上で，もろもろの特殊な礼拝をうちたて，自然宗教の畑に夜陰に乗じて毒麦の種子を播いたのだ，と．こういう瀆神の言は，良心におぞけをふるわせます．しかし，神にたいしてその責任を負うのはあなたがたの教会でしょう……」〔*Œuvres diverses*, éd. de 1737, t. II, p. 338〕．

320ページ　アンソニー・コリンズ

An Essay concerning the use of Reason, London, 1707.

A Discourse of freethinking, London, 1713. —— *Discours sur la liberté de penser, écrit à l'occasion d'une nouvelle secte d'esprits forts, ou de gens qui pensent librement*. Traduit de l'anglais et augmenté d'une lettre d'un médecin arabe. A Londres, 1714, in-12. ；改訂第2版，同，1717年．

〔An.〕, *Le parti le plus sûr, ou la vérité reconnue en deux propositions*, I. Le droit que nous avons à la connaissance des Vérités tant divines qu'humaines, est sujet à de certaines modifications, qui règlent l'usage que nous devons faire de nos pensées. II. L'obligation où nous sommes d'avoir de la Religion consiste à régler nos pensées de la manière la plus sûre, pour en connaître les vérités. Au sujet du Discours de la liberté de penser. Par le chevalier à qui l'auteur de ce discours l'avait adressé. A Bruxelles, 1715.

De Crousaz, *Examen du Traité de la liberté de penser*, Amsterdam, 1718.

【クルーザについては，Jacqueline E. de La Harpe, *Jean-Pierre de Crousaz et le conflit des idées au siècle des lumières*, 1955.】

アンソニー・コリンズは自ら模範を示して，ベールが *Pensées diverses écrites à un Docteur de Sorbonne, à l'occasion de la Comète qui parut au mois de Décembre 1680* で提唱した心理的変化に梃子いれをした．無神論者は今や道徳的な優越を主張するようになった．1704年にジャック・バナージュ(50)はこの変化を記録して，それに攻撃を加えている．

「悪徳の無神論者はそれほど更生させにくいものではない．彼らが誰よりも嫌われるのは，謬見に加えて不浄な行ないをしているからで，その謬見自体もまま故意のものである．彼らが神という考えを圧殺したのは欲得ずくにすぎない．……しかし，道徳的な純潔と情念からの完全な解脱，精神的な高尚さ，俗人の上に立つ自立性などを誇りとする思弁的な無神論者は，ほとんど難攻不落に近い……」「背神の徒は私心のなさを自慢する．自分は情念に流されているのではない，自分の無信仰は思索の結果，勉強の結果だと言う．そして，流れにさからって泳ぎ，しっぽをつかまれると，自分を嫌う大衆にまっこうから挑戦する．神学者らは世人の讃辞に酔いしれたり，それを必死に求めたりするが，背神の徒は世の人の喝采など超越している．悪しきキリスト教徒のように放蕩におぼれることもなく，迷信家のように熱心が嵩じて血縁の掟や人倫をふみにじったり，隣人の胸に短剣を突き刺すようなまねもしない……」

引用は *Histoire du Vieux et du Nouveau Testament représentée par des figures gravées en tailles douces..., On y ajoute deux discours pour prouver l'existence d'un Dieu, l'inspiration de Moïse et des Prophètes, et la Vérité de la religion chrétienne*, par M. Basnage, Amsterdam, 1704 から.

【バナージュについては, E.-André Mailhet, *J. Basnage, théologien, controversiste, diplomate et historien. Sa vie et ses écrits*, 1880. コリンズについては最近次の研究が出た. James O'Higgins S. J., *Anthony Collins, the man and his works*, 1970.】

324ページ　ジョン・トーランドとソクラテス会

ここでは Albert Lantoine, *Un précurseur de la franc-maçonnerie, John Toland (1670-1722)*, 1927 の巻末にある *Pantheisticon* (1720) の仏訳に従った.

第3章　自 然 法

329ページ　神授権

John Neville Figgis, *Studies of Political Thought from Gerson to Grotius*, Cambridge University Press, 1907；第2版, 1916年.

Id., *The Divine Right of Kings*, Cambridge University Press, 1896；第2版, 1914年.

【G. M. Straka, *The final phase of divine right theory in England, 1688-1702* (*English Historical Review*, 1962).】

331ページ　マキャヴェッリ

その影響の残存を示すいくつかの証言をあげると, *L'Ambassadeur et ses fonctions*, trad. par Abraham de Wicquefort, 1681.——*Le Prince de Nicolas Machiavel, Secrétaire et Citoyen de Florence*, traduit et commenté par A. N. Amelot de la Houssaye, Amsterdam, 1683；Ibid., 1684；第3版, 同, 1686年. ——*Nicholai Machiavelli Princeps*, interprete C. Langenhert... qui sua ei commentaria adjecit, Amstelodami, 1699.

Histoire de Louis XII, par M. Varillas, 1688 の第1巻には次のようにある.

「マキャヴェッリは世界一野蛮な国に生まれてもあれ以上盲目にはならなかったろう. 彼は自分が語るおぞましい行為をみな容認する. 少なくとも, 実際それを容認するかのごとくに語る……」

〔An.〕, *La confession réciproque, ou dialogues du temps, entre Louis XIV et le Père de la Chaize son confesseur*, 1694 の16ページにはこうある.「ただし, 国王には他の人にはない特権があります. 私人には大罪になるようなことも, 君主にはなんでもないのです. 聖人マキャヴェッリも言っているではありませんか. 〈よく考えてみると, 徳行のように見えることでも君主が行なえば破滅の因となるし, 悪徳のように見えることでもその幸福の因となる〉. これが『君主論』第15章の結びの言葉です.」95ページをも参照.

Friedrich Meinecke, *Die Idee der Staatsraison in der neueren Geschichte*. Dritte durchgesehene Ausgabe. München und Berlin, 1929 を参照.

【マキャヴェッリの影響については次の研究がある. Albert Chérel, *La Pensée de Machiavel en France*, 1935.――Andrea Sorrentino, *Storia dell' Antimachiavelismo europeo*, 1936.――Charles Benoit, *Le Machiavélisme*, t. III, *Après Machiavel*, 1936.――Antonio Panelli, *Gli antimachiavellici*, 1943. ――Charles Benoit, *L'Influence des idées de Machiavel*, 1962.――Étienne Thuau, *Raison d'État et pensée politique à l'époque de Richelieu*, 1966.――Vincent Fournier, *Les Traductions françaises du《Prince》et des《Discours sur la première décade de Tite-Live》de Machiavel, en France au XVIe et XVIIe siècles (1544-1644)*, 1967. ――C. Lefort, *Le Travail de l'œuvre: Machiavel*, 1972.】

331ページ　ホッブズ

その影響の残存を示すいくつかの証言をあげると, *Hobbesianismi Anatome*, qua... philosophi illius a religione christiana apostasia demonstratur..., authore M. Gisberto Cocquio..., Trajecti ad Rhenum, 1680.―― Samuel Clarke, *A Demonstration of the Being and Attributes of God;* more particularly in answer to Mr. Hobbes, etc. (ボイル・レクチュアズ, 1704, 1705年). ―― Richard Cumberland, *De legibus naturae*, London, 1672 もホッブズを反駁するために書かれたものである.

Hobbes, *Leviathan*, reprinted from the edition of 1651, with an Essay by the late W. G. Pogson Smith, Oxford, 1909 を参照.

Thomas Hobbes, *The Elements of Law, natural and politic.* Edited with a Preface and critical notes by Ferdinand Tönnies. Cambridge University Press, 1928.

B. Smyrniadis, *Les doctrines de Hobbes, Locke et Kant, sur le droit d'insurrection*, 1921.

J. Lips, *Die Stellung des Thomas Hobbes zu den politischen Parteien der grossen Englischen Revolution*, Leipzig, 1927.

L. Bandini, *Shaftesbury*, Bari, 1930 (I, Da Hobbes a Shaftesbury).

B. Landry, *Hobbes*, 1930.

【Z. Lubieński, *Die Grundlagen des ethisch-politischen Systems von Hobbes*, 1932.――J. Laird, *Hobbes*, 1934.――L. Einaudi, *La Teoria dell' imposta in Thomas Hobbes*, 1934. ――J. Vialatoux, *La Cité de Hobbes*, 1935. ――Leo Strauss, *The political philosophy of Hobbes*, 1936. ―― G. P. Gooch, *Hobbes*, 1939.――Clarence D. Thorpe, *Aesthetic theory of Thomas Hobbes*, 1940.――G. Bianca, *Diritto e Stato nel pensiero di Thomas Hobbes*, 1946. ――G. Nardo, *Spinoza. Il pensiero politico e religioso in rapporto con Hobbes*, 1947. ――W. Van Konijnenburg, *Thomas Hobbes's Leviathan*, 1949. ――D. G. James, *The Life of reason. Hobbes, Locke and Bolingbroke*, 1949. ――J. Bowle, *Hobbes and his critics : A Study in Seventeenth Century constitutionalism*, 1951. ――Francis L. Windolf, *Leviathan and Natural Law*, 1951.――Hugh Macdonald and Mary Hargreaves, *Thomas Hobbes. A Bibliography*, 1952.――V. D'Alessandro, *Il problema pedagogico di Hobbes*, 1953. ――R. Polin, *Politique et*

philosophie chez Thomas Hobbes, 1953.——G. Davy, *Thomas Hobbes et Jean-Jacques Rousseau*, 1953.——Richard Peters, *Hobbes*, 1956.——H. Warrender, *The political philosophy of Hobbes : his theory of obligation*, 1957. ——T. E. Jessop, *Hobbes*, 1961.——L. Stephen, *Hobbes*, 1961.——Samuel I. Mintz, *The Hunting of Leviathan. Seventeenth-Century reactions to the materialism and moral philosophy of Thomas Hobbes*, 1962.——B. Macpherson, *Political theory of possessive individualism. Hobbes to Locke*, 1962. ——E. J. Roesch, *The totalitarian threat. The Fruition of modern individualism as seen in Hobbes and Rousseau*, 1963.——R. Schnur, *Individualismus und Absolutismus. Zur politische Theorie von Thomas Hobbes*, 1963. —— Francis H. Hood, *Divine politics of Thomas Hobbes*, 1964.——John W. Watkins, *Hobbes's system of ideas*, 1965.——N. Bobbio, *Da Hobbes a Marx*, 1965. ——Keith C. Brown, ed, *Hobbes Studies*, 1965. ——Leo Strauss, *Hobbes politische Wissenschaft*, 1965.——A. Pacchi, *Convenzione e ipotesi nella formazione della filosofia naturale di Thomas Hobbes*, 1965.——M. M. Goldsmith, *Hobbes's science of politics*, 1966.——F. S. McNeilly, *Anatomy of Leviathan*, 1968.——David P. Gauthier, *Logic of Leviathan. The moral and political theory of Thomas Hobbes*, 1969.——John Kemp, *Ethical naturalism. Hobbes and Hume*, 1970. ——Alfred E. Taylor, *Thomas Hobbes*, 1970.】

332ページ　自然法

それ以前の時期については，

Otto von Gierke, *Johannes Althusius und die Entwickelung der naturrechtlichen Staatstheorien*. Dritte durch Zusätze vermehrte Ausgabe. Breslau, 1913.

自然法思想の発展にかんするいくつかの研究をあげると，

C. Van Vollenhoven, *De drie treden van het volkenrecht*, S'Gravenhage, 1918.

Louis Le Fur, *La théorie du droit naturel depuis le dix-septième siècle et la doctrine moderne* (*Recueil des cours de l'Académie de La Haye*, t. XVIII, 1927, 393ページ以下).

Antonello Gerbi, *La politica del Settecento. Storia di un'idea*, Bari, 1928.

Georges Gurvitch, *L'idée du droit social. Notion et système du droit social. Histoire doctrinale depuis le dix-septième siècle jusqu'à nos jours*, 1931.

【C. E. Vaughan, *Studies on the history of political philosophy before and after Rousseau*, 1939. ——Henri Rommen, *Le Droit naturel, histoire, doctrine*, 1945.—— R. Derathé, *Jean-Jacques Rousseau et la science politique de son temps*, 1950. ——Alessandro Passerin d'Entrèves, *Natural law, an Introduction to legal philosophy*, 1951. —— F. Fluckiger, *Geschichte des Naturrechts*, 1954.——Leo Strauss, *Droit naturel et histoire*, trad. fr., 1954.】

333ページ　グロティウス

その法学的影響の残存を示すいくつかの証言をあげると，

Johann Georg Kulpis, *Collegium grotianum...*, Francfurt am Mein, 1682. (*Journal des Savants* の1683年4月5日号にはこうある.「数人の若い学生が，グロティウスの『戦争と平和の法』を完全にきわめたいと思って，その解説をしてくれとこの教授にたのんだ．教授はそこで15回講義をし，それを本書にまとめたのである……」) ——G. V. M., *Dissertationes De origine juris naturalis et societatis civilis*, Ultrajecti, 1684（グロティウス批判).—— Johannis Paulini Olivekrans *Tabulae in Hugonis Grotii De Jure Belli ac Pacis libros*, editae a Simone Henrico Musaeo D. et Juris nat. ac gent. in ac. kilionensi Professore, Kiloni, 1688.

Hugo Grotius, *De jure belli et pacis libri tres*, in quibus jus naturae et gentium, item juris publici praecipua explicantur. Cum annotationibus auctoris edidit P. C. Molhuysen. Lugduni Batavorum, 1919 につけたC・ファン・フォレンホーフェンの序文を参照.

W. S. M. Knight, *The life and works of Hugo Grotius*, London, 1925 (*The Grotius Society publications*, n⁰ 4).

J. Ter Meulen, *Liste bibliographique des soixante-seize éditions et traductions du De Jure belli et pacis de Hugo Grotius* (*Bibl. Visseriana, V*), Lugduni Batavorum, 1925.

Erik Wolf, *Grotius, Pufendorf, Thomasius*, Tübingen, 1927.

C. Van Vollenhoven, *The framework of Grotius's Book De jure belli et pacis*, Amsterdam, 1931.

【グロティウスにかんするその後の主な研究は，J. Joubert, *Étude sur Grotius*, 1935.——Olaf Carlsen, *Hugo Grotius*, 1938.——W. J. M. Van Eysinga, *Huig de Groot als Nederlandsch gezant*, 1940. ——O. Kluge, *Die Dichtung das Hugo Grotius*, 1940.——F. Busken-Huet, *Huigh de Groot*, 1941. ——A. Hallema, *Hugo de Groot het Delftsch orakel, 1583-1645*, 1942. ——W. J. M. Van Eysinga, *Huigh de Groot, een Schets*, 1945.——*Hommage à Grotius*, 1946. ——Philip Leylan, *Grotius et l'école du droit naturel*, 1946.——J. G. de Voogd, *Erasmus en Grotius*, 1946.——H. A. Ett, *Hugo de Groot* (*Historia*, 1946).—— J. P. Gripling, *Hugo de Groot. Zijn bewogen leven en wereldberoemde werken*, 1947.——A. Corsano, *Ugo Grozio. L'Umanista, il teologo, il giurista*, 1948. ——P. Ottenwälder, *Zur Naturrechtslehre des Hugo Grotius*, 1950. ——Jacob ter Meulen et P. J. J. Diermanse, *Bibliographie des écrits imprimés de Hugo Grotius*, 1950. ——A. Nelson, *Hugo Grotius, quelques observations*, 1952. ——W. J. M. Van Eysinga, *Hugo Grotius*, 1952.——G. Ambrosetti, *I Presupposti teologici e speculativi delle concezioni giuridiche di Grotius*, 1955. —— H. Wehberg, *Hugo Grotius*, 1956.——G. Del Vecchio, *Due note su A. Gentili e su Ugo Grozio*, 1957.——M. Diesselhorst, *Die Lehre des Hugo Grotius vom Versprechen*, 1959.——Jacob ter Meulen et P. J. J. Diermanse, *Bibliographie des écrits sur Hugo Grotius imprimés au XVIIe siècle*, 1961.——John Tooke, *Just war in Aquinas and Grotius*, 1965.——Edward Dumbauld, *Life and legal*

writings of Hugo Grotius, 1969.】

335ページ　スピノザ

原文は，

「PROPOSITIO VI.——*Unaquaeque res, quantum in se est, in suo esse perseverare conatur.* DEMONSTRATIO.——Res enim singulares modi sunt, quibus Dei attributa certo et determinato modo exprimuntur ; hoc est res, quae Dei potentiam, qua Deus est et agit, certo et determinato modo exprimunt ; neque ulla res aliquid in se habet, a quo possit destrui, sive quod ejus existentiam tollat ; sed contra et omni, quod ejusdem existentiam potest tollere, opponitur ; adeoque quantum potest, et in se est, in suo esse perseverare conatur. Q. E. D.」

【スピノザの政治理論については次の研究がある．J. E. Horn, *Spinozas Staatslehre zum ersten Male dargestellt*, 1863. ——Paulin Malapert, *De Spinozae Politica*, 1897.——Adolf Menzel, *Wandlungen in der Staatslehre Spinozas*, 1898.——Robert A. Duff, *Spinoza's political and ethical philosophy*, 1903.——Louis Adelphe, *Comment la notion de loi humaine conçue par Spinoza peut-elle être déduite de sa philosophie générale*, 1905. ——Id., *De la notion de souveraineté dans la politique de Spinoza*, 1910.——Id., *La Formation et la diffusion de la politique de Spinoza* (*Revue de Synthèse historique*, 1914). ——Madeleine Francès, *Spinoza dans les pays néerlandais de la seconde moitié du XVIIe siècle*, 1937.——Walter Eckstein, *Rousseau and Spinoza* (*Journal of the History of Ideas*, 1944).——Ferdinand Alquié, *Servitude et liberté selon Spinoza*, s. d.——F. Magliano, *Il diritto nel sistema di B. Spinoza*, 1947. ——G. Nardo, *Spinoza. Il pensiero politico e religioso in rapporto con Hobbes*, 1947.——Madeleine Francès, *Les Réminiscences spinozistes dans le Contrat Social de Rousseau* (*Revue philosophique de la France et de l'étranger*, 1951). ——J. Dunner, *Benedict Spinoza and Western Democracy*, 1955. ——Robert Misrahi, *Le Droit et la liberté politique chez Spinoza* (*Mélanges de Philosophie et de Littérature juives*, 1-2, 1956-1957). ——Madeleine Francès, *La Liberté politique selon Spinoza* (*Revue philosophique de la France et de l'étranger*, 1958).——Lewis Samuel Feuer, *Spinoza and the rise of liberalism*, 1958. ——Sylvain Zac, *Société et Communion chez Spinoza* (*Revue de Métaphysique et de Morale*, 1958).——René de Lacharrière, *Étude sur la théorie démocratique. Spinoza-Rousseau-Hegel-Marx*, 1963. ——A. Deregibus, *La Filosofia etico-politica di Spinoza*, 1963.——Sylvain Zac, *État et Nature chez Spinoza* (*Revue de Métaphysique et de Morale*, 1964).——Jean Préposiet, *Spinoza et la liberté des hommes*, 1967. ——Robert J. McShea, *Political philosophy of Spinoza*, 1968. ——G. Belaief, *Spinoza's philosophy of law*, 1971.】

335ページ　プーフェンドルフ

De jure naturae et gentium libri octo, Londini Scanorum, 1672. ——バルベラックによる仏訳．アムステルダム，1706年，1712年——英訳．第2版，ロンドン，

1710年；第4版，1729年——独訳．フランクフルト，1711年〔1712年〕．

De officio hominis et civis juxta legem naturalem libri duo, Londini Scanorum, 1673. —— A. テシエによる仏訳，ベルリン，1696年．バルベラックによる仏訳，アムステルダム，1707年，1708年，1715年——英訳．第2版，1698年；第4版，ロンドン，1716年——独訳．ライプツィヒ，1691年，1702年．

Elementorum Jurisprudentiae Universalis libri duo; vol. I, Photographic reproduction of the Edition of 1672, introduction by Hans Wehberg; vol. II, translation by W. A. Oldfather. Oxford and London, 1931 (*The Classics of international law*, edited by James Brown Scott) を参照．

研　究

Erik Wolf, *Grotius, Pufendorf, Thomasius...*, Tübingen, 1927.

Hans Welzel, *Die Kulturphilosophischen Grundlagen der Naturrechtslehre Samuel Pufendorfs und ihre Kulturhistorische Bedeutung* (*Deutsche Vierteljahrschrift für Literaturwissenschaft und Geistesgeschichte*, IX, 1931).

【H. Rödding, *Pufendorf als Historiker und Politiker*, 1912.——A. P. Weppler, *Samuel Pufendorf*, 1928. —— H. Funke, *Die Lehre vom Fürsten bei Samuel Pufendorf*, 1930.—— Hans Welzel, *Die Naturrechtslehre Samuel Pufendorfs*, 1958. —— Erik Wolf, *Grosse Rechtsdenker der deutschen Geistesgeschichte*, 1963.——Leonard Krieger, *The Politics of discretion : Pufendorf and the acceptance of Natural Law*, 1965.】

337ページ　リチャード・カンバーランド

De legibus naturae disquisitio philosophica..., authore Ricardo Cumberland..., London, 1672.——*A treatise of the laws of nature*, by... Richard Cumberland..., made English from the Latin by John Maxwell..., London, 1727. —— *Traité philosophique des lois naturelles*, par Richard Cumberland, traduit du latin par M. Barbeyrac..., avec des notes du traducteur. Amsterdam, P. Mortier, 1744, in-4°.——*Les lois de la nature expliquées par le docteur Cumberland...*, par M. Barbeyrac, Leide, Haak, 1757, in-4°.

【F. C. Sharp, *The Ethical System of Richard Cumberland* (*Mind*, 1912).】

337ページ　ボシュエとジュリユ

Pierre Jurieu, *Lettres pastorales adressées aux fidèles de France qui gémissent sous la captivité de Rabylone*, seizième lettre pastorale de la troisième année, 15 Avril 1689 : De la puissance des souverains, de son origine, de ses bornes.

Bossuet, *Cinquième Avertissement aux protestants sur les lettres du ministre Jurieu...*, Le fondement des empires renversé par ce ministre, 1690.

Frank Puaux, *L'évolution des théories politiques du protestantisme français pendant le règne de Louis XIV* (*Bulletin de la Société d'Histoire du Protestantisme français*, 1913-1914). —— Id., *Les défenseurs de la souveraineté du peuple sous le règne de Louis XIV*, 1917 を参照．

339ページ　絶対君主制原理への抵抗

紹介と文献目録はE. Carcassonne, *Montesquieu et le problème de la constitution française au dix-huitième siècle*, 1927 にある.

【Friedrich Kleyser, *Der Flugschriftenkampf gegen Ludwig XIV zur Zeit des pfälzischen Krieges*, 1935. ——Harold J. Laski, *The Rise of European Liberalism*, 1936. ——P. J. W. Van Malssen, *Louis XIV d'après les pamphlets répandus en Hollande*, 1938. ——Michaele Frost, *L'Opposition à l'absolutisme dans la littérature française au temps de Louis XIV*, 1955. ——Edmond Préclin et Eugène Jarry, *Les Luttes politiques et doctrinales aux XVIIe et XVIIIe siècles*, 1955-1956. ——R. Villers, *Opposition et doctrines d'opposition aux XVIIe et XVIIIe siècles*, 1959-1960. ——Lionel Rothkrug, *Opposition to Louis XIV*, 1965.】

340ページ　ジョン・ロック

Two treatises of government. In the former the false principles and foundation of Sir Robert Filmer and his followers are detected and overthrown. The latter is an Essay concerning the true Original, Extent, and End of Civil government. Licensed Aug. 3, 1689；第2版, 1694年；第3版, 1698年；第4版, 1713年.

Du gouvernement civil, où l'on traite de l'origine, des fondemens, de la nature, du pouvoir et des fins des sociétés politiques. Traduit de l'anglais de John Locke par David Mazel, Amsterdam, 1691.

研　究

Ch. Bastide, *John Locke. Ses théories politiques et leur influence en Angleterre*, 1906.

Herbert D. Foster, *International Calvinism through Locke and the Revolution of 1688* (*The American Historical Review*, vol. 32, October 1926 to July 1927).

Ugo Redano, *Storia delle dottrine politiche* (Parte III, capit. 2), Bologna, 1931.

【ロックの政治理論にかんするその後の主な研究は, J. L. Stocks, *Locke's contribution to political theory* (*Tercentenary Addresses*, 1933). —— C. J. Czajkowski, *The Theory of private property in Locke's political philosophy*, 1941.——Willmoore Kendall, *John Locke and the doctrine of majority-rule*, 1941.——J. W. Gough, *John Locke's political philosophy*, 1950. ——R. H. Cox, *Locke on war and peace*, 1960. ——R. Polin, *La Politique morale de John Locke*, 1960.——Crawford B. Macpherson, *Political theory of possessive individualism. Hobbes to Locke*, 1962.——N. Bobbio, *Locke e il diritto naturale*, 1963.——John Dunn, *Political thought of John Locke*, 1969. ——M. Seliger, *Liberal politics of John Locke*, 1969.】

343ページ　フェヌロン

Albert Chérel, *Fénelon au dix-huitième siècle en France*, 1918.

Albert Cahen, *Introduction et notes à l'édition de Télémaque* (Collection des

Grands écrivains de la France), 1920.

Albert Chérel, *Introduction et notes aux œuvres choisies de Fénelon*, 1923.

Id., *De Télémaque à Candide* (*Histoire de la littérature française*, publiée sous la direction de J. Calvet, t. VI), 1933.

【フェヌロンの政治思想にかんする主な研究は, Gilbert Gidel, *La Politique de Fénelon*, 1906.――Ferdinand Bouchez, *Le Mouvement libéral en France au XVIIe siècle (1610-1700)*, 1908. ―― George Tréca, *Les Doctrines et les réformes de droit public en réaction contre l'absolutisme de Louis XIV dans l'entourage du duc de Bourgogne*, 1909.――Moïse Cagnac, *Fénelon. Politique tirée de l'Évangile*, 1912.――Richard Osterloh, *Fénelon und die Anfänge der literarischen Opposition gegen das politische System Ludwigs XIV*, 1913. ――Ch. Urbain, *Fénelon : Écrits et lettres politiques*, 1920 への序文――Maxime Leroy, *Fénelon*, 1928.――Georges Flamand, *Les Idées politiques et sociales de Fénelon*, 1932.――Georges Lizerand, *Le Duc de Beauvillier, 1648-1714*, 1933. ―― David J. Zermati, *La Place de Fénelon dans l'histoire des doctrines économiques*, 1934. ―― Raymond Schmittlein, *L'Aspect politique du différend Bossuet-Fénelon*, 1954. ――George R. Havens, *Fénelon critic of Louis XIV* (*The Age of ideas*, 1955).――Françoise Gallouédec-Genuys, *Le Prince selon Fénelon*, 1963.】

345ページ　フランスの改革家たち

P. Sagnac, *Les Institutions politiques et administratives* (L'économie sociale, dans l'*Histoire de France* d'Ernest Lavisse, t. VIII. Louis XIV. La fin du règne), 1908.

【ボワギユベールとヴォーバンについては次の研究がある. (1)ボワギユベールについて. Félix Cadet, *Pierre de Boisguillebert, précurseur des économistes (1646-1714)*, 1870.――E. Méret, *Études sur les travaux économiques de Boisguillebert*, 1893.――M. Frotier de La Messelière, *Boisguillebert et la liberté du commerce des grains*, 1903.――A. Talbot, *Les Théories de Boisguillebert et leur place dans l'histoire des doctrines économiques*, 1903.――R. Durand, *Essai sur les théories monétaires de Pesant de Boisguillebert*, 1922.―― J. H. Bast, *Vauban en Boisguillebert*, 1935.――*Pierre de Boisguilbert ou la naissance de l'économie politique*, 1966. (2)ヴォーバンについて. A. de Boislisle, *La Proscription du projet de dîme royale et la mort de Vauban*, 1875.――Georges Michel, *Histoire de Vauban*, 1879. ――Paul Bondois, *Vauban*, 1884. ――Adrien Mellion, *Vauban. L'homme de guerre, l'homme d'État, l'homme privé*, 1886. ――E. M. Lloyd, *Vauban, Montalembert, Carnot. Engineer studies*, 1887.―― R. Dollfuss, *Uber die Idee der einzigen Steuer, Vauban und seine Dîme royale*, 1897.――M. Poullin, *Vauban, l'ingénieur, l'économiste*, 1891. ―― G. Michel et A. Liesse, *Vauban économiste*, 1891.――Ferdinand Dreyfus, *Vauban économiste*, 1892. ――H.-L. Lohmann, *Vauban, seine Stellung in der Geschichte der Nationalökonomie und sein Reformplan*, 1895. ――Maurice Sautai, *Docu-*

ments inédits sur Vauban et Fénelon, 1908.——J.-B. Maurice Vignes, *Histoire des doctrines sur l'impôt en France. Les Origines et les destinées de la dîme royale de Vauban*, 1909.——Rochas d'Aiglun, *Vauban, sa famille et ses écrits. Ses oisivetés et sa correspondance*, 1910. ——Fritz-Karl Mann, *Der Marschall Vauban. Volkswirtschaft und Steuerpolitik*, 1913.——Id., *Der Marschall Vauban und die volkswirtschaftliche Lehre des Absolutismus*, 1914.——Daniel Halévy, *Vauban*, 1923.——René Sauliol, *Le Maréchal de Vauban, sa vie, son œuvre*, 1924.——M. de Fels, *Vauban*, 1932.——P. Lazard, *Vauban*, 1934.——*Congrès Vauban*, 1935.——*Le Maréchal de Vauban*, 1953. —— G.-G. Toudouze, *Monsieur de Vauban*, 1954.——Jacques Guttin, *Vauban et le corps des ingénieurs militaires*, 1957.——Alfred Rébelliau, *Vauban*, 1962.——Michel Parent et Jacques Verroust, *Vauban*, 1971.】

346ページ　クリスティアーン・トマジウス

Fundamenta juris naturae et gentium, ex sensu communi deducta, in quibus ubique secernuntur principia honesti, justi, ac decori. Hallae et Lipsiae, 1705; Editio quarta, praecedentibus auctior... in usum auditorii Thomasiani, Ibid., 1718.

Erik Wolf, *Grotius, Pufendorf, Thomasius...*, Tübingen, 1927 を参照.

346ページ　グラヴィーナ

J. Vincentii Gravinae... *Origines juris civilis*, quibus ortus et progressus juris civilis, jus naturale gentium et XII Tab. explicantur, Lipsiae, 1708.

Franc Moffa, *Gian Vincenzo Gravina* (*Scritti di letteratura italiana*, diretti da E. Percopo, Vol. VII, 1907) を参照.

【グラヴィーナ研究には，ほかに次のものがある. G. Passeri, *Vita di G. V. Gravina* (premessa alle Opere scelte), 1819. ——A. Casetti, *La Vita e le opere di G. V. Gravina*, 1874. ——F. Balsamo, *Delle dottrine filosofiche e civili di G. V. Gravina*, 1879.——V. Julio, *Saggio sulla vita e sulle opere di G. V. Gravina*, 1880.——A. Bertoldi, *Studio su G. V. Gravina*, 1885.——F. Moffa, *Pel Gravina poeta tragico* (*Rivista abruzzese*, 1901). ——B. Croce, *Di alcuni giudizi sul Gravina, considerazione estetica* (*Raccolta di Studi critici*, 1901). ——R. Micacchi, *Le Teorie pedagogiche di G. V. Gravina*, 1901. ——G. Folchieri, *G. V. Gravina giurista e filosofo* (*Arcadia*, 1918). ——G. Natali, *G. V. Gravina letterato*, 1919.——L. Stefanini, *Arte e vita nel pensiero di G. V. Gravina* (*Riv. Filos. neoscol.*, 1920-1921).——A. Cammarata d'Alù, *Intorno a G. V. Gravina estetico e critico*, 1925.——D. A. Cardone, *G. V. Gravina e la scuola del diritto naturale* (*Saggi di filosofia giuridica e politica*, 1930). ——B. Croce, *G. V. Gravina l'illuminante* (*Nuovi saggi sulla letteratura italiana del Seicento*, 1931).——A. Cammarata d'Alù, *Generi e unità nella poetica di G. V. Gravina* (*Atti della R. Accad. Peloritana*, 38, 1935-1936). ——B. Barillari, *L'Estetica di G. V. Gravina*, 1937. ——Id., *Preestetica e filosofia del diritto in G. V. Gravina*, 1937-1939. ——B. Croce, *L'Estetica del Gravina*

(*Problemi di estetica*, 1940).——B. Barillari, *G. V. Gravina come precursore del Vico*, 1942.——Id., *La Posizione e l'esigenza del Gravina e altri saggi*, 1953.——P. Mazzarella, *Studi graviniani* (*Sophia*, 1954).——A. Pepe, *L'Estetica del Gravina e del Caloprese e altri saggi*, 1955. ——F. Ulivi, *La Cultura del primo Settecento e G. V. Gravina* (*Humanitas*, 1955).——C. Ghisalberti, *V. Gravina giurista e storico*, 1962.】

第4章　社会道徳

350ページ　道徳と宗教の分離

いちばん重要なテキストは Pierre Bayle, *Pensées diverses sur la Comète*. Édition critique, avec une introduction et des notes, publiée par A. Prat, 1911-1912 (Société des textes français modernes).

研　究

Maurice Pellisson, *La sécularisation de la morale au dix-huitième siècle* (*La Révolution française*, 1903).

Id., *La question du bonheur au dix-huitième siècle* (*La Grande Revue*, 1906).

Gustave Lanson, *La transformation des idées morales et la naissance des morales rationnelles de 1680 à 1715* (*La Revue du Mois*, Janvier 1910).

Id., *Questions diverses sur l'histoire de l'esprit philosophique en France avant 1750* (*Revue d'histoire littéraire de la France*, 1912).

【Corrado Rosso, *Moralisti del《bonheur》*, 1954.——Roger Mercier, *La Réhabilitation de la nature humaine* (*1700-1750*), 1960.—— Robert Mauzi, *L'Idée du bonheur dans la littérature et la pensée françaises au XVIII*e *siècle*, 1960.】

352ページ　古代道徳

La Mothe Le Vayer, *De la Vertu des Païens*, 1642.(51)

【ラ・モット・ル・ヴァイエについては，ビュッソン，パンタール等による自由思想家にかんする一般的な諸研究のほかに，L. Etienne, *Essai sur La Mothe-le-Vayer*, 1849.——René Kerviler, *François de La Mothe le Vayer, précepteur du duc d'Anjou et de Louis XIV*, 1879.——L. Lacroix, *Quid de instituendo principe senserit vayerius*, 1890.——Louis Capéran, *Le Problème du salut des infidèles*, 1912. ——F. L. Wickelgren, *La Mothe le Vayer, sa vie et son œuvre*, 1934. ——Julien-Eymard d'Angers, *Stoïcisme et libertinage dans l'œuvre de François La Mothe le Vayer* (*Revue des sciences humaines*, juil.-sept. 1954).】

エピクロス主義の残存については，

Walter Menzel, *Der Kampf gegen den Epicureismus in der französischen Literatur des 18. Jahrhunderts*, Breslau, 1931.

C.A. Fusil, *Lucrèce et les littérateurs, poètes et artistes du dix-huitième siècle* (*Revue d'histoire littéraire de la France*, Avril-Juin 1930).

【Marie Louise Wright, *The Reputation of Lucretius in England during the Late Seventeenth and Early Eighteenth Centuries*, 1926.――Thomas F. Mayo, *Epicurus in England (1650-1725)*, 1934.――Gustav Hocke, *Lukrez in Frankreich von der Renaissance bis zur Revolution*, 1935.――Walter Depue Hadzsits, *Lucretius and his influence*, 1935.――John H. Wagenblass, *Lucretius and the Epicurean tradition in English Poetry*, 1946.――Wolfgang Bernard Fleischmann, *The Influence of Lucretius on Swift*, 1951.――Id., *The Debt of the Enlightenment to Lucretius* (*Transactions*, vol. 2, 1963).――Id., *Lucretius and English Literature, 1680-1740*, 1964.――Jean Marmier, *L'Image horatienne de la mort et la sagesse dite épicurienne dans la littérature fançaise du XVII*e *siècle* (Association G. Budé. *Actes du VIII*e *congrès*, 1970).】

チャールズ・ハリソン氏は，ハーヴァード大学に提出された論文(52)（未刊）や氏ご自身のノートから，ルクレティウスの版や飜訳についていろいろお教えくださった．厚くお礼申しあげる．

エピクテトスについては，

Le Manuel d'Epictète, avec des réflexions tirées de la morale de l'Évangile, par M. Cocquelin, chancelier de l'Église et Université de Paris, docteur de la maison et société de Sorbonne, 1688.

キケロについては，

Henri Lelevel, *Le discernement de la vraie et de la fausse morale*, où l'on fait voir le faux des *Offices* de Cicéron et des livres de l'*Amitié*, de la *Vieillesse*, et des *Paradoxes*, 1695.

Histoire critique des pratiques superstitieuses, par un Père de l'Oratoire, 1702, p. 22.

いちばん奇妙なのは，John Toland, *Pantheisticon*, 1720 の「汎神論者が従うべき二重の哲学と，まったき善人，完全なる人間の観念にかんする小論」という部分である．トーランドはキケロを長々と引用し，それに熱烈な賛意を表している．A. ラントワーヌの飜訳（Albert Lantoine, *Un Précurseur de la Franc-Maçonnerie. John Toland, 1670-1722*, 1927, 243ページ以下）によると，

「あれほど立派な格率をあれほどたくさん社会にもたらしたキケロは，『法制論』*De Legibus* 第1巻の終り(第12，第23，第24章)で，まったき善人，完全なる人間の観念をみごとに描きだしている．学者たちはそれを読んで，この規則に従いさえすればそれでよい．」

次に自己認識，精神の諸機能，道徳と宗教，自然学と宇宙の組織にかんするキケロの引用があり，最後に至高の知恵にかんする次のような文章が引かれる．

「人間の内には，自己を知ろうと望み努める人々がそこに認めたこれほど多くの，これほど偉大なものがあるのだから，人々は知恵を，自分の行為を監督してくれる母親のようにみなさねばならぬ．」

【J. C. Rolfe, *Cicero and his influence*, 1923.――G. Gawlick, *Cicero and

the Enlightenment (*Transactions of the First International Congress on the Enlightenment*, 1963).――Charles B. Schmitt, *Cicero scepticus*, 1972.】

異教的道徳への反論としては，

Richard Steele, *The Christian Hero* ; an argument proving that no principles but those of religion are sufficient to make a great man..., London, 1701 ; 第6版，1712年.

【R. Blanchard, *Steele's Christian Hero and the errata in the Tatler* (*Review of English Studies*, 6, 1930).】

354ページ　ロックと経験的道徳

John Locke, *An Essay concerning human understanding*, London, 1690 ; ピエール・コストによる仏訳，1700年.

ロックにかんする最近の研究書目は第3部第1章に指示した.

355ページ　マンデヴィル

The fable of the bees, with a commentary critical, historical and explanatory, by F. B. Kaye, Oxford, 1924.

こうした思潮については，A. Morize, *L'apologie du luxe au dix-huitième siècle.《Le Mondain》et ses sources*, 1909 を参照.

【マンデヴィルについては次の研究がある. P. Goldbach, *B. de Mandevilles Bienenfabel*, 1886.――P. Sakmann, *B. de Mandeville und die Bienenfabel-Controverse, eine Episode in der Geschichte der englischen Aufklärung*, 1897. ――R. Stammler, *Mandevilles Bienenfabel*, 1908. ―― W. Deckelmann, *Untersuchungen zur Bienenfabel Mandevilles*, 1933. ―― E. Garin, *Bernard de Mandeville* (*Civ. moderna*, 1934).――Id., *L'Illuminismo inglese : i moralisti*, 1941.――F. Grégoire, *Bernard de Mandeville et la《Fable des Abeilles》*, 1947. ――M. Goretti, *Il paradosso Mandeville*, 1958. ――Conrad Bertrand Suits, *The Meaning of 〈The Fable of the Bees〉*, 1962. ―― M. R. de Labriolle-Rutherford, *L'Évolution de la notion de luxe depuis Mandeville jusqu'à la Révolution* (*Transactions*, vol. 3, 1963).】

第5章　地上の幸福

361ページ　フォントネル

J.-R. Carré, *La philosophie de Fontenelle ou le sourire de la raison*, 1932, 第5部第3章「牧歌への逃避と幸福の定義」を参照.

364ページ　シャフツベリ

最近のものでは，

Shaftesbury, *A Letter concerning Enthusiasm*. Texte anglais et traduction française, avec une introduction et des notes, par André Leroy, 1930.

Luigi Bandini, *Shaftesbury. Etica e religione. La morale del sentimento*, Bari, 1930.

W. E. Alderman, *Shaftesbury and the doctrine of benevolence in the Eighteenth Century* (*Transactions of the Wisconsin Academy of sciences, arts, and letters*, Vol. XXVI, 1931).

Id., *Shaftesbury and the doctrine of moral sense in the Eighteenth Century* (*Publications of the Modern language Association of America*, vol. XLVI, 1931).

【シャフツベリにかんするその後の主な研究は，F. Meinecke, *Shaftesbury und die Wurzeln des Historismus*, 1934. ——T. Almer, *Studier i Shaftesburys filosofi*, 1939.——J. Osske, *Ganzheit, Unendlichkeit und Form. Studien zu Shaftesburys Naturbegriff*, 1939.——I. L. Hammond, *Shaftesbury*, 1939. ——J. Kern, *Shaftesburys Bild vom Menschen*, 1943. ——David D. Raphael, *The Moral Sense*, 1947.——R. L. Brett, *The Third Earl of Shaftesbury*, 1951.——Alfred Owen Aldridge, *Shaftesbury and the deist manifesto*, 1951.——L. Zani, *L'Etica di Shaftesbury*, 1954. —— Stanley Grean, *Shaftesbury's philosophy of religion and ethics*, 1967.『神がかりについての手紙』にかんしては，とくにF. H. Heinemann, *The Philosopher of Enthusiasm*(*Revue internationale de philosophie*, 1952).】

368ページ　シャフツベリの全ヨーロッパ的影響

O. L. Walzel, *Shaftesbury und das deutsche Geistesleben des 18. Jahrhunderts* (*Germanisch-romanische Monatschrift*, 1909).

Herbert Grudzinski, *Shaftesburys Einfluss auf Ch. M. Wieland.* Mit einer Einleitung über den Einfluss Shaftesburys auf die deutsche Literatur bis 1760, Stuttgart, 1913.

Charles Elson, *Wieland and Shaftesbury*, New York, 1913.

C. F. Weiser, *Shaftesbury und das deutsche Geistesleben*, Leipzig, 1916.

Benedetto Croce, *Shaftesbury in Italia. Uomini e cose della vecchia Italia*, Bari, 1927.

E. Casati, *Quelques correspondants français de Shaftesbury* (*Revue de Littérature comparée*, Avril-Juin 1931).

Id., *Hérauts et commentateurs de Shaftesbury en France* (*Ibid.*, Oct. 1934).

Id., *Un carnet de Shaftesbury pendant son voyage en France et en Italie* (*Ibid.*, 1936).

【Leo P. Courtines, *Bayle's relations with England and the English*, 1938. ——S. F. Whitaker, *Pierre Coste et Shaftesbury* (*Revue de Littérature comparée*, XXV, 1951).——Dorothy B. Schlegel, *Shaftesbury and the French deists*, 1956.】

368ページ　スピノザと喜び

この点に照明をあてたのは E. Chartier, *Spinoza*, s. d.（第3章「感情と情念」，第4章「人間の隷従」）である.

369ページ　寛容

De la Tolérance des religions, lettres de M. de Leibniz et réponses de M.

Pellisson ; ou quatrième partie des réflexions sur les différends *de religion*, (53)
Paris, 1692.

John Locke, *Epistola de Tolerantia, ad Clarissimum virum T. A. R. P. T. O. L. A. Scripta a P. A. P. O. I. L. A.*, 1689.

——*Lettre sur la tolérance* (*Œuvres diverses de M. Jean Locke*, Amsterdam, (54)
1710).

イギリス革命をめぐって著わされたような政治的寛容にかんするテキストについては, A. A. Seaton, *The theory of Toleration under the later Stuarts*, Cambridge University Press, 1911. その直前の時期については Michael Freund, *Die Idee der Toleranz im England der grossen Revolution*, Halle, 1927 を参照.

ナント勅令の廃止をめぐって著わされたような宗教的寛容にかんするテキストについては, 先にあげた Frank Puaux, *Les précurseurs français de la Tolérance au dix-septième siècle*, 1881 を参照.

Albert Chérel, *Ramsay et la 《Tolérance》 de Fénelon* (*Revue du dix-huitième siècle*, Janvier-Juin 1918).

【寛容問題一般については, Amédée Matagrin, *Histoire de la tolérance religieuse*, 1905. ——Francesco Ruffini, *Religious liberty*, Tr. J.P. Heyes, 1912. ——J. Kühn, *Toleranz und Offenbarung*, 1923. ——A. F. Pearson, *Church and State*, 1928. ——Abauzit, *Le Problème de la tolérance*, 1939. ——M. Searle Bates, *Religious liberty*, 1945. ——Roland H. Bainton, *The Travail of religious liberty*, 1953. ——Joseph Lecler, *Histoire de la tolérance au siècle de la Réforme*, 1954. —— Robert Joly, *La Tolérance religieuse*, 1958. ——A. Hartmann, *Vraie et fausse tolérance*, 1958. ——Henry Kamen, *L'Éveil de la tolérance*, 1967. イギリスについては, H. F. Russell Smith, *The Theory of religious liberty in the reigns of Charles II and James II*, 1911. ——W.K. Jordan, *The Development of religious toleration in England*, 1932-1940. —— William Haller, ed, *Tracts on liberty in the Puritan Revolution, 1638-1647*, 1934. ——T. Lyon, *The Theory of religious liberty in England, 1603-1639*, 1937. フランスについては, Gaston Bonet-Maury, *Histoire de la liberté de conscience en France*, 1900. ——Joseph Faurey, *L'Édit de Nantes et la question de la tolérance*, 1929. ——Guy Howard Dodge, *The Political theory of the huguenots of the dispersion*, 1947. ——René Voeltzel, *Vraie et fausse église selon les théologiens protestants français du XVIIe siècle*, 1956. ——Erich Haase, *Einführung in die Literatur des Refuge*, 1959. オランダについては, Louis Ulbach, *La Hollande et la liberté de penser aux XVIIe et XVIIIe siècles*, 1884. ——J. Th. de Visser, *Kerk en Staat*, 1926. —— Douglas Nobbs, *Theocracy and toleration. A Study of the disputes in Dutch calvinism from 1600 to 1650*, 1938. アメリカについては, Sanford H. Cobb, *The Rise of religious liberty in America*, 1902. 個々の思想家については, F. Lezius, *Der Toleranzbegriff Lockes und Pufendorfs*, 1900. ——Lucien Dubois, *Bayle et la tolérance*, 1902. ——Jan den Tex, *Locke en Spinoza over de Tolerantie*, 1926. ——Ernesto de Marchi, *Le origini dell' idea*

della tolleranza religiosa nel Locke (*Occidente*, 1953). ——Julius Ebbinghaus, *John Locke : Ein Brief über Toleranz*, 1957 への序文 —— R. Crippa, *Studi sulla concienza etica e religiosa del Seicento. Esperienza e libertà in John Locke*, 1960.—— Carlo Viano, *L'Abbozzo originario e gli stadi di composizione di An Essay concerning Toleration* (*Rivista di Filosofia*, 1961).——R. Klibansky, *John Locke: Lettera sulla Tolleranza*, 1961 への序文——Mario Montuori, *John Locke : A Letter concerning toleration*, 1963 への序文 —— Walter Rex, *Essays on Pierre Bayle and religious controversy*, 1965.——Raymond Klibansky et Raymont Polin, *John Locke : Lettre sur la tolérance*, 1965 への序文. 幸福論一般については次の研究がある. M. S. Rostvig, *The happy man : studies in the metamorphoses of a classical ideal, 1600-1700*, 1954. ——Robert Mauzi, *L'Idée du bonheur au XVIIIe siècle*, 1960. ——L. Trénard, *Pour une histoire sociale de l'idée de ⟨bonheur⟩ au XVIIIe siècle* (*Annales historiques de la Révolution française*, juil.-sept. et oct.-déc. 1963).——H. J. Steele Commager, *La Recherche du bonheur au XVIIIe siècle* (*Diogène*, janv. -mars 1965). ——Hans Kortum, *Frugalité et luxe à travers la querelle des anciens et des modernes* (*Transactions*, vol. 2, 1967).】

第6章　科学と進歩

379ページ　フォントネルと科学

Entretiens sur la pluralité des mondes, 1686. —— *Préface de Histoire de l'Académie royale des Sciences depuis son établissement en 1666 jusqu'à 1699* (*Histoire de l'Académie royale des Sciences*, Année 1699, 1702).

Histoire du renouvellement de l'Académie royale des Sciences en 1699 et les Éloges historiques de tous les Académiciens morts depuis ce renouvellement, 1708; t. II, 1717; t. III, 1722.——*Suite des Éloges...*, 1733.——*Œuvres*, t. VI, 1742 (1718年から1739年までに死んだアカデミー会員への讃辞を含む) ——これらの演説はすべて *Éloges des Académiciens...*, Nouvelle édition, t. I-II, 1766 に収められている.

【P. Flourens, *Fontenelle, ou de la philosophie moderne relativement aux sciences physiques*, 1847.——G. McColley, *The Seventeenth-century doctrine of a plurality of worlds* (*Annals of Science*, 2, 1936).——Jean Guitton, *Dialogues avec M. Pouget sur la pluralité des mondes, le Christ des Évangiles, l'avenir de notre espèce*, 1954. ——*Fontenelle, 1657-1757* (*Revue d'Histoire des Sciences et de leurs Applications*, t. X-n°4, 1957).——Leonard M. Marsak, *Bernard de Fontenelle : The Idea of science in the French Enlightenment*, 1959.】

381ページ　数学

デカルトの自然学については, Joseph Bédier et Paul Hazard, *Histoire illustrée de la littérature française* 中の Désiré Roustan, *Descartes* を参照.

【Gaston Milhaud, *Descartes savant*, 1921.——Paul Mouy, *Le Développement de la physique cartésienne, 1646-1712*, 1934.——Ferdinand Alquié, *Science et métaphysique chez Descartes*, 1955.——C. de Bièvre, *Descartes et Pascal : examen critique de leur œuvre scientifique*, 1956.——Francesco E. Marcianò, *Il Pensiero scientifico di Descartes*, 1963.——Louis Chauvois, *Descartes, sa méthode et ses erreurs en physiologie*, 1966.——Gabriel Sanhueza, *La pensée biologique de Descartes dans ses rapports avec la philosophie scolastique*, 1966.——E. Denissoff, *Descartes, premier théoricien de la physique mathématique*, 1970.】

数学の変遷については，N. W. Rouse Ball and Sir Michael Foster, *Cambridge Modern History* 第5巻第22章を参照.

Gino Loria, *Storia delle matematiche*, Torino, t. I, 1929 ; t. II, 1931 (最後の数章はライプニッツ派とニュートン派，および微積分をめぐるライプニッツとニュートンの大論争にあてられている).

382ページ　数学から物理科学へ

イタリアについては，

Raffaello Caverni, *Storia del metodo esperimentale in Italia*, Firenze, 1891-1898.

Guglielmo Bilancioni, *Sulle rive del Lete*. Rievocazioni e ricorsi del pensiero scientifico italiano, Roma, 1930.

オランダについては，

Pierre Brunet, *Les physiciens hollandais et la méthode expérimentale en France au dix-huitième siècle*, 1926.

H. L. Brugmans, *Le séjour de Christian Huygens à Paris*, 1935.

【Clifford D. Dobbel, *Antony van Leeuvenhœk and his 《little animals》*, 1932.——Abraham Schierbeek, *Jan Swammerdam*, 1946.——A. E. Bell, *Christian Huygens and the development of science in the Seventeenth Century*, 1947.——Abraham Schierbeek, *Antoni van Leeuwenhœk. Zijn leven en zijn werken*, 1950-1951.】

イギリスについては，

John F. Fulton, *A bibliography of the Honorable Robert Boyle*, 1931.

なお，ロバート・ボイルは次の作品で，実験的方法は宗教の前進に資するはずだ，と言っている.

Robert Boyle, *The Christian Virtuoso* ; Shewing, that by being addicted to experimental Philosophy, a Man is rather assisted, than indisposed, to be a good Christian. The first part. To which are subjoyn'd, I. a discourse about the distinction that represents some things as above Reason but not contrary to reason..., London, 1690.

【17世紀のイギリス科学については，G. N. Clark, *Science and social welfare in the age of Newton*, 1937.——R. K. Merton, *Science, technology and society in Seventeenth-Century England*, 1938.——D. Stimson, *Scientists and amateurs :*

A History of the Royal Society, 1948. ——Richard S. Westfall, *Science and religion in Seventeenth-Century England*, 1958. ——Thomas Sprat, *The History of the Royal Society*, 1958. ——Richard F. Jones, *Ancients and Moderns ; A Study of the rise of the scientific movement in the Seventeenth-Century England*, 1961. ——Henry G. Van Leeuwen, *The Problem of certainty in English thought, 1630-1690*, 1963. ボイルについては, A. G. M. Van Melsen, *Het wijsgerig verleden der Atoomtheorie*, 1941. ——Louis Trenchard More, *The Life and works of the Honourable Robert Boyle*, 1944. ——R. Hooykaas, *Robert Boyle*, s. d. ——Mitchell Salem Fischer, *Robert Boyle devout naturalist. A Study in science and religion in the Seventeenth Century*, 1945. ——Marie Boas, *Robert Boyle and Seventeenth-Century Chemistry*, 1958. ——Roger Pilkington, *Robert Boyle. Father of chemistry*, 1959. ——Marie Boas, *Robert Boyle on natural philosophy*, 1965. ——R. E. Maddison, *Life of the Honourable Robert Boyle*, 1969.】

フランスについては,

Daniel Mornet, *Les sciences de la nature en France au dix-huitième siècle*, 1911.

Donald L. King, *L'influence des sciences physiologiques sur la littérature française de 1670 à 1870*, 1929.

【Hélène Metzger, *Les Doctrines chimiques en France, du début du XVIIe à la fin du XVIIIe siècle*, 1923. ——H. Brown, *Scientific organizations in Seventeenth-Century France, 1620-1680*, 1934. ——Niels Nielsen, *Géomètres français du XVIIIe siècle*, 1935. ——Paul Delaunay, *La Vie médicale aux XVIe, XVIIe et XVIIIe siècles*, 1935. ——J. W. Olmsted, *The Académie Royale des Sciences and the origins of the first French scientific expeditions, 1662-1671*, 1944. ——M. Caullery, *La Science française depuis le XVIIe siècle*, 1948. ——J. E. King, *Science and rationalism in the government of Louis XIV, 1661-1683*, 1949. ——Shelby T. MaCloy, *French inventions of the XVIII century*, 1952. ——Pierre Humbert, *L'Astronomie en France au XVIIe siècle*, 1952. ——Jacques Roger, *Les Sciences de la vie dans la pensée française du XVIIIe siècle*, 1963. ——René Taton, ed, *Enseignement et diffusion des sciences en France au XVIIIe siècle*, 1964. ——Id., *Les Origines de l'Académie royale des sciences*, 1966. ——Pierre Gauja, ed, *Institut de France. Académie des sciences, 3e centenaire, 1666-1966*, 1966. ——E. Fauré-Fremiet, *Les Origines de l'Académie des sciences de Paris* (*Notes and records of the Royal Society of London*, june 1966).】

スペインについては,

Menéndez y Pelayo, *Historia de las ideas estéticas en España*, t. III, vol. I, chap. Ier, Madrid, 1886.

ポルトガルについては,

Hernani Cidade, *Ensaio sobre a Crise mental do século XVIII*, Coimbra,

1929.

ヨーロッパ全体については,

A. A. Cournot, *Considérations sur la marche des idées et des événements dans les temps modernes*, 1872. ——Id., texte revu et présenté par F. Mentré, 1934 (Livre III. Dix-septième siècle. I. *Des grandes découvertes scientifiques au dix-septième siècle. De la résolution des mathématiques.* II. *Des sciences physiques et naturelles au dix-septième siècle.* IV. *Newton, Leibniz et Locke*).

Sir William Cecil Dampier Whetham, *A History of science.* Second Edition. Cambridge University Press, 1930.

Jean Rostand, *La formation de l'être. Histoire des idées sur la génération spontanée*, 1930.

〔William Dampier, *A History of science and its relations with philosophy and religion*, 1932.——Arthur O. Lovejoy, *The Great chain of being*, 1936. ——E. W. Strong, *Procedures and metaphysics. A Study in the philosophy of mathematical-physical science in the XVII and XVIII centuries*, 1936. ——Martha Ornstein, *The Role of scientific societies in the Seventeenth Century*, 1938.——Arthur William Meyer, *The Rise of embryology*, 1939. ——Émile Guyénot, *Les Sciences de la vie aux XVIIe et XVIIIe siècles. L'Idée d'évolution*, 1941.——E. A. Burtt, *The metaphysical foundations of modern physical science*, 1949.——H. Butterfield, *The Origins of modern science*, 1950. ——A. Wolf, *A History of science, technology and philosophy in the XVIth and XVIIth centuries*, 1950.——Paul Ostoya, *Histoire des théories de l'évolution*, 1951.——A. Wolf, *A History of science, technology and philosophy in the XVIIIth century*, 1952. ——Maurice Daumas, *Les Instruments scientifiques au XVIIe et au XVIIIe siècle*, 1953. ——René Dugas, *La Mécanique au XVIIe siècle*, 1954.——Georges Canguilhem, *La Formation du concept de réflexe aux XVIIe et XVIIIe siècles*, 1955.——A. Koyré, *From the closed world to the infinite universe*, 1957.——Roland Mousnier, *Progrès scientifique et technique au XVIIIe siècle*, 1958. —— Émile Callot, *La Philosophie de la vie au XVIII^{2} siècle*, 1965. —— A. R. Hall, *Die Geburt der naturwissenschaftlichen Methode, 1630-1720. von Galilei bis Newton*, 1965. なお, 科学が文学・思想にあたえた影響については, R. B. Crum, *Scientific thought in poetry*, 1931. ——H. C. Simpson, *The Vogue of science in English literature, 1600-1800* (*University of Toronto Quarterly*, 2, 1933).—— M. H. Nicolson, *The Microscope and English imagination*, 1935.——Id., *A World in the moon : a study of the changing attitude toward the moon in the Seventeenth and Eighteenth centuries*, 1936.——Id., *The Breaking of the circle : studies in the effect of the 〈new science〉 upon Seventeenth-Century poetry*, 1950. ——N. Davy, ed, *British scientific literature in the Seventeenth Century*, 1953.——G. D. Meyer, *The scientific lady in England, 1650-1760 : an account of her rise, with*

emphasis on the major roles of the telescope and microscope, 1955. ——C. D. O'Malley and A. R. Hall, *Scientific literature in Sixteenth-and Seventeenth-Century England*, 1961.——D. Davie, *The Language of science and the language of literature, 1700-40*, 1963.——M. Mandelbaum, *Philosophy, science and sense perception*, 1964.——W. P. Jones, *The Rhetoric of science: a study of scientific ideas and imagery in Eighteenth-Century English poetry*, 1966.】

383ページ　学者間の協力のいくつかの例

ロイヤル・ソサイエティの機関誌 *Philosophical Transactions* の題名からして示唆的である．すなわち，*Philosophical Transactions, giving some account of the Present Undertakings, Studies, and Labours of the ingenious in many considerable parts of the World.* —— ピエール・ベールは *Nouvelles de la République des Lettres*, 1685年10月号の記事4，*Miscellanea Curiosa*, sive Ephemeridum Medico-Physicarum Germanicarum Academiae naturae curiosorum Decuriae II annus tertius, anni 1684, continens celeberrimorum tum Medicorum, tum aliorum eruditorum in Germania et extra eam observationes Medicas, Physicas, Chymicas, nec-non Mathematicas. Cum appendice..., Norimbergae, 1685の書評で，こう述べている．「ドイツ人の学問への貢献について一書をものされる予定のモルホフィウス氏は，材料不足に悩んだりすることはないだろう．ドイツ人は誰でも認める疲れを知らぬ刻苦精励と発明心と才能によって，学芸共和国にその名をとどろかせたことは事実だからである．今いちばんはやりの諸科学は，ドイツ人にきわめて多くのものを負うている．自然哲学を育成するため2，30年来欧州各地に作られたかずかずの立派なアカデミーを見て，ドイツ人は高邁な競争心にかられ，自国にも同種のアカデミーを設けた．それは毎年，医学・化学・数学・物理学にかんする非常に面白い観察集を出している．今度で第13巻目，1684年の号である．その抜粋を二，三かかげよう．興味津々たるものである」〔*Œuvres diverses*, éd. de 1737, t. I, p. 389〕．

Journal des Savants 1683年7月12日号の「医学新聞，またはド・ラ・ロック氏に送られてきた諸外国の新聞ないし個別論文から引いたヨーロッパのもっとも著名な医師・外科医師・解剖学者らの観察」をも参照．

ひとつの例は

Francesco Redi, *De animalculis vivis quae in corporibus animalium vivorum reperiuntur observationes.* Ex etruscis latinas fecit P. Coste. Amsterdam, 1708.

Le P. Tachard, *Second voyage au Siam*,〔1689〕の第2部，53ページにはこうある．「最初の旅行のときからテヴノ氏は，非常に奇妙だが絶対まちがいないとうけあわれた或る事柄を確かめてほしいと言われていた．テーブル山という高山の上に，そこがかつては海だったことを示す明白な証拠が残っているというのだ．ルブラン神父とド・ベーズ神父は興味をそそられて，この指摘が正しいかどうか見にいった……」

この貝殻論争については，*Piscium querelae et vindiciae*, expositae a Johanne Jacobo Scheuchzero, Med. D., Acad. Leopold. et Societatum Reg. Anglicae

ac Prussiae membro, Tiguri, 1708 を参照. 書き出しは,「私たちがよって立つ古き時代は, いたるところで侵寇され劫掠され暴露される. 国家と同じく自然においても, 法の手は武装しているからだ……」

イギリスとイタリアの学問的関係は, 次の本に指摘されている. Fausto Nicolini, *Sulla vita civile, letteraria e religiosa napoletana alla fine del seicento*, Napoli, 1929.——Id., *Monsignor Celestino Galiani*, Napoli, 1931.

【イギリスとフランスの関係については, J. D. Bernal, *Les Rapports scientifiques entre la Grande-Bretagne et la France au XVIIIe siècle* (*Revue d'Histoire des Sciences*, IX, 4, 1956).】

Harcourt Brown, *Scientific organizations in Seventeenth Century France (1620-1680)*, Baltimore, 1934 はこの時期の直前までしかあつかっていないが, それでも有益な多くの指示をあたえてくれた.

385ページ　神奇を好む

Journal des Savants, 1680年1月号, 1680年8月号, 1681年1月号, 1681年11月17日号, その他随所.

Philosophical Transactions, 1685年11月号. *Acta Eruditorum* の1686年10月号には,「体から種々の角がはえたアイルランドの女の子について, ダブリン学会書記ジョージ・アッシュからロイヤル・ソサイエティの一書記へ送られた手紙. ダブリン, 1685年10月10日付」というのがのっている.

【E. Bouvier, *La Croyance au merveilleux à l'époque classique* (Mélanges Mornet, 1951).】

386ページ　物理科学の本性にかんする議論

G. B. de Saint-Romain, *Medicinae doctoris parisiensis, Physica scolasticis tricis liberata*, Lugduni Batavorum, 1684.

Phisiologia nova experimentalis, in qua generales notiones Aristotelis, Epicuri et Cartesii supplentur, errores deteguntur et emendantur, atque clarae, distinctae, et speciales causae praecipuorum experimentorum aliorumque phaenomenon naturalium aperiuntur, ex evidentibus principiis quae denuo antea perspexit et prosecutus est, auctore D. de Stair, Lugduni Batavorum, 1686.

386ページ　ニュートン

Isaaci Newton *Matheseos professoris Cantabrigiensis, et Regiae Societatis anglicanae Socii, Philosophiae naturalis principia mathematica. Jussu Societatis regiae ac typis Josephi Streatii*, Londini, 1687.

書評は *Acta Eruditorum* 1688年6月号, *Journal des Savants* 1688年8月2日号にある.

研　究

Selig Brodetsky, *Sir Isaac Newton, a brief account of his life and work*, London, 1927.

Paul Heyl, *Newton as an experimental Philosopher* (*Sir Isaac Newton*,

1727-1927. A Bicentenary Evaluation of his work. A Series of papers, prepared under the auspices of the History of Science Society. London, 1928).

【Louis T. More, *Isaac Newton. A Biography*, 1934.——J. W. N. Sullivan, *Isaac Newton*, 1938.——H. MacLachlan, *The Religious opinions of Milton, Locke and Newton*, 1941.——F. Dessauer, *Weltfahrt des Erkenntnis, Leben und Werk Isaac Newtons*, 1945.——*Newton. Tercentenary Celebrations*, 1947. ——S. I. Wawilow, *Isaac Newton* (en allem., trad. du russe), 1948. ——Harry Sootin, *Isaac Newton*, 1955.——E. N. da Costa Andrade, *Sir Isaac Newton*, 1950.——H. S. Thayer, *Newton, Philosopher of nature*, 1953. ——I. Bernard Cohen, *Franklin and Newton*, 1956. ——Patrick Moor, *Isaac Newton*, 1958. ——Beulah Tannenbaum and Myra Stillman, *Isaac Newton. Pioneer of space mathematics*, 1959. ——Robert W. Houston and M. Vere De Vault, *Sir Isaac Newton*, 1960.—— H. D. Anthony, *Sir Isaac Newton*, 1961.—— William Bixby and G. de Santillana, *Universe of Galileo and Newton*, 1964. —— Robert H. Hurlbutt, *Hume, Newton and the design argument*, 1965. —— Alexandre Koyré, *Newtonian Studies*, 1965. —— John Herivel, *Background to Newton's Principia*, 1965.—— T. W. Dow, *Reshape Newton's laws*, 1965.—— B. Hessen, *Social and economic roots of Newton's Principia*, s. d.—— Colin Maclaurin, *Account of Sir Isaac Newton's philosophical discoveries*, 1967.——John D. North, *Isaac Newton*, 1967. ——Frank E. Manuel, *Portrait of Isaac Newton*, 1968.——Augustus De Morgan, *Newton, his friend and his niece*, 1968.—— Id., *Essays on the life and work of Newton*, s. d.——R. E. Butts and J. W. Davis, *Methodological heritage of Newton*, 1969.——Colin Ronan, *Isaac Newton*, 1970. ——Arnold Thackray, *Atoms and Power. An Essay of Newtonian matter-theory and the development of chemistry*, 1970.】

ニュートンの影響については，

H. G. Steinmann, *Über den Einfluss Newtons auf die Erkenntnistheorie seiner Zeit*, Bonn, 1913.

Ferdinand Brunot, *Histoire de la langue française*, t. VI, première partie, livre II, chap. 1er. *Newton. Lenteur de la diffusion des idées newtoniennes.*

Hélène Metzger, *Newton, Stahl, Boerhaave, et la doctrine chimique*, 1930.

Pierre Brunet, *L'Introduction des théories de Newton en France au dix-huitième siècle*, t. I (avant 1738), 1931.

【Hélène Metzger, *Attraction universelle et Religion naturelle chez quelques commentateurs anglais de Newton*, 1938. ——Marjorie H. Nicolson, *Newton demands the Muse. Newton's optics and the Eighteenth Century Poets*, 1946. ——Ruth T. Murdoch, *Newton and the French Muse* (*Journal of the History of Ideas*, XVIII, 1957). ——Paolo Casini, *Le《newtonianisme》au Siècle des lumières* (*XVIIIe siècle*, 1, 1969).】

386ページ　微積分とその哲学的影響

Pierre Boutroux, *Les principes de l'analyse mathématique*, exposé historique et critique, I, 1914 ; II, 1919.

Léon Brunschvicg, *Les étapes de la philosophie mathématique*, 1912.

389ページ　科学の役割――「科学者」

Hermanni Boerhave *Sermo Academicus. De Comparando certo in physicis*, Lugduni Batavorum, 1715.

Fontenelle, *Dialogue des Morts* : Charles V, Erasme, 及びすでにあげた諸作.

Leibniz, *Denkschrift über die Errichtung der Berliner Akademie* (*Deutsche Schriften*, II).

390ページ　進歩

「このアカデミー㈣で思いだすのは，ダブリンとオクスフォードにひとつずつアカデミーができて科学と芸術の進歩のためおおいに精進しており，そこでした実験を全部ロイヤル・ソサイエティへ通知することになっている，と最近ロンドンからの手紙にあったことである．こうして私たちの世紀は日ましに啓蒙されてゆくから，それにくらべると以前のあらゆる世紀は暗黒としか見えないだろう……」(Bayle, *Nouvelles de la République des Lettres*, 1684年4月号，記事11〔*Œuvres diverses*, éd. de 1737, t. I, p. 41〕).

「学問の効用，人類の幸福にたいする真の学識の有効性……」(Leibniz, *Opuscules et fragments inédits*, éd. Couturat, p. 218).

以下のものを参照

J. Delvaille, *Essai sur l'histoire de l'idée de progrès jusqu'à la fin du dix-huitième siècle*, 1910.

John Bagnell Bury, *The idea of Progress. An inquiry into its origin and growth*, London, 1920.

【H. C. Dawson, *Progress and Religion*, 1929.――Wilson D. Wallis, *Culture and Progress*, 1930.――Roman L. Bach, *Die Entwicklung der französischen Geschichtsauffassung im 18. Jahrhundert*, 1932.――Carl L. Becker, *The Heavenly City of the Eighteenth-Century Philosophers*, 1932.――René Hubert, *Essai sur l'histoire de l'idée de progrès* (*Revue d'Histoire de la Philosophie et d'Histoire générale de la Civilisation*, 1934-1935).――Friedrich Meinecke, *Entstehung des Historismus*, 1936.――Arthur O. Lovejoy, *The Great Chain of Being*, 1936.――Charles Frankel, *The Faith of reason, the idea of progress in the French Enlightenment*, 1948.――E. L. Tuveson, *Millenium and Utopia. A Study in the background of the idea of progress*, 1949.――M. Ginsberg, *The idea of progress. A Revaluation*, 1953.――R. V. Sampson, *Progress in the age of reason. The Seventeenth Century to the present day*, 1956.――Henry Vyverberg, *Historical pessimism in the French Enlightenment*, 1958.――Michelangelo Ghio, *L'Idea di progresso nell' illuminismo franceze e tedesco*, 1962.――J.-F. Faure-Soulet, *Économie politique et progrès au 《Siècle des lumières》*, 1964.――Werner Krauss und Hans Kortum, ed, *Antike und Moderne in der*

Literaturdiskussion des 18. Jahrhunderts, 1966. ——Norman Suckling, *The Enlightenment and the idea of progress* (*Transactions*, vol. 4, 1967). ——Charles Vereker, *Eighteenth-Century optimism*, 1967.】

392ページ　科学の破産

Thomas Baker, *Reflections upon Learning, by a gentleman*, London, 1700, 1708, 1714, etc.

Traité de l'incertitude des sciences, traduit de l'anglais, Paris, 1714, 1715.【R. F. Jones, *The Background of the attack on science in the age of Pope* (*Pope and his contemporaries*, 1949).】

第7章　新しい型の人間を求めて

399ページ　「紳士」(オネットム)

この類型の形成については，Maurice Magendie, *La politesse mondaine et les théories de l'honnêteté en France au XVIIe siècle, de 1600 à 1660*, 1925.

それが17世紀末まで残ったことについては，

Abbé de Gérard, *La philosophie des gens de cour*, 1680. これには題名だけ変えたいろいろな版がある．とくに *Les entretiens de Philémon et de Théandre sur la philosophie des gens de cour*, 1682.

La Chétardie, *Instructions pour un jeune seigneur, ou l'idée d'un galant homme*, 1682; 1702——英訳，ロンドン，1683年——イタリア語訳，パルマ，1697年——独訳，ストラスブール，1714年.

Id., *Instructions pour une jeune princesse, ou l'idée d'une honnête femme*, 1684, 1700, 1701.

Abbé Morvan de Bellegarde, *Réflexions sur ce qui peut plaire ou déplaire dans le commerce du monde*, 1688.

〔An.〕, *L'Art de plaire dans la conversation* (バルビエ[56]によると著者はピエール・ドルティーグ・ド・ヴォーモリエール), 1688. ——多くの新版がある．1692年，1698年，1701年; アムステルダム，1711年.

〔An.〕, *Discours sur la bienséance, avec des maximes, et des réflexions très importantes et très nécessaires pour réduire cette vertu en usage* (バルビエによると著者はジャン・ピック), 1688; La Haye, 1689.

H. Lelevel, *Entretiens sur ce qui forme l'honnête homme et le vrai savant*, 1690.

Id., *Lettres sur les sciences et sur les arts*, 1704.

Id., *Défense de l'auteur des Lettres sur les sciences et sur les arts contre un article du Journal de Paris du 28 juillet 1707*, s. d.

〔An.〕, *Caractères de l'honnête homme et de l'homme chrétien* (バルビエによると著者はヴァンサン), 1690.

Abbé Goussault, *Le portrait d'un honnête homme*, 1692.

最後の二作は，「紳士」が忘れてはならぬキリスト教徒としての性格を強調している．

Journal des Savants の1693年1月19日号を参照. P. Buffier, *Vérités consolantes du christianisme pour tous les jours du mois* (1710), 31e méditationも同様.

〔An.〕, *Tablettes de l'homme du monde, ou analyse des sept qualités essentielles à former le beau caractère de l'homme du monde accompli*, 1715.

【Claude Papin, *Le Sens de l'idéal de《l'honnête homme》au XVIIe siècle* (*La Pensée*, août 1962).】

400ページ　教育の新傾向

George Savile, Marquis of Halifax, *The Lady's New Year's Gift, or Advice to a Daughter*, London, 1688. —— *Conseils d'un homme de qualité à sa fille*, par M. le marquis de Halifax, Londres, 1697 ; La Haye, 1698, etc. ——ハリファックスに代表される「紳士の道徳」については, Georges Ascoli, *La Grande-Bretagne devant l'opinion française au XVIIe siècle*, 1930, t. I, p. 101-102 を参照.

【ハリファックスについては次の研究がある. H. C. Foxcroft, *The Life and letters of Halifax*, 1898. ——G. P. Gooch, *Political thought from Bacon to Halifax*, 1914. ——K. Klose, *George Savile, Marquis von Halifax*, 1936. —— D. G. James, *The Life of reason*, 1949. ——V. Buranelli, *The King and the Quaker*, 1962.】

Paolo Mattia Doria, *La vita civile e l'educazione del Principe*, Francfort, 1700 ; 2e éd., Augusta, 1710 ; 3e éd., Napoli, 1729.

【ドーリャについては次の研究がある. E. Vidal, *Il Pensiero civile di P. M. Doria negli scritti ineditti*, 1953. ——S. Bono, *Studi intorno a P. M. Doria* (*Rass. Filos.*, 1955). ——B. De Giovanni, *Sul pensiero civile di P. M. Doria* (*Riv. intern. Filos. d. dir.*, 1955). ——N. Badaloni, *Introduzione allo studio di G. B. Vico*, 1961.】

Fénelon, *L'Éducation des filles*, 1687 も或る程度この新傾向に乗っている.

【Georges Snyders, *La Pédagogie en France aux XVIIe et XVIIIe siècles*, 1965. ——H. C. Barnard, *Fénelon on education*, 1966.】

「紳士」の骨組をなした諸原理の解体にかんしては, D・パロディのすぐれた研究 *L'honnête homme et l'idéal moral du dix-septième et du dix-huitième siècle* (*Revue Pédagogique*, 1921, t. 78) を凌駕するものは出ていない. *Ésope à la cour, Comédie héroïque, par feu M. Boursault*, 1702 には, 神々を信じない紳士というタイプが登場する. イフィクラートという名のその紳士はこんなことを言うのである (第3幕第3場).

僕がこの世で知っている唯一の至福は
心地よい, 胸あたたまる快楽だ.
それも, 俗人が必死に求めるようなものではない.
紳士なら, そういうものは注意して避ける.
すぐ消える嘘の快感とひきかえに,
まぎれもない不幸をそれはきまって招くから.

僕が快楽と呼ぶのは，正確にいうと
心にやましさを感ぜずに，紳士として生活することだ．
罪なき者を助けて不正とたたかい，
才気より廉潔によって名を高め，
すぐれた者がしいたげられればその不正をつぐない，
世間につくすためにしか財産を望まず，
人情に厚く，誰にも親しく接することだ．
この快楽に匹敵するものはどこにもない．

なのに彼は，

神々が存在するのは人間の弱さのせいだ

と考える．第一原因の必要性も否定する．

僕は世界も人間も永遠だと思う

イフィクラートを宗教へひきもどそうとして，イソップはこう叫ぶ．

こんなに啓蒙された人が肝腎のことに無知だとは！
今日びの宮廷には，この人のように開明的で，
同じ弱さをもつ紳士がなんと多いことか！

【ブルソーについては次の研究がある．L. Grawe, *E. Boursaults Leben und Werke*, 1887.——Ch. Révillout, *Études sur la littérature française au XVIIe siècle. Boursault et la comédie des 〈Mots à la mot〉*, 1889. —— A. Hoffmann, *E. Boursault nach seinem Leben und in seinen Werken*, 1902. *Ésope à la Cour* については，Geoffroy, *Ésope à la cour* (*Cours de littérature dramatique*, t. 2, 1825).】

「紳士」であるということが道徳の問題ではなく技術の問題になったことについては，

Henry A. Grubbs, *Damien Mitton (1618-1690), Bourgeois honnête homme*, Princeton-Paris, 1932.

模範とされる社会的タイプの変遷については，

W. Dilthey, *Weltanschauung und Analyse des Menschen seit Renaissance und Reformation* (*Gesammelte Schriften*, Leipzig, t. II, 1913; 最新版，1929年).

W. Fleming, *Die Auffassung des Menschen im 17. Jahrhundert* (*Deutsche Vierteljahrschrift für Literaturwissenschaft und Geistesgeschichte*, 1928).

Christophe Nyrop, *Qu'est-ce qu'un gentleman?* (*Linguistique et histoire des mœurs. Mélanges posthumes*, 1934).

401ページ　バルタサール・グラシヤンの全ヨーロッパ的名声

基礎となるのは Adolfo Coster, *Baltasar Gracián* (*Revue Hispanique*, 1913,

t. XXIX).

ほかに,

A. F. G. Bell, *Baltasar Gracián (Hispanic Society of America)*, 1921.

Eugenio Mele, *Opere del Gracian e d'altri autori spagnuoli fra le mani del P. Casalicchio (Giornale storico*, 1923).

V. Bouillier, *Baltasar Gracián et Nietzsche (Revue de Littérature comparée*, t. VI, p. 381).

L'Homme de Cour. アムロ・ド・ラ・ウッセ訳, アンドレ・ルヴェールにより刊行, 1924年.

Jean Cassou, *Lettres espagnoles*, Baltasar Gracian (*Mercure de France*, 1er Juin 1924).

Pages caractéristiques, 巻頭にアンドレ・ルヴェールによる研究. 翻訳と註はヴィクトル・ブイエによる. 1925年.

J. M. Acosta, *Traductores franceses de Gracián (Revista de las Españas*, 1930, V).

Eugenio Mele, *Baltasar Gracián e il Nietzsche (La Cultura*, Avril 1927).

F. Blasi, *Gracián (La Cultura*, Mai 1930).

O. Brachfeld, *Note sur la fortune de Gracián en Hongrie (Bulletin hispanique*, Octobre-Décembre 1931).

Victor Bouillier, *Notes critiques sur la traduction de l'Oraculo manual, par Amelot de la Houssaye (Ibid.*, Avril-Juin 1933).

C. Pitollet, *Chronique espagnole* 〔notes sur Gracián〕 (*Bulletin de la Société d'études des professeurs de langues méridionales*, Avril-Juin 1932).

Victor Bouillier, *Le Héros de Baltasar Gracián (Ibid.*, Octobre-Décembre 1933).

【G. Marone, *Morale e politica di Baltasar Gracian*, 1925.——J. F. Montesinos, *Gracián o la picaresca pura (Cruz y Raya*, 1933). ——E. Sarmiento, *Clasificación de algunos pasajes capitales para la estética de Baltasar Gracián (Bulletin hispanique*, 1935).——R. Bouvier, *Le Courtisan, l'honnête homme, le héros. Pour présenter Le Héros de B. Gracian*, 1937. ——A. Ferrari, *Fernando el Católico en Baltasar Gracián*, 1945. ——M. Romera Navarro, *Estudios sobre Gracián*, 1950.——C. Peralta, *Baltasar Gracián en su vida y en sus obras*, 1957.——*Revista de la Universidad de Madrid*, 7, 1958. ——*Homenaje a Gracián*, 1958.——M. Batllori, *Gracián y el barroca (Storia e Letteratura : Raccolta di studi e testi*, 70, 1958).——H. Jansen, *Die Grundtegriffe des Baltasar Gracians*, 1958.——E. Moreno, *Báez, Filosofía del 〈Criticón〉*, 1959.——K. Heger, *Baltasar Gracián. Estilo y doctrina*, 1960 (Tesis de la Universidad de Heidelberg, 1952).——F. Indurain, *Gracián, un estilo*, 1960.——G. Schröder, *Baltasar Gracians Criticón*, 1966. ——M. Z. Hafter, *Gracian and perfection*, 1966.】

403ページ　武人のヒロイズムに反対

Saint-Évremond, *La conversation du Maréchal d'Hocquincourt avec le Père Canaye*, 1654（ルネ・ド・プラノールが刊行した *Œuvres*, 1927, 第1巻所収）．本書第2部，第1章を参照．Bayle, *Réponse aux questions d'un Provincial*, Rotterdam, 1704-1707, II, chap. LXXIV.

Steele, *The Christian Hero*, London, 1701.

William Temple, *Essay upon heroick virtue* は，真の英雄は文明の最初の発明者，最初の統率者だったことを明らかにしている．すなわち，

「単純素朴だった世界の最初の時期には，公衆がそこから受ける大きな便益のために一般的な称讃に価すると思われるなにかの技術を発明するだけの器用さをもった人間が或る国に現われると，人々はそれに生前ありとあらゆる名誉をあたえ，死後も神としてあがめるのだった．或る国に立派で賢明な統治をうちたて，それまでの野蛮獰猛な状態から国民をひきだして，穏やかで平和な社会の内に生活させた人たちも，それと同じ扱いを受けた……」（仏訳，アムステルダム，1708年）〔*Œuvres mêlées de Monsieur le Chevalier Temple*, 1693, t. II, p. 187-188〕.

404ページ　名誉心に反対

The Tatler, n° 25, 28, 31, 38, 48. —— *The Spectator*, n° 84, 97, 99, 219. ——Regnard, *Voyage de Laponie*（*Œuvres*, I, p. 138）にはこうある．

「この体面という言葉にみんなすっかり熱をあげ，今ではこわすのも容易でない空中楼閣を作りあげてしまった……」

404ページ　「品のいい紳士」（ファイン・ジェントルマン）の悪徳に反対

J. Collier, *A short view of the immorality and profaneness of the English Stage*, London, 1699.

Louis Cazamian, *Histoire de la littérature anglaise*, p. 689 にはこうある．

「この毒舌と，自己の影響力の増大にたいする中産階級の自覚とを結ぶ深い絆は，〈品のいい紳士〉に浴びせたコリアーの諷刺や，喜劇作家の悪罵から〈金持のブルジョワ〉をかばったその弁護の内にあらわれている．」

R. Steele, *The Lying Lover*, 1703.

404ページ　ブルジョワ

Tatler と *Spectator* はほとんど毎号とおしで，この新しい人間類型をひと筆ずつ描きあげていった．紳士（ジェントルマン）の性格をとくに扱ったのは *Tatler* の第21，24号と *Spectator* の第75号である．

【アディソンにかんする最近の研究は，R. Budde, *Der Toleranz-und Kompromissgedanke der englischen Aufklärung in den moralischen Wochenschriften Steeles und Addisons*, 1930. ——J. Heinrich, *Die Frauenfrage bei Steele und Addison*, 1930. ——W. Papenheim, *Die Charakterschilderungen im Tatler, Spectator und Guardian*, 1930. ——A. Zeitvogel, *Addisons Cato*, 1934. ——F. E. Noack, *Die bürgerlichen Züge in Addisons Cato*, 1940. —— J. Lannering, *Studies in the prose style of Joseph Addison*, 1951. ——P. Smithers, *The Life of Joseph Addison*, 1954. ——D. G. Kingsbury, *Bilton Hall : its history and literary association*, 1957. ——A. R. Humphreys, *Steele, Addison and their*

periodical essays, 1959.——R. P. Bond, *New letters to the Tatler and Spectator*, 1959.——G. Klotz, *Das Werturteil des Erzählers : Formen der Bewertung der epischen Gestalten im Tatler und Spectator*, 1960.——B. A. Goldgar, *The Curse of party : Swift's relations with Addison and Steele*, 1961. ——G. Schuch, *Addison und die lateinischen Augusteer*, 1961. ——L. A. Elioseff, *The cultural milieu of Addison's literary criticism*, 1963.——C. Winton, *Addison and Steele in the English Enlightenment* (*Transactions of the First International Congress on Enlightenment*, 1963). ——H. J. Possin, *Natur und Landschaft bei Addison*, 1965.——R. M. Colombo, *Lo Spectator e i giornali veneziani del Settecento*, 1966. ——E. A. Bloom and D. Lillian, *Joseph Addison's sociable animal, in the market place, on the hustings, in the pulpit*, 1970. スティールにかんする最近の研究は，アディソンと共通のものを除いて，W. Connely, *Sir Richard Steele*, 1934. ——L. M. Price, *Inkle and Yarico album*, 1937.——J. Loftis, *Steele at Drury Lane*, 1952.——C. Winton, *Captain Steele: the early career of Steele*, 1964.——R. P. Bond and M. N. Bond, *The Tatler and the Spectator and the development of the early periodic press in England*, 1965.——C. Winton, *Sir Richard Steele : the later career*, 1970. ——M. E. Hare, *Richard Steele and the sentimental comedy*, 1970.】

コルベールが貿易を促進したことも商人の社会的地位を向上させた．Jacques Savary, *Le parfait négociant, ou Instruction générale pour ce qui regarde le commerce de toute sorte de marchandises*, Paris, 1675 の第１章には次のようにある．「生活に必要なものが全部同じ場所にあることを神は望まれなかった．人々が互に交わり，助けあわねばならないという相互の必要によって彼らの間に友情が保たれるように，神はその贈物をいろいろな場所にまきちらされた．生活のあらゆる便益のこの持続的な交換が商業を作りだし，またこの商業が生活のあらゆる楽しさを作りだしている．なぜなら，それによってどこにでもあらゆるものが豊富にあるようになるのだから.」

この文章では，社会的な関係を意味する commerce（交わり）という言葉が，売買，商業という意味に移行していることがわかる．しかも，第一の意味のもたらす利益は第二の意味にも保持されているのである．

研　究

Werner Sombart, *Der Bourgeois. Zur Geistesgeschichte des modernen Wirtschaftmenschen*, München und Leipzig, 1913；仏訳，1926年.

Lujo Brentano, *Der wirtschaffende Mensch in der Geschichte*, Leipzig, 1923.

Id., *Eine Geschichte der wirtschaftlichen Entwicklung Englands*, Iena, 1927-8.

B. Groethuysen, *Origines de l'esprit bourgeois en France*, 1927.

文献目録は M. R. Buccilla, *Il mercantilismo come fase della vita storica europea* (*La Nuova Italia*, 20 Février 1932) にある．

【Stoyan Tzoneff, *L'Homme d'argent au théâtre français jusqu'à la Révolution*, 1934.——Charles Morazé, *La France bourgeoise : XVIII-XIXe siècle*, 1947. ——L. O. Forkey, *The role of money in French comedy during the reign of Louis XIV*, 1947.——Elinor Barber, *The Bourgeoisie in the 18th Century France*,

1955. ——P. Leuillot, *Bourgeois et Bourgeoisies* (*Annales ESC*, 1, 1956). ——M. Venard, *Bourgeois et paysans au XVIIe siècle*, 1959. ——Régine Pernoud, *Histoire de la bourgeoisie en France*, 1960-1962. ——Catherine Lafarge, *The Emergence of the bourgeoisie* (*Yale French Studies*, 32, 1964). ——Jacques Ellul, *Métamorphose du bourgeois*, 1967. ——C. Michael-Titus, *L'Idéal bourgeois au XVIIIe siècle, pensée politique et littérature*, 1967. ——T. de Figueiredo Martins, *Le Personnage du parvenu dans le théâtre et le roman de la première moitié du XVIIIe siècle*, 1967. ——Jean V. Alter, *L'Esprit antibourgeois sous l'Ancien Régime*, 1970.】

409ページ　哲学者（フィロゾーフ）

哲学者という言葉が18世紀に普通いわれる意味で使われた例は，次の諸作に見られる．

Journal des Savants 1685年3月12日号，108ページ．「（シナでは）皇帝の顧問や寵臣はみな哲学者である．」

サン＝テヴルモンとその英国滞在について，サン＝シモンは次のように書いている（*Mémoires*, éd. Les Grands Écrivains de la France, t. XI, p. 261-262).「彼はそこでさらに20年間哲学者として生き，そして哲学者として死んだ……」

G. P. Marana, *Entretiens d'un philosophe et d'un solitaire...*, 1696.

Fontenelle, *Entretiens sur la pluralité des mondes*, 1686 (préface, à Monsieur L.).

Dancourt, *Les Fées* (Jules Lemaître, *Le théâtre de Dancourt*, 1882, p. 215 に引かれている場面).

Fénelon, *Dialogues des morts* : Confucius et Socrate（この対話は，ガラール師とド・ケルブフ神父が刊行した *Œuvres*, 1787-1792, in-4° の第6巻に初めてのった).

デュボスからベールへの手紙，1696年4月27日付．ジガスが刊行した *Choix de la correspondance inédite de Pierre Bayle*, 1890 所収．

Tyssot de Patot, *Voyages et aventures de Jaques Massé*, 1710, p. 40.

Ira O. Wade, *The《Philosoph》in the French drama of the Eighteenth Century*, Princeton, 1926 は，主として18世紀のその後の展開を扱ったものだが，多くの有益な指示をあたえてくれた．

もし可能ならば，ここに記録した推移——紳士（オネットム）から哲学者（フィロゾーフ），ブルジョワへの——と，文学にしばしば反映する経済事情（財政の悪化，改革の必要等）との間の対応関係を，私は示したいものだと思った．

この時期の経済的な様相についてご教示くださったソルボンヌのアンリ・オゼール教授に，ここでお礼申しあげたい．同氏の *La vie économique européenne du milieu du seizième au milieu du dix-septième siècle* (*Revue des Cours et Conférences*, 1933年1月15日号以下）および *Recherches et Documents sur l'histoire des prix en France de 1500 à 1800*, 1936 を参照．

フランソワ・シミアン氏も，亡くなる数ヵ月前に，*Recherches anciennes et nouvelles sur le mouvement général des prix du seizième au dix-neuvième siècle*, 1933 のデータのほかに，口頭で貴重な指示をしてくださった．

こういう経済学の大家たちにご相談したところ，知識の現状では，たまたまつかんだいくつかの事実（商人階級の権利要求など）からさらに進んで，心理現象や文学現象と経済現象の間の明確な関係を全ヨーロッパ的規模で画定することは不可能なように思われた．また，そんなことをしたら，たぶんこの本の主題からはみだしてしまったろう．そういう研究が私の能力を越えることはいうまでもない．

【特にフランスの経済については，その後次のものがある．C. E. Labrousse, *Esquisse du mouvement des prix et des revenus en France au XVIIIe siècle*, 1932. ――Stanislas Mitard, *La Crise financière en France à la fin du XVIIe siècle*, 1934. ――H, Lévy-Bruhl, *Histoire juridique des sociétés de commerce en France aux XVIIe et XVIIIe siècles*, 1938.――H. Sée, *La France économique et sociale au XVIIIe siècle*, 1939.――Ch. Woolsey Cole, *Colbert and a century of French mercantilism*, 1939. ――Id., *French Mercantilism, 1683-1700*, 1943.――Bertrand Gille, *Les Origines de la grande industrie métallurgique en France, 1661-1789*, 1947.――Jacques Saint-Germain, *Les Financiers sous Louis XIV*, 1950.――Id., *Les Finances sous Louis XIV*, 1950. ――Jean Villain, *Le Recouvrement de l'impôt direct sous l'Ancien Régime*, 1952. ――E. Soreau, *L'Agriculture du XVIIe siècle à la fin du XVIIIe siècle*, 1952.――Paul Walden Bamford, *Forests and French Sea Power, 1660-1789*, 1956. ――Pierre Léon, *La Crise de l'économie française à la fin du règne de Louis XIV, 1685-1715* (*Information Historique*, 18, 1956).――J. Meuvret, *Le Commerce des grains et des farines à Paris et les marchands parisiens à l'époque de Louis XIV*, 1957.――George T. Matthews, *The Royal general farms in XVIIth Century France*, 1958.――Warren Candler Scoville, *The Persecution of Huguenots and French economic development, 1680-1720*, 1960.――Roland Mousnier, Ernest Labrousse et Marc Bouloiseau, *Le XVIIIe siècle. L'Époque des 《Lumières》*, 1960.――J. Meuvret, *Monnaie et circulation monétaire en France au XVIIe siècle* (*Bulletin de la Société d'Histoire moderne*, 17, 1961). ――M. Baulant et J. Meuvret, *Prix des céréales extraits de la Mercuriale de Paris, 1520-1698*, 1960-1962. ――J. Meuvret, *La Conjoncture internationale de 1660 à 1715* (*Bulletin de la Société d'Histoire moderne*, 28, 1964). ――*Aspects de l'économie française au XVIIe siècle* (*XVIIe Siècle*, 70-71, 1966). ――R. Mousnier, J. Meuvret, V.-L. Tapié, etc., *La France au temps de Louis XIV*, 1966.――Robert Mandrou, *La France des XVIIe et XVIIIe siècles*, 1967. ――Pierre Léon, *Économies et Sociétés pré-industrielles, t. II, 1650-1780*, 1970.】

第4部　想像的・感性的価値

第1章　詩のない時代

416ページ　散文時代

当時はやった散文の一ジャンルについては，J. S. Egilsrud, *Le Dialogue des*

Morts dans les littératures française, allemande et anglaise, 1934 を参照.

419ページ 『イリアス』ほど均斉のとれた庭園はない

The Iliad of Homer, translated by Mr. Pope..., London, 1715.

L'Iliade d'Homère, traduite en français, avec des remarques par Madame Dacier. Seconde édition, revue, corrigée, augmentée, avec quelques réflexions sur la Préface anglaise de M. Pope, 1719.

The Iliad of Homer, translated by Mr. Pope..., Second edition, London, 1720 (ダシエ夫人への回答を付す).

【D. M. Foerster, *Homer in English criticism : the historical approach in the Eighteenth Century,* 1947.——Noémi Hepp, *Homère en France au XVIIe siècle,* 1969.——Id., *Deux amis d'Homère au XVIIe siècle,* 1970. ダシエ夫人については, P. Mazon, *Mme Dacier et les Traductions d'Homère en France,* 1936.——G.L. Luzzatto, *L'Iliade de Mme Dacier* (*Atene e Roma,* 16, 1938).——E. Malcovati, *Mme Dacier. Una gentildonna filologa del Gran Secolo,* 1953.——A. Pizzorusso, *La polemica di Mme Dacier : i moderni e la corruzione del gusto* (*Rivista di letterature moderne e comparate,* sett.-dic. 1963).——Id., *La polemica di Mme Dacier : la tradizione e i principi della critica* (*Rivista di estetica,* magg.-agost. 1964).——Roland Mortier, *L'Idée de décadence littéraire au XVIIIe siècle* (*Transactions,* vol. 3, 1967). ポウプのホメロス訳については, Douglas Knight, *Pope and the heroic tradition. A critical study of his Iliad,* 1951.——Id., *Pope as a student of Homer* (*Comparative Literature,* 4, 1952).——Id., *The Development of Pope's Iliad preface* (*Modern Language Quarterly,* 16, 1955).——N. Callan, *Pope's Iliad : a new document* (*Review of English Studies,* new ser. 4, 1953).——R. Sühnel, *Homer und die englische Humanität : Chapmans und Popes Übersetzungskunst,* 1958.——R. M. Schmitz, *The* 〈*arsenal*〉 *proof sheets of Pope's Iliad* (*Modern Language Notes,* 74, 1959).——C. Ryskamp, *The Receipts for Pope's Iliad* (*Princeton Univ. Lib. Chron.* 24, 1962).——B. Fabian, *Pope und die goldene Kette Homers* (*Anglia,* 82, 1964).——H. J. Zimmerman, *Popes Noten zu Homer,* 1966.——Id., *Pope und die Homerischen Fliegen* (*Lebende Antike,* 1967).】

419ページ 理性的な詩

Fontenelle, *Histoire des Oracles,* 1687 ; *Poésies*(58) *pastorales, avec un Traité sur la nature de l'Églogue,* 1688 ; *Sur la poésie en général,* 1752.

A. Muratori, *Trattato della perfetta poesia italiana,* Modena, 1706. ここでは, 想像力は「低次の理解力」, 知性は「高次の理解力」とされている. 詩は「道徳哲学の息子, しもべ」なのである.

Houdar de La Motte, *Odes de M. D***, avec un discours sur la poésie en général et sur l'ode en particulier,* 1707 ; *Discours sur la fable,* 1719 ; *Œuvres de théâtre, avec plusieurs discours sur la tragédie,* 1730 ; *Suite des réflexions sur la tragédie, où l'on répond à M. de Voltaire,* 1730.——Id., *L'Iliade, poème, avec un discours sur Homère,* 1714.

J.-B. Rousseau, *Œuvres diverses du Sieur R****, Soleure, 1712 ; *Les Œuvres choisies du Sieur Rousseau*, contenant ses Odes, Odes sacrées de l'édition de Soleure, et cantates, Rotterdam, 1716.

Montesquieu, *Lettres persanes*, 第137信(59)にはこうある.「ここには詩人の本, つまりその著者たちは分別を妨げ, あたかもその昔, 女たちが装飾品のなかに埋没していたように, 飾り立てて理性を埋めてしまうのを商売にしているひとたちです. ……これは抒情詩人です. このひとたちを私は……軽蔑しますが, 自分たちの技巧で調子の整った蛮勇ぶりを作り出すのがこの連中です……」〔邦訳,『ペルシア人の手紙』, 岩波文庫, 下巻167—168ページ, 大岩誠訳〕.

【ウダール・ド・ラ・モットとジャン＝バティスト・ルソーについては, 次の研究がある. A. Rébelliau, *La Poésie française au XVIIIe siècle. Les doctrines de La Motte-Houdar* (*Revue des Cours et Conférences*, 1892-1893). ——Paul Dupont, *Un Poète-philosophe au commencement du dix-huitième siècle. Houdar de La Motte* (*1672-1731*), 1898. ——Émile Faguet, *Houdar de La Motte* (*Revue des Cours et Conférences*, 1899-1900). ——Id., *J.-B. Rousseau et Voltaire, poètes* (*Revue des Cours et Conférences*, 1899-1900). ——Henry A. Grubbs, *J.-B. Rousseau, his life and works*, 1941. ——P. P. Gossiaux, *Aspects de la critique littéraire des nouveaux modernes. Antoine Houdar de la Motte et son temps* (*Revue des Langues vivantes*, 3-4, 1966).】

【イギリスについては, E. R. Marks, *The Poetics of reason : English neoclassical criticism*, 1966.】

422ページ　詩心の痕跡わずかに

イタリア

Benedetto Menzini, *Poesie liriche*, Firenze, 1680.

【メンツィーニについては次の研究がある. S. Rago, *Benedetto Menzini e le sue satire*, 1901.——A. Poggiolini, *Le Satire di Benedetto Menzini* (*Rass. Nazionale*, 16 luglio 1915).——C. Calcaterra, *I Lirici del Seicento e dell' Arcadia*, 1936.】

Francesco Redi, *Bacco in Toscana*, Firenze, 1685.

【レーディについては次の研究がある. G. Imbert, *Il《Bacco in Toscana》di Francesco Redi e la poesia ditirambica*, 1890. ——E. Micheli-Pellegrini, *F. Redi letterato e poeta*, 1911.——F. Massai, *Lo 〈stravizzo〉 della Crusca del 12 settembre 1666 e l'origine del《Bacco in Toscana》di F. Redi*, 1916.——G. Bracali, *Le Prose scientifiche di F. Redi* (*Rivista d'Italia*, agosto 1916). ——U. Viviani, *Vita e opere di F. Redi*, 1924. ——G. Imbert, *F. Redi : l'uomo*, 1925.——F. Torraca, *F. Redi scienziato e medico* (*Atti dell' Accad. Pontan.*, n. 5, X, 1931).——A. Belloni, *Redi*, 1931. ——C. Calcaterra, *I Lirici del Seicento e dell' Arcadia*, 1936.——D. Prandi, *Bibliografia delle opere di F. Redi*, 1941. ——A. M. Crinò, *Accoglienze in Francia al《Bacco》*(*Amor di libro*, 2, 1954).】

Vincenzo da Filicaja, *L'Italia alla Francia*, 1700.

【フィリカーヤについては次の研究がある. G. Caponi, *V. da Filicaia e le sue opere*, 1901.――M. Sterzi, *V. da Filicaia e il teatro volterrano* (*Rass. bibliogr. d. lett. ital.*, 1906).――B. Croce, *Nuovi saggi sulla letteratura italiana del Seicento*, 1931.】

これらの詩人やアルカディアにかんする文献目録は Antonio Belloni, *Il Seicento* (第2版, 1929年) にある.

【C. Calcaterra, *I Lirici del Seicento e dell' Arcadia*, 1936.――G. Toffanin, *Arcadia*, 1947.――C. Calcaterra, *Il Barocco in Arcadia e altri scritti sul Settecento*, 1950.――G. L. Moncallero, *Arcadia*, 1953.】

イギリス

William Kerr, *Restoration verse, chosen and edited*, London, 1930.

Matthew Prior, *The writings*. The text edited by A. R. Waller, Cambridge, 1907.

【プライアーについては次の研究がある. F. Bickley, *Life of Matthew Prior*, 1914.――E. Frey, *Der Einfluss der englischen, französischen, italienischen und lateinischen Literatur auf die Dichtungen Priors*, 1915.――L. G. W. Legg, *Matthew Prior*, 1921.――C. K. Eves, *Prior : poet and diplomatist*, 1939.――R. W. Ketton-Cremer, *Matthew Prior*, 1957.――Anna Maria Crino, *L'Opera letteraria di Matthew Prior*, 1960-1961.――R. B. Kline, *Supplements to the biography and criticism of Matthew Prior*, 1965.】

フランス

Albert Chérel, *De Télémaque à Candide* (J. カルヴェ監修の *Histoire de la littérature française*, 第6巻), 1933. chap. III : Le goût littéraire chez les premiers rationalistes ; chap. IV : Le goût littéraire : Novateurs et clairvoyants.

【Herbert Dieckmann, *Zur Theorie der Lyrik im 18. Jahrhundert in Frankreich* (*Lyrik als Paradigma der Moderne*, 1966).――R. Finch, *The Sixth sense. Individualism in French poetry 1686-1760*, 1966.――Roger Mercier, *La Querelle de la poésie au début du XVIIIe siècle* (*Revue des Sciences humaines*, janv.-mars 1969).】

427ページ　批評家

F. Brunetière, *L'évolution de la critique depuis la Renaissance jusqu'à nos jours*, 1890.

George Saintsbury, *A History of Criticism and literary taste in Europe from the earliest texts to the present day*, Edinburgh and London, 1902 (t. II).

Gabriel Maugain, *Boileau et l'Italie*, 1912.

R. H. Wollstein, *English Opinion of French poetry, 1660-1750*, New York, 1923.

A. F. B. Clarck, *Boileau and the French classical critics in England*, 1925.

Benedetto Croce, *Filosofia dello Spirito*. I. Estetica, teoria e storia.——*Saggi filosofici*. I. Problemi di Estetica e contributi alla storia dell'Estetica italiana ; V. Nuovi saggi di Estetica.——*Scritti di storia letteraria e politica*. I. Saggi sulla letteratura italiana del Seicento ; XIV. Nuovi Saggi sulla letteratura italiana del Seicento. (*Opere* di Benedetto Croce, Bari.)

【ボワローの影響についてはほかに, V. Walter, *Boileaus Wirkung auf seine englische Zeitgenossen*, 1911.——H. J. A. M. Stein, *Boileau en Hollande. Essai sur son influence aux XVIIe et XVIIIe siècles*, 1929.——C. Lemonnier, *Pope traducteur de Boileau* (*Revue de Littérature comparée*, 14, 1934). ——J. R. Miller, *Boileau en France au dix-huitième siècle*, 1942.——Scott Elledge and Donald Schiel, *The Continental model. Selected French critical essays of the Seventeenth Century in English translation*, 1960.——R. S. Dupree, *Boileau and Pope : the Horatian perspective in France and England*, 1966.】

428ページ　規則性と道徳性

Le Père Le Bossu, *Traité du poème épique*, 1675.

Le Père Bouhours, *La manière de bien penser dans les ouvrages d'esprit*, 1687.

Jeremy Collier, *A short view of the immorality and profaneness of the English stage...*, London, 1699.——第5版（ロンドン, 1730年）には, このパンフレットに浴びせられた攻撃のいくつかにたいするJ・コリアーの回答が収められている——仏訳, *La critique du théâtre anglais, comparé au théâtre d'Athènes, de Rome et de France*, 1715（ジョゼフ・ド・クルブヴィル神父訳). *Mémoires de Trévoux*, 1716年7月号, 1720年4月号参照.

Madame Dacier, *Des causes de la corruption du goût*, 1714.

【ブウール神父については次の研究がある. G. Doncieux, *Un Jésuite homme de lettres au XVIIe siècle. Le P. Bouhours*, 1886.——H. Druxes, *Lehre und Bedeutung des P. Bouhours in Frankreich*, 1950.——L. Frankendorfer, *Die literarische Kritik des Père Bouhours*, 1950. コリアーについては, J. Ballein, *Jeremy Collier's Angriff auf die englische Bühne*, 1910.——J. W. Krutch, *Comedy and conscience after the Restoration*, 1924.——R. Anthony, *The Jeremy Collier stage controversy 1698-1726*, 1937.—— K. Ressler, *Collier's essays*, 1937.——G. F. Lamb, *A short view of Collier* (*English*, 7, 1940). ほかに, James S. Munro, *Moral and social preoccupations in early Eighteenth Century French comedy* (*Transactions*, vol. 3, 1967).】

430ページ　アカデミズム

H. M. Flasdieck, *Der Gedanke einer englischen Sprachakademie* (*Ienaer Germ. Forschungen*, Bd. II, 1928).

Émile Haumant, *La culture française en Russie, 1700-1900*, 1913.

430ページ　ポウプ

最近の研究は，

A. Warren, *Alexander Pope as critic and humanist*, Princeton, 1929.

E. Sitwell, *Pope*, London, 1930.

E. Audra, *L'influence française dans l'œuvre de Pope*, 1931.

【その後のポウプ研究には次のものがある. E. Audra, *Les Traductions françaises de Pope (1717-1825)*, 1931.——G. Lenta, *Pope in Italia*, 1931.——R. Willard, *Notes on the poems of Pope*, 1931.——J. de La Harpe, *Le Journal des Savants et la renommée de Pope en France au XVIIIe siècle*, 1933. ——G. Sherburn, *The early career of Pope, 1688-1727*, 1934.——S. W. Stevenson, *Romantic tendencies in Pope*, 1934. ——J. E. Butt, *Pope's taste in Shakespeare*, 1936.——G. Tillotson, *On the poetry of Pope*, 1938.——R. K. Root, *The poetical career of Alexander Pope*, 1938.——P. C. Quennell, *Pope : an Augustan portrait*, 1939.——J. E. Tobin, *Pope : a list of critical studies, 1895-1944*, 1945.——G. Tillotson, *The moral poetry of Pope*, 1946. ——N. Ault, *New light on Pope*, 1949.——*Pope and his contemporaries*, 1949. ——A. M. Sibley, *Pope's prestige in America, 1725-1835*, 1949. ——D. C. Knight, *Pope and the heroic tradition*, 1951.——B. Dobrée, *Alexander Pope*, 1951.——W. L. MacDonald, *Pope and his critics*, 1951.——F. B. Thornton, *Pope : Catholic poet*, 1952.——I. Jack, *Pope*, 1954.——F. B. Clifford, *Horace in the Imitations of Pope*, 1954.——R. W. Rogers, *The major satires of Pope*, 1955. ——G. Wilson Knight, *Laureat of peace*, 1955.——R. P. Parkin, *The poetic workmanship of Pope*, 1955.——M. Goldstein, *Pope and the Augustan stage*, 1958.——G. Tillotson, *Pope and human nature*, 1958.——J. I. Felps, *Pope's common sense*, 1958. ——M. Maklin, *The Anatomy of the world : relations between natural and moral law from Donne to Pope*, 1958. ——R. Sühnel, *Homer und die englische Humanität : Chapmans und Popes Übersetzungskunst*, 1958.——R. A. Brower, *Alexander Pope : the poetry of allusion*, 1959.——J. S. Cunningham, *Pope : the Rape of the lock*, 1961.——M. Praz, *Le Poesia di Pope e le sue origini*, 1962.——U. Amarasinghe, *Dryden and Pope in the early nineteenth century*, 1962.——T. R. Edwards, *This dark estate : a reading of Pope*, 1963.——J.H. Adler, *The Reach of art : a study in the prosody of Pope*, 1964.——M. Lack, ed, *Essential articles for the study of Pope*, 1964.——W. K. Wimsatt, *The Portraits of Alexander Pope*, 1965. ——H.-J. Zimmerman, *Popes Noten zu Homer*, 1966.——T. E. Maresca, *Pope's Horatian poems*, 1966.——D. B. Clark, *Alexander Pope*, 1967.——P. C. Quennell, *Alexander Pope : the education of a genius*, 1968.——P. Dixon, *The World of Pope's satires*, 1968.——M. H. Nicolson and G. S. Rousseau, *〈This long disease my life〉 : Pope and the sciences*, 1968. ——J. O'Neill, ed, *Critics on Pope*, 1968.——A. L. Williams, *Pope's Dunciad : a study of its meaning*, 1968.——M. Mack, *Garden and the City : retirement and politics in the later*

poetry of Pope, 1969.――J. M. Aden, *Something like Horace. Studies in the art and allusion of Pope's Horatian Satires*, 1969. ――J. A. Jones, *Pope's couplet art*, 1969.――J. V. Guerinot, *Pamphlet attacks on Alexander Pope*, 1969.――D. H. White, *Pope and the context of controversy*, 1970. ――C. Lopez, *Alexander Pope : an annotated bibliography*, 1970.】

433ページ　叙事詩

Sir Richard Blackmore, *Prince Arthur, an heroic poem in ten books*, London, 1695；第2版, 1695年；第3版, 1696年；第4版, 1714年；第1部のラテン語訳, 1700年.

Id., *King Arthur, An heroic poem, in twelve books...*, London, 1697.

Id., *Eliza, an epic poem, in ten books*, London, 1705.

Id., *Advice to the Poets*, A Poem occasion'd by the wonderful success of her Majesty's Arms, under the conduct of the Duke of Marlborough, in Flanders, London, 1706.

Id., *Creation, a philosophical poem, in seven books*, London, 1712.

Id., *Essays upon several subjects*, London, 1716.―― *Bibliothèque anglaise* の第1巻, 記事2にその書評がある. すなわち,

「ブラックモア騎士は, フランス人が詩法をイタリア人よりはるかに先まで進ませたことをたたえている. ル・ボッシュ神父は先人をことごとく凌駕したと言い, さらに, イギリス人が叙事詩の本性を知るようになったのは約40年前からにすぎないと指摘している. たしかに, ミルトンの『失楽園』があったし, これはイギリス人の間で叙事詩の秀作とされてはいたが, しかし, この詩の価値はながいこと彼らにはまったく知られていなかった. その後, 何人かの人がようやくこの詩を発見した. 『失楽園』を発見し, ル・ボッシュ神父の論文を読んだおかげで, イギリス人は叙事詩の規則を研究する気になった. その時以来イギリスでは, この問題を扱ったいろいろな作家のものが読まれだしたのである……」

Id., *Alfred, an epic Poem, in twelve books*, London, 1723.

【ブラックモアについては次の研究がある. O. Liss, *Die Arthurepen des Sir Richard Blackmore*, 1911. ――R. F. Brinkley, *Arthurian legend in the Seventeenth Century*, 1932.――R. C. Boys, *Blackmore and the wits*, 1949. ――A. Rosenberg, *Sir Richard Blackmore*, 1953.】

434ページ　悲劇の国際コンクール

フランス

G. Lanson, *Esquisse d'une histoire de la tragédie française*. Nouvelle édition, revue et corrigée, 1927.

【Kosta Loukovitch, *L'Évolution de la tragédie religieuse classique en France*, 1933.――H. Carrington Lancaster, *French tragedy in the time of Louis XV and Voltaire, 1715-1774*, 1950. ――J. H. Davis, *Tragic theory and the Eighteenth-Century French critics*, 1967.】

イタリア

V〔incenzo〕 G〔ravina〕, *Tragedie cinque*, Napoli, 1712.

V〔incenzo〕 G〔ravina〕, *Della tragedia libro uno*, Napoli, 1715.

参照——Fr. Moffa, *Gian Vincenzo Gravina* (*Studi di letteratura italiana*, diretti da E. Percopo, vol. VII), 1907.—— G. Natali, *G. V. Gravina letterato*, Roma, tipogr. Vaticana, 1919.

Francesco Scipione Maffei, *La Merope, tragedia*, Venezia, 1714.——*Merope*, a tragedy, translated from the original Italian, by Mr. Ayre, London, 1740.

参照——Teresa Copelli, *Il teatro di Scipione Maffei*, Parma, 1907.——Alfredo Galletti, *Le teorie drammatiche e la Tragedia in Italia nel secolo XVIII*, Cremona, 1907. —— Henri Bédarida et Paul Hazard, *L'influence française en Italie au dix-huitième siècle*, 1934.

【マッフェイについてはほかに, Teresa Copelli, *Studi Maffeiani*, 1909. ——L. Pasolli, *La Personalità di Scipione Maffei e lo svolgimento dei suoi studi storici sino alla* 〈*Verona illustrata*〉, 1929.——A. Scolari, *Il* 〈*consiglio*〉 *politico di S. Maffei*, 1931.——Pierro Marconi, *Verona romana*, 1938.】

イギリス

Addison, *Cato*, a tragedy, as it is acted at the Theatre Royal in Drury Lane by Her Majesty's Servants, London, 1713 ; The eighth edition, 1713 ; The eleventh edition, 1725 ; etc. ——*Caton, tragédie*, par M. Addison. Traduite de l'anglais par M. Abel Boyer, Londres, 1713.——*Il Catone*, tragedia tradotta dall' originale inglese, Firenze, 1715 (A. M. サルヴィーニ訳) ; Id., Venezia, 1715 (L・リッコボーニの訳とされるが誤り) ; Id., Bologna, 1723 (マルテッリ訳). ——*Cato, ein Trauerspiel*, aus dem englischen... übersetzt von L. A. V. Gottsched, Leipzig, 1735.

参照——A. G. Hegnauer, *Der Einfluss von Addisons Cato auf die dramatische Literatur Englands und des Continents in der ersten Hälfte des 18. Jahrhunderts*, Hambourg, 1912.

Bonamy Dobrée, *Restoration Tragedy, 1660-1720*, Oxford University Press, 1930.

【Cato についてはほかに次の研究がある. A. Zeitvogel, *Addisons Cato*, 1934.—— F. E. Noack, *Die bürgerlichen Züge in Addisons Cato*, 1940. ——S. Atkins, *Addison's Cato* (*Philological Quarterly*, 21, 1942).——R. Halsband, *Addison's Cato and Lady Mary Wortley Montagu* (*Publications of the Modern Language Association of America*, 65, 1950). ——G. L. Anderson, *The authorship of Cato examined 1713* (*Publications of the Bibliographical Society of America*, 51, 1957).——M. M. Kelsall, *The Meaning of Addison's Cato* (*Review of English Studies*, new ser. 17, 1966).——F. M. Little, *Addison's Cato in the colonies* (*William & Mary Quarterly*, 23, 1966).】

ドイツ

Johann Christoph Gottsched, *Der Sterbende Cato, ein Trauerspiel, nebst einer Critischen Vorrede*, Leipzig, 1732.

全体にわたって, Lucien Dubech, Jacques de Montbrial, Claire Eliane Engel et Madeleine Horn-Monval, *Histoire générale illustrée du Théâtre*, t. IV. Deuxième partie, *Le théâtre européen du dix-huitième siècle*, 1933 を参照.

第2章　生活の万華鏡

441ページ　想像力の権利

イギリス

Addison, *Spectator*, Nos 411-421, 21 Juin—3 Juillet 1712.

〔C. D. Thorpe, *Addison and Hutcheson on the imagination* (*Journal of English Literary History*, 2, 1935). ——Id., *Addison's theory of the imagination as perceptive response* (*Papers of Michigan Academy*, 2, 1936). ——V. M. Hamm, *Addison and the pleasures of the imagination* (*Modern Language Notes*, 52, 1937). ——F. A. Brown, *Addison's ⟨imagination⟩ and the Gesellschaft der Mahlern* (*Modern Language Quarterly*, 15, 1954). ——E. L. Tuveson, *The Imagination as a means of grace : Locke and the aesthetics of romanticism*, 1960. ——J. G. Robertson, *The Beginnings of a new aesthetics in England : Addison* (*Studies in the genesis of romantic theory*, 1962). ——J. Wilkinson, *Some aspects of Addison's philosophy of art* (*Huntington Library Quarterly*, 28, 1964.〕

イタリア

参照——J. G. Robertson, *Studies in the Genesis of the romantic Theory in the Eighteenth Century*, Cambridge University Press, 1923.

全ヨーロッパ

Fernand Baldensperger, *《Romantique》. Ses analogies et ses équivalents*, Cambridge, Harvard University Press, 1938.

441ページ　お伽話

Elizabeth Storer, *Un épisode littéraire de la fin du dix-septième siècle. La mode des Contes de fées (1685-1700)*, 1928.

Paul Hazard, *Les livres, les enfants et les hommes*, 1932.

〔André Mazon, ed, *Autour des Contes de fées. Recueil d'études de Jeanne Roche-Mazon*, 1968. ペローについては次の研究がある. Ch. Deulin, *Les Contes de ma mère l'Oye avant Perrault*, 1877. ——E. Marbeau, *A propos des contes de Perrault*, 1902. ——Paul Bonnefon, *Charles Perrault, essai sur sa vie et ses ouvrages* (*Revue d'Histoire littéraire de la France*, 11, 1904). ——Id., *Charles Perrault, littérateur et académicien* (*Ibid*, 12, 1905). ——Theodor Pletscher,

Die Märchen Charles Perraults, 1905.——Paul Bonnefon, *Les dernières années de Charles Perrault. L'Opposition à Boileau* (*Revue d'Histoire littéraire de la France*, 13, 1906).——Paul Tesdorpf, *Beiträge zur Würdigung Charles Perraults und seiner Märchen*, 1910.——Pierre Saintyves, *Les Contes de Perrault et les récits parallèles. Leurs origines*, 1923.——André Hallays, *Essai sur le XVIIe siècle. Les Perraults*, 1926. ——Marthe de Fels, *Terre de France : Perrault* (*Revue de Paris*, 2, 1932). ——Agnes Nordick, *Der Stil der Märchen Perraults*, 1934.——Paul Delarue, *Les contes merveilleux de Perrault : faits et rapprochements nouveaux* (*Arts et Traditions populaires*, 2, 1952). ——L. Chini-Velan, *Perrault*, 1960.——L. Tatarkiewicz, *L'Esthétique associationniste au XVIIe siècle* (*Revue Esthétique*, 13, 1960). ——Hans Kortum, *Ch. Perrault und N. Boileau. Die Antike-Streit im Zeitalter der klassischen französischer Literatur*, 1966.——M. Soriano, *Les《Contes》de Perrault, culture savante et traditions populaires*, 1968. ——Brian Leslie Bendor-Samuel, *L'Évolution du goût de Charles Perrault à travers ses jugements sur le théâtre*, 1969.——G. Londeix, *《Le Petit Chaperon rouge》de Perrault*, 1970. ——M. Soriano, *Les Dossiers Charles Perrault*, 1972.】

442ページ　新たな国の魅力——ラプランド

この種の発見が次々と飜訳をつうじてヨーロッパの国から国へ急速に伝播していくのは面白いほどである.

D. Capel, *Vorstellung des Norden, oder Bericht von einigen Nordländern und absonderlich von dem so genannten Grönlande* (第2部には，この点にかんする当時の知識が要約されている), Hamburg, 1675 ; *Ibid.*, 1678.

F. Martens, *Friedrich Martens von Hamburg Spitzbergische oder Groenlandische Reise-Beschreibung, gethan im Jahr 1671*, Hamburg, 1675. ——イタリア語訳，ボローニャ，1683年——英訳，1694年，1711年——オランダ語訳，1695年——仏訳は J. F. Bernard, *Recueil de Voyages au Nord* (1715年以下；第2版，1732年) に収録.

La Martinière, *Voyage des pays Septentrionaux, dans lequel se void les mœurs, manières de vivre et superstitions des Norvégiens, Lappons, Kiloppes, Borandiens, Sybériens, Samoyèdes, Zembliens et Islandois, enrichi de plusieurs figures*, Paris, 1671 ; Ibid., 1676 ; Ibid., 1682 ; Amsterdam, s.d. ; Ibid., 1708.

英訳，ロンドン，1674年，1706年——独訳，ハンブルク，1675年. ライプツィヒ，1706年——オランダ語訳，アムステルダム，1685年.

J. Scheffer, *Johannis Schefferi argentoratensis Lapponia*, id est regionis Lapponum et gentis nova et verissima descriptio..., Francoforti, 1673. ——英訳，オクスフォード，1674年；ロンドン，1704年，等. ——独訳，フランクフルト，1675年——仏訳，1678年.

Regnard, *Voyage de Laponie*. 出版はおくれて1731年. 大学教授資格者ゴートロン氏はこの旅行記の批評版(60)の準備を終っている.

【Lucien Maury, *A la recherche de Regnard en Laponie* (*Nord-Sud*, 1930).

——J. Rouch, *Le Voyage en Laponie de Regnard* (*Comité des Travaux historiques et géographiques. Bulletin de la Section de Géographie,* 60, 1945).——E. Auvray, *Les Voyages de Regnard* (*Amis Hurepoix,* 1955).——R. Dage, *Le Voyage de Regnard en Laponie* (*Amis Hurepoix,* 1955).】

生涯に2人のラップ人しか見たことのなかったフランソワ・ベルニエは，彼らの姿にびっくりしてしまい，当時まだ新しかった或る考えを強く抱いた．地理学者は地球を国でしか分けないが，人種つまり人間の種類で分けることができないか，というのである．「ラップ人は第4の種類をなしている．小男で，ずんぐりして，脚が太く，肩幅が広く，首は短く，へんに長っぽそい，熊のようなおそろしい顔つきをしている．私はダンツィヒでラップ人を2人見ただけだが，彼らの肖像やその国を訪れた多くの人の報告によると，これは卑しい動物で，魚の油をがぶ飲みし，世界中のどんなうまい酒よりもこの方が美味だと思っているらしい」(F. Bernier, *Nouvelle division de la Terre, par les différentes espèces ou races d'hommes qui l'habitent, envoyée par un fameux voyageur à M. l'abbé de la Chambre* (*Journal des Savants,* 24 avril 1684).

D. F. Negri, *La Lapponia descritta dal Sign. D. F. Negri, e data in luce da G. C. Calvoli,* Venezia, 1705.

443ページ　バルバリア諸国の魅力

文献目録

Royal Geographical Society. Supplementary papers. Vol. II, part 2 : *A Bibliography of Algeria,* by L. Col. Sir Robert Playlair, London, 1888.

Id., Vol. II, part 4 : *The Bibliography of the Barbary States,* Part I, Ibid., 1889.

Id., Vol. III, part 3 : *A Bibliography of Morocco,* from the earliest times to the end of 1891, 1893.

Id., *A supplement to the bibliography of Algeria,* 1898.

E. Rouard de Card, *Livres français des dix-septième et dix-huitième siècles concernant les États barbaresques* ; régences d'Alger, de Tunis, de Tripoli, et Empire de Maroc, 1911. ——補遺，1917年．

【Roland Lebel, *Voyageurs français du Maroc et l'exotisme marocain dans la littérature de voyage,* 1936.——Ch. Penz, *Les Captifs français du Maroc au XVIIe siècle (1577-1699),* 1944.——A. Vovard, *Chez les pirates barbaresques. Les Évasions par mer dans la littérature et dans l'histoire* (*Comité des Travaux historiques et scientifiques. Bulletin de la Section de Géographie,* 63, 1949-1950).——Id., *Les Turqueries dans la littérature française. Le Cycle barbaresque,* 1959. ——Roger Mercier, *L'Afrique Noire dans la littérature française. Les premières images* (*XVIIe-XVIIIe siècles*), 1962.】

443ページ　ロマンチックなエルサルム

Aaron Hill, *A Full and Just Account of the Present State of the Ottoman Empire,* in all its branches : with The Government, and Policy, Religion, Customs, and Way of Living of the Turks in general. Faithfully related, from a serious observation, taken in many years Travels into these countries,

London, 1709. 序文には，「これはロマンチックな装いをしているから……」とある．

J. W. ボウヤーは1930年12月に開かれたアメリカ近代語学会の総会で，1700年から1710年までの英文学における「ロマンチック」という言葉について報告をした．

【エアロン・ヒルについては次の研究がある．H. Ludwig, *The Life and works of Aaron Hill*, 1911.——D. Brewster, *Aaron Hill : poet, dramatist, projector*, 1913.——A. Dobson, *Rosalba's journal and other papers*, 1915.】

444ページ　シナ人の魅力

Henri Cordier, *Catalogue des albums chinois et des ouvrages relatifs à la Chine conservés au cabinet des estampes de la Bibliothèque Nationale*, 1909.

Id., *La Chine en France au dix-huitième siècle*, 1910.

445ページ　フリビュスティエ

Alexandre Olivier Exquemelin, *De Americaensche Zee-roovers. Behelsende een pertinente en waerachtige beschrijving van alle de voornaemste rovereyen, en onmenschlijcke Wreedheden, die de Engelse en Franse rovers, tegens de Spanjaerden in America gepleeght habben...*, Amsterdam, J. ten Hoorn, 1678.

最初の英訳はロンドン，1684年．最初の仏訳はパリ，1686年．最初のスペイン語訳はコロニヤ・アグリッピーナ〔ケルン〕，1681年(61)．これらの飜訳は18世紀，さらには19世紀にかけて何度も版を重ねた．著者名の綴りはまちまちである．

参照——*Les aventuriers et les boucaniers d'Amérique*, par Alexandre Œxmelin, chirurgien des Aventuriers de 1666 à 1672. Edition enrichie de documents, de gravures anciennes et de cartes géographiques, et publiée par Bertrand Guégan, 1930.

Raveneau de Lussan, *Journal du voyage fait à la mer du Sud avec les flibustiers d'Amérique en 1684 et années suivantes*, 1698.

446ページ　アラビアン・ナイト

Les Mille et une Nuits. Contes arabes traduits en français par M. Galland, 1704-1717.

参照——*Journal parisien d'Antoine Galland, 1708-1715*, précédé de son autobiographie, 1646-1715, publié par Henri Omont, 1919.

【千一夜物語，および広く東方との関係については，次の研究がある．P. Martino, *L'Orient dans la littérature française au XVIIe et au XVIIIe siècle*, 1906.——Martha P. Conant, *The Oriental Tale in England in the Eighteenth Century*, 1908.——M. E. de Meester, *Oriental influences in the English literature*, 1915.——N. D. Samsani, *L'Iran dans la littérature française*, 1936.——C. D. Rouillard, *The Turk in French history, thought and literature (1520-1660)*, 1938.——B. P. Smith, *Islam in English literature*, 1939.——Marie-Louise Dufrenoy, *L'Orient romanesque en France, 1704-1789*, 1946.——F. Gabrielli, *Les Mille et une nuits dans la culture européenne* (*Cahiers de l'Est*, 6, 1949).——R. Schwab, *La Renaissance orientale*, 1950.——G. Piroué, *La France et les Mille et une nuits* (*Table Ronde*, 1958).——K. Saffani, *Les Légendes et contes persans dans la littérature anglaise*, 1962.——A. J. Weitzman, *The*

Oriental tale in the 18th century : a reconsideration (*Transactions*, vol. 4, 1967). 千一夜物語の仏訳者アントワーヌ・ガランについては，R. Fage, *Un Ami de Baluze, l'orientaliste Antoine Galland*, 1920.——Mohamed Abdel-Halim, *Antoine Galland, sa vie et son œuvre*, 1964.——R. Schwab, *L'Auteur des Mille et une nuits. Vie d'Antoine Galland*, 1964.】

446ページ　いくつかの版画

すでにあげたコルネリス・ファン・ブロイン，リーコウ，タシャール神父，ラオンタン，エアロン・ヒルの諸作(62)のほかに，

Le P. Bouvet, *L'État présent de la Chine*, in-fol., 1697.

Recueil de cent estampes représentant les différentes modes des Nations du Levant, dessinées par ordre de M. de Fériol, ambassadeur de la cour de France auprès du Grand Seigneur, avec des explications historiques, 1715, in-folio.

James H. Hyde, *L'iconographie des quatre parties du monde dans les tapisseries*. Extrait de la *Gazette des Beaux-Arts*, 1924.

Id., *The four parts of the world*, as represented in old-time pageants and ballets. Reprinted from *Apollo, a Journal of the Arts*, London, 1927.

447ページ　乞食と悪党（ピカロ）

F. W. Chandler, *Romances of Roguery*. An Episode in the history of the Novel, New York, 1899.

Id., *The Literature of Roguery*, Boston and New York, 1907.

H. Rausse, *Zur Geschichte des spanischen Schelmenromans in Deutschland*, München, 1908.

J. Vlés, *Le roman picaresque hollandais des XVIIe et XVIIIe siècles et ses modèles espagnols et français*, La Haye, 1926.

Hilda Laura Norman, *Swindlers and Rogues in French drama*, The University of Chicago Press, 1928.

Marcel Bataillon, *Le roman picaresque*. Introduction et Notes, s.d. 〔1931〕.

Marion F. Chevalier, *Les aventures et le mariage de Panurge* (1674), by Pousset de Montauban. With a Study of his life and other plays, Baltimore, 1933.

【E. Schneider, *Die Entwicklung des Seeromans in England im 17 und 18 Jahrhundert*, 1901. ——U. Habel, *Die Nachwirkung des picaresken Romans in England von Nash bis Fielding und Smollett*, 1930. ——J. Birnbaum, *Die 〈Memoirs〉 um 1700 : eine Studie zur Entwicklung der realistischen Romankunst vor Richardson*, 1934.——P. Verdevoye, *La Novela picaresca en Francia* (*Clavileño*, VI-35, 1955).——S. Koike, *English picaresque novels*, 1962.——R. Alter, *Rogue's progress : studies in the picaresque novel*, 1964. ——A. A. Parker, *Literature and the delinquent : the picaresque novel in Spain and Europe, 1599-1763*, 1967.——Jürgen Rathje, *Le Roman picaresque en France au XVIIe siècle avant 《Francion》*, 1968. この項で扱われているルサージュについ

では，次の研究がある．V. Barberet, *Le Sage et le théâtre de la Foire*, 1887. ——Léo Claretie, *Le Roman en France au XVIIIe siècle. Le Sage, romancier*, 1890. ——E. Lintilhac, *Le Sage*, 1893. ——Léo Claretie, *Le Sage*, 1894. —— Gustav Haack, *Untersuchungen zur Quellenkunde von Lesages《Gil Blas de Santillane》*, 1898. ——Martin Wolf, *Avellanedas《Don Quijote》, seine Verhältnis zu Cervantes und seine Bearbeitung durch Lesage*, 1907. ——H. Cordier, *Essai bibliographique sur les œuvres d'A.-R. Le Sage*, 1910. ——Irène Galli, *Le Réalisme pittoresque chez Le Sage et ses prédécesseurs immédiats*, 1910. —— Hans Heinz, *《Gil Blas》 und das zeitgenössische Leben in Frankreich*, 1914. ——Herm. Williers, *《Le Diable boiteux》* (*Le Sage*)—*《El Diablo cojuelo》* (*Guevara*). *Ein Beitrag zur Geschichte franko-spanischen Literaturbeziehungen*, 1935. ——Marcello Spaziani, *Il Teatro minore di Lesage*, 1957. ——Id., *Le Sage e il teatro comico al principio del 700*, 1959. ——F. Brun, *Strukturwandlungen des Schelmenromans, Lesage und seine spanischen Vorgänger*, 1962. ——Ch. Dédéyan, *Lesage et《Gil Blas》*, 1965. ——F. Brun, *Pour une interprétation sociologique du roman picaresque* (Lesage et ses sources espagnoles) (*Littérature et Société*, 1967). ——Glen Campbell, *Les Narrèmes dans les romans de Lesage*, 1969. ——Uwe Holtz, *Der hinkende Teufel von Vélez de Guevara und Lesage*, 1970. ——R. Laufer, *Lesage ou le métier de romancier*, 1971.】

448ページ　ネッド・ウォード，トム・ブラウン

Edward Ward, *The London Spy*, 1698. 単行本になったのは1703年．参照—— *The London Spy. The vanities and vices of the town expos'd to view*, by Ned Ward. Edited with Notes by Arthur L. Hayward, London, 1927.

Id., *Hudibras redivivus, or a burlesque poem on the times*, London, 1705.

Thomas Brown, *Amusements serious and comical, calculated for the meridian of London*, 1700 ; The second edition, with large improvements, Ibid., 1702. 参照——Ch. Whibley, *Writers of Burlesque and Translators* (*The Cambridge History of English Literature*, vol. IX).

【Howard W. Troyer, *Ned Ward of Grub Street. A Study of sub-literary London in the Eighteenth Century*, 1946. ——Benjamin Boyce, *Tom Brown of facetious memory*, 1939.】

450ページ　殿様ピカロ

Benjamin Mather Woodbridge, *Gatien de Courtilz, sieur du Verger. Étude sur un précurseur du roman réaliste en France*, The Johns Hopkins Press, Baltimore, 1925.

Ruth Clark, *Anthony Hamilton*. With two portraits, London, 1921. 「ピカロ」ではないが，ポーランドの貴族Ｊ．Ｃ．パセクも面白い人物である．*Les Mémoires de Jean Chrysostome Pasek, gentilhomme polonais* (*1656-1688*), traduits et commentés par Paul Cazin, s. d. を参照．

【Gérald-Gailly, *Courtilz de Sandras et Alexandre Dumas* (*Les sept couches*

de Mme de Grignan, s. d.).——Wilhelm Füger, *Courtilz de Sandras, der französische Defoe* (*Die neueren Sprachen*, sept. 1963). ハミルトンについては，その後次のものがある．É. Henriot, *A. Hamilton* (*Les Livres du second rayon*, 1925).——Ch. Guerlin de Guer, *A. Hamilton, sa langue et son style* (*Français moderne*, 8-9, 1940-1941).——G. Duhamel, *Vues sur Hamilton* (*Refuges de la lecture*, 1954).——G. Cosi, *Hamilton moralista e ritrattista nei 《Mémoires du chevalier de Gramont》* (*Studi di letteratura francese in ricordo di F. Petralia*, 1968).】

第3章　笑いと涙，オペラの勝利

455ページ　滑稽叙事詩

Boileau, *Lutrin* の序文には次のようにある．

「これはフランス語で書くことを思いついた新しいビュルレスクである．というのは，普通のビュルレスクでは，ディドン(ディド)やエネ(アイネイアース)(63)が魚売りの女や人足のような物言いをしたが，このビュルレスクでは，時計屋のおかみやおやじがディドンやエネのような物言いをするからである．私の詩が読者にご満足いただけるようなものになるかどうかはわからない．ただ少なくとも新味だけはあると思う．フランス語では，こういう作品はないのではあるまいか．サラザン(64)の『題韻詩の敗北』*Défaite des Bouts rimés* はむしろ純然たる寓意詩であって，こういう詩とは違うからである……」〔*Œuvres complètes de Boileau.* Épitres, Art poétique, Lutrin, 1939, p. 169〕.

Lutrin の影響については，

Gabriel Maugain, *Boileau et l'Italie*, 1912.

A. F. B. Clark, *Boileau and the French classical critics in England*, 1925.

A. H. West, *L'influence française dans la poésie burlesque en Angleterre entre 1660 et 1700*, 1930.

【*Lutrin* については，P. Émard et S. Fournier, *La Sainte-Chapelle du 《Lutrin》. Pourquoi et comment Boileau a composé son poème*, 1963. ——H. A. Mason, *Boileau's 《Lutrin》* (*The Cambridge Quarterly*, autumn-winter 1969-1970).】

サムエル・ガースについては，

Garth's Dispensary, Kritische Ausgabe, mit Einleitung und Anmerkungen von W. J. Leicht, Heidelberg, 1905.

H. Cushing, *Doctor Garth, The Kit-Kat Poet, 1661-1718*, The Lord Baltimore Press, 1906.

【T. Schenk, *Garth und seine Stellung zum komischen Epos*, 1900.——R. I. Cook, *Garth's Dispensary and Pope's Rape of the lock* (*Classical Journal*, 6, 1962).——F. H. Ellis, *The Background of the London dispensary* (*Journal of the History of Medicine*, 20, 1965).】

ジョン・フィリプスについては，

The Splendid Shilling ははじめ *A collection of Poems*, London, 1701 に収録．ついで *The splendid shilling. An imitation of Milton.* Now first correctly published, London, 1705 ; The second correct edition, London, 1716.

The poems of John Philipps, edited by G. Lloyd Thomas, Oxford, 1927.

Al. Harrach, *John Philipps, 1671-1708*, Kreuznach, 1906 (Inaugural Dissertation, Leipzig).

【イギリスの滑稽叙事詩にかんする一般的な研究は，F. Brie, *Englische Rokoko-epik, 1710-30*, 1927.——G. Kitchin, *A Survey of burlesque and parody in English*, 1931.——R. P. Bond, *English burlesque poetry, 1700-50*, 1932.——E. A. Richards, *Hudibras in the burlesque tradition*, 1937. ——U. Broich, *Studien zum komischen Epos : ein Beitrag zur Deutung, Typologie und Geschichte des komischen Epos im englischen Klassizismus, 1680-1800*, 1968.】

Alexander Pope, *The Rape of the Lock*（初版1712年，増補改訂版1717年）については，

Friedrich Brie, *Englische Rokoko-epik, 1710-1730*, München, 1927.

【S. Joseph Cunningham, *Rape of the Lock by Alexander Pope*, 1961. ——J. D. Hunt, ed, *Pope, the Rape of the lock : a casebook*, 1968. ——Barnes and Noble Editorial Staff, *Rape of the Lock-Pope*, 1969.——G. S. Rousseau, ed, *Twentieth Century interpretations of the Rape of the Lock*, 1969.】

Forteguerri, *Ricciardetto*（死後出版，ヴェネチア，1738年）については，

F. Bernini, *Il Ricciardetto di Niccolo Forteguerri.* Forma e contenenza, Bologna, 1900.

【F. Camici, *Notizie della vita e delle opere di Niccolò Forteguerri*, 1895. ——C. Zacchetti, *Il Ricciardetto di Niccolò Forteguerri*, 1899. ——Guido Zaccagnini, *Gli apologhi in versi e in prosa di N. Forteguerri* (*Rass. crit. d. lett. ital.*, 9, 1904). ——Id., *I Capitoli ined. di N. Forteguerri* (*Ibid.*, 10, 1905). ——G. Beani, *Intorno ad alcuni scritti ined. di N. Forteguerri*, 1905.】

458ページ　ルニャール

いくつかの日付をここであげておこう．*Le Joueur*, 1696年6月14日，*Le Distrait*, 1697年12月2日，*Démocrite*, 1700年1月12日，*Les Folies amoureuses*, 1704年1月15日，*Les Ménechmes*, 1705年12月4日，*Le Légataire Universel*, 1708年1月9日．

ルニャールについては綜合的な良い研究がない．大学教授資格者ゴートロン氏が，ルニャールにかんする博士論文(65)を書きあげている．

【その後，綜合的なルニャール研究 A. Calame, *Regnard, sa vie et son œuvre*, 1960 が出た．ほかに，André Hallays, *Regnard*, 1929.——G. Jamati, *La Querelle du《Joueur》. Regnard et Dufresny*, 1936.——L. G. Parkhouse, *Regnard's contribution to French comedy at the end of the classical period*, 1955. ——D. M. Medlin, *The verbal art of J.-Fr. Regnard*, 1966.——*Regnard.* Monographie établie par S. Chevalley, R. Pomeau, etc., 1968.】

459ページ　感受性の発達

Arthur M. Wilson, *Sensibility in France in the eighteenth Century; a study in word history* (*French Quarterly*, XIII, 1931).

〔Peter Burra, *Baroque and Gothic Sentimentalism*, 1931. —— Paul Hazard, *Les origines philosophiques de l'homme de sentiment* (*Quatre Études*, 1940). ——L.-A. Boiteux, *Au temps des cœurs sensibles*, 1948. ——E. Erämetsä, *A Study of the word* ⟨*sentimental*⟩ *and of other linguistic characteristics of Eighteenth-Century sentimentalism in England*, 1951. ——L. I. Bredvold, *The natural history of sensibility*, 1962. —— Geoffroy Atkinson, *The sentimental revolution. French writers of 1690-1740*, 1965. ——I. H. Smith, *The concept* 《*sensibilité*》 *and the Enlightenment* (*AUMLA*, 27, may 1967). —— F. Gerson, *Le Thème de l'amitié dans la littérature française au XVIII*^{e} *siècle*, 1967. —— J. H. Harder, *Observations on some tendencies of sentiment and ethics in eighteenth century poetry*, 1969.〕

461ページ　小説と感受性

Max von Waldberg, *Der empfindsame Roman in Frankreich*. Erster Theil. Die Anfange bis zum Beginne des 18. Jahrhunderts, Strasburg und Berlin, 1906.

D. F. Dallas, *Le roman français de 1660 à 1680*, 1932.

〔A. Kibédi Varga, *La Désagrégation de l'idéal classique dans le roman français de la première moitié du XVIII*^{e} *siècle* (*Transactions*, vol. 3, 1963). —— S. Jones, *Examples of sensibility in the late 17th century feminine novel in France* (*Modern Language Review*, april 1966). ——J. Rustin, *Notes sur les revendications de la sensibilité dans le roman français du XVII*^{e} *siècle* (*Travaux de linguistique et de littérature*, 5, 2, 1967).〕

462ページ　風俗の変遷

デュボス師の証言は面白い．(1696年) 11月19日付のピエール・ベールへの手紙である (*Choix de la correspondance inédite de Pierre Bayle, 1670-1706*. Publié... par Émile Gigas, Copenhague-Paris, 1890, 283ページ).

「この8年ないし10年の間にいろいろな変化がありました．それもいい方へ変ったとばかりは申せません．女どもは男と性が違うことを忘れてしまったらしく，さかんに男のまねをし，男と平気でなれなれしくするようになりました．……賭事でもオペラでも物見遊山でも，出すべき金は男なみにきちんと出し，特別なわけがないかぎり，男がかわりに払おうとすると侮辱されたような気になります．侍女をはべらすなどという習慣はなくなってしまい，やさ男とさしむかいでいても誰も気にとめません．部屋付きの女中のかわりに，部屋付きの従僕が登場し，小姓にも昔は子供がなったのに，当今では大きな美青年が選ばれます．男にたいするこのようななれなれしさは，われわれの祖母たちのつつましさにくらべてはるかに多くの浮いた話をひきおこさずにはいないでしょう……」

私がとりわけ活用したのはジュール・ルメートルの研究 *La comédie après Molière*

et le théâtre de Dancourt である．次の１節などは，私のいいたいことをそのまま代弁してくれている．あえて引用するしだい（1882年版，232ページ）．

「17世紀末にはじまり次の世紀の最初の30年間をほぼおおうこの軽薄な否定の時代，うすっぺらな無信仰の時代，徹底した気晴らしの時代が，人間精神の発展にどのように役立ったかがわかるような気がする．大仰な身ぶりもせず，うっかりしたような顔をして，人々は古くからの束縛をはねのける．正当な束縛もそうでないものも，礼節の束縛も他のものもいっしょくたに．権威的な過去もかつては強制されていた信仰もみな一掃され，批判精神，破壊と改革の精神，つまり〈哲学〉（フィロゾフィー）と呼ばれるものの勇敢な過度の飛躍を妨げるもの，中和するものはどこにもなくなる（この試みは新しいものだから，思慮も経験も役に立たない）．というわけで，摂政時代のすさまじい投げやりと，百科全書その他を生みだした思弁的な大胆さとの間に，あるつながりを考えることは許されるだろう．――この自由生活の時期は，戦闘的な思考をいっそう自由ならしめるだろう．当時のもろもろの著作の内でも，それのいちばん生きいきとした，いちばん忠実な姿を伝えてくれるのは，たぶんダンクールの劇をおいてあるまい．なおそれは，摂政時代にきわだった精神的な自由思想(リベルティナージュ)と行動上の放蕩（リベルティナージュ）の年代はもっと前までさかのぼらせねばならないこと，ルイ14世が崩御する25ないし30年前から，18世紀はすでに風俗の内に現われていたことを教えてくれるのである．」

【Sonia Delgado, *Le Personnage de la coquette dans les romans français du début du XVIIIe siècle*, 1967.】

463ページ　女性論争

Poullain de la Barre, *De l'égalité des deux sexes, discours physique et moral, où l'on voit l'importance de se défaire des préjugés*, 1673；第２版，1679年．

Boileau, *Dialogue, ou Satire X*, 1694.

Charles Perrault, *L'apologie des femmes*, par M. P....., 1694.

Mlle L'Héritier, *Le triomphe de Madame Deshoulières, reçue dixième Muse du Parnasse*, par Mademoiselle l'Héritier de Villandon, 1694.

Id., *L'Apothéose de Mademoiselle de Scudéry, en vers et en prose*, 1702.

Paolo Mattia Doria, *Ragionamenti... ne' quali si dimostra la donna in quasi che tutte le virtù più grandi non essere all' uomo inferiore*, Francfort, 1716.

参照――H. Piéron, *De l'influence sociale des principes Cartésiens. Un précurseur inconnu du féminisme et de la Révolution : Poulain de la Barre* (*Revue de Synthèse historique*, 1902).

Georges Ascoli, *Essai sur l'histoire des idées féministes en France, du seizième siècle à la Révolution* (*Revue de synthèse historique*, 1906).

【Léon Abensour, *La Femme et le féminisme avant la Révolution*, 1923. ――Gustave Reynier, *Poullain de La Barre et le mouvement féministe à la fin du XVIIe siècle* (*La Femme au XVIIe siècle*, 1929). ――H. Houillon, *La Femme en France aux XVIIe et XVIIIe siècles*(*Histoire mondiale de la femme*, 1966).】

このように主情主義的な流れは，理性主義的な流れと，17世紀の生活原理への反動からくる一種の道徳的頽廃から同時に発しているわけである．

464ページ　イギリスの感傷喜劇

O. Waterhouse, *The development of English sentimental Comedy in the eighteenth century* (*Anglia*, 1907).

Ernest Bernbaum, *The drama of sensibility* ; a sketch of the history of English Sentimental Comedy and domestic tragedy, 1696-1780 (*Harvard Studies in English*, vol. III, 1913).

Bonamy Dobrée, *Restoration Comedy, 1660-1720*, Oxford, 1924.

Allardyce Nicoll, *British Drama*, London, 1re éd., 1925 ; 3e éd., 1932.

Id., *A History of Restoration Drama*, Cambridge University Press, 1928.

F. Dorothy Senior, *The life and times of Colley Cibber*, London, 1928.

F. T. Wood, *The beginning and significance of sentimental Comedy* (*Anglia*, 1931).

Cl. E. Engel, *Le théâtre anglais* (*Histoire générale illustrée du théâtre*, par L. Dubech ; Deuxième partie : *Le théâtre européen au XVIIIe siècle*, t. IV), 1933.

F. O. Nolte, *The early Middle Class Drama*, Lancaster, Penna, 1935.

【J. W. Krutch, *Comedy and conscience after the Restoration*, 1924. ── Henry T. Perry, *Comic spirit in Restoration Drama*, 1925. ── James Cox, *Rise of Sentimental Comedy*, 1926. ──F. T. Wood, *Sentimental comedy in the Eighteenth Century* (*Neophilologus*, 18, 1933). ── J. Kruuse, *Det folsomme drama*, 1934. ──De W. C. Croissant, *Early sentimental comedy*, 1935. ──A. Sherbo, *English sentimental drama*, 1957. シッバーについては，De W. C. Croissant, *Studies in the work of Cibber*, 1912. ──D. M. E. Habbema, *An Appreciation of Cibber*, 1928. ──R. H. Barker, *Mr Cibber of Drury Lane*, 1939. ──C. D. Peavy, *Cibber's Crown of Dulness : A Re-examination of the Pope-Cibber Controversy*, 1963. ──L. R. Ashley, *Colley Cibber*, 1964.】

466ページ　オペラ

何人かの反対者

Saint-Évremond, *Lettre sur les Opéra* および喜劇 *Les Opéra*.

Boileau, *Fragment d'un Prologue d'Opéra*. Avertissement au lecteur (*Œuvres*, 1713 所収．執筆は1677年と1679年の間).

La Bruyère, *Les Caractères*, 初版1688年，第９版1696年.

R. Steele, *The funeral, or Grief à-la-Mode*, 1701 の序幕.

Addison, *History of the Italian opera* (*Spectator*, Nos 18, 22-29, 31).

467ページ　イタリア・オペラの全ヨーロッパ的名声

綜合的研究

Romain Rolland, *Histoire de l'Opéra en Europe avant Lulli et Scarlatti*, 1895.

Hugo Goldsmidt, *Studien zur Geschichte der italienischen Oper im 17. Jahrhundert*, Leipzig, 1901-1904.

R. A. Sheatfield, *The Opera. A Sketch for the development of Opera.* J・デントによる改訂第5版, ロンドン, 1925年.

Robert Haas, *Die Musik des Barocks*, Wildpark, Potsdam, 1928 (*Handbuch der Musik-Wissenschaft*).

【Robert Pitrou, *L'Opéra italien au XVIIe siècle*, 1950.——Simon T. Worsthorne, *Venetian opera in Seventeenth Century*, 1954.——O. Valeri et J. Brillet, *L'Opéra*, 1955. ——R. Dumesnil, *L'Opéra et l'Opéra-comique*, 1956. ——René Leibowitz, *Histoire de l'opéra*, 1957.——Ruth Berges, *Backgrounds and traditions of Opera*, 1970.】

ドイツ

Romain Rolland, *Les origines de l'Opéra allemand*(アルベール・ラヴィニャック監修の *Encyclopédie de la musique* 所収), 1913.

Id., *Le roman comique d'un musicien allemand* (*Revue de Paris*, 1er Juillet 1900).

フランス

Henry Prunières, *L'opéra italien en France avant Lulli*, 1913.

Lionel de La Laurencie, *La musique française de Lulli à Glück* (*Encyclopédie de la musique*, 1913).

A. Soffredini, *Dix-huitième siècle* (*Ibid.*).

Paul Marie Masson, *L'Opéra de Rameau*, 1930.

【C. Bellaigue, *L'Opéra italien en France avant Lulli* (*Journal des Savants*, 1914).——L. de La Laurencie, *L'Opéra français au XVIIe siècle* (*Revue musicale*, 6, 1925).——*Histoire du théâtre lyrique en France.* I : *Des origines à la Révolution*, 1937. ——H. C. Lancaster, *Comedy versus opera in France, 1673-1700* (*Essays and studies in honor S. O. Carleton Brown*, 1940). ——M. Barthélemy, *L'Opéra français et la querelle des anciens et des modernes* (*Lettres Romanes*, 10, 1956). ——H. Busser, *Les Origines de l'opéra en France : J.-B. Lulli* (*Revue des Deux Mondes*, 19, 1956). リュリについては, H. Prunières, *J.-B. Lully*, 1909.——Th. Valensi, *Louis XIV et Lully*, 1951.——M. Doumerc, *Lully, des cuisines royales à l'Opéra*, 1954. ラモーについては, J. Gardien, *Jean-Philippe Rameau*, 1949.——P. Berthier, *Réflexions sur la vie et l'art de Jean-Philippe Rameau*, 1957.——Y. Tiénet, *Rameau*, 1959.——J. Malignon, *Rameau*, 1961.——C. M. Girdlestone, *Jean-Philippe Rameau*, 1962.】

イギリス

Sesto Fassini, *Il melodramma italiano a Londra nella prima metà del*

Settecento, Torino, 1914.

Ed. J. Dent, *Foundations of English Opera*, Cambridge, 1928.

【D. M. Walmsley, *The Influence of foreign opera on English operatic plays of the Restoration period* (*Anglia*, 52, 1928).――E. L. Avery, *London Stage, 1600-1800*. part 2 : 1700-1729. A critical introduction, 1968.】

469ページ　フランス音楽とイタリア音楽

〔François Raguenet〕, *Parallèle des Italiens et des Français en ce qui regarde la musique et les opéras*, 1702；英訳，1709年.

【ラグネについては，Maud E. Storer, *Abbé François Raguenet, deist, historian, music and art critic* (*Romanic Review*, 36, 1945).】

J. Lecerf de La Viéville de Freneuse, *Comparaison de la musique italienne et de la musique française*, Bruxelles, 1704 ；第2版，1705―1706年.

Abbé Du Bos, *Réflexions critiques sur la poésie et la peinture*, 1719.

Henri Prunières, *Lecerf de la Viéville et l'esthétique musicale classique au dix-septième siècle* (*Revue musicale*, Mai 1908).

P. M. Masson, *Musique italienne et musique française. La première querelle* (*Rivista musicale italiana*, 1912).

Gabriel Maugain, *Fontenelle et l'Italie* (*Revue de Littérature comparée*, 1923).

【G. Snyders, *L'Évolution du goût musical en France aux XVIIe et XVIIIe siècles* (*Revue des Sciences humaines*, 1955). ――Id., *Le Goût musical en France aux XVIIe et XVIIIe siècles*, 1968.】

469ページ　いい感じだからさ

Ed. J. Dent, *Alessandro Scarlatti. His life and works*, London, 1905.

当時の音楽的感受性については，

André Pirro, *J. S. Bach*, 1906 ; *L'esthétique de J. S. Bach*, 1907 ; *Dietrich Buxtehude*, 1913.

ここでは，その面にくわしいアンドレ・ピロ，ポール・マリ・マッソン両氏が案内役をつとめてくださった．この機会に厚くお礼申しあげたい．

第4章　民族的・民衆的・本能的要素

473ページ　さまざまな古典主義

Henri Peyre, *Qu'est-ce que le classicisme?* 1932.

イギリスの古典主義とフランスの古典主義については，

E. Legouis et L. Cazamian, *Histoire de la littérature anglaise*, 1924.

S. Goulding, *Swift en France*, 1924.

【L. L. Bredvold, *The Rise of English classicism : a study in methodology* (*Comparative Literature*, 2, 1950).――W. A. Strozier, *English reaction to French classical tragedy* (*The Emory University Quarterly*, june 1951). *A Tale of a tub* については次の研究がある．H. Hofmann, *Swift's Tale of a tub*, 1911.

——A. C. Guthkelch, *The Tale of a tub revers'd and Characters and criticisms upon the ancient and modern orators...* (*Library*, 4, 1913). ——Id., *Swift's Tale of a tub* (*Modern Language Review*, 8-10, 1913-1915). ——E. Pons, *Swift : les années de jeunesse et le Conte du Tonneau*, 1925. ——C. M. Webster, *Swift's Tale of a tub compared with earlier satires of the Puritans* (*Publications of the Modern Language Association of America*, 47, 1932). ——Id., *The Puritan's ears in A Tale of a tub* (*Modern Language Notes*, 47, 1932). ——Id., *Tom Brown and the Tale of a tub* (*Times Literary Supplement*, 18 feb. 1932). ——Id., *A possible source for A Tale of a tub* (*Modern Language Notes*, 48, 1933). ——Id., *The satiric background of the attack on the Puritans in Swift's A Tale of a tub* (*Publications of the Modern Language Association of America*, 50, 1935). ——B. Boyce, *Predecessors of the Tale of a tub* (*Notes & Queries*, 16 feb. 1935). ——H. Teerink, *A source book for A Tale of a tub from Swift's own library* (*Irish Book Lover*, oct. 1949). ——M. K. Starkman, *Swift's satire on learning in A Tale of a tub*, 1950. ——R. C. Elliott, *Swift's Tale of a tub* (*Publications of the Modern Language Association of America*, 66, 1951). ——D. P. French, *The Title of A Tale of a tub* (*Notes & Queries*, 27 oct. 1951). ——R. C. Olson, *Swift's use of the Philosophical transactions in section V of A Tale of a tub* (*Studies in Philology*, 49, 1952). ——J. R. Moore, *A possible model for the organization of A Tale of a tub* (*Notes & Queries*, july 1954). ——H. D. Kelling, *Reason and madness in A Tale of a tub* (*Publications of the Modern Language Association of America*, 69, 1954). ——J. C. Maxwell, *The Text of A Tale of a tub* (*English Studies*, 36, 1955). ——H. K. Miller, *The paradoxical encomium with special reference to its vogue in England 1600-1800* (*Modern Philology*, 53, 1956). ——J. M. Stedmond, *Another possible analogue for Swift's Tale of a tub* (*Modern Language Notes*, 72, 1957). ——D. C. Baker, *Metaphors in A Tale of a tub and Middleton's The Family of love* (*Notes & Queries*, march 1958). ——R. Paulson, *Theme and structure in Swift's Tale of a tub*, 1960. ——P. Pinkus, *A Tale of a tub and the Rosy Cross* (*Journal of English and Germanic Philology*, 59, 1960). ——E. J. Chiasson, *Swift's clothes philosophy in the Tale of a tub* (*Studies in Philology*, 59, 1962). ——N. J. C. Andreasen, *Swift's satire on the occult in A Tale of a tub* (*Texas Studies in Language & Literature*, 5, 1963). ——L. Stephens, *A Digression in praise of digressions as a classical oration* (*Tulane Studies in English*, 33, 1963). ——C. C. Smith, *Metaphor structure in A Tale of a tub* (*Thoth*, 5, 1964). ——W. J. Roscelli, *A Tale of a tub and the 〈cavils of the sour〉* (*Journal of English and Germanic Philology*, 64, 1965). ——S. A. Levine, *The Design of A Tale of a tub* (*Journal of English Literary History*, 33, 1966). ——R. H. Hopkins, *The Personation of Hobbism in Swift's Tale of a tub and Mechanical operation of the spirit* (*Philological Quarterly*, 45, 1966). ——W. Weathers, *A*

Technique of irony in A Tale of a tub (*Swift: tercentenary essays*, 1967). ——J. R. Clark, *Form and Frenzy in Swift's Tale of a tub*, 1970. スウィフトにかんする最近の研究は, W. Gückel und E. D. Günther, *Defoes und Swifts Belesenheit und literarische Kritik*, 1925.——S. Dark, *Five deans*, 1928.——S. Leslie, *The Skull of Swift*, 1928.——E. F. Ball, *Swift's verse*, 1929.——C. Van Doren, *Swift*, 1930.——C. Van Doorn, *An investigation into the character of Swift*, 1931.——H. Davis, *Swift's view of poetry*, 1931.——H. Williams, *Dean Swift's library*, 1932.——H. Glaser, *Swifts Kritik an der englischen Irlandpolitik*, 1932.——S. Gwynn, *The Life and friendships of Dean Swift*, 1933.——W. D. Taylor, *Jonathan Swift*, 1933.——C. Dege, *Utopie und Satire in Swifts Gulliver's travels*, 1934.——A. Heidenhain, *Über den Menschenhass: eine pathographische Untersuchung über Swift*, 1934.——M. M. Rossi and J. M. Hone, *Swift: or the Egotist*, 1934.——S. Leslie, *The Script of Swift and other essays*, 1935.——M. A. Korn, *Die Weltanschauung Swifts*, 1935.——L. Handro, *Swift, Gulliver's travels*, 1936.——R. Quintana, *The Mind and art of Swift*, 1936.——R. F. Jones, *Ancients and Moderns: a study of the background of the Battle of the Books*, 1936.——M. B. Gold, *Swift's marriage to Stella*, 1937.——B. Newman, *Jonathan Swift*, 1937.——H. Hayward, *Jonathan Swift*, 1937.——R. W. Jackson, *Swift, dean and pastor*, 1939.——A. Petitjean, *Présentation de Swift*, 1939.——J. F. Ross, *Swift and Defoe: a study in relationship*, 1941.——D. M. Berwick, *The Reputation of Swift 1781-1882*, 1941.——H. Davis, *Stella*, 1942.——R. W. Jackson, *Swift and his circle*, 1945.——A. E. Case, *Four essays on Gulliver's travels*, 1945.——L. A. Landa, *Swift*, 1946.——R. Churchill, *He served human liberty: an essay on the genius of Swift*, 1946.——H. Davis, *The Satire of Swift*, 1947.——B. Acworth, *Swift*, 1947.——M. Jacobs, *Swift*, 1948.——E. Hardy, *The conjured spirit: Swift*, 1949.——J. V. Jensen, *Swift og Oehlenschläger*, 1950.——M. O. Johnson, *The Sin of wit: Swift as a poet*, 1950.——J. M. Bullitt, *Jonathan Swift and the anatomy of satire*, 1953.——M. Price, *Swift's rhetorical art*, 1953.——W. B. Ewald, *The Masks of Jonathan Swift*, 1954.——J. M. Murry, *Jonathan Swift: a critical biography*, 1954.——P. Greenacre, *Swift and Carroll: a psychoanalytic study of two lives*, 1955.——D. Herrde, *Die Satire als Form der Gesellschaftkritik dargestellt am Werke Swifts*, 1955.——R. Quintana, *Jonathan Swift: an introduction*, 1955.——E. D. Leyburn, *Satiric allegory: mirror of man*, 1956.——K. M. Williams, *Swift and the age of compromise*, 1958.——I. Ehrenpreis, *The Personality of Jonathan Swift*, 1958.——E. Honig, *Dark conceit: the making of allegory*, 1959.——J. A. Preu, *The Dean and the anarchist*, 1959.——D. Johnston, *In search of Swift*, 1959.——B. A. Goldgar, *The Curse of party: Swift's relations with Addison and Steele*, 1961.——P. Harth, *Swift and Anglican rationalism*, 1961.——C. A. Beaumont, *Swift's classical rhetoric*, 1961.——J. Traugott, ed,

Discussions of Jonathan Swift, 1962.——O. W. Ferguson, *Swift and Ireland*, 1962.——I. Ehrenpreis, *Swift : the man, his works, and the age*, 1962-1967. ——E. W. Rosenheim, *Swift and the satirist's art*, 1963.——M. Voigt, *Swift and the Twentieth Century*, 1964.——P. Frédérix, *Swift le véritable Gulliver*, 1964.——C. A. Beaumont, *Swift's use of the Bible*, 1965. ——N. Dennis, *Jonathan Swift : a short character*, 1965. ——R. K. Morris, *Critical study guide to Swift's Gulliver's travels*, 1966.——J. G. Gilbert, *Jonathan Swift : romantic and cynic moralist*, 1966.——L. T. Milic, *A quantitative approach to the style of Jonathan Swift*, 1967.——P. Edwards and R. McHugh, ed, *Swift : a Dublin tercentenary tribute*, 1967.——R. I. Cook, *Jonathan Swift as a Tory Pamphleteer*, 1967.——Dorothy Du Bose, *Gulliver's travels-Swift*, 1967. ——A. N. Jeffares, *Fair liberty was all his cry*, 1967. ——G. Y. Goldberg, *Swift and contemporary Cork*, 1967.——R. Hunting, *Jonathan Swift*, 1967. ——W. B. Carnochan, *Lemuel Gulliver's mirror for man*, 1968. ——K. M. Williams, *Jonathan Swift*, 1968.——B. Vickers, ed, *The World of J. Swift*, 1968.——F. Brady, ed, *Twentieth-Century interpretations of Gulliver's travels*, 1968. ——D. Donoghue, *Jonathan Swift : a critical introduction*, 1969. —— A. Ross, *Gulliver's travels by Swift-critical analysis only*, 1969. ——A. L. Soens, *Gulliver's travels notes*, 1969. ——W. A. Speck, *Swift*, 1970.——J. K. Welcher, ed, *Gulliveriana One*, 1970,——P. O. Clark, *Gulliver Dictionary*, 1970.——*Other end of the egg : religious satire in Gulliver's travels* (*Council of British Studies*, 1970).】

イギリスとフランスの間にはまず政治的な対立があり，それが文学にもあらわれた．ボワローが *Ode sur la prise de Namur* を書くと，プライアーがすぐ反撃する（*An English Ballad on the taking of Namur by the King of Great Britain*, 1695；*A letter to Monsieur Boileau Despréaux, occasioned by the victory at Blenheim*, 1704）というありさまだった．

さらに，イギリスの作家たちには総じて「アラモード」なものにたいする激しい反撥があった．コレー・シッバーやファーカーがそうだし，スティールはもっとそうだった．「伊達者」のカリカチュアが流行のテーマになった．こうして，フランスの影響の攻勢にイギリス人の自己主張が反撃したのである．アディソンは *Spectator* の第135号でこう書いている．

「ある名士がお祈りの際に，自分がフランス人に生まれたことをいつも天に感謝している，と私はどこかで読んだことがある．私自身は，イギリス人に生まれたことを特別の祝福と考えている……」

「アラモードぶり」への反撥はドイツにもあらわれた．たとえば，クリスティアーン・トマジウスの『フランス人を見ならうの論』*Discurs, welchergestalt man den Franzosen im gemeinen Leben und Wandel nachahmen soll*, 1687 である．

イタリアの古典主義とフランスの古典主義については，

G. Toffanin, *L'eredità del Rinascimento in Arcadia*, Bologna, 1923.

Giulio Natali, *Il Settecento*, 第2版，947ページ以下．

Id., *Idee, costumi, uomini del Settecento*, 第2版，トリノ，1926年．

【H. Bédarida, *Du classicisme français au néo-classicisme du Settecento*, 1937.――G. L. Moncallero, *L'Arcadia*. Volume I : *Teoria d'Arcadia. La premessa antisecentiste e classicista* 〔8. La polemica italo-francese〕, 1953. Fritz Ernst, *Der Klassizismus in Italien, Frankreich und Deutschland*, 1924. ――Fritz Neubert, *Die französische Klassik und Europa*, 1941. ――Horst Heintze, *Zur französischen und deutschen Klassik* (*Beiträge zur romanischen Philologie*, H2, 1968).】

476ページ　ゲルマニズム

一般に，ドイツの作品はかなり軽視されていた．少なくとも各種の文学作品にかんするかぎりそうだった．Richard Simon, *Réponse au livre intitulé《Sentiments de quelques théologiens de Hollande sur l'Histoire critique du Vieux Testament》*, 1686 の第18章がいい例である．ドイツの聖書釈義書を読んでいないではないか とジャン・ル・クレールに文句をつけられたリシャール・シモンはこう答える．そういう本があることを自分も知らないわけではない．

「それどころか，当時ドイツの或る紳士が，聖書批評の本の内でもとくにいいもの を選んでドイツから送ってあげよう，と言ってくれた．しかし私はおことわりした．理由は，ドイツ人の書く本はやたらと大きく，そのくせ注目すべきことはほとんど書いてないので，二，三冊送ってもらっても送料だけで破産するおそれがあるし，それを読む時間は絶対なさそうだからである」〔216ページ〕．

こういう馬鹿にした態度に，ゲルマニズムは激しく反撥したのである．それはすでに1667年にザームエル・プーフェンドルフの *De Statu imperii germanici ad Laelium fratrem, dominum Trezolani, liber unus* にあらわれ，ついでライプニッツにあらわれた．

本文の記述は次の諸作を念頭においている．

Conradi Sinceri *Civis germanici, de Germanicarum Legum Veterum, ac Romani Juris in Republica nostra origine autoritateque praesenti Dissertatio Epistolica*, Leipzig, 1682.

D. Georgii Christophori Peiskeri *Index de vernaculae et rerum germanicarum significatione, pro graecae ac germanicae linguae analogia*, Leipzig, 1685 (*Acta Eruditorum* の1686年8月号を参照).

Johannis Ludovici Praschii *Dissertatio de origine latinae linguae*, Ratisbonne, 1686.

次のものは重要なのであげておく．

Daniel Georg Morhof, *Unterricht von der teutschen Sprache und Poesie*, deren Ursprung, Fortgang und Lehrsätze. Wobei auch Von der reimenden Poeterei der Ausländer mit mehren gehandelt wird, Kiel, 1682.

Daniel Caspers von Lohenstein, *Grossmuthiger Feld-Herr Arminius, oder Hermann, als ein tapfferer Beschirmer der deutschen Freyheit nebst seiner Durchlauchtigen Thussnelda* (書評は *Acta Eruditorum*の 1689年5月号にある).

Christian Weisens *Reife Gedanken*, das ist allerhand Ehren- Lust- Trauer- und Lehr- Gedichte, zur Verbesserung der Ueberfluessigen Gedanken herausgegeben, Leipzig, 1862.

Id., *Die unvergnugte Seele* (*Aus der Frühzeit der deutschen Aufklärung*, Christian Thomasius und Christian Weise, herausgegeben von F. Brüggeman, Weimar, 1928).

Grimmelshausen, *Der abenteuerliche Simplicissimus*..., Monpelgart, 1669.

Simplicissimus の意味と影響については，次のものを参照.

R. Lochner, *Grimmelshausen. Ein deutscher Mensch im 17. Jahrhundert*, Reichenberg, 1924.

E. Ermatinger, *Weltdeutung in Grimmelshausen Simplicius Simplicissimus*, Leipzig und Berlin, 1925.

H. H. Borcherdt, *Geschichte des Roman und der Novelle in Deutschland*, I Theil, Leipzig, 1926.

W. Burkhard, *Grimmelshausen. Erlösung und Barocke Zeit*, Francfurt am Mein, 1929.

【C. A. von Bloedau, *Grimmelshausens Simplicissimus und seine Vorgänger*, 1908.——J. H. Scholte, *Probleme der Grimmelshausen-Forschung*, 1912. ——F. Sternberg, *Grimmelshausen und die deutsche satirisch-politische Literatur seiner Zeits*, 1913.——A. Bechtold, *Grimmelshausen und seine Zeit*, 1914.——G. Könnecke, *Quellen und Verschungen zur Lebensgeschichte Grimmelshausens*, 1926-1928. ——Käte Fuchs, *Die Religiosität des J. -J. Christoph von Grimmelshausens*, 1935. ——J. Alt, *Grimmelshausen und der Simplicissimus*, 1936. ——Renate Brie, *Die sozialen Ideen Grimmelshausens*, 1938. ——M. Koschlig, *Grimmelshausen und seine Verleger*, 1939.——J. H. Scholte, *Der Simplicissimus und sein Dichter*, 1950.——G. Rohrbach, *Figur und Charakter*, 1959.——P. Gutzwiller, *Der Narr bei Grimmelshausen*, 1959.——W. Welzig, *Beispielhafte Figuren*, 1963.——H.U. Merkel, *Maske und Identität in Grimmelshausens Simplicissimus*, 1964.——Ilse-Lore Konopatzki, *Grimmelshausens Legendenvorlagen*, 1965.——G. Weydt, *Nachahmung und Schöpfung im Barock Studien um Grimmelshausen*, 1968. ドイツのバロック文学については，H. Cysarz, *Deutsche Barockdichtung*, 1924.——K. Viëtor, *Probleme der deutsche Barockliteratur*, 1928. ——P. Hankamer, *Deutsche Gegenreformation und deutsch Barock*, 1947.——R. Newald, *Die deutsche Literatur von Späthumanismus zu Empfindsamkeit*, 1963.——Margarete Baur-Heinhold, *Theater des Barock*, 1966.】

ドイツの歴史的推移については，L. Lévy-Bruhl, *L'Allemagne depuis Leibniz*,

1890, ドイツの大古典主義の準備については H. Cysarz, *Deutsche Barokdichtung*, Leipzig, 1924 を参照.

【Maximilian Hirschbichler, *Der Kampf um die Eigenständigkeit des deutschen Geistes gegen die französische Überfremdung von Leibniz bis Herder*, 1937.】

また各国とも, 自己の独立・自由の証拠として, 自国語の「純血性」を主張した. たとえばオランダについては, 1723—31年に出版され *Histoire métallique des dix-sept provinces des Pays-Bas, depuis l'abdication de Charles-Quint jusqu'à la paix de Bade en 1716*, La Haye, 1732-1737 という題で仏訳された本のなかで, ゲラルト・ファン・ローンがこう言っている.

「オランダ史を書くにあたって, 私はこの国の言葉を使うことが自分の計画にいちばんふさわしいのではないかと思った. たしかに, フランス語の快さやそれの使用が今ではほとんど世界的になったことからオランダ語よりフランス語に軍配をあげるような人は, いろいろなことを言うかもしれない. しかしオランダ語は, その力と豊かさ, またその純血性において, 他のどんな言葉にもひけをとらない. スペイン語やポルトガル語やフランス語とラテン語とのつながりが, かつてローマ人がこれらの国を支配したしるしであるということを知らない人がいるだろうか. 英語も同じくサクソン人による征服を証明しており, この指摘を裏付けるものは他の多くの民族にも見いだされる. だからわが国の主権者たちは, 国語の純粋性を自己の自由の証拠とみなして, 晴れの席では自国語以外ぜったいに使わず, どれほど国語を大切にしているかをそれによって示すようにいつも心がけてきたのである……」

また各国とも, いちばん古い国は自分だと言いはった. オラウス・ルードベックは1684年にウプサラで出版された *Atlantica* の中で, スエーデンが世界で最古の王国であり, 名のとおった諸民族はみなこの地から発していることを明らかにした. ところが, オーディジエというフランス人があらわれて, この特権はフランスにあると言いだしたのである.

「洪水とバビロンでの言語の混乱ののち, ノアが地上を三人の息子セム, ハム, ヤペテに分けあたえたため, ヨーロッパはヤペテのものになった. 創世記には〈海沿いの地〉とあるが, それは島と半島からほとんどなっているためである. これは聖エピファニウスと聖ヒエロニムスの説だが, この2人は古代の秘密にも, 当時それの伝達者となっていた東方の言語にもいちばん明るかった教父と目されている. また, これはユダヤ人の学者フィロンの説でもある. ヤペテは息子のゴメルとマゴグ, さらにその子孫をつれて, 地中海をとおってヨーロッパへ行き, まずゴールに定住した. その後西洋一帯に広がったいろいろな植民地はゴールから発しているらしい.

……学理や宗教のたぐい稀な秘密はみなゴールから出て, ギリシャ, ローマのようなもっとも開化した国々にまでいたった. ……ゴール人はそこから, 西洋の他のいかなる民族よりも先輩であるという資格を得た」(*L'origine des Français et de leur Empire*, par M. Audigier, p. 214-216, 1676).

こうして, 古典主義的理性の普遍的等質性は, 「いささか非現実的だという点で, こ

れがその廃墟の上に成長した教会権力の普遍的等質性と似ていないか」(*A History of Criticism*, vol. II, 1902. Interchapter 5) というセーンツベリの出した問題にますます立ちもどらざるをえなくなる．しかし少なくとも，時に応じ国に応じてこの全体的な一致に或るニュアンスをつけること，還元不能な民族的差異や還元不能な社会的差異をたぶん今まで以上に考慮することが必要だろう．洗練された文学もそれの媒体であるフランス語も手をふれられない或る程度の独自性がつねに残されているのである．

480ページ 「民衆的」という観念

詩では，

W. Temple, *Essay upon Heroick Virtue* (*Miscellanea*, 1690).

Addison, *Spectator*, N°s 70, 74, 85, 366, 406.

参照—— Thor J. Beck, *Ragnar Lodbrok's Swan Song in the French romantic movement* (*The Romanic Review*, July-Sept. 1931).

政治では，

Élie Carcassonne, *Montesquieu et le problème de la constitution française au XVIIIe siècle*, 〔1927〕.

社会の起源にかんする議論，お伽話など，本書の他の部分で指摘したいろいろな要素を，本当ならここでもう一度とりあげなければならないだろう．

【Robert Mandrou, *De la culture populaire aux XVIIe et XVIIIe siècles. La Bibliothèque Bleue de Troyes*, 1964.——G. Bollème, *Littérature populaire et littérature de colportage au XVIIIe siècle* (*Livre et société dans la France du XVIIIe siècle*, 1965).——Id., *Les Almanachs populaires aux XVIIe et XVIIIe siècles*, 1969.】

481ページ 本能

いろいろなあらわれ．

〔An.〕, *Medicus sui ipsius, seu ars sanitatem conservandi per instinctum*, Lugduni Batavorum, 1682.

Petri Petiti *Philosophi et Doctoris Medici, selectorum poematum libri duo. Accessit Dissertatio De Furore Poetico*, 1685.

Francesco Montani——B. Croce, *Un pensiero critico nuovo* (*Problemi di estetica e contributi alla storia dell' estetica italiana*, 1910) に引用．

Chaulieu, *Ode contre l'esprit*, 1708.

J.-B. Rousseau, *Œuvres diverses du Sieur R....*, Soleure, 1712. Ode IX, à Monsieur le marquis de La Fare.

Fontenelle, *Œuvres diverses de M. de Fontenelle*, t. IX : *Sur l'instinct*.

B. L. de Muralt, *Lettres sur les Anglais et les Français et sur les voyages*. Éditées par Ch. Gould, 1933 (最初に発表されたのは1725年).

【ミュラールについては次の研究がある．Otto von Greyerz, *B. Ludwig von Muralt 1665-1749. Eine literarische und kulturgeschichtliche Studie*, 1887.——Id., *B. L. von Muralt, mit Auszügen aus seinen Schriften*, 1894.——Eugène Ritter, *Quelques documents sur Béat de Muralt* (*Bulletin* de l'Institut national genevois, 1894).——Joseph Texte, *Béat-Louis de Muralt et les origines*

du cosmopolitisme littéraire au XVIIIe siècle (*Revue d'Histoire littéraire de la France*, 1, 1894). ——Henry Perrochon, *Béat de Muralt et les《Lettres sur les Anglais et les Français》(1725)* (*Revue des Sciences morales et politiques*, 1951). ——Arthur Ferrazzini, *Béat de Muralt et Jean-Jacques Rousseau. Étude sur l'histoire des idées au XVIIIe siècle*, 1952. ——F. Jost, *Muralt, juge des Français : la psychologie des peuples à la fin du XVIIe siècle* (*Essais de littérature comparée*, 1, 1964). ——Michel Dentan, *Béat de Muralt, helvétisme et préromantisme* (*Études de lettres*, oct.-déc. 1969).】

481ページ　崇高

いくつかの定義を例にあげると,

Fontenelle, *Histoire des Oracles* の序文には, この作品の文体について次のようにある.「もっていた材料は多くの場合かなり笑いをさそうようなものだったから, 私は崇高とはほど遠い書き方をした. やむをえぬ場合を除いたら, 崇高なスタイルには陥るべきでないと思う. じつに不自然だからである.／」〔*Œuvres complètes de Fontenelle*, 1818, t. 2, p. 90〕.

Jacques Basnage, *Discours sur l'existence de Dieu, sur l'inspiration de Moïse...*, § 2 (*Histoire du Vieux et du Nouveau Testament, enrichie de plusieurs figures en taille-douces*, Amsterdam, 1704 の巻頭).

Houdar de La Motte, *Odes* de M. D..., avec un discours sur la poésie en général et sur l'Ode en particulier, 1707 には,「崇高とは, 真実性と目新しさが偉大な着想の内に合体し, 優美かつ正確に表現されたものにほかならないと思う. ……真実がなければしっかりした美しさも, したがって崇高もありえないことは, 今日では誰しも認めている」〔*Odes et autres ouvrages de Mr. de la Motte*, 1722, t. 1, p. 37-38〕.

The Guardian, 1713年7月25日の第117号.

ヨーロッパの各国語に飜訳され解説されたロンギノスの論文(66)をめぐって, 激しい論議が展開された.

この問題の全体については, Benedetto Croce, *Estetica...* (第4版, パリ, 1912年) を参照.

【T. R. Henn, *Longinus and English criticism*, 1934. ——S. H. Monk, *The Sublime : a study of critical theories in XVIII-century England*, 1935. ——W. F. Aggeler, *La Conception du Sublime dans la littérature française de 1660 à 1720*, 1939. ——A. Scaglione, *La Responsibilità di Boileau per la fortuna del 〈sublime〉 nel Settecento* (*Convivio*, 20, 1952). ——L. Vaucher, *Études critiques ; Traité du Sublime et les écrits de Longin*, 1954. ——F. Stover, *Sublime as applied to Nature* (*Modern Language Notes*, 70, 1955). ——W. J. Hipple, *The Beautiful, the sublime and the picturesque in Eighteenth-Century British aesthetic theory*, 1957. ——Jules Brody, *Boileau and Longinus*, 1958. ——E. T. Dubois, *Some definitions of the sublime in the Seventeenth-Century French literature* (*Essays presented to C. M. Girdlestone*, 1960). ——B. Weinberg, *Une traduction française du《Sublime》de Longin vers 1645* (*Modern Philo-*

logy, 159-201, 1962). ——Hugh M. Davidson, *The literary arts of Longinus and Boileau* (*Studies in XVII th-Century French literature*, 1963). —— Théodore A. Litman, *Le Sublime en France* (*1660-1714*), 1971.】

481ページ　獣の魂

Francisque Bouillier, *Histoire*[67] *de la philosophie cartésienne*, 1868, t. I, ch. 7.

L. Verlaine, *L'âme des bêtes : quelques pages d'histoire*, 1931.

Hester Hastings, *Man and Beast in French Thought of the Eighteenth Century*, The Johns Hopkins Press, 1936.

L. Cohen Rosenfield, *Un chapitre de l'histoire de l'animal-machine* (*1645-1749*) (*Revue de Littérature comparée*, 1937).

【P. Delaunay, *L'Évolution philosophique et médicale du bio-mécanicisme, de Descartes à Boerhaave, de Leibniz à Cabanis* (*Progrès médical*, 1927). —— Donald King, *L'Influence des sciences physiologiques sur la littérature française, de 1670 à 1870*, 1929. ——George Boas, *The Happy beast in French thought of the Seventeenth Century*, 1933. ——Robert Doranlo, *La Médecine au XVIIe siècle. Marin Cureau de la Chambre, médecin et philosophe, 1594-1669*, 1939. ——Leonora Cohen Rosenfield, *From Beast-Machine to Man-Machine. Animal soul in French letters from Descartes to La Mettrie*, 1940. ——Heikki Kirkinen, *Les Origines de la conception moderne de l'homme-machine. Le Problème de l'âme en France à la fin du règne de Louis XIV* (*1670-1815*), 1960. ——Wallace Shugg, *The Beast-machine in England : a study of the impact of the Cartesian doctrine of animal automatism in England from 1645 to 1750*, 1966.】

483ページ　社会的郷愁

思想についても文献についても，ジルベール・シナールが刊行した Lahontan, *Dialogues curieux entre l'auteur et un sauvage de bon sens qui a voyagé...*, Baltimore, 1931 の「まえがき」を参照.

484ページ　「原始的」という概念

Benedetto Croce, 《*Il primitivo*》(*La Critica*, 20 Juillet 1933).

【Lois Whitney, *Primitivism and the idea of progress*, 1934. ——A. O. Lovejoy and G. Boas, *Primitivism and related ideas in antiquity*, 1935. —— M. M. Fitzgerald, *First follow nature : primitivism in English poetry, 1725-50*, 1947. ——George Boas, *Essays on primitivism and related ideas in the Middle Ages*, 1948. ——Geoffroy Atkinson, *Le Sentiment de la nature et le retour à la vie simple* (*1690-1740*), 1960. —— Jean Ehrard, *L'Idée de Nature en France dans la première moitié du XVIIIe siècle*, 1963.】

第5章　不安の心理学，感情の美学，実体の形而上学，新科学

490ページ　ロックからルソーへ

Rousseau, *Confessions* の第1部第6巻にはこうある．「一，二時間雑談して，私は

昼食まで読書をした．まず哲学書から始めた，『ポール・ロワイヤルの論理学』，ロックの『悟性論』……」〔邦訳，『懺悔録』，岩波文庫，上巻341ページ，石川戯庵訳〕．

Le Verger des Charmettes には，

あるときはライプニッツ，マールブランシュ，ニュートンとともに
おのが理性を崇高なる調子に高め，
物体と思考の法則をしらべ，
またロックとともに観念の由来をさぐり……

Émile の序文には，「公衆の利益のみを目的とすると称する著作は数多くても，人間形成の術というすべての有益なことのうちでも第1に有益なことが，まだ忘れられている．わたしの主題はロックの書物が出た後でも，まったく目新しいものであったが，わたしの書物が出た後でも，やはり目新しいものであっては困ると大いに心配している……」〔邦訳，『エミール』，河出書房新社「世界の大思想」17，5ページ，平岡昇訳〕．「賢明なロック……」という言葉はいたるところに出てくる．

P・M・マッソン氏は *Profession de foi du vicaire savoyard* の批評版（フリブールおよびパリ，1914年）の中で，ルソー自身が作ったものと思われるこの『信仰告白』の内容目次にロックの名前が登場することを指摘している．本文にも，ロックの名前や考えがたびたび出てくる．

【とくに教育論におけるロックとルソーの関係については，次の研究がある．Vasile Safu, *Ein Vergleich der physischen Erziehung bei Locke und Rousseau*, 1889. ——R. N. Couvin, *Entwicklung und Vergleichung des Erziehungslehren von J. Locke und J.-J. Rousseau*, 1894.——G. Wilke, *Die Hauptberührungen und Unterscheidungspunkte der Erziehungsgedanken John Lockes und J.-J. Rousseaus*, 1898.——A. Stierli, *De l'influence des《Pensées sur l'éducation》(1693) de John Locke sur l'《Émile》(1762) de J.-J. Rousseau dans le domaine de l'éducation intellectuelle*, 1910. ——Gustav Erdbrügger, *Die Bedeutung John Lockes für die Pädagogik J.-J. Rousseaus*, 1912.——Hans Lebede, *Locke und Rousseau als Erzieher*, 1913.——G. Giulietti, *Le dottrine pedagogiche di Comenio, Locke e Rousseau*, 1954.】

491ページ　ロックと教育

Some thoughts concerning Education, 初版，ロンドン，1693年．その後多くの版がある．

De l'éducation des enfants, traduit de l'anglais par P. C..., Amsterdam, 1695 ; Ibid., 1708 ; Paris, 1711.

【ロックの教育論については，前項であげた補足文献のほかに次のものがある．Pierre Villey, *L'Influence de Montaigne sur les idées pédagogiques de Locke et de Rousseau*, 1911.——J. W. Adamson, *The Educational writings of John Locke*, 1912.——E. Taglialatela, *Giovanni Locke educatore : Studio Critico*, 1920.——E. A. Thiele, *Montaigne und Locke, ihre Stellung zur Erziehung zur Selbsttätigkeit*, 1920. ——G. Trinivella, *Locke ei pensieri sull'educazione*, 1938.——

N. Reicyn, *La Pédagogie de John Locke*, 1941. ——H. R. Penniman, *John Locke on politics and education*, 1947.——G. G. Verdolin, *Giovanni Locke. Il pensiero pedagogico*, 1954.——F. Musgrove, *Two educational controversies in Eighteenth Century England* (*Paedagogica Historica*, 2, 1, 1962). ——F. W. Garforth, *Locke's thoughts concerning education*, 1964. ——E. Leser, *Il pensiero pedagogico*, II, 1965 (*G. Locke e l'ideale del libero cittadino*).——C. Scurati, *Orientamenti e problemi della critica pedagogica lockiana* (*Cultura e Scuola*, 1966).】

493ページ　古典主義の信条と新しい美学

今や古典となっている Benedetto Croce, *Estetica come scienza dell' espressione e linguistica generale*, 第4版, Bari, 1912 (Parte Seconda : Storia) で紹介された作品や理論については，あえてくりかえさない.

494ページ　美学理論の変遷

André Fontaine, *Les doctrines d'art en France.* Peintres, amateurs, critiques. De Poussin à Diderot, 1909.

Pierre Marcel, *La peinture au début du dix-neuvième siècle*, s. d.

W. Folkierski, *Entre le classicisme et le romantisme. Étude sur l'esthétique et les esthéticiens du dix-huitième siècle*, 1925.

D. Lapavic, *La philosophie de l'art classique*, 1927.

L'abbé Dubos, *Réflexions critiques sur la poésie et la peinture*, 1719.

A・ロンバールの博士論文 *L'Abbé Dubos, un initiateur de la pensée moderne* (*1670-1742*), 1913 は，現在でもたしかな資料をふんだんに得られる源である．その後，次のものが出た.

Eugen Teuber, *Die Kunstphilosophie des Abbé Dubos* (*Zeitschrift für Aesthetik und allgemeine Kunstwissenschaft*, 1922-1923).

K. S. Laurila, *Les premiers devanciers français de la théorie du milieu* (*Annales de l'Académie finnoise des sciences*, Helsinki, 1928).

Id., *Quelques remarques sur l'esthétique de Dubos* (*Neuphilologische Mittheilungen*, 1931).

【デュボスにかんするその後の主な研究は，Armin H. Koller, *The Abbé Du Bos, his advocacy of the theory of climate. A Precursor of Johann Gottfried Keller*, 1937.——G. Bonno, *Une Amitié franco-anglaise du XVII*^{e} *siècle. John Locke et l'abbé Du Bos* (*Revue de Littérature comparée*, 24, 1950).——B. Munteano, *L'Abbé Du Bos, ou le Quintilien de la France* (*Mélanges J. Bonnerot*, 1954).——Id., *Survivances antiques. L'Abbé Du Bos, esthéticien de la persuasion passionnelle* (*Revue de Littérature comparée*, 30, 1956).——Id., *Les Prémisses rhétoriques du système de l'abbé Du Bos* (*Rivista di Letterature moderne e comparate*, 10, 1957).——Enzo Caramaschi, *Du Bos et Voltaire* (*Studies on Voltaire and the Eighteenth Century*, 1959).——Id., *Arte e critica nella concezione dell' abate Du Bos* (*Rivista di Letterature moderne e comparate*, 12-13, 1959-1960).——Mario Fubini, *Vico e Du Bos* (*Studi... in onore di B.*

Revel, 1965).——Id., *Empirismo e classicismo. Saggio sul Du Bos*, 1965.——Corrado Rosso, *Dolore, illuminismo, uguaglianza : Verri, Du Bos, Robinet* (*Illuminismo. Felicità. Dolore. Miti e ideologie francezi*, 1969).——Rosalie D. Landres Sadowsky, *J. B. abbé Du Bos : the influence of Cartesian and neo-Aristotelian ideas on music theory and practice*, 1970. 美的趣味と美学理論一般については, S. O. Simches, *Le Romantisme et le goût esthétique du XVIIIe siècle*, 1964.——R. G. Saisselin, *Taste in 18th-century France*, 1965.——Herbert Dieckmann, *Esthetic theory and criticism in the Enlightenment* (*Introduction to modernity*, 1965).——Ermanno Migliorini, *Studi sul pensiero estetico del Settecento* (*Crousaz, Du Bos, André, Batteux, Diderot*), 1966.——J. Philippe Minguet, *Esthétique du rococo*, 1966.——Ladislas Tatarkiewicz, *L'Esthétique du Grand Siècle* (*XVIIe Siècle*, 78, 1968).——Arnaldo Pizzorusso, *Teorie letterarie in Francia. Ricerche sei-settecentesche* (*1690-1720*), 1968.】

497ページ　ライプニッツとデカルト

F. Papillon, *De la rivalité de l'esprit leibnizien et de l'esprit cartésien au dix-huitième siècle* (*Séances et travaux de l'Académie des sciences morales et politiques*, 1872, Second semestre).

Émile Baas, *La critique leibnizienne de la physique de Descartes* と M. Guéroult の批評 (Analyses sommaires des mémoires présentés en vue du diplôme d'études supérieures, dans le *Bulletin de la Faculté des lettres de Strasbourg*, Novembre 1932).

Émile Boutroux, *Introduction à La Monadologie*, publiée d'après les manuscrits et accompagnée d'éclaircissements, 1881 ; 第13版, 1930年.

Sydney H. Mellone, *The dawn of modern Thought : Descartes, Spinoza, Leibniz*, Oxford, 1930.

F. Olgiati, *Il significato storico di Leibniz*, Milano, 1930.

E. Barié, *La spiritualità dell' essere : Leibniz*, Padova, 1933.

【Eugenio Colorni, *Le Verità eterne in Descartes e in Leibniz* (*Congrès Descartes*, 1, 1937).——Hermann Holzer, *Mathematik und Philosophie bei Descartes und Leibniz*, 1941.——Geneviève Lewis, *La Critique leibnizienne du dualisme cartésien* (*Revue philosophique de la France et de l'étranger*, 136, 1946).——John W. Nason, *Leibniz's attack on the Cartesian doctrine of extension* (*Journal of the history of ideas*, 7, 1946).——Paul Schrecker, *Descartes and Leibniz in 1947* (*Philosophy 21*, 1946).——Gustavo Bontadini, *La Critica leibniziana del cartesianesimo* (*Studi sulla filosofia dell' età cartesiana*, 1947).——G. Kahl-Furthmann, *Descartes' Betonung seiner Unabhängigkeit von der Tradition und Leibnizens Kritik* (*Zeitschrift für philosophische Forschung*, 4, 1949).——Jesús Iturrioz, *Leibniz en la bifurcación cartesiana* (*Pensamiento*, 6, 1950).——Dimit'r. Avramov, *Prinosut na Dekart i Lajbnic razvitieto na ucenieto za materijata* (*Filosofska misul.*, 14, 1958).——Yvon Belaval, *Leibniz, critique de Descartes*, 1960.——Lucy Prenant, *Sur les réfé-*

rences de Leibniz à Kepler contre Descartes (*Archives internationales d'histoire des sciences*, 13, 1960).——André Robinet, *Cartésianisme et leibnizianisme*(*Revue de synthèse*, 82, 1961). ——F. Russo, *Leibniz critique de Descartes* (*Archives de philosophie*, 24, 1961).——Jules Vuillemin, *Sur la différence et l'identité des méthodes de la métaphysique et des mathématiques chez Descartes et Leibniz et sur la conception classique des principes de causalité et de correspondance* (*Archiv für Geschichte der Philosophie*, 4, 1961).——R. C. Taliferro, *The Concept of matter in Descartes and Leibniz*, 1964.——P. Costabel, *Contribution à l'étude de l'offensive de Leibniz contre la philosophie cartésienne en 1691-1692* (*Revue internationale de philosophie*, fasc. 2-3, 1966). ライプニッツ哲学にかんするその後の主な研究は, Joseph Iwanick, *Leibniz et les démonstrations mathématiques de l'existence de Dieu*, 1933.——Louis Le Chevallier, *La Morale de Leibniz*, 1933.——Martial Guéroult, *Dynamique et métaphysique Leibniziennes*, 1934.——E. Rolland, *Le Déterminisme monadique et le problème de Dieu dans la philosophie de Leibniz*, 1935.——Ilse Doehl, *Bewusstseinsschichtung. Ein Beitrag zur Entwicklungsgeschichte, ihrer Theorie, insbesondere durch Nachweis von Ursprüngen bei Leibniz*, 1935.——Susanna Del Boca, *Finalismo e necessità in Leibniz*, 1936.——Heinrich Ropohl, *Das Eine und die Welt. Versuch zur Interpretation der Leibnizschen Metaphysik*, 1936.——Constantin Noica, *Elemente pentru o Scientia Generalis la Leibniz*, 1937.——Heinz L. Matzat, *Untersuchungen über die metaphysischen Grundlagen der Leibnizischen Zeichenkunst*, 1938.——Kurt Schröder, *Das Freiheitsproblem bei Leibniz und in der Geschichte des Wolffianismus*, 1938.——Kurt Zimmermann, *Leibnizens Grundlegung der Metaphysik in den dynamischen Untersuchungen*, 1938.——Alfred Boehm, *Le《Vinculum substantiale》chez Leibniz*, 1938.——Joseph Politella, *Platonism, Aristotelianism and Cabalism in the philosophy of Leibniz*, 1938.——Gerhard Funke, *Der Möglichkeitsbegriff in Leibnizens System*, 1938.——Katharina Kanthack-Heufelder, *Die psychische Kausalität und ihre Bedeutung für das Leibnizsche System*, 1939.——Iclea Picco, *Locke e Leibniz nel problema della conoszenza*, 1939.——Gerhard Hess, *Leibniz korrespondiert mit Paris*, 1940.——Andrea Galimberti, *Leibniz contro Spinoza*, 1941.——J. Hunfeld, *Leibniz en zijn monadenleer*, 1941.——Alfred Fedor Mitschke, *Staat und Politik bei Leibniz*, 1941.——Conrad Willem Mönnich, *De natuurlijke kennis Gods bij Leibniz*, 1942.——Johan Diderik Bierens de Haan, *De levende gedachten van Leibniz*, 1942.——Gallo Galli, *La Filosofia di Leibniz*, 1942.——*Leibniz. Zu seinem 300. Geburtstage 1646-1946*, 1946-1952.——*Gottfried Wilhelm Leibniz. Vorträge der aus Anlass seines 300. Geburtstages in Hamburg abgehaltenen wissenschaftlichen Tagung*, 1946.——*Revue philosophique de la France et de l'étranger. Numéro spécial consacré à Leibniz à l'occasion du troisième centenaire de sa naissance.* N°s 10-12, 1946.——Alfons Appelmann, *Der Gottesgedanke im philosophischen System von Gottfried Wil-*

helm Leibniz, 1946. ——Georges Friedmann, *Leibniz et Spinoza*, 1946. ——Susanna Drago Del Boca, *Leibniz*, 1946.——Andrea Galimberti, *Leibniz*, 1946. ——Liselotte Richter, *Leibniz und sein Russlandbild*, 1946.——Kurt Zimmermann, *Gottfried Wilhelm Leibniz. Leben und Lehre eines weltumfassenden Geistes*, 1947.——Georgi Schischkoff, ed, *Beiträge zur Leibniz-Forschung*, 1947.——Michele Barillari, *La Filosofia di Leibniz e l'idea etica dello Stato*, 1947.——E. Castelli, *Leibniz*, 1947.——Jacques Jalabert, *La Théorie leibnizienne de la substance*, 1947.——Rudolf Walter Meyer, *Leibniz und die europäische Ordnungskrise*, 1948.——Heinz L. Matzat, *Gesetz und Freiheit. Eine Einführung in die Philosophie von Gottfried Wilhelm Leibniz aus den Problemen seiner Zeit*, 1948.——Horace Will Brindley Joseph, *Lectures on the philosophy of Leibniz*, 1949.——Georg Stieler, *Gottfried Wilhelm Leibniz*, 1950. ——Fernand Brunner, *Études sur la signification historique de la philosophie de Leibniz*, 1950.——Kurt Huber, *Leibniz* , 1951.——Jean Guitton, *Pascal et Leibniz*, 1951.——Karl Herrmann, *Das Staatsdenken bei Leibniz*, 1951. ——Hans-Joachim Kanitz, *Das Übergegensätzliche gezeigt am Kontinuitätsprinzip bei Leibniz*, 1951.——Yvon Belaval, *Pour connaître la pensée de Leibniz*, 1952. ——Antonio Corsano, *G. W. Leibniz*, 1952.——Carmelo Ottaviano, *Le Basi fisico-metafisiche della filosofia di Leibniz*, 1952. ——Rudolf Franz Merkel, *Leibniz und China*, 1952.——Kurt Hildebrandt, *Leibniz und das Reich der Gnade*, 1953.——Ruth Lydia Saw, *Leibniz*, 1954.——Robert Morris Yost, *Leibniz and philosophical analysis*, 1954.——Wolfgang Cramer, *Die Monade. Das philosophische Problem vom Ursprung*, 1954.——André Robinet, *Malebranche et Leibniz. Relations personelles*, 1955.——William Henry Barber, *Leibniz in France*, 1955. ——Joachim Otto Fleckenstein, *Der Prioritätsstreit zwischen Leibniz und Newton*, 1956.——Helmuth Kainer, *Leibniz' Philosophie und die moderne Ontologie*, 1956.——Heinz Knauf, *Die Lehre von den Kräften in Leibnizens Naturphilosophie und Metaphysik*, 1956. ——Joseph Moreau, *L'Univers leibnizien*, 1956.——Gaston Grua, *La Justice humaine selon Leibniz*, 1956.——Bernard Halene, *Begriff und Bedeutung des Zweckes in der Leibnizschen Rechtsphilosophie*, 1957.——Domenico Campanale, *La Finalità morale nel pensiero di Leibniz*, 1957.——José Ortega y Gasset, *La Idea de principio en Leibniz y la evolución de la teória deductiva*, 1958.——Hans Heinz Holz, *Leibniz*, 1958.——Joachim Otto Fleckenstein, *Gottfried Wilhelm Leibniz. Barock und Universalismus*, 1958.——André Cresson, *Leibniz. Sa vie, son œuvre avec un exposé de sa philosophie*, 1958.——Émilienne Naert, *Leibniz et la querelle du pur amour*, 1959.——Pierre Burgelin, *Commentaire du Discours de Métaphysique de Leibniz*, 1959.——Ignazio Vitale, *L'Armonia prestabilita in Leibniz*, 1959.——Jacques Jalabert, *Le Dieu de Leibniz*, 1960. ——Raili Kauppi, *Über die Leibnizsche Logik*, 1960. ——Friedrich Kaulbach, *Die Metaphysik des Raumes bei Leibniz und Kant*, 1960.——Gottfried Martin, *Leibniz, Logik und*

Metaphysik, 1960. ——Armin Wildermuth, *Wahrheit und Schöpfung. Ein Grundriss der Metaphysik des Gottfried Wilhelm Leibniz*, 1960. ——Pierre Costabel, *Leibniz et la dynamique*, 1960. ——Vittorio Mathieu, *Leibniz e des Bosses, 1706-1716*, 1960. ——Émilienne Naert, *Mémoire et conscience de soi selon Leibniz*, 1961. ——Hans Matthias Wolff, *Leibniz Allbeseelung und Skepsis*, 1961. ——Otto Saame, *Der Satz vom Grund bei Leibniz*, 1961. ——Paul Wiedeburg, *Der junge Leibniz. Das Reich und Europa*, 1962. ——Yvon Belaval, *Leibniz. Initiation à sa philosophie*, 1962. ——André Robinet, *Leibniz et la racine de l'existence*, 1962. ——Wolfgang Janke, *Leibniz. Die Emendation der Metaphysik*, 1963. ——Émilienne Naert, *La Pensée politique de Leibniz*, 1964. —— Anna Teresa Tymieniecka, *Leibniz' cosmological Synthesis*, 1964. ——G. H. R. Parkinson, *Logic and reality in Leibniz's metaphysics*, 1965. ——Edmondo Cione, *Leibniz*, 1965. ——Joachim Christian Horn, *Monade und Begriff. Der Weg von Leibniz zu Hegel*, 1965. ——Wilhelm Totok und Carl Haase, ed, *Leibniz, sein Leben, sein Wirken, seine Welt*, 1966. ——Richard H. Popkin, *Leibniz and the French sceptics* (*Revue internationale de Philosophie*, fasc. 2-3, 1966). ——Nicholas Rescher, *Philosophy of Leibniz*, 1966. ——B. A. Newman, *Leibniz and the German Library Science*, 1966. ——David Wiggins, *Identity and Spatio-Temporal Continuity*, 1967. ——Kurt Müller, ed, *Leibniz-Bibliographie*, 1967. ——M. Serres, *Le système de Leibniz et ses modèles mathématiques*, 1968. ——Kurt Müller und Gisela Krönert, *Leben und Werk von G. W. Leibniz, Eine Chronik*, 1969. ——Albert Heinekamp, *Das Problem des Guten bei Leibniz*, 1969. ——Hartmut Schiedermair, *Das Phänomen der Macht und die Idee des Rechts bei Gottfried Wilhelm Leibniz*, 1970. ——Jürgen Nieraad, *Standpunktbewusstsein und Weltzusammenhang*, 1970. ——August E. Manier, *Meaning of Nature in the Philosophy of Leibniz*, 1970. ——B. M. Dreike, *Herders Naturauffassung in ihrer Beeinflussung durch Leibniz' Philosophie*, 1972. ——I. Leclerc, ed, *The Philosophy of Leibniz and the Modern World*, 1973.】

500ページ 『新科学』

G. B. Vico, *Principii d'una Scienza Nuova intorno alla natura delle nazioni*, Napoli, 1725；第2版, 1730年；第3版, 1744年.

Paul Hazard, *La pensée de J.-B. Vico* (*Revue des Cours et Conférences*, 30 Juillet, 15 et 30 Décembre 1931).

この三つの論文の最初には，ヴィコにかんするもっとも重要な研究の目録がある．その後，次のものが出た．

B. Croce e Fausto Nicolini, *Quinto supplemento alla Bibliografia vichiana*, Napoli, 1932.

Fausto Nicolini, *La giovinezza di G. B. Vico*, Napoli, 1932.

Benvenuto Donati, *Nuovi studi sulla filosofia civile di G. B. Vico*, Firenze, 1936.

【ヴィコにかんするその後の主な研究は, E. Chiocchetti, *La Filosofia di Giam Battista Vico,* 1935.——A. Corsano, *Umanesimo e religione in Giam Battista Vico,* 1935.——F. Nicolini, *La Filosofia di Giambattista Vico,* 1935.——H. P. Adams, *The Life and writings of Giambattista Vico,* 1935.——Patrick Gardiner, *Joseph de Maistre and Giambattista Vico. Italian Roots of De Maistre's political culture,* 1937.——L. Giusso, *La Filosofia di Giam Battista Vico e l'età barocca,* 1943.——J. Chaix-Ruy, *La Formation de la pensée philosophique de Jean-Baptiste Vico,* 1943.——M. Fabini, *La Lingua del Vico,* 1943.——J. Chaix-Ruy, *Vie de Jean-Baptiste Vico,* 1944.——C. Cappello, *La Dottrina della religione in Giam Battista Vico,* 1944.——Max H. Fish, *Introduction to the Autobiography of Giambattista Vico,* 1944.——M. Fabini, *Stile e umanità in Giam Battista Vico,* 1946.——B. Croce e F. Nicolini, *Bibliografia vichiana,* 1947.——G. C. Federici, *Il principio animatore della filosofia vichiana,* 1947.——F. Amerio, *Introduzione allo studio di Giam Battista Vico,* 1947.——T. M. Berry, *The historical theory of Giam Battista Vico,* 1949.——G. Villa, *La Filosofia del mito secondo Giam Battista Vico,* 1949.——Th. G. Bergin and M. H. Fish, *The New Science of G. Vico,* 1949.——F. Nicolini, *Commento alla secunda Scienza nuova,* 1949-1950.——Id., *Giambattista Vico e Ferdinando Galiani,* 1952.——C. Cantone, *Il concetto filosofia di diritto in Giam Battista Vico,* 1952.——A. Child, *Making and knowing in Hobbes, Vico and Dewey,* 1953.——A. R. Caponigri, *Time and Idea. The Theory of history in J. B. Vico* 1953.——D. Severgnini, *Il serioso poema,* 1953.——L. Bellofiore, *La Dottrina del diritto naturale in Giam Battista Vico,* 1954.——R. Sabarini, *Il tempo in Giam Battista Vico,* 1954.——G. Uscatescu, *J. B. Vico descubridor del mundo histórico,* 1954.——F. Nicolini, *Saggi vichiana,* 1955.——A. Corsano, *Giam Battista Vico,* 1956.——D. Severgnini, *Nozze tribunali ed are. Studi vichiani,* 1956.——S. Banchetti, *Il significato morale dell' estetica vichiana,* 1957.——R. Fornaca, *Il pensiero educativo di Giam Battista Vico,* 1957.——A. Albini Grimaldi, *The Universal Humanity of Giambattista Vico,* 1958.——A. M. Jacobelli Isoldi, *Giam Battista Vico, la vita e le opere,* 1960.——N. Badaloni, *Introduzione a Giam Battista Vico,* 1961.——Max H. Fish, *Introduction to the New Science of Giambattista Vico,* 1961.——S. Alberchi, *Il Problema della storia in S. Agostino e G. B. Vico,* 1962.——L. Bellofiore, *La Dottrina della Provvidenza in Giam Battista Vico,* 1962.——A. G. Manno, *Lo storicismo di Giam Battista Vico,* 1965.——G. Calogero, *Verità e problemi della pedagogia vichiana,* 1965.——G. Bianca, *Il concetto di poesia in Giam Battista Vico,* 1967.——J. Chaix-Ruy, *J.-B. Vico et les âges de l'humanité,* 1967.——F. Nicolini, *Vico storico,* 1968.——*Omaggio a Vico,* 1968.——*Forum Italicum.* Special Issue : *A Homage to G. B. Vico in the Tercentenary of his birth,* 2 N°4, 1968.——Giorio Tagliacozzo & Handen V. White, ed, *Giambattista Vico. An international Symposium,* 1969.

——Richard Manson, *Theory of Knowledge of Giam Battista Vico*, 1970. —— F. Vaughan, *The political philosophy of Giambattista Vico*, 1972.】

第6章　燃える心

508ページ　新たな護教論をめざして

Albert Monod, *De Pascal à Chateaubriand*, 1916.

Victor Giraud, *Le Christianisme de Chateaubriand*. T. I : Les origines, 1925.

Henri Bremond, *Histoire littéraire du sentiment religieux en France, depuis la fin des guerres de religion jusqu'à nos jours*. T. IX : La vie chrétienne sous l'ancien régime. T. X : La prière et les prières de l'ancien régime, 1933.

ニーウェンタイトとプリューシュについては, Daniel Mornet, *Les sciences de la nature en France au dix-huitième siècle*, 1911.

【W. Philipp, *Physicotheology in the age of Enlightenment : appearance and history* (*Transactions*, vol. 3, 1967). プリューシュについては次の研究がある. Ch. Loriquet, *Rapport sur la vie et les ouvrages de l'abbé Pluche* (*Travaux de l'Académie de Reims*, 22, 1854-1855). ——Winfred Lynskey, *Pluche and Derham, new sources of Goldsmith* (*Publications of the Modern language Association of America*, 57, 1942). ——Caroline V. Doane, *Un Succès littéraire du XVIIIe siècle : 《Le Spectacle de la nature》 de l'abbé Pluche*, 1957. ——Paul Tedeschi, *L'Abbé Pluche* (*Vieux Saint-Maur*, 24, 1958). ニーウェンタイトについては, J. Vercruysse, *Les Sciences naturelles et l'apologétique française au XVIIIe siècle. Réactions devant Bernard Nieuwentyt* (*Bulletin de l'Institut Voltaire en Belgique*, 7, 1962).】

510ページ　ゴットフリート・アルノルトと異端の歴史

Gottfried Arnold, *Die unparteysche Kirchen- und Ketzerhistorie, von Anfang des Neuen Testaments bis auf das Jahr Christi 1688...*, Frankfurt am Mein, 1699-1700.

【研究には次のものがある. Augusti, *Gottfried Arnold und August Neander als Kirchenhistoriker* (*Beiträge zur Geschichte und Statistik der evangelischen Kirche*, 1838). ——Dibelius, *Gottfried Arnold*, 1873. ——W. von Schröder, *Gottfried Arnold*, 1917. ——Erich Seeberg, *Gottfried Arnold*, 1923. ——Id., *Gottfried Arnold in Answahl herausgegeben*, 1934. ——W. Nigg, *Das Buch der Ketzer*, 1949.】

511ページ　ヨーロッパのジャンセニズム

最近の研究

E. Préclin, *Les Jansénistes du dix-huitième siècle et la Constitution civile du clergé*, 1929.

F. Ruffini, *La vita religiosa di Alessandro Manzoni*, Bari, 1929.

Bela Zolnai, 〔*L'expansion du Jansénisme en Europe*〕, Budapest, 1933.

H. Jelinek, *Le comte F. A. de Spork et le Jansénisme français en Bohême*

(*Revue de Littérature comparée*, janvier 1934).

A. Ocvirk, *La pensée européenne des XVIe et XVIIe siècles et la littérature slovène* (*Ibid.*).

【Antonino Parisi, *I Riflessi del giansenismo nella letteratura italiana*, 1919. ——Arturo Carlo Jemolo, *Il Giansenismo in Italia prima della Rivoluzione*, 1928.——J. Carreyre, *Le Jansénisme durant la Régence*, 1929.——E. Préclin, *L'Influence du jansénisme français à l'étranger* (*Revue historique*, 182, 1938). ——E. Rota, *Vincenzo Gioberti ed il giansenismo*, 1944.——R. Mazzetti, *Pietro Tamburini. La Mente del giansenismo italiano*, 1948. ——L. Willaert, *Les Origines du jansénisme dans les Pays-Bas catholiques*, 1948. ——B. de Lacombe, *La Résistance janséniste et parlementaire au temps de Louis XV. L'Abbé Nigon de Berty (1702-1772)*, 1948.——L. Willaert, *Bibliotheca Janseniana Belgica*, 1949.——Pietro Stella, *Giurisdizionalismo e giansenismo all' Università di Torino nel secolo XVIII*, 1958. ——J. A. G. Tans, *L'Influence des jansénistes français en Hollande* (*Revue des sciences religieuses*, juillet 1965). ——R. Shackleton, *Jansenism and the Enlightenment* (*Transactions*, vol. 3, 1967).——Antoine Adam, *Du mysticisme à la révolte. Les Jansénistes du XVIIe siècle*, 1968.】

512ページ　カミザールの予言者たち

Mémoires inédits d'Abraham Mazel et d'Élie Marion sur la guerre des Cévennes, 1701-1708. Édités par Charles(68) Bost (*Publications de la Société huguenote de Londres*, XXXIV), Paris, 1931.

Charles Bost, *Les prédicants protestants des Cévennes et du Bas-Languedoc, 1684-1700*, 2 vol., 1912.

Georges Ascoli, *L'affaire des prophètes français à Londres* (*Revue du dix-huitième siècle*, I et II, 1916).

Gaston Tournier, *Au pays des Camisards*, notes et souvenirs, Mazamet, 1931.

André Dumas, *Le désert cévenol*, 1932.

【Jean Cavalier, *Mémoires sur la guerre des Cévennes*, traduction et notes par Frank Puaux, 1918.——Charles Bost, *Les 《prophètes》 du Languedoc en 1701 et 1702* (*Revue historique*, 136, 1921). ——Id., *Les Prophètes des Cévennes au XVIIIe siècle*(*Revue d'Histoire et de Philosophie religieuses*, 5, 1925). ——S. Delattre, *Les Prophètes Cévenols et la Guerre des Camisards, de 1701-1704*, 1925.——Marcel Pin, *Nicolas Jouany, chef camisard*, 1930. ——Lucienne Ercole, *Vie et mort des camisards*, 1933.——Marcel Pin, *Jean Cavalier*, 1936.——Id., *Chez les camisards*, 1938. ——André Ducasse, *La Guerre des Camisards. La Résistance huguenote sous Louis XIV*, 1946.——Agnès de La Gorce, *Camisards et dragons du roi*, 1950.——Charles Almeras, *La Révolte des Camisards*, 1960.——*Journaux camisards (1700-1715)*, textes établis et présentés par Philippe Joutard, 1965. 小説には Marc Stéphane, *L'Épopée camisarde*, 1960.——Jean-Pierre Chabrol, *Les Fous de Dieu*, 1961. ——Max

Olivier-Lacamp, *Les Feux de la colère*, 1969.】

514ページ　神秘家

神秘的感情の全ヨーロッパ的な蔓延にかんするすぐれた研究と，もっとも重要な文献の指示は Max Wieser, *Der sentimentale Mensch, gesehen aus der Welt Holländischer und Deutscher Mystiker im 18. Jahrhundert*, Gotha, 1924にある。

フランケについては，

Zum Gedächtnis A. H. Franckes. Zu seinem zweihundertjährigen Todestage..., Herausgegeben von F. Mahling, C. Mirbt und A. Nebe, Halle, 1927.

C. J. Oskam, *A. H. Franke en zijn levenswerk*, 1929.

【G. Kramer, *Beiträge zur Geschichte A. H. Franckes*, 1861.――Id., *Neue Beiträge zur Geschichte A. H. Franckes*, 1875.――F. Korpjuhng, *A. H. Franckes Bedeutung für die Pädagogik*, 1877.――G. Kramer, *A. H. Francke*, 1880-1882.――R. Günther, *Pädagogische Berührungspunkte zwischen Locke und A. H. Francke*, 1891.――G. Gr. Hertzberg, *A. H. Francke und sein hallisches Waisenhaus*, 1898.――A. de Saussure, *A. H. Francke et ses établissements à Halle*, 1899.――K. Eger, *A. H. Francke*, 1927.――F. Sammer, *A. H. Francke und seine Stiftungen*, 1927.――K. Weiske, *A. H. Franckes Pädagogik*, 1927.――Ernst Benz, *August Hermann Francke und die deutschen evangelischen Gemeinden in Russland* (*Jahrbuch Auslanddeutschtum und evangelische Kirche*, 1936).――Ilmari Salomies, *Der Hallesche Pietismus in Russland zur Zeit Peters des Grossen* (*Annales Academiæ scientiarum Fennicæ*, B, 31, 2, 1936).――Richard Kammel, *August Hermann Franckes Tätigkeit für die Diaspora des Ostens*, 1939.――H. Stahl, *A. H. Francke. Der Einfluss Luthers und Molinos auf ihn*, 1939.――Ernst Benz, *Pietist and Puritan Sources of early Protestant World Missions. Cotton Matter and A. H. Francke* (*Church History*, 1951).――Martin Schmit, *Das Hallesche Waisenhaus und England im 18. Jahrhundert* (*Theologische Zeitschrift*, 7, 1951).――E. Beyreuther, *August Hermann Francke, Zeuge des lebendigen Gottes*, 1956.――Id., *A. H. Francke und die Anfänge der ökumenischen Bewegung*, 1957.――*A. H. Francke. Festreden zum 23. 3. 1963*, 1964.――E. Peschke, *Studien zur Theologie A. H. Franckes*, 1964-1966.――D. Jungklaus, ed, *A. H. Francke, Wort und Tat*, 1966.――P. Menck, *Die Erziehung der Jugend*, 1968.】

アントワネット・ブリニョンについては，

Salomon Reinach, *Cultes, Mythes et Religions*. T. I, 1905 ; ch. XXXV : *Une mystique au XVIIe siècle. Antoinette Bourignon*, 426ページ以下.

アントワネット・ブリニョンの心理的ケースを小説に使ったのは，André Thérive, *Antoinette Bourignon* (*Revue de Paris*, 15 juillet, 1er et 15 août 1933).

【Albert Dupuis, *A. Bourignon*, 1855.――A. Gordon, *The Fortunes of a Flemish mystic*, 1872.――E. S., *Étude sur Antoinette Bourignon, la prophétesse des derniers temps*, 1876.――A. Van der Linde, *A. Bourignon, das*

Licht der Welt, 1895.——A. MacEwen, *A. Bourignon, quietist,* 1910. ——John Björkhen, *Antoinette Bourignon,* 1940.——Jean Orcibal, *Les Spirituels français et espagnols chez J. Wesley et ses contemporains* (*Revue d'histoire des religions,* 1951).——E. Schering, *Adam und die Schlange. Androgyner Mythos und Moralismus bei Antoinette Bourignon* (*Zeitschrift für Religions-und Geistesgeschichte,* 1958).】

ポワレについては,

Max Wieser, *Peter Poiret, der Vater der romanischen Mystik in Deutschland,* München, 1932.

【Ernest Ott, *L'《Œconomie divine》de Poiret,* 1868.——Julius W. Fleischer, *P. Poiret als Philosoph,* 1893.——Walter Jüngst, *Das Problem von Glauben und Wissen bei Malebranche, Poiret und Spinoza,* 1912.——Albert Tilly, *Pädagogik, Mystik und Pietismus bei P. Poiret* (*1646-1719*), 1930. ——S. Hobhouse, *Peter Poiret* (*Journal of Theological Studies,* 1936).——R. Amadou, *Un grand mystique protestant français* (*Bulletin de la Société d'Histoire du Protestantisme français,* avril-juin 1950). ——Ernst Schering, *Glaube und Geschichte bei P. Poiret,* 1954.——Jean Orcibal, *Une Controverse sur l'Église, d'après une correspondance inédite entre Fénelon et Pierre Poiret* (*XVII*e *Siècle,* 29, 1955).】

フェヌロンとギュイヨン夫人については,

Fausto Nicolini, *Sulla vita civile, letteraria, e religiosa napoletana alla fine del Seicento,* Napoli, 1929 (静寂主義の普及について).

Victor Giraud, *Psychologie fénelonienne* (*Revue des Deux Mondes,* 15 Novembre 1931, フェヌロン研究の整理).

フェヌロンが多少ともスピノザの影響を受けたかどうか, 考えてみる必要があろう. ラミ神父への手紙 (*Le nouvel athéisme renversé, ou Réfutation du système de Spinoza,* par le P. Lami, 1696 を参照) のスピノザ反駁は *Traité de l'existence et des attributs de Dieu* (1718年にはじめて発表) の第2部第3章より調子が激しい.

E. Carcassonne, *État présent des travaux sur Fénelon,* 1939.

【フェヌロンととくにその宗教思想にかんするその後の主な研究は, J. Lewis May, *Fénelon. A Study,* 1938.——Gabriel Joppin, *Fénelon et la mystique du pur amour,* 1938.——Ély Carcassonne, *Fénelon, l'homme et l'œuvre,* 1946. ——F. Hermans, *Histoire de l'humanisme chrétien,* III, 1948.——B. Mathieu et M. Antoine, *Fénelon et son temps,* 1951-1952.—— *Fénelon et le tricentenaire de sa naissance* (*XVII*e *Siècle,* 12-13-14, 1951-1952).——K. Kyyrö, *Fénelons Aesthetik und Kritik,* 1951.——K. D. Little, *François de Fénelon. Study of a personality,* 1951. ——Johannes Kraus und J. Calvet, *Fénelon : Persönlichkeit und Werk,* 1953. ——Alfred Lombard, *Fénelon et le retour à l'antique au XVII*e *siècle,* 1954.——Raymond Schmittlein, *L'Aspect politique du différend Bossuet-Fénelon,* 1954.——Madeleine Daniélou, *Fénelon et le duc de Bourgogne. Étude d'une éducation,* 1955.——Jeanne-Lydie Goré, *L'Itinéraire de Fé-*

nelon : humanisme et spiritualité, 1955.——Id., *La Notion d'indifférence chez Fénelon et ses sources*, 1955.——François Varillon, *Fénelon et le pur amour*, 1957.——Louis Cognet, *Crépuscule des mystiques. Le Conflit Fénelon-Bossuet*, 1958.——Agnès de La Gorce, *Le vrai visage de Fénelon*, 1958.——A. Pizzorusso, *La Poetica di Fénelon*, 1959.——Bernard Dupriez, *Fénelon et la Bible. Les Origines du mysticisme fénelonien*, 1961.——Antonio Corsaro, *Astrattismo nella poesia francese del Seicento e gli esercizi lirici del Fenelon*, 1962.——Robert Spaemann, *Reflexion und Spontaneität. Studien über Fenelon*, 1963.——H. C. Barnard, *Fénelon on education*, 1966.——Henk Hillenaar, *Fénelon et les jésuites*, 1967.——Marcel Raymond, *Fénelon*, 1967.——*Documents pour une histoire doctrinale de la querelle du quiétisme*, 1968.——Pietro Zovatto, *Fénelon e il Quietismo*, 1968.——Id., *La Polemica Bossuet-Fénelon. Introduzione critico-bibliografica*, 1968.——Marguerite Haillant, *Fénelon et la prédication*, 1969. ギュイヨン夫人については, L. Guerrier, *Madame Guyon, sa vie, sa doctrine et son influence*, 1881.——Maurice Masson, *Fénelon et Madame Guyon*, 1907.——H. Delacroix, *Études d'histoire et de psychologie du mysticisme*, 1908.——Ernest Seillière, *Mme Guyon et Fénelon, précurseurs de J.-J. Rousseau*, 1918.——Paul Dudon, *Le Quiétiste espagnol Michel Molinos*, 1921.——Denoisel, *Le Quiétisme en province. Un Prisonnier du fort de Lourdes* 〔le P. Lacombe, 1689-1698〕(*Mercure de France*, 291, 1939).——Emmanuel Ægerter, *Madame Guyon, une aventurière mystique*, 1941.——François Ribadeau Dumas, *Fénelon et les saintes folies de Madame Guyon*, 1968.】

神秘学一般については,

Auguste Viatte, *Les sources occultes du romantisme : Illuminisme, Théosophie*, 1928, chap. 1er : Aux sources de l'illuminisme.

む す び

534ページ　平和はもはや郷愁にすぎず

Journal des Savants, 1680. *L'imprimeur au lecteur* には次のようにある.

「平和[69]によってよみがえった文芸共和国内部のまじわりは，すでに著者に多くの珍しい物をもたらしてくれた．世の学者たちに私はうけあってもよい．彼らの好奇心をこれ以上十分に，これ以上快く満足させてくれるようなものは，今まであったためしがなかったのだと.」

Desiderii Erasmi Opera omnia, Amsterdam, 1703 : *Dedicatio* には,「いかに大きい，いかに危険な戦乱にヨーロッパがまきこまれたとしても，今や干戈の響の内に皆耳をすまして聞くがよい．この嵐がながくつづくのを神が許したまわぬことを……」

Journal littéraire de Mai et Juin 1713, 第1巻（改訂第2版，ハーグ，1715年）の序文には,「全ヨーロッパをかくも長期にわたって荒廃させた長い血みどろの戦争のあとにようやく訪れたこの平和[70]は，戦乱の内に息もたえだえだった学芸をよみがえらせたかに見える．ながらく攻城や合戦にのみ向けられていた公衆の興味は，今や文芸共

和国の出来事に向けられようとしている．学者たちはこの共和国の繁栄につとめるだろう……」

534ページ　平和計画

J. Baruzi, *Leibniz et l'organisation religieuse de la terre, d'après des documents inédits*, 1907.

J. Drouet, *L'abbé de Saint-Pierre. L'homme et l'œuvre*, 1912.

S. Gorceix, *Du nouveau sur un vieux projet de paix perpétuelle* (*Mercure de France*, 1er Mai 1934).

H. Houwens Post, *La Société des Nations de l'Abbé de Saint-Pierre*, Amsterdam, 1935.

【サン＝ピエール師にかんするその後の主な研究は，Mary Wallas, *Sur la fortune de l'abbé de Saint-Pierre en Angleterre au XVIIIe siècle* (*Revue de Littérature comparée*, 20, 1940).——G. M. Fitzpatrick, *Les Idées politiques de l'abbé de Saint-Pierre*, 1952.——Merle L. Perkins, *The Abbé de Saint-Pierre and the Seventeenth-Century intellectual background* (*Proceedings of the American philosophical Society*, 97, 1953).——Id., *The《Leviathan》and Saint-Pierre's《Projet de paix perpétuelle》* (*Ibid.*, 99, 1955).——Id., *Documentation of Saint-Pierre's《Projet de paix perpétuelle》* (*Modern Language Quarterly*, 6, 1955).——Ch. Braibant, *Le Troisième centenaire de l'abbé de Saint-Pierre* (*Revue des Deux Mondes*, 23, 1955).——Merle L. Perkins, *Civil theology in the writings of the abbé de Saint-Pierre* (*Journal of the History of Ideas*, 93, 1957).——Id., *Descartes and the abbé de Saint-Pierre* (*Modern Language Quarterly*, 19, 1959).——Id., *The moral and political philosophy of the abbé de Saint-Pierre*, 1959.——Id., *Voltaire and the abbé de Saint-Pierre* (*French Review*, 34, 1960).——H. G. Folkes, *L'Abbé de Saint-Pierre assista-t-il au Congrès d'Utrecht?* (*Revue d'histoire littéraire da la France*, juil.-sept. 1966).平和計画一般については，ほかに J. A. R. Marriott, *Commonwealth or anarchy ? A survey of projects of peace from the XVIth to XXth Century*, 1939. ——E. V. Souleyman, *The Vision of world peace in seventeenth and eighteenth centuries France*, 1940.——E. Gilson, *Les Métamorphoses de la Cité de Dieu*, 1952.——Th. Ruyssen, *Les Sources doctrinales de l'internationalisme*, 1954.】

538ページ　ヨーロッパ人としての誇り

A. Jouvin, *Le voyageur d'Europe...*, 1672, *Au lecteur* には次のようにある．

「世界の四つの部分の内でヨーロッパがいちばん小さいかどうか，地理学者と議論しようとは思わない．地理学者はいくらでも正確にこれらの部分を記述するがよい．ただ，彼らにひとつだけお願いしたいのは，私がこう言っても悪く思わないでほしいということだ．それは，ヨーロッパにくらべれば大きい他の地方も，かなりの部分を占める砂漠によって実際の広さはかなり減じられること，また野蛮人が住む場所も砂漠とほぼひとしい部分を占めること，かりに住民が人間らしく開化していて，好事家が立ちいるのを許すとしても，ものすごい暴風が起こる嵐の海は危険きわまりなく，旅の苦労は筆紙につくしがたいので，どんなに度胸のある者でもおじけづいてしまい，これらの国を訪れ

る人はまことに少ないということである．これに反して，ヨーロッパ旅行は……快適の一語につきる．しかも，世界でいちばん小さいがいちばん美しいこの部分には，地上と地下と空中にあるもっとも珍しいものがたやすく見いだされる．それを得るには，名誉についでこの世でいちばん大切な財産，健康，生命をさして危険にさらす必要もない．事実，カエサルやシャルルマーニュらもその武勇と征服をヨーロッパ内にとどめようとした．もろもろの学問や自由学課，諸技芸などがいちばんはなばなしい勝利を収めているのもヨーロッパである．だからこそ，このヨーロッパの美しさ，豊かさゆえに，私はこの地を世界の他の三つの部分より好むのだ……」

Louis Du May, *Le prudent voyageur, contenant la description politique de tous les États du monde, de l'Asie, de l'Afrique et de l'Amérique et particulièrement de l'Europe...*, Genève, 1681 の *Discours IV. De l'Europe en général* にはこうある．

「ヨーロッパは地球上でいちばん小さいが，いちばん位置に恵まれ，知識もいちばんひらけ，いちばん幸福で強力で好戦的な部分である．位置に恵まれているというのは，北極近くに棲息する若干のあわれなラップ人を除いたら，ヨーロッパが全部北半球の温帯に入るからである．またここは世界でいちばん知識が発達した部分でもある．私たちがみな自由学課をならい，それを子供に教えるのにどれだけ熱心かを見るならば，またこれを容易にするためにあるもろもろの書物を読むならば，この真実を疑うことはできないだろう．ヨーロッパは世界の他の部分より幸福でもある……」

N. de Fer, *Introduction à la géographie, avec une description historique de toutes les parties de la terre*, 1708 の28ページにも，「ヨーロッパは地球上でいちばん小さいが，いちばん美しい部分だ」とある．

フォントネルは本文で引いた個所のほかに，*Sur la Poésie en général* でも，人類は理性の方向に移動している，「少なくともヨーロッパでは」，と言っている．

540ページ　ルネサンスの影響

レオンティーヌ・ザンタ(71)，ロジェ・シャルボネル(72)，レオン・ブランシェ(73)，とりわけアンリ・ビュッソン(74)の諸作は，ルネサンス思想のダイナミックな力を明らかにした．ベンジャミン・M・ウッドブリッジはルネサンス思想がデカルトにあたえた影響をしらべ（*The* Discours de la méthode *and the spirit of the Renaissance*〔*Romanic Review*, april-june 1933〕），ヴィルヘルム・ディルタイはルネサンスを *Weltanschauung und Analyse des Menschen seit Renaissance und Reformation*, Leipzig und Berlin, 1923 の出発点とした．

私が示唆した調査をもっと先まで進めることが重要であろう．ただし，それはおのずから別の本にならざるをえない．私としても，ルネサンスの哲学者たちと1680—1715年頃の哲学者たちとのつながりに目を見張ったものだった．ヨーロッパ思想の歴史にイギリス思想が介入する前から，ルネサンスは依然「安らかならざる者」の糧となっていたし，ハーバート・オブ・チャーベリからトーランドにいたるイギリス思想自体も一部はこの生きた源から発していたのである．いまだにその影を落していたエラスムス一人をとっても，十分研究のテーマになるはずであろう．

訳 註

(1) 原著には *Bibliothèque choisie* とあるが，訂正した．*Bibliothèque choisie* が出るのは1703年からである．

(2) Comtesse d'Aulnoy, *Mémoires de la cour d'Espagne*, 1690 ; *Relation du voyage d'Espagne*, 1691; *Histoire nouvelle de la cour d'Espagne*, 1692のこと．

(3) Joseph Addison, *Remarks on several parts of Italy*, 1705 のこと．

(4) 原著には *Saint-Evremondiana* とあるが，誤りなので訂正した．

(5) 原著には octobre 1684, article VI とあるが，誤りなので訂正した．

(6) Barthélemy d'Herbelot, *Bibliothèque orientale*, 1697 のこと．

(7) Edward Pococke, *Specimen historiae Arabum*, 1649 のこと．

(8) 原著には *Histoire de île de Calejava* とあるが，誤りなので訂正した．この本の題は，正しくは *Histoire de Calejava ou de l'isle des hommes raisonnables* である．

(9) Denis Petau, *Tabulae chronologicae*, 1628; *Rationarium temporum*, 1633-1634; *Pierre de touche chronologique*, 1636 のこと．

(10) Isaac Newton, *The chronology of ancient Kingdoms amended*, 1728 のこと．

(11) 原著には *des chrétiens orientaux* とあるが，誤りなので訂正した．

(12) 原著には *Bibliothèque universelle* とあるが，訂正した．

(13) Gustave Charlier, *Athalie et la révolution d'Angleterre* のこと．これははじめ *Mercure de France* 誌の第229号（1931年）に発表され，ついで前記の論文集に収められた．

(14) この作品は刊行されていない．

(15) Samuel Pufendorf, *De jure naturae et gentium*, 1672 のこと．これは同じバルベラックによって1706年に仏訳された．『人間・市民の義務を論ず』*De officio hominis et civis* はその要約として1673年に出版されている．

(16) Charles Weiss, *Histoire des réfugiés protestants de France depuis la révocation de l'Edit de Nantes jusqu'à nos jours*, 1853 のこと．

(17) Samuel Smiles, *The Huguenots, their settlements, churches, and industries in England and Ireland*, 1889 のこと．

(18) David C. A. Agnew, *Protestant exiles from France in the reign of Louis XIV ; or, The Huguenots refugees and their descendants in Great Britain and Ireland*, 1871-1873 のこと．

(19) Fernand de Schickler, *Les églises du refuge en Angleterre*, 1892 のこと．

(20) Frank Puaux, *Histoire de l'établissement des protestants français en Suède*, 1892 のこと．

(21) *Parrhasiana* のこの副題は第2版ではじめてつけられたもので，第1版の副題は *Pensées diverses* のみである．

(22) この章は *Parrhasiana* の第1版にはなく，第2版からはじめて登場した（第1

巻，341ページ以下）ものである．

(23) 原著には「2月26日」とあるが，誤りなので訂正した．この手紙は Emile Gigas, *Choix de la correspondance inédite de Pierre Bayle*, 1890 の184—186ページに収められている．

(24) 原著には「1685年7月11日付」とあるが，誤りなので訂正した．1685年7月11日付のニケーズ宛手紙にも本についての依頼があるが，内容は別なものである．なお，ここに引用された手紙でボシュエが入手を依頼しているのは，Spinoza, *Tractatus theologico-politicus*, 1670 と Thyrso Gonzalez de Santalla, *Fundamentum theologiae moralis*, Dillingen, 1689; Napoli, 1694 の2冊である．

(25) Max Weber, *Die protestantische Ethik und der 'Geist' des Kapitalismus* (*Archiv für Sozialwissenschaft und Sozialpolitik*, 1904-1905) のこと．

(26) この文章は，「ソッツィーニ主義」の概念を無限に拡大解釈した悪しき典型である．

(27) Gustave Cohen, *Une biographie inédite de Hugo Grotius par S. Sorbière* のこと．

(28) グロティウスをソッツィーニ派というのはいいすぎであろう．

(29) 原著には *Vie d'Olivier Cromwell* とあるが，誤りなので訂正した．

(30) 原著には *Essai sur Pierre Bayle* とあるが，誤りなので訂正した．

(31) Friedrich Albert Lange, *Geschichte des Materialismus und Kritik seiner Bedeutung in der Gegenwart*, 1866（仏訳，1877—1879年．英訳，1879—1881年）のこと．

(32) John M. Robertson, *A short history of freethought ancient and modern*, 1899 のこと．

(33) 〔 〕内の部分は，ロックの原文にはあるが，コスト訳にはない．

(34) René Jasinski, *Sur la philosophie de La Fontaine dans les livres VII à XII des Fables* (*Revue d'histoire de la philosophie et d'histoire générale de la civilisation*, déc. 1933 et juillet 1934).——Id., *Encore La Fontaine et Bernier* (*Revue d'histoire littéraire*, juillet-sept. 1935).——Henri Busson, *La Fontaine et l'âme des bêtes* (*Revue d'histoire littéraire*, janv.-mars 1935 et avril-juillet 1936).——Id., *A propos de La Fontaine et de Bernier* (*Revue d'histoire littéraire*, oct.-dec. 1935).

(35) 原著には John Hickes とあるが，誤りなので訂正した．

(36) 1678年に出版された『神学・政治論』のサン＝グランによる仏訳は，「至聖所の鍵」*La Clef du sanctuaire*,「古今のユダヤ人の迷信的な儀式を論ず」*Traité des cérémonies superstitieuses des Juifs tant anciens que modernes*,「公明正大なる人物の興味ある考察」*Réflexions curieuses d'un esprit désintéressé* という奇妙な3種の標題をかかげ，刊行地もそれぞれライデン，アムステルダム，ケルンと称していた．ただし，この三種はタイトル・ページが違うだけで，中味は全く同じものだった．

(37) 初版は1679年．

(38) A. Bernus, *Richard Simon et son Histoire critique du Vieux Testament. La Critique biblique au siècle de Louis XIV*, 1869 のこと．

(39) A. Bernus, *Notice bibliographique sur Richard Simon*, 1882 のこと.

(40) Henri Margival, *Essai sur Richard Simon et la critique biblique au XVIIe siècle*, 1900 のこと.

(41) 原著には *Bibliothèque choisie* とあるが訂正した. *Bibliothèque choisie* は1713年までで終り, 1714年からは *Bibliothèque ancienne et moderne* に代っている.

(42) Bossuet, *Œuvres choisies, avec introduction, bibliographie, notes, grammaire, lexique, par J. Calvet*, 1911 のこと.

(43) *Essai de théodicée, sur la bonté de Dieu, la liberté de l'homme et l'origine du mal*, 1710 のこと.

(44) この項で前出の Joshua Basset, *An Essay towards a proposal for catholic communion*, 1704 のこと.

(45) いわゆる「聖公会大綱」のこと. 国教会が用いる祈禱書(*The Book of Common Prayer*) の終りに印刷されている39箇条からなる信仰個条で, 1571年に国会で可決され, イギリスの成文法の一部となっている.

(46) 正しくは「三位一体会」. 聖マチュランは狂人や白痴の守護神である.

(47) 初版は1890年にエジンバラで出版された.

(48) この研究は出版されていないようである.

(49) 原著には「われわれの」とあるが, ベールの原文にしたがって改めた.

(50) 原著にはジャック・バナージュ・ド・ボーヴァルとある. しかし, バナージュ・ド・ボーヴァルというのはジャックの弟でジャーナリストのアンリの姓であり, 新教の牧師だった兄ジャックについては普通そう言わない.

(51) 原著には1669とあるが, 誤りなので訂正した.

(52) その論文の一部と思われるが, 次のものが発表されている. Charles T. Harrison, *Bacon, Hobbes, Boyle and the ancient atomists* (*Harvard Studies and Notes in Philology and Literature*, XV, 1933). ――Id., *The ancient atomists and English literature of the Seventeenth Century* (*Harvard Studies in Classical Philology*, XLV, 1934).

(53) 原著には les différences とあるが, 誤りなので訂正した.

(54) 原著には Rotterdam とあるが, 誤りなので訂正した.

(55) ヴェネチアのアカデミーのこと.

(56) Antoine-Alexandre Barbier, *Dictionnaire des ouvrages anonymes et pseudonymes*, 1806-1808 のこと.

(57) 原著には Vérités constantes... とあるが, 誤りなので訂正した.

(58) 原著には Élégies pastorales とあるが, 誤りなので訂正した.

(59) 原著には第117信とあるが, 誤りなので訂正した.

(60) これはいまだに未刊のもよう.

(61) 原著には1689年とあるが. 誤りなので訂正した.

(62) Cornelis Van Bruyn, *Reizen van C. de Bruyn door de vermaardste deelen van Klein Asia, de eylanden Scio, Rhodus*, etc., 1698; Id., *Reizen over Moscovien door Persie en Indie*, 1711. Paul Rycaut, *The Present state of the Ottoman Empire*, 1667. Le P. Tachard, *Voyage de Siam, des*

Pères Jésuites envoyés par le Roi aux Indes et à la Chine, 1686 ; Id., *Second voyage du P. Tachard et des Jésuites envoyés par le Roi au royaume de Siam*, 1689. Lahontan, *Nouveau voyage de Monsieur le Baron de Lahontan*, 1703 ; Id., *Mémoires de l'Amérique septentrionale*, 1703. Aaron Hill, *A full and just account of the present state of the Ottoman Empire*, 1709.

(63) ディドとアイネイアースはともにヴェルギリウスの叙事詩『アエネイス』の登場人物で，前者はカルタゴの女王，後者はローマの創立者．彼らが「魚売りの女や人足のような物言いを」するというのは，ピュルレスクの代表的な作品であるスカロンの『もじりヴェルギリウス』*Le Virgile travesti en vers burlesques*, 1648-1653やフュルティエールの『エネとディドンの恋』*Amours d'Énée et de Didon*, 1649などで，これら古代の英雄が好んでビュルレスクの主題とされたことを言っている．

(64) アザールの原著にはスカロンとあるが，誤りなので訂正した．

(65) 未刊．

(66) ロンギノスの著とされていた『崇高について』*Perihypsus* のこと．これは彼の著作ではない．

(67) 原著には Éléments de la philosophie cartésienne とあるが，誤りなので訂正した．

(68) アザールの原著には Élie とあるが，誤りなので訂正した．

(69) ナイメーヘン講和条約（1678—79年）によって，1672年以来のオランダ戦争が終結したことをいう．

(70) ユトレヒト講和条約（1713年）によって，10年間に及ぶスペイン王位継承戦争が終結したことをいう．

(71) Léontine Zanta, *La Renaissance du Stoïcisme au XVIe siècle*, 1914のこと．

(72) J.-Roger Charbonnel, *La Pensée italienne au XVIe siècle et le courant libertin*, 1919 のこと．

(73) Léon Blanchet, *Campanella*, 1920 のこと．

(74) Henri Busson, *Les Sources et le développement du rationalisme dans la littérature française de la Renaissance* (*1533-1601*), 1922〔新版 *Le Rationalisme dans la littérature française de la Renaissance*(*1533-1601*), 1957〕, および Id., *La Pensée religieuse française de Charron à Pascal*, 1933 のこと．

《叢書・ウニベルシタス　84》

ヨーロッパ精神の危機
1680-1715

1973年５月15日　初　版第１刷発行
2015年４月25日　新装版第１刷発行

ポール・アザール
野沢　協 訳
発行所　一般財団法人　法政大学出版局
〒102-0071 東京都千代田区富士見 2-17-1
電話 03(5214)5540 振替 00160-6-95814
製版，印刷：三和印刷　製本：誠製本

Printed in Japan

ISBN978-4-588-14012-9

著　者

ポール・アザール（Paul Hazard）

1878年，北仏ノール県に生まれる．高等師範学校卒業後イタリアに留学して，『フランス革命とイタリア文学』(1910年) で学位をとった．同年，リヨン大学の比較文学の教授となり，以後，ソルボンヌのフランス文学の教授（1919年より），コレージュ・ド・フランスの教授（1925年より）を歴任，1939年にはアカデミー・フランセーズの会員となった．1921年にバルダンスペルジェと『比較文学雑誌』を創刊したフランスにおける比較文学研究の草分けで，本書のほか，その続篇ともいうべき大部の『18世紀ヨーロッパ思想』(1946年),『ジャコモ•レオパルディ』(1913年),『ラマルチーヌ』(1925年),『スタンダールの生涯』(1927年) など多くの著書があり，ベディエとともに監修した『挿絵いりフランス文学史』(1923-24年) は特に広く読まれた．第2次大戦中は一時アメリカにあったが，やがて帰国し，フランス解放直前の 1944年4月にドイツ軍占領下のパリで死んだ．

訳　者

野沢　協（のざわ　きょう）

1930年，鎌倉市に生まれる．東京大学文学部仏文科卒業．東京都立大学教授，駒沢大学教授を務める．主な訳書に，グレトゥイゼン『ブルジョワ精神の起源』，リシュタンベルジェ『十八世紀社会主義』(第19回日本翻訳文化賞)，カスー『1848年——2月革命の精神史』(監訳)，『啓蒙のユートピア　全3巻』(監訳)，『ピエール・ベール著作集　全8巻・補巻1』(全巻個人訳，第2回日仏翻訳文学賞・第34回日本翻訳文化賞)，デ・メゾー『ピエール・ベール伝』，『ドン・デシャン哲学著作集』，『啓蒙の地下文書　Ⅰ・Ⅱ』(監訳)，『ピエール・ベール関連資料集1　抵抗と服従』『同2　寛容論争集成　上・下』『同補巻　良心の自由』(以上の翻訳書は，法政大学出版局刊) ほか．